兰州年鉴

LANZHOU NIANJIAN 2023

兰州市地方志编纂委员会办公室 编

甘肃民族出版社

图书在版编目（CIP）数据

兰州年鉴. 2023 / 兰州市地方志编纂委员会办公室编. -- 兰州：甘肃民族出版社, 2023.7
ISBN 978-7-5421-6175-8

Ⅰ. ①兰… Ⅱ. ①兰… Ⅲ. ①兰州 — 2023 — 年鉴
Ⅳ. ①Z524.21

中国国家版本馆CIP数据核字（2023）第 143918 号

兰州年鉴 2023

兰州市地方志编纂委员会办公室 编

责任编辑：陈苗苗
封面设计：高生军
装帧设计：宏翔文化
出版发行：甘肃民族出版社
地　　址：兰州市城关区读者大道 586 号　730030
电　　话：0931−2131268（编辑部）　　0931−2131216（发行部）
印　　刷：甘肃澳翔印业有限公司
开　　本：889 毫米 ×1194 毫米　1/16　　印张：33.5　　插页：26
字　　数：1234 千
版　　次：2023 年 8 月第 1 版　　2023 年 8 月第 1 次印刷
印　　数：1~1500 册
书　　号：ISBN 978-7-5421-6175-8
定　　价：268.00 元

图书若有印装质量问题，请直接与出版社联系调换。
联系电话：0931−2131216

兰州市地方志编纂委员会

（《兰州年鉴》编辑委员会）

《兰州年鉴 2023》编辑部

撰稿人供稿人名单

（按年鉴稿顺序排）

杨　莉　杨振清　周晓霞　詹玉辉　孙天罡　蒿　荣　王言斌
王文涛　赵紫楠　杨雅文　张　琛　杜亮泽　兰俊菲　马　斌
高启程　陈廷沛　高　丙　汉海明　肖　红　王志斌　李雅婧
王柏华　赵　玲　陈　震　鲁东林　穆晓娟　闫举龙　顾丽婷
唐　挺　孙国延　张晓艳　许长彪　武小桢　李红明　陈德全
马蓉国　李文涛　刘亚红　王德凯　徐笑晴　刘　锐　姜光明
于　伟　赵宇亮　轩春香　付桂林　刘铝锋　张春涛　杨　磊
张佳琳　许文鹏　刘延涛　山瑞彬　李　丹　阎先顺　董浩文
梁家伟　许金煜　贾海刚　侯　宇　王　涛　王　伟　杨　文
徐静斌　李芬娥　占　清　唐仲虎　李　婧　梁红梅　张晓龙
贾　喆　孙凤涛　贺　欢　孟　拯　翟柯帆　闫国成　孔佑花
杨　飞　王晟宇　郭吉惠　崔　军　张晓涛　赵　悦　黄　杰
路有为　刘斯敏　陈彦任　马　方　裴少伟　金倡宇　郁万虎
杨雍梅　张立生　胡相龙　何　杰　王晓琴　付晓东　王发鑫
刘　磊　李春亮　杨　敏　钟　芳　陈学义　翟　丹　王　川
王有婷　梁云鹏　李　阳　颜喜增　李志远　李　博　何彩霞
牛重钦　任　翔　李长太　王发强　刘占爱　魏明雪　曲思宇
刘　璇　周建翔　周志强　王博雅　马小军　余　茜　陈晓强
蔺亚辉　张睿娟　赵　丹　张　婷　刘博扬　朱镜儒　范宏斌
高　玲　文生茂　闫龙龙　柳少为　张生晓　张高锋　冯智华
牛淑梅　吴永升　曹芙蓉　刘　冰　梁　斌　赵文娟　钟　潇
蒋晓蓉　王晓蓉　马玉花　沈明江　满自文　甘怀瑞

审图号：甘S（2023）6

数字兰州 2022

SHUZI LANZHOU

总面积	13085.6 平方千米
常住人口	441.53万人
户籍人口	336.98万人
城镇人口	248.73万人
乡村人口	88.25万人
市区年平均气温	12℃
市区年平均降水量	260.3 毫米
全市地区生产总值	3343.5 亿元
第一产业增加值	65亿元
第二产业增加值	1150.8 亿元
第三产业增加值	2127.8亿元
全市一般公共财政预算收入	221亿元
全市一般公共财政预算支出	498.8亿元
工业增加值	935.4亿元
社会消费品零售总额	1598.2亿元
接待国内游客	0.29亿人次
国内旅游收入	148.3亿元
房地产开发房屋施工面积	4861.7万平方米
房地产开发房屋竣工面积	482.3万平方米
商品房销售面积	282.5 万平方米
金融机构人民币各项存款余额	10071.61亿元
金融机构人民币各项贷款余额	14911.71亿元
城镇居民人均可支配收入	45277元
城镇居民家庭恩格尔系数	31.18%
农村居民人均可支配收入	17178元
农村居民家庭恩格尔系数	32.86%
保险业保费收入	144.9亿元
境内上市公司	21家
股票总市值	1309.33亿元
专利授权量	10120 件
中等职业教育在校生	3.28 万人
普通高中在校生	6.7 万人
普通初中在校生	10.96万人
普通小学在校生	26.35 万人
医疗卫生机构	2059个
卫生技术人员	4.5万人
病床位	3.49万张
公共图书馆	8个
文化馆、艺术馆	9个
博物馆、纪念馆	29个
货运量	15345.5万吨
客运量	2157.07万人次
电信业务总量	91.38亿元
邮政业务总量	15.82亿元
移动电话用户	630.89 万户
固定互联网宽带用户	252 万户
4G移动电话用户	196.82万户
5G 移动电话用户	368.17 万户

兰州新区中川街　　　　（6月9日摄　兰州新区党办供）

兰州新区昆仑山大道　　（7 月 25 日摄　兰州新区党办供）

湖光中的新城　　（4 月 7 日摄　兰州新区党办供）

甘肃省体育馆训练馆　　（10 月 27 日摄　兰州新区党办供）

栖霞湖广场　　（7 月 24 日摄　兰州新区党办供）

瑞岭雅苑小区　（6月12日摄　兰州新区党办供）

兰州新区俯瞰图　（6月23日摄　兰州新区党办供）

秦王川湿地公园　（7月22日摄　兰州新区党办供）

舟曲新苑　（6月12日摄　兰州新区党办供）

舟曲移民群众顺利入住新区
（6月12日摄　兰州新区党办供）

兰州新区产业孵化大厦　　（8月13日摄　兰州新区党办供）

兰州新区联创智业园　　（8月13日摄　兰州新区党办供）

兰州新区大学生创新创业孵化基地
（7月16日摄　兰州市地方志办供）

兰州新区综合保税区　　（7月4日摄　兰州新区党办供）

兰州新区第三届“集聚英才·汇智新区”人才智力交流大会暨高校毕业生到基层就业双选会

（7月3日摄　兰州新区党办供）

▼ 兰州新区面向“一带一路”高技能人才培养基地　　（8月13日摄　兰州新区党办供）

全球首套规模化液态太阳燃料合成项目甲醇合成区（千吨级）（1月15日摄　兰州新区党办供）

超高温熔盐泵测试台架（8月2日摄　兰州新区党办供）

博睿重装车间（12月28日摄　兰州新区党办供）

兰石集团大型煤化工设备制造现场
（2月19日摄　兰州新区党办供）

兰石新能源示范项目电池梯次储能系统（1月14日摄　兰州新区党办供）

滨农科技有限公司厂区一角
（3月23日摄 兰州新区党办供）

莱安能源有限公司精熘塔
（3月23日摄 兰州新区党办供）

石油钻井平台 （7月17日摄 兰州新区党办供）

兰州新区重离子装备制造产业基地
（6月15日摄 兰州新区党办供）

兰州新区绿色化工园区液态阳光项目基地 （6月29日摄 兰州新区党办供）

海亮集团4微米超薄铜箔生产车间 （8月13日摄 兰州新区党办供）

绿色化工园区专精特新研发中心
（8月13日摄 兰州新区党办供）

海亮集团研发的电子专用铜箔一次投产成功
（8月13日摄 兰州新区党办供）

科近泰基公司生产车间 （7月18日摄 兰州新区党办供）

兰石新能源示范项目电池梯次储能系统
（1月14日摄 兰州新区党办供）

兰泵厂生产车间　　　（6月15日摄　兰州新区党办供）

康巴斯生物科技公司生产车间
（6月15日摄　兰州新区党办供）

广通新能源调试生产车间　　　（9月10日摄　兰州新区党办供）

三毛纺线车间　　　（11月2日摄　兰州新区党办供）

兰驼车生产车间　　　（1月14日摄　兰州新区党办供）

兰州新区现代农业种植基地　　（7 月 29 日摄　兰州新区党办供）

现代农业示范园一角　　（5 月 30 日摄　兰州新区党办供）

和尚头小麦种植基地　　（8月4日摄　兰州新区党办供）

供港澳水培蔬菜大棚　　（3月6日摄　兰州新区党办供）

兰州新区种苗培育智能温室基地　　（5月7日摄　兰州新区党办供）

向日葵种植基地　（7 月 29 日摄　兰州新区党办供）

中川园区高标准农田油菜种植基地　（7 月 22 日摄　兰州新区党办供）

天兆猪业百万头生猪产业项目　　（8月13日摄　兰州新区党办供）

兰牧工商万头奶牛养殖基地　　（8月13日摄　兰州新区党办供）

兰州新区花卉产业基地花卉交易中心　（7月16日摄　兰州市地方志办供）

全国单本最大的鲜切花卉智能温控大棚　（8月13日摄　兰州新区党办供）

花卉产业种植基地　　（7 月 16 日摄　兰州市地方志办供）

花卉产业种植基地　　（7 月 16 日摄　兰州市地方志办供）

花卉包装　　（7 月 16 日摄　兰州市地方志办供）

花卉包装车间　　（8 月 15 日摄　兰州新区党办供）

西部药谷　　　　（6 月 15 日摄　兰州新区党办供）

医用重离子加速器治癌装置生产调试车间　　　　（8 月 13 日摄　兰州新区党办供）

国家基因检测应用示范中心分子诊断试剂制备区　　（11 月 1 日摄　兰州新区党办供）

西部药谷兰州健科医用新材料科技有限公司　　（10 月 29 日摄　兰州新区党办供）

佛慈医药制药车间　　（6 月 15 日摄　兰州新区党办供）

和盛堂制药车间　　（1 月 19 日摄　兰州新区党办供）

九州通医药库房　（2月27日摄　兰州新区党办供）

荣康医药车间　（6月14日摄　兰州新区党办供）

康鹏威耳综合分析室　（3月23日摄　兰州新区党办供）

智资医药分析室　（11月23日摄　兰州新区党办供）

佛慈医药　（6月15日摄　兰州新区党办供）

和盛堂制药　（6月15日摄　兰州新区党办供）

兰州新区职教园区一角　　（6月9日摄　兰州新区党办供）

兰州新区第一初级中学　　（6月9日摄　兰州新区党办供）

兰州新区第二小学　　（7月16日摄　兰州市地方志办供）

兰州市第六十一中学新区分校　　（9月7日摄　兰州新区党办供）

新区瑞岭名郡学校　　　　（7 月 16 日摄　兰州市地方志办供）

新区瑞岭名郡学校　　　　（7 月 16 日摄　兰州市地方志办供）

甘肃省职业技能公共实训中心　　　　（7 月 16 日摄　兰州市地方志办供）

甘肃省人民医院新区分院　（7月16日摄　兰州市地方志办供）

兰州新区第一人民医院　（8月12日摄　兰州市地方志办供）

秦王川太平鼓表演　　（2 月 12 日摄　兰州新区党办供）

新区西部恐龙园　　（7 月 20 日摄　兰州新区党办供）

▲ ▼ 新区冰雪运动员训练中心 （1月28日摄 兰州新区党办供）

景中高速中川机场连接线

（七月二十二日摄　兰州新区党办供）

建设中的中川国际机场T3航站楼

（八月十五日摄　兰州新区党办供）

秦王川站　（7月16日摄　兰州市地方志办供）

新康村移民搬迁现场照片　（6月9日摄　兰州市地方志办供）

新康村便民超市（七月十六日摄　兰州市地方志办供）

新康村便民超市（七月十六日摄　兰州市地方志办供）

兰州新区开发建设前的纬一路　（摄于 2011 年）

如今的兰州新区纬一路街景　（摄于 2022 年）

中川镇旧址　　（摄于 2013 年）

中川镇新貌　　（摄于 2022 年）

兰州新区纬一路与经十三路十字建设前　（摄于 2011 年）

兰州新区纬一路与经十三路十字建设后　（摄于 2022 年）

建设前的兰州新区绿地小区二号湖景　　（摄于 2012 年）

建设后的兰州新区绿地小区二号湖景　　（摄于 2021 年）

兰州新区临港花海生态修复前　（摄于 2012 年）

兰州新区临港花海生态修复后　（摄于 2021 年）

兰州新区水秦路建设前　　（摄于 2013 年）

兰州新区水秦路建设后　　（摄于 2021 年）

编辑说明

一、《兰州年鉴》是兰州市人民政府主办、兰州市地方志编纂委员会办公室编纂的年度综合性资料性文献，逐年出版，公开发行。创办于2007年，《兰州年鉴（2023）》为第16卷。

二、《兰州年鉴（2023）》坚持以马克思列宁主义、毛泽东思想、邓小平理论、“三个代表”重要思想、科学发展观、习近平新时代中国特色社会主义思想为指导，坚持辩证唯物主义和历史唯物主义的立场、观点和方法，紧紧围绕市委、市政府决策部署、中心工作，突出时代特色和地方特色，客观、系统、全面真实地记载兰州市自然、政治、经济、文化、社会和生态文明等方面的概貌和发展情况，真实地反映兰州市新特征、新变化、新发展和历史进程，为社会各界了解和研究兰州市提供基本资料。

三、《兰州年鉴（2023）》采用类目体编辑法，除特载、大事记和附录外，主体内容分为类目、分目和条目3个层次。全书设类目31个，分目191个，条目1394个，条目标题均加“【】”。卷首彩图99幅，随文图片72幅，各类表格47个。为方便读者检索，卷前设目录，卷末设索引。

四、《兰州年鉴（2023）》记述时限为2022年1月1日至12月31日。为突出年鉴的时效性，对个别首次在年鉴中记载的行业、事业或工作的历史情况略作上溯。

五、《兰州年鉴（2023）》所载资料由市辖各县区、市直各部门、单位和有关中央、省属驻兰州单位确定专人负责撰写和提供，并经各供稿单位领导审核。由于有些部门、单位未提供资料和稿件，致使本卷内容有所缺漏。

六、《兰州年鉴（2023）》所有数据均经各供稿单位审核；反映全市国民经济和社会发展的统计数据采自兰州市统计局提供的2022年兰州市国民经济社会发展统计公报。文稿中有些地区性、部门性数据，由于统计口径不同等原因，与统计局公布的可能不完全一致，请读者在查阅和引用时注意。

特 载

大事记

市情概貌

兰州概貌

“五位一体”建设

国家政策方针的落实

“清廉兰州”建设

“四强”行动落实

中国共产党兰州市委员会

重要会议

组织工作

宣传工作

精神文明建设

统一战线

市直机关党建

机构编制管理

政策研究

保密工作

信访工作

涉台事务

党史工作

老干部工作

党校（行政学院）工作

网络安全和信息化

兰州市人民代表大会

重要会议

重大活动

履职尽责

兰州市人民政府

重要会议

民生实事

综合政务

政务服务

机关事务管理

参事工作

人事人才工作

外事工作

中国人民政治协商会议甘肃省兰州市委员会

重要会议

履职履责

中国共产党兰州市纪律检查委员会 兰州市监察委员会

重要会议

主要工作

巡 察

民主党派·工商联

中国国民党革命委员会兰州市委员会

中国民主同盟兰州市委员会

中国民主建国会兰州市委员会

中国民主促进会兰州市委员会

中国农工民主党兰州市委员会

九三学社兰州市委员会

兰州市工商业联合会

群众团体

兰州市总工会

共青团兰州市委员会

兰州市妇女联合会

兰州市文学艺术界联合会

兰州市科学技术协会

兰州市归国华侨联合会

兰州市残联人联合会

兰州市红十字会

法　治

立法工作

政法及综治工作

法治政府建设

公　安

检　察

法　院

司法行政

劳动仲裁

军 事

兰州警备区

武警兰州支队

人民防空

经济管理与监督

宏观经济运行管理

价格调控监管

财 政

税 务

自然资源管理

市场监督管理

国有资产监督管理

统 计

审 计

金城海关

公共资源交易服务管理

项目投资评审

开发区

兰州新区

兰州高新技术产业开发区

兰州经济技术开发区

甘肃（兰州）国际陆港

兰州榆中生态创新城

工业与信息化

综 述

重振兰州制造

石化产业

装备制造产业

生物医药产业

冶金产业

新材料产业

新能源产业

新型建材产业

节能环保产业

食品加工产业

烟草制品产业

信息产业

数字城市建设

农业·水务

农业农村

乡村振兴

种植业

林草业

畜牧业

农业机械化

水　务

安全生产与应急管理

应急管理

地　震

气　象

消防救援

城市建设与管理

城市建设

城市管理与执法

城市公共交通

城市供水

城市燃气

城市供电

城市供热

兰州黄河风情线大景区管理

住房公积金管理

生态环境保护·园林绿化

环境保护

黄河流域兰州段生态保护

园林绿化

南北两山绿化

交通·邮政·通信

公路运输

铁路运输

民用航空运输

现代物流

快递服务

经济合作与交流

经贸联络服务

粮食安全和物资保障

供销合作

烟草专卖

民营经济

金 融

金融工作

银行保险监督管理

兰州银行

中国农业银行股份有限公司兰州分行

中国农业发展银行甘肃省分行营业部

招商银行兰州分行

中国人寿保险股份有限公司兰州市分公司

教育・科学技术

学校教育

校外教育

在兰高校

科学技术

社会科学

文广·新闻·旅游

文 化

报社工作

广播电视

档案事业

地方志工作

旅 游

卫生健康·体育

卫生健康

体 育

民族·宗教

民族事务

宗教事务

社会事务

收入与消费

社会保险

医疗保障

劳动就业

人口管理

民政事务

退役军人事务

区县概况

城关区

七里河区

安宁区

西固区

红古区

榆中县

永登县

皋兰县

人物·荣誉榜

人 物

荣誉榜

法规文件

政府规章

附 录

索 引

兰州新区获批国家级新区十周年发展成就综述

兰州新区是2012年8月20日国务院批复设立的全国第五个、西北第一个国家级新区，是胡焕庸线以西唯一的国家级新区，被赋予“西北地区重要的经济增长极、国家重要的产业基地、向西开放的重要战略平台和承接产业转移示范区”的战略定位，总面积1744平方千米，托管4镇，常住人口55万人。

中华人民共和国国务院

国函〔2012〕104号

国务院关于同意设立兰州新区的批复

甘肃省人民政府：

你省《关于设立兰州新区的请示》（甘政发〔2011〕121号）收悉，现批复如下：

一、同意设立兰州新区，原则同意《兰州新区建设指导意见》。兰州新区位于兰州市北部，涉及永登县中川、秦川、上川、树屏和皋兰县西岔、水阜6个乡镇，区位优势明显，资源条件较好，发展潜力较大，具备加快发展的条件。要把建设兰州新区作为深入实施西部大开发战略的重要举措，积极探索欠发达地区加快推进新型工业化、城镇化和实现跨越式发展的新路子，拓展我国向西开放的广度和深度，努力实现甘肃省经济社会又好又快发展。

二、兰州新区建设要以邓小平理论和“三个代表”重要思想为指导，深入贯彻落实科学发展观，坚持科学规划、合理布局、有序开发，突出经济结构战略性调整，突出特色产业、循环经济和节能环保，突出对内对外开放，突出改革创新，推动兰州市建设成为西北地区重要的经济增长极、国家重要的产业基地、向西

国务院批复设立兰州新区正式文件

十年来，兰州新区始终坚持以习近平新时代中国特色社会主义思想为指导，将习近平总书记对甘肃、对国家级新区的亲切关怀和重要指示精神融入改革发展全局，充分发挥先行先试的政策优势，坚定不移以系统改革破冰攻坚、以产业集聚壮大实体，以创新开放提升能级、以生态治理优化环境、以城乡融合拓展格局。2011—2022年，地区生产总值从不足5亿元增长到342亿元、增长近70倍；固定资产投资从不足5亿元增长到543亿元、增长109倍；一般公共预算收入从不足0.5亿元增长到35亿元、增长70倍；常住人口增长5.5倍，市场主体增长近35倍，进出口总额增长186倍，城乡居民人均可支配收入分别从8232元、3605元增长到39361元和15505元，分别增长4.8倍、4.3倍。

经济增速连续6年领跑国家级新区，实现了城市从拓荒筑基到崛起腾飞、产业从蓝图规划到集链成群、创新从探索培育到支撑驱动、改革从学习跟跑到系统集成、开放从内陆腹地到前沿高地、生态从黄土荒丘到花海绿洲、民生从兜底保障到优质共享、党建从夯基固本到科学引领的历史性转变。

先后获批国家可持续发展实验区、国家绿色金融改革创新试验区等重大改革创新试点，获得“联合国杰出环境治理工程奖”“中国最具投资营商价值新区”“中国领军智慧城区”“绿色发展优秀城市”等荣誉20余项。

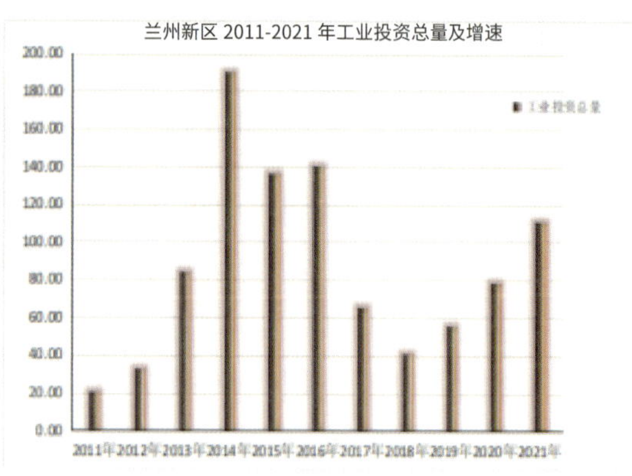

十年开拓进取，科学规划打造魅力新区。兰州新区从农业村镇起步到城市雏形初显，再到现代新城崛起，开发建设始终坚持规划先行，对标“全国一流新区”，从大处着眼、细处着手，高位推动、统筹开发、一体推进，确保城市可持续性发展。短短十年，核心区300平方千米基础设施全覆盖，主城区5G网络全面覆盖，“三环八射”公路路网、“一环两横两纵”铁路骨网、国际航空客货运双枢纽立体化交通体系全面构建。以超前的胆识和魄力抢抓国土空间规划修编机遇，2850平方千米范围内城镇、农业、生态三大空间得到全面拓展，初步形成“三城五区多园”空间布局，为打造千万人口、万亿GDP的兰州现代化区域中心城市拓展了发展空间，城市功能日臻完善，生产、生活、生态相融共生，园区、城镇、乡村各尽其美、美美与共。

十年脚踏实地，引新聚优建设产业新区。从产业蓝图规划到产业体系初步构建，再到产业集群日趋壮大。兰州新区始终聚焦实体经济发展，不断增强发展后劲，以招商引资为抓手，以产业园区为载体，以“335+X”战略为牵引，加速构建绿色化工、新材料、商贸物流3个千亿级产业，先进装备、新能源、循环产业3个五百亿级产业，数据信息、生物医药、现代农业、文化旅游、现代服务5个百亿级产业，航空、食品加工、应急救援等多个特色产业；快速建设最具核心竞争力新能源电池材料产业基地，海亮铜箔及化工园区多个项目半年内建成投产、创出全国最快的“新区速度”；万元GDP能耗、污染物排放强度等“减碳成绩”全国领先。十年来，累计引进产业项目1080个，总投资5280亿元，产业投资、工业增加值年均增长50%以上，兰州新区在全省实体经济发展主战场和区域发展增长极地位日益凸显、区域竞争优势加速提升，产业新城加速崛起，已成为全省乃至西部地区经济发展最具活力的地区。

十年敢闯勇创，厚积薄发成就创新新区。兰州新区从基础条件匮乏到资源要素聚集，再到产学研用协同驱动，始终把创新驱动作为引领新区发展的第一动力，重视科创能力提升、科技成果转化、创

新环境升级，坚持在创新中注入新动能，以产业带创新、以创新促发展、以发展提能级，推动质量变革、效率变革、动力变革，为高质量跨越式发展提供源源不断的“动力源”，形成集院士工作站、各类创新平台、创新型企业和人才为一体的创新矩阵。十年来，建成各类创新平台 168 个，全社会研发投入占 GDP 比重 3.8%，科技进步贡献率 61%，人均劳动生产率是全国平均水平的 2 倍多，百余种产品填补国内空白、替代进口，医用重离子加速器、1.2 万米海洋钻机、双零铝箔、四合一加氢反应器、3 万吨薄板压机、全液压四辊卷板机、超高温钍基熔盐泵、核电板式换热器等世界一流，高端仪表、生物疫苗、超薄铜箔等国内领先，兰白科技创新“第三极”加速成长。获评“国家装备制造高新技术产业化基地”、第二批“科创中国”试点城市。

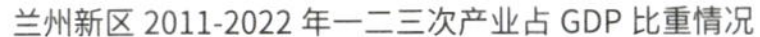
兰州新区 2011-2022 年一二三次产业占 GDP 比重情况

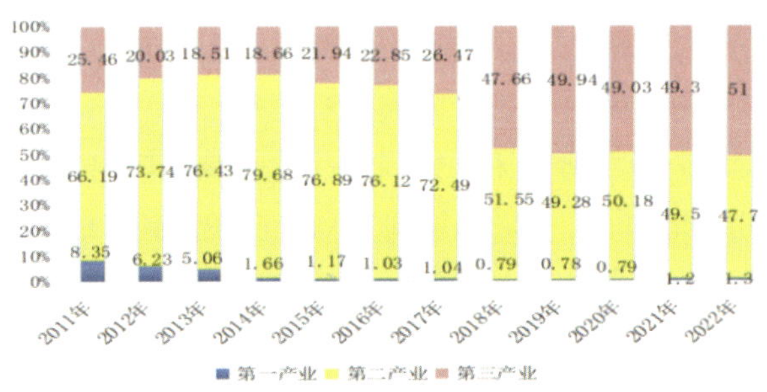

十年先行先试，系统集成塑造改革新区。先行先试是新区发展的最大优势和潜力所在，十年来，兰州新区从突围探索到立柱架梁，再到集成高效，始终锚定全面深化改革，不断激发发展活力，构建精简高效的管理体制和灵活顺畅的用人机制，实行全员聘用和绩效工资制度，以不足市州三分之一的管理机构和人员力量创造更优业绩。高标准建设国家绿色金融改革创新试验区，实行全方位普惠制持续性产业发展扶持奖励政策，企业土地、用能、运输、

兰州新区国有企业 2012-2022 年发展情况

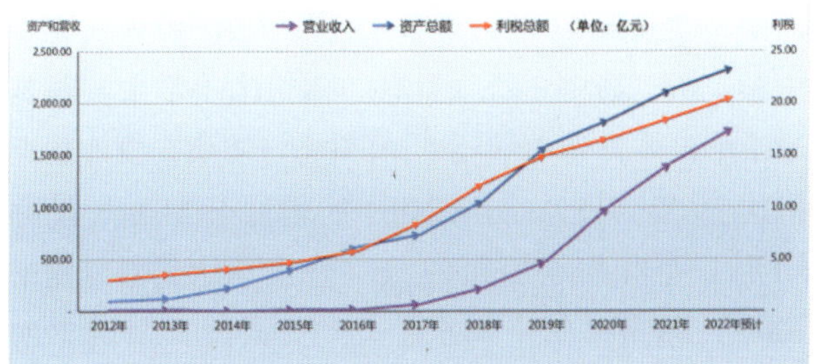

融资、社保等要素成本大幅降低，企业项目前期费用下降 70%，生产经营成本降幅 20%。“土储银行”模式蹚出农村“三变”改革新路子。国家绿色金融改革创新试验区和普惠金融示范区落地新区，绿色金融改革成绩全省领先。行政审批、商事制度、要素市场化配置等一批改革经验在全国全省复制推广，投资项目审批时间压缩至国务院目标的四分之一，打造了“事项最少、流程最简、时限最短、服务最优”的营商环境新样板，市场主体增长 28 倍；国有企业从无到有、从有到优，形成十家国有企业齐头并进的发展格局，在城市基础设施建设、产业发展、民生保障方面的作用充分发挥，商投集团入列中国“500 强”，金融不良率全省最低，获评“中国最具投资营商价值新区”。一流营商环境已成为招商引资的“强磁场”和新区发展的新标识。

十年踔疾步稳，多向发力构建开放新区。作为“一带一路”黄金节点，10 年来，兰州新区抢抓“一带一路”最大机遇，不断拓展发展格局，建成综合保税区、国际航空港、铁路口岸、国际互联网数据专用通道等综合性开放平台，东西南北开放通道顺达高效，粮食、肉类、冰鲜水果、跨境电商等 8 大指定监管场地建成投运，中欧、中亚国际班列常态化运行，区港联动发展迈出实质性步伐，累计到发国际货运班列 662 列次。与 60 余个国家和地区实现贸易往来。2016–2021 年，兰州新区进出口总额累计 276 亿元，年均增长 9.2%。西北地区第一个有色金属期货交割库落地新区。中川机场三期工程引领带动临空经济加速发展。入选国家陆港型物流枢纽，获批国家跨境电商综合试验区、国家外贸转型升级基地。

兰州新区 2011-2022 年产业项目、基础设施、房地产项目占投资比重

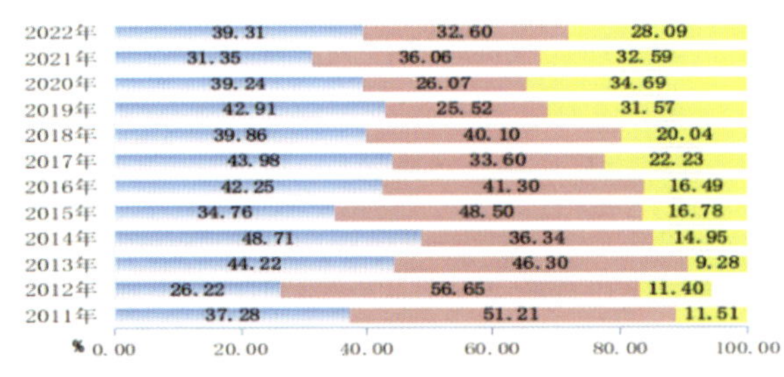

十年久久为功，生态建设托起绿色新区。从黄土荒丘到修复治理，再到绿色宜人。兰州新区始终

践行“绿水青山就是金山银山”发展理念，统筹推进生态修复、造林绿化等工作。十年间，兰州新区建成水库6座、在建1座，生态调蓄工程9个，生态输水管线5条，产业园区供水工程6处，年供水能力由原来不足0.3亿立方米提升至1.46亿立方米。2010—2021年，累计完成造林绿化20万亩，建成区绿化覆盖面积7200万平方米、建成区绿地率由不足5%提高到36%，人均公园绿地面积15.6平方米。复耕复绿撂荒地19万亩，实施土地开发整理面积9.98万亩，其中新增耕地面积4.69万亩。建成高效节水、生态兼顾的高标准农田7万亩，实施生态修复12万亩。新区风沙天气显著减少、降水量大幅增加，空气优良天数占比93%以上。2021年可吸入颗粒物、细颗粒物较2017年分别下降42.1%、35.9%，环境空气质量综合指数较2012年下降23.7%；饮用水水源地水质全部达到或优于Ⅲ类考核标准、达标率100%。积极推进“陇中生态平原”重大战略工程，构建起与现代化建设相适应的生态廊道、城市空间、乡村蓝图和治理格局，为黄河中上游生态治理闯出“兰州新区路径”，成功创建“国家可持续发展实验区”，获评“绿色发展优秀城市”，获得联合国环境规划基金会“绿色中国·环保成就奖之杰出环境治理工程奖”。

*十年初心不改，以人为本造就幸福新区。*从民生兜底保障到提质提标，再到优质共享。兰州新区始终树牢以人民为中心的发展思想，不断增进民生福祉，高标准打赢脱贫攻坚战，示范化推进乡村振兴，核心区200平方千米基础设施全面配套，公共服务均衡化、优质化水平不断提高，城乡居民生活品质不断改善。辖区内公路由筹建之初主要是机场高速和省道201，县乡道路较少而且基本都是坑洼不平的土路，经过十余年的建设，已建成G30连霍高速、G6京藏高速、G1816景中高速、机场高速、兰秦快速、国道341、省道101、省道102共8条对外通道，农村公路实现“村村通”，截至2021年末，建成农村公路总里程470.9千米。铁路建设经历从无到有的历程，已建成中马铁路、朱中铁路、兰州—中川城际铁路等线路135千米。建成各类保障房58242套。其中，公共租赁住房和保障性租赁住房8849套；经济适用住房30681套；棚改安置房18712套，累计为4.89万户（次）（货币化棚改安置5408户）中低收入住房困难家庭提供住房保障。2010—2021年，累计实施棚户区改造2.412万户3381万平方米，人均住房面积36平方米。十年来，建成城市道路179条，共计660千米，基本形成“二十横十八纵”的方格形路网。建成各类桥涵194座，在册出租汽车超过600辆，开通公交线路57条、投放公交569辆，全部为清洁能源公交车，并在全省率先实现建制村100%通公交。公交场站从1座增至7座。先后建成百花公园、文曲湖公园、临港花海等11个城市绿地公园，完成约160万平方米城市道路绿化建设，城市绿化面积2100万平方米，公园绿化面积7664亩，人均公园绿地面积15.6平方米，建成区绿地率由2011年的不足5%增加到36%，形成湿地、绿廊、花海相连贯通的现代化生态新城。环卫工作全部实行网格化包片包路段作业模式，道路清扫保洁面积近2500万平方米，机械化清扫率82%，环卫保洁及时率95%以上。全面实行垃圾分级分类处置。城镇就业人数增长近50倍，城镇化率超过70%，社会保障不断完善，住房供给稳健多元，城乡居民人均可支配收入实现翻番，社会治理能力和水平迈向现代化。承接舟曲等地生态和地质灾害避险搬迁群众1.6万人，有效保障群众生命安全和后续发展，取得共同富裕先行区建设标志性成果。高质量完成首个入境航班集中留观，创出“甘肃防疫方案”。高品质增加公共服务供给，十年来，兰州新区教育事业发展投入超过280亿元，建成各级各类学校137所。其中，幼儿园57所；小学25所；初中10所；完全中学1所；高中3所。另有兰州市中小学生实践基地1个，体育运动学校（101中学）1所，校外培训机构39所。公办幼儿园由1所增加至21所，民办幼儿园从11所增加到36所，普惠性幼儿园覆盖率100%，超过全国平均水平。幼儿入园人数由2229

人增加到 11097 人，增长近 5 倍。兰州新区职教园区入驻 15 所院校，入驻师生超过 10 万人，成为全国最大规模的“工匠摇篮”。医疗卫生由建设之初仅有 3 所乡镇卫生院、70 张住院床位，82 名医生、89 名护士，医疗设备较为简陋，已建成投运三级综合性公立医院 1 家、二级综合性公立医院 1 家，新建和改扩建综合门诊部 1 家、乡镇卫生院 3 家、社区卫生服务中心 4 家、社区卫生服务站 9 家，康复医疗中心 2 家、附属医院 1 家、急救分站 1 家，38 家村卫生室全部实现乡村一体化“七统一”管理。所有基层医疗机构全部达到“优质服务基层行”基本标准。卫生健康系统人员编制由 2016 年的 94 人增加到 2021 年的 537 人，其中高级职称 50 人，中级职称 68 人，每千常住人口拥有执业（助理）医师 2.24 人、注册护士 2.89 人。先后建成甘肃省体育馆、新区体育公园、中川体育公园和 10 个社区体育健身中心等各类体育场地 987 个，新区经常参加体育运动人数达新区人口总数的 43%，“15 分钟健身圈”基本形成，全域人均体育场地面积 3.17 平方米，位居全省前列。截至 2022 年 7 月，新区各类人才资源 14.74 万人，较成立之初增长 52.64 倍；累计新增城镇化就业 22 万人次，培训城乡劳动力 13.86 万人次，累计服务农民工 10 余万人次。2012 年，新区探索开展被征地农民养老保险工作，将当时的 4.08 万名被征地农民悉数纳入养老保险制度保障范围。十年来，被征地农民人均月养老金水平从 684 元提高到 1439 元，增幅 110%。社会保险覆盖范围持续扩大，参保人数从 4.02 万人增加到 14.32 万人，参保企业从 20 家增加到 2399 家。城乡居民基本养老、基本医疗参保率达 98%、99%，困难人群参保资助率 100%。职工和城乡居民基本医疗保险政策范围内住院费用报销比例分别达到 90% 和 70%，群众看病难看病贵问题有效缓解。城市低保和城市特困人员标准分别提高 158% 和 347%；农村低保和农村特困人员标准分别提高 454% 和 494%；孤儿保障标准提高 213%。贫困发生率由 2013 年底的 11.11% 下降至 2020 年底的零，累计减贫 3517 户 14982 人，6 个建档立卡贫困村全部脱贫摘帽。居民主要健康指标总体达到国家平均水平，国家免疫规划疫苗接种率 92.8%，重大传染病报告率、及时率均达 100%。

兰州新区 2011 年 -2022 年社会消费品零售总额及增速

十年培根铸魂，党建引领铸就信仰新区。2022 年，兰州新区有基层党组织 486 个、党员 9872 名，较成立之初分别增长 523% 和 240%。农村、城市社区、机关、国有企业、事业单位、“两新”组织等领域基层党组织从少到多、从弱到强，不断推动基层党组织全面进步、全面过硬。从支部创建到先锋引领，兰州新区始终坚持从政治上考量全局、引领发展，打造区域统筹、资源整合、优势互补、共建共享的“全域党建共同体”，党旗在田间地头、社区网格、项目工地和抗疫一线高高飘扬，树起以实干论英雄的鲜明导向，清廉政府建设凝聚人心，“三严三实”专题教育、“两学一做”学习教育、“不忘初心、牢记使命”主题教育和党史学习教育使广大党员干部信念更坚、定力更强、初心更红、作风更硬。今天的兰州新区，党建引领效应更加凸显，政治生态风清气正，勇创实干蔚然成风，内涵式发展在自我净化、自我革新、自我提高中走深走实。

（杨 莉）

1月

5日 甘肃省人民政府表彰获得第七届省政府质量奖及提名奖的企业和单位。兰州佛慈制药股份有限公司、城关区虚拟养老院在列。

是日 兰州市城关区焦家湾东社区“三四五”工作法提升基层领导力案例入选“2021年度中国基层领导力典型案例”，成为甘肃省唯一入选案例。

9日 中卫至兰州铁路白石一号隧道右线贯通。该隧道全长350米，隧道穿越地层全部为Ⅴ、Ⅵ级围岩，以冲积砂质黄土为主，隧道埋深15~24米，隧道进口端临近兰州市南环路，隧道穿越土层为回填土，隧道出口端仰坡高陡，洞口土层具湿陷性，地质条件较为复杂。隧道于2021年6月24日开始施工，由中国铁路兰州局兰州工程建设指挥部建设管理，中铁二十二局集团承担施工。

10日 第二届环球城市招商引资推介大会发布《中国城市投资吸引力指数报告》，兰州新区蝉联“2021最具投资吸引力新区”。

11日 中国科学院正式发布“中科院2021年度科技创新亮点成果”，兰州近代物理所科研成果“ADS超导直线加速器样机实现百千瓦高功率连续束流稳定运行”成功入选。

12日 兰州市12345政务服务便民热线在第二届全国政务热线发展年会上获得“2021年度优秀管理创新成果案例”。

是日 “金城首席科普专家”聘任仪式在甘肃科技馆举行，33名科技人员入选首批“金城首席科普专家”。

13日 甘肃省自然资源厅与兰州市人民政府签订《落实强省会行动战略共促共建协议》。统筹山水林田湖草沙冰资源，共同为强省会定制发展空间。

14日 省部共建干旱生境作物学国家重点实验室在兰州揭牌，这是兰州市近年来国家级重大平台培育的新突破，为我国西北乃至全国干旱地区作物抗逆、优质、高效生产提供科技支撑。

是日 兰州市法律援助志愿服务队在雁宁路青年之家正式成立。

15日 兰州市与连云港市新时代区域合作发展战略协议签署暨铁海联运班列对开仪式以视频连线方式在兰州、连云港两地同步举行。下午，甘肃省兰州市与江苏省连云港市铁海联运对开班列同时发车，这是兰州至连云港间首次开行铁海联运班列。

17日 兰州银行在深圳证券交易所上市，成为省内第一家A股上市银行。

18日 在全国人社工作会议上，兰州市社保中心、兰州市红古区就业和社会保障服务中心作为全国人社系统优质服务窗口受到表彰。

19日 兰州人力资源服务产业园认定为省级产业园揭牌仪式举行，兰州人力资源服务产业园成为甘肃首家省级人力资源服务产业园。

24日 兰州市被国家民委命名为第九批全国民族团结进步示范区示范单位。

25日 工业和信息化部公布第十批国家新型工业化产业示范基地公示名单，兰州新区丝绸之路西北大数据产业园入园。

30日 科技部火炬中心与中国工商银行联合印发《关于开展科技金融创新服务“十百千万”专项行动的通知》，兰州高新区成为全国首批16家科技金融创新服务中心培育机构之一。

2月

7日 甘肃省教育厅对拟命名的“甘肃省示范性普通高中”和“甘肃省示范性幼儿园”进行公示，兰州市第四中学将升级为省级示范性高中，兰州大学幼儿园、兰州市城关区金色摇篮幼儿园被列入“甘肃省示范性幼儿园”名单。

是日 中国科协办公厅公示2021—2025年全国科普教育基地第一批认定名单，兰州空间技术物理所入选“教育科研与重大工程类”基地。

是日 工业和信息化部发布《国家新型数据中心典型案例名单（2021年）公示》，甘肃兰州丝绸之路西北大数据产业园成功入选，在全省尚属首例。

9日 商务部发布了对全国217家国家级经济技术开发区2021年度综合发展水平考核评价结果排名，兰州经济技术开发区在上年度进步38位的基础上，再次进步18位，实现了近两年综合排名累计提升超50多个位次的成绩。

10日 兰州市推荐报送的《用档案保障一亩三分地权益》案例被国家档案局评选为庆祝建党百年档案资源开发利用“入围案例”。

是日 人力资源和社会保障部公布第五批国家级充分就业社区认定结果，兰州市七里河区西站街道西站东路社区获批国家级充分就业社区。

是日 兰州市商务局和甘肃驻马来西亚商务代表处联合组织举办“兰州—新加坡特色产品供需对接会”。

11日 工业和信息化部评选出2021年“5G+智慧教育”应用试点项目，兰州交通大学的“轨道交通虚拟仿真5G智能交互实验实训平台建设及应用”5G+互动教学项目及兰州理工大学的“基于5G的网络协同制造技术教育培训和推广应用平台”5G+智慧校园项目入围。

是日 永登县“永登七山羊”获国家农产品地理标志。

14日 为庆祝中国墨西哥建交50周年，兰州市在兰州中山桥、鸿运金茂、东湖广场、红楼时代广场等地标建筑点亮墨西哥国旗主色调和中国红，共同展现中墨人民走过半个世纪的友好情谊。

是日 教育部公布第二批“双一流”建设高校及建设学科名单。其中，兰州大学化学、大气科学、生态学、草学4个学科上榜。

是日 兰州市七里河区被命名为全国基层中医药工作先进单位。

15日 经省政府常务会议研究审议，通过兰州市关于变更城关区、安宁区、皋兰县部分行政区域界线变更事项。

16日 兰州市印发第1号总林长令——《关于切实加强林草资源保护工作的令》

17日 科技部火炬中心印发《关于通报国家高新区综合评价结果的通知》，根据公布的2021年国家高新区评价结果，兰州高新区在全国157家国家高新区中位列第53位，较2020年的65位提升12位，排名取得大幅提升。

是日 兰州市首枚全国双色球一等奖诞生，中奖总金额887万余元。

18日 中央宣传部、中央文明办等部门和单位公布2021年度全国学雷锋志愿服务“四个100”先进典型推荐名单，兰州有6名最美志愿者、5个最佳志愿服务组织、3个最佳志愿服务项目、2个最美志愿服务社区入选。

是日 兰州市发布《兰州市“十四五”社会信用体系建设规划》，提出通过五年时间全面打造“信用兰州”，让“信用兰州”成为兰州一张亮丽的名片。

25日 省委、省政府印发《甘肃省知识产权强省建设纲要

（2021—2035年）》，明确兰州要高标准建设国家知识产权强市建设试点示范城市。

3月

1日 《市场主体登记管理条例》正式实施，在兰州市市场监管局政务服务窗口，兰州锦丰祥房地产开发有限公司领取了《市场主体登记管理条例》实施后的兰州市首张营业执照。

2日 兰州市无偿献血工作委员会第一次全体会议在市政府召开。会上通报兰州市自2004年以来连续八届获"全国无偿献血先进市"称号，千人口献血率16.28‰，高于全国平均水平11.1‰。

是日 在全省禁毒工作会议上，七里河区获"2021年度千人县区禁毒工作先进单位"。

3日 中宣部公布第七批全国学雷锋活动示范点和岗位学雷锋标兵名单，共青团兰州市委雁宁路青年之家被评为全国学雷锋活动示范点。

4日 16时18分，一趟载着100台来自阿联酋原装进口汽车的203348次西部陆海新通道铁海联运班列从广西钦州港东站出发，驶向甘肃兰州。这标志着西部陆海新通道"阿联酋—钦州—兰州"进口汽车铁海联运线路顺利开通，这也是我国首列装载阿联酋货物的西部陆海新通道班列。

9日 兰州市首批退役军人、其他优抚对象优待证申领工作全面开启。

10日 兰州确定13家医疗机构在新冠疫情期间承担急危重症患者救治，提供肿瘤放化疗、血液透析、孕产妇及新生儿等医疗服务，为疫情防控期间群众正常就医提供保障。

是日 兰州市第四中学被省教育厅命名为省级示范性高中。

10—11日 西安、兰州、银川、西宁等四市人社部门联合举办"陕甘宁青中心城市人力资源交流协作联盟跨区域网络视频招聘会"。招聘会采取"网络视频双选会+视频面试"的形式，实现投递简历、视频面试和达成就业意向等环节在线上"一站式"进行，有效提高了招聘工作的效率和就业信息化水平。

12日 省政府批复《甘肃（兰州）国际空港发展规划（2022—2035年）》。原则同意《甘肃（兰州）国际空港发展规划（2022—2035年）》。

16日 兰州市"十四五"农业和农村经济发展规划印发实施，提出"三圈""三带""六区"的农业产业发展布局、培育壮大精致农业的八大行动和建设宜居宜业美丽乡村的"三大行动"。

是日 民政部、财政部公布居家和社区养老服务改革试点工作优秀案例名单，兰州市"综合施策精准发力打造兰州特色居家和社区养老服务"案例入选。

20日 兰州新区首单跨境电商"9710"业务成功落地，为兰州新区跨境电商发展、拓展外贸新业态助力外贸企业转跨境电商打下了基础。

是日 中科院近代物理所（兰州重离子加速器国家实验室）被认定为首批中国物理学会科普教育基地。

22日 工业和信息化部公布第十批国家新型工业化产业示范基地名单，甘肃移动"数据中心·甘肃兰州新区丝绸之路西北大数据产业园"入选，这是西北地区首个数据中心国家工业互联网示范基地。

25日 兰州市数字政府应用系统成功割接上线。标志着兰州市数字政府建设取得了阶段性成果，将为推动全市政府决策科学化、行政办公高效化、公共服务便捷化、社会治理精准化提供有力支撑。

28日 国家原子能机构首届季度论坛举办，发布了2021年度核领域十件大事，兰州市近代物理所"强流质子直线加速器实现百千瓦高功率连续束流稳定运行"工作入选。

29日 兰州石化公司年产3.5万吨特种丁腈橡胶装置建设项目实现中期交工。

4月

1日 兰州市印发《兰州市落实强省会战略进一步优化营商环境若干措施（第1号）》，支持企业良性循环、健康发展，激发市场活力，加快推动全市经济社会高质量发展，更好地发挥省会城市的示范带头作用。

2日 兰州市制定印发《兰州市贯彻落实促进服务业领域困

难行业恢复发展若干政策的实施方案》，出台45条纾困措施，帮助服务行业渡难关。

8日 兰州市召开会议专题学习贯彻省委、省政府关于黄河流域兰西城市群甘肃片区生态建设有关会议精神和省政府领导调研指示要求，部署推进兰州市落实工作。

是日 兰州市首批退役军人优待证发放，持证可享受机动车加油、快递邮寄、买机票等优待。

是日 市委直属机关工委组织全市机关党组织开展“学习党章党规党纪”主题月活动，落实推进“清廉兰州”建设，引导广大机关党员干部牢固树立党章意识、纪律意识和规矩意识，切实做到依规依纪依法履职尽责。

13日 《兰州市落实强省会战略进一步优化营商环境若干措施（第2号）》出台优化营商环境“十条措施”，打通重点领域“数据壁垒”，实现政务事项“一网通办”。

15日 兰州市出台《关于做好快递员群体合法权益保障工作的实施方案》，切实保障快递员群体的合法权益。

是日 共青团中央表彰一批全国五四红旗团委（团支部）、全国优秀共青团员、全国优秀共青团干部，兰州市西固区先锋路街道团工委获得“全国五四红旗团委”称号，团甘肃省兰州市安宁区委书记张磊获得“全国优秀共青团干部”称号，第二十八中学2020级学生李晶晶获得“全国优秀共青团员”称号。

18日 兰州市颁布实施《兰州市妇女发展规划（2021—2030年）》《兰州市儿童发展规划（2021—2030年）》。

20日 国家发布《关于表扬2021年度工作突出基层劳动人事争议调解组织的通报》，对首批百家金牌劳动人事争议调解组织活动中的先进单位予以表扬，兰州市轨道交通有限公司获2021年度工作突出基层劳动人事争议调解组织荣誉，成为甘肃省唯一一个获此殊荣的国有企业。

22日 兰州市联合中国人民银行兰州中心支行等五部门出台《关于金融支持强省会行动的意见》，全力支持兰州打造“金融之城”，推动金融更好服务兰州市经济社会高质量发展。

是日 兰州市人民检察院、兰州市公安局举行“侦查监督与协作配合办公室”揭牌仪式。

24日 工信部批准同意在兰州设立国家级互联网骨干直联点，标志着兰州正式成为我国互联网骨干网互联枢纽之一，将具备全国范围网间通信流量疏通能力。

28日 中华全国总工会表彰2022年全国五一劳动奖状和全国工人先锋号获得者，兰州市方大炭素新材料科技股份有限公司、兰州生物制品研究所有限责任公司等两家公司被授予“全国五一劳动奖状”，兰州铭帝铝业有限公司喷涂车间、兰州奇正生态健康品有限公司制剂车间等两车间被授予“全国工人先锋号”。

是日 生态环境部办公厅发布《关于发布“十四五”时期“无废城市”建设名单的通知》，兰州市被列入“十四五”时期开展“无废城市”建设名单。

29日 省水利厅公布全省水土保持目标责任考核结果，兰州市获2021年度全省水土保持目标责任考核“优秀”等次。

5月

2日 兰州新区获批国家2022年中央财政支持普惠金融发展示范区。

6日 甘肃省首个低碳示范产业园在兰州新区正式开园，重点聚焦新材料研发、技术研究、科研成果转化应用，助力全省“碳达峰、碳中和”及全省产业转型升级。

是日 在平安甘肃建设表彰大会上，兰州市获得平安甘肃建设示范市称号，城关区、七里河区被表彰为平安甘肃建设示范县。

9日 兰州市含特殊药品复方制剂电子追溯系统正式建成并投入使用，实现对含特殊药品复方制剂全程追溯和分析预警。

12日 是第111个国际护士节，甘肃省卫健委公布省优秀护理团队和优秀护士名单，对全省60个优秀护理团队、500名优秀护士予以表彰。兰州市6个护理团队50名护士受到表彰。兰州市城关区妇幼保健院护理部护理团队、西固区人民医院发热门诊护理团队、榆中县第一人民医院重症医学科护理团队、兰州市第一人民医院肾病内科透析室护理团队、兰州市第二人民医院普外二科护理团队和兰州市肺科医院内镜介入科护理团队在列。

14日 兰州市开展四级放心粮油供应网络演练活动，检验在粮食应急状态下，四级放心粮油应急保供体系的可行性和操作性。

15日 兰州市2户家庭获第十三届全国五好家庭称号，1户家庭获2022年全国最美家庭称号。

17日 兰州银行个人存款突破2000亿元大关，在全省市场份额排名第二，在兰州市场份额排名第一。

18日 兰州新算力产业示范中心启动仪式暨兰州工业互联网创新中心揭牌仪式在甘肃鲲鹏生态创新中心举行。

18—19日 第五届“中国创翼”创业创新大赛兰州市选拔赛暨“百千万”创业引领工程“创业新秀”选拔活动初赛在兰州人力资源服务产业园举行。

19日 兰州市“一起益企”行动暨中小企业服务月活动启动，围绕“宣传政策、落实政策，纾解难题、促进发展”主题，从宣传、推送、解读、落实4个方面加强政策服务，从创业培训、创新赋能、数字化转型、育才引才、管理咨询、投融资、市场开拓、权益保护8个方面提供专业服务。

20日 兰州石化新建年产3.5万吨特种丁腈橡胶装置建设项目生产出合格产品，实现了装置一次开车成功的目标，也标志着该装置顺利建成投产。

21日 兰州奥体中心迎来建成后首秀，2022年“奔跑吧·少年”活动暨兰州奥体中心体育场测试赛开赛。

23日 甘肃省第十五届运动会首个项目射击比赛在兰州市体育运动学校开赛，揭开了本届省运会的大幕，首日比赛兰州市代表团收获5金2铜。

24日 中国国民党前主席、中华青雁和平教育基金会董事长洪秀柱一行来兰州参访。

25日 在全国公安系统英雄模范立功集体表彰大会上，兰州市公安局2个集体6名个人受到表彰。城关公安分局盐场路派出所被授予全国优秀公安基层单位；市公安局刑警支队电信网络案件侦查大队被授予全国公安机关爱民模范集体。

31日 北京冬奥冠军隋文静、韩聪一行来兰开展“北京冬奥冠军陇原行”活动，传递北京冬奥精神，助力甘肃体育运动。

6月

1日 兰州市线上启动2022年“安全生产月”活动，活动采取线上启动、线上线下互动的方式进行。

2日 全国青年发展型城市建设试点和青年发展型县域试点名单正式公布。兰州市入选全国青年发展型城市建设试点名单，是甘肃省唯一入选城市。

5日 “保护母亲河”世界环境日捡跑公益活动在兰州市中山桥和惠州市东江公园同步举行。

8日 兰州市青年志愿者马立锋获2022年全国向上向善好青年称号。

11日 兰州市社科院授牌第一批兰州市社会科学普及示范基地八路军兰州办事处纪念馆、兰州市图书馆、兰州市博物馆、兰州市城市规划展览馆和兰州文创揭晓产业园5家单位。

13日 省政府公布《关于2021年度甘肃省专利奖励的决定》，兰州市兰州空间技术物理研究所的一种离子推力器栅极组件热形变位移的测量装置等5件专利获一等奖；兰州海红技术股份有限公司的一种交流配电回路监控系统等10件专利获二等奖；兰州电机股份有限公司自动电压调节器等10件专利获三等奖。

是日 兰州市与日喀则市、甘肃（兰州）国际陆港管委会与吉隆口岸管委会分别签订战略合作框架协议，旨在推动新阶段国家“一带一路”建设，加强两市区域协作、文旅产业、商贸物流、口岸经济等领域合作，共同打造新时代改革开放新高地。

14日 兰州市爱国拥军促进会举行成立大会，市退役军人事务局党组书记、局长陈卫当选首任会长。

15日 甘肃省“全民同心反有组织犯罪携手共建平安幸福家园”大型主题宣传活动在兰州举行。旨在扎实做好宣传贯彻《中华人民共和国反有组织犯罪法》各项工作，彻底铲除黑恶势力，推动常态化扫黑除恶在法治化轨道上行稳致远。

是日 兰州市质量基础设施“一站式”服务系统正式上线运行，该系统可为各类企业提供线上标准化、计量、认证认可、检验检测、知识产权、品牌建设质量基础方面政策咨询和信息查询服务，帮助企业找机构、查设备、问政策。

16日 23时31分，西固区（北纬36.19度，东经103.42度）发生3.2级地震，震源深度14千米。

17日 省政府发布《关于表扬2021年和2022年1—5月全省工业和信息化先进企业的通报》，兰州市3户企业被评为全省工业和信息化先进企业，分别是甘肃紫光智能交通与控制技术有限公司、中电万维信息技术有限责任公司、丝绸之路信息港股份有限公司。

20日 兰州市在杭州举行招商引资推介座谈会，本次活动是兰州市抢抓产业转移新机遇、开拓“政、银、企”合作新局面的有效探索，也是东西部地区优势互补、协调发展的一次深度互动。

21日 下午，在兰州外国语高级中学举行“中国兰州—白俄罗斯明斯克结好学校云端交流暨签约仪式”，兰州外国语高级中学与明斯克市第23中学、兰州市第33中学与明斯克市第33中学校长及主要负责人经过交流后，分别签署缔结“百校结好”项目学校协议，正式建立友好合作关系。

24日 兰州市首届文创节暨“百千万”创业引领工程文创项目主题展在兰州创意文化产业园正式开幕，推动文创领域融合互促，吸引和带动更多有创业意愿的人加入文创领域的创业行列。

27日 中国质量协会揭晓2022年国际质量管理小组会议（ICQCC）推荐成果发表交流活动评选结果，国网兰州供电公司安宁智运行QC小组成果《数字化操作移动终端的研制》被中国质量协会授予“优秀级”成果。

是日 出口德国兰州广通12米纯电动公交首车下线。

29日 兰州市召开全市双拥模范城（县）创建工作推进会，对新一轮双拥创建工作进行了再动员、再部署、再推动。提出要把双拥工作摆在重要位置，纳入全市经济社会发展和部队建设的总体规划，持续推进全市新时代双拥工作再上新台阶。

7月

1日 兰州市举行“黄河少年奔跑向未来”2022年新时代兰州好少年先进事迹发布活动。

是日 兰州市将已故离休干部无固定收入遗属参照一般级别离休干部待遇标准报销医疗费用。

是日 兰州市“清廉兰州”主题书画展开幕。

5日 西部新材料产业发展大会在兰州新区举行。来自国内新材料领域的院士专家通过主旨报告、高峰论坛、实地考察等形式，为甘肃及兰州新区发展新材料产业把脉问诊、为行业发展建言献策。

6日 甘肃（兰州）国际陆港—连云港港—尼日利亚首趟纯碱班列开行。

7日 第二十八届“兰洽会”开幕式暨丝绸之路合作发展高端论坛、甘肃2022全球招商大会、2022年央地合作发展座谈会、第九届台商陇上行暨西南西北片台协会长会议、苏陇经贸合作洽谈会、兰西城市群生态建设高峰论坛等系列活动在兰州举行。

8日 第二十八届“兰洽会”陇商座谈会、2022新通道新枢纽建设发展论坛在兰州举行。

25日 兰州新区市政集团绿洲公司组织研发的“园林绿化水车智能取水装置”获批国家实用新型专利。

26日 在第五届数字中国建设峰会上，兰石集团兰石工业物联网平台被评为2022数字中国创新大赛·鲲鹏赛道全国总决赛铜奖。兰石集团系甘肃省唯一入围总决赛的企业，也是全国唯一工业领域获奖企业。

28日 兰州中川国际机场T3航站楼混凝土主体结构封顶，比计划工期提前33天完成全面封顶。

8月

2日 甘肃省首趟中老多式联运回程列车抵达兰州新区铁路口岸，标志着兰州新区中川北站正式接入东南亚泛亚铁路网，开辟兰州新区与东盟国家经贸往来的陆路新通道。

4日 国家知识产权局印发《国家知识产权局办公室关于确定国家知识产权强市建设试点示范城市的通知》，兰州市被确定为国家知识产权强市建设试点城市，试点时限为2022年7月至2025年6月。

10日 生态环境部、国家发改委、工信部、住建部、人民银行、国务院国资委、国管局、银保监会、证监会等九部委联合发布《关于公布气候投融资试点名单的通知》，确定首批23个气候投融资试点城市名单，兰州市被确定为国家首批气候投融资试点城市。

是日 中国音乐家协会交响乐团联盟2022年度会议暨第八届中国乐团艺术管理论坛在青岛开幕，兰州大剧院艺术总监、西北师范大学音乐学院院长、大型舞剧《大梦敦煌》创始人苏孝林获得2022年度中国音乐家协会交响乐团联盟“终身成就奖”。

是日 赛迪顾问发布2022年园区高质量发展百强榜单，兰州高新区入选2022全国园区高质量发展百强榜，是甘肃省开发区首次入榜。

11日 省商务厅发布《关于认定首批“甘肃老字号”的通知》，认定首批“甘肃老字号”企业（品牌）26家，兰州天生园食品工业有限公司、兰州佛慈制药股份有限公司等8家企业（品牌）在列。

12日 兰石重装研制的内蒙古大全多晶硅项目首台国产化N08120材质冷氢化流化床反应器近日完工。该设备装置的成功研制，一举打破了国外企业对这类装置原材料的垄断，在国内多晶硅等新能源装备制造领域再次实现零突破。

16日 文化和旅游部发布《关于公布第二批国家级夜间文化和旅游消费集聚区名单的通知》，兰州创意文化产业园成功入围。

18日 全国绿化委员会、人力资源和社会保障部、国家林业和草原局发布《关于表彰全国绿化先进集体、劳动模范和先进工作者的决定》，兰州市林业局获“全国绿化先进集体”称号。

20日 兰州新区获批国家级新区10周年改革发展座谈会召开。

22日 兰州大学地质科学与矿产资源学院汤庆艳教授获中国地质界青年的最高荣誉奖，中国地质学会第十八届青年地质科技奖——金锤奖，这是甘肃省第三位、兰大首位金锤奖获得者。

29日 兰州调运西兰花、蒜薹、辣椒、洋葱、胡萝卜、白兰瓜等物资51吨，运往西藏日喀则，支援当地群众开展新冠疫情防控。

30日 在全国“人民满意的公务员”和“人民满意的公务员集体”表彰大会上，七里河区人民法院立案庭一级法官豆丽娟、市公安局刑事警察支队电信网络案件侦查大队副大队长张怡获全国“人民满意的公务员”称号，城关区广武门街道办事处获全国“人民满意的公务员集体”称号。

9月

7日 甘肃省第十五届运动会青少年组乒乓球比赛在兰州奥体中心落幕，兰州市代表队共收获1金2银3铜。

是日 银兰高铁中兰段秦王川站工程全面完工，标志着银兰高铁中兰段全线站房进入验收阶段。

是日 “2022中国品牌价值评价信息”发布，兰州百合区域品牌位列2022中国区域品牌价值评价第64位。

是日 在工信部牵头主办的“2022金砖国家工业创新大赛”上，兰石装备公司自主研发的“海洋固定式平台智能钻机系统”项目获大赛优秀奖。

8日 “村里村外”城乡消费融合新零售项目在兰州正式启动，该项目通过甘肃省内各地县特色优质农产品进城，在兰州建立统仓共配中心，逐步建立以兰州市为中心，并向周边延伸的完整电子商务流通体系。

是日 国务院办公厅发布《省级政府和重点城市一体化政务服务能力调查评估报告（2022）》，兰州一体化政务服务能力水平提升至“高”能力水平组别，为2022年度进步较大地区，在西北地区领先。其中，兰州市推行的“小兰帮办”服务品牌作为示范典型在全国推广。

9日 兰州市人民政府采购标讯服务平台在兰州政府采购网开始试运行，开创了全国在政府采购领域线上主动为供应商提供个性化服务的先例。

10日 甘肃省第十五届运动会兰州市火炬传递活动成功举办。火炬传递起跑仪式在华林山烈士陵园举行，活动线路途经七里河、城关两区，经华林路、西津东路、南滨河路、金雁大桥，到达马拉松文化主题公园，全长9.54千米，71名火炬手参加接力传递。

13日 省政府办公厅印发《甘肃省进一步释放消费潜力促进消费增长的若干措施》，支持兰州、天水、酒泉、张掖、庆阳5市培育建设区域（特色）消费中心城市，构建区域消费集聚地。

15日 黄河甘肃（兰州）段防洪工程通过验收，标志着这项国家重大水利工程圆满收官。

是日 市政府与中国铁建股份有限公司签订战略合作框架协议，双方在城市基础设施建设、城市更新改造、装备制造等方面，开展更大范围、更深层次的合作。

17日 甘肃省第十五届运动会在兰州奥体中心主体育场盛大开幕，省、市主要领导出席，1.2万余名观众观看开幕式演出。

18日 甘肃省第十一届残疾人运动会暨第五届特奥运动会在兰州开赛，全省13个市州及甘肃矿区共计14个代表团参赛。

21日 兰石重装研制成功国产化钛板板式热交换器，打破国外技术垄断实现国产化制造。

22日 中国企联等国家协调劳动关系三方四家发布《关于命名全国和谐劳动关系创建示范企业与工业园区决定》，其中兰石集团有限公司、兰州佛慈制药股份有限公司被命名为全国和谐劳动关系创建示范企业。

23日 兰州市12345政务服务便民热线获得全国政务热线服务质量2022年度总体评估优秀单位A级荣誉。

24日 历时4个多月的甘肃省第十五届运动会在奥体中心主体育场圆满落下帷幕。省委副书记、省长任振鹤，省委常委、市委书记朱天舒等省市领导及社会各界观众共3500余人观看演出。甘肃省第十五届运动会共进行44个大项、496个小项、1800余场次比赛，其间成功举办“北京冬奥冠军陇原行”、火炬传递、开幕式、闭幕式四项重大活动。兰州体育健儿获得261枚金牌、514枚奖牌，取得奖牌榜第一的优异成绩，创造了省运会成绩历史最好纪录。

27日 公安部印发《关于命名“全国公安机关执法示范单位”的决定》，兰州市公安局城关分局渭源路派出所获评“全国公安机关执法示范单位”。

是日 甘肃首家科技成果转化“概念验证中心”落户兰州。

29日 兰州至永靖至临夏高速公路项目开工建设，该项目建设工期48个月，估算总投资240.04亿元。

是日 世界知识产权组织发布《2022年全球创新指数报告》，兰州作为中国进入全球百强的21个科技集群之一，首次跻身百强行列。

是日 2022年黄河流域兰西城市群甘肃片区生态建设重点项目集中开工兰州新区分会场仪式举行，兰州新区此次集中开工生态项目共20个、总投资103亿元、年度计划投资30亿元。

29日 由省残联、省体育局主办，兰州市政府承办的甘肃省第十一届残疾人运动会暨第五届特殊奥林匹克运动会，在顺利完成13个大项的比赛后，在兰州新区兰州市体育运动学校圆满落下帷幕。

是日 市委、市政府批准成立兰州市未成年人救助保护中心，明确为公益一类事业单位、正科级建制。

30日 兰州各界向人民英雄敬献花篮仪式在兰州市烈士陵园庄严举行。省、市领导和社会各界人士、学生及民警代表共300余人参加仪式。

10月

3日 首列由伊朗发往兰州的海铁联运回程货运班列驶入兰州新区中川北站铁路口岸，打通了伊朗—兰州海铁联运国际物流新通道。

6日 人民路、定西南路等10处道路停车泊位建成投用。

11日 省人力资源和社会保障厅公布2022年第一批次博士后科研工作站名单，兰州佛慈制药等5家企业榜上有名。

11日 兰州市与日本秋田市通过视频连线的方式，举行缔结友好城市关系40周年活动，共同回顾两市友好交往难忘历程和丰硕成果，签署《兰州市与秋田市2023—2025年交流项目协议书（2023—2025）》。

12日 《小康》杂志社发布“2022年度县市智慧城市百佳样本”，兰州市城关区位列全国47位，成为全省唯一上榜区县。

13日 《甘肃省兰州市国

家储备林建设方案》在北京通过专家论证，获国家林草局批准，标志着兰州市国家储备林项目建设取得突破性进展，进入实施阶段。

15日 兰州高新区首趟1300吨进口大麦中亚班列抵达甘肃，并进行交割。这列来自哈萨克斯坦的班列，标志着兰州高新区高新发展集团正式融入国家“一带一路”建设，打通了兰州高新区国际贸易通道。

16日 交通运输部和国家发改委公布第四批多式联运示范工程创建项目，中吉乌公铁联运服务“中欧班列”国内国际双循环多式联运示范工程入选。

18日 兰州停车设施资源普查复核工作部署会召开，全面开启停车设施资源普查抽样复核工作。

19日 省交通厅将河桥至海石湾高速公路项目列入《甘肃省“十四五”公路水路交通发展规划》，并完成项目方案论证。永登至红古无高速公路的历史将被终结。

是日 国家卫生健康委、全国老龄办命名2022年全国示范性老年友好型社区，兰州新区中川园区新安社区榜上有名。

20日 国家知识产权局主编的《地理标志助力乡村振兴典型案例汇编》出版发行，“兰州百合”成功入选。

24日 2022年全国智慧助老公益行动——兰州站正式启动，引导社区老年人群正确使用数字产品，结合老年人实际需求，探索智慧出行、智慧就医、文化娱乐等形式。

28日 华能兰州热电公司高新区定连园区集中供热项目正式投运。

31日 兰州市与白俄罗斯格罗德诺市建立友好交流合作关系协议书签订仪式以视频连线方式举行。

是日 第七批359名舟曲地质灾害避险搬迁群众入住兰州新区新康村移民安置点。

是日 清傅公路控制性工程桑园子黄河大桥主塔封顶，全面进入主梁施工阶段。

11月

1日 兰州市与白俄罗斯格罗德诺市通过视频连线的方式举行建立友好交流合作关系协定书签订仪式，双方将以此为新起点，进一步密切经贸往来和人文交流，在工业、农业、科技、旅游、卫生等领域开展深度合作，持续加强互动、不断增进友谊，推动更多务实合作成果惠及两市人民。

是日 兰州石化氯化聚乙烯专用料L5200在高密度聚乙烯装置顺利产出，该产品填补了西北地区原料生产空白，稳定保供西北地区下游用户，同时促进了甘肃地区产业链一体化发展。

3日 兰州新区获批国家进口贸易促进示范区。

5日 中兰客运专线秦王川站综合枢纽集散广场项目建成。

6日 新建兰张三四线铁路兰武段新乌鞘岭隧道全面贯通。

12日 兰州西脉记忆合金股份有限公司获评国家级技术创新示范区。

15日 兰州市与乌兹别克斯坦吉扎克市通过视频连线方式，签署建立友好合作关系协议书。

是日 兰州研发的国内首个新型智慧能源单元在埃肯硅材料（兰州）有限公司投入使用，兰州市常态化、精细化、智能化的电力负荷管理系统建设初见成效。

是日 最高人民法院对全国各级法院政治工作中涌现出的先进集体和先进个人予以通报表扬，兰州市中级人民法院政治部被评为人民法院政治工作先进集体。

18日 兰州碳离子治疗系统正式进入临床试验阶段。

是日 兰州市公益志愿者鲁羿江上榜中央文明办发布的2022年第三季度“中国好人榜”。

是日 兰州市退役军人关爱基金会成立。兰州市退役军人关爱基金会是由兰州市退役军人事务局发起成立的地方性公募基金会，主要是发动和汇集社会各方资源，重点对面临特殊困难无法通过现有制度予以保障或现有制度保障后仍有较大困难的退役军人进行帮扶援助。

20日 “兰州拉面师”代言人在全国劳务品牌发展大会视频会上入选“20个全国最具特色劳务品牌形象代言人”，并在全国进行云展示。

是日 省政府办公厅印发《关于认定全省代表性园区的通报》，认定兰州陆港型国家物流枢纽（“一带一路”物流中转中心）

为全省代表性现代物流园区。

21日 工信部中国电子信息产业发展研究院直属机构赛迪顾问《2022生物医药产业园区百强榜》在《财经》杂志首发，兰州高新区生物医药产业园首次荣登百强榜单。

23日 兰州武胜—中川330千伏线路工程实现双回并网运行。

是日 工信部公布2022年度国家小型微型企业创业创新示范基地公示名单，兰州交通大学科技园获批“国家级小型微型企业创业创新示范基地”。

25日 新建银兰高铁中兰段引入兰州枢纽配套工程，顺利完成兰州西站“调改列”工程开通任务。

是日 兰州供电管理项目《“黄河绿电”就地消纳综合产业生态圈打造》首次入选《全球可持续发展商业案例库：绿色低碳典范案例》。

12月

2日 工信部公示2022年度国家级智能制造示范工厂揭榜单位和优秀场景名单，兰州市甘肃德福新材料有限公司锂电池用超薄型电解铜箔入选国家智能制造示范工厂，甘肃中元智能玻璃科技有限公司产线柔性配置和车间智能排产系统入选国家智能制造优秀场景。

5日 工信部发布2022年工业互联网平台创新领航应用案例名单，兰州市中国石油集团西北地质研究所有限公司“基于物联网的油气田生产运行管理创新应用”案例成功入选“数字化管理方向”试点示范。

7日 教育部印发《关于公布国家级职业教育“双师型”教师培训基地（2023—2025年）的通知》，兰州大学被确定为国家级职业教育“双师型”教师培训基地（农业类）。

8日 兰州高新区3名高层次人才入选第三批甘肃省科学技术领域拔尖领军人才，分别为兰州高新区企业兰州肽谷研究院有限公司王珠银教授、兰州空间技术物理研究所成永军研究员、海默科技（集团）股份有限公司潘艳芝正高级工程师。

是日 省文化和旅游厅、省人力资源和社会保障厅、省乡村振兴局联合印发通知，公布2022年度甘肃省级非遗工坊认定结果，28家非遗工坊榜上有名。兰州市皋兰县“软儿梨”“禾尚头”两家工坊成功入选。

8—9日 第五届“活力金城”兰州市人才创新创业大赛成功举办。“光伏用特种环氧固化剂HTDA催化合成工艺及产业化”和“黏土矿物复合锂电池隔膜的开发及产业化”2个项目获一等奖。

14日 兰州新区综合保税区企业服务中心正式成立。

是日 构建“一核三带”发展格局促进文旅融合发展暨文旅企业服务月活动在兰州市马拉松公园正式拉开序幕，全力助推文旅市场复苏回暖。

是日 省文明办发布2022年度“甘肃好人”名单，兰州市的丁鹏、杨德福、鲁羿江、翟丽霞、周玮、魏万强、吕奎、景正红8人上榜。

18日 中国人民政治协商会议兰州市第十五届委员会第二次会议在兰州大剧院隆重开幕。

22日 “海外赤子走进兰州留创园助力创新驱动发展”活动在兰州正式启动。活动邀请各领域资深专家、创业导师为海外归国创业人才问诊把脉、传经送宝。同时还举办了以“投融资实战与技巧”“知识产权规划策略与风险应对”为内容的专题培训。

24日 在全省强工业行动推进大会暨先进企业和优秀企业家表彰大会上，兰州市中国石油天然气股份有限公司兰州石化分公司等23家规上工业企业，以及叶军、吴凯、蔺翻红等14位企业家获得表彰。

27日 以“光荣之旅关爱老兵”为主题的甘肃省困难退役军人医疗保健爱心卡捐赠及兰州市发放仪式在兰州举行。

29日 银兰高铁中兰段（简称“中兰客专”）建成通车仪式在兰州新区秦王川站举行。通车后，从中卫至兰州的客车运行时间由5小时缩短至1个多小时，从银川至兰州客车运行时间由现在的8小时缩短为3小时以内，最快2小时56分可达。

是日 兰州南绕城高速公路金城南“开口子”工程通车运营。工程位于兰州市七里河区八里镇，上接兰州南绕城高速公路，下连S104线。

31日 市民政局完成慈善信

托备案149单，规模合计7.9861亿，慈善信托累计备案数量和资金规模分别在全国排名第二和第三。

是日 全市共注册实名认证志愿者699569人，占全市居民人口总数的16%，其中有时长记录人数383460人，注册登记志愿服务队伍6147个，开展志愿服务项目31312个，累计服务时长977.4万小时。

是日 全面完成省委省政府为民办实事建设乡镇（街道）综合养老服务中心项目，实现全市养老服务设施街道层面全覆盖。

兰州概貌

【位置面积】 兰州市位于北纬35°34′20″～37°07′07″，东经102°35′58″～104°34′29″，地处甘肃省中部，是中国陆地的几何中心。北部和东北部毗邻白银市的白银区和景泰县、靖远县；东部和南部与白银市的会宁县和定西市的安定区、临洮县及临夏回族自治州的永靖县相邻；西南部和西部与青海省民和县相连；西北部与武威市的天祝藏族自治县接壤。全市总面积1.31万平方千米，市区面积1631.6平方千米。

【建置沿革】 兰州历史悠久，旧石器时代晚期，兰州市就有先民居住。夏商周时期，为羌戎居地。秦始皇三十三年（前214年）在置陇西郡榆中县（今东岗镇一带），为兰州地区最早的行政建置。元狩二年（前121年）置金城县（今西固城附近），属陇西郡，得名于"金城汤池"之意。元鼎六年（前111年）置令居县（今永登县城附近），在河桥镇置浩亹县。汉宣帝神爵二年（前60年），在今红古区花庄一带置允街县。西汉在今永登县苦水镇置枝阳县。始元六年（前81年），置金城郡，始领6县，后增至13县，今兰州市境有允街、浩亹、令居、枝阳、金城、榆中6县。十六国时期，前赵、后赵、前凉、前秦、后秦、西秦、后凉、南凉、北凉等占领或相互争夺过金城郡，其中西秦苑川郡曾建都于兰州（今榆中县境）。开皇元年（581年），置兰州，领金城郡。置兰州总管府，为军事建置。唐代，兰州领五泉、广武、狄道3县。广德元年（763年），吐蕃占领兰州，一直到北宋仁宗时期。景祐三年（1036年），西夏在今永登县红城镇置卓罗和南监军司，并占领兰州。元丰四年（1081年）收复兰州，宋与西夏隔黄河对峙。绍兴元年（1131年），金占领兰州。1234年，蒙古汗国占领兰州、金州。洪武二年（1369年），徐达攻取兰州，降兰州为兰县、金州为金县，属临洮府。洪武五年（1372年），改庄浪州为庄浪卫，属陕西行都司。建文元年（1399年），肃王移藩兰县，加强了明朝的统治。成化十三年（1477年），升兰县为兰州。康熙五年（1666年），陕甘分省，兰州为甘肃省会。雍正三年（1725年），改庄浪卫为平番县，属凉州府。乾隆三年（1738年），临洮府移兰州，改称兰州府，兰州改为皋兰县。兰州府领狄道州、河州、皋兰县、渭源县、靖远县、金县。乾隆二十九年（1764年），陕甘总督移驻兰州，管辖今陕西、甘肃、宁夏、青海、新疆。1913年，并兰州府、巩昌府为兰山道，领皋兰、金县等15县；平番县属甘凉道。1919年，改金县为榆中县。1928年，改平番县为永登县。1936年，甘肃划为7个行政督察区，皋兰县直属与省，榆中县、永登县为第一行政督察区所辖。1941年7月1日，将皋兰县城区及近郊16平方千米地面划出，成立兰州市，此后，市区面积不断扩大。1949年7月26日，中共中央批准，中共中央西北局决定设立兰州市（地级市），为甘肃省省会。

1949年8月26日，兰州解放。1950年，兰州市辖9个区和皋兰县，区以序数命名。榆中县属定西专区，永登县属武威专区。1953年，国家把兰州市列为全国重点建设城市，市区面积扩大为450平方千米。1955年，又扩大为540平方千米，辖城关等8个区。1958年，市区扩大为9688平方千米，辖城关等7个区，永登县划入兰州市，改为永登区。1962年，面积缩小为2914平方千米。1963年，恢复永登县，划归武威专区。1970年4月，永登县、榆中县划入兰州市。1985年10月，白银区划出兰州市升格为省辖地级市。

【行政区划】 2022年底，兰州市辖城关、七里河、西固、安宁、红古5区，榆中、永登、皋兰3县，辖14乡，47镇，53个街道办事处，442个社区，731个村。

2022年，根据《甘肃省人民政府关于同意兰州市变更城关区、安宁区、皋兰县部分行政区域界线的批复》，将皋兰县忠和镇的罗官村、忠和村、水源村3个建制村划入城关区，其中罗官村、忠和村2个建制村划入城关区盐场路街道管辖，水源村1个建制村划入城关区青白石街道管辖。将皋兰县九合镇及其所辖全部11个建制村，忠和镇及其所辖的盐池社区1个社区和崖川村、丰登村、平岘村、六合村、盐池村5个建制村划入安宁区。

与2021年相比，2022年全市增加9个社区（安宁区增加科教城社区、学府路社区、枣林西社区、东兴社区、金安里社区、汉唐街社区、文景街社区；七里河区增加马滩南路社区、奥体中心社区），更名3个社区（原皋兰县盐池社区更名为安宁区青年街社区；安宁区原向阳村社区更名为向阳社区、安宁区原枣林路社区更名为枣林东社区）。

2022年全市行政区划设置情况

一、城关区

辖26个街道办事处，157个社区，21个村。

1. 临夏路街道办事处，管辖雷坛河、木塔巷、桥门、付家巷、静安门、西城巷、绣河沿7个社区；

2. 张掖路街道办事处，管辖大众巷、贡元巷、曹家厅、陇西路、山字石、金塔巷6个社区；

3. 白银路街道办事处，管辖正宁路、安定门、徐家巷、西北新村、甘家巷5个社区；

4. 伏龙坪街道办事处，管辖前街、后街、杨家沟3个社区，头营、二营、三营、民族、卓家沟、红沟6个村；

5. 酒泉路街道办事处，管辖中街子、张家园、南稍门、杨家园、畅家巷5个社区；

6. 广武门街道办事处，管辖光辉村、新华巷、黄河沿、民勤街、广后街、大教梁、南城根7个社区；

7. 东岗西路街道办事处，管辖农民巷东、农民巷西、平凉路、天水路、东岗西路、一只船6个社区；

8. 皋兰路街道办事处，管辖郑家台、詹家拐子、榆中街、耿家庄、王家庄、周家庄6个社区；

9. 渭源路街道办事处，管辖兰州大学、科技街、南昌路、南河新村、定西路、宁卧庄6个社区；

10. 雁南街道办事处，管辖滩尖子村、大雁滩村、沙洼河村、张苏滩村、滩尖子、大雁滩、沙

2022年兰州市行政区划设置情况汇总表

单位：个

区/县	乡	镇	街道办事处	社区居委会	村民委员会
城关区	0	0	26	157	21
七里河区	1	5	9	82	59
西固区	1	5	7	71	40
安宁区	0	2	8	64	16
红古区	0	4	3	22	34
永登县	3	15	0	26	240
皋兰县	0	5	0	7	53
榆中县	9	11	0	13	268
兰州市	14	47	53	442	731

洼河、张苏滩、雁宁路、天庆嘉园、南河11个社区；

11. 雁北街道办事处，管辖小雁滩村、宋家滩村、雁滩大桥、雁滩路、雁西路5个社区；

12. 盐场路街道办事处，管辖穆柯寨、盐场堡、小沟坪、草场街村、盐场堡村、上川村、亭子村7个社区，石门沟、忠和、罗官3个村；

13. 草场街街道办事处，管辖庙滩子、大砂坪、草场街、亚太、五一山、砂坪村6个社区；

14. 靖远路街道办事处，管辖徐家湾村、金城关、白塔山、靖远路、西李家湾、朝阳村、九州大道、九州中路、徐家湾9个社区；

15. 团结新村街道办事处，管辖红星巷、定西南路、天水南路、团结新村、天平街、定西二支路6个社区；

16. 铁路东村街道办事处，管辖铁路新村、何家庄、铁路东村、和政东街4个社区；

17. 铁路西村街道办事处，管辖西村、居安、和政西街、牟家庄东、牟家庄北、牟家庄南6个社区；

18. 五泉街道办事处，管辖五泉村、闵家桥、禄家巷、力行新村、和平新村、兰山村6个社区；

19. 火车站街道办事处，管辖红二村、红三村、车站、红山根、红山根东路、红西村6个社区；

20. 拱星墩街道办事处，管辖五里铺村、拱星墩村、范家湾村、段家滩村、东岗东路、拱星墩后街、五里铺东、五里铺西、段家滩东、段家滩西10个社区；

21. 嘉峪关路街道办事处，管辖嘉峪关北路、嘉峪关西路、五里铺、嘉峪关路、排洪南路、排洪沟6个社区；

22. 焦家湾街道办事处，管辖焦家湾东、嘉峪关东、焦家湾、焦家湾南4个社区；

23. 东岗街道办事处，管辖店子街村、东岗镇村、桃树坪、新兴、振兴、雁儿湾、深沟桥、欣欣嘉园8个社区，大洼山、长洼山2个村；

24. 青白石街道办事处，管辖天麓山、云麓山2个社区，碱水沟、大浪沟、石沟、马家沟、青山、白道坪、上坪、杨家湾、青石湾、水源10个村；

25. 高新区街道办事处，管辖均家滩、南面滩、骆驼滩3个社区；

26. 雁园街道办事处，管辖高滩村、北面滩村、刘家滩村、中河、雁东、雁滨、科教城7个社区。

二、七里河区

辖9个街道办事处，1乡5镇，82个社区，59个村。

1. 秀川街道办事处，管辖郑家庄中心坪、穴崖子、秀川、崔家崖、大滩、马滩、银滩花园、郑家庄新、营门滩、奥体中心10个社区；

2. 土门墩街道办事处，管辖河湾堡、土门墩、西津西路、兰通、建西西路、马滩南路6个社区；

3. 西站街道办事处，管辖建西东路、西客站、小西坪、西站东路、西站西路、三角线、武威路、机车厂8个社区；

4. 西园街道办事处，管辖下西园、上西园、林家庄、雷坛河西街、五星坪、工林路、柏树巷、华林山、华林坪、文化宫10个社区；

5. 西湖街道办事处，管辖理工大、兰工坪北街、骆驼巷、梁家庄、小西湖东街、小西湖西街、建工中街、瓜州路、西津桥9个社区；

6. 建兰路街道办事处，管辖建兰路、健康路、王家堡、吴家园、吴家园西街、兰石6个社区；

7. 龚家湾街道办事处，管辖龚家坪西路、龚家坪东路、民乐路、龚家坪北路、武山路、丽苑6个社区；

8. 晏家坪街道办事处，管辖中院、北院、南院、铁路院、西院5个社区；

9. 敦煌路街道办事处，管辖光华街、任家庄街东、任家庄街西、柳家营、郑家庄、金港城、西津7个社区；

10. 魏岭乡，管辖小山口、柳树湾、龙池、白家岘、海家岭、沈家岭、绿化、晏家洼8个村；

11. 黄峪镇，管辖王官营、宋家沟、赵李家洼、中庄、陶家沟、鲁家、张家岭、蒋家湾、尖山、邵家洼、王家庄11个村；

12. 西果园镇，管辖晏家坪、南站2个社区，西津、周家山、堡子、王家坪、上岭、柴家河、西果园、草源、上果园、青岗、鹞子岭、袁家湾、湖滩13个村；

13. 阿干镇，管辖大水子、石门沟、高林沟、中街、烂泥沟、民意6个社区，阿干、坪岭、琅峪、深沟掌、马泉、马场、大沟、大水子8个村；

14. 八里镇，管辖八里窑、岘口子、西园、华林路4个社区，后五泉、五里铺、崖头、八里窑、二十里铺、花寨子、侯家峪、清水营、东果园、岘口子10个村；

15. 彭家坪镇，管辖彭家坪、龚家湾新、彭家坪东路3个社区，王家堡、任家庄、蒋家坪、彭家坪、土门墩、西坪、牟家坪、贾家山、石板山9个村。

三、西固区

辖7个街道办事处，1乡5镇，71个社区，40个村。

1. 西固城街道办事处，管辖西固中路北、西固中路南、合水中路、合水北路、玉门街北、玉门街南、清水桥、兰棉厂、牌坊路9个社区；

2. 先锋路街道办事处，管辖三姓庄、庄浪东路东、庄浪东路西、省建四公司、花园小区、兰平玻璃厂东区、兰平玻璃厂西区、南山、东苑、文化、幸福、山丹街东路、公园路东13个社区；

3. 福利路街道办事处，管辖兰化22街区、兰化25街区、兰化26街区、公园路西、红星、庄浪西路、福利西路、兰铝、山丹街、天鹅湖、福利路11个社区；

4. 四季青街道办事处，管辖西固巷、合水南路、桃园、古城、四季青、马耳山、福源小镇、兰西铁苑8个社区，杏胡台、光月山2个村；

5. 陈坪街道办事处，管辖西固东路、西固中路、福利东路、小坪、陈官营、新滩、东湾、蓝馨花园、福利东路南、天庆新城10个社区，范家坪、孟家山2个村；

6. 西柳沟街道办事处，管辖古浪路、月牙桥、化工街、西柳沟、上坎5个社区，张家大坪、柴家台2个村；

7. 临洮街街道办事处，管辖临洮街中街、临洮街后街、临洮街北街、临洮街前街、清水街、康乐路、寺儿沟7个社区；

8. 金沟乡，管辖小金沟、杨家咀、熊子湾、马家山4个村；

9. 达川镇，管辖达川1个社区，岔路、河咀、吊庄、幸福、上车5个村；

10. 河口镇，管辖河口1个社区，河口、八盘、青杨、石圈、岗镇、咸水、大滩、张家台8个村；

11. 柳泉镇，管辖中坪、东坪、西坪、岸门、漫坡头5个村；

12. 东川镇，管辖东川、新安路2个社区，东河湾、下车、马泉、坡底下、梁家湾、龙爪山6个村；

13. 新城镇，管辖河口南、新维路、新城街、新冶路4个社区，下川、园艺、新联、新合、青春、青石台6个村。

四、安宁区

辖8个街道办事处，2个镇，64个社区,16个村。

1. 培黎街道办事处，管辖向阳、建宁路、培黎、师大、甘铝5个社区；

2. 安宁西路街道办事处，管辖水挂庄、交大、阳光、万里、兰飞、长风、枣林东、费家营、枣林西、东兴10个社区；

3. 银滩路街道办事处，管辖农大、石磊庄、上庄、前庄、宝兴庄、李家庄、乱庄、葛家巷道、银滩路、营门滩10个社区；

4. 刘家堡街道办事处，管辖福兴南、幸福里、马家庄、城院、刘家堡、太和6个社区；

5. 孔家崖街道办事处，管辖水挂庄、廖家庄、刘家庄、王家庄、孔家崖、科苑、科教城、学府路8个社区；

6. 十里店街道办事处，管辖桥头、南街、和平、园艺、保安堡、黄河家园、洄水湾7个社区；

7. 安宁堡街道办事处，管辖桃林路、桃林、河涝坡、东街、南门、黄家滩、东门、红艺、河山郡、金安东、金安里11个社区；

8. 沙井驿街道办事处，管辖齿轮厂、元台子、西沙、景宜家园4个社区；

9. 九合镇，管辖中心、九合、兰沟、高山、钱家窑、头沟、李家沟、三坪、朱家井、曹家湾、金沙11个村；

10. 忠和镇，管辖青年街、汉唐街、文景街3个社区，崖川、丰登、平岘、六合、盐池5个村。

五、红古区

辖3个街道办事处，4个镇，22个社区，34个村。

1. 窑街街道办事处，管辖和平、团结、下街3个社区，红山、大砂、上街3个村；

2. 矿区街道办事处，管辖山根、新跃、跃进、下窑、二坪台5个社区；

3. 华龙街道办事处，管辖复兴、华龙、龙源、龙盛、龙兴、振兴6个社区,下海石1个村；

4. 红古镇，管辖红古1个社区，旋子、王家口、米家台、薛家、水车湾、红古、新建、新庄8个村；

5. 海石湾镇，管辖火车站、大通路、西苑3个社区，海石、虎头崖2个村；

6. 花庄镇，管辖花庄、白土路2个社区，王家庄、洞子、北山、柳家、青土坡、河嘴、花庄、苏家寺、湟兴9个村；

7. 平安镇，管辖平安台、张家寺2个社区，平安、若连、上滩、中和、张家寺、夹滩、复兴、仁和、岗子、新安、河湾11个村。

六、榆中县

辖9乡11镇，13个社区，268个村。

1. 小康营乡，管辖王保营、上彭家营、洪亮营、刘家营、孟家庄、郭家营、李家营、翟家湾、南北关、红寺、永红、窑坡、小康营、浪街、深沟子、徐家峡、范家山17个村；

2. 清水驿乡，管辖东古城、太子营、天池峡、清水、岘坪、赵家岔、杨河、苏家堡、建家营、方家沟、柳树湾、红坪、王家湾、稠泥河、杨家山、孟家山16个村；

3. 中连川乡，管辖刘家岘、陡泉湾、垲坪、黄蒿湾、高家渠、高窑沟、大湾、撒拉沟、中连川、野韭川、鞑靼窑、中庄窠12个村；

4. 园子岔乡，管辖万羊、青碾、小岔、柏木、大岘、金营6个村；

5. 上花岔乡，管辖百禄、上花岔、平湾、王湾、大岔、黑虎子6个村；

6. 哈岘乡，管辖宣家岔、哈岘、仁和、柳树、杨岘、纪尔、张湾7个村；

7. 马坡乡，管辖高家湾、孙家湾、打磨沟、茨坪、小水子、斜路岴、大滩、旋马滩、尖山、马莲滩、上庄、阳岴、白家堡、旧庄沟、河湾、马坡、窑沟、哈班岔、羊上、羊下、后沟、张家寺、太平沟23个村；

8. 龙泉乡，管辖水家坡、张家窑、大坪、李家岔、骡子滩、花寨子、武家庄、银川、水泉湾、庙咀、杨家咀、洞口12个村；

9. 韦营乡，管辖李家坪、韦家营、郭家沟、武家窑、黄家岔、全家岔、孙家岔7个村；

10. 连搭镇，管辖马家岴、麻家寺、秦启营、朱家沟、薛家营、孙家坡、魏家营、乔家营、麻启营、连搭、朱典营、金家营、胡家营、张家坪、魏家沟、寇家沟、肖家咀、石头沟18个村；

11. 新营镇，管辖清水沟、黄坪、祁家河、八门寺、红土坡、刘家湾、桦岭、罗景、窝子湾、杨家营、寨子、新营、谢家营13个村；

12. 贡井镇，管辖套岔岘、贡马井、吕家岘、大坪岴、石台、地湾、古坝、崖头岭、佐堤9个村；

13. 甘草店镇，管辖三墩营、西村、东村、果园、项家堡、钱家坪、咸水岔、车道岭、唐家岔、克涝、蔡家沟、郭家湾、好地岔13个村；

14. 夏官营镇，管辖高墩营、大兴营、詹家营、彭家营、化家营、孙家营、双店子、敬家山、接驾咀、过店子、太平堡、高家崖、夏官营、红柳沟、中河堡、彭家湾、郝家湾17个村；

15. 城关镇，管辖栖云北路、一悟路、兴隆路、文成路、朝阳路、文昌路6个社区，周前、龚家岴、三角城、丁官营、兴隆山、南坡湾、杨家庄、南关、下汉、东湾、城关、北关、大营、金家圈、李家庄、上蒲家、朱家湾、分豁岔18个村；

16. 高崖镇，管辖砂河、关门口、高崖、新窑坡、马家集、小营子、李家磨、裴家岔、树梓沟、马家咀、湖滩11个村；

17. 青城镇，管辖青城、苇茨湾、城河、新民、瓦窑、红岘、三合、上坪、下坪、东滩、红湾、大园子、建亭、改地14个村；

18. 金崖镇，管辖高沿坪、苑川欣城2个社区，大涝池、大耳朵、黄家庄、郭家庄、火家店、金崖、永丰、古城、梁家湾、齐家坪、陆家崖、张家湾、窦家营、寺隆沟、邴家湾、瓦子岘、豆家岘17个村；

19. 定远镇，管辖西平路、金科路2个社区，骆驼巷、冯湾、歇驾咀、董家湾、定远、张老营、蒋家营、猪咀岭、安家营、矿湾、邓家营、陈家沟、水岔沟、转咀子14个村；

20. 和平镇，管辖牡丹园、柳沟河、大青山3个社区，范家营、马家山、豆家山、路口、邵家泉、直沟门、陈家庄、大水洞、方家泉、桑园子、西坪、东坪、袁家营、蔡子山、和平、沈家河、祁家坡、高营18个村。

七、皋兰县

辖5个镇，7个社区，53个村。

1. 石洞镇，管辖城北、城中、城南、三川口4个社区，庄子坪、东湾、中堡、魏家庄、蔡河、豆家庄、文山、涧沟、明星、丰水、阳洼窑11个村；

2. 什川镇，管辖上车、长坡、南庄、北庄、上泥湾、下泥湾、河口、打磨沟、接官亭9个村；

3. 黑石镇，管辖白坡、石青、大横、三和、黑石、和平、白崖、中窑、星湾、红柳、新地11个村；

4. 水阜镇，管辖彬草、涝池、砂岗、水阜、燕儿坪、长川、老鹳7个村；

5. 西岔镇，管辖文曲、火家湾、山子墩3个社区，岘子、团庄、漫湾、陈家井、西岔、铧尖、段家川、五墩、四墩、火家湾、中川、山字墩、赵家铺、窝窝井、新康村15个村。（新区整建制托管）

八、永登县

辖3乡15镇，26个社区，240个村。

1. 坪城乡，管辖白土咀、满塘、中塘、坪城、歇地沟、横沟、高家湾、火石洞、英鸽咀9个村及未移交天祝的长山河、井儿沟、三岔、小砂沟4个村；

2. 民乐乡，管辖细沟、普贯、前庄、卜洞、铁丰、柏杨、八岭、玉泉、西川、清泉、红岭、南沟、漫水、中川、先锋、井滩、黑龙、绽龙、下川、安仁、小有、宽沟、大湾23个村；

3. 七山乡，管辖庞沟、长沟、官川、苏家峡、地沟、前山、鱼盆、雄湾、岢岱9个村；

4. 通远镇，管辖牌楼、晓林、上坪、边岭、团庄、青岭、临平、捷岭、张坪、涝池10个村；

5. 柳树镇，管辖复兴、牌路、涧沟、柳树、营儿、黑城、山岑、李家湾、康家井、韩家井、孙家井、清水、红砂川、教场14个村；

6. 城关镇，管辖东街、西街、南街、北街、新城区5个社区，北街、南街、北灵观、高家湾、五渠、满城6个村；

7. 武胜驿镇，管辖屯沟湾1个社区，武胜驿、富强堡、新民、霍家湾、道顺、黑林、石门岘、聂家湾、火家台、金嘴、烧炭沟、向阳、兑角、奖俊埠、三庄、缸子沟、兰草、马荒、石家滩、五端、长丰、大利、旅顺23个村；

8. 中堡镇，管辖金城、北坪台2个社区，五里墩、塘土湾、中堡、汪家湾、清水河、罗城滩、大营湾、何家营、鲁家庄、邢家湾10个村；

9. 中川镇，管辖西槽、彩虹城、瑞岭、兰石家园、宗家梁、保税区、祥和景苑、新舟、方家坡、栖霞、经纬印象、新安、吉利家园、瑞利14个社区，西槽、何家梁、华家井、廖家槽、陈家井、赖家坡、兔墩、宗家梁、芦井水、平岘、方家坡、倒水塘、元山、北坪、红玉、周家梁、尖山庙、史喇口、陈家梁19个村；（新区整建制托管）

10. 连城镇，管辖铁家台1个社区，浪排、连城、东河沿、淌沟、丰乐、永和、牛站、明家庄8个村；

11. 河桥镇，管辖南关、连铝2个社区，河桥、南关、马莲滩、团结、马军、乐山、七里、蒋家坪、四渠、鳌塔、主卜11个村；

12. 红城镇，管辖宁朔、永安、华山、徐家磨、野泉、下河、进化、凤山、玉山9个村；

13. 上川镇，管辖黄茨滩、红井槽、五联、砂梁墩、甘露池、四泉、古联、达家梁、祁联、苗联、天山、涝池滩、下古山、上古山、东昌15个村；（新区整建制托管）

14. 树屏镇，管辖树屏、上滩、毛茨、刘家湾、东沟、杏花、崖头、哈家嘴8个村；

15. 大同镇，管辖郭家墩、王家坪、北同、南同、泉水沟、高岑、安山、新农村、青寺、保家湾、贾家场、跌马沟、长川13个村；

16. 苦水镇，管辖周家庄、大沙沟、寺滩、苦水街、转轮寺、沙湾、胡家坝、大路、十里铺、下新沟、上新沟、新屯川12个村；

17. 秦川镇，管辖小横路1个社区，五道岘、炮台、尹家庄、西小川、保家窑、华家井、胜利、六墩、源泰、石门沟、小横路、新园、建新、振兴、薛家铺、榆川、龙西、东川、新昌、西昌、红星21个村；（新区整建制托管）

18. 龙泉寺镇，管辖福山、瑞芝、胡家湾、龙泉、水槽沟、河西、杨家营、费家湾、童家窑、长涝池、大涝池、花园、碱柴井、土门川、官路沟、深沟16个村。

【地形地貌】　兰州市位于陇西黄土高原的西部，是青藏高原向黄土高原的过渡地区。境内大部分地区为海拔1500～2500米黄土覆盖的丘陵和盆地。石质山地是祁连山的余脉，分布在市境的南北两侧。榆中县南部和永登县西北部的石质山地海拔都在3000米以上，其中马啣山海拔3670米、奖俊埠山主峰海拔3455米、兴隆山海拔3021米，自然植被垂直分布，有云杉林、油松林、辽东栎林、山杨林，以及灌丛。兰州地势西部和南部高，东北低，黄河自西南流向东北，横穿全境，切穿山岭，形成峡谷与盆地相间的串珠形河谷。峡谷有八盘峡、柴家峡、桑园峡、大峡、乌金峡等；盆地有新城盆地、兰州盆地、泥湾—什川盆地、青城—水川盆地等。还有湟水谷地、庄浪河谷地、苑川河谷地、大通河谷地等。

兰州呈南北两山夹峙地形，市区东西狭长，约30千米，南北最窄处，仅5000米左右。海拔1530米到1580米。

【气候状况】 兰州属温带大陆性气候，冬无严寒，夏无酷暑。气象灾害主要有干旱、暴雨洪涝、冰雹、大风等。2022年，年内冷暖起伏大，入春偏早。全市年平均气温9.1℃，全年平均气温偏高。全市年平均总降水量287.3毫米，全年平均雨（雪）日数（降水量≥0.1毫米）兰州62天、榆中81天、皋兰54天、永登97天。全市平均总日照时数2374.3小时。年平均风速1.7米/秒，无霜期172天。全市平均相对湿度45.3%。

【自然资源】 2022年底，兰州市（含兰州新区负责调查，汇总在永登县、皋兰县的数据）耕地390.63万亩；种植园用地26.92万亩；林地222.12万亩；草地1065.42万亩，城镇村及工矿用地112.49万亩；交通运输用地35.22万亩；水域及水利设施用地13.4万亩；湿地5.73万亩。兰州市共发现和查明矿产37种，矿产地179处，其中能源矿产2种，为煤炭和地热。煤炭共12处，大型4处，小型8处，查明资源储量66635万吨；地热小型1处，查明资源储量2160万立方米。非金属矿产主要为水泥用灰岩、冶金用石英岩、电石用灰岩、玻璃用石英砂、芒硝等。其中水泥用灰岩13处，大型3处，中型1处、小型9处，查明资源量31502万吨；冶金用石英岩8处，大型1处，小型7处，查明资源量5745万吨。水泥配料用板岩中型1处，查明资源储量2767万吨。玻璃用石英砂小型3处，查明资源储量98万吨。芒硝中型1处，查明资源储量202万吨。矿泉水中型1处，查明资源储量50立方米/日。其他小型非金属及金属矿产资源储量及开采规模均较小，砂石土类矿产资源丰富，分布及开采主要在永登县、皋兰县和榆中县。

全市共有陆生野生脊椎动物4纲28目83科427种，其中国家重点保护动物82种。国家Ⅰ级保护动物17种（哺乳类6种，鸟类11种）；国家Ⅱ级保护动物65种（哺乳类11种，鸟类54种）。

市境内拥有全国重点文物保护单位10处（包括长城），省级文物保护单位40处，市县级文物保护单位109处，各类文物遗存点861处（古遗址458处；古建筑204处；古墓葬67处；近现代重要史迹和代表性建筑111处；石窟寺及石刻15处；其他6处）。博物馆29家，藏品18987件。国家级非遗保护项目4个、省级非遗保护项目36个，国家级非遗保护基地4个。A级景区40家，其中4A级景区7家，分别是：兰州兴隆山景区、兰州青城古镇景区、兰州水车博览园景区、兰州市安宁区仁寿山生态文化旅游景区、兰州市皋兰县什川世界第一古梨园景区、兰州市永登县兰州吐鲁沟公园景区、兰州市七里河区石佛沟景区。

【人口民族】 2022年末，兰州市常住人口441.53万人，比上年末增加3.1万人。其中，城镇常住人口371.18万人，比上年末增加4.83万人；乡村常住人口70.35万人，减少1.73万人；城镇人口占全市常住人口的84.07%，比上年末提高0.51个百分点。常住人口中，男性人口226.87万人；女性人口214.66万人，人口性别比105.69（以女性为100）。全年出生人口2.91万人，人口出生率6.61‰；死亡人口2.63万人，人口死亡率5.98‰；人口自然增长率0.64‰。从年龄段情况看，0～15岁人口64.2万人，占全市常住人口的14.54%；16～59岁的劳动年龄人口295.83万人，占全市常住人口的67%；60岁及以上人口81.5万人，占全市常住人口的18.46%，其中65岁及以上人口56.12万人，占全市常住人口12.71%。从各区县人口数据来看，兰州新区2022年末常住人口32.85万人，人口自然增长率0.64‰，城镇人口比重60.67%；城关区2022年末常住人口150.21万人，人口自然增长率1.34‰，城镇人口比重98.78%；七里河区2022年末常住人口72.12万人，人口自然增长率0.97‰，城镇人口比重87.69%；西固区2022年末常住人口41.22万人，人口自然增长率0.49‰，城镇人口比重91.85%；安宁区2022年末常住人口47.21万人，人口自然增长率0.66‰，城镇人口比重100%；红古区2022年末常住人口14.41万人，人口自然增长率2.08‰，城镇人口比重76.06%；永登县2022年末常住人口26.95万人，人口自然增长率–1.09‰，城镇人口比重49.02%；皋兰县2022年末常住人口9.33万人，人口自然增长率–0.92‰，城镇人口比重59.11%；榆中县2022年末常住人口47.23万人，人口自然增长率–0.85‰，城镇人口比重52.68%。人口增加的区县有兰州新区、城关区、七里河区、西固区、安宁区及红古区，其中兰州新区常住人口净增2.85万人，仍为兰州市人口主要的增长极。

2022年，兰州市有51个少数民族，少数民族人口151099人。其中，男性72875人；女性78224人。

（张永萍　周晓霞　詹玉辉　孙天罡　蒿　荣）

“五位一体”建设

【政治建设】　紧扣迎接党的二十大、学习宣传贯彻党的二十大精神这条主线，中共兰州市委全面加强党的政治建设，把提高“政治三力”摆在突出位置，引领党员干部在“强省会”具体实践中学习运用“六个必须坚持”立场观点方法，在自觉贯彻党章中忠诚捍卫“两个确立”、坚决做到“两个维护”。切实加强党的全面领导。坚持把党的全面领导作为各项事业发展的根本保证，充分发挥市委总揽全局、协调各方的领导作用，完善落实市委常委会议事规则和市委书记专题会制度，集体研究解决事关兰州发展全局的重大问题。及时审议和专题听取市人大常委会、市政府、市政协、市法院、市检察院党组的重要事项和工作汇报，支持人大、政协和“一府一委两院”依照宪法和法律、章程积极开展工作，推动党领导经济、党管干部、党管人才、党管意识形态，以及党对统一战线、政法工作的领导真正落到实处，确保兰州各项事业始终沿着正确政治方向勇毅前行。夯实“两个维护”思想根基。坚持把学懂弄通做实习近平新时代中国特色社会主义思想作为做好工作的基本前提，完善落实市委常委会会议“第一议题”学习制度，市委理论学习中心组召开专题学习会议16次。及时制定学习宣传贯彻党的二十大精神的《实施方案》和《实施意见》，召开2次市委常委会（扩大）会议和4次市委常委会会议，并利用疫情防控日调度会机制，分专题、分章节先学一步、学深一层，市级领导深入各自联系点进行宣讲，引领带动全市各级紧紧围绕“三个全面”学思用，自觉运用“六个坚持”知信行，切实把党的二十大精神贯彻到“强省会”具体行动中。持续推进党史学习教育。认真贯彻党史学习教育常态化部署，聚力“推进深度融合、加强主题学习、夯实基层支部、深化文明实践、用心办好实事”。利用建党101周年时机举办党政领导干部专题读书班，重温习近平总书记“七一”重要讲话和党的十九届六中全会精神，推进落实省第十四次党代会部署，引导党员干部牢记党的根本宗旨，弘扬伟大建党精神，大力推行“现场工作法”，用重振兰州辉煌这个最大同心圆砥砺聚精会神、奋斗追赶的精神品质，持续增强“躺不下”的使命感、“卷不了”的约束力，有效凝聚系统推进兰州实现高质量发展的强大合力。统筹推进“四强”行动部署。牢牢把握省第十四次党代会赋予兰州“五大中心”的“一核三带”重要定位，深刻领会“四强”行动的本质要义和实践要求，坚持每周调度推进，加强与省上对接合作，在充分调研和广泛协商基础上，聚焦重构“强省会”空间、生态、开放、治理新格局，着力重塑枢纽、产业、科技、改革新优势，以项目化、工程法为基本策略，研究制定贯彻落实“四强”行动系列实施方案，统筹省会首善资源，强力推进攻坚突破，持续提升兰州首位度、开放度及城市综合竞争力，不断增强在全省整体发展中的集聚和辐射带动作用。

（市委办公室）

【经济建设】　以非常之举应对非常之难，注重政策靠前发力，精准落实国务院“33条”、省政府“53条”稳经济一揽子政策和接续措施，制定兰州市“93条”责任清单，着力培育增长点、抓好关键点、补上薄弱点，克服多重不利因素稳住经济发展基本盘。全年实现生产总值3343.5亿元、增长0.8%。其中，第一产业增加值65亿元，增长5%；第二产业增加值1150.8亿元，下降2.9%；第三产业增加值2127.8亿元，增长2.4%。固定资产投资下降3.5%。社会消费品零售总额1598.2亿元，下降9.1%。一般公共预算收入221亿元，同口径增长-7.8%。城乡居民人均可支配收入分别达到45277元和17178元、增长4.7%和6.1%。狠抓项目稳投资。坚持把项目建设作为抓经济发展的核心工作，紧紧围绕国家重大政策支持领域，谋划实施项目1360个、总投资1万亿元。向上对接争取中央预算内资金27亿元、地方政府专项债券资金266.39亿元、开发性金融工具基金额度58.45亿元，拉动163个项目开工建设。创新模式推进“云上”招商，与中国铁建、京东集团等企业签订战略合作框架协议，新对接落地央地合作项目13个，新引进产业项目162个。承办第28届“兰洽会”，签约项目105个。完成省外项目到位资金1000亿元以上。全力加快项目建设，组织开展全市重大项目集中开工动员活动，创新实施团队管理、前期攻坚和“三个清单”等工作机制，推动1283个新建续建项目开复工，完成年度投资497.9亿元。挖潜增效稳消费。积极应对新冠疫情冲击，多措并举扩内需、促消费，获批建设全国城市一刻钟便民生活圈试点和国家骨干冷链物流基地，启动建设“村里村外”城乡消费融合统仓供配中心。持续开展“千企纾困”行动，制定贯彻落实促进服务业领域困难行业恢复发展若干措施，分类实施减税降费、房租减免、社保缓缴、援企稳岗、金融支持等惠企政策，向上争取疫情专项补贴资金0.64亿元，为各类商户减免租金0.91亿元，协调助企贷款0.75亿元。举办“乐享消费·惠购陇原”等促销活动500余场次，推出“悠游兰州”精品旅游产品，促进线上线下消费融合，组织全市电商企业参加“第四届双品网购节”等线上销售活动，预计实现网络零售额665亿元以上，增长9%。加强合作稳外贸。抢抓共建“一带一路”最大机遇，高水平推进双向开放，与白俄罗斯格罗德诺市、乌兹别克斯坦扎克市签订友好关系协议，与日本秋田市共同庆祝缔结友城40周年，新设立外商投资企业12家，合同利用外资额1.12亿美元。支持佛慈制药、海默科技等企业“走出去”，参加各类展会展销活动，开展境外商标注册、产品认证、技术合作，持续扩大国际市场。拓展跨境电子商务综合试验区建设成果，落地首单“9710”通关业务，新增备案企业22家，建成运营加纳特马市8000平方米海外仓，全年跨境电商交易额增长70%。兰州新区获批国家进口贸易促进创新示范区。常态化运营“兰州号”国际货运班列，新开通伊朗海铁联运回程和中亚玉米进口班列，累计发运304列、货值3.91亿美元，全年实现进出口总额160亿元、增长13%。优化环境稳预期。注重以营商环境优化助力经济恢复，制定《优化营商环境办法》，出台优化营商环境若干措施1-9号文件，以流程再造、提升服务为切入点，全面实行523项改革举措，实施指标攻坚、政策落地等专项行动，进一步释放政策红利，稳住发展预期。全域创建全国社会信用体系建设示范城市，建成运行“金城营商”满意度平台，政务服务实施清单持续向优调整，“小兰帮办”服务品牌作为示范典型在全国推广。积极申报要素市场化配置改革试点，推行“标准地”出让、“用地清单制”，实行“一枚印章管验收”，打造审批最快城市，工程项目平均审批时限压缩至30个工作日以内。全方位推进“信易贷”场景应用，发布金融产品267款，为各类市场主体放款71.43亿元。

（王言斌）

【文化建设】 深入推进文化体制改革，持续推动华夏文明传承创新区、国家文化和科技融合示范基地建设。谋划国家文化公园建设，建立“黄河国家文化公园”项目库，推动“数字长城甘肃博物馆”建设，皋兰县什川镇黄河古梨园景观改造等3个项目获得省级国家文化公园建设项目预算投资350万元。推动文化事业发展，做好乡村文化振兴工作制定《2022年兰州市乡村文化振兴工作方案》，做好646家农家书屋的调研和检查工作，组织开展兰州市2022年“我的书屋·我的梦”农村少年儿童阅读实践活动，推选榆中县夏官营镇高墩营村农家书屋管理员景正红当选2022年全国“乡村振兴十大阅读推广人”、2022年度“甘肃好人”。撰写《兰州市文艺精品创作调研报告》，支持创作电影《我心向上》《黄河少年》；举办“黄河母亲之歌”优秀歌曲征集活动，征集推广《天下黄河》《黄河兰州》等一批优秀歌曲。举办“书香陇原·爱兰州爱阅读”全民阅读暨第十八届读书节、“文化进万家”传统文化进基层等文化惠民活动百余场，组织公益电影放映2568场次，人民群众文化自信持续增强。

（王文涛）

【社会建设】　多措并举稳定就业。创新开展“一十百千万”就业创业服务提升行动，以创建青年发展型城市为契机，着力抓好高校毕业生等重点群体就业工作。全面落实稳就业各项政策，发放稳岗返还、一次性留工补助和“陇原惠岗贷”资金8.29亿元，惠及职工103.84万人。新增城镇就业7.75万人，输转劳动力25.25万人、实现劳务收入71亿元。持续加强社会保障。健全多层次社保体系，强化社保兜底功能，城乡低保标准分别提高8%和10%，延续社保降费缓缴政策，减免失业保险费4.8亿元、缓缴社会保险费1.11亿元。发放各类救助资金5.88亿元。不断加大教育供给。全面落实“双减”政策，推进“智慧教育”示范区建设，有序推进北京八中高中部、甘南实验中学项目，完成东郊学校未来城市分校等10所中小学新建改扩建，知行中学、兰州实验幼儿园航天分园投入使用，全市新增学位1.2万个。稳步优化医疗服务。开展“平安医院”创建工作，推进妇幼健康行动，医养结合机构服务质量不断提升。稳步扩大公共医疗资源供给，开工建设国家肿瘤区域医疗中心，加快实施省市共建公共卫生应急救治中心项目，加强县域医学中心和危急重症救治中心建设，建成投用省康复医院新区分院和省人民医院新区分院重大疫情救治基地，创建144个省级卫生乡镇和卫生村。全面发展文体事业。广泛开展全民健身活动，推进“我忆兰州好”文化惠民工程。兰州奥体中心全面投用，成功举办北京冬奥冠军陇原行活动和甘肃省第十五届运动会，提振了全市人民自豪感和精气神。稳慎防范各类风险。聚焦城市运行薄弱环节，系统提升应急处置能力，开工建设国家西北区域应急救援中心。大力开展燃气安全、危化品、自建房等领域专项整治，着力抓好防汛抗旱减灾工作，有效化解高风险机构金融和市属国有企业债务风险，皋兰县农信社、榆中浦发村镇银行实现“退高摘帽”，兰州建投公司未出现刚性兑付违约。抓好“保交楼”项目建设，解决29.9万套已售城镇住宅历史遗留“登记难”问题。积极创建国家食品安全示范城市。抓好安全生产专项整治三年行动，稳妥处置各类突发安全事件，全市安全生产四项指标持续下降，安全形势总体平稳。全力打造“平安兰州”。充分发挥“社工委”机制优势，扎实开展市域社会治理现代化试点工作，持续完善社会治安防控体系，常态化推进“五清行动”和扫黑除恶斗争，严厉打击电信网络诈骗等违法犯罪活动，建设智慧安防小区310个，刑事案件立案数、治安案件受理数分别下降24.9%和26.5%。

（王言斌）

【生态文明建设】　2022年，兰州市全面加强生态文明建设，生态文明体制改革加快推进，生态环境质量持续改善。在全省率先制定《兰州市深入打好污染防治攻坚战行动方案》，细化提出117项具体落实举措，深入打好蓝天、碧水、净土保卫战。大气环境质量方面，全市达标天数301天，同比增加5天，优良天数比例82.5%，空气质量综合质量指数4.46，同比下降6.3%，大气污染治理取得历史性、里程碑式突破，六项污染物首次达到国家二级标准，兰州市正式迈入空气质量达标城市行列。水环境质量方面，黄河兰州段干、支流国控、省控断面水质达标率100%，出境断面水质稳定达到二类，县级及以上饮用水水源地水质达标率100%，城区8条黑臭水体无返黑返臭情况。土壤环境质量方面，土壤环境安全稳定，全市重点建设用地安全利用有效保障，受污染耕地安全利用率稳定在90%以上。全市未发生突发环境事件，生态系统稳定，环境应急能力稳步提升。

履行生态环境保护责任。坚决扛牢“先发力，带好头”的政治责任，从严落实领导干部生态文明建设责任制，严格实行党政同责、一岗双责。始终将生态环境保护工作纳入重要议事日程，市委、市政府多次召开市委常委会会议、市政府常务会议、专题会研究部署生态文明建设工作。将生态文明建设情况纳入领导班子考核内容，组织开展全市生态环境保护专题培训，将生态文明建设内容纳入公务员网络培训，切实提高党员干部生态文明意识。立足新发展阶段，印发《兰州市“十四五”环境保护规划》，深入推进生态文明建设，以生态环境高水平保护系统推进兰州实现高质量发展。

推进生态环境保护督察整改。中央第一轮环保督察方面，涉及兰州市21项问题，全部完成整改；中央第二轮生态环境保护督察组督察意见涉及兰州市25项问题，完成整改23项，剩余2项正在稳步推进；836件环境信访案件，全部办结。省级环保督察方面，涉及兰州市53项问题，完成整改50项，其余3项正在推进；省环保督察交办305件环境信访投诉案件全部办结。

实施兰西城市群生态建设行动。结合兰州市实际编制《黄河流域兰西城市群（兰州）生态建设实施方案》。成功举办“兰西城市群生态建设高峰论坛”，与西宁市等8个市州共同签署《兰西城市群生态建设战略合作协议》。做好兰西城市群生态建设项目支撑，谋划兰西城市群（兰州）生态建设重点项目，梳理项目43个，总投资621.9亿元，其中18个项目纳入省级重点项目库。

推进能耗“双控”向碳排放“双控”转变。全面启动碳达峰碳中和“1+N”政策体系编制，制定《兰州市关于完整准确全面贯彻新发展理念做好碳达峰碳中和工作的实施意见》《兰州市碳达峰实施方案》，成立兰州市碳达峰碳中和领导小组，组建工作专班推动落实“双碳”各项工作任务。

生态文明建设试点创建。借助国家EOD模式试点契机，积极谋划、向上争取，黄河流域兰州段白塔山生态环境综合治理工程被确定为全国第二批生态环境导向的开发（EOD）模式试点。全力推进气候投融资试点建设。8月，生态环境部等九部委将兰州市列为全国首批气候投融资试点城市，相关工作正在稳步推进。加快推进“无废城市”建设，编制完成《兰州市“无废城市”建设实施方案》，确定47个目标指标和6个方面的关键任务，统筹推进“无废城市”试点建设。

系统精细贯彻河湖林长责任。建立健全“河湖长+检察长+警长+志愿者”联动模式，在全市设置1381名河湖长的基础上，设置河湖检察长、河湖警长，同时在全市重要河洪沟道设立260余名志愿者。林长制方面，出台《关于建立司法协作机制助推林长制深入落实的实施方案》，推动林长制与检察、公安工作有效衔接，构建林草资源保护发展新格局。制定出台《兰州市林长制考核办法（试行）》，明确了“十四五”期间兰州市林长制考核对象、原则、内容、方式等。

持续完善生态文明建设机制体制。印发《兰州市关于加快构建现代环境治理体系的实施方案》，推动构建党委领导、政府主导、企业主体、社会组织和公众参与的现代环境治理体系。支持西固区和兰州鑫源现代农业科技开发有限公司开展生态产品价值实现机制试点，探索多元化生态产品价值实现路径。构建兰州市GEP（绿色GDP）核算框架，探索建立绿色GDP核算体系。经测算，全市2020年度GEP3577.19亿元，单位面积GEP2710.42万元/平方千米，是同期GDP的1.24倍。落实环境污染强制责任保险、环境信息依法披露、自然资源资产离任审计和耕地保护情况专项审计调查等制度。

切实保障新冠防控期间生态环境安全。坚持慎终如始，紧盯医疗废物（废水）规范化收运、处置，医疗废水和城镇污水处理厂尾水消杀等重点环节，做到重点场所医废“日产日清”。2022年疫情期间，累计规范收处医疗废物1万余吨，全市医疗废物、医疗污水的处理处置平稳有序，各污水处理厂出水水质达标，未发现因疫情防控影响环境安全和因医废导致二次传播的情况。

（赵紫楠）

国家政策方针的落实

【黄河流域生态保护和高质量发展】 制定出台《兰州市“十四五”黄河流域生态保护和高质量发展实施方案》《兰州市“十四五”黄河流域生态保护和高质量发展实施方案重点任务、重要政策、重大工程清单》以及《兰州市黄河流域生态保护和高质量发展规划两年行动方案（2022—2023年）》。建立《兰州市黄河流域生态保护和高质量发展规划》重大项目储备库，逐年推进《规划》重大项目落实。制定《2022—2023年兰州市黄河流域生态保护和高质量发展重大项目清单》。梳理凝练形成了一批成熟度高，带动性强，可于2022—2023年实施项目398个、总投资4478亿元。2021年以来，兰州市共计争取黄河高质量发展资金10.11亿元，其中争取中央、省预算内资金5.86亿元，支持黄河支流宛川河流域生态修复（一期）项目、兰州市城区（城关区、七里河区）雨污水管道分流工程、城关区伏龙坪垃圾场环保治理项目一期工程等7个项目建设。争取黄河专项奖补资金4.25亿元，支持湟水河—大通河交汇段生态环境综合治理项目一期、皋兰山农村饮水提升项目、智慧黄河（兰州段）精细化监测建设项目等15个项目建设，充分发挥资金撬动作用，用项目支撑生态保护和高质量发展，确保“一河清水送下游”。

【兰西城市群生态建设】 共谋划兰西城市群（兰州）生态建设项目42个，总投资约588.8亿元，其中申报中央预算内项目6个，争取资金6.15亿元，申请国家专项债项目3个，争取资金4.3亿元。启动编制《城关安宁北拓片区控制性详细规划》《城关安宁北拓片区产业发展专项规划》等15个规划。推进湟水—大通河交汇段生态环境综合治理，黄河干流兰州段防洪治理，省门第一道，湟水河流域红古段、庄浪河流域永登段水污染防治，呢嘛沙沟、雷坛河等53条河洪道综合治理等项目建设，着力构建兰西生态廊道。红古、民和共同推进万亩高原绿色蔬菜基地、万亩青贮玉米饲料种植产业园等项目建设。红古、民和共建千头奶牛标准化规模养殖基地完成项目选址，建成标准化规模养殖场24家。支持鑫源有机农业、绿源蔬菜储运、伊利乳品加工等17家农产品深加工企业与青海企业合作发展。兰州市属7家公立综合医院分别与西宁市对口医院签订合作协议，成功开展远程会诊；红古区与民和县开通跨省医保结算网络直报，实现即时结算。兰州职业技术学院等职业学校与西宁市第一职业技术学校等职业学校建立了合作交流关系。兰州、西宁实现公积金互认互贷、提取使用住房公积金。兰州、西宁实现流浪乞讨救助安置接收和残疾人两项补贴资格认定的“跨省通办”。

【西部大开发战略】 制定印发《兰州市新时代推进西部大开发形成新格局年度工作要点》《兰州市高质量融入“一带一路”建设年度工作要点》《兰州市推进兰西城市群建设重点工作任务》《兰州市加快推进县域经济高质量发展实施方案》《兰州市优化营商环境工作实施意见》等相关文件，进一步细化任务分工、靠实工作责任，确保各项工作有序推进。签署《兰西城市群对外开放领域交流合作协议》《兰西城市群新型智慧城市建设领域合作备忘录》等相关合作框架协议，牵头起草了与甘南、陇南、白银、定西、临夏等市州的合作框架协议，切实推动区域协同发展，为深入推进新时代西部大开发形成新格局奠定了坚实基础。

【融入“一带一路”建设】 制定印发《兰州市“一带一路”建设2022年工作要点》《兰州市贯彻落实习近平总书记在第三次“一带一路”建设座谈会上重要讲话精神重点任务清单》《兰州市“十四五”深度融入共建“一带一路”加快构建全面开放新格局的实施方案》。为推进粤港澳大湾区、兰州两地经济社会的深入合作，构建“陆海内外联动、东西双向循环”的开放合作新格局，在与“广东省大湾区办”充分沟通衔接的基础上，起草了《兰州市人民政府广东省大湾区办共同助推粤港澳大湾区（内地）与兰州市深化合作框架协议》，并通过市政府常务会议审议通过，该框架协议的合作内容现已纳入《甘肃省人民政府广东省人民政府经济社会发展合作框架协议》。完成《关于防范化解“一带一路”建设投资风险有关工作落实情况的汇报》《关于2022年推动中欧班列稳定畅通运行落实措施的报告》并上报省领导小组办公室。配合连云港市发改委完成“一带一路”陆桥行相关调研工作，并组织兰州市相关部门、企业，围绕提升中欧班列运量、通关便利化、多式联运、项目合作等方面进行座谈交流。根据市委、市政府安排，协调陪同58集团来兰考察。

（杨雅文）

“清廉兰州”建设

【管党治党政治责任落实】 坚决执行《党委（党组）落实全面从严治党主体责任规定》，推进全面从严治党向基层延伸，努力提升政治生态本底水平。全市共处理落实全面从严治党不力问题223起，问责党组织43个、党员干部291人。督促市级领导以身作则严肃严格党内政治生活，弘扬伟大建党精神，坚定勇于自我革命，示范带动全市各级党组织和广大党员干部在经常性政治体检中锤炼党性。切实强化政治监督，建立和落实“一把手”和领导班子监督季度评估制度，推动监督常在、形成常态。

【攻坚型干部队伍锻造】 注重在稳住经济、防住疫情等重大任务一线发现识别干部，使用表现突出的县、科级干部539名、调任社区书记72名，基层干部团结奋斗的精神状态进一步提振。坚定落实后继有人根本大计，通过“纪律性培养、带职级培养、压担子培养、多经历培养、上挂职培养、传帮带培养、专业化培养”7种模式，推动干部能上能下，系统构建年轻干部“选育管用”常态化全链条工作机制。继续着力换届后党政干部跟进式培养，全覆盖完成十九届六中全会精神集中轮训。系统推进“萃英计划”，持续建设“雁阵型”人才格局。

【统筹加强基层组织建设】 部署建立“街道统筹型”基层治理体制，持续完善“社工委”运行机制，持续增强基层党组织的政治功能和组织功能。依托小区党员阵地，衔接机关党建，打造8小时以外的“驻留小区、守护社区”党员先锋阵地，有力促进机关党建与基层小区党建的“家国融合”。坚持“党支部+合作社”集体经济发展路径，建强乡村振兴骨干队伍，98.6%的村集体收入达到5万元以上。破题新业态基层党建，推动互联网、快递、网约出行等行业领域实现党组织全覆盖，正向引领新就业群体由“管理变量”转换成为“治理能量”。

【持续锤炼清廉干部作风】 着眼于贯彻中央八项规定精神新规矩、破形式主义官僚主义顽瘴痼疾，及时修订完善细则办法，斩断由风及腐变异链条。全年查处形式主义官僚主义问题475件697人，查处享乐主义奢靡之风122件152人。持续推进为基层减负，以市委、市政府名义发文、召开全市性会议分别同比减少29.2%、12.8%，清理解散各类非必要网络工作群1455个。坚守政治巡察定位，开展十四届市委第一、第二轮巡察。坚持严的基调，一体推进“三不”，全年处置问题线索2963件，立案960件，处分801人，移送检察机关50人。

（市委办公室）

“四强”行动落实

【“强省会”行动落实】 充分衔接“十四五”发展目标，谋深抓实“强省会”重点任务，先后与省发改委、省公安厅等省直部门签订强省会框架协议，强力推进攻坚突破。抢抓国家政策机遇，获批建设国家气候投融资试点城市、全国青年发展型城市、“无废城市”、国家知识产权强市建设试点城市等多个政策平台。聚焦打造国家“双循环”新发展格局战略支点和贯彻总体国家安全观战略支点，围绕建设“四区”“五中心”“七样板”，紧紧扭住枢纽、产业、科技、生态、安全等重点领域，加快实施兰州石化“减油增化”、兰西城市群生态廊道等“强省会”重大带动项目，积极推进与巴西航空等合作建设临空产业基地，充分运用国家互联网骨干直联点建设国家新兴产业示范基地，加快推动军民融合发展建设战区级战勤保障基地。

【“强科技”行动落实】 深化“兰白两区”建设，聚焦打造综合性国家科学中心，谋划推进兰州科学城项目。与上海张江、粤港澳大湾区深化中医药、新能源合作，对接实施重点项目69个，协力攻克钍基熔盐泵、均三甲苯原料生产“卡脖子”技术，共建科技成果转化基地。持续挖掘创新潜力，组建兰州石化科技创新中心，成立区域产业技术创新联盟。探索建立关键技术联合攻关、校产学研联席会议制度，设立“青年科技人才创新专项”，新认定高新技术企业121家、入库科技型中小企业788家，创新策源地城市升档进位，首次跻身全球创新百强科技集群城市。

【“强工业”行动落实】 聚焦重振“兰州制造”，大力实施规模以上工业企业倍增计划，统筹推进中车西部修造基地、兰石智能制造等64个传统产业改造项目，系统服务众宇氢能产业园、信创新算力等92个新兴产业重点项目，加快构建绿色制造体系。七山300兆瓦等光伏发电和坪城95兆瓦等风电项目基本建成，兰州新算力产业示范中心揭牌运营，西北首个国家新型工业化产业示范基地数据中心落户兰州。新增规上工业企业60家，创建省级绿色工厂7户、数字车间29户，甘肃博瑞等3户企业通过两化融合贯标评定。

【“强县域”行动落实】 因地制宜推进错位发展，实施金川科技城、酒钢产业园、华建金石新型材料产业园等“强县域”重点项目，加快打造红古工业复兴先行区、永登生态乡村实践区、榆中全域生态创新标杆区、皋兰共同富裕示范区。以建设梨韵什川、甘味树屏等10个城乡融合示范镇为引领，系统推进县域补短板强弱项工作，北滨河西路延线河口段全线贯通，市区、和平、定连至榆中通勤圈初步形成，大通河永登段、湟水河西固段防洪治理工程全面完成，榆中、皋兰被确定为全省重点发展示范县。

（王言斌）

重要会议

【中国共产党兰州市代表会议】 4月23日召开。会议选举兰州市出席省第十四次党代会代表52名，通报2022年一季度全市经济社会发展情况，系统推进二季度重点工作。

会议强调，要突出外防输入，从严贯彻疫情防控总策略，压紧压实“四方责任”，持续稳固来之不易的疫情防控总体成果。会议部署，要强化稳字当头，从紧落实稳中求进总基调，坚持以“强省会”行动战略为引领，统筹推进强科技、强工业、强县域，继续做好“六稳”“六保”工作，全面落实助企纾困政策措施，推动重大项目建设，全力补回疫情损失，努力实现上半年经济社会发展目标任务“双过半”。

会议要求，要夯实基层基础，从细推进社区善治总要求，持续提升拓展“社工委”政治功能，深化运用“小兰帮办”，深入推进“社区善治在行动”，依法依规推进住宅历史遗留“登记难”问题，坚决防范遏制重特大生产安全事故。建设清廉兰州，守护政治生态“兰州蓝”。

会议号召，要担当先锋模范，从实践行群众方法总路线，积极引导全市各级党代表和全体党员牢记初心使命，注重群众方法，走实群众路线，埋头苦干，勇毅前行，为党的二十大和省第十四次党代会胜利召开奠定稳中求进的发展环境和安全稳定的社会环境。兰州市236名党员代表出席会议。

中国共产党兰州市代表会议决议

（2022年4月23日中国共产党兰州市代表会议通过）

会议选举产生52名兰州市出席省第十四次党代会代表。名单如下：（按姓名笔画排序）

马爱荣（女）	王正祥	王立山
王志锋	王彦群	毛玉铎
冯月旺	朱天舒	刘凤恒
刘世英（女）	刘兰香（女）	孙　洋（女）
孙　裕	牟怀斌	把祖平
芮文刚	严振德	苏晓方
李玉娥（女）	李东新	李　萍（女）
杨　芳(女,回族)	杨建忠	何　伟（女）
何　洁（女）	汪继峰	张文利
张平香（女）	张永才	张贞祥
张伟文	张泽武	张虹艳（女）
范玲芳（女）	罗　佳	周莹荃（女）
段廷智	姜　波（女）	桂惠元
贾正晞	郭　佳（女）	黄宝树
崔承惠（女）	康　石	蒋雪梅（女）
韩立荣（女）	曾晓燕（女）	谢　莹（女）
雷　声（满族）	蔚　倜（女）	潘　喆
薛　蕾（女）		

【中国共产党兰州市第十四届委员会第二次全体会议】 1月14日召开。出席全会的有市委委员51人、市委候补委员10人，市纪律检查委员会委员列席会议。全会由市委常委会主持。全会通过兰州市出席中国共产党第二十次全国代表大会代表候选人推荐人

选。全会深入学习习近平总书记在省部级主要领导干部学习贯彻党的十九届六中全会精神专题研讨班开班式上的重要讲话精神和贯彻落实中央和全省党史学习教育总结会议精神，认真总结全市党史学习教育成效，通报市委常委会党史学习教育专题民主生活会情况，系统部署推进全市党史学习教育常态化长效化和新冠疫情常态化防控工作。

【中国共产党兰州市第十四届委员会第三次全体会议】 4月8日召开。出席全会的有市委委员50人、市委候补委员10人。全会由市委常委会主持。全会确定兰州市出席省第十四次党代会代表候选人预备人选，审议通过《关于召开中国共产党兰州市代表会议的决定》。

【中国共产党兰州市第十四届委员会第五次全体会议】 8月21日召开。中国共产党兰州市第十四届委员会第五次全体会议召开，出席全会的有市委委员55人、市委候补委员9人。市纪委委员列席会议。全会由市委常委会主持。全会听取和讨论了朱天舒受市委常委会委托所作的工作报告，研究分析了上半年全市经济社会发展、新冠疫情防控和“清廉兰州”建设情况，安排部署下半年工作。全会审议通过市委常委会工作报告。

【2022年市委常委会会议】

2022年市委第十四届常委会议一览表（部分）

会议	时间	主要内容
第6次	1月11日	传达学习习近平主席二〇二二年新年贺词，传达学习习近平总书记在全国政协新年茶话会上的重要讲话，安排部署贯彻落实工作；传达学习省委书记尹弘在指导市委常委会党史学习教育专题民主生活会时的讲话精神，安排部署贯彻落实工作；审议《兰州市关于深化应急管理综合行政执法改革的实施方案（审议稿）》；听取市人大常委会党组关于召开市十七届人大常委会第一次会议有关情况的汇报
第7次	1月13日	传达学习习近平总书记在省部级主要领导干部学习贯彻党的十九届六中全会精神专题研讨班开班式上的重要讲话精神，安排部署贯彻落实工作；听取市政府党组关于全市保障粮食安全工作情况的汇报，审议《兰州市保障粮食安全行动实施意见（审议稿）》（套开市委农村工作领导小组会议）；审议《2021年度市管领导班子和领导干部考核工作方案（审议稿）》；审议《中国共产党兰州市第十四届委员会第二次全体会议建议方案》；听取市委组织部关于党的二十大代表候选人推荐人选有关情况的汇报
第8次	1月14日	审议《中国共产党兰州市第十四届委员会第二次全体会议决议（草案）》
第9次	1月24日	传达学习习近平总书记在2022年世界经济论坛视频会议的演讲精神，传达省十三届人大六次会议和省政协第十二届委员会第五次会议精神，安排部署贯彻落实工作；听取市政府党组关于全市春运安全保畅工作情况的汇报；审议《中共兰州市委常委会贯彻中央八项规定实施细则的实施办法（审议稿）》《中共兰州市委巡察工作规划（2022-2026年）（审议稿）》《兰州市领导班子2021年度工作总结（审议稿）》；传达省委办公厅《关于兰州新区违规开发土地有关问题及其教训警示的通报》；听取关于党的二十大代表候选人初步人选再次酝酿情况的汇报
第10次	1月27日	传达学习习近平总书记在中共中央政治局第三十六次集体学习时的重要讲话精神，安排部署贯彻落实工作；传达学习习近平总书记在中国共产党第十九届中央纪律检查委员会第六次全体会议上的重要讲话精神，集体学习《中国共产党纪律检查委员会工作条例》，传达省纪委十三届六次全会精神，听取市纪委关于我市贯彻落实意见的汇报；听取市纪委关于召开市纪委十四届二次全会有关情况的汇报，审议市纪委十四届二次全会《工作报告（审议稿）》；审议《兰州市推进监督资源贯通协同工作办法（试行）》（套开市委审计委员会会议）；听取2021年全市公安工作情况汇报，安排部署2022年重点工作
第11次	2月7日	传达学习习近平总书记在2022年春节团拜会上的重要讲话，安排部署贯彻落实工作
第12次	2月14日	学习中共中央办公厅、国务院办公厅《地方党委和政府领导班子及其成员粮食安全责任制规定》，审议《省委第一专项巡视组涉粮问题专项反馈意见整改方案（审议稿）》
第13次	2月21日	传达学习习近平总书记在中国同中亚五国建交30周年视频峰会上的讲话，安排部署贯彻落实工作；传达学习习近平在北京2022年冬奥会欢迎宴会上的致辞；听取市人大常委会党组关于市第十七届人民代表大会第二次会议有关事项的汇报；审议《兰州市人大常委会2022—2026年立法规划（草案）》；听取市政府党组关于新一代信息技术与制造业融合发展工作的汇报
第14次	2月26日	传达学习《中共中央国务院关于做好2022年全面推进乡村振兴重点工作的意见》，传达学习省委农村工作会议精神，审议《关于加快发展精致农业做好2022年全面推进乡村振兴重点工作的实施意见（审议稿）》，听取市委农村工作领导小组办公室关于全市全面推进乡村振兴以及春耕备耕工作情况的汇报（套开市委农村工作领导小组第二次会议）

续表

会议	时间	主要内容
第 15 次	3 月 7 日	传达学习习近平总书记在中共中央政治局第三十七次集体学习时的重要讲话精神，传达学习习近平总书记在中央党校（国家行政学院）中青年干部培训班开班式上的重要讲话精神，传达学习习近平总书记在审阅中央政治局委员等述职报告时提出的重要要求，安排部署贯彻落实工作
第 16 次（扩大）	3 月 10 日	调度推进疫情防控工作
第 17 次	3 月 13 日	传达学习习近平总书记关于疫情防控工作的重要指示精神，传达学习全国新冠肺炎疫情防控工作电视电话会议精神，传达学习省委书记尹弘、省长任振鹤在调研兰州疫情防控工作时的指示精神和全省新冠肺炎疫情防控工作调度会议精神，传达省新冠肺炎疫情联防联控领导小组办公室督办要求，安排部署贯彻落实工作
第 18 次（扩大）	3 月 14 日	传达学习十三届全国人大五次会议和全国政协十三届五次会议精神，传达学习省委常委会（扩大）会议精神，安排部署贯彻落实工作；传达学习省委常委会（扩大）会议精神，听取全市疫情防控以及有关专责组工作情况汇报，安排部署下一阶段疫情防控重点工作
第 19 次	3 月 20 日	书面学习 2020 年 1 月 25 日中共中央政治局常务委员会会议精神以及 2022 年 3 月 17 日中共中央政治局常务委员会会议精神，书面学习《习近平关于统筹疫情防控和经济社会发展重要论述选编》；书面传达中共中央政治局委员、国务院副总理孙春兰在吉林调研时的讲话精神，听取市政府党组关于贯彻落实国务院联防联控机制电视电话会议精神情况的汇报
第 21 次	3 月 28 日	传达学习习近平总书记对东航客机坠毁作出的重要指示以及李克强总理作出的批示，听取市政府党组关于我市近期安全生产工作情况的汇报；听取市政府党组关于我市疫情防控“外防输入”工作情况的汇报，调度推进全市疫情防控工作；审议《中共兰州市委关于推进清廉兰州建设的意见（审议稿）》；审议《中共兰州市委 2022 年政党协商计划》；审议第十批全国民族团结进步示范区示范单位建议名单；审议《中国共产党兰州第十四届委员会第三次全体会议建议方案》
第 22 次	4 月 6 日	学习贯彻习近平总书记在参加首都义务植树活动时的重要指示精神，听取市政府党组关于全市生态绿化重点工作情况的汇报，安排部署贯彻落实工作
第 23 次	4 月 8 日	听取市政府党组关于贯彻落实省委副书记、省长任振鹤来兰调研兰西城市群生态建设工作时指示精神情况的汇报；审议《中国共产党兰州市第十四届委员会第三次全体会议决议（草案）》
第 24 次	4 月 11 日	学习贯彻习近平总书记在出席北京冬奥会冬残奥会总结表彰大会上的重要讲话，听取市政府党组关于甘肃省第十五届运动会筹备进展情况以及兰马赛事延期举办处置进展情况的汇报，安排部署贯彻落实工作；学习贯彻习近平总书记对党的建设研究工作作出的重要指示，传达学习全国、全省组织部长会议精神，听取市委组织部关于我市贯彻落实意见的汇报；学习《信访工作条例》，听取市信访工作联席会议关于全市近期重点信访工作情况的汇报；传达学习中央全面深化改革委员会第二十四次会议和省委全面深化改革委员会第十七次会议精神，书面通报市委全面深化改革委员会 2021 年工作情况，审议《中共兰州市委全面深化改革委员会 2022 年工作要点》（套开市委全面深化改革委员会第十五次会议）；审议《兰州市产业链链长制工作方案（审议稿）》，听取市政府党组关于调减兰州科技发展集团有限公司涉及地方政府隐性债务余额有关事宜的汇报（套开市委财经委员会第十四次会议）
第 26 次	4 月 13 日	学习贯彻《习近平关于社会主义生态文明建设论述摘编》，学习 2022 年 04 月 11 日《人民日报》文章《习近平的人民情怀》，安排部署贯彻落实工作；听取市政府党组关于全国高等教育自学考试考务组织和疫情防控工作情况的汇报
第 27 次	4 月 18 日	学习贯彻习近平总书记在海南考察时的重要讲话精神，安排部署贯彻落实工作；学习《习近平外交思想学习纲要》《中央外办关于通报 2022 年对外交往工作和大型活动安排总体原则事》以及省委外事工作委员会第四次全体会议精神，书面汇报 2021 年全市外事工作情况，审议《中共兰州市委外事工作委员会 2022 年工作要点》（套开市委外事工作委员会第四次全体会议）；传达学习全国巩固拓展脱贫攻坚成果同乡村振兴有效衔接暨乡村振兴重点帮扶县工作推进会会议精神，听取市委农村工作领导小组办公室关于全市巩固拓展脱贫攻坚成果同乡村振兴有效衔接工作情况的汇报；学习《中共中央国务院关于加快建设全国统一大市场的意见》，听取市政府党组关于贯彻落实《中共中央、国务院关于新时代加快完善社会主义市场经济体制的意见》情况的汇报；听取市人大常委会党组关于召开市十七届人大常委会第三次会议有关事项的汇报；审议《关于进一步强化安全生产责任落实全力防范遏制生产安全事故的具体措施（审议稿）》
第 28 次	4 月 20 日	传达学习省委书记尹弘在调研我市国有土地上已售城镇住宅历史遗留“登记难”问题化解情况时的指示和讲话精神，安排部署贯彻落实工作；审议《中国共产党兰州市代表会议建议方案》
第 29 次	4 月 23 日	学习贯彻习近平总书记在博鳌亚洲论坛 2022 年年会开幕式上发表的主旨演讲，安排部署贯彻落实工作；传达省纪委主要领导在兰州调研时的指示精神，听取市纪委关于我市贯彻落实意见的汇报；听取市政府党组关于一季度全市经济运行分析以及推进落实实现二季度“双过半”目标方案的汇报
第 30 次	4 月 29 日	学习贯彻 4 月 29 日中共中央政治局会议精神，安排部署贯彻落实工作；学习贯彻习近平总书记在中国人民大学考察时的重要讲话精神，听取团市委关于中国共产主义青年团成立 100 周年系列活动情况的汇报，安排部署贯彻落实工作；学习贯彻中央财经委员会第十一次会议精神，听取市政府党组关于全市全面加强基础设施建设工作情况的汇报，审议《加快建设交通强国兰州方案》（套开市委财经委员会第十五次会议）

续表

会议	时间	主要内容
第31次（扩大）	5月6日	集体学习2022年5月5日中共中央政治局常务委员会会议精神
第32次	5月9日	学习贯彻习近平总书记在十九届中共中央政治局第三十八次集体学习时的重要讲话精神，安排部署贯彻落实工作；学习贯彻习近平总书记重要文章《坚持走中国特色社会主义法治道路，更好推进中国特色社会主义法治体系建设》
第33次	5月16日	重温习近平总书记在中央经济工作会议上的重要讲话，学习贯彻省委财经办《中央财经委员会第十次会议涉及地方相关问题的分析和建议》以及省政府性债务管理领导小组办公室、省纪委机关《关于对个别地方和单位违法违规举债融资问题问责处理情况的通报》，听取市政府党组关于1—4月全市经济运行情况的汇报；学习贯彻中共中央办公厅、国务院办公厅《关于推进以县城为重要载体的城镇化建设的意见》，听取永登县、榆中县、皋兰县关于强省会、强县域工作进展情况的汇报
第35次	5月23日	学习贯彻习近平总书记在庆祝中国国际贸易促进委员会建会70周年大会暨全球贸易投资促进峰会上的重要讲话，安排部署贯彻落实工作；学习贯彻省委十三届十六次全会精神以及市州委书记座谈会精神
第36次（扩大）	5月31日	传达省委书记尹弘在省第十四次党代会上代表中国共产党甘肃省第十三届委员会的报告精神；传达省委书记尹弘在中国共产党甘肃省第十四次代表大会闭幕会上的讲话精神和《关于中国共产党甘肃省第十三届委员会报告的决议》精神；传达《关于中国共产党甘肃省第十三届纪律检查委员会工作报告的决议》和中国共产党甘肃省第十四届纪律检查委员会第一次全体会议精神、中国共产党甘肃省第十四届委员会第一次全体会议精神
第37次	6月13日	学习贯彻5月27日中共中央政治局会议精神、习近平总书记在中共中央政治局第三十九次集体学习时的重要讲话、习近平总书记在四川考察时的重要讲话精神，安排部署贯彻落实工作；听取市政府党组关于第二十八届中国兰州投资贸易洽谈会筹办进展情况的汇报、关于落实强省会战略进一步优化营商环境若干措施（第2号）效果评价情况的汇报
第38次	6月21日	学习贯彻6月17日中共中央政治局会议精神，学习贯彻习近平总书记在中共中央政治局第四十次集体学习时的重要讲话精神，安排部署贯彻落实工作
第39次	6月27日	学习贯彻习近平总书记在金砖国家工商论坛开幕式上的主旨演讲、习近平总书记在金砖国家领导人第十四次会晤上的讲话、习近平总书记在全球发展高层对话会上的讲话，安排部署贯彻落实工作；学习贯彻《中共中央办公厅印发〈关于推动党史学习教育常态化长效化的意见〉的通知》以及《省委办公厅印发〈关于推动全省党史学习教育常态化长效化的若干措施〉的通知》，审议《关于推动全市党史学习教育常态化长效化的实施方案（审议稿）》；听取市政府党组关于全市食品药品安全工作的汇报
第40次	7月4日	学习贯彻习近平总书记在湖北武汉考察时的重要讲话精神、习近平总书记在庆祝香港回归祖国25周年大会暨香港特别行政区第六届政府就职典礼上发表的重要讲话，安排部署贯彻落实工作；听取市政府党组关于应对近期连续高温天气情况的汇报
第41次	7月17日	通报近期全市疫情防控工作；安排部署全市汛期防汛工作
第44次（扩大）	7月28日	学习贯彻习近平总书记在省部级主要领导干部“学习习近平总书记重要讲话精神，迎接党的二十大”专题研讨班上的重要讲话精神；调度推进全市疫情防控工作
第45次（扩大）	7月29日	学习贯彻习近平总书记在省部级主要领导干部“学习习近平总书记重要讲话精神，迎接党的二十大”专题研讨班上的重要讲话精神，学习贯彻7月28日中共中央政治局会议精神，学习贯彻省委常委会会议精神；调度推进全市疫情防控工作
第46次（扩大）	7月30日	学习贯彻习近平总书记在中央政治局第四十一次集体学习时的重要讲话精神；调度推进全市疫情防控工作
第47次	8月1日	学习贯彻习近平总书记在中央统战工作会议上的重要讲话精神，听取市委统战部关于我市贯彻落实意见的汇报；学习贯彻习近平总书记在新疆考察时的重要讲话精神、习近平总书记在党外人士座谈会上的重要讲话精神，安排部署贯彻落实工作
第48次（扩大）	8月5日	学习贯彻全省党政主要领导干部会议精神
第49次	8月8日	学习贯彻全国、全省宣传部长电视电话会议精神，听取市委宣传部关于我市贯彻落实意见的汇报
第50次（扩大）	8月17日	学习贯彻《信访工作条例》，省委副秘书长、省信访工作联席会议办主任、省信访局局长作辅导讲解
第52次	8月21日	听取各组第一召集人关于学习讨论和审议情况的汇报
第53次	8月22日	传达《中共中央办公厅转发〈中央宣传部、中央组织部关于认真组织学习《习近平谈治国理政（第四卷）》的通知〉的通知》，学习贯彻《习近平谈治国理政（第四卷）》，安排部署贯彻落实工作；学习贯彻习近平总书记在辽宁考察时的重要讲话精神，安排部署贯彻落实工作；学习贯彻习近平总书记对机关事务工作作出的重要指示精神，听取市政府党组关于我市机关事务工作情况的汇报

续表

会议	时间	主要内容
第 54 次	8 月 29 日	学习贯彻中央全面深化改革委员会第二十六次会议精神，学习贯彻中共中央政治局常委、全国人大常委会委员长栗战书在我市调研黄河保护法立法时的讲话和指示精神，安排部署贯彻落实工作；审议《兰州市深入推广福建省三明市经验进一步深化医药卫生体制改革的实施方案》（套开市委全面深化改革委员会第五次会议）；听取市政府党组关于落实强省会行动进一步优化营商环境若干措施（第 4、5、6 号）效果评价情况的汇报，审议《兰州市优化营商环境办法（草案）》《兰州市知识产权强市建设实施纲要（2021—2035）》，听取市政府党组关于全市知识产权强市建设工作进展情况的汇报
第 55 次	9 月 5 日	学习贯彻 8 月 30 日中共中央政治局会议精神，安排部署贯彻落实工作；听取市政府党组关于落实强省会行动进一步优化营商环境若干措施（第 7 号）效果评价情况的汇报
第 56 次	9 月 13 日	学习贯彻 9 月 9 日中共中央政治局会议精神、中央全面深化改革委员会第二十七次会议精神（套开市委全面深化改革委员会第六次会议）、习近平总书记对四川甘孜泸定县 6.8 级地震作出的重要指示精神以及李克强总理批示精神，安排部署贯彻落实工作；听取市政府党组关于全市防灾减灾救灾工作情况的汇报、关于我市今冬明春供暖准备工作进展情况的汇报、关于落实强省会行动进一步优化营商环境若干措施（第 8 号）效果评价情况的汇报
第 57 次	9 月 13 日	学习贯彻习近平总书记在上海合作组织成员国元首理事会第二十二次会议上的讲话，学习贯彻《习近平谈治国理政》第四卷，安排部署贯彻落实工作；书面学习习近平总书记在哈萨克斯坦媒体、乌兹别克斯坦媒体发表的署名文章；学习贯彻省委人大工作会议精神，听取市人大常委会党组关于我市贯彻落实意见的汇报
第 58 次	9 月 26 日	学习贯彻习近平总书记 9 月 19 日对做好安全生产工作作出的重要批示，学习贯彻省委书记尹弘在省委常委会会议上关于做好全省安全生产和当前重点工作的讲话，安排部署贯彻落实工作，研究推进全市近期安全生产以及社会稳定工作；学习贯彻《习近平谈治国理政》第四卷，学习贯彻中共中央办公厅《推进领导干部能上能下规定》，安排部署贯彻落实工作
第 60 次	10 月 8 日	学习贯彻习近平总书记在参观“奋进新时代”主题成就展时的重要讲话精神，学习贯彻《习近平谈治国理政》第四卷，安排部署贯彻落实工作；听取市政府党组关于全国社会信用体系建设示范城市创建工作进展情况的汇报
第 61 次	10 月 14 日	学习贯彻党的十九届七中全会精神，安排部署贯彻落实工作
第 62 次（扩大）	10 月 25 日	学习贯彻中国共产党第二十次全国代表大会以及中国共产党第二十届中央委员会第一次全体会议精神，学习贯彻省委常委会（扩大）会议以及全省党政主要领导干部会议精神，安排部署贯彻落实工作
第 63 次	10 月 28 日	学习贯彻 10 月 25 日中共中央政治局会议精神、习近平总书记在中共中央政治局第一次集体学习时的重要讲话精神、习近平总书记在陕西延安和河南安阳考察时的重要讲话精神，安排部署贯彻落实工作
第 64 次（扩大）	11 月 5 日	学习贯彻《中国共产党章程》，研究部署贯彻落实工作
第 65 次	11 月 7 日	学习贯彻《中共中央关于认真学习宣传贯彻党的二十大精神的决定》，学习贯彻《中共甘肃省委关于深入学习宣传贯彻党的二十大精神的意见》《中共甘肃省委办公厅关于做好学习贯彻党的二十大精神宣讲工作的通知》，审议《中共兰州市委关于全面学习宣传贯彻落实党的二十大精神的实施方案》；听取市纪委关于《中共兰州市委常委会贯彻中央八项规定实施细则的实施办法》落实情况以及修订意见的汇报，听取加强“一把手”和领导班子监督三季度评估情况的汇报；听取市人大常委会党组关于召开市十七届人大常委会第六次会议有关情况的汇报，审议《兰州市供水条例（草案三次审议稿）》
第 66 次	11 月 11 日	会议学习贯彻全国新冠肺炎疫情防控工作电视电话会议精神、国务院联防联控机制综合组甘肃工作组视频调度兰州市疫情防控工作会议精神、国务院联防联控机制综合组《关于进一步优化新冠肺炎疫情防控措施科学精准做好防控工作的通知》以及省委常委会会议精神，安排部署贯彻落实工作
第 67 次	11 月 14 日	学习贯彻《中共中央政治局关于加强和维护党中央集中统一领导的若干规定》《中共中央政治局贯彻落实中央八项规定实施细则》，审议《中共兰州市委常委会贯彻中央八项规定实施细则的实施办法》；学习贯彻中共中央办公厅《关于加强新时代市县党政正职队伍建设的意见》以及中组部视频会议精神，听取市委组织部关于我市贯彻落实意见的汇报；研究推进全市“一老一小”工作；审议市政府党组《关于更加有效发挥统计监督职能作用的工作措施》
第 68 次	11 月 21 日	学习贯彻习近平在二十国集团领导人第十七次峰会第一阶段会议上的讲话、在亚太经合组织工商领导人峰会上的书面演讲以及在亚太经合组织第二十九次领导人非正式会议上的讲话，安排部署贯彻落实工作
第 69 次	11 月 24 日	学习贯彻习近平总书记对河南安阳市凯信达商贸有限公司火灾事故作出的重要指示，传达学习省委书记尹弘在《中央领导同志批示通知》上的批示，研究推进落实安全生产工作
第 70 次	11 月 28 日	研究推进疫情防控工作；听取市人大常委会党组关于市十七届人大常委会第七次会议、兰州市第十七届人民代表大会第二次会议有关情况的汇报，审议《常委会兰州市城市安全发展条例（草案三次审议稿）》；听取市政协党组关于政协兰州市第十五届委员会第二次会议有关情况的汇报

续表

会议	时间	主要内容
第 71 次	12 月 6 日	听取市人大常委会、市政府、市政协、市法院、市检察院党组 2022 年工作汇报；审议市人大常委会、市政府、市政协、市法院、市检察院在市两会上的工作报告；审议《兰州市人民代表大会议事规则（草案）》；审议《关于兰州市 2022 年国民经济和社会发展计划执行情况及 2023 年国民经济和社会发展计划草案的报告》《2022 年全市主要经济指标预计情况和 2023 年预期目标建议》以及《兰州市 2022 年财政预算执行情况和 2023 年全市及市级财政预算草案报告》
第 72 次	12 月 14 日	学习贯彻 12 月 6 日中央政治局会议精神以及习近平总书记在党外人士座谈会上的重要讲话精神，安排部署贯彻落实工作；审议《2023 年市委市政府为民办实事项目清单》
第 73 次	12 月 26 日	学习贯彻中央经济工作会议精神以及中央农村工作会议精神，传达学习省委常委会（扩大）会议精神，安排部署贯彻落实工作；听取市政府党组关于全市重大项目推进进展情况的汇报
第 74 次（扩大）	12 月 28 日	传达学习省委十四届二次全会以及省委经济工作会议精神，安排部署贯彻落实工作
第 75 次	12 月 28 日	审议《关于贯彻落实党的二十大精神聚精会神奋斗追赶系统推进兰州实现高质量发展的实施意见（审议稿）》

（市委办公室）

组织工作

【概况】 2022 年，市委组织工作紧紧围绕服务全市中心工作，突出用党的创新理论凝心铸魂，在提升干部素质、基层党组织组织力、人才工作质量上下功夫，树立正确的选人用人导向，激励广大干部在新时代以实绩论功过、以担当作为定位次，树立重实干、重实绩、重担当的鲜明导向，坚持不懈加强党员干部教育培训，理论武装工作持续深化。全年省考招录公务员 374 人，发展党员 2980 名，向 2775 名党员颁发“光荣在党 50 年”纪念章，编发《兰州组工信息》44 期、127 条，兰州组工微信平台发布各类图文消息 1692 篇，年阅读量 12.6 万人次，一大批信息稿件被人民网、新华网、中国组织人事报、中组部《组工信息》《甘肃组工信息》采用。

【党员干部教育培训】 制定下发《关于全市组织系统认真学习贯彻党的二十大精神的通知》，提出“八学八促”和“百千万”下基层宣讲活动，在全市上下营造全面学习、全面把握、全面落实的浓厚氛围。把党的二十大精神纳入干部教育培训课程体系，重点突出县处级以上党员领导干部，制定培训计划，分期举办县处级干部集中轮训班，系统开展科级以下党员干部教育培训。始终把学习贯彻习近平新时代中国特色社会主义思想作为首课主课必修课，举办学制 30 天的专题研修班 3 期、培训县处级领导干部 180 人次，指导督促各级党组织通过党委（党组）会议、理论学习中心组学习、“三会一课”、在线学习等方式，及时跟进学习习近平总书记最新重要讲话和指示精神，引导广大党员干部坚定捍卫“两个确立”、做到“两个维护”。分层分类举办党的十九届六中全会精神轮训班 6 期、培训 1685 人次，全市县级干部参训率 100%。坚持需求导向，围绕经济社会发展需要，举办粮食安全、“双碳”理论、优化营商环境、乡村振兴、基层治理等专题培训班 9 期、培训 1200 余人次。聚焦干部能力短板弱项，持续加强行业领域干部专业化培训，举办纪检监察、社区和国有企业党组织书记以及“三方面”干部等培训班 15 期、培训 1600 余人次。跟进县区班子成员教育培养，举办新进县区领导班子副职培训班 2 期、培训 57 人，切实提升干部政治能力和专业素养。

【干部队伍建设】 对领导班子年龄、经历、“三方面”干部配备情况进行对比分析，向市委书记专题会议呈报《全市党政领导班子建设情况报告》。制定《领导干部选任工作流程》，推动干部选拔任用程序更严谨、环节衔接更紧密。建立完善市管干部“双周研判”机制，考虑事业需要、岗位需要、结构需要以及班子运行情况和干部德才表现等，对推荐人选进行集体分析研判，提升工作科学化、规范化水平。落实县区和市直部门干部调整配备“季报告”制度，对干部配备情况开展动态监测，每季度开展一次对比测算，对配备不达标的预警提醒，使干部年龄结构、专业结构、经历结构、“三方面”干部配备情况保持在合理区间。建立干部工作调研机制，完成全市86个市直部门（单位）、13个市属重点国企市管领导班子和领导干部集中调研，动态掌握表现情况，为市委选人用人提供有效参考。推进“强省会”行动，系统提升年轻干部综合素质，制定出台《常态化选派和管理“上挂式培养”年轻干部若干措施》，选派年轻干部到发改委、工信、财政等省直部门或乡村振兴一线挂职锻炼。兰州市“上挂式培养”年轻干部的经验做法被《组织人事报》、省委组织部组工信息宣传推广。建立年轻干部提级谈话机制，明确由市委常委、组织部部长同新调整的“80后”副县级年轻干部进行任前谈话，教育引导年轻干部强化自我约束，立足本职岗位扎实履职尽责。建立年轻干部跟踪了解机制，按照“年轻干部到任半年时了解1次履职情况，一把手在任职满1年时再跟进了解1次”的要求，结合年度考核、干部调研，通过与单位同事谈、服务对象问、听取上级领导意见等多种方式，全方位掌握年轻干部履职尽责、作用发挥、工作实绩等情况，切实把跟踪管理抓在日常、严在经常。

【激励干部担当作为】 坚持以发展论英雄、以实绩论功过、以担当作为定位次，树立重实干、重实绩、重担当的鲜明导向，围绕稳住经济大盘中心任务，开展项目建设专项考核，通过周汇总、月排名、典型案例通报等方式，定性又定量、见事更见人，使考核结果与干部使用直接挂钩。加强干部关心关爱，面对新冠疫情防控连续作战现实情况，下拨省管党费、市县两级配套党费全部用于关心关爱抗疫一线党员干部，及时送去棉衣、手套等御寒物资，解决生活难题，鼓舞干部士气。严格落实“三个区分开来”，对新官理旧账触碰复杂矛盾、勇于担当解决历史遗留问题、敢于揽责担责推动发展或在急事急办、特事特办中勇于担当作为发生轻微过失的，予以包容和宽容。

【公务员工作】 落实《公务员调任规定》，注重从基层一线选拔优秀急需专业人才，从严从优把握转任资格条件，加大县区、部门（单位）用人自主权。综合考虑用人需求、编制预留、自然减员等情况，完成省考招录公务员374人。做好公务员考核，对疫情防控、安全生产、乡村振兴等一线工作中表现突出的234人直接评定为“好”等次，奖励公务员2019人，城关区广武门街道办事处获全国“人民满意的公务员集体”称号，2名获全国“人民满意的公务员”称号。

【党代表推选】 组织召开兰州市党代表会议，选举产生出席省第十四次党代会代表52名，其中3名在省第十四次党代会上当选为党的二十大代表。党的二十大和省党代会召开前，组织党代表参加履职能力培训，全方位宣传报道兰州市出席党的二十大的基层一线代表，为党的二十大胜利召开营造浓厚氛围。

【农村基层党建】 制定抓党建促乡村振兴重点任务清单，确定年度目标56个、重点任务114项，定期调度推进、挂账销号。开展乡村换届“回头看”，组织县级班子成员对所有乡村回访调研，分析研判村“两委”班子运行情况，谈心谈话3452人次、发现解决问题117个，调整补充19名政治素质好、熟悉“三农”工作的优秀年轻干部进入乡镇领导班子，选派24名机关优秀年轻干部到乡村振兴重点乡镇和城乡融合示范乡镇（街道）挂任班子副职。开展村“两委”班子履职情况综合分析，调整补充村干部46名，选派130名选调生到村任职，调整轮换驻村干部260名。推广“党支部+合作社”发展模式，全市党支部领办合作社833个，党员和村干部领办合作社377个，全市村集体经济收入5万元以上的占99.4%。推行“村党组织—网格党小组—党员联系户”组织构架，开展基层矛盾纠纷“大走访、大排查”活动，走访农户25.24万户，解决问题765个、调处纠纷623件。

【城市基层党建】 开展“双报到”、组织机关党员干部驻守社区，市直部门9596名机关党员干部为骨干，整合小区内“两代表一委员”、退役军人、物业人员等各行各业党员，构建小区党员阵地，实现党员干部在小区、服务群众零距离。依托“社工委”委员、成员单位职责和专业特长，成立法律援助、矛盾调解、医疗救助等特色志愿服务团队1184支，开展“社工委在行动”主题活动4120场次，认领社区服务项目3208个，解决民生实事9301项。打造“小兰帮办”信息化平台，小区党员以“随手拍”等形式及时收集上报居民问题诉求，处置民生困难、环境卫生、矛盾纠纷、安全隐患等3400余件，整合集成政务便民服务事项150余项、累计办理7万余件。

【新业态新就业群体党建】 建强组织体系，成立交通运输、快递行业党委，建立外卖行业党建“双推进”机制，选派党建指导员116名，推动重点平台企业成立党组织15家，建立党小组89个，培养入党积极分子215名。以联建共建为纽带，推动36家新业态企业和687名新就业群体党员到社区报到，引导参与文明创建、环境整治、反诈宣传等志愿服务3900余人次，反馈交通隐患、治安乱象、民生堵点等问题线索1400余条。出台《维护新就业形态劳动者劳动保障权益的实施方案》，通过征集“微心愿”、组织“聆听会”等形式，帮助维权370余件次，提供心理咨询、法律援助、职业规划、健康义诊等933人次。建设新就业群体中心服务驿站10个，打造“小蜜蜂驿站”364个，形成集基础服务、代办帮办、技能培训、权益维护于一体的全要素服务保障网络。

【行业领域党建】 在机关开展“模范机关”建设，创建“党员责任区”和“党员先锋岗”，对已达标的机关标准化党支部实施“梯次提升工程”，建成市直机关党建示范点29个、示范性党支部108个。在国有企业督促落实《兰州市国有企业党委会议事规则指引（试行）》，推动产学研、上下游、大中小企业党建共建联建，以党员为骨干开展“揭榜挂帅”“赛马”等活动。在中小学校，有序推进党组织领导的校长负责制，注重党建引领和思政教育协同，培养具备“红卓、谦朴、和济、刚进”精神内核的“黄河少年”。在公立医院，稳妥有序做好公立医院党委书记、院长分设和领导班子成员选配调整工作，探索建立“双培养”机制，注重发展医疗专家、学科带头人、优秀青年医务人员入党，打造素质过硬专业医疗团队。

【党员教育管理】 运用甘肃党建信息化平台，推动“三会一课”、主题党日等组织生活规范落实，督促全市基层党组织高质量召开组织生活会。严把党员发展关口，全年发展党员2980名。开展农村发展党员违规违纪问题排查整治。完成2021年度党内统计工作。

【人才工作】 制定实施新时代兰州“萃英计划”，出台支持先进石化产业人才发展等专项政策6个，成立兰州石化科技创新中心，与兰州大学共建省能源与化工产业创新战略联盟，举办第五届“活力金城”人才创新创业大赛，新设立博士后科研工作站1个、创新试验基地6个。实施重点人才项目347项，选拔64名高层次人才入选省级重点人才培养计划，数量较上年翻了一番；成立人才发展集团，5万套“萃英社区”青年公寓前期工作全面启动，新增人才公寓1013套。开展2批急需紧缺人才引进工作，事业单位签约引进各类人才660名。组织近年引进的1599名急需紧缺人才开展调研走访和座谈活动，了解工作表现、问题困难、成长状况，梳理汇总各类信息条目37088条、答疑139人。健全人才沟通联系网络，将全市1817家企业、高校、医院纳入联系服务范围。落实各项人才优惠扶持政策，全年预算人才工作专项经费1.1亿元，拨付津补贴3558万元，落实陇原人才服务卡服务保障362人次，解决在兰国防科工企业骨干人才子女就学需求129人。推进人才管理体制机制创新工程落地，开展人才工作中“唯帽子”问题治理，下放市属公立医院中层干部任免权限，构建具有活力的选人用人机制，激发人才创新创造活力，营造人才干事创业近悦远来的优质环境。

【机关干部社区驻守】 疫情防控期间做好摸排掌握外出就医的孕

产妇、血液透析、肿瘤化疗等人群的服务工作，组建爱心车队100辆，服务小区内特殊群体就医需求。统筹调配小区驻守干部、物业人员、志愿者等力量参与配送生活物资，保障居民群众基本生活。排查各类困难对象，及时发放临时救助，重点做好独居老人、困境儿童等特殊人群服务。动员社会工作者和专业志愿者等力量，对管控区域居民开展健康指导、情绪安抚。

（杜亮泽）

宣传工作

【概况】 2022年，兰州市宣传思想工作，围绕全市经济社会高质量发展大局，围绕文化强市建设目标，着力强化思想理论武装、壮大主流舆论、提升社会文明程度、推动文化繁荣发展、塑造兰州良好形象，自觉担当起“举旗帜、聚民心、育新人、兴文化、展形象”的使命任务，广泛凝聚积极力量，聚精会神、奋斗追赶，为系统推进兰州实现高质量发展、落实“强省会”行动战略提供了强有力的思想保证、精神动力、舆论支持和文化支撑。

【理论学习】 制定《市委理论学习中心组2022年度学习计划》，围绕习近平生态文明思想、党的二十大精神、省第十四次党代会精神等主题开展理论学习研讨，市委理论学习中心组开展集中学习15次、举办读书班1期，县区及市直部门开展集中学习1200余次。制定《兰州市党委（党组）理论学习中心组学习巡学旁听办法（试行）》，市委宣传部开展中心组学习，通过列席旁听、线上审核、线下考核等形式，督促整改完善学习50余次。制定《兰州市贯彻落实〈甘肃省“十四五”时期哲学社会科学发展规划〉工作方案》《2022年度课题指南》，理论研究不断深化，推荐省级社科项目5项。制定全市《关于巩固拓展党史学习教育成果实施方案》，推进党史学习教育常态化、长效化。

【理论宣讲】 围绕“党的二十大精神”“省第十四次党代会精神”等重大主题开展对象化、分众化、互动化宣讲，组建市委宣讲团、志愿宣讲团、青年宣讲团、百人宣讲团，深入辖区机关、企业、学校、社区、农村等城乡基层，开展理论宣讲7656场，受众61万余人次。建设上线“学习强国”兰州学习平台，上传省级平台稿件3814篇、签发通过1049篇。在电视台及各新媒体平台开设推出“二十大时光——领会精神再出发”专栏节目、“读报告共奋进”党的二十大精神宣讲系列短视频，举办“奋进新征程建功新时代喜迎二十大”短视频及摄影作品征集大赛、全市理论宣讲大赛，理论宣讲工作主题更加突出、内容更加丰富、形式更加鲜活。

【舆论引导】 开展中央、省委重大决策部署和市委、市政府中心工作宣传，按照“一月一主题”组织新闻选题策划和精品稿件推送传播，围绕党的二十大、省第十四次党代会、疫情防控、黄河流域生态保护和高质量发展、社工委、清廉兰州、省运会等主题推出重点新闻稿件36.6万余篇。健全完善新闻发布机制，全市新闻发布工作不断系统化、科学化、规范化，全年累计召开各类新闻发布会56场次。县区融媒体中心建设水平不断提升，通过优化平台建设、规范传播流程、完善经营管理等措施，形成一次采集多端发布的综合发布机制，全年发稿量720万余篇，阅读量超过1.2亿人次。

【宣传教育】 开展全市思想政治工作课题申报和企业政工专业职务评定，征集申报课题247项，评定企业政工专业职务198名。强化基层宣传教育，挖掘选树先进典型，成功推荐“全国第七批学雷锋活动示范点”1个、省级先进典型人物50余人，开展“兰州人·百姓讲堂”示范宣讲活动40场。深化国防教育，开展全民国防教育军营开放日示范活动、“国防教育法”颁布日宣传活动。

【对外宣传】 与人民日报社、新华社、中央广播电视总台、光明日报社、中国新闻社等中央媒体在甘机构联合策划推出“江河奔腾看中国——幸福黄河”“山河锦绣——甘肃兰州”“百年中山桥 百年变迁史”等大型专题直播活动20余场。在央视客户端首页连续4天投放兰州城市形象海报，播放《天下黄河》《黄河兰州》MV短视频，累计阅读量超过6亿人次。拓宽国际传播渠道，兰州市推特、脸书官方账号关注量超过16.8万人，涵盖50个国家和地区；兰州英文网站发布稿件259篇，点击量突破70万人次。中央、省级媒体刊播涉兰稿件6万余篇，其中央视《新闻联播》等核心栏目刊播涉兰报道433条；《甘肃新闻》刊播涉兰报道601次。

【文化建设】 深入推进文化体制改革，持续推动华夏文明传承创新区、国家文化和科技融合示范基地建设。建立“黄河国家文化公园”项目库，推动“数字长城甘肃博物馆”建设，皋兰县什川镇黄河古梨园景观改造等3个项目，获得省级国家文化公园建设项目预算投资350万元。推动文化事业发展，制定《2022年兰州市乡村文化振兴工作方案》，举办“书香陇原·爱兰州爱阅读”全民阅读暨第十八届读书节、“文化进万家”传统文化进基层等文化惠民活动，组织公益电影放映2568场次。加强文艺精品创作，支持创作电影《我心向上》《黄河少年》；举办“黄河母亲之歌”优秀歌曲征集活动，征集推广《天下黄河》《黄河兰州》等一批优秀歌曲。

【中共二十大精神学习宣传】 印发《兰州市迎接党的二十大宣传报道方案》《党的二十大宣传报道工作计划》，组织新闻媒体在重点版面、重要时段、网站首页、客户端首屏广泛开设“奋进新征程建功新时代”“强国复兴有我”“我们这十年”等专题专栏，积极开展预热报道。二十大召开前，在全市重要地段、主要商圈设置大型主题花坛10座、景观小品81处，广泛布设灯杆国旗、门头国旗、红旗、道旗等12.9万面，鲜花1.8万余盆，大型喷绘35处，在户外商业大屏、公共交通车载屏、地标楼体灯光等3.8万余块电子屏滚动播放大会宣传标语，营造浓厚热烈的大会氛围。二十大召开后，市委宣传部印发《关于组织全市各级党委(党组)理论学习中心组专题学习党的二十大精神的通知》《关于党的二十大精神宣传工作方案》《党的二十大精神社会宣传教育工作方案》《兰州市学习贯彻党的二十大精神宣讲工作方案》，对全市学习宣传工作进行系统专项安排。截至年底，全市各区县各部门理论学习中心组全部开展党的二十大精神专题学习，8个市级宣讲团深入机关、社区、学校、网络、农村、企业开展党的二十大精神宣讲304场、受众2.3万人，全市各级媒体刊发重点稿件1.8万余篇、总阅读量1.02亿人次。

（王文涛）

精神文明建设

【概况】 2022年，兰州市精神文明建设工作坚持稳中求进、守正创新、敢于斗争的总基调，学习宣传贯彻党的二十大精神，培育和践行社会主义核心价值观，提升社会文明程度和市民文明素质，弘扬体育精神，大力推动争创文明典范城市、新时代文明实践中心建设等各项文明建设工作齐头并进。开展第十六批省级文明单位、文明村镇和第三届省级文明校园、第四届省级文明家庭推荐评选，上报52家集体、20所学校和3户家庭。组织“无疫单位”创建活动，推荐获评“省级无疫示范单位”8家。组织第八届甘肃省道德模范推荐，2人入选。开展第七届兰州市道德模范评选，新评10名。新评选中国好人2名、兰州好人40名；新时代甘肃好少年6名、新时代兰州好少年20名。积极开展志愿服务先进典型推荐，全市1名志愿者、1个志愿服务组织、1个志愿服务项目、1个志愿服务社区入选全省年度学雷锋志愿服务“四个十佳”榜单，4人获评全省疫情防控优秀志愿者。

【全国文明城市创建】 召开全市性创建文明典范城市工作推进会、观摩会、调度会等专题会议4次，出台《兰州市2022年争创全国文明典范城市实施方案》等指导性文件近20份，部署开展乡村振兴推进工程等创建文明典范城市十二项工程和弘扬“运动精神”专项推进行动等文明素养提升“一月一主题”行动，专题安排加强入户宣传和摸排实测点位工作，专项开展集贸市场、老旧小区、乡镇环境卫生和不文明交通行为的整治行动，按照新版《全国文明城市测评体系操作手册》分解创建任务、细化责任单位职责，持续补短板、强弱项，全面提升城市文明建设整体水平。

印发《关于以“社工委”为载体推进更高水平文明城市创建工作的通知》，安排开展理想信念教育提升等十二项行动。加强测评督查，组织开展2轮文明城市创建自查测评，发现各类具体问题近3000个，在《兰州日报》上分批专版通报；组织开展6轮创建实地点位督查，发现问题3460个，召开上门交办会和集中协调会7场。组织对“兰马赛”赛道、“省运会”体育场馆周边的环境氛围进行实地督查，共发现涉及公益广告等具体问题近两百条，并进行集中交办，推动问题及时整改。

【文明实践中心建设】 印发《兰州市2022年新时代文明实践中心建设重点工作安排》《兰州市新时代文明实践中心建设联席会议制度》等文件，持续开展兰州市新时代文明实践竞赛活动，组织开展“以‘社工委’为载体、依托驻守干部推动新时代文明实践建设”的主题调研，推动榆中县皋兰县四个行政村实施新时代文明实践乡村示范点建设，完成中央支持地方文明实践中心建设补助资金预算执行情况绩效自评。以全县域为整体，推动新时代文明实践中心建设由试点探索转为全面展开，按照“五有”标准，实现文明实践中心（所、站）在县级行政区域建设全覆盖，并调动市县两级资源，整合建立164个文明实践基地。围绕文明实践“五个方面内容”设计服务项目，组织开展文明创建等20余类实践服务活动，开展“喜迎二十大·志愿我先行——六个100”文明实践志愿服务示范活动和“争创文明典范城·共享美好新兰州”新时代文明实践示范活动，打造全市新时代文明实践志愿服务品牌项目库，提升兰州文明实践的影响力和服务力。

推进清廉兰州建设，培育打造拱星墩街道范家湾村新时代文明实践站等10个清廉兰州建设示范点，凝练推出集思想教育、阵地建设、品牌活动、典型引领、公益宣传“五位一体”的清廉兰州建设文明实践范例。加强文明实践志愿服务枢纽组织建设，成立新时代文明实践七里河区医院联盟，为文明实践服务注入新的活力。运用文明实践资源全面助力疫情防控，面对疫情，迅速启动志愿服务应急保障机制，连续发布致全市志愿服务组织和志愿者的《倡议书》《感谢信》，合计动员组织4613支（次）志愿团体、20.7万余名（次）社会志愿者投身其中，开展物资运发、环境消杀、心理咨询等服务170余万次。

【文明建设宣传】 组织市属新闻媒体加大文明创建报道力度，全年累计刊播原创稿件1500余篇次，新推出“《榜样的力量》创建文明典范城市模范人物事迹展播”电视专题系列片栏目，以公益广告宣传为核心手段，开展“弘扬体育精神”“喜迎党的二十大”“兰州精神”等主题宣传工作，制作公益广告及宣传折页共150余副（部）。完成党的二十大、省第十四次党代会期间网评工作，全年落实上级网评任务1800余条，完成率100%。坚持使用“陇小飞”形象，专题推广“陇小飞·学党史”微信表情包，全市各类新媒体平台积极刊播“陇小飞”系列公益广告，新增播放量30万+。广泛组织开展主题宣传活动，积极参加全国“城乡文明创建巡礼”主题宣传活动和中央文明办《领航》快闪活动，开展举办“2022我们的节日·活态非遗”“文明欢唱·乐享金城”等市级以下创建文化宣传活动300余场次。

兰州文明网推出“奋斗百年路 启航新征程”等专题宣传网页13个，持续做好《小兰话文明》《文明电台》等专题宣传栏目，参与世界读书日、全民健康生活方式日和网络文明宣传月等主题网络传播与公益活动。“文明兰州·一网两微六号”自媒体矩阵新发布稿件共近1.2万条（次），总阅读（播放）量2亿+次，编印兰州新时代文明实践专刊4期、新时代文明实践简报21期。发布《文明防疫·人人有责》等倡议书8篇，开展“爱金城·同抗疫”网络文明防疫传播活动2项，拍摄推送疫情防控宣传视频23部，获得1000万+观看量和100万+点赞量。中国文明网采用兰州市原创稿件10余篇，《精神文明报》多次刊登兰州市文明建设典型经验，向甘肃文明网推送稿件200余篇，策划制作的“巷往时光”系列纪录短片获得中央文明办年度文明网融合优秀案例。

【未成年人思想道德建设】 发挥全市未成年人思想道德建设工作领导小组作用，召开年度工作推进会，制定年度建设实施方案等指导性文件10余份。推动乡村（社区）学校少年宫良好运行，启动全市乡村“复兴少年宫”建设，组织三县打造示范点。规范未成年人心理健康辅导站的管理使用，推进市级辅导站搬迁提升工程，举办全市未成年人心理健康教育技能大赛，开展年度青少年心理健康工作坊活动和“双心工程”中小学心理健康教育系列直播活动，打造“兰老师”心理咨询热线。广泛开展“疫后社会心态建设”等10余项校园主题活动，举办“兰州市智慧父母大讲堂”等家庭教育活动，规范社区家长学校的建设管理，构建家庭、学校、社会协同育人体系。围绕迎接宣传党的二十大精神，组织全市中小学生开展“传承红色基因”“童心向党”“劳动美”等红色文化、传统文化、劳动文化教育示范和实践活动3000余场次，推动中小学生常态化开展学雷锋志愿服务活动，参加近百万人次。

【文明新风培育】 联合相关部门部署开展年度文明交通、文明旅游、文明餐桌、文明祭扫等市民文明素质养成行动，大力倡导文明绿色出行，注重做好节假日文明旅游媒体宣传，坚持推广使用公筷公勺分餐夹，组织开展全市倡导文明健康绿色环保生活方式主题活动、移风易俗文明祭扫主题活动、“传家训立家规扬家风”主题活动、“弘扬清廉家风·建设清廉兰州”专题巡讲活动，推动全社会有效形成遵德守礼的文明风尚。强化信用兰州建设，坚持每季度发布诚信“红黑榜”，全年新发布红榜企业529个、黑榜企业（个人）212个。开展诚信单位、诚信示范街区、诚信经营示范店等主题实践活动，市属媒体在重要时段、重要版面加大宣传报道力度，大力营造守信光荣、失信可耻的社会舆论环境；认真落实信用监督、联合奖惩、信息应用等举措，兰州市信用综合指数在西部地区12个省会及副省级以上城市中高居前列。

6月14日，西固区文明办、西固区教育局、达川学区开展关爱留守儿童共读、共学活动

【志愿服务】 举办全市志愿服务能力提升和信息系统使用培训班，1400余人参加学习。举办习近平总书记给“中国好人”李培生胡晓春重要回信精神座谈会，开展志愿服务项目展示交流活动。推广使用“全国志愿服务信息系统”，持续招募注册志愿者。截至年底，全市注册实名认证志愿者近70万人，注册多层次多种类志愿服务组织5200余个，发布项目3万余个，志愿者服务总时长952万余小时，有时长的志愿者占实名认证总数52.7%。结合元旦春节、学雷锋活动月、高考、读书日等时间节点的不同特点，差异化广泛开展“文明劝导”“文明引导”“关心关爱”“公益服务”等内容的志愿服务活动，开展“领读兰州”“高考直通车”等集中志愿服务活动，举办省运会志愿者誓师大会活动，常态化组织文明交通劝导志愿服务活动，全市开展各类活动2000余场次，累计10万余名志愿者参加。

【农村精神文明建设】 制定《兰州市加强新时代农村精神文明建设全面推进乡村振兴的实施方案》，持续开展“美丽乡村·文明家园”陇原乡村文明行动，组织开展第三批农村精神文明建设“八个一”示范点验收及历届示范点复查工作，29个新建村和40个复查村通过验收。深化“治理高价彩礼·推动移风易俗”专项行动，落实《全市治理高价彩礼责任清单》，开展“岗位大练兵、业务大比武”移风易俗突出问题专项整治月活动，切实发挥农村红白理事会作用，修订完善村规民约，充实移风易俗内容，不断巩固婚嫁彩礼限高成效。开展群众性文明培育活动，组织“弘扬乡贤文化·推动移风易俗”新时代最美乡贤基层宣讲活动。开展全市村镇墙体图绘清查整治工作，集中清查、整治1.7万余处墙体图绘。组织涉农县区全面开展“五星级文明户”创评活动，全年新评选300户。

【创评先进典型】 组织对2020—2021年度市级文明建设先进集体进行验收，对历届先进集体进行复查，开展第四届兰州市文明家庭评选，共有139个集体和100户家庭新获荣誉、488个集体通过复评。开展第十六批省级文明单位、文明村镇和第三届省级文明校园、第四届省级文明家庭推荐评选，共上报52家集体、20所学校和3户家庭。组织“无疫单位”创建活动，推荐获评“省级无疫示范单位”8家。组织第八届甘肃省道德模范推荐，2人入选；开展第七届兰州市道德模范评选，计划新评10名。新评选中国好人2名、兰州好人40名；新时代甘肃好少年6名、新时代兰州好少年20名。积极开展志愿服务先进典型推荐，全市1名志愿者、1个志愿服务组织、1个志愿服务项目、1个志愿服务社区入选全省年度学雷锋志愿服务“四个十佳”榜单，4人获评全省疫情防控优秀志愿者。

（兰俊菲）

2022年入选甘肃省第六届学雷锋志愿服务“四个十佳”名录

	姓　名	单　位
最美志愿者	陈　刚	兰州市西固区福利东路第三小学教师、甘肃方舟救援志愿服务队装备部部长
最佳志愿服务组织		兰州市城关区重度残疾人托养服务中心志愿服务队
最佳志愿服务项目		兰州市城关区正宁路社区“邻里帮帮队”志愿服务项目
最佳志愿服务社区		兰州市西固区先锋路街道兰玻东社区
疫情防控优秀志愿者	樊　琦	兰州市城关区阳光公益志愿服务中心志愿者
	王培蕾	兰州市七里河区火星街小学教师、副校长
	王一耒	兰州市城关区重度残疾人托养服务中心志愿服务队志愿者
	张振虎	兰州友谊出租汽车有限公司雷锋车队队长

第八届甘肃省道德模范名录

见义勇为	甘永德，男，汉族，出生于1977年6月，群众，生前系甘肃省兰州市红古区花庄镇柳家村村民，家庭3口人，务农
诚实守信	陈作利，男，46岁，汉族，中共党员，中专学历，皋兰开隆种植养殖专业合作社理事长

第七届兰州市道德模范名录

助人为乐模范	
丁　鹏	兰州德馨志愿服务队理事长
冯卫民	兰州吉祥出租车雷锋车队队长
张轩梓	甘肃电视台都市频道《家园》栏目主编、甘肃方舟救援志愿服务队品牌部部长
汤　波	甘肃省信访局干部
见义勇为模范	
刘　斌	生前系兰州公交集团新区客运有限公司703路驾驶员
诚实守信模范	
何　军	兰州何记汽车销售有限责任公司董事长
敬业奉献模范	
保　乐	兰州市公安局城关分局刑事侦查三大队二级警长
王锡科	皋兰县水阜镇长川村村卫生所所长
钱其峰	榆中县夏官营镇高墩营村党总支书记、村委会主任
张玉冰	兰州市外国语学校教师
孝老爱亲模范	
杨兰花	皋兰县黑石镇和平村村民
牛玉芳	永登县中堡镇中堡村村民

2022年中国好人名录（兰州市）

姓　名	单位及职务
丁　鹏	兰州市城关区慈善理事会秘书长、兰州德馨志愿服务队理事长
鲁羿江	甘肃方舟救援志愿服务队理事长

2022年兰州好人名录

姓　名	单位及职务
刘萌萌	兰州大学第二医院院团委副书记
陈玉芳	兰州市污水监管中心站长
南俊峰	兰州东方汽车出租有限公司驾驶员
樊星宇	兰州欧美同学会志愿者服务队队长
马淑妍	兰州市保安服务集团有限公司特保大队队员
王天明	兰州市第九十二中学副校长
王　军	兰州市公安局交通警察支队七里河大队副大队长、一级警长
李志亮	兰州市消防救援支队特勤大队二站站长助理
赵英杰	兰州市疾病预防控制中心公卫医生
徐　莉	兰州市榆中县夏官营镇郝家湾村村民
王尚祥	甘肃方舟救援志愿服务队分队长
朱文娟	兰州生命之翼社会服务中心社工
安　肖	甘肃野谷艺韵文化传播有限公司总经理
张振虎	兰州友谊出租汽车有限公司友谊雷锋车队队长
孔令森	甘肃久聚文化传播有限公司店长
李若琛	榆中县兴隆消防救援站站长助理
余国先	兰州市商务局人事科科长
周文年	兰州市消防救援支队西固区消防救援大队合水路消防救援站站长助理
常　虹	兰州市医疗和医保监管服务指导中心副主任
景正红	榆中县夏官营镇高墩营村农家书屋管理员
贝子鹏	甘肃方舟救援志愿服务队分队长
赵海余	兰州市润滑油公司添加剂厂工人
南建军	兰州资源环境职业技术大学教师
于鲲鹏	兰州市卫健委四级主任科员
王　菁	兰州市七里河区土门墩社区卫生服务中心主管护师
巨　龙	兰州市安宁区十里店街道保安堡社区副书记
刘鑫国	兰州市消防救援支队安宁大队刘家堡消防站副班长
姜丽丽	甘肃省兰州实验小学体育教师
贾红梅	兰州市第十九中学教育集团上沟小学教师
魏万强	兰州市榆中县园子岔乡柏木村上沟社村民
李海宾	甘肃希望之星志愿服务队队长
周振军	皋兰县石洞小学大队辅导员
赵风泽	中建三局集团有限公司兰州分公司办公室副主任
訾继光	原甘肃广播电视报社退休职工
马安武	榆中县中连川学区兼中连川小学校长
刘志强	兰州市商务局党组成员、副局长
李　军	兰州现代职业学院教授
杨海兴	榆中县农业技术推广中心蔬菜站站长
罗富城	兰州市七里河区龚家湾消防救援站消防员
侯　刚	兰州粮油集团有限公司员工

统一战线

【概况】　2022年，市委统一战线工作严格落实《中国共产党统一战线工作条例》，按照中央和省委统战工作会议部署要求，围绕中心、服务大局，着力推进重点工作任务落实。兰州市1项工作获全省统战工作实践创新成果奖，1篇调研成果获全省统战理论政策研究创新成果一等奖，兰州市委统战部获全省统战信息工作先进单位一等奖。全年全市统战系统200余名机关干部、36支志愿服务队、5000余名统战成员投身抗疫一线，为兰州抗疫做出积极贡献。

【党对统战工作的领导】　始终坚持把党对统战工作的领导作为统一战线发挥重要法宝作用的关键所在，健全机制，整合资源，调动各方力量，大统战工作格局不断巩固。领导带头推动，市委常委会会议、市委统战工作领导小组会议研究部署统战工作9次，市委主要领导主持召开及参加统战有关活动7次、作出批示22次，市委分管领导走访调研督导统战工作40余次，推动统战领域重点任务有效落实。科学谋划部署，召开市委统战工作会议、全市统战部长会议，学习领会中央、省委关于统一战线重大决策部署，系统研究安排统战领域各项重点工作，以市委和市委统一战线工作领导小组名义先后下发《关于加强新时代统一战线工作的实施意见》等各类文件11个。注重政治引领，把党的二十大精神作为统战领域思想引领的主线，与学习贯彻落实中央、省委统战工作会议精神和省、市第十四次党代会精神结合起来，贯穿统战领域各项主题教育活动中，制定《关于深入学习宣传贯彻党的二十大精神的实施方案》，指导督促广大统战成员通过各种形式开展学习宣传，推动党的二十大精神在统战各领域走深走实。服务中心大局，教育引导全市各级统战干部和广大统战成员在合力推进全国文明典范城市、国家气候投融资试点城市和青年发展型城市建设、疫情防控等全市重点工作中展现作为，推动全市统一战线团结奋斗的共同思想政治基础不断夯实。

【政党协商】 制定《中共兰州市委2022年政党协商计划》，组织召开协商座谈会，开展人事协商、通报全市党风廉政建设和反腐败等工作，政党协商质效不断提升。引导民主党派围绕全市重点工作开展深度调研，形成高质量调研报告6篇，协助配合省民革、省民建、省民进、省农工党对兰州市重点工作开展各类调研6次。全面考核市级民主党派领导班子和班子成员2021年度工作开展情况，举办市级民主党派领导干部能力提升培训班，培训民主党派市委会新一届领导班子和基层骨干成员82人，民主党派领导干部理论水平和履职能力有效提升。

【民族工作】 全面推进中华民族共有精神家园建设，扎实铸牢中华民族共同体意识。印发《中共兰州市委兰州市人民政府关于以铸牢中华民族共同体意识为主线推进新时代党的民族工作高质量发展的实施方案》，举办演讲比赛、研讨交流会、书画摄影展览，在市级媒体开设“铸牢中华民族共同体意识”专栏，争取省民委465万元资金建设“黄河母亲”城市主题雕塑群建设项目、主题林等，全方位、多角度推进中华民族共同体意识深入人心。深入开展民族团结进步创建工作，制定《兰州市民族团结进步创建测评指标（试行）》《兰州市深化民族团结进步创建“十进”活动实施意见》，举办全市第19个民族团结进步宣传月活动，组织开展民族宗教理论政策大宣讲活动10余次。城关区、兰州民族中学被命名为国家级示范区示范单位，永登县、皋兰县、共青团兰州市委等16家单位成功创建为省级示范区示范单位。探索推动民族团结与社会治理深度融合，将符合条件的231处宗教场所全部纳入“社工委”，积极推广“三民”联勤模式，组建少数民族防疫抗疫志愿服务队，积极参与社区疫情防控工作。系统推动各民族交往交流交融。指导七里河区开展构建互嵌式社会结构和社区环境试点工作，举办少数民族困难群众就业和技能培训班6期，组团参加第十届全省少数民族运动会。落实中央第三次对口支援藏工作会议精神，与临潭县、卓尼县对接沟通，落实帮扶资金，调整推动2022年对口支援项目向“三交”及人才智力支援方面倾斜。

【非公经济统战】 深化理想信念教育，积极推进调研纾困，全面促进民营经济“两个健康”发展，持续开展“千企调研纾困”行动。组织市、区县统战部工商联深入全市100家民营企业、商会中宣讲国家和省、市稳经济一揽子政策措施，在市两会期间召开民营企业家座谈会，对收集的21个具体问题、38条工作建议协调转办相关部门，帮助民营企业纾困解难，提振民营企业发展信心。推进“万企兴万村”兰州行动。制定印发《“万企兴万村”兰州行动2022年推进方案》，对“万企兴万村”兰州行动推进会上投资135亿元18个签约项目进行跟踪问效，有13个项目建成投产。完成“万企兴万村”兰州行动8个市级、30个县级公益和经营类实验项目认定工作。完成市工商联换届工作，召开市光彩事业促进会第五次会员代表大会暨五届一次理事会，选举产生市光彩会第五届理事会。开展“金秋助学”活动，全市各商会组织、民营企业累计捐资52.2万元帮助困难大学生192人。

【党外知识分子、新阶层人士和港澳台侨统战】 完成第三届党外知识分子联谊会换届工作，指导兰州欧美同学会和兰州市知联会分别成立青年委员会，举办“强国复兴有我——陇原（金城）学长主题沙龙”，开展“爱心学长”家乡行系列活动，组织归国留学人员代表赴成都考察调研并围绕多方面开展互动交流。开展自由职业人员摸底调研工作，指导县区依托街道、园区、楼宇、企业等打造11个各具特色的实践创新基地，甘肃街舞联盟成功创建成为省级实践创新基地，组织网络人士参与“寻美甘肃”等各项主题活动，引导支持网络人士参与网上重大主题的正向宣传，在弘扬主旋律、传播正能量方面发挥示范引领作用。推荐兰州市5名优秀教师参与海外华文教师网上授课，拍摄以“兰州牛肉面”为代表的美食主题片，以实景课堂形式向海外学子展现黄河文化，增强了海外侨胞及华裔新生代的根脉认同。

【党外干部队伍建设】 摸排统计2021年换届后市、县人大、政府、政协领导班子及政府组成部门党外干部配备情况和人大代表、政协委员党外代表人士安排情况，分析当前全市党外代表人士队伍建设现状，提出意见建议，为市委选人用人提供参考。完成2期党外干部调训工作，培训党外干部100余人。完成推荐第十三届省政协非中共党员委员人选工作。

（马　斌）

市直机关党建

【概况】 2022年，市委直属机关工委以党的政治建设为统领，以大抓基层组织力为导向，以系统推进“清廉兰州”建设为抓手，持续深化“模范机关”建设，实施党建梯级提升工程，做到围绕中心、服务大局，机关党建引领经济社会高质量发展的良好格局已见成效。

【政治建设】 召开2022年市直机关党的工作会议，建立《2022年市直机关党建工作责任清单》，不折不扣抓好中央及省、市委重大决策部署落地落实。推进“模范机关”建设，组建6个检查组“点对点”开展督促指导，总结三年阶段性成效，召开推进会议，命名建设“模范机关”先进党组织12个。坚持定期分析研判政治建设形势任务，对18703名机关党员干部思想政治状况进行问卷调查和分析研判，在此基础上，研究制定《关于进一步强化政治机关建设的意见》，确保市直机关党组织和党员干部衷心拥护“两个确立”、忠实践行“两个维护”。主动配合十四届市委开展政治巡察，对第一轮巡察中存在党建问题的18家单位进行督促整改，与巡察工作构建起了有序衔接、互为补充的工作闭环。

【思想建设】 全面落实“第一议题”制度，创新“四学”模式，武装机关党员干部的头脑，凝聚奋进新征程的精神共识。深入学习宣传贯彻党的二十大精神，印发《关于市直机关党组织踔厉奋发、勇毅前行以实际行动迎接党的二十大胜利召开的通知》，制定《关于市直机关党组织学习宣传贯彻党的二十大精神的工作方案》，明确方法步骤，掀起学习热潮，开展交流研讨、党员领导干部讲党课和“云课堂·读懂二十大”专题讲座等2100余场次，参加“金徽杯”党的二十大精神线上知识大赛1.8万余人次。紧盯习近平总书记重要讲话指示和省、市第十四次党代会精神开展系统性教育，指导市直机关党组织分级分类开展培训，举办党员发展对象、入党积极分子、预备党员培训班和市直机关群团干部培训讲座，共计培训1600余人。推动市直机关党组织建立党史学

2月25日，2022年市直机关党的工作会议召开

习教育常态化长效化制度，将党史学习教育内容纳入主题党日、“三会一课”、党员教育培训等日常内容，弘扬伟大建党精神，推动党员干部传承红色基因，赓续红色血脉。

【组织建设】 选优配强“新班子”，指导27家机关党组织、3家机关纪委到期换届改选，增补机关党组织书记22名，新任专职副书记10名、转正7名，新任机关纪委书记4名。实施机关党建梯级提升工程，开展市直部门事业单位党组织现状调研和市直机关党务干部队伍建设情况专题调查，全面摸清418个事业单位党组织基本情况和机关党务干部构成情况，运用“互查、互评、互学、互促”形式，坚持每季度督查检查，下拨党费76万元，命名机关党建示范点5个、示范性党支部80个。持续开展机关党建优秀论文、“党建+业务”和共驻共建优秀案例评选活动，形成研究成果317篇。严格抓好“三会一课”、主题党日、组织生活会和民主评议党员等党内组织生活制度的有效落实，“甘肃党建”登录率、上传率均达到100%。

【群团工作】 督促换届改选机关工会6个、机关团组织5个，机关妇委会5个，成立机关工会1个、机关团组织2个。指导机关群团组织注重家教家风教育，弘扬家庭美德，推选2022年全省最美家庭20个。关心关爱机关干部职工生活，开展“送清凉”慰问活动，向13个疫情防控点累计发放防暑降温用品6.5万元；推选2022年兰州市先进工作者10名；组织女职工观看维权服务法律讲座；参与“春蕾计划”公益捐赠活动，资助学龄女童6.91万元；开展困难党员、老党员、困难职工慰问活动，累计发放慰问金20.8万元；为防疫一线人员发放慰问品、慰问金110余万元。

【全面从严治党】 具体推进清廉机关建设。全市机关党组织开展“学习党章党规党纪”主题月活动，通过领导干部讲党课等形式开展专题教育1500余场次，25416名机关党员参与党章知识测试，坚持“一月一主题”，谋划开展清廉机关建设“十大”主题活动800余场次，推送“清廉兰州·每日廉语”270余条，征集清廉兰州歌词60余首，推动清廉兰州精神特质在市直机关形成。加强对市直单位机关纪委的领导和日常工作指导，修订完善《兰州市直属机关纪律检查工作规范》，建立机关纪委书记（纪检委员）述职述廉制度，切实建好执纪监督的“前哨”阵地。持续巩固中央八项规定精神，开展“躺平行为”集中排查整治工作，组织8000余名机关党员干部参观“光耀金城·镜鉴千秋”铜镜联展，组织市直机关党员干部收看“弘扬清廉家风·建设清廉兰州”专题讲座，发放《树清风正气、创清廉家庭》倡议书，做到警钟长鸣、警示常在。

【机关文化】 举办“喜迎二十大 建强党支部引领新征程”党建交流活动，网上点击量超过13万次。开展“市直机关百名支部书记话党建”系列宣传活动，在《兰州日报》发稿25期、兰州电视台播发30期。贯彻落实市委青年发展型城市建设工作部署，召开“市直机关学习贯彻习近平总书记在庆祝中国共产主义青年团成立100周年大会上的重要讲话精神”座谈会，举办“做青年友”“青年话清廉”等活动，开展“读写编讲行”行动和“青年大学习”活动，让机关青年在学习中坚定理想信念，增长知识才干。践行社会主义核心价值观，紧盯重要时间节点，先后组织开展“佳节

6月22日，市委直属机关工委举办市直机关文明礼仪培训

尚文明·志愿关爱行”“我们的节日”主题活动、“弘扬雷锋精神·聚力文明实践·共享美好生活”系列活动，持续推动新时代市直机关精神文明建设展现新成效。

【服务中心大局】 面对疫情复杂形势，印发《关于组织动员市直机关党组织和党员干部积极参加疫情防控工作的通知》，发出《致市直机关各级党组织和广大共产党员的一封信》，印发《关于做好市直部门（单位）机关干部常态化驻守社区有关工作的通知》等，组织动员市直机关党组织和广大党员，配合“社工委”开展疫情防控，组建5个工作组进行督导，将驻守干部工作纳入党组织书记抓基层党建工作述职评议考核内容。在全国文明典范城市创建中，上报创城资料2400余条，开展志愿服务10.2万人次，帮办实事15494件。

（高启程）

机构编制管理

【概况】 兰州市机构编制管理工作紧紧围绕实施“四强”行动，持续深化重点领域体制机制改革，优化调整部门（单位）机构编制，提升编制资源使用效益，为全市高质量发展提供有力的体制机制和机构编制保障。

【重点领域体制机制改革】 完成行政复议体制改革，将分散在公安、人社、市场监管等部门的行政复议职责统一划转到市司法局，增设相关科室，划转人员编制。完成应急管理综合行政执法改革，组建成立市、县（区）应急管理综合行政执法机构，核增相应编制和领导职数。推进水务体制改革，在市委全面深化改革委员会增设水务发展专项小组，调整优化市水务局内设机构，将市城市供水和节约用水服务中心、市污水处理监管中心调整由市住房和城乡建设局管理。

【中小学教职工编制调剂】 报请省委编办同意，建立中小学教职工编制周转池制度，核定“周转编制”2344名。制定全市中小学教职工编制调剂补充方案，统筹调整全市中小学教职工编制，为市本级及城关区、七里河区、安宁区补充调剂编制。

【部门（单位）机构设置】 对市委办等13家部门的内设机构或派出机构进行更名、增设或调整。为市发改委等6个职责任务重、编制规模大、下属单位多的党政部门各调剂增加部门副职领导职数1名。设立兰州市军粮配送服务中心等10家事业单位，调整兰州市卫生健康委综合监督执法所等14家单位的机构编制，调整理顺兰州市信息产业促进中心、兰州市城市供水和节约用水服务中心2家单位的隶属关系。

【县区机构编制改革】 指导和督促各县区调剂人员编制到各乡镇街道社会事务服务中心（社区服务中心），专项用于社区工作。各县区共调剂增加人员编制449名，使每个社区使用人员编制由平均2名增加到3名，每个社区明确1名工作人员专门负责社区公共卫生和爱国卫生工作。

【行政区划调整】 按照《城关区、安宁区、皋兰县部分行政区域界线变更工作的实施意见》要求，将皋兰县忠和镇和九合镇党政机构、所属事业单位、派驻机构及驻地事业单位机构编制分别划转到城关区和安宁区，并重新核定城关区、安宁区和皋兰县的机构编制基数。

【创新机构编制管理方式】 稳妥推进高校和公立医院内设机构设置调整，实行备案制管理，赋予高校和公立医院在限额内自主设置党政管理机构、根据工作需要设置教学教辅和临床医技机构的自主权。

【部门安全生产职责履行情况督查】 全面梳理全市各部门安全监管职责，逐一细化明确部门（单位）主要负责人、分管领导、其他领导和职能科室职责。会同市委组织部成立调研抽查工作专班，对34个部门进行督导，了解掌握安全生产监管职责落实情况，督促指导各项职责全面履行。

【机构编制执行情况和使用效益评估试点工作】 在市委直属机关工委、市退役军人事务局、市统计局、市社科院和榆中县，试点开展机构编制执行情况和使用效益评估工作，查找分析部门（单位）在履职尽责、“三定”规定执行、机构编制使用效益等方面存在的问题，全面掌握机构编制管理运行情况，探索建立机构编制执行情况和使用效益评估长效机制。

【事业单位登记管理和党政群统一社会信用代码工作】 全面完成事业单位年度报告各项工作，审核事业单位年度报告1300余次，公示359家事业单位年度报告。兰州市政务服务系统开通事业单位法人登记事项网办渠道，完成党政群统一社会信用代码证的变更工作43家、换证2家。

（陈廷沛）

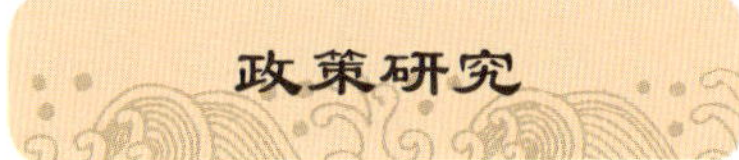

政策研究

【概况】 2022年，市委政策研究工作积极创新创优、主动识变应变、协同奋发奋进，扎实推进以文辅政、调查研究、财经改革、决策咨询等各项工作。市委政研室入围省级文明单位，改革工作连续多年在各市州中排名第一，《构建城市基层治理共建共治共享格局》被中央政策研究室《学习与研究》刊载。

【以文辅政】 始终把做好文稿服务作为政研工作的基本职责和政研干部的基础能力，全年整理和起草完成市委全委会会议、市委常委会会议、青年发展型城市建设动员会、全国文明典范城市创建工作推进会、全市疫情防控调度会、市委农村工作会议、市委理论学习中心组（扩大）学习会议上的重要文稿500余篇，有效服务保障市委工作。

【调查研究】 认真落实市委主要领导的重要指示要求，组织开展调查研究大实践活动，聚焦国家和省上制定出台的利好政策开展前瞻调研，围绕攻坚落实党的二十大重大决策和省市第十四次党代会各项部署，精心遴选83个调研课题，起草形成关于全市重大项目推进、落实增值税留抵退税政策、黄河风情线大景区管理体制机制、环保装备制造产业发展、文化产业发展、体育产业发展、房地产市场运行分析、就业创业、“专精特新”企业培育发展等一批调研成果，为市委决策提供重要参考。

【财经工作】 围绕加快构建现代化基础设施体系、持续推进建设韧性城市、防范和化解政府债务风险等重点工作任务，召开4次市委财经委员会会议，及时研判分析全市经济运行情况，部署推进落实举措。坚持问题导向和目标导向，高度关注重点工业企业、重大投资项目、主要经济指标等方面的发展变化，及时研究解决经济运行中出现的新情况新问题。协助市委财经委员会审议出台《兰州市产业链链长制工作方案》《加快建设交通强国兰州方案》，持续优化“六稳”“六保”举措，健全完善重振“兰州制造”保障机制，协调推进156个先进制造业项目建设。对党的十九大以来中央和省委、市委财经委员会历次会议部署的213项任务贯彻落实情况进行全面“回头看”。制定4份市委财经委员会会议议定事项责任清单，分解落实35项具体工作任务，明确职责分工，跟进督导问效，逐项对账销号。协助省委办公厅开展经济发展、疫情防控、产业构建、改革开放、科技创新、生态保护、乡村振兴、基层党建、社会治理、防范化解重大风险等10个方面工作的专题调研，会同省委财经办组织开展优化营商环境、上半年和全年经济运行情况等专题调研，全面反映兰州市工作成绩和经验做法。探索建立经济政策动态推送反馈制度，共形成专题政策分析及工作建议29期、174条，推动国家稳经济重要政策转化为“强省会”具体项目。

【改革工作】 认真履行市委全面深化改革委员会办公室职责，新设立城市更新、水务发展2个改革专项小组，有效拓展增强改革综合效应。制定2022年市委全面深化改革委员会《工作要点》，召开7次市委深改委会议，突出9个重点领域33个方面185项重点改革事项集中发力，以清单式、工程法全力推动改革任务落地落实落细。推动建立绿色GDP核算体系，深化土地要素市场化配置改革，指导出台《兰州市国有建设用地使用权转让出租抵押二级市场交易管理暂行办法》，全面推广“标准地”出让，推动建成远程异地评标省际合作体系，与10个省会城市联合成立“黄河流域高质量发展公共资源交易跨区域合作联盟”。指导完善国企改革1+N制度体系，出台市属国企投资项目后评价《管理办法》等50项规范，国企改革三年行动圆满收官。协调打造“精简快”企业开办模式，实现企业开办1个工作日办结。推动打造工程审批最快城市，实行“一枚印章管验收”，审批事项压缩至7个工作日内。指导升级“不来即享”“五简五办五集成”等政务服务新模式，全国社会信用体系建设20项指标达到示范城市创建要求。修订完善改革成效考核评分标准和评分细则，研究起草全面深化改革《督察工作办法》《考评工作办法》等4个办法。编发《兰州改革动态》信息49篇，“兰税捷办”“证照分离”等经验做法在全省推介交流，人才体制机制改革等3项典型经验被《党的十九大以来甘肃省党的建设制度改革基层典型案例选编》刊发，《构建城市基层治理共建共治共享格局》被中央政策研究室的《学习与研究》刊载。

【政策研究咨询服务】 修订《中共兰州市委政策研究咨询顾问制度》，推进建立市委决策咨询专家智库，持续提升决策服务能力水平。由班子成员分工负责、科室负责人具体协调，聚焦落实市第十四次党代会部署，联合兰州大学、甘肃农业大学、省委党校、省社科院等在兰科研院校，围绕黄河兰州段全流域生态修复和保护、系统构建融入国家新发展格局战略支点、社区建设工作委员会机制、发展知识城市服务产业、城市公共卫生应急管理体系、市域善治、建设创新示范城市、构建绿色制造创新体系和产业体系、构建碳达峰碳中和绿色金融体系、发展精致农业等11个重点课题开展委托研究，形成高质量研究成果，有效增强服务保障市委决策的科学性和针对性。

【市委机关刊物】 守好《兰州工作》市委机关刊物主阵地，主动谋划推出贯彻落实省第十四次党代会、攻坚推进“强省会”行动、兰州新区获批国家级新区十周年、兰州这十年、建设青年发展型城市特刊、清廉兰州建设和学习贯彻党的二十大精神特刊10期，有效增强刊物指导性、权威性和公信力、影响力，策划推出的《关于兰州发展新能源装备制造业的思考和建议》等12篇稿件被省委政研室《调查与研究》刊载。

（高　丙）

保密工作

【概况】 2022年，兰州市保密工作紧跟党中央和省市委决策部署，紧贴工作职能抓落实，紧盯国内外形势变化防风险，紧扣干部作风能力练队伍，扎实做好保密工作，未发生任何重大失泄密案件。

【组织领导】 始终遵循“党管保密”根本原则，认真学习贯彻习近平总书记对保密工作的重要指示精神，认真学习贯彻全国、全省保密工作会议精神相关专题。4月组织召开市委保密委员会暨全市保密局长工作会议，传达学习中央、省委保密工作会议精神及省委主要领导同志关于保密工作的批示精神，听取2021年度全市保密工作总结和2022年度工作安排，审议通过《中共兰州市委保密委员会2022工作要点》。按照省委巡视办和省委保密局工作要求，将保密工作纳入市委巡察内容。

【保密宣传教育】 开展以“喜迎二十大·金城保密你我他”为主题的保密宣传教育月活动，结合“4·15”全民国家安全教育日，采取“线下+线上”的方式，开展“保密故事大家讲”主题活动。在《兰州日报》开设专栏，连续刊登全市各机关、单位报送的优秀稿件30余篇，共征集“保密故事大家讲”微视频作品15部，其中入选国家保密局网站展播5部。组织开展保密宣传教育进机关活动，市级层面共开展保密宣传教育进机关（单位）授课26场次，进党校主体班授课3场次。组织开展全媒体宣传活动，兰州电视台连续播放4部保密宣传片和2期50次保密访谈节目，市区户外LED大屏及公交线路1000余辆公交车车载移动电视循环播放保密动漫短视频，在《今日头条》精准推送保密密码宣传栏目5期，联合永登县国家保密局开展保密宣传教育户外宣传活动。编发《兰州保密工作》内部刊物4期，刊发各类文稿90余篇，向省级杂志报送信息40余篇，在省局编发的《甘肃保密工作》中积分居第一。联合甘肃省保密协会在马拉松公园举办“与你同行——保密宣传绿色低碳”健步行活动暨金城政企保密工作座谈会。组织开展保密主题征文活动，共征集稿111篇，对45篇优秀稿件和6个组织单位进行表彰。向各机关单位、街道社区发放《〈工作秘密管理暂行办法〉问答》等保密宣传资料1万余份，20多家机关、单位办公楼宇LED屏播放《保密法》《密码法》宣传教育片，在重要节假日前和疫情防控期间向各级领导干部、涉密人员发送保密提醒短信10条20万人次。

（汉海明　肖红）

信访工作

【概况】　2022年，全市信访部门共受理群众来电来信网上信访事项5448件，其中领导信箱1246件。赴省上访同比批次下降6.5%，人次下降17.8%；来市上访同比批次下降60.2%，人次下降76.3%。信访秩序不断规范，“四率”稳中有升。全市信访形势总体上呈现“总量下降、结构向好、平稳可控”的良好态势，完成各项年度工作目标任务。

兰州市信访局副局长张小明被国家信访局和省信访局授予“全国信访系统优秀接谈员”“全省最美信访干部”，城关区原信访局局长魏凯桥被国家信访局授予“全国优秀信访局长”。

【新冠疫情防控期间信访工作】疫情防控持续畅通网上信访主渠道，坚持线上办理、线下督导“双线出击”，实现疫情防控与服务群众“双报到”“两不误”。

【接访下访】　落实领导干部定点接访、重点约访、带案下访制度。科学安排全市各级领导干部接访下访工作，确保每月一名市委常委或市政府副市长到市委市政府接访室接待来访群众，每周由县区或市级部门党政领导班子轮流接访。全年全市129名市县两级领导干部年内接访211批2212人次，化解矛盾147件，有力推动信访问题及时就地解决。根据市委关于开展常态化驻守社区工作安排，履行“为民解难、为党分忧”政治责任，开展信访干部“党徽在胸前、人民在心中”“亮身份、解难题、促共治”系列活动，主动下沉“跑一线”，亮明身份“勤走访”，把解决群众急难愁盼作为信访工作的出发点和落脚点。靠实律师参与接访的责任，每周一、三安排律师参与市政府接待大厅信访接待，有序推进诉求分类、信访行为规范、信访秩序维护、矛盾多元化解，切实营造办事依法、遇事找法、解决问题用法、化解矛盾靠法的良法环境。

【信访积案化解】　推进“治重化积”专项工作。全面靠实属地和部门问题化解责任，集中攻坚一批“钉子案”“骨头案”，工作成效显著。目前，中央信联办和省信访局交办的两批741件信访积案清仓见底，化解率100%。市信访局被省信联办评为“治重化积”专项工作优秀集体，并向国家信访局推荐提名为专项工作全国优秀集体。攻坚化解“骨头案”“钉子案”。按照“案结事了、事心双解”原则，集中攻坚15位市级领导包案的32件时间跨度长、涉及人数多、政策性强的疑难信访积案，剩余2件目前正在全力化解。紧盯重点领域、重点群体中普遍性、苗头性问题，认真分析诉求类型，及时向市委市政府报告并提出建议，上报《信访要情呈报》6期、《每日信访要情呈报》142期。同时，借市委主要领导现场调研元森、亿博等一批时间跨度长、问题复

4月27日，市委副秘书长、市信访局局长张天泉实地督办化解信访积案

杂的拆迁安置项目之机，先后召开协调推进会60余次，目前均有不同程度进展。充分发挥市信联办作用，成立由兰州市信访局副县级领导带队的督导组，针对县区治重化积等工作，开展专项督导28次、联合督导3次，督办信访事项300余件，有效加快信访事项办理进度。

【基层基础建设】 全市信访系统坚持和发展新时代“枫桥经验”，将信访联席会议机制延伸到乡镇（街道），全面开展矛盾纠纷大排查大化解大走访，发现掌握各类矛盾纠纷隐患991件，依法及时化解876件，化解率88.4%，真正做到“小事不出村、大事不出乡镇、矛盾不上交”。贯彻《信访工作条例》，进一步规范各级党政机关、政法机关、行业部门和信访部门行为，理顺信访与行政复议、仲裁、诉讼等关系，教育引导信访人理性上访，依法打击缠访闹访等违法行为，维护群众合法权益。全市信访事项平均办理时限提高至34.66天，比《信访工作条例》规定的60天办理时限缩短25天。组织创建全国信访工作示范县（区），兰州市榆中县被评为“全国信访工作示范县”。

（王志斌）

涉台事务

【概况】 2022年，市委台办认真贯彻落实新时代党解决台湾问题的总体方略和习近平总书记对甘肃重要指示要求，持续推动“以通促融、以惠促融、以情促融”，积极探索兰台融合发展新路，着力打造对党忠诚、业务专精、纪律严明的高素质对台干部队伍，全年各项工作稳步、有序、扎实推进。

【涉台宣传教育】 召开2022年全市对台工作会议，编印《兰州台办工作回顾（2019—2021年）》《2018—2021年惠台政策汇编》和《2022年对台工作要点》。召开全市对台系统学习宣传贯彻省第十四次党代会精神座谈会和市委台办党的二十大精神专题学习会议，面向台资企业、帮扶村、联系社区及台办机关开展省第十四次党代会精神和党的二十大精神政策宣讲。开展台海形势报告“进党校、进县区、进校园”活动5场次，受众千余人次。强化涉台领域敌情观念和国家安全意识，持续开展机关内部“防渗透、防策反、防窃密”工作。坚决反对和警惕、遏制“台独”分裂行径，持续加强涉台舆情研判、防控协同、责任落实，不断提升兰州市涉台领域舆论主导权和话语权。

【兰台交流交往】 5月24日接待中国国民党前主席、中华青雁和平教育基金会董事长洪秀柱一行来兰参访。前往榆中县甘草店镇车道岭村看望慰问全国台联在榆中挂职和驻村干部。以“喜迎二十大·奋进新征程”为主题，举办兰州市台胞台属名家字画作品收藏展暨百里黄河风情城市山水长卷创作展、第二届“海峡两岸杯”台胞台W企·李宁羽你合拍羽毛球联谊赛。坚持文化引领，举办“中国传统文化入台企进社区”特色交流活动4场次。联合台湾中华飞扬关怀协会在永登通远中学开展兰台青少年“线上”交流活动，参与台湾教育工作者12名、兰州市中小学生200余名。结合“我们的节日”，在春节、端午、中秋分别举办台胞台属联谊活动，持续营造“两岸一家亲”浓厚氛围。

5月24日，中国国民党前主席、中华青雁和平教育基金会董事长洪秀柱一行来兰参访，参观“黄河母亲像”

【兰台经贸合作】 结合第28届“兰洽会”举办第九届“台商陇上行”活动暨“西南西北片台协会长会议”，邀请13个省、自治区、直辖市23家台协的73位台商代表来兰考察投资。印发《市委台办关于〈建立联系服务台企台胞工作制度〉的通知》，市委台办领导班子成员带队调研走访台资企业4轮次。衔接市农业农村局、市商务局等部门，帮助台湾泓创绿能股份有限公司、兰州顶津食品有限公司、兰州众汇盛合餐饮管理有限公司等开展政策咨询、答疑解惑、纾难解困等工作。年内，兰州市新增台商投资项目1个，到位资金400万元。

【惠台政策落实】 召开惠台政策对接会，推动惠台“31条措施”“26条措施”“11条措施”和甘肃省“55条实施意见”在全市涉台领域落地落细。推进“我为台胞台属、台商台企办实事”服务活动，2022年春节前慰问困难台胞台属和台企困难职工20人（户），送去米、面、油、春联等价值8400余元的物资。受理台胞台属、台商台企信访投诉与合理求助，通过微信工作群向涉台领域推送政策法规解读和防范电信诈骗信息600余条次，年内协调解决涉及核酸检测、健康码使用、台胞证办理、台胞子女落户、房产权属纠纷等方面台胞台属和台商台企信访求助案件10件次，依法办结率100%。

（李雅婧）

党史工作

【概况】 2022年兰州市党史工作坚持“党史姓党”的政治原则和实事求是工作方法，认真贯彻围绕中心、服务大局的要求，在党史“存史、资政、育人”方面取得显著成绩。

【党史征研】 征集与兰州相关的重大党史事件、重要党史人物等资料。完成《兰州党史研究》第一期、第二期编辑工作。初步完成《兰州改革开放实录（第二辑）》资料征集。完成《中国共产党兰州大事实录（2020）》70万字资料收集、编辑。完成《100个兰州红色故事》50万字资料收集、编辑。完成《兰州市创建全国文明城市工作纪实》40万字资料收集。

【党史宣传】 为不断扩大党史宣传教育的影响力和覆盖面，制作完成21集系列党史专题片《追寻兰州红色印记》，在兰州广播电视台新闻综合频道《兰州零距离》、爱兰州视频号、央视频、爱奇艺、腾讯、百度等媒体播出。为推动党史学习教育常态化长效化，传承红色基因，赓续红色血脉，拍摄党史专题片《红色印记·中共兰州市委的诞生》，完成资料收集和摄制。在《兰州日报》开辟庆祝建党101周年专版，分三期刊发《土地革命时期的中共兰州特别支部》《抗战时期的中共兰州市委》《解放战争时期的中共皋榆工委》等文章，对兰州地区各时期党组织建设发展情况及革命人物进行广泛宣传。加大党史宣传教育影响力和覆盖面，在“兰州党史网”“今日头条”等新媒体平台发表党史文章20余篇。

【课题研究】 以《兰州党史红色资源的保护、整理和利用研究》为课题，申请中央党史和文献研究宣传专项引导资金，于2022年6月批准立项。结合党史业务学习，市委党史办组织撰写三篇论文参加兰州市退役军人事务局与国防大学国家安全学院军事思想与军事历史教研室共同举办的“兰州战役的历史地位与时代价值”学术研讨会，其中《兰州战役精神的时代价值及传播路径研究》入选《兰州战役历史地位与时代价值学术研讨会论文汇编》。按照省委党史研究室关于征集红色文物故事的通知，选取5件与兰州战役历史相关的文物，组织撰写《兰州战役革命文物里的红色印记》，于8月26日在《甘肃日报》刊登。

【党史作品审读审看】 对涉及党史题材的书籍、影视剧剧本、展览大纲等作品进行审读审看，严把党史题材作品的政治关。全年完成5部陈展大纲、歌舞剧剧本等作品内容的审读审看，认真回复反馈意见，保证党史题材作品的质量和效果。反对历史虚无主义，配合市委网信办甄别涉及党史史料网络信息50余条。

（王柏华）

老干部工作

【概况】 2022年全市老干部工作以“尊重老干部、关爱老干部、组织老干部、关心下一代”为工作重点，组织引导老同志发挥优势作用，传播好声音、发挥正能量，稳步推进离退休干部党支部建设标准化工作，全面落实老干部各项待遇政策，认真研究人口老龄化大背景下谋划和推进老干部工作的新思路新举措，不断推进全市老干部工作高质量发展。全市有离休干部352人，已故离休干部无固定收入遗属247人。机关事业单位退休干部34054人，担任过副地级实职以上退休干部102名。离退休干部党支部433个，关工组织2250个，“五老”骨干2336人。各级老干部活动中心（室）和老年大学18个，建筑面积16580平方米。

【优势作用发挥】 向全市离退休干部发出倡议，号召关注支持“社工委”工作，争当维护和谐稳定大局的“银龄先锋”。先后动员150余名老党员、退休干部到居住地所在社区报到，参与反电信诈骗宣传、值守卡点等志愿服务工作。组织广大离退休干部以艺战疫，先后创作500余幅（篇）绘画、书法、诗词作品为疫情防控工作加油助力。组建兰州市关心下一代宣讲团、关爱团、帮教团、科技团等工作团队，组织“五老”人员赴校园、进社区开展理论宣讲活动46场次。组织有专长的离退休干部赴榆中县和平镇、城关区焦家湾街道开展书画交流、送文化下乡活动，现场为群众书写春联、字画作品1200余幅。在全市广大离退休干部中广泛开展“建言二十大”“我看中国特色社会主义新时代”专题调研访谈活动，在不同行业、不同县区召开座谈会36场次，对82位离退休老同志上门访谈，汇总梳理50条具有实质内容和参考价值的意见建议，起草兰州市离退休干部“建言二十大”专题调研报告上报省委老干部局。印发《组织全市离退休干部开展“喜迎二十大·奋进新时代”系列主题活动的实施方案》，设计“五老”宣讲、参观考察、文艺演出等九项内容，组织引导广大老同志聚焦兰州高质量发展。为党的二十大胜利召开营造良好氛围，举办全市离退休干部书画摄影展、主题征文、文体比赛等系列迎庆活动，老同志近3000人次参与。

【精准服务】 元旦、春节期间，走访慰问市属784名离退休干部和已故离休干部无固定收入遗属。对高龄离休干部开展常态化祝寿，全年累计联系老干部8000余人次。疫情防控期间，指导各级各部门加强离休干部联系频次，重点关注103名空巢、独居、生活困难、生病住院的老干部，帮助解决购买物资、看病购药就医等困难。在二十大召开和七一前夕，组织人员对全市离休干部和地级退休干部进行一次全覆盖联系。为在兰居住的281名离休干部购买社会化精准服务。为45名离休干部、26名退休干部及92名遗属发放特困帮扶金45万元。建立帮扶台账动态掌握离退休干部困难情况。做好信访接待工作，妥善处理离退休人员及家属信访事宜，全年累计接待50余人、电话

离退休干部基本情况统计表

截止时间：12月31日

离休干部基本情况

离休干部	总数	机关人数	事业单位人数	企业单位人数
总　计	352	92	98	162
副省部级	7	4	——	3
厅局级	18	9	4	5
县处级	220	60	66	94
乡科级	53	13	12	28
其他	54	6	16	32

离休干部年龄状况

离休干部	总数	85岁至89岁		90岁以上		生活不能自理	
		人数	%	人数	%	人数	%
总　计	352	28	8	324	92.1	95	27

离休干部分时期情况

离休干部	总数	抗日战争前期		抗日战争前期		解放战争时期	
		人数	%	人数	%	人数	%
总　计	352	6	1.7	22	6.25	324	92.05

退休干部基本情况

退休干部	总数	机关		事业单位		企业单位	
		人数	中共党员	人数	中共党员	人数	中共党员
总　计	38978	10895	8919	23159	8432	4924	3249

咨询350余次。将行政事业单位离退休干部丧葬费由1200元调整至7352元。调整离休干部和已故离休干部无固定收入遗属参照一般级别离休干部标准报销医疗费用，扩大离休干部药品报销和诊疗范围，提高床位费标准，畅通离休干部看病就医绿色通道，并提供家庭医生和入住医养结合机构签约服务。

【老年教育】 举办全市离退休干部学习党的十九届六中全会精神专题辅导班，组织离退休干部收看收听中组部离退休干部网上专题报告会，开展学习贯彻二十大精神“十个一”系列活动，为行动不便的老党员送学上门，向离退休干部党支部赠阅学习资料，在兰州老年大学开展“课前5分钟学理论”，线上线下同步发力，调动广大老同志参与政治理论学习的积极性和主动性。

制定《兰州市创建文化健康养老示范点方案》《兰州老年大学教学辅助点办学方案》，指导市、县（区）老干部活动学习阵地向社区延伸，先后对正宁路社区、雁西路社区、山字石社区、焦家湾东社区等进行实地调研考察，在主城四区老干部居住相对集中地点打造5个老干部文化健康养老示范点。加强兰州老年大学教学改革工作力度，探索采用直播、录播及在线交流等多种形式，开展老同志“云上”学习交流会、诗歌朗诵会等主题活动，并有针对性地开发“养生保健”“心理健康”等适老性课程，在疫情防控期间利用网络直播平台开展教学。争取160余万元财政资金，先后对市老干部活动中心场地进行升级，更换排水管道，新建老干部心理咨询室和桥牌室；对市金城盆景园内的路面、墙体等进行修缮，安装园艺路灯、引进新盆景，提升公园的品质；为兰州老年大学教学场地增加取暖设备，开辟老同志理论“学习角”，进一步优化改善学习环境。

【服务管理】 按照“一机关一品牌、一支部一特色”要求，打造“情系夕阳、爱洒朝阳”“文化养老、欢乐银龄”“情暖夕阳、精准服务”等特色支部5个，建立有温度的党建特色品牌，实现党建与业务工作的深度融合。市委老干部局机关被命名为市直机关党建示范点，局属单位市老干部活动中心、市离休干部管理服务中心党组织被命名为市直机关示范性党支部。在疫情防控中，全局系统81名党员干部下沉社区一线，4名担任社区疫情防控办副主任、19名担任社区驻守工作队队长。

在全市老干部工作系统开展“学习贯彻党的二十大精神·老干部谈·工作者谈”专题活动，组织广大老干部、老干部工作者谈认识、谈感悟。在“离退休干部工作”“甘肃老干部”微信公众号、“甘肃党建”学习平台、《中国老年报》等媒体刊发信息68条，在兰州老干部工作“一网一号一刊”发布信息432条，不断扩大兰州老干部工作的影响面。

制定《中共兰州市委老干部局领导班子贯彻中央八项规定实施细则的具体措施》，以打造“政治坚定、业务精通、作风优良”工作队伍为目标，全力推进清廉机关建设。开展经常性廉政教育，分层开展约谈69人次。践行绿色低碳理念，市委老干部局被评为全市公共机构节能先进单位。

【关心下一代工作】 在全市中小学中组织开展“新时代兰州好少年”“文明小标兵”“优秀小公民”评选活动，开展以“游基地、学党史”为主题的青少年党史学习月活动，营造青少年人人争当时代新人的浓厚氛围。实施“双

6月29日，在金城盆景园开展“喜迎二十大·奋进新时代”离退休干部书画摄影展

百工程”，围绕巩固脱贫攻坚成果助力乡村振兴战略实施，组织农业科技特派员为百名农村青年传授种养殖技能、对百名贫困在校青少年开展关爱帮扶。加强企业关心下一代工作，指导28家市属国有企业和230家非公有制企业建立关心下一代工作组织。大力选树先进典型，安宁区关工委“五老”杨隆骞获得全国关心下一代“最美五老”荣誉称号。

（赵　玲）

党校（行政学院）工作

【概况】 2022年，市委党校（市行政学院）坚持从严治校、质量立校，统筹推进疫情防控和干部教育培训工作，突出抓好党史学习教育和《中国共产党党校（行政学院）工作条例》贯彻落实，扎实有序开展各项工作，积极发挥干部培训、思想引领、理论建设和决策咨询作用。在省委组织部、甘肃省委党校（甘肃行政学院）对全省市级党委党校（行政学院）办学质量评估中被评为优秀等次。

【科研调研】 全年全校教研人员公开发表科研成果204项，其中权威期刊1项，核心期刊1项，国家级成果1项（专著），省级成果87项（其中专著2项），市级成果114项，科研成果获奖8项。组织申报2022年国家社科基金项目3项、甘肃省社科规划项目6项、甘肃社会主义学院招标课题1项、甘肃省人文社会科学项目2项、兰州市社科规划项目7项。组织立项校（院）资政调研课题24项，全市党校（行政学院）系统调研课题12项，市委政研室委托课题立项2项，市委宣传部调研课题3项，市委组织部调研课题4项，市直机关工委党建课题3项。

【理论研究与宣传】 组织校（院）教研人员撰写有新意、有深度、有见地的研究阐释文章，通过学习强国、甘肃党建、兰州电视台、兰州日报及校（院）刊《黄河论丛》等媒体平台，及时发出党校声音。全年刊发《兰州日报》“党校之声”专栏19期，发表理论文章89篇，编辑出版校（院）刊《黄河论丛》6期，刊发理论文章102篇。参加省委宣传部、省委党校（省行政学院）、省社会主义学院、市委、市政府及相关部门组织的各类课题调研、论坛、征文活动。入选甘肃省委党校网站学习贯彻党的二十大精神征文论文11篇，入选甘肃省高质量发展论坛征文论文4篇，报送甘肃省社会主义学院“弘扬黄河文化，坚定文化自信”研讨会论文6篇，入选中共庆阳市委党校“陕甘宁毗邻地区高质量发展”研讨会论文2篇。聚焦党的二十大提出的重大理论和实践问题、省市党代会确立的重大发展任务和工作举措，拟定研究课题，组织精干力量撰写符合兰州实际、对推进党委政府中心工作落实有参考借鉴价值的科研成果和资政报告。13项调研报告获得市委常委领导批示。编辑出版《决策参考》16期，《兰州经济与社会发展调研报告（2021年）》1册。

配合市委宣传部组建以学习宣传贯彻党的二十大精神、《习近平谈治国理政》第四卷、省市十四次党代会精神、贯彻新发展理念和党的十九届六中全会精神等为主题的市级宣讲队伍，选派近30名骨干教师进入省委宣讲团、市委宣讲团、“兰州人·百姓讲堂”百人宣讲团和青年讲师团。广大教师深入市直各部门、街道社区、乡镇村社、企业学校等宣讲百余场，受众超2万人次。组织3名优秀年轻教师参加“奋进新征程，建功新时代，喜迎二十大”兰州市理论宣讲大赛，获一等奖1名、优秀奖2名和团体优秀组织奖。党的二十大召开后，第一时间组织骨干教师参加省委、市委宣讲团，1人入选全省学习宣传贯彻党的二十大精神专家学者宣讲团，18人入选市委宣讲团，11人入选青年宣讲团。组织教研人员参加全国党校（行政学院）系统学习贯彻党的二十大精神师资线上培训班，帮助教师全面准确理解党的二十大精神。疫情防控期间，创新宣讲方式，联合市委讲师团、兰州广播电视台共同打造“二十大声音——领会精神再出发”微课宣讲专栏，择优录制微课系列节目11期，在兰州电视台各频道和全市各大融媒体平台同步上线播出，面向全市党员干部和广大群众发出党校声音。

【教育教学管理】 市委党校（市行政学院）紧紧围绕学习习近平

新时代中国特色社会主义思想这一中心内容和首要任务，结合兰州经济社会发展和干部队伍实际，不断完善课程体系，科学设计培训内容，推动形成更加完整更切实际更为科学的主业主课体系，确保党的理论教育和党性教育课程的比重不低于总课时的70%，党性教育课程的比重不低于总课时的20%。始终把习近平新时代中国特色社会主义思想摆在突出位置，结合党的二十大精神、省市党代会精神，有针对性设置教学专题，新开发学习贯彻党的二十大精神以及其他相关教学专题63个。

持续改进教学方法，建立以学员为主体、教师为主导、问题为导向的互动式教学模式，大力推动结构化研讨以及访谈式、案例式、体验式等互动式教学方法。积极开发拓展新的现场教学基地，组织学员赴兰州铁路局、兰州奥体中心、兰州日报社、甘肃（国际）陆港等现场教学基地开展现场教学。认真落实领导干部上讲台制度，全年有8名市级和市直部门主要领导来校（院）授课或作报告，同时，邀请党的二十大代表和基层一线干部来校（院）开展访谈式教学，进一步拉近了理论与实际的距离，增强培训的针对性和实效性。

探索创新培训模式，聚焦“必须抓好后继有人这根本大计”要求，以中青年干部培训班学员为重点，持续打造年轻干部跟进式培训模式。建强社区、村基层党组织培训，探索更接地气的基层党组织人员培训模式。积极对接

3月1日，中共兰州市委党校（兰州市行政学院）举行2022年春季学期开学典礼

“兰西城市群”建设，联合西宁市委党校开展教学科研和人才队伍等方面的合作，凝聚地方党委党校（行政学院）助推经济社会发展的合力。紧密结合市域善治大讨论、清廉兰州建设、创建文明典范城市和青年发展型城市建设等重点任务，适时制定培训计划，为贯彻落实党的二十大、省市党代会精神提供强有力的人才保障。

坚持实施人才强校，多措并举加强教师队伍素质和人才队伍建设。完善教师队伍考核制度，修订《校（院）年度考核办法》，加大对在教学科研、决策咨询、管理服务中取得高质量成果和在下沉社区开展志愿服务工作中有突出表现的考核比重，不断推进既体现“两个不同于”要求，又符合校（院）实际的教师队伍管理体系的改革探索。健全教学工作激励机制，制定校（院）《关于进一步激发教学热情提高教学水平的工作办法》和《兼职教师管理办法》，推动形成教师职称“能上能下”和专职教师“能进能出”的有效机制，激发全体教师从事专题授课、提高教学质量的工作热情。推进“名师工程”，结合全市党校（行政学院）教师队伍现状，研究制定《全市党校（行政学院）系统名师工程实施方案》，开展全市党校（行政学院）名师评选工作，树立标杆、塑造榜样，示范带动全市党校（行政学院）系统教师队伍建设不断取得质的提高。通过公开竞聘，选拔任用了副科级干部7人，公开招录5名硕士研究生学历行政管理人员。

【干部教育培训】 全年举办各类培训班次53期，培训干部5847人次。其中，主体班次12期，培训干部577人次；全市县级领导干部学习贯彻党的十九届六中全会精神轮训班6期，培训干部1484人次；其他专题培训班24期，培训干部2216人次；承办“富民兴陇”系列讲座兰州市分会场11期，培训干部1570人次。完成2022年兰州市公务员网络培训任务，截至11月全市参训干部20043人。

中共兰州市委党校（兰州市行政学院）2022 年春秋季主体班培训情况统计表

序号	班次	学制（月）	起止时间	人数
1	第 1 期正县级领导干部培训班	1 个月	5.30—6.24	39
2	第 7 期习近平新时代中国特色社会主义思想专题研修班	半个月	3.1—3.9 5.18—5.26	42
3	第 34 期新任副县级领导干部培训班	半个月	5.30-6.9	26
4	第 35 期新任副县级领导干部培训班	半个月	6.13—6.22	29
5	第 14 期中青年干部培训班一班	1 个月	3.1—3.9 5.18—6.9	42
6	第 42 期女干部能力素质提升培训班	半个月	3.1—3.14	47
7	第 48 期党外干部能力素质提升培训班	半个月	3.1—3.14	46
8	第 6 期年轻干部理想信念教育培训班	半个月	5.30—6.10	35
9	第 4 期选调生固根守魂专题培训班	半个月	5.30—6.10	130

中共兰州市委党校（兰州市行政学院）2022 年社会培训部专题培训班统计表

序号	培训班	主办单位	培训对象	天数	日期	人数
1	兰州市农村基层干部乡村振兴主题培训项目之三村党组织书记（主任）培训班（第六期）	市委组织部	兰州市村基层干部	5	1.4—1.8	104
2	兰州市民主党派干部能力提升培训班	市委组织部	民主党派干部	1	1.7	82
3	兰州市农村基层干部乡村振兴主题培训项目之三村党组织书记（主任）培训班（第七期）	市委组织部	兰州市村基层干部	5	1.10—1.14	101
4	全市县级干部学习贯彻党的十九届六中全会精神轮训班（第一期）	市委组织部	市管县级干部	3	2.16—2.18	258
5	全市县级干部学习贯彻党的十九届六中全会精神轮训班（第二期）	市委组织部	市管县级干部	3	2.23—2.25	257
6	全市县级干部学习贯彻党的十九届六中全会精神轮训班（第三期）	市委组织部	市管县级干部	3	3.2—3.5	246
7	全市粮食安全工作干部专题培训班	市委组织部 市粮食局	全市粮食安全工作干部	1	4.22	63
8	全市县级干部学习贯彻党的十九届六中全会精神轮训班课程安排表（第四期）	市委组织部	市管县级干部	3	5.18—5.20	244
9	全市县级干部学习贯彻党的十九届六中全会精神轮训班课程安排表（第五期）	市委组织部	市管县级干部	3	5.23—5.25	248
10	全市县级干部学习贯彻党的十九届六中全会精神轮训班课程安排表（第六期）	市委组织部	市管县级干部	3	5.26—5.28	231
11	统计法律法规培训	市统计局	市委市政府有关部门（单位）主要领导或分管领导、各区县统计局主要领导或分管领导	3	6.8—6.10	49
12	兰州市 2022 年党员发展对象培训班	市委组织部	市各单位党员发展对象	3	6.8—6.10	142

续表

序号	培训班	主办单位	培训对象	天数	日期	人数
13	2022 年习近平生态文明思想专题培训班	市委组织部、市生态环境局	市委组织部 市生态环境局	5	6.13—6.17	66
14	全市社区党组织书记培训班（第一期）	市委组织部	县区社区党组织书记	3	6.15—6.17	213
15	全市社区党组织书记培训班（第二期）	市委组织部	县区社区党组织书记	3	6.22—6.24	217
16	兰州市市场资源优化配置专题培训班	市委组织部、市发改委	县区、市直发改、水务等相关部门	3	6.21—6.23	71
17	兰州市县区直属部门负责人城乡规划建设管理专题培训班	市委组织部、市自然资源局	县区自然资源、住建、人防等部门负责人	3	6.22—6.24	58
18	全市街道党工委书记培训班	市委组织部	县区街道党工委书记	5	6.27—7.1	53
19	习近平总书记关于加强和改进民族工作的重要专题培训班	市民宗委	全市宗教专干	3	6.29—7.1	50
20	加强基层治理体系和治理能力现代化建设专题培训班	市社会治安综合治理中心	县区综治中心主任	3	6.28—6.30	133
21	全市科级公务员任职培训班	市委党校（市行政学院）	市级科级干部	10	6.13—6.24	65
22	全市基层干部实施乡村振兴战略专题培训班	市帮扶工作领导小组办公室、市委组织部	各县区副书记、各县区乡村振兴局分管领导和业务骨干、各乡镇党委书记	5	7.4—7.8	92
23	县区直属部门负责人实施乡村振兴战略专题培训班	市委组织部	县区农业农村、文旅、自然资源等部门负责人	3	7.5—7.7	40
24	6 个协会会员培训班（“激扬活力守正创新”首届兰州市文艺工作者培训班）	市文联	6 个协会会员	2	7.5—7.6	117
25	提升城市精细化管理推动城市高质量发展培训班	市城管委	县区城管、环卫、执法等部门	3	7.6—7.8	83
26	市第十四次党代会基层代表培训班	市委组织部	全市第十四次党代会基层一线党代表	3	7.6—7.8	63
27	全市纪检监察系统综合业务能力提升专题培训班	市纪委、市监委	市纪检监察系统相关人员	3	9.28—9.30	156

（陈　震）

网络安全和信息化

【概况】 2022年，市委网信工作紧紧围绕迎接服务保障和学习宣传贯彻党的二十大精神这条主线，完成各项工作任务。兰州市委网信办被中央网信办、中宣部、教育部、工信部、公安部等10部委评为2022年国家网络安全宣传周活动表现突出单位，是甘肃省唯一受通报表彰的单位。互联网法律法规普法活动典型案例《线上线下齐发力，共书兰州网信普法答卷》被中央网信办评为全国网络普法优秀案例收录入全国案例库。截至年底，兰州市属地有网站9829家，有新闻类网站15家。其中，中央驻甘重点新闻网站3家；省级新闻网站8家；市属新闻网站4家。

【网上主题宣传】 指导属地重点网络平台开设《党的二十大》《奋进新征程建功新时代——喜迎甘肃省第十四次党代会》等28个专题专栏，制作系列融媒体产品462条，发布重点稿件9800余篇，阅读量8900万+。安排属地新闻网站开设《清廉兰州》《防范电信诈骗打击网络犯罪》等网络专题，制作《H5| 如何识别流调电话？注意七点谨防诈骗》等融媒体产品5850篇，阅读量4830万+。建立网信领域专家授课资源库，第一批次入库国家、省市级专家32人。邀请中国科学院院士倪光南录制“兰州网信讲堂”第一期。全力配合疫情防控工作，动员“赵琳—甘露公益”“金刀王”等本地大V发布正能量稿件547篇，阅读量975万+。协调移动、联通、电信等运营商发布公益短信2373.5万条。组织开展“网络新青年”新媒体培训暨线上招聘活动，联动属地互联网企业提供142个用人岗位。组织开展“寻美甘肃·兰州再出发”“喜迎二十大网络名人金城行”主题采风活动，讲好“黄河之滨也很美”的兰州故事，制作发布短视频、图文等新媒体产品500余个，参与“网络名人金城行”“寻美甘肃”等话题，阅读量3210万+。举办“兰州全民反诈进行时”等线上线下网络公益活动3场，32万人直播参与，话题阅读量2100万+。

【网络空间治理】 开展“清朗”“扫黄打非”“清风”“养老诈骗”“打击邪教”等涉网专项行动20项，处理网上有害信息3610条，警告网站285家，关闭违法违规账号2个，对网站罚款1家，取消网站许可备案80家，关停网站24家，约谈责任主体76人，移送线索落地查人302件。完成8个县区融媒体中心及9个新闻网站的互联网新闻信息服务许可报批工作。属地内14家MCN机构、77个账号为红色正能量账号、1个灰色账号纳入全市MCN机构数据库管理。对485个白名单账号、64个黑名单账号建立网红“黑白名单”台账。对缺乏网络安全维护导致被篡改为违法有害信息的网站下发转办通知58次。成立兰州市网络违法和不良信息举报中心，上报有害信息41003条。联合中央新闻单位驻甘肃记者联合会开展“网络清朗·伴我成长”互联网法律法规线上线下宣传工作。

【网络安全保障】 依托技术公司，对兰州市属地网站进行24小时不间断网络巡查，印发《网络信息安全预警通报》543期，指导属地网站修补漏洞、全面排查类似隐患，整改率93%以上。组织技术力量对教育、卫健、财政等14家单位的41个网站系统和8个县区的8家政府门户网站进行渗透测试，对发现的问题全部督促整改到位。成功举办2022年兰州市青少年网络安全知识竞赛、“共筑网络安全共享网络文明”心手相连网络文明倡议活动等线下宣传活动和竞赛。兰州市代表队在全省青少年网络安全知识竞赛中获得全省一等奖。承办全省网络安全宣传周活动，并获全省网络安全先进集体称号。

【信息化发展协调】 开展全市信息化审计调查工作，共梳理系统233个并按照要求定期更新。推动IPv6规模部署和应用，兰州城域网已具备对外提供IPv6服务能力，全市新闻、广电网站均已基本完成IPv6的适配改造。引导基础电信运营企业加快5G网络部署应用，累计建成5G基站9236个，基本全面实现主城区和重点应用场景的5G网络覆盖。委托人民网持续开展兰州市属地范围内的App安全检测工作。全力做好具有舆论属性或社会动员能力的互联网信息服务安全评估。开展网信技术支撑，对相关应用提前向市政管局等主管部门做出预警提示。做好北斗卫星导航系统应用情况的定期监测。全面抓好《兰州市数字乡村发展实施方案》落实，紧抓皋兰县作为国家级数字乡村试点地区这一契机，落实市级财政资金支持，通过政府购买服务方式采购国家级数字乡村试点地区政务数据智慧服务平台项目，并获得国家聚力行动示范村项目资金支持，其他县区结合自身实际探索具有当地特色的数字乡村建设道路。

【互联网行业党建】 2022年底，兰州市互联网企业共有63家。其中，行业党委直属企业11家；县区互联网企业52家。组建企业党支部48个，党组织覆盖率100%，有正式党员149名。

（鲁东林）

兰州市人民代表大会

重要会议

【市十七届人民代表大会第二次会议】 2022年12月19日至21日在兰州大剧院召开。会议应到代表341名，出席会议代表329名。出席政协兰州市第十五届委员会第二次会议的全体委员以视频形式列席大会开幕式。

会议听取和审议兰州市人民政府工作报告、兰州市人大常委会工作报告、兰州市中级人民法院工作报告、兰州市人民检察院工作报告。审查兰州市2022年国民经济和社会发展计划执行情况及2023年国民经济和社会发展计划草案的报告，2022年全市财政预算执行情况和2023年全市及市级预算草案的报告。会议提出建议272件。会议表决通过兰州市第十七届人民代表大会第二次会议关于兰州市人民政府工作报告的决议、关于兰州市2022年国民经济和社会发展计划执行情况及2023年国民经济和社会发展计划的决议、关于兰州市2022年全市财政预算执行情况和2023年全市及市级财政预算的决议、关于兰州市人大常委会工作报告的决议、关于兰州市中级人民法院工作报告的决议、关于兰州市人民检察院工作报告的决议、兰州市人民代表大会议事规则。

会议选举兰州市出席甘肃省第十四届人民代表大会代表于丽红等69名。

兰州市出席甘肃省第十四届人民代表大会代表名单
（按姓名笔画排序）

于丽红（女，回族） 马有林（东乡族）
马　健（回族） 马　婷（女，回族）
马菊英（女，回族） 马燕辉（女，回族）
王立山 王立朝 王金贵
王彦群 勾晓华（女） 尹建敏（女，回族）
叶仁航 申怀吉 冯月旺
成　娟（女） 朱天舒 任卫东
刘　青 刘凤恒 刘志文
孙建军 芮文刚 李东新
李永红（女） 李成勇 李　强
杨　龙 杨拉毛草（女，藏族）
杨建忠 何谋保 宋德龙
张　伟 张伟文 张芳萍（女）
张泽武 张建平 张建忠
张　洁（女，回族） 张福寿 陈　妍（女）
陈佳丽（女） 苟保平 尚柏江
周学海 周棣清 郑小平（女）
郑　钢 赵同庆 赵春林
赵　婷（女，藏族） 胡昌升 柳小惠（女）
施孝昌 陶正茂 常千宗
常承志 康　石 逯　迈
韩军龙 蓝　波（女，回族）
蔡根泉 廖万英（女） 潘　喆
薛　飞 薛　蕾（女） 魏列军
魏丽红（女） 魏学惠（女）

【市十七届人大常委会第一次会议】 1月12日在市人大培训中心召开，会期半天。市人大常委会主任周学海，副主任韦青祥、王璇、张兆祯、汪永国、方书英、冯月旺，秘书长李明珊及委员共39人出席会议。市政府副市长杨平、市中级人民法院院长申怀吉、市人民检察院检察长柳小惠、市监察委员会副主任陈立江列席会议。

会议审议通过兰州市第十七届人民代表大会常务委员代表资格审查委员会主任委员、副主任委员、委员名单，补选兰州市出席甘肃省第十三届人民代表大会代表。会议通过人事任免事项。

【市十七届人大常委会第二次会议】

2月23日在市人大培训中心召开，会期半天。市人大常委会主任周学海，副主任韦青祥、王璇、张兆祯、汪永国、方书英、冯月旺，秘书长李明珊及委员共38人出席会议。市人民政府副市长杨平、市中级人民法院副院长卓俊林、市人民检察院副检察长姚丽君、市监察委员会副主任陈立江列席会议。

会议传达学习甘肃省第十三届人民代表大会第六次会议精神。会议审议通过《兰州市人大常委会2022年工作要点》《兰州市人大常委会2022-2026年立法规划》。会议通过人事任免事项。

【市十七届人大常委会第三次会议】

4月26日在市人大培训中心召开，会期1天。市人大常委会主任周学海，副主任韦青祥、王璇、张兆祯、方书英、冯月旺，秘书长李明珊及委员共34人出席会议。市人民政府副市长杨德智、市中级人民法院院长申怀吉、市人民检察院检察长柳小惠、市监察委员会副主任陈立江、市人大常委会副秘书长、部分市人大代表、市人大常委会和市政府有关部门负责同志列席会议。

会议传达学习十三届全国人大五次会议精神。会议听取《兰州市城市安全发展条例（草案）》的起草说明，审议《兰州市城市安全发展条例（草案）》《兰州市供水条例（草案二次审议稿）》。会议听取和审议市人民政府关于全市退役军人安置情况的报告。会议通过市中级人民法院和市人民检察院提请的有关人事任免事项。

【市十七届人大常委会第四次会议】

6月29日在市人大培训中心召开。市人大常委会主任周学海，副主任韦青祥、王璇、张兆祯、方书英、冯月旺，秘书长李明珊及委员共34人出席会议。市人民政府副市长杨平、市中级人民法院院长申怀吉、市人民检察院检察长柳小惠、市监察委员会副主任陈立江、市人大常委会副秘书长、部分市人大代表、市人大常委会和市政府有关部门负责同志列席会议。

会议传达学习省第十四次党代会精神。会议审议《兰州市城市安全发展条例（草案二次审议稿）》。会议听取和审议市人民政府关于贯彻实施《中华人民共和国社区矫正法》情况的报告、关于贯彻实施《中华人民共和国消费者权益保护法》情况的报告、关于全市打击治理电信网络新型违法犯罪工作情况的报告、关于全市水资源管理工作情况的报告、关于全市乡村振兴工作情况的报告、关于全市粮食安全工作情况的报告、市中级人民法院关于知识产权审判工作情况的报告和市人民检察院关于未成年人检察工作情况的报告。

会议决定任命张炳智为兰州市人民政府副市长。会议通过其他有关人事任免事项。

【市十七届人大常委会第五次会议】

8月25日在市人大培训中心召开。市人大常委会主任周学海，副主任韦青祥、王璇、张兆祯、汪永国、方书英、冯月旺，秘书长李明珊及委员共34人出席会议。市人民政府副市长姜晓东、市中级人民法院院长申怀吉、市人民检察院检察长柳小惠、市监察委员会副主任陈立江、市人大常委会副秘书长、市人大常委会和市政府有关部门负责同志列席会议。

会议听取和审议市人民政府关于兰州市2022年上半年国民经济和社会发展计划执行情况的报告、关于兰州市2021年财政决算草案和2022年上半年财政预算执行情况的报告、关于2021年度市级预算执行和其他财政收支的审计工作报告，审议兰州市人民代表大会财政经济委员会关于2021年市级财政决算草案的审查报告，作出兰州市人民代表大会常务委员会关于批准2021年市级财政决算的决议。会议听取和审议市人民政府关于全市预算绩效管理工作情况的报告、关于全市公共卫生防疫情况的报告、关于2021年度国有自然资源资产管理情况的专项报告，审议市人民政府关于2021年度国有资产管理情况的综合报告。表决通过人事任免事项。

【市十七届人大常委会第六次会议】11 月 16 日在市人大培训中心召开，会期 1 天。市人大常委会主任周学海，副主任韦青祥、张兆祯、汪永国、方书英、冯月旺，秘书长李明珊及委员共 30 人出席会议。市人民政府副市长胡俊锋、市中级人民法院院长申怀吉、市人民检察院检察长柳小惠、市监察委员会副主任赵战斌、市人大常委会副秘书长、市人大常委会和市政府有关部门负责同志列席会议。

会议传达学习中国共产党第二十次全国代表大会精神以及省、市委人大工作会议精神。会议审议《兰州市养老服务条例(草案)》《兰州市市政设施管理条例（草案二次审议稿）》《兰州市供水条例（草案三次审议稿）》《兰州市人民代表大会议事规则（草案）》《兰州市人民代表大会常务委员会议事规则（修订草案）》。会议审议通过《兰州市人民代表大会常务委员会关于行政区划界线变更涉及人大工作有关问题的决定》。会议审议《兰州市国土空间总体规划（2020—2035 年）》。听取和审议市人民政府关于贯彻实施《中华人民共和国乡村振兴促进法》情况的报告、关于贯彻实施《兰州市黄河风情线大景区保护管理条例》情况的报告、关于贯彻实施《中华人民共和国突发事件应对法》情况的报告、关于行政区划界线变更工作情况的报告。会议听取和审议市人民政府关于 2022 年市级财政预算调整方案（草案）的报告，审查批准 2022 年市级财政预算调整。会议听取市人民政府关于贯彻实施《中华人民共和国环境保护法》和《甘肃省环境保护条例》情况的报告，结合听取该报告，开展专题询问。

【市十七届人大常委会第七次会议】11 月 29 日召开，会期半天。市人大常委会主任周学海，副主任韦青祥、王璇、张兆祯、方书英、冯月旺，秘书长李明珊及委员共 34 人出席会议。常委会委员董高、于博、迟方旭、韦诗彬因事请假。市人民政府副市长白喜林、市中级人民法院院长申怀吉、市人民检察院检察长柳小惠、市监察委员会副主任赵战斌、市人大常委会副秘书长、市人大常委会和市政府有关部门负责同志列席会议。

会议审议《兰州市客运出租汽车管理条例（修订草案二次审议稿）》《兰州市城市安全发展条例（草案三次审议稿）》《兰州市文明城市建设促进条例（草案）》。会议听取和审议市人民政府关于市十七届人大一次会议代表建议办理情况的报告、关于 2022 年兰州市承担省委、省政府为民兴办实事和市委、市政府为民兴办实事任务完成情况的报告、2022 年度环境状况和环境保护目标完成情况的报告、关于 2022 年度法治政府建设情况的报告。会议听取和审议市人大常委会关于 2022 年规范性文件备案审查工作情况的报告，审议《兰州市人大常委会工作报告（稿）》《兰州市人民代表大会议事规则（草案二次审议稿）》，听取和审议兰州市第十七届人民代表大会常务委员会代表资格审查委员会关于个别代表资格变动情况的审查报告。审议通过兰州市第十七届人民代表大会第二次会议邀请范围和列席范围。审议兰州市第十七届人民代表大会第二次会议主席团和秘书长等名单（草案）、兰州市第十七届人民代表大会第二次会议议程、日程（草案）以及兰州市第十七届人民代表大会第二次会议选举办法（草案）。审议兰州市第十七届人民代表大会第一会议代表建议办理情况报告。会议决定任命陶正茂为兰州市人民政府副市长。

【市委人大代表工作会议】 9 月 23 日召开。会议深入贯彻中央人大工作会议精神，全面落实省委人大工作会议部署，系统推进新时代兰州人大工作。省委常委、市委书记朱天舒出席会议并讲话。市委副书记、市长张伟文主持，市领导周学海、王宏等出席。会议强调，全市各级要深刻领悟习近平总书记关于坚持和完善人民代表大会制度的重要思想，全面加强和改进新时代兰州人大工作，为重振兰州辉煌提供制度保障和法治支撑。要坚定推进全过程人民民主，始终把民主选举、民主协商、民主决策、民主管理、民主监督贯通体现在人民当家作主的全过程各环节，系统重塑“人人都起来负责”的人民民主社会氛围。要用心夯实“八五”普法宣传教育具体行动，坚持用习近平法治思想统领全民普法教育，全面贯彻实施宪法，切实加强执法检查，推动全社会学法尊法守法用法。要持续完善立改废释机制，聚焦“三新一高”，突出兰州“强科技、强工业、强省会、强县域”，加快推进城市安全、精神文明、黄河生态、民生保障等重点领域立法，真正以良法促进发展、保障善治。要切实增强监督刚性和实效，统筹推进人大监督等各类监督资源贯通协同，推动中央和省委各项决策部署成为共同意志和自觉行动。要保障人大代表更好发挥作用，持续完善视察、检查、调研工作机制，推动人大代表家(站)与“社工委”机制有效衔接，引导各级人大代表忠诚尽责“强省会”。要全面加强人大自身建设，紧扣建设让人民满意的政治机关、国家权力机关、工作机关、代表机关要求，努力提升各级人大政治判断力、政治领悟力、政治执行力，以人大工作的实绩实效迎接党的二十大胜利召开。

（穆晓娟）

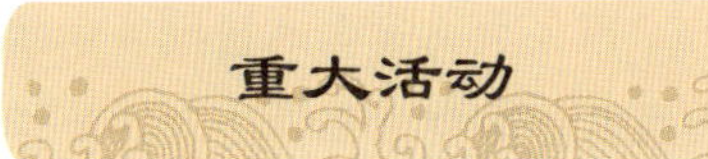

【专题调研】 **市人大常委会检查组检查生态环境保护反馈问题整改情况**

4月22日，市人大常委会党组书记、主任周学海带领部分人大代表到榆中县检查中央生态环境保护督察反馈问题和国家黄河流域生态警示片披露问题整改情况及省级第二轮生态环境问题警示片披露问题整改情况。在实地察看并听取榆中县生态环境整改工作开展情况的汇报后，周学海指出，要从思想上高度重视生态环境保护反馈问题，坚持将落实生态环境保护工作任务作为重要政治任务来抓。要坚持目标导向、问题导向、结果导向，落实好整改方案，进一步压实整改责任，全面落实整改任务。要按整改时限推进工作，查漏补缺、补齐短板，确保高质量完成整改任务。

市人大常委会检查组检查粮食安全及乡村振兴工作

4月27日，市人大常委会党组书记、主任周学海带领部分市人大代表到榆中县检查粮食安全及乡村振兴工作。检查组先后前往榆中县和平镇冯湾村、城关镇三角城村相关农业科技企业了解设施农业和乡村振兴建设情况，同时前往甘草店镇榆中粮食储备企业察看粮食储备情况。检查组要求，相关各方要全面落实国家粮食安全战略，扛牢政治责任，确保农业稳产增产；提升产业兴旺水平，做到特色产业提质扩面、经营主体培优做强；聚焦乡村发展，紧盯乡村建设，大力发展富民产业，全面助力乡村振兴。检查组强调，要全面加强储备粮管理工作，坚决守护“粮袋子”安全。切实增强粮食应急宏观调控能力，加快建立应急供应保障网络，全力提升粮食安全保障能力。

市人大常委会调研组调研全面推行林长制工作进展情况

5月26日，市人大常委会党组书记、主任周学海带领调研组到榆中县调研全面推行林长制工作进展情况。调研组先后前往贡井林场杏树湾站及贡井林场场部，实地查看林木管护情况，详细了解全面建立和推行各级林长体系、林草资源保护管理体制和运行机制、全面推行林长制主要任务落实等相关工作进展。调研组强调，全市相关各级各部门要切实提高政治站位，深学笃用习近平生态文明思想，层层压实各级林长保护发展林草资源的主体责任；坚决做好防灭火工作，完善森林火险预警监测，切实把森林草原防灭火工作做到底做到位；紧抓“强省会”战略机遇，科学开展国土绿化行动，构筑国家西部重要生态安全屏障，为打造精致兰州提供良好生态保障。

市人大常委会调研组调研城关区乡村振兴及人大工作

6月2日，市人大常委会党组书记、主任周学海带领调研组调研城关区乡村振兴工作及人大工作发展情况。调研组前往城关区伏龙坪街道三营村，调研乡村振兴工作开展情况，察看产业项目、设施农业项目示范点建设进度。调研组指出，相关各级各部门要按照乡村振兴的总要求，进一步整合要素资源，实现土地及产业效益最大化；加快转变农业发展方式，加大农业科技创新力度，走出一条富有特色的乡村振兴路子。在实地查看伏龙坪街道人大代表之家运行情况后，调研组强调，要充分发挥人大代表之家作用，使之成为落实全过程人民民主的具体实践；通过探索地域特色和创新工作方式方法为全市人大工作实现全过程人民民主提供样本。

市人大常委会主任周学海检查酒泉路街道疫情防控及寒潮防范工作

11月29日，市人大常委会党组书记、主任周学海到城关区酒泉路街道实地检查疫情防控措施落实和寒潮防范应对工作情况。周学海详细查看街道社区值班值守情况，并看望慰问一线工作人员，向他们的辛苦付出表示感谢。他强调，要切实担负起防控责任，坚决贯彻“三个坚定不移”，坚持第九版防控方案、落实二十条优化措施，更快速、更规范、更有效地防控疫情。周学海还认真了解街道社区在群众就医、物资配送、安全取暖等服务保障方面开展的工作，叮嘱工作人员要压实工作责任，盯牢重点人群、重点环节，做好群众生产生活服务保障，尤其要做细做实防寒保暖各项措施，确保辖区居民安全度过寒潮天气，全力保障群众生产生活秩序正常和生命财产安全。

11月29日，市人大常委会党组书记、主任周学海到城关区酒泉路街道实地检查疫情防控措施落实和寒潮防范应对工作情况

【执法检查】 **市人大常委会对贯彻《中华人民共和国社区矫正法》情况进行执法检查**

5月13日，市人大常委会执法检查组对全市贯彻实施《中华人民共和国社区矫正法》情况进行执法检查。检查组对城关区东岗西路司法所及七里河区西湖司法所进行现场检查，详细了解社区矫正开展情况。座谈会上，检查组听取市政府及相关职能部门贯彻实施《社区矫正法》情况的汇报；征求市人大代表的意见建议。检查组强调，相关部门要深入贯彻习近平法治思想，以贯彻实施《社区矫正法》为主线，聚焦时代发展，着力提升思想认识水平；聚焦体制建设，着力提升统筹协调水平；聚焦队伍建设，着力提升矫正专业化水平；聚焦普法引导，着力提升宣传教育水平；聚焦法律实施，着力提升人大监督水平。

市人大常委会对贯彻《兰州市黄河风情线大景区保护管理条例》情况进行执法检查

9月6日，市人大常委会党组书记、主任周学海带领执法检查组对全市贯彻落实《兰州市黄河风情线大景区保护管理条例》情况进行执法检查。检查组前往小西湖桥、奥体中心、兰州碑林、马拉松公园等地进行实地检查，了解健身步道建设、奥体中心片区景观提升项目进展、黄河文化传承保护、湿地保护等情况；通过召开座谈会和听取情况汇报，查找存在问题，吸纳意见建议。检查组指出，相关职能部门要提高政治站位，确保兰州市在推动黄河流域生态保护和高质量发展中走在前、做贡献；树立保护管理“一盘棋”思想，各司其职、密切协作；理顺执法体制机制，形成强大执法合力；强化普法宣传，在法治氛围上更加浓厚浓郁；深入总结经验，在条例修订上更加对标对表。

市人大常委会对贯彻《中华人民共和国突发事件应对法》情况开展执法检查

9月14日至15日，市人大常委会执法检查组对全市贯彻实施《中华人民共和国突发事件应对法》情况开展执法检查。检查组通过实地察看、听取汇报、座谈交流的方式，对兰州市突发事件应对在体制机制建设、应急指挥平台建设、队伍建设、应急避难场所建设、物资储备等方面进行检查。在随后召开的汇报会上，检查组充分肯定近年来市政府在应急管理、公共卫生、事故灾难、自然灾害、社会安全方面所取得的显著进步，对下一步做好突发事件应对工作提出意见建议。检查组指出，突发事件应对工作事关人民群众生命财产安全，事关经济社会发展，事关社会和谐稳定。为进一步贯彻落实《突发事件应对法》，加强兰州市突发事件应对工作，检查组强调：一要牢固树立人民至上、生命至上的理念，要进一步增强贯彻落实《突发事件应对法》的自觉性，科学有效地应对各类突发事件。市政府及相关职能部门要进一步提高思想认识，树牢为民意识、强化责任担当、增强法律意识、落实主体责任，推进兰州市突发事件应对工作走深走实。二要坚持问题导向，从法律的贯彻落实中查不足、补短板，夯实防、治、救的责任链条，进一步提高依法处置突发事件的能力。三要切实强化综合保障。专业队伍要继续向着专业化、标准化、军事化、现代化方向发展，要加强对社会救援力量的培训和指导，要健全物资保障制度，加强资金保障和项目支持。四是进一步加大宣传教育力度，强化人民群众防灾减灾自救互救的意识，逐步提高全民应对突发事件的预见性和主动性。

市人大常委会对贯彻《中华人民共和国乡村振兴促进法》情况进行执法检查

9月6日至7日，市人大常委会组织部分省、市人大代表，对全市贯彻实施《中华人民共和国乡村振兴促进法》情况进行检查。执法检查组前往榆中县和皋兰县，采取实地查看、听取汇报、座谈交流等方式，详细了解乡村振兴促进法贯彻实施有关情况，存在的主要困难和问题，征求对进一步贯彻实施乡村振兴促进法的意见建议。执法检查组指出，政府及相关部门要聚焦促进乡村产业、人才、文化、生态、组织“五大振兴”，对照乡村振兴促进法的各项规定，严格落实法律责任，进一步提升运用法治思维、法治方式的能力水平，以务实有效的工作举措，推动全市乡村振兴取得新进展新成效。

（穆晓娟）

履职尽责

【监督工作】　全年听取审议“一府两院”工作报告20项，开展执法检查6项、视察调研60余次，人大监督刚性和实效持续增强。开展传染病防治法实施情况检查，听取审议全市公共卫生防疫情况报告，依法压实疫情防控责任，推动织牢公共卫生安全防护网。常委会主任会议成员多次深入基层督导疫情防控工作，协调解决困难问题。强化财政预算监督，听取审议计划、预算、审计等报告，依法批准市级财政决算和预算调整方案，持续提高预算联网监督水平，坚决管好财政资金“账本”，努力推动以政府的“紧日子”换取人民的“好日子”。强化国有资产监督，首次听取审议国有自然资源管理情况专项报告，审议国有资产管理情况综合报告，实现对国有资产监督全覆盖，坚决守好国有资产“家底”。强化政策落实监督，听取审议行政区域界线变更工作情况报告，对经济发展、项目建设、营商环境、债务风险开展调研，积极推动落实国务院和省、市稳经济一揽子政策措施。牢记习近平总书记“先发力、带好头”的嘱托，以钉钉子精神开展生态环境保护领域监督，推动黄河国家战略落地落实。认真落实委员长栗战书在甘肃调研时的讲话和指示精神，开展黄河风情线大景区保护管理条例执法检查，在法治轨道上推进黄河保护。致力打好污染防治攻坚战，开展中央和省级生态环境保护督察反馈及警示片披露问题整改调研检查5次，听取审议全市水资源管理情况报告，对耕地保护、林长制、河湖长制工作进行调研视察，对环境保护法和《甘肃省环境保护条例》实施情况开展检查，结合听取报告开展专题询问，助力提高兰州“生态颜值”。坚持把涉及人民切身利益的热点问题作为人大监督的重点，用人大监督力度换取民生温度、幸福厚度。听取审议全市乡村振兴工作情况报告，开展乡村振兴促进法执法检查，持续推动拓展巩固脱贫攻坚成果，助力打造陇原乡村振兴的“兰州样板”。听取审议全市退役军人安置情况报告，全力维护退役军人合法权益，助推服务保障水平持续提高。听取审议全市打击治理电信网络新型违法犯罪工作情况报告，坚决维护人民群众在网络空间的合法权益。听取审议为民兴办实事任务完成情况报告，开展消费者权益保护法执法检查，对“双减”政策落实、自建房安全整治、“菜篮子”工程建设、归侨侨眷权益保护等工作进行调研，推动就学就业、城市保供、交通畅行等民生实事办到群众的心坎上。加强执法司法工作监督，确保行政权、监察权、审判权、检察权依法正确行使。听取审议法治政府建设情况报告，更好推动政府依法行政、依法决策。积极配合省人大常委会开展监察监督全覆盖工作调研，支持监察体制改革，增强监察监督实效。听取审议知识产权审判工作情况报告，营造全市创新驱动发展的良好司法环境。听取审议开展未成年人检察工作情况报告，守护未成年人安全健康成长。开展社区矫正法、突发事件应对法执法检查和“民族团结进步宣传月”活动，助推平安兰州、法治兰州建设。加强和改进人大信访工作，全年共接待和受理群众来信来访379件次，交办重点信访事项13件。

【代表工作】 市人大常委会充分尊重代表主体地位，认真落实市委关于加强和改进新时代全市人大代表工作“15条具体措施”，支持和保障代表依法履职，推动代表履职更接地气、更贴民心、更具实效，充分发挥人大代表在全过程人民民主中的重要作用。加强常委会与代表的联系，健全常委会组成人员联系人大代表和代表家（站）机制，38名组成人员直接联系302名市人大代表、73个代表家（站），实现“两个联系”制度化、常态化。开展代表工作专题调研，推动人大代表家（站）赋能升级。密切代表与群众的联系，建立市代表进家（站）、进社区（村）机制，推动代表家（站）与“社工委”机制有效衔接，鼓励和引导人大代表担任“社工委”委员、参与“社工委”建设，更好察民情、聚民智、惠民生。全年市代表开展征求建议、帮办实事、政策宣讲等活动1900余人次、协调解决问题350余件。坚持便于组织、突出特点、发挥优势的原则，分领域分行业建立8个专业代表小组，代表履职更专业、更便利、更有效。推动代表深度参与常委会工作，邀请基层代表列席常委会会议16人次，参加地方立法、执法检查、工作调研200余人次。开展“疫情防控人大代表在一线”“乡村振兴人大代表在行动”等活动，全市各级人大代表肩负党和人民重托，积极主动反映民意，尽其所能捐款捐物，尽力而为办好实事，展现“人民选我当代表、我当代表为人民”的责任担当。按照“内容高质量、办理高质量”和“既要重结果、也要重过程”的要求，建立前期交办、中期推动、后期问效机制，推动286件代表建议全部办理完毕，满意或基本满意的100%，实现办理质量和满意程度“双提升”。开展“重点建议督办月”活动，通过主任会议成员领衔督办、相关部门跟踪督办、代表考察现场督办方式，重点督办“关于兰州市老旧小区改造的建议”等10件代表建议，推动解决一批老百姓最期盼、最关注的实际问题。制定并落实代表培训五年规划和年度计划，采取线上线下、三级联动、统分结合等形式，举办代表履职培训班4期，持续为代表履职“加油充电”。加强“智慧人大”建设，调整代表履职管理服务和议案建议办理平台，足额保障代表活动经费，开展代表述职评议，完善履职网络信息，推行代表履职信息化、电子档案规范化。积极向代表通报工作动态、寄送资料、订阅报刊，拓宽代表知情知政渠道。作出关于行政区域界线变更涉及人大工作有关问题的决定，依法推进代表变动工作。

（穆晓娟）

重要会议

【市政府常务会议】 2022 年，兰州市人民政府召开常务会议 33 次。

2022 年兰州市人民政府常务会议一览表

会次	会议时间	主要议题
第 1 次	上年 12 月 28 日	原则通过《兰州市天然气价格形成机制改革方案》。原则同意《关于上报省政府变更城关区、安宁区、皋兰县行政区域界线的请示》。安排部署近期重点工作
第 2 次	1 月 5 日	原则通过《兰州市贯彻新发展理念构建绿色低碳循环发展经济体系工作方案》《兰州高新区“十四五”发展规划（送审稿）》《兰州市“十四五”教育事业发展规划》《兰州市保障性租赁住房管理暂行办法》《关于免除七里河安宁污水处理厂提标改造项目供电外网施工道路挖掘修复费的请示》《关于兰州公交集团第二客运公司地块申请办理作价出资手续的请示》《关于兰州公交集团第三客运公司地块申请办理作价出资手续的请示》《关于兰州公交集团第五客运公司地块申请办理作价出资手续的请示》《关于兰州公交集团第七客运公司地块申请办理作价出资手续的请示》。原则同意《兰州市哲学社会科学规划项目管理办法（送审稿）》
第 3 次	1 月 21 日	会议传达学习习近平总书记对供销社系统系列重要指示批示精神，听取全市供销社工作情况汇报。传达学习任振鹤省长对全省政府系统办公部门工作作出的批示以及李志勋秘书长在全省政府秘书长和办公室主任会议上的讲话精神。学习《政府督查工作条例》。会议听取全市新冠疫情防控工作情况和国务院联防联控机制第十四督导组反馈问题整改情况汇报，安排部署近期疫情防控工作。原则同意《市委市政府关于贯彻落实强省会行动战略的实施方案》《兰州市深化新一代信息技术与制造业融合发展行动计划（2022—2023 年）》《兰州市贯彻新发展理念存在问题整改方案》《甘肃省第十一届残疾人运动会暨第五届特奥运动会兰州市工作方案（草案）》《兰州市保障粮食安全行动实施意见》。原则通过《兰州市“十四五”现代服务业发展规划》《兰州市“十四五”生活性服务业发展规划》《兰州市矿产资源总体规划（2021—2025 年）（送审稿）》《兰州城市环卫设施专项规划（2021—2035 年）》《兰州市高速公路拓展工程省市共建协议》《甘肃省交通运输厅兰州市人民政府“十四五”交通基础设施共建协议》《兰州市数字政府建设方案（送审稿）》《兰州市“十四五”信息技术和大数据产业发展规划》《兰州市“十四五”数字经济创新发展实施方案（送审稿）》《兰州市“十四五”城乡基础设施建设发展规划（送审稿）》《兰州市“十四五”社会信用体系建设规划》通过《兰州市“十四五”文化和旅游发展规划（审议稿）》。《兰州市“十四五”体育发展规划（送审稿）》。原则同意原则通过《关于解决兰州至张掖三四线中川机场至武威段铁路项目建设资本金有关事宜的请示》
第 4 次	2 月 10 日	原则通过《兰州市人民政府北京京东世纪贸易有限公司战略合作框架协议》《兰州市“十四五”卫生健康事业发展规划（送审稿）》《关于追加市疾病预防控制中心绩效工资待遇缺口资金的请示》《2020 年度兰州市国土空间规划城市体检评估报告》《兰州市集体建设用地和农用地基准地价成果》《关于实施生态修复与产业发展示范区（起步区）综合开发项目的请示》《关于甘肃兰海物流棚改项目享受相关政策的请示》。《关于提请审议重点项目资金筹措意见的请示》。原则同意《关于审议全市 2022 年度拟开展评比达标表彰项目的请示》

续表

会次	会议时间	主要议题
第5次	2月16日	原则通过《黄河干流兰州段餐饮趸船清理工作方案》《兰州市新能源产业发展行动方案（2022—2023年）（送审稿）》《兰州市新材料产业两年发展行动计划（2022—2023年）（送审稿）》《关于甘肃省化轻材料有限责任公司出城入园有关工作的请示》《兰州市“十四五”乡村振兴战略规划》和《兰州市“十四五”农业和农村经济发展规划》《兰州市“十四五”交通运输发展规划（审议稿）》《关于中通道南延线公路工程项目相关事宜的请示》。原则同意《兰州市规范公务员工资津补贴过渡方案》。学习《中华人民共和国个人信息保护法》
第6次	2月22日	会议安排省第十四次党代会会务保障相关工作任务。听取全市近期疫情防控暨大中小学开学前疫情防控工作情况汇报，安排部署近期疫情防控工作。原则同意《兰州市关于建立健全审计查出问题整改长效机制的若干措施》。原则通过《兰州市重大项目前期费管理办法》《兰州市人民政府甘南藏族自治州人民政府区域协同发展合作协议》《关于申请甘肃（兰州）国际陆港储备土地进行土地作价出资入股的请示》。会议学习《中华人民共和国未成年人保护法》
第7次	3月1日	会议研究2022年一季度全市经济运行情况，会议安排部署近期各项重点工作。传达学习《省委办公厅印发〈关于切实做好甘肃黄河石林百公里越野赛公共安全责任事件以案促改工作的分工方案〉的通知》。会议听取2022兰州马拉松筹备情况汇报。原则通过《兰州市人民政府国网甘肃省电力公司战略合作框架协议》《兰州市“十四五”科技创新与发展规划》《甘肃省科技厅　兰州市人民政府厅市工作会商制度议定书》《兰州市粮食应急预案（送审稿）》，原则同意《关于组织实施城关区、安宁区、皋兰县部分行政区域界线变更工作的请示》《兰州市行政区划调整财税基数划转工作解决方案》。原则通过原则同意《兰州市人民政府2022年立法计划（草案）》和《兰州市人民政府2022—2026年立法规划（草案）》
第7次	3月1日	原则通过《加快建设交通强国兰州方案》《兰州市2022年巡游出租汽车投放实施方案》《兰州市“十四五”基础测绘规划》《兰州市河口古民居历史文化街区保护规划》《兰州市西固区河口镇河口村历史文化名村保护规划》《永登县连城镇历史文化名镇保护规划》《永登县红城镇历史文化名镇保护规划》《关于申请将秀川工业园原址土地和青岛啤酒原址土地（半坡瓶箱厂地块）以作价出资方式注入兰州工业发展控股集团有限公司的请示》。原则同意《兰州建设投资（控股）集团有限公司春节前发放奖金调查报告》
第8次	3月9日	会议学习《中共中央办公厅国务院办公厅关于印发〈地方党委和政府领导班子及其成员粮食安全责任制规定〉的通知》。省政府办公厅《关于贯彻落实〈国务院金融稳定发展委员会防范化解重大金融问责办法〉的实施意见》文件精神。传达学习全国、全省禁毒工作会议精神，听取兰州市贯彻落实意见汇报。原则通过《兰州市“十四五”人力资源和社会保障事业发展规划（送审稿）》。会议听取冬季清洁取暖工作进展情况汇报、全市2022年春耕备耕工作进展情况汇报，安排部署相关工作。原则通过《兰州市三级放心粮油应急供应网络建设实施方案》《关于对兰州轨道交通1号线一期工程及2号线一期工程银行贷款业务进行审核确认的请示》《关于提请审定兰州市轨道交通1、2号线一期工程资金平衡及财政承受能力论证报告的请示》《兰州市人民政府中国投融资担保股份有限公司合作框架协议》
第9次	3月20日	传达学习习近平总书记在中央政治局常委会会议上的重要讲话精神、孙春兰副总理在3月19日全国新冠肺炎疫情防控工作电视电话会议上的讲话精神、3月18日省委常委会会议精神、3月19日省疫情联防联控领导小组会议精神以及任振鹤省长在兰州市调研疫情防控工作时的讲话精神，安排部署贯彻落实工作。原则通过《兰州市交通畅行总体方案》《关于将榆定路纳入榆中生态创新城建设计划共同出资建设的请示》《关于免除黄河流域兰州白塔山段综合提升改造项目一期工程道路挖掘修复费的请示》
第10次	3月25日	原则通过《甘肃（兰州）国际陆港“十四五”发展规划和2035年远景目标（草案）》《兰州市“十四五”兰州经济圈发展规划实施方案》。《兰州市新型城镇化发展规划（2021—2035年）》《兰州市人民政府临夏回族自治州人民政府黄河流域（临夏—兰州段）横向生态补偿协议》；原则同意《兰州市贯彻落实〈新时代加快完善社会主义市场经济体制的意见〉的若干措施》《兰州市产业链链长制工作方案（送审稿）》。学习《中华人民共和国安全生产法》
第11次	4月1日	会议学习《习近平关于统筹疫情防控和经济社会发展重要论述选编》和3月29日《人民日报》刊登文章《习近平总书记指挥打好统筹疫情防控和经济社会发展之战述评》，传达学习3月29日省疫情联防联控领导小组会议精神、3月26日任振鹤省长在兰州市调研疫情防控工作时的讲话精神和3月28日市委常委会会议精神，听取近期全市新冠肺炎疫情防控工作情况汇报、市属国有企业防范和化解债务风险工作情况汇报，安排部署相关工作。原则通过《兰州市城市安全发展条例（草案）》《兰州市地质灾害防治管理办法（修正草案）》《兰州市落实强省会战略进一步优化营商环境若干措施（第1号）》《兰州市共有产权住房管理暂行办法》《兰州市氢能产业发展实施方案》《兰州市人民政府中国机械进出口（集团）有限公司浙江领潮智能设备有限公司投资运营合作框架协议》《兰州市粮食风险基金管理暂行办法》；原则同意《兰州市完善国家生物安全风险防控和治理体系实施方案（送审稿）》
第12次	4月9日	传达学习4月7日任振鹤省长来兰调研兰西城市群生态建设工作时的指示精神、4月6日刘长根副省长来兰调研兰西城市群生态建设工作时的讲话精神、中共甘肃省委办公厅甘肃省人民政府办公厅关于印发《黄河流域兰西城市群甘肃片区生态建设行动方案》的通知精神和4月8日市委常委会会议精神。传达学习甘肃省政府性债务管理领导小组办公室中共甘肃省纪委机关《关于对个别地区和单位违法违规举债融资问题问责处理情况的通报》。听取全市疫情防控工作情况汇报、兰州市碳达峰碳中和工作推进情况汇报，安排部署近期疫情防控工作及相关落实工作。原则同意《兰州市抢抓“一带一路”机遇推进与中亚区域合作构建双循环新格局战略支点实施方案》《兰州市“一老一小”整体解决方案》，原则通过《兰州市“十四五”公共服务规划》

续表

会次	会议时间	主要议题
第 12 次	4 月 9 日	原则通过《兰州市妇女发展规划（2021—2030 年）》《兰州市儿童发展规划（2021—2030 年）》《甘肃省生态环境厅兰州市人民政府落实“强省会”战略共同推进兰州加强生态环境保护的合作框架协议》《兰州市加强全民健身场地设施建设发展群众体育的实施方案（送审稿）》《兰州市全民健身实施计划（2021—2025 年）（送审稿）》《关于解决 G2003 号宗地供应事宜的请示》《兰州市落实强省会行动战略进一步优化营商环境若干措施（第 2 号）》《兰州市落实强省会行动战略进一步优化营商环境若干措施（第 3 号）》。同意《关于康岸桥等同志职务任免的报告》
第 13 次	4 月 16 日	传达学习习近平总书记在出席北京冬奥会冬残奥会总结表彰大会上的重要讲话和省政府第 167 次常务会议精神、省政务公开领导小组 2022 年第一次会议精神、省政府关于兰州市综合交通网络建设专题会议精神通报 2022 年一季度政务公开、政务新媒体管理、政务信息及政府网站工作情况，通报 2022 年一季度政府系统网民留言办理情况、一季度 12345 政务服务热线诉求办理情况。听取甘肃省第十五届运动会筹备进展情况和《甘肃省第十五届运动会兰州市执行方案》制订情况汇报、冬季清洁取暖工作进展情况汇报，安排部署相关工作。原则通过《兰州市人民政府与中国能源建设集团有限公司战略合作框架协议》《兰州市人民政府与深圳能源集团股份有限公司战略合作框架协议》《兰州市城市更新实施办法》《甘肃省发展和改革委员会兰州市人民政府关于共同实施强省会行动加快推动兰州高质量发展框架协议》《兰州市“十四五”残疾人保障和发展规划》
第 13 次	4 月 16 日	原则通过《兰州市“十四五”养老服务体系发展规划》《兰州市“十四五”消防事业发展规划》《兰州市“十四五”林业草原和城市园林绿化发展规划（送审稿）》《甘肃省住房和城乡建设厅兰州市人民政府进一步深化工程建设项目审批制度改革合作框架协议》《关于提请与中国人民武装警察部队兰州支队签订〈军用土地置换意向协议〉的请示》《呢嘛沙沟生态综合治理项目规划》，原则同意《2022 年兰州市法治政府建设工作要点（审议稿）》《兰州市法治政府建设实施方案（2021—2025 年）（审议稿）》《关于进一步强化安全生产责任落实全力防范遏制生产安全事故的具体措施》《兰州市人民政府安全生产职责清单和市政府领导 2022 年度安全生产工作责任清单》《关于提请审定拟推荐甘肃省先进企业和优秀企业家名单的请示》。会议听取兰州兽研所布鲁氏菌抗体阳性事件常态化处置工作情况汇报，安排部署相关工作
第 14 次	4 月 23 日	会议研究 2022 年一季度全市经济运行情况，听取省第一生态环境保护督察组反馈问题整改有关情况的汇报，安排部署相关工作。原则通过《兰州市人民政府广东省大湾区办共同助推粤港澳大湾区（内地）与兰州市深化合作框架协议》《兰州市落实强省会战略进一步优化营商环境若干措施（第 4 号）》。《兰州市以政府购买服务方式开展施工图审查工作管理办法》《关于兰州重离子医用加速器应用示范区项目拟采用 PPP 模式运营有关事宜的请示》
第 15 次	4 月 29 日	会议安排部署近期各项重点工作。原则通过《兰州市“十四五”全民医疗保障规划》《2022 年兰州市政务信息化项目计划》《甘肃省商务厅兰州市人民政府落实强省会行动战略共促共建协议》《甘肃省人力资源和社会保障厅兰州市人民政府共同实施强省会行动加快推动兰州市高质量发展合作共建框架协议》。同意《关于杨荣广等同志职务任免的报告》
第 16 次	5 月 8 日	会议听取省第十五届运动会筹备进展、冬季清洁取暖工作进展情况、兰州市与央企项目合作推进落实情况汇报，通报全市重点项目建设调研督查情况。原则通过《兰州市“十四五”水利发展规划》《甘肃省农业农村厅兰州市人民政府“十四五”全面推进乡村振兴合作框架协议》，原则同意《兰州新区管委会关于对永登县上川镇进行托管的请示》《关于贯彻落实〈甘肃省落实防范化解金融风险党政同责的意见〉的实施意见》。学习《政府投资条例》
第 17 次	5 月 19 日	听取省第十五届运动会筹备进展情况、兰州市参加省第十届民族运动会筹备情况汇报（套开甘肃省第十五届运动会兰州市筹委会调度会），原则通过《兰州市“十四五”地质灾害防治规划》。《兰州市人民政府与际华集团股份有限公司战略合作框架协议》《兰州市推动城乡建设绿色发展实施方案》《兰州市行政区划调整财税基数划转及土地出让相关事宜工作建议》《兰州气候投融资试点工作方案》和《兰州气候投融资试点实施方案》《关于变更永登县、皋兰县部分行政区域界线的方案》《兰州市落实强省会战略进一步优化营商环境若干措施（第 5 号）》。原则同意《兰州野生动物园“5・2”非公路用旅游观光车车辆伤害一般事故调查报告》《兰州市西固区安置房项目“5・3”起重伤害较大事故调查报告》。同意《关于王建中同志任职的报告》《关于郁积鹏同志任职的报告》
第 18 次	5 月 24 日	传达学习国务院常务会议精神，安排部署相关落实工作。听取冬奥冠军陇原行活动筹备情况汇报。原则同意《第二十八届中国兰州投资贸易洽谈会兰州市工作方案》。原则通过《兰州市落实强省会战略进一步优化营商环境若干措施（第 6 号）》《兰州市机动车停车场（库）建设审批办法》《兰州市关于推动城市停车设施发展的实施意见》。学习《中华人民共和国民法典（侵权责任编）》
第 19 次	6 月 2 日	听取贯彻落实扎实稳住经济一揽子政策措施工作情况、全市交通畅行工作开展情况、2022 年全市高考准备情况等工作情况汇报。原则同意《兰州市贯彻落实强工业行动战略实施方案（2022—2025 年）》。原则通过《兰州市人民政府与金川集团战略合作协议》《关于废止〈兰州市预拌混凝土管理办法〉等三件政府规章的请示》《小西湖公园经营性资产划转方案》《关于黄河流域兰州段白塔山生态环境治理工程（EOD）项目拟采用 PPP 模式实施的请示》《兰州市成品粮油储备及保供稳价工作方案》

续表

会次	会议时间	主要议题
第 20 次	6 月 10 日	会议传达学习全省优化营商环境大会、全省稳经济暨强工业促发展大会等会议精神，听取全市优化营商环境工作情况、关于落实强省会战略进一步优化营商环境若干措施（第 1、2、3、4 号）效果评价情况、贯彻落实国务院稳经济 33 条措施、省上稳经济 53 条措施和全市经济运行、2022 年全市中考准备等工作情况汇报，研究《兰州市贯彻落实稳住经济一揽子政策措施责任清单》，安排部署相关工作。原则通过《兰州市推进新建商品房“交房即交证”改革实施方案》《兰州市优化营商环境创新改革实施方案》
第 21 次	6 月 23 日	会议传达学习财政部北方地区冬季清洁取暖工作推进会议精神，听取兰州市冬季清洁取暖工作进展、2022 年兰州市未成年人思想道德建设工作等工作情况汇报，安排部署相关工作。原则通过《兰州市贯彻落实强县域行动战略实施方案（2022—2025 年）》《兰州市落实强省会战略进一步优化营商环境若干措施（第 8 号）》《兰州市落实强省会战略进一步优化营商环境若干措施（第 7 号）》《兰州市贯彻落实强科技战略行动实施方案（2022—2025 年）》《兰州奥体中心片区黄河之滨生态修复及环境提升项目（一期）设计方案》《关于将兰州国际港务区投资开发有限公司整体划转省政府国资委相关事宜的请示》《兰州市人民政府国家开发银行甘肃省分行开发性金融支持兰州市“十四五”高质量发展合作备忘录》《关于设立兰州金控投资基金相关事宜的请示》《兰州市人民政府 2021 年度国有资产管理情况的综合报告》
第 22 次	6 月 28 日	会议听取全市新冠病毒疫苗接种进展情况、第二十八届“兰洽会”兰州市筹备工作进展情况、兰州市贯彻落实省政府稳定和扩大就业若干措施进展情况等工作情况汇报，安排部署相关工作。原则通过《黄河流域兰西城市群（兰州）生态建设实施方案》《关于做好当前高校毕业生等青年就业创业工作的若干措施》《兰州市贯彻落实稳定和扩大就业若干措施责任清单》《关于建立贯彻落实稳住经济一揽子政策措施考核调度工作机制》《国家、省、市稳住经济一揽子政策措施落实情况考核方案》《兰州市关于军人随军家属退役军人随调家属就业安置办法》《兰州市城市供热保障金统筹使用管理办法（修订稿）》《关于兰州公交集团第四客运公司地块申请办理作价出资手续的请示》《关于将安宁中央商务区（北片区）19 号宗地以作价出资方式注入兰州工发集团的请示》《兰西城市群生态建设战略合作协议》《兰西城市群生态建设的兰州宣言》《关于重点项目资金筹措意见的请示》和《关于向省财政厅出具城关区新开发银行贷款项目承诺函的请示》学习《中华人民共和国行政处罚法》
第 23 次	8 月 6 日	会议听取全市疫情防控工作情况、2022 年省委省政府和市委市政府为民实事进展情况汇报，安排部署相关工作。原则通过《兰州市“十四五”知识产权保护和运用规划》《兰州市知识产权强市建设实施纲要（2021—2035 年）》《甘肃省粮食和物资储备局兰州市人民政府共同实施强省会行动加快推动兰州市粮食和物资储备行业高质量发展框架协议》《关于将 G1617 号宗地以作价出资方式注入兰州建投公司的请示》《关于将兰州市政府驻外机构房屋资产划转至兰州金融控股有限公司的请示》《关于 2021 年市级财政决算草案和 2022 年上半年全市财政预算执行情况的报告》《关于全市预算绩效管理工作情况的报告》《关于推荐全省“七五”普法工作先进集体和先进个人的请示》《关于将兰州生态创新城发展集团有限公司 100% 国有股权由兰州投资（控股）集团有限公司无偿划转至兰州金融控股有限公司的请示》《关于向兰州金融控股有限公司和兰州生态创新城发展公司划转兰州市城投公司持有的甘肃中石油昆仑燃气有限公司 50% 股权相关事宜的请示》
第 24 次	8 月 13 日	传达学习第九次全国信访工作、全国安全生产电视电话等会议精神，安排部署有关工作。听取市安委办关于上半年兰州市安全生产工作情况及下半年兰州市安全生产工作建议的汇报，安排部署进一步做好安全生产工作。原则同意《兰州市贯彻落实省级生态环境保护督察反馈问题整改实施方案》《兰州市优化营商环境办法（草案）》《关于调整完善土地出让收入使用范围优先支持乡村振兴的实施方案》《兰州市深入推广福建省三明市经验进一步深化医药卫生体制改革的实施方案》《关于申请承办甘肃省第六届中学生运动会的报告》，原则通过《关于进一步加快供热管网和热源提升改造促进城市供热高质量发展的实施方案》《兰州市职工基本医疗保险门诊共济保障实施细则》和《兰州市健全重特大疾病医疗保险和救助制度实施办法》《兰州市 2022 年中小学聘用制教师招聘工作实施方案》《2021 年度市级预算执行和其他财政收支审计结果报告》《关于追加助企纾困资金的请示》
第 25 次	8 月 19 日	会议传达学习统计法律法规、学习《中华人民共和国反有组织犯罪法》，听取全市疫情防控工作、兰州市北方地区冬季清洁取暖项目进展情况、全市防范和化解拖欠中小企业账款专项行动进展情况、关于开展规范地方公务员工资津贴补贴实施情况专项检查等工作情况汇报，安排部署有关工作，原则通过《关于提请审议新设立兰州市西固区化工园区有关事宜的请示》《兰州市人民政府中国电信股份有限公司甘肃公司兰州市智慧城市建设战略合作框架协议》
第 26 次	9 月 4 日	学习李克强总理关于当前经济形势和做好下一步经济社会发展工作的讲话精神和国务院办公厅秘书局《稳经济一揽子政策的接续政策措施》，通报《省发改委关于对兰州市部分指标发展情况的书面提醒》，研究分析全市 1—7 月经济运行形势，学习《中华人民共和国森林法》。听取全市疫情防控工作情况、全市中小学（幼儿园）秋季开学准备工作情况等工作汇报，安排部署做好相关工作。原则通过《兰州市黄河流域生态保护和高质量发展黄河风情线生态景观提升规划编制工作方案》《中华人民共和国甘肃省兰州市与白俄罗斯共和国格罗德诺州格罗德诺市建立友好交流合作关系协议书》《中华人民共和国甘肃省兰州市与乌兹别克斯坦共和国吉扎克州吉扎克市建立友好交流合作关系协议书》《中华人民共和国甘肃省兰州市日本国秋田县秋田市友好交流协议书（2023—2025 年）》

续表

会次	会议时间	主要议题
第 27 次	9 月 16 日	原则通过《关于再次提请审议兰州国家级互联网骨干直联点建设相关事宜的请示》《兰州市人民政府与中国中车集团有限公司合作框架协议》《关于申请将安宁中央商务区土地以作价出资方式注入兰州陇上涌泉实业有限公司的请示》原则同意《兰州市落实强省会行动进一步优化营商环境若干措施（第 9 号）》
第 28 次	9 月 23 日	会议传达省生态及地质灾害避险搬迁工作领导小组第二次会议暨工作推进、国家自然资源督察西安局 2021 年耕地保护督察发现违法违规问题严重地区约谈工作会议精神，听取兰州市生态及地质灾害避险搬迁工作进展情况、兰州市耕地保护情况汇报汇报，安排部署有关工作。会议原则通过《兰州市“十四五”应急管理体系建设规划（2021-2025 年）》《兰州市“十四五”城市交通发展规划》《兰州市关于推动矿产资源勘查开发高质量发展的意见》《兰州市加快农村寄递物流体系建设实施方案》《兰州市人民政府金沙江未来新能源科技集团有限公司战略合作框架协议》《关于更加有效发挥统计监督职能作用的工作措施》《兰州市人民政府中国移动通信集团甘肃有限公司“数字兰州”战略合作框架协议》《关于对兰州市七里河区崔家大滩片区地下综合管廊 PPP 项目组织建设内容进行调整的请示》《关于兰州航空产业发展（集团）有限公司按照市属重点企业管理的请示》《2023 年〈政府工作报告〉起草工作方案》，
第 29 次	9 月 29 日	会议传达国家、省发展改革委对兰州市重要民生商品价格情况通报，听取全市疫情常态化防控和做好国庆长假期间疫情防控工作、兰州市重要民生商品保供稳价工作情况、举办第七届兰州科技成果博览会工作情况等工作情况汇报，安排部署近期各项重点工作。原则通过《兰州市突发农业灾害应急预案》《兰州市突发重大动物疫情应急预案》《兰州市农机事故应急预案》《关于建设兰州市东向人防疏散基地的请示》《兰州市公共卫生应急救治中心项目推进实施方案（征求意见稿）》《关于提请审议重点项目资金筹措意见的请示》《关于委托中国耀华玻璃集团有限公司经营管理兰州新蓝天新材料有限责任公司的请示》
第 30 次	10 月 12 日	会议分析全市疫情防控形势，安排部署做好当前疫情防控工作。听取兰州市北方地区冬季清洁取暖项目进展情况及今冬明春供暖准备工作进展情况、全国社会信用体系建设示范城市创建工作进展情况等工作情况汇报。研究推进党的二十大期间全市政治社会安全稳定工作。原则通过《兰州市养老服务条例（草案）》《兰州市行政许可事项清单（2022 年版）》《甘肃省供销合作社联合社兰州市人民政府落实强省会战略合作框架协议》《关于支持地方商业银行发展的请示》。学习《中华人民共和国药品管理法》
第 31 次	10 月 26 日	会议听取调整国开行棚改贷款还款计划情况汇报。原则通过《兰州市废旧物资循环利用体系建设实施方案（2022—2025 年）》《兰州市人民政府白银市人民政府深化“兰白两区”建设合作框架协议》《兰州市人民政府定西市人民政府区域协同发展合作框架协议》《兰州市人民政府新增 2022—2023 年度 5000 吨冬春蔬菜储备工作方案》《关于以兰州佛慈医药产业发展集团有限公司持有的兰州佛慈制药股份有限公司部分股权向甘肃省国有资产投资集团有限公司质押借款并拟将兰州佛慈医药产业发展集团有限公司股东持有的公司 100% 股份转让给甘肃省国有资产投资集团有限公司相关事宜的请示》《关于将兰州国资投资（控股）建设集团有限公司持有的兰州国际高原夏菜副食品采购中心有限公司股权拟转让至兰州黄河生态旅游开发集团有限公司相关事宜的请示》，原则同意《关于 2022 年市级预算调整方案（草案）的报告》
第 32 次	12 月 3 日	传达学习全国禁毒工作电视电话会议精神，审议并原则通过《兰州市创建全国禁毒示范城市实施方案》《兰州市消防安全责任制实施办法》《中共兰州市委兰州市人民政府关于完整准确全面贯彻新发展理念做好碳达峰碳中和工作实施意见》《兰州市碳达峰实施方案》《兰州市一刻钟便民生活圈建设实施方案》《兰州市国土空间总体规划（2021—2035 年）》，原则同意《关于兰州市 2022 年国民经济和社会发展计划执行情况及 2023 年国民经济和社会发展计划草案的报告》《关于 2022 年全市主要经济指标预计完成情况和 2023 年主要经济指标预期目标的建议》《2023 年市委市政府为民办实事项目清单》《兰州市人民政府工作报告（讨论稿）》《兰州市文明城市建设促进条例（草案）》和《兰州市黄河文化保护办法（草案）》
第 32 次	12 月 3 日	学习《中华人民共和国网络安全法》。原则同意《关于市轨道公司利用“成本规制”模式化解兰州市轨道交通 1、2 号线一期工程涉及政府隐性债务及退出隐性债务名单的请示》。原则通过《关于兰州市图书馆参加全国第七次县级以上图书馆评估定级工作亟待解决人员不足问题的请示》《关于兰州市 2022 年财政预算执行情况和 2023 年全市及市级预算草案的报告》
第 33 次	12 月 15 日	会议听取各领域复工复产情况、兰州市食品药品安全工作和治疗预防新冠肺炎药品及医疗物资储备情况等工作情况汇报，安排部署近期重点工作。原则同意《兰州市困难群体实行“政府买单、佛慈配送”治疗新冠类药品配送的实施方案》《关于兰州市融入全国统一大市场建设的工作方案（送审稿）》

【市政府全体会议】 2022年，全年召开市政府全体会议2次。

市政府第一次全体会议

2021年12月26日，在市政府一楼会议厅召开。会议由市委常委、常务副市长杨金泉主持。会议全面贯彻落实中央经济工作会议、省委十三届十五次全会暨省委经济工作会议、市委经济工作会议精神，要求扛起职责使命，以崭新的面貌、追赶的姿态、务实的作风，勤勉敬业、狠抓落实，走稳走好走实新的"赶考之路"。市委副书记、市长张伟文讲话指出：新一届市政府要坚持把讲政治摆在首要位置，不断强化政治定力，增强发展信心，提高工作本领，更加意气风发投身到"强省会"行动和系统推进兰州实现高质量发展的实践中来，在新的征程上创造新的业绩。要坚定信念、对党忠诚，在自觉拥护"两个确立"中正确前行。要着眼大局、站位全局，在准确把握兰州发展方位中笃定前行。要扛起责任、不辱使命，在乘势而上做大做强省会城市中奋力前行。要不务虚声、真抓实干，在大抓项目抓大项目中勠力前行。要勤政有为、主动作为，在不断提高政府治理能力中勇毅前行。面对国家实施"强刺激"政策和省上实施"强省会"行动战略，各县区、各部门要积极承接好国家和省上的政策机遇，乘势而上加快发展步伐，做大经济总量，缩小发展差距。要强经济，把牢"守三线、抓项目、提升首位度"的工作方针，推动经济平稳健康发展。要强基础，抓住国家适度超前开展基础设施投资的强刺激机会，加快补上基础设施短板。要强工业，用好国家和省上赋予的优惠政策，努力在重振"兰州制造"上打头阵、当表率。要强环境，提高服务效能，持续为企业和群众办事增便利。要强生态，坚决扛起"先发力、带好头"的使命责任，努力走出一条绿色崛起的新路子。市长、副市长、一级巡视员、秘书长；副秘书长、纪检组组长、办公室副主任、二级巡视员；市政府工作部门；市政府直属事业单位；驻兰有关单位；市属国有企业主要负责同志；市政府办公室业务科室负责同志约120人参会。

市政府第二次全体会议暨全市经济运行调度会议

2022年8月12日下午在市政府一楼会议厅，市委常委、副市长胡俊锋主持召开市政府第二次全体会议暨全市经济运行调度会议各县区、兰州新区、高新区、经开区设分会场，会议传达全省党政主要领导干部会议及省政府第十一次全体会议暨全省经济运行调度电视电话会议精神；印发《关于2022年上半年县区重点工作完成情况评奖结果的通报》《关于2022年上半年全市经济运行情况的通报》《关于2022年1—7月全市项目建设情况的通报》《关于2022年1—7月全市重点项目建设情况的督查通报》；讨论2022年上半年各经济指标完成情况和1—7月预计情况、存在的问题和下一步措施。市委副书记、市长张伟文讲话，指出各级各部门要按照"疫情要防住、经济要稳住、发展要安全"的要求，拿出"明知山有虎、偏向虎山行"的魄力，知耻后勇、敢死拼命，全力打一场翻身仗，力争交上一份合格的发展答卷。疫情要防住，关键是要扎实抓好常态化。这几轮疫情让我们吃了大亏、损失惨重，痛定思痛的结果就是要从严从紧抓好常态化疫情防控，始终保持"临战状态"，提升常备能力，做到一旦出现疫情"火星"，第一时间迅速扑灭，坚决防止发生聚集性规模性疫情。经济要稳住，关键是要稳住发展基本盘。只有抓牢抓实关键环节和重点领域工作，才能推动经济步入正常轨道、运行在合理区间。发展要安全，关键是要防范各类风险点。8月11日，省上召开平安甘肃建设领导小组会议，尹书记对做好平安甘肃建设作了全面部署，明确指出要以高度的政治自觉和责任担当，抓实抓细防风险、保安全、护稳定各项工作，为党的二十大胜利召开营造安全稳定的政治社会环境。各级各部门要认真学习贯彻会议精神，树牢底线思维，保持高度警觉，以"时时放心不下"的责任感，聚焦重点领域集中开展矛盾纠纷大排查、大起底，切实化解风险隐患，维护社会安定、人民安宁。任务要完成，关键是要全力以赴抓落实。今年是党的二十大召开之年，也是落实"十四五"规划的关键之年，面对超出预期的困难挑战，唯有以硬作风扛起硬任务、落实硬举措，迎难而上、攻坚实干，着力营造平稳健康的经济环境、国泰民安的社会环境、风清气正的政治环境。全市政府系统要坚持以政治建设为统领，切实担负起管党治党政治责任，驰而不息推进党风廉政建设和反腐败工作，全面深化“清廉兰州”建设，持续改进工作作风，提升能力素质，以时不我待的紧迫感、只争朝夕的使命感、奋斗有我的责任感，聚焦中心、服务大局，真抓实干、攻坚克难，奋力冲刺完成既定目标任务。市长、副市长、一级巡视员、秘书长；副秘书长、纪检组组长、办公室副主任、二级巡视员；市政府工作部门；市政府直属事业单位；驻兰有关单位；市属国有企业主要负责同志；市政府办公室业务科室负责同志约 120 人参会。

【市长办公会议】 全年召开市长办公会议 7 次。

2022 年市长办公会议纪要目录表

序号	会议时间	主持人	会议议题
1	3 月 26 日下午	张伟文	研究防范化解兰州建投公司债务风险有关事宜
2	6 月 16 日	杨金泉	研究 G30 连霍高速公路清水驿至忠和段扩容改造工程项目国家车购税等政府资金拨付有关事宜
3	6 月 26 日上午	杨金泉	研究与中国长城资产管理股份有限公司开展合作有关事宜
4	8 月 4 日上午	张伟文	研究以安宁中央商务区土地与长城资产公司、中海地产公司进行合作，解决化解兰州建投公司债务问题有关事宜
5	9 月 9 日	张伟文	研究开展外商投资股权投资业务试点相关工作事宜
6	10 月 26 日	张伟文	专题研究方舱医学观察点建设及疫情防控集中隔离点（健康驿站）建设相关事宜
7	10 月 28 日下午	张伟文	专题研究兰州市第一人民医院秦川方舱医院建设运营管理相关事宜。关于方舱医学观察点及疫情防控集中隔离点（健康驿站）建设有关事宜的会议纪要

（闫举龙）

民生实事

【概况】 2022 年，兰州市承担 9 件省委省政府为民办实事和 10 件市委市政府为民办实事。

【兰州市承担省委省政府为民办实事】 1. 通过新建或改扩建方式，建成 27 个具备全托、日托、上门服务等功能的乡镇（街道）综合养老服务中心。2. 组织开展各类政府补贴性职业技能培训 6.2 万人次，选定支持 1000 名未就业普通高校毕业生到基层就业。3. 通过新建的方式，增补城关区义务教育阶段学位 1200 个，新建、改扩建农村义务教育阶段中小学食堂 3 所。4. 资助困难家庭子女 208 人。其中，本科生 119 人；高职高专新生 89 人。共计发放助学金 190.2 万元。5. 对 22185 名妇女进行“两癌”检查，完成全年任务的 103.14%。6. 提升公共卫生服务能力和老年人慢性“四病”健康管理信息化。全市移动核酸检测能力提升至 5 万管 / 日。市第一人民医院、市中医院、城关区人民医院、城关区疾控中心 4 个移动核酸检测实验室配备到位，完成省上验收。推广应用全省人工智能老年慢病管理信息平台。按照省卫健委统一安排部署，研究制定《提升老年人慢性“四病”健康管理水平实施方案》，完成智能外呼系统和智医助理系统试点县区的上线和培训。7. 建成并投入使用 10 个新就业形态劳动者驿站。8. 新建改建自然村（组）通硬化路 66 千米，完成投资 4620.8 万元。9. “打通最后一公里”农村水利惠民工程。完成榆中县新营镇、七里河区西津坪、永登县苦水镇农村供水工程 3 处。完成永登县登丰灌区改造工程 1 处，已通水试运行，并进行冬季灌溉。完成皋兰县瞿家川，榆中县杨家咀、马家咀、老庄淤地坝建设工程 4 处。

【市委市政府为民办实事】 1. 实施全市小游园新建改建项目，全市主城四区新建改建小游园 20 个。2. 兰州市冬季清洁取暖项目。完成全市 6.385 万农户共 360.7 万平方米冬季清洁取暖改造任务。建成天然气管网 110 千米，改造和新建供热管网 400 千米，完成热源清洁化改造新增清洁取暖面积 200 万平方米。完成对城区 1610 蒸吨燃气锅炉低氮改造。

3. 承办甘肃省第十五届运动会（含残运会）及惠民演出项目。承办甘肃省第十五届运动会开闭幕式活动。省第十五届运动会开闭幕式分别于9月17日和24日晚8时在兰州奥体中心顺利举办。完成16场惠民演出活动。4 .2022年全市老旧小区改造、加装电梯及智慧安防项目。全市开工改造300个老旧小区。主城四区和红古区完成加装老旧住宅电梯445部。在全市范围内推进建设300个智慧安防小区。5.2022年扩大教育资源和落实“双减”政策。扩大教育资源方面。新建、改扩建中小学及幼儿园10所，增加班级274个，增加学位1.2万个。落实“双减”政策方面。调剂拨付市属义务教育阶段学校2021年秋季学期家庭经济困难学生课后服务保障财政补助经费328.59万元，市属义务教育阶段学生参与课后服务耗材补贴174.41万元。6. 全市职业技能培训。全市开展各类政府补贴性职业技能培训5.9万人次，完成目标任务5万人次的118%。7. 全市医疗卫生保障能力提升工程。完成市第一人民医院、市中医院发热门诊改造升级。向市第一人民医院、市妇幼保健院、市肺科医院各增配救护车1辆，市二院增配救护车2辆，市中医院增配负压救护车1辆，均投入使用。对兰州市辖区在册失独家庭成员以团体保险形式向商业保险公司购买综合保险，市级完成配套总投资285万元。完成22185名妇女“两癌”免费检查，完成全年任务的103.14%。8.2022年全市低保、民生综合保险、老年人意外保险及建设街道（乡镇）养老服务中心项目。实施2022年全市城乡最低生活保障、特困救助供养对象提标任务，5月10日提标任务已全部完成，并按照提标后新标准足额按时将救助资金发放到位。兰州市“和谐金城”民生综合保险项目，完成2022年度至2023年度续保工作。为全市60岁及以上户籍老年人购买一份意外伤害保险项目。2021年底全市户籍老年人78.27万人，2022年度保费共计842.9679万元，完成合同签订及续保工作。建设街道(乡镇)综合养老服务中心。此项任务同省上办实事进展，通过新建或改扩建方式，建成27个具备全托、日托、上门服务等功能的乡镇(街道)综合养老服务中心。9. 农村公路重点养护及新建项目。所有项目全部完工,完成里程100千米,完成投资7010.5万元；各县区完成600千米农村公路重点养护任务。10. 实施兰州市基层社会治理智慧平台（小兰帮办）项目。完成系统功能开发和云平台建设，系统顺利割接至兰州市政务云，整体项目完成初步验收。

（闫举龙）

综合政务

【概况】 2022年，市政府办公室围绕全市中心工作，履行各项职能，提高参与政务、处理公务、管理事务、搞好服务的整体能力和综合水平，完成了各项目标任务。全年开展集中学习25次。集中学习党的二十大报告5次、开展专题研讨1次。开展约谈工作98次，召开党组会议9次。起草各类文稿500多篇，制发各类文件974件，办结催办件1165件，指导全市公开政府信息13.6万余条；组织101名党员干部在61个社区完成双报到，累计开展驻守工作3000人次，共为社区办实事184件,点亮困难群众微心愿44件。

【综合协调】 协调组织全市疫情防控各类会议159场次，迎接国家工作组和省上调研督导检查26次，抽调干部组成4个专班赴天水、新区、白银、武威工作，协调解决新冠疫情防控领导小组交办的各类问题，完成疫情防控各项工作任务。统筹做好机关大楼一体化防疫工作。组织召开市防范化解兰州建投债务风险领导小组会议及相关专题会议90余次，完成了第28届“兰洽会”、省十五届运动会、“北京冬奥冠军陇原行”等重大节会活动的协调服务工作，协调服务保障国家领导人来兰调研黄河治理立法工作、国家部委和省上厅局来兰调研检查考察工作。

【以文辅政】 开展调查研究工作，汇总编写《调查与研究2022》《兰州市情概览（2022）》《秘书三科工作手册》。起草《政府工作报告》、全市疫情防控工作会议、全市优化营商环境大会等全市性重大会议发言和讲话稿，《兰州市落实强省会战略进一步优化营商环境若干措施》《兰州市贯彻落实强科技行动实施方案(2022—

2025年）》等各类政策性文件，全年共起草各类文稿500余篇，字数超过65万字。编辑《兰州政报》11期，发行4.4万册。严格公文制发流程和审核把关，全年制发各类文件974件，兰政发37件、兰政办发185件；规范性文件5件，通报类文件11件，统计口径内发文同比减少5.9%。文件办理做到随到随转、随转随办、及时督查、跟进问效，共收到催办件1192件，办结1165件，办结率约98%。制定印发《关于进一步加强机关保密工作的通知》，加强文件保密工作。提高会议实效，狠抓会前准备、会中服务、会后落实三个环节，组织召开全市性会议22次，同比减少8.3%。

【督办落实】 跟进督办9件兰州市承担省委省政府为民办实事和10件市委市政府为民办实事。督办完成国务院和省、市政府工作报告重点任务433项。督办落实市政府主要领导批示件560件。督办完成国务院“互联网＋督查”平台转交问题线索7500余件，“12345”民情通服务热线转交问题线索380件，省市人大代表建议和政协提案788件。督办落实省市疫情防控调度会部署任务，下发督办函66期，形成问题清单386件，发现问题2109条，形成督查报告112期。

【政务服务】 深挖提炼有质量、有深度、有价值的政务信息，组织约稿157篇，编辑《兰州信息》147期、《领导参阅件》13期，上报各类信息403条，省政府办公厅采用55条，被省政府办公厅评为“全省政务信息先进单位”。及时、准确、全面公开群众普遍关心的政府信息，主动公开政府文件109件，发布政策解读106件，对属性为主动公开的文件做到100%公开，指导全市主动公开政府信息13.6万余条。受理政府信息公开申请48件，规定时限内答复率100%。下发《兰州市政务新媒体管理办法》，严格落实政务新媒体分级备案制，关停账号48个，至年底，纳入全市政务新媒体管理平台账号567个。修订完善网络安全责任制度实施办法，建立健全办公室网络安全事件应急工作机制。受理人民网省长涉兰留言、人民网市长留言、市政府市长留言、“互联网＋督察”平台留言、政务服务平台留言共11371件，办结10603件，办结率93.25%。配合市委网信办完成2439次网评工作。

【应急值班值守】 加强值班机制建设，出台市政府三级值班带班工作制度，与省内各市州、省政府各部门、中央在兰单位及铁路、民航、电力等在兰央企应急值班机构建立直接高效的值班信息互通机制，下发《关于建立紧急事项协同处置工作机制的通知》。做好值班值守和信息报送工作，累计向省政府总值班室上报《兰州市值班信息》611期，省政府总值班室采选编报《甘肃省值班信息》56期，省政府领导批示26件（次）；向市政府领导上报《兰州市值班信息》1108期，市政府领导批示33件（次）；向市政府领导和各部门、各县区政府发送各类突发事件提示性信息和气象预警信息720起62845条。

（闫举龙）

政务服务

【概况】 2022年，市政务服务管理局统筹新冠疫情防控和政务服务工作，巩固拓展“五简五办五集成”（简渠道、简要件、简环节、简程序、简时间，一网统办、套餐联办、基层可办、帮代好办、应需急办，数据集成、事项集成、资源集成、流程集成、服务集成）服务模式，打造“‘五心级’小兰之家”，纵深推进“放管服”改革，提升一体化政务服务能力，各项工作取得新的成效，在全国工程建设项目审批制度改革第三方评估中兰州市代表甘肃省参评，排名第16名，进入先进试点改革第一梯队；“一枚印章管验收”作为工改典型经验在全省推广；一体化政务服务能力水平提升至“高”能力水平组别，在西北地区领先；推行的“小兰帮办”服务品牌作为示范典型在全国推广；省营商办评估结果显示，兰州市政务服务指标全省排名第二。

【项目审批“最快城市”打造】 印发《兰州市落实强省会战略进一步优化营商环境若干措施（第4号）》，创新实施10条举措。《若干措施》出台后，全市工程审批系统运行项目784个，办理事项4106件，办结事项3500件，其中单事项最长用时7个工作日，最短为即来即办，平均用时1.21个工作日。协同363个市、县（区）、开发区行业管理部门，归集22个规划图层、9755个5G站点位置、36个区域评估成果，实现全市域引领项目生成“一张蓝图”。发布《工程建设项目审批流程图2022版》，缩减32个行政审批事项办理时限，平均压缩幅度45.67%。将工程建设项目细分为15类，采取“并串结合”方式优化组合，实现30个工作日内完成审批，审批流程平均压缩至18.81个工作日，同比压减49.96%。压缩项目审批流程时限。为解决自然资源、住建、公安、林业四部门方案审查侧重点不同的难题，前期实行四案联审，中期组织联合勘验现场，均在1个工作日内完成。后期一枚印章联验项目全程，启用联合验收意见书，实现在工程审批系统全过程无纸化网上流转专项验收办理结果，出具联验意见书234个。营造“人人是小兰、事事帮您办”环境，设立综合服务专区，开展“一项目、一流程、一阶段、一清单”精准辅导，生成专属流程911个。2022年，市级大厅“小兰帮办”工程项目组跟踪服务重点项目90项，办结立项手续82个，用地规划手续56个，发放工程规划许可证41个，施工许可证34个。

【创新研发“小兰帮办”新平台】 建设数字赋能“智治”平台。整合各类数据资源和基层治理系统，通过对平台的不断优化完善，形成“123”总体业务架构。平台613个功能模块全部完成开发。2022年，注册人数389.73万人，占全市总人口的95%。建设便企利民“移动”平台。集成民政、教育、就业、社保、户籍、交管、健康和养老等方面的高频便民服务202项，累计服务超41万人次。15分钟生活圈中录入17263家商户。开展线上线下培训154场次，参训人员4600余人，着力提升基层工作人员平台系统操作熟练度。建设帮办代办“融合”平台。健全完善政务服务帮办代办服务规范，设置专（兼）职帮办服务窗口，指导各县区全面梳理乡镇（街道）、村（社区）级帮办代办事项，按统一标准开展导办、帮办、代办、自助办、上门服务等各类服务。建立政务服务专（兼）职帮办代办队伍2200余人，日均为办事群众和企业提供帮办代办服务近万次。

【政务服务事项标准化建设】 推进政务服务事项标准化建设，依据全省“四级46同”的统一事项标准，组织全市各级在“甘肃省政务服务事项管理平台”全面认领政务服务事项，规范编制实施规范和办事指南，在办理渠道同步公开。2022年，全市认领编制政务服务事项实施清单65654项。其中，市级1505项；县（区）级11180项；乡镇（街道）级7476项；村（社区）级45493项。优化调整办事指南，按照“减跑动、减时限、减材料、优化办事流程”要求，推进实施清单各要素向优调整，年内，全市政务服务事项“网办率”98.49%，“全程网办率”97.44%，即办件率55.48%，承诺时限压减率79.81%，平均跑动次数0.07次，办理政务服务事项所需材料数3.71份。完成全市需要精细化梳理事项3477项。行政许可事项清单管理，对照省级行政许可事项清单认领由兰州市实施的行政许可事项，编制《兰州市行政许可事项清单（2022年版）》，公布兰州市行政许可事项316项。并组织各县区编制县区行政许可事项清单，向社会公布。推行主题事项集成办理，制定《关于加快推进“一件事一次办”打造政务服务升级版的通知》，梳理推出103个“一件事一次办”特色主题事项。将公民从出生到死亡、企业从设立到注销期间可能办理的全部政务服务事项进行科学分类，形成《个人、企业全生命周期事项清单》，在甘肃政务服务网兰州子站集成展示。

【政务服务“好差评”全面推进】 按照全省新版政务服务“好差评”系统割接上线要求，督促有关部门自建业务系统重新与省级“好差评”系统实现对接。年内全市累计向国家、省级一体化政务服务平台归集评价数据380万余条，居全省首位。严格执行《兰州市政务服务“好差评”实施细则（试行）》规定，通过省级差评整改系统，累计完成930条（2022年度292条）差评信息的核实、整改、回访工作，回复率、回访满意率均达到100%。持续开展电子监察工作，2022年，全市累计配备445个电子监察管理员账号，累计发放《电子监察日整改通知单》34份，督促县区、市级部门整改超期办件47条。

【政务服务提质增效】 升级“一体化”网上平台，推进政务服务网实现市、县（区）、乡镇（街道）、村（社区）四级全覆盖，全市承担政务服务事项的部门均实现网上“应进必进”。打造网上个人（企业）专属服务空间，提供个性化创新服务和精准专属服务，建立39个特色服务专栏，精准推送政策信息137项。梳理公布“跨省通办”“省内通办”“市内通办”“全程网办”“区域通办”等13类服务清单，提供一站式主体集成服务事项办理流程。优化政务超市功能，市级子站入驻25个部门，公布121个服务应用。融通“一体化”办事系统，完成政务服务能力平台、政务大厅行政审批系统的割接上线，实现向政务服务网全面承接映射公布政务服务事项，多方位提供智能问答、智能导办、智能推荐、智能语音交互等服务，受理中心可办政务服务事项21215项，审批系统录入政府侧审批人员6717人。完成5个市级自建政务服务事项办理系统、7个业务支撑系统与政务服务能力平台的对接，推送办件5万件。政务服务事项资源目录梳理编目事项12685项，编制目录事项覆盖率100%。延伸“一体化”服务渠道，制定《关于扩大政务服务“跨省通办”范围进一步提升服务效能的通知》，与青岛、连云港等地签订“跨域通办”合作协议，指导各县区加入“云上办”跨省通办服务联盟，推进兰—西城市网上企业开办通办专区建设。制定《关于全面推行“小兰帮办”服务模式向基层延伸不断提升政务服务平台标准化规范化便利化的通知》《关于持续提升全市一体化政务服务能力的工作方案》，指导市、县（区）、开发区推动政务服务平台标准化建设，优化综窗设置，完善市、县（区）、乡镇（街道）、村（社区）四级政务服务体系，推进“小兰帮办”服务模式向基层延伸。

（顾丽婷）

机关事务管理

【概况】 2022年，市机关事务管理局克服新冠疫情影响，实施“一体两翼”发展战略，勤俭办一切事业，推进机关事务服务保障管理工作。在市直机关“喜迎二十大”演讲比赛中获得三等奖；入选“党建+业务”和“共驻共建”十佳优秀案例；机关支部通过“党建示范点”和“示范性党支部”复核验收；雁宁路支部被命名为“示范性党支部”；6个支部和100名党员在疫情防控、志愿服务中发挥战斗堡垒和先锋模范作用。服务保障“北京冬奥冠军陇原行”活动，中国花样滑冰协会致“感谢信”肯定市机关事务管理局服务保障工作；选派的魏世祥、高国忠两名同志在参加北戴河暑期餐饮服务保障工作中被中共中央直属机关事务管理局授予“暑期先进工作者”称号；市级公共机构节能工作连续六年在全省考核中名列第一，生活垃圾分类工作在全市年度考核中名列前茅。

【机关事务运行经费管理】 2022年，各单位申报机关事务类预算经费6.92亿元，市机关事务局根据财政切块2.5亿元的实际情况，最终审批2.5亿元，压缩4.42亿元。全年压缩综合办公经费1.04万元；压缩国有资产管理运行保障经费15万元；压缩机关事务工作专项经费21.572万元；压缩名城广场等集中办公区保障运行经费17万元；压缩公务接待工作经费32万元；压缩公共机构节能和生活垃圾分类专项17万元。名城广场会务服务对内保障15家单位的222场次会议，节约资金约147万元；对外经营会务资源，收入1.01万元，已上缴非税收入。

【资产管理】 审核上报市级行政事业单位2021年度国有资产情况，资产总额（账面净值）362亿元，负债总额50亿元、净资产312亿元。市级各单位申报设施设备购置费20188.1919万元，审核通过5609.225万元；申报租车费737.122万元，审核通过313.595万元。办结各类资产处置申报件97件，处置资产原值12418万元，处置安可工程替换电脑3391台。摸底调查各单位所属培训疗养机构情况。对12家单位开展资产清查工作。评估19家单位拟出租资产的最低租金水平，其中房屋39处，面积

12859.07平方米，场地12处，面积80420平方米。对市级单位2022年度设施设备购置及车辆租赁项目支出情况进行绩效监控。

【办公用房管理】 审核67家单位办公用房维修改造项目，核拨经费2746.13万元；审批41家单位办公用房租赁申请，核拨经费9523.05万元；评估14家单位、62处房屋场地（合同到期，面积9.35万平方米）的租金，年收入478.81万元。对上年度排查出的涉及违规兴建楼堂馆所问题开展"回头看"，均符合办公用房管理的规定。将市人社局部分下属就业和人才服务局、社保局、就业训练中心、人社局信息办部分搬迁至服装大厦办公，腾出办公用房1093平方米。与酒钢公司达成一致意见（暂定租赁日期和支付租金从2021年1月起执行，2011年至2020年租赁事宜及拖欠租金暂时搁置），妥善处理民安大厦房屋租金问题。完成原市生态环境局机关办公楼加固维修项目设计招标；做好市司法局机关和行政复议中心搬迁的前期工作；完成原市就业训练中心办公楼的维修改造，市应急局已入驻办公，年节约租金400万元；将市公共资源交易中心办公用房调配至东岗东路1786号，租赁费用从505万元降到380万元。印发《关于推进市级机关事业单位停车泊位共享共用等相关事宜的通知》，开展前期清查摸底工作，收到50余家市级部门单位的反馈信息。成立工作专班，与省机关事务局同步开展市级党政机关事业单位办公用房权属统一工作，完成转移登记62件。为租赁市属20家单位96处房产（面积5.63万平方米）的中小企业减免租金514.83万元。

【公务用车管理】 接受65家市级党政机关用车申请1761次，累计保障14692次。保障国务院督导组、市两会、市委组织部、市联防联控办、市卫健委、市商务局的新冠疫情防控工作，保障领导调研、应急抢险、乡村振兴、环保督察、粮食督查等重点工作。登记市级公务用车134辆，优化调配13辆。审核租赁申请76件，审核车辆购置申请73件。开展2021年度公务用车统计报告工作，审核汇总公务用车编制、配备、使用和处置等情况。公开招标补充14家公务用车定点维修企业商，将入围维修企业扩充到57家。强化公务用车安全检查，开展市级公务用车安全培训2次，培训市级平台驾驶员12次。

【公共机构节能管理】 开展2021年度全市公共机构节能工作目标考核工作，完成人均用水量、人均综合能耗、建筑面积能耗指标任务。开展新系统能耗统计培训、审核、汇总等工作。审核汇总全市2024家公共机构的能耗统计网络直报数据。完成2021年兰州市既定能耗指标。开展节能宣传周系列活动。举办生态文明主题有奖征文比赛。实施2022年节能项目。会同省机关事务管理局督导检查2020年、2021年已完成节约型机关创建的部分市级单位及区县，组织2022年创建节约型机关的12家市直单位和8个区县召开动员推进会。推进节水型单位创建工作。推进生活垃圾分类和"限塑禁塑"工作，配合市垃圾分类办督导考核市直单位及各区2022年生活垃圾分类工作。将兰州市第十四中学创建成首批国家级生活垃圾分类示范点。推进重点用能单位监管和能源审计工作。

【后勤保障】 对全市党政机关参公事业单位食堂进行摸底统计，共有食堂223家（自营205家、委托18家），日均就餐2.1万人次。在确保食品安全的基础上，提升饭菜质量，保障市委、市政府机关食堂，名城广场4号楼和统办四号楼集中办公区日均1万人次的就餐需求。推进"光盘行动"，开展反对食品浪费、开展粮食节约行动，宣传贯彻《反食品浪费法》，营造浪费可耻、节约为荣的用餐氛围。与白银市机关事务管理局开展餐饮服务保障学习交流活动。做好会务服务保障工作。修改完善会务服务工

2022年度兰州市公共机构能耗统计表

年份	消费总量（万吨标准煤）	单位建筑面积能耗（千克标准煤/平方米）	总水耗（万吨）	人均用水量（吨/人）
2021	27.47	37.29	779.34	11.07
2022	27.28	35.37	785.23	10.95
变化情况	-0.69%	-5.15%	0.76%	-1.08%

6 月 15 日，2022 年兰州市节能宣传周（低碳日）启动仪式

作指南标准。抓实设备调试、卫生、音响、茶水等工作细节，做到会前充分准备、会中细致服务、会后清理消杀，高标准、高质量做好集中办公区的会务服务。全年保障市委市政府各类会议 2048 场次；名城广场会务中心保障会议 261 场次。做好市委、市政府大院，名城广场集中办公区，统办四号楼 4 个集中办公区的物业服务。配合住建局做好市直干部团购商品房和公租房保障工作。对市委、市政府大院，市人大培训中心，统办三、四号楼、名城广场等集中办公区进行安全检查，及时整改安全隐患。

新冠疫情期间，调整市委、市政府，市政府统办四号楼和名城广场四号楼 4 个集中办公区食堂的配餐模式，为干部职工提供盒饭。所有食堂工作人员严格实行闭环管理。落实集中办公区会议的会前、会中、会后的检查、消毒、通风等工作，严格执行“不漏一人”的疫情防控规定。严格执行加强市级党政机关事业单位办公区疫情防控工作要求，做到每天消杀全覆盖，及时清理各类垃圾。督促各单位严格落实防控措施，督促各物业服务企业加强防控工作。对市委党校、市民宗委、市人社局等办公区疫情防控工作情况进行检查，督促防控措施不到位的单位强化整改落实。为市疫情联控“外防输入”工作专班和市委组织部城乡管控组协调解决办公场所问题。抽调 1 名科级干部全程为市疫情防控专班核酸检测组在住宿、餐饮等方面提供全天候服务保障。

【公务接待】 全年接待宾客 221 批，15374 人。完成第二十八届“兰洽会”、奥运冠军陇上行、甘肃省第十五届运动会等重大活动的接待保障任务。完成市委、市政府、市人大、市政协对口的副地级以上领导同志来兰接待保障任务。完成省委涉粮巡视组、省委十三届第一巡视组、省级生态环境保护督察工作组、省委第一巡察指导督导组等巡视督导组的保障任务。

【机关事务标准化建设】 调整完善标准化工作领导小组成员和分工，将标准化工作纳入重点工作任务中，推动标准化在全市机关事务领域内落实，并做好宣传推广交流。制定 10 类 90 项内部标准。印发《兰州市机关事务工作“十四五”规划》和《兰州市机关事务管理局关于进一步做好全市机关事务标准化工作的通知》，详细部署安排“十四五”时期全市机关事务标准化工作。筛选兰州市机关事务标准化建设亮点，配合省局完成第二批标准化省级试点申报工作。坚持标准和机关事务工作深度融合，深入推进基于标准化的职能科学化、治理法治化、手段信息化、服务市场化建设。推动标准在机关事务工作中的贯彻落实。

（唐　挺）

9 月 17 日，服务保障甘肃省第十五届运动会召开的工作人员合影

参事工作

【概况】 2022年，市政府研究室紧紧围绕市委、市政府中心工作和各项决策部署，认真履行"以文辅政、调查研究和决策咨询"三大核心职能，完成服务政府中心工作的各项任务，为政府科学决策提供有效智力支撑。

【以文辅政】 收集整理各行业各领域发展数据，全面掌握全市经济社会发展情况，在多方征求意见、反复讨论修改的基础上，将提交市人大第十七届二次会议的《政府工作报告》打造成站位高、思想深、内容实、指导性强的精品工程。集中力量完成市政府主要领导讲话和市政府向省委、省政府的工作汇报等综合性文字材料的起草工作，重点起草完成兰州市经济社会发展、项目建设、债务化解工作情况等各类汇报及市政府主要领导在市政府全体会议、精致兰州建设、全面依法治市等各级各类会议上的讲话等文字材料。新冠疫情防控期间，抽调骨干力量，闭环管理起草完成每日省调度会兰州市疫情防控工作汇报、兰州市疫情防控公告等文字材料，把以文辅政变成抗"疫"斗争的最强战斗力在各类文稿起草过程中，坚持把提升文稿质量放在首位，创新工作方式和方法，确保各类文稿符合中央和省委、省政府精神，切合兰州实际，在实践中起到较好的指导作用。

【课题研究】 围绕打造"都会城市、精致兰州"这一主线，确定关于推进兰州人口规模快速增长途径研究、关于加快兰州市农业社会化服务的思考、关于加快兰州冰雪经济发展的思考和建议、探寻兰州培育区域特色消费中心城市新机遇、兰州城市战略推广研究、关于以现代管理模式进一步提升兰州市政府治理效能的思考、兰州实施人才回流计划的建议和关于兰州市促进科技成果转化的思考和建议等87项研究课题，开展调查研究，高质量完成研究报告。采取"解剖麻雀"的方式开展微课题研究，完成《关于兰州等五市州区健全基础设施体系的对策建议》《关于加强我市城市天际线管理的建议》《平战结合推动健康城区建设》《路衍经济在兰州的探索与实践》《提升"民情流水线"的意见建议》和《激发我市农村消费活力的几点思考》等调研建议，及时提交给相关领导和部门在工作中参考。在具体课题研究过程中，增强调研的针对性和实效性，在调研广度上做文章、在调研深度上下功夫，形成的研究报告受到省市各级领导和相关部门的重视，《坚定不移实施"强省会"行动——关于打造"大兰州"的对策》研究得到省委主要领导的批示并被及时采纳转化为领导决策。

【决策咨询】 全年编印《兰州发展》6期，汇编完成《2022年调研文集》，将年内完成的课题报告和调研建议收录其中，供各级领导和部门在工作实际中参阅。《兰州市情概览（2022）》一书，比较系统翔实地介绍和反映了兰州历史文化、风土人情、行政区划、城市规划、经济社会发展现状和政策平台等情况，为全市各级干部和社会各界提供了一本了解兰州的基础工具书，在第28届"兰洽会"和兰州市相关对外交流会议上作为宣传书籍。

（孙国延）

人事人才工作

【概况】 2022年，兰州市在开展人事人才工作中，学习贯彻中央和省委、市委人才工作会议精神，树立人才引领发展理念，健全人才政策体系，加强人才引进培育，各项重点工作有序推进，人才引进培育使用各方面工作取得新成效。全年全市事业单位公开招聘522人，引进人才500人（事业单位373人、企业127人），特岗教师、退役士兵安置、公费师范生、项目人员安置等834人，配合教育局招聘聘用制教师916人，配合卫健系统专项招聘医务工作者482（引进人才140人、临聘人员332人）。推行县以下事业单位管理岗位职员等级晋升制度。新申报设立博士后科研工作站1个、博士后创新实践基地8个，遴选推荐10人入选第一批陇原青年英才，兑现发放各项人才津贴365.7万元。实施县以下基层单位高级职称"定向评价、定向使用"、特殊人才职称评价"直通车"，开展第三批"金蓝领"高技能人才聘期期满考核工作，建立全市职业能力建设专家库，首批入库专家144名，组织专家选评市级高技能人才基地5个、技能大师工作室10个。

【企事业单位人才流动】 聚焦建设“强省会”人才发展雁阵格局，借鉴全国主要城市人才引进培育工作经验，会同市委组织部采取实地调研等方式，全面掌握兰州市辖区内重点企业人才发展需求和困境，制定《兰州市事业单位周转池人才引进和管理办法》《兰州市企事业单位定向引进急需紧缺人才实施方案》，探索建立“以才代补”支持企业人才扶持机制。印发《兰州市高层次人才分类认定工作实施方案》，着力构建畅通高效的高层次人才引进渠道。落实《兰州市急需紧缺人才引进实施办法》，统筹考虑疫情防控和高校毕业生就业难等实际情况，着眼兰州市重大战略、重要领域、重点产业人才需求，采取线上引才新模式，创新开展2022年第一批企事业单位急需紧缺人才引进工作，签约引进各类青年人才500名，总体签约率84%。其中，事业单位373人；企业127人。“一流大学建设高校”毕业生占35.7%。着眼全市医疗卫生领域人才缺口，配合市卫健委发布《兰州市卫健系统事业单位2022年专项引进急需紧缺人才公告》，拟引进急需紧缺医疗卫生人才404人，经面试考核签约160人。印发《关于征集兰州市事业单位2022年第二批引进急需紧缺人才岗位需求计划的通知》，面向全市事业单位广泛征集年内第二批引才计划。

【专业技术人员管理】 坚持将博士后“两站一基地”（博士后科研流动站、博士后科研工作站、博士后创新实践基地）建设作为人社系统开展高层次人才引育工作的重要抓手，以国家和省上全面加强博士后工作为契机，广泛发动组织引导企事业单位参与申报建站（基地）。2022年新申报设立博士后科研工作站1个、博士后创新实践基地8个。加强本土高层次人才培养，10人入选第一批陇原青年英才、推荐2022年享受甘肃省高层次专业技术人才津贴人员43人。印发《2022年兰州市专业技术人才服务基层活动方案》，常态化开展专家人才服务基层活动。持续加强高层次人才管理服务工作，组织完成28名省领军人才年度综合测评和47名市领军人才年度考核，兑现省领军人才补差津贴和市领军人才年度津贴365.7万元。严控标准，审批市一级干部教育培训项目72个98期280万元，培训各类专业技术人员10325名。会同市委组织部、市财政局批复2023年全市干部教育培训项目83个96期240万元。按照省人社厅统一安排，协同市考试局做好年度专业技术人员继续教育工作，全市公需课网络培训61581人。

【人才市场管理】 对接用工单位，扩大用工信息的采集面，汇聚并发布各类招聘求职信息，使城乡各类求职人员及时、准确了解最新用工需求，配合公共就业服务专项行动，组织线上、线下招聘会，以复转军人、高校毕业生中特殊群体招聘服务为重点，组织开展不同求职人群，不同类型用工单位招聘活动，为各类用工单位和劳动者牵线搭桥，全市召开用工洽谈会395场，为14299家企业发布用工岗位171621个，求职登记142337人，达成意向性协议44277人，成功介绍职业16375人。

【高技能人才工作】 开展第三批“金蓝领”高技能人才聘期期满考核工作，建立全市职业能力建设专家库，首批入库专家144名，组织专家初评市级高技能人才基地5个、技能大师工作室10个。

【职称制度改革】 落实乡村工作20年以上评聘中级职称、30年以上评聘高级职称不受本单位岗位结构比例限制优惠政策，共推荐评审副高级职称126人、正高级职称90人。推荐4人通过“绿色通道”参加特殊人才职称评审。协调兰州职业技术学院组建高级职称评审委员会，向8个县区和2个单位下放工程系列中级职称评审权限。兰州市年度职称评审工作初定专业技术职称6490人，评审推荐中级职称4107人，评审推荐副高级职称1695人，推荐正高级职称303人。

【事业单位管理】 规范事业单位人事管理服务，全面推行县以下事业单位管理岗位职员等级晋升制度，首轮晋升1255人；组织2022年事业单位工作人员公开招聘，完成招聘502人（36人受疫情影响延期体检）。会同财政等部门制定印发《兰州市规范公务员工资津贴补贴过渡方案》。推动落实兰州市公立医院薪酬制度改革各项举措，全面落实义务制教育教师工资待遇。

【人事培训考试】 提升人事考试考务组织水平，运用“考生线上健康打卡”系统、线下“智能入场核验”等考务新手段，组织开展兰州市2022年度考录公务员、事业单位公开招聘和部分资格类考试考务任务，涉及考生19.2万人次，考务工作实现“零差错、零失误”。初步建成兰州标准化人事培训考试基地及市级人事考试指挥平台，在兰州市事业单位面试期间正式投入使用，服务考生近1300人，整体使用效果良好。

（张晓艳）

外事工作

【概况】 2022年，兰州市政府外事办坚持以“一带一路”建设为契机，统筹推进涉外新冠疫情防控和对外交流合作，紧盯年初目标，积极探索创新，狠抓工作落实，各项工作有序开展。截至年底，兰州市共建立友好城市14对，友好交流城市24对。在兰常驻外籍人士1031人，全市在境外人员2948人。

【交流合作】 抢抓“一带一路”机遇，参与互联互通建设。深耕中欧、中亚、南亚、西部陆海新通道班列，构建“四向五条”立体开放通道网络，提升货运班列运营规模和质量，年内甘肃（兰州）国际陆港共开行班列166列、5307组，货值12.95亿元，货重21.02万吨，完成贸易额60亿元。以“强省会”行动为牵引，强化开放平台功能。发展枢纽经济、口岸经济，完善甘肃（兰州）国际陆港、兰州新区综合保税区等平台功能，推动内外贸易融合发展。按照一基地多中心布局，搭建人才培养交流、技术研发合作、资本服务对接、企业国际市场拓展、离岸创新孵化、创新成果交易转化平台等六大平台，自启动以来，已在项目合作、海外宣传、交流培训等方面取得初步进展。发挥外事职能作用，推进航空产业发展。配合市航空产业发展领导小组，与巴航、巴西驻华大使馆等的加强沟通协调，持续跟进兰州市与巴西航空的合作项目。发挥兰州新区区位优势，推动航空客货运航线开发，与苏南瑞丽航空公司、巴西航空工业公司围绕航空运营基地建设、巴航工业E2机队引进、航线开发等进行深度沟通对接。配合兰州市航空产业发展工作领导小组于10月26日举办巴航工业公司E195-E2飞机抵兰展示暨合作签约仪式，邀请巴西驻华大使高望在活动期间视频致辞。兰州航空产业发展集团与巴西航空在活动期间签订合作框架协议，约定在共同推动地区产业发展和航空价值链高端延伸方面开展合作。

【外宾团组来访接待】 配合兰州市航空产业发展工作领导小组做好新西兰商贸代表团在兰州新区考察调研期间的礼宾接待工作，围绕新西兰优势产业与兰州市航空产业发展开展洽谈，代表团参观中川机场货运区、综合保税区、中小微企业工业产业园，双方就进一步合作达成初步意向。

【友好交流】 2022年，新建友好交流城市2个。10月31日，兰州市与白俄罗斯格罗德诺市通过视频连线方式举行建立友好交流合作关系协议书签订仪式。兰州市市长张伟文、白俄罗斯驻重庆总领事德米特里·叶梅利亚诺夫、格罗德诺市市长戈伊·米切斯拉夫出席活动并致辞。两市市长表

10月31日，兰州市与白俄罗斯格罗德诺市通过视频连线方式举行建立友好交流合作关系协议书签订仪式

示，将共同推进双方在经贸、文化、教育、旅游等共同感兴趣的领域开展合作，实现互利共赢。11月15日，兰州市与乌兹别克斯坦吉扎克市通过视频连线方式签署建立友好交流合作关系协议书。市委常委、副市长白喜林，乌兹别克斯坦驻华大使馆经贸参赞努尔金·马玛扎诺夫，吉扎克市副市长霍尔马马托夫·胡莫云出席签约仪式并致辞。两市约定将以签约活动为契机，进一步密切经贸往来和人文交流，在工业、农业、科技、旅游、物流等领域深度合作，持续加强互动、增进友谊。

【兰州市与日本秋田市结好40周年庆祝活动】 10月11日，兰州市与日本秋田市缔结友好城市关系40周年纪念活动通过视频连线方式举行。市长张伟文、秋田市市长穗积志先后致辞，共同回顾两市友好交往历程和丰硕成果，共同签署《兰州市与秋田市2023—2025年交流项目协议书》。活动期间，兰州市第一人民医院、第二人民医院、第三人民医院、肺科医院、妇幼保健院负责人分别与秋田综合医院院长伊藤诚司签署《建立友好医院协议书》。此次活动将进一步增进两市友谊互信，推进兰州市友城交流合作更上一层台阶，为中日两国关系发展做出新的贡献。

【中墨建交50周年亮灯仪式】 为庆祝中墨建交50周年，市政府外事办协调相关单位于2月14日晚在中山铁桥、鸿运金茂，东湖广场，红楼时代广场等标志性建筑物点亮墨西哥国旗主色调和中国红，共同展现中墨人民走过半个世纪的友好情谊。此项工作得到了全国对外友协的高度肯定。

【涉外新冠疫情防控】 加强同驻外使领馆和上级外事部门的沟通对接，及时掌握国外疫情发展态势，协调驻外使领馆对兰州市在外公民提供帮助指导，做好涉外疫情领事保护与协助工作。持续做好从境外经各省区市来兰返兰人员信息推送、核实机制工作，与各县区密切协作，依据入境人员信息，严格落实人员闭环管控，严把从国门到家门关。做好仍在境外人员信息的精准摸排。持续全面摸排兰州籍在外留学、务工、经商等人员，逐人逐户、见人见表，实行清单化管理，做到“零疏漏”“无死角”。及时掌握境外拟来兰返兰人员的相关信息和疫情严重国家兰州籍回国人员身份信息并进行动态更新。截至年底，摸排兰州市在境外人员2948人，有回国意向124人，无回国意向2824人。动态管理在兰外国人疫情防控。落实疫情日报告制度，以英、俄、日、法、德五种语言发布全市每日疫情动态信息，宣传兰州市最新疫情防控政策，了解外籍人员实际困难和切实需求，提醒在兰外籍人员增强个人防护意识，落实属地防控措施。疫情期间，共收到4起在兰外籍人员无法正常使用微信小程序“健康新甘肃”的反映，并及时予以解决。妥善处置在兰外国人涉疫情况。市政府外事办高度重视，与市、区级联防联控办、卫健委积极沟通做好转运、隔离、检测等工作，确保各环节衔接顺畅、高效运转，所有病例均得到妥善安置，未造成负面影响。

（许长彪）

10月11日，兰州市与日本秋田市缔结友好城市关系40周年纪念活动通过视频连线方式举行

中国人民政治协商会议甘肃省兰州市委员会

重要会议

【市政协十五届二次全会】 12月18日至20日召开。会议应出席委员343人，实到273人。市政协主席王宏向大会作《政协兰州市第十五届委员会常务委员会工作报告》。魏丽红副主席代表市政协常委会作《政协兰州市第十五届委员会常务委员会关于十五届一次会议以来提案工作情况的报告》。会议通过政协兰州市第十五届委员会第二次会议关于常务委员会工作报告的决议，政协兰州市第十五届委员会第二次会议、政协兰州市第十五届委员会提案委员会关于第二次会议提案审查情况的报告。省委常委、兰州市委书记朱天舒等领导出席会议，听取大会报告，参加分组讨论，听取大会发言并讲话，与委员们共商兰州发展大计。会议期间，委员们列席兰州市第十七届人民代表大会第二次会议，听取并讨论政府工作报告，讨论兰州市中级人民法院工作报告、兰州市人民检察院工作报告等其他有关报告，对上述报告表示赞同。

12月18日，政协兰州市十五届委员会第二次会议召开

【市政协十五届一次常委会】 4月14日召开。市政协主席王宏出席并讲话。市委常委、宣传部部长、统战部部长、市政协党组副书记郑钰列席会议。会议传达学习全国两会精神及省市领导讲话；通报市政协党组2021年度民主生活会情况；审议通过政协兰州市委员会2022年工作要点、政协兰州市委员会第十五届政协委员参加专委会工作实施方案（试行）。会议指出，当年全市政协各级组织、全体政协委员和党员干部要强化政治引领，在广泛凝聚共识上展现新作为；要把握政协履职重点，在助推发展履职为民上取得新成效；要坚持自我革命，在加强自身建设上取得新进展。

【市政协十五届二次常委会】 8月31日召开。市政协主席王宏主持会议。会议传达学习《中国共产党政治协商工作条例》、中国共产党兰州市第十四届委员会第五次全体会议精神，听取市政府关于2022年上半年全市国民经济和社会发展情况通报，审议通过《“强省会”行动下兰州重大项目建设支护路径选择的建议案》，通过其他人事事项。会议强调，要深入学习贯彻中央统战工作会议精神和《中国共产党政治协商工作条例》，推进新时代人民政协事业发展，关注重大项目建设，助推“强省会”行动，畅通渠道知情明政，夯实履职尽责发挥作用的基础，发挥政协优势，在统筹推进复工复产和常态化疫情防控上继续做好工作。

【市政协十五届三次常委会】 12月16日召开。市政协主席王宏主持会议并讲话。会议传达学习中国共产党第二十次全国代表大会精神，听取市政府关于政协兰州市第十五届委员会第一次会议以来提案办理情况的通报，审议通过政协委员调整事宜、审议通过《关于进一步发挥“社工委”机制作用，提升市域治理能力和水平的建议案（草案）》、审议通过政协兰州市第十五届委员会常务委员会工作报告和提案工作报告(草案)、审议通过关于召开政协兰州市第十五届委员会第二次会议相关事宜。会议强调，要持续用力不断深化学习，学深悟透党的二十大提出的新思想新论断，全面系统推动党的二十大精神落实落地。聚焦主责主业履职尽责，发挥好专门协商机构作用，为推动兰州高质量发展贡献政协力量。集中精力谋大事议要事，在协商议政中广泛凝聚发展共识，为重振兰州辉煌再作新贡献。

【市政协十五届四次常委会】 12月19日召开。市政协主席王宏主持会议。会议讨论政协兰州市第十五届委员会第二次会议关于十五届委员会常务委员会工作报告的决议（草案）、政协兰州市第十五届委员会第二次会议政治决议（草案）、政协兰州市第十五届委员会第二次会议提案委员会提案审查情况的报告（草案），审议辞职决定（草案）。

【市政协十五届五次常委会】 12月20日召开。市政协主席王宏主持会议。会议听取和审议各组关于十五届二次会议政治决议（草案）、十五届委员会常务委员会工作报告的决议（草案）和十五届二次会议提案审查情况报告（草案）讨论情况的汇报，通过后提交闭幕大会审议；听取和审议各组关于辞职决定（草案）讨论情况的汇报。

（武小桢）

履职履责

【政协委员建议案】 **关于“强省会”行动下兰州市重大项目建设支护路径选择的建议案。**4月至6月，由王宏主席和雒泽民副主席带队，经济委员会组织有关专家和政协委员对高新区中农威特生物医药基地、西脉新材料产业园及甘肃（兰州）国际陆港中国智能骨干网（甘肃）申通枢纽中心等重大项目建设情况进行实地调研，与项目建设单位和相关部门进行协商交流，了解兰州市重大项目谋划和建设情况，分析、探究兰州市重大项目建设支护路径选择。调研发现按照“强省会”要求和省会担当，兰州市重大项目建设还存在一定的差距：项目总量不足规模偏小；项目投资结构不够合理；科技支撑重大项目偏弱；重大项目招商精准度不高；项目落地难的问题未能有效解决。调研组建议兰州市重大项目支护路径选择：围绕做大经济总量，持续谋划引进重大项目。围绕重构产业结构，不断优化重大项目布局。围绕提升创新动能，强化重大项目科技支撑。围绕优化空间布局，保障重大项目土地供应。围绕破解资金难题，拓宽重大项目融资渠道。围绕推进项目实施，全面打造最优营商环境。围绕项目全程管理，加强重大项目组织保障。

关于进一步发挥“社工委”机制作用提升市域治理能力和水平的建议案。7月至9月，由王宏主席、任丽梅副主席带队，社会与法制委员会组织部分政协委员和有关专家、社会工作者对兰州市“社工委”机制作用发挥情况开展调研，实地察看城关区甘家巷社区、山字石社区，七里河区建西东路社区、金港城社区，安宁区费家营社区、金安东社区，西固区天庆新城社区、合水南路社区，与社区工作者、居民代表、志愿者等座谈交流，重点了解在“社工委”组织机构下，社区综合治理措施、引入社会机构运行、用好志愿者队伍、培育社区新人等情况，分析存在的问题，研究兰州市“社工委”在基层社会治理的路径，促进提升市域治理能力和水平得到更好发挥。调研发现在发挥“社工委”机制作用提升市域治理能力和水平工作中，兰州市存在的问题主要是：“社工委”运行机制还不完善；队伍建设有待加强；服务设施不够完善；基层善治效能亟待提升。调研组建议：理顺关系，进一步健全工作机制。优化机制，加强队伍建设。因区施策，完善服务设施。整合资源，提升服务管理水平。加快立法，畅通民意表达渠道。广泛发动，打通服务“零距离”。搭建平台，进一步构建心理服务体系。共享数据，构建数据支撑标准。

关于推进兰州市融入全国统一大市场建设的若干建议。5月，由市政协主席王宏牵头负责，王俊东、任丽梅、魏丽红、杜泽秀四位副主席具体组织，组建由政协委员、专家学者和实际工作者组成的3个调研组，由研究室联合发改委、市场监管局等24个部门，对兰州融入全国统一大市场问题进行深入调研。通过实地走访、现场查看、征集意见建议，并召开5场专题协商座谈会，梳理汇总分析基本情况、主要问题困难和各方意见建议；同时对国家宏观政策和各地建设统一大市场的有益经验，进行多视角分析研究、学习借鉴，从实际出发，提出推进兰州市融入全国统一大市场建设的相关思路和建议：加快交通基础设施建设，创造融入全国统一大市场的交通条件。着力构建现代产业体系，夯实融入全国统一大市场的产业基础。加快城市空间和能级扩张，促进全市均衡发展。抢抓政策机遇，加大资金土地支持力度。完善市场体系，切实发挥兰州在建设全国统一大市场中的作用。建设西部陆海新通道，发展通道和物流经济。加强生态环境协同治理，在黄河生态保护上先发力、带好头。努力营造良好的营商环境，为融入全国统一大市场提供环境支撑。

【专题调研】 **关于重视黄河文化资源保护利用促进兰州文旅融合发展的调研。**4月至8月，市政协副主席唐浩漩带队，文化文史资料和学习委员会带领部分政协委员组成调研组，开展“重视黄河文化资源保护利用促进兰州文旅融合发展”的调研活动，通过查阅文献，实地走访现场调研读者印象、兰州碑林、兰州黄河楼景区、华夏人文始祖园、兰州湿地公园、仁寿山景区、河口古镇景区、青城古镇景区等地，听取市文旅局、兰州黄河风情线大景区管委会、城关区、七里河区、西固区、安宁区、榆中县、皋兰县、兰州黄河生态发展有限公司关于黄河文化资源保护利用及促进文旅融合发展的情况汇报，组织专家、委员召开月专题协商会后，形成调研报告。调研中发现存在的问题及原因：兰州市文旅融合发展的高精尖人才匮乏，发展潜力未充分释放。资金短缺抑制了文旅融合项目推动，发展活力明显不足。机制体制不顺制约文旅深度融合，发展动能未完全激活。文旅融合认知认同存在偏差，发展共识未充分凝聚。政协委员提出对策及建议：进一步摸清家底，加强黄河文化资源保护挖掘力度，在黄河文化保护传承弘扬上，再上台阶。进一步丰富黄河文化内涵，加强凝练创作力度，在黄河文化的研究、活化和创造上有新成果。进一步拓展空间，传播好黄河文化声音，在推进黄河文化走出去上有新举措。进一步加强黄河文旅融合，大力培育新型文化业态，增强黄河文化影响力。

关于落实“强科技”战略做好新时代兰州人才工作的调研。4月，杨衍佑副主席带队，教科卫体委员会组织部分政协委员，采取实地调研、现场参观、协商座谈、查阅文献资料等方式，就落实“强科技”战略，做好新时代兰州人才工作情况进行专题调研。通过分析、研究、讨论和充分咨询有关部门及专家意见后，形成调研报告。调研发现落实“强科技”战略做好新时代兰州人才工作存在的问题是：人才评价与激励机制亟待改革。科技人才优势没有充分转化为经济社会发展动能。人才资源分布不尽合理。高层次人才缺乏和流失并存。政协委员建议：做好新时代科技人才工作顶层设计。组建兰州市科技人才发展专家咨询委员会。高质量打造科技人才培养载体。加快培养集聚高层次人才。发挥好科技项目引才育才的关键作用。聚力“专精特新”企业靶向引才育才。创新用人单位主体柔性引才支持方式。建立健全人才分类评价机制。进一步优化人才发展环境。

关于黄河风情线大景区综合改造提升情况的调研。4月，由王宏主席、李文生副主席带队，人口资源环境委员会组织部分政协委员和专家，就黄河风情线综合改造提升取得的成效和当前存在的问题，开展实地调研、协商座谈、系统论证，提出黄河风情线大景区综合改造提升的对策建议。通过调研发现存在的问题及原因是：体制机制不够顺畅，规划布局不够精准，基础建设和管理有待加强，项目资金渠道单一。委员们建议：高起点创新设计，塑造有灵魂会说话会思考的公共艺术空间。高质量建设保护，打造和谐的山水空间。高层次协调管理，打造高效协调的行政空间。高质量凝练项目，打造多渠道的投入空间。

关于兰州市优化营商环境打造“兰州实践样本”的调研。6月，成立由市政协副主席陈伟为组长的专题调研组，农业和农村工作委员会组织部分政协委员、专家、有关部门负责同志，通过深入市、区政务服务大厅、部分中小企业和高新区定连园区实地察看，从市发改委、市政管局、市场监管局、市自然资源局、市住建局、市税务局及各县区进行材料、数据的搜集和研究，召开专题协商会听取工作情况汇报、征求意见建议等方式开展调研，对兰州市优化营商环境，打造“兰州实践样本”工作情况进行全面了解。兰州市在优化营商环境打造“兰州实践样本”工作中存在的问题是：政策法规仍需进一步健全，信息共享仍需进一步强化，重点领域改革仍需进一步加大，部门之间统筹联动协调不够，基层服务力量比较薄弱。建议：强化理念引领，形成全市人人有责的社会氛围。围绕市场主体全生命周期，营造公平竞争的市场环境。完善营商环境法律体系，营造公平公正的法治环境。加大重点领域改革力度，营造有吸引力的投资环境。加快数字政务建设，营造共享开放便捷高效的政务服务环境。培育亲商土壤，营造开放包容的人文环境。

关于落实黄河战略促进兰西城市群生态保护的调研。4月至5月，由杜泽秀副主席带队，民族宗教和港澳台侨委员会组织政协委员、专家学者和相关部门负责同志深入调查研究、反复协商论证，认真分析兰西城市群生态建设基本情况和主要困难，发现兰州市在落实黄河战略促进兰西城市群生态保护工作中，协调机制有待进一步完善，生态保护和绿色发展任务艰巨，产业结构不够合理，生态项目建设成熟度不高，生态绿色金融支持力度不够。委员们建议：强化组织领导，建立生态建设一体化机制。加强规划管控，坚持生态建设“一张图”导向。强化流域治理，构建生态基本廊道骨架。厚植生态底色，着力打造生态屏障示范区。加快绿色转型，着力构建新兴产业体系。破解金融难题，创新开发生态金融产品。

关于落实“强省会”战略推动中医药产业集聚发展的调研。10月，由魏丽红副主席带队，提案委员会组织部分成员组成课题组，深入兰州新区、高新区及定西市陇西县等地，对兰州市中医药产业发展现状进行实地调研，了解工作进展、挖掘特色亮点、梳理存在的问题，同时借鉴外省、市先进经验，提出进一步推动兰州市中医药发展的思路和对策建议。调研中发现兰州市在落实“强省会”战略推动中医药产业集聚发展中存在的不足是：规模小，资源优势未能有效转化为经济优势。效益低，龙头带动未能有效催生出产业集群。链条短，三产衔接未能有效形成产业链条。开发慢，大量批准文号未能有效投入生产。融资难，金融资源未能有效支撑产业发展。种源少，繁育体系未能有效保证药材质量。委员们提出对策建议：着眼提档升级，推进产业发展品质化。着眼园区承载，推进园区发展集聚化。着眼集群辐射，健全产业市场链条化。着眼绿色金融，推进产业投入规范化。着眼优势互补，推进原料保障优质化。着眼科技赋能，不断拓展销售平台多元化。

【考察活动】 **关于《中华人民共和国律师法》实施情况的考察。**5月至6月，由任丽梅副主席带队，社会和法制委员会组织部分政协委员，赴市公安局、市法院、

2022年调研视察

<table>
<tr><th colspan="2">项目</th><th>课题</th><th>主持领导</th><th>承办部门</th><th>活动时间</th></tr>
<tr><td rowspan="8">调研</td><td rowspan="2">常委会（2项）</td><td>关于"强省会"行动下我市重大项目建设支护路径选择的调研</td><td>王　宏
雒泽民
朱宗诚</td><td>经济委员会</td><td>4—6月</td></tr>
<tr><td>关于进一步发挥"社工委"机制提升市域治理能力和水平的调研</td><td>王　宏
任丽梅
朱宗诚</td><td>社会与法制委员会</td><td>7—9月</td></tr>
<tr><td rowspan="6">专委会（6项）</td><td>关于推进兰州市融入全国统一大市场建设的若干建议</td><td>王　宏
王俊东
任丽梅
魏丽红
杜泽秀</td><td>研究室</td><td>5月</td></tr>
<tr><td>关于重视黄河文化资源保护利用促进兰州文旅融合发展的调研</td><td>唐浩漩</td><td>文化文史资料和学习委员会</td><td>4—8月</td></tr>
<tr><td>关于落实强科技战略做好新时代兰州人才工作的调研</td><td>杨衍佑</td><td>教科卫体委员会</td><td>3月</td></tr>
<tr><td>关于顺应市民需求推进黄河风情线大景区综合改造提升的调研</td><td>王　宏
李文生
朱宗诚</td><td>人口资源环境委员会</td><td>2—3月</td></tr>
<tr><td>关于持续优化营商环境打造"兰州实践样本"的调研</td><td>陈　伟</td><td>农业和农村工作委员会</td><td>6月</td></tr>
<tr><td>关于落实黄河战略促进兰西城市群生态保护的调研</td><td>苏广林
杜泽秀</td><td>民族宗教和港澳台侨委员会</td><td>4月</td></tr>
<tr><td rowspan="8">视察</td><td rowspan="4">专委会（8项）</td><td>关于发挥资源优势推进兰州中医药产业发展的视察</td><td>魏丽红</td><td>提案委员会</td><td>10月</td></tr>
<tr><td>关于我市《律师法》实施情况的考察</td><td>任丽梅</td><td>社会与法制委员会</td><td>5—6月</td></tr>
<tr><td>关于"一带一路"建设下的兰州文化标识体系建设的考察</td><td>唐浩漩</td><td>文化文史资料和学习委员会</td><td>7—9月</td></tr>
<tr><td>关于我市"双减"政策落实情况的考察</td><td>杨衍佑</td><td>教科卫体委员会</td><td>9—10月</td></tr>
<tr><td rowspan="4">专委会（6项）</td><td>关于聚力重振"兰州制造"促进我市工业结构转型升级的考察</td><td>雒泽民</td><td>经济委员会</td><td>8月</td></tr>
<tr><td>关于落实"双碳"政策推进我市高质量发展的考察</td><td>李文生</td><td>人口资源环境委员会</td><td>5月</td></tr>
<tr><td>关于落实耕地保护政策推进我市高标准农田建设的考察</td><td>陈　伟</td><td>农业和农村工作委员会</td><td>11月</td></tr>
<tr><td>关于深入推进"党亲国好法大"教育实践活动的考察</td><td>苏广林
杜泽秀</td><td>民族宗教和港澳台侨委员会</td><td>7—8月</td></tr>
</table>

市检察院、市司法局、北京盈科（兰州）律师事务所、甘肃诚域律师事务所等单位，通过实地察看、听取汇报、交流座谈的形式，对兰州市《律师法》贯彻实施情况监督性考察，充分征求政协委员和各方面的意见建议，形成关于《中华人民共和国律师法》贯彻实施情况的考察报告。考察中发现在《中华人民共和国律师法》实施过程中存在的困难与问题是：基层党组织建设和律师队伍素质还有待提高。律师行业发展质量有待进一步提升。律师行业发展环境有待进一步优化。年轻律师人才培养工作和职业发展亟须重视。委员们建议：提高政治站位，深化思想认识。全面贯彻律师法，优化律师职业环境。拓展工作思路，提升服务发展水平。创造良好条件，提升律师队伍综合素质。

关于"一带一路"建设下的兰州文化标识体系建设的考察。 7月至9月由唐浩漩副主席带队，文化文史资料和学习委员会组织开展关于"一带一路"建设下的兰州文化标识体系建设的考察活动，考察中调阅市文旅局关于"一带一路"建设下的兰州文化标识体系建设的情况汇报，通过文化文史资料和学习委员会的工作微信群征求意见建议，形成考察报告。考察中发现在"一带一路"建设下的兰州文化标识体系建设工作中存在的问题是：文化标识体系建设顶层设计不完善。文化标识体系建设体制机制不健全。文化标识体系建设系统性不够。文化标识体系建设宣传力度不够。文化标识体系建设创新力不足。文化标识体系建设人才资源不足。委员们建议：强化文化标识体系建设组织领导。完善文化标识体系建设体制机制。加强文化标识体系建设的系统性谋划。深化文化标识体系建设的宣传推广力度。加强文化标识体系建设发展、保护、创新力度。强化文化景观建设，持续打造系列文化旅游品牌。立足“一带一路”建设，加强文化交流力度。加强文化标识体系建设人才队伍。

关于兰州市“双减”政策落实情况的考察。9月至10月，由杨衍佑副主席带队，教科卫体委员会通过多种形式、多渠道就兰州市义务教育阶段学校校内作业减负、课堂教学质量提升、课后服务开展、校外培训治理等情况开展监督性考察。考察发现，兰州市在“双减”政策落实工作中存在的问题是：“双减”工作认识还不到位，学校课后服务质量参差不齐，培训机构学科类培训仍有反弹，监管部门职责不够明确。委员们建议：准确把握工作原则，确保“双减”政策掷地有声。站稳守好学校阵地，确保教学质量稳步提高。补齐课后服务短板，确保学生需求有效满足。源头治理校外培训，确保教培生态科学重塑。

关于聚力重振“兰州制造”促进兰州市工业结构转型升级的考察。8月由雒泽民副主席带队，经济委员会通过多种方式了解兰石集团、方大炭素、兰州机电、西脉合金、佛慈制药、天华化工研究院等制造业企业的发展现状、面临的困难和问题，征求企业对促进兰州市工业转型升级的意见建议，组织有关专家和政协委员与发改委、工信局、科技局等相关部门就“聚力重振‘兰州制造’、促进兰州市工业结构转型升级”进行深入研究和协商交流，形成一些初步的意见建议。困难和挑战：工业经济总量仍然偏小，工业结构不够合理，科技创新成果转化率低，人才流失严重，强链补链的力度还需进一步加大，工业企业自身发展理念滞后。委员们建议：以国家战略为牵引，凝练兰州产业发展重点。以兰州自身优势为依托，明确兰州产业发展方向。以强链补链为导向，大力引进和培育优先发展产业的企业。以技术创新和园区为重点，推动工业产业发展和集聚。以提供优质高效服务为抓手，不断优化营商环境。

6月28日，市政协委员在十九中教育集团伏龙坪小学落实“双减”政策的提案督办

关于兰州市“双碳”工作进展情况的考察。5月，由李文生副主席带队，人口资源环境委员会基于产业、交通、生态、能源等重点领域面临的现状，采取多种方式，对市发改委、市政府金融办、市科技局、市林业局及七里河碳汇造林样地、兰州石化公司、兰鑫钢铁集团有限公司等重点部门、行业展开调研，通过梳理本地区实现碳排放达峰面临的问题，提出“双碳”背景下兰州市高质量发展的路径，为落实双碳目标、推进低碳城市建设等提供对策建议。调研发现，兰州市在“双碳”工作中存在的问题是：产业结构性矛盾突出，能源结构矛盾突出，自主创新能力和市场拓展能力不足，绿色金融发展面临着政策协同联动不足。委员们建议：推进产业结构优化升级。有利有序调整能源结构。加快城乡建设绿色低碳转型。完善绿色金融体系。巩固提升生态系统碳汇能力。提升绿色低碳生态意识。

关于全市高标准农田建设情况的考察。下半年，由市政协副主席陈伟牵头，农业和农村工作委员会组织部分委员和专家在市农业农村局和各县区的配合下，开展调研考察工作。考察中发现兰州市在高标准农田建设中存在的问题是：建设资金投入还显不足，工程质量管理有待加强，部分项目建设进度缓慢，管护机制有待进一步优化。委员们建议：夯实项目选址与设计工作，提高设计成果质量。拓宽项目融资渠道，多元化筹集建设资金。纵观全局科学规划，完善高标准农田管理机制。加强项目管理信息化建设，提高项目管理效率。明晰建后管护责任，优化项目管护机制。

关于持续开展“党亲 国好 法大”教育实践活动的考察。7月至8月，由杜泽秀副主席带队，民族宗教和港澳台侨委员会组织政协委员、专家学者和相关部门负责同志，采取重点提案督办和线上线下结合的方式，对兰州市持续开展“党亲国好法大”教育实践活动进行监督性考察。考察发现兰州市在持续开展“党亲国好法大”教育实践活动中存在的问题是：宣传教育的深度广度还不够，教育实践活动进展不够平衡，宗教团体主动作用发挥不够充分。委员们建议：持续加强组织领导，不断强化过程指导，创新活动开展方式，发挥典型引领作用。

【政协协商】 细化落实“党政点题、群众出题、委员荐题、自主命题”相结合的选题机制，坚持专委会议、主席会议、常委会会议三级审题制度，拓展选题渠道，利用网站、微信群等征集提案线索，靶向调研、精准建言。探索协商式监督的新途径，开展《律师法》实施、“双减”政策落实、民族宗教工作等3项监督性考察。完善协商成果反馈机制，协调政府部门定期向委员通报经济社会发展情况、委员提案办理情况，及时反馈政协调研视察报告、委员建言采纳情况。组织政协委员参与政府部门开展的市场调研、规划论证、经贸洽谈、行风监督等活动，助推党政决策同群众意愿深度融合。完善全体会议集中协商、专题议政深度协商、月座谈会重点协商等平台，围绕项目建设、社会治理、生态保护、工业转型等12个方面，组织政协委员、专家学者同政府部门开展深度交流协商。利用大会发言、界别小组讨论、专委会座谈等方式进行集中协商。委员们先后提交111篇大会交流发言材料，提出许多有见地、有深度的思路和建议。交流发言材料数量比上年翻了一番，而且质量都有很大提高。继续完善“三位一体”基层协商议事平台，组织各界委员下沉基层开展协商议事，引导群众在平等、理性对话中表达心声、维护权益，畅通群众走进政协、政协走进群众的渠道，推进全过程人民民主建设。

【提案办理】 引导各界委员精准选题、深入调研、务实建言。加强提案者、承办单位、党政督查部门、政协提案委四方联动，健全完善协商选题、审查、办理、成果转化、考核评估机制，推进提案协商，十五届一次会议以来委员提案全部按期办复。做好重点提案协商督办，完成“加强招商引资”等11件主席会议成员重点督办提案，开展“科学规范精准做好常态化疫情防控”等8件专委会跟踪办理提案，落实“加快全市重点项目建设”等5件市政府现场办理提案的办理工作。会同政府部门召开提案办理座谈会，开展提案双向评议，加强沟通协调，不断改进工作。

2022年主席会议成员督办重点提案

提案号	案由	承办单位	督办领导	时间
94	关于兰州市实现“碳达峰、碳中和”促进经济健康发展的提案	市发改委、市工信局、市林业局	王　宏 朱宗诚	4—9月
166	关于进一步加强招商引资工作推动兰州实现高质量发展的提案	市政府合作交流办	王俊东	4—9月
340	关于进一步加强兰州市基层治理信息化建设的提案	市委政法委、市大数据局、市公安局	任丽梅	4—9月
79	关于振兴中医药产业促进经济发展的提案	市农业农村局、市卫健委、市工信局	魏丽红	4—9月
111	关于进一步加大对民营企业扶持力度的提案	市工信局	雒泽民	4—9月
44	关于把白塔山打造成重要风景区的提案	兰州黄河风情线大景区管委会、市文旅局	唐浩漩	4—9月
117	关于深入推进“党亲 国好 法大”教育实践活动走深走实的提案	市委统战部、市民宗委	杜泽秀	4—9月

续表

提案号	案由	承办单位	督办领导	时间
59	关于重视和加强城乡居民基本养老保险工作的提案	市人社局	高永健	4—9月
27	关于进一步实施好教育“双减”的提案	市教育局	杨衍佑	4—9月
337	关于加快实施我市乡村振兴的提案	市农业农村局	陈　伟	4—9月
7	关于提升城市物业管理水平的提案	市住建局	李文生	4—9月

（武小桢）

中国共产党兰州市纪律检查委员会 兰州市监察委员会

重要会议

【中国共产党兰州市第十四届纪律检查委员会第二次全体会议】 1月28日召开。出席全会的有市纪委委员29人，列席62人。省委常委、市委书记朱天舒出席全会并讲话。市委常委，市人大常委会、市政府、市政协领导出席会议。有关方面负责人参加会议。市监委特约监察员代表列席会议。全会由市纪委常委会主持。全会以习近平新时代中国特色社会主义思想为指导，深入贯彻党的十九大和十九届历次全会精神，全面贯彻十九届中央纪委六次全会、十三届省纪委六次全会和市第十四次党代会、市委十四届二次全会部署，总结2021年工作，安排2022年任务，审议通过市委常委、市纪委书记、市监委主任张泽武代表市纪委常委会所作的《奋力推动纪检监察工作高质量发展，为攻坚推进强省会行动战略提供坚强纪律保障》工作报告。

中国共产党兰州市第十四届纪律检查委员会第二次全体会议

2月2日，中国共产党兰州市第十四届纪律检查委员会第二次全体会议召开

主要工作

【全面从严治党】 制定政治监督任务清单，项目化管理，常态化监督。始终牢记习近平总书记对兰州“先发力、带好头”殷殷嘱托，开展贯彻落实习近平总书记对甘肃重要讲话重要指示批示精神“回头看”。专项监察国家和省级生态环境问题警示片披露问题，约谈相关责任人22人次，查处生态环保领域问题17件33人。紧盯贯彻省市党代会精神，对实施“四强”行动、助企纾困等重点工作落实情况跟进监督检查。根据疫情形势变化，及时调整监督重点，组织纪检监察干部深入一线，督战结合助力打好疫情防控总体战攻坚战。创新开展“一把手”和领导班子监督季度评估，督促市委常委会、市委常委所在部门带头开展自查、主动接受评估，对县区党政“一把手”开展全覆盖“面对面”谈话，

对新任领导干部进行集体廉政谈话，推动全面从严治党政治责任一贯到底。

【反腐败工作】 全市纪检监察机关立案960件，处分801人，移送检察机关50人；处分“一把手”69人、县处级干部42人。查处十九大以来市纪委监委独立办理的、涉案金额最大的兰州粮油集团原董事长张某某严重违纪违法案。高度重视年轻干部违纪违法问题，专题开展腐败低龄化问题调研，查处“80后”干部255人。深入开展粮食购销、供销社、金融等领域专项整治，常态化推进“惩腐打伞”，立案93件110人，移送检察机关8人。严把选人用人、评先选优关口，动态更新廉政档案，回复党风廉政意见7.3万人次。运用“四种形态”批评教育帮助和处理3038人次，其中第一、二种形态92.3%。做实查办案件“后半篇文章”，对制发的537份纪检监察建议书跟踪问效，在全市常态化开展警示教育“十个一”活动，暖心回访受处分人员696人。

【“四风”纠治】 协助市委2次修订贯彻中央八项规定实施细则的实施办法，在全省率先立贯彻中央八项规定精神新规矩，并将落实情况纳入对“一把手”和领导班子监督内容，以抓“关键少数”带动“绝大多数”作风转变。坚持守节点、盯重点，“拉网式”开展明察暗访4轮次，集中整治“酒杯中的奢靡之风”，专项检查违规配备使用公车问题，查处享乐主义奢靡之风问题129件160人。开展优化营商环境联合督查，深入整治“指尖上的形式主义”，集中排查纠治干部“躺平”“内卷”行为，查处形式主义官僚主义问题498件724人。“专起来抓”过渡期专项监督，拓展“三资”提级监督试点，率先在全省实现小微权力“监督一点通”全覆盖，查处群众身边“风”“腐”问题706件，批评教育帮助和处理972人。推进“一难两乱”、困难群众救助补助资金审计发现问题等专项整治，监督推动化解“登记难”问题，解决了一批群众“急难愁盼”事。

2022年全市查处违反中央八项规定精神问题统计表

<table>
<tr><th rowspan="4">时期</th><th rowspan="4">项目</th><th rowspan="4">总计</th><th colspan="2" rowspan="2">级别</th><th colspan="13">问题类型</th></tr>
<tr><th colspan="5">形式主义、官僚主义问题</th><th colspan="8">享乐主义、奢靡之风问题</th></tr>
<tr><th rowspan="2">县处级</th><th rowspan="2">乡科级及以下</th><th rowspan="2">贯彻党中央重大决策部署有令不行、有禁不止，或者表态多调门高、行动少落实差，脱离实际、脱离群众，造成严重后果</th><th rowspan="2">在履职尽责、服务经济社会发展和生态环境保护方面不担当、不作为、乱作为、假作为，严重影响高质量发展</th><th rowspan="2">在联系服务群众中消极应付、冷硬横推、效率低下，损害群众利益，群众反映强烈</th><th rowspan="2">文山会海反弹回潮，文风会风不实不正，督查检查考核过多过频、过度留痕，给基层造成严重负担</th><th rowspan="2">其他</th><th colspan="2">违规收送名贵特产和礼品礼金</th><th colspan="2">违规吃喝</th><th rowspan="2">违规操办婚丧喜庆</th><th rowspan="2">违规发放津补贴或福利</th><th rowspan="2">公款旅游以及违规接受管理和服务对象等旅游活动安排</th><th rowspan="2">其他</th></tr>
<tr><th>违规收送名贵特产类礼品</th><th>违规收送礼金和其他礼品</th><th>违规公款吃喝</th><th>违规接受管理和服务对象等宴请</th></tr>
<tr><td rowspan="3">1月至12月</td><td>查处问题数</td><td>627</td><td>38</td><td>589</td><td>4</td><td>393</td><td>78</td><td>1</td><td>22</td><td></td><td>40</td><td>4</td><td>25</td><td>6</td><td>40</td><td>2</td><td>12</td></tr>
<tr><td>批评教育帮助和处理人数</td><td>884</td><td>47</td><td>837</td><td>5</td><td>586</td><td>102</td><td>2</td><td>29</td><td></td><td>40</td><td>6</td><td>32</td><td>6</td><td>55</td><td>3</td><td>18</td></tr>
<tr><td>党纪政务处分人数</td><td>323</td><td>17</td><td>306</td><td>3</td><td>176</td><td>24</td><td></td><td>8</td><td></td><td>32</td><td>6</td><td>20</td><td>2</td><td>48</td><td>1</td><td>3</td></tr>
<tr><td>备注</td><td colspan="17">享乐主义、奢靡之风“其他”问题包括：违规配备和使用公车、楼堂馆所问题、提供或接受超标准接待、组织或参加用公款支付的高消费娱乐健身等活动、接受或提供可能影响公正执行公务的健身娱乐等活动、违规出入私人会所、领导干部住房违规。</td></tr>
</table>

【巡察安排】 出台巡察工作五年规划，明确新一届市委巡察工作路线图、任务书。开展巡察干部政治整训，一体提升市县巡察工作水平。制定对部门（单位）巡察和对乡镇、村（社区）党组织巡察监督清单，推动巡察监督内容具体化。对19家市直部门（单位）开展常规巡察，对16个乡镇、214个村（社区）开展“提级＋市县联动”巡察。邀请省委巡察督导组对首轮巡察进行“嵌入式”指导，上下联动提升巡察质效。在全省首次采用“机动式”方式对呢嘛沙沟流域生态综合治理情况进行巡察，对卫健系统开展疫情防控专项巡察，配合省委专项巡视同步完成涉粮问题专项巡察。组织开展巡视巡察反馈问题整改督导，督促推动十八大以来巡视巡察、中央环保督察等反馈的3101个问题深入整改。

【清廉兰州建设】 聚焦打造新时代廉洁文化建设兰州版、修复净化兰州政治生态升级版，协助市委出台推进清廉兰州建设的意见，清单化攻坚落实20项年度重点任务。充分发挥组织协调、督促引导作用，向市委全会2次报告情况，提请市委常委会会议3次研究推进，对重点任务周跟踪、月调度、季推进，督促各级党委（党组）扛起共建责任、形成齐抓合力。统筹推进清廉机关、清廉学校、清廉医院等“清廉单元”建设，推动形成清廉兰州建设十大典型范例，示范引领各行业各领域清廉建设全面推进。高频次投放主题海报、宣传标语，制作展播清廉主题微电影、微视频，持续推出“清廉兰州·每日廉语”，建成清廉文化街区，打造清廉主题小游园，策划举办主题展览，形成一批有兰州特色的清廉文化成果。

（李红明）

巡　察

【概况】 2022年，中共兰州市委巡察工作全面贯彻巡视工作方针，坚定正确政治方向、坚守政治巡察定位，持续深化政治巡察。组织开展十四届市委第一轮、第二轮巡察，提请召开6次市委常委会会议、5次市委书记专题会议、10次市委巡察工作领导小组会议，传达学习中央和省委有关会议及文件精神，听取巡察情况工作汇报，研究解决重要问题。组建新一届巡察人才库，共储备巡察组长、副组长人选67人、各领域专业巡察干部311人。

【巡察工作五年规划】 根据中央和省、市委部署要求，于2022年1月研究编制，并提请市委印发《中共兰州市委巡察工作五年规划（2022—2026年）》，明确全覆盖对象98个。主要包括市委工作部门及市级党和国家机关58个、市级群团组织9个、市委市政府直属事业单位14个、市委市政府派出机构4个、市属重点企业13家。首次将市纪委监委机关、市委组织部纳入巡察全覆盖监督对象。

【巡视巡察上下联动】 协调做好省委巡视办调研督导，组织召开巡察业务专题辅导会和市县（区）巡察工作领导小组成员及巡察业务骨干座谈会，邀请省委巡视办主任开展专题辅导。配合做好省委巡察指导督导工作，组织召开巡察指导督导动员培训会，协助省委巡察指导督导组开展个别谈话和座谈交流，沟通情况、交换意见。邀请省委第一巡察指导督导组派员对十四届市委第一轮巡察6个巡察组开展“嵌入式”“会诊式”指导督导，在全程跟进1个巡察组同时，对其他5个巡察组工作进行巡回指导，并重点对城关区、七里河区等县区巡察工作进行调研督导。召开县区巡察办主任交流座谈会，听取巡察工作汇报，开展学习交流。

【监督贯通协同】 配合市纪委监委制定印发《兰州市推动各类监督贯通协同工作办法》，协同出台《兰州市纪检监察监督巡察监督审计监督贯通协同工作事项清单》等制度办法，建立协同贯通机制，牵头组织召开2次各类监督贯通协同联席会议，协调推动各监督主体落实监督责任、凝聚监督合力、提升监督质效。协调市委组织部同步对19家被巡察单位开展选人用人专项检查。

【巡察监督】 完成十四届市委首轮巡察，组建6个常规巡察组，采取“一托三”“一托四”方式，对市科技局、市工信局等19个市级党和国家机关单位（含群团、企事业单位）开展常规巡察，对呢嘛沙沟流域生态综合治理开展机动巡察，发现各类问题560个，移交问题线索24件。组织实施十四届市委第二轮巡察，采用“提级+联动+专项”方式，对永登县、榆中县、皋兰县和高新区所属的16个重点乡镇以及所辖214个村（社区）进行提级巡察和市县联动巡察，发现各类面上问题465个，问题线索26件；对卫健系统开展疫情防控专项巡察，发现各类面上问题33个，问题线索6件。创新工作方式，探索开展巡察调研，紧紧围绕市委防范化解企业债务风险的部署要求，从相关部门抽调7名业务骨干，组建1个巡察调研组，深入兰州投资（控股）集团有限公司、甘肃中石油昆仑燃气有限公司、兰州建设投资（控股）集团有限公司等市属重点国有企业，围绕项目建设、投资融资、防范化解债务风险等方面开展巡察调研，针对性提出意见建议。

【巡察指导督导】 十四届市委第一轮、第二轮巡察期间，同步成立巡察指导督导组，全覆盖下沉14个巡察组，全流程跟进了解工作情况，进行全过程指导督导。巡中及现场巡察结束后，先后召开26次组办会商会议，共同研判分析发现的问题，认真审改巡察报告。

【巡察整改】 组织开展巡视巡察反馈问题整改督导，从纪检监察机构、审计等部门抽调精干力量，组建4个督导组，对8个县区及高新区、经开区和兰州陆港，十八大以来中央、省委巡视、市委巡察和审计、中央环保督察反馈问题，以及2020年7月以来占用耕地违规建房等问题整改落实情况进行督导，督促推动3101个问题全面整改。严格执行巡察反馈意见“三反馈、三签收”机制，落实巡察工作领导小组成员、纪检监察机构和组织部门相关负责同志参加巡察反馈会议机制，靠实巡察整改主体责任、“第一责任”和监督责任。完成涉粮问题专项巡察和十四届市委第一轮巡察情况反馈。同时，将巡察情况及时向市委、市政府分管领导和纪检监察、组织、宣传、审计及上级主管或行业监管职能部门进行通报。建立巡察整改方案“四审”机制（被巡察单位专题讨论初审、纪检监察组把关复审、巡察办和组织部门对标协审、纪委对口监督检查室盯责严审），完成涉粮问题专项巡察和十四届市委第一轮巡察反馈问题整改方案审改工作。

（陈德全）

中国国民党革命委员会兰州市委员会

【概况】 2022年，中国国民党革命委员会兰州市委员会（以下简称“民革”）有党员1010人，其中女党员390人，平均年龄57.5岁，60岁以下党员675人，本科以上学历586人，占比58%。正科级及以上成员33名。有各级基层组织49个。其中，总支5个；基层委员会3个；支部41个。有专门工作委员会7个，基层组织主委48名，副主委96名。

【思想建设】 为迎接中共二十大的胜利召开，先后选送18篇征文参加市委统战部主题征文比赛，3名民革党员获奖。组织民革书画家30余幅书画作品参加省委会、党派艺联会书画展，联合济南民革市委会等沿黄8城省会城市成功举办黄河文化书画联展，开展“风雨同舟砥砺前行”书画摄影笔会及祖统、法律工作委员会书画活动。召开中共二十大专题学习会议16次，党员撰写学习心得230余篇，组织300余名党员参加省委会联合中央社院举办的二十大线上专题辅导。召开“矢志不渝跟党走、携手奋进新时代”政治交接主题教育暨履职能力建设年动员部署会，印发《2022年履职能力建设年实施方案》《“矢志不渝跟党走、携手奋进新时代”政治交接主题教育实施方案》。班子成员带队前往张一悟纪念馆、榆中凝聚共识示范点、八路军驻兰州办事处纪念馆进行现场实践教学，联合济南市委会前往邓园开展“观故居，走多党合作之路”学习教育活动，通过兰州民革网站、微信公众号，开展孙中山先生逝世97周年及江泽民同志追悼会线上祭拜活动，并开设学习专栏2个，全年推送消息400余条，转发主流媒体二十大学习解读文章74篇，其中围绕政治交接主题教育发布学习资料及党员感悟30余篇，被央媒采用11篇，被省市级单位媒体刊物采用41篇。市委会获得“民革全国宣传思想工作先进集体”和“2022年度《团结报》宣传发行工作先进集体三等奖”。

【参政履职】 联合民革省委会到兰州国际高原夏菜副食品采购中心等地开展建设运营情况调研，协助福州民革完成“建设船政国家文化公园、助力福州加快现代化国际城市”兰州站调研。同时，三农、经济等专委会、永登总支、市一支部、市八支部等围绕有机农业示范基地建设、马铃薯种薯扩繁、特殊群体权益保障及古建筑修缮和文物保护等课题调研。邀请市交通委、市邮政管理局、市妇联及曹操出行、京东平台企业围绕兰州市新业态就业群体权益保障课题开展座谈，通过“职能部门＋行业代表＋民主党派”工作模式，强化调研协作，发挥联系单位在调研工作中的人才智力支撑作用，取长补短、互助共赢。在市政协十五届二次会议上提交集体提案20篇，大会发言3篇，其中《关于提升物业管理水平的提案》被市政协重点督办，《关于进一步推动黄河兰州段水生态保护和高质量发展法治体系的建议》等12件被市政协评为优秀提案。38篇社情民意信息被《政协委员建言》采用，其中《关于我市民营企业技术型人才“留人难”问题的建议》等3篇被市上主要领导批示，《我市无障碍环境建设建议》等9篇被评为市政协优秀社情民意信息，关于疫情常态化防控措施的4篇建议被评为省委会参政议政成果优秀奖，《关于兰州市新业态就业群体权益保障的建议》《关于加快推进兰州商贸服务型国家物流枢纽建设的建议》的调研报告提交相关部门被转办。县区两会上，民革基层组织及党员共提交个人及集体提案63篇，大会交流发言9篇。红古总支温水吉、余永胜撰写的《健全志愿服务体系助力社会健康发展》调研报告入选中共兰州市委宣传部《兰州市加强和改进政治工作优势研究成果文集》，获“兰州市思想政治工作重点调研成果二等奖”，马仙、余永胜等4人被七里河区、红古区政协评为“2022年度优秀政协委员”。

【组织建设】 修订完善民革兰州市委会《领导班子分工安排》《机关干部服务常委及常委联系支部安排表》《理论学习中心组学习制度》，出台《积分管理暂行办法》，开展兰州民革“数据仓”建设，努力打造“数字民革”。班子成员围绕民革党员之家建设与示范支部创建工作进行走访、交流座谈，探索“民革党员之家”与示范支部创建工作在增强民革组织凝聚力，增强履职实效的方法举措。红古总支、市七支、文化支部等通过与社会公益组织结对共建、团拜联谊、赠送中山像章等方式开展组织活动，创新活动方式，激发基层组织活力。兰州市经济支部党员之家在甘肃银行大厦建成并投入使用，市十支部、文化支部获“民革甘肃省第二批示范支部”称号，市七支部、十支部党员之家获民革甘肃省第二批“优秀民革党员之家”称号。

完善兰州民革入党积极分子“积分制”考核及新党员“1+6”学习培训教育模式，全年发展新党员23人，平均年龄38岁，大学本科及以上学历100%，重点特色领域占67%。调整并任命各专委会组成人员，接收并划转省直支部及机关支部27名党员，对56名机关事业国企单位在职科级及以上干部进行摸底备案。在政协甘肃省第十三届委员会上，兰州市3名民革党员任省政协委员，其中任丽梅主委连任省政协常委。推进“五型”“三化”机关建设，定期召开机关办公学习会议，安排部署各项工作推进。开展机关“零差错”活动，实行干部轮流值周及科室周计划安排，坚持周例会制度，定期开展学习分享，“岗责明晰、责任到人”，保证机关高效有序运行。招录机关公务员2名。市委会连续第三年获全省民革地市级组织目标管理考核一等奖，和劼、王吉文获得上半年市直部门优秀驻守干部，马一诺个人驻守事迹被省市电视台、兰州日报等新闻媒体进行报道。通过资料推送、张贴彩页、转发点赞等方式，开展“清廉兰州”宣传建设工作，与基层组织负责人现场签订《廉政承诺书》，推进民革内部监督工作实现“全覆盖”。

【祖国统一工作】 全面贯彻民革祖统工作“三个坚持”的工作方针，利用民革新媒体宣传两岸时政要闻，联合省委会开展省市台海形势报告会。祖统工作委员会邀请市台办主任桂蓉开展对台政策及陇台合作成果交流宣讲，举办在兰台胞学习就业创业及法律咨询服务，组织“一江春水长流，两岸桃李芬芳”及“中山桥上明月夜，日月潭前话故乡”台胞台属“庆五一”书画笔会暨中秋联谊会，坚定在兰台胞台属对深化两岸关系和平发展、实现祖国统一大业的决心和信心，增强两岸同胞认同感。

【社会服务】 春节前夕，领导班子成员分组带队，集中开展对老党员、困难党员的走访慰问，并为生活困难的民革党员买河、王朝晖争取到民革中央中山博爱基金会救助金各3万元。市委会联合市级民主党派在帮扶村永登县民乐乡红岭村开展送农资、送文化、送法律“三下乡”活动，向村民捐赠价值5万元化肥，书画作品6件，为村民送去《民法典》及法律咨询服务。经济工作委员会向永登县民乐乡八岭村筹款1

万元购买鸡苗助力农民增收，法律工作委员会挖掘民革法律特色资源，吸纳5家机构成立民革法律服务工作站，全年为企业、困难群众开展免费普法宣传及心理健康服务，刘晓刚、贾立军、赵元彪前往武山路“社工委”开展法律医药进村进社区“同心”为民服务暖民心活动2场。红古总支组织党员开展无偿献血、法律健康讲座2次，市直四支部联合市妇联在妇女节开展慰问活动，为10名困难家庭送去5000元慰问金及相关法律书籍，经济支部联合渭河源生物科技有限公司在东岗街道开展新春慰问，送去6万余元的粮油等生活物资，西固、红古、皋兰总支，市四支，市七支，经济支部，妇青委等在传统节庆期间，开展公益植树、趣味运动会、中秋茶话会、读书分享会、“情浓端午诗朗诵”“绿色低碳节能先行宣传”“行走的爱健步行”等活动，弘扬中华传统文化、抒发民革党员爱国爱党情怀，激发民革组织的活力与凝聚力。

全市民革组织及广大民革党员，民革党员200余名参加协助居住地社工委工作，开展疫情防控工作，并向一线工作者捐款物等工作。部分民革企业家捐助爱心物资40余万元，经济支部主委、渭河源生物科技有限公司总经理周占琪，被省委宣传部、省文明办评为“甘肃省第八届道德模范”，市十一支部副主委、科教文卫专委会主任周玮被中共甘肃省委宣传部等单位先后评为“疫情防控优秀志愿者”“最美志愿者”。

（马蓉国）

中国民主同盟兰州市委员会

【概况】 2022年，中国民主同盟兰州市委员会（简称“民盟兰州市委”）认真履行参政党职能，主动投身疫情防控，着力加强自身建设，倾情做好社会服务，各项工作取得新进展。第九届民盟兰州市委员会有主委1人，副主委5人，常委19人，委员81人。2022年底，有盟员1793人，其中女盟员824人，平均年龄55.5岁，60岁以下盟员1252人，在职1156人。盟员中大学本科以上学历1289人，占比71.9%，在职中高级以上职称573人，占比49.6%，各级人大代表13人，政协委员102人。盟员分布在教育、文化、卫生、科技、法律等领域。有各类基层组织78个，基层委员会6个，专委会10个。

民盟兰州市第九次代表大会以来，获民盟甘肃省委参政议政工作先进集体、反映社情民意信息工作先进集体，获全市统战信息工作先进单位二等奖。

【参政议政】 围绕“强省会”行动、系统推进兰州实现高质量发展等中心工作，完成盟省委“立足强省会要求，加速城市更新，提升城市品质”重点课题调研报告，协作开展加快“双减”目标落实、现行职业教育对中小学的影响与自身发展前景、对撂荒土地复垦复耕和农用地非农化现象治理、3岁以下婴幼儿照护政策等4个联动课题调研，转化后3篇作为盟省委集体提案报送至省政协十三届一次会议。组织开展市域社会治理现代化、医养结合健康服务业发展、兰州主城区与新区文旅融合发展等课题调研，全年形成调研报告18篇。

在省政协十二届五次“‘黄河战略’下，甘肃加快发展的路径选择”专题协商议政会上，民盟主委3篇建言入选会议书面发言，得到任振鹤省长的点评和肯定。省政协十三届一次会议，民盟主委提交《着力激活发展动能扎实推进乡村振兴》入选大会发言，《关于重振我省工业雄风的几点建议》入选专题议政会发言。民盟和盟员向市政协十五届二次会议提交的《关于我市教育“双减”的提案》《关于进一步加强招商引资工作推动兰州实现高质量发展的提案》获市政协重点督办。市政协十五届二次会议，民盟市委和盟员中的政协委员有9篇建言入选大会发言和书面发言材料，提交集体提案15件，内容涉及城市更新、国土空间管控、产业发展、县域经济、乡村振兴、应急救援、文化产业转型升级、职业教育发展改革、食品安全等。各基层组织和盟员中的县（区）政协委员共提交提案100余件，有7篇入选大会发言，4件获得优秀提案，2件列入重点督办提案。

盟市委主委在各专委会成立会议上进行参政议政和社情民意信息专题辅导。全年向盟员征集社情民意信息156条，其中《代做核酸检测问题亟待关注解决》等11篇信息被民盟中央、省政协、省委统战部采用，3篇得到市领导批示，5篇在省政协常委会、专题协商议政会上作大会发言，盟省委采用30篇，市委办公室采用1篇，45篇被市政协《政协委员建言》采用及转送。

【组织建设】 聚焦文化教育等民盟重点分工领域和高层次代表人士，从“等上门”到“走出去”，改变发展形势，主动走访市文联等相关部门党组织，发挥代表性人士的带动作用，不断拓宽组织发展的空间和层面。在组织工作会上，对10个组织发展工作先进集体和20名组织发展工作先进个人进行通报表扬。全年发展盟员48名，平均年龄36岁，大学及以上学历占比91.7%，重点分工领域占比48%，较上年有所提升。发展国家级非物质文化遗产代表性传承人1名。

指导鼓励各基层组织结合自身工作实际和特色开展丰富组织生活，兰州新区支部开展读书分享组织生活会，文艺二支部举办“与花相伴绽放芳华”庆祝“三八”国际劳动妇女节主题插花活动，永登综合一支在春节前夕赴永登县社会福利院开展慰问活动，城关三支、五支在两节前往看望老盟员，皋兰支部组织书法家在城北社区开展“佳节尚文明·春联暖人心”活动。在兰州新区新建成1个盟员之家，盟员之家总数达到7个。

召开九届二次全委会议，选举出席民盟甘肃省第十五次代表大会代表32名。盟市委主委当选盟省委副主委，1名当选常委，5名当选委员，1名当选盟省委监督委员会委员。民盟市委主委参加中国民主同盟第十三次全国代表大会并当选民盟中央委员。组建成立10个专委会，指导各专委会充分发挥特色优势，积极开展专题调研，组织学习考察、培训交流、主题分享等形式丰富的主题活动。妇委会邀请相关专业老师就女性妆容技巧作交流分享，青委会举办青年论坛暨庆祝“五四”青年节活动，现场体验省级非物质文化遗产项目刻葫芦文化和技巧。20名盟员担任盟省委各专委会委员。推荐5名盟员参加全省骨干盟员能力素质提升培训班。

健全内部监督体系，坚持教育与监督并举，重在预防的方针，采取多种形式把廉政警示教育融入日常工作，建立谈话提醒机制，开展常态化警示教育，加强对青年盟员干部的教育管理监督，将严管厚爱贯穿于管理、履职、监督全过程。

【思想建设】 以新型政党制度“四新”“三好”的新要求，强化领导班子建设，发挥“关键少数”示范引领作用。重视平时政治理论学习，召开主委会9次、常委会8次，开展形势教育、理论教育，重要会议等精神的学习传达和贯彻落实。把深入学习贯彻习近平新时代中国特色社会主义思想，作为首要政治任务，认真贯彻落实习近平总书记关于做好新时代党的统一战线工作的重要思想。组织引导全市民盟组织和盟员，系统全面学习贯彻十九大、十九届历次全会和二十大精神，认真开展多种方式学习研讨，凝聚思想共识，坚定政治信念，把思想和行动统一到党的重大决策部署上来。结合贯彻落实习近平总书记对甘肃重要指示精神，省市第十四次党代会精神和重要会议精神，进行专题学习，准确把握党委政府的工作中心和年度工作目标，将学习转化为推动发展的强大动力。通过转发权威报道和文章、开展网络在线答题、线上学习交流等方式带动全市盟员开展学习活动，联合新区支部举办“喜迎二十大‘秦王川’历史文化交流研讨会”，团结引领广大盟员不断提高政治判断力、政治领悟力、政治执行力。3名盟员统战理论研究文章分别在《甘肃统战理论研究》《兰州日报》《黄河论丛》发表。1名盟员撰写的《刍议民主党派党建工作》获民盟中央2022年度理论研究课题成果二等奖，1名盟员撰写的《浅议黄河文化的历史意义及时代价值》入选“弘扬黄河文化坚定文化自信助推甘肃高质量发展”研讨会论文集。

按照民盟省委和市委统战部的统一部署，在全市民盟组织开展“矢志不渝跟党走、携手奋进新时代”政治交接主题教育。组织“政治交接主题教育·线上配音秀”7期，征集喜迎二十大征文20篇，组织青委会举办“青年论坛”，老龄委开展政治交接主题教育观影，教育委开展“喜迎二十大，庆祝教师节”线上展演，书画社盟员创作主题作品30余幅。3名兰州盟员文章在全市民主党派喜庆党的二十大主题征文比赛中获奖，20件书画作品入选民盟沿黄城市书画展、兰州市民主党派喜庆二十大书画展。盟市委丰富活动形式，联合市政协文化文史资料和学习委召开主题教育座谈会，举办文艺演出和文化凝聚共识活动。各基层盟组织结合实际，通过形式多样、内涵丰富的主题教育实践，增进对中国共产党的领导和中国特色社会主义的政治认同、思想认同、理论认同、情感认同，城关区基层委邀请老盟员现场讲述参与多党合作事业的体会，西固区基层委召开“党盟同心”共建座谈会，新区支部举办“我与民盟”主题演讲，歌舞团支部线上举办“习近平新时代中国特色社会主义思想”专题讲座，推动主题教育取得实效。

【宣传工作】 以“一网一刊一号”和微信群为主阵地，构建立体宣传格局。全年出刊《兰州盟讯》4期，微信公众号推送信息200篇，阅读量累计5万余人次。在各级各类媒体发表新闻稿件130余篇，其中民盟中央网站采用7篇，民盟省委网站采用55篇，省委统战部采用8篇，兰州统战信息采用21篇。加强与各主流媒体的合作，加大对政党协商、调查研讨、盟务活动以及盟员先进事迹的报道力度，多层次多方位宣传介绍民盟工作，展现盟员风采，树立民盟良好的社会形象，相关会议和活动被《人民政协报》《民主协商报》《兰州日报》和省市电视台报道20余次。

【社会服务】 民盟市委和各县区民盟组织成立志愿者服务队，配合社区疫情防控。50余名医疗卫生战线的盟员在一线奉献，200余名盟员志愿者下沉社区，开展隔离人员管理、环境消杀、信息摸排、核酸检测、卡口执勤、医护人员接送等工作，500多名教师盟员“停课不停教，学生线上学”，保障教育教学工作顺利开展。全市民盟组织和广大盟员主动承担社会责任，捐款捐物折合现金超25万元。17名盟员参加“同心战疫·致敬英雄”市民主党派书画网络微展并捐赠作品。各基层组织、专委会和盟员针对疫情防控中出现的问题和困难建诤言献良策、提交社情民意信息50篇。关于为医护人员减负、对幼儿园教学管理的2篇建议得到市政协主席批示，14篇意见建议被市政协采用，3篇被市政协转报省政协，8篇被盟省委采用。兰州民盟微信公众号发布盟员抗疫报道26篇。盟员抗疫工作新闻采访在中央电视台播出，盟员捐赠爱心蔬菜的报道在每日甘肃网、蓝玫瑰手机台播出，盟员制作的抗疫短视频被央媒看甘肃、团结网视频号、兰州新闻视频号推送。联合市级各民主党派在帮扶村永登县民乐乡红岭村举行“助力乡村振兴　喜迎党的二十大”系列活动，向140户村民捐赠价值5万元的化肥，向村委会捐赠书画作品6件，邀请2名律师为村民进行法律咨询。开展“送温暖·献爱心”春节慰问活动，向红岭村五保户等帮扶群众送价值5000元的大米、清油及50副春联。为八岭村捐赠价值1万元鸡苗。选派1名机关干部担任驻村工作队员。妇委会、歌舞团支部联合开展“六一”助学关爱活动，向榆中县柳沟店小学捐赠价值6万元的文具，进行文艺演出。书画社开展“写春联，送祝福”活动。野谷艺韵“盟员之家”为环卫工人及居民200余人送腊八粥，送去冬日暖心祝福。

（李文涛）

中国民主建国会兰州市委员会

【概况】 2022年，中国民主建国会兰州市委员会（以下简称“民建”）有会员1187人，平均年龄52岁，大专以上学历985人，占会员数的83%，经济界会员932人，占会员数的78.5%。各级人大代表16人，各级政协委员113人。全市有基层委员会5个，总支15个，支部52个，另有专委会10个（党建理论委员会、经济委员会、企业委员会、法制委员会、青年委员会、妇女委员会、职教委员会、文化旅游体育委员会、乡村振兴委员会、老龄委员会），基层组织遍布5区3县和兰州新区。

【思想建设】 制定2022年政治理论学习方案，系统学习中共二十大精神、全国两会精神、《中国共产党政治协商工作条例》、中央统战工作会议精神、民建十一大及历次全会精神、省十四次党代会精神等。市委会理论学习中心组示范带头，通过主委会、常委会、机关工作例会开展全方位、多层次、广覆盖的学习。在全市组织深入开展“矢志不渝跟党走、携手奋进新时代”政治交接主题教育。市委会换届后，组织市委会常委和机关干部赴兰州烈士陵园开展“缅怀先烈、致敬英雄、不忘党恩、铭记历史”主题活动。中共二十大召开后，市委会把学习贯彻二十大精神作为当前和今后一个时期的首要政治任务深入推进，掀起学习二十大精神的热潮。党建理论委员会开展喜迎二十大党史会史知识问卷竞赛活动和学习体会交流；文化委员会开展“矢志不渝跟党走、携手奋进新时代”喜迎二十大线上诗歌朗诵比赛，录制经典诗歌和原创作品11件。

【宣传工作】　制定《民建兰州市委规范宣传信息工作管理办法》，规范畅通信息报审发布流程，提高宣传质效。坚持服务会员宗旨，升级改版网站，利用市委会“一网一刊一号”平台，宣传全市民建组织和广大会员奋进新征程、建功新时代的良好风貌和工作成绩。参与全市市域善治大讨论活动，助力基层社会治理现代化。参加民建甘肃省委会、兰州市政协“学身边党史　聚广泛共识　促专门协商　建时代新功”主题征文和市委统战部“弘扬黄河文化　坚定文化自信”研讨会等活动，报送主题征文17篇、理论文章3篇、短视频1条，1篇征文被省委会采用，3篇征文分获市委统战部“兰州市民主党派喜庆党的二十大主题征文比赛”二等奖、优秀奖。全年共编辑发布理论学习、组织发展、参政议政、助力乡村振兴、开展疫情防控、基层组织建设等会务工作信息328条。在公众平台发布信息578条，比上年增加224条。向民建中央报送信息123条，采用50条；向民建甘肃省委报送252条，采用66条；向市政协报送信息27条，采用17条；向中共兰州市委统战部报送信息29条，采用14条。

【组织工作】　以党为师，健全完善领导班子议事决策、述职考核、民主生活会等制度，坚持贯彻民主集中制原则，提升工作规范化、制度化、科学化水平。加强和落实集体领导和分工负责，相关领导联系基层组织、分管专委会等有任务、有内容、有抓手，形成了齐抓共管的合力，政治交接持续深化。修订基层组织领导班子考察办法，对22个届满支部作了换届部署和安排。全年新发展会员46名，共有会员1187名，其中大学以上学历613人，45岁以下330人，平均年龄54岁。修订专门委员会通则，组建成立新一届市委会10个专门委员会，将一批优秀会员依据自身专长分别吸纳到各专委会。建立以专家学者、财经金融专业人才、律师和优秀企业家为主的民建智库和全市机关事业单位、国有企业骨干会员库。“三八”妇女节表彰全市40名优秀女会员。推动“会员之家”建设，西固区基层委“五合一”的会员之家建设，安宁区总支会员之家、社情民意点、政协委员之家“三合一”工作方法，引领推动全市会员之家标准化建设，全市共有8家会员之家。完成省政协第十三届委员会委员、民建甘肃省第十次代表大会代表、省委会委员，市青年联合会第十三届委员会委员推荐工作。组织24名会员参加市委统战部举办的民主党派干部能力提升培训班、2022年第一期党外干部能力素质提升培训班及省委会新会员培训。建立会员信息库、专家学者库、提案社情民意库和会员企业资源共享平台“三库一平台”，盘活会内资源，会务工作形式不断丰富，基层组织活力增强。1名会员当选十三届市青联副主席，2名会员当选常委，2名会员当选委员。15名会员被各级政府、有关部门、大专院校及行业协会等聘任特邀约职务。

【参政议政】　学习《中国共产党政治协商工作条例》，提高市委会履职水平。按照市委年度政党协商计划安排，撰写《高质量实施“四强”行动助力兰州现代化中心城市建设》的会议发言，就“强县域”行动以及“强科技”行动加强高端科技创新人才队伍建设提出建议。参加全市党风廉政建设和反腐败工作通报协商座谈会并作专题发言。

重点围绕“大力发展职业教育，为重振兰州辉煌提供人力支撑”深入调研，调研报告上报民建省委会并作为市委会集体提案提交市政协。市委会向市政协十五届二次会议提交集体提案21件，《加强主城区标准化菜市场建设提升城市公共服务现代化水平》入选大会发言。乡村振兴委员会还针对新区现代农业发展状况组织开展专题调研。针对“四强”行动、双碳战略、疫情防控、民生问题、民企经营困难和本地果蔬滞销等多方面问题积极反映和呼吁，向省委会、市政协等上级领导单位报送社情民意信息62篇，其中省委采用6篇，省政协采用2篇。其中1篇获省长批示，省委会采用51篇，市政协采用13篇，其中1篇获主席批示。编印《兰州民建调研参考》1期。

【社会服务】 推进建设会员企业资源共享平台，着力服务会员增强企业家积极性。持续做好帮扶村工作，向永登县红岭村帮扶户赠送近万元大米、清油、毛毯等春节慰问品，向红岭村和市委统战部帮扶村捐赠价值2万元的鸡苗和化肥。对社情民意联系点25户困难群众进行春节慰问。组织开展民建中央第六期“民建服务会员企业在线讲座”以及2022年民建非公企业调查问卷活动，1名会员企业家参加民建中央企业家（线上）培训班。法制委员会主动对接会员企业，开展法律咨询、政策讲解。会员企业甘肃百合壹医疗投资公司支持基层卫生健康事业发展，向永登县捐赠价值106万元的医疗设备和物资。组织动员各级组织和广大会员投身疫情防控，机关干部和基层会员共110余人参与社区驻守。各级组织和广大会员向上级报送30篇疫情防控建议，其中省委采用3篇，省政协采用2篇，其中1篇获省长批示，民建省委会采用20篇，市政协采用11篇。向市政协报送反映市、县政协委员会员抗疫先进事迹的短视频10条，采用4条。采写、编发各级组织及会员参与疫情防控信息30条。全年全市会员在疫情防控方面累计捐款捐物52万余元。

【会内监督】 加强纪律作风建设，改进会风、文风，坚决反对形式主义、官僚主义，打造风清气正的机关干部和会员队伍。组织机关干部学习《公务员法》《纪检监察机关派驻机构工作规则》以及纪检监察制度，增强知纪守法意识，织密纪检监察监督、市委会监督和会员参与的社会监督网络。严格遵守中央八项规定精神以及省委、市委有关廉洁自律规定要求，严格落实“三重一大”、“三公”经费管理和请示报告制度，规范公车使用和公务接待。

（刘亚红）

中国民主促进会兰州市委员会

【概况】 2022年，中国民主促进会兰州市委员会（以下简称“民进”）围绕疫情防控和经济社会发展，在建言资政和凝聚共识上双向发力，为兰州市新时代多党合作事业持续健康发展贡献智慧和力量。会员1176人。其中，教育界723人；文艺出版界76人；社会新阶层96人。在民进中央信息化建设主题年工作总结暨表彰会上，市委会获“民进信息化建设先进集体”称号。会员李琪被评为“民进甘肃省信息化建设工作先进个人”。

【思想建设】 制定“矢志不渝跟党走、携手奋进新时代”政治交接主题教育实施方案，召开主题教育推进会，深入推进活动实施。组织女性会员以“倾听文物声音 追寻城市记忆”为主题在兰州市博物馆开展参观活动；组织老年会员举办“喜迎二十大 薪火话传承”为主题的迎双节座谈活动；以“培根铸魂展风采”为主题开展教师节线上展演活动，共推出线上展演作品23件；开展“政治交接·民进记忆”主题征文活动，组织会员结合学习思考、成长经历、履职实践等提交征文24篇；开展“笔墨丹青绘初心”线上书画展，组织书画艺术界会员创作展出作品23件。组织带领机关干部和广大会员全年通过理论学习中心组会议、主委会议、常委会会议、机关例会等形式开展政治理论学习32次，利用会刊、网站和微信公众号等宣传阵地，发布专题学习文章50余篇。

【组织建设】 落实新时代组织发展工作座谈会纪要，制定会员发展年度规划，稳妥有序推进组织发展工作。统一使用新版入会申请表和通知书，增强新会员入会仪式感和使命感、归属感。全年共发展新会员29人，平均年龄34岁，大学以上学历占93%，中高级职称占18%。新发展会员大多为学校、机关、企事业单位的业务骨干。全市会员现有各级人大代表9人，政协委员86人。推荐骨干会员参加省民进、省市社会主义学院及统战系统组织的各类学习培训，有效提高会员参政议政的能力和水平。根据《甘肃省人民政府关于2021年度甘肃省科学技术奖励的决定》，会员曹占凤作为项目“抗病高产新品种西芪1号选育及配套技术应用”的第一完成人，获“甘肃省科技进步奖二等奖”。民进皋兰县基层委副主委孙伶俐撰写的专著——《皋兰曲子戏》在甘肃省文学艺术界联合会、甘肃省音乐家协会主办的“第四届甘肃音乐黄钟奖音乐论文征集活动”中获“第四届甘肃音乐黄钟奖（音乐论文）”提名奖。新成立资源环境、妇女儿童、经济与法制等3个专委会。

【参政议政】 和民进甘肃省委会、民进宁夏区委会联合开展关于“双减”政策的调研，各专委会分别聚焦特色产业经济、农业产业融合、黄河流域生态保护和高质量发展等重点问题开展调研，克服新冠疫情带来的不利影响，开展线上问卷调查2次，参与问卷调查2万余人次，向相关主管单位函询9次，邀请会内外专家学者开展调研座谈会2次，形成17篇调研报告。向市政协十五届二次会议提交涉及经济、医疗、教育、文化、环境保护、社会治理等多个领域的集体提案15件，《关于优化生育配套政策的建议》《关于落实双减政策完善协同育人机制的建议》《关于推进强工业行动重振兰州制造辉煌的建议》被列为大会发言材料。参加中共兰州市委、兰州市政府、市政协组织的各类协商会，就兰州市文旅产业发展、党风廉政建设和反腐败工作、助力“四强”行动重振兰州辉煌等议题提出意见和建议。民进兰州市委会和民进兰州市城关区基层委员会被评为“民进全省2022年参政议政工作先进集体”。张宗弟、曹占凤、王凌云、白玉权、刘煜昊、陆荣、滕斌等7名会员被授予“民进全省2022年参政议政工作先进个人”称号。

6月23日，民进宁夏区委会、民进甘肃省委会和民进兰州市委会共同在兰州市开展关于落实“双减”政策调研

【社情民意】 完善反映社情民意信息工作制度，印发《民进兰州市委会关于健全反映社情民意信息工作联系机制的方案》，全年共收集疫情防控、教育文化、城市建设、经济发展等方面社情民意信息137篇，《关于进一步落实“双减”政策的相关建议》被全国政协采用，《加强基层应急物资与国防动员物资储备深度融合的几点建议》被民进中央采用，《以特色花卉产业促文旅融合》等建议被中共甘肃省委采用，其余信息中，民进甘肃省委会采用25篇，市政协主要领导批示4篇，市政协采用46篇，各级单位累计采用76篇（次）。

【社会服务】 在盐场路街道盐场堡社区开展壬寅（2022）年民进全国“春联万家·推动共同富裕”及慰问活动，为社区居民书写300余副春联，向困难群众送去粮油。为永登县民乐乡八岭村、红岭村分别捐赠价值1万元鸡苗和价值8340元化肥。组织机关干部下沉社区参加抗疫志愿工作。

（王德凯）

中国农工民主党兰州市委员会

【概况】 2022年，中国农工民主党兰州市委会（以下简称“农工党”）对标对表“四新三好”总要求，紧紧围绕市委、市政府中心工作，坚决扛起“先发力、带好头”的历史使命，突出建言资政和凝聚共识双向发力，持续扩大“聚精会神”团结面，不断增强“奋斗追赶”凝聚力，推动各项工作实现稳健开局，为攻坚推进“强省会”行动、系统推进兰州实现高质量发展做出了积极贡献。

全市有农工党员999人，其中女党员549人。有各级基层组织74个（基层委员会9个，总支部委员会8个，支部委员会57个），有296名同志在各级基层组织担任委员以上职务。设有专门工作委员会6个；有各级人大代表、政协委员107人。2022年新发展党员19人。设有农工党兰州市委会监督委员会，专门负责党内监督工作。出版《兰州农工》杂志4期，刊发“兰州农工”微信公众号信息120余期，累计报送各类信息200余条。

【思想建设】 动员全市各级组织和广大党员认真收听收看中共二十大开幕盛况。组建成立农工党兰州市委会理论学习中心组，先后围绕中共二十大、中央统战工作会议、新颁布的《中国共产党政治协商工作条例》、省第十四次党代会和省、市统战工作会议精神开展集中学习6次；班子成员赴区县乡镇和基层组织开展集中宣讲6次，征集“喜庆中共二十大”主题征文58篇，2篇征文分获一等奖和优秀奖；累计刊发“学习省第十四次党代会”“主委学条例、喜迎二十大”“聚焦二十大，热议中共二十大报告”等学习感悟100余条。

【政治建设】 深化和巩固中共党史学习教育成果，周密部署、层层推进“矢志不渝跟党走、携手奋进新时代”主题教育，召开各层级主题教育动员会20余场，督促指导各基层组织累计开展座谈联谊、辅导讲座、专题党课、主题党日等各类主题教育活动40余场次，征集“学身边党史、聚广泛共识、促专门协商、建时代新功”主题征文38篇；24件党员作品入展“喜庆二十大·翰墨筑同心”市级民主党派书画网络展和“翰墨农工情·丹青绘盛世”农工党甘肃省委会喜迎中共二十大胜利召开书画摄影作品展。主题教育覆盖面不断扩大、参与度持续提升，有力带动各级组织和广大党员不断增进对中国共产党领导和中国特色社会主义的政治认同、思想认同、理论认同和情感认同。

【组织建设】 把不断增强领导班子凝聚力战斗力动员力放在突出位置，注重对各级组织新一届班子成员的思想引导和教育培训，组织参加农工党中央2022年度市级组织领导班子成员培训班，15名学员参训兰州市民主党派干部能力提升培训班。坚持把政治标准放在首位，6名同志进入农工党甘肃省第八届委员会、第八届委员会内部监督委员会，16名同志进入农工党甘肃省第八届专门工作委员会。累计选派70余名学员参训省市各类党员干部能力提升培训班；有101名党员担任省市区（县）人大代表和政协委员，把贯彻落实人才强党战略作为组织发展的重中之重，优化创建星级基层组织达标评优项目设置，发挥“以奖代补”机制激励作用，召开2021年度创建星级基层组织评优表彰会议，考核评比授牌1个五星级基层组织、5个四星级基层组织、12个三星级基层组织，发放“以奖代补”工作经费7.9万余元，持续推动星级基层组织创建工作常态化、规范化、制度化。

【专题调研】 围绕“推动中医药产业集聚发展，构建全国统一大市场，巩固脱贫攻坚成果接续推进乡村振兴，政协协商向基层延伸，民营企业发展，县域经济高质量发展”等先后赴定西市陇西县和兰州新区、高新区等开展调研6次；着力推进优化专委会调研工作模式，组建成立农工党兰州市第七届委员会各专委会6个，引导支持各专委会、各基层组织围绕“打造农业全产业链、健全完善物业监管体系、加快新能源汽车充电桩建设”等开展调研5次，累计形成调研报告11件，着力为推动兰州经济社会高质量发展广集众智、凝心聚力。

【政党协商】 先后参加中共兰州市委及市委统战部等组织的市级层面协商会议6次，围绕全市经济工作、政府工作报告、两会人事安排、党风廉政建设和反腐败工作等，提出“实施‘陇中生态平原’工程、推动‘强省会’战略赋能升级”，“落实‘强省会’行动战略，推动兰州市中医药产业集聚发展”等建议8条，得到市委、市政府领导充分肯定。

【参政议政】 围绕重振兰州制造、优化营商环境、促进共同富裕、实施乡村振兴、建设健康兰州等，开展“一支部一提案、一人一建议”活动，广泛凝聚集体智慧，累计征集提案建议84件。牢固树立质量意识和精品意识，在市政协十五届一次会议上提交入选大会发言11件。其中，口头发言2件；书面交流9件。入选件数再创历年来新高；提交立案党派集体提案18件，委员个人及联名提案31件；6件提案和11件社情民意信息被市政协授予“优秀提案”和“优秀社情民意信息”。在市十七届人大一次会议上提交立案议案9件。《关于振兴中医药产业促进经济发展的提案》得到市政协主席领衔督办。召开2022年参政议政工作会议，3个基层组织及专委会围绕做好参政议政工作进行交流发言，表彰奖励参政议政优秀成果46件，更好调动广大党员参政议政的积极性、主动性、创造性。

【民主监督】 主动加强与联系区县和单位沟通对接，先后提出“加大黄河流域兰州段湿地公园建设”“加快实施全域土地综合整治”“加强市容环境卫生整治”等意见建议4件。发挥特约人员监督职能，先后有17名党员受聘担任各级各类特邀监察员、监督员，累计参与各级各类监督评议活动20余人次。

【社情民意】 深化社情民意联系点建设，先后赴七里河区工林路社区、城关区火车站街道和大雁滩社区集中开展春节走访慰问活动，走访慰问生活困难居民30户。联合兰大二院基层委在闵家桥社区举办2022年“环境与健康宣传周”系列活动。密切联系基层群众，加强对重大信息、特色信息的挖掘整理报送工作，累计报送社情民意信息76件，其中26件被省市政协采用，3件被《甘肃信息》采用，2件得到市政协主要领导批示。

【党内监督】 坚持以执政党为师，准确把握党内监督职责和定位，邀请监督委员会先后列席常委会会议、专题会议7次，加强对重大会议活动、“三重一大”事项决策、星级基层组织创建评优等全程开展监督。对创建星级基层组织活动中不积极不落实的6个基层组织，在常委会会议上进行通报。通过邀请出席基层会议、参加基层组织生活、指导基层组织活动等方式，积极组织监督委员会委员下基层走访调研和督导检查20余人次，教育引导广大党员积极做懂党派、会协商、善议政、守纪律、讲规矩、重品行的模范。

9月28日，市农工党委员开展落实“强省会”战略 推动中医药产业集聚发展专题调研

【社会服务】 发挥界别特色优势，先后有200余名医药卫生界党员坚守抗疫一线，500余名机关企事业单位党员分布社区防控岗位。加大对党员企业发展支持力度，累计调研走访党员企业5家，与中信银行兰州分行签署战略合作协议，推荐10家企业参加业务合作。累计报送抗疫专题建言50余件，被省市政协采用18件。开展“农工党员诗歌里的金城抗疫”征集活动，累计征集诗歌20余篇，为统筹疫情防控和经济发展凝聚起强大的必胜信心和不竭的磅礴力量。定点帮扶永登县红岭村脱贫攻坚成果巩固，接续推进乡村振兴，联合开展“助力乡村振兴·喜迎二十大”送农资、送文化、送法律系列活动，向140户村民捐赠化肥价值5万元、捐赠书画作品6件。围绕做强养殖产业，联合捐赠6万元鸡苗，扶持永登县八岭村培育特色养殖产业、持续增加农户收入。引导基层组织和民营企业家党员参与助推乡村振兴，累计举办走访慰问、义诊送药、捐资助学等活动20余场次，捐赠各类物资50余万元。

（徐笑晴）

九三学社兰州市委员会

【概况】 2022年，九三学社兰州市委员会（以下简称“社市委”）有社员1050人，下设8个专门工作委员会，城关区、七里河区、西固区3个基层委员会，31个支社，新发展社员41人。有省市县政协委员71人（省级3人、市级13人、县区级55人）、人大代表8人（省级1人、市级4人、县区级4人）。社员中副地级1人、正县级4人、副县级10人。社市委班子成员5人，主委1人，副主委4人，均为兼职。

【建言资政】 将调研工作作为提升参政议政质量的重要抓手，印发《关于认真做好2022年重点调研工作的通知》，围绕“深入推进‘强省会’行动战略，系统推进兰州实现高质量发展”目标和各级组织的自身实际征集确定调研课题18个，内容涉及城市精细化管理，校园安全、法治教育，非物质文化遗产，苦水玫瑰产业发展等方面，动员全市各级组织分层分类开展专题调研，形成调研报告和调研成果汇编，多篇调研成果被转化为集体提案提交政协会议。社市委围绕“强化‘社工委’建设助力全市基层治理体系和治理能力现代化”的调研课题，以社市委集中调研，各基层组织分散调研的方式，深入市委组织部等6部门和3县5区、兰州新区56个街道32个镇131社区的“社工委”建设情况进行调研，形成报告，提出许多切实可行的意见建议。

做好市十七届人大二次会议、市政协十五届二次会议的建言工作，提交人大建议10件，政协集体提案23件、个人提案30余件、大会发言4篇，刘燕霞代表社市委作《关于设立黄河母亲节的建议》大会发言。侯一兵提交的《关于拓展石化产业链推动兰州石化产业高质量发展的提案》获得中共西固区委书记批示。翟兆君参加全市建议提案交办会并作《为民努力建言，依法履行代表职责》发言。何朝辉参加省政协“科学利用水资源解决我省水资源匮乏问题”调研座谈会，提出探索实施水权交易等意见建议。全年上报市政协社情民意信息40余篇，采用29篇；孙紫夏2篇信息被省委办公厅采用，1条建议被省委统战部有关期刊采用。参加全市党风廉政建设和反腐败工作通报协商座谈会，围绕切实抓好《中国共产党纪律检查委员会工作条例》的贯彻落实等四个方面进行发言。围绕助力“四强”行动，重振兰州辉煌。撰写开展“无废城市”建设，助推“强省会”战略深入实施的意见建议，被省委办公厅有关刊物采用。

【组织建设】 对社员发展工作进一步规范，继续实行入社前的谈话工作，对50余名入社积极分子逐一进行谈话了解，发展新社员41名。45岁以下的新社员35名，占85.37%，35岁以下的新社员11名，占23.83%；中级职称18人、高级职称14人，中高级职称占78.05%。举办新社员培训班暨入社仪式和入社积极分子线上见面活动，翟兆君围绕“如何做一名合格九三社员”进行讲解。组织各支社对120余名70岁以上老社员进行春节前集中走访慰问，对生病住院的社员进行看望，对去世的老社员进行吊唁。

红古支社进行届中调整，选举王亚莉为红古支社新一届主委；选举推荐22名社员参加九三学社甘肃省第九次代表大会，社市委主委张丽霞当选九三学社甘肃省第九届委员会常委，副主委刘燕霞、郭建宏当选九三学社甘肃省第九届委员会委员；组织参加兰州市民主党派干部能力提升培训班；组织170余名社员参加社中央第11期专题政治辅导“网络课堂”。妇女工作委员会在三八妇女节邀请甘肃中医药大学附属医院魏清琳主任作“妇科常见病的预防保健和治疗”讲座；青年工作委员会联合社省委青年工作委员会在甘肃5G联合创新中心举办“赓续薪火·激扬青春”主题活动；城关区基层委员会、城关一支社以“线上+线下”的形式开展“不忘初心　携手奋进　筑牢国家生物安全‘国之重器’”主题活动。各支社组织开展新春团拜会、重阳节慰问、线上“微党课”等丰富多彩、形式多样的组织生活会100余次。

【社会服务】 200余名社员先后投身疫情防控工作，累计捐款捐物35万余元，张新刚、冯晓玲向九州管委会、城关区机关事务局等单位捐赠价值5万元的新鲜蔬菜600箱，永登支社捐款2000

九三学社兰州市委员会2022年第一批新社员入社仪式

余元购买防疫物资。

选派1名机关干部继续驻村开展乡村振兴工作，为永登县民乐乡八岭村村民捐助1万元用于购买鸡苗开展养殖项目，联合甘肃驰奈生物能源系统有限公司为永登县红岭村捐赠价值1.8万元的优质农用有机肥料12吨。携手北京康牧兽医药械有限公司赴榆中一中开展“一对一”爱心捐助活动，向30名学生每人发放爱心捐助金2000元。春节前分别在龚家湾东路社区、九州大道社区和闵家桥社区组织开展写春联、送祝福活动。组织开展健康义诊、保护母亲河、免费法律援助、移民搬迁、义剪进养老院等志愿服务活动。发挥社内人才和智力密集的优势，举办线上的知识讲座。医疗卫生专门工作委员会组织开展助力疫情防控健康知识线上巡讲活动，围绕疫情防控、糖尿病有关基本常识、高血压用药的九大误区、夏季养生等举办线上的健康知识讲座4期。社会与法制专门工作委员会围绕《民法典》热点知识、老年人如何防骗、微信聊天记录如何作为证据提交、疫情防控法律基本常识等举办法律知识讲座6期，累计浏览访问3万余人次。

【思想建设】 组织全市社员做好中共二十大开幕会的收听收看以及学习贯彻，在社市委微信公众号开辟专栏，转载学习材料，交流学习体会，引导各级组织和广大社员把思想和行动统一到中共二十大精神上来。参加市委统战部喜迎党的二十大征文，上报征文10篇，获三等奖1篇、优秀奖2篇。推进“矢志不渝跟党走、携手奋进新时代”政治交接主题教育活动，把主题教育活动与社市委的各项重点工作同安排、同部署、同推进。举办“三八”妇女节十九届六中全会线上主题宣讲会，15名社员在线进行宣讲。举行社市委成立35周年纪念系列活动。以“不忘初心担使命 同心奋进新征程”为主题，聚焦社市委35年来的光荣历史，拍摄《共赴星辰大海一起奔向未来》35周年专题片，全面回顾社市委成立以来的发展历程。办好线上文艺展演活动，征集并录制文艺节目15个，邀请西北民谣代表性音乐人张尕怂录制独唱《奶奶的果园》，累计在线收看2.76万人次。组织召开社市委成立35周年纪念大会，社省委专职副主委万代红出席并致辞，侯一兵、杨静、孙梁、陈东林4位社员作交流发言，200余名社员线上参加活动。

【社内监督】 持续推进内部监督，规范监督体系，建立市监督委员会、基层监督组、支社监督员三级监督体系，实现社市委、区基层委员会、支社三级协同联动。修订《九三学社兰州市委员会内部监督工作手册》，补充量化考核评价细则，细化考核资料清单，规范《九三学社兰州市委员会民主生活会会议制度》《九三学社兰州市委员会组织生活会会议制度》等制度，新增五种监督形式，形成内部监督模式。推进年度巡察考核工作，以社务工作开展、参政议政、社会服务、组织建设、宣传工作为考核内容，对各基层委员会、各支社、各专委会的社务工作进行全覆盖巡察考核，对社市委委员的履职情况进行评定。

（刘　锐）

兰州市工商业联合会

【概况】 2022年，兰州市工商联坚持党对民营经济统战工作的领导，统筹抓好疫情防控和民营经济发展，积极助推“强省会”

行动，坚持信任、团结、服务、引导、教育方针，始终从政治和全局高度谋划推进工作。召开第十六次会员代表大会，选举产生执委276名，常委151名，副主席13名，副会长21名，秘书长1名，副市长杨德智当选市工商联第十六届执委会主席、市总商会会长。全年新增商会组织3家，新增会员512名。总商会党委新成立基层商会党委2家、党支部4家，新发展预备党员41名，有中共党员946名。助推优化营商环境建设，获全国工商联民营企业调查点工作先进基层单位表彰。与市公安局、法院的联系沟通机制入选全国工商联典型事例表彰。

【参政议政】 组织民营经济界人大代表、政协委员、工商联执常委围绕“工业强市、产业兴市”开展3批次专题调研、建言献策活动。组织48家商会140余人参加“强县域——商会进县区皋兰行”活动，参观考察皋兰丰恩现代物流园、三川口工业园区等6家重点企业，与皋兰县委、县政府及相关部门座谈交流，省投资商会、省浙江企业联合会等6家商会组织与皋兰县政府签订战略合作框架协议，为推动“强省会、强县域”行动发展战略，系统推进兰州市高质量发展贡献力量。加强商会和民营企业的联系服务，配合国家和省、市相关部门开展民营企业重点信息动态监测收集，获得全国工商联2022年度民营企业调查点工作先进基层单位称号。引导工商联界别政协委员积极参政议政，围绕经济发展、环境保护、民生维稳、脱贫攻坚等中心工作，开展调研参政，全年提交市政协十五届一次会议提案12件，其中大会发言1篇。

【调查研究】 结合换届，开展“大调研、大走访”和调研纾困行动，重点对235家执委企业和部分基层商会发展经营、年轻一代民营经济人士等情况进行摸底调查，共收集转办困难和问题7件，完成《2022年兰州市民营经济人士思想状况调研报告》《2021年兰州市民营经济发展情况报告》《兰州市2022年“千企调研纾困”行动调研报告》《兰州市工商联关于强省会战略中的民企担当情况专题调研报告》4篇。组织41家上年度营业收入总额5000万元以上民营企业参与全国工商联上规模民营企业调研，其中3亿元以上企业31家参加全省民企“50强”排名活动。赴陇南市开展“民企陇上行”暨“民企陇南行2021年度甘肃省民营企业50强发布会”，兰州市17家年收入额11亿元以上民营企业入围2022年甘肃省民营企业“50强”榜单。

【法治建设】 深入学习贯彻习近平法治思想，积极履行工商联法定职责，组织县区工商联和商会法律服务工作人员参加民营企业法律风险防范与合规管理培训4期。持续推动营造公正透明的法治营商环境，建好工商联系统上下联通、公检法司协作联动、社会资源有机联合的法律服务体系。联合市司法局开展“法治惠企”行动，深化“万所联万会”联系合作机制，向市司法局报送15家商会法律调解服务平台。联合市检察院推动《“维护民企权益、优化营商环境”专项行动“拓展年”实施方案》，开展法律援助服务10件，依法保护各类市场主体合法权益，全面加强对涉民营企业案件的法律监督。联合市中级人民法院推进《人民法院推进商会调解服务平台对接工作》，8区县均成立工商联人民调解委员会，在15家商会建立法律调解服务平台，为会员企业免费提供律师和公证咨询服务。和市公安局建立沟通联系合作机制，实现公安机关涉企一线执法办案和工商联密切联系民营企业的优势互补，用法治护航“两个健康”（健康发展和健康成长）。联合市检察院、市国资委、市财政局等9家单位共同建立涉案企业合规第三方监督评估机制，牵头成立第三方机制联席会议，市工商联设立联席会议办公室，印发《兰州市涉案企业合规第三方监督评估工作机制实施办法》，推荐选聘39名法律服务人员进入第三方机制监督评估小组人才库，加强依法行政协作配合。2022年市工商联与市公安局、法院的联系沟通机制在全国工商联民营经济法治建设峰会上获得通报表扬。

【政治建设】 组织商会和企业家代表开展“党的十九届六中全会精神宣讲”和“甘肃省第十四次党代会精神专题宣讲”会议2次。开展“陇企大讲堂”暨省第十四次党代会精神宣讲报告会1次。与市工信局等联合组织兰州市“政策大讲堂、服务面对面”惠企政策解读培训1次。结合市工商联换届，召开“鼓舞士气强信心、凝心聚力促发展”主席会长活动2次。全年编发工商联系统民营经济发展重大活动信息114期，社会信用体系建设信息50条，在全国工商联网站、省、市新闻媒体刊发报道60余篇。

【组织建设】 召开市工商联第十六次会员代表大会，对249名民营经济人士开展综合评价。全年新发展会员512名，新成立兰州市临洮商会、甘肃省内蒙古商会、甘肃省汽车配件行业协会3家，基层商会组织有102家，会员总数22866名。加强民营经济党建工作，加强基层党组织的考察、培养、教育，全年新发展预备党员41名，转正党员65名，党员人数达到946名。新成立中共甘肃省粤港澳企业联合会委员会、中共甘肃省城市建设商会委员会2家党委，新成立中共甘肃省山东商会党支部、中共兰州岷县商会党支部、中共兰州安康商会党支部、中共兰州咸宁商会党支部4家基层商会党支部。抓好新加入商协会的指导、引导和服务工作，兰州市工商联“四好商会”总数达到39家，省级“四好”商会29家，全国工商联“四好”商会7家。指导县区工商联开展“五好”县级工商联建设，全市75%的县级工商联达到“五好”建设标准。

【社会服务】 贯彻落实中央、省市关于乡村振兴的重大决策部署，在总结“百企帮百村”精准扶贫行动的基础上，全面开启“万企兴万村”兰州行动，向全市商会组织、民营企业发出“万企兴万村”兰州行动倡议书，认定“万企兴万村”县级实验项目31个，投入资金25.5亿元，受益人数4万人；认定市级实验项目10个，投入资金16.2亿元，受益人数2万人。动员兰州爱里食品有限公司等爱心企业积极参与乡村振兴工作，捐助3.8万元爱心物资，在春节、端午慰问村民。动员副会长企业甘肃伊真建设集团捐助3万元帮助15名贫困大学生完成学业。动员兰州市莆田商会、甘肃伊真建设集团捐资5.9万元，硬化哈岘村委会路面，修建水窖1口，新盖房屋2间，修缮原有房屋，解决了村两委及驻村工作队员实际困难。2022年，市工商联为哈岘村投入帮扶资金12.7万元。市工商联筹资3.3万元，为哈岘村100户常住家庭和10户榆中县幸福家园易地搬迁户捐赠大米、面粉、食用油等生活物资。

疫情防控期间，广泛动员民营企业、商协会组织和各基层党组织，履行社会责任，发挥自身优势，投身疫情防控志愿服务，全年共组织8家区县工商联、10家商会组织，157家民营企业参与捐资捐物活动，累计捐赠款物762.4万元，其中现金60.1万元。向省工商联推荐抗疫表现突出企业4家。

（娄光明）

兰州市总工会

【概况】 2022年，全市有基层工会组织5548个，涵盖独立法人单位10684个，覆盖职工64.2万人，工会会员62.6万人，其中农民工会员22.4万人。全市新建基层工会组织210个，其中组建各类新就业形态劳动者工会组织71个，吸纳新就业形态劳动者3.86万名，入会率81%。

【基层工会组织建设】 联合市交通委、市商务局等部门，摸清新就业形态领域建会基础数据，兰州市共有新就业形态劳动者47328人。其中，货车司机35667人；网约车司机1897人；快递员6312人；外卖配送员3452人。联合市人社局建立和推行工会组建“一函两书”（《工会组建意见函》《工会组建法律监督检查意见书》《工会组建法律监督检查建议书》）制度，破解新就业形态领域企业工会组建难、劳动者入会难问题。开展新就业形态建会入会行动，通过全面摸排辖区企业、配送站点，引导新就业形态劳动者加入工会。全年组建各类新就业形态劳动者工会组织71个，吸纳新就业形态劳动者3.86万名，入会率81%。开展律师行业建会行动，吸纳专职律师等新阶层人员入会，22家律师事务所单独建会。组建兰州蓝骑士外卖送餐行业工会联合会、兰州铁塔网约配送行业工会联合会，吸纳外卖配送员加入工会。9家基层工会组织获评“甘肃省模范职工之家”，10个工会小组（分会）获评“甘肃省模范职工小家”，10名同志获评“甘肃省优秀工会工作者”，13名同志获评“甘肃省优秀工会积极分子”。

【职工技能素质提升】 拓展技能竞赛专业领域和范围，推动技能竞赛逐步从国有企业普通工种竞赛向行政事业单位、非公企业、行业协会拓展，从工业企业向农业、服务业、新兴产业延伸。全年组织9场次、15个工种（岗位）的省、市级技能大赛。常态化开展安全生产“事故隐患大扫除”“争做安全吹哨人”“查隐患·防事故”活动、“安康杯”竞赛等活动，使安全知识学习常态化、全员化，有效提升职工安全健康意识。开展全国“安康杯”竞赛先进集体和个人推荐评选工作，向省总工会评选推荐3家优胜单位、1个优胜班组、1名优秀个人。全市工会系统组织技术创新展览会、交流会、论坛等活动30余场次，涉及职工4000余人次。推荐上报15项职工创新成果参加甘肃省第十五届职工技术成果奖评选，推荐上报8项甘肃省职工技术创新补助资金项目，推荐上报5项职工先进操作法参加省级评选。

【服务职工】 各级工会组织开展“中国梦·劳动美——喜迎二十大、建功新时代”劳模工匠专题系列报道、劳模事迹图片展、职工朗读会、“向劳动者致敬”户外亮灯、“书香三八”“我们的节日”等群众性活动220余场。“春送岗位”组织线上线下专场招聘会32场次，发放就业创业政策宣传材料3.35万份，服务职工9.22万人次，招聘会达成就业意向7725人。“夏送清凉”筹集资金466.47万元，慰问企业288家、一线职工7.68万人次。“金秋助学”为130名困难职工子女发放助学金58.3万元。“冬送温暖”筹措资金410.91万元，慰问困难企业81家，涵盖职工6000余人次。对在档的191户困难职工家庭动态管理、开展帮扶救助，审核发放救助金72.57万元。联合市医保局对在档的148名三类人员赠送“金城·惠医保”普惠式商业补充医疗保险。开展职工（农民工）健康体检活动11场次，服务职工2.57万人次。筹措资金2178万元（省总工会1500万元，市总工会配套678万元），对全市新冠疫情防控一线职工和疫情期间重点保供单位职工进行慰问，对受疫情影响较大企业的职工和困难家庭开展专项帮扶。在农民丰收节之际，筹措专项资金67.89万元，走访慰问农民工1284人次。开展新就业形态劳动者驿站建设，安排建设资金430余万元，建成“新就业形态劳动者驿站”15个，新建（改造、升级）省级户外劳动者驿站40家。新建职工书屋国家级4家、省级5家、市级28家。新建市级标准化爱心妈咪屋5家，推荐申报5家单位为2022年省级标准化母婴休息室。以兰州石化公司为试点，启动提升职工生活品质试点工作，就进一步健全完善职工服务体系、拓展服务职工渠道、提升职工生活品质开展积极探索。

【和谐劳动关系构建】 持续推进“三年集中行动”，开展省级厂务公开先进单位“回头看”和市级先进单位创建工作。联合市人社局、市邮政局与省快递协会协调推动快递行业集体协商工作，推广签订行业集体合同或协议。组织开展集体协商“要约季”活动，各级工会发出要约2381份，回应要约2162份，签订合同2138份，覆盖企业7244家，覆盖职工21.25万人。组织开展兰州市新就业形态劳动者“‘聚焦体面劳动、引领舒心工作’暖心行动”主题活动，及时掌握新就业形态劳动者意见诉求，跟踪化解影响职工群体不稳定因素。不断加强兰州市劳动关系领域社会组织联系引导工作，拨付补助经费25万元，推动培育打造5个社联工作示范点。深入兰通公司等稳定隐患较多企业走访了解情况，及时向相关部门报送信息。在国庆节、党的二十大召开重要时刻，争取省总工会支持、市总工会主动配套，投入专项慰问金7000余万元，慰问兰州公交集团一线职工，维护职工队伍稳定。

【职工权益维护】 推行“法院+工会”调处机制，调解案件134起，调解成功28起。组建由20名专业律师组成的职工维权律师库，协助开展信访接待、劳动争议调处和普法宣传等工作。督促各级工会监督企业足额支付农民工工资、落实欠薪报告制度，对出现欠薪情况的企业及时介入、积极协调，农民工及时拿到应得工资。开展根治欠薪冬季攻坚行动，全市工会参与检查用人单位491家，涉及职工1.4万人；参与处理解决拖欠工资41件，追发工资2926.28万元，涉及3000余人。全年接待职工来电来访来信66件次，均按时办结，办结率100%。

【劳模工匠选树】 开展2022年兰州市劳动模范和先进工作者评选工作，完成70名劳动模范、40名先进工作者的评选推荐。选树全国五一劳动奖状、全国工人先锋号共4个，甘肃省五一劳动奖状6个、奖章16个、工人先锋号12个。18个班组获评甘肃省创新型班组，宣传命名牛克良等7名同志为第三批“金城工匠”，并建立“金城工匠”工作室。推荐的20户职工家庭、24名女职工获

第三批“金城工匠”名单

序号	姓名	工作单位及职务	行业
1	牛克良	兰州兰石集团有限公司电焊工高级技师	装备制造
2	李海明	甘肃李海明珐琅壁画文化传承发展有限公司高级工艺美术师	文化产业
3	巩国平	兰州石化公司运行三部常减压区域常减压蒸馏操作工	装备制造
4	张利军	兰州空间技术物理研究所真空电子束焊接高级工	装备制造
5	孙志强	兰州市轨道交通有限公司地铁运输组织高级工程师	工程技术
6	余海强	兰州电机股份有限公司大中型电机制造部模具钳工高级技师	装备制造
7	孔祥媛	兰州铝业有限公司信息化建设主管工程师	工程技术

2022年全国五一劳动奖状、全国工人先锋号获奖单位名录

全国五一劳动奖状获奖单位	全国工人先锋号获奖单位
方大炭素新材料科技股份有限公司	兰州铭帝铝业有限公司喷涂车间
中国生物兰州生物制品研究所有限责任公司	兰州奇正生态健康品有限公司制剂车间

2022年甘肃省五一劳动奖状、甘肃省工人先锋号获奖单位名录

甘肃省五一劳动奖状获奖单位	甘肃省工人先锋号获奖单位
兰鑫钢铁集团有限公司	甘肃陇原妹巾帼家政服务有限责任公司陪护中心
兰州顺丰速运有限公司	甘肃机械化建设工程有限公司岷县项目经理部
兰州石化公司炼油厂	甘肃中石油昆仑燃气有限公司维抢修中心
兰州兰石雅生活物业服务有限公司	酒钢集团榆中钢铁有限责任公司炼钢分厂连铸丁班
甘肃机械化建设工程有限公司	兰州市轨道交通有限公司运营分公司客运部站务中心
兰州黄河生态旅游开发集团有限公司	兰州石化公司建设公司维护保运公司保运三班
	兰州石化公司检维修中心炼油维修一车间钳工一班
	兰州兰石重型装备股份有限公司炼化公司装焊一车间铆工一班
	兰州兰石重型装备股份有限公司炼化公司加工中心数控班组
	兰州城市供水（集团）有限公司第二水厂运行组
	兰州星火机床有限公司装配喷包分厂
	兰州公交集团有限公司50路公交线

2022年甘肃省五一劳动奖章获得者名录

序号	获奖人员姓名	获奖人员所在单位及职务
1	邵旭平	兰州市城关区农业综合保障服务中心主任
2	周恒斌	兰州能源投资集团有限公司党委书记、董事长
3	余林林	兰州万家馨园艺职业培训学校职工
4	杨学森	兰州市轨道交通有限公司运营分公司客运部值班员
5	孙海会	兰州万城物业集团有限公司项目经理
6	张　译	甘肃省通信产业物业管理有限公司项目管理
7	张桂兰	方大炭素新材料科技股份有限公司技术研发部工程师
8	王　刚	兰州万尊为民环境卫生工程综合服务有限公司董事长
9	何　江	国家税务总局兰州市税务局党委书记、局长
10	宋艾芳	甘肃陇原妹巾帼家政服务有限责任公司董事长
11	赵卫东	兰州石化公司维达公司大乙烯维修分公司机泵维修钳工
12	刘惠俊	兰州公交集团有限公司第三客运公司20路公交车驾驶员
13	王富国	兰州顺丰速运有限公司收派员
14	李志亮	兰州市消防救援支队特勤大队二站三级消防长
15	石爱国	兰州佛慈制药股份有限公司党委书记、董事长
16	赵　锐	兰州市公安局城关分局大教梁派出所教导员

得“2021年度兰州市最美家庭”“最美母亲”称号，20户职工家庭获“2022年度甘肃省最美家庭”称号，张常恩家庭获“2022年全国最美家庭”称号。

【劳模创新工作室创建】 新建劳模创新工作室10个，5家劳模创新工作室获评“甘肃省示范性劳模创新工作室”，依托街道社区建成5个劳模大讲堂。组织劳模宣讲进企业、进校园、进社区，制作劳模事迹宣传展板、建立劳动模范宣传角、组织劳模宣讲大会等，在广大职工群众、青年学子和社区群众中广泛宣传劳模精神、劳动精神、工匠精神。开展针对劳动模范的慰问、体检等活

动20场次，营造崇尚劳模、学习劳模、争当劳模的良好氛围。

【法治工会创建】 落实“八五”普法工作规划，制定《法治工会建设规划（2021—2025年）》《法治工会建设实施方案（2021–2025年）》《2022年依法治会工作要点》《兰州市总工会2022年普法依法治理工作要点》等重要文件，明确普法重点任务。协助开展春风行动集中日活动，发放法治宣传资料2000余份。以“2022疫情下，如何构建和谐劳动关系”为主题开展普法直播4期，为职工群众提供在线咨询解答，吸引1590名网友在直播间观看收听、互动交流。开展“尊法守法·携手筑梦”服务农民工公益法律服务行动22场次，百余名人次志愿者参加活动，发放普法资料2.34万份，服务农民工和职工5636人次，接受法律咨询379人次。修订完善《中共兰州市总工会党组贯彻中央八项规定实施细则的实施办法》，以“钉钉子”精神持之以恒、与时俱进抓实中央八项规定及实施细则精神的落实，从严从实纠治“四风”。组织开展“提质增效”专项整改活动。全面落实清廉兰州建设7方面25项重点任务，规范权力运行，充分发挥党员领导干部的示范作用。

（于　伟）

共青团兰州市委员会

【概况】 2022年，团市委结合庆祝建团100周年，聚焦抓好党的事业后继有人这个根本大计，以青年发展型城市建设为牵引，持续提升组织力、引领力、服务力，不断强化大局贡献度，全面深化改革，全面从严治团，团结引领团员青年奋进新征程、重振新辉煌，为攻坚推进强省会行动战略凝聚起磅礴的青春力量。

【学习贯彻党的二十大精神】 开展“喜迎二十大、永远跟党走、奋进新征程”主题教育实践活动。开展青年讲师团线下宣讲、“青年大学习”和红色故事进校园等市级线下宣讲21场次，区县级线下宣讲68场次，覆盖青少年2.1万人次；推出“黄河少年说”“线上纽扣讲堂”“百名青年讲百年团史”等市级线上宣讲41期，区县级113期，浏览量49.7万。全年全市各级团组织共开展“习爷爷教导记心中”“红领巾心向党”“喜迎二十大、争做新时代好队员”等“喜迎二十大、永远跟党走、奋进新征程”主题教育实践活动1.1万场次，参与青少年人数20万余人次。组织全市各级团组织观看二十大开幕会，聆听习近平总书记的报告全文，积极推送人民网、新华网等权威官媒的理论文章、要点梳理、金句等，线上宣传党的二十大精神，迅速掀起学习热潮。制作推送热议和宣传视频42条次，在青马学员中率先举办学习宣传贯彻党的二十大精神交流研讨班，拍摄“学习党的二十大甘肃青马学员说”兰州青马学员微课5条。组织青年讲师团参加全省二十大精神的培训会，撰写心得体会24篇，微课6条。

【思想引领】 学习领会习近平总书记建团100周年重要讲话精神。组织广大团员青年集中收听、收看庆祝建团100周年大会，并邀请省委常委、市委书记朱天舒等市上领导与优秀青年代表一起收看。市级共青团层面召开团干部、青联委员、青年企业家（青年文明号）、志愿服务组织、少先队系统的学习交流会5场次，县区

10月1日，开展“青春向党·礼赞祖国”向党“声”情告白录播快闪活动

级层面召开座谈会、研讨会、专题讲座等115场次，参与青年26万人。加强理论宣讲，开展面对面宣讲189场次（其中市级青年讲师团宣讲12场次），覆盖青少年6.2万人次；开展“百名青年讲百年团史”“黄河少年说”“纽扣讲堂”“青年说”等线上宣讲活动310余场次，覆盖青少年33.2万人次。2月，省委宣传部下发表扬全省理论宣讲先进集体、个人和优秀理论宣讲报告、微视频的通知，市青年讲师团包揽全市以上4项荣誉。进一步推进青年大学习，全年开展“青年大学习”36期，平均参学人数7.3万人次/每期，累计参学人数262.8万人次，参学率稳居全省前列。坚持传统媒体和新媒体并重加强团的新闻宣传，《兰州日报》全年发稿181篇，其中头版78篇；中青报、新华网、搜狐、新浪、新甘肃等媒体发稿300余篇。联合《兰州日报》等推出《奋斗者·正青春》《奋进吧！黄河少年》《金城观—青春之歌》等专栏，发布信息58条。兰州共青团微信公众号发稿743篇，阅读量175万，粉丝26万；兰州青年微博发稿3147条，阅读量1012万；青春兰州头条号发稿870余条，阅读量138万；青春兰州抖音号发布视频380余条，观看量43万；兰州团市委网站累计发布信息620余条；制作推出“线上纽扣讲堂”“黄河少年说”“青年说”“奋斗者正青春”等线上视频200余条，拍摄制作五四兰州青年群像、“青春向党礼赞祖国”、建设青年发展型城市等宣传片3部。

【青年发展型城市建设全力推进】 牵头起草《兰州市建设青年发展型城市试点方案》，顺利通过中长期青年发展规划实施工作部际青年联席会议办公室审核并获批复。试点工作启动以来，发挥领导小组办公室统筹协调作用，牵头配合做好动员大会、调度会、推进会等会议筹备工作。强化工作保障，将青年工作纳入年度市委巡察工作内容和市财政经费预算。建立完善工作机制，落实好工作清单制度、周报制度、调度制度和通报制度，下发通报2期，形成工作简报15期，中央、省、市媒体专题报道12次，召开各领域青年畅谈建设青年发展型城市座谈会5场次，与兰州电信等2家企业签订共建青年发展型城市战略合作协议，与读者集团等企事业单位的共建正在对接洽谈中。督促26家牵头单位召开党委（党组）会研究部署建设工作，制定印发各自工作方案。8个县区召开建设青年发展型城市动员大会，以县区党委、政府名义印发本县区工作方案。以青年成长、青年友好、青年有为、青年有爱、青年活力“五大行动”为载体，全链条保障青年优先发展。面向各相关单位征集形成实施项目清单和政策措施清单，出台《关于做好当前高校毕业生等青年就业创业工作的若干措施》等相关政策15项，青年人才公寓、青年驿站、青年主题公园等青年友好项目有序推进，城市对青年更友好、青年在城市更有为的双向奔赴氛围逐渐形成。起草完成《兰州市2023年建设青年发展型城市工作方案》。

【青年建功乡村振兴】 持续通过帮青春、创青春、育青春、志青春、美青春、固青春“六大工程”，开展“新青年助振兴”第二届中国青年年货节兰州专场直播活动，销售农产品2.3万元。组织开展化妆、美发职业技能培训班2场，培训农村青年60余人。到帮扶村榆中县马坡乡旧庄沟村开展走访慰问活动4次，送去棉衣棉被、学习文具、消毒液等总价值12万元的生活和防疫物资。组织青年志愿者入户宣传用电用火等安全常识，专门邀请美发师为村民们义务理发，修剪胡须。为农村困境儿童赠送“益手洁”防疫爱心包1500份，价值24万元。

【助力民族团结进步工作】 组织开展“石榴籽一家亲”兰州—临潭两地青少年书信交流、“石榴籽一家亲”兰州共青团2022年“黄河少年”同心营研学等活动。指导各级团组织开展“石榴籽一家亲”主题团队日、宣讲、慰问、志愿服务、参观实践等各类主题活动，引导全市广大青少年铸牢中华民族共同体意识，巩固全国民族团结进步示范市创建成果。联合省中医院团委组织青年中医药专家前往少数民族聚居社区开展义诊活动，开展民族团结进步宣传教育进社区活动12场次，组织辖区青年向居民发放宣传手册800余份。12月，团市委被命名为第八批全省民族团结进步示范区示范单位。

【青年志愿服务】 全力做好省第十五届运动会、第十一届残疾人运动会暨第五届特奥运动会志愿服务工作，储备820名青年志愿者为火炬传递、开幕式、闭幕式等重要环节及赛事中44个大项、496个小项提供全方位的服务和保障，累计服务128天，服务时长8.96万小时，完成赛事组委会交付的各项工作任务。邀请沿黄九省区相关市州相关团委联合成立黄河流域生态保护青年志愿者服务联盟，得到部分城市的响应。持续开展春运“暖冬行动”，建立市级直属服务站点7个，全市“三县五区”联动服务站点3个，联络志愿服务组织34家，出动志愿者20044人次，服务旅客92万余人次，累计服务时长84849.19小时，居全国第一。常态化开展关爱弱势群体等活动，开展保护困境少年儿童专项主题活动37场次，免费向全市中高风险区孕产妇家庭发放爱心奶粉总价值近200万元，募集“健康校园·益手洁”活动健康包2737套，全年累计募集社会各界捐款捐物共计约520万元人民币，开展活动150余场次，覆盖城乡30余万青少年。

【社区青春行动】 指导团中央6个试点社区结合“社工委”建设实际，探索共青团在基层发挥社会功能、助推基层社会治理的有效路径和有益经验。新增省、市级试点社区共40家，以点带面提升整体工作效果。根据“社工委”主题和社区需求开展新冠疫情防控、防震减灾科普、困境青少年关爱、垃圾分类宣传、中医义诊、普法等活动20余场次。指导贝壳找房兰州站团委构建“平台＋门店＋社区”三方共建模式，参与社区治理。指导社区打造“畅翔少年”“青年私董会”“青春公益行”等青年工作品牌，用青春活力激发社区活力。

【助力清廉兰州建设】 以“青春向廉·青年有为”为主题，相继开展“青春向党·礼赞祖国”等四个系列清廉兰州建设活动，召开高校学子共话清廉兰州及青年发展型城市交流座谈活动，开展清廉主题文创作品征集活动，组织青年清廉代表开展向党“声”情告白录播快闪和“黄河少年颂清廉”线上活动，在微信公众号开设“青年清廉说”栏目，征集展示各行各业青年清廉观，开展青年“促清廉勇担当”岗位练兵、比武活动，让广大“清廉”才俊在爱岗敬业中奉献青春，践行清廉，不断将“清廉”种子深植青年心，让青年在潜移默化中受到廉洁文化的滋养，共同形成和弘扬青少年思廉、学廉、践廉的良好风尚。

【服务青年工作】 开展各类招聘活动，发布就业岗位2.1万余个，帮助557名困难家庭大中专毕业生实现就业。组织参加全省“百千万”创业大赛，获得直播达人二等奖、创业达人一等奖。建立青年创业导师队伍，3名导师被中国青年创业就业基金会聘用为中国青年创业导师。开设“团团婚恋讲堂”，宣传倡导文明婚恋新风尚，引导青年自觉抵制“高价彩礼”等不良习俗，通过各级团组织组建青年交友联盟，全市共举办青年交友联谊示范活动8场次。关爱困难青少年群体，资助208名本专科新生，发放资助金190.2万元，拨付文雅少年成长计划助养金19万元，让困难家庭子女实现大学梦。

【青少年权益维护】 录播法律宣讲视频讲座2期、青少年“模法师”综合实践教育活动4场，开展《甘肃省禁毒条例》宣传7期，疫情期间线上开展青少年心理健康问题疏导教育讲座2期，开展“12355”助力中高考心理减压讲座和线上心理疏导讲座4场。申报创建100家“黄河少年维权岗”。介入青少年权益维护典型案件2起，案件得到妥善处置。

【少先队工作】 组织全市少先队员开展“习爷爷教导记心中”“红领巾心向党”等系列主题教育活动560余场次，座谈会、宣讲会128场次。补充完善兰州市少先队组织系统，完成全市中学（中职）学校机构代码核对，566所中小学全部成立学校少工委和少先队大队，配备大中队辅导员和校外辅导员，442所小学全面实施分批入队。

【县域共青团改革推动】 推动试点区县（城关、安宁、西固、榆中）改革工作。协调市教育局推进区县教育局团工委建设、团校建设，联系社会组织骨干力量支持试点区县社会化团建。严格落实试点改革“双周报”“月报”和市委改革办“周报”工作要求，累计上报改革进展和试点案例40余条。在团中央第二轮试点评估中，西固区被评估为优秀，其他区县评为良好。制定印发《共青团兰州市委关于建立完善县域共青团基层组织改革工作机制的方案》，召开兰州市县域共青团基层组织改革动员部署会，按照“联系包抓”工作机制，组织开展县域改革专项督导，协调推进各项改革任务。

【基层团组织建设】 成立兰州市退役军人事务管理局团支部、兰州市律师行业团工委、兰州市文化旅游行业团工委等行业系统团组织。持续推进社会领域团的组织建设，扩大组织覆盖，新建“两新”“非公”团组织231家。指导市直单位、区县团委新建“青年之家”综合服务平台31家。深化“一专一站两联”基层实践，继续完善县域团代表联络站建设运行工作，推动落实团的委员会成员联系团代表、团代表联系团员青年“两联”工作机制。2022年，市级团委已建成“学校和少先队、社区和社会组织、农业农村、基层建设、企业工作”等5个专门委员会；各区县团代表联络站全部挂牌运行，累计进站团代表436人，分领域成立专项小组26个，灵活运用线上线下方式，围绕毕业求职、社会融入、创新创业、婚恋交友等内容，开展活动130余场，联系服务团员青年2700余人。

（赵宇亮）

兰州市妇女联合会

【概况】 2022年，兰州市妇女联合会以“巾帼心向党·奋进新征程”为主线，组织开展“巾帼心向党·喜迎二十大”“黄河女儿勇担当铿锵玫瑰绽芳华”“十百千巾帼大宣讲走基层”等活动300余场，在金城女性之声微信公众号发布信息240余条，累计发布各类信息1300余条，关注人数7400余人，兰州妇女网累计点击次数75万次，先后被中国妇女报、中国甘肃网、甘肃妇女、兰州日报、中国兰州网等市级以上媒体采纳并转发稿件50余篇。获2022年度全省妇女宣传舆论阵地建设与《现代妇女》杂志宣传推广优秀奖、“奋进新征程建功新时代喜迎二十大”全省妇联系统短视频大赛优秀组织奖等。

【家庭文明建设】 坚持家庭家教家风建设。推荐评选全国最美家庭1户、全国五好家庭2户、全省最美家庭110户、家庭工作先进集体9个、先进个人9人，评选兰州市“文明家庭”“最美家庭”“最美母亲”各100户（名）。组织开展家风家教主题宣传活动。印发《兰州市妇联“清廉家庭”建设实施方案》，以“清廉家庭”建设为切入点，通过深化清廉家庭创建、强化党员干部清廉家庭建设、营造清廉家庭建设浓厚氛围等方式推动“清廉家庭”建设，助力“清廉兰州”建设。向全市发布《弘扬清廉家风建设清廉家庭——致全市广大家庭的倡议书》，引导全市各界妇女干部群众争做“清廉家庭”的倡导者、建设者、守护者。联合市委直属机关工委举办兰州市“弘扬清廉家风·建设清廉兰州”线上专题讲座，直播间浏览量突破1.2万人次。学习宣传贯彻《家庭教育促进法》，组织“家风浸万家幸福润金城”家庭教育公益巡讲60场次，受益人数50万人次。持续推进“书香飘万家·星星点灯”亲子阅读，培树全省家庭亲子阅读体验基地2个，在金城女性之声发布“家教微课堂”、《家庭教育促进法》解读25期。新冠疫情防控期间，开通线上家庭教育网络服务“微站”，打造“家门口”的家教服务。组织开展“我们的节日”“文明健康·绿色环保”“绿色低碳·节能先行”等巾帼志愿服务活动，引导广大妇女和家庭建设好家庭、传承好家教、弘扬好家风。

【妇女创业就业服务】 推进“乡村振兴巾帼行动”。实施示范性家庭农场、专业合作社、科技示范基地建设，培树市级乡村振兴巾帼示范基地10个，创建吸纳妇女就近就地就业“巾帼乡村就业工厂”23家；争取省级扶持资金28万元，创建全省乡村振兴巾帼示范基地1个、培树省级优秀乡村巾帼就业工厂6家、申报全省创业带动就业补助项目1个；创建省级美丽庭院示范村8个、省级美丽庭院示范户90户，新建巾帼家美积分超市2个。实施农村妇女素质提升工程，组织开展劳务品牌项目、巾帼乡村就业工厂等技能培训1908人，全力巩固拓展脱贫攻坚成果。扶持发展女性“双创”服务平台。启动甘肃省人力资源市场巾帼就业分市场，创建金城大姐家政实训基地和陇原巧手手工体验基地，广泛宣传“送补助专项行动”政策，开展“春风送岗位·巾帼建新功”线上线下女性人才专场招聘会，举办“百日攻坚”行动女性高校毕业生专场直播带岗活动，吸引11万人在线观看。合力推进科技创新巾帼行动。印发《兰州市推进“科技创新巾帼行动”实施方案的通知》，成立由农业科技工作者、农村女致富带头人等组成的兰州市女科技工作者助农服务队，引领女科技工作者为科技创新贡献力量，为女科技工作者发挥作用提供服务。

【妇女儿童合法权益保护】 通过优化“12338”妇女维权热线服务内容、建立家事调解联动机制、开展“八五”普法宣传、“送法入户”等活动，织牢织密维护妇女儿童合法权益联动网。全年开展法律、心理咨询服务876人次，受理来信来访来电1297件次，结案率96%，群众满意度100%。做好维护妇女儿童合法权益线上宣传，创新开展线上反家暴等维权直播讲座，直播间浏览量4438人次。关注广大妇女儿童心理健康，开通“心征程”特色专栏，对不同时期不同人群可能出现的心理问题进行调节，年内发布相关内容23期。

【妇女干部培养】 实施“基层妇联领头雁培训计划”，对全市基层妇联干部、执委开展教育培训2期95人。制定印发《兰州市妇联系统开展妇联执委领办实事活动实施方案》，组织开展“巾帼建新功·奋进新时代”聚合力、谋发展、强省会执委观摩座谈活动，进一步激发妇联执委队伍活力。全市各级妇联组织执委领办实事1275件，通过网络平台宣传展示执委风采791名，推荐选树全省优秀村社区妇联执委9名。利用“学习强国”“甘肃党建”等App平台持续抓好日常学习，不断提升妇联干部身份意识、组织认同，系统思维、逻辑思维和辩证思维能力。

【基层妇联组织建设】 推动妇联组织触角向各行各业延伸，在兰州市快递行业、甘肃久铭律师事务所等全市“四新”领域新建妇联5个，新建妇女之家10个、妇女微家18个。

【互联网＋妇联建设】 深化“网上妇女之家”建设，在元旦、春节、母亲节和国际家庭日等重要时间节点，向全市广大妇女群众和家庭发出“一封信”等形式发出倡议，引导广大妇女和家庭践行社会主义核心价值观。优化金城女性之声“文明创建”“女性学法”“微课堂”等专栏，持续推出“家风故事”“家教微课堂”“每日廉语”。开设“喜迎二十大”“每天一套题，带你学习二十大报告”“党的二十大报告学习笔记”“巾帼再建新功 重振兰州辉煌——兰州市各界女性代表共谋发展”等专栏，推送栏目近百期，形成网络宣传强大正能量。

【“两规划”实施】 颁布实施《兰州市妇女儿童发展规划（2021—2030年）》，依托兰州日报、“金城女性之声”等新闻媒体，宣传新政策、新内容，有效提高公众知晓率。编制《兰州市申报国家儿童友好城市建设试点方案》，顺利通过国家复审，兰州市被确定为国家儿童友好城市建设试点城市，年内争取资金1500万元，用于城关区刘家滩儿童友好空间建设项目和城关区新港城儿童友好空间建设项目建设，助力城关区拓展服务范围、丰富城市内涵，引入儿童友好城市建设新理念、新模式，推进成长空间友好，提升城市空间品质和服务效能。

【关心关爱困难妇女和家庭】 年内走访慰问退役军人、残疾人等困难家庭158户，全国三八红旗手、英烈母亲14名，困境特殊儿童175名。为榆中县哈岘乡困境留守儿童送去价值2.3万元的婴幼儿服装216套，为困难妇女、巾帼志愿者、一线环卫女职工送去“巾帼暖心包”等慰问品。组织开展“春蕾计划”“中国儿童少年基金会·肯德基中国小候鸟专项基金”“微笑行动”等公益活动，为全市136名困境女童发放助学金12.78万元，为14家学校捐赠价值2.5万元图书，摸底筛选16名符合条件的唇腭裂患儿，将提供免费筛查义诊及手术治疗。发动全市党政机关、企事

5月8日，市妇联慰问烈士母亲

业单位和社会各界参与2022年度“99公益日”——“母亲邮包”和“春蕾计划”公益募捐活动，筹善款33万余元。争取落实省市区县专项资金258.12万元，克服新冠疫情影响，开展省市政府为民实事妇女“两癌”检查22764人，完成全年任务的105.8%，争取资金58万元，为全市符合救助条件的58名低收入“两癌”妇女每人发放1万元救助金。

【妇女参政议政】 高度重视妇女参政议政，运用人大政协委员话语权，围绕经济社会发展、多种途径了解妇女群众最关心、最直接、最现实的热点问题，形成《进一步加强发展农村女党员》《进一步提升兰州市0—3岁托育服务》《为全市适龄女孩免费接种HPV疫苗》等提案议案，积极促进妇女平等依法行使民主权利、平等参与经济社会发展、平等享有改革发展成果

【妇女儿童法律援助】 坚持做好“联”字文章，发挥“合”字优势，全力推动有关部门建立健全妇女权益维护机制，积极代表和维护妇女儿童合法权益，主动参与关乎妇女儿童切身利益的妇女劳动就业、司法援助、女职工权益保护等法律法规的执法检查，推动建立政策法规性别平等咨询评估机制的有效落实。主动联合综治、司法、公安、民政、教育等部门，健全完善反家暴矛盾纠纷排查预警机制，合力调处家庭纠纷，有效预防和制止家庭暴力，营造良好的社会法治环境。与法院、检察院紧密协作，“妇女维权合议庭”和家事法庭，对婚姻家庭案件特别是由家庭暴力引发的案件，优先调解、优先立案、优先审理、优先执行。进一步优化“12338”妇女维权热线服务内容，全年开展法律、心理咨询服务876人次，受理来信来访来电1297件次，结案率96%，群众满意度100%。

（轩春香）

兰州市文学艺术界联合会

【概况】 2022年，兰州市文联积极发挥市属文艺家协会作用，组织开展各类文艺活动、志愿服务、展览展演活动。做好文艺创作、人才推荐、文化交流等工作，推动兰州文艺事业的繁荣发展。

【协会管理】 兰州市文联所属6个文艺家协会，分别是：兰州市作家协会、兰州市美术家协会、兰州市书法家协会、兰州市音乐家协会、兰州市戏剧舞蹈家协会、兰州市摄影家协会。截至年底，市属6个文艺家协会会员总数2575人，国家级会员138人，省级会员583人，“80后”会员541人（占会员总人数的21%）。

5月，支持指导批复成立兰州新区公安文联和榆中县、皋兰县、永登县、城关区、七里河区、安宁区、西固区、红古区公安文联，兰州市区县公安文联组织达到全覆盖。协调相关部门将兰州市文艺队伍培训纳入党校培训班序列，组织全市6个文艺家协会、各区县文联和行业文联的文艺工作者共120余人参加“激扬活力·守正创新”——兰州市首届文艺工作者培训班。

【文艺活动】 紧扣“党的二十大”主题，创作完成“喜迎二十大 美丽劳动者”兰州市主题文学专辑，举办“喜迎二十大”兰州市书法公益讲座、书法进校园、本土红色主题文学研讨会等活动。筹备兰州市“喜庆二十大”大型文艺综合展、“喜庆二十大 铸牢共同体”书画摄影展等活动。其中，兰州市“喜庆二十大”大型文艺综合展汇聚展出兰州市书法、美术、摄影、剪纸、雕塑共5大类400余件文艺作品，呈现

5月，兰州市文联组织市公安局七里河分局退休警官艺术团开展"喜迎二十大·志愿我先行"文明实践活动

兰州市文艺创作成果，突出兰州城市建设发展风貌。参加"喜迎二十大"甘肃文艺志愿者在行动主题活动，录制音乐MV《领航（兰州版）》《保卫黄河》。围绕"清廉兰州"主题策划筹备文艺活动。其中，"清廉兰州"主题书画展在读者大道户外陈展，并获得好评；开展"每日廉语"活动，组织作家撰写"清廉诗词赏析"，14篇赏析文章通过《兰州日报》、兰州文联网等平台以专栏形式进行推送；"清廉兰州"有奖征文对部分优秀作品进行推介；清廉兰州主题歌、快板等，部分作品已在后期审定中。筹备"黄河少年书清廉"青少年书法大赛。围绕"青年兰州"主题持续深化6大行动15项举措，开展"喜庆二十大"书法进校园活动，录制线上教学视频5场；举办"石榴花开映金城"网络摄影展活动6期，推出各民族优秀摄影艺术家作品60幅。联合西固区委宣传部、统战部、西固区民族宗教局主办"石榴花开·翰墨飘香——西固区第19个民族团结进步宣传月"暨"精致兰州"主题书画笔会活动。联合团市委、市青联举办新兴领域青年"青春云沙龙·音为梦想篇"活动，邀请8名青年独立音乐人、留学归国青年音乐人开展线上声乐辅导；举办春日人像外拍活动；在临夏州东乡唐汪杏花村展出摄影季赛作品等活动。在第九个中国文艺志愿者服务日，组织各文艺家志愿者走进市消防救援支队开展"文脉相联·民心相通"系列文艺活动。

【甘肃省第十届敦煌文艺奖】 在甘肃省第十届敦煌文艺奖评选中，市文联及文艺家协会共有8部作品喜获奖项。其中，由中共兰州市委宣传部、兰州市文联、兰州浩发影视传媒有限公司出品的电影《足球·少年》，获得电影类作品奖。电影《足球·少年》除了获得第十届敦煌文艺奖外，还分别获得第十一届公益节公益映像奖，入围澳门国际儿童电影节。由牛利利创作的中短篇小说集《兰若寺》、彭巨彦创作的长篇小说《飘摇》、向春创作的长篇小说《青稞青稞》、习习创作的散文集《风吹彻》，获得文学类作品奖。由巫卫东、吴江创作的国画《敦煌研究院》，获得绘画类作品奖。由王建平、陈世祥创作的歌曲《月牙泉的传说》，获得音乐类作品奖。由巴特尔创作的舞蹈《胡杨赞》，获得舞蹈类作品奖。

【文艺创作】 《金城》文艺杂志出刊6期，刊发各类作品173篇（组、幅）。其中，短篇小说8篇；散文45篇；诗歌23组摄影作品12幅；兰州市改稿作品25篇；"喜迎二十大美丽劳动者"专题稿件13篇；"清廉兰州征文"作品8篇。组织省市21名著名美术家共同创作，完成甘肃省首部"百里黄河风情线"中国画长卷，发掘黄河文化，展示兰州城市魅力。举办"黄河城市·精致兰州"网络摄影展、"坚定青春信仰·跑出青春好成绩"兰州市青年摄影家网络摄影展、"党建引领战疫情·凝心聚力显担当"抗击新冠疫情主题摄影展。新冠疫情期间，组织创作发布抗疫秦腔作品4首：《突然间新冠妖魔来作乱》《联防联控斗志顽》《榆中儿女在出征》《疫情防控保平安》。开展音乐创作委员会成立大会暨创作研讨会、新春音乐会暨"YOUNG党建·白领汇"新时代文明实践主题活动。完成"唱响兰州、大美黄河"主题歌词曲的创作。

【文化交流】 联合甘肃省美术家协会、中国女画家协会、兰州市文化和旅游局举办"静待花开—第二届甘肃女性艺术家作品展"。市作协与陕西省作协代表开展工作座谈，结合两省文艺发展实际，就文学创作思路与方向、文

9月，市文联组织的第三次百里黄河风情线中国画长卷合稿创作交流研讨会现场

学新秀发掘与培养等问题进行深入细致的交流和讨论；市书协举办兰州市第九届青少年书法网络大赛。通过网络会议平台开展线上讲座培训活动5期，开展公益书法讲座6期。组织志愿者走进社区，与社区书法爱好者、群众开展书法艺术交流；市美协志愿者举办“中国画的笔墨观”小品画创作的笔墨构架与技法实践网络授课；市音协组织文艺志愿者与在校学生、社区艺术团、居民等音乐爱好者进行交流学习，指导帮助排练节目，开展专业艺术指导等活动；市摄协以抖音平台为主，开展线上摄影讲座活动3场。定期举办摄影大赛，促进相互学习交流。组织志愿者走进社区、乡村与摄影爱好者进行交流研讨。

【文艺惠民】 开展“喜迎二十大 志愿我先行”翰墨书征程、华彩绘征程、文笔写征程、音乐颂征程、芬芳唱征程、摄影记征程志愿服务6大系列活动32场次；组织开展“我们的节日”主题文艺志愿服务活动5场次。开展“我为群众办实事”活动43场次、专题辅导6场次。开展“文艺进万家·健康你我他”学雷锋文艺志愿服务活动6场次。组织文艺志愿者49人次，分赴雁滩交警大队、正宁路社区等8个基层机关单位、社区开展送文艺进基层活动，为基层民警、社区群众写春联、送“福”字4000余套、美术作品1000余套。组织市书协文艺家赴永登县3个村开展“送文艺下基层”“文化下乡 新春送祝福”等活动，并向普贯村留守儿童捐赠学习用品及春联200余幅。组织市美协主席团成员在雁儿湾美术馆开展新春美术惠民活动。市音协创办音乐课堂，辅导15名残疾儿童和心智障碍孩子学唱歌曲。市摄协公益摄影团队联合临夏回族自治州和政县妇联为该县前山村儿童送去价值4000余元的保暖衣40件。市音协在兰州中研白癜风医院开展关爱特殊儿童爱心捐赠公益活动。向安宁区培黎街道甘铝社区捐赠书籍99本。组织市书协、市美协开展“献爱心·赠书画”—致敬白衣天使书画捐赠活动，向兰州市重离子医院医护工作人员捐赠1400幅书法作品。市音协开展“守护童心，疫起寻音”活动，为一线工作人员家属开设线上公益课程。围绕脱贫攻坚、新冠疫情防控等重点工作，深入定点帮扶村、居住地社区等，调研了解群众急难愁盼问题，动员机关干部、文艺家协会、社会爱心人士向帮扶村、有关街道社区、贫困大学生等开展爱心捐助活动，解决实际困难。

（付桂林）

兰州市科学技术协会

【概况】 2022年，兰州市科学技术协会锚定“四服务”职责定位，以推动建设开放型、枢纽型、平台型科协组织为目标，较好地完成了各项目标任务。年内，宣传报道32名在兰优秀科技工作者，建立3个甘肃省协同创新基地，聘任90名金城首席科普专家，命名60家兰州科普基地，举办金城科普云讲堂等线上线下科普活动106场次，受益500万余人次，165个科普基地开展科普讲座、咨询、展览、竞赛等活动1645场次，累计受众35万人次。获评科技志愿服务全国先进典型、“中国流动科技馆”甘肃省巡展活动优秀组织单位、全国青少年科学调查体验活动优秀组织单位、甘肃省青少年科技创新大赛优秀组织单位、甘肃省青少年创意编程和智能设计大赛优秀组织单位、全国青年科普创新实验暨作品大赛甘肃赛区比赛优秀

1 月 12 日，兰州市科协为金城首席科普专家颁发聘书

组织单位、甘肃省科普讲解大赛优秀组织单位。入选全国"科创筑梦"助力"双减"科普行动试点城市。认定全省科普教育基地 24 家、全国科普教育基地 12 家、全国科学精神专题实践教学基地 3 家。

【科协基层组织建设】 指导全市 8 个县区召开科协代表大会，推选科协代表 921 名，选举产生委员 244 名、常务委员 88 名，选举产生主席 8 名、副主席 25 名，其中兼（挂）职副主席 21 人。组织全市 114 个乡镇（街道）、6 个园区、9 家企业、13 个行业新成立科协组织，推选代表 2408 名，选举产生委员 1119 名、常务委员 563 名、主席 142 名、兼职副主席 326 名，初步实现科协组织和科协工作在基层的双覆盖。

【科创平台搭建】 申建甘肃博睿交通重型装备制造有限公司协同创新基地、兰州大学第一医院协同创新基地、甘肃特色农林产业开发协同创新基地，引进李培根、曹福亮 2 名院士和杨克虎 1 名知名专家。集中评估 7 家在兰院士专家工作站、3 家专家人才工作站，向市委人才工作领导小组申请拨付院士专家工作站运行经费及院士专家工作补贴 462 万元。依托魏子卿院士成立北斗卫星导航系统数据分析与应用、地质空间大数据技术、高原无人机飞行等 8 个学术实验室。依托孙钧院士指导完成"渭武高速公路木寨岭隧道极高地应力极软岩控制技术"重大专项定额编制工作。依托王陇德院士指导建立甘肃省脑卒中临床诊疗与质量改进信息平台。依托庞国芳院士主持制定"动物性食品中利福昔明、利福平残留检测方法液相色谱—串联质谱法"标准。

【全民科学素养提升】 争取省级农技协转型升级项目 2 项、科普信息化项目 1 项，基层科普行动计划项目 7 项，获项目资金 126 万元。编制印发《兰州市全民科学素质行动规划纲要实施方案（2022—2025 年）》，明确今后科普工作的总体目标和重点工程、主要任务，对未来 4 年全市科普工作进行系统安排部署。组织全市青少年参加甘肃省青少年科技创新大赛、甘肃省青少年创意编程和智能设计大赛、全国青年科普创新实验暨作品大赛甘肃赛区比赛，获得奖项 482 项。组织举办第 38 届兰州市青少年科技创新大赛，评出奖项 450 项。举办"金城科普云讲堂"14 期，通过网络直播，在线观看的团体和个人 340 余万人次。全国科普日期间，组织 90 余名农村青少年开展"科普一日游"活动，举办线上线下科普讲座 80 场次，11 名金城首席科普专家受邀参加省科协线上科普讲座。举办"科技助力乡村振兴"农技讲座 12 期，培训农业科技带头人 1000 余人次。指导县区科协开展科普服务 21 场次、科普大篷车和中国流动科技馆巡展 22 场次，组织全市中小学生收看"天宫课堂"，惠及 20 余万人次。

【服务党政科学决策】 联合兰州广播电视台举办"奋进新征程、建功新时代"访谈节目，邀请王爱勤、刘志栋等科技工作者，围绕"强科技"与科技成果转化、航天航空产业发展等主题，畅谈贯彻落实省第十四次党代会精神。组织科技工作者聚焦创新驱动发展、乡村振兴、"强科技、强工业、强省会、强县域"等重大战略，征集关于丝绸之路（兰州）科普创作论坛和科普作品评选的可行性等方面的对策建议7条。组织开展科技工作者建言献策、六大代表专题调研活动，征集关于加强新时代科普人才队伍建设的改革举措等方面的调研报告17篇。

【服务科技工作者】 以“创新争先、自立自强”为主题，组织开展“全国科技工作者日”活动，表彰32名优秀科技工作者，并通过市属媒体进行宣传报道。赴兰州大学、中科院西北寒旱所等在兰高校、科研院所，走访慰问张继等基层一线优秀科技工作者代表。联合兰州地区眼科专家人才工作站为132名优秀科技工作者开展眼健康免费检查。组织召开弘扬科学精神和科学家精神座谈会。举办科学家精神进校园活动25场次。推荐并指导天华化工机械及自动化研究设计院有限公司化学工程部部长、教授级高级工程师张万尧获评甘肃省2022年“最美科技工作者”。

【科普工作】 创新制定《“金城首席科普专家”选聘管理办法(试行)》，从在兰高校、科研院所、医院选聘90名教授、研究员、工程师、医生担任“金城首席科普专家”，组建一支由540名科技人员组成的专业科普队伍。组织开展各类科普志愿服务活动185场，发表科普文章31篇，发布科普视频44条，出版科普书籍2册，受众500余万人次。以构建点状分布的兰州联合科技馆为目标，新命名科普基地60家，下发工作要点，组织观摩交流，拨付奖补资金。举办第二届兰州市科普基地绘画大赛，收到作品1600余幅。举办第二届兰州市科普讲解大赛，评出奖项30项，推荐6名选手获得全省奖项。全市科普基地举办科普讲座(培训)781场次、科普咨询86场次、展览220场次、竞赛161场次、科普表演130场次、阅读35场次、应急演练53场次、其他科普活动179场次，编发科普图书524本(套)、6793册，发放科普宣传资料7.44万份，累计受众35万人次。发布稿件469篇，网站、微博、微信公众号、今日头条点击90余万次。《兰州市科协举办科学家精神进校园》等6条新闻在今日头条形成热点，《兰州市金城首席科普专家聘任仪式在甘肃科技馆举行》等信息被中国科协采用。

【学会工作】 组织召开所属学会理事长、秘书长会议，建立《所属学会秘书长联席会议制度》。印发《兰州市科学技术协会市级学会换届工作管理办法(试行)》，加强对所属学会、协会、研究会的换届工作管理与指导。组织兰州化学会、兰州物理学会、兰州地理学会专家及骨干教师开展“我为群众办实事”送培送教线上线下实践活动4场，通过现场观摩、当堂点评、专题讲座等系列教学活动，进一步提高农村中小学教师教育教学观念和课堂教学水平。指导兰州化学会到兰州市第三十二中开展《化学与人类文明同行》科普专题讲座，惠及师生300余人。指导兰州物理学会开展兰州市中学物理实验创新大赛，评选一、二、三等奖67项，并在线上开展优秀作品展示活动及《如何创新中学物理实验》科普讲座，惠及师生500余人。指导市反邪教协会高质量完成国家级法治建设调研课题《邪教“动态清零”后的巩固与反渗透研究——以甘肃省为例》、市级法治建设调研课题《深入学习贯彻习近平法治思想、建设更高水平法治兰州》。指导兰州老科协开展系列科普工作：组织10名专家成立“五老”科普报告团，先后组织王健、王月梅、宋天明、寇宗彦等专家到永登县七山乡地沟村等地开展药用菊花栽培技术、养羊和西瓜种植、蔬菜育苗技术、农作物病虫害防治等农村实用技术培训13场次，受众农民1000余人。指导五老专家李廷群、王健、寇宗彦参加省农牧

5月30日，兰州市科协召开“全国科技工作者日”弘扬科学精神和科学家精神座谈会

厅、省电台联合主办的“12316”“三农”服务热线及甘肃广播电台“金色田野”栏目直播节目58期。指导在榆中沛绿种养殖合作社开展残疾人技能培训5场次，助力残疾人就业。指导开展“科技卫生文化三下乡”活动，为永登、榆中、皋兰县农民赠送农业技术宣传材料200余份，义诊100余人，免费赠送价值4000元药品、书画作品60余幅、春联800余副。

（刘铝锋）

兰州市归国华侨联合会

【概况】 2022年，市侨联全面落实党的侨务工作方针政策，始终坚持以人为本、为侨服务，充分发挥侨联组织人才荟萃、智力密集、联系广泛的优势，广泛团结和联系归侨侨眷和海外侨胞，依法维护侨益，积极参政议政，各项事业取得新的进步。全市共有县（区）级侨联组织8个，团体会员28个，专委会3个，服务对象9万余人。

【侨联服务】 参与“兰洽会”工作，协调中国侨联、中国侨商会侨商参观考察黄河两岸亮化工程，宣传展示兰州新形象。与菲律宾甘肃商会（筹备组）负责人会谈，就组织建设、联络联谊、信息互通、资源共享等问题进行沟通。调研甘肃兆业集团、兰州缤美热能环保科技公司、西孟养殖基地等3家侨资企业，了解到企业因新冠疫情影响，产品销售困难、企业发展艰难等存在困难和问题，建议相关部门出台政策，帮助企业渡过难关。承办“亲情中华·为你讲故事”网上甘肃特色营活动，为美国加州近30名华人小朋友开展为期10天的甘肃文化之旅，介绍兰州当地特色美食、人文景观和《大梦敦煌》等极具地域特色的文化。

【联谊联络】 与临夏州、肃北县侨联交流侨务工作，就基层侨联组织建设、机构设置、开展少数民族涉侨工作及“侨胞之家”如何更好地发挥作用等方面进行座谈交流，互鉴互学了要充分发挥“侨胞之家”作用，通过茶话会、座谈会、文体活动等形式多样、侨界群众喜闻乐见、富有“侨”特色的群众性活动，为侨界群众搭建学习交流、联谊交友、娱乐健身的平台。

【为侨服务】 始终坚持把依法维护归侨侨眷和海外侨胞在国内的合法权益作为侨务工作的重要内容，发挥兰州市侨联法律顾问委员会及兰州归侨侨眷法律援助中心作用，密切关注老归侨、困难归侨侨眷等群众利益问题，先后围绕子女上学、补贴发放、疫情防控等方面的实际问题接待来电来访和政策咨询3件次，协调解决3件次。发挥“暖侨心”工程作用，争取资金1万元，慰问归侨侨眷20人。争取中国侨联和省侨联帮扶资金1.5万元。其中，专项救助经费1万元，帮扶因病致困侨眷2名；春节慰问经费0.5万元，慰问5名困难归侨侨眷，帮助解决实际困难。

【捐资助困】 争取美国华侨高永祺先生“919善款”，资助兰州市贫困家庭学生，向西固、永登、榆中、皋兰4县区42名贫困中小学学生每人送去1000元的资助款，共4.2万元。联合各市级民主党派共同开展“助力乡村振兴·喜迎党的二十大”系列活动，协调侨商为永登县民乐乡红岭村捐赠价值8500元的有机肥和化肥，帮助村民发展生产。

（张春涛）

兰州市残联人联合会

【概况】 2022年，兰州市残联人联合会坚持一手抓新冠疫情防控，一手抓重点业务，攻坚克难，扎实工作。为8108名贫困老年残疾人发放生活补贴，为11234名残疾人提供各类康复（及医疗康复）服务，为3041余名残疾人适配辅助器具，康复服务率和辅具适配率首次达到100%。资助1446名残疾学生及困难残疾人子女就学，为964户困难重度残疾人家庭进行无障碍改造。省十一届残运会暨第五届特奥会胜利举办，兰州市代表团获得团体总分、金牌总数、奖牌总数三个“第一”，全面完成年度目标任务。

【持证统计】 2022年底，全市有持证残疾人71665名。其中，视力残疾人9284名；听力残疾人7957名；言语残疾人704名；肢体残疾人35098名；智力残疾人6590名；精神残疾人7297名；多重残疾人4735名。

甘肃省第十一届残疾人运动会——篮球比赛

【甘肃省十一届残运会暨第五届特奥会】 9月18日甘肃省第十一届残运会暨第五届特奥会在兰州开赛，由省残联、省体育局主办，兰州市人民政府承办。本届运动会各市州、甘肃矿区等12个代表团，共711名运动员参赛，市州工作人员182人，兰州市筹委会抽调裁判员、技术代表、仲裁、医学分级等工作人员545名，总规模1438人。本届省残运会和省特奥会分为两个阶段，其中省特奥会于9月18日至9月22日在兰州市体育运动学校举行，设立田径、轮滑、足球、篮球等4个大项105个小项比赛，全省12支特奥会代表队的195名特奥运动员参加比赛，产生金牌278枚、银牌179枚、铜牌116枚。省残运会于9月25日至9月29日在兰州奥体中心举行，设立田径、自行车、乒乓球、羽毛球、跆拳道、中国象棋、飞镖、盲人跳绳、聋人篮球等9个大项318个小项比赛，全省11个残运会代表团的516名残疾人运动员参加比赛，产生金牌281枚、银牌246枚、铜牌179枚。26人32次打破32项全省残疾人纪录，1人1次平1项全省残疾人纪录。兰州市代表团获得团体总分、金牌总数、奖牌总数3个“第一”，兰州市政府获得优秀组织奖，11个代表团获体育道德风尚奖，兰州新区管委会、兰州市残联、兰州市体育局、兰州市体育运动学校获得最佳实施奖。闭幕会上举行了颁奖暨省残运会会旗交接仪式。兰州市与甘肃省第十二届残疾人运动会暨第六届特奥会主办城市定西市交接省残运会会旗。

【残疾人康复服务】 制定下发《兰州市2022年残疾人事业发展补助资金项目实施方案》《兰州市2022年残疾人精准康复服务和残疾儿童康复救助项目实施方案》，层层分解目标任务。新冠疫情期间线下康复训练服务暂停，及时督促各康复机构制定线上教学计划，开展线上个别化训练课和集体教学课教学3000余课时，巩固和保障千余名在训儿童的康复成果，家长满意度90.48%，康复有效率95.5%。全年共为11234名残疾人提供各类康复（及医疗康复）服务，为3041名残疾人适配辅助器具，康复服务覆盖率和辅助器具适配率首次达到100%；为1163名0~17岁残疾儿童提供视力康复训练、听力、脑瘫、智力、肢体和孤独症康复训练、手术及适配辅助器具，实现康复救助全覆盖。

【残疾人就业服务】 为560名残疾人提供驾驶、计算机、电商、盲人按摩、农村种植、养殖实用技术等培训，通过按比例、集中、公益岗位等安置89名残疾人就业。实施2022年助盲就业脱贫项目，扶持4家新（扩）建盲人按摩就业机构，每个机构补贴3万元，为170名从业盲人每人补贴1000元。执行省级残疾人就业扶贫基地实施项目，扶持5家残疾人就业扶贫基地，扶持2家残疾人辅助性就业机构，进一步稳定残疾人就业。

【残疾人脱贫攻坚成果巩固】 紧扣“两不愁三保障”脱贫标准，推进残疾人证办理“动态清零”、贫困残疾人兜底保障、康复救助及就业帮扶等助残工作。开展贫困残疾人家庭动态预警监测，加强数据比对和信息共享，对存在返贫风险的327户残疾户、376名残疾人进行重点监控，跟进兜底保障各项救助措施。持续开展东西部扶贫协作。永登、皋兰、榆中3县各争取天津市帮扶资金20万元，皋兰县还协调天津为6名一级视力盲人各配发残疾人视力眼镜1台，价值48万元。

【残疾人助学】 落实《兰州市残疾学生和困难残疾人子女就学补助办法》，坚持强基固本提升教育助残，为1446名残疾学生及困难残疾人子女发放助学资金250万元，有效缓解残疾学生和困难残疾人子女学生教育负担。

【残疾人居家托养服务】 为2850名（其中阳光家园项目1390名）精神、智力和重度肢体残疾人给予寄宿制、日间照料和居家托养服务；实施省级残疾人日间照料服务项目，为650名精神、智力和重度残疾人提供托养服务。

【残疾人社会保障】 配合民政部门做好重度残疾人护理补贴和特困残疾人生活补贴对象审核工作。审核确定重度残疾人护理补贴发放对象31340名，特困残疾人生活补贴发放对象16738名；完成8108名贫困老年残疾人生活补贴审核发放工作。为18050名残疾人发放信息消费补贴费。“两节”期间，全市各级残联组织开展慰问残困群众活动，慰问残疾人家庭6086户，发放慰问金451.37万元。市残联全年为来信、来访困难残疾人33人次提供临时性救助5万元。

【残疾人权益维护】 市残联接待（听）来电、来信、来访82件（次），办结率98%以上，12345民情通服务热线转办件12件，已全部办结。协调市交警支队为239名残疾人机动车办理尾号限行免予处罚的相关手续，方便他们出行。在全国助残日期间，面向残疾人群众加强普法宣传，开展《中华人民共和国法律援助法》学习宣讲3次，听众140余人次，引导残疾人群众依法表达诉求、维护权益。为全市就业年龄段残疾人购买意外伤害商业保险，并做好全方位的宣传工作，制作展板、发放彩页、宣传单等相关宣传材料3万余份（次）。督导保险公司及时出险理赔，为残疾人家庭赔付保险金10万元。

【困难重度残疾人家庭无障碍改造】 落实中残联专项资金206.5万元，指导各县区贯彻落实省《无障碍建设条例》《无障碍建设“十三五”实施方案》，将残疾人家庭无障碍改造纳入城市保障房建设和农村危房改造工作内容，分类分户，按照“一户一册”的方案，精准实施，全年完成改造964户。

【文体宣传和助残活动】 积极培育发展助残社会组织，满足残疾人个性化需求。购买10个助残社会组织助残项目，累计开展具有特色的志愿服务活动120余场次，受益人数6000人次以上。组织各专门协会和各类助残团队开展全国和国际“爱耳日”、做香包荷包庆端午、爱心送考、庆七一跟党走参观残疾人就业创业基地活动、精神残疾人主题调研等各类大型志愿助残活动15场次。助残日期间，全市各级残联紧紧围绕“促进残疾人就业，保障残疾人权益”主题，组织开展丰富多样的系列活动。市委主要领导深入残疾人服务机构、困难残疾人家庭开展慰问调研；市就业创业网络服务平台和省、市人力资源市场共同开展线上残疾人就业招聘会；利用新媒体和网络平台，宣传兰州市《促进残疾人就业三年行动方案（2022—2024年）》等政策措施，解读残疾人“十四五”保障和发展规划残疾人就业创业相关优惠政策；启动残疾人文化进家庭“五个一”项目系列活动和喜迎二十大系列活动。在12月3日“第31个国际残疾人日”期间，采取制作宣传标语、电子屏展播等线下宣传与市残联微信公众号线上宣传相结合的方式，多点宣传造势，切实营造全社会关心、帮助残疾人的良好氛围，进一步引导广大残疾人感党恩、听党话、跟党走。

【新冠疫情防控期间残联工作】 认真摸排生活困难的残疾人，协调相关部门给予救助，积极为困难残疾人捐款、捐物，特别是针对无人照护的独居残疾人等特殊困难群体开展专门上门核酸检测和爱心送餐服务。市残疾人就业服务中心利用“兰州市残疾人就业创业网络服务平台”面向残疾人开展心理咨询、就业指导、手工制作培训等线上就业指导直播。市聋儿语训中心积极开展线上康复教学，确保康复训练不间断。

（杨　磊）

兰州市红十字会

【概况】 2022年，市红十字会统筹推进全面从严治党、新冠疫情防控和核心业务建设，完成各项工作任务。全市新增基层服务组织、学校红十字会等96个、团体会员17个、个人会员420名，登记志愿者4100余名。

【助力新冠疫情防控】 坚持把疫情防控和业务工作同安排、同部署、同落实。开展捐赠款物接收、调拨等工作，累计接收捐赠款物858万余元（捐款110万元，物资748万元）。向有关单位拨付捐款367万元（含结转）；总价值748万元的口罩、防护服等防疫和生活物资即时交付各有关单位。10月底，协调甘肃省红十字会调拨棉被、棉衣6400条（件）、折叠床300张，支持疫情防控工作。

【人道传播】 全市各级红十字会结合新冠疫情防控形势，采取灵活方式开展各类宣传活动107场次，受众约9万人次。5月8日，组织会机关工作人员和部分志愿者深入核酸检测采样现场，举行纪念世界红十字日主题宣传活动，向群众赠送大批防护口罩和疫情防控知识宣传册。开展以“红十字博爱周”活动，因地制宜开展了一系列主题宣传、应急救护培训、志愿服务等活动。市红十字会通过网站、自媒体等及时发布红十字会工作动态、疫情防控知识等信息80余条次。

【人道救助】 累计投入资金55万余元开展人道救助，对920余人（户）进行救助和慰问。元旦、春节期间在全市组织开展“红十字博爱送万家”活动，走访慰问困难群众820户，将价值30余万元的米面油、衣物等慰问物资送到群众手中，惠及困难群众3000余人。开展“红十字圆你大学梦”助学行动，对20名困难家庭大学本科新生分别给予5000元资助，有效缓解他们在筹措学费、生活费方面的实际困难。向中国红十字基金会申报儿童大病救助21例，通过审核16例，其中7例已获救助21万元。

【应急救护】 全市共开展各类应急救护培训演练活动253场次35155人次。其中，普及性培训127场次26476人次；应急演练16场次2740人次；救护员培训110场次5939人。加大投入，筹资近60万元为县区红十字会配备大批教具、耗材等，其中模拟人、AED训练仪200余件套，进一步改善培训条件。在全市推行新培训大纲和总会“救在身边”培训平台应用，培训规范化管理逐步加强，8000余人次参加在线学习，其中2685人通过“线上+线下”培训获得救护员证书。城关、七里河等5个县区推进“线上培训”；西固、皋兰等县区抓住疫情“窗口期”“空白区”，在甘肃石化职业技术大学、甘肃警察职业学院等高校开展培训，将大批高校学生培训为红十字救护员。

【“三献”工作】 开展无偿献血宣传动员，组织飞天红十字志愿服务队开展集体献血活动，50余名志愿者献血近8000毫升；会同有关部门对新冠疫情防控期间无偿献血先进单位和个人进行了通报表彰。人体器官和遗体捐献登记人数持续快速增长，全市年内新增4606例（其中线下登记18例），累计登记人数2.75万人。针对兰州市实际，和省血液中心加强合作，委托各献血点开展造血干细胞捐献志愿者日常招募登记及血样采集工作，共招募、采集志愿者血样137人份。开展造血干细胞捐献动员协调3例，完成捐献2例。

【红十字志愿服务】 广泛开展形式多样、贴近群众的红十字志愿服务活动930余次，2200余名志愿者参加，服务群众数万人次。部分团体会员单位积极参加主题宣传和公益活动，为群众提供义诊和疾病筛查服务；“三献”志愿服务队在学雷锋日、“五一”和世界献血者日期间，开展一系列公益志愿服务活动；部分骨干志愿者带领团队经常走进社区、学校和企业，普及应急救护知识技能。众擎等志愿服务队免费开展防疫消杀数十次，总面积近百万平方米；安宁区红十字会组织大批志愿者参加新冠疫苗接种宣传和服务工作；七里河区志愿者参加封控值守、核酸采样和隔离点服务等工作。

（张佳琳）

法治

立法工作

【概况】 2022年，兰州市人大常委会深入贯彻习近平总书记关于立法工作的重要指示要求，坚持质量效率并重，完善立改废释机制，加快立法工作步伐，以良法促发展、保善治。全年审议地方性法规6件，兰州市立法工作节奏快、数量多、分量重、效果好的特点不断凸显，始终走在全省前列。

【立法体制机制完善】 健全“党委领导、人大主导、政府依托、各方参与”的立法格局，发挥人大主导作用，制定五年立法规划和2022年度立法计划，因需应时、统筹协调开展立法工作。把人民民主理念贯穿立法全过程，坚持开门立法，开展立法协商，加强13个基层立法联系点建设，凡立法必请立法咨询专家到会发表意见，凡立法必征求立法联系点和社会公众意见，做到立法前问需于民、立法中问计于民、立法后问效于民。全年共组织立法咨询专家参与立法活动60余人次，征求到立法联系点、社会公众意见80余条。深化法规草案三审、委托第三方起草等制度，建立重点立法“双组长”模式，健全立法论证、听证、座谈、评估、意见征求反馈等机制，严把立法立项关、起草关、审议关，增强立法的针对性、适用性、可操作性，确保每一件立法体现党的主张、符合宪法精神、反映人民意愿。

【重点领域立法】 聚焦安全发展，三审通过《兰州市城市安全发展条例》，实现当年立项、当年审议、当年通过，成为全国首部城市安全发展的地方性法规，为兰州市形成“1+N”的安全发展领域法律体系打下坚实基础。聚焦城市建管，审议《兰州市市政设施管理条例》，理顺监督管理体制，促进城市有机更新；审议《兰州市客运出租汽车管理条例》，规范管理运营行为，推动安全高效运行；审议《兰州市文明城市建设促进条例》，推动社会主义核心价值观融入法律实践，用法治力量保障全国文明典范城市创建。聚焦生态保护，对《兰州市土壤污染防治条例》《兰州市公共场所控制吸烟条例》等4个立法项目开展调研，推动立法决策与改革发展决策相衔接。聚焦民生保障，三审通过《兰州市供水条例》，破解兰州市城乡供水难点堵点，牢牢守住城乡居民饮水安全底线；审议《兰州市养老服务条例》，依法推动解决兰州市老年人急难愁盼问题，更好满足多层次多样化养老服务需求。

【国家法治统一维护】 全面落实宪法宣誓制度，举办4次宪法宣誓仪式，引导和教育国家工作人员树立宪法意识，恪守宪法原则，履行宪法使命。推动“八五”法治宣传教育工作，开展“宪法宣传周”活动，发挥13个宪法联系点作用，宣传《宪法》和《民法典》《传染病防治法》等法律法规，推动宪法法律更好走入日常生活、走进人民群众。加强备案审查工作，听取审议备案审查工作情况报告，依法对报备的38件规范性文件进行审查。开展法规清理专项行动，对兰州市现行有效的40部地方性法规进行全面梳理。加强立法队伍建设，组织人大干部和立法人员通过视频形式参加全国人大地方立法培训班，持续提升立法队伍的法律素养和专业能力。

（穆晓娟）

6月2日，兰州市政法系统“反有组织犯罪共建平安兰州”知识竞赛

政法及综治工作

【概况】 2022年，面对维稳安保头等大事、新冠疫情防控现实考验、治理创新长远之事、良法善治利民实事、除险解纷急事难事，全市政法系统抓牢抓实补短板、强弱项、固底板、扬优势各项要求，维稳安保任务圆满完成，维护政治安全坚决有力，平安兰州建设加快推进，基层社会治理优化升级，扫黑除恶斗争常治长效，政法领域改革稳步推进，服务保障大局展现担当，政法队伍面貌焕然一新，刑事、治安案件发案同比下降25.8%、28.4%，持续巩固政治安全、社会安定、人民安宁的良好局面。

【政法工作部署】 市委常委会、市政府常务会38次专题研究基层治理、信访维稳、社会治安、扫黑除恶等平安建设重点工作，组织召开平安兰州建设工作会议、市委政法工作会议等23个专项会议，全面安排部署平安建设工作。市委、市政府主要领导带头履行保平安、护稳定第一责任人责任，逢会必讲安全、逢活动必强调稳定，先后80余次对突发事件处置、信访问题化解等工作作出指示批示。特别是市委主要领导经常听取审阅平安建设工作汇报，专题调研维稳安保、基层善治等重点工作，市委市政府分管领导带头包抓化解历史遗留疑难问题，示范带动各级各部门主要领导履行好保一方平安的政治责任。健全完善党委统筹推进平安兰州建设领导协调机制，制定出台《兰州市“十四五”平安建设规划》《关于建设平安首善市中打造更高水平平安兰州的实施方案》、法治兰州建设“一规划两方案”等一系列制度文件，推动中央和省市委各项决策部署在政法系统落地见效。创新制定《小兰社会治理综合指挥中心实体化运行工作指引》，配套出台5项制度机制，实现综治中心、三维数字社会服务管理中心和政务服务中心资源联动、并轨运行，形成“一中心牵引、三平台支撑、五机制保障”运行模式。优化平安兰州考核评价机制，对照《平安兰州建设目标责任书》任务清单，对8个县区以及98个部门和单位进行全面考核，推动平安建设责任落实到位。坚持以督导促整改抓落实，紧盯维稳安保、扫黑除恶、法治政府建设等重点工作和重要节点，组建4个厅级督导组、4个县级督查组，开展全覆盖、全过程督导检查，围绕公共安全、矛盾化解、巡逻防控等下发整改清单，整改各类问题112个，进一步传导压力、靠实责任，推动各项措施落地落实。

【平安兰州建设】 组织发起命案积案大起底，31起命案积案全部侦破。统筹推进打击整治养老诈骗专项行动，破获养老诈骗类现案171起，抓获犯罪嫌疑人145人，追赃挽损3.66亿元，全力守护金城百姓“养老钱”。集中开展夏季治安打击整治“百日行动”和兰剑系列行动，破获“七类”

案件395起，破案率93.4%，社会治安环境持续净化。持续推进"清源断流""清网亮剑"专项行动，破获毒品案件39起，抓获犯罪嫌疑人124名，毒品案件立案数、新发现吸毒人数分别同比下降55%、78.6%，七里河区成功退出禁毒预警通告地区。聚力打造"六位一体"防控体系建设"升级版"。健全完善"1+1+4+9"环兰警务协作机制，优化建立"一中心、四专班、六支撑"合成作战模式，完善"民警民兵民宗"联勤作战样式，4300余名警力屯警街面、动中备勤，确保重点部位绝对安全。巩固深化"雪亮工程"示范城市建设成果运用，整合各类视频监控资源6万余路，实现城乡重点部位、重点区域公共安全视频图100%高清联网覆盖。新建智慧安防小区310个，建成小区案件发案率下降34.9%。围绕重大政策制定调整和重大工程项目建设，严格落实社会稳定风险评估机制，完成稳评报备事项184件。坚持发展新时代"枫桥经验"，推行综治中心牵头、相关部门参与的矛盾纠纷集中化解模式，源头预防化解矛盾纠纷4004起，小西湖、九州派出所获评全国"枫桥式公安派出所"。组建三级矛调服务中心、120个专业调解组织和1.5万人的调解队伍，打造出"巾帼调解队""西湖义警""领头雁义警队伍""十户联防""房东管租客"等基层品牌，矛盾纠纷化解率始终保持在96%以上，真正把小矛盾小问题解决在基层。开展"控风险除隐患"安全生产百日攻坚整治行动，全市安全生产事故起数、死亡人数分别同比下降38.46%、19.78%。开展交通事故"减量控大"和交通环境综合治理，交通事故起数、死亡人数分别同比下降3.6%、19.7%。面对三轮本土疫情，日均投入警力4100余人昼夜奋战抗疫一线，牵头储备隔离点236个，累计转运隔离20.5万余人。

【市域社会治理创新】 依托市县乡村四级全覆盖组建的综治中心，建成四级小兰社会治理综合指挥中心1193个，配备人员、进驻人员3656名，设置群众接待大厅（窗口）以及指挥调度、分析研判、纠纷调解、心理咨询、法律服务、网格化服务管理等功能室，打造成汇集社情民意的"参谋部"、化解矛盾纠纷的"指挥部"、解决治理难题的"服务部"。建立汇聚"小兰帮办"、12345热线、网民留言、矛调、信访、网格、警情等7大类数据的线上线下对接机制，形成社会治理形势日报202期、专报103期，重大敏感信息由市平安办制发社会治理风险预警单、交办单、督办单206期，预警督办供暖供热、劳资欠薪、物业管理、教育培训、消费维权等领域较大涉稳事项126件，实现对社情民意和治理形势的无盲点感知预警、研判管控。统筹建设"小兰帮办"社会治理平台、平安甘肃信息化支撑管理平台和三维数字社会服务管理平台，构建覆盖全域、统筹利用、灵活服务的数据资源共享体。特别是建成"小程序+App+热线+平台"四位一体的"小兰帮办"社会治理平台，开发上线"小兰帮您""社工委""公安说反诈""检察微共治"等功能模块613个，优化上线"四帮"事项142项，累计注册944.09万人、日均访问量380余万人次，居民指尖办事、就近享受各类服务523.6万余次；鼓励群众线上"说事、议事、主事"，拓展"随手拍、随时报"等渠道，完善"我要报事""我有话说"诉求办理机制，联动12345热线办理各类诉求事件170余万件，四级公众诉求办理平台闭环办结事项17920件，办结率99%，达到网格员现场解决一批、社工委联动各方解决一批、逐级研判上报协同解决一批的效果；依托"小兰帮办"用户基数和海量扫码，搭建大数据警务实战预警平台，辅助社区民警更新基础数据135万余条，累计布控全国在逃违法犯罪嫌疑人8万余人，预警在逃人员轨迹信息1782条，协助办案民警抓获在逃人员110人。在全市427个社区全覆盖组建并运行"社工委"，2249个共建单位党组织和3.2万名在职党员干部向社区"双报到"，盘活街道社区、辖区单位、物业公司、志愿者等辖区资源，为"小社区"赋予"大能量"。建立协商议事平台，全力推动人大代表家（站）、协商议事室与"社工委"机制有效衔接，共同发动群众协商议事，线上线下联动开展帮困助学、敬老爱幼、环境卫生等志愿服务活动3万余次，让志愿服务深度融入基层社会治理中。开展"一村

（社区）一警一队伍”建设，组建“兰州蓝”退役军人志愿服务队1331支，获得全国学雷锋志愿服务“四个100”最佳志愿服务项目。将网格管理体系有机融入“街道—社区—小区”三级架构，在每个城市社区和农村网格组建联防联控队，在每个专属网格组建群防群治队，在每个社区组建小兰志愿服务队，推动网格与小区融合联动，协同开展情报信息搜集、矛盾纠纷调处、重点人员稳控、邻里巡逻守护等工作，三支队伍累计走访居民群众30万余户，采集各类信息60万余条，化解矛盾纠纷6230件，实现社会治理力量联合、矛盾联调、服务联动、平安联创。

【扫黑除恶】 及时调整扫黑除恶斗争领导小组，增加3名行政编制，在全国率先推动市级扫黑办实体化运行。制定出台《反有组织犯罪法》宣传贯彻、重点地市整改、《集中攻坚月》等工作方案，探索建立每月研判会商、季度调度抽查、半年通报督办、年度述职考核等7项工作机制，有效运行组织领导、线索办理、协作配合、防范治理、工作运行5大类50项制度规范。表彰奖励扫黑除恶先进集体、先进工作者230个（名），持续营造扫黑除恶浓厚氛围。利用“小兰帮办”“12345”热线以及市场监管、民政、文旅、金融、信访等行业部门信息平台，多渠道收集问题线索。依托市县两级线索核查中心和各单位核查组，采取领导包案、组建专班、限时办结等措施，高标准开展线索核查处置工作。健全落实线索研判分流转办制度，细致梳理、分类管理、建立台账、对账销号，累计排查受理核查涉黑涉恶线索141件，办结130件，11件申请延期，办结率92.2%。紧盯省上确定重点打击的12类黑恶势力和“黄赌毒”、高利放贷、套路贷等突出违法犯罪，开展黑恶霸痞势力专项整治行动，深挖打掉隐藏较深、洗白较早、关系复杂的黑恶势力，铲除村霸等霸痞势力，累计打掉黑恶组织和“村霸”9个，破获刑事案件53起，抓获犯罪嫌疑人57人。持续推进“双专班”办案模式，实现扫黑与“打伞”同向发力，查处涉黑涉恶腐败和“保护伞”案件22起，处理24人，整顿软弱涣散党组织22个。集中整治网络信息、自然资源、交通运输、工程建设领域乱点乱象问题，部署开展打击涉互联网黑恶势力犯罪百日攻坚行动，破获本地电信诈骗案件2648起，紧急止付金额55.96亿元，发案同比下降39.4%；下发矿山地质环境恢复治理、安全生产等整改通知70份，暂扣采矿许可证10套；查处客运企业主体责任不落实、客运市场秩序不规范等问题219起，超限超载车辆586辆；组织开展建筑市场和房地产市场专项整治行动，督促整改问题42个。开展教育、金融放贷、市场流通等三大领域专项整治，组织排查出问题金融组织及其他机构20家，下发整改通知书55份，主动劝退融资担保机构4家，报请省金融监管局注销小额贷款公司4家、典当行经营资质4家；发布各类市场流通领域信息动态1007条，检查餐饮服务场所362家、经营主体5000余家次，查办食品类违法案件4起，有效铲除黑恶滋生土壤。

【执法司法质效提升】 开展“贯彻习近平法治思想、加快推进全面依法治市”专题调研，评选申报国家、省级法治政府建设示范评选项目2个，打造全国民主法治示范村（社区）13个、全省民主法治示范村（社区）142个。落实“八五”普法规划，推进法治文化惠民工程、“法律明白人”培养工程，组建兰州市“八五”普法讲师团，开展“全民诵读民法典”“疫情防控·法治同行”“法润黄河少年”等主题普法活动1.5万余场次，培育“法律明白人”3756人。全面推行民事案件“分案＋选案”“速裁＋精审”改革模式，平均审限缩短14天，服判息诉率91.6%。推进检察机关内设机构和办案组织建设，设立办案组61个，遴选17名员额检察官及时补充一线办案。深化受立案和刑事案件“两统一”改革，建成运行执法办案管理中心2个、标准化办案区150个，271名法制监督员派驻基层一线。完成行政复议体制改革任务，市本级增设行政复议业务科室2个，增加人员编制12名，审结行政复议案件244件。制定实施《案件督办协调工作办法》《审判权运行管理规定》等制度机制，确保司法权规范有序。上线运行政法跨部门大数据协同办案平台，六类案件推送3671件，实现100%线上流转。部署开展全市政法系统优劣质案件评选和重点案件质量评查，推选优、劣质案件各25件。开展涉法涉诉信访案件攻坚化解专项行动，接待受理来信来访件1456件，攻坚化解信访积案13件。紧扣营商环境法治供给，召开全市政法系统联系服务民营企业座谈会，制定《兰州市优化营商环境办法》，推出政法系统优化营商环境10条措施，在全省率先推行涉案企业合规第三方监督评估工作机制。推进“我为群众办实事”活动，户政业务“5类迁移+2类证明”跨省通办，“一窗通办”试点运行。完善“12345”公共法律服务体系建设，实施法治为民办实事（市级）项目16项，建立“万所联万会”机制，常态化开展民营企业“法治体检”2300余次，解答企业法律问题咨询3000余件。

【固魂铸剑锻造政法铁军】 坚持完善“第一议题”、理论学习中心组学习、青年理论学习小组等制度，分系统开展专题党课20余场次，举办政治理论学习读书班90余场次，邀请专家学者集中授课40余场次，不断筑牢对党忠诚的政治灵魂。集中开展“喜迎二十大·忠诚保平安”主题实践活动，充分发挥“党史长廊”、八路军驻兰州办事处纪念馆革命教育基地作用，推动实施党建规范提升行动，广泛开展深学党章、重温誓词、过政治生日等主题活动，不断提高“政治三力”。健全完善“教学练战”一体化练兵体系，围绕实战应急处置，组织开展实兵对抗、徒手防控、安全防护等各类拉动演练59次。围绕司法素能提升，全覆盖推进理论素养、司法能力、攻坚能力、司法形象、为民办实事“五大行动”。围绕检察监督主业，组织“十佳公诉人”暨刑事检察业务竞赛，开展“学比练赛”、业务竞赛、岗位练兵等业务实训478次。在全省率先制定《公安机关专家、能手人才库建设管理办法》，建立全市公安专业人才库23个380人。组织开展教育整顿期间作风顽疾整改落实情况“回头看”，逐个推动建立9大类23项制度机制。持续抓好廉政风险排查整治，以案件促进整改整治，依法查处干警违纪违法问题27起31人。突出典型引领正向激励，组织开展“忠诚护航二十大·巾帼建功新时代”主题宣讲、“青春永向党·忠诚保平安”青年民警恳谈会等活动，常态开展战时表彰，完成双警异地夫妻“团圆计划”14对。持续开展“一月一主题”宣传，策划推出“人民警察节”“政法英模”“巾帼英雄”等主题宣传，《长安》杂志、长安网刊登转发亮点工作22篇。举办全市政法系统“反有组织犯罪、共建平安兰州”知识竞赛。《草原骑警》《警察社交恐惧症》获得第四届“陇原剑”新闻作品评选一等奖，微电影《寻》获得第九届亚洲微电影艺术节“平安中国单元好作品”奖，剧本《红线》获得第六届平安中国“三维”比赛“优秀作品”奖。

（许文鹏）

法治政府建设

【概况】 2022年，召开市委全面依法治市委员会会议、全市法治政府工作会议、依法治市办主任会议和各协调小组会议，制定出台《兰州市法治政府建设实施方案（2021—2025年）》等重要文件12件，健全完善法治政府建设体制机制，统筹推进各项工作。

【规范性文件建设及重点行政决策】 兰州市司法局健全完善专家协助审核制度，创新“行政机关+高校”工作新模式，成立兰州行政规范性文件合法性审核研究基地。全年，审查市政府常务会议议题252件次，市政府法律顾问对各类政府涉法事务出具法律建议109件，参加市政府各项重大事项研究协调会议83次。全年共审核市政府指导意见、工作方案、应急预案和实施规划等文件343件，提出意见建议1029条。

【行政执法监督】 指导、协调市生态环境、交通运输、农业农村、文化旅游、市场监管、城市管理、应急等综合行政部门全面梳理、规范和精简执法事项，整合执法职责和队伍，下移执法重心，推进跨领域跨部门综合执法。开展行政执法规范化建设年行动，印发《2022年兰州市行政执法规范化建设年活动实施方案》，通过强基础、强规范、强改革、强监督、强服务、强形象等“六强”行动，着力提升兰州市行政执法规范化水平。落实行政执法案件年度报告制度。印发《兰州市司法局关于报送年度行政执法信息的通知》，全市共有行政执法主体551个。其中，市级行政执法主体100个；县区级行政执法主体451个。全年全市办理行政执法案件约267.36万件。其中，市直部门约258.4万件；县区约8.96万件。逐年加大城市治理等重点领域执法力度。公示行政执法信息55.44万余条。其中，行政许可信息49.44万余条；行政处罚信息6万余条。首次采用手机线上考试的模式组织全市行政执法人员参加考试，全市参加手机线上考试11412人。开展两轮次行政执法案卷评查工作，并将评查结果在全市通报。梳理完善“两轻一免”事项并对外公布，全市共11家行政执法单位制定出符合本部门的“两轻一免”事项61项并对外公布。全年全市各级行政执法机关实行行政柔性执法案件9.6万余件，适用“两轻一免”行政处罚案件7.4万余件。开展物业服务市场秩序专项执法监督，联合发改、住建、市场四个部门印发《关于在全市开展物业服务市场秩序专项执法监督活动的方案》《关于在全市开展物业服务市场秩序专项执法监督活动联合检查的通知》，进一步整顿和规范物业服务市场秩序。

【行政复议】 全年收到行政复议申请238件，受理223件，受理案件中审结169件。其中，驳回7件；维持105件；撤销6件；确认违法8件；调解6件；终止37件。

【行政应诉】 2022年，出庭参加行政应诉案件61件，兰州市司法局及时向法院提交答辩意见，并全部出庭参加应诉。配合法院调解行政诉讼案件调解，妥善化解行政争议。全年通过诉调对接调解的案件52件。

【行政法制审核】 贯彻落实《重大行政决策程序暂行条例》，审查市政府常务会议议题252件次，市政府法律顾问对各类政府涉法事务出具法律建议109件，参加市政府各项重大事项研究协调会议83次。向国务院、省人大常委会、省政府和市人大常委会备案规章、行政规范性文件10件，行政规范性文件报备率、及时率、规范率达到100%。

（刘延涛）

公安

【概况】 2022年，全市公安机关深入学习宣传贯彻党的二十大精神，全面落实省、市第十四次党代会精神，抢抓“强省会”行动战略机遇，锚定“整体工作全省当排头、优势工作西部创示范、单项工作全国争标兵”目标，全力以赴战疫情、防风险、保安全、护稳定、促发展，扎实推动更高水平“平安兰州”建设，全年刑事、治安案件同比分别下降25.8%、28.4%，全市政治社会大局稳定态势更加巩固。

【维稳安保】 健全完善“1+1+4+9”环兰警务协作机制，严格通道查控和风险过滤，注重应急处突能力建设，组建1250人应急处突力量常态备勤，组织实兵对抗、应急处突、反恐防暴等各类实战拉动演练52次、最小作战单元应对处置演练35次、大型活动拉动演练5次、跨区域紧急拉动演练2次，全面提升社会面整体掌控力。全年群体性事件数、参与人数同比下降89.9%、87.4%。“兰洽会”“省运会”等496场次大型活动安全顺利完成。

【突出犯罪打击】 锚定创建扫黑除恶示范市目标，加强自然资源、网络借贷等领域乱象整治，不断健全内部联动和部门协同长效机制，推进专案侦办和线索核查，持续巩固专项斗争成果。全年受理办结涉黑涉恶线索208条，打掉涉黑涉恶团伙及村霸9个，破获刑事案件53起，抓获犯罪嫌疑人57人。

开展“断卡”“断流”“拔钉”等专项行动，优化完善“全警打电诈、全民防电诈、全社会反电诈”整体格局，“打防管控宣”一体推进、同步发力。全市立案3447起、同比下降38.36%；群众损失4.12亿元、同比下降24.57%。抓获犯罪嫌疑人1986人，同比上升35.84%；破获本地电诈案件3220起，现案破案率60.54%、同比上升16个百分点；紧急止付59.3亿元、同比上升49.75%；冻结涉案资金2.98亿元、同比上升56.63%；发还受害人资金1740万余元、同比上升33.85%；国家反诈App安装94.34万人、同比上升

8.6%，采集率63.52%、同比上升50.96%；预警劝阻170万余条、上升14.09%。

以“百日行动”和“兰剑”系列行动为牵引，以打开路、打防并举，保持对各类违法犯罪的高压震慑态势，全年破获刑事案件7217起、同比下降2%。推进“清源断流”专项行动，抓实抓细禁吸戒毒各项工作，全力以赴打团伙、摧网络、抓毒枭、断通道、缴毒资，涉毒案件下降50.8%。坚持“命案可防可控”理念，破获现行命案22起、攻破积案17起。严打各类严重暴力犯罪，重点加大对性侵、寻衅滋事、聚众斗殴等季节性多发违法犯罪的打击力度，破获“七类”案件366起，破案率100%。

【护航民生发展】 深化“放管服”改革，借力“小兰帮办”深化“我为群众办实事”，户政业务“5类迁移+2类证明”跨省通办，“一窗通办”试点运行，民情通办结率100%，群众满意率95%以上。升级打造“户籍e办”暖心版，专门针对老年人群体优化完善相关操作流程和服务功能，人民群众幸福感、获得感、满意度不断提高。全力“清险护航”，严打经济金融领域违法犯罪，破获经济犯罪案件426起，挽回经济损失20.6亿元。

牢固树立安全发展理念，紧盯不安全、不放心、不托底的治安要素，深入推动“见底行动”，彻底清除风险隐患。纵深推进打击整治枪爆行动，全面强化枪支弹药、危爆物品等重点管控，确保不打响、不爆响。加快网约房智慧管控平台建设，上线运行兰州市低慢小便民服务平台，联合行业主管部门开展常态检查，不断压实安全主体责任，持续加大新业态新领域安全监管力度，消除监管盲区，提升管理水平。推进交通事故“减量控大”和交通环境综合治理，统筹做好疏堵保畅、事故预防等工作，交通事故起数、死亡人数、致伤人数分别同比下降1.4%、13.3%、1.5%，重大交通事故“零发生”。

6月7日至9日，市公安局完成2022年高考护航安保任务

面对疫情，全警坚守在战疫最前沿、奋斗在防控第一线，为打赢疫情防控“兰州战役”作出了公安贡献。强化追阳断链，依托“三公（工）”联勤机制，统筹优势资源手段，发挥公安大数据特殊作用，形成高质量流调报告2万余份，高效排查密接等高危人员5万余人、核查涉疫人员信息20万余条，受到中央、省市领导充分肯定。强化风险防范，做好应急处置，为疫情防控工作创造良好外部环境。

【基层基础建设】 优化建立“一中心、四专班、六支撑”合成作战模式，实体运行“三级指挥调度、四级分析研判”工作机制，牵引带动勤务模式、安保维稳、打击破案等工作变革，核心战力显著提升，刑事现案破案率达56.7%，同比上升12.7个百分点，为近五年最高水平。全力推进社会治安防控体系标准化示范城市创建，连续开展三轮夏夜治安巡查宣防集中统一行动，加快环兰防控圈智能化升级，“两队一室”“一村（区）一警”落地运行，新建智慧安防小区1015个，寻衅滋事、打架斗殴、“两抢一盗”等可防性案件大幅下降30.4%。

强化智慧赋能，加快公安大数据分中心二期建设，新增社会数据20.14亿条、互联网数据100万条，夯实基础保障，常态化开展“一标三实”基础信息采集维护，新增采录标准地址11万余条、实有人口29万余条、实有房屋5000余条、实有单位1000余条，确保基础数据准确。组织开展治理大提升专项行动，服务查处行政案件1036起、破获刑事案件137起，抓获逃犯29人、查处吸毒人员11人。

坚持和发展新时代“枫桥经验”，融入“社工委”机制，源头预防化解矛盾纠纷5558起，建成人民调解委员会驻派出所调解室111个，聘任人民调解员751人，小西湖、九州派出所获评全国“枫桥式公安派出所”。攻坚推进疑难信访案件“清仓”“摘牌”，三级重点信访案件化解率达到100%，提前完成“摘牌”目标，群众来信来访同比下降33.3%，实现“事心双解”。深化受立案和刑事案件“两统一”改革，建成运行“一站式”执法办案管理中心2个、标准化办案区150个，健全执法监督“五级审核把关”制度，278名法制监督员派驻基层所队，不捕率、不诉率实现“双下降”，队伍法治素养和执法办案水平显著提升。

【铸造公安铁军】 不断巩固拓展党史学习教育和固魂铸剑行动成果，着力锻造“三个绝对”“四个铁一般”过硬金城公安铁军。牢牢把握“公安姓党”的根本政治属性，坚持把党的绝对领导、全面领导贯穿工作全过程、各环节，确保公安工作始终沿着正确方向前进。坚持把学习宣传贯彻党的二十大精神作为当前和今后一个时期的首要重大政治任务，教育引导全警深刻领悟“两个确立”的决定性意义，全面增强做到“两个维护”的政治自觉、思想自觉、行动自觉。认真组织开展“喜迎二十大·忠诚保平安”主题实践活动，充分发挥“党史长廊”、公安特色教育基地作用，大力推动实施党建规范提升行动，广泛开展深学党章、重温誓词、政治生日等主题活动，教育全警严守政治纪律和政治规矩，不断提高“政治三力”。

面向实战、聚焦打赢，紧贴二十大安保维稳实际，健全完善“教、学、练、战”一体化练兵体系，充分发挥市警校教学实训基地、特警支队战训基地和基层基础实训基地作用，推动全警实战大练兵“新提升”。抽调警务实战教官组建送教督训组，采取一线送教、“红蓝对抗”等形式，多轮次开展全覆盖实战训练，不断提升单兵作战和整体战斗力。

坚持严管厚爱结合、激励约束并重，结合“清廉兰州”建设，推动构建具有兰州公安特色的大监督格局，压紧压实全面从严管党治警政治责任和“一岗双责”，不断净化警营政治生态、培育清风正气。持之以恒推动党风廉政建设和反腐败斗争，锲而不舍纠治“四风”顽疾，严格执行新时代政法干警“十个严禁”和公安部严禁违规宴请饮酒“六项规定”等铁规禁令，狠抓“八小时外”教育管理，及时发现消除“枪车酒赌毒密网”等重点领域苗头隐患，开展廉政报告、警示教育97场次，确保队伍肌体康健。聚力打好各项爱警暖警“组合拳”，着力解决民辅警现实困难问题，真正让“有困难找组织”成为全警第一选择。突出典型引领、正向激励，高规格组织开展“公安心向党·护航新征程”主题宣传活动，队伍向心力、凝聚力、战斗力全面提升。

（蒿　荣）

检　察

【概况】 2022年，兰州市检察机关统筹推进疫情防控和检察业务，以推动高质量发展为主题，以能动检察为要求，深入落实“一中心、四聚焦”全市检察工作总体思路，以高度的政治自觉、法治自觉、检察自觉，服务中心大局，强化法律监督，各项工作稳中有进。有六项工作在省级以上层面作经验交流，有38件案件入选全国、全省检察机关典型案、事例。市检察院、兰州新区检察院获评第十届全国检察机关“文明接待室”，市检察院获评“平安兰州建设先进单位”“全市禁毒工作先进单位”，市检察院第一检察部获评“平安甘肃建设先进集体”；1名干警获“全国优秀办案检察官”称号，4名干警被评为“全国检察宣传先进个人”，14个集体和19名个人受到省级以上表彰奖励。

【维护国家政治安全和社会稳定】 贯彻总体国家安全观，把维护国家政治安全作为首要任务，部署开展专项行动7项，专题调度督导39次，健全完善制度机制11项，依法严惩各类危害国家安全犯罪和邪教组织犯罪。维护社会公共安全，依法惩治“盗抢骗”“食药环”“黄赌毒”等案件，起诉858人。常态化开展扫黑除恶斗争，起诉涉黑恶犯罪56人，4人被评为全省扫黑除恶专项斗争优秀个人。持续推进落实最高检

4 月 22 日上午，全市检察、公安机关“侦查监督与协作配合办公室”揭牌

“三号检察建议”，全力化解金融风险，参与全市不良资产清收处置工作和高风险机构化险，依法惩治破坏金融管理秩序、金融诈骗犯罪，起诉 37 人，追赃挽损 446.19 万元。

【营商法治环境优化】　起诉侵犯营商主体合法权益、扰乱正常生产经营秩序、破坏市场公平竞争的各类犯罪 804 人。强化涉民企案件同步审查，依法对涉案民企人员不批捕 95 人、不起诉 244 人。在全省率先推行涉案企业合规第三方监督评估工作机制，联合市政府国资委、市财政局、市工商联等九部门印发《实施办法》，建立第三方评估小组人员库，企业合规案件办案量全省第一。“线上 + 线下”走访企业 1436 家，解决涉法涉诉问题 23 个，为企业排忧解难。成立知识产权检察办公室，组建专门办案组 4 个，办理侵犯知识产权案件 23 件。

【助推乡村振兴】　依法打击危害农村稳定、破坏农业生产、侵害农民利益的违法犯罪 1001 人，依法打击虚报冒领、贪污挪用涉农资金职务犯罪案件 16 件 19 人，做好涉案财物快速返还工作，确保乡村振兴资金安全规范使用。开展“公益诉讼助力乡村振兴”专项活动，对农村生态环境治理、农业资源保护、农产品供给安全等领域损害公益的问题依法开展能动监督，办理相关案件 147 件。落实“四个不摘”要求，继续做好帮扶工作，市检察院自筹资金 18 万余元支持帮扶村基础设施建设，帮扶工作连续 9 年被市委评为优秀等次。

【生态环境司法保护】　推行“专业化监督 + 恢复性司法 + 社会化治理”生态检察工作模式，助力巩固蓝天、碧水、净土保卫战成果。突出办理生态环境和资源保护领域案件，起诉破坏生态环境资源犯罪 23 人，审查生态环保公益诉讼案件线索 236 件，依法立案 216 件，发出诉前检察建议 183 件，采纳率 97.8%。办理黄河“趸船案”，通过检察监督，解决影响黄河岸线水域安全的历史遗留问题。建成生态环境修复公益林地 415 亩，推动公益诉讼办案效果落实到生态环境修复和改善上。

【检察为民办实事】　起诉制售有毒有害食品、假药劣药等食品药品犯罪 40 人。督促整改窨井安全隐患 73 处，发出检察建议 13 份。办理寄递违禁品案件 7 件，与邮政、公安等部门加强协作共同守护“包裹里的安全”。加强未成年人司法保护，全面推开强制报告和入职查询制度，推进未成年人检察业务统一集中办理，相关经验做法在全省检察机关作经验交流。全流程落实“最有利于未成年人原则”，对涉轻罪未成年人不起诉 51 人，以“零容忍”态度打击侵害未成年人犯罪 103 人，制发“督促监护令”73 份。开展打击整治养老诈骗专项行动，打击侵害老年人权益犯罪 178 人，帮助 675 名老年人追回“养老钱”2094.1 万元。维护农民工合法权益，办理涉农民工讨薪案件 97 件，帮助 145 名农民工追回欠薪 2003 万余元。办理支持起诉案件 173 件，为弱势群体依法维权“撑腰”。接受群众信访 1370 件，均在 7 日内告知“已收到、谁在办”，3 个月内办理情况答复率 100%。以公开促听证、用听证赢公信，组织检察听证 818 件。开展困难群众司法救助，为 36 个贫困当事人家庭发放司法救助金 61.4 万元。

【反腐败斗争】　加强监检办案衔接和配合制约，依法提前介入监委调查案件 40 件。加大查办司法工作人员相关职务犯罪案件力度，调查核实案件线索56件，立案数全省第一。

【社会治理】 创新打造“社工委+检察”示范运行机制，推行公益诉讼观察员、“微共治”等“六个一”检察为民举措，注重安全隐患案件办理，让“家门口”的检察院落地见效。推行“检察听证+诉讼和解+司法救助”新机制，成功化解矛盾纠纷331件，着力打造新时代“枫桥经验”兰州检察实践样本。坚持“一个案例胜过一打文件”理念，公开发布全市检察机关典型案例、优秀检察建议6批48件。坚持“治罪”与“治理”并重，跟进落实最高检一至八号检察建议，结合实际发出社会治理类检察建议208件，采纳率100%。落实普法责任制，线上、线下相结合开展法治宣讲535场，引导全民尊法学法守法用法。助力打赢新冠疫情防控阻击战，从严从快办理涉疫案件13件，发布妨害新冠疫情防控犯罪典型案例5件。

【刑事检察】 以“能动司法”理念促进刑事检察做优。部署开展“两项监督”“知识产权案件抗诉”等专项活动53项，监督立案32件、撤案31件，追捕追诉72人，提出抗诉11件，监督纠正刑事审判活动违法11件，坚守司法公正底线。监督纠正“减假暂”执行不当131人，监督纠正脱管、漏管6人，刑事执行检察工作稳居全省第一。落实检察环节国家刑事司法政策，发挥“捕诉一体”优势，落实审前主导责任，提前介入引导侦查545件。坚持宽严相济，不捕率、不诉率同比分别上升72.93%、101.73%，审前羁押率同比下降39.31%。规范认罪认罚从宽制度适用，精准确定定刑量刑建议，在监督办案中充分释放司法善意，促进社会和谐稳定。

【民事检察】 健全完善抗诉、检察建议等法律监督方式，增强监督的主动性、精准度和实效性，办理各类民事诉讼监督案件376件。优化生效裁判监督，受理生效裁判监督案件123件，发出再审检察建议20件，采纳率95%。深化审判违法监督，受理民事审判违法监督案件31件，提出检察建议14件，采纳率100%。强化民事执行监督，受理民事执行监督案件49件，提出检察建议28件，采纳率100%。受理支持起诉案件156件，支持起诉125件，为弱势群体在诉前、诉中、诉后提供全方位保障。开展虚假诉讼领域深层次违法行为监督，发出再审检察建议6件，均被法院采纳。

【行政检察】 坚持以行政诉讼监督为基石、以行政争议实质性化解为牵引、以行政非诉执行监督和行政违法行为监督为增长点，完善多元化行政诉讼监督格局。办理各类行政检察案件172件，1案入选全国行政非诉执行监督优秀案件。向法院提出抗诉、再审检察建议、审判程序违法和执行监督检察建议24件。向行政机关提出纠正违法检察建议136件。创新开展司法行政强制隔离戒毒检察监督专项活动，发现并督促纠正各类问题16个。开展行政争议实质性化解工作，化解争议69件。在全省率先制定《司法行政强制隔离戒毒检察监督实施细则》，建立以“驻”为主，“驻”“巡”结合的监督制度，办理相关案件16件，办案量全省领先。

【公益诉讼检察】 坚决扛起公益代表人职责，通过磋商、检察建议等方式，督促357个公益侵害问题在诉前得到解决。对检察建议未落实的，提起公益诉讼29件，均获法院判决支持。紧盯国有土地出让、国有财产流失问题立案29件，同比增长8.7倍，紧盯公共安全、妇女权益保障等新领域问题立案74件，公益诉讼案件范围不断拓展。全市有14件案件入选最高检公益诉讼“千案展示”案例。

【检务管理】 强化对“案”的管理，深化运用“案—件比”质效评价指标，刑事检察“案—件比”优化为1.07，有效减少了群众诉累。优化对“人”的管理，深化落实检察人员“全员、全面、全时”考核机制，相关做法受到最高检通报表扬。深化对“事”的管理，抓实“五步工作法”，创新开展“决胜二季度、冲刺‘双过半’”“脱薄攻坚季”系列行动，推动各项检察工作争先创优。

【数字检察】 着力打造“数字检察”“智慧检察”，通过大数据云计算、人工智能等科技手段，先后采集筛选、分析研判案件线索649条，立案120件。持续优化检察业务应用系统2.0、政法跨部门大数据协同办案平台、律师互联网阅卷等平台应用，为检察履职插上科技“翅膀”。一体加强声像资料、电子数据等检察技术应用工作，办结技术案件35件，1案入选全国检察技术与数字监督典型案例。

（山瑞彬 李 丹）

法 院

【概况】 2022年，兰州市中级人民法院以“先发力、带好头”的兰州担当，打造强省会司法先行示范高地、护航营商环境司法服务优选高地、锻造固魂铸剑司法生态建设高地“三个高地”建设，发挥审判职能，彰显首位首责，各项工作得到全面提升。年内，全市法院受理各类案件130377件，审执结90710件，同比分别上升0.1%和下降7.9%，法定审限内结案率98.9%。其中市中院受理各类案件11758件，审执结9139件，同比分别下降21.8%和26.9%，法定审限内结案率98.2%。

【平安稳定维护】 受理刑事案件4051件，审结3094件。开展常态化扫黑除恶斗争，贯彻实施《反有组织犯罪法》，持续推进“案件清结”“伞网清除”“行业清源”，审结涉黑恶案件12件57人。坚持“打财断血”，“黑财清底”专项执行到位1.01亿元。严格贯彻受贿行贿一起查的司法政策，审理职务犯罪案件122件。参与全民反诈专项行动，审结电信网络、集资、养老等诈骗案件554件。依法审理重大毒品犯罪案件118件，参与禁毒示范城市创建。加强人权司法保障，对1168名轻罪被告人依法适用缓刑等非监禁刑。审结减刑、假释、暂予监外执行等案件259件，促进罪犯改过自新。审结杀人、抢劫等暴力犯罪案件141件。

【民生权益保障】 受理民商事案件81196件，审结53573件。加强民生司法保障，妥善审理就业、医疗、社保、住房养老等民生案件5713件。妥善化解婚姻家庭、赡养抚养纠纷4052件，发出人身安全保护令8份。开展“法护青春”系列活动，审结涉未成年人犯罪案件41件，对28名未成年人实施犯罪前科封存。审结劳动、劳务纠纷3843件，帮助农民工讨回工资3.2亿元。为当事人依法减缓免诉讼费23.8万元，发放救助金73.9万元。

【助推法治政府建设】 受理行政案件1422件，审结985件，其中审查行政非诉执行案件323件。深化府院联动机制，加大行政争议实质性化解力度，妥善化解新型基建、民生工程等领域矛盾纠纷294件，以撤诉和解的方式结案83件，保障重大项目建设顺利推进。参与全市在建城区历史遗留违法建设综合治理工作，提供司法建议。参与市直单位重大决策事项的法律审查，指导行政机关理清职能。审结赔偿案件62件，依法规范公权、救济私权。

【筑牢社会诚信】 受理执行案件43708件，执结33058件，执行到位金额159.02亿元。发布失信被执行人名单4356例，对22630名被执行人限制高消费。对存在救治可能的企业，引导通过和解分期履行、“执转破”等方式为企业纾难解困。成立一站式执行事务服务中心，实行执行案件繁简分流、集约执行，规范管理。把涉金融不良资产案件专项清理作为重要政治任务，开展“陇原执行百日清收攻坚行动”，办结移交案件224件，执行到位金额16.78亿元。推进历史遗留“登记难”问题化解，通过引导诉讼方式为化解“登记难”工作提供法院方案。

【营商法治环境优化】 出台《关于服务兰州高质量发展优化营商环境的实施意见》，以营造“十一个环境”为抓手，自觉扛起优化法治化营商环境的政治责任。审结涉企合同纠纷21844件，金融纠纷9107件。建立中小微企业审执“绿色通道”，审执案件16319件，支持企业资产重组盘活，审结股权转让案件189件。建立规范破产案件审理“五项制度”，探索破产案件繁简分流和快速审理机制，落实“僵尸企业”出清要求，审结破产案件23件。在兰州新区设立知识产权法庭巡回审判点，助力高新企业维权诉讼。审理各类知识产权案件789件，探索建立知识产权司法保护和行政保护联动机制。重视“智慧法院”建设，搭建“云桌面”平台，使办公办案更加便捷、高效。推进电子卷宗随案同步生成和深度应用，电子卷宗覆盖率100%。强化司法公开，庭审直播案件3703件，网上公开裁判文书23167份。深化司法大数据与经济社会风险隐患关联分析，编印《社会治理审判研报》，为党委政府预防风险、科学决策提供参考。

【办实事法律服务保障】 提升诉讼服务质量。深化“一站式”多元解纷和诉讼服务体系建设，畅通自助立案、网上立案和跨域立案服务等立体化诉讼渠道。始终坚持把非诉纠纷解决机制挺在前面，与工会、金融、保险等建立“法院+”诉前调解机制，完善道路交通、物业纠纷等类型化调解机制，诉前多元化解纠纷13022件。服务乡村振兴战略。落实市委“打造全省乡村振兴示范区共同富裕先行区”要求，及时出台《关于充分发挥审判职能作用服务保障乡村振兴战略的实施意见（试行）》，选派4名干部长期驻守，全力做好巩固拓展脱贫攻坚成果同乡村振兴有效衔接。妥善化解“三权”分置改革中涉农村土地承包、经营权流转等纠纷125件。筹措帮扶资金10万元，开展技能培训200余人次，发放“天平助学金”2.4万元。践行“枫桥经验”，弘扬“马锡五审判方式”，建立均家滩社区法律服务站，完善“庭所共建”制度。紧扣企业“疫”后重振司法需求，出台《关于进一步加强服务保障常态化疫情防控和经济社会发展的实施意见（试行）》，开展“法润民企”复工复产专项行动36场次，妥善审理涉疫纠纷380件，最大限度消减疫情带来的冲击。护航黄河流域生态，落实习近平总书记提出的保持黄河水体健康的要求，建立“审判+服务”“保护+修复”“联动+融入”“宣传+引导”的工作模式，与相关部门建立工作联动、矛盾联排、纠纷联处，审结环境资源刑事案件26件、民事案件324件、公益诉讼案件6件，为“母亲河”筑牢司法屏障。

【审判监督管理】 落实司法责任制，加强对“四类案件”和“发改指”案件的监督力度，实现重点案件重点监管。加强对下指导，以审判态势分析、类案审理指引、审判问题答疑等方式，帮助县区法院解决适用法律问题。协调省法院为案件数量较多的基层法院增加员额编制，遴选员额法官。

【司法体制改革】 扎实推进四级法院审级职能定位改革试点，确定17项重点任务和8项制度建设清单，形成“1+2”改革制度体系，通过优化级别管辖标准、完善提级管辖和再审申请制度，提升两级法院整体司法能力。全面推行民事案件“分案+选案”“速裁+精审”改革模式，用足用活司法确认、小额诉讼、简易程序、独任制审理、电子诉讼，小额诉讼、简易程序适用率80.8%，平均审限缩短14天，服判息诉率91.5%，实现“简案”快办提效，“繁案”精审提质。

【审判队伍建设】 出台《兰州市中级人民法院绩效考核办法》，下发《市法院全面提升审判执行质效“百日攻坚”行动方案》，使各县区法院、中院各审判执行庭室年度绩效考核有据可依。针对中层干部老化、年轻干部断档、队伍活力不足等突出问题，全力优化干部结构，调整后，56名内设部门正副职平均年龄51.37岁，降低4.1岁；37名内设正副科级领导干部平均年龄37.79岁，降低9.33岁。其中“80后”科级领导干部33名，占89.19%。

（阎先顺）

司法行政

【概况】 2022年，全市司法行政工作坚持以习近平法治思想为指导，以深入学习贯彻党的二十大精神为主线，持续推进全面依法治市、行政立法、法治政府建设、普法宣传、公共法律服务等工作向纵深发展，并取得为兰州市社会经济高质量发展提供坚实的法治保障。

【政府立法】 编制市政府五年立法规划和年度立法计划。全年拟定地方性法规3部、制定政府规章3部，其中城市安全发展地方性法规和黄河文化保护政府规章两部立法均为全国首创，优化营商环境办法为全省首部。废止《兰州市预拌混凝土管理办法》《兰州市水路交通管理办法》《兰州市黄河风情线管理办法》3件政府规章，修改《兰州市地质灾害防治管理办法》。全年召开立法审查论证会16次，立法座谈会1次、立法后评估论证会1次，召开线上、线下修改会10余次。

【依法治市】 筹备召开市委依法治市委员会第六次会议和办公室主任会议，起草制定《兰州市法治政府建设实施方案（2021—2025年）》等12份制度文件。成立市委依法治市办秘书科，严格落实《兰州市党政主要负责人履行第一责任人职责情况列入年终述职内容的实施意见》，精准确定述法主体，实现全市各级主要领导、领导班子成员及县级干部和单位（科室）负责人年度述法“应述尽述”全覆盖。持续优化年度法治绩效考评工作，形成“三类三级”指标体系，加大考评分值权重，以考核指挥棒促进工作整体提升。加强法治督察，开展市县法治建设专项督察2轮次，组织自查整改3次，实现市县两级法治督察全覆盖。坚持法治为民思想，围绕“强省会”行动、系统推进兰州实现高质量发展要求以及人民所需所盼所想，确定制定《兰州市文明城市建设促进条例》等16件年度法治为民办实事项目。

【依法行政】 组织召开法治政府建设工作会议，明确法治政府建设的发展方向和工作重点。开展法治政府示范创建调研和行政复议体制改革专项督察各1轮次，评选申报国家、省级法治政府建设示范创建项目2个。编制市政府五年立法规划和年度立法计划，提请市人大常委会审议《兰州市城市安全发展条例》等地方性法规3部，制定修改《兰州市优化营商环境办法》等政府规章3部，废止政府规章3部，召开立法论证会16次。持续深化行政执法“三项制度”，把严格规范公正文明执法落到实处，不断提高行政执法公信力，努力让人民群众在每一起行政执法案件中感受到公平正义，全市各行政执法单位办理行政执法案件268万余件，公示行政执法信息55.44万余条。贯彻落实《重大行政决策程序暂行条例》，审查市政府常务会议议题252件次，市政府法律顾问对各类政府涉法事务出具法律建议109件，参加市政府各项重大事项研究协调会议83次。全面完成行政复议体制改革，实现行政复议案件“统一受理、统一审理、统一决定、统一监督”。成立行政复议委员会、调解和解委员会以及专家咨询委员会，制定出台委员会议事规则等制度机制100余项，构建“1+3”领导体制和工作运行机制。

【执法监督】 全市共有行政执法主体551个，其中法定行政机关294个、法律法规授权组织252个、行政委托组织5个；市级行政执法主体100个，县区级行政执法主体451个。有持证执法人员13484人。组织开展行政执法规范化建设年行动活动，印发《2022年兰州市行政执法规范化建设年活动实施方案》。举办2022年行政执法案卷评查员能力提升培训班，对60名行政执法案卷评查员进行统一培训，开展两轮次行政执法案卷评查工作，并将评查结果在全市通报。兰州市12件行政执法典型案例被省司法厅选入甘肃省《行政处罚典型案例选编》。全市11家行政执法单位制定出符合本部门的“两轻一免”事项61项并对外公布。全市各级行政执法机关实行行政柔性执法案件9.6万余件，适用“两轻一免”行政处罚案件7.4万余件。梳理并公布市政府部门行政裁决事项清单，形成《市政府部门行政裁决事项清单》并下发各县区及市政府有关部门，清单共涉及10个部门、17项行政裁决事项。开展物业服务市场秩序专项执法监督。联合发改、住建、市场四个部门印发《关于在全市开展物业服务市场秩序专项执法监督活动的方案》《关于在全市开展物业服务市场秩序专项执法监督活动联合检查的通知》，加大对物业服务行业的监管力度。畅通行政执法投诉渠道，各级执法部门公布投诉举报电话，全年下发行政执法监督通知书8件。

【政府法律事务与复议】 全年为市政府的各类法律事务出具合法性审查意见113份，其中市政府重大合同32份，其他涉法文件81件。参加市政府各项重大事项协调会议、研究决策会议85次。

2022年共收到行政复议申请238件，受理223件，受理案件中共审结169件。其中驳回7件，维持105件，撤销6件，确认违法8件，调解6件，终止37件。出庭参加行政应诉案件61件，全年通过诉调对接调解的案件为52件。

【普法宣传】 全面总结“七五”普法工作，推报6家单位、9名个人获全省普法先进。制定年度普法与依法治理工作要点，严格落实“谁执法谁普法”责任制，推动全社会法治意识不断提升。市政府常务会议会前学法12次，录制播放“小兰说法”普法视频8期次，开展“法润黄河少年”专题普法活动，组织“法律进校园”30余次，开展送法进企业200余场次。围绕群众关心的民间借贷纠纷、婚姻家庭关系、农村土地承包经营等热点问题，线上线下开展普法宣传活动1.5万余场次，编发《解答百姓最关心的100个法律问题》等宣传资料5万余份。依托八路军驻兰办事处纪念馆开展“谢觉哉，新中国司法制度的奠基者”红色法治文化展览，突出法治文化公园、沿黄河法治小游园、法治长廊等法治元素，打造兰州黄河法治文化带。在《兰州日报》《兰州晚报》开办专题专栏，在“兰州发布”“爱兰州”等客户端广泛推送知识图解、微视频等新媒体产品，建立一批“法治大讲堂”。开展“法律明白人”培养、农村学法用法示范户培育、民主法治示范村（社区）创建“三大工程”，编制印发《兰州市法治乡村建设工作手册》，培养“法律明白人”3756人，培育学法用法示范户339户，打造全国民主法治示范村（社区）13个，全省民主法治示范村（社区）142个。

【公共法律服务】 有效整合法律服务专业资源，统筹协调法律服务专业人员，设立公共法律服务指引窗口、法律援助窗口、公证服务窗口、行政审批窗口，形成“前台统一受理、后台分别办理、结果及时反馈”的运作模式，实现“只跑一次”的高效率。开通法律援助“绿色通道”，对农民工、老年人、残疾人、妇女儿童、军人军属等特殊群体申请法律援助，优先受理、优先审查、优先指派，对行动不便的残疾人、老年人等特殊受援人，实行电话预约，上门服务。全年全市法律援助机构办理各类法律援助案件3237件，提供免费法律咨询1.2万人次，在村（社区）、市民广场、园区等场所开展普法宣传60场次，现场解答咨询1.2万余人次，发放各类宣传资料与宣传品共计9000余份。全市实体、热线平台接待各类法律咨询2万余人次，兰州市公共法律服务中心接待群众来电来访5600余人次。利用传统媒体制作法律援助宣传短片《法润心田惠民生——兰州市法律援助工作迈上新台阶》《法律援助法》动漫宣传系列短片《小兰说法援》分别在司法部工作群、省司法厅网站和广场LED大屏等处投入播放。

【基层法律服务】 对全市169家律所和2398名律师进行检查考核。受理投诉案件46件，调查终结20件，涉及律师事务所38家。市司法局与市信访局联合印发《关于2022年律师参与信访接待安排的通知》，在市信访局、市中级人民法院、市公法中心安排律师参与涉法涉诉事项咨询值班，律师累计值班535人次。新冠疫情防控期间，98家律师事务所加入兰州市法律服务志愿者团队，累计捐款982446元。在做好为政府、企业提供优质高效法律服务的同时，向公众发布法律解答、指引等法律服务内容480项，解答各类法律咨询3134人次，参与疫情期间矛盾纠纷调解958件。印发《关于进一步开展一村（居）一法律顾问工作的通知》，指导全市160家律师事务所和1140名律师参与“一村（居）一法律顾问”工作，实现全市110个乡镇（街道）1078个村（居）法律顾问全覆盖。各律师事务所持续开展“我为群众办实事”实践活动，举办法律知识讲座1426场，提供免费法律咨询12364人次，调解矛盾纠纷1985件。组建9个“法治惠企”专家志愿服务团队，对全市625家中小企业开展“法治惠企”系列服务活动。提供法律意见建议451条，开展各类法治宣传500余次，解答法律咨询3716人次。

【人民调解】 针对可能产生的各类矛盾纠纷，加大排查、预防、化解工作力度，做到矛盾纠纷排查“不懈怠”。突出源头预防，依法治理，利用网格化、信息化等手段，高度关注影响社会稳定的苗头性问题，加大矛盾排查，不断提高矛盾纠纷化解的质量和效率，确保基层安全稳定。全年全市1308个调解组织，共调解矛盾纠纷11246件，其中调解成功11134件，调解成功率99%以上。

【社区矫正】 全面落实《社区矫正法》，成立市、县区、乡镇（街道）三级社区矫正委员会，由社区矫正委员会统筹协调和指导本行政区域内社区矫正工作。组织召开2022年全市社区矫正委员会会议，印发《关于调整市社区矫正委员会组成人员的通知》，调整补充社区矫正委员会组成人员，进一步理顺领导体制和工作机制。开展“守牢安全线护航二十大”专项行动，实施“十个一”活动。全年社区矫正对象未发生重大安全事故、未参与群体性事件，未发生有影响的治安刑事案件。

【安置帮教】 围绕中心工作，服务大局，维护社会稳定，开展集中排查，切实摸清底数，不漏一人、多措并举、因人施策、相互衔接，努力做好刑满释放人员的安置帮教工作，对安置帮教人员实行分类建档、分类管理，通过谈话、添加微信及视频通话等方式，全面掌握其工作、生活、思想动态，做好安置帮教工作。加大对安置帮教人员的衔接和帮扶力度，及时提供就业信息和政策信息，鼓励引导其遵纪守法、自食其力，最大限度减少和预防重新违法犯罪，维护社会稳定。2022年全市共衔接刑满释放人员2015名，帮教率98%，安置率90%。

【司法鉴定】 联合市司法鉴定协会全力配合甘肃省司法厅对兰州市19家司法鉴定机构和258名司法鉴定人进行专家评审，并根据评审结果确定司法鉴定机构业务范围和司法鉴定人执业范围，同时更换司法鉴定许可证和司法鉴定人执业证。根据《甘肃省司法厅关于开展全省司法鉴定机构诚信等级评估工作的通知》要求，开展全市司法鉴定机构诚信等级评估工作，兰州市有司法鉴定机构33家，参加诚信等级评估26家，4家机构因成立未满1年和3家机构超过1年未执业，按规定可以暂不予评估。规范完善行政审批程序，印发《兰州市司法局司法鉴定行政审批事项清单》。全年完成行政初审事项45项，办理各类司法鉴定案件10023件。

（刘延涛）

劳动仲裁

【概况】 2022年，全市各级仲裁机构探索推进兼职仲裁员办案、线上仲裁申请、线上调解申请、线上庭审，公开仲裁制度流程，建立各类便民服务制度，优化仲裁办案程序，推行“一站式”办理矛盾纠纷多元预防调处化解机制，开展“开标准庭、写标准文书、办标准案”业务提升活动；尝试“交叉调、反复调、全程调、亲情调”等调解新方法；强化联动机制，试行“调援衔接”办案新模式，将法律援助和案件调解机制相结合，做到“应援尽援、应援优援”，调解率不断上升。全市共处理劳动人事争议案件3807件，立案处理2840件，立案率100%，结案率92.79%，调解率67.73%。全市建成基层调解组织123家，法律援助工作站1个，人民法官工作室1个，诉调工作室6个。“互联网+调解”服务平台受理处理案件367件。

【接待及信访维稳】 严格落实首问负责制，做好劳动人事争议政策咨询及来电解答工作，指导当事人合理合法申请仲裁。全年接待劳动者及用人单位咨询400余人（次），电话解答1000余次。做好劳动人事争议信访答复工作。开展矛盾纠纷排查和化解，全年接到劳动争议信访件4件。及时处理突发事件，实时关注全市仲裁机构立案情况和集体案件审理情况，对可能出现的突发事件早发现、速报告、稳处理，防止群体性事件的发生。

【联动机制推进】 市仲裁委与兰州理工大学法学院、兰州工商学院合作建立“社会治理法治教学与研究实践基地”，完善“共建共治共享”社会治理工作模式；七里河区仲裁委试行“调援衔接”的办案新模式，为45名劳动者提供法律援助；红古区仲裁委与区法院共同设立人民法官工作室，妥善处理涉及113名劳动者的集体争议案件；城关区、皋兰县仲裁委加强与人民法院的联系，创新处理财产保全案件2件，维护当事人权益。强化人社内部协同配合，西固区仲裁委与监察大队联动协作，对劳动争议采取先监察行政执法后仲裁司法处理程序，畅通劳动者维权渠道；红古区、皋兰县仲裁委与监察大队协同办案，对农民工欠薪、签订劳动合同类案件同介入、同推进，提高争议案件的结案效率；榆中县仲裁委处理支付工伤待遇案件时强化与工伤部门合作，劳动者工伤待遇得到及时赔付。

【仲裁信息化】 市仲裁委在政府服务网站开通线上调解申请、仲裁申请，面向社会公布受案范围、申请方式等，为办事群众提供高效便捷的服务。制定出台兰州市在线庭审办法，在线庭审4件，城关区仲裁委在线庭审13件。持续做好办案系统运行。对全市办案系统内录入信息质量效率情况进行督查，通过督查切实增强办案系统网上登记的上线率和准确性。持续做好“互联网＋调解”服务平台应用，全年全市服务平台累计受理处理案件367件。

【劳动法律法规宣传】 市仲裁委设立法律援助工作站，6名法律援助工作者开展普法宣传3次，接待法律咨询2200余次。市仲裁委、城关区仲裁委结合“送法进企业”和“千名青年仲裁员志愿者联系万家企业”活动，深入企业宣传法律法规、以案释法；西固区、榆中县仲裁委与区县就业局、总工会联合对接，通过网络宣传、线上服务形式，开展法律宣传，为办事群众进行法律法规解读和答疑；皋兰县仲裁委采取上门普法的形式，开展法律宣传。

（张晓艳）

兰州警备区

【概况】 2022年，兰州警备区坚持以习近平新时代中国特色社会主义思想为指导，深入学习贯彻习近平强军思想，紧盯“省会形象、首位意识、一流标准、全面过硬”这个目标，始终坚持稳中求进工作总基调，坚持不懈用党的创新理论凝心铸魂，不断加强党的建设引领全面建设，始终聚焦主责主业准备紧抓练兵备战，着眼完成国防动员改革，提升质量效益加强综合保障，年度工作任务有效完成，全面建设基础更加牢固。

【政治引领】 认真落实军委《改进中校以上军官学风的措施》，认真筹划落实党委理论学习中心组学习，跟进学习习近平主席最新讲话精神，扎实学习《习近平谈治国理政（第四卷）》《习近平论强军兴军（三）》《习近平强军思想学习问答》。把学习贯彻党的二十大精神作为首要政治任务，组织收看大会盛况，开展动员部署，反复学原文、悟原理，人人写体会、谈感受。聚焦“忠诚维护核心、矢志奋斗强军”深化主题教育，巩固深化党史学习教育，采取“四课法”提高课堂灌输质量，开展军委主席负责制、党的百年奋斗史、依法从严治军等基础教育，以“学思想、铸忠诚、担使命”为主题，结合庆祝建军95周年，组织“红心向党”演讲比赛、升国旗仪式、向军旗宣誓等群众性教育实践活动。牵头思想教育协作区工作，组织政治教员岗位练兵，分享精品好课，参加授课比武竞赛。开展军队政策制度改革宣讲教育、“四个不能辜负”专题教育、典型案件警示性法纪教育、涉酒问题专项警示教育，邀请专家开展形势教育和心理健康教育。全面加强新闻宣传报道，全年在省级以上媒体刊稿203篇，其中中央级媒体71篇。

【练兵备战】 以等不起、慢不得的使命感紧迫感加强练兵备战。高标准组织实战化开训动员，组织机关、人武部带民兵分队开展实兵演练。坚持每季度专题召开党委议战议训会议，滚动修订完善各类战备方案计划，加大战备值班检查讲评力度，组织战备值班人员培训和资格认证，升级改造信息系统，论证展开兰州市国防动员指挥中心建设，加大支援保障作战运用问题和战法训法研究。组织年度军事训练，个人年度军事训练考核优良率90%以上。推进民兵“十四五”规划建设，补充配备各类民兵装备物资器材。严密组织基干民兵分队整建制基地化轮训备勤，提升应战应急能力。

【国防动员】 聚焦国防动员需求，加快推进以改革为重点的国防动员准备。会同市委编办制定市改革方案。多次召开市国动委成员单位联席会议，研究部署潜力调查统计、新域新质力量编建、动员课题攻关。展开“三项基础”2.0版建设，县（区）人武部基础设施提升工程全面推进，皋兰人武部新营区全面建成，榆中人武部整体改造后面貌一新，城关、红古人武部整体改造顺利推进，永登县国防基地综合建设完成论证规划。联合市委组织部下发《兰州市关于加强专武干部队伍管理的通知》，配齐所有基层武装部长，组织专武干部参加资格认证，通过率98.3%。坚持军地内外合力、网上网下联动、院校集中发动、入户宣传鼓动并举，组织兰州市大学生征兵工作启动仪式，承办甘肃省大学毕业生士兵典型事迹报告会，指导两所高校开展精准征兵试点。市征兵办连续6年被评为全省征兵工作先进单位。

【综合保障】 坚持服务中心、保障打赢，立足全面抓统筹、围绕难点求突破、抓住重点促提高。严格落实经费标准化管理，科学精细编制年度财务预算，清理上缴上年结余经费。大抓基层财务正规化建设，全面组织自查自评和复查复评，先后5次开展政策辅导和问题解答，2次对新的军财系统进行操作培训。改造新建营区绿化、车辆库房、综合会议室、作战值班室、洗车场等基础设施。精确核对实力，完成新兵、新招录文职人员服装发放和现役、文职人员21式军服配发。开展“军车交通安全月”教育，定期组织车辆检查和维修保养，统一购买车辆保险，有效确保行车安全。预征预储民兵通用装备器材，请领补充年度训练弹药，严格抓好枪弹管理，认真搞好训练装备保障。先后3次组织保障、内勤人员采购业务培训，有效提升采购工作规范化水平。

【基层基础】 制定抓基层措施计划，加大日常检查、调研指导、住部帮建力度。宣传贯彻《军队功勋荣誉条例》及其《实施办法》，开展创先争优活动，各人武部之间、官兵之间“比、学、赶、帮、超”的氛围日益浓厚。机关落实多项为基层办实事计划。开展“四严四整”教育整顿、保密工作专项整治、百日安全活动、净化涉军网络环境专项行动，紧盯安全管理要素，科学完善安全预案，深入搞好安全教育，定期分析安全形势、组织安全检查、评估安全风险、排消安全隐患，突出抓好意识形态、人员车辆、枪弹管理、失密泄密等方面安全，完成办公电脑国产化替代，确保部队安全稳定。严格落实条令条例，明确日常办公、军事训练、思想教育、党日活动时间划分，严抓值班值勤、月办公会、周交班会、一日作息、留营住宿、早操体能、请销假、车辆派遣等日常规章制度，不断强化人员日常养成和部队日常管理。

【党的建设】 以迎接军委政治建设专项巡视为牵引，不断深化政治整训，开展两轮督查检查。根据人员变动及时研究增补缺额，所有党组织、全体党员广泛参与，严格按程序、方法、标准、要求做好党的二十大代表选举工作。严格落实新的军官制度、文职人员制度和士兵制度，严把政策规定办理各类人力资源事项，组织11名文职人员入职集训。建立健全基干民兵分队预建党组织，严格选拔任免民兵干部。参加上级并集中组织本级军队党的建设法规培训。召开两级党委党史学习教育专题民主生活会，召开“严格制度落实、提升工作标准”“讲政治、明大义、守底线”和“四严四整”专题组织生活会，到兰州战役纪念馆开展七一主题党日活动，落实领导干部双重组织生活制度，规范党费交纳，推进党务公开。加强党管武装制度落实，组织各区县领导班子2021年度党管武装工作考评。狠抓正风肃纪，研究制定从严治党具体措施，开展纪律党课，及时传达案件通报，组织观看法纪警示教育片。深度推进以军地交叉地带、重点行业领域、基层“微腐败”为主的基层风气整肃和倾向性问题纠治，持续抓好巡视巡察反馈问题整改。

【军政军民】 协调召开兰州市委议军会议暨军政座谈会，落实军队人员到退役军人事务部门兼职，完善双拥工作机制，推进“双清单”“三助力”建设，与军队政策制度改革相配套，修订《兰州市军人随军家属就业安置办法》《兰州市军人子女教育优待办法实施细则》，为多名随军家属协调调动安置工作，为军人子女协调办理中考降分录取和优待入园入学，为立功受奖军人家庭送喜报、挂牌匾，到一线任务官兵家庭送温暖、帮解难，联合举办退役军人及现役军人家属专场招聘会和网上直播带岗活动。协调解决驻兰部队建设、训练、保障、伤病残和退休干部移交等方面困难，根据兰州疫情建立工作专班，军地合署办公解决驻军在疫情防控中的各种困难，协调部队参加义务植树、学雷锋、“省运会”、重大集会等活动，助力新时代精神文明城市和双拥模范城“十连冠”创建。

（董浩文）

武警兰州支队

【概况】 2022年，武警兰州支队建设发展处于稳心稳神、提升质量、对标先进、奋力赶超的关键期，面对党的二十大召开的政治之年，面对新形势挑战、新政策落地等多重考验，支队党委决策部署，沉心静气打基础，一心一意谋发展，各项任务完成圆满，支队建设整体形势向上向好。

【政治引领】 始终把理论武装作为首要政治任务，狠抓班子政治能力训练。严格落实《改进中校以上军官学风的措施》，力戒学习上的形式主义，用好中心组学习“主阵地”、个人自学“主渠道”、课题研究“主牵引”，第一时间学习习近平主席最新重要讲话和指示批示精神，认真研读《习近平谈治国理政（第四卷）》《习近平论强军兴军（三）》，切实在严实学风、知行合一中锤炼党性。严密组织“学训词、迎盛会、谱新篇”开年教育，以“加强政治建设、纯正政治生态”为主题，同步参加武警部队理论轮训暨党委机关主题教育，围绕“32个有没有”专题反思剖析，班子成员政治“三力”得到有效提升。

【战备训练】 立足迎接保卫党的二十大，从严贯彻武警部队、总队年度军事训练指示，召开开训动员大会。推进“干部领训”工程，抓实首长机关训练，开展军事训练法规“学、研、用”活动，坚持每月集中训练、每季体能考核，立起练兵先练官、训下先训上的鲜明导向。修订完善6类处置行动方案，按照建制单位“五率六量”和任务单元编携配装要求，完善战备建设，以战领建、专司主战导向更为突出。严密组织卫士演习，从严从难诱导情况想定，结合复盘总结完善支队战（训）法库，不断提高遂行任务能力。推进战备库室建设，投入专项经费，开展群众性练兵比武，提升部队训练质效。

【基层建设】 制定支队《2022年度抓建基层计划》，明确党委机关和大队主官挂钩包保责任，实施“一队一策”精准帮建。组织《纲要》网上培训，抓好总队《纲要》培训成果转化“下篇文章”，集中举办军事、政工、后装联席会议，组织大队中队主官制定年度工作计划。紧跟新颁布法规要求，及时组织政治主官、群众组织负责人进行“两个群众组织”学习培训，不断强化各级开展工作能力。组织按纲建队考核，结合季度工作实际对基层建设情况进行全面检验，收集整理基层困难问题清单，累计指导整改问题8类27个。注重倾听官兵心声，结合蹲点帮建、双向讲评，举办“士兵接待日”活动，收集基层意见建议12条，帮助解决困难3类29个，机关逐个进行答复，确保件件有回应、不拖延。聚焦官兵急难愁盼，用好利兵惠兵政策。科学合理确定官兵送学对象，选送官兵和文职人员参加各类教育培训，推荐大学生士兵提干人员参加考核，全程公开透明，官兵信服满意。累计投入24.5万元救济慰问困难官兵及家属，为9名官兵办理子女入学，看望伤病员48人次。

【依法治军】 按照“忠诚、干净、担当”的标准加强纪检监察队伍思想政治建设和素质能力建设。各级党委（支部）带头加强党的建设，带头学习实践党的科学理论、执行党的路线方针政策，引导纪检监察队伍充分认清全面从严治党的大势、人心所向的形势、越来越严的走势和“零容忍”的态势，保持寸步不让的坚强定力。狠抓业务技能培训、岗位实践锻炼，常态抓好纪检监察业务培训，突出对《处分执行规范》等纪检监察机关工作规则的学思践悟，促进纪检队伍专业化、业务规范化。继续加大对基层纪检委员和风气监督员的业务培训力度，为基层大、中队配发纪检业务法规书籍和编印法规资料，通过网上培训、以老带新、奖惩激励等方式促进作用发挥。选派推荐部分人员配合参加总队纪委开展的纪检监察干部轮换带训、业务跟训和办案实训工作，按总队模式对基层纪检委员和风气监督员同步开展轮训、带训、实训，努力培养一批“明白人、实干家”。认真执行军委《关于在党委领导中贯彻落实战斗力标准的意见》，做决策、用干部、配资源都用战斗力这把尺子考量，搞建设、抓工作、盯落实都围绕打胜仗这一要求展开。坚持每周讲评战备执勤工作、每月研究部署中心任务、每季度党委专题议战议训，紧紧握住练兵备战指挥棒。深入分析形势任务，紧盯国际国内局势、驻地社会动态、“两看”执勤、专项勤务险点，重大任务主官靠前指挥，专项任务常委一线督导，稳稳端牢“饭碗工程”。

【后勤保障建设】 牢牢把握“三个服务”导向，大力开展“后勤服务走基层”活动，突出保任务、保练兵、保急需、保基层，改进服务方式，着力破解难题，切实提高服务备战打仗和部队建设的贡献率。持续抓好《军队后勤条例》宣传贯彻，按照“后勤变前勤”要求，及时修订保障预案，细化“一组五队”编携配装、指挥流程，大项保障任务完成圆满。坚持依法治后，开展后勤领域“五场会战”，全面推进采购管理监督检查和资产大清查，特别是在资产清查工作中，保障部督导成立专班，采集数据、核对入账，清查出很多资产账的问题。对表新时期组伙模式要求，严格标准制度，规范副食采购，严把食品卫生安全关口，官兵伙食结构质量得到优化。严密组织驾驶员复训、炊事员轮训、卫生员集训和司务长集体办公，进一步规范后装管理，不断建强保障力量体系。

【安保工作】 完成联勤巡逻、押解押运、环兰检查站查控、重大活动现场安保等各类专项勤务。

【双拥共建】 支队围绕“产业兴旺、生态宜居、乡风文明、治理有效、生活富裕”总体要求，按照“建强一个支部，致富一个村庄”的思路，定期为韦家营村“两委”宣讲党的政策、开展党务培训，改建党员活动室和配套设施，设置党（村）务公开栏，打造方便基层党组织和党员活动主阵地。援建帮扶村产业路投入20万元；开展“百千万”爱心助学活动，资助帮扶村内高中生7名、大学生8名，发放助学金2.3万余元；定期组织支队医生开展义务巡诊活动，为村卫生所购置2000元医疗器械、印制健康手册200册，建立健康档案，赠送常用药品，军民关系进一步融洽。

（席天宝）

人民防空

【概况】 2022年，市人防工作坚决扛起“先发力、带好头”的政治使命担当，应对强敌军事斗争准备，落实“十四五”时期省市人防战备建设任务，贯彻落实“一强两大六项行动”，着力深化人民防空“五大体系”建设，全面推进国防动员体制改革，推动全市国防动员及人民防空事业高质量发展。全面完成市、县区两级人民防空方案计划编制工作。常态开展防空警报维护管理，组织开展2022年全市“9·18”防空警报试鸣活动。12月30日，兰州市国防动员办公室挂牌成立，加挂兰州市人民防空办公室牌子。

【项目建设】 实施重点项目攻坚推进行动，努力补齐人防基础设施短板。1月，市级人防重点工程通过省人防办组织的整体验收。市级东向人防疏散基地项目完成地形测绘、土地预审和社会稳定风险评估。市级西向人防疏散基地项目开展协议签订、可行性研究等工作。宣教综合楼项目土建工程完成可行性研究报告审批。县区人防项目建设方面，城关区建成人防基本指挥所综合运维管理系统。榆中县、皋兰县建成人防地面应急指挥中心，七里河区、安宁区、永登县、榆中县、皋兰县开展人防机动指挥所项目前期工作。

【防护工程】 严格落实防空地下室审批流程，加强人防重点骨干防护工程建设，收取人防易地建设费1558.8万元，行政罚款53万元。开展人防工程质量安全提升行动，完成人防工程抗力设防项目批复，现场勘察下发整改意见75件，联合勘察下发整改意见26件。开展人防工程普查和

9月18日，市领导参加2022年全市“9·18”防空警报试鸣活动

数据库建设行动，建立全市人防工程数据库。对市内防护设备生产企业开展4轮次督导检查，对在建人防工程质量进行2轮次执法检查，开展设计、审图、测绘行业人防法律法规培训。开展人防结建费清缴行动，完成383个项目的人防审核，催缴人防易地建设费869.31万元，行政罚款149万元，向主城四区下发59个项目的催缴清单。加大问题项目整改力度，完成清单54个项目整改，向市税务局转交62个人防易地建设费征缴项目，向经开区税务局转交20个“证缴分离”项目。

【依法行政】　印发《市人防办2022年法治政府建设工作要点》，开展法治专题讲座1次、法治测试1次、法律知识考试1次。规范行政执法行为，全面落实行政执法三项制度，完成行政许可事项59件，评查执法案卷82卷，确认行政执法人员22名，法律顾问开展法治审核39次。加强人防执法监督，制定《2022年人防综合执法监督检查实施方案》，对8个县区开展一轮次人防综合执法监督检查，检查反馈问题54条。健全完善政务公开工作，对历史遗留项目涉及的行政处罚项目进行法制审核，自觉接受公众监督，提高执法公信力。

【宣传教育】　开展人防大讲堂，制定宣讲活动计划，开展宣讲17期。深化人防宣传教育，组织“五进”活动26次，完成“5·12”防灾减灾日和“9·18”防空警报试鸣日“线上+线下”人防宣传活动。在国家级刊物刊稿11篇，在省级刊物刊稿55篇，通过市级媒体报道人防信息20篇。

【平战结合】　提高人防工程利用率，人防工程平战结合利用面积稳步提升，依法拆除早期人防工程5200平方米，补建人防工程5670平方米。加快社区人防工作站建设，召开全市社区人防工作站现场观摩会，新建22个社区人防工作站。开展西关什字地下人防工程异地置换前期工作。规范人防工程使用管理。新建人防停车位2.8万个，发证管理平战结合人防工程63个，收取平战结合使用费8.2万元。加强人防工程安全监管，严格落实人防工程属地管理责任和安全监管责任，常态化抓实早期人防社会干道及涉人防自建房等安全生产工作，开展安全生产培训2次、安全生产大检查5次，排查解决安全隐患6处，全年没有发生安全事故。

【“放管服”改革】　根据工改要求，落实数字政府建设任务，持续深化人防领域“放管服”改革，优化营商环境，深入50家企业和项目现场开展人防战备建设大调研活动，发放“三减三压八承诺”服务事项清单2000余份，征求意见建议30条，不断完善审批事项流程设置和人员配置等工作，进一步提升政务服务能力。

（许金煜）

经济管理与监督

宏观经济运行管理

【概况】 2022年，市发改委牢牢把握“三新一高”导向，坚持谋全局、抓项目、解难题、促落实，攻坚推进“四强”行动，较好地完成各项工作任务。制定各类政策规划100余件。办结市委、市政府、省发改委文件1037件，办结率100%；办结市领导批示件420件，办结率100%，确保各项决策部署政令畅通、执行有力。

【发展规划管理】 印发《关于建立健全〈兰州市“十四五”规划纲要〉实施机制的工作方案》。《方案》提出规划衔接、规划审批、任务分解、项目推进、监测评估、监督考核6个方面18项工作任务，构建规划衔接有序、实施主体明确、监督评估到位、各方推进有力的规划实施机制，推动“十四五”规划纲要顺利实施。完成“十四五”规划纲要2022年调度工作。至年底，448个“十四五”规划纲要专栏项目中，开工项目257个，未开工项目191个，开工率57.3%。统筹29个专项规划编制印发工作。29个“十四五”重点专项规划全部印发实施。

【经济运行管理】 2022年，全市地区生产总值完成3343.5亿元，增长0.8%。其中，第一产业增加值65亿元，增长5%；第二产业增加值1150.8亿元，下降2.9%；第三产业增加值2127.8亿元，增长2.4%。固定资产投资比上年下降3.5%。社会消费品零售总额1598.2亿元，比上年下降9.1%。一般公共预算收入221亿元，扣除增值税留抵退税因素，同口径下降7.8%。城镇居民人均可支配收入45277元，增长4.7%；农村居民人均可支配收入17178元，增长6.1%。居民消费价格指数上涨2.3%。

【经济体制改革】 深入推进科技体制改革，研究制定《兰州市“十四五”科技创新与发展规划》《兰州市贯彻落实“强科技”行动实施方案（2022—2025年）》，以兰白科技创新改革试验区、兰白国家自主创新示范区为重点，强化科技与产业融合，组建甘肃省化工新材料和甘肃中医药产业创新联合体，设立中国科学院化物所中试研究与成果转化基地，成立兰州石化科技创新中心，打造中国石油超洁净聚烯烃和丁腈橡胶化工新材料原创技术策源地。全市有国家级科技企业孵化器9家、众创空间25家、再生资源综合利用行业规范企业3户；省级“专精特新”中小企业27户、“小巨人”企业4户、绿色工厂7户，省市级数字车间29家。2022年，兰州市位列数字经济城市发展百强榜第48位，首次跻身全球创新百强科技集群城市。聚力推进“强工业”行动，重振“兰州制造”。加快构建绿色制造产业体系，深度谋划156个先进制造业项目，开工建设宝航10万吨负极材料等重大项目，加快推进兰州石化“减油增化”等64个传统产业改造升级延链补链项目和铜箔、氢能等92个新兴产业重点项目，建成运行国内首个新型智慧能源单元示范应用项目，成功获批工信部11个试点示范项目。加速带动服务产业转型，现代服务业提质增效。成功申报全国第二批一刻钟便民生活圈试点城市和国家骨干冷链物流基地，拓展县乡村三级电商服务体系，建成县级电商服务中心3个，乡镇电商服务站45个，村级电商服务点435个，行政村覆盖率超80%。持续加大服务业企业助企纾困力度，开展各类促消费活动500场以上，减免中小微企业房屋租金9122万元，暂退260家旅行社旅游服务质量保证金6606万元，减征免征购车税1.6亿元。加快推进农村领域改革，现代农业建设大力发展。实施现代丝路寒旱农业优势特色产业三年倍增计划，推进13个现代农业产业园创建，打造“一百五十”六大优势特色产业集群。推进高标准农田建设和撂荒地整治，建成高标准农田15.84万亩，整治撂荒地30万亩。深挖特色产业和产品独特优势，创建合作社示范社40家、示范性家庭农场20个，新认证“三品一标”农产品18个、“甘味”农产品企业商标品牌10个，新认定市级以上农业产业化龙头企业15家。不断优化土地供给改革，要素市场化配置水平显著提升。加快推进批而未供和闲置土地盘活处置，累计处置批而未供土地2552.85亩、闲置土地5222.1亩。有序推进土地二级市场建设，加快引导农村土地流转，累计流转土地98.39万亩。持续开展新上工业类项目“标准地”出让，挂牌成交工业“标准地”6宗。持续提升要素保障水平，推行“用地清单制”改革，土地供应“一单尽列”，推进项目审批提速增效。持续深化“放管服”改革，全力打造营商环境样本城市。在全省率先出台《兰州市优化营商环境办法》，聚焦房地产、营商环境便利度、财税金融、项目审批等重点领域推出优化营商环境若干措施（1–9号），升级完善“1+18”指标提升政策体系，持续推出改革措施523项，全力打通政策落地“最后一公里”。建成运行兰州市优化营商环境评价服务系统和“金城营商”满意度调查平台，创新“小兰帮办”“兰税捷办”“清兰交易”服务品牌，升级“不来即享”“四办四清单”“五简五办五集成”“小兰之家”等政务服务新模式，创建工程建设项目审批最快城市和全国社会信用体系建设示范城市。兰州市一网通办、智慧监管等7个领域入选全国创新代表城市，综合信用指数排名在全国36个省会及副省级以上城市中从第二十七位上升至第六位，在2021年全省优化营商环境评价考核中名列第一。稳步推进国有企业改革，多种所有制经济共同发展。国企改革三年行动任务基本完成，获评全省2020年–2021年度考核评估A级等次。分层分类推动混合所有制改革，强化经理层任期制契约化管理，促进市县区融资平台转型发展，完成佛慈集团跨区域重组、“新兰投”整合升级、兰州港投公司整体划转、甘肃国际物流集团公司组建等改革任务。全市汽车整车进口口岸运营实现零的突破，全省首个进口亚麻籽分拨中心项目投入运营，建投重工62列低平板车出口蒙古国，加纳特马市海外仓落地运营。开通运营中欧、中亚（中吉乌）、南亚、陆海新通道4向5条国际货运班列，开拓兰州—连云港—日韩、兰州—连云港—尼日利亚、阿联酋—钦州—兰州3条铁海联运国际班列新通道，中吉乌公铁联运服务“中欧班列”国内国际双循环多式联运被交通运输部、国家发改委命名为“国家多式联运示范工程”。

【固定资产投资】 紧盯国家重大战略、重大政策、重点支持领域，谋划固定资产投资、省市列重大项目、重大前期项目、兰西城市群生态治理、以县城为重要载体的城镇化建设、气候投融资、黄河流域工业绿色发展、“双碳”战略、156个先进制造业、北拓片区、县域经济、能源、“一老一小”“十四五”规划、黄河流域高质量发展、兰州—西宁城市群合作等16个领域项目库。重点项目加快推进。组织全市重大项目集中开工和项目建设观摩活动，常态化开展重点项目督导、指导。全年全市679个续建项目全部复工、复工率100%，681个新建项目开工635个、开工率93.2%。全市争取政策性资金

155.3亿元，拉动总投资1479.7亿元的163个项目开工建设。其中，中央预算内资金27亿元，拉动总投资79.2亿元的76个项目开工建设；地方政府专项债券资金121.9亿元，拉动总投资1150.5亿元的81个项目开工建设；政策性开发性金融工具国家审核通过项目39个，总投资986亿元，基金额度58.45亿元，已发放额度6.43亿元，拉动总投资250亿元的6个项目开工建设。

【重大项目投资管理】 2022年，兰州市负责的省列重大项目25个，总投资1186.8亿元，年度计划投资220.5亿元，全年完成投资237.7亿元，投资完成率107.8%。其中，新建项目7个，总投资230.9亿元，年度计划投资60.1亿元，全年完成投资65.1亿元，投资完成率108.3%；续建项目18个，总投资955.9亿元，年度计划投资160.4亿元，完成投资172.6亿元，投资完成率107.6%。130个市列重大项目总投资4069.8亿元，年度计划投资680.4亿元，全年完成投资750.3亿元，投资完成率110.3%。其中，新建项目43个，总投资810.6亿元，年度计划投资185.9亿元，全年完成投资196.1亿元，投资完成率105.5%；续建项目87个，总投资3259.2亿元，年度计划投资494.5亿元，全年完成投资554.2亿元，投资完成率112.1%。

【区域协调发展】 持续深化完善市级国土空间规划成果，建立国土空间基础信息平台及“一张图”实施监督系统，完成“三区三线”划定工作，有序推进城关、安宁、皋兰行政区划调整，促进城市各功能区协调发展。兰州新区成功举办获批国家级新区十周年系列活动，引进落地广东宏宇20万吨负极材料、广东道氏12万吨负极材料、中科电气10万吨负极材料、金川科技园20万吨磷酸铁锂正极材料等重大产业项目180余个，开工建设宝武、德福、海亮等投资超亿元项目近百个，建成投运重离子应用技术装备、益海嘉里粮油加工等一批战略性新兴产业项目。累计培育高新技术企业105家，开展产学研合作和科技研发项目147项，落地科技产品120种。兰州新区获批国家进口贸易促进创新示范区、第九批国家新型工业化产业示范基地（大数据）和省级精细化工代表性园区。兰州高新区聚焦发展生物医药首位产业，国药集团中国生物（西北）健康科技产业园、国家肿瘤区域医疗中心、甘肃省生物制品批签发中心、陇粤共建“大湾区·兰白自创区中医药创新发展示范区”等一批重大产业项目加快实施，建成兰州高新区北欧离岸创新中心、西北海创中心、海外预孵化基地等国际合作平台，首次上榜赛迪顾问2022园区高质量发展百强榜单，获批省级生物医药代表性园区。兰州经开区坚持生态修复和产业导入并联推进，开工建设北拓片区未利用地生态综合治理和土地整理一期工程项目，谋划储备康养装备制造等产业项目，推行区域评估制度，出台“标准地”出让实施细则，为企业发展和项目落地提供有力支撑。榆中生态创新城聚焦通用航空、健康养生、人工智能、现代农业、“双碳”经济等五大主导产业，有序推进兰州大学“双一流”、核心示范区市政道路、生态绿化及公共服务等项目，夏纬七路建成通车，科创中心项目基本完工。甘肃（兰州）国际陆港发挥“枢纽型、西向度”地理优势，中国智能骨干网（甘肃）申通枢纽中心、多式联运物流园、陆港供热、山前路截水沟工程等项目加快建设，与中白产业园合作打造全产业链姊妹园，与普洛斯集团在园区运营方面开展合作，兰州陆港型国家物流枢纽确定为省级“一带一路”物流中转中心。“强县域”行动加快推进，城关区、七里河区被评选为中国西部百强县市，城关区、安宁区被评选为全省县域经济发展十强县和先进县，西固区被评选为十强县，永登县树屏镇杏花村基地入选国家农耕文化实践营地推荐名单（第一批），榆中县作为全国18个县之一登上央视《走进县城看发展》特别节目，皋兰县在全省率先高标准开展农村互助老人幸福院建设。

【创新驱动发展】 持续提升“强科技”创新引领作用，以兰白科技创新改革试验区、兰白国家自主创新示范区为重点，强化科技与产业融合，深化与上海张江、粤港澳大湾区中药、新能源等产业项目合作。组建甘肃省化工新材料和甘肃中医药产业创新联合体，设立中国科学院化物所中试研究与成果转化基地，成立兰州石化科技创新中心，打造中国石油超洁净聚烯烃和丁腈橡胶化工新材料原创技术策源地；倾力打造双创“升级版”，兰石集团重型装备焊接大数据应用项目成功入选工信部2022年大数据产业发展试点示范项目名单，城关区国家双创示范基地首次获评优秀等次。

【新动能培育】 全市有国家级科技企业孵化器9家，国家级众创空间25家；加快推进科技成果转化及产业化，技术合同成交额超过90亿元，创建省级绿色工厂7户、智能工厂29家、培育国家级再生资源综合利用行业规范企业3户，推荐认定省级“专精特新”中小企业27户，专精特新“小巨人”企业4户，组织海默科技、方大炭素申报制造业“单项冠军”示范企业或产品，草种创新与草地农业生态系统国家重点实验室入选首批标杆全国重点实验室，兰州西脉记忆合金被认定为国家技术创新示范企业。创新策源地城市提档晋位，兰州市位列2022年数字经济城市发展百强榜第48位，首次跻身全球创新百强科技集群城市。

【产业转型升级】 印发《兰州市2022年十大生态产业工作要点》《兰州市冶金等领域企业节能降碳技术改造总体实施方案》，推动214个工业领域项目建设，系统推进传统产业改造升级和新兴产业发展壮大。印发《兰州市产业链链长制工作方案》，明确链长、执行链长、部门工作职责，制定供、产、销全产业链发展实施路径图谱，培育壮大新材料、新能源、新食品、新算力等支柱产业链条。加快编制《兰州市氢能产业发展规划》，对接国家宏观院开展城关安宁北拓片区产业发展规划编制工作，为氢能产业园、兰石化升级改造、九州绿能产业园等项目落地打好基础。

【城市品质提升】 综合交通枢纽建设深入推进。制定交通畅行“1234”总体方案，中川国际机场T3航站楼混凝土主体结构封顶，中兰客专完成联调联试，南滨河路延长线、中通道等重点项目加快实施。兰临长下坡处治改造工程、兰临长下坡处治改造延伸段工程、G2201兰州南绕城高速八里镇“开口子”工程通车运营。兰合铁路（兰州段）、兰张三四线中川机场至武威段、中川机场三期扩建工程、G30连霍高速公路清水驿至忠和扩容改造工程、G312清傅公路、G312傅苦公路等项目加快推进。轨道交通2号线一期工程车站完成主体结构施工，车站附属工程累计完成78.7%，轨道工程累计完成99.2%。持续巩固“公交都市”创建成效，开通定制公交线路26条，打造精致出租车组4组。城市管理更趋精致。申报国家城市更新试点城市，统筹推进城市更新，雁滩片区城市更新试点项目加快推进，构建“15分钟精致生活圈”。中山路片区改造、华林坪、伏龙坪片区城市更新项目加快推进。打造区域数据汇聚中心，累计建成5G基站8972个。完成老旧小区改造236个，加装电梯171部。兰州奥体中心投入使用，成功举办北京冬奥冠军陇原行活动、甘肃省第十五届运动会，建成4个智慧社区健身中心和2条健身步道。建成公共停车泊位5000个，全民健身场所72处，文旅驿站12座。完成163条小街巷线缆整治，改造、安装智慧路灯458根。农村人居环境不断提升。开展农村人居环境整治提升五年行动，改造农村户用卫生厕所2384座。推进农村房屋安全隐患排查整治，摸排整治农村房屋23.79万户，整治隐患农房289户。全力推进农村冬季取暖热源清洁化改造实施项目，改造农户6.4万户，2021年清洁取暖项目被国家评为“优秀”等次。

【社会信用体系建设】 全方位推进全国社会信用体系建设示范城市创建，印发《兰州市“十四五”信用体系建设专项规划》《兰州市创建全国社会信用体系建设示范城市“百日攻坚战”专项行动方案》《兰州市创建全国社会信用体系建设示范城市考核评价办法》，围绕11个方面45项重点工作任务，利用百天时间集中开展专项行动。省市“信易贷”平台向在兰企业累计放款71.43亿元，兰州新区“绿金通”发放绿色贷款余额超200亿元，企业用户突破1万户。《夯实信用体系建设示范城市创建根基》作为“清廉兰州”首批4个典型优秀案例之一在全市推广。根据《城市信用监测月报》反馈，兰州市在全国36个省会及副省级以上城市综合信用指数排名提升21个位次，为历史最好成绩。国家公共信用信息中心向市发改委致《感谢信》，对兰州市信用体系建设工作予以肯定。兰州市信用信息平台获2022年度“全国信用信息共享平台和信用门户网站一体化建设特色平台网站”称号，已连续五届获此殊荣。兰州市公共资源交易领域信用体系建设典型做法受国家发改委领导批示并予以推广。《兰州市持续加强信用信息归集共享和应用》典型案例材料，入选国家发改委《优化营商环境百日问答》予以推广。

【农村经济管理】 实施现代丝路寒旱农业优势特色产业三年倍增计划，推进13个现代农业产业园创建，打造“一百五十”六大优势特色产业集群；推进高标准农田建设和撂荒地整治，建成高标准农田15.84万亩，整治撂荒地30万亩；深挖特色产业和产品独特优势，创建合作社示范社40家以上，示范性家庭农场20个，新认证“三品一标”农产品18个、“甘味”农产品企业商标品牌10个，新认定市级以上农业产业化龙头企业15家；兰州百合“甘味”区域公用品牌成功入选农业农村部2022年农业品牌精品培育计划名单；兰州新区鲜切玫瑰畅销国际市场。印发《兰州市2022年易地扶贫搬迁后续扶持工作要点》，全力做好后续扶持“后半篇”文章。实施榆中农产品加工产业基地建设马铃薯深加工、武胜驿镇安置点易地搬迁后续产业发展、坪城乡易地搬迁安置点养殖小区等产业扶持项目。开展七里河区安全饮水设施维修养护，榆中县夏官营镇集中安置点基础设施提升改造、甘草店镇集中安置点消防设施提升改造等基础设施提升工程。加快创建永登国家农村产业融合示范园，争取第二批2000万元资金支持。实施以工代赈项目17个，组织务工人员535人，促进农村务工人员就地就近就业。提升搬迁群众稳定就业质量，易地扶贫搬迁建档立卡户就业率91%。城关区、安宁区被评选为全省县域经济发展十强县和先进县，西固区被评选为十强县。

【目标管理】 按照市委市政府统一安排，对全市8个县区及兰州新区、兰州高新区、兰州经济区、甘肃（兰州）国际陆港（以下简称为“四区”）、市直部门、直属事业单位全年目标任务完成情况进行全面考核，根据考核汇总情况提出年度全市经济社会发展工作实绩考核结果，形成《兰州市发改委关于2021年度经济社会实绩考核情况的报告》，经市政府同意后，报市委组织部纳入到2021年度市管领导班子和领导干部考核结果中。根据各县区资源禀赋、产业结构、项目建设的不同，提出各县区及“四区”2022年度经济社会发展预期指标分解意见。组织并签订各责任县区及单位完成2022年度目标责任书。

【收费管理】 印发《关于清理规范城镇供水供电供气供暖行业收费促进行业高质量发展实施方案的通知》《关于做好水电气暖领域涉企违规收费自查自纠工作的通知》，持续清理规范供水供电供气供暖行业收费，降低企业生产经营成本，累计为企业减负1.98亿元；组织303户工业企业提交直购电申请，交易电量134亿度，降低企业用电成本2亿元。印发《关于制定兰州市义务教育阶段学校课后服务收费标准（试行）的通知》，开展“双减”工作专项督查。按照相关法律法规、工作流程，对已竣工且具备运营条件的重点项目，予以制定试运行票价；对已满3个会计年度，并具备成本监审条件的重要商品和服务项目，予以核定正式收费标准。

【成本监审】 年内完成兰州经济技术开发区城市建设投融资发展公司“山坪子经济适用房项目”经济适用住房销售成本监审；兰州天恒房地产开发公司银滩花园二期9栋楼经济适用住房销售成本监审；兰州煤矿设计研究院有限公司经济适用住房销售成本监审；兰州水务建设管理有限公司城镇供水成本调查；兰州市主城4区9家农业灌溉用水成本监审；甘肃省兰州第一中学国际班高中教育培养成本监审；兰州市殡仪馆殡葬服务成本监审；兰州市5家公墓区殡葬服务成本监审。

（杨雅文）

价格调控监管

【概况】 2022年12月，兰州市居民消费价格同比上涨2.6%，涨幅比上月扩大0.6个百分点。其中，食品价格上涨7.5%，非食品价格上涨1.5%；消费品价格上涨4.4%，服务价格下降0.2%。全年兰州市居民消费价格比上年上涨2.3%。

12月，兰州市居民消费价格环比由上月的上涨转为持平。其中，食品价格上涨0.2%，非食品价格与上月持平；消费品价格上涨0.2%，服务价格下降0.3%。

【价格调控】 完善重要民生商品价格调控机制，出台《兰州市完善重要民生商品价格调控机制的实施方案》，明确部门职责和重点工作任务，建立由市政府分管同志任组长，相关部门“一把手”为成员的全市重要民生商品保供稳价工作专班，及时协调解决保供稳价工作中存在的困难问题，形成保供稳价合力。兜底民生保障。制定《兰州市社会救助和保障标准与物价上涨挂钩联动机制实施方案》，进一步明确价格临时补贴的启动条件和工作流程。同时，按照国家发改委要求，阶段性降低启动条件，扩大保障范围。累计发放5个月（7–11月）价格临时补贴1227万元（12月份补贴按要求在2023年1月底前完成发放）。发挥储备调节作用。在中秋、国庆等重点时段及时组织投放政府储备，保持价格总体平稳。9月后，为应对猪肉价格上涨的不利局面，及时向市政府进行汇报，提出建议，通过增设投放网点、给予承储企业销售补贴以降低价格、加强市场巡查监管等措施，累计向全市投放政府储备肉300吨。

【价格监管】 持续推进重点领域价格改革，切实落实天然气上下游价格联动机制，理顺销售价格，平稳调整终端销售价格。在国际油气价格上涨的大形势下，严格按照联动机制要求，指导燃气公司制定并向市发改委报备《2022年非采暖期非居民用天然气销售价格联动调整方案》，保障全市冬季天然气的供应需求。持续清理规范供水供电供气供暖行业收费，降低企业生产经营成本。制定印发《关于印发兰州市清理规范城镇供水供电供气供暖行业收费促进行业高质量发展实施方案的通知》和《关于做好水电气暖领域涉企违规收费自查自纠工作的通知》，按照要求开展全市水电气暖领域涉企违规收费自查自纠工作，对自查出的供气企业违规收取接入费问题和转供电违规加价问题，督促企业加快整改和查处。落实电价市场化改革。推进电力用户与发电端中长期交易工作，不断扩大电力市场化交易规模。通过直购电交易，全年累计为全市各类大中小企业和工商业用户降低用电成本2亿元。做好兰州市义务制阶段中小学课后服务收费标准政府指导价的制定工作。印发《关于制定兰州市义务教育阶段学校课后服务收费标准（试行）的通知》，对义务教育阶段课后服务收费实行政府指导价管理。兰州市义务教育阶段学校课后服务按主城四区（城关区、七里河区、安宁区、西固区）2元/课时·人，远郊县区（红古区、榆中县、皋兰县、永登县）1.8元/课时·人收费标准执行。收费标准为按照课后服务成本扣除财政补贴后的家长实际承担部分。各县区可结合实际对收费标准予以上浮，幅度不超过10%，下浮不限。农村地区不高于1.5元/课时·人。标准试行范围为市属和市辖3县5区各公办中小学校；省属及企、事业单位隶属公办学校可参照执行。

【价格监测】 各类商品及服务价格同比变动情况。食品烟酒价格上涨6.8%，影响居民消费价格指数（CPI）上涨约1.99个百分点。食品中，鲜果价格上涨24%，影响CPI上涨约0.59个百分点；畜肉类价格上涨14.7%，影响CPI上涨约0.39个百分点（猪肉价格上涨29.7%，影响CPI上涨约0.28个百分点）；蛋类价格上涨13.8%，影响CPI上涨约0.08个百分点；水产品价格上涨0.9%，影响CPI上涨约0.01个百分点；鲜菜价格下降9.4%，影响CPI下降约0.25个百分点。

其他七大类价格同比呈现“六涨一降”态势。其中，交通通信价格上涨4.1%；其他用品及服务价格上涨3.6%；生活用品及服务价格上涨1%；教育文化娱乐价格上涨0.8%；医疗保健价格上涨

0.6%，衣着价格上涨0.1%；居住价格下降1.2%。

（杨雅文）

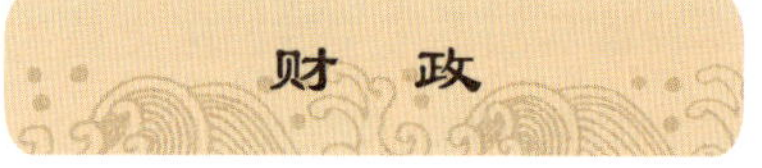

财 政

【概况】 2022年，市财政局面对错综复杂的经济形势和新冠疫情双重叠加影响，发挥财政职能作用，依法依规组织财政收入，不断优化财政支出结构，扎实做好“六稳”“六保”工作，加强民生领域财政资金投入，财政运行稳中有进、稳中向好，有力推动经济增长和社会稳定。全年全市一般公共预算收入完成220.98亿元。剔除留抵退税政策影响，全市同口径一般公共预算收入完成262.03亿元。全市一般公共预算支出完成498.8亿元，同比增长3.14%。市本级支出完成205.15亿元，同比增长1.91%；兰州新区支出完成72.88亿元，同比增长3.37%；区县级支出完成220.76亿元，同比增长4.23%。

【财政收支管理】 及时精准掌握税收政策变动，加强涉税信息数据共享，紧盯重点税源、重点行业变化趋势，督促解决历史遗留问题，不断提升征管力度，确保税收收入及时入库。全年税收收入完成157.52亿元。提升非税征管力度。加强重点单位、重点项目跟踪管理，准确梳理和摸排新的增收点，确保非税收入实现上半年较快增长、下半年平稳运行，有效发挥非税收入的补充作用，全年非税收入完成63.46亿元。严格落实国家组合式税费支持政策，加大退税减税降费和助企纾困力度，增强市场主体保生存、促发展能力。全年全市大口径新增留抵退税111.05亿元（其中市县留抵退税38.87亿元），惠及企业1.04万户。为推进留抵退税政策落地落实，各级财政着力强化留抵退税资金保障，坚决落实政府过“紧日子”要求，严控一般性支出，大力压减“三公”经费，全市“三公”经费同比下降4.69%。

【财政保障能力提升】 加强结转结余资金管理，制定印发《兰州市市级结转结余资金管理办法》等制度规定，加大结余结转资金梳理和收回力度，全年市级盘活各类资金5亿元，统筹用于经济发展亟须支持领域和平衡全年预算，有效提高财政资金管理水平。加强年度预算统筹，进一步细化项目管理，对本年暂不执行或执行进度缓慢的项目资金，坚决予以收回。为应对严峻的财政收支矛盾，全市各级财政部门主动向上汇报衔接，全年全市争取上级转移支付资金151.6亿元，同比增长46.21%。

【重点领域财政资金投入】 面对突发新冠疫情，按照“急事急办、特事特办”原则，全面开放支付“绿色通道”，系统梳理全市疫情防控资金需求，加大本级投入和向上争取资金，全年全市各级财政部门累计投入疫情防控资金15.8亿元。进一步加大社保、教育等重点领域投入。扎实推进省、市为民办实事项目，完成10个市列新改扩建学校项目，增补学位1.2万个；保障困难生资助，拨付城乡义务教育家庭经济困难生活补助1110.79万元。进一步加大城乡低保、困难群众救助补助、临时救助等资金拨付和监管力度，全市城市低保标准提高8%，农村低保标准提高10%。落实国家稳就业政策，优化补助资金申领流程，尽最大努力确保企业享受优惠政策，支持企业稳岗发展。全年拨付稳岗返还资金2.74亿元，惠及市场主体2.75万户，惠及职工59.9万人；拨付留工培训补助3亿元，惠及市场主体2.93万户，惠及职工46.1万人。全年全市在“三保”（保工资、保稳定、保增长）、卫生健康、养老、教育、社会保障等方面的民生支出401.88亿元，占全年总支出的80.57%。

【重点任务落实资金保障】 加强乡村振兴资金投入，按照“四个不摘”要求，通过加大本级和县区投入、积极向上争取、统筹整合涉农资金等措施，投入资金10.53亿元，重点用于产业发展、支持巩固拓展脱贫攻坚成果、人口较多的易地扶贫搬迁集中安置区后续产业扶持等领域。培育壮大经济增长点，拨付资金13.8亿元，持续加大对兰州新区、榆中生态创新城的支持力度，通过加大产业投入、基础设施建设、落实对企业优惠政策等，发挥其带动全市经济社会发展的作用。做好重大项目资金保障，安排重大项目前期费9000万元，涉及134个重点项目；下达G30连霍高速清忠段扩容改造工程专项建设资金30.45亿元；及时下达北方地区冬季清洁取暖项目中央资金5.6亿元，安排下达市级地方配套资金0.56亿元，通过其他渠道获得并整合可用于清洁取暖项目配套的中央专项资金2.8亿元，全力推动兰州市冬季清洁取暖项目落地实施；紧紧围绕打赢污染防治攻坚战目标，争取中央大气污染防治资金2100万元用于支持燃煤锅炉淘汰改造项目、榆钢料场封闭改造项目一期工程（烧结小料场）项目、兰州众力工业材料有限公司生产冶炼系统环保改造项目。

【财政运行风险防范】 妥善处理“稳增长”和“防风险”的关系，依法依规举借政府债务，严格控制政府债务规模，用足用好专项债。密切关注债券资金使用进度，实施穿透式监测，确保专项债券资金真正落实到项目建设上，切实提高专项债券资金使用效益。按照“谁举债，谁负责，谁偿还”原则，多渠道筹措资金，偿还隐性债务，并综合运用合规转化为企业经营性债务、依法依规核减隐性债务等方式，稳妥有序化解存量隐性债务，缓释债务风险。坚决防范基层“三保”风险，将“三保”工作作为政治任务来抓，强化县区预算审核，打足打实“三保”预算，制定《县区“三保”风险应急预案》，坚决落实处置机制，严格落实月监测和重大事项报告工作机制。财政支出坚持两个优先原则，强化库款监测调度，加大向上争取力度，夯实保障基础，确保基层“三保”不出问题。增强防范和化解能力。加大注册资本金投入，指导兰州金控设立和壮大兰州市国有企业信用保障基金和兰州金控投资基金，发挥平台增信融资发债作用，进一步增强兰州市国有企业化解和防范企业债务风险的能力。

（贾海刚）

税　务

【概况】 2022年，兰州市税务系统完成税费收入626.34亿元。其中，税收收入345.23亿元；社保基金收入210.27亿元；非税收入60.87亿元；工会经费等其他收入9.97亿元。

【减税降费】 贯彻落实各项减税降费政策，创优“速”办服务、创新“速”缓打法、创推“速”退战法，精准推送应享政策的“幸福菜单”和已享政策的“幸福账单”。全年兰州市落实税费优惠政策123.39亿元，占全省总量的30.36%。其中，增值税留抵退税79.94亿元；“六税两费”减半征收4.46亿元；制造业中小微企业缓缴税费6.09亿元；小规模纳税人减免增值税9.18亿元；其他税费减免23.72亿元。

【税费征管】 制发《项目税收管理工作指引》，建立工作台账，全市823个建设项目纳入项目管理，入库项目税收11.82亿元。土地增值税全年完成审核项目77个，税费入库5.01亿元，创出兰州经验，在全省财产和行为税工作会上作交流。12.18万余户企业所得税汇算企业准期完成汇算清缴，3.28万扣缴单位，57.08万自然人完成个税汇算申报，退补税办结率100%。加强反避税监管，扣缴征收非居民税收7055万元。开展化解历史遗留问题“登记难”涉税业务，入库税款7.53亿元。风险应对成效明显，入库税款4.34亿元，与稽查高效配合，成功阻断风险企业留抵退税1.6亿元。深化“三项制度”，落实“首违不罚”2560户次，成立全市公职律师涉税争议咨询调解中心，纳税人缴费人遵从度明显提升，税收法治环境更加优化，市税务局被表彰为全省“七五”普法工

4月20日，市税务局工作人员在兰州中心向纳税人、缴费人发放减税降费政策宣传资料

作先进集体。

【纳税服务】 深耕“陇税雷锋”全员帮办机制，做精“兰税捷办”服务品牌，12366、办税服务厅、电子税务局、税务分局“四位一体”联动发力，5大类20项121条便民春风服务措施无缝落地。出口退税、增值税留抵退税办税时间大幅压缩，化解历史遗留问题涉税工作高效推进。深化“银税互动”，累计办理贷款21万笔82.4亿元。推进“非接触式”服务，新冠疫情期间全市预约线下业务办理39.6万笔，线上远程帮办1.3万户次，最大程度地满足纳税人办税缴费需求，网报率99.6%。联动市工商联开展“春雨润苗”行动，与兰州财经大学等高校合作设立“大学生就业创业税费服务站”，政策宣辅更加精准。在全省营商环境评价中，市税务局连续两年名列第一，在全市优化营商环境大会上作了经验交流。

【税务稽查】 处理各类稽查案源957起，立案检查389起，结案361起，共计入库稽查收入5.05亿元。应用信息化战法，在全国首先发现某汽车服务公司重大涉税线索，全国60余个城市借鉴兰州经验开展核查。在税收执法公示平台和双公示数据平台对外公布一般行政处罚案件149户，对“共筑诚信德润金城”诚信“红黑榜”列入“黑榜”名单的24户企业进行发布并采取联合惩戒措施，不断营造法治公平的税收环境。

（侯　宇　王　涛）

自然资源管理

【概况】 2022年，市自然资源局统筹推进新冠疫情防控和服务发展，准确把握新形势下面临的使命任务，坚决扛起“两统一”核心职责，全面提升自然资源工作水平和服务效能。国土空间规划编制工作取得突破，全力向上汇报争取最大政策支持，“三区三线”（三区：城镇空间、农业空间、生态空间；三线：城镇开发边界、永久基本农田、生态保护红线三条控制线）成果上报审查，规划成果已经市政府常务会议审议通过。保障民生进展显著，大力实施“人防＋技防”、工程治理和避险搬迁安置“组合拳”，地质灾害防治基础更加夯实，“登记难”问题化解攻坚推进、成效显著，化解总量居全省第一。要素供给坚实有力，纵深推进“标准地”出让、“用地清单制”等改革事项，稳步推进土地二级市场建设，着力打造配置更加合理的自然资源要素环境。

【空间规划】 把科学划定“三区三线”作为统揽当前规划编制工作总纲，统筹耕地、人口和资源环境承载能力，形成“编、管、用”并重、“数、线、图”一致的“三区三线”成果，已通过自然资源部技术审查并正式启用，各类建设用地项目可据此组卷报批。持续深化完善市级国土空间规划成果，建立健全国土空间基础信息平台及“一张图”实施监督系统，《兰州市国土空间总体规划（2021—2035年）（送审稿）》已经市政府常务会议审议通过。分类施策推进“多规合一”实用性村庄规划编制工作，确保乡村规划“看得懂、记得住、能落地、好监督”，全市应编383个发展类村庄中，编制完成364个并报省自然资源厅汇交入库，已批复实施85个。

【专项规划编研】 起草《关于进一步优化中心城区规划管理若干措施的通知》，持续开展重点发展区域控制性详细规划修编及专项规划编制，编制印发《兰州市“十四五”城市交通发展规划》，完成《兰州市生态基础设施暨绿道系统规划》《兰州市中心城区蓝绿系统规划》初步成果。全面开展黄河北未利用地生态治理专项规划编制，启动经开片区、青石片区控规编制，完成公开招标。完成范坪片区（广家坪单元）道路市政基础设施专项规划，编制完成《兰州市中心城区公共停车设施专项规划（2022—2035年）》阶段成果和《兰州市建设项目停车配建标准研究》，修订完成《兰州市中心城区建设项目机动车标准车位配建指标》，及时对西固、东岗、桃树坪等片区控规进行维护调整。

【土地规划服务】 加快打造全国优化营商环境实践样本城市和工程建设项目审批最快城市，推进工程建设项目审批制度改革，建设项目从立项到竣工验收全流程审批时限缩减至30个工作日内。全年核发“一书两证”230件，规划条件核实47个，审批新建道路约17.8千米，地下管线约45千米，有力保障G1816乌海至玛沁国家高速公路、永登坪城二期50兆瓦风电项目等重大项目落地。纵深推进“精致兰州”建设，制定印发《兰州市自然资源局十五分钟生活圈配套设施规划实施方案》，打通“规划—建设—移交—监管”全流程，系统开展城市有机更新，规划配建幼儿园13个、养老设施12处，新建小区规划配建公共服设施建筑面积约3.35万平方米、停车位约2.26万个。

【土地利用】 全市批复建设用地26宗，面积49586.4亩；市级储备土地出库1579亩，入库3083亩，市本级（含兰州经济区、兰州高新区）供应土地70宗，面积5341.31亩，市级财政收缴入库约22.53亿元；作价出资（入股）方式注入市属国有企业土地54宗，面积2633.85亩，市场价格总计约85.98亿元。坚持土地要素供给跟着项目走，拟定完善工业用地供应政策支持实体经济发展的有关意见，持续开展新上工业类项目“标准地”出让，促进资源要素市场化配置，全年挂牌成交工业“标准地”6宗、面积580.2亩。推行“用地清单制”改革，土地供应时“一单尽列”，形成全流程“清单式”信息，通过主动介入、简化流程，持续提升要素保障水平，推进项目审批提速增效。履行建设用地土壤安全职责，配合完成22个项目土地污染状况调查报告评审。

【土地资源配置】 建立健全政府公示地价体系，制定集体建设用地和农用地基准地价成果，开展年度城市地价动态监测，出台《国有建设用地使用权转让、出租、抵押二级市场交易管理暂行办法》，有序推进土地二级市场建设。推进农村集体经营性建设用地入市，申请上报皋兰县为农村集体经营性建设用地入市试点县。按照产业园用地情况调查有关要求，对产业园用地情况进行补充调查，制作范围边界矢量，上报有关成果。落实“增存挂钩”要求，处置批而未供土地5127.15亩，闲置土地5269.2亩。

【耕地保护】 落实最严耕地保护制度，持续强化耕地数量、质量、生态三位一体保护，对2022年全市批复建设用地所占用的21393.75亩耕地，全面落实耕地占补平衡。全面完成耕地后备资源评价工作，对已竣工验收的3个土地整治和高标准农田建设项目新增耕地进行核实认定，认定新增耕地573亩，上报核实耕地1756.8亩。根据省委第一巡视组涉粮问题专项巡视反馈问题，深入推进涉粮问题整改，对发现新增乱占耕地建房问题，坚决拆除复耕，已拆除复垦违法占用耕地建房问题图斑9宗，共计28.75亩。

【重大建设项目用地保障】 制定承接授权和委托用地审批事项实施方案，规范土地征收成片开发方案编制审批，进一步加强临时用地审批监管。按照要素跟着项目走的原则，支持区县按承诺制报批重点项目用地，对重大基础设施和民生保障项目、产业项目用地需求做到应保尽保，对接有偿调剂耕地占补平衡指标约3345亩，全力保障重大项目落地。争取省自然资源厅配置国有未利用地新增建设用地计划307.5亩，县区政府均已完成用地审批及报备工作。

【不动产统一登记】 稳步推进自然资源确权登记工作，完成13条水流、4处自然保护地、1处森林的调查核实。持续深化不动产登记改革，全力推行“五个一”（一个登记平台、一个登记数据库、一个登记流程、一套要件材料、一个服务标准）工作模式，推广应用不动产登记电子证照，持续在精简要件材料、简化登记流程、压缩审核层级上深度发力，特别是将企业间财产登记办事环节压缩50%，实现“即来即办，4小时办结”。全年全市办理各类登记业务24.9万件，颁发不动产登记证书32.6万本，证明9.2万本。

【历史遗留“登记难”问题化解】 运用“证缴分离”“证改分离”“证审分离”等举措，综合施策加快“登记难”问题化解进度；开展“交房即交证”试点，起草并经市政府审定印发工作方案，组建工作专班，全力做好“登记难”化解“后半篇”文章；围绕落实省委主要领导专题调研指示要求，将商品房项目化解作为重点，扎实开展4轮摸排，统筹推进化解工作。截至年底，全市各不动产登记机构累计办理各类历史遗留首次登记29.8万套、转移登记18.6万套。

【矿政管理】 全市有采矿权单位134家。其中，省级发证5家；市级发证39家；县区级发证90家。城关区2家，开采矿种为建筑用砂石；七里河区2家，开采矿种为煤炭和地热；安宁区3家，主要为砖瓦用黏土矿山；红古区9家，主要为窑街煤电等4家煤矿和砖瓦用黏土矿山；永登县56家，为全市非金属矿产资源集中开采区，主要矿种为水泥用石灰岩、冶金用石英岩、芒硝、建筑用砂石等；皋兰县31家，均为县级发证的建筑用砂石和砖瓦用黏土矿山；榆中县31家，主要矿种为石灰岩和建筑用砂石，是兰州市主要的机制砂产地，分布有3个大中型建筑用砂石矿山。2022年，编制印发《兰州市矿产资源总体规划（2021—2025年）》和《兰州市人民政府办公室关于推动矿产资源勘查开发高质量发展的意见》。落实储量动态监管要求，完成市县储量数据库建设，实现非金属矿和砂石土矿储量数据“一张表”。联合相关部门开展矿山企业安全生产巡查检查。推进矿山地质环境恢复治理，将矿山地质环境恢复治理工作作为办理延续、变更、转让等审批手续的前置条件之一，督促履行治理义务。开展绿色矿山建设，3家矿山完成自评和第三方评估，上报申请省级绿色矿山。

【违法查处】 持续强化违法建设治理，全年立案调查5起，拆除违法建设57起，建筑面积1730.27平方米。全力推进卫片执法核查整改工作，完成自然资源部下发图斑核查3597个。开展严厉打击非法采矿、“洗洞”盗采金矿专项整治行动，组织完成91处废弃金矿矿硐的封堵工作。会同有关部门开展自然资源领域整治暨打击“砂霸”“矿霸”等自然资源领域黑恶犯罪专项行动，及时向公安部门移交4宗非法占地和3宗非法采矿案件。

【国土空间生态修复】 坚持规划引领，推进市县两级国土空间生态修复规划编制，市级规划已形成阶段性成果，县区规划编制工作按部省统一安排有序推进。谋划实施生态修复项目，6个国土综合整治和生态修复项目列入省级项目储备库，其中4个项目已下达资金开始实施，合计争取资金2700万元。谋划申报的甘肃省黄河干流（兰州段）历史遗留废弃矿山生态修复示范工程，已列入财政部、自然资源部竞争性评审项目清单。

【地质灾害监测防治】 编制《兰州市“十四五”地质灾害防治规划》，完成全市1∶50000风险调查成果集成，推动城关区“隐患点＋风险区”双控试点；健全群测群防员队伍，完成220处普适型监测预警设备选址安装工作；举行市、区两级突发地质灾害避险演练，执行领导包抓、值班值守、灾害速报、“三查”（汛前排查、汛中检查、汛后核查）等制度，累计派出129组359人次，巡查隐患点1767处。落实主城区地质灾害综合治理三年行动，接收避险安置房265套，开展地质灾害治理工程项目3个，梳理上报重点区域地质灾害治理项目30个，其中10个已批准入库。全面推进生态及地质灾害避险搬迁，坚持整体规划、系统实施，全年搬迁任务68户已全部迁出安置。

【国土测绘】 围绕“强基础、促集约、提服务”要求，编制印发市级“十四五”基础测绘规划。统筹智慧城市建设，搭建完成市级地理信息公共服务平台，实现全市公共数据信息资源的归集共享与高效聚合。落实工程建设项目审批制度改革和“交房即交证”改革要求，联合有关部门出台工程建设项目“多测合一”管理办法，统一技术标准、中介市场、工作流程，明确适用范围、具体内容、工作职责，建立测绘中介机构信用评价机制和中介市场动态退出机制，完善全市网上中介服务系统平台，推动“多测合一”改革工作向纵深开展。

【调查监测】 根据国家和省市三调办统一安排，联合统计部门及时公开发布第三次全国国土调查数据成果，做好三调成果解读和共享应用，面向行业管理部门、企事业单位和社会公众及时提供多形式、个性化、宽层次的共享成果，为国土空间规划编制、省级地质灾害风险双控试点等工作提供有力调查监测成果支撑。全面开展年度国土变更调查工作，县区第二轮上报变更调查成果均已通过省级核查并上报国家审核。

【国土“法治化”建设】 落实行政执法“三项制度”，严格依法行政，出具土地规划合法合规性证明30件，组织听证1件。修订完善《兰州市地质灾害防治管理办法》，申报的《兰州市城市地下管线管理办法》被列入全市2022—2026年立法规划。加强普法宣传教育，制定局系统“八五”普法规划，及时开展世界地球日、全国土地日主题宣传活动，通过局理论学习中心组学习、局务会等组织专题学法活动10次，切实提高运用法治思维化解矛盾能力水平。

【规划展览】 兰州市城市规划展览馆全年限流接待游客9499人次。接待团队59个。其中，省内团队54个；省外团队5个。持续更新展陈内容，更新“兰州概况”“国土空间规划”“城市发展强音”“畅交通行动方案”“都会城市精致兰州”版面图文，设计并展示“心”型城市发展格局。推进规划馆局部提升改造，初步形成《布展平面设计方案》。履行爱国主义教育基地、科普基地和公共文化场馆职责，搭建青少年成长“第二课堂”，与通渭路小学共同举办“童心献礼二十大稚子启航通未来”开学第一讲活动和“关注安全共创和谐”的“云”科普讲座活动。创新线上活动，推出识山河璀璨看兰州变迁和清代兰州城池壁挂模型2期云游规划馆线上主题活动；举办“云”上同行——寻名人足迹品历史佳话线上阅游活动；开展空间规划云讲堂、科普自然、科普防疫干货等41期云科普知识宣传活动。11月，获得第一批“全国科普教育基地”称号。

（孙天罡）

市场监督管理

【概况】 2022年，市市场监督管理局聚焦“四强”行动，树立“大市场、大质量、大监管”理念，服务全市大局，统筹推进市场监管和新冠疫情防控，全市市场监管各项工作推进有序，取得明显成效。全市累计注册各类市场主体376852户，同比增长4.42%；新设立各类市场主体44812户。查办各类违法案件1112件，罚没2218余万元。市市场监管局获评“平安甘肃建设先进集体”“全国行政执法先进集体”。

【新冠疫情防控市场监管】 疫情防控期间，市市场监管局承担生活物资保障和市场监管组等防控专责组任务，履行好牵头抓总职责，全力确保专责组各项任务落到实处。制定疫情防控领导小组兰州市物资保障和市场监管组疫情防控工作方案、秋季防控方案、冬春季防控方案等政策文件。联合市商务局、卫健委等7部门印发《关于进一步做好进口冷链食品疫情防控工作的通知》，制定《兰州市进口冷链食品监管总仓工作人员防护指南》，进一步健全完善防控机制。突出抓好进口冷链食品监管，建立进口冷链食品主体信息台账，开展从业人员摸排建档工作，冷链食品从业人员疫苗接种率100%。对全市119家进口冷链食品经营企业进行建档并重点监管，对912家食品生产经营冷库进行信息备案，督促冷链食品销售商户详细记录批发、零售各个环节的客户信息，有效防止进口冷链食品“体外循环”问题。督促进口冷链食品储存加工企业严格落实一线人员作业期间每天1次全员核酸检测要求。规范集中监管仓区域设置，将运行场所划分为工作区和管理区，工作区严格实行闭环管理；设置货运车辆、工作人员、管理人员专用进出通道，避免出现交叉感染。抓好重点场所疫情防控工作。组织市、县区、所三级市场监管干部通过巡街、驻点等方式加大对农贸市场、餐饮单位、超市等重点场所的监管力度，督促市场主体落实“一扫四查”、一米线间隔、佩戴口罩等防控措施。强化网络平台监管力度，对多多买菜、美团、饿了么进行检查和约谈，督促企业依法合规经营，担当社会责任，不断强化自我约束和自我管理。着力强化价格监管。配合有关部门建立保供体系，加强对高原夏菜、张苏滩等全市一、二级蔬菜批发市场驻点监管，确保源头安全。推行蔬菜倡议价格，督促市场主办方和商户依法经营，确保蔬菜价格基本稳定。与美团、饿了么平台探索建立价格协同监管机制，抑制平台商户恶意抬价行为。综合运用思想引领、行政约谈、提醒告诫、行政处罚等手段，引导各类市场主体保本经营、让利市民，保证蔬菜价格的总体平稳。发放价格提醒告诫书22969份，约谈商户520余户次，查处价格违法案件184起，公开曝光48起。保障防疫药械供应。对全市13家药品连锁公司960家连锁门店止咳药、退热药、抗生素、抗病毒药等四类药日销量前30位的药品和连花清瘟、布洛芬、医用口罩、医用防护服、核酸检测试剂、抗原检测试剂等重点品种开展日统计、监测和预警，组织企业提前储备“四类药品”。通过视频调度、电话沟通、企业承诺、主动服务等方式动员协调企业多方组织货源，协调医保部门提前为药品零售企业拨付医保金1.5亿元，全力保障防疫用药械供应。立案1起涉嫌无证经营医疗器械、哄抬医疗器械价格案件，处以罚款31万元。

【市场主体增量】 提升企业开办便利度，全力推行一网办、一窗办、预约办、承诺办、便捷办、帮您办“六办”服务，企业开办流程压缩为2个环节，开办时间压缩至1.5个工作日，市级层面和红古区率先开展免费刻制印章试点。截至12月底，全市累计注册各类市场主体376852户，同比增长4.42%；新设立各类市场主体44812户。

【事中事后监管】 加强事中事后监管工作，“双随机、一公开”监管稳步推进，全市发布双随机抽查任务621个。其中，单部门415个；跨部门206个。检查企业4069户。规范执法办案程序，推行行政执法“三项制度”，严厉打击各类违法行为，查办各类违法案件1112件，罚没2218万余元。实施包容审慎监管，落实“两轻一免”清单，从轻处罚27起，减轻处罚3起，免予处罚19起。制定《关于全力支持市场主体复工复产的若干措施》，提出包括延长许可证明有效期、“一站式”“直通车”服务、知识产权金融服务、涉企违规收费专项整治、减收相关费用等25条“硬核”措施，让市场主体感受到真真切切的优惠和扶持。

【食品安全监管】 落实“四个最严”要求，落实“包保责任制”工作，推动完善地方党委和政府负总责、主要负责人为第一责任人的食品安全责任制，持续压紧压实属地责任。开展农村假冒伪劣食品、校园周边食品等专项整治行动和散裸装食品、食品小作坊、小饭桌等规范提升行动，查处违法案件195起，罚没款773.17万余元。开展食品安全领域侵害群众利益突出问题专项整治，食醋、食用豆芽、保健食品、农家乐、早餐摊点等食品安全质量明显好转。持续加强检验检测，完成检验11916批次。其中，食用农产品4214批次，合格率97.47%；普通食品5112批次，合格率97.55%；餐饮食品（含现制现售食品）2390批次，合格率98.79%；评价性抽检200批次，合格率98.5%。完成食品快速检测126021批次，合格率99.35%。国家食品安全示范城市创建工作通过省级初评。

【药品安全监管】 开展打击假劣药品、处方药不合规销售、药品零售企业执业药师“挂证”行为等专项整治工作，检查药品医疗器械化妆品企业8843家次，查处违法案件193起，罚没款146.1万元。推进落实重点药品信息追溯建设，全市1615家零售药店全部加入第三方药品追溯平台。

【工业产品质量安全监管】 督促各重点工业产品生产许可证获证企业落实主体责任，严防各类安全生产事故发生。检查危险化学品、危险化学品包装物及容器、电线电缆、钢筋、化肥等生产销售企业702户次，发现问题均已督促整改到位。加强对燃气灶具类产品的监督检查，严厉打击销售未经强制性产品认证燃气器具的违法行为，检查经营单位306户次。

【特种设备安全监管】 强化重点环节、重要时段安全检查，狠抓隐患排查治理。检查特种设备使用单位1429家、特种设备3167台，查处违法案件25起，罚没174.2万元。全面建成气瓶追溯系统，全市25家液化石油气气瓶充装单位、39家车载气瓶充装单位、1家氢气充装单位、3家气瓶检验机构全部完成追溯系统建设并投入运行。

【消费者合法权益维护】 开展“3·15”国际消费者权益日系列宣传活动，针对央视“3·15”晚会曝光问题商品，迅速开展专项检查，下架食品114132件，责令整改53家。全市建立ODR企业96家，通过ODR消费维权快速通道解决投诉856起，办结率99%。畅通消费维权投诉举报渠道，受理投诉举报48263件，已办结47422件，办结率98.25，挽回经济损失2067.13万元。

【质量强市建设】 深化质量强市战略，开发建成兰州市质量基础设施“一站式”服务系统，系统浏览量22.2万余人次。帮助指导企业和组织申报省政府质量奖，推荐10户企业（组织）、6个班组、6名个人申报第八届甘肃省人民政府质量奖，其中4户企业顺利通过现场评审。

【标准化工作】 稳步推进标准化工作。编制《兰州市推进标准化发展(2022—2025年）行动计划（草案）》《兰州市地方标准管理办法》。审核上报甘肃省地方标准18项，组织有关单位起草《兰州市智慧停车系统信息联网技术规范》等6项市级地方标准。围绕重振“兰州制造”，按照“建立以国家标准、行业标准为主体，地方标准、企业标准和团体标准为补充的装备制造业标准体系”的目标，梳理建立装备制造业标准体系框架。

【计量管理】 持续规范检验检测行为，检查环境、建筑、机动车等重点领域检验检测机构12家，立案1起。加强民生计量监管，完成计量器具强制检定22257台件。开展全市粮食购销领域在用计量器具专项监督检查，检查在用计量器具151家，检定208台件，合格率100%。

【价格监管】 开展教育、物业、粮食等五大领域专项检查。教育收费专项检查。采取属地监管为主与市市场监管局重点抽查相结合原则，检查各类学校30所，发现采取“一费制”向学生合并收取学费、住宿费等问题4类。“纾困减负”专项行动。向有关媒体发布《关于征集全市涉企收费违法行为线索的公告》，建立完善7领域重点监管对象清单和台账，通过对住建、城管等23家单位的检查，发现转嫁成本、强制或者变相强制收费，不执行减免政策等问题9类。停车设施“一难两乱”整治、物业服务市场秩序专项整治。将停车设施建设管理“一难两乱”专项整治与物业服务市场秩序整顿有机结合，统一规范全市物业服务收费公示牌。深入1500余家停车场、住宅小区，对公示牌设置不规范的221家经营者现场责令整改，对8家大型物业管理公司进行工作约谈，与司法、发改、住建等部门组成联合督导组，发现的问题线索及时移交辖区所进行查处。发挥市物业管理协会行业优势，借力发力，利用其内部网站及965151服务平台，组织其所属900余家会员单位协助处理群众纠纷和投诉23件，规范1700余处停车公示问题。粮食市场秩序专项整治。对甘肃省粮油贸易有限公司等21家省级及其以下全国政策性粮食承储企业（库点）进行两轮次检查；联合相关职能科室对213家涉粮经营单位开展延伸检查。查处销售过期大米、无生产日期、明码标价不规范等案件5件，实施经济处罚5.74万元。

【知识产权工作】 强化知识产权创造、运用和保护。编制完成《兰州市知识产权强市建设纲要（2021—2035年）》《兰州市“十四五”知识产权保护和运用规划》，兰州市被确定为国家知识产权强市建设试点城市。全年兰州市商标申请量9660件，注册量7311件，有效注册量60356件，与上年同期相比增长17.56%，商标申请量、注册量全省排名第一。拥有中国驰名商标17件，地理标志证明商标4件，地理标志保护产品2个，地理标志产品专用标志使用企业25家。全市专利授权9507件，同比增长-5.41%，占全省专利授权的45.27%。全市有效发明专利为8441件，同比增长21.02%，占全省专利授权的70.97%。每万人口发明专利拥有量19.25件，同比增长20.33%。实施商标品牌战略，建成兰州科技大市场商标品牌指导站，帮助25家企业申请知识产权72件，指导1家企业通过知识产权商标认证。加强知识产权保护力度，全年全市办理商标违法案件38起，结案19起，罚款36.213万元。

【广告监管】 完成国家市场监管总局提出的查看率和处理率均达到100%的目标要求。先后组织开展保健食品广告监管、“护苗助老”系列整治行动、清理整治涉电子烟广告宣传、校外教育培训广告管控和“三品一械”（互联网非法经营药品、保健食品、化妆品、医疗器械）及医疗美容广告专项整治活动，依法查处近视防控产品虚假违法广告，安排部署在全市范围内开展房地产广告市场专项整治行动。

【网络交易监管】 开展“百家电商平台点亮”行动，推动平台经营者落实主体责任，规范“亮照、亮证、亮规则”，推动平台内经营者实现“亮照、亮证、亮承诺”，规范新业态健康有序合规发展。至年底，兰州市管辖经营中的网络交易平台19个，其中平台内经营者2273个，亮照2264个，亮证2271个，亮规则19个。严厉打击网络经营违法行为，年内进行3个专项检查，核实600条涉嫌违法线索，责令整改43家户；联合9部门开展2022“清风行动”，协同推进打击线上线下野生动物非法贸易工作，对辖区内的46家电商平台及2440个网站进行核查。开展兰州市2022网络市场监管专项行动，对辖区内的46家电商平台及6147个网站进行核查，整改网站8个（次），查办各类网络违法案件14件。

【非公企业党建】 制定党支部建设标准化工作推进方案，摸排整顿软弱涣散党组织5个，撤销空壳党支部40个。发展党员277人，培养入党积极分子835人。对已规范建立党组织的企业一对多选派700余名党建指导员开展帮扶指导。培养“小个专”示范企业党组织20个。组织全市“小个专”党组织开展“三岗联创”活动，建立党员责任岗1611个，党员示范岗450个，党员先锋岗394个。推进外卖送餐企业党建工作，建立党组织11家，一对一选拔16名党建指导员，召开“小哥座谈会”，开展“最美骑手”评选。印发《关于鼓励动员外卖送餐企业助力全市疫情防控工作的通知》《致全市外卖送餐企业和骑手的一封信》，动员11个企业到社区报到，15名党员带领160余名骑手编入社区党员志愿服务队，帮助居民群众解决急事难事。印发《致全市非公有制企业党组织和党员的倡议书》，300余个非公企业党组织和2100余名党员响应号召，到街道社区“双报到”。180余户非公企业到240余个结对乡村投入帮扶资金和物资9000余万元。印发《大力弘扬伟大建党精神，彰显非公有制企业责任担当》倡议书，动员全市400余个非公企业党组织为疫情防控捐款捐物3500余万元。

（王　伟）

国有资产监督管理

【概况】 2022年，市政府国资委全面落实新冠疫情要防住、经济要稳住、发展要安全的工作要求，围绕市委市政府中心工作，紧扣“四强”行动，以国企改革三年行动为抓手，认真履职尽责，全力抓好政治建设、国资监管、国企改革发展等重点工作，加快推动市属国有企业做强做优做大。年末，市政府国资委监管国有及国有控股企业28户，资产总额3087亿元，负债总额2158亿元，所有者权益总额929亿元，监管企业经济运行总体平稳，全年实现营业收入169亿元，同比增长9.34%；利润总额2.16亿元，同比增加7.91亿元；缴纳税费7.37亿元；完成项目投资131.9亿元。

【国企改革】 国企改革三年行动实现高质量收官，紧盯重点难点攻坚发力，制定《任务清单》《重点改革任务考核评估实施方案》《高质量收官实施方案》等操作文件，开展国有企业改革三年行动重点改革任务落实情况专项复核调研，赶进度、提质量，全面完成兰州市改革方案中明确的各项重点改革任务，在全省市州层面阶段考评中获A级等次。稳妥推动改制重组，将兰州国际港务区投资开发有限公司整体无偿划转省政府国资委，助推省物流集团发展壮大；将兰州建投持有的兰州农商银行5.45%股权、华龙证券0.32%股权划转兰州金控公司，提升其信用评级、增强其融资能力；将兰州航产集团无偿划转至黄河集团，进一步推进兰州市航空产业快速发展；完成兰州城市建设设计院、兰州园林设计院等5户实行企业化管理的经营类事业单位转企改制工作，建立现代企业制度。规范加强董事会建设，制定《市属国有企业外部董事选聘和管理办法》，遴选9名外部董事人选，覆盖19户市属一级企业，发布公开选聘外部董事人才库人选公告，在具备条件的一级及各级子企业加强外部董事建设，配备比例93.33%，持续建设规范、高效、协同的董事会，提升董事会决策水平。厘清监管边界，落实国资监管职能转变方案要求，协调相关部门将市国资委承担的公共资源交易管理职能划转至市发展改革部门，进一步理顺社会公共管理体制机制。

【国资监管】 制定出台市属国有企业《“三重一大”决策制度实施意见》《投资项目后评价管理办法》《财务总监管理办法》《国有资本监督稽查办法》等制度办法，推动国资监管的专业化、体系化、规范化、法治化水平不断提升。开展“十大专项”治理行动，重点聚焦国有企业存在的问题困难，抓重点、补短板、强弱项，从“作风效能、党的建设、投资发展、财务内控、资产管理、深化改革、经营业绩、风险管控、科技创新、平安建设”10个方面开展综合体检，进一步推动全系统发展思路更加清晰、内控体系规范完善、经营管理依法合规、风险防范有力有效。激励约束持续强化，修订完成市属国有企业负责人《经营业绩考核办法》和《薪酬管理办法》，针对不同类型的企业，科学设定考核指标，严格考核评价标准，实施更加严格精准的考核，发挥好业绩考核的“指挥棒”作用，并注重对考核评价结果的运用，强化薪酬与业绩双对标，突出效益导向，不断完善市场化薪酬分配机制。

【项目建设】 市属国有企业全年实施90个建设项目，完成投资131.9亿元，占年度投资计划的101%。兰州奥体中心全面投用，成功举办甘肃省第十五届运动会和甘肃省第十一届残疾人运动会，柴家峡大桥至港务区大桥联络线项目、黄河流域兰州白塔山段综合提升改造项目、轨道交通2号线一期工程等重点项目有序推进，进展良好。鼓励支持市属国有企业多渠道开展融资，全年融资到位资金497.35亿元，在缓解债务压力的同时，为全市重大基础设施建设、城市公共服务、民生保障工程和重点产业发展提供资金支持。开展央地共建，持续推进2021年签约的19个央地合作项目（已开工14个），累计完成投资79.6亿元。梳理对接雁儿湾污水源热泵供热项目、西固区大红山光伏发电项目、碳纤维提质增效项目等13个央地签约项目、总投资167.21亿元，完成投资1.26亿元。支持企业自主创新，制定出台《加强市属国有企业科技创新工作的指导意见》，对国器装备制造集团钍基超高温熔盐泵等28个创新项目奖励200万元，用于支持企业科技创新、管理创新、品牌建设及商业模式创新。佛慈制药、国器装备、蓝天浮法玻璃等3户企业获得甘肃省先进企业贡献奖；国器装备所属企业兰泵公司参与项目获得2021年度甘肃省科技进步奖一等奖；佛慈股份公司申报的创新创业“基于药效物质基础辨识及疗效优势系统研究的中药大品种培育”项目成功立项，着力促进产业链创新链深度融合，不断增强企业自身发展内生动力。

【债务风险防范化解】 以化解兰州建投债务为重点，统筹兰投控股、轨道公司、公交集团等市属国有企业债务风险化解工作，多措并举筹措资金，全力兑付到期债务，协调省属国有企业通过抵押贷款等方式共支持57.14亿元（其中，省信保基金46.64亿元；省国投8.5亿元；省金控2亿元）；统筹市域资源设立国企信用保障基金，募集10亿元支持市属国有企业化债工作；指导佛慈集团、热力公司等23户市属国有企业拆借资金201.81亿元，“一盘棋”支持兰州建投债务化解；对市属国有企业满足处置条件的土地、房产等进行资产处置，实现融资48.25亿元，对接相关企业清收欠款、处置资产回笼资金46.78亿元；协调21家非标机构进行债务展期，展期债务44.27亿元；对接争取国开行通过企业周转便利金融工具，对有关市属国有企业涉及的44.25亿元棚改贷款调整还款节奏。监管企业资金链总体安全。

【国企党建】 市国资国企系统全面落实“第一议题”制度，深入学习贯彻党的二十大精神，推进习近平新时代中国特色社会主义思想进企业、进车间、进班组，国有企业党的领导党的建设弱化、淡化、虚化、边缘化问题得到根本扭转。研究制定《开展“内卷”问题集中排查整治行动工作方案》和《机关作风督查工作制度》，突出制度约束，固本清源、培育清廉，系统提升治理能力和治理水平。切实发挥企业党组织“把方向、管大局、促落实”作用，推进党建工作与公司治理深度融合，指导企业建立“三重一大”议事决策规则，全面推行企业党组织前置研究讨论事项清单和程序，把党组织管理内嵌到公司治理之中，市国资委系统设立党员责任区722个，建立党员示范岗612个，有效激发基层党组织生机活力。研究制定《推进清廉兰州建设2022年度工作方案》，召开党风廉政建设和反腐败工作暨警示教育会4次，开展集体廉政谈话1次，全系统开展警示教育51次，举办专题辅导79次，通报典型案例128次，组织清廉文化进基层活动20次，推动优良作风成风化俗。自觉接受巡视巡察，配合市委第五巡察组对市政府国资委党委进行政治巡察，制定巡察反馈整改落实方案，召开专题民主生活会，将巡察反馈的三方面15个问题细化为51个具体问题，建立台账积极推动整改落实，具体问题整改完成率82.35%，其他问题持续坚持整改。推进粮食购销领域专项整治，对省委第一专项巡视组巡视反馈问题，建立风险隐患排查整改清单，针对薄弱环节加大整改力度，对兰粮集团党委班子和班子成员进行3轮次15人次工作约谈；召开国资委涉粮问题专项巡视整改专题民主生活会，指导兰粮集团召开巡视反馈意见整改专题民主生活会；与粮食行业主管部门建立健全粮食工作联席会议制度和沟通协调体制机制，定期会商解决企业改革发展中出现的问题，全面提升粮食企业经营发展保障能力，确保粮食安全。

【安全生产】 制定印发《2022年安全生产工作要点》，明确6大项26个小项工作任务，实现全年重点工作精准化定位。组织召开4次全系统安全生产工作会议，印发转发各类紧急通知30余份，在林草防灭火、汛期、岁末年初、复工复产、疫情防控等重要时间节点，督促各企业提升安全风险隐患排查治理和安全风险分级管控水平。组织开展两轮次安全检查督查，检查重点行业领域企业40户次，排查一般隐患160余条，提出意见建议80余条，通过采取交叉检查和“查”“教”结合的方式，督促各类生产经营建设企业把好责任落实关、人员培训关、隐患排查关和设备检查关，实现全系统安全生产总体形势稳中向好的目标。

【国企信访维稳】 推动综治维稳等工作普遍落实和顺利开展，成立兰州公交集团调研指导组，指导兰州公交集团做好信访维稳工作，确保安全运营。认真受理职工群众来信来访，协调解决合理诉求，维护职工群众合法权益，全年协调处理信访件216件。其中，网上信访80件；民情通136件；接待群众上访49人次。办结回复率100%。

（杨　文）

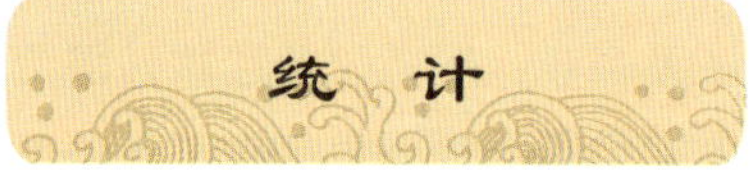

统　计

【概况】 2022年，市统计局全面落实“疫情要防住、经济要稳住、发展要安全”要求，紧紧围绕全市经济社会发展大局，认真开展宏观经济形势监测预警和分析研究，加快推进统计改革创新，持续加强数据质量管理，不断提高统计服务能力，依法开展统计法治监督，为服务全市经济社会高质量发展提供统计保障。全年，为市委市政府、各部门和社会公众提供统计数据等资料90余件次。编发《统计快讯》22期，编印《兰州综合统计信息》11期。推送《兰州统计微讯》60篇，今日头条203篇。

【统计调查】 组织实施专业各项常规统计调查，抓好源头数据质量。开展循环农业、生态产业、现代农业发展等方面的调查和分析，扎实做好县乡村域调查统计监测。强化规模以上工业战略性新兴产业统计监测，及时开展重点企业月度数据采集、核对、汇总及企业名录报送。强化“双碳”等新业务知识的学习，持续做好能源统计监测和“双碳”统计基础资料的收集整理。做好2022年人口变动抽样调查工作。做好社会舆情搜集分析工作，完成文明城市创建公众满意度调查、未成年人思想道德建设调查、公共服务质量检测工作调查、巩固城市园林绿化成果公众满意度调查、创建国家卫生城市公众满意度调查、公众生态环境满意度调查、公众安全感满意度调查等调查工作，及时为各级党委、政府科学决策提供可靠的民意参考。

【统计服务】 强化经济运行态势研判，密切关注主要经济指标变化，加大对重点行业、重点企业和重大项目的监测力度，向市委市政府提供高质量统计分析报告32篇，监测预警分析专报12篇，及时预警经济运行中出现的新情况新问题。为经开区通过商务部考核及时高效地提供统计信息服务。为“城市体检”“食品卫生城市创建”“国防潜力调查”“规划调整”“园区建设”等各项重大工作做好数据支持及统计服务工作。开展兰州市第十三届“中国统计开放日”网络宣传活动，以迎接党的二十大胜利召开为主线，以“数说新时代奋进新征程”为主题宣传党的十八大以来经济社会发展成就，进一步提升统计影响力。组织开展“统计法律法规宣传月”活动，通过《兰州晚报》、微博、指点兰州等媒体及网络平台宣传统计法律法规。坚持按照统计数据发布流程和范围，通过函件、邮件、传真、电话等方式为市委市政府、各部门和社会公众提供统计数据等资料90余件次。编发《统计快讯》22期，编印《兰州综合统计信息》11期。做好微信公众号、今日头条新媒体运营管理工作，累计编发并推送《兰州统计微讯》60篇，今日头条203篇。撰写《兰州市2022年经济运行情况及2023年展望》《兰西城市群绿色发展效率测度及驱动因素研究》等专题报告。编印《兰州统计年鉴（2022）》，完成《甘肃发展年鉴（2022）》和《兰州年鉴（2022）》统计篇组稿工作。开展兰州市第七次全国人口普查年鉴的编印工作。

【统计培训】 加强理论学习，举办交流研讨4次。强化统计业务培训，利用年报会等契机，对各县区、兰州新区统计人员进行业务培训。组织、督促全局在职工作人员参加“兰州市2022年干部更新知识网络培训”“国家统计局2022年统计基础知识网络培训”等线上学习，做到全员参加、全员覆盖，参学率与完成率均达100%。选派4名年轻干部参加国家统计局、省统计局建模比赛获得佳绩，顺利完成省委党校、市委党校各项学习调训任务。组织23名干部参加国家统计执法证的培训考试。举办统计法律法规和统计知识培训班，邀请市纪委监委、市委组织部和市发改委等市直相关部门、各县区政府领导参训，进一步提高领导干部统计法治意识。

【统计制度改革】 做好全市高质量发展综合绩效评价工作，推进地区生产总值统一核算，完成2021年度各县区民营经济增加值试算工作。稳步推进商贸统计改革，配合省统计局完成“法产并重”试点摸排。继续推进资质外中小微建筑业企业抽样调查和知识产权产品投资统计改革工作落实。严格做好“一套表”调查单位审批入库。建立“准四上”企业库。完成2022年度全市统计用区划代码和城乡划分代码更新维护工作。主动融入“一核三带”区域发展新格局，拓展预测预判预警“三位一体”统计监测服务平台，全方位提升统计分析水平和统计服务能力。

【统计普查】 全面启动全市第五次全国经济普查（以下简称“五经普”）筹备工作，按照国家和省统计局统一安排，及时组建全市第五次全国经济普查筹备工作领导小组及办公室，并督促各区县及时成立“五经普”筹备工作机构。编制完成全市第五次全国经济普查经费预算方案并报批。抽取兰州新区、七里河区2838个单位，组织开展主营业务结构化和行业智能编码专项试点工作。持续开展基本单位名录信息比对，做实单位名录，为“五经普”工作顺利开展奠定基础。

【统计执法监督】 深化统计法治学习，深入贯彻落实中央两办《关于更加有效发挥统计监督职能作用的意见》和省两办《关于更加有效发挥统计监督职能作用的若干措施》精神，印发《兰州市关于更加有效发挥统计监督职能作用的若干措施》。制定《兰州市统计法治宣传教育第八个五年规划（2021—2025年）》《2022年度统计执法检查工作方案》和《2022年度入库退库专项检查方案》，对全市统计执法“双随机”

检查及入库退库专项检查工作进行安排部署。配合省统计局开展兰州市统计造假不收手不收敛专项检查工作。全年检查企业176家，责令整改3家。

（徐静斌）

审 计

【概况】 2022年，全市完成审计项目220个，审计查出主要问题金额158.94亿元，审计发现非金额计量问题893个，出具审计报告216篇，审计处理处罚金额13.14亿元，移送纪检监察及相关职能部门处理事项29项，审计促进整改落实有关问题资金22.47亿元，向被审计单位提出意见建议484条，促进被审计单位建立、健全规章制度98项。

【国家重大政策措施贯彻落实跟踪审计】 重点关注“稳经济”一揽子政策措施落实、乡村振兴战略实施等，开展全市和红古区重大政策措施落实，以及榆中县乡村振兴相关政策和资金审计。

【财政审计】 重点对市本级及高新区、榆中生态创新城、13个市级部门和所属138个预算单位开展审计，发现19个方面560个问题，其中515个立行立改问题已全部整改落实到位，整改完成率100%；剩余问题分阶段或持续整改。

【经济责任审计】 制定《经济责任任前告知书》《经济责任重点事项和重点风险提示清单》，完成9项经济责任离任审计项目，11项经济责任任中审计项目，12项经济责任交接审计项目。

6月，市审计局审计人员在高新区管委会预算执行审计项目中现场查看土地开发情况

【国有企业审计】 完成市供销合作社联合社、佛慈制药公司、兰州粮油集团、兰州科技发展集团，以及市委、市政府交办的兰州能源投资集团、兰州航空产业发展（集团）有限公司等6家市属国有企业经营管理及绩效审计及专项审计调查。

【资源环境审计】 完成全市耕地保护政策措施落实及资金管理使用情况专项审计调查，参与完成省审计厅耕地保护专项审计调查，揭示耕地保护责任落实、耕地质量保护与提升、耕地利用与监管等方面问题。

【民生事业审计】 重点开展全市困难群众救助补助资金专项审计调查和教育办学条件改善及均衡发展专项资金专项审计调查，揭示资金拨付、管理、使用以及项目实施过程中存在的违纪违规问题。

【政府有效投资审计】 开展39项政府投资项目跟踪审计，从过去以审计造价为主的监督思路调整为紧盯项目审批、招投标、施工管理以及资金绩效等关键环节，重点关注制度执行、机制完善、参建单位履职尽责以及项目绩效情况。

【监督协同贯通】 制定《关于加强审计监督与其他监督贯通协同工作事项清单》，组建工作专班，配合市纪委监委、市委巡察办制定《兰州市推动各类监督贯通协同工作办法（试行）》《兰州市纪检监察监督巡察监督审计监督贯通协同工作事项清单》，推动纪巡审贯通协同，向纪检监察机关及相关职能部门移送问题线索23件，选派52人次参加省市委巡视巡察、纪检监察和上级审计工作；推动经济责任审计贯通协同，加强向经责联席会议的请示报告，制定《领导干部经济责任审计指引》《领导干部经济责任审计法规操作指引》，建立经济责任审计台账，确保5年内轮审一遍。完善与组织部门监督贯通协同机制；推动财政预算执行审计贯通协同，建立财政、审计数据信息共享机制，实现管理权限在市级财政机关的预算绩效、部门决算和惠民惠农资金“一卡通”发放等6个系统端口信息实时共享，探索“预算执行审计 +”模式。

【审计查出问题整改】 制定《兰州市关于建立健全审计查出问题整改长效机制的实施意见》等制度，进一步压紧压实审计整改责任。坚持关口前移，对近年来审计查出的共性问题进行分析研究，编写《审计查出共性问题风险防范提示清单》，进一步发挥审计“治已病、防未病”作用。同时，落实审计机关审计整改督促检查责任，对审计整改情况进行“回头看”，实现“审计一个单位、整改一类问题、规范一个行业”。全年督促完成市本级审计问题整改611个、上级审计涉兰问题整改17个；组织审计整改“回头看”2次，向31个单位下达整改通知及问题清单50项。

【审计质量提升】 加强审计质量管控。修订《关于加强审计项目管理的实施意见》及《全市审计机关优秀审计项目考核评比办法（试行）》《全市优秀审计项目评分标准（试行）》等审计质量管控制度，有效构建全员全流程审计质量管控体系，促进全市审计机关在审计计划、现场审计、业务文书、审理工作开展、督促整改及质量责任追究等质量管控方面“同频共振”，做到审计质量管控全市“一盘棋”。加强研究型审计。编制《审计查出共性问题风险防范提示清单》，围绕财政和部门预算、经济责任、政府投资项目、民生保障、乡村振兴、国有企业、自然资源审计7个方面，对共性问题的表现形式、定性依据、产生原因进行分析，针对性提出建议对策，预防和减少同类问题发生。坚持把研究贯穿于工作全过程、落实到各环节，牢牢把握研究的目标和方向，优化审计组织方式和资源配置，注重从体制机制层面剖析普遍性、倾向性问题产生的原因，确保提出的审计建议更具政策性、针对性和可操作性，全面提高审计效率、拓展审计覆盖面。2篇研究型论文被甘肃审计学会推荐参与国家审计创新发展专题研讨会。加强信息化建设。着力强化数据资源采集，按照“以审促采”的原则，将被审计单位信息系统和业务数据、财务数据情况作为审前调查的必做事项，加大数据采集和标准化力度，做到“能采尽采”。着力强化数据分析应用，通过在经济责任审计、财政预算执行审计、困难群众救助补助资金专项审计调查等项目中运用大数据审计手段，极大提高审计工作效率。

（李芬娥）

金城海关

【概况】 2022年，金城海关统筹口岸新冠疫情防控和促进外贸稳增长，强化监管、优化服务，坚决守牢国门安全，弘扬和践行“求实、扎实、朴实”的新时代海关文化，着力提升政治、监管、服务、开拓创新能力，以开放平台、特色产业和重点行业为依托，支持特殊区域业务拓展功能叠加，提升服务层次、扩大服务领域，综合研究支持服务地方外向型经济发展举措，促进高水平对外开放，助推地方经济发展。

【国门安全】 开展“国门绿盾2022”行动，依法严厉打击违规违法行为，对关区进境粮食指定监管场地、兰州铁路口岸、兰州新区综合保税区等监管区进口货物加强入境检查与处置，严防动植物疫情疫病传入和外来物种入侵。制定《输入性病媒生物监测工作方案》，对集装箱、货物等开展输入性病媒生物监测，联合技术中心开展外来有害生物监测及主要入境口岸外来入侵物种普查，在兰州新区综合保税区、兰州铁路中川北站进境粮食指定监管场地、运输沿线、进口粮食加工场及其周边等18个监测点开展外来物种监测与普查，全面摸清外来有害生物现状。依托《中华人民共和国进出境动植物检疫法》颁布实施30周年、4月15日国家安全教育日开展安全宣传教育活动，在报关大厅播放宣传

9月8日，金城海关开展国门生物安全监测实操授课暨外来杂草监测调查工作

教育片、张贴宣传海报、发放知识手册、制作电子宣传标语等，广泛开展宣传教育活动，提高公众安全防范和国门安全意识。

【服务企业发展】 举办知识产权保护宣传活动，强化各层级知识产权联合执法，加大对甘肃优势品牌产品的知识产权保护力度。围绕税收改革、通关政策、技贸措施等，对全省外贸企业开展政策宣讲和专题培训。进一步深化通关模式改革，强化通关服务，进口货物“两步申报”应用率持续提升。帮扶企业克服新冠疫情影响，健全鲜活易腐农食产品查检“绿色通道”，帮助企业建立疫情防控和质量管理体系，助力鲜切花、漳县沙棘、定西马铃薯、兰州牛肉面等地方特色食品和农产品扩大出口，推动鲟鱼子酱、鲜香菇首次出口，保障冷冻猪肉顺利供应香港地区，助推省内特色食品、农产品走出国门走向国际市场。全年监管出口食品农产品574批，货值10383.7万美元。

【支持综合保税区拓展业务】 支持综合保税区业务进一步拓展，制定“分送集报”模式监管工作方案，指导企业开展跨境电商B2B出口业务。开展辖区内加工贸易企业调研工作，与综合保税区开展业务联动，打通区外加工贸易与区内保税业务衔接，最大限度支持企业加工贸易发展。拓宽企业进口玉米的入境渠道，支持油籽类产品进入综保区开展仓储加工业务。完成兰州首家9810企业备案，实现首票“9710”业务落地（该笔业务由兰州新区综保区企业通过跨境电商平台亚马逊出口至尼日利亚，货值约400万美元，采用全国通关一体化模式从深圳离境，通过海运运往目的地尼日利亚港口。通过“9710”海关监管代码申报）。推动综合保税区内跨境电商零售进口业务发展，全年保税跨境电商清单核放首次突破30万元大关。推广复制“保税＋整车口岸”通关模式，保障300辆进口整车首次通过陆海新通道钦州—兰州海铁联运整车班列入境进口汽车顺利通关。根据海关总署绩效评估通报，兰州新区综合保税区在2021年度综合保税区发展绩效评估中取得新进步，在全国综合排名中位列71名，排名上升15个名次。

【助推中欧班列提速增效】 支持中欧班列与西部陆海新通道班列无缝衔接，建立与班列运营企业、口岸海关和铁路部门“并联”作业模式，联合口岸海关、铁路等部门制定口岸物流方案，优化通关流程，有效发挥铁路口岸作用。通过西部陆海新通道首次开展进口汽车进口整车转关业务。探索“属地申报、运抵换乘、二次转关”等多种模式便利企业，打造“中吉乌”多式联运中欧班列新通道。

实施进口粮食“5+2”工作制和24小时全天候预约转关入区服务，支持通过中欧班列开展进口油籽类产品转关业务，全程使用集装箱“铁路＋公路＋铁路”的国际多式联运方式，保障进口油籽类转关班列顺利放行，成功打造中欧班列物流新通道，助推中欧班列提速增效。

【综合治税】 积极扶持企业，发展培育优质税源。建立与支柱产业、大型企业、汽车等主要税源企业的关企联系人制度，为企业提供便捷的通关服务，吸引优质税源集聚。继续深化税收征管改革，营造良好税收征管环境，建立企业业务疑难、政策需求、综合通关协调快速响应机制，为重点税源企业提供“一企一策”属地纳税服务。落实国家大宗商品稳供稳价要求，对进口大宗矿产品叠加“汇总征税”“两步申报”等便捷措施，指导辖区企业用好用足减税降费政策，助力企业快速通关。着力探索新增税源商品验估模式，保障进口汽车通关时效，形成进口汽车验估特色工作模式。全年聚焦重点税源，统筹通关便利与依法科学征管，开征税款16.15亿元，同比增长153.1%，实现金城海关成立以来历史性突破。

【海关监管】 开展“口岸危险品综合治理”百日专项行动，全面排查，建立危险品进出口企业台账，不断强化危化品监管。通过单证预审、现场一致性核查、采信第三方机检结果等方式优化检验监管模式，实现甘肃省化工品二碳酸二叔丁酯、TPO和合金钢粉末首次出口。年内检验监管出口危险化学品及其包装594批，货值6140.25万美元。

向地方医疗机构提供“即到即查”“视频连线”“卸货过程中查验”等顺势监管方式，保证急需医疗设备即到即用、通关“零延时”。强化后续监管，督促调运进境粮食、进口油籽类产品申请单位落实引入防范和无害化处理措施。深化稽查业务改革，探索开展联合稽查、交叉稽查，采取“线上＋线下”方式开展稽查核查，稽查查发率100%。

【安全防控】 召开专题会议贯彻落实习近平总书记安全防控重要指示精神，集中学习安全生产相关文件及典型案例。开展“安全生产月”和“安全生产万里行”各项活动，推进“安全生产大检查”工作。举办“6·16”安全宣传咨询日活动，在海关监管作业场所、综保区内悬挂安全生产标语横幅，解读相关法律法规和海关总署新规，解答企业难题，强化安全生产意识，营造“人人讲安全、处处防风险、时时绷紧弦、事事保平安”的氛围。

对辖区危险品检验、动植物检疫、食品安全监管、执法作业安全、海关监管作业场所等重点领域开展全面排查和安全调研，组织场所运营单位对吊装作业、进出卡口、消防安全、检疫处理等事故易发多发的重点环节进行自查自纠。综保区定期开展安全生产检查，加大对木材、粮食等重点业务领域的安全检查力度，排查隐患苗头和薄弱环节，确保安全生产要求落到实处。

（占　清）

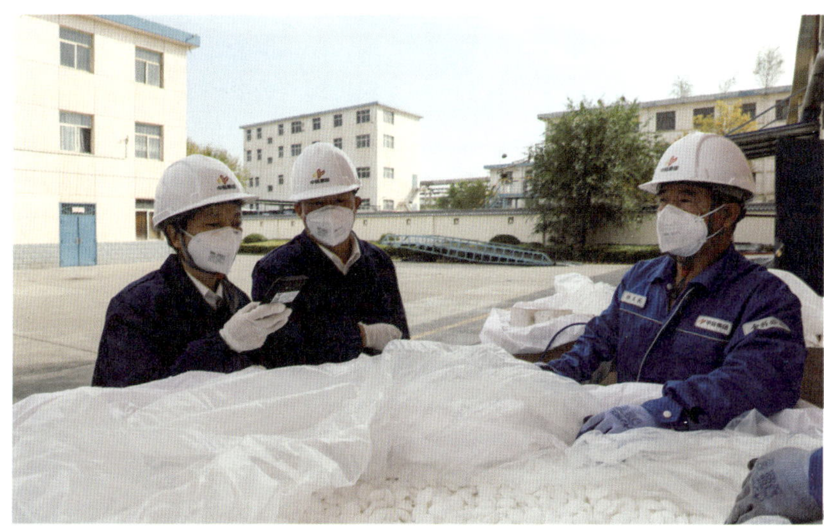

10月11日，金城海关关员开展氰化钠查验

公共资源交易服务管理

【概况】 2022年，市公共资源交易中心严格落实中央、国务院关于公共资源交易“应进必进、统一规范、公开透明、服务高效”的决策部署，持续深化“放管服”改革，优化营商环境，在公共资源交易领域吹响清廉兰州建设“冲锋号”，打造“清兰交易”阳光交易平台，实施“数字＋交易”赋能工程，为市场主体提供规范、透明、便捷、高效的公共资源交易服务。全市完成各类公共资源交易项目1864项，交易金额281.1亿元。其中，工程建设类进场交易项目581项，交易金额205.25亿元；政府采购类进场交易项目1185项，交易金额34.91亿元；国土资源类进场交易项目98宗，交易金额40.94亿元。

【新冠疫情防控期间交易模式创新】 疫情防控期间，依托公共资源服务系统，常态化推行交易业务受理“不见面”、开标“不见面”、监督管理“不见面”等便捷举措。结合“市县一体化”工作实际，按照“精准研判、一标一策”原则，创造性提出“本地受理、异地交易”模式，通过“不见面”开标、远程异地评标等方式，安排有疫情的区县交易项目由无疫情区县交易平台提供交易服务，全力保障疫情期间全市公共资源交易“不断档”，服务“不打烊”，相关经验得到国家、省级公共资源交易主管部门认可。全力保障进场项目顺利交易。发挥“网上不见面”优势，全面推行招投标服务“不来即享”，引导各方交易主体通过“远程线上”方式开标，部分党员干部实行闭环管理，全天候保障省市重大项目和防疫物资招标采购，确保项目交易不受影响。开展不见面交易2511个标段，成交金额235.5亿元，为市场主体减轻各类开支1.38亿元。“不见面交易”由51%提高到100%，“线上办理”“一网通办”由30%提升至100%。疫情期间，完成兰州市卫健系统医疗物资采购、甘肃省十五届运动会转播技术系统设备购置等省市重大项目招投标服务工作。

【营商环境优化】 提升公共资源交易平台承载能力。经市政府同意，租用兰州市城关区东岗东路1786号3～4楼层作为市公共资源交易中心新的公共服务和办公场地。按照《甘肃省公共资源交易平台场所设施标准（试行）》要求，中心新场地建筑面积4000平方米，从原有的9间开标室、11间评标室增设为10间开标室、14间评标室，并增设评标专家隔夜休息室5间，新场地每天可满足20余个项目进行开评标。重塑公共资源交易监督管理体制机制。深化公共资源交易平台整合共享，配合市公管办重新调整市公共资源交易管理委员会组成人员，市公共资源交易管理委员会办公室由市国资委改设市发改委，重新制定兰州市公共资源交易管理委员会、兰州市公共资源交易管理委员会办公室，进一步健全理顺全市公共资源交易监督管理体制机制。拓展公共资源交易平台功能作用。持续推动公共资源交易目录内交易项目“应进必进”，配合市公共资源交易管理委员会办公室制定下发《关于做好林权水权等公共资源交易目录内项目进场交易的通知》，明确林权、水权、碳排放权等公共资源交易项目进场交易的具体要求，发挥市场在资源配置中的决定性作用。推进公共资源交易全流程电子化。落实一次性告知、首问负责、不来即享等工作机制，持续完善“不见面开标大厅”系统，将公共资源服务系统与招标投标、政府采购、土地出让等交易系统和市场化工具软件进行对接，为电子交易平台自主运营、跨地区跨行业公平竞争提供便利；全面推行以数据电文投标替代现场纸质投标，实现工程建设、政府采购、土地出让等11类公共资源全类别、全流程数据电文交易；及时调整进场交易服务事项，跟进优化场内服务规范，制定公开招标、竞争性磋商、竞争性谈判等各类采购文件范本，为服务对象提供“一次都不跑”的交易体验。完善公共资源交易跨部门联动监管机制。将公共资源服务系统与电子行政监督系统进行对接，为纪检监察机关、审计部门开通使用权限，各行政监督部门通过本部门电子监管通道，实现行业内交易数据全量抓取、交易活动实时监测，进一步延展公共资源交易监督覆盖面。同时，健全完善全市依法严厉打击围标、串标、挂靠、恶意投诉等干扰公共资源交易市场秩序的违法违规行为联动监管工作机制。年内已开展联合行动6次。

【平台服务数字路径开通】 开通互认共享路径。与省公共资源主体互认共享平台对接，CA信息网上注册、全省共享，进一步减少CA重复办理成本。上线标易信、标政通手机应用，集成CA功能于手机端，通过手机扫码实现身份验证、签名盖章、加密解密等认证服务，手机CA申办费用由市财政支付，切实减轻企业负担。开通线上担保路径。在线提供办理、提交、核验、理赔等“一站式”保函服务，不断提升金融担保机构与公共资源保函服务系统的对接意愿，扩大电子保函产品的市场供给，年内新对接金融担保机构4家，受理电子保函1622笔，1万元单笔保函出具成本由500元降低到50元，保函替代率提升至57.16%，替代保证金1.11亿元。开通信息公开路径。完善公共资源服务系统公开功能，自动公开招标、投标、开标、中标等全过程交易信息，实现11类、

62分项、472小项交易详情全网公开。开通网上交易直播厅，同步直播开标会议、竞价会议实况，社会公众通过“游客”身份，即可网上列席全程见证，让开标、竞价过程更公开、更透明、更直观、更规范。当日开标会议、竞价会议全部实现直播，4.83万条交易数据可供市场主体随时在线查阅。开通跨域合作共享路径。依托云计算、物联网等技术，搭建远程视讯、桌面共享、人脸识别网络同传技术架构，制定远程异地评标工作流程、远程异地评标协议标准文本等协同联动机制，与白银、酒泉、嘉峪关等地实现跨市域常态化远程异地评标。在此基础上，顺利完成与河南新郑、青海西宁、陕西西安、贵州贵阳等跨省域远程异地分散评标，进一步破除公共资源交易领域的区域壁垒，打破本地小循环，降低专家“围猎”风险。市公共资源交易中心与重庆、长沙、无锡、西宁等30个公共资源交易平台签订跨域合作意向书，远程异地评标省际合作体系初步建成。开通大数据分析应用路径。建成公共资源大数据分析系统，集成公共资源服务系统、公共资源交易系统、电子行政监督系统全过程交易行为分析体系，推动单一信息数据向跨部门、跨行业数据集转化，进一步打通数据壁垒，消除信息断层。探索建立交易参与度、交易竞争度、市场集中度、市场开放度等数据分析指标，搭建投标文件偏差度、评标时间偏差度、评委评分偏差度、投标人得分偏差度分析函数，加强交易数据智慧研判，为行政监督部门靶向监管提供决策支持，不断开拓“数据治理”“数助决策”新实践。

（唐仲虎）

项目投资评审

【概况】 2022年，市项目投资评审中心完成评审项目270项，报审总投资117.08亿元，评审后投资107.68亿元，节约政府投资（审减额）9.4亿元。完成合同评审80项。提出“继续优化设计”“加强施工过程管理”等合理建议827条，查找提出项目建设中存在“设计深度不够”“依据不充分”等问题419条，对“工程承包范围”“质量保修期”等内容提出修改意见1795条。

【依法依规评审】 及时组织学习国家及省、市法律法规和规章制度，对编制不符合国家规范要求以及深度欠缺、不符合基本建设程序等问题的项目严肃退回；对不符合基本建设程序、违反项目建设有关规定、随意变更签证的部分项目及时保全原始资料，固定评审结论，梳理汇总后上报相关部门解决。退回不符合基本建设程序等项目12项，涉及金额52.14亿元；对拒不接受评审结论的9个竣工结算项目中止评审，涉及金额2.12亿元，并反馈财政等相关部门暂停付款。

【政府债务风险防范】 加大项目前期评审力度，严格按照法律法规，密切结合区域发展情况以及行业规范、标准等，对项目建设必要性和项目投资规模合理性全面评审，及时纠正因融资成本增加而导致的超概算现象，从源头防止政府债务的形成。全年梳理评审中发现的超规模、超标准项目，形成“兰州市地方政府债务形成原因简析”等5个单行材料，向市委、市政府作书面汇报，市委主要领导做出要进一步加强项目评审工作的批示要求。

【营商环境优化】 市项目投资评审中心依据《兰州市人民政府办公室关于对全市县区政府投资项目评审“放管服”运行情况的通报》，研究制定《兰州市项目投资评审中心关于加强指导服务县区政府投资项目评审的实施方案》，再次对8个区县和兰州高新区、兰州经济区开展调研，并全年不间断地对各区县项目评审工作进行“一对一”跟踪指导服务；经过不懈努力，除西固区外7个区县均已成立项目评审机构，皆为区县政府直属事业单位。在优化营商环境工作中，中心按照《全面深化工程建设项目审批制度改革打造工程建设项目审批最快城市工作方案》不断优化评审流程，将问题解决在前期辅导阶段，将原有预算、招标控制价评审时限再次压减，即投资额1亿元以内项目由10～14个工作日一律压减到7个工作日，1亿元～10亿元以内项目由14～23个工作日一律压减到10个工作日，10亿元以上项目由25个工作日压减到15个工作日。

【保障黄河战略】 在承担评审“强省会”和“黄河生态治理”战略项目紧急任务时，中心按照“急事急办、特事特办”的原则，采用提前介入、对量同步推进的方式无缝衔接开展项目预审、初审、稽核工作，以最短时限完成总投资316.46亿元的4个市政府争取国家EOD项目的评审任务。通过评审的《黄河流域兰州段白塔山生态环境治理工程EOD项目》已获批为全国2022年第二批全国生态环境导向开发EOD模式试点项目。

【评审专家库运用】 全年有165人次行业领域专家分别参与技术咨询、项目论证、成果评价等工作，召开专家评审论证会议24次，提出评审意见1650条，为政府投资项目评审发挥了项目建设智库作用。

（李 婧）

兰州新区

【概况】 2022年，兰州新区全年地区生产总值增长11%，增速连续6年领跑国家级新区，固定资产投资增长18%，规上工业增加值增长20%，一般公共预算收入增长30%（扣除留抵退税因素），税收收入增长14.1%，进出口贸易额增长10%，社会消费品零售总额增长15%，城乡居民人均可支配收入分别增长6.5%、8.3%。

【项目建设】 引进落地产业项目218个，总投资636亿元，其中投资10亿元以上项目12个、“三个500强”企业投资项目8个。亿元以上项目投资额占比93%，带动工业固定资产投资增长53.8%，工业用电量增长34.2%，省市列重大产业项目完成年度计划投资超150%，成为全省“强工业”的排头兵。

【产业发展】 产值过千亿、产品过千种的绿色化工产业集群加速崛起，化工园区综合智慧应急管控平台、热电联产一期、物流园货场等配套项目建成投运，东瑞制药等72个项目建成投产，东方希望等80个项目加快建设，新签约落地项目90个，规上工业增加值增长106%，获评全省产业集聚区、代表性化工园区。聚力打造全球最大高性能铜箔生产基地、百万吨级“新能源新材料之谷”。海亮铜箔项目半年内建成投产，宝武碳业、宏彬负极材料项目9个月通电生产，创出行业最快“新区速度”，格瑞芬负极材料、康鹏电解液等一批项目加速建设，金川公司磷酸铁锂正极材料、中科电气负极材料、氢能产业园落户新区。中国电信大数据中心等5个项目建成运营，润泽（兰州）国际信息港等4个项目加快建设，全国社会信用大数据应用中心、国家级互联网骨干直联点监测保障中心落地新区，新增标准机架1万个、累计超3万个，丝绸之路西北大数据产业园入选国家新型工业化示范数据中心。重离子治癌装备生产基地建成投产。兰石重装核心产品展示能源化工“国之重器”，交设智远、海兰德等78个项目建成投产，20余种高端装备成套出口，一批“新区制造”实现国内首创、打破国外垄断，德福新材料、中元智能玻璃分别入选国家智能制造示范工厂和优秀场景。发展循环经济，引进欧冶链金、弘泰嘉富等产业项目12个，泓源名宸、天津春潮等项目加快建设，甘肃乾伦、天津长芦等9个项目完成选址，北京绿能环宇、江苏百川高科等10个项目达成投资意向。以“西部药谷”引领中医药传承创新、创新药落地转化、医药物流集聚式发展。药物碱厂、科迈思等企业建成投产，凯博药业焕发新机，新引进广州首漾、上海皓骏等优质企业，原子高科同位素、凯瑞德医药等项目加快建设，甘肃方剂等防疫产品增线扩产，佛慈、兰药、和盛堂等医药企业保供有力，医药贸易额跨过百亿台阶，产业规模和实力加速扩升。

【科技创新】 成功举办西部新材料产业发展大会、高质量发展论坛，32位“两院”院士为新区创新发展把脉献策。新增创新型企业160家，大科学装置科技创新创业园一期建成投用，同位素实验室填补基础研究空白，中国科学院兰州化物所中试研究与成果转化基地、海亮新能源材料研究院、宝武碳材料研究院等产学研用合作平台加快建设，新建院士工作站3个、国家级博士后科研工作站4个，科技供给侧和需求侧、研发端和落地端对接更加通畅。“科创中国”试点城市建设成果丰硕，新增产品200余种，其中打破国外垄断16种、填补国内空白20种、替代进口35种。重离子治癌系统、超高温钍基熔盐泵、3.5微米超薄铜箔等产品和技术世界一流。

【营商环境】 国际标准营商环境加速建设，“承诺制”“容缺受理”“证照分离”“一业一证”等改革经验西部领先，营商环境第三方评估全省第一，不动产登记“交房即交证”、水电气暖“联动过户”经验全省推广，电子证照集中上“云”，公共资源交易服务“零收费”，企业开办实现“分钟制”，与25个省500余个市县区实现162项高频事项“跨省通办”，促进市场主体增长23.8%。率先承接省政府建设用地审批权，批复首批项目用地13个。全省率先开展农业设施产权登记抵押制度改革。

【生态保护】 推动“三线一单”落地应用，纵深推进蓝天、碧水、净土三大保卫战，提前完成“十四五”氨氮减排任务，“无废城市”建设进入国家“十四五”名单。空气质量优良天数超90%，饮用水水源水质达标率、污水收集处理率、城镇生活垃圾无害化处理率均达100%，土壤环境保持稳定。系统运用空间规划修编成果，高效实施未利用地修复治理工程，创新推广“生态修复治理＋现代农业”“生态修复治理＋优质林草业”“生态修复治理＋新型城镇化”模式，启动黄河流域兰西城市群生态建设行动重点项目20个，新开工生态修复治理50平方千米，新增高标准生态、农业、城镇建设用地超5万亩，景中高速新区入口等生态修复治理项目成效明显。成功创建“陇中生态平原”，累计生态修复12万亩、建成高标准农田7万亩，城市绿化率提高到36%，人均绿地面积达到全国平均水平的3倍，环境空气质量优良率93%以上，获评全国节水型社会建设达标区，成功创建“国家可持续发展实验区”，获评“绿色发展优秀城市”。

【基础设施建设】 核心区300平方千米基础设施进一步完善，中兰客专历经5年艰苦奋战胜利通车，融入国家“八纵八横”高铁网。机场三期航站楼主体提前完工、连接线基本建成，兰张三四线新区段、机场环线铁路推进顺利。庙儿沟水库、第三污水处理厂开工建设，第一给水厂三期工程、移民安置区污水处理站、邓家沟和段家川供水工程建成投运，启动首个750千伏变电站项目，加速建设甘露等3个330千伏变电站，新建市政道路及管网135千米，水电气暖供应保障更趋稳定可靠。

【绿色金融】 承办全国绿色金融

6月16日，兰州新区水阜河水生态综合治理工程开始苜蓿收割，图为甘肃兰州苜蓿种植基地工作人员王泳翔接受中央电视台采访

改革创新试验区第五次联席会议，绿色金融改革创新经验获国家高度肯定，助企融资200余亿元，新增绿色债券发行规模占比超60%，获批国家普惠金融发展示范区。制定转型金融标准及框架体系，稳步推进零碳园区建设，初步构建碳核算体系。

【国企改革】 国企改革三年行动高质量收官，营收、利税分别增长27%、20%，商投集团在“中国企业500强”中排名跃升57位。新区再获“中国最具投资营商价值新区”。

【对外开放】 综合保税区“国评”连续三年赶超进位，排名较上年提升15位，全省首个进口亚麻籽分拨中心建成投运，西北首批“国六”排放标准整车进口入区。新开辟国际班列特色线路9条，到发班列数增长62.5%，化工园区获批全省专业化工外贸转型升级基地。京东亚洲（兰州）智能电商产业基地、跨境电商综合交通物流园等快速建设，顺丰一级分拨中心建成运营，跨境电商贸易额增长30余倍、全省占比超50%。对外经贸往来国超60个，进出口产品种类超260种，新区“高精尖”特色产品进博会签约额增长21.5%，第28届“兰洽会”新区分会场吸引国内外百余家企业参展，签约投资额增长36%，获批国家进口贸易促进创新示范区。

【社会治理】 完善“智慧城市”建设，推广应用“小兰帮办”，上线运行“数字政府”系统、12345便民热线，建成投运全省首个数字媒体信息服务中心，实现数据资源跨部门共享，助力“一难两乱”、城市管理、新冠疫情防控等精准治理。智慧警务、智能交通、智慧综治等治理平台贯通集成，实现社会治安、道路交通、信访维稳及时受理、高效处置，万人治安案件受理数、交通事故死亡人数分别下降28.9%、62.5%，根治欠薪经验在全省推广，矛盾纠纷调处率95%以上。

【民生保障】 实施就业扩面增量提质工程，举办各类人才招聘活动40余场次，吸引参聘30余万人，达成就业意向超10万人。教育事业快速发展，甘肃政法大学、甘肃交通职业技术学院等院校入驻职教园区，成功、贺阳等优质民营学校建成招生，三中、七小、新康学校等15所学校交付使用，新增学前教育园位2070个、义务教育学位1.08万个、职业教育学位2.528万个、职业大学学位4539个、大学学位4327个。省人民医院新区分院重大疫情救治基地、省残联康复中心新区院区建成投运。完成省十五运会、省残运会承办和参赛“双重”任务。“住有宜居”多元保障，争取国家“保交楼”资金15亿元。4.93万名被征地农民纳入养老保险制度保障范围，城乡居民医疗、养老保险参保率均稳定在98%以上。高效承接舟曲等地生态和地质灾害避险搬迁群众近4000户1.6万人，实现省政府“三年任务两年完成”预期目标。

（杨　莉）

兰州高新技术产业开发区

【概况】 2022年，兰州高新区高效统筹疫情防控和经济发展，全面统筹新冠发展和安全，坚持“四个面向”，落实“三新一高”要求，突出“强科技”“强工业”两点发力，支撑“强省会”，带动“强县域”，实施创新驱动发展战略，聚力铸造“高”“新”引擎，推动国家自创区建设取得积极进展，在全国169个国家高新区中综合排名上升至第56位。生物医药首位产业集聚效应明显，获批国家生物医药新型工业化产业示范基地，在2月25日国务院新闻办公室科技创新新闻发布会上获得科技部领导点名肯定，并在8月12日科技部召开的全国高新区高质量发展会议上做交流发言；先后入选全国2022年园区高质量发展百强榜和2022生物医药产业园区百强榜。落实中央、省、市稳经济一揽子政策措施落地见效，努力保持全区经济运行在合理区间。全年完成地区生产总值352.02亿元。第一产业增加值1.32亿元；第二产业增加值243.4亿元，其中工业增加值214.7亿元，建筑业增加值29.3亿元；第三产业增加值107.3亿元。社会消费品零售总额107.9亿元，固定资产投资258亿元。全社会R&D投入占GDP比重3.1%，万人发明专利拥有量49件，科技进步对经济增长的贡献率62%。

【科技创新】 完成科技型中小企业入库评价334家，省级科技创新型企业40家，高新技术企业累计452家。省膜科院、加华联合等6家企业被认定为省级“专精特新”企业。中农威特公司“猪用重组口蹄疫O型、A型二价灭活疫苗的创制与应用”、兰州空间物理研究所“空间电场探测技术与应用”分获甘肃省技术发明奖、科技进步奖一等奖。兰州奇正生态健康品有限公司制剂车间获2022年度“全国工人先锋号”。兰州西脉记忆合金股份有限公司被工信部评定为2022年国家技术创新示范企业，甘肃紫光智能交通与控制技术有限公司被国家知识产权局授予2022年度国家知识产权优势企业。兰州生物制品研究所有限公司、中电万维信息技术有限责任公司获得甘肃省2022年突出贡献奖，海默科技股份有限公司、耐驰泵业有限公司、中农威特生物科技股份有限公司等企业获得甘肃省2022年贡献奖。新引进创新创业团队26个，136家企业引进人才657人，其中急需紧缺及高层次人才19人、柔性引进高层次人才6人。鲲鹏人才培育基地培养本土鲲鹏开发者人才695人。开发落实科研助理岗位323个，完成预期目标的108%。高新区3名高层次人才入选第三批甘肃省科学技术领域拔尖领军人才。参与兰州国家区域科技创新中心谋划建设，与北京中医药大学签署共建中医药创新转化工程中心，兰州新算力产业示范中心启动建设，北欧离岸创新中心等载体加快建设，组织推荐9家企业申报省级新型研发机构。与企业、在兰高校、科研院所联合共建“校企共生融合发展创新港”。支持高新发展集团融入国家“一带一路”平台，对接哈萨克斯坦大型粮仓，达成国际粮食贸易合作协议，完成国际贸易2批次2600吨进口大麦。

【招商引资】 聚焦生物医药、智能制造、电子信息等主导产业链推动精准选商择资，先后赴成都、深圳、杭州、西安、厦门、广州、上海等地开展招商15次，开展云招商对接会30余次，对接洽谈广东凯特、华为公司、奥泰医疗、广东新南方集团、北斗生命科学（广州）有限公司等企业40余次，与奥泰医疗、四川垚磊等企业签订合作框架协议7个。全年招商引资到位资金55.7亿元，其中省外资金到位约55.2亿元。凝炼储备中医药产业园、航空航天产业园、医疗器械产业园、算力产业园等21个招商引资项目。与北京中医药大学签署共建中医药创新转化工程中心战略合作框架协议。第二十八届“兰洽会”期间签约项目10个、总投资61.35亿元。全年全省18个重大招商引资项目中，兰州市的2个项目均为高新区招商引资项目。

【项目建设】 全年谋划项目166个，年度计划投资262亿元，实际完成投资258亿元，增长8%。其中35个新建项目前期手续办结率、开工率、入库率均为100%。9个项目被选为省市列重大项目，年度计划投资20亿元，实际完成投资22.4亿元，投资完成率112%。国药集团中国生物（西北）健康科技产业园项目、中山大学附属肿瘤医院甘肃医院(国家肿瘤区域医疗中心)等开工建设；甘肃省生物制品批签发中心项目、高新区兰州高科现代医药物流园主体封顶；陇粤共建“大湾区·兰白自创区中医药创新发展示范区”进展顺利，与深圳前海基金、广东电力等签订合作框架协议；耐驰泵业产能扩大搬迁项目正式签约，土地已供应，正在办理前期手续。落实全市黄河流域生态保护和高质量发展规划两年行动方案重大项目44个。其中，开工26个；推进项目前期手续办理18个。

【产业培育】 依托重大项目，推动创新链产业链资金链人才链深度融合，构建特色更加突出、结构更加合理、国内领先的现代化产业体系。兰州高新技术产业开发区被甘肃省开发区建设发展领导小组办公室确定为“生物医药”发展方向的代表性园区。围绕生物医药、智能制造等领域，组织申报各类创新平台20个，其中新增国家级技术创新示范企业1家、省级企业技术中心2家、省级行业技术中心1家、省级工业设计中心1家、省级中小企业公共服务示范平台3家。兰州海红技术股份有限公司钣金车间被认定为省级数字车间；中粮可口可乐、510所电子产品生产车间2家企业（车间）被认定为市级智能工厂(数字车间)。陇粤共建“大湾区·兰白自创区中医药创新发展示范区”中医药育成中心、“校企共生融合发展创新港主港”、专精特新产业园、航空航天产业园、西北海创中心、兰州新算力产业示范中心等启动建设。

【示范区建设】 配合省人大、省科技厅完成《甘肃兰州白银国家自主创新示范区条例》立法工作，于11月1日正式发布实施。编制《兰州高新区关于加快生物医药产业创新发展的若干措施（修订版）》《兰州高新区外商投资股权投资企业试点暂行办法》，支持服务兰州高新区产业高质量发展。印发《关于贯彻落实〈甘肃兰州白银国家自主创新示范区条例〉实施方案》。联合甘肃省药品监督管理局、甘肃省药业投资集团、陇神戎发等单位，与上海中医药大学开展合作，建设中药（材）大品种产业升级示范平台；依托甘肃药业集团，与上海中医药大学开展合作，加强中医药质量控制新技术开发和转化，充分发挥上海张江人才科研优势，助力兰州高新区高质量发展。获批科技部火炬中心与中国工商银行首批科技金融创新服务“十百千万”专项行动，成为全国首批16家重点培育机构之一。

【科技金融】 组织召开金政企对接会9场次，协调发放贷款1.2亿元。定连园区棚改1#安置区二期和2#安置区2个项目分别获得2022年地方政府专项债券3.31亿元、3.8亿元。定连园区经一路新建工程获得中央预算内投资3300万元；全年谋划上报12个项目申报政策性开发性金融工具项目，拟申请基金11.4564亿元，其中雁滩园区城市更新畅交通配套基础设施项目（一期）1个项目通过国家发改委审核。组织上报符合条件的6个项目申报中长期贷款，贷款总需求20亿元。5个项目获得省、市级重大项目前期费610万元。生物医药产业发展基金、天使投资基金、中小企业投资基金完成项目投资4个2370万元。组织推荐21家企业申报2022、2023年度中央引导地方科技发展资金项目，省级中小企业创新基金32项、基础研究类科技计划项目2项获得省级立项奖励资金329万元。

【营商环境优化】 完善“银税互动”工作机制，拓展“银税互动”线上平台功能，与中国银行股份有限公司兰州市高新区中心支行、上海浦东发展银行兰州分行、甘肃银行高新支行向企业推广“税易贷”银税互动产品，促成银企合作，贷款成功723笔，贷款金额2.23亿元。聚焦纳税人缴费人“急难愁盼”问题，开设“办不成事”问题反映窗口，问题解决率100%。推广“陇税雷锋”全员帮办电子服务卡，将辖区纳税人纳入“陇税雷锋”平台进行纳税辅导服务，全年推送政策1785笔，为纳税人答疑解惑3246次。国有土地上已售城镇住宅历史遗留“登记难”首次登记化解率100%。出让工业“标准地”6宗约580亩。办结数字化监督指挥中心市容环境等投诉件1563件。持续推行政务服务事项告知承诺制，对符合条件的企业减材料、减环节、减时限、减费用，优化办事流程。全面实现市场主体“一网通办”全程电子化，以及线下“一窗通办”服务，为市场主体设立和注销提供便利。

【安全生产】 紧盯重点领域和重点环节，深化安全生产专项整治检查，推进安全生产各项工作落实，坚决杜绝各类重大安全事故的发生。健全完善各类应急预案26项，排查闭环整治企业层面安全隐患523条，督促整改火灾隐患1185处、建筑安全隐患268条，加强道路交通等重点领域安全宣传教育，以创促管深化安全标准化体系建设，新增安全生产标准化达标企业9家。开展自建房排查工作，摸排重大隐患自建房29栋。

【政务服务】 落实全省“4级46同”标准化要求，细化670项政务服务事项要素，依申请和公共服务网办率98%、全程网办率97%、依申请承诺时间压缩78%；受理行政审批事项5.3万件。其中，“不见面审批”3.2万件；EMS快递邮寄267份。全面推行“小兰帮办”服务模式，不断优化便民服务措施，新冠疫情期间，倡导企业群众通过“网上办”“掌上办”“电话办”“预约办”等不见面方式办理业务。对70岁以上老年人、盲人、聋哑人等特殊人士提供领办服务或开辟绿色通道，优先办理相关事项。印发《兰州高新区行政许可事项清单(2022年版)》,同步在业务办理系统、政务服务大厅等平台进行动态更新。兰州高新区代表队在兰州市2022年优化营商环境应知应会知识竞赛政务服务指标团体赛中获得第一名。

【舆论宣传】 通过官方网站设置“建功新时代奋进新征程”二十大专题栏目,打造二十大专题一站式链接。推出聚焦党的二十大特色专题,发动各行各业工作人员、基层干部、社区居民群众、领导干部等共同参与“奋进新征程,建功新时代”党的二十大宣讲活动,累计播出20余篇,浏览量5万余人次。二十大期间累计通过各类媒体转载发布二十大新闻稿件200余条,阅读量6万余人次。年内对接采访协调媒体100余次,采写重点新闻稿件400余篇,在国家级媒体发布478条,省级媒体发布406条,门户网站及新媒体发布各类信息1.3万余条,累计阅读量8000万余人次。

【基础设施建设】 谋划申报中央全面加强基础设施项目52个,总投资462亿元。定连园区经一路等5条道路续建工程竣工,EPC项目17条道路等续建工程和纬十二路等5条新建道路加快建设;10千伏开闭站工程、辖区312国道维修改造工程、智慧城市建设等项目前期加快办理;华能热电联产供热、生物医药产业片区供水工程、定连园区企业“双回路”供电、兰州大学附中东城分校(二期)、园区大道绿化等项目加快建设;天立教育小镇供水工程等项目即将完工。与甘肃中医药大学附属医院签订综合性三甲医院项目框架协议。雁滩园区B640-1、S631-2道路续建工程有序推进;B621#道路一标段、火炬广场项目基本完工。成立兰州高新区城市更新工作指挥部,组建城市更新运营管理有限公司,启动雁滩园区城市更新工作。编制完成《兰州高新区雁滩园区重点管控区域城市更新计划》《兰州高新区雁滩园区重点管控区域城市更新项目实施方案》。印发实施《兰州高新区雁滩园区城市更新拆迁安置补偿办法》,完成房屋丈量评估工作694户。其中,均家滩社区丈量评估92户;南面滩社区丈量评估343户;骆驼滩社区丈量评估259户。骆驼滩社区签订拆迁安置协议218户。

【生态环保】 成立兰州高新区“无废城市”建设工作领导小组,探索“无废园区”建设。编制完成《定连园区碳排放现状调查及园区“双碳”行动计划》《兰州高新区大气环境现状评估报告》,促进园区绿色高效可持续发展。全面落实林长制河湖长制,健全82个入河排污口台账,完成整治排污口66个,办结第二轮省级环保督察反馈信访投诉案件9件,宛川河流域农村黑臭水体治理工程完成定远村段治理,其余正有序开展。举办第51个世界环境日宣传活动。兑现高新区生态环保专项保护补助资金66.35万元。

【国企改革】 推进国企改革三年行动、国企监管工作,完成国企改革三年行动考核。推进区属国有企业战略性重组和专业化整合,以推动政府融资平台整合升级、深入实施乡村振兴战略、深化城市有机更新为主线,整合区内各类优势资源要素,新组建高新发展集团、振兴乡村公司、高新城市更新运营管理有限公司3个国有企业主体,进一步完善企业法人治理结构。深化企业内部分配制度改革,完善现代化企业薪酬制度。建立健全第一议题制度,始终把学习贯彻习近平总书记重要讲话和党的二十大精神、国企改革发展重要论述作为区属国有企业党组织第一议题,并纳入年内考核任务。完善企业负责人经营业绩考核,构建区属国有企业经营业绩年度考核制度,推进区属企业经理层成员任期制契约化管理,保证兰州高新区国有企业健康发展。

(梁红梅)

兰州经济技术开发区

【概况】 2022年,兰州经济技术开发区(以下简称“兰州经开区”)完成地区生产总值370.89亿元,同比下降0.3%。第一产业增加值3.72亿元,同比增长2.0%。第二产业增加值140.58亿元,同比下降2.9%。其中,工业增加值97.76亿元,同比增长0.2%,规上工业增加值同比下降0.2%;建筑业增加值42.82亿元,同比下降9%。第三产业增加值

226.59亿元，同比增长1.2%。固定资产投资同比增长2.1%。社会消费品零售总额179.25亿元，同比下降9.8%。实际使用外资金额538万美元，同比增长10.6%。进出口总额91亿元，同比增长19%。全区有企业2680家，其中“四上”企业292家。其中高新技术企业120家，规上工业企业80家，限上批零住餐企业121家，外经贸企业112家，外商投资企业35家（新增5家）。

【项目建设】 全年纳入市级“投资清单”项目131个，总投资1089亿元，年度计划投资189亿元。其中，续建项目83个，100%复工建设；新建项目48个，已办结前期手续并开工41个，开工率95.8%。其中北拓区域S1502#路等4个项目纳入全市“市列重大项目清单”，总投资12.6亿元，年度进展顺利。纳入全市“重大前期项目清单”管理项目4个，均按计划完成前期手续。9月29日，全省“2022年黄河流域兰西城市群甘肃片区生态建设重点项目集中开工活动”主会场在兰州经开区举行，总投资约11.21亿元的兰州市北拓片区未利用地生态综合治理和土地整理一期工程暨兰州经开区生态修复与产业发展示范区建设项目开工建设。向上争取到各类专项资金4186.7万元。其中，生态修复、基础设施等项目共争取2022年黄河流域高质量发展方向中央补助资金3089万元；省预算内基建资金250万元；全市重大项目前期费147.7万元；地方政府专项债券700万元。围绕生态修复与产业发展示范区建设，加强土地报批和征收工作，完成360亩林地报批，完成2692亩土地征收，划拨基础设施建设用地575亩，完成71家企业厂房、127座宅基地房屋征收补偿安置工作，兑付补偿款超1.3亿元，解决T1543#、T1514#规划路等6个项目征地遗留问题。

【招商引资】 兰州经开区“一区六园”签约项目31个，签约总额274.94亿元，其中兰州经开区专场新签约项目9个，开工8个，开工率88.8%；建成项目6个，建成率66.67%，实现到位资金10.78亿元。其中，第二十八届“兰洽会”签约项目7个，总投资25.32亿元，已开工项目6个，到位资金8.03亿元，建成项目4个，建成率57.14%；非省级节会活动签约项目2个，总投资2.37亿元，已全部建成。

【东西部开发区协作】 深化与青岛经开区、东营经开区对接交流，围绕园区合作与青岛经开区共同出资成立兰州青开隆宇建设发展有限公司，探索破解北拓发展和园区建设难题；围绕培育发展信息技术相关产业，与东营经开区共同出资成立甘肃兰东信息技术有限公司，探索推动信息技术产业发展和智慧园区建设。与烟台经开区、江宁经开区、明水经开区、连云港经开区围绕园区共建深入对接并取得意向性成果。

【科技创新】 制定《2022年推进兰白试验区和兰白自创区建设工作要点》，加快培育创新创业主体。全年认定高新技术企业37家。其中，新认定企业19家；重新认定企业18家。高新技术企业累计达到120家。扶持培育兰州威特焊材等59家企业入库甘肃省科技型中小企业名录。奇正生态等5家企业入围2022年度甘肃省“专精特新”中小企业榜单。兰州和盛堂制药公司被国家知识产权局评为2022年度国家知识产权优势企业，是甘肃省唯一一家医药类国家知识产权优势企业。兰州佛慈制药公司获批2022年甘肃省第二批数字化车间。新引进入孵企业2家，累计在孵企业31家。全年兑现2021年度认定的32家高新技术企业奖励资金235万元；兑现甘肃建顺生物科技有限公司优秀创新平台项目“甘肃省无血清细胞培养基工程实验室”50万元；落实国家级绿色园区奖励资金50万元用于支持示范区重点项目建设；争取省商务厅专项支持资金410万元；为示范区制造业企业甘肃陇塬峰药业有限公司成功争取2022年市级振兴制造业专项奖励资金32325.24元。

【营商环境优化】 落实《兰州市落实强省会战略进一步优化营商环境》等系列政策，深化“放管服”和工程建设领域审批制度改革，制定《全面深化工程建设项目审批制度改革打造工程建设项目审批最快城市工作实施方案》，所有审批服务事项全部入驻政务服务大厅，实施“前台统一受理、后台分类审批、统一窗口出件”，实现全部纸质材料电子化、线上审批，服务事项网办率100%，承诺办理时限压缩80%以上。制定《兰州经开区推进新建商品房“交房即交证”改革实施方案》，开展安宁碧桂园等2个项目“交房即交证”试点，全年完成受理登记类业务1.609万件，完成购房资格核查和网签备案768件，完成缮写不动产权证书（证明）1.96万件。加强政务服务队伍建设，组织开展政务服务业务培训，获得2022年全市优化营商环境应知应会知识竞赛“财产登记”指标赛冠军。结合实际研究拟定《兰州经开区产业发展扶持政策》《兰州经开区二级园区考核评价办法》，鼓励支持园区错位发展，做大做强优势产业。发挥国企担当，为承租经营主体减免房租超560万元。

【法治政府建设】 严格履行法治建设职责，落实《重大行政决策程序暂行条例》，制定《2022年兰州经开区依法治区工作实施方案》《2022年兰州经开区领导干部学法方案》，重点围绕学习习近平法治思想等开展领导干部会前学法12次。

【安全生产】 牢固树立红线意识和底线思维，全面落实国务院安委会15条硬措施、省委省政府35条、市委市政府20条具体措施，全年召开安委会全体（扩大）会议5次、安全生产专题会议1次，努力做到精神传达到位、安排部署到位、责任落实到位、安全检查到位、宣传培训到位，全年未发生安全生产事故。

【历史遗留“登记难”工作】 兰州经开区范围内涉及住宅项目51个2.9038万套，已完成40件2.533万套，完成个人不动产转移登记1.3784万套。

（张晓龙）

甘肃（兰州）国际陆港

【概况】 2022年，甘肃（兰州）国际陆港（以下简称“兰州陆港”）围绕建设、管理、运营、服务、效率“五个一流”发展目标，落实班列运营、项目落地、园区建设、融资引资、营商环境、企业转型“六大突破”发展措施，系统重塑物流通道比较优势，深度统筹枢纽资源协调发展。全年完成固定资产投资7.05亿元，完成规模以上工业增加值3.78亿元。新入驻企业18家。完成贸易额60.3亿元，实现外贸进出口总值3.05亿元，同比增长12.96%。完成跨境电商贸易额约3950.66万元。实现货运吞吐量836.45万吨，同比增长55.3%。挂牌成立甘肃（兰州）国际陆港－普洛斯管理物流园、中白工业园姊妹园、上合组织（连云港）国际物流园友好园3个园区。兰州陆港连续五年被评为“全国优秀物流园区”。辖区企业甘肃省国际物流集团兰州国际港务区投资开发有限公司获评2022年全国供应链创新与应用示范企业。

【班列运行】 全年开行国际货运班列207列，12860标箱，货值约15.02亿元，总重约25.47万吨。回程班列65列，去程班列142列。其中，西部陆海新通道开行118列，5844标箱，货值8.75亿元，货重14.27万吨；中亚通道开行75列，6184标箱，货值4.22亿元，货重9.42万吨；中欧通道开行3列，244标箱，货值4099万元，货重5786吨；中吉乌通道开行6列，320标箱，货值1.13亿元，货重5000吨；陇海大通道铁海联运班列开行5列，268标箱，货值5100万元，货重6998.4吨。

发展建设中的甘肃（兰州）国际陆港

发运重庆汽车内贸班列256列，6.6万台；完成整车进口300辆。

【园区项目建设】 续建项目19个，总投资64.07亿元，年度计划投资5.41亿元，至年底，多式联运物流园项目已建成，保税物流中心(B型)信息化项目(海关智能化监控)硬件设施已全部完成；新建项目9个，总投资18.86亿元，年度计划投资5.22亿元，建成中国智能骨干网(甘肃)申通枢纽中心项目综合楼主体，完成西部陆海新通道(甘肃)兰州冷链物流园项目可研编制；物流信息中心项目(陆港联检中心)正在编制可研报告。东川铁路物流中心的货运量101.93万吨，汽车年吞吐量42.4万台。

【招商引资】 与京东智能产业发展集团、宁波铁大大、甘肃华源集团、普洛斯召开项目合作视频会，推进项目落地和园区合作相关事宜。组织赴北京、杭州、济南、青岛、厦门等地进行招商，借助重大节会、专题推介等省市活动，对接有意向投资企业13家，形成线索项目6个。至年底，中国智能骨干网(甘肃)申通枢纽中心项目顺利推进，主体工程已基本建成；甘肃昆仑物流有限公司石化物流园项目正在讨论用地方案；甘肃建投兰州陆港仓储基地项目正在沟通具体合作事宜。

【园区合作】 持续深化兰州市与连云港市新时代区域合作发展战略，1月15日，成功开通兰州—连云港—日韩的海铁联运班列，合资成立苏陇(甘肃)物流供应链有限公司，6月22日，陇海大通道——兰州出海港在连云港成功揭牌，发运陇海大通道班列4列。与中白工业园管委会、吉隆口岸管委会、青岛港、山东港、上合(连云港)物流园、陇萃堂、良志汽车销售公司签订战略合作框架协议。推进整车及零配件进出口核心业务，探索构建配套改装、整车销售、检测挂牌、品牌推广、汽车金融等配套服务为一体的汽车产业链。持续优化整车进口业务流程，完成306辆整车进口工作。

【通道线路拓展】 同中铁集装箱兰州分公司、甘肃中外运供应链有限公司、兰州国际港多式联运有限公司、捷时特物流有限公司等省内重点班列运营企业不断加强货源组织力度，拓展通道线路，完善境外揽货体系，持续拓展通道线路，年内新开辟兰州—尼日利亚、敦煌—印尼、阿联酋—兰州、兰州—连云港—日韩4条国际货运新线路。畅通和建设“绿色陇海大通道”，开行频次稳中有升，货源品类日渐丰富，辐射范围逐步扩大。

【对外宣传】 全年邀请主流媒体记者152人次，完成对外宣传报道249篇次。10月24日，兰州新闻播出《甘肃(兰州)国际陆港成为“一带一路”向西开放“桥头堡”》专题报道。拓展新媒体宣传渠道，完成各类新媒体宣传品制作94期。其中，短视频71个；长图15期；海报3个；H5 4个；PPT 1次。总播放量58.2万次，总点赞量1.6万。其中5条短视频分别被东方卫视、甘肃电视台、兰州电视台、《兰州晚报》采用，图文稿件《丝绸之路上的新故事：“兰州号”从这里驶向世界》被新甘肃举办的“我们这五年”征集活动采用并在新甘肃客户端、每日甘肃网媒体平台进行线上展播。

【规划调整】 协调对接市自然资源局、中规院、省规划院等相关单位，将兰州陆港总体规划内容纳入全市国土空间规划体系，确保全市城镇开发边界覆盖陆港核心区。按照已公示的《兰州市国土空间总体规划(2020—2035年)》(草案)中省市对于兰州陆港的发展定位，优化用地规划、功能布局等内容，同时根据区域发展建设需求，向上争取建设用地指标，拓展兰州陆港发展建设用地范围。根据陆港区域内发展建设实际，向市政府申请对区域内医疗卫生、中小学、宗教、加油加气站、供热用地规划内容及物流仓储用地规划指标进行科学合理调整，推进公共设施及产业项目建设。

【兰州陆港与连云港港铁海联运班列对开仪式】 1月15日，兰州市与连云港市新时代区域合作发展战略协议签署暨铁海联运班列对开仪式以视频连线方式在兰州、连云港两地同步举行。仪式上，甘肃(兰州)国际陆港、连云港港口控股集团、中铁兰州局集团有限公司分别介绍合资公司、班列组货及班列运输组织情况。兰州市常务副市长杨金泉，连云港市委副书记、代市长马士光代表两市政府签署《兰州市与连云港市新时代区域合作发展战略协议》，协议约定，双方将围绕港口枢纽、先进石化、装备制造、生物医药等重点产业，商贸物流、科技教育、文化旅游、人才交流等方面开展深层次合作；两地企业将通过战略联盟、资本合作、功能联合、资源共享等市场化方式，加快融入联通内外、交织成网、高效便捷的“通道+枢纽+网络”全国物流体系，有效整合双方优势资源，积极探索全新运输模式，为贸易企业搭建一条绿色低碳、高效便捷、安全稳定的铁海联运新通道，争取将兰州打造为连云港向西开放的前置港，将连云港打造为兰州向东开放的出海港。甘肃省副省长张锦刚、甘肃省商务厅厅长张应华为苏陇（甘肃）物流供应链有限公司揭牌。副省长张锦刚、连云港市委书记、市人大常委会党组书记方伟宣布两地对开班列同时发车。

苏陇（甘肃）物流供应链有限公司由连云港港口控股集团有限公司和兰州国际港务区投资开发有限公司出资成立，分别占股55%和45%，注册资本1000万元，公司注册在兰州陆港，将为甘肃出海出境货物提供前置的口岸通关、航运办理、信息咨询等服务，适时开展跨境电商、冷链物流、保税仓储、配送分拨等业务，谋划开展甘肃中药材和甘味农产品面向日韩等国的出口业务。

4月14日，甘肃（兰州）国际陆港与中工国际合作线上对接会召开

【兰州陆港与中工国际、中白工业园举行线上对接会】 4月14日，兰州陆港与中工国际、中白工业园管委会、中白工业园区开发股份有限公司举行线上对接会。兰州陆港管委会主任李建亮、中白工业园管委会主任雅罗申科·亚历山大、兰港投公司负责人及中工国际工程股份有限公司项目负责人参加会议。对接会上，李建亮详细介绍兰州陆港发展情况及合作优势，就下一步合作事宜提出意见。雅罗申科·亚历山大在发言中表示，中白工业园是落实两国元首共识的项目，是丝绸之路经济带的明珠，希望通过此次会议奠定与兰州陆港合作的基础。兰州陆港与中白工业园还就缔结友好园区、泥炭产品加工、泥炭科技创新协同中心、开行中欧回程班列等方面进行深入探讨并达成初步合作意向。

中白工业园位于白俄罗斯明斯克州斯莫列维奇区，占地面积约117平方千米，规划开发面积91.5平方千米，是白俄罗斯最大的招商引资项目，也是中国在海外面积最大、合作层次最高的经贸合作区，由中国和白俄罗斯两国元首倡导，两国政府大力支持推动，国机集团和招商局集团两大央企主导开发运营。

【甘肃（兰州）国际陆港管委会“云签约”中白工业园管委会】 6月28日下午，甘肃（兰州）国际陆港管委会、中白工业园管委会战略合作框架协议签约仪式在白俄罗斯明斯克、中国北京、兰州三地以“云签约”方式举行。市政协副主席、甘肃（兰州）国际陆港党工委书记雒泽民出席签约仪式。此次签约，代表双方全方位合作正式拉开序幕，双方将以此次签约为新起点，完整、准确、全面贯彻新发展理念，抓实用好国家“一带一路”建设这个最大机遇，全力推进中白重点企业全领域长期性战略合作，坚持最高标准推进项目建设，按照世界银行营商环境标准，探索创新服务体系和服务标准，全力营造支持企业发展的最优营商环境，努力把兰州陆港打造成融入国家“双循环”新发展格局的战略支点。

6月28日，甘肃（兰州）国际陆港管委会、中白工业园管委会战略合作框架协议签约仪式在白俄罗斯明斯克、中国北京、兰州三地以“云签约”方式举行

【普洛斯管理物流园、中白工业园姊妹园、上合组织（连云港）国际物流园友好园揭牌及开园仪式】 7月5日，甘肃（兰州）国际陆港—普洛斯管理物流园、中白工业园姊妹园、上合组织（连云港）国际物流园友好园揭牌及开园仪式在甘肃（兰州）国际陆港举行。甘肃省商务厅二级巡视员钱军、兰州市人民政府副市长杨平、连云港市委常委、常务副市长杨新忠、兰州市政协副主席、甘肃（兰州）国际陆港党工委书记雒泽民、连云港市连云区人民政府区长、上合组织（连云港）国际物流园管委会主任李占超、兰州市西固区人民政府区长毛玉铎、中工国际工程股份有限公司副总经理刘生承、普洛斯投资（上海）有限公司高级副总裁邱宝军出席揭牌及开园仪式。甘肃（兰州）国际陆港管委会主任李建亮主持，雒泽民、李占超、邱宝军、刘生承分别致辞，雒泽民和刘生承为甘肃（兰州）国际陆港—中白工业园姊妹园揭牌、杨新忠和钱军为甘肃（兰州）国际陆港—上合组织（连云港）国际物流园友好园揭牌，杨平宣布甘肃（兰州）国际陆港—普洛斯管理物流园开园。

（贾　喆）

兰州榆中生态创新城

【概况】 2022年，兰州榆中生态创新城按照“基础设施先行、生态绿化优先”原则，谋划实施各类项目70个，总投资450亿元，年度计划投资65.5亿元，全年完成固定资产投资54.64亿元，其中夏官营启动区2022年项目23个，计划总投资140.9亿元，年度计划投资21.8亿元，全年完成投资17.6亿元。

【公共服务】 万家庄水厂项目完成基坑及边坡支护、主体、场院、迁改工程及单机调试工作，具备联机试运行条件。榆中县污水处理厂项目地下箱体工程、生产管理楼全部完成，正在进行土方、支护工程、场内管线工程。兰州大学“双一流”建设支撑项目（二期）人文社科组团1项目和工程科学组团1项目主体结构封顶，进行室内二次装修。兰州大学“双一流”建设支撑项目（三期）数理核学组团完成场地平整；1–2号研究生公寓完成主体结构7层；南区生活中心完成主体3层；大气SACOL基站扩建项目正在办理建设工程规划许可证。新建兰大附属小学、中学项目，正在进行土方开挖及临建室外工程。

【生态绿化】 在前期完成6100亩54万株两山绿化的基础上，接续完成面山绿化整地12576.12亩。启动科创中心周边绿地项目，管理用房主体工程、公共卫生间、室外雨污给水管网、路面铺装、绿化土方全部完工，正在进行园林小品工程施工及绿化苗木栽植。启动新建道路沿线绿化工作，科五街、科八街、夏纬七路道路中央分隔带、侧分带及行道树绿化工程完成灌木、乔木种植3200株，各色花卉种植1.6万平方米。

【基础设施建设】 严格按照开发时序，有序推进市政道路建设。科五街，科八街，学府大道土方、管道、管廊、桥涵工程全部完工并进行路面沥青敷设及照明绿化工程。科创大道、学八路、夏纬七路二期土方、管廊基坑挖方、管道工程分别完成80%、85%、95%，道路硬化、照明、绿化工程分别完成45%、61%、70%。新建生态大道、科七街、科二街3条道路，正在进行路基土方、

榆中生态创新城生态大道地下管廊施工现场

管廊管道等基础工程。

【规划体系】 完成榆中生态创新城《生态绿道系统规划》《智能灯杆（多功能灯杆）建设导则（试行）》编制，《风貌协调区生态修复治理专项规划》《风貌协调区生态修复治理专项规划项目前期勘察》完成中期成果，《国土空间规划管理技术规定（征求意见稿）》及《条文说明》正在征求省内各大设计院意见建议。启动编制《兰州榆中生态创新城种业小镇发展规划》《榆中生态创新城绿色低碳典型示范产业园实施方案》，完成项目招投标。

【招商引资】 建立符合政企双方发展共赢的个性化优惠政策，制定出台《兰州榆中生态创新城促进高质量发展产业扶持政策（试行）》，围绕通用航空、健康养生、人工智能、现代农业、“双碳”经济等五大主导产业开展招商引资工作，实施招商引资合同项目1个，总投资2.3亿元；签约协议项目2个，总投资约30亿元；线索项目28个，总投资约450亿元。

【产业培育】 投资2.3亿元的菌库（全肠道菌群）生物科技甘肃基地项目完成签约，企业正在注册项目公司。投资23亿元的中菊集团生态康养文化岛项目、投资50亿元的国家电投福建电力公司创新城源网荷储氢项目签署合作框架协议，企业正在编制项目可研报告。推进国家民用无人驾驶航空试验区申报工作，引导兰州通航项目关联企业加强与兰州航空产业发展（集团）有限公司合作，兰州航空产业园正在进行项目备案。双碳经济产业示范基地、“国防七子”工程技术中心及产业基地、缔科国际集团（西北）总部基地、中国职工产教研科技创新产业园、上海德先（兰州）氢能科创产业园等产业项目正在对接。

【融合发展】 进一步优化审批流程，压减审批时限，与榆中县探索多评合一、统一评审的新模式，对创中心周边绿地等6个项目进行联合审批。加快推动“标准地”改革试点先行示范引领，与榆中县联合制定《榆中县（榆中生态创新城）企业投资工业项目“标准地”实施细则》，促使政府靠前服务，简化优化办理流程，缩减企业拿地开工时限，促进工业项目尽快落地。加强招商引资合作，建立生态创新城和榆中县招商引资信息互通共享机制，与榆中县成功举办第28届“兰洽会”榆中县和兰州榆中生态创新城重点招商项目推介暨重大项目集中签约仪式。围绕市委市政府关于融合协同发展的工作要求，结合榆中县和创新城产业定位，按照总部和研发在创新城，生产制造进入榆中县工业园区的思路，对接引入甘肃光盛新能源科技有限公司年产150万吨光伏压延玻璃生产线项目。完善安全生产和工程质量安全监管体系，坚持与榆中县相关部门通力协作、密切配合，压实安全生产责任，堵塞监督管理漏洞，防范遏制重特大生产安全事故，助力创新城高质量发展。

（孙凤涛）

工业与信息化

综 述

【基本情况】 2022年，兰州市工业有石油化工、新材料、装备制造、电子信息、有色冶金、建材、生物医药、新能源、节能环保、食品及轻工等多个行业。全市有规模以上工业企业454户，较上年末387户增加67户。非公经济市场主体36.84万户，占全市各类市场主体的97.77%。轻工业增加值同比下降11.5%；重工业增加值增长3.9%。轻重工业比重为22.3∶77.7。

【主要指标】 2022年，兰州市规模以上工业增加值同比下降0.4%；战略性新兴产业增加值占GDP的比重17%；电信业务总量增长20.8%。

【工业经济运行】 面对经济下行压力，全市工信系统坚决贯彻落实“疫情要防住、经济要稳住、发展要安全”工作要求，着力补短板强优势提效能，精准落实助企纾困政策，帮助市场主体稳定预期增强信心，推动工业经济持续稳定恢复。抓重点企业指标、纾困解难，全年兰石化完成原油加工量947万吨，较同期增加32万吨；甘肃烟草上年生产卷烟93.6万箱，较同期增加0.4万箱。梳理解决企业上年生产经营和项目建设中存在的困难问题365个。定期召开工业经济运行调度会，分析经济运行情况，研究解决重难点问题，安排部署重点工作任务。

【规模以上工业企业培育】 按照《兰州市规模以上工业企业倍增计划实施方案》，综合考虑各区县产业基础和企业数量等实际情况，进一步细化目标任务，帮扶规模以上困难企业“强一批”，培育小微企业发展“进一批”，支持新近退规企业“返一批”，筛查漏统工业企业“补一批”，全面开展规上企业培育工作，全年新增规上工业企业65户，全年净增规上企业37户，兰州市规上工业企业数量实现历史性的突破。

【工业重点项目建设及固定资产投资】 把项目建设作为推动工业发展的重中之重，加强谋划储备，落实包抓责任，强化部门协同和区县联动，多路并进、全力服务项目加快建设。推进工业和信息化领域投资项目286个，建成德福3万吨/年高档电解铜箔建设、年产10亿罐两片罐生产线、重离子应用技术及装备制造产业基地、年产1.5万吨塑料管材及钢塑制品、年产7500吨农药原药及中间体等60个重点项目。甘肃富鹏科技公司15万吨/年废盐综合利用、兰州新区压力容器封头生产基地、宝方10万吨超高功率石墨电极、精品特钢结构调整等一批重大工业项目顺利推进。推动兰州石化13万吨/年丙烯腈及配套装置改造、兰鑫钢铁年产120万吨焦化、埃肯硅材 2*33000 千伏安高纯金属硅等一批投资规模大、带动性强的延链补链项目。全年全市工业固定资产投资同比增长 40.3%，增速较上年同期增长 25 个百分点，其中制造业同比增长 51.9%，增速创近 5 年新高，对工业投资的支撑力度持续增强。

【战略性新兴产业发展】 完善印发《“十四五”战略性新兴产业发展规划》。完成全市 2021 年振兴制造业及战略性新兴产业全年督查工作，掌握分析战略性新兴产业发展情况。强化技术创新能力培育，组织推荐兰州星火机床有限公司、兰州飞天网景信息产业有限公司等 10 家企业获评省级企业技术中心，兰州大学、甘肃紫光智能交通与控制技术有限公司等 13 家单位获评省级行业技术中心，兰州裕隆气体股份有限公司、甘肃省交通规划勘察设计院股份有限公司等 4 家企业获评省级技术创新示范企业。兰州市推荐 41 家单位参选，占全省获评总数的 64.3%。鼓励企业开展新技术、新产品、新工艺研发，推荐碳离子治癌级空间环境地面模拟系统用重离子加速器磁铁成套装置、TF4W-TH 系统紧凑型高压同步发电机等 30 项新产品完成省级新产品备案。组织 LPC 系列催化裂化催化剂、低残醇低残氨甘草酸二钾等 11 项新产品申报省级工业优秀新产品。

【绿色发展】 持续推进节能降碳，制定印发兰州市工业绿色发展工作要点，分解细化区县工业能耗“双控”任务，强化节能专项监察，通过节能诊断和节能检查强化企业能效管理，全年完成 9 户企业节能诊断，累计完成 81 户企业节能诊断服务。促进资源利用循环化，坚持科学配置，循环利用原则，加大工业资源综合利用，培育再生资源循环利用骨干企业。兰州利源、皋兰杰林、亨润德 3 家废钢行业规范企业年处理废钢 221.3 万吨。西固区再生资源、金泰再生资源、兰州金土地 3 户企业纳入工信部再生资源行业规范企业。完善绿色制造支撑体系，制定印发《兰州市工业绿色制造体系实施方案（2022—2025 年）》，明确“十四五”创建目标和任务以及梯度培育机制，强化示范带动，打造典型标杆。全年创建国家级绿色工厂 2 家，省级绿色工厂 7 家、绿色设计产品 1 种、工业节水型企业 1 家，生物所入选全国工业废水循环利用试点企业“用水过程循环模式类”15 家优秀企业之一，为西北地区唯一一家。

【国家级省级绿色工厂培育创建】 强化示范带动，打造典型标杆，以企业为主体，以公开透明的第三方评价机制和标准体系为基础，将绿色工厂、绿色设计产品、绿色工业园区、绿色供应链管理企业等作为绿色制造体系的主要内容。截至年底，兰州市累计创建国家级绿色园区 1 个、绿色工厂 6 家、绿色设计产品 3 种、绿色供应链 1 家；省级绿色园区 1 个、绿色工厂 14 家、绿色设计产品 1 种。天华院、膜科院 2 户企业分别列入《环保装备制造行业（大气治理）规范条件》企业名单和《环保装备制造行业（污水治理）规范条件》企业名单。

【工业安全生产】 把安全生产贯穿于中心工作，定期召开会议安排部署，把安全生产与工业经济运行工作同安排，同部署。印发《2022 年全市工信系统安全生产工作要点》《安全生产三年行动 2022 安全重点工作任务》，制定《兰州市工业和信息化局安全生产职责清单和班子成员科室（局属单位）责任清单》等，进一步明确目标任务，靠实工作责任。持续推进民爆行业安全生产专项整治三年行动，开展打非治违、隐患排查治理和安全生产大检查等专项行动。根据省、市安全生产工作安排部署，突出“五一”“省党代会”等重点时段和节假日，开展民爆行业安全生产检查，每季度做到民爆企业全覆盖。全年由主要领导、分管领导带队，协同民爆行业专家检查民爆生产、销售企业 11 次，排查整改问题隐患 21 个，全部整改到位，形成闭环管理。两家民爆销售企业通过安全生产标准化三级达标评审，全面完成民爆行业安全生产三年专项行动的目标任务。

（贺　欢）

重振兰州制造

【概况】 兰州市聚焦重塑绿色制造产业体系，制定《兰州市贯彻落实强工业行动实施方案（2022—

2025年)》，聚焦重振“兰州制造”振兴路径。按照兰州市“十四五”工业和信息化发展规划、振兴制造业年度重点任务和工作，加快培育构建“四新”产业体系，集聚资源系统服务兰州石化“减油增化”、城市更新、铜箔、“甘味”、碳材料、氢能产业基地、信创新算力等重大项目加快建设，推动兰州制造向产业链价值链中高端跃升。

【项目建设】 聚焦重振“兰州制造”振兴路径，构建绿色制造产业体系，统筹推进兰州石化“减油增化”、窑煤资源能化共轨、连铝源网荷储等64个传统产业改造升级延链补链项目，系统服务铜箔、氢能、“甘味”、信创等92个新兴产业重点项目，德福高档电解铜箔等23个项目建成投产，海亮年产15万吨高性能铜箔材料、广东道氏碳材料等84个项目有序建设，中石油兰州石化改造项目、中铝绿电铝等49个谋划项目破题推进。

【“三化”改造提升】 加强服务指导、强化项目支撑，组织华为、海尔卡奥斯、航天云网、省机械科学研究院等领军服务机构针对石油化工、装备制造、冶金建材等行业的56户重点企业开展智能化转型升级改造诊断咨询，一企一策制定“三化”改造方案。推荐兰石换热获评全省唯一一家智能工厂、省集成装配式建筑等7户企业获评省级数字车间（占全省的35%），兰州市累计创建省级智能工厂（数字车间）14户，市级智能工厂（数字车间）62户，兰石集团石油装备智能制造示范工厂入选工信部智能制造示范工厂揭榜单位。重点实施149个“三化”改造项目。通过“三化”改造，重点企业关键工序制造设备数控化率58.2%，数字化研发设计工具普及率72.1%（分别高于全省15和24.3个百分点）。指导兰石集团、方大炭素等22户企业完成了基于5G、IPv6、智能网关等技术的内网升级改造。兰石集团“5G+无人天车”等50项应用实现商用，其中29项入选工信部试点示范优秀案例，初步形成5G与垂直行业应用深度融合的新模式。指导推荐兰州星火机床、新合制罐等10户企业获批省级智能化改造免费诊断咨询名单，全市累计24户企业享受省级智能化改造免费诊断咨询，占全省50%，企业智能化转型升级改造步伐进一步加快。

（贺　欢）

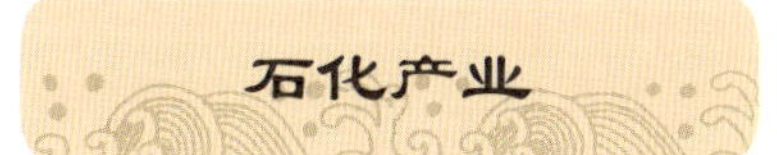
石化产业

【概况】 石化产业是兰州市经济发展的支柱产业，占全市生产总值比重15%左右，占工业经济35%左右。已发展成炼油、化工、农药、农膜、有机化工基础原料、三大有机合成材料、精细化工、塑料加工、化工机械和化学清洗等产业体系。兰州原油加工能力1050万吨/年、乙烯生产能力70万吨/年、合成橡胶产能26万吨/年。兰州有中科院兰州化物所、中油兰州化工研究中心、兰州润滑油研发中心等一批科研机构。

【炼油化工】 兰州石化启动炼化产业数字化转型智能化试点，重点推进炼油区、化工区中央控制室改造项目，数字化转型再次提速。兰州石化公司新建年产3.5万吨丁腈橡胶项目于5月建成投产，丁腈橡胶生产规模达到10万吨/年，位列世界第二，国内遥遥领先。

【精细化工】 以兰州新区化工园区为载体，重点推进兰州三青化学公司光引发剂全产业链一体化项目、甘肃新恒茂科技公司氯代苯酚系列产品生产基地项目、兰州兆农公司年产1.4万吨医药及农药中间体项目、甘肃兰沃科技年产2万吨新型农药原药及农药中间体项目等重大项目，补齐、延长化工产业链，培育一批“专精特新”企业，深耕医药、农药、化工助剂、特种气体等细分领域，打造精细化工产业基地。

【化工产业项目建设】 兰州石化新建3.5万吨/年丁腈橡胶，丁腈橡胶生产规模将达到10万吨/年，位列世界第二。兰州石化数字化转型智能化发展试点建设启动，数字化转型再次提速。

【产业结构升级】 按照石化行业“减油增化”发展思路，兰州市与兰州石化公司谋划了乙烯转型升级乙烯改造项目，通过改造提升乙烯规模达到120万吨/年，通过产品优化调整，最终减少油品约150万吨/年，稳步增加高密度聚乙烯30万吨/年、聚丙烯40万吨/年、粗苯15万吨/年、碳五11万吨/年、碳九21万吨/年，新增超高分子量聚乙烯10万吨/年、聚烯烃弹性体10万吨/年、乙烯—醋酸乙烯共聚物14万吨/年，形成百万吨新材料产业基地。在兰州新区重点发展石化产业延伸链、精细化工和专用化学品、化工新材料、材料后加工等四大业务板块，着力打造国际先进的绿色化工园区和循环经济示范区，进一步完善兰州市石化产业结构。

【主要产品产量】 全年加工原油947万吨，生产汽、煤、柴油650万吨，乙烯70.6万吨，合成橡胶19.57万吨。

【重点企业】 有中国石油兰州石化分公司、兰州润滑油厂、兰州中石油润滑油添加剂有限公司、兰州三叶实业有限公司、兰州蓝星纤维有限公司、西北永新涂料有限公司、兰州助剂厂、甘肃鸿丰电石有限公司、甘肃莱安能源有限公司、兰州康鹏威尔化工有限公司、甘肃瑞东化工有限公司等。

（贺　欢）

装备制造产业

【概况】 2022年，兰州市基本形成以石化装备、轨道交通、电工电气、新能源装备等为主的装备制造产业体系，装备制造产业链有规模以上企业56户，省级链主企业1户（兰石集团），市级链主企业4户（蓝科石化、中车兰州、兰州电机、兰州广通）。统筹推进“强工业”行动，着力振兴“兰州制造”，以发展高端装备制造产业链为抓手，推进重大装备制造项目建设。重点企业中兰石集团实现工业总产值57.2亿元，同比增长25.43%；中车兰州实现工业总产值15.6亿元，同比增长约50%。全市装备制造产业显现较好发展态势，龙头企业带动引领作用进一步凸显，企业订单稳定增长，石化装备、新能源装备等高端装备制造业转型升级明显加快。

【石化通用装备】 兰州石化装备产业形成了以石油钻采装备、炼化装备、泵阀等较为完整的下游产业体系，孕育出兰石集团、蓝科高新、天华院等骨干企业。产业链有企业22户，包含13户规模以上企业以及9户中小企业，主要分布在兰州新区、安宁区以及兰州高新区。其中，国有企业6户；民营企业15户；外资企业1户。上市公司4户。占全市工业企业上市公司的20%。

【电工电器装备】 兰州电工电气装备产业形成以兰州电机、兰飞、万里等为代表的电机生产企业，以正威铜业、众邦电线电缆为代表的铜、铝电线电缆大型企业，以配电柜、变压器以及电力配套设施为主电工电气装备生产体系。产业链有企业18户，主要分布在兰州新区、安宁区以及兰州高新区。其中，国有企业6户；民营企业12户。

【轨道交通装备】 形成以铁路机车修理、高铁导线材料及铁路信号等为主的轨道交通产业体系，逐步实现中车集团和谐机车检修、城轨车辆修造、轨道交通核心系统及部件研发新造、动车组高级修、轨道交通售后服务、新能源节能环保新产业六大产业，推动兰州轨道交通装备产业化发展。产业链主要以安宁区、兰州新区为发展集聚区，有企业20户，包含7户规模以上企业以及13户中小企业。其中，国有企业3户；民营企业17户。

【重点企业】 有兰石集团、兰州电机股份有限公司、中车兰州机车有限公司、兰州广通新能源汽车有限公司等。

（贺　欢）

生物医药产业

【概况】 2022年，兰州市生物医药产业依托资源优势、科技优势，形成以生物技术药物、现代中（藏）药为重点的产业体系和兰州新区、兰州高新区两大产业集聚区，培育了兰州生物制品研究所、中农威特、中牧实业兰州生物药厂、民海生物、健顺生物等以疫苗、细胞培养基研发、生产为主导的生物制品骨干企业，佛慈制药、陇神戎发、和盛堂、奇正等现代中药骨干企业，西脉、汶河、兰飞等医疗器械生产企业。拥有A型肉毒毒素、口服轮状病毒活疫苗、口蹄疫疫苗、六味地黄丸、元胡止痛滴丸、贞芪扶正胶囊、高乌甲素、洁白胶囊、当归腹痛宁滴丸、奇正消痛贴膏、西脉记忆合金医疗器械、兰飞心脏瓣膜等具有一定知名度的医药产品。全市有规模以上生物医药生产企业 24 户。

【产业项目建设】 中生集团西北科技健康产业园、兰州生物所新建多糖蛋白结合疫苗生产车间、新建年产 20 亿剂重组新冠疫苗车间项目等 7 个项目总投资 10 余亿元，中农威特非洲猪瘟亚单位疫苗生产线、王老吉大健康兰州生产基地、健顺生物细胞培养基研发及工业化生产新建项目等 7 个项目总投资过亿元。中生集团西北地区健康科技产业园、兰州生物所新建多糖蛋白结合疫苗生产车间等多个项目被列为省列重大项目。截至 12 月底，兰州生物所新建年产 20 亿剂重组新冠疫苗车间项目、中牧兰州生物药厂动物疫苗生产基地建设项目、中农威特生物医药基地、中农威特基因工程疫苗（非洲猪瘟疫苗）生产车间项目、甘肃农垦药物碱厂有限公司技术改造项目、东瑞制药（兰州）原料药基地项目、科近重离子应用技术及装备制造业产业基地 7 个项目建成。

【生物制品】 在人用生物制品方面，中生西北地区科技健康产业园血液制品生产基地项目开工建设，建成重组新冠疫苗项目，多糖蛋白结合疫苗项目进行设备安装调试。在兽用生物制品方面，兰州高新区东部科技城中农威特生物医药基地和中牧动物疫苗生产基地项目建成运营，中农威特非洲猪瘟疫苗项目推进生产资质办理。

【医疗美容】 有兰州生物技术开发有限公司，核心产品注射用 A 型肉毒毒素，占据国内市场主导地位，远销巴西、韩国、俄罗斯等 20 余个国家和地区，企业在兰州高新区投资 22.58 亿元建设的中生西北地区科技健康产业园医美产业化基地项目开建。

【医疗器械】 兰州西脉记忆合金股份有限公司实施自主创新的发展战略，与中山大学、兰州理工大学、上海长海医院等科研院所建立紧密合作关系，公司“全碳双叶型人工机械心脏瓣膜”项目获国家科技进步二等奖，成为国内最大的记忆合金内固定医疗器械领军企业。科近泰基重离子应用技术及装备制造业产业基地建成投产，兰州新区同位素医药中心、民海生物医用塑料科技园等项目正常推进。

【应急医疗物资】 全市有应急防疫物资生产企业 18 户，产品涉及各类口罩、防护服、消杀用品、熔喷布、护目镜和医用手套等。红会医疗器械、宝石花医疗器械和兰石化 3 户企业被省工信厅认定为省级产能储备企业，兰州助剂厂和兰州洛斯特医疗设备有限公司被市工信局认定为市级产能储备企业。

【陇药中药】 有佛慈制药、陇神戎发药业、和盛堂制药、奇正藏药等知名企业，佛慈六味地黄丸、陇神元胡止痛滴丸等产品享誉国内外，和盛堂制药中药戒毒产品福康片在多个省份推广应用，普安康罂粟壳、亚兰药业麻黄草均在中药领域占有市场主导地位。陇粤共建“大湾区 · 兰白自创区中医药创新发展示范区”项目中医药孵化育成中心完成一、二期建设，入住生物医药关联企业 21 家。佛慈（瑞诺欣）中成药产业化项目、慈济药业年产 1.5 万吨中药饮片及浸膏生产项目、尚方堂现代中药与大健康产业园等项目均建成，逐步发挥效益。

【重点企业】 有兰州生物制品研究所有限责任公司、兰州佛慈制药股份有限公司、甘肃陇神戎发药业股份有限公司等。

（贺　欢）

冶金产业

【概况】 2022 年，全市有规模以上冶金企业 42 户。其中，黑色金属冶炼和压延加工企业 30 户，主要产品包括钢铁及铁合金等；有色金属冶炼和压延加工企业 12 户，主要产品包括电解铝、铜加工等。

【产业结构升级】 以高端化、绿色化和智能化为核心，加快工艺技术装备升级改造，推动冶金产业高端发展。建成年产 100 万吨高速棒材轧钢生产线、榆钢轧钢二棒材轧制技术及二高线工艺优化升级、新上高压浸渍及二次焙烧隧道窑等项目。

【电解铝及铝加工】 有电解铝企业2户，合计电解铝产能97万吨。其中，兰铝设计产能43万吨；连铝设计产能54万吨（500千安电解系列于2022年9月复产，2022年新增电解铝产量14.5万吨，新增产值23亿元，铝液电耗成为行业标杆）。6户铝加工企业分布在连海地区，主要生产铝棒、铝锭和铝型材，设计能力130万吨。

【钢铁】 钢铁冶炼生产企业2户，生铁产能合计349万吨，粗钢产能合计390.5万吨。其中，榆钢公司设计生铁产能234万吨、粗钢产能280万吨；兰鑫钢铁集团有限公司设计生铁产能115万吨、粗钢产能110.5万吨。

【铁合金】 全市纳入生产序列的铁合金企业13户、总产能40余万吨，主要生产硅铁、硅钡等。金属硅企业1户，产能5万吨。龙头企业有腾达西北铁合金有限公司和埃肯硅材料（兰州）有限公司。

【炭素】 方大炭素和兰州阳光炭素是行业龙头企业。方大炭素是世界前列的优质炭素制品生产供应基地和涉核炭材料科研生产基地，具备年产19万吨石墨电极、年产3万吨炭砖和年产1万吨炭素新材料生产能力，入选“中国民营企业制造业500强”和“全球上市公司2000强”。方大炭素复合改性人造球形石墨负极材料通过省工信厅新产品认定，技术达到国内领先水平，石墨烯制备及应用技术的研究和生产国内领先。兰州阳光炭素有限公司形成年产30万吨电极糊的生产能力，是中国最大的专业电极糊生产企业。

【重点企业】 有酒钢集团榆中钢铁有限责任公司、兰鑫钢铁集团有限公司、腾达西北铁合金有限责任公司、中铝连城分公司、兰州铝业有限公司、正威（甘肃）铜业科技有限公司、甘肃金阳高科技材料有限公司、方大炭素新材料科技股份有限公司等。

（贺　欢）

新材料产业

【概况】 市政府常务会议审定通过《兰州市新材料产业两年发展行动计划(2022—2023年)》方案。6月12日，兰州市人民政府和金川集团股份有限公司签订战略合作协议。推动服务总投资568亿元的新材料产业重点推进项目34个，2022年计划投资35.53亿元，全年完成投资69.72亿元。重点项目德福3万吨、4万吨高档电解铜箔建设项目建成，甘肃海亮年产15万吨高性能铜箔材料、金川年产20万吨磷酸铁锂项目等重点项目快速推动。

【产品研发培育】 甘肃德福新材料有限公司获评省级企业技术中心，裕隆气体获评省级创新示范企业，兰州裕隆气体企业技术中心、省化工研究院精细化工行业技术中心获评2021年度优秀省级创新平台。近物所培育认定甘肃省同位素制造业创新中心、化物所培育认定甘肃省羰基金属材料产业技术创新联盟。推动化物所与裕隆气体共建二氧化碳捕集与转化利用联合实验室。审核推荐助剂厂二特戊基过氧化物、西北永新高致密长效防腐冷涂锌涂料、水性钢结构防锈材料、丙烯酸聚硅氧烷面漆等7项产品完成省级新产品备案。

【产业项目建设】 重点项目海亮年产15万吨高性能铜箔材料项目完成一期厂房，二期厂房建设计划的90%，宿舍楼主体结构完成。4万吨年产高档电解铜箔建设项目（三期）64台机组投入试生产。宏宇20万吨锂电池人造负极一体化项目宏宇一期5万吨石墨化项目于1月15日点火投产，二期完成钢结构搭建。道氏碳材料项目6万平方米石墨化厂房封顶。

【重点企业】 有兰州西脉记忆合金股份有限公司、甘肃海亮新能源材料有限公司、兰州金川科技园、甘肃德福新材料有限公司等。

（贺　欢）

新能源产业

【概况】 紧跟国家“双碳”产业和全省能源基地建设步伐，深入实施振兴“兰州制造”战略，着力打造西部地区重要的新能源基地，与央企合作建设新能源汽车产业基地，提升全市新能源汽车研发制造水平。中车集团与兰州市签订《合作框架协议》，全面参与兰州绿色出行体系建设。一汽解放与建投重工科技、北方机电等企业在新能源重卡改装、方舱汽车和高原高寒保障车等领域开展合作。兰州广通新能源公交车拓展海外市场，打造欧标商用车整车生产及出口枢纽中心。吉林天火、骞佰科技、中兴汽车、万达汽车合力发展TUV时尚车型，重塑新能源商用车、特种车、新型皮卡、氢能重卡等新能源汽车制造体系。甘肃建投重工与吉利商用车集团签署战略合作协议。

【产业项目建设】 实施总投资1035.96亿元的62个新能源装备产业重点项目，其中东方希望集团40万吨/年金属硅、宝武碳业10万吨全流程一体化负极材料、海亮年产15万吨高性能铜箔材料开工建设，德福高档电解铜箔建设项目（二期1.8万吨）基本建成，宝方年产10万吨超高功率石墨电极生产线项目建成，国产线进入调试阶段。

【新能源汽车】 兰州市基本形成以新能源乘用车、公交车、环卫车、特种车辆等生产制造和改装为主的新能源汽车产业。全市列入工信部《道路机动车辆生产企业及产品公告》企业11户，其中兰州知豆设计年产能4万辆纯电动乘用车，兰州广通具有三类客车改装生产资质，甘肃建投重工、兰石兰驼具有二类货车改装生产资质，具备市政环卫、建筑运输等商用、专用车辆改装能力，电源车辆研究所、兰通厂等其余企业主要以电源车辆以及油田特种车辆改装为主。

（贺　欢）

新型建材产业

【概况】 2022年，兰州市建材产业有规模以上企业87户，主要生产水泥及水泥制品、商品混凝土、玻璃、炭素及新型建材等。重点企业有永登祁连山水泥有限公司、甘肃永固特种水泥有限公司、兰州红狮水泥有限公司、兰州甘草环保建材股份有限公司及兰州新蓝天新材料有限责任公司等企业。

【产业项目建设】 建成建华建材绿色智能装配式建筑产业基地项目一期、甘肃建投榆中创新科技产业园项目PC联合厂房、151万吨建筑用花岗岩开采加工生产线、年产25万平方米钢质木质防火门等项目。兰州铸石年产120万吨超微粉胶凝材料及200万立方米环保商砼生产线项目进行主机设备安装。

【水泥】 有水泥熟料生产企业5户，产能700万吨以上。企业主要有永登祁连山水泥有限公司、甘肃京兰水泥有限公司、兰州红狮水泥有限公司、兰州甘草环保建材股份有限公司和甘肃永固特种水泥有限公司。

【玻璃】 有平板玻璃生产企业兰州新蓝天新材料有限责任公司1户，年产200万平方米单银技术Low-E及450万平方米双银技术Low-E玻璃、年产135万平方米钢化玻璃、年产60万平方米中空玻璃生产线，年产平板玻璃设计能力600万重量箱。

【新型建材】 有新型建材企业20余户，产品主要包括新型墙体材料、节能保温材料、防水密封材料和装饰装修材料。重点企业有甘肃建投建材有限公司、兰州雨中情防水材料有限公司、兰州科天环保节能科技有限公司、西部铁建工程材料科技有限公司和甘肃宏森新材料科技有限公司。

（贺　欢）

节能环保产业

【概况】 兰州市节能环保产业发展紧紧围绕供给侧结构性改革，以提高资源能源利用效率、促进工业绿色健康发展为目标，以绿色低碳发展为主线，资源综合利用效果显著，绿色工业体系基本构建、节能环保产业逐渐壮大。依托国家级“城市矿产”示范基地和资源循环利用基地，大力发展以废铝、废钢铁、废塑料、废纸等资源循环利用为主的再制造产业，将低端加工向深加工产业链延伸。开展再生资源行业规范企业申报工作，利源报废汽车回收拆解有限公司等3家企业已纳入工信部废钢准入公告企业名单。

全年全市有节能环保规上企业40户。其中，节能环保装备制造企业21户；资源综合利用企业5户；节能环保产品生产企业14户。

【产业项目建设】 以建链、延链、补链、强链为重点，抓好项目建设，全年梳理节能环保产业项目32个，建成兰州市盐场路污水处理厂扩建工程、海石湾煤矿煤层气地面抽采利用项目、榆钢料场封闭改造项目一期工程（烧结小料场）、榆钢炼钢轧钢富余蒸汽回收发电、海石湾煤矿三采区地面抽采煤层气发电利用、兰州新蓝天新材料有限责任公司工业窑炉及环保设施综合提升改造等7个项目。依托兰州红安纸业有限公司废纸（废黄板纸）再制造造纸二期项目，延展兰州红安纸业有限公司废纸“回收—再生—包装”产业链，提升废纸年处理量。通过海石湾洗煤厂、三矿“三下”急倾斜煤层膏体充填开采、海石湾煤矿三采区地面抽采煤层气发电利用等项目，进一步挖掘窑街煤电集团有限公司煤基产品循环利用产业链潜力。持续推动废旧电池综合利用、永登祁连山水泥窑协同处置、中铺子垃圾焚烧发电项目二期重点项目建设。

【资源循环利用】 重点推动废旧电池综合利用、金属再生加工循环利用产业园、甘肃乾伦废钢铁回收加工建设等项目，培育废钢铁、废有色金属、废塑料、废旧轮胎、废纸、废弃电子电器产品、新能源汽车废旧动力蓄电池、废油等主要再生资源循环利用龙头骨干企业，组织开展工信部再生资源综合利用行业规范企业申报工作，推荐企业入选《国家工业资源综合利用先进适用工艺技术设备目录》，并对已纳入公告名单的企业，加强事中事后监管。

【重点企业】 有兰州电力修造有限公司、兰州节能环保工程有限责任公司、天华化工机械及自动化研究设计院有限公司、兰州天际环境保护有限公司、窑街煤电集团有限公司、兰州红安纸业有限公司、兰州长征机械有限公司、兰州丰泉环保电力有限公司等。

（贺　欢）

食品加工产业

【概况】 2022年，兰州市食品工业平稳健康发展，形成食品制造、酒饮料制造、农副食品加工三个大类，焙烤食品制造、乳制品制造、酒的制造、饮料制造、屠宰及肉类加工、蔬菜加工、蛋品加工、饲料加工等小类，具有一定竞争优势并不断完善的产业体系。有规模以上食品工业企业29户。其中，食品制造业企业12户；酒饮料制造企业7户；农副食品加工企业10户。

【产业项目建设】 益海嘉里粮油加工基地、伊利乳业新增两条利乐砖生产线等项目建成投产。广润盛华生态沙棘循环经济产业及生物科技研发建设项目、金河池生产酿造搬迁升级改造一期项目进展顺利，王老吉大健康兰州生产基地项目落地高新区定连园区。

【百合玫瑰产业打造】 百合产业方面，爽口源百合建成“生态原产地保护”兰州百合种植基地及百合脱毒种球组培繁育中心，打造从百合种苗繁育、种植到加工销售的完整产业链条，推出的MINI碗真空鲜百合、即食净片鲜百合、百合营养脆片、百合花茶、百合速溶粉等系列产品。玫瑰产业方面，形成以永登县苦水镇、大同镇为中心，以大手印、东方天润、九香玫瑰等龙头企业为带动，辐射庄浪河川的玫瑰加工产业集群，主要产品涵盖玫瑰纯露、玫瑰红酒、玫瑰饮料、玫瑰花茶、玫瑰提取液、玫瑰酱及玫瑰食品等。

【牛肉面产业融合发展】 建成树屏众创城食品产业园一期、兰州牛肉面产业园，吸引陇萃堂、思泊湖、金城虎等预包装牛肉面生产企业及穆青调味料、潮饮杏皮茶等产业链配套企业入驻，初步形成较为完整的牛肉面预包装产业链条。

【重点企业】 有兰州顶津食品有限公司、兰州庄园牧场股份有限公司、甘肃爽口源生态科技股份有限公司等。

（贺　欢）

烟草制品产业

【概况】 甘肃烟草工业有限责任公司形成一个公司，下设兰州卷烟厂和天水卷烟厂2个分支机构的管理模式，公司纳税额连续多年在甘肃省企业中位居前列。2022年，甘肃烟草工业有限公司累计生产各类卷烟93.6万箱。按照“一省一策”的发展思路提升一二类卷烟销量整体占比，加快消减低结构卷烟步伐。

【工艺改造】 探索烟叶处理新技术的研究和应用，改革原料配方技术，采用生物酶技术、基因组学联用技术等手段，解决产品研发原料保障问题。注重“液体”烟叶开发，探索天然香原料、合成香原料的研究利用。加强“重组”烟叶开发，采用香精香料回填技术进行品质重构，打造功能型再造烟叶。

【产品结构优化】 做优做强“2+X”核心规格，不断巩固兰州（硬珍品）在“兰州”品牌发展中的主导地位和核心作用。持续强化兰州（黑中支）营销推广宣传，扩大市场销售覆盖面，加快纳入省级市场品牌共育目录步伐。谋划兰州（硬新尚）新品上市，有效承接三、四类卷烟向二类以上梯次化上移，填补地产卷烟在该价位段的空白，不断缩减低价位卷烟销售占比，增强品牌发展和结构提升后劲。

【营销创新】 将创新思维贯穿于一二类卷烟发展、品牌文化创新升级、互联网数字化营销、现代零售终端消费引导的全过程，持续推动营销数字化转型，全面树立“以数据说话、靠数据运营、用数据决策”的理念，以持续深化工商协同为向心合力，以面向消费者创新营销为发展活力，把“兰州”品牌营销融入和契合到城市营销之中。

（贺　欢）

【概况】 2022年，全市电信业务总量完成91.38亿元，增速20.98%。

【通信行业】 兰州国家级互联网骨干直联点建设获工信部批复，骨干直联点各项工程有序推进。建成开通兰州新区国际互联网数据专用通道，全市城域网出口带宽提升至5400G，核心传输系统带宽能力>100Tbps。全市累计建成5G基站9123个，实现城区5G网络全覆盖和重点场景5G深度覆盖，获评信通院5G速率最佳城市。5G行业应用不断深化，5G+远程手术示教、5G+无人机高速巡查执法、5G+无人驾驶试验、5G+高清视频直播、5G+工业互联网示范等5G应用不断丰富，初步形成5G与垂直行业应用深度融合的新模式。

全市建成运营数据中心19座，其中规模以上数据中心11座（300组机架及以上），机柜总规模近2.8万组，在建机柜规模3.3万组，数据中心存储能力超300PB，域内数据中心交互能力30000G/S，PUE平均值1.3，平均上架率51.7%，基础电信企业建设的9座数据中心上架率近70%。建成运营甘肃省计算中心超算群、兰州大学超算群、中科院兰州分院超算群、甘肃中科曙光先进计算中心超算群，总算力约3000万亿次每秒。兰州新区获批第九批国家新型工业化产业示范基地（大数据），中国移动（甘肃兰州）数据中心获评国家新型数据中心、国家绿色数据中心，甘肃兰州新区丝绸之路西北大数据产业园获批第十批国家新型工业化产业示范基地。

【电子制造】 鲲鹏产业中心鲲鹏计算产业项目按期竣工，鲲鹏生态创新中心与省内外134家企业开展生态合作。金川科技园微电子用关键战略性基础材料、甘肃德福铜箔高档锂电池用电解铜箔、正威集团铜镁合金、铜银合金、铜锡合金接触网线材等关键材料获得突破。整合制造业骨干企业与兰州大学、省科学院等高校科研院所产业技术创新资源，加快推进新型智能产品培育。兰州海红低压成套开关设备智能化改造装置在监测低压成套设备各输出支路的电压、电流、功率、电能等参数方面达到国内先进水平。甘肃长风无人机蜂群自助指挥系统广泛应用于管道巡线、通信、气象、灾害监测等民用领域。兰州全志自主原创可编程序控制器技术和产品，有效实现PLC产品国产化替代。

【软件及信息服务业】 全市信息传输、软件和信息技术服务业实现营业收入116亿元，电信业务总量完成82.68亿元。中电万维、甘肃紫光、兰州大方等龙头骨干企业对行业的核心支撑作用、带动引领作用日益凸显，在软件集成开发、信息技术服务、信息安全、应用电子等领域，拥有一批在全国具有较强竞争力的优势产品。甘肃创信“基于国产密码算法的物联网设备安全可信接入技术研发和产业化”获评“工信部物联网示范项目”，甘肃文旅科技“漠迹文旅线上综合运营平台”获评工信部“新型信息消费示范项目”。甘肃九霄鲲鹏承办甘肃省新一代信息技术融合应用创新大赛暨鲲鹏应用创新大赛，中电万维“小兰帮办基层治理平台”等4个项目在全国总决赛中取得优异成绩。建成运营全省第一家市级综合性工业互联网平台，注册工业企业800余家，上线工业软件2945款。“兰石云”工业互联网平台、“化盟网”平台等项目相继获工信部工业互联网相关试点示范。

（贺　欢）

数字城市建设

【概况】　2022年，市大数据管理局紧扣“四强”行动战略和“清廉兰州”建设任务，助推全市经济社会高质量发展、为重振兰州辉煌提供有力支撑。市大数据管理局获“第二届中国新型智慧城市创新应用大赛智优奖”“2022信息化建设匠心服务卓越实践奖”“2022数字政府创新成果与实践案例”，12345政务便民服务热线获“2021年度优秀服务能力成果案例”“2022年度全国政务热线总体评估优秀单位A级荣誉”，网民留言办理获2022年度人民网网上群众工作“民心汇聚单位”“旗帜领航‘党建+数字赋能’党建业务双提升”获市直机关“党建+业务”优秀案例，“推动‘共驻共建’赋能‘共治共享’”获“共驻共建”优秀案例。

【数字政府建设】　组织开展全市数字政府建设调研，摸清全市数字政府建设现状，并编制《兰州市数字政府建设方案》。完成市级12项、县级3项任务的系统平台建设、应用系统部署上云、省市县三级联调对接测试、政务数据普查汇聚上云等工作。3月25日，数字政府应用系统割接上线，各乡镇街道112个政务自助服务终端全部投入使用，老年人优待证办理、职业资格考试投诉办理等4626项服务事项实现自助终端可办。建成市级和8个县区数字政府运营中心，实现省市县三级运营中心联动指挥、统一调度、视频会商。同时实现政务服务、应急调度、数据共享等8个领域数字政府建设运行情况的智能分析。开展政务信息系统普查登记工作，组织各县区、各部门梳理本单位（含下属单位）自建自管，与政务服务事项办理相关的所有非涉密政务信息系统，录入市级数据共享交换平台“普查系统”模块中，有效推进市级政务数据共享共用。发布系统总数223个，完成率100%，位列全省首位。

【政务信息化】　坚持结合实际、统筹兼顾、科学谋划，有序推进全市政务信息化项目建设工作。编制《2022年兰州市政务信息化项目计划》，将全市70家单位申报的821个项目7.49亿元预算，通过多轮次审核和整合优化，最终凝练项目684个，预算2.3亿元。加强专项资金管理，及时核减5个项目预算资金1500余万元。推进2022年度政务信息化项目审核，组织专家对全市列入计划的684个政务信息化项目需求充分性、建设必要性和技术合理性进行审核。累计召开专家评审会36次，实现甘肃省运会气象保障系统等10个系统平台的迁移或直接部署在政务云平台，全市政务信息化建设集约化水平不断提高。加强政务信息化专项资金管理，及时核减市市场监管局食安信用监管系统等4个项目，预算资金198.53万元，暂缓下达因省级政策不清晰而无法支付的兰州市数字政府建设项目预算资金1372万元；追加实施兰州市“非绿码”患者医疗救治工作系统等项目3个，制定三批次政务信息化专项资金安排计划，下达专项资金2.15亿元。

【“放管服”改革】　优化完善市级工程建设项目审批管理系统，完成与消防业务系统、环评系统、燃气系统、施工图系统、省级电子证照系统、共享交换平台等相关系统的对接，实现省事项中心事项实时获取和项目审批数据的共享推送。加强多规合一业务协同平台应用推广，不断完善平台各项功能，为项目推进提供应用保障，累计成功策划项目452个，进一步提升项目前期策划生成水平。按照全省数字政府建设的统一规划要求，开展系统重构，全面完成市县两级电子证照系统证照的整合共享，全年累计整合各类证照 127 类 483.48 万余册。推进电子印章的制发、签章、验章和管理，累计制作市级 28 家单位、8 个县区、100 余个街道（乡镇）及其所属村（社区）印章 2443 个，电子印章备案数居全省前列，累计调用电子印章 467.9 万余次。

【数据整合】 制定《兰州市政务数据资源共享管理办法（试行）》《兰州市政府数据资源共享管理办法》和《兰州市直单位数据共享责任清单（第三批）》，为数据资源整合共享提供依据和支撑。不断完善省、市和县区三级数据资源共享体系，持续申请国家和省级可共享数据资源 302 个，各类数据接口累计调用 3049 万余次。重点推进市县两级政务数据共享汇聚，督促指导各部门、各县区对本级政务服务事项进行编目梳理和资源挂接工作，完成 12674 项政务服务事项梳理。其中，行政权力事项 7252 个；公共服务事项 5422 个。覆盖率 100%。全年发布目录数 14744 条，挂接资源 11455 条。持续做好信用信息平台运行管理工作，有效提升全市公共信用信息归集的全面性。归集各类公共信用信息 1170 万余条，承接国家企业信用评价信息 16.6 万余条，公示、发布信用信息 32 万余条。

【便民服务】 制定《12345 政务服务便民热线工作流程（试行）》，不断健全完善 12345 热线服务流程，打通省、市级 12345 热线平台壁垒，健全单位驻场工作机制，与 110 报警平台联动分流机制，拓宽服务范围，前移服务关口，提升服务水平。通过联席会议、函告督办、月通报和实地核查等措施持续加大诉求件督办力度，全年 12345 热线受理各类诉求 140.6 万余件，办结率 90% 以上。统计汇总群众诉求，分析上报相关领导参阅，切实发挥数据辅政职能，全年累计报送各类分析、专报 270 余期。12345 热线获“2021 年度优秀服务能力成果案例”和“2022 年度全国政务热线总体评估优秀单位 A 级”荣誉。严格落实留言办理工作“双审签”机制，对人民网网民评价为不满意留言及时开展“回头看”办理，不断提升留言办理的水平和质量，全力提高群众对网民留言办理结果满意度。全年办理各平台网民留言 1.13 万余件，回复率 93.25%。持续做好网格化信息管理系统转办、督办、核查、归档等相关工作，受理网格化办件 86 万余件，办结率 99%。

【标准规划和数字经济】 按照中央和省市关于数字经济发展的部署要求，制定《兰州“十四五”数字经济创新发展实施方案》《兰州市“十四五”信息技术和大数据产业发展规划》《2022 年兰州市数据信息产业工作要点》《新算力产业链实施方案》《关于落实“强省会”行动战略的实施意见》等，为全市数据信息产业发展明确发展目标和方向。联合华为、鲲鹏产业合作伙伴共同发展构建融合创新数字产业生态圈，推进数字产业支撑体系建设，打造鲲鹏计算应用行业标杆，并孵化鲲鹏计算行业标准，建设服务和支撑西北、“一带一路”的算力底座。高标准抓牢抓实新算力产业链建设，在甘肃鲲鹏生态创新中心揭牌成立兰州新算力产业

12 月，市大数据管理局网民留言办理获得“2022 年度人民网网上群众工作民心汇聚单位”称号

示范中心启动暨兰州工业互联网创新中心，全力打造立足甘肃、面向西北、辐射“一带一路”的鲲鹏计算产业标杆。按照市委编委、市委编办印发《关于调整兰州市工业和信息化局机构编制的通知》《关于调整兰州市信息产业促进中心主要职责的通知》的要求，加强与市工业和信息化局沟通对接，努力推进移交工作顺利开展。

【网络和数据安全】 始终将网络和数据安全作为重中之重，认真开展政府网站群运维管理工作，不断提升技术防护能力和安全应急响应处置能力，严格落实信息发布审核制度，全力保障栏目更新频率和信息发布质量，累计开展相关网站的栏目修改、专栏开设、功能扩展等工作918次。加快推进各部门政务信息系统向政务云平台迁移，并加强政务云平台管理和应用，实现新建非涉密信息系统全部在政务云平台部署，顺利完成市河湖长制信息管理平台等10个新增业务系统云资源开通，实现云资源计算、存储等统一管理调度和弹性服务。在国庆、党的二十大等重要节点，政务云上各业务系统安全稳定运转。持续扩容政务外网互联网出口，加大政务网络覆盖范围，形成覆盖市县乡村的四级政务网络。电子政务外网互联网出口带宽达到16G，政务外网接入单位增加至270余家，已具备“一网双平面”的承载能力。做好协同办公和视频会议系统保障工作，党政机关协同办公平台安装部署单位70家，累计协调处理系统问题540余次，开发需求20余项。持续完善视频会议应急保障体系，不断提升保障团队应急处置能力，累计保障各级各类会议及视频会议1142次。强化政务外网安全防护和应急处置能力，严格执行24小时监测预警、零报告、准入制等管理制度，累计阻止各类网络攻击及疑似攻击行为1.26亿次，自动分析安全类日志102亿余条，人工核验日志2.85亿余条，督促整改各类网络中高危漏洞等安全问题390余个。

（孟　拯）

农业·水务

农业农村

【概况】 2022年，市农业农村局（乡村振兴局）统筹推进新冠疫情防控和农业农村高质量发展，巩固提升脱贫成果、坚决保障粮食安全、大力发展乡村产业、全面深化农村改革、着力推动乡村建设，全市“三农”各项事业取得阶段性明显成效。全市第一产业增加值64.97亿元、同比增长5%，农村居民人均可支配收入17178元、同比增长6.1%。全市粮食作物播种面积132.13万亩、同比增长4.22%，产量33.8万吨、同比增长1.51%；完成农村土地承包经营权确权登记颁证，确权农户24.55万户、确权面积339.64万亩，发放农村土地承包经营权证书24.3万本、发放率99%。加快引导农村土地流转，累计流转土地98.39万亩。推行“党建+集体经济”发展模式。完成4个省级示范乡镇和37个省级示范村创建，29个市级和6个县级示范村创建。兰州市农业农村局获得全国农村集体产权制度改革工作先进集体称号，被国家机关事务管理局、中共中央直属机关事务管理局、国家发改委、财政部评为全国节约型机关；全市畜禽养殖废弃物资源化利用工作被省上评为优秀等次；东西部协作工作获评全省好等次；兰州百合获评2022中国区域农业产业品牌影响力指数前100位；皋兰县什川镇上车村被评为中国美丽休闲乡村；榆中白虎山生态农业专业合作社获得国家级生态农场称号。

【脱贫攻坚成果巩固】 制定《关于加快发展精致农业做好2022年全面推进乡村振兴重点工作的实施意见》《兰州市“十四五”乡村振兴战略规划》《兰州市“十四五”农业和农村经济发展规划》等规划意见，推动就业、产业、教育、医疗、金融等帮扶政策持续保持总体稳定。聚焦监测户等重点群体，全面抓好防返贫动态监测和帮扶机制，户均落实3.89项帮扶措施，坚决防止发生规模性返贫，新识别“三类户”65户273人，消除风险监测对象730户、消除率72.8%。主动加强与天津三区、中央定点帮扶单位联系协作，着力推进产业发展、园区建设、劳务协作、人才交流等领域合作，投入9.73亿元衔接资金和1.08亿元天津财政援助资金。发挥小额信贷发展生产稳定脱贫作用，新增小额信贷1060户4970.2万元。坚持把做好国家和省级2021年度巩固拓展脱贫攻坚成果考核评估反馈问题整改作为贯彻落实中央和省、市委农村工作会议精神的重要举措，全面完成16方面45项问题整改，持续夯实衔接基础。2022年，脱贫人口人均纯收入11311元，增速12.4%。**守牢防返贫底线：**落实防止返贫动态监测和帮扶工作机制，对重点人群“六必访”“六必查”，对存在风险的农户做到应纳尽纳。截至年底，全市监测对象累计1003户3430人，按照“缺什么补什么”的原则，对全市1003户监测对象制定完善“一户一策”帮扶计划，户均落实3.85项措施，风险消除724户、消除率72%。持续实施“精准防贫保险”和“金城·惠医保”普惠式商业补充医疗保险，有效防止导致农村家庭收入骤减的风险，筑牢防贫底线。**财政帮扶**：全年全市各级到县衔接资金实际投入9.73亿元。其中，中央资金21626万元；省级资金22564万元；市级资金12929万元；县级资金40197.1万元。支出率100%。涉农统筹资金整合规模8.74亿元，实际支出8.1亿元，支出率92.68%。**教育帮扶**：持续巩固九年义务教育阶段控辍保学工作，全市九年义务教育巩固率100%，残疾儿童入学率100%，随迁子女在公办学校就读比例96.5%以上，市义务教育阶段适龄儿童均在校就读。实施行政村学前教育建设行动，投入资金1619万元，建设30所乡村幼儿园，年内全部开工建设，其中24所完成主体建设。全市公办乡村幼儿园126所，乡镇中心幼儿园基本实现全覆盖。**健康帮扶**：全市614个行政村（含临时医疗点）、60个乡镇卫生院和8个县级公立医院，均符合政策标准并配备合格医生，稳定实现基本医疗有保障。全市脱贫人口基本医疗保险参保率100%。全市乡村振兴健康监测对象20.12万人，家庭医生签约20.09万人，签约率99.87%。重点慢病监测患者1.34万人，签约1.3万人，签约率96.84%。大病患者实现“应治尽治、应签尽签”，救治3517人、救治率100%。新建（维修）村卫生室20个，基层医疗卫生服务能力不断提升。**住房安全**：加强农村住房安全动态监测，做到发现一户危房、立即鉴定、及时改造、动态清零，不断巩固农村住房安全保障工作成果。继续推进农房抗震改造，全市共实施221户农房抗震改造，其中省列176户（永登县66户、榆中县110户）、县级45户（红古区25户、皋兰县20户），已全部竣工；各级补助资金共350.19万元（中央和省级268.29万元、县级81.9万元）。**饮水安全**：实施农村供水改造提升工程，投资1408万元，实施省政府为民实事农村供水项目3处，已全面完工，受益群众7045户2.52万人；投资3920万元，实施8项“四抓一打通”农村供水项目，已全面完成。

【农业农村改革】 坚持农村土地农民集体所有制不动摇，坚持家庭承包经营基础性地位不动摇，按时完成农村土地承包经营权确权登记颁证工作。全市共确权农户24.55万户，确权面积339.64万亩，发放农村土地承包经营权证书24.3万本，发放率99%。全市农村土地流转面积累计98.39万亩。全市共清理资金50.28亿元，资产125.75亿元，总资产176亿元，资源707万亩。全市各级农村集体经济组织有经营性资产62.08亿元，非经营性资产113.95亿元。完成身份界定备案115.26万人，组建集体经济组织751个，全面完成第四批国家级整市试点任务。全市参与“三变”改革的村580个，参与农户8.84万户，参与“三变”改革的新型经营主体819家，入股分红4720万元。农业新型经营主体健康发展。推动党建引领合作社发展，引导村党组织成员通过出资入股、组织生产、服务提供等方式加入合作社，经依法选举后担任合作社理事长或理事。在合作社成员中发展党员，成立党组织，参与合作社生产经营活动的组织与管理，形成“党支部+合作社+农户”的发展模式的村146个。加强示范引领，优化扶持政策，强化指导服务，农业新型经营主体经济实力、发展活力和带动能力不断增强。全市农民专业合作社登记注册4966家（其中县级以上608家，市级以上344家，省级以上130家，国家级32家），合作社成员5.6万人，带动非成员农户9.72万户。全市家庭农场1552家，其中市级以上183家、省级10家。

【农村经济】 全市第一产业增加值64.97亿元、同比增长5%，农村居民人均可支配收入17178元，增长6.1%。持续贯彻“先发力、带好头”的重要嘱托，统筹推进新冠疫情防控和农业农村经济发展，全面落实国务院“33条”、省政府“53条”和市政府“93条”等稳经济一揽子政策和接续措施，研究制定14条农业稳经济措施，推动农业经济稳定增长。全年谋划实施各类农业农村项目861个、总投资70.14亿元，争取财政预算资金中央和省级13.8亿元、市级1.14亿元，实施投资100万元以上农业产业项目146个、总投资31.23亿元。加强与省农业农村厅合作共建，争取厅市合作项目62个、总投资13.41亿元，特别是签订“强省会”行动战略后，争取到中央、省级财政支持项目32个、资金1.72亿元。全年完成固定投资27.2759亿元、占目标任务的110.83%。

【强农惠农政策落实】 落实“菜篮子”市长负责制，推进“藏粮于地、藏粮于技”战略，坚决遏制耕地“非农化”、严格管控耕地“非粮化”，建成高标准农田19.17万亩、整治撂荒地35.05万亩。开展耕地地力保护行动，发放中央和省级耕地地力保护补贴6444万元、实际种粮农民一次性补贴2482万元。持续实施245万亩测土配方施肥推广行动，促进化肥减量增效，确保实现农田即良田。持续健康发展生猪产业，不断提升农畜产品供应安全保障能力。落实国家新一轮农机购置、深松作业、燃油等补贴政策，发放资金2197.225万元，农机总动力119.71万千瓦，综合机械化率65.54%。引进示范推广新型机具32种，加快补齐小麦、玉米、马铃薯、中药材等产业发展农机装备上的短板。健全乡村人才振兴政策体系，引导各类人才踊跃投身乡村振兴。重点围绕退役军人、返乡农民工、大学毕业生等实施高素质农民培育计划、乡村产业振兴带头人“头雁”项目、新乡贤培育工程，培养一批“田秀才”“土专家”“农创客”。

【农业投资项目管理】 实施农业投资项目74个（续建27个，新建47个），完成投资27.2759亿元，完成目标任务110.83%。

【农业新型经营主体培育】 围绕打造优势特色农业产业全产业链，通过政策、资金、项目支持，着力引培细分行业产业链链主和骨干企业，加快推动新型农业经营主体发展壮大。持续落实好国家、省市对农业中小微企业的各类补贴扶持政策，支持中小微企业开展自主创新、关键技术攻关，稳步扩规模、提产能、增效益。组织开展市级以上农业产业化重点龙头企业申报认定工作，完成省级44家重点农业产业化龙头企业监测工作，新认定市级农业产业化重点龙头企业15家（省级正在认定中）、省级产业化联合体5家，推荐13家企业成功申报省级财政农业产业化重点龙头企业分级达标、联农带农奖补资金766万元。进一步健全完善联农带农机制，促进农户特别是脱贫户稳定增收，带动小农户加快融入大市场。推行“党建+集体经济”发展模式，持续巩固提升农村集体产权制度改革成果。

【休闲农业】 围绕推进落实省市现代丝路寒旱农业优势特色产业三年倍增行动计划，集中实施休闲农业优化工程，着力加强示范创建，有序推进打造2条乡村休闲旅游、2日游精品景点线路基础工作，探索推行“休闲农业+”文旅体验康养融合发展模式，探索制定休闲农业行业标准，支持创建规划10个精品园区。截至年底，全市休闲农业经营主体921个，休闲农业经营收入34245.55万元，其中农副产品销售7742.55万元，带动农户5835户。休闲农业投资总额121076万元，举办休闲农业相关节庆活动196次，全市休闲农业从业人数7338人，年接待游客846.17万人次。

【农产品质量安全】 狠抓农产品质量安全监管，超额完成千人1.5批次的定量检测任务，检测样品6641例，检测合格率保持在98.5%以上，位居全省前列；完成全市常规性检测种植业产品20万例，畜禽产品1.6万例的检测任务，检测合格率99%以上。强化全程监管，年内未发生重大农产品质量安全事件。完善农产品质量安全网格化监管体系建设。为全面落实基层农产品质量安全属地监管责任，按照“区域定格、网格定人、人员定责”的模式，探索建立完善的村级协管员和社会监督员队伍，61个涉农乡镇成立农产品质量安全监管服务中心，增设副科级建制1名，设立180个乡镇监管员和502个村级协管员开展日常巡查检查工作，建成“市、县、乡、村”四级监管体系，建立并动态管理乡镇生产主体名录，逐步形成“横向到边、纵向到底”的网格化监管模式，监管服务全覆盖，市级财政拨付所属区域协管员劳动报酬150.6万元。完善农产品质量安全检验检测体系建设。建成市、县、乡、生产经营主体四级农产品质量检测体系，共计152个检测站点。其中，市级监测中心1个；县区监测站8个；乡镇级检测室61个；生产经营单位基层快速检测站82个。同时建立完善市、县两级定量检测体系，形成以市级监测中心为主，县级监测站为辅的定量检测网络，提高农产品质量安全定量检测的覆盖率。组织开展县级农产品质量安全检测机构能力提升行动，制定印发《2022年农产品质量安全检测能力提升年工作方案》。完善农产品质量安全追溯体系建设。兰州市依托省级农产品追溯平台，打造“兰州农安”App手机端应用平台，构建以兰州市农产品质量安全监督中心为核心、县区级监管部门、检测机构为支点，乡镇监管部门为节点，农产品“三品一标”基地、龙头企业、农民专业合作社、蔬菜保鲜库等为站点的四级农产品质量安全智能化监管追溯服务体系，扩大追溯企业覆盖面，补充完善追溯平台数据，推动落实追溯“四挂钩”意见。截至年底，全市共建立153个追溯点（其中市级监测中心1个；县区监测站9个；乡镇级检测室61个；生产经营单位基层快速检测站82个），基本做到对全市农产品质量监管及监测信息全收集。组织开展“治违禁、控药残、促提升”三年整治行动。对重点治理品种开展专项检查。针对芹菜、豇豆、韭菜等重点治理的种植业产品，组织开展31次农产品质量安全监督抽查工作，累计抽检样品49个，经检测合格样品48个，不合格样品1个，检测合格率98%，高于全国平均水平。对监督抽查中发现的不符合农产品质量安全标准的行为，按照相关法律法规移送相关部门并立案查处。针对“一枚蛋（鸡蛋）”“一只鸡（乌鸡）”重点治理的畜禽产品，对全市重点畜禽生产经营主体开展专项检查，重点检查是否存在蛋禽养殖过程中违法使用禁用药品、超剂量超范围使用兽药等行为，针对养殖企业兽药残留超标问题，及时列出清单，明确整改要求与整改时限，确保全面整改。落实限制使用农兽药定点经营和实名购买制度。指导生产经营单位健全工作台账，推行以“生产记录”“用药记录”“销售记录”为核心的3项记录制度，规范养殖生产行为。组织开展农兽药残留限量等食品安全国家标准及禁限用药物名录宣贯，覆盖农产品生产者、县乡技术及管理人员90%以上，及时督促各县区农药管理部门针对管辖范围内经营门店不断开展执法监管和监督抽查，以各县区蔬菜生产基地为重点，结合历年农产品质量抽检中出现的易超标农药成分和农药类型，在各蔬菜主产区附近随机确定4～5家农药经营门店进行农药产品跟踪抽检，对果蔬等经济作物常用的农药产品进行农药隐性成分抽查，重点对啶虫脒等9种杀虫剂农药进行专项抽查，查办涉及违法违规使用禁限用药物和常规药物残留超标问题食用农产品质量安全案件23件，县均值3.2件，均转交市农业综合行政执法队进行查处，问题处置率100%，同时按要求公布典型案件。产品认定工作。全市“三品一标”认证产品471个。其中，农产品地理标志产品12个；有机农产品22个；绿色食品174个；无公害农产品263个。印发《兰州市试行食用农产品合格证制度实施方案》，因地制宜探索食用农产品承诺达标合格证不同的出证模式。自2020年兰州市全面推行食用农产品承诺达标合格证工作以来，全市累计开具食用农产品承诺达标合格证近70万张，附带合格证上市的农产品约90万吨。

【农业科技创新推广】 在市农业农村局系统内遴选部分农业科技工作者，组建农业科技服务团队，依托各类农业产业项目，及时解决群众实际需求和技术难题，经常开展农业科技指导服务、为服务对象提供农产品产供销和致富信息，指导农民调整产业结构，促进农民增产增收。围绕特色优势产业三年倍增计划，持续巩固农业主导产业，强化高素质农民培育，提升培育质量，争取资金250万元，培育1110人；根据服务区域、对象、领域的不同，以发展农业特色产业、服务重点对象为主，组建高原夏菜、中药材、百合玫瑰、瓜果、粮食、马铃薯、家禽、草食畜牧业、休闲农业、“三下乡”等10个优势特色产业科技服务团队。农业科技服务团队每月1次以上进村开展农业科技指导服务工作，以解决农村经济和社会发展中存在的突出问题为重点，通过举办技术讲座、发放科技图书资料、开展新品种选育试验田、开展技术咨询、现场指导解决技术难题等多种形式，为农民群众提供科技服务，全年服务行政村20个，对接服务合作社、龙头企业等新型经营主体58家，带动农户250户以上，开展培训2000人次，发放培训资料1500份。

【农产品品牌培育】 推进“三品一标”认证和“甘味”农产品培育，成功申报“甘味”农产品企业品牌10个，入选《“甘味”农产品品牌目录》，新认证“三品一标”产品22个。“兰州味道”入选2022中国区域农业形象品牌影响力指数100强。兰州百合作为全国唯一食药两用的甜百合，荣登2022中国区域品牌价值评价第64位，入选农业品牌精品培育计划。配合甘肃省农业农村厅举办2022“甘味”农产品贸易洽谈会。

【农业安全生产管理】 农业机械安全隐患排查整治。针对春耕“三夏”“三秋”等农机化作业关键时期和主要时间节点，重点围绕农机专业合作社农机安全生产制度建立和拖拉机无牌行驶、无证驾驶、酒后驾驶、违法载人、超速超载等方面，加强安全检查和问题隐患整改督导。2022年创建市级“平安农机”合作社11家。农村能源安全隐患排查整治。全面开展农村沼气设施安全隐患排查整治工作，通过小程序和管理系统录入对所有沼气设施进行登记，摸清底数，按照正常使用、闲置、废弃等进行分类，报废一批存在安全隐患且不能正常使用的沼气设施。对存在问题的沼气设施和工程限时进行整改。畜禽饲料屠宰安全隐患排查整治。市县联合组织开展屠宰行业“强监管保安全”行动。重点围绕加强定点屠宰资格管理、强化屠宰企业主体责任、加强屠宰企业日常监管、强化动物检疫监管等方面进行安全隐患问题排查整治。设置兰州市屠宰违法行为举报电话，统一向社会公开。组织开展屠宰和饲料生产企业第一责任人安全生产承诺工作，通过召开职工大会或职工代表大会，面向职工、面向一线、面向社会现场进行安全生产承诺并签订承诺书，有效推进饲料生产安全责任落实。定期重点围绕饲料生产企业防尘、防火、防爆的相关制度完善、安全防护设施和警示标识、生产设备和安防设施等方面进行安全生产检查和问题隐患整改。农药化肥安全隐患排查整治。完成8个县区45家农药经营企业59批次、300余种农药网上农药登记备案，审核备案农药产品1213个、200余吨，发放《兰州市农药市场准入登记备案书》59份；重点巡查438家农药经营门店在农药监管平台电子台账记录情况，向各县区通报电子台账记录情况3次。抽查肥料生产企业5家。累计出动检查车辆10台次，出动检查人员40人次，检查农药经营企业50家次，检查农药品种200余种、抽查肥料销售门店20家。全市生产企业肥料产品登记规范率100%，流通环节肥料产品登记规范率95%以上。渔业生产安全隐患排查整治。重点围绕养殖户安全生产制度执行、养殖池塘安全警示牌树立、投饵机和增氧机等电器运转等方面进行安全隐患排查。全年共检查渔业养殖户56家次，出动人员181人次。紧盯抗旱防汛灾情，力保粮食生产安全稳定，组织永登县运水补灌1.9万亩，榆中县补灌18.29万亩，皋兰县补灌0.3万亩。争取省级生产类减灾补助资金430万元，市财政列支抗旱减灾补助资金925万元，3县筹措配套资金1450万元，补种、改种荞麦、燕麦、糜谷、杂豆等秋粮作物20.73万亩，通过“以秋补夏”全力保障粮食产量。扩大粮食作物保险。2022年，3县粮食作物计划承保45.02万亩，已承保45.02万亩，完成100%。其中，永登23.22万亩；榆中17万亩；皋兰4.8万亩。科技抗旱减灾。组织永登采购抗旱剂和杀菌剂19吨，喷施受旱农田19万亩，涉及全县15个乡镇、46个农业合作社；榆中采购抗旱剂和杀菌剂4.8吨，喷施受旱农田9万亩，涉及全县10个乡镇、13个农业合作社；皋兰采购防控农药和叶面肥10.27吨，喷施受旱农田10万亩，涉及全县4个乡镇、15个合作社。同时，抽调人员深入受旱乡镇，开展抗旱技术指导服务，组织做好秋粮补种工作。

（翟柯帆）

乡村振兴

【概况】 2022年，市乡村振兴局聚焦重点、聚集资源、聚合力量，持续巩固拓展脱贫成果，全面实施乡村振兴战略，坚定落实五级书记抓乡村振兴的责任要求，签订《2022年巩固拓展脱贫攻坚成果和全面推进乡村振兴重点工作责任书》《2022年粮食生产和撂荒地整治目标责任书》，全面落实党委和政府主要负责同志乡村振兴联系点制度。签署《甘肃省农业农村厅兰州市人民政府“十四五”全面推进乡村振兴合作框架协议》，出台《中共兰州市委兰州市人民政府关于加快发展精致农业做好2022年全面推进乡村振兴重点工作的实施意见》。持续加大衔接补助资金投入，中央及省、市、县四级衔接补助资金支出8.64亿元，支出进度92.14%，其中用于农业产业发展5.55亿元，占比64.31%。狠抓涉农资金整合落实，支出7.36亿元，支出进度84.31%。加大特色产业信贷支持，创新推出“富民贷”产品，发放特色产业发展贷款88亿元。制定县级党委和政府推进乡村振兴战略实绩考核方案，细化量化考核指标，将乡村振兴工作实绩在经济社会考核权重由4%提高至5%，推动各级书记扛主责、抓主业。

【乡村建设】 编制完成区县、示范乡镇和示范村乡村建设实施方案；93个村完成省级示范村村庄规划编制和基础项目建设。完成197个发展类村庄和年度乡村建设示范村村庄规划编制。全面建成省级示范村37个。参照省级乡村建设示范村创建标准，全面创建完成市级示范村29个、县级示范村6个。

【乡村治理】 健全党组织领导下的自治、法治、德治相结合的乡村治理体系，推广运用积分制、清单制、数字化等乡村治理方式。印发《2022年全市抓党建促乡村振兴重点任务清单》，确定56个年度目标、114项重点任务，实行挂账销号、逐项推进。开展乡村换届“回头看”，组织78名县级班子成员带队对所有乡村进行回访调研，累计谈心谈话3452人次、发现解决问题117个。强化县级党委抓乡促村职责，推动427名县级领导干部到联系乡村开展入户走访，发现解决问题382个。精准排摸确定2022年软弱涣散村党组织22个，“一村一策”制定整顿方案，按照“四个一”措施抓好整顿提升。推行“村党组织—网格党小组—党员联系户”组织构架，建立一级党建网格730个、二级党建网格3022个、三级党建网格2.02万个，明确三级网格职责，推动党组织领导有机嵌入乡村治理。开展农村基层矛盾纠纷“大走访、大排查”活动，组织7474名基层干部走访农户25.24万户，推动解决问题765个、调处纠纷623件。印发《兰州市加强法治乡村建设的实施意见》，创建国家级民主法治示范村8个、省级民主法治示范村90个。探索乡村“德治”新途径，建立诚信“红黑榜”，兰州鑫源、榆中鑫瑞隆等12家涉农企业和合作社入选兰州“诚信红榜”。

【乡村基础设施建设】 建成自然村（组）道路100千米；村道安全防护工程项目完成里程77千米；全市累计完成重点养护农村公路600千米2轮次。加快推进中型灌区节水改造项目，中型灌区节水改造2021—2022年度项目2022年改造渠道3.01千米、渠道建筑物19座、计量设施5处。实施农村农房能效提升项目3333户；实施农房抗震设防改造157户；实施永登县分布式屋顶光伏发电项目，投资1040万元建设规模2.58兆瓦。城关区、七里河区、西固区、榆中县和高新区年内累计安装村庄太阳能路灯5000余盏。制定印发《兰州市农村电信普遍服务实施方案》《兰州市推进5G通信网络建设发展实施方案》，建成5G网络基站618个，引导企业投资9306.8万元。全市所有行政村实现光纤网络通达，宽带接入能力20Mbps/秒以上，宽带网络覆盖村委会、学校、卫生所、金融服务点、电商服务站等重要场所。

【美丽乡村建设】 坚持以10大美丽乡村示范片带规划为引领，借鉴前期美丽乡村建设经验，结合乡村、地域特色，重点围绕产业发展、基础设施、清洁能源、数字乡村等农村公共基础设施和基本公共服务短板弱项建设，推进示范村创建。七里河区沈家岭村突出红色教育基地拓展及体验区综合提升改造，打造红色旅游胜地。高新区以麻家寺、水岔沟等村为重点，在基础设施配套建设、村容村貌整治上狠下功夫，推进美丽乡村示范村提标拓面，打造乡村振兴示范村。皋兰县以改善农村人居环境为突破口，建成黑石镇和平村、石洞镇文山村、什川镇长坡村等美丽乡村示范村，形成美丽乡村片区建设、片带推进的格局。全年全市建成市级美丽乡村示范村5个，全市累计建成美丽乡村示范村172个（不含各级重复创建村）。其中，省级“千村美丽”示范村60个；市级美丽乡村示范村167个；区县级美丽乡村49个。

【农旅融合发展】 七里河区倾力打造沈家岭—绿化—白家岘红色游、田园风光游和堡子—九池泉—湖滩生态乡村休闲游等经典旅游线路，发展壮大乡村旅游产业。永登县树屏镇先后打造龙王池欢乐谷、树屏小镇、杏花村丹霞地貌等景点，摸索出一条集农业旅游、生态休闲、文化娱乐、健康养生为一体的乡村旅游发展之路。榆中县小康营乡浪街村整合资源，实施“党建+乡村旅游”发展模式，着力打造“老家·浪街”乡村旅游品牌，示范带动和引导村民围绕乡村旅游大力发展特色产业。全年全市乡村旅游接待游客763万人次，乡村旅游收入14.6亿元。

【农村人居环境整治提升】 市级财政安排农村“厕所革命”专项资金500万元；各区县发挥农民主体作用，累计筹措资金7185万元，强化农村人居环境整治资金保障力度。稳步提高农村卫生厕所普及率。通过改造提升、改建达标、配套新建等多种方式，强化厕具产品质量和施工全过程监管，规范设备安装和施工建设，高质量推进农村卫生厕所建设，实现应改尽改、愿改尽改，努力提高农村卫生厕所普及率。皋兰县从实际效果出发，尊重改厕农户意愿和要求，推广三格化粪池无害化卫生水厕；永登县武胜驿镇、民乐乡、通远乡推广双坑交替式无害化旱厕，切实做到宜水则水、宜旱则旱、因地而异。2022年，全市完成新改建卫生厕所4826座。全市累计建成户用卫生厕所16.51万座（不包含区划调整的永登县上川镇数据），卫生户厕普及率87.8%；行政村卫生公厕实现全覆盖。切实提高改厕质量实效。坚持“三个强化”主动做好改厕服务保障工作。强化技术服务，编印发放改厕技术规范、户厕改造技术指导手册等资料12万册，指导县区开展业务培训，提高改厕标准化程度；督促县区选优配强技术服务力量，动员改厕施工、监理、检测等专业机构和技术人员广泛参与到施工一线，及时解决技术难题。强化源头监管，严把厕具产品质量关和施工质量关，签订改厕质量承诺书，加大厕具产品抽检力度，加强改厕质量管控，严防质量缺陷。强化过程管控，严格把控农村厕所革命“十关”，执行质量监管“两图一表”（改厕工作流程图、改厕过程管控流程图、改厕过程管控表），全过程强化质量管理。做实做细问题厕所摸排整改。先后3轮次对2013年以来各级财政支持改造的农村户用厕所进行全面摸排登记，主要针对模式不适宜、质量不达标、维护跟不上和台账不规范等问题造成农民群众改造的户厕“不愿用、没法用、用不上”的情形，进行即知即改，全市共摸排问题厕所9308座，全部完成整改，整改率100%。清理整治陈年垃圾脏源点。从城乡接合部、交通沿线、景区周围、河道两岸等垃圾集中区抓起，从陈年垃圾、重点污染源清起，发挥兰州市全域无垃圾巡查取证系统优势，采用无人机航拍取证等方式，形成“航拍—立案—转办—核实—处置—回复—考核”的闭环工作机制，全年累计航拍巡查发现垃圾堆积点4.43万处，清理各类垃圾9.1万余吨。区域专项整治。市全域办组织开展城市出入口垃圾清理专项整治行动，加大对城市出入口及其周边车（人）行道、绿化带、绿地、花坛、广场、树坑、沟渠、护栏、线杆等区域的清扫保洁整治力度，清理整治城市出入口及其周边垃圾，累计清理各类垃圾127吨。健全农村垃圾收运处理体系。推行“户分类、村收集、镇转运、县处理”垃圾收集处理模式，集中配备农村日常环卫保洁工具、垃圾收集箱、垃圾运输车辆，进一步建立健全符合实际的垃圾收集、转运、处理体系，从根本上改善全市农村环境现状。全市656个行政村实现环卫保洁队伍全覆盖，配备保洁员5819人，乡镇垃圾转运场（站）36个、村庄垃圾收集点7299个，配备农村垃圾收运车辆1002辆，建成运行无害化垃圾填埋场11个、处理厂6个。乡镇垃圾转运场（站）村庄垃圾收集点、垃圾收运车辆、无害化处理设施覆盖率100%。

（翟柯帆）

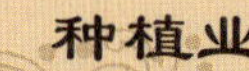

种植业

【概况】 2022年，全市粮食作物种植面积132.13万亩、产量33.8万吨。其中，小麦37.48万亩、产量7.93万吨；玉米42.33万亩、产量15.09万吨；马铃薯31.31万亩、产量6.6万吨；豆类13.84万亩、产量3.36万吨；其他杂粮7.17万亩、产量0.83万吨。全市经济作物种植面积158.44万亩、产量240.01万吨。其中，高原夏菜94.67万亩、产量215.06万吨（百合13.68万亩、产量8.53万吨）；中药材16.93万亩、产量4.29万吨；油料13.73万亩、产量1.86万吨；玫瑰10.16万亩、产量2.8万吨；瓜果类5.1万亩、产量11.4万吨；其他17.85万亩、产量4.6万吨。

【粮食种植新技术推广】 继续推广双垄全膜玉米、高垄全膜马铃薯旱作农业栽培技术，在榆中县示范推广玉米套种大豆1万亩，引导选育适宜本地种植的高产抗旱优质小麦、玉米、油料品种，在皋兰县实施盐碱地综合治理项目2000亩，实施农作物重大病虫害绿色防控和专业化统防统治融合示范3.75万亩。年内，引进玉米新品种33个。其中，普通玉米品种20个；甜糯鲜食玉米13个。在西固区达川镇上车村达家台选点开展试验。筛选出适合兰州市种植的高产优质玉米品种6个，性状品质佳的甜糯鲜食玉米品种5个。

【种质资源保护和利用】 开展种质资源普查收集，全面开展种质资源的普查收集工作，抢救性收集珍稀、濒危、特有种质资源与地方特色品种，做到应收尽收，并对收集到的资源进行统一编目，上交入库保存，加大地方种质资源的保护利用。已完成1956、1981、2014年粮食、油料、瓜类、蔬菜、果品等各类作物品种数量、种植区域及面积、产量等情况的普查工作，上报普查表22套。已经征集到农作物种质资源272份。其中，粮食作物112份；经济作物34份；蔬菜114份；果树10份；牧草1份；花卉1份。提交征集表198份；照片321张，其中136入选国家库。

【生物育种产业发展】 截至年底，全市马铃薯种植面积35.25万亩、总产量54.7万吨，马铃薯生产经营企业10家、种植合作社40余家，其中种薯生产企业7家，年生产脱毒苗5000余万株、原种7000余万粒，种植原种和一级种2.2万亩、种薯产量3.7万吨以上，良种扩繁面积逐年扩大，实现产品由商品薯向种薯生产的转型升级，马铃薯种薯生产步入产业化、规模化发展阶段，成为继兰州高原夏菜之后又一富民产业。引进种植陇薯7号、陇薯10号、青薯9号、兴佳2号、冀张薯12号、荷兰十五、华颂7号、希森6号、新大坪、V7等10余个优质高产品种。

【油料生产】 以提高大豆和食用植物油自给率为目标，实施油料作物“扩面积、提产能”工程，调整优化农业结构，运用政策导向和资金扶持，鼓励农民扩大油料种植面积，推进良种良法良机结合，提高良种和先进技术推广的覆盖率，促进全市油料作物提质增效。全年全市油料作物种植面积12.32万亩，产量1.47万吨。

【测土配方施肥】 围绕全市主栽作物及特色优势作物，持续推进化肥减量增效技术应用，累计实现测土配方施肥技术推广面积245万亩，主要农作物测土配方施肥技术覆盖率90%以上，主要粮食作物化肥利用率41%以上。

【经济作物结构调整】 持续落实特色产业倍增计划，打造特色产业集群。围绕落实《兰州市现代丝路寒旱农业优势特色产业三年倍增行动计划总体方案》，扶持发展高原夏菜、马铃薯、中药材特色优势产业集群。在“五沿三灌”川水地区，打造兰州高原夏菜“优中优”主导产业集群，扶持建设规模化设施蔬菜生产小区10个；在榆中北部、南部山区和永登西北部山区，打造马铃薯种薯“好中优”新兴产业集群，持续引导鼓励龙头企业、农民专业合作社发展马铃薯种薯繁育和商品薯的生产，引导县区统筹用好乡村振兴衔接资金扶持马铃薯产业发展。全年全市蔬菜种植面积新增3万亩，辐射带动全市设施农业提高综合生产能力，保障重要农产品有效供给。

【高原夏菜种植】 围绕“1368”特色产业发展计划，进一步优化高原夏菜产业布局，重点在“五沿三灌两山区”，即在沿黄河、宛川河、湟水河、庄浪河、大通河等5个流域的川水地区，“三电”“西电”“引大入秦”3个灌区，永登县武胜驿、民乐和榆中县马坡、新营等2个冷凉山区，集中建设兰州高原夏菜优势产区。至年底，全市蔬菜种植面积累计94.8万亩，产量236.01万吨。全市拥有30余个种类、300余个高原夏菜品种，以甘蓝、菜花、娃娃菜、茄子、辣椒、番茄、芹菜、红笋、荷兰豆、蒜苗等蔬菜为主栽品种，先后种植苦菊、紫菜花、宝塔花菜、抱子甘蓝、芦笋、冰菜等新特菜品种。

【中药种植】 全市中药材种植总面积16.93万亩，有276种中药材资源被列入全国重点品种，占全国363个重点品种的76%。当归产量约占全国产量的95%，板蓝根占全国产量的65%，大黄和党参约占全国产量的60%，黄芪约占全国产量的50%，并有18个道地中药材品种获得国家原产地标志认证。

【蔬菜新品种引进推广】 围绕兰州高原夏菜优势产业、兰州白兰瓜特色产业，持续在瓜菜主产区开展新品种引进工作，不断筛选出适销对路的新品种进行推广，为产业发展提供品种支撑。2022年，按照优而精的集中原则，共引进5大类32个瓜菜品种，其中兰州牛肉面产业配套蔬菜试验引进23个品种，保护地西甜瓜引进9个品种。经试验，筛选出适合兰州市示范推广的牛肉面产业配套蔬菜萝卜品种3个、香菜品种1个、胡萝卜品种1个、菠菜品种1个，并完善改进栽培技术，促使良种良法配套运用，提升品种的产量和品质。

【瓜果种植】 全市瓜类种植面积、产量分别达到5万亩、11.27万吨。其中软儿梨是兰州市地方特色果品，栽培历史悠久，经过近5年发展，初步形成产供销一体化的全产业链，已成为巩固脱贫攻坚成果、农民稳定增收的支柱产业。2015年获得农业部“皋兰软儿梨农产品地理标志”产品认证；2017年入选甘肃省区域公用品牌；同年，什川镇长坡村获农业部第七批“一村一品示范村(软儿梨)”。2019年获中国林业产业创新奖；2020年获“活力金城”兰州市人才创新创业大赛二等奖；“一种软儿梨变温冻藏方法”“兰州软儿梨后熟方法”2021年获国家发明专利；申请“天把式”“小魏哥”兰州软儿梨商标2件，2021年入围“甘味”特色品牌的特别特产品。白兰瓜种植区域主要集中在皋兰县什川镇、石洞镇、水阜镇，忠和镇、九合镇也有种植。近年来白兰瓜产业得到了长足发展，由原来单一的露地种植、一年一茬，转变为“两膜一砂”“三膜一砂”、日光温室等多种栽培模式，实现了四季生产，常年供应。

【温棚种植】 进一步推进设施农业建设，在榆中县、皋兰县、永登县建成集中连片钢架大棚设施蔬菜规模化生产基地，日光温室设施蔬菜规模化生产基地，温室育苗基地10个。

（翟柯帆）

林草业

【概况】 2022年，市林业局准确把握国家关于推进生态文明建设的政策导向，抢抓“强省会”战略机遇，争取国家和省级层面的支持，着力推进重点区域的造林绿化和生态修复，全面推行林长制保护绿色生态资源，进一步深化林草事业的发展改革，并积极落实巩固拓展生态脱贫成果同乡村振兴有效衔接，取得令人瞩目的成绩。完成营造林4.2万亩（人工造林2.2万亩、封山育林2万亩）。其中，三北防护林体系建设项目2万亩，全部为人工造林，均在榆中县；封山育林面积2万亩，分别是榆中县0.5万亩、永登县0.5万亩、西固区0.5万亩、皋兰县0.3万亩、红古区0.2万亩；市列财政投资的重点区域生态修复示范项目0.2万亩，均为人工造林，榆中县、永登县各实施0.1

4月12日，兰州市绿委主办，西固区金沟乡承办，党员干部和少数民族群众代表共同开展“民族团结一家亲　牵手共栽一片林”植树活动

万亩。完成草原生态修复治理5.5万亩。其中，皋兰县3万亩；永登县2.5万亩。2022年底，全市森林覆盖率8.35%，草原综合植被覆盖度54.94%。争取到位各类专项资金23509.51万元。其中，中央财政资金22375.21万元；省级财政资金1134.3万元。兰州市林业局获得“全国绿化先进集体”称号；在第十三届中国（徐州）国际园林博览会上，被住建部评为“表现突出单位”；连城自然保护区获黄河流域国家级自然保护区管理评估优秀等次；甘肃连城国家级自然保护区管理局获评2019—2021年度全国森林草原防火工作先进单位。

【义务植树】　植树节期间，上线举办全民义务植树宣传活动，发动广大干部群众积极参与全民义务植树。配合组织省、市党政军领导机关义务植树活动，4月12日，在城关区607#路沿线植树现场，栽植各类乔木1100株。指导各县区开展多种形式的全民义务植树活动，全市完成全民义务植树630万株，义务植树尽责率85%以上。

【林业体制机制改革】　年初印发兰州市总林长令（第1号）《关于切实加强林草资源保护工作的令》，明确林草资源保护工作任务。根据市委市政府领导工作调整，印发《关于调整市级林长责任区域的通知》，对市级林长责任区域进行调整，全市共设林长公示牌507块。印发《2022年落实林长制督查激励措施实施方案》，建立林长制督查激励机制；与市检察院、市公安局联合印发《关于建立司法协作机制助推林长制深入落实的实施方案》，构建林草资源保护发展新格局。制定《兰州市林长制工作考核办法（试行）》，经市级总林长签发后以《兰州市总林长第2号令》的形式下发至各县区，确保林长制目标责任落实。细化《兰州市林长制2022年考核评分细则》，组织开展2022年林长制落实情况考核工作。印发《全面推行林长制宣传工作方案》，要求各县区落实林长制工作的宣传报道，营造良好的舆论氛围。印发3次落实林长巡林职责的通知和提示函，配合市级林长开展巡林工作，并要求县区林长积极巡林。城关、安宁、红古3区和永登、榆中、皋兰3县自然资源部门全部加挂林业和草原局牌子，县区林草系统体制机制进一步理顺。永登县林长制体系建立运行走在全市前列；安宁区探索运行智慧林长App，并重新复核林权证与林地“一张图”，为全市进一步深化林长制体系积累经验；榆中县依托林长制切实加强造林绿化的力度。

谋划申报各类林草项目141个、申请资金214.3亿元。其中，中央财政项目69个、资金7135.6万元；省级财政项目39个、资金962.9万元；中央预算内项目19个，资金26.5亿元；兰西城市群项目10个；资金173.6亿元；地方政府专项债券项目4个、债券3亿元。兰州市百万亩国家储备林建设项目获得国家准入，并启动一期工程建设，兰州市陇中地区重点生态修复和保护项目启动实施。

完善各县区森林草原火灾应急预案。完成《兰州市林业生态破坏事故应急预案》的修订。依托防火命令，常态化推进开展打击森林草原违法用火行为专项行动。

持续完善自然保护地整合优化预案。对全市自然保护地整合优化预案进行第八次修改完善，协调自然资源部门对生态红线进行动态调整和确认。完成《兰州市风景名胜区整合优化预案》，上报省林草局。兴隆山省级风景名胜区归并入兴隆山国家级自然保护区预案，纳入全省风景名胜区整合优化预案。

开展全市森林、草原、湿地、绿地生态系统的本底调查，探索落实碳达峰、碳中和重大国家战略决策。

探索林业碳汇工作。成立气候投融资工作专班，充实碳汇工作力量，承担相关工作。按照《兰州市气候投融资试点实施方案》，初步建立林业碳汇计量监测制度体系、林业碳汇项目储备库管理办法。

启动实施林草生态综合监测评价工作，联合兰州大学，启动森林生态系统服务功能调查评估及价值核算项目（该项目计划用3年时间，构建全市森林、草地、湿地和城市绿地四大生态系统服务功能评估指标体系、生态系统服务数据汇集及数据库）。

向省林业和草原局提供国有林场管理矢量图，完成欠发达国有林场巩固提升任务资金摸底上报工作。

巩固落实退耕还林还草、重点公益林生态效益补偿政策，帮助脱贫农户增加收入2695万元。加快推进20万亩经济林提质增效。

新增农民林业专业合作社4个，全市农民林业专业合作社数量达到256个；新认定家庭林场2家，全市认定登记家庭林场82家；扶持发展市级林下经济示范点12家；全市林下经济产值1.77亿元。

依照“放管服”改革部署，按照国家和省、市政务服务事项“应认领尽认领”要求，认领行政许可事项15项、行政确认事项1项、公共服务事项8项。完成“放管服”政务服务事项四级46同实施清单编制，确保线上线下同一事项无差别受理、同标准办理。依法将设定的行政许可事项全部纳入清单管理。

落实“三减一压缩”（减程序、减环节、减要件、减跑动次数、压缩审批时限，优化提升即办件率）和实施市场准入负面清单制度，取消“国家珍贵树木种子收购和同级人民政府规定限制收购的林木种子审批”事项，压缩依申请类政务服务事项办理时限，压缩率由原68.44%压缩至75%，办理时限由法定的20个工作日压缩至平均5个工作日，申报材料由6.13压缩至5.62。

配合开展兰州市工程建设项目审批改革工作，完成《兰州市工程建设项目申报一张表单》。严格执行“一窗受理、并联审批、限时办结、结果上传、统一送达”审批程序。全年，对全市工改系统推送的17个联办件、904条事先确认事项，全部按时受理、回复、办结。

深化“证照分离”改革，对清单中涉及兰州市林业局的1项涉企经营许可事项，取消身份证明等材料。依托兰州市一体化在线政务服务平台，畅通异地代收申请渠道，完善台账，推进政务服务事项“跨省通办”“省内通办”“全市通办”全程线上网办。全年办结政务服务事项25件。

及时梳理权责清单，取消收购珍贵树木种子和本级人民政府规定限制收购的林木种子行政许可事项1项和行政处罚事项2项，新增行政强制事项3项、行政处罚事项6项、行政监督检查事项1项，调整完善其他事项4项。

对2022年出台的政策性文件进行公平竞争审查。

聘请社会行政执法监督员4名，确定法制审核员9名，全系统120名持证执法人员及新增30名执法人员全部参加行政执法人员网上培训，完成局机关及局属3家执法单位行政执法主体资格的审核和执法人员信息采集更新、执法资格考试、换证等工作。

【森林资源保护管理】 进一步健全靠实地方政府的属地责任、行业部门的监管责任和经营单位的主体责任，健全完善“空天地”一体化监控体系，全方位保障森林、草原、湿地、绿地等绿色资源安全。全市连续11年未发生较大及以上森林草原火灾事故，林业有害生物灾害、草原虫害防治，控制在省上下达考核指标的限定范围。

配合市级林长开展巡林工作，并要求县区林长积极巡林，确保林草资源安全。截至年底，市级林长巡林13人次，县（区）级林长巡林181人次，乡镇（街道）级林长巡林4105人次，村（社区）级林长巡林12144人次，及时解决相关问题10类35个。

持续加强林草地保护管理，

不断强化执行相关管理审批制度，安宁区23个历史遗留问题全部清零。

增加森林防火物资储备，设置防火检查站306个，推广设立防火码173处，开设、清理防火隔离带680千米，维护防火道路43千米，清理林缘可燃物1860亩，开展防火实战演练30余次。完成森林草原火灾风险普查外业工作的国家和省级验收。

持续加强林业草原有害生物预测预报，预测发生面积10.01万亩，测报准确率91%。组织开展森林草原湿地生态系统外来入侵物种普查。全市164名人员参与调查，完成调查线路241条，踏查点数132个，踏查覆盖面积235.2万亩。强化林业草原有害生物灾害应急处置，加大带疫植物及产品的行为查处力度，林草生物灾害监测力度进一步向纵深推进。争取中央财政资金1316万元，靠实778名国有职工管护人员网格化职责，确保全市天然林资源安全。完成2020年度天然林保护省级复查整改报告，开展2021年度天然林保护修复实施情况自查，配合省天保办完成天保人员机构和社会保障机构管理系统年度更新工作。开展首次林草湿样地图斑监测工作，调查森林样地19个、草原样地95个，检测森林图斑717个、草原图斑1518个、湿地图斑36个。

启动《兰州市森林生态系统服务功能调查评估及价值核算》《甘肃连城自然保护区、奖俊埠、阿干林林场、关山天然林森林蓄积量调查》《兰州市近三年以来森林植被恢复工程成效调查与评估工作》和《兰州市新一轮林地保护利用规划编制》四个项目。年内完成《甘肃连城自然保护区、奖俊埠、阿干林林场、关山天然林森林蓄积量调查》项目。

按照“占一补一”原则，完成全市2021年度森林植被恢复工程造林作业设计审批，涉及面积8777亩、资金3490.44万元。其中，榆中县185亩、148万元；永登县40亩、10万元；西固区427亩、134万元；市南北两山6701亩、2732.58万元（皋兰段3700亩1445.66万元、永登县3001亩1286.92万元）；西固区2020年427亩、134万元；榆中县2022年990亩、331.86万元。

开展全省矿山森林资源植被恢复评估工作，涉及矿山图斑777个。其中，永登县433个；皋兰县213个；七里河区63个；红古区29个；榆中县25个；安宁区9个；城关区4个；甘肃连城国家自然保护区1个。已开展外业调查工作。

开展森林督查和林政执法，发现和接到林草违法案件33起，查结30起，结案率90.91%，涉林违法案件同比下降。指导和督促各县区开展2013年以来违法图斑清零工作，开展市级审核。2013—2021年，全市共下发图斑5605个，涉及各类林业行政案件214件，完成整改211起。于6月开始指导县区开展2022年国家森林督查工作，督促县区对国家下发的623个图斑开展现地核查，对违法图斑进行立案查处。组成4个督查组巩固兰州市争创全国文明典范城市成果，分别对21座公园和景区的文明城市创建工作进行全面督查，对发现的问题及时督促整改，提高管理服务水平。

指导完成《甘肃石佛沟国家森林公园总体规划》《南山省级森林公园总体规划》修编工作。完成《兰州市城市公园建设与保护规划》编制工作。

组织开展城市公园和自然保护地安全生产隐患集中整治活动，督促各单位落实安全生产责任，排查出问题隐患73项，完成整改45项。建立城市公园和自然保护地高质量发展项目库，征集、凝练项目42个，项目估算投资2.2亿元。

【生态环境问题排查整改】 完成2021年生态环境问题排查整治问题销号。涉及41起林业生态环境排查整治问题（七里河区6个、西固区13个、城关区11个、安宁区11个），其中28起（西固区13起、七里河区6起、安宁区9起）完成销号。完成中央生态环境保护督察环境信访问题销号。对中央生态环境保护督察交办的第1198号问题和2175号问题，和市农发集团对接完成整改。对中央生态环境保护督察交办的第1948号问题，督导城关区自然资源局完成整改。完成第二轮中央生态环境督察反馈“兴隆山自然保护区官磨滩度假村、京兰水泥有限公司分别位于兰州市兴隆山国家级自然保护区缓冲区和实验区，但兰州市一直将其排除在清理退出名单之外”问题的牵头整改任务。完成省生态环境警示片披露“官滩沟景区位于兴隆山国家级自然保护区实验区、缓冲区，景区营运机构不经规划和审批，旅游设施随意建设和废弃、污水排放以及大量游客的进入，已对保护区自然环境造成影响；缓冲区内旅游活动未得到有效制止”问题的牵头整改任务。针对省生态环境警示片披露“官滩沟景区位于兴隆山国家级自然保护区实验区、缓冲区，景区营运机构不经规划和审批，旅游设施随意建设和废弃、污水排放以及大量游客的进入，已对保护区自然环境造成影响；缓冲区内旅游活动未得到有效制止”问题，牵头完成导致该问题产生的责任认定，并监督兴隆山自然保护区管护中心对相关责任人进行处理，强化管理机构的主体责任。承担全市林业草原和城市园林绿化行业强化生态环境问题排查整治工作领导小组办公室职责，排查出问题53个。其中，自然保护地排查出问题6个，整改完成5个，正在推进整改1个；其他47个非自然保护地内的生态环境问题，均完成整改。

【草原保护管理】 研究出台《兰州市加强草原保护修复实施方案》。完成5.5万亩草原生态修复治理项目。其中，皋兰县3万亩；永登县2.5万亩。按照《乡村护林（草）员管理办法》，聘用村级草原管理员583名，发放管护补助资金116.6万元。对全市45家草种生产经营企业进行摸底调查，完善台账，归档备案。落实全市草畜平衡和草原禁牧休牧制度，实施草原奖补面积152.6万亩。其中，禁牧面积21.2万亩；草畜平衡面积131.41万亩。年内，未发生违反禁牧规定的案件和违反草畜平衡规定的案件。编制完成《兰州市草原虫灾应急防治预案（送审稿）》。在榆中、永登、皋兰3县开展全市草原有害生物普查试点工作。适时开展草原病害、虫害、鼠害及毒害草的防治工作，在永登县实施鼠虫害防治10万亩。年内，全市草原管理范围内未发生大面积鼠兔灾害。开展草原基本数据本地调查，细化草原图斑界线，掌握年度动态变化情况，完善矢量数据。完成草原样地及图斑调查工作，其中，草原样地检测100个；草原图斑检测核实1512个；草原图斑督查研读2002个，按期录入至国家草原调查信息数据系统。完成全市草原综合植被覆盖度测算工作，2022年，全市草原植被覆盖度54.94%。

规范草原征占用审核审批。年内收到县区长期征占用草原项目申请10件，经复核符合申报条件后，报送省级通过审批5件、涉及面积989.7亩；受到临时征占用草原项目2件，已审批2件。

完成甘肃省草品试验站（兰州大洼山）草品种区域试验年度任务：完成红豆草、藕草等33个品种、10个试验组、100个试验小区的草种播种、田间管理、观测记录、指标测定、数据采集、汇总上报等年度试验任务。

完成兰州市生态修复草种质资源收集评价项目年度任务。按照项目实施方案，完成中亚滨藜、柠条锦鸡儿、垂穗披碱草等56种乡土草种质材料的温室育苗、盆栽试验、大田种植、物候期观测、试验数据采集等年度项目试验任务。

【湿地资源管理】 组织开展“世界湿地保护日”主题宣传活动。发挥黄河段鸟类智能检测巡护体系，加大对黄河段湿地巡查、检测和执法力度，有效保护湿地与鸟类资源安全。完成兰州市湿地资源调查及碳储量评估项目。经调查，兰州市湿地面积5.78万亩（较国土“三调”增加约495亩），湿地碳储量199万吨。

【野生动植物资源保护】 完成兰州市野生动物保护专题宣传片制作，开展野生动物保护宣传摄影大赛。开展“爱鸟周”“世界野生动物宣传日”和“5·22”世界生物多样性保护日等主题宣传活动。有序开展黄河流域兰州段候鸟投食和宣传活动。对国有林场、草原、湿地、公益林、天保工程、自然保护地等野生动物栖息地、候鸟迁徙停歇地和10处陆生野生动物疫源疫病监测点，进行全覆盖的巡查和监测；在重点林区交通要道设卡、安排专人严密监控，坚决杜绝捕猎林区野生动物的违法行为。对全市14处野生动物人工繁育经营场所建立管理台账，包括场所地点、养殖数量、审批手续、主要用途和防疫措施等情况，随时掌握动态，强化疫源疫病监测防控。开展打击野生动物非法贸易“清风行动”，配合市场监管部门开展“网剑”行动。市、县两级建立打击破坏野生动植物市级联席会议制度，共同抓好打击破坏野生动植物行为。及时组织查处破坏野生动植物违法案件，立案5起，破获5起，处罚涉案人员5人，没收野生动物22只，罚款1.894万元。救护因病、迷途、群众不当捕获野生动物65种269头（只），依法依规实施放归30种69只，其余动物在兰州市动物园饲养康复。完成野生动植物资源及生物多样性保护项目。完成编印野生植物保护宣传折页2万份，印制野生植物保护相关法律法规手册4000份；建成迁地保护地2亩；开展野生植物保护科普宣传5次。配合省林草局完成兰州野生动物园熊猫馆及老虎馆验收和整改。年内，审核上报野生动物保护相关行政审批事项23件。

【野生动植物资源调查】 继续开展重点保护野生动物资源调查，完成兰州市国家重点野生动物监测和补充调查、外来物种调查和评估工作。根据调查，2022年，全市共有陆生野生脊椎动物4纲28目83科427种，其中国家重点保护动物82种〔国家Ⅰ级保护动物17种（哺乳类6种，鸟类11种）；国家Ⅱ级保护动物65种(哺乳类11种，鸟类54种)〕。启动《兰州市野生草本植物资源调查与研究项目》。通过公开招标方式，委托中标方兰州大学进行调查。重点在兰州新区、皋兰县、永登县、红古区范围进行，外业调查任务完成77.8%。其中，红古区、永登县部分地区调查单元，完成30个调查网格内90个样点的植被调查，共调查到野生植物64科229属392种，收集种子20份，采集植物标本150种、400余份，拍摄植物照片284种、580张；皋兰县调查单元，完成30个调查网格内90个样点的植被调查，收集种子30种（份），采集植物标本约150种、300份，拍摄植物照片230种、1000张；永登县部分地区调查单元，完成10个调查网格的植被调查，调查到野生植物175种（含22种栽培植物），采集植物标本约50种、100份，拍摄植物照片300张。

【生态帮扶】 集中采购苗木4.5万株，支持27个市直机关帮扶村实施村庄绿化，巩固脱贫攻坚成果衔接乡村振兴。全面履行全市生态扶贫专责组组长单位职责，持续推进生态扶贫、乡村建设等工作。全市生态护林员、天保工程护林员、重点公益林管护员、草原管理员2899人，落实补助资金2007.2万元。全市实施林草生态修复9.7万亩，投入资金2590万元；天然林资源保护工程115.11万亩，投入资金1316万元；重点公益林管护工程160.97万亩，投入资金2115万元。依托林业草原工程建设，吸纳周边农民群众近5000人次就近就地务工，累计实现劳务收入6800万元，巩固落实退耕还林还草、重点公益林生态效益补偿政策，帮助农户增加收入2695万元。支持包抓的榆中县中连川乡荒山造林5810亩、项目资金464.8万元；落实生态护林员补助资金65.6万元，其中生态护林员78人、草原管理员16人，94户脱贫群众从中受益。全面履行榆中县中连川乡市级组长单位职责，组织21家市级帮扶单位扎实推进定点帮扶工作，督导局属14家单位开展定点帮扶工作。年内，召开工作推进会议4次。

（闫国成）

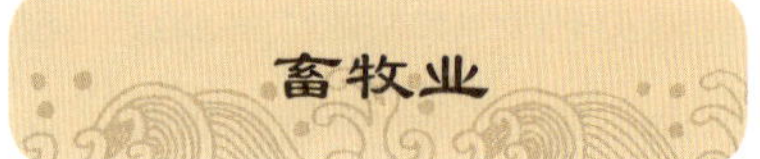

畜牧业

【概况】 2022年，全市主要畜禽饲养量692万头只。其中，牛存栏6.13万头，出栏1.25万头；羊存栏77.2万只，出栏47.7万只；生猪存栏52万头，出栏54.1万头；禽类存栏226.88万只，出栏225.21万只。肉蛋奶总产量16.36万吨。其中，蛋产量1.78万吨；肉产量5.3万吨；奶产量9.28万吨。

【畜牧养殖基地建设】 推进标准化规模养殖场建设，规模养殖比重、标准化程度不断提高。全市有规模养殖场1475个，其中年出栏2000头以上的猪场54个、年出栏500只以上的羊场40个、年出栏4万只以上的肉鸡养殖场4个、存栏1万只以上的蛋鸡养殖场39个、年出栏200头以上的肉牛养殖场4个、存栏1000头以上的奶牛场3个。畜禽养殖规模化率70%以上。

【畜禽场建设】 全市建成各类省级种畜禽场9家，年供各类种畜禽 1.1 万头（只、羽）。其余种猪场 4 家，种猪存栏 4.5 万头，年供合格种猪 5 万头；种羊场 3 家，年存栏种羊 3.53 万余只，年供合格种羊 1.9 万只；种鸡场 1 家，年存栏种鸡 7 万只，年供合格良种鸡苗 3 万只；种牛场 1 家，年存栏种牛 7000 头，年提供种牛 2000 余头。鑫源现代化农业科技开发有限公司引进的澳洲白、萨福克、杜泊等一批高品质的肉羊种羊和兰州牧工商有限责任公司引进的荷斯坦高产奶牛等，通过引进消化吸收，使品种质量和适应性不断增强，良种覆盖率进一步提高。

【饲料生产监督管理】 督促企业落实饲料质量安全主体责任，组织开展全覆盖检查，督促企业做好饲料质量安全管理。鼓励饲料生产企业响应国家政策采取综合措施，提高饲料利用率，挖掘替代资源，进一步压减饲料中豆粕用量。开展饲料生产经营企业“双随机、一公开”摸底调查，完成抽查 20% 的计划任务，全年全市 3 家饲料生产企业饲料产量 41.72 万吨，产值 19.32 亿元。

【动物防疫监督及检验】 春秋两季共免疫高致病性禽流感、口蹄疫等重大动物疫病 1350.93 万头/只/次，确保畜禽群体免疫密度保持在 90% 以上，应免密度 100%，免疫抗体合格率 70% 以上。全年，口蹄疫、禽流感等重大动物疫病免疫抗体检测、病原学检测和两病监测共计 19.46 万份。在召开的全市畜牧兽医工作会议上，以市防治重大动物疫病指挥部名义和 8 县区签订《兰州市动物防疫目标绩效考核责任书（2022–2024）》，明确今后三年全市重大动物疫病防控工作目标。9 月 28 日，兰州市首个畜禽粪污资源化利用整县推进项目在永登县顺利开工。

【生猪稳产保供】 兰州市将生猪稳产保供作为 2022 年度头等大事、民生实事来抓，统筹谋划生猪生产和保障市场供应等各项工作，全力抓好生猪生产，遏制生猪产能下滑势头，切实提高生猪生产能力、市场流通能力、质量安全监管能力和调控保障能力。制定《兰州市生猪产能调控实施方案》，建立 19 个国家级和 8 个省级生猪产能调控基地，全市严格落实《方案》，保持生猪产能基本稳定。

（翟柯帆）

农业机械化

【概况】 截至 2022 年年底，全市农机总动力 119.71 万千瓦。兰州市综合机械化水平 65.54%。其中，机耕水平 94%；机播水平 52.25%；机收水平 40.88%。总体进入以机械作业为主导的新阶段，并向农机化发展的高级阶段迈进，在国家农机购置补贴政策拉动下，全市农机装备总量持续增加，结构不断优化，动力机械大型化趋势加快。全市登记注册拖拉机 3.91 万台，拖拉机联合收割机拥有量 4.09 万台，考试发证 3.35 万人，2022 年度应检拖拉机联合收割机 3.89 万台，实检 3.7 万台，检验率 95.15%。

【粮食生产全程机械化】 截至年底，全市小麦综合机械化水平 98%，玉米综合机械化水平 89.83%，马铃薯综合机械化水平 87.75%。在皋兰县黑石镇建立马铃薯生产机械化新技术试验点 1 个，完成马铃薯生产全程机械化示范作业面积 500 亩，示范推广种植面积 1000 亩以上，引导合作社引进马铃薯机械化收获机 1 台（套），开展马铃薯机械化收获对比试验；开展大豆玉米带状复合种植技术示范工作，在榆中县清水村建立示范点 1 个，选型引进适宜的机具 1 台，跟踪开展种植，收获、测产等各项服务工作。深入一线开展技术指导培训 5 场次，技术咨询 200 人次，培训农机操作人员及农户 100 余人，示范点完成大豆玉米带状复合种植示范面积 30 亩。

【农机购置补贴】 落实中央预算内农机购置补贴资金 1302.22 万元。购置农机具 2559 台套，受益农户 2023 户；争取省级农机购置补贴资金 50 万元，在永登县组织实施小麦生产农机服务主体装备提升行动，主要用于对农机合作社当年购置的小麦生产关键农机装备给予省级累加补贴。该项目现已全部实施完毕，购置小麦联合收割机 11 台、无人植保机 2 台、田间施肥机 7 台、秸秆打捆机（带除尘）1 台，永登县 8 个乡镇 16 家农机服务主体受益。

【农机社会化服务】 持续培育壮大新型农机经营服务主体，推进以农业机械为载体，以为农户提供良种良法良机等技术装备集成服务为重点的农业社会化服务，涌现出“全程机械化＋综合农事服务”“半托管全托管型服务”“保姆式托管、菜单式选择、智能化服务”等不同类型的农机社会化服务新模式、新业态。全市有农机合作社75个，各类农机服务组织35个，农机社会化服务规模300万亩以上。

【农机安全生产整治】 全市各级农机安全监理机构按照全覆盖、零容忍、严执法、重实效的总要求，开展农机安全专项整治活动，组织农机安全监理人员深入农机合作社、维修网点、农机库棚、田间场院和农机作业场所摸排农机隐患，实行重大隐患分级管理、挂牌督办、闭环管理，落实整改措施。推行“亮尾工程”，对上道路行驶的拖拉机和联合收割机100%发放并张贴反光警示标示，坚决杜绝因农业机械安全防护缺失而引发的农机事故。持续开展安全宣教，利用农机“安全生产月”“三夏”“三秋”等有利时机，开展“送检下乡”“送安全知识下乡”活动，宣传农机安全生产知识。组织开展农机监理人员培训，邀请省、市有关专家对全市80余名农机监理人员现场授课，持续提升农机监理人员能力水平。推进“打非治违”专项行动，开展“春耕”“三夏”“三秋”农机安全大检查，与公安交管部门组成联合执法工作组，在农机作业集中区域、乡村道路等农机事故高发区域，严厉查处无牌行驶、无证驾驶、违法载人、拼装改装等农机安全违法违规行为，农机安全隐患明显降低。全年全市各级农机安全监理机构共出动402车次，安全检查人员1323人次，检查农业机械4.0454万台次，发放督办通知书35张，查处一般安全隐患165条，整改一般安全隐患165条，无重大安全隐患。

（翟柯帆）

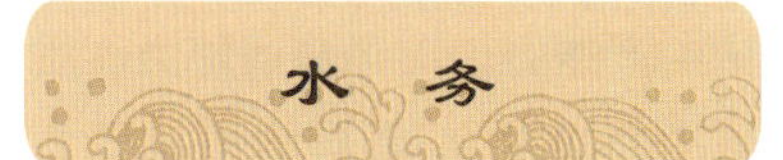

水　务

【概况】 2022年，全市水务工作聚焦改革发展重点，全年推动落实水利建设项目47项，争取到位国家和省市各类水利资金2.8亿元，完成水利固定资产投资23.43亿元。城关区和榆中县水务局被省水利厅评为水资源管理先进集体，全市水务系统6名个人被评为水资源管理先进个人。4个先进集体、6名先进工作者、3名优秀河湖长以及2名河湖卫士获得省级表彰。

【水利规划】 印发实施《兰州市黄河流域生态保护和高质量发展水利专项规划》《兰州市黄河流域生态保护和高质量发展水土保持专项规划》《兰州市河湖岸线保护专项规划》《兰州市水安全保障规划》《兰州市“十四五”水利发展规划》等规划。

【水利项目建设】 黄河甘肃（兰州）段防洪工程项目全面竣工投入运行。完成总投资563万元的4个黄河干流城区段河道整

4月，黄河干流兰州城区段老干部活动中心—水车博览园段河滩整治工程施工前

4月，黄河干流兰州城区段老干部活动中心—水车博览园段河滩整治工程完工后

治项目建设任务，实施概算投资766.61万元的黄河干流兰州城区段（元通黄河桥—雁滩黄河大桥段）河滩整治工程。新建榆中县宛川河（土沟—岳家巷—巴石沟—入黄口）综合治理工程、永登县咸水河防洪治理工程2项中小河流治理项目。投资约600万元实施城关区鱼儿沟防洪治理工程、永登县中堡镇大岭排洪沟护堤维修加固项目。

【水资源管理】 全市（不含兰州新区）实际用水总量约9.14亿立方米，未突破11亿立方米的控制目标。严格取水管理，在永登县和榆中县地下水超采区，暂停审批建设项目新增取水。严格计划用水，完成市管18家取水单位2021年度取水情况审核和2022年度用水计划下达工作，核减部分取水户取水量500万立方米。加快推进节水型社会建设，完成七里河区彭家坪灌区等29家县级水利单位节水型单位创建工作，指导城关区、西固区、安宁区和红古区开展县域节水型社会达标建设工作并成功通过省级技术评估。关闭兰州石化公司、兰州黄河嘉酿啤酒有限公司、七里河小西湖公园等20眼地下水取水井。

【依法治水】 调整完善部门权责清单，由原71项减为65项。严格规范公正文明执法，围绕黄河流域生态保护和高质量发展，开展防汛保安、地下水超采治理等专项执法行动，市级依法征收水资源费255.5万元、水土保持补偿费782万元。创新包容审慎监管，推行“两轻一免”柔性执法，在法定权限范围内给予企业容错纠错空间。推进全民普法，广泛开展“世界水日”“中国水周”主题宣传，制作“节约用水、珍惜水资源”主题宣传片在全市公交、轨道交通移动传媒宣传。落实中心组学法制度，制定印发《兰州市水务局2022年度干部学法方案》，累计学习相关法律法规20余部。

【河长制推行】 不断完善河湖管护体系，在健全完善“河长＋警长＋检察长”的基础上，建立“志愿者＋巡河员”体系，全市各级设立巡河护河员1118名，河湖管理保护志愿者430名。不断丰富河湖管护方式，持续完善“暗访督查＋无人机航拍监测＋巡河App+群众举报”为主要手段的河湖监管体系，实行“督办、查办、一事一办”三单控制制度，全年向县区和成员单位下发督办单20余份，向市级河长、各县区总河长印送提示函8份。强化跨界河流联防共治，市级层面分别与海东市、白银市、临夏州、武威市签订湟水、黄河、庄浪河、大通河联防联控合作协议与水污染联防联控合作协议，各县区签订跨界河流联防联治协议40余份，实现多领域开展跨界河流管理保护协作。

【水生态文明建设】 纵深推进河湖“清四乱”常态化规范化开展，全年累计清理河道垃圾4万余吨，清理违规建筑8600余平方米，清除阻水片林和高秆作物500余平方米。突出抓好水域岸线管理，推进黄河干流城区段27艘趸船影响行洪问题整治，完成整改10艘、清理拆除14艘；开展妨碍河道行洪问题整治，现场复核水利部推送卫星遥感疑似问题图斑601个，发现碍洪突出问题17个，督促相关县区完成整改16个，清除碍洪废弃桥墩7座4426平方米；开展黄河干流岸线利用项目专项整治行动，完成黄河干流兰州段240个岸线利用项目的逐一摸排调查，拆除取缔类岸线利用项目16个，整改规范类21个。完成8个国家水土保持重点工程建设，水土流失治理40平方千米、小流域综合治理15平方千米。持续加强水土保持预防监督，对47个生产建设单位下达责令改正通知书，督促建设单位完成整改工作。

【水旱灾害防御】 2022年，兰州市汛前旱情严重多点散发，主汛期局地暴雨场次多、强度大，黄河多条主要支流洪水频发。面对严峻的水旱灾害防御形势，兰州市水务局履行监测预警、水工程调度和防汛抢险技术支撑三大职能，高效应对干旱洪涝灾情，实现暴雨洪涝灾害人员零伤亡、黄河干支流行洪安全的两大目标。做足防汛准备。汛前组织全市水务部门谋划防御部署，及早开展防汛抗旱检查准备工作，对重要堤防、重点河洪道及中小水库、塘坝、淤地坝、涉河项目工地度汛安全隐患进行拉网式排查，督促相关责任单位限期整改。对水电站水库运行调度计划和防汛抢险应急预案进行批复备案，适时开展防汛应急调度演练。主汛期累计开展汛情会商5次，发出提示性预警424条、山洪预警53条、临灾预警477条、汛情快报160条，转移群众约2300人次；市本级发布预警短信5万余条、县级发布预警短信32万余条，涉及相关防汛责任人9874人次。对水库（水电站）在汛期开展精细化调度，对八盘峡、柴家峡、河口等主要水电站开展调度100余次，提前预泄、拦洪削峰，共计拦蓄洪量约1.1亿立方米。开展冬春抗旱工作。前半年旱情发生后，市水务局先后派出3个工作组指导县区开展相关工作。适时启动应急备用水源，优先保障受旱群众生活用水，协调七里河区启用应急水源3处，解决3个乡镇4291人的因旱缺水问题。各灌区满负荷运行，切实保障灌区内特色产业、设施农业和重点单位供水需求，全市累计完成抗旱保灌面积67.61万亩。申请抗旱救灾专项资金200万元，累计投入农村供水抗旱资金300万元，改造工程10余处，对重点大中型灌区投入资金320万元缴纳高扬程电费、开展维修养护，为灌区满负荷运转提供保障。适时启动粮食作物抗旱应急灌溉行动，免费灌溉面积约12.3万亩，免费灌溉水量约1500万立方米，减免水费约592.5万元。

【农村水利】 累计投资5328万元建成农村供水改造提升工程11项。采用市场化手段对全市所有千吨万人农村供水工程和部分分散工程进行《生活饮用水卫生标准》要求的42项常规指标检测，针对检测结果提出意见建议，督促县区整改到位。加强工程维修养护，筹措到位县级以上维修养护资金797万元，维修养护各类工程176处。推荐永登县河桥水厂、榆中县兴隆水厂为五星级水厂，榆中县连搭分公司水厂、城关水厂为四星级水厂、持续开展动态监测，研究制定《兰州市农村饮水安全动态监测工作方案》，按照“发现一户、监测一户、帮扶一户、动态清零一户”的要求，对所有农村群众用水情况开展动态监测。登丰中型灌区续建配套与节水改造项目完成全部建设任务。加快推进“十四五”中型灌区续建配套与节水改造项目前期工作，新增推荐市大砂沟、红古湟惠渠、皋兰西电、永登西坪4处灌区上报省水利厅，并将已纳入“十四五”中型灌区改造项目规划内未实施的榆中三电、红古谷丰渠、永登河桥3处灌区上报参加全省遴选，经省级确定并报水利部批准，红古谷丰渠灌区节水改造项目列入2023年实施计划，榆中三电、红古区湟惠渠2处灌区成功纳入全省2023—2025年省级实施计划。

【水务监督】 按照“党政同责、一岗双责、齐抓共管、失职追责”的原则，严格落实一把手负总责和领导班子成员“一岗双责”安全工作责任制。年初签订《安全生产目标管理责任书》28份，全年召开安全专题会议12次，组织安全培训60余人次，发放安全生产资料5200余份。成立以领导班子成员为组长的4个督察组，先后6次对全市在建水利工程和水库大坝、水电站、水闸、堤防、灌溉供水工程等水利设施开展安全督查检查，全市水务系统累计开展安全生产大检查112次，发现安全隐患356处，现场及时整改261处，下发整改通知书95份，全部完成整改。进一步细化完善《兰州市水务局安全生产监管责任清单》《兰州市水务局防汛应急预案》《兰州市水务局安全生产事故应急预案》等12项预案和责任清单管理制度，确保全市水务系统安全生产工作有法可依、有章可循。

（孔佑花）

应急管理

【概况】 2022年，市委、市政府先后召开13次市委常委会、14次市政府常务会专题学习习近平总书记关于安全生产防灾减灾重要论述，研究部署安全责任落实、防范遏制事故、强化应急保障等重点工作。全市安全生产四项指标同比全面下降，全年发生各类生产安全事故138起，死亡100人，受伤98人，直接经济损失4189.38万元，事故起数、死亡人数、受伤人数和直接经济损失同比分别下降4.83%、8.26%、3.92%和2.88%，发生较大生产安全事故1起、较大道路交通事故1起，全市安全生产形势总体稳定。全市因低温冷冻、洪涝、风雹、干旱等灾害造成251125人次受灾，累计农作物受灾面积75.4万亩，其中农作物成灾面积43.29万亩、农作物绝收面积5.72万亩。倒塌、损坏房屋297间，直接经济损失32690.54万元。

【安排部署】 市安委会向全市8个县区、27个市级重点部门分解下达2022年度全市安全生产防灾减灾应急救援和消防工作目标责任。分条块制定全市安全生产、防灾减灾、防汛抗旱等6个工作要点，对重点工作任务进行条目式细化分解。先后组织召开4次市安委会全体（扩大）会议，10余次安全防范、防灾减灾、防汛抗旱、森林草原防灭火等专项会议，开展重点工作周调度26次，围绕重点工作落实形成重大事项集中研究、每季度阶段性安排、周调度督促进展、重点时段日报告研判的工作机制。

【责任落实】 市委、市政府始终将责任落实作为抓好工作的关键，认真贯彻国务院安委会安全生产15条硬措施和省委、省政府35条具体措施，出台《兰州市关于进一步强化安全生产责任落实全力防范遏制生产安全事故的具体措施》，特别对落实安全生产基层属地监管责任和企业全员安全生产责任提出明确要求。印发市委、市政府领导安全生产职责和年度工作责任清单，各县区、乡镇（街道）比照执行，对安全生产责任实行“清单化”管理。市安委会对安宁区、榆中县、永登县的3起一般生产安全事故调查处理实施挂牌督办，对西固区、皋兰县安全生产工作进行黄色预警，对2022年以来安全生产责任落实不到位、生产安全事故多发或问题突出的西固区、榆中县和市级部门进行工作约谈。对兰州野生动物园“5·2”车辆伤害一般事故、西固区安置房项目“5·3”起重伤害较大事故严肃开展调查，依法依规追究责任单位、责任人责任，充分发挥事故责任追究的震慑和警示作用。

【安全生产】 紧盯重点行业领域和重点时段，实现既有问题隐患“动态清零”的工作目标，兰州市安全生产委员会以安全生产专项整治三年行动巩固提升为主线，部署开展全市安全生产大检查、全市“控风险除隐患”安全生产百日攻坚行动、岁末年初重大隐患整治专项行动等专项整治，同时积极配合省安委会安全生产“四不两直”（不发通知、不打招呼、不听汇报、不用陪同接待，直奔基层、直插现场）诊断式督导检查、安全生产驻点包抓等督查工作，严格按照“五定”（定整改措施、定整改责任人、定整改单位部门、定整改时限、定整改防范预案）要求制定专项整改方案，动态更新三年专项“两个清单”（全市安全生产专项整治三年行动工作开展情况清单、全市安全生产专项整治三年行动突出问题和重大隐患清单）和专项整治“三套台账”（省安委办安全生产“四不两直”诊断式督导检查问题隐患台账、省安委办驻点包抓问题隐患台账、全市“控风险除隐患”安全生产百日攻坚整治行动问题隐患台账），做到问题隐患及时发现反馈、定期“回头看”、持续跟踪整改。全市全年各重点行业领域共排查整改企业层面安全隐患2.53万处，约谈生产经营单位3457户次，制定制度措施71条，由市安委办牵头对全市安全生产专项整治三年行动实施效果开展全面总结评估。省上“四不两直”、驻点包抓及市级百日攻坚行动反馈问题整改率分别为97.6%、94%和98.4%，未整改完毕问题实行台账式管理、清单式销号。同时积极统筹协调，推进城镇燃气、居民自建房、消防、交通事故“减量控大”专项整治等工作，实现事故隐患“减存量、遏增量”的目标。

【安全管理模式创新】 完善安全生产工作机制，在工贸行业开展企业安全生产示范班组创建活动，总结形成以兰州铝业有限公司为代表的“葡萄图”安全管理模式。同时，企业将每名作业人员月度安全绩效的30%与葡萄图积分相结合进行考核，有效激发全体员工参与安全生产工作的积极性。“葡萄图”管理模式可有效加强基层班组和岗位从业人员的日常安全管理，落实企业全员安全生产责任制，盘活企业安全生产管理的“最小单元”，从根本上消除隐患、减少事故。

为进一步提升企业本质安全水平，在实践中总结、优化、固化一套“可复制、可推广”的先进区域企业集群安全管理模式。市应急管理局选取兰州石化公司作为试点企业，研究和探索将杜邦安全理念与HSE体系管理相结合的安全管理模式，将HSE体系管理的7个一级管理要素、26个三级管理要素归纳总结，逐步形成“一个核心”（以突出领导作用和承诺为核心）、“一条主线”（以强化风险防控为主线）、“两种传承”（以文件化信息和管理经验、操作经验传承为支撑）、“两种方法”（以运用过程方法和PDCA循环方法为抓手）、“三种状态”（以有效管控正常、紧急和异常运行状态为目标）、“三级监控”（以坚持日常监督检查、强化内部审核、落实管理评审为手段）的“112233”安全管理思路。在中石油、中石化系统内的危化企业中推广应用，阶段性成效显著。

【综合防灾减灾】 兰州市第一次全国自然灾害综合风险普查领导小组办公室牵头组织开展以地震、地质、水旱、气象、林草防火为重点的灾害风险调查评估，完成公共服务设施承灾体2210处、重点隐患承灾体237家、综合减灾资源（能力）单位11887家以及房屋、道路、桥梁、森林可燃物调查，成果数据达到汇交质量要求，通过省级质检核查。全市重点涉灾部门加快推进主城区地质灾害综合治理三年行动、山洪地质灾害监测预警设备选址安装、防洪工程治理等基础设施建设，组建市、县、乡、村四级共1398人的信息员队伍，形成“人防＋技防”防灾减灾工作合力。创建减灾示范社区，推荐申报全国综合减灾示范社区4个、村社创建省级综合减灾示范社区17个。

【防汛抗旱】 全年灾情呈先旱后涝、旱涝急转态势，加强会商研判、监测预警、灾情应对，向上争取抗旱资金440万元、生产类减灾补助资金430万元，市级财政列支抗旱减灾补助资金925万元，累计完成抗旱保灌面积67.57万亩。做好防汛备汛，对全市8个县区、高新区、63个县级山洪灾害防御行政责任人和7条主要河流、23座大中型水库防汛责任人进行公示，发布提示预警、临灾预警等信息1100余条，督促基层落实临灾预警“叫应叫醒”机制，组织转移群众2308人次，有效应对汛期10轮次强降水天气过程，未发生因灾致人伤亡情况。

【森林草原防火】 开展森林草原火灾隐患排查整治活动和打击森林草原火灾违法行为专项行动，落实“四级”林长制责任，层层传导工作压力，紧盯春节、清明、五一、国庆等重点时段，强化督促指导，履行属地、行业部门、林草经营单位防灭火各项工作职责。应急、林业、自然资源、两山指挥部等部门动态掌握森林草原火险天气预测预报等气象信息，分析研判林草区火险形势、做好高火险预警响应。通过设立森林草原防火监控预警站、检查卡口点、防火二维码、语音提示、瞭望塔等系统设施，对进山入林人员、车辆进行实时监督管理。防火期共登记进山入林人员3.86万人次，车辆1500余辆，发布预警提示短信98万余条。

【应急处置】 在兰州市突发事件总体应急预案框架下编修各类专项应急预案33个，组织开展专项演练50余场。严格执行应急系统节假日“三三制”和24小时值班值守工作制度，严格规范灾害事故信息报送时限、流程，畅通信息报送和共享渠道，压实灾害事故信息报送责任，夯实灾害信息报送工作基础，推动应急值班值守科学化、标准化、规范化，全年累计接报处置生产安全事故及其他突发事件177起，各类事故灾害和突发事件得到科学有效处置。完成省第十四次党代会、冬奥冠军陇原行、省十五运会开闭幕式等重大活动应急保障及救援备勤工作。

【应急指挥通信网建设】 坚持统分结合、分级建设，在“一中心”(兰州市应急管理局应急指挥中心)、“一平台”(应急指挥信息化平台)的基础上，筹措经费996万元，拓展建设370兆应急指挥窄带无线通信网。在各县区应急指挥场所、商业集中区及工业园区、自然灾害高发区、重点林区建设370兆应急指挥窄带无线通信网固定基站22座，装备2辆越野应急通信车，完成1辆多功能应急通信指挥车改造，配备370兆窄带通信基地台、车载台、移动基站、Ku卫星便携站、多模终端、自组网通信设备以及可视化应急调度平台140台(套)，为28家市安委会重点成员单位配备56部370兆多模终端。通过市县分级建设，横向至本级党委、政府总值班室和安委会重点成员单位，纵向至乡镇(街道)、村(社区)均配备多模终端，实现横向联动、纵向联通，平战时期和复杂条件下的应急指挥调度和通信保障能力稳步提升。

【疫情防控应急保障】 坚持疫情防控安全生产一体化监管，应急管理部门紧盯消杀物资生产、危化、矿山、供暖、供热、供电等行业领域，开展线上调度和安全指导服务。积极掌握疫情防控救灾物资需求，先后向县区和单位调拨市级救灾物资32批次共计25832件，有力保障核酸采样点、防控卡口点布设需要。组织甘肃蓝天救援队、方舟救援队等社会救援力量开展场所消杀、秩序维护、物资装卸等工作，累计出动人员1.4万人次，消杀面积1.6亿平方米。

【行政审批】 对应急管理领域37项政务服务事项编制清单并进行发布，36项事项开通全程在线办理。优化审批流程，承诺时限压缩比达到75%，加快审批速度，提高审批效率。依法依规办理危化经营许可318个、非药品类易制毒化学品备案证明14个、危险化学品安全生产许可7个、非煤矿山安全生产许可9个、烟花爆竹批发许可证5个、生产安全事故应急预案备案310个，按期办结率100%。

【宣教培训】 组织“防灾减灾日”“安全生产月”“安全生产金城行”“11·9”消防宣传日等集中宣传，常态化开展安全宣传“五进”活动，组织“第一响应人”应急能力提升培训和企业第一责任人承诺。建成消防主题公园1处，开放科普宣传点18家，开展宣传活动630场次、培训240场次，受众54万人次。组织党政机关、企事业单位人员参加“新安法知多少”安全知识网络竞赛活动。加大培训机构的监管力度，累计抽检安全培训机构 24 家、考试点 6 个，对 8 家机构申请停号整改处理。全年组织 1.66 万人次参加安全生产考试，制发各类安全生产培训证件 1.29 万张。

（杨　飞）

地　震

【概况】　2022 年，市地震局推进地震监测预报预警工作，加强地震观测数据处理与汇集共享，申请共享省地震局部分台站观测资料，编制《2022 年度兰州地震趋势研究报告》《兰州市地震观测台网系统升级改造方案》，印发《兰州市地震高烈度区重大基础设施地震灾害风险摸排工作方案》。开展房屋设施加固工程，地震灾害风险防治，区域性地震安全性评价、房屋设施抗震设防信息采集，推进综合减灾示范社区建设。推进防震减灾公共服务，拍摄完成视频短片，制作 H5 宣传片，编写《防震减灾知识读本》。

【地震监测预报】　加强震情监视跟踪和分析研判，申请共享省地震局部分台站观测资料，编制《2022 年度兰州地震趋势研究报告》。完成春节、冬奥会、两会、高考、省运会、国庆及疫情防控等重大活动和重要时段的震情监测保障服务工作。持续推进“三个一批”的落实，编制《兰州市地震观测台网系统升级改造方案》，对榆中高墩营、兴隆山台站等进行环境整治和升级改造。编印《地震宏观观测知识读本》，联合各区县对全市 64 个宏观观测点和宏观观测员分别开展实地调研和业务培训。协助省地震局做好地震预警兰州工作站的建立和已安装地震预警终端工作状态的跟踪等系统试运行的前期准备。推进第二批地震预警终端的落实，与区县地震部门联合开展调研，在市域内选取 20 个地震预警终端加密布点，选取 88 所学校作为地震预警大喇叭安装场点，逐步扩大兰州市地震预警信息覆盖面。

【地震灾害风险防治】　配合实施风险隐患普查工作，向各区县和高新区等 21 家单位印发《兰州市地震高烈度区重大基础设施地震灾害风险摸排工作方案》，配合“重点城市自然灾害风险防治与安全发展示范工程”项目建设，协同省地震局项目组赴市发改委、住建局、水务局、人防办、应急管理局等部门调研，听取有关意见建议，优化相关建设内容。推进房屋设施加固工程实施，2022 年棚户区改造建成任务共 14 个项目 7176 户，基本建成率 100%；实施 221 户农房抗震改造，全部竣工；完成道路维修约 35 万平方米、人行道维修约 4.3 万平方米；对中山桥、新城黄河大桥等 210 座桥梁设施进行常规检测，对雁滩黄河大桥等 3 座桥梁进行专项索力检测。指导西固区化工园区、兰州经济技术开发区红古园区、兰州能化共轨碳中和示范园的区域性地震安全性评价。强化减隔震技术的推广应用，指导北京八中兰州分校高中部、甘肃省博物馆扩建工程、甘肃省生物制品批签发中心等 20 余个项目采用减隔震技术。协调推进国家级综合减灾示范社区创建工作，推荐上报省级综合减灾示范社区 17 个，国家级综合减灾示范社区 3 个。

【地震应急响应】　强化地震应急预案演练能效，会同市应急局、市退役军人事务局等单位，完成第一期退役军人地震应急能力培训班。指导区县和相关部门、单位的地震应急预案修订，在各级企事业单位、各类学校、街道社区开展地震应急专题辅导讲座 3 期，应急演练 2000 余场，参加演练师生 113 万人次。强化常态化地震应急准备，组织开展系统内部地震应急演练，在榆中县马坡乡阳洼村，开展兰州市地震系统应急演练，组织全市 8 个区县地震部门的工作人员参演，检验应急预案流程的有效性和可操作性。对各区县政府、高新区管委会和部分成员单位的地震灾害防范应对准备工作情况进行检查，落实《国务院抗震救灾指挥部办公室对甘肃省地震灾害防范应对准备工作检查反馈意见》整改要求，制定《兰州市地震局地震现场应急装备管理办法（试行）》。持续优化地震应急指挥技术系统，与兰州市应急指挥平台实现医疗、消防、专业救援队伍等方面信息数据的交换和共享；在南北两山架设无线中继设备，实现市区 30 ~ 50 千米范围内超短波无线对讲通信全覆盖。高效应对

1月8日门源6.9级地震、1月23日德令哈5.8级地震、3月17日张掖5.1级地震、6月16日西固3.2级地震对兰州的影响。制定《2022年兰州市震情监视跟踪和应急准备工作实施方案》，高质量做好重点时段、重大活动的地震应急保障和信息服务工作。进一步健全完善地震灾情速报网络，编制《兰州市地震灾情速报员工作手册》，加强信息共享和动态管理，提升震后灾情获取能力。

6月23日，市地震局在城关区闵家桥社区蓝宝石大酒店门口举行地震自救互救知识与技能培训活动

【地震科技支撑】 坚持自主创新，把内容丰富、形式多样的防震减灾文化大餐不断呈现给公众，拍摄完成《文物背后的故事——中国第一代地震烈度区划图》《"震"奇妙，古建筑为何能抗震》等科普视频短片。在今日头条发布地震局制作的重点工作内容创意长图曝光量72万次，创下防灾减灾宣传的高点；拍摄展现兰州市地震博物馆的短视频《山洞里的博物馆》，在兰州广播电视收视率达到2‰；制作H5宣传片《地震逃生自救常识，必看》《来，说说震事儿》，编写《防震减灾知识读本》等科普产品。促进地震科技成果应用，推进甘肃省博物馆扩建工程、甘肃省生物制品批签发中心等20余个项目开展减隔震技术推广应用。

【防震减灾公共服务】 制定《兰州市地震局2022年法治政府建设工作要点》，落实《甘肃省防震减灾条例》《甘肃省地震安全性评价管理条例》，开展防震减灾普法宣传教育，落实领导干部带头学法用法，加强防震减灾法治建设。加强行政执法队伍建设，完成行政执法人员综合法律知识培训，18名行政执法人员均取得执法资格证。坚持在重要节点和重点时段，持续采取"线上+线下"相结合的方式，广泛深入地组织开展震减灾知识"七进"活动，通过广播电视、楼宇广告、车载电视、预警终端、机关单位大屏等平台播放科普宣传教育片2000余次，在《兰州日报》等报纸杂志刊登科普文章14篇，在爱兰州App组织线上防震减灾知识竞赛1次，10.46万人参加。通过金城科普云讲堂，邀请省地震局专家专题科普讲座，10.75万人收看。推进"地震科普携手同行"主题活动试点工作，创新开展"十个一"活动，举办主题征文，收到书法、绘画、文章、音视频等作品1009件，推荐优秀作品108件，有效提升全民防震减灾意识和应急处置能力。强化科普阵地建设，组织和指导各区县开展国家级和甘肃省防震减灾科普示范学校的创建申报工作，推荐安宁区长风小学和兰州市第四十九中学申报国家防震减灾科普示范学校，西固区桃园中学、西固区福利东路第一小学被评为甘肃省防震减灾科普示范学校。持续优化兰州市地震博物馆参观环境、提升服务质量，对研学课程进行"课程组合""团队+个人""参观+研学"方面的提升，开展《古建筑抗震秘籍》的特色主题研学活动，使来访学生得到内容丰富、形式多样的防震减灾知识，进一步提高防震减灾意识。市地震博物馆获全省年度科普基地运行绩效评估第二名，兰州市科普基地运行绩效评估"优秀"等次。

（王晟宇）

气　象

【概况】 2022年，全市平均气温在7.2℃~12.0℃之间，较历年同期偏高1℃左右。年降水量在195.3~461.5毫米之间，雨

日偏少，年日照时数正常略少。年内冷暖起伏大，旱涝急转，入春偏早。主要的气象灾害有干旱、暴雨洪涝、冰雹、大风等，造成部分地方农业损失，总体上看，2022年属于气候条件较差的年景。

【主要气象要素】 气温：全年平均气温偏高。全市年平均气温9.1℃，较历年同期偏高1.1℃，按照气温等级评定标准，属偏高年份。年内各月气温起伏较大，其中2月、12月平均气温偏低，其余各月平均气温偏高，特别是3月、6月、8月异常偏高。

冬季（2021年12月—2022年2月）：季平均气温-5.3℃，较历年同期偏低0.3℃，较上年同期偏低0.6℃。其中，兰州（指兰州市区，下同）-2.0℃；榆中-5.8℃；皋兰-6.7℃；永登-6.6℃。与历年同期相比，兰州持平，其余各地偏低0.4℃~0.5℃。与上年同期相比，全市各地偏低0.4℃~0.8℃。按气温异常等级标准，全市各地气温属正常年份。

春季（3月—5月）：季平均气温11.6℃，较历年同期异常偏高2.0℃，为1961年以来同期最高，较上年偏高1.3℃。其中，兰州14.5℃；榆中10.9℃；皋兰11.7℃；永登9.2℃。与历年同期相比，全市各地偏高1.8℃~2.1℃，与上年同期相比，全市各地偏高1℃~1.5℃。按气温异常等级标准，全市各地气温属偏高年份。

夏季（6月—8月）：季平均气温21.6℃，较历年同期异常偏高2.0℃，为1961年以来同期最高，较上年同期偏高0.8℃。其中，兰州24.3℃；榆中20.6℃；皋兰22℃；永登19.3℃。与历年同期相比，各地偏高1.9℃~2.1℃。与上年同期相比，全市各地偏高0.4℃~1.0℃。按气温异常等级标准，全市各地气温属偏高年份。

秋季（9月—11月）：季平均气温9.0℃，较历年同期偏高1.1℃。其中，兰州11.7℃；榆中8.2℃；皋兰8.5℃；永登7.4℃。与历年同期相比，各地偏高1.0℃~1.2℃。与上年同期相比，全市各地偏高1.1℃~1.6℃。按气温异常等级标准，属全市各地气温偏高年份。

日极端最高气温：兰州39.1℃（7月7日）、皋兰37.4℃（7月6日）、榆中36.1℃（7月7日）、永登32.7℃（7月7日）。

高温日数（日最高气温≥32℃）：兰州52天、皋兰35天、榆中14天、永登2天。高温时段较为集中，晴热高温天气主要出现在6月中旬至8月中旬。

日极端最低气温：兰州-13.7℃（12月17日）、榆中-20℃（12月17日）、皋兰-22.5℃（12月18日）、永登-21.6℃（12月17日）。

降水：全市年平均总降水量287.3毫米，较历年偏少34.8毫米，与历年同期相比偏少近1成。兰州、榆中、皋兰、永登四站年降水总量分别为260.3毫米、461.5毫米、195.3毫米、232.2毫米。按照降水等级划分标准，全市降水属偏少年份。兰州全年平均雨（雪）日（降水量≥0.1毫米）：兰州48天、榆中78天、皋兰52天、永登69天。

汛期（4月—9月）降水量266.6毫米，主要集中在7月—8月，全市平均累计降水量204毫米，占汛期总降水量的81%，占全年总降水量的76%。

冬季（2021年12月—2022年2月）：冬季降水量8.5毫米。其中，兰州4.2毫米；榆中15.2毫米；皋兰3.3毫米；永登11.4毫米。按降水量异常等级划分标准，全市冬季降水属偏多年份。

春季（3月—5月）：全市降水总量16.6毫米。其中，兰州16.3毫米；榆中22.2毫米；皋兰12.7毫米；永登15.3毫米。按降水量异常等级划分标准，全市春季降水属异常偏少年份。

夏季（6月—8月）：全市降水总量239.5毫米。其中，兰州223.3毫米；榆中388.6毫米；皋兰163.8毫米；永登182.3毫米。按降水量异常等级划分标准，全市夏季降水属偏多年份。

秋季（9月—11月）：全市降水总量22.8毫米。其中，兰州16.5毫米；榆中36.4毫米；皋兰15.5毫米；永登22.9毫米。按降水量异常等级划分标准，全市秋季降水属异常偏少年份。

日照：全市平均总日照时数2374.3小时，按日照时数年度评定标准，全市日照属偏少年份。各月日照时数1、2、5、7、11月日照时数较历年平均值偏多，其余各月日照时数以偏少为主。

相对湿度：全市平均相对湿度45.3%，较历年同期偏低6.2%，较上年偏低0.9%。

风：全市年平均风速1.7米/秒，较历年平均值偏大0.1米/秒。其中兰州、皋兰、榆中、永登四站年平均风速分别为1.1米/秒、1.7米/秒、1.9米/秒、2.2米/秒。

【主要天气事件】 干旱：全市干旱时段主要出现在1月至2月初，2月中旬，2月底至4月中旬，9月下旬至10月上旬，10月底至12月底，全市各地无有效降水，达到气象干旱标准。兰州最长持续无降水日期为10月29日至12月31日共计64天，皋兰最长持续无降水日期为2月28日至4月14日共计46天，榆中最长持续无降水日期为2月20日至4月14日共计54天，永登最长持续无降水日期为2月20日至3月20日共计29天。

轻雾：年内皋兰出现72站次轻雾天气，兰州出现13站次，永登出现3站次，榆中出现91站次。

雾：年内榆中出现2站次雾天气，皋兰出现1站次。

霾：年内皋兰出现2站次霾天气，兰州出现7站次，榆中出现14站次。

大风：年内榆中出现2站次大风天气，永登出现3站次，皋兰出现3站次，兰州出现1站次。

浮尘：年内皋兰出现23站次浮尘天气，兰州39站次，榆中8站次，主要集中在春季。

扬沙：年内仅皋兰出现3站次扬沙天气，较历年同期偏少。

高温天气：全年高温日数（日最高气温≥32℃）：兰州52天、皋兰35天、榆中14天、永登2天。

暴雨、短时强降水：全市累计出现暴雨41站次，较常年同期偏多177%。暴雨发生时段主要集中在8月，共出现7场区域性暴雨天气过程。夏季共出现“7·11”“7·15”“8·1”“8·4”“8·14”“8·18”“8·21”7场区域性暴雨天气过程。其中，永登8月1日、8月4日、8月13日和8月18日大部地区先后出现雷暴强降雨天气，引发洪涝灾害；榆中8月18日凌晨至8月19日上午大部出现雷阵雨天气，全县大部中到大雨，中西部局地暴雨，致使农作物不同程度受灾，造成一定程度的经济损失，无人员伤亡。

冰雹：年内全市冰雹天气主要出现在7月，全市各地受灾较为严重。其中，皋兰出现2站次冰雹天气，出现时间为7月24日、30日；永登出现3站次冰雹天气，出现时间为7月20日、26日和30日；榆中7月24日出现1站次冰雹天气，导致多个县农作物和林果业受灾，造成一定的农业经济损失。

初霜冻：全市初霜冻均出现在10月。其中，兰州市区、皋兰出现在10月10日；永登出现在10月11日；榆中出现在10月18日。

强降温天气过程：年内主要出现10次强降温天气过程，分别为1月26—27日（皋兰、永登）、2月18—19日（永登、皋兰、榆中）、3月24—25日（兰州、皋兰、永登）、3月29—30日（兰州、皋兰）、4月11—12日（皋兰、永登）、4月28—30日（皋兰、永登）、5月12—13日（全市）、11月29—30日（全市）、12月16—17日（全市）、12月24—25日（全市）。其中，皋兰11月29日、12月17日出现强寒潮；永登11月29日出现强寒潮；兰州11月29日出现强寒潮；榆中11月29日出现寒潮。

连阴雨：年内主要出现6次阴雨天气过程，分别为6月25—27日，兰州、皋兰连续3日出现阴雨天气，7月8—11日全市连续3—4日出现阴雨天气，7月15—19日全市连续3—5日出现阴雨天气，8月21—25日永登和榆中连续4—5日出现阴雨天气，8月13—15日全市连续2—3日出现阴雨天气，8月27—31日全市连续3—4日出现阴雨天气。

【决策气象服务】 印发《兰州市气象局2022年春运气象服务方案》《兰州市气象局2022年决策服务周年方案》《兰州市气象局重大气象灾害性天气叫应服务工作方案》。完成气象监测和通信网络设备、预警信息发布渠道、应急预案和响应机制、业务流程和规章制度等大检查，确保气象服务工作安全、有序开展。

【为农服务】 印发《兰州市春耕春播气象服务方案》，建成兰州市智慧观光农业信息服务云平台，将“智慧气象”融入“智慧农业”建设，与榆中高原夏菜实验示范基地签署气象为农服务合作协议，打造现代都市农业气象服务试点，推动气象服务融入乡村振兴工作。

【人工影响天气】 市、县政府审批通过2022年人工影响天气作业计划。举办1期人影作业操作与人员安全培训班。全市开展火箭增雨27点次，发射火箭98枚；

9月15日，省气象局党组书记、局长杨兴国到兰州奥体中心检查指导甘肃省十五届运动会现场气象服务保障工作

高炮防雹作业56点次，耗弹686发；碘化银烟炉增雨（雪）作业燃烧烟条243支。

【城市气象保障服务】 5月23日，兰州市人民政府办公室印发《关于推进城市气象保障服务高质量发展的通知》，立足兰州市特色，突出“+气象”理念，实现城市气象保障服务与深化气象改革、气象现代化建设和兰州市气象事业“十四五”规划相衔接，为兰州市高质量发展和全面建设现代化中心城市提供气象保障。

【省十五运会气象保障服务】 印发《甘肃省第十五届运动会气象保障服务工作方案》，针对省运会气象服务需求，构建以天气预报预警为主的递进式气象预报预警服务模式。提供户外赛事、场馆预报、火炬传递、开闭幕式及灾害性天气预警等五大类气象预报预警服务产品。

【气象“十四五”规划印发】 兰州市气象局和市发改委印发《兰州市气象事业“十四五”发展规划》，明确“十四五”时期兰州气象事业发展的指导思想、发展目标、重点任务、重点工程和保障措施，为未来五年兰州气象事业高质量发展行动指南和加快推进高水平气象现代化建设的重要依据。

【安全生产】 制定《兰州市气象部门2022年“安全生产月”活动活动实施方案》，落实行业安全监管职责，加强对危化场所的防雷安全监管，与市应急局联合开展执法检查。

（詹玉辉）

消防救援

【概况】 2022年，市消防救援工作深入贯彻全国应急管理工作会议、消防救援工作会议精神，紧密围绕“喜迎二十大、全力保安全”主线，坚定不移抓班子带队伍、抓练兵谋打赢、抓防控保平安、抓基层强基础、抓执纪正风气，火灾形势和队伍内部保持“双稳定”，消防工作和队伍建设取得新进展。全年全市发生火灾1958起，死亡7人，受伤2人，直接财产损失1336.79万元，同比火灾起数上升6.99%，死亡人数上升16.7%，受伤人数下降66.7%，直接财产损失上升10.81%。全市消防救援队伍接处警4015起，出动消防车7705台次，出动消防救援人员48172人次，抢救被困人员704人，疏散被困人员364人，抢救和保护财产价值近6亿元。同比接警出动下降5.86%，出动人员上升3.09%，抢救被困人员下降3.96%，疏散被困人员下降49.79%。

【消防安全管理】 紧抓消防安全责任制落实，健全完善“党政同责、部门监管、单位主责、社会协同”，着力打好火灾防控的“组合拳”。推动市委市政府将消防安全纳入“平安兰州建设”考评范畴，召开会议专题研究消防工作6次，主要领导带队检查30余次，提请市政府出台《兰州市“十四五”消防事业发展规划》《兰州市消防安全责任制实施办法》。充分发挥安委会、消安委会平台作用，建立“队伍联动、隐患共治、系统融合”的工作机制，构建随机检查、网格兜底、综合监管、责任追究、智能防控“五位一体”的消防监督管理模式，联合教育、民政、卫健、应急、商务等部门，对学校、养老院、医疗机构、危化品企业、大型综合体开展督导检查。全面推进基层消防力量建设，全市110个乡镇（街道）全部挂牌成立消防工作站。聚焦防范化解重大安全风险，深入推进专项整治三年行动和消防安全大检查，聚焦党的二十大消防安保，部署开展大型商业综合体、打通生命通道“回头看”、村民自建房、医疗卫生机构、托育机构等专项整治，集中攻坚16家重大火灾隐患单位和4处区域性火灾隐患，为经济社会发展创造良好的消防安全环境。全年检查单位10759家、督促整改火灾隐患15964万处、临时查封100家、“三停”218家、罚款1502.9747万元、拘留3人。规范网格化管理，强化智慧消防建设和运用，“四系统”接入率77%，网格排查单位15.9万次，宣传培训9.2万次，物联网检查单位3.4万余家次。保持全市火灾形势的持续平稳。持续推进消防监督执法“规范化”，每月开展执法质量考评，有序推进消防安全领域侵害群众利益突出问题专项整治和消防执法“微腐败”专项整治，稳步推进历史遗留问题办理，持续推进“放管服”改革，规范“双随机、一公开”消防监管模式，有效实现“一门进、一窗办、一网通、一次办”，持续优化营商环境。

【灭火救援能力建设】 主动适应“全灾种、大应急”任务需要，持续深化全员岗位练兵，贯彻“党委议训、主官抓训、机关领训、全员参训”理念，创新“三全”（全方位等级防护、全方位战术应用、全方位科目设置）训练模式，开展“三化”（攻坚组基地化轮训、班组营区模拟化实训、站重点单位实战化演练），举办“金城卫士”业务技能比武竞赛，在全省全勤指挥部作战指挥能力比武中获第二名。分级分区域建强“高低大化山林疫”灾害事故处置专业队伍，开展地震、水域、山地、涉疫勤务、环境失联人员搜救5项救援技术培训，90人取得各类资质。承办全省CNG、LNG、LPG槽罐车道路事故救援技术培训，组织69人参加组织指挥能力、攻坚组、体能教练员集中培训，开展专题授课、战训大讲堂、桌面推演、复盘总结36次，促进队伍攻坚能力持续提升。不断完善现代化指挥体系，构建“两部八组”全勤指挥模式，推行“3+X单元式调派、小组化作战”新型调派作战体系，努力提升指挥作战的信息化、智能化、科学化、实战化水平，全年火灾警情数据录入率和准确率达到100%。推进“一短三快”初战机制改革，召开改革试点现场会。开展通信装备、中继照明线、耳扩及骨传导耳机与空呼面罩联用、公网与集群无线通信融合等小发明小创造，提升指挥效能。深化“智慧消防”建设，一体推进重大灾害场景数据融合智慧平台、火灾高空瞭望系统建设。着力提升实战打赢能力，组织开展多部门联合大型实战演练14次、辖区“六熟悉”及实战演练6192次，制修订预案1787份，高质量承办全省石油化工火灾跨区域演练、“砺剑陇原·誓保平安”地震救援实战演练。完成党的二十大、省第十四次党代会、省运会等重大消防安保任务。打赢“3·27”大天源建材市场、“6·13”金川科技园、“6·16”兰州新区滨农科技有限公司爆炸火灾、“8·6”兰东建材市场等火灾事故，奉命驰援“8·27”青海大通洪涝灾害救援。在“应急使命·2022”高原高寒地区抗震救灾实战化演习中，支队289名指战员在张掖主演习场连续奋战50余个日夜，完成4个重点科目演习任务。

【消防安全宣传教育】 持续深化消防安全宣传教育，积极发挥全媒体中心作用，与中央、省市媒体持续建立战略合作机制，推动内外宣传融合发展，开创消防宣传工作“新局面”。推动市委宣传部、市司法局将消防普法宣传纳入兰州市法治宣传教育五年规划。结合消防宣传“五进”活动、“安全生产月”、119消防宣传月等主题宣传活动，组织开展第四届“我是小小消防员”消防绘画作品、“我心中的火焰蓝”讲述、2022年度“消防安全示范课”评选活动。建成消防主题公园1处，开放科普宣传点18个，开展消防宣传活动630场次、培训240场次，受众54万余人，消防安全学习云平台注册人数40万人。建立微博、微信、抖音、快手、头条号等融媒体矩阵，兰州消防官方账号粉丝量91.2万，短视频平台播放量4.3亿次，消防常识知晓率明显提高。在全国优秀消防科普宣传教育作品评选大赛中，支队选送的作品分别获二等奖4部、三等奖5部及全国优秀科普图书奖。在全省第六届践行社会主义核心价值观“强国复兴有我”主题微电影、微视频创作展播活动中，支队微视频《我要入党》获三等奖。在省消防救援总队举办的“蓝焰星计划主播请就位”网络直播大赛以及首届文创作品大赛中，3名参赛主播分获一、二、三等奖，选送的《漫画消防》云图册、《消防安全宣传》长卷获三等奖；1人被中国消防协会评为第十三届“火凤凰杯”全国优秀消防科普工作者；支队被省消防救援总队评为“新闻宣传工作先进支队”，2人被评为“新闻宣传工作先进个人”。

【公共消防基础设施建设】 市政府将公共消防设施建设纳入年度重点工作目标，坚持把公共消防设施建设作为基础性战略工程来抓，按照“十四五”消防救援队站建设规划年度计划，加快推进消防队站建设，白道坪消防站（搜救犬基地）完成土地征收、方案设计、土地测绘，树屏消防站完成基础开挖，南山路消防站完成招标并开工建设。建成市政消火栓304个；建成全省中部地区职业健康监管中心；投入1801万元购置粉剂举高喷射消防车等6台、装备器材8450件套。紧盯灾害救援现场通行保障“最后一公里”，不断强化战勤保障体系建设，打造指挥、灭火、化工、地震、洪涝、生活6类储运模块，加快推进“十车联保”。与公路、铁路、民航以及物流等单位建立完善应急装备物资运输投送协作机制。与25家地方单位、2家医药公司和2家医院分别签订联勤联动、医药物资联储代储和医疗保障协议，完成“应急使命·2022”高原高寒地区抗震救灾实战化演习等大型实战保障任务。

（郭吉惠）

城市建设

【概况】 2022年，全市（主城区）实施市政公用设施建设项目93项，投资总额517.26亿元，全年完成投资33.11亿元。

新开工棚户区改造项目2个1670套，开工率100%，基本建成棚户区改造项目14个7176套，基本建成率100%。实施老旧小区改造488个，老旧住宅加装电梯445部，完成年度任务。《兰州市市政设施管理条例》《兰州市供水条例》进入市级人大立法审核程序，《兰州市城市更新办法》修改完善，《兰州市预拌混凝土管理办法》按程序废止。制定《兰州市住房和城乡建设局规范性文件制定和管理办法》，明确规范性文件合法性审查范围和内容，文件制定质量不断提高。

【城市基础设施建设】 优化城市路网及静态交通，提高道路通行水平，打通城区城市疏解道路6条，开展雁东路、雁北路、天水路、南环路、北环路快速化研究及交通拥堵点改善研究。推进“一难两乱”问题专项整治，建成公共停车泊位5000个，通过老旧小区改造盘活车位2012个，完成12座过街天桥设计方案和项目选址。

加大市政设施管护，建成南滨河路（雷坛河奥体中心段）市政设施维修改造和奥体中心供电外网建设项目，保证省第十五届运动会赛事基础保障。树立“五个精致”理念，探测道路904条（处），处置空洞（脱空）184处，完成7条小街巷线缆整治、458根路灯智慧化改造，补修油路46.29万立方米，维修铺筑人行道板6.32万立方米，更换路灯电缆25.9千米。推进地下管网建设，马滩片区、兰石CBD片区、崔家大滩片区等管廊项目建设顺利推进，新建及改造污水管网40千米、燃气管网110千米、供热管网276.92千米，新增清洁取暖面积342万平方米。轨道交通2号线一期工程车站完成主体结构施工，实现“轨通”，车站附属工程累计完成81.9%，排洪南路停车场累计完成91.9%，轨道工程累计完成100%，首列车9月1日上线，完成正线“热滑”。稳步实施重大项目，抢抓国家政策机遇，对接国家、省级部门，争取各级财政资金15.46亿元。严格落实项目团队管理机制，清洁取暖项目、老旧小区改造、雨污管道分流工程、厨余垃圾无害化处理厂项目等重大项目建设稳步推进。

【供暖保障】 按照“试点先行，逐步推广”思路，结合城区供热控详规划编制，完成19家供热站点整合移交。排查整治锅炉设备、供热管网等隐患问题200余个，成立4个督导服务组协调解决能源供应、设备运输等问题，实行异常工况日报告制度，抢修各类供热问题202处，保障供热工作有序开展。全力做好年度供暖期供热保障工作，主城区按时供暖率达到100%。

【用气安全保障】 制定《兰州市城镇燃气安全整治“百日行动”实施方案》《全市燃气安全排查整治工作实施方案》，组建3个督导组，对全市燃气管网进行全覆盖督导检查，排查隐患1566处，占压隐患12处，已全部整改，开展燃气安全执法检查211人次，累计处罚3次。

【城市人居环境改善与城市更新】 加快老旧小区改造，484个续建项目完工100个。新开工项目488个，老旧住宅加装电梯完工445部。推进重点片区城市更新，成立兰州市雁滩片区（含中山路）城市更新工作指挥部，统筹推进城市更新工作，完成雁滩片区城市更新试点项目可研编制，开始征拆工作。完成中山路片区改造总体方案、项目备案。完成华林坪、伏龙坪片区城市更新项目概念方案。实施黄河流域兰州白塔山段综合提升改造工程，累计完成投资19.2亿元，实施建设“读者印象”精品文化街区项目，累计完成投资28.6亿元。

按照65（住建部确定常规指标）+5（兰州市特色指标）指标体系，通过指标数据资料收集、居民满意度调查和配合住建部第三方体检开展城市体检工作，完成《2021年度兰州市城市自体检报告》，并针对体检出的“城市病”制定相关工作建议。启动城市体检信息平台建设，完成系统开发和2020年自体检成果导入。

【供排水管理】 雁儿湾、盐场、七里河安宁污水处理厂提标改造项目通水运行。对重点供水安全环节开展6次安全大检查，定期开展水质检测，保障居民用水安全。做好排水设施维修养护监管工作，完成泵池清淤工程38项，累计清淤量2800立方米，疏通雨污水管线256051米，清掏检查井（含收水井）14631座，更换安装检查井、收水井等井圈井盖540套。

【文明城市创建】 制定《市住建局2022年争创全国文明典范城市实施方案》，组织实施文明典范城市创建十项工程和文明素养提升“一月一主题”专项行动。迎接年度测评，印发《市住建局2022年争创全国文明典范城市迎检督查方案》，靠实工作责任、细化迎检措施。强化网上资料申报，建立网报资料“三级审核”机制，组织完成2轮次资料申报，提高网报资料质量和水平。

【乡村振兴与村镇建设】 指导区县、乡镇（街道）、村通过多种形式，不定期进行农房住用安全宣讲，解答群众困扰、掌握群众思想动态、增强群众房屋安全意识。巩固拓展脱贫攻坚住房安全保障工作成果，以六类对象等农村低收入群体住房安全为重点，继续深入实施农村危房动态监测，做到发现一户、立即鉴定、及时改造、动态清零。因地制宜实施农房抗震改造，完成221户农房抗震改造。推进农村房屋安全隐患排查整治，全市共摸排农村房屋23.79万户，对排查出的289户隐患农房全部完成整治。

【历史文化名城保护】 组织区县开展第六批中国传统村落推荐申报，榆中县金崖镇金崖村、古城村、黄家庄村成功申报列入中国传统村落名录。完成榆中县青城镇、金崖镇，永登县连城镇、红城镇4个历史文化名镇保护规划，组织省级专家评审。完成10处历史建筑测绘建档，通过验收。

【房地产市场监管】 抢抓国家有关政策机遇，为HD在兰6个项目和其他5个房地产项目申请专项借款额度22.56亿元，推动“保交楼”工作取得实质性进展，有力维护了购房者合法权益。认真贯彻落实《兰州市落实强省会战略进一步优化营商环境若干措施（第1号）》各项举措，持续整治规范房地产市场秩序，警示约谈开发企业、中介机构、物业服务企业44次，责令整改81家，对年检不合格的76家房产中介机构和3家房屋租赁企业进行“黑名单”公示，暂扣中介经纪机构备案证1个，促进兰州市房地产行业平稳健康发展。

【住房保障】 按照政府统建、商品房配建、企事业单位自建、存量闲置房屋改建等方式，建成保障性租赁住房1106套、公共租赁住房200套、人才公寓80套。

进一步降低保障准入门槛，发放公租房租赁补贴9701万元保障11665户，解决中低收入家庭住房困难问题。制定《兰州市萃英社区青年公寓建设工作方案》，计划建青年公寓50070套。

【物业管理】 开展物业行业争创全国文明典范城市、扫黑除恶、生活垃圾分类、文明养犬、规范物业管理服务行为等专项重点整治活动。开展物业小区“安全生产月”活动，组织物业企业召开安全生产警示教育和物业小区安全培训会议。规范住宅专项维修资金管理，印发《关于进一步做好兰州市住宅专项维修资金归集使用和管理工作的通知》，明确住宅专项维修资金归集、使用和管理，优化和完善使用住宅专项维修资金流程和申请资料。加快住宅专项维修资金管理系统建设，方便群众交存住宅专项维修资金。

【工程建设项目审批制度改革】 印发《优化住建领域营商环境打造工程建设项目审批最快城市工作方案》，持续优化营商环境，简化审批流程，建筑工程施工许可证核发、政府投资项目初步设计审批时限分别压缩至2、4个工作日。社会投资简易低风险工程建设项目实行“清单制+告知承诺制”审批，实现即来即办。市政类设施审批事项依托审批网络系统，开展线上“一家主办、多家协办”工作模式，达到“全程网办”“不来即享”。创新改革举措，在全省率先实行“一枚印章管验收”新模式，做到验收环节群众、企业“跑一处”“跑一次”。

【房屋产权登记发证历史遗留问题处理】 积极化解房屋产权登记发证历史遗留问题，审核办理房改房历史遗留办证56件、3431套、180258.1平方米，更正房改房售房登记发证姓名46件，出具无福利分房证明15人次。

【建筑行业管理】 印发《关于开展2022年全市建筑市场违法违规行为专项整治的通知》，严查投标人弄虚作假、评标专家不公正评标等违规行为，查处肢解发包3起，处罚单位3家，维护了建筑市场各方主体的合法权益。

严格落实安全生产“三管三必须”工作要求，推进城市建设安全专项整治三年行动和房屋市政工程安全生产治理行动，对全市所有在建项目进行全覆盖检查，发现安全隐患3100条并完成督促整改。实施农房抗震改造221户；推进农房安全隐患排查整治，摸排农村房屋23.79万户，整治隐患农房289户。开展全市自建房安全隐患排查整治，排查发现存在安全隐患的自建房7066栋，初判存在严重安全隐患的经营性自建房205栋，拆除19栋，加固4栋，其他全部停止营业、撤离人员，坚决做到“危房不住人，人不入危房”。

CIM基础平台试点项目加快推进，完成数据资源中心数据目录梳理和确认，搭建基础平台框架，部署统一门户、可视化中心等功能模块，工程建设项目BIM审查、智慧工地、智慧市政等CIM+试点应用功能开发和部署工作有序开展。

基本建成兰州市建设工程消防监管系统，实现与省住建厅平台互联互通和数据对接。严格规范特殊建设工程验收，受理消防验收项目87件，核发《建设工程消防验收意见书》83份，现场验收评定及复核160余次。协调解决项目有关消防问题，靠前服务，开展消防技术指导项目53件，督促建设工程整改消防问题1600余个。

【新型建筑和新型建造推广】 推广绿色建筑，组织开展绿色建筑认定，完成绿建认定435.57万平方米。联合高校、科研院所开展兰州市超低能耗建筑建设试点。创建17个省级绿色社区、申报11个省级科技示范项目。推进发展装配式建筑，获批国家级装配式建筑产业基地1个、省级装配式建筑产业基地5个、省级装配式建筑示范项目2个，装配式建筑项目面积108万平方米。

（崔　军）

城市管理与执法

【概况】 2022年，市城市管理与执法工作围绕“强省会”行动战略，落实市委市政府决策部署，树立“以人民为中心”的发展理念，防范应对风险隐患，科学统筹安全与生产，全面打赢新冠疫情防控战役，聚焦数字化转型和制度化创新，持续巩固文明城市创建成果，以“精致兰州”建设引领城市管理发展，不断提升现代化城市治理体系和治理能力，各项工作取得良好成绩，人民群众获得感、幸福感、安全感和满意度显著提升。

【“精致兰州”建设】 发挥市精致办牵头抓总、统筹协调的作用，制发《全市2022年纵深推进“精致兰州”建设工作要点》，深化“四大行动”（规划引领服务、精品工程建设、城市精细管理、交通快捷保障），以15分钟生活圈配套建设和地下通道、环卫公厕、垃圾容器、公交站点、黄河步道等九类设施设备亮化美化为重点，进行亮化美化设计准备工作，完成3条街道、3个游园、4832平方米的绿植冬季防寒棚美化试点工作。一体化推进中山路、中山桥、白塔山沿线改造，以中山路为样板、中山桥为重点，建设“网红中山桥”版精致兰州生活圈，加大卫生综合整治力度，打造门头牌匾示范街，累计清理垃圾300余吨，清理卫生死角、油污点1872处，精细化清掏、擦拭果皮箱3300余次，铲除残标738条。制发《城市管理细小问题智能化核查交办流程》《纵深推进“精致兰州”建设量化考评表》，对县区和部门办理案件初步形成统一考核，实现案件“接、转、办、回、核”一体闭环办理，运用“数字化督查”解决城市管理易发性细小问题5.5万余个。

【环境卫生清洁管理】 全面推行环卫清扫保洁“五位一体”（感知、分析、服务、指挥、监察）和道路分级作业模式，深入开展道路清扫保洁、定期冲洗标准化作业，城市道路清扫保洁机械化率92.9%、覆盖率98%，日均吸尘量220余吨。制定《兰州市环境卫生示范街创建活动实施方案》，持续贯彻“十净十无五规范”作业标准，采用水冲、刷洗、擦拭等方式对公交站台、过街天桥、道路指示牌、城市雕塑等“城市家具”进行精细化专业清洗，集中打造25条环卫示范街，1个环卫示范广场。每月按照20%~30%抽检考核718座环卫公厕，定期对各转运点和收集设施进行消杀保洁，加强果皮箱、垃圾桶和环卫车辆等环卫设施的管理、维修和保养工作，外观整洁、无泄漏，完好率98%，落实“门前三包”责任制，“门前三包”责任书签订率98%。积极应对恶劣天气造成的环境卫生问题，组织“全民洗尘”“推水清淤”“铲冰除雪”“清扫落叶”等专项整治攻坚行动23次。全力保障“兰洽会”、省运会、省重大项目开工仪式、“9·30”公祭等重要节会期间的环境卫生，开展市容环境卫生“百日行动”，强化会场、赛场周边和重点区域、点位的保洁力度。加大对春节、元宵节等重要节点期间市容环境卫生督导检查，突出清明节、中元节等传统祭祀节日期间环境卫生监管，督促辖区继续落实集中定点祭祀制度，引导市民环保祭祀、文明祭祀，城市洁净化水平明显提升。

【市容秩序综合整治】 按照“局部整治、以点带面、突出重点、整体推进”的原则，集中开展商圈、交通枢纽、农贸市场、商场超市等重点区域的出店经营、“六乱”（乱堆放、乱泼倒、乱涂画、乱停放、乱摆占、乱悬挂）问题、散发广告、占道经营、马路市场整治活动30次，累计处置各类流动摊点8.6万处（次）、店外经营4.6万处（次）、马路市场589余处（次）、占道洗修车1273余处（次）。建立线缆治理长效机制，通过马路办公、日常巡查、群众投诉等方式，协调公安局、住建局、通信运营商等部门分批次、分区域美化规整线缆，累计清理清除主次干道、背街小巷废弃线杆394根、废弃线缆6.2万余米，捆扎线缆3.8万余米。坚持严控增量、抽疏存量、调度超量、维护现量，优化“环卫工人+”“电子围栏+”措施，持续加强违停重点区域、重点路段及夜间时段的共享单车管理。通过主动上门接收、查处占道售卖、分片集中捕捉等措施，加强流浪犬只监管，累计接收、捕捉、移交流浪犬273只。落实《兰州市占道早餐摊点设置及管理规范（试行）》和瓜果临时摊点设置管理“两包四禁三必”的管理制度，持续规范占道早餐摊点和自产自销瓜果临时摊点的设置管理，对主城区1200个早餐摊点和2090个瓜果临时摊位，进行信息化监管，为市民群众提供更加优质的民生服务。严格管理渣土车辆，为1386台渣土车安装北斗智能监控设备，采取定点检查和道路巡查方式，在市区周边设置渣土车辆检查点24个，规范建筑垃圾（渣土）运输排放。

【垃圾分类全面推进】 建立健全垃圾分类“131”（即1个生活垃圾分类领导小组、3个专项行动、1项桶边督导制度）工作法，制发《兰州市城市生活垃圾分类桶边督导考核办法》《城市生活垃圾分类桶边督导员补助经费使用管理办法》，组织各县区完成生活垃圾分类标识督查检查、“撤桶并点＋定时定点＋桶边督导”示范小区试点观摩、示范小区“回头看”等活动；累计投入资金600余万元，聘请617个桶边督导员，在175个小区陆续开展垃圾分类桶边督导工作。借助“社工委”平台和市直部门（单位）干部下沉社区，强化“党建引领”，持续深入开展生活垃圾分类“八进”宣传、志愿服务、主题宣传活动，向居民及物业企业、辖区单位、沿街商户等宣传生活垃圾分类知识，督促履行生活垃圾分类管理义务。建成生活垃圾分类宣教中心1个，申报公共机构生活垃圾分类示范点3个，严格落实“一月一主题”宣传活动，省市主流媒体宣传报道27次，网络媒体推送信息1000余条，发放各类宣传制品320万余册，城市地铁播放垃圾分类宣传片1.5万余次。加强督导考核，严格落实考核通报、行政处罚等制度，开展县区考核4次、部门考核2次，下发桶边督导工作检查情况通报3期，桶边督导考勤通报7期，发布“红黑榜”17期，跟车检查17条厨余垃圾收运路线运行情况12次，累计开展垃圾分类行政处罚3起。全市城区54个街道、338个城市社区、3061个居民小区生活垃圾分类实现全覆盖。

【全域无垃圾综合治理】 按照“日产日清、二净两不”作业标准，采取中转站、保洁车、垃圾不落地收集点分片包干三位一体管理模式，打造生活垃圾全封闭式清运处置体系。开展全域无垃圾治理工作，运用无人机航拍和督查人员实地督查相接合的方式，重点加大农村环境卫生整治力度，持续清理城乡接合部、铁路沿线、沟道沟渠、村内庄外、山坡洼地等区域堆积的生活垃圾，累计航拍巡查垃圾问题4.4万处、清理垃圾9.4万余吨，全年累计处置主城区生活垃圾81.54万吨（焚烧75.75万吨、填埋5.79万吨）、餐厨垃圾7.28万吨、拆除垃圾9.25万吨，远郊县区生活垃圾37.11万吨。稳步推进环卫基础设施建设，修订《兰州城市环卫设施专项规划》（2021—2035年），督导完成永登县城区生活垃圾处理厂二期工程、中铺子生活垃圾焚烧发电项目（研发楼）、兰州新区垃圾处理一体化项目（一期）等5个垃圾处置项目，投资标的1.16亿元，实际完成1.27亿元，完成率109%。完成垃圾分类处置建设项目招商引资金额1.1亿元，完成率110%。

2月20日，工作人员在垃圾分类桶边督导垃圾分类工作

【立面环境治理】 秉承“城市美学”理念，整治城市痼症顽疾，推进城市空间微改造，通过开展集中整治、每日巡查检查、安全隐患排查、微信“随手拍”转办等方式，强化户外广告和门头牌匾清理整治工作，累计清理拆除各类门头牌匾、户外广告及楼顶标识字、LED大屏等设施4702处、4.87万平方米。开展城区立面清洁作业，每季度清洗1次门头牌匾，督促沿街商户更换破

旧、破损门头牌匾、户外广告，城市立面整洁程度明显提升。加强公益广告规范设置，对市区范围内各类公益广告进行面清理，建立公益广告设置备案审核制度，严格划分设置区域，优化城区市容市貌。

【智慧城管体系】 采取“集中建设、共享使用、两级监督、两级指挥”的模式，完成兰州市数字城管系统集中平台搭建，打通城关区、市政工程服务中心、犬只留检所等单位企业平台对接，从主次干道、桥梁涵洞、地下通道、黄河沿线等多个方面，有效共享城市管理视频监控资源，全面创建智慧城管多级数字平台管理联动机制，完成视频发现、沟通研判、协调处置的城市数字化管理的全链条闭合回路，初步形成城市管理“一网统管”格局。采用无人机、探头和人员实地巡查，建立“高空、空间、地面”三维问题督查覆盖网络，通过微信“随手拍”、信息采集、巡查上报、视频截图、“12345”民情通转办，受理城市管理案件11万余件，案件办结率99.5%。

【“市民城管”工作】 树立“为人民管理城市”的理念，不断突出市民主体地位、发挥市民主人翁作用，完善公众监督机制，畅通市民反映渠道，开通微信“随手拍”投诉奖励，累计奖励40期、3200人次。完善开放参与机制，依托信访接待、微信公众号留言、城管宣传日活动，引导市民群众参与城市管理工作，妥善处置信访接待28人次、网上留言457件。完善市民协商机制，结合提案议案答复工作，针对社会关注的热点、难点问题，累计回复办理议案、提案30件。

【“马路办公”工作】 全面推广马路办公工作机制，严格落实《马路办公工作制度（试行）》要求，研究分析实践过程中的矛盾问题，查找短板弱项，对日常抽查中发现的共享单车摆放不整齐、垃圾桶箱门敞开、软体横幅广告脱落、线缆垂落影响市民安全出行等细小问题，落实边查边改、立查立改、即知即改，并纳入抽查队员“+服务”工作中。各级城管执法人员以工作现场为岗位，采取一线发现问题、一线研究问题、一线解决问题、一线整改问题和检查发现、即时交办、跟踪督导、综合评价的方法，全面覆盖扫描城市管理盲区，市级层面累计检查发现问题4075个，完成整改3668个、整改率90%，督导县区检查整改问题6万余个。

【城市治理】 依据任务职能分工，配合城市治理联合专项检查，出动人员680人次，整改问题502处，下发法律文书22份，处理投诉案件52起。协助化解国有土地上已售城镇住宅历史遗留“登记难”问题整改，审批项目“即到即办”，办理完成联审联批项目171件，办结率100%。协助、协调相关县区、部门，全面完成兰州市贯彻落实重大政策措施情况审计发现问题128个。改善校园周边市容环境，开展校园周边市容环境专项整治行动，下发法律文书83份，处理投诉案件151起，规范学校周边占道经营行为2618次。

安全主体责任

【安全主体责任】 聚焦重点领域，加强安全监管责任落实，对中铺子生活垃圾焚烧发电厂等5家企业安全生产工作进行监管，对企业的安全生产运行、消防安全、工作人员安全等情况进行督导检查。细化环卫作业安全管理，预防和减少环卫作业中交通安全事故发生，狠抓一线驾驶员和保洁员的安全教育，增强作业人员的交通安全法规意识，不断提高保洁人员的安全防范能力。建立广告、LED显示屏和大型门头广告等户外广告设施的安全监督机制，严格落实户外广告安全检查，对破损、陈旧具有安全隐患的广告设施责令整改，依法拆除未经审批擅自设置、超期设置、破损严重无人维护的户外广告设施，严格临时宣传活动的审批程序。强化执法安全意识，强化早夜市、临时马路市场管理，及时消除安全隐患，杜绝因流动摊贩的售卖行为引起的安全事故。

（张晓涛）

城市公共交通

【概况】 2022年，兰州公交集团有限公司主要承担兰州市主城四区、兰州新区及周边城市城乡客运任务，运营线路151条（含10条区间及附线），运营车辆

3078台，线路总长度4955千米，运营里程1.12亿千米，年客运量3.5亿人次。高德地图、国家信息中心大数据发展部联合发布的《2021年度中国主要城市交通分析报告》显示，在全国选取的公共交通20个城市中，“城市高峰期平均候车时长”兰州市6.01分钟，为最优，发车频率影响的候车时长最小。

公司工会获“兰州市城建财贸工会先进集体”，兰州公交集团第一客运公司团总支获“兰州市五四红旗团总支”，50路公交线获“甘肃省工人先锋号”，1人获“甘肃省五一劳动奖章”。

【线网调整】 全年优化调整线路10条，迁移公交站点10处，新增高峰大站快车线路1条，开通订制租车线路20条，更新95台纯电动车辆，优化线路车辆分布。改善乘客候车环境，新增新式组合站牌22块、智能电子站牌2块，新建候车亭12座，配合有关部门修建改建港湾式公交站点10处。

【服务提升】 开展职工培训283期，清洗车辆120万余频次，联合媒体平台帮助乘客找回失物1800余件，价值270万元，接到各类好人好事表扬769起。开展公交志愿服务，累计参与车辆场站消毒、疏导乘车秩序等志愿者活动2.5万人次。

【安全生产】 树牢安全第一理念，持续推进安全生产专项整治三年行动，开展安全培训536场次、6.1万余人次。排查治理一般事故隐患1236个，制定安全管理措施及制度56项。开展“斑马线礼让互动体验”等一系列阶段性交通安全专项整治活动。做好内保消防、综合治理工作，对内外部停车场进行夜间检查692次，检查内外部停车场点2384处，检查巡护场人员履职情况10313人次；建立应急防范机制，启动特殊天气应急预案22次，开展专项应急演练活动10次。

【企业管理】 依法规范劳动用工管理，合理区分新冠疫情期间职工到岗出勤与隔离轮岗之间的差异，确保工资发放公平公正；争取惠企政策和支持资金，向市社保中心申领资金444.4万元，向市人社局和市就业局申领返还资金300万元；围绕“审计前置”要求，立足审计监督职能，加强招投标项目监督和日常财务监督，促进规范管理。

【企业改革】 全面完成国企改革三年行动方案的60项重点改革任务，修订完善53项管理制度。优化运力配置，高峰运力保持95%左右、平峰运力保持60%左右，有效降低运营成本。开展总部机关化整治，将原有26个部门整合为15个，全公司减员1534人。推进维保业务市场化发展，成立2家维修分部，设立2家对外门店，建立2个特约服务站，外修车辆1454台。调整139台燃气车辆就近加气，114台车辆交付新区回收公司代管。全面完成运修分离改革，客运公司车辆维修业务全部移交维修保障公司。

【职工权益保障】 关心职工工作生活，发放70万余元防疫用品，为职工送生日蛋糕8883个，为符合条件的160名职工子女每人发放助学奖励金2000元。创建省级“户外劳动者驿站”13个，救助慰问困难职工47户、看望伤病职工209人次，发放救补资金及慰问品18.75万元，37人进入国家级帮扶系统。

【新冠疫情防控】 积极统筹疫情防控和运营生产工作，充分发挥城市公共交通在疫情防控中的重要作用，加强场站防控管理，落实日常消杀防疫，运营车辆常态化消毒。积极参与转运任务，投入车辆5295台次，转运人数24.27万人次。全面落实24小时双值班和疫情防控专责组值班制度，先后成立有614人参与的疫情防控应急先锋队65支、青年突击队22支。

（赵　悦）

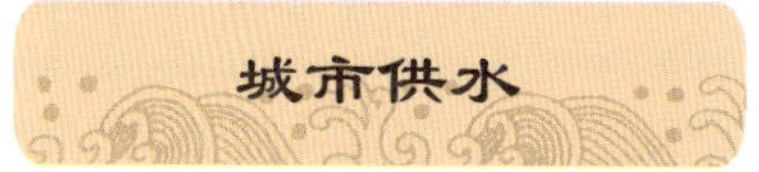

城市供水

【概况】 2022年，兰州城市供水（集团）有限公司完成供水量25066.39万立方米，同比下降3.94%；售水量完成24206.31万立方米，同比下降1.86%。管网水压力合格率99.17%，直径75毫米以上管道长度790.73千米，管道故障抢修及时率100%。水表计量强检率100%，地表水源水防护取得国家Ⅱ级标准。

2022年全市用水量统计表

单位：万立方米

名称	用水量
总售水量	24206.31
工业一次水	2363.15
工业二次水	1873.08
居民用水	11224.63
非居民用水	7029.18
学校及福利机构用水	1625.7
特种行业用水	90.58

【水质检测】 公司供水区域内水质情况良好，水质检测项目综合合格率99.98%。全年管网水检测1750个水样14493项次，管网水水质合格率100%。出厂水、管网水各项指标合格率均高于目标值。开展兰州市郊县部分重点千吨万人以下、千人以上给水工程和分散给水工程水质摸底检测，宣传饮用水健康常识，受市住房和城乡建设局委托，对3县1区供水水质进行督查。水质中心通过国家级氰化物检测能力验证。

【安全供水】 全面完成《平安兰州建设目标责任书》各项指标任务，安全生产形势持续稳定，未发生一般及以上等级生产安全事故。建立生产安全事故应急预案体系，修订公司安全应急预案。成立突发公共事件应急领导小组，组建供水管网应急抢修、漏氯应急抢修等应急救援队伍。推进实施风险分级管控和隐患排查治理及遏重双防机制，形成评估、排查、治理闭环控制。修订《集团公司特种设备安全管理制度》等安全管理制度，全面深入开展设备隐患排查治理和安全大检查发现问题的整改工作，组织开展有限空间、特种工种等培训及考试78次，水质突发应急演练、漏氯堵漏演练等应急演练23次。被兰州市西固区评为“道路交通安全管理先进单位”。

【管网建设】 联通S183#路新水源DN1800输水管线与南滨河路DN1200给水管线，兰州中川供水有限公司饮用水水源地取水口改移工程正式投运，甘肃（兰州）国际港务区配套输水干管西干线剩余工程完工，调整优化拱星墩加压站等站点的泵组工艺，逐步改善焦家湾及夏官营大学城区用户用水困难局面，满足高峰期用水需求。新冠疫情期间应急抢修人员24小时备勤，快速处置甘南路、平凉路及银滩大桥西侧等10余处故障，完成城关区、西固区、彭家坪、榆中大名城等方舱医院供水保障任务。

加快智慧水务建设的信息化改革，按照《智慧水务五年发展规划》，第一、第二水厂SCADA平台系统设备采购及编程工作进入调试，第一水厂上游沉淀池自动化升级改造、第三水厂加压站及水库自动化改造分阶段实施。大口径水表远传装置改造按年计划更换1046只；WebGIS供水网络地理信息系统应用开发完成管线统计和阀门录入，大数据平台建设完成中台部署和数据决策系统部署。搭建完成二供平台三大模块，14个二供泵房实现线上监测，8个二供泵房实现远程调控，16个二供泵房实现远程24小时视频监控。智能远传水表集抄及营收管理平台搭建有序推进，彭家坪控制中心、芦家坪控制中心自控系统、调流调压站流量数据的完成整合；水源地工程建设管线监测系统全部完成。

【供水服务】 强化主动服务意识，简化办理环节、压缩办理时限、精简办理要件，将新用户接水报装流程从10个环节压缩至2个环节，供水报装工程由40个工作日压缩至3个工作日，供水报装要件由10件压缩至4件以内，提升用户用水便利度，实现“优流程、优效率、优服务”的供水服务目标。推行“容缺受理”，为工程接水项目提供“四零（零环节、零时间、零资料、零费用）”供水报装前置咨询服务，实行先施工后补手续的承诺备案制。开通网上报装、查询、缴费及签订户表电子合同等便民业务，实现“让数据多跑路，用户少跑路”，创造良好营商环境。疫情期间，推行“欠费不停供，免收滞纳金”水费缓缴纾困举措，设立6个月水费缓缴期，缓解中小微企业和个体工商户的缴费压力。96766客户服务热线24小时响应，全年受理用户来电3.51万个，开启特事特办绿色通道，确保用户诉求得到及时妥善处理。开展各类知水、节水、爱水主题活动34次，“水之韵”展览馆全年接待1200余人次。兰州市2022年优化营商环境应知应会知识竞赛中，获市（直）“用水用气指标赛”第一名，集团公司参赛员工获个人赛冠军，并被授予“兰州市优化营商环境组织员”称号。

（黄　杰）

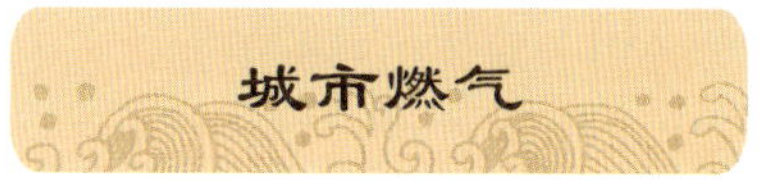

城市燃气

【概况】 2022年，甘肃中石油昆仑燃气有限公司（以下简称“甘肃昆仑燃气公司”）坚持以稳中求进为工作总基调，锚定高质量发展总目标，沉着应对各种风险挑战，持续发力提质增效和扭亏治理，突出抓好市场开发和项目建设，努力攻克历史遗留和集中突显问题，产业链韧性得到提升，服务社会能力、抵御风险能力、协同发展能力、持续盈利能力得到新的提升。面对新冠疫情，应对超预期因素冲击，有效化解系统性风险，坚持疫情防控和生产经营两统筹两手抓，忠诚履行能源安全稳定供应重任，加速助力地方经济有序恢复，协调推进扩销增量和提质增效，全力以赴保稳定、稳增长，千方百计调结构、防风险，群策群力提质量、促发展，克服重重困难，实现主要经营指标正向增长。截至年底，累计建成高中低压天然气管网干线1169.58千米、庭院管线5010.08千米、门站8座、城市配气站4座、调压站（含区域调压柜）105座、调压箱（柜）7697台。公司经营业务范围覆盖兰州市、定西市、甘南州等3个市（州）以及皋兰、永登、榆中、临洮、夏河和兰州新区等5县1区。累计发展居民用户147.75万户，商福用户19978户，锅炉用户2131户，工业用户462户，加气站用户35户。

【供气保障】 加大第三方施工管控力度，建立第三方施工监管动态日报告机制，年内未发生第三方施工破坏事件。支线管道和城镇燃气管道完整性管理工作全面铺开，完成西固、兰州新区长输管道高后果区滚动排查任务。建立河口、柳泉、周家庄、和平等4座门站联网分输和陇投LNG反输供应的冬供保障体系，实施科学预测、上下游联动、统筹调峰的冬供机制，输供能力更加稳定。持续强化安全运营保障能力，深化生产管理系统应用，实现工艺参数管理、设备设施管理、计量管理、电气管理的提档升级。全面实施老旧表改造、老旧管网更新、用户端燃气报警器安装等项目。

【企业经营】 全力保障重点用气项目投产投运，兰州高新区榆中工业园区、兰州新区精细化工园区天然气运行稳定。主动对接、统筹协调，加大优质用户开发力度，努力推动扩销增量，定西市、兰州高新区、安宁区等区域市场用户发展成效显著。注重现有市场拓边扩展，全年累计发展各类用户8.1万户。非气业务保持强劲发展势头。燃气配套安装、燃气具销售、设计咨询、PE管材生产等非气业务发展势头良好。配套安装业务紧盯燃气客服工程，全年实现营业收入3.03亿元。燃气设备销售业务实现销售收入1.01亿元，实现经营指标的逆势上扬。设计咨询业务培育发展新优势，重点攻坚高附加值的城镇燃气咨询类业务，咨询业务创收149万元。管材销售业务继续实施来料加工增收和市场扩销创收，实现营业收入4272万元，彻底扭亏为盈。与昆仑能源控股有限公司达成“昆格尔”品牌授权战略意向。开展制度修订，完成规划、工程、安全、招标、合同等制度的增补修订。不断丰富创效渠道，积极争取国家税收优惠，落实组合式税收支持政策，享受增值税留抵退税3800万元、西部地区所得税优惠减免红利943万元。

【安全生产】 年内未发生一般C级及以上生产安全事故、一般环境污染、生态破坏、火灾事故、质量事故，生产运行保持安全稳定态势。安全管理体制机制持续优化，进一步健全公司级、基层级、所站级、班组级“四级”安全管理网络，优化公司安委会、安全生产例会等会议制度，完善安全管理、操作规范、处置方案等规章制度，促进安全环保风险管控水平进一步提升。逐级分解年度质量健康安全环保工作目标，逐级签订目标责任书，层层落实责任。全年投入安全生产费用1000万元，全力保障员工工伤保险、劳动用品保护、各项安全生产的资金投入，为安全生产提供充足的资金保障。突出重点落实安全生产任务。推进健康企业、绿色企业C级创建并通过初步验收，全面落实安全生产专项整治三年行动计划，工作专班推进城镇燃气安全排查整治，实施危险化学品集中治理，对标对表开展燃气安全“百日行动”，因地制宜制定冬季安全保障实施方案，全力完成重点工作任务，促进燃气管网安全稳定运行。优化提升安全生产管理水平，逐级分解签订安全环保目标责任书，压实安全生产责任。补充完善安全环保管理制度，编制印发突发事件应急预案，补齐安全管理短板。常态化开展QHSE体系审核和监督检查，制定管理短板提升方案，建立考核通报、整改销项管理机制，持续强化QHSE体系有效运行。切实增强员工履职能力素养，委托第三方实施全员安全环保履职能力评估，严格安全生产管理人员、从业人员、特种作业人员取证培训教育。组织全员开展新《安全法》网络知识竞赛，总成绩位列中国石油天然气销售分公司第一名。

【重点项目】 继续实施中心城区管网建设“填平补齐”和兰外市场“织片联网”，完成兰州新区管网建设11.6千米，带动销售气量近1.6亿立方米，增效3486万元。全年累计完成天然气管线建设21.2千米。公司二级维抢修基地项目建设完成，东岗门站隐患治理搬迁工程、榆中生态创新城供气工程、皋兰县城镇燃气接入工程、兰州新区现代农业示范园供气工程积极推进。重点项目全面建成投产，落实国家能源安全战略部署，配合完成兰州市天然气调峰储气设施建设任务并投产运行，确保项目在冬季保供中发挥储气调峰作用。

【企业管理】 公司人事制度改革持续深化，优化经营管理机制，不断释放改革动能，开展法人专项治理，健全完善子公司法人治理结构，确保控股、参股公司依法合规运行。企业改革实现阶段目标，完成国企改革三年行动任务，公司治理主体、权责边界清晰完善，现代企业制度建设覆盖全产业链，合资企业契约化管理、差异化薪酬、多元化用工从试点到推广，完成全面覆盖。数字赋能增强营运水平，生产管理系统、掌上营业厅、远程监测等系统应用有序推进，信息化管理水平得到全面提升，银企业务互联拓展，便民服务朝着高效、便捷方向迈进。员工获得感幸福感增强，公司多方努力，克服重重困难继续保持员工收入稳中有增，通过岗位工资调增，增发业绩奖金，向劳务用工发放年终奖等方式，不断让企业的发展红利更多地惠及员工。优化配置增强人力资源保障能力，持续推进劳务用工转型，将劳务派遣、临时性劳务用工全部转为劳务外包，降低用工风险。继续推进兰外属地化用工，及时解决岗位缺员问题。强化专业技术人员劳务外包补充，助力基层单位资质审核和业务拓展。加强“专业技术人才库”和“职业技能人才库”建设，补充入库专业技术人员28名、职业技能人才18名。优化经营管理机制，巩固法人专项治理成果，确保控股公司法人治理监管精准。依法依规推进合规管理，实施年度投资框架年初下达、季度调整、年末考核机制，确保公司重大投资按计划实施。出台《合规管理办法》《违规经营投资责任追究实施办法》，让各项业务在依法合规的框架下实施。

兰州市天然气调峰工程——甘肃陇投燃气LNG储罐

坚持问题导向实施管理创新，物资供应实施管理创新，相同价格按照均等份额供货，偏差价格根据质量、服务、效率综合评定实施差额供货，节约采购费用300万元。创新备品备件采购模式，实施委托加工采购，节约采购资金400万元。优化物资采购内部管理，实施采购人员分工循环制，开展询价、报价、接收分离机制，确保物资采购真实合规。审计管理探索实施项目跟踪审计，关口前置、过程跟踪，严把工程造价关，控项目投资超出控制范围。强化业财融合管理，加强资金管控，持续实施资金集中管理，全年实现银行存款利息收入4473万元。分解两金压控指标，年末存货金额较年初下降532万元，降幅9%。全面落实低成本发展举措，全年四项费用、广告宣传费、咨询审计费合计节约194万元。聚焦主营业务实施技术创新，维抢修中心不断加强技改项目创新研究。其中，4个项目获得实用新型专利证书；2项专利申报已被国家知识产权局受理。

【优质服务】 持续落实优化营商环境和“放管服”工作要求，因势利导建立建筑红线外客服工程管理职责和办理流程，扩大政务大厅燃气服务窗口业务办理范围，通过精简流程、压缩时限优化“一站式”服务。加快用户端信息化建设，燃气报装服务对接纳入甘肃省工改办工程建设项目审批管理系统。开展服务效能专项整治活动，全面梳理流程，深入落实整改，推进流程再造，实现内部“整合资源、高效务实”，外部“一窗受理、快捷优质”。持续优化燃气报装“一窗受理、一网通办”一站式服务，实施申报安装“容缺受理”，加速深化“三零服务”和“承诺备案机制”，服务流程、办结时限实现优化再提升。统筹疫情防控和安全生产，突出重点保供和民生保障，落实“欠费不停供”政策，出台气费暂缓缴纳规定，公司机关和各属地单位全面实施闭环管理，领导干部24小时带班值班，关键岗位、关键人员始终坚守生产服务一线，用实际行动筑起抗疫“防护网”，守护能源“生命线”。开展“工商福”、锅炉用户领域违规用气行为专项排查整治工作，私改私接、偷盗气行为得到有效遏制，对专项排查整治工作做出突出贡献的19名同志进行表彰奖励。继续加大帮扶力度，先后实施永登县七山乡鱼盆村集体肉羊养殖项目、定西市“医老结合型”养老院建设、甘南州碌曲县高质量肉牛产业发展等多个帮扶项目，累计投入资金40万元。

（路有为）

城市供电

【概况】 国网甘肃省电力公司兰州供电公司（以下简称“国网兰州供电公司”）负责兰州市5区2县（除皋兰县）、临夏州永靖县电网建设、运营及供电服务工作和兰州新区电网规划建设工作，供电面积约1.24万平方千米。兰州电网是连接甘肃河西风电光电、东部煤电，以及新疆、青海等省区电网并承担西北水、火电交换职能的枢纽电网，是甘肃电网的负荷中心。2022年末，公司全口径用工4419人。其中，长期职工2712人（主业2068人、主业支援产业单位644人）；省管产业单位即倚能集团1707人（集体职工2人、直签职工1337人、劳务派遣用工368人）。公司服务用电客户114.39万户。其中，高压9489户；低压113.45万户。高压客户中，大工业客户840户，对总体售电量起决定性作用。低压客户中，居民105.2万户，占低压客户92.73%，其余为商业及其他用电类别客户。兰州电网内电源总装机容量797.649万千瓦，拥有35～750千伏变电站153座、10～750千伏输配电线路1.84万千米。

公司全年完成发展投入19.34亿元（含兰州新区），同比增长25%；售电量303.58亿千瓦时（含兰州新区），同比增长6.9%；线损率1.73%，同比降低0.27个百分点；主营业务收入115.2亿元，同比增加18.98亿元；城、农网供电可靠率分别为99.98%和99.86%；职工劳动生产率82.5万元/人·年，同比增长129%。110千伏及以上工程新开工线路300.8千米、变电容量192.6万千瓦，投产线路205.1千米、变电容量25.2万千瓦。业绩考核、党建考评、对标评价均排甘肃省电力系统第一。

经过多年的建设和发展，兰州电网已基本实现330千伏变电站“主城区外多布点、各县区域全覆盖”，110千伏变电站“双电源、双主变”配置，10千伏配电网“手拉手”供电，电能质量和供电可靠性大幅提升。通过强化现代通信、信息、数字等技术融合应用，电网运行智能性、灵活性、互动性不断增强，基本建成“网架结构坚固可靠、技术装备相对领先、运行控制智能灵活、源网荷储协调互动”的现代化电网。

【电网建设】 兰州电网改建330千伏变压器1台，容量未变；新增110千伏变电站2座，主变4台、容量252兆瓦；用户移交35千伏变电站1座，主变1台、容量5兆瓦。35～330千伏公网变电站149座，主变302台，总容量18830.25兆瓦。其中330千伏变电站14座，主变35台，容量9930兆瓦；220千伏变电站4座（含1座开关站），主变8台，容量1050兆瓦；110千伏变电站81座（含4座开关站，1座地区变电站），主变159台，容量7405兆瓦；35千伏变电站53座，主变105台，容量702.25兆瓦(包含各县公司)。调管220千伏用户变电站3座，主变20台，容量1720.4兆瓦；110千伏用户变电站65座，主变158台，容量7511.4兆瓦；35千伏用户变电站69座，主变203台，容量1325.7235兆瓦。新增火电厂1座，容量660兆瓦；水电站1座，容量10.5兆瓦；集中式光伏电站1座，容量130兆瓦。网内省地调共管水、火电厂（站）、光伏电站13座，容量2726兆瓦；地调直调电站共计63座，总容量880.876兆瓦。主动介入兰州市能源发展规划及国土空间规划编制，推动电网规划项目全部纳规。服务乡村振兴，完善兰州35千伏电网发展策略，推动县域电网科学合理发展。

【经营管理】 2022年，国网兰州供电公司售电量303.58亿千瓦时（含兰州新区），同比增长6.9%；营业总收入114.56亿元，统筹安排年度可控费用预算5.49亿元。持续深化成本精益管控，全域推动内模市场体系建设，实现所属10家县（分）公司、53家供电所全部纳入内部模拟市场建设平台。以“核减最小化、核定最大化”为目标开展资产清查、盘点，完成资产盘点2.9万条，治理不合规数据1.2万条，有效支撑全省第三轮输配电价核价工作。优化物资服务机制，协调化解供应风险，完成各级电网建设物资保障工作，物资供应保障率100%，快速响应四川泸定6.8级地震及宁夏抗疫保供电应急事件，公司2篇保供经验入选国网抗疫保供典型案例。组织永靖县人民政府、国网兰州供电公司、国网甘肃刘家峡水电厂三方代表签署《“黄河绿电”综合产业生态圈打造战略合作框架协议》，打造以“黄河绿电”为品牌的永靖县域“电力—产业”综合生态圈，共同推进形成其清洁、可靠电力带动永靖县综合产业升级发展与能源绿色低碳转型新局面。

10月31日，国网兰州供电公司承建的甘肃兰州武胜—中川330千伏线路工程全线贯通

【安全管理】 截至年底，全面完成17个方面67项重点工作任务，实现安全生产5741天的历史最高记录。足额提取安全费用，“安措”投入1538.88万元。开展“主业＋产业”“管理＋监督”一体持卡纠错式安全督查，国网公司13轮次督查未发现严重违章，省公司查纠违章同比下降26.1%，安全奖励1281.03万元、处罚206.62万元。制定公司突发状况下重大安全隐患绿色通道管理细则，保障重大安全隐患及时消除。结合安全隐患大排查大整治专项行动，常态化开展站用交直流、城市地下站房“四防”、高层建筑火灾等19类隐患专项排查，累计治理隐患720项。主动联系工信局、应急局等部门，常态化召开电力设施保护联席会议。持续加大涉电犯罪力度，全年累计查处窃电74户，追补电量64.32万千瓦时，补收电费、违约金合计353.91万元。完成“1+31”应急预案体系修订。组建“主业＋产业”应急装备物资资源池和属

地化抢修队伍，开展兰州市2022年县（区）域大面积停电协同联动应急演练、突发环境事件应急演练和防汛应急演练等各类演练154场2708人次，组织应急培训23场534人次。

【电网调度管理】　国网兰州供电公司全力梳理民生负荷线路346条，滚动修编《兰州电网紧急负荷控制序位表》，确保响应负荷覆盖最大电力缺口。组织停电检修工作3170项，同比下降7.47%；带电作业1122项，最大限度降低对客户供电影响。强化电网运行控制，开展安全校核198次，有效管控七级及以上电网风险81项，同比下降46%；通过主配网联动、方式调整等措施，消除及降低五级电网风险14项。提升经济运行水平。细化主网技术降损方案，助力主网网损率同比下降0.06个百分点，累计节约电量1458万千瓦时。成功实施52次104条配网线路合环倒负荷操作，节约损失电量17.3万千瓦时，减少停电用户9.8万户。提升新能源服务质效，新增新能源并网16.023万千瓦，达到38.29万千瓦，占比4.8%。

【电网运行】　兰州电网330千伏电网为双环网结构，其中330千伏海石湾—新庄—炳灵三角环网运行，新庄—炳灵—桃树村—兰州西四角环网运行，海石湾—新庄—兰州西三角环网运行，兰州西—桃树村—炳灵—光辉—彭家坪—和平—上川—银城—子城环网运行，兰州东—卧龙川—和平三角环网运行。220千伏电网由海石湾—张家寺—炳灵变构成环网接线，开环运行。110千伏电网分为12个独立子网，分别为榆中网、和峡网、兰州北网、西桃网、彭柳八网、兰州西网、兰州新区网、盐新网、红古川网、永登网、连海网、永靖网。组织停电检修工作3170项，同比下降7.47%；带电作业1122项，最大限度降低对客户供电影响。推进重点工程建设，滚动校核、优化项目投运时序，全年完成新设备启动272项。成功实施52次104条配网线路合环倒负荷操作，节约损失电量17.3万千瓦时，减少停电用户9.8万户。推进配网自动化FA系统高级应用。修订配电网继电保护整定及配合方案，首个配电自动化全自愈FA功能在兰州市奥体中心环网柜成功投入运行。

【输变电专业管理】　2022年，国网兰州供电公司管辖35千伏及以上变电站151座，其中330千伏变电站14座，220千伏变电站4座，110千伏变电站80座，35千伏变电站53座。公司管辖35千伏及以上变电站149座，其中330千伏变电站14座，220千伏变电站4座，110千伏变电站78座，35千伏变电站53座。兰州公司管辖35千伏及以上无人值班变电站147座，无人值班率100%。其中，直管变电站109座；无人值班变电站109座。无人值班率为100%；县公司管辖变电站42座，无人值班变电站37座，无人值班率88%。35千伏及以上架空线路共计总长5385.766千米（不含甘送代维的2回330千伏线路，含公司代维国网新区供电公司的35千伏330千伏设备，下同）。其中，330千伏输电线路55回、1503.19千米（代维新区公司11回、420.378千米）；220千伏输电线路16回、274.333千米；110千伏输电线路160回、2407.311千米（代

9月15日，国网兰州供电公司西固供电分公司配电运维专责员仲万青和市场班班长张永伟在兰州奥体中心场馆内对0.4千伏低压分接箱进行检查测温

维新区公司18回、252.92千米），35千伏输电线路102回，1200.932千米（代维新区公司12回、199.553千米）。

【检修工作】 国网兰州供电公司以理论+实际相结合的方式开展多期运维一体化148项业务培训，主要开展直流系统切换、变压器备用相冷却器定期启动试验、变压器噪声及振动测试等9项新实施业务培训，特高频及超声波检测，应急发电车使用与维护、PT与CT断线及电压异常初步判断处理等难点业务培训。7月1日起，变电运维专业对原属检修专业的9项业务独立开展实施，累计实施123项运维业务，变电检修专业继续执行原25项业务，极大缓解检修力量不足的问题。

【信息化建设】 国网兰州供电公司持续推进智慧变电站、“两个替代”、无人机站线一体巡视等数字化建设，深化移动作业终端、电子两票、区域五防等数字化应用，10月底，完成330千伏学苑智慧变电站建设，年内完成10座存量变电站“一键顺控”改造，27座变电站智能巡检功能完善，80座变电站保信子站接入，持续推进区域五防、移动端图形化开票等功能完善，年底，移动作业终端巡视、两票等功能模块应用率100%，部署智能巡检变电站例行巡视机器巡检替代率100%，完成顺控操作改造变电站倒闸操作一键顺控替代率100%。

【市场营销】 全年国网兰州供电公司售电量280.48亿千瓦时，同比增加16.4亿千瓦时，上升6.23%。从用电结构来看，大工业用电仍为兰州电力市场用电主力。大工业用电204.39亿千瓦时，同比增加19.9亿千瓦时，升幅10.84%，售电结构占比72.87%；一般工商业用电38.94亿千瓦时，同比减少3.65亿千瓦时、增幅8.56%，售电结构占比13.88%；居民生活用电31.42亿千瓦时，同比增加5619万千瓦时、增长1.82%，售电结构占比11.2%；农业用电完成5.73亿千瓦时，同比增加6079万千瓦时、增长11.87%，售电结构占比2.04%。0.4千伏线损率完成2.29%，同比下降0.45个百分点，低于全省平均水平0.45个百分点，损失电量同比减少1044.71万千瓦时。

全年公司完成报装服务5.2万户，新增用电容量145万千瓦。7月，全面实现经营范围内居民、小微企业“三零”服务。推动政府投资1.6亿元为兰州奥体中心、中川机场等重点项目建设接入工程，利用“1+N”服务团队，助力35个省、市列重点大项目提前供电，大项目增售电量28亿千瓦时。公司辖区参与中长期交易市场主体313户，交易电量184.46亿千瓦时，参与现货交易市场主体38户，交易电量133.54亿千瓦时。8月，创新开展市场化用户合同履约率不足、两部制均价异常温馨告知服务，节约社会用电成本102.11万元。

【农电管理】 二季度，榆中三角城供电所从全国675家参选供电所中获国网“百强供电所”殊荣，甘肃省仅2家。7月1日，公司在省内率先实现城乡数字化班组一体管控模式全覆盖，实现接派工单实时在线、绩效自动汇算、班所务智慧化管理等功能。永靖新寺和榆中贡井供电所获评四星级供电所，三角城供电所获评五星级供电所。开展三角城数字化低碳供电所建设，完成低碳节能、清洁采暖、智慧仓储、智能营业厅服务、业务数据综合分析方面建设，建设成果获得省公司2022年“三标杆一示范”评选活动“管理提升示范基地”称号。

【科技创新】 国网兰州供电公司2022年申请专利59项。其中，发明专利27项；实用新型专利32项。授权专利39项。其中，发明专利6项；实用新型专利33项。省公司专利指标完成率100%。发表SCI/EI（会议）论文7篇，指标完成率350%；发表核心论文17篇。广场西口营业厅智能监测分析示范3次入选国网公司、省公司优秀成果；三角城低碳数字供电所建设入选省公司“三标杆一示范”优秀典型候选名单。完成7座变电站无人机机巢部署，建成省内首座“站线一体”综合示范区。全省首家在4个变电站部署应用“一键顺控”，持续推动公司变电“两个替代”。硬件改造1810台柱上开关和配电站房，结合“全自动FA”等系统推进配网“可观、可测、可控”。制定下发实时量测“1+6”

建设方案，治理数据180万条，2个典型场景落地应用，实现配网、设备等专业量测数据全量接入。公司自主研发推广RPA机器人55个，处理重复、机械性工作3万件，节约工时1.3万小时。通过下沉数据应用层级、突破专业数字应用壁垒，实现移动作业终端、数字“两票”等4项应用在公司44个班（所）集成覆盖，推动数字化班组建设向好向快。公司一项成果《新型山地快速成孔机》获中电联“优秀创新应用项目”奖。

（刘斯敏）

城市供热

【概况】 2022年，兰州市有供热单位646家，总采暖建筑面积约1.58亿平方米。主城四区供热单位624家，总采暖建筑面积约1.44亿平方米。其中，隶属央企或部队驻兰单位55家；省属单位163家；市属单位213家；区属单位45家；自营单位148家。根据热源类型，热电联产供热面积4050.26万平方米，占比34.76%；天然气供热面积7066.64万平方米，占比60.65%；煤粉、水煤浆等供热面积512.57万平方米，占比4.4%；电热、地源热泵等准清洁能源供热面积21.6万平方米，占比0.18%；另有天然气壁挂炉采暖面积约2820万平方米。远郊县区供热单位22家，采暖面积约1371.56万平方米。

【供热保障】 供暖前，市委市政府印发《2022—2023年度采暖期供热保障方案》，组织召开全市供热工作会议，对供热保障工作进行全面安排部署。市供热服务中心在供暖前逐一督促全市供热重点用煤用气单位及时签订燃煤、燃气供应合同，保障供热能源稳定。积极对接供电公司提前开展供热单位用电设施线路的检修工作，确保安全稳定供电。制定极端气候、气源短缺、重大节会等特殊情况供热保障措施，通过建立多方会商机制、必要时候启动“压非保民”“低温常运行”方式等专项应急预案，全力保障供热安全运行。成立专项检查组，分区划片对突出问题组织开展多轮次督导检查、抓实整改。市供热服务部门会同市住建局迅速测算制定补贴方案，市财政部门及时下达资金4600万元，全力保障供热企业正常运行。新冠疫情防控期间，对集中隔离点和方舱医院，通过“日报告”的形式随时掌握和保障全市188个集中隔离点和各方舱医院供热保障情况，其中采取集中供热方式供热的143个隔离点均正常供热，其他不具备集中供热条件的隔离点由辖区政府负责采用空调、电暖器等辅助采暖。

【供热设施改造】 大力推进兰州市冬季城区集中供热管网改造项目，建立周报告、月调度制度，及时收集项目实施情况，建表存档，按时上报，通过及时准确掌握项目进度，协调解决存在困难，年内共完成投资1.11亿元，完成改造面积245万平方米。

【新建管网建设】 根据《2022年市委市政府为民办实事实施方案》要求，市供热服务中心安排专人跟踪老旧供热管网改造项目实施进度，现场多次协调解决为民办实事重点项目相关问题，对涉及分户改造的项目进行现场督察，有效解决老旧楼院供热突出问题。2022年度完成供热管网改造163千米，完成年度计划150千米的108%，改造供热面积142万平方米，完成年度计划130万平方米的109%，完成分户改造1万余户。

【供热服务】 制定供热投诉问题处理管理制度、供热投诉问题类别记录登记表、网民留言回访登记表。针对热用户投诉反映问题及时进行回访，及时回应群众诉求，采暖期内在“12345”政务服务便民热线设立专席，市、区县及各供热单位安排专人24小时值班值守，及时受理、限时办结各类群众投诉问题。整个采暖期市、区县累计处理民情通热线转办、网络舆情、涉兰热点、电话值班及上级部门转办的各类供热投诉件45703件。

印发《关于全面落实供热计量收费工作的通知》，进一步落实供热计量各项工作要求，市级供热管理部门联合区、街道供热管理部门开展供热计量收费督导工作，督促供热单位切实落实相关政策，增强供热计量能力建设，强化热用户用热节能意识。推进供热缴费信息纳入社会诚信体系建设，结合清洁取暖改造项目，鼓励和引导供热企业开展老旧管网分户供热用热改造。探索建立供热行业集中法律服务体系，降低供热企业依法追缴热费的经济成本和时间成本，营造依法追缴热费的高效、便捷条件。

【供热安全管理】 在前期制定并上报兰州市供热应急预案的基础上，本采暖期，市区供热服务部门及兰州热力集团又组织建立46支供热应急抢修队伍，全面提升供热突发事故快速处置能力。市级供热主管部门结合第21个“安全生产月”主题活动，广泛开展供热安全生产培训宣传活动，共计培训全市供热行业安全生产管理人员等100余人，组织供热单位开展宣传活动4次。供暖期建立异常工况日报告制，累计监测报告257起管网异常工况，市区供热服务部门全面实施应急处置旁站督导制度，尤其是针对影响范围广、持续时间长的红山热力中心等供热异常情况，进行全程蹲点督导，最短时间内恢复正常供热。

【供热企业整合】 城市供热体制改革事项被列入市委全面深化改革委员会第十六次会议部署改革任务分解清单，市政府印发《关于进一步加快供热管网和热源提升改造促进城市供热高质量发展的实施方案》，明确城市供热站点整合移交的方案、时间、路线，推动供热企业整合移交和清洁取暖管网改造项目实施。下半年，对接市政府国资委、市机关事业管理局和4区政府，完成家具五厂、宏达铝塑、虹丰嘉园、合水嘉园等19家供热企业整合移交。

【供热制度建设】 申报《兰州市供热用热条例实施办法（修订）》和《兰州市供热计量管理办法（修订）》列入市政府五年立法规划。推进《兰州市城市供热保障金统筹使用管理办法》《兰州市供热单位考核管理办法》等文件和《兰州市供热突发事件应急预案》的出台，有序组织开展征求意见、公平性审查、合法性审查及上报工作。《兰州市城市供热保障金统筹使用管理办法》在6月28日市政府第22次常委会议审议通过，8月6日起施行。

（陈彦任）

兰州黄河风情线大景区管理

【概况】 2022年，兰州黄河风情线大景区管委会认真落实黄河流域生态保护和高质量发展、“强省会”行动战略部署，紧紧围绕兰州市第十四次党代会精神，以“先发力、带好头”的政治自觉和行动自觉，加快建设黄河安澜行洪、黄河母爱共享、黄河生态造福的“黄河福道”。

兰州黄河风情线大景区馆委会下辖兰州黄河风情线执法支队、兰州市民公园、兰州市百合公园、兰州黄河风情线大景区园林绿化所、兰州市绿色公园、兰州廉政文化公园、兰州市马拉松公园、兰州黄河风情线游客服务中心、兰州市白塔山管理处、兰州碑林管理处、兰州市小西湖公园、兰州市水车园12个事业单位。

【执法整治】 依据《兰州市黄河风情线大景区保护管理条例》，对黄河风情线西沙大桥至天水北路大桥段各类建（构）筑物进行拉网式排查摸底，对排摸出的相关问题，逐一核实，明确权属，制定整改措施，累计排摸210处，总面积143.26万平方米。集中执法力量拆除临时建（构）筑物25处760平方米。配合水务等部门清理整治黄河兰州城区段27艘趸船，10艘码头功能趸船制定防汛应急预案，完成去餐饮化、污水集中收集等整改措施，通过省河长办核验销号予以保留。17艘餐饮趸船中14艘已拆除。同时迁移龙船趸船、尚品趸船船底平层2处，拆除元通桥至兰州港趸船锚桩3处。对黄河风情线柴家台至桑园峡段81座泵站进行全面排摸，其中核心段泵站66座，总面积3.7万平方米。督促拆除安宁区熊家十字泵站、七里河区原一毛厂泵站、北滨河路小西湖桥东侧九州号泵船等废弃泵站3座，责令陇香情茶楼、西津茶楼、西园社区泵站、银滩港生态园等4座改变用途泵站停止经营活动。以黄河风情线核心段、奥体中心、马滩湿地公园、西沙公园等区域为重点，开展环境卫生集中整治行动，清理捆扎安宁段绿化带、奥体中心、名城广场、陆军总院等区域废旧杂乱线缆1.4万米，释放沿河公共空间。开展景区秩序专项整治行动，清理整治河道茶摊37处，规范茶摊经营设施样式，实行“一桌一桶”“随有随清”，常态化维护河道环境卫生。清理流动摊点及占道经营

3210处，规范休憩网点6处、街景店车22辆，规范单车停放点37处，清理乱停乱放单车1万余辆，劝导不文明遛犬日均20次。对景区内茶摊经营、不文明施工、损坏设施、破坏树木绿地、乱堆乱放、乱倒垃圾等违法行为加大执法处罚力度，实施行政处罚26件，处罚金额1.37万元，保障景区良好环境秩序。联合公安交警部门对风情线沿线游览步道乱停车辆进行集中整治，处罚违章车辆80余辆，劝导占道车辆100余辆。联合七里河区执法局开展百合家园至黄河楼流动收车问题专项整治，约谈二手车交易市场负责人、增加巡回检查频次、固定值守与机动巡查相结合、发动保洁绿化人员及时发现报告等举措，对流动收车广告牌做到即有即清。

【设施维修改造】 争取社会领域体育设施补短板中央预算内投资1000万元，实施兰州黄河之滨金雁片区运动健身步道项目，建成彩色塑胶健身步道5.6千米，实现黄河南岸望河亭至天水路黄河大桥段、黄河北岸城关黄河大桥至原车管所段健身跑步贯通。新建彩色塑胶健身跑道1.6万平方米、彩色沥青铺装3473平方米，安装花岗岩道牙5059米，仿木步道维修1160平方米，河堤压顶面层维修2720平方米，配套垃圾箱104套、座椅104套等。实施北滨河路马槽沟至兰雅星河湾段游览步道改造提升，改造游览步道总长535米，宽度约5米，铺设红色透水砖2635平方米，铺设黄色盲道砖268平方米，更换混凝土道牙560米。

6月23日，市政府第21次常务会议审议通过《兰州奥体中心片区黄河之滨生态修复及环境提升项目（一期）设计方案》，项目西起深安黄河大桥，东至黄河楼，南至南滨河路北侧人行道为界，北至黄河河堤护栏，主要为人行桥、景观道路、休闲广场、绿化工程、给排水工程、电气工程及旅游公厕等配套服务设施，全长3.3千米，总面积约11.9万平方米，投资概算5092.01万元。已完成EPC招标手续，西侧5.5米游览步道改造提升2100米，新建2.5米漫步道新建1600米，“人与自然”广场改造提升3568平方米，绿化景观提升9600平方米；建成健身广场3处，安装文旅驿站（旅游公厕）2组。

【园林景区改造】 打造马拉松公园马鞭草紫色花海、百合公园“百合花海”、廉政公园雾化溪流、市民公园牡丹园和安宁樱花大道、七里河玉兰大道等特色景观。实施云峰广场、人行步道、河堤美化提升，栽植乔花灌木6.8万株，改造提升绿地11.8万平方米，在两岸河堤栽植五叶地锦、藤本月季等9000余株，改造北滨河路深安桥匝道绿地7000平方米，提升沿线景观档次。在百合公园种植观赏百合4.6万株2400平方米。提升马拉松公园马鞭草和沿河野花组合带，栽植马鞭草13万株、金叶女贞等小灌木3.5万株、醉蝶等各类花卉3.2万株，改造野花组合3510平方米、草坪6390平方米。在市民公园、颐园、廉政文化公园等处搭建新型景观式越冬温棚166组。

【景区保洁】 以大景区“洁、净、美”为目标，做好常态化保洁，组织开展环境卫生大整治，全力营造干净整洁、文明有序的大景区游览环境。每日出动保洁人员912人次，环卫车辆41车次，对大景区全线304.03万平方米的道路、桥梁、河道开展清扫保洁。对公共区域19座移动公厕实行全天候专人管护。使用融雪剂22.5吨，清理积雪面积约115.2万平方米。全年共开展雨天环卫作业6次，集中清理淤泥2次，年清淤量约5万立方米，清理淤泥覆盖区域约2万平方米。春节期间累计清洗清拖景区路面、人行步道等126.54万平方米，清理出生活垃圾、枯枝落叶200余吨，清洗积尘岗亭、街景店车5000平方米，清割清运河道内干枯芦苇、蒲草3.3万平方米。在除夕夜、元宵节、清明节、中元节、寒衣节等重要节点，共清理祭祀垃圾、烟花爆竹残渣及纸灰约64吨，冲洗祭祀痕迹约4.8万平方米。定期组织环卫人员开展“共享单车”集中整治，将单车规范整齐摆放，对车体浮尘、泥土冲洗擦拭干净，日均清洗清擦风情线两岸单车数量均在800余辆，方便市民游客出行。开展“喜迎二十大”爱国卫生大清洗行动，在精细化作业的基础上，每日出动环卫人员800人，冲洗车22辆，对全线进行深度重点清洁，让风情线以精品风景、靓丽风景、崭新面貌迎接“二十大”。

【旅游宣传】 顺利开办第四届“乐动金城声醉兰州”音乐惠民展演活动。精心筹办“黄河之滨也很美”摄影作品展。举办2022年兰州市旅游景点讲解员技能大赛。开展“保护黄河母亲,共建美好家园”主题宣传保护活动。邀请兰州文化和旅游协会、甘肃省中国国际旅行社、甘肃观天下国际旅行社、兰州水运集团等10家单位的负责人召开旅行社代表座谈会。组织召开黄河文化内涵挖掘、保护和传承座谈会,邀请兰州大学黄河国家文化公园研究院常务副院长彭岚嘉、兰州大学黄河国家文化公园研究院副院长杨建军、甘肃省非物质文化遗产保护工作专家委员会委员徐凤、兰州大学丝绸之路文化创意设计研究中心主任沈明杰等专家恳请行业杰出代表就大景区在文化内涵挖掘、产业链条完善、文旅融合发展和开拓客源市场等方面建言献策。组织召开大景区管委会文创产品研发座谈会。举办“草圣张芝的书法价值及历史地位”专题讲座。举办“黄河之滨·旅游达人”活动,开展碑林“中秋月黄河情”赏月活动,举办促进文旅融合发展暨文旅企业服务月活动。

1月,央视13频道播出中山桥美丽夜景“黄河两岸流光溢彩迎新春”;3月30日,央视“春天的中国”栏目播出“水墨丹霞迎春到 五彩缤纷入画来”;9月23日,中国新闻社组织在大景区开展“中新观陇裕固族姑娘带你看甘肃”融媒体采访活动,在“望河亭”就景区情况进行介绍并接受采访;9月30日,央视频道“大河之美甘肃篇黄河之滨也很美”栏目、新华社“黄河直播”栏目在大景区采访取景;10月1日,中宣部“江河奔腾看中国”主题直播活动走进大景区,通过沿黄九省区历史底蕴深厚节点城市现场采访,用江河奔腾向前的自然线有机串联文化线、历史线、故事线、成就线讲好江河润泽经济、繁荣人文、滋养民生的生动故事,生动呈现壮阔中国、大美甘肃、绿色大景区。

(马　方)

住房公积金管理

【概况】 2022年,兰州住房公积金管理中心全年归集住房公积金91.79亿元,累计归集资金总额870.08亿元,归集资金余额322.66亿元。新增缴存职工45652人,缴存职工总数67.55万人。向6222个职工家庭发放住房公积金个人住房贷款28.23亿元,累计发放贷款总额478.67亿元,贷款余额229.75亿元。贷款逾期率0.5‰,控制在1.5‰的目标以内。全年实现增值收益3.62亿元,贷款风险准备金充足率100%。中心团支部被共青团甘肃省委评为2021年度“甘肃省五四红旗团支部”。榆中管理部获评市级卫生单位,新区管理部获评兰州新区“工人先锋号”。

机构改革完成后,兰州住房公积金管理中心共下辖11个分支机构:铁路分中心、城关管理部、七里河管理部、安宁管理部、西固管理部、红古管理部、永登管理部、榆中管理部、皋兰管理部、新区管理部、电力管理部,住房公积金业务覆盖兰州市5区3县、兰州新区、兰州铁路局系统、国网甘肃省电力系统以及窑街煤电集团所有缴存单位和职工。

【住房公积金归集】 落实《兰州市落实强省会战略进一步优化营商环境若干措施》(第1号),进一步放宽新市民群体和灵活就业人员住房公积金缴存条件,取消灵活就业人员建缴时对缴纳社保的时间限制,扩大灵活就业人员缴存范围,推动住房公积金制度覆盖从“应建尽建”向“能建尽建”转变。持续加大非公企业公积金制度覆盖面,重点针对“三类人群”开展归集扩面执法。精准运用社保、税务、工商企业注册等共享数据,动态掌握全市企业开办情况,督促新注册企业及时办理公积金缴存登记。建立催建催缴任务台账,整治和纠正单位不建、不缴或少缴住房公积金的违规行为,全年共催缴欠缴单位2613家(次)。加强社会信用体系企业诚信信息运用,对申请办理住房公积金缓缴、降低缴存比例的企业进行信用核查,提升促缴实效。清理住房公积金长期停缴账户,将18万个长期停缴并封存的个人账户转入“集中封存单位”账户实行统一管理,提升账户管理等级。

【住房公积金提取】 扩大提取业务线上受理范围,住房公积金提取事项全部升级为“全程网办”事项，缴存职工可“不出门”办理所有提取业务。增加提取业务线上预约办理功能，简化因购买自住住房、偿还住房贷款、老旧住宅增设电梯提取住房公积金的受理材料，调整因职工死亡提取住房公积金的申请资料和办理程序，全面提升办事效率。对各类“陇原人才卡”持卡人实行差别化提取优惠政策。对生育二孩或三孩家庭因租房提取公积金给予政策支持，提高提取额度。全年共办理住房公积金提取业务471346笔，为缴存职工提取公积金59.27亿元。其中，因购买自住住房提取住房公积金11.2亿元；因偿还购房贷款本息提取住房公积金27.6亿元；因租赁住房提取住房公积金3.2亿元；因退休等其他原因提取住房公积金15.2亿元，支持缴存职工因老旧小区加装电梯提取住房公积金14.75万元。

【住房公积金贷款】 放宽公积金贷款受理条件，调整购买第二套住房申请贷款的认定规则。对各类“陇原人才卡”持卡人实行差别化贷款优惠政策，按照本中心缴存职工同等条件受理新市民和灵活就业人员贷款申请，推进公积金贷款“应贷尽贷”。提高最高贷款额度，已婚缴存职工、单身缴存职工的最高贷款额度分别由60万元、50万元提高至70万元、60万元。降低公积金贷款购房首付比例，公积金贷款购买首套住房最低首付比例调整为不低于20%，二套住房最低首付比例不低于30%。下调首套住房公积金贷款利率0.15个百分点，5年以下（含5年）和5年以上利率分别调整为2.6%和3.1%。优化按月冲还贷扣划规则，取消公积金账户余额限制，全年受理按月冲还贷款业务3.13万笔，冲还资金5.28亿元。取消商品房备案准入流程，对于取得商品房预售许可证的商品房期房项目，进行信息登记后即可受理购房人的贷款申请，推进商品房贷款提速增效。全年新增商品房项目29个，发放商品房贷款5207笔、贷款金额24.16亿元，分别占比84%和86%。持续推进“公积金+商业银行”组合贷款业务。全年共发放组合贷款570笔，其中公积金贷款金额2.84亿元、商贷金额1.75亿元。

【住房公积金服务】 通过科学设置服务窗口，优化业务流程，实现“一窗办理”所有公积金业务。深化“放管服”改革，推进线上线下服务深度融合，更多公积金事项实现“不见面办理”，入驻甘肃省一体化政务服务平台住房公积金事项的网办率、全程网办率、即办事项比率分别达到100%、96.29%、92.59%，住房公积金政务服务由“最多跑一次”向“一次都不跑”持续快速推进。完成住房公积金“跨省通办”“省内通办”“全市通办”全部事项的梳理并在甘肃省政务服务网通办专区和“甘快办”App兰州厅展示。完成甘肃省一体化政务服务平台住房公积金事项的基本目录认领确认、业务流程配置、实施清单发布、开通在线办理，住房公积金自建业务系统与甘肃政务服务网一体化政务服务平台系统正式对接，可线上办理的住房公积金事项27项，实现住房公积金服务事项“应进必进”。持续压减办理时限，27项住房公积金事项的总承诺办结时限从总法定时限205天缩减为51天，缩减承诺时限比率75.12%。新增公积金汇缴、补缴、提前部分偿还贷款、租房提取、提前退休提取等5项高频服务事项“跨省通办”业务，“跨省通办”业务种类达到13项。全年共办理住房公积金“跨省通办”业务435笔、异地转入业务8092笔、异地转出业务5876笔、协查业务594笔，办理业务量及涉及资金规模均列全省行业内第一名。

落实《兰州市优化营商环境创新改革工作责任清单》，完成住房公积金优化营商环境特色改革任务，通过“一网通办”系统，将住房公积金缴存登记并入企业登记环节，在税务、人社、公积金涉企服务高频领域实现电子营业执照应用。完成兰州市政务服务指标提升工作任务，27项住房公积金服务事项全部开通“好差评”功能，产生“好差评”评价319492条，好评率100%，评价量与办件量位列全市市直部门第一名。妥善处理群众诉求，不断提高网民满意度，网民留言答复的按期办结率和12345政务服务便民热线限时办结率均达到100%。12329服务热线人工服务接通量20.89万人次，占全省话务总量的28.73%。在2021年度兰州市深化“放管服”改革优化营商环境提质提标考核中列市直部门第三名，在2021年度兰州市政务服务能力评估排名中列市直部门第一名，甘肃省住建厅将综合柜员服务作为2022年全省公积金行业亮点工作上报住建部公积金监管司。

【信息化建设】 深化“互联网+公积金”建设，线上办理率稳步提升，2022年网上业务办理量占业务总量的78.8%。“兰州公积金”微信公众号关注人数56.99万人，被兰州市委网信办推荐为兰州市文明网站平台。通过住建部数据共享平台接入中国人民银行二代征信系统，助力信用信息建设。接入甘肃省住房公积金区域一体化共享协同平台，通过“小兰帮办”小程序与全国住房公积金小程序系统对接，实现住房公积金缴存贷款信息查询、个税抵扣填报信息、住房公积金异地转移接续等高频事项的线上办理。定期召开系统运维工作联席会议，解决业务系统日常管理、新功能开发和网络安全管理各类问题，及时完善系统运行，提升业务系统运维质量。

【风险防控】 加强对公积金重点领域和关键环节的内部监督，定期对各分支机构住房公积金业务受理、复核、审批情况进行抽查、监督，并对发现的问题及时纠正，全面提升业务风险防控水平。运用全国住房公积金监管平台，实现对线上、线下住房公积金业务数据的部、省、市三级监管联动。定期对贷款还款、批扣、逾期等业务开展人工三级核查，在年度结息前和计息后对所有缴存数据分类型进行抽检，有效降低业务运行风险。常态化使用住建部电子核查工具进行月度数据核查，快速筛查、动态分析风险，及时预警反馈问题并整改落实。强化逾期贷款防范治理，落实贷款日常催收、法律诉讼、担保代偿、逾期攻坚行动、严控新增逾期等措施，全力保障贷款资金安全。全年开展电话催收2.13万人次、上门催收491人次，短信服务平台发送逾期催收短信1.63万条、发送还款提醒短信102.23万条。运用法律手段解决恶意逾期贷款难题，对17名逾期严重的借款人进行法律诉讼。

【黄河流域公积金一体化发展】 以“黄河流域公积金一体化发展路径及创新”为主题的《2022年度黄河流域住房公积金高质量发展研讨推进会》，兰州、济南、太原、呼和浩特、郑州、西安、西宁、银川等8市公积金中心以视频形式共同参加，进一步深化黄河数字骨干通道建设，研究开发更多住房公积金便民应用场景，实现黄河流域各城市住房公积金互学和融合，推动黄河流域住房公积金发展不断取得新成效。8市公积金中心在住房公积金归集、提取、贷款、异地转移接续等业务方面持续展开深度合作，建立灵活就业人员建缴公积金互认机制。持西宁市、海东市、济南市、太原市、呼和浩特市、郑州市、西安市、银川市社保缴纳证明的灵活就业人员均可在兰州公积金中心设立住房公积金个人缴存账户。

【兰西城市群建设】 持续推进兰西城市群住房公积金区域一体化发展战略实施，兰州、西宁两地公积金中心建立完善住房公积金政策协同、信息共享、两地联办工作机制，建立兰西两地公积金中心定期联席会议制度。邀请海东市住房公积金管理中心加入兰西城市群住房公积金区域协同发展“工作群”，推动形成兰西城市群内兰州、西宁、海东三地公积金一体化发展新局面。持续简化兰州、西宁两地缴存单位及缴存职工办理公积金业务时所需要件，开通兰州、西宁两地公积金中心个人账户余额互相冲减逾期贷款业务。2022年为购买西宁市住房或偿还西宁市购房贷款的缴存职工办理公积金提取业务177笔，提取金额1064.98万元。两地中心为224位缴存职工办理跨中心账户余额转移业务，涉及金额近360万元。

【住房公积金阶段性支持政策落实】 落实《国务院关于印发扎实稳住经济一揽子政策措施的通知》以及《住房和城乡建设部、财政部、中国人民银行关于实施住房公积金阶段性支持政策的通知》精神，实施阶段性支持政策，助力企业纾困和职工解难。受疫情影响企业可在12月31日前申请缓缴住房公积金，职工缴存时间连续计算，不影响正常提取和申请公积金贷款。放宽疫情防控期间缴存职工因租房提取住房公积金的时限并提高提取额度，缴存职工可每月办理1次“租房提取”业务，提取额度提高为每月不超过2500元，每年不超过3万元。12月31日前受疫情影响的借款人不能正常还款的，不作逾期处理、不计罚息、不作为逾期记录报送征信部门。疫情防控期间为15家企业办理缓缴业务，缓缴金额1700万元。办理租房提取业务26726笔，提取金额3.4亿元，较2021年分别增长53.36%、71.71%。受理借款人因受疫情影响不能正常还款登记153笔，不作逾期处理的贷款余额3856.63万元，不作逾期处理的贷款应还未还本金额144.47万元，全力帮助受疫情影响的缴存单位和缴存职工解决困难、缓解压力。

（裴少伟）

生态环境保护·园林绿化

环境保护

【概况】 2022年，兰州市生态环境保护工作围绕构建“一核三带”区域发展格局，立足“四强”行动，扛好“先发力、带好头”政治责任，切实把握国家重大战略机遇，抢抓兰西城市群建设部署，推进“三新一高”落实，推动经济社会发展在生态优先道路上不断提速。

【环境质量改善】 大气环境质量方面。兰州市环境空气质量优良天数301天，同比增加5天，优良率82.5%，同比增长1.4个百分点；六项污染物中，SO_2（二氧化硫）浓度15微克/立方米，与上年同期持平；NO_2（二氧化氮）浓度38微克/立方米，同比下降17.4%；PM10浓度68微克/立方米，同比下降5.6%；PM2.5浓度33微克/立方米，同比上升3.1%；CO（一氧化碳）第95百分位数1.7毫克/立方米，同比下降15%；O_3（臭氧）第90百分位数149微克/立方米，同比上升2.8%。SO_2、NO_2、PM10、PM2.5、O_3和CO浓度均达标；环境空气质量综合指数4.46，同比下降6.1%。未发生人为因素导致的重度及以上污染天气。水环境质量方面。黄河兰州段干、支流国控、省控断面水质达标率100%，出境断面水质稳定达到二类；县级及以上饮用水水源地水质达标率100%；城区黑臭水体无返黑返臭情况。土壤环境质量方面。兰州市土壤环境安全稳定，重点建设用地安全利用得到有效保障，受污染耕地安全利用率基本达到100%。生态环境安全方面。兰州市核与辐射环境安全可控，生态系统稳定，环境应急能力稳步提升。

【大气环境管理】 推进“四源共治”（工业污染源、燃煤污染源、机动车尾气污染源、扬尘等低空面源污染），实施可再生能源替代行动，制定印发《兰州市2022年深入打好蓝天保卫战行动方案》《兰州市2022—2023年冬季大气污染防治工作方案》；开展柴油货车污染治理、餐饮油烟污染专项治理、绿色施工督导、涉气产业集群整治等专项行动，严管、严查、严控各类污染源，推进细颗粒物与臭氧协同治理；完成3台40蒸吨燃煤锅炉“煤改气”工程，640家涉挥发性有机物固定源整治，85家工业窑炉综合整治和4个产业集群整治，有序推进兰州市2家钢铁企业完成超低排放改造年度任务。

【水环境管理】 制定印发《2022年黄河流域环境保护与污染治理工作方案》，深化黄河流域环境保护与污染治理；谋划包装流域综合治理项目，争取中央、省级资金支持；开展沿黄环境安全隐患排查整治和枯水期水污染联防联控专项行动；与白银市、临夏州签订横向流域生态补偿协议，争取奖励资金3300万元；完成2752个入河排口整治。编制完成《兰州市区域再生水循环利用试点方案》，梳理工业废水零排放、人工湿地、污水处理厂建设和提标改造等22个区域循环水试点项目，推进国家区域再生水循环利用试点城市申报。

【土壤污染防治】 推进重点建设用地安全利用和疑似污染地块土壤污染状况调查，启动3个在产企业绿色化改造土壤污染源头管控项目，督促兰州市4个省列优先管控名单地块企业开展土壤污染状况调查，63家土壤污染重点监管单位开展隐患排查和自行监测；加大乡村生态振兴力度，着力改善农村人居环境，制定实施《兰州市“十四五”农村生活污水治理工作方案》，完成《县域农村生活污水治理专项规划》修订，持续开展农村生活污水处理设施排查整治及水质监测，完成1条农村黑臭水体治理。

【生态环境反馈问题整改】 完成第二轮省级生态环境保护督察保障工作，反馈的52项问题，完成整改31项，交办的329件信访件，办结309件，剩余问题和信访件有序推进；中央第一轮环境保护督察反馈的21项问题全部完成整改，512件信访件全部办结；中央第二轮生态环境保护督察反馈的25项问题，完成整改23项，836件信访件全部办结；省级第一轮环境保护督察反馈的53项问题，完成整改52项，305件信访件全部办结；国家黄河流域警示片披露的6项问题，完成整改4项；省级生态环境问题警示片披露的15项问题，完成整改10项。同时，开展兰州市生态环境问题排查整治工作，共排查生态环境问题956个，完成整改925个，剩余31个正在加快整改。

【生态战略平台构建】 兰州市作为西北地区唯一国家首批气候投融资试点省会城市，同时成功入围全国“十四五”“无废城市”建设名单，突出“生态破题”，稳步推进气候投融资试点“五个一工程”和“无废城市”试点建设工作，建成涵盖200余个项目，总投资3000余亿元的项目库和由中国工程院院士领衔的专家库，稳步推进环交中心股改工作，并争取国家区域再生水循环利用试点。成立市长任组长的“无废城市”建设工作领导小组，召开全市动员会，市政府办印发《兰州市“十四五”时期“无废城市”建设实施方案》。确定47个三级建设指标，构建“1+8+5+N”的“无废城市”建设体系，全域纵深推进，努力探索具有兰州特色的经验模式。市无废办印发废物清单、责任清单、任务清单等相关清单，建立含56个项目总投资115亿元，涉及工业、农业、生活、建筑、危险废物五大领域的工程项目库。落实市区同创要求，完善43个成员单位定期调度机制，对各县区“无废城市”建设方案编制情况进行指导，要求市直各单位对本部门担负的“无废城市”建设年度工作进行筹划。兰州市2020年度GEP（生态系统生产总值）3577.19亿元，单位面积GEP2710.42万元/平方千米，是同期地区生产总值的1.24倍。

【重点防治项目落实】 争取中央和省级资金支持，探索创新生态项目投融资方式，提升兰州市生态环境治理能力和治理水平。成功申报黄河流域兰州段白塔山生态环境综合治理工程生态环境导向的开发（EOD）模式试点项目。完成1638蒸吨燃气锅炉低氮改造，拉低氮氧化物年均浓度2微克。争取省级资金520万元，新建并投运20套黑烟车抓拍系统。争取到位资金5710万元，实施智慧黄河（兰州段）精细化监测管理项目。争取中央、省级资金2.5亿元，开展宛川河、庄浪河、蔡家河、湟水河等流域综合治理项目。争取中央、省级资金719万元，完成11个地块土壤污染状况调查评估和12个行政村环境综合整治。

【生态战略合作】 与省生态环境厅签订“强省会”合作框架协议。编制完成《黄河流域兰西城市群（兰州）生态建设实施方案》，举办兰西城市群生态建设高峰论坛，发布兰西城市群生态建设兰州宣言，与西宁市、白银市等九市州签订兰西城市群战略合作协议，释放共同推进黄河流域生态保护和高质量发展的巨大合作潜能。

【生态环境依法行政】 制定《监督执法正面清单》《兰州市生态环境轻微违法行为“两轻一免”清单》，将114家企业纳入《正面清单》，对36起环境违法行为免于行政处罚，对守法企业做到“无事不扰”，对重点企业实现高效管控。全年查处一般环境违法案件67件，移送行政拘留1起，移交立案1起。建立健全环评容错机制，对省市列重大项目和民生工程实行容缺受理。兰州市2376个备案类项目实现“零跑路”和不见面备案，占总数的90.6%。

（赵紫楠）

黄河流域兰州段生态保护

【概况】 2022年，市生态环境局发挥污染防治专责组组长单位牵头带动作用，围绕省市黄河流域生态保护和高质量发展工作要点各项污染防治工作要求，聚焦“蓝天、碧水、净土”三大战役，持续发力，久久为功，攻坚克难推进各项污染防治工作，兰州市大气污染治理取得历史性、里程碑式突破，环境空气质量首次实现全面达标，正式迈入全国空气质量达标城市行列。全市优良天数301天，优良天数比率82.5%，同比增加1.4个百分点；全年未发生人为导致的重污染天气；空气质量综合指数4.46，同比下降6.1%，环境空气质量连续九年持续改善，其中PM10年均浓度68微克/立方米，PM2.5年均浓度33微克/立方米。国控、省控断面水质优良率100%，出境断面水质稳定达到二类水体。县级及以上集中式饮用水水源地水质达标率100%。6个地下水国测点水质保持稳定，已治理8条黑臭水体水质稳定达标，无反弹；全市受污染耕地安全利用率基本达到100%，重点建设用地安全利用得到有效保障，土壤环境安全总体可控。

【责任分工明确】 2022年，污染防治专责组根据《甘肃省“十四五”黄河流域环境保护与污染治理专项实施方案》和全市2022年度黄河流域高生态保护和高质量发展工作要求，制定印发《2022年黄河流域环境保护与污染物治理工作方案》，及时将年度重点工作任务和工程项目分解到污染防治专责组各成员单位，明确责任分工、完成时限，通过每月调度及时掌握重点任务和重点工程进展情况，对一些难点、痛点问题调度指挥、纾难解困、协调推进。

【治污防治规划编制】 结合国家黄河流域生态保护和高质量发展纲要和省市黄河流域生态保护和高质量发展工作有关安排部署，牵头组织编制完成《兰州市“十四五”生态环境保护规划》《兰州市“十四五”重点流域水生态环境保护规划（初稿）》《兰州市“十四五”土壤、地下水和农村生态环境保护规划》等专项治污规划，明确“十四五”期间治污方向和目标，形成脉络清晰的科学系统治污。在2022年污染防治专责组年度工作方案中共谋划推进重点项目24个，已完成9个，在建15个（其中13个项目完成时限为2023年及以后）。

【污染防治】 年初制定印发《兰州市2022年度深入打赢“蓝天保卫战”行动方案》及6个专项实施方案；每日全市四烧工地、企业进行巡查，发现问题立即处置；开展工业窑炉综合治理、“散乱污”企业动态监管、挥发性有机物排查整治工作，强力推进钢铁、火电、铸造、铁合金、碳化硅行业深度治理，有序推进全市2家钢铁企业超低排放改造工作，完成腾达西北铁合金有限责任公司第三冶炼厂铁水浇注无组织烟气治理项目及甘肃鸿丰电石有限公司石灰窑除尘系统污染提升治理项目，加大范坪电厂、西固电厂、二热电厂、榆钢公司、兰铝自备电厂实施控总量、控浓度的管控力度；制定印发《兰州市冬季清洁取暖2022年度（第三批）燃气锅炉低氮改造项目实施方案》，完成全市1671蒸吨燃气锅炉低氮改造，进一步降低城区氮氧化物排放；开展冒黑烟车辆和尾气超标车辆处罚工作，完成非道路移动机械摸底调查和编码登记工作，建立较完整的全市非道路移动机械排放情况数据库，开展机动车排放检验机构联合专项整治行动，进一步加强和规范机动车排放检验机构工作；实行施工工地“七个百分之百”措施。定期对各施工工地进行现场检查。以水环境质量改善为抓手，建立健全水生态环境问题日巡查工作机制，组织开展重点区域、流域日巡查，形成发现问题、解决问题的闭环工作机制，全年形成环境安全隐患周报44期，共出动执法人员1.6862万人次，发现问题561个，整改完成560个，剩余1个问题正在整改中；制定印发枯水期水污染联防联控专项方案，采用无人机航拍加人工徒步排查方式，发现并交办整改问题1486个；持续强化饮水安全保障，组织完成市、县、乡镇饮用水水源地年度环境基础状况调查评估，组织开展饮用水水源地回头看，对发现各类隐患问题及时整改；全年对上争取水污染防治专项资金2.3亿余元，稳步推进湟水流域水污染防治三期、宛川河湿地一期、庄浪河流域永登段水污染防治项目、智慧黄河（兰州段）精细化监测管理、皋兰县蔡家河流域（三川口－蔡家河入黄口）水污染治理与水生态保护修复工程等项目，会同市住建局、七里河区政府包装元托峁沟及崔家大滩南河道生态缓冲带保护修复项目和大金沟流域（范家坪至入黄口）水污染治理与水生态保护修复工程，上报争取中央水污染防治资金；组织开展入河排污口排查整治，完成生态环境部反馈3022入河排污点位的溯源排查、监测和信息录入，编制完成《全市入河排污口“一口一策”整治方案》和2022年年度整治方案，全年完成2751个各类入河排口的整治；创新体制机制，与白银市、临夏州签订横向生态补偿协议，建立上下游横向生态补偿机制，委托第三方编制《兰州市区域再生水循环利用试点城市实施方案》，申报区域再生水循环利用试点城市国家美丽河湖创建等。紧盯土壤污染源头预防，强化工业场地土壤污染管控，对全市土壤污染重点监管单位、疑似污染地块和污染地块名单进行更新和统一管理，开展土壤污染重点监管单位隐患排查“回头看”及自行监测工作，督促相关单位落实污染地块风险管控措施；狠抓建设用地监管，完成全市68个地块的初步调查，将建设用地土壤环境管理要求纳入供地管理环节。突出土壤污染防治项目建设，有序推动5个土壤污染场地修复和综合治理项目，巩固土壤污染治理修复成效；科学推进农药化肥零增长行动，全年全市农药使用量较上年减少7.332吨；全面推进地下水保护，协助配合省生态环境保护厅在永登县、榆中县、皋兰县开展地下水基础环境状况调查评估和监管能力建设工作。

【重点领域协同治理】 城镇生活污染治理方面：强化污水处理厂运行监管，确保污水处理设施正常运行出水稳定达标排放；加快城区七里河安宁、雁儿湾、盐场等污水处理厂提标改造工程建设，组织开展小西湖桥、市档案馆等积水点改造和城区雨污分流改造工作，有效提升城区污水收集处理能力；统筹城乡污水处理能力，加快皋兰、永登、红古等远郊区县污水处理厂提标改造工程建设，建成投运定远镇污水处理厂，补齐县域污水处理能力短板；全市城区54个街道、338个城市社区、3061个居民小区实现全覆盖推行生活垃圾分类工作，开展“撤桶并点、定时定点”分类收集示范点建设，共设居民小区生活垃圾集中投放点10560个，其中设置可回收物收集容器21581个、有害垃圾收集容器13624个、厨余垃圾收集容器22445个、其他垃圾收集容器26072个；生活垃圾分类智能箱房25座，同时提升改造生活垃圾投放点5848个。党政机关等公共机构、居民小区、公共场所生活垃圾分类投放指引设置及设施配备率均达到100%。全市共配备生活垃圾收运车辆1463辆，进一步对兰州市再生资源循环经济加工产业园区等生活垃圾处理场所进行规范，形成生活垃圾从源头产生到末端处理的闭合环路。工业污染防治方面：组织开展54家重点行业企业清洁生产审核和验收，持续在工业废水、废水、废渣深度治理方面挖潜，提升企业节能降耗、减污增效能力；组织危险废物专项整治、废弃电器电子产品拆解企业监管、砂场专项整治、黄河流域清废行动和塑料污染治理等5个专项行动和黄河流域“清废行动”交办问题的整改，统筹推进兰州市“无废城市”创建工作，推动小微企业危险废物集中收集试点，持续强化医疗废物环境监管，全年安全处置医废18729.28吨。农业面源污染防治方面：组织创建4个化肥减量增效示范区，推广生物膜和可替代膜，加大废旧农膜回收利用，废旧农膜回收利用率85.39%，强化畜禽养殖污染监管，畜禽养殖粪污资源化利用率77%，农作物秸秆资源化综合利用率86%；市级财政尾菜处理利用专项资金830万元，推进榆中、永登、红古蔬菜尾菜处理示范区建设。截至11月底，尾菜处理利用率62.1%。推动农村厕所革命，全年新建农村卫生户厕2384座，推进农村“卫生厕所改善”，累计建成农村卫生户厕16.8万座，普及率86.9%。改善农村人居环境，开展农村黑臭水体、生活污水处理设施专项排查整治，完成5个省级农村生活污水治理试点项目和1条农村黑臭水体整治，全面推进农村污水处理站建设，编制印发《兰州市“十四五”农村黑臭水体治理工作方案》，督促各区县对农村黑臭水体进行再排查，对排查的3条农村黑臭水体进行工程治理；加强农村垃圾收集、运输、处理体系建设，全市54个街道和58个乡镇实现环卫保洁队伍全覆盖，配备保洁员5819人，乡镇垃圾转运场（站）36个、村庄垃圾收集点7299个，配备农村垃圾收运车辆1002辆。加强农村垃圾收集、运输、处理体系建设，建成无害化垃圾填埋场5个、无害化处理站3个，676个行政村全部组建保洁队伍，村庄保洁员5879人，全市乡镇垃圾收运车辆覆盖率100%。利用航拍手段，清理整治垃圾点位44291处，清运垃圾9.1万余吨。

【突出问题整改落实】 坚决扛起生态环境保护的责任，围绕国家省级生态环境警示片和第一、第二轮中央环保督察、省级环保督察披露问题，坚持问题导向，照单全收、举一反三、狠抓整改，截至年底，国家黄河流域生态环境警示片披露的6个问题中，污染防治专责组牵头推进的5个问题，其中北龙口服务区粪污水直排问题已经省级污染防治专责组现场核验待销号，小西湖桥、市档案馆、碱沟洪道等点位部分生活污水直排问题、雷坛河沿线垃圾、污水整治不彻底等3个问题已完成整改，正在整理资料，组织销号；宛川河入黄口水质不达标问题整改时限为2023年底，该问题除工程治理措施正在实施外，其余措施已落实到位；省级警示片反馈问题15个，已完成整改9个，正在整改6个。

（赵紫楠）

园林绿化

【概况】 2022年，兰州市林业局启动创建国家园林城市复查迎检工作，持续推进巩固提升“国家园林城市”创建成果三年行动。完成年初既定目标任务，城市公园游园拓建、精致园林建设、绿地管护机制完善等各项工作取得丰硕成果。

【城市园林增绿】 主城区新增改造绿地1238.25亩。其中，新增绿地546.75亩（城关区42.6亩，七里河区220.35亩，安宁区151.05亩，西固区132.75亩）；绿地改造691.5亩（城关区333.6亩，安宁区207.45亩，西固区107.55亩，高新区42.9亩）。

主城区新建小游园13个、面积203.7亩。其中，城关区5个（新港城小游园，东湖小游园，刘家滩小游园，雁东路小游园，乐水小游园）；七里河区3个（奥体中心小游园，颐园小游园，华润置地未来城小游园）；安宁区2个（学仕苑小游园，健康驿站小游园）；西固区3个（中鹏锦绣小游园，杏胡台小游园，北站小游园）。

主城区改建小游园7个、面积63.55公顷。其中，城关区1个（协和园）；安宁区4个（中海河山郡河道西侧小游园，中海河山郡河道东侧小游园，长风街东侧小游园，兰州警备区门前小游园）；西固区2个（牌坊路小游园，绿地全球贸易港小游园）。实施行道树缺株断档补造工程，在主城四区和高新区，补植行道树2128株。在城区交通枢纽、重要节点等位置，摆放时令盆花71万余盆。在5座公园游园（霍去病小游园、市民公园、颐园、马拉松公园、廉政公园）、4条景观道路（天水路、静宁路、中山路、庆阳路）探索绿色植物冬季景观保温工作，为冬季城市绿化增加“颜值”。

打造绿化精品街区13条。其中，城关区4条（东岗西路，天水中路〈农民巷口路段〉，定西路，静宁中路）；七里河区3条（南出口樱花大道，彭家坪169#路樱花大道，彭家坪B224#路银杏大道）；安宁区3条（健康路，511#建安东路，万新北路）；西固区3条（公园东路〈兰馨花园段〉，公园西路，福馨路）。实施背街小巷绿化“扫盲”40处。

其中，城关16处（皋兰路街道郑家台82—88号，皋兰路街道詹家拐子46号对面，皋兰路街道颜家沟155—159号，皋兰路街道周家庄63—66号，广武门街道华亭街93附9号，广武门街道邓家巷甜食作坊对面，广武门街道民勤街27附4号，广武门街道武都路交警大厦北侧，广武门街道黄河沿1号，张掖路街道贡元巷56号，张掖路街道金塔巷墨香书屋对面，火车站街道火车站南路20号，铁路东村街道城关区和政东街424号，铁路东村街道和政西街134附1号，白银路街道自由路〈西北新村小学门前〉，白银路街道自由路〈航天宾馆门前〉）；七里河区9条（晏家坪街道晏家坪中院社区B266#，晏家坪街道晏家坪中院社区B259#，晏家坪街道门口〈旧街道〉，晏家坪街道晏家坪南院社区小广场，晏家坪街道铁路院社区，西湖街道西湖西街社区总院后门小巷，西站街道西站小学对面小巷，秀川街道穴崖子社区门口空地，建兰路街道吴家园小学巷）；安宁区8处（甘肃移动公司两侧，万里医院门口，十里店向阳社区路口向北北环路桥下，黄河印象路，桃林路匝道东侧，桃林路匝道西侧，兰州城市学院正门两侧）；西固区7处（牌坊路立交桥北侧，桃园小区北侧，玉门街公安巷口，原焊轨厂和加油站中间，西固巷北头西侧红旗便利店门前，兰化三校大门西侧，西固出入境办事大厅门口）。

完成《兰州地被植物图谱》的文字编写及修改工作，补拍照片1200余张，收录地被植物种类150余种。

【园林地被植物资源调查】　对主城区（城关区、七里河区、安宁区、西固区）公园绿地、附属绿地、道路绿地和防护绿地进行调查。经调查，兰州市园林绿地有常绿植物29种。其中，常绿乔木13种；常绿灌木11种；常绿草本1种；常绿藤本植物1种；竹类3种。调查兰州市地被植物资源现状（61科158属200种），进行多样性分析和综合评价，提出兰州城市绿地地被植物景观配置模式优化策略。

【古树名木保护】　组织开展全市古树名木科普宣传周活动。会同市森林公安局开展全市古树名木资源破坏专项整治行动。启动城市建成区古树名木资源普查工作。实施古树复壮保护25株。其中，一级保护3株（1.编号62010300052号国槐，市第一文化宫；2.编号62012100016号核桃，永登县鲁土司衙门；3.编号62012100017号核桃，永登县鲁土司衙门）；二级保护2株（1.编号62010300071号文冠果，市第一工人文化宫；2.编号62012100015号旱柳，兰州市五泉街道）；三级保护20株（1.编号62010300070号千头柏，市第一文化宫；2.编号62010200091号旱柳，兰州市五泉街道；3.编号62010200093号旱柳，原市旅游学校门北侧；4.编号6202300001号国槐，皋兰县石洞镇魏家庄村；5—8.编号62010200026、62010200027、62010200028、62010200029号侧柏，兰州市白塔山公园法雨寺；9—18.编号62010200128、62010200160、62010200161、62010200162、62010200163、62010200181、62010200168、62010200169、62010200170、62010200171号旱柳，兰州市五泉山公园；19.编号62010200092号旱柳，兰州市五泉街道；20.无编号旱柳1株，地点在安宁区刘家堡街道宝兴庄社区）。

【菊花展览】　9月，兰州植物园准备的菊展，有各色小菊3.5万盆、品种菊2.5万盆、盆景菊30盆、造型菊70余组、悬崖菊150盆，共计各类菊花6万余盆、时令花卉5000余盆。根据新冠疫情防控的要求，部分菊花及时调拨给近郊4区主要公园和小游园展出，共调拨品种菊1.43万盆、小菊5300盆、盆景菊10盆、造型菊50组。调拨后，兰州植物园内剩余的菊花，布展成4组大型绿雕和20组菊花造型，并配以扇子造型，组合摆放各类菊花、花卉4万余盆，展期20天。

【园林地被植物品种引进】　兰州植物园引进锦带、猬实、欧洲雪球、海州常山、麦李、海棠以及彩叶豆梨等优良植物品种1000余株，引进牡丹野生种及杂交后代300余株、大花月季1800余株、小叶黄杨1万株、八宝景天8000墩、萱草1500墩、玉簪1200墩，共引进11个品种；此外，引进观赏海棠苗木1600余株，建立观赏海棠苗木推广示范点8处。兰州园林科学研究所，从山东青州引种山麦冬、北海道黄杨、洋常春藤等12个常绿植物品种6300株；引进桑贝斯凤仙、欧石竹、山桃草等新优园林地被植物9种，筛选出欧石竹、冰岛虞美人、芝樱花等优良品种6种，建立示范点4处；引进玉簪、紫松果菊、落新妇和芍药共9个品种4400株，引进小盆花5个品种420盆，引进石竹、山梗菜种子2000粒；扦插繁殖五叶地锦、玛格丽特菊等各类优良园林植物1.82万株，扦插繁殖口红吊兰、彩叶草、常春藤等小盆花1000余株，分株繁殖宿根花卉2100盆；推广北美海棠、松果菊、月季等2100株；小盆花190盆。

【鸢尾属花卉种质资源收集评价及驯化选育】 实施《甘肃鸢尾属花卉种质资源收集评价及驯化选育》项目。收集鸢尾属野生植物种质资源49个，栽培植物种质资源30个，建立种质资源圃，建立示范点5个，推广鸢尾属植物2万余株；制作鸢尾属植物标本60份、电子版标本图片342张。通过对甘肃13种野生鸢尾属植物观赏价值综合评价研究，经过栽培驯化筛选出5个观赏性好的种质。同时开展有髯鸢尾品种间杂交试验研究，获得F1代种苗98株；开展野鸢尾与射干种间杂交选育试验研究，获得F1代种苗461株。

实施《糖果鸢尾品种选育》项目。整理收集野鸢尾与射干的不同颜色与不同地区的种质资源8份；通过野鸢尾（黄色、紫色）与射干（黄色、橙色、红色）种内不同花色的杂交，种间不同花色之间的杂交得到F1代400株，筛选出优良单株50个；筛选出“暗香”“绛紫云纹”“雪青”3个糖果鸢尾新品种，并申请鸢尾新品种国际登录。

【城市绿化管理】 全面启动全市创建国家园林城市复查迎检工作。按照住建部新修订《国家园林城市申报与评选管理办法》和《兰州市迎接国家园林城市复查工作实施方案》以及省住建厅的安排，全面准确地收集、整理和归纳报送兰州市国家园林城市遥感测评技术鉴定报告、影像技术报告、生物多样性保护规划、古树名木后备资源调查报告、图件、影像资料等复查资料，完成相关申报资料说明的编写工作。

评选星级公园5个。其中，五星级公园2个：五泉山公园、金城公园；四星级公园1个：兰山公园；三星级公园2个：绿色公园、永登县青龙山公园。全市累计有星级公园11个。其中，五星级公园2个：五泉山公园、金城公园；四星级公园3个：白塔山公园、兰州植物园、兰山公园；三星级公园6个：市民公园、百合公园、马拉松公园、兰州水车园、绿色公园、永登县青龙山公园。

评选园林绿化先进单位（小区）54个。其中，花园式示范单位（小区）18个、花园式单位（小区）10个、园林化单位（小区）14个、绿化达标单位（小区）12个。城关区12个（花园式示范单位〈小区〉6个、花园式单位〈小区〉2个、园林化单位〈小区〉2个、绿化达标单位〈小区〉2个）；七里河区区7个（花园式示范单位〈小区〉2个、花园式单位〈小区〉1个、园林化单位〈小区〉2个、绿化达标单位〈小区〉2个）；西固区7个（花园式示范单位〈小区〉2个、花园式单位〈小区〉2个、园林化单位〈小区〉2个、绿化达标单位〈小区〉1个）；安宁区9个（花园式示范单位〈小区〉4个、园林化单位〈小区〉3个、绿化达标单位〈小区〉2个）；高新区3个（花园式示范单位〈小区〉1个、园林化单位〈小区〉2个）；红古区5个（花园式示范单位〈小区〉1个、花园式单位〈小区〉2个、绿化达标单位〈小区〉2个）；永登县3个（园林化单位〈小区〉2个、绿化达标单位〈小区〉1个）；皋兰县3个（花园式单位〈小区〉1个、园林化单位〈小区〉1个、绿化达标单位〈小区〉1个）；榆中县5个（花园式示范单位〈小区〉2个、花园式单位〈小区〉2个、绿化达标单位〈小区〉1个）。

结合“精致园林”建设，在全市32个城市公园合理植入“清廉兰州”元素，并遴选出9座公园（五泉山公园、兰州植物园、金城公园、廉政公园、龙源公园、马滩湿地公园、小西湖公园、市民广场、马拉松公园）突出廉政主题，营造浓厚廉政文化氛围，助力“清廉兰州”建设。

完善《兰州市工程建设项目绿化设计方案审查办法》。对涉

兰州植物园景观

及城市园林绿化5项审批事项需提交的要件，在全省事项管理系统中进行修改完善。建立全市园林绿化闭环管理机制，有序开展附属绿地养护管理督导检查，并督促发现问题的整改落实。规范城市绿地占用及树木砍伐移植审批，受理各类办件21件。其中，绿地性质改变审批16件；临时占用绿地3件；树木砍伐2件。按期办结率100%。督导城关区、安宁区、九州管委会办理2022年省级环保督案信访交办问题5个，按期完成整改。完成建投市政基础项目21处绿地移交实地查看对接工作。

【重点绿化项目建设】　完成《兰州市中心城区黄河北部绿化空间总体规划》阶段性成果。规划范围包括兰州市城关安宁北拓区域5个片区，总面积615平方千米，城镇空间面积120平方千米。11月17日完成规划阶段性成果并通过专家评审，并根据评审意见，做了修改完善。

科学规划国土绿化空间。组成兰州市造林绿化空间调查评估工作专班，组织开展造林绿化空间适宜性评估，研究提出兰州市至2025、2030、2035年森林覆盖率和林地保有量目标参考值，形成《兰州市规划造林绿化空间调查评估成果报告》，并通过专家评审。

全面启动兰州市陇中地区生态保护和修复重点项目建设。编制《项目可行性研究报告》，计划2022—2024年，完成营造林81.08万亩。其中，乔木林24.6万亩；灌木林17.35万亩；封山育林8.5万亩；退化林修复30.63万亩。申请中央预算内投资4.9亿元。项目已获批，2022年26.04万亩任务、1.7277亿元资金已下达至相关县区（其中，榆中县11.76万亩、永登县5.66万亩、红古区3.42万亩、兰州新区3万亩、市两山指挥部2.2万亩）并组织实施。

谋划实施兰州市百万亩国家储备林建设项目。该项目建设总规模99.95万亩，分三期实施。一期造林规模48万亩，已经启动。《兰州市国家储备林建设项目工作方案》已由市政府印发。

谋划实施中通道沿线绿化项目。该项目设计方案已于2021年11月编制完成，并完成专家审查及部门意见征求，2022年3月编制完成项目工作方案、可行性研究报告。组成工作专班对沿线平地进行勘察，并协调确定平地的地类。该项目已移交兰州新区实施管理。

谋划实施兰州市科学城造林绿化项目。编制《兰州科学城造林绿化方案》。城关区已将项目规划纳入国家储备林建设范围。

（闫国成）

南北两山绿化

【概况】　2022年，兰州市南北两山环境绿化工程指挥部抢抓黄河流域生态保护和高质量发展、兰西城市群生态建设、“强省会”等重大战略机遇，统筹抓好新冠疫情防控、南北两山生态建设和安全生产等工作，推进“省门第一道”生态建设，着力构建绿色生态廊道；稳步推进大景区建设，精心打造森林公园，邀市民共享生态美景；巩固绿化成果，持续管护好南北两山62万亩林地。

【生态治理】　加强南北两山62万亩林地的抚育管护，实施天然林资源保护二期工程，天然林资源保护二期工程年度建设任务，完成上年度天保工程自查和省级复查的整改工作。发布《倡议书》，动员社会力量参与两山绿化建设，组织开展重点区域补植补造，栽植苗木180万余株，林地清淤复整1.3万亩、森林抚育2000亩。

【景区建设】 九州台景区，以彩陶文化、黄河文化、丝路文化等本土文化为主题，建设商苑、彩陶博览园、丝路金城园等3个主题文化生态园，总建设面积80亩。截至年底，商苑完成全部建设任务，进入正常管护阶段。彩陶博览园、丝路金城园完成全部建设任务的75%以上。关九公路（关山口至九州台山顶）建设项目，完成全部路基工程。实施森林植被恢复工程安宁区大青山造林项目、裸露坡面植被恢复和退化林地补植项目，绿化提升面积1000亩，栽植苗木9万余株。在大砂沟实验林场等区域开展陡坡种草试验，试种柳枝稷、红豆草、紫花苜蓿等草种33亩。

【“省门第一道”生态建设】 进一步提高“省门第一道”沿线绿化覆盖率，争取省、市资金7000余万元，组织实施兰州市南北两山森林植被恢复、天水路高速入口至骆驼岘绿化提升、大砂沟实验林场干巴岔沟底绿化等项目，完成绿化提升面积1万亩，陡坡治理11处86亩，栽植苗木78.5万余株。协调省交通运输厅投入2500万元，实施高速公路沿线绿化治理，栽植行道树1.4万株。

【水利养林】 实施黄土高原生态综合治理水利配套、茅茨绿化上水工程维修、皋兰县陈家沟水利工程维修改造等3项重点水利项目，改善林地灌溉面积9000亩，进一步提升水利供给保障水平和质量，完成年度建设任务，安装管道91.5千米。争取“省门第一道”水利工程维修改造项目，计划改善灌溉面积7.7万亩，已完成可研报告编制和评审。强化水利设施维修和运行管理，水利工程春检维修，维修泵站43座、水泵113台、管道114千米、闸阀和球阀8818个，蓄水池清淤120座。针对夏季严峻的干旱形势，开展绿化灌溉及“喷灌降尘”，延长灌水时间，加大灌溉强度，压缩灌溉周期，全力保障林木安全度过旱期。累计完成绿化灌溉面积23.6万亩，全年灌溉水量2410.3万立方米。开展“喷灌降尘”工作，累计喷洒面积6.1万亩次，喷水量139.2万立方米。

【护林防火】 坚决抓好林区防火安全。通过横幅标语、林区广播、公益短信、出租车车顶LED屏幕等方式广泛开展防火宣传，全面推行“防火码”管理，强化野外火源管控，开展野外用火专项治理，排查整改隐患75处，开设防火隔离带560余千米。严格落实区域联防、24小时值班和领导带班等制度，强化防火演练和应急准备。南北两山连续21年未发生较大以上森林火灾。做好有害生物防治，开展有害生物防治2轮次，防治面积1.8万亩，无公害防治率95%以上。做好松材线虫监测和防控工作，截至年底，南北两山未发现松材线虫病。开展苹果蠹蛾监测防控4500亩，发现苹果蠹蛾成虫4例，及时采取防治措施。推进依法治林、“放管服”改革及“四办四清单”制度，不断规范审批程序，优化办理流程，提高服务质量。依法依规开展项目审批，办理各类征占用林地项目12项。加大林政执法力度，严厉打击涉林违法、违规行为，确保两山林地、林木安全。

【重大项目建设】 启动实施南北两山17.95万亩国家储备林工程建设项目，已确定项目一期工程政府出资方代表，完成水资源论证报告，完成一期工程可研报告评审；为实现“首季绿”建设目标，完成整地2500亩，安装主干管道1千米。实施白塔山生态环境综合治理EOD项目，计划总投资58.8亿元，4月26日，生态环境部将该项目正式纳入国家第二批生态环境导向的开发（EOD）模式试点项目，正在开展环评、交评、安评等专项评价报告编制审查以及初步设计批复等工作。启动实施南北两山13万亩陇中地区生态保护和修复项目，加快推进一期工程建设，实施退化林修复2.2万亩，造林整地1.2万亩，林地抚育1.5万亩，栽植各类苗木28万株。争取实施“省门第一道”水利基础配套工程维修改造及绿化项目，计划投资2.97亿元，开展绿化造林面积1.6万亩，改善绿化灌溉面积2.3万亩，已纳入《兰州市水利改革发展“十四五”规划》，完成可研报告编制和批复。

（金倡宇）

公路运输

【概况】 2022年，兰州市交通运输系统全力做好新冠疫情防控工作，加快交通运输基础设施建设，全面提升交通运输服务保障能力和水平，持续深化重点领域改革，努力当好发展先行官，推动交通运输高质量发展。全年完成交通固定资产投资197.43亿元，占年度计划的106.5%，同比增长24.6%；公路运输总周转量增速40.65%；办理落实省市领导批示367件，各类督办任务54项，省市人大建议、政协提案30件，办结率均100%。截至年底，全市共有公路5054条9360.622千米。其中，国省道干线公路28条1678.771千米；农村公路5026条7681.851千米。主城区城市公交线路128条（含10条附线），全市城乡公交线路93条，全市城乡运输一体化水平90%以上；出租客运企业29家（不含3县1区），出租汽车保有量12455辆；取得《网络预约出租汽车经营许可证》的网约车平台公司20家，考试合格的驾驶员取得《网络预约出租汽车驾驶员证》驾驶员9832名，配发《网络预约出租汽车运输证》的车辆3163台。

【交通运输行业新冠疫情防控】 持续强化行业防控，严格按照最新版《客运场站和交通运输工具新冠肺炎疫情分区分级防控指南》要求，落实场站、车辆消毒、通风和卫生清洁及从业人员防护等防控措施。全力做好应急保障工作，组建应急保障车辆队伍，完成省、市安排的教师资格证考试、医护人员转运等运输保障工作，全年共协调保障运输车辆600余车次，转运人员2万余人次；先后两次抽调100名出租汽车组建“小兰帮办”爱心车队，为基层一线工作人员出行提供出行服务，年内“小兰帮办”爱心车队共服务71天，免费转运防疫工作人员、志愿者、急危重症患者人员6200余人次。强化督查检查，建立交通检疫工作包干负责和分片督查制度，安排专项督查组，重点对交通要道、交通工具、冷链物流运输等重点区域和关键领域疫情防控工作进行跟踪督查，及时发现问题，强力督促整改，确保各项防控措施落实到位。成立市政府总负责、各部门共同参与的全市物流保通保畅工作机制，制定下发《兰州市保障物流畅通促进产业链供应链稳定若干措施》。加强与省级保通保畅工作机制和公路主管部门的沟通协调，坚决杜绝不合理设置交通卡口影响交通运输的问题，确保民生、能源、防疫物资运输通畅。根据省交通运输厅的委托，负责兰州市交通运输行业《重点物资运输车辆通行证》的审核工作。全省交通运输行业总共审核发放通行证1756张，其中兰州市审核发放1286张，占比73%。组织对全市物流保通保畅工作进行督导检查，对个别县区存在“层层加码、通行受阻”的情况进行重点督办，及时协调解决货车司机反映的通行问题100余起，切实保障物流渠道畅通。

【交通规划布局】 集聚各方智慧编制印发《兰州市“十四五”交通运输发展规划》《加快建设交通强国兰州方案》《兰州市交通畅行总体方案》，起草并向省政府汇报《兰州市建设通道枢纽城市交通规划方案》，综合规划建设“双枢纽”机场布局、“井字型”铁路网、“宝葫芦型”市域（郊）铁路网、“米字型”国高网、“三廊五轴”城市路网形态和“七横十五纵”内部骨干路网，梳理铁路、航空、公路、市政路、水路等35个重点项目，报请市政府印发清单，并加快推进建设。衔接市政府与省交通厅联合建立兰州市综合交通网建设协调推进工作机制，共同推动全市综合交通网建设。

【公路项目建设】 推进实施交通基础设施项目11个。其中，市建项目3个；省建项目4个；谋划项目4个。年内建成通车项目2个，全年完成固定资产投资197.43亿元。紧抓续建项目推进。G30清水驿至忠和段扩容改造工程项目年内完成形象投资40.92亿元，占年度投资计划的116.9%。S104沈家坡至阿干镇公路项目年内完成形象投资8亿元，占年度投资计划的100%。黄河兰州段航运提升工程项目前期手续基本办结，具备开工条件。G75兰临高速公路长下坡路段改造处治工程项目建设任务全部完成，于11月14日建成通车。G2201南绕城高速公路八里镇开口子项目建设任务全部完成，于12月28日通车运营。G312清水驿至傅家窑公路改扩建工程项目年内完成投资20亿元，占年度投资计划的133.3%。G312傅家窑至苦水段公路改扩建工程项目年内完成投资35亿元，占年度投资计划的140.02%。G1816乌海至玛沁国家高速公路兰州过境段项目、G30连霍高速过境段拓展改造工程、北山快速路、G312线清水驿至傅家窑公路青白石连接线项目相关前期手续正在办理。

【农村出行服务】 以提升自然村（组）道路通畅能力为重点，持续深化“四好农村路”建设，服务乡村建设行动，全面构建“安全可靠、能力充分、衔接顺畅、智慧绿色、服务优质”的农村公路基础设施网络。建成自然村（组）道路100千米、农村公路生命安全防护工程77千米，改造危旧桥梁3座，完成农村公路重点养护600千米。农村公路“七公开、三同时”制度有力落实，“建管养运”水平显著提升，路网结构有效改善，基本形成干支相连，功能完善的路网体系，为脱贫攻坚向乡村振兴战略转型提供了有力支撑。红古区、皋兰县被省交通厅评为2022年“四好农村路”示范县。

【公共交通发展】 持续巩固“公交都市”创建成效，优化公交线路和站点，完成西关十字公交枢纽线路迁移工作，全年开通20条定制公交线路，打造敬老公交线路1条，调整公交线路10条，完成公交站点适老化改造10处。组织开展轨道运营服务质量评价，完成2021年轨道交通运营服务质量评价。推进轨道交通1号线正式运营前安全运营评估工作，完成初步评估工作，并对专家反馈问题进行整改。全力做好省运会和“兰洽会”保障工作。制定《甘肃省第十五届运动会交通保障部工作方案》，按照“统筹协调、分工协作、有力保障”的原则，重点对火种采集、火炬传递、各工作部用车、开闭幕式及自行车、田径、足球等30余项比赛进行交通运输保障，共转运人员10万余人次，完成省运会、残运会交通保障任务。根据兰洽办统一安排，为50余个党政团及经济团提供交通运输保障工作，确保赛会顺利开展。

【黄河水运发展】 加强水上运输安全监管。根据《船舶与海上设施法定检验规则》，全年依法、依申请对166艘船舶进行年度检验，确保船舶技术条件达到适航状态。全年组织3批次20余人次开展水路交通安全专项检查，共检查水运码头12处、各类船舶150余艘，发现并督促企业即知即改问题7项。组织3批250人次水上从业人员进行水上安全和防汛重点教育培训，提高从业人员水上安全意识。开展船舶碰撞桥梁安全隐患风险排查。对兰州市29座跨河桥梁进行安全风险隐患排查，协调桥梁管养单位对每座桥梁进行安全风险评估，出具评估报告，对存在隐患的桥梁即知即改。组织开展船舶水上碰撞、人员落水、趸船走锚、船舶污染黄河水体等多项突发情况应急演练活动，提高水上安全和污染防治应急处置能力。拓展水上运输航线。组织开展交通运输部精品航线试点工作，优化兰州港码头至黄河母亲码头夜游黄河航线，并确定为试点精品航线，将水上旅游航线延伸至榆中青城，同时新增大型客船2艘，提升水上旅游基础设施服务水平。将水上巴士航线由金牛街至盐场堡延伸到名城广场，搭建名城广场临时乘船平台，提高水上公共运输服务能力，该条巴士航线5月份正式通航。加强航道疏浚养护。2022年，在航道养护财政预算资金未批复的情况下，动员企业自筹资金，对因洪水、枯水损毁的1732米航道进行应急抢通，确保船舶通航安全。加强船舶码头污染防治，保护黄河水体环境。兰州市船舶码头污染物实行集中收集，上岸处置。配置船舶码头污染防治基础设施，及时更换船舶码头破损垃圾收集容器，确保船舶码头污染防治基础设施正常使用。持续实施船舶码头污染物接收、转运、处置联单监管，一单到底，闭环管理。船舶码头污染物实行分类处置，船舶码头生活垃圾上岸后，由黄河风情线垃圾清运队转运至中铺子垃圾厂进行处置；船舶废油由专业的第三方危废物处置公司有偿回收；生活污水由集污船集中收集上岸后集污车转运至污水处理厂处置。加强船舶码头污染防治监督检查。对船舶码头污染防治工作进行专项检查，主要问题表现为污染物处置联单填写不规范等，相关问题均已督促水运企业即知即改。落实整改“河湖四清”问题，打造干净整洁的黄河两岸。以水利部反馈趸船影响行洪问题整改为导向，对黄河兰州城区段27艘趸船进行集中整治。完善码头趸船涉水手续。对10艘具有码头功能的趸船补办涉河涉水手续，督促企业编制码头趸船防洪影响评价报告，并按省水利厅审核要求对码头趸船设置高位锚桩，增加观测设备，确保码头趸船合法合规。配合清理影响行洪的餐饮性趸船。配合市水务局对影响行洪的17艘餐饮性趸船进行拆除清理，已拆除14艘。年内，兰州水上搜救出警70次，成功救援43人，打捞尸体11具，搜寻未果16次。

【法治交通建设】 加快行业法规修订，《兰州市客运出租汽车管理条例》通过市人大二审，《兰州市鼓励和规范互联网租赁自行车发展的指导意见》已修订重新印发，《兰州市网络预约出租汽车经营服务管理实施细则》正在进行修订。全面推进行业信用评价、质量信誉考核、诚信考核，及时发布考核结果和行业红黑名单，持续强化交通行业法治水平。严格执法监督。制定《建立交通运输行政执法规范化长效机制暨行政执法规范化建设年活动实施方案》，推进“补短板、促提升”专项行动，持续推动执法队伍建设，提升执法水平。推进“双随机、一公开”监管，制定2022年度“双随机、一公开”监管工作实施方案及抽查检查计划，公开394项抽查事项清单，年内，随机抽选执法人员1152人次，检查企业616家，并将检查结果通过市交通委部门网站进行公开。强化执法整治。联合市公安局、市市场监督管理局印发《2022年全市交通运输行业打击非法营运专项整治工作方案》，持续推进非法营运整治。制定《全市严厉打击非法营运严防疫情传播专项行动方案》，深入推进严厉打击非法营运专项行动。依法对2021年度长期不接受处理非法营运车辆进行处置。

【出租汽车管理】 持续推进出租汽车行业管理。全面做好2022年巡游出租汽车报废更新工作，推进3431辆自主更新车辆投放工作，完成705辆巡游出租汽车经营权招投标工作。持续开展行业整治，按照《兰州市推进网络预约出租汽车合规化行动工作方案》，对全市网约车企业进行督查检查，促进网络预约出租汽车行业健康有序发展。考虑新冠疫情实际，动员出租汽车企业为巡游汽车驾驶员减免2个月20天的（9月、10月和11月的20天）承租金，协调各网约车平台公司结合实际对驾驶员给予补贴，最大程度保持行业稳定。开展新业态平台企业抽成“阳光行动”，按照《2022年开展交通运输新业态平台企业抽成“阳光行动”工作方案》，对兰州市已取得经营许可的网约车平台公司进行两轮次督查指导。

【公路运输管理】 紧盯新时代交通运输发展大局和群众出行需求，持续改革优化行业发展管理方式。规范行业信誉考核。将质量信誉考核作为日常监管的重要手段，规范客货运行业质量信誉考核流程。组织开展2021年度长途客运、旅游客运、驾培机构、维修企业等道路运输企业质量信誉考核工作。强化车辆动态监控。将“两客一危”营运车辆联网联控作为督促企业落实安全生产主体责任的重要抓手，通过采取数据查询比对、发函协同联查、问题原因研判等措施，对每季度动态监控考核80分以下3个月未上线和轨迹异常车辆、疑似超速疑似疲劳驾驶车辆等不同情况，分别采取约谈、进驻企业、季度例会通报等多种方式强化监督，同时要求企业每天上报企业专人监控图片、每月上报联网联控工作情况整改报告，对重点问题及长期不能落实问题整改的企业，将线索移交市交通综合执法队进行处置。全力推行适老化交通出行服务。制定印发《兰州市2022年推行适老化交通出行服务工作方案》，持续拓宽便老服务多样化，充分发挥“雷锋车队”“爱心车队”“精致车组”的示范带动作用，引导全市网约车平台公司优化约车软件，增设方便、适合老年人使用的“一键叫车”功能；将老年受众群体较大的20路公交线路打造为敬老爱老服务公交线路，不断细化各项敬老爱老服务措施；完成众邦大道北口站等10个站点适老化改造，全力配备一级踏板车辆、智能语音电子招牌等服务功能，为老年人、盲人提供更好的乘车体验；为轨道交通1号线20个车站配备无障碍渡板，在全线20个车站宽通道闸机处设立“爱心通道”，便利特殊群体乘车。

【绿色智慧交通】 牵头编制《兰州市交通运输领域绿色低碳实施方案》和《兰州市公路水路行业绿色低碳实施方案》，着力优化交通运输结构调整，推广新能源和清洁能源营运车船，鼓励新技术新材料在行业内广泛应用，倡导绿色出行，努力实现交通运输与经济社会和自然环境协调发展。治理柴油货车污染。引导运输企业加快淘汰国Ⅲ及以下标准柴油货车，兰州市已全部淘汰经营性货车中老旧柴油货车；严格监督车辆排放达标，加强汽车排放检验与维护，在全市确立8家机动车尾气排放治理站（M站），加强同环保部门的联动，对检测出尾气排放不达标车辆直接进站治理。加强船舶码头污染防治。实施船舶码头污染物接收、转运、处置联单监管制度，船舶码头污染物集中收集，上岸分类处置，更新船舶码头无渗漏带盖四色垃圾收集容器10套。加强船舶码头污染防治监督检查，全年组织开展专项检查3次，检查重点区域码头10处、趸船17艘、各类机动船舶150艘，发现问题15项，相关问题均已督促水运企业即知即改。持续推广新能源和清洁能源营运车辆。在交通行业加快淘汰更新老旧、高能耗和高排放营运车辆，持续推广使用新能源和清洁能源公交车、出租车、网约车、城市货运配送等车辆，至年末，兰州市共推广使用新能源公交车1939辆、新能源出租车3883辆、新能源网约车1516辆，新能源货运车辆1300余辆。同时，鼓励企业建设充电站、充电桩，为新能源车辆提供基础保障。推广使用发行“交通联合卡”，全市公交车、轨道交通、城乡公交实现“交通联合卡”互联互通。开通支付宝、微信、银联闪付等移动支付功能，非现金乘车率80%。

【平安交通建设】 全面落实行业安全生产监管职责，进一步健全监管工作责任体系，防范化解重大风险，排查治理事故隐患，行业安全生产形势总体平稳。年内开展行业领域安全检查721户次，填写《现场检查记录》481份，下发《违法行为通知书》54份，《责令改正违法行为通知书》52份，约谈企业41户次。开展城镇燃气运输安全专项整治行动，检查危险品运输企业79户次，危险货物运输车辆175台次，对16户运输企业进行约谈。开展水路运输、在建工程、客运站场、轨道交通等领域较大规模应急演练5场。组织企业主要负责人和安全管理人员942人进行安全考核，对10879名出租车驾驶员分批次进行培训教育。做好交通运输综合行政执法整治、超限超载治理、非法营运治理、行业生态环境治理、扫黑除恶、反恐维稳、禁毒等专项工作，行业安全生产形势总体平稳有序。

【交通畅行整治】 成立市交通畅行指挥部，建立兰州市交通畅行指挥部运行机制，健全部门协同、市县合作、一体推进工作机制。会同专业机构开展交通拥堵调查研究，系统提出解决措施，市政府办公室印发《兰州市交通畅行总体方案》，统筹推进全市交通畅行工作系统开展。落实工作任务。市政府办公室先后两批次印发工作任务清单，市政府多次就推进交通畅行各项任务进行专题部署，指挥部办公室组织相关成员单位开展交通畅行阶段性评估。

（郁万虎）

铁路运输

【概况】 2022年，中国铁路兰州局集团有限公司营业里程6520.2千米，其中高铁1857.2千米（含高铁联络线）。职工总数76690人。机关职能机构26个，生产机构2个，附属机构25个，派出机构2个，运输站段40个、直属单位4个、非运输企业4个、工程建设指挥部2个、控股合资公司5个。管辖车站（线路所）333个，配属机车1342台（电力机车1163台、内燃机车179台）、客车1924辆、动力分散动车组71组、CR200J动力集中动车组16组。管内开行旅客列车291对。其中，高铁36对；动车102.5对；城际45对；直达25.5对；特快16对；快速48对；旅游1对；普快1对；普客16对。担当图定客车183对。其中，管内102对；跨局81对。管内有宝兰高铁、兰新客专、银西高铁、银兰高铁、陇海、兰新、兰渝、兰青、包兰、宝中、干武、太中银、中川、天平（天华）、西平、敦煌、酒额17条干线和平汝、红会、嘉镜、玉门南4条支线，接轨地方铁路4条，连接甘、宁、青、新、蒙、陕、川7省（区），是西北交通运输和经济建设的大动脉。

【管辖范围】 兰州局集团有限公司管内陇海线于社棠车站、天水车站间K1392+530千米处与西安局集团公司分界；兰新线于柳沟车站、安北车站间K985+500千米处与乌鲁木齐局集团公司分界，兰青线于水车湾车站、海石湾车站间K60+000千米处与青藏集团公司分界；包兰线于乌海西车站、惠农车站间K423+000千米处与呼和浩特局集团公司分界；宝中线于安口窑车站、崇信车站间K136+100千米处与西安局集团公司分界；太中线于安边镇车站、定边车站间K1461+280千米处与西安局集团公司分界；西平线于长武车站、长庆桥车站间K172+740千米处与西安局集团公司分界；兰新客专于陈家湾西车站、民和南车站间K1726+500千米处，于浩门车站、山丹马场车站间K1944+926千米处与青藏集团公司分界，于柳沟南车站、石板墩南车站间K2580+236处与乌鲁木齐局集团公司分界；天华线于青林车站、华亭车站间K113+864处与西安局集团公司分界；兰渝线于羊木车站、广元车站间K497+443千米处与成都局集团公司分界；徐兰高速（宝兰高铁）于宝鸡南车站、东岔车站间K1305+110千米处与西安局集团公司分界；敦煌线于苏干湖车站、塞什腾山车站间K412+835处与青藏集团公司分界；银西高铁（西银客专）于彬县东车站、宁县车站间K192+909处与西安局集团公司分界。

【基础设施】 兰州局集团公司管辖线路延长总计13197.31千米。其中，正线延长10757.12千米；站特线延长2440.19千米。道岔总计7723组。其中，正线道岔3167组；站特线道岔4556组。受委托管理的太中银铁路太中线、定银线，兰渝铁路兰州北环线，敦煌线，西平线，中川城际线，天平（天华）线，酒额线等普速合资铁路延长3161.34千米。其中，正线2535.70千米；站特岔线625.65千米。道岔总计1715组。其中，正线601组；站特线1114组。受委托管理的徐兰高速、兰新高铁、银兰高铁、银西高铁线路延长3925.31千米。其中，正线3680.88千米；站特岔线244.44千米。道岔总计757组。其中，正线431组；站特线326组。全局运营铁路桥梁1828座10.88万米，隧道166座15.12万米，涵渠7102座15.79万横延米，桥隧涵合计32.81万换算米。路基设备长度总计5790.74千米。其中，正线长度4232.86千米；站线长度1557.88千米。合资铁路桥梁总数1595座92.25万米，隧道258座95.53万米，涵渠4870座11.89万横延米，桥隧涵合计127.73万换算米；路基本体长度3621.43千米。其中，正线长度2844.88千米；站线长度776.55千米。接触网运营总里程6174.9千米（15420条千米），其中高铁接触网运营里程1838.7千米（5143.20条千米）。电力线路2.43万千米（高铁1.04万千米），其中电力贯通线1.17万千米、电力自闭线8699.95千米。接轨专用线、专用铁路222条。其中，专用线198条；专用铁路24条。货运营业线路23条，营业里程4580千米（国铁2775千米、合资铁路1805千米）。

【运输安全】 落实国铁集团党组1号文件精神，推进平安兰铁建设，抓实安全生产责任制修订、标准化规范化建设等11项基础工作，完善干部月度履职考评、安全红线管理等制度，安全治理能力持续提升。聚焦“防风险、保安全、迎二十大”，深化安全生产大检查和“守底线、补缺陷、除隐患、防风险”安全专项整治行动，成立8个督导组贯穿全年包保检查，细化落实14条防范遏制重特大事故措施，高质量完成兰新客专地震灾害复旧等26个工程化整治项目，研判96条“灰犀牛”、33条“黑天鹅”事件点，开展防火、油气管线、公跨铁桥梁等安全专项检查整治，有效管控高铁客车、防洪防汛、施工维修、调车防溜、外部环境等安全关键，实现安全年目标。

【运输主要指标】 受新冠疫情影响，全年发送旅客2839.3万人，日均7.8万人，超年度计划104.3万人，完成年度计划2735万人的103.8%，与上年同比减少2405.2万人，下降45.9%。落实国铁集团“以货补客”决策部署，综合运用稳大宗、公转铁、调结构、提效率等策略，强化目标任务管理和经营过程管控，推动增运创效工作，货运任务指标完成实现新突破。全年日均发送4509车，同比增加848车、增长23.1%，增幅排全路第二，较全路平均增幅5.5%高出17.6个百分点，刷新集团公司建局以来最高记录。完成货发量9915.8万吨，是年度目标的119.3%，超1605.8万吨，任务兑现率排全路第一，同比增加1729.5万吨，增长21.1%，增幅排全路第二，取得集团公司近十年来最好成绩。完成集装箱运量1729万吨，是年度计划的102.9%，超49万吨，同比增加210万吨、增幅13.8%，创集团公司历史最高记录。

【列车运行图编制】 年内，受地震、山体滑坡等地质灾害影响，动态调整兰新客专、兰新线客车开行方案，3次编制并组织实施兰新客专分号图，组织开行临客，弥补河西地区运能损失，保障进出疆客运能力。围绕兰新线运输畅通和货运增量，组织哈密东（瓜州）至兰州北间11对煤炭直达货物列车迂回运输，释放兰新线运输能力。为确保疆煤外运，组织实施分号运行图，安北口新增18对货物列车，满足兰新线运输需求。自6月16日18时起，敦煌线货物列车，以及集团公司管内客、货单机运行速度提高至90千米/时。自7月15日18时起，敦煌线及苏干湖口货物列车牵引定数普超至5000吨，实现兰新、敦煌、格库、青藏线西格段（上行）、兰青线牵引定数统一。10月11日起，银西高铁首开银川—杭州西G1943/6/3G1944/5/4次动车组列车。12月29日，银兰高铁中兰段开通运营，安排开行动

甘肃省交通运输主要指标统计表

铁路投资		2021年	2022年	备注
通车里程（千米）	国家铁路	2006.3	2006.3	营业里程
	合资铁路	2673.7	2854.0	营业里程
运输情况	旅客发送量（万人）/货物发送量（万吨）	4601.36/6444.10	2443.98/6468.02	不含地方铁路
	旅客周转量（亿人千米）/货物周转送量（亿吨千米）	269.11/1689.89	176.66/1990.22	

12月29日，银兰高铁全线贯通，首趟列车通过北滩特大桥

车组列车16对，徐兰、银西、银兰高铁及中川铁路连通形成高铁环状路网。

【编组计划】 结合运输实际需求，根据各组号范围车次运用情况，为部分货物列车安排预留车次，方便运输调度指挥。取消兰州北至郑州北及其以远车流组号，将车流纳入兰州北至宝鸡东车流组号，减轻兰州北站作业压力，为兰新线畅通创造条件。对兰州北至武汉北、新丰镇，武威南至新丰镇、兰州北，格尔木至兰州北等组号范围进行优化调整，更好地适应运输组织需求。结合峨广铁路开通和车流径路调整，增加兰州北至昆明东及其以远车流组号，对兰州北、颖川堡至成都北及其以远车流组号范围进行调整，更好地利用新线能力。

【国际运输】 响应国家“一带一路”倡议，配合地方政府“丝绸之路经济带”建设，集团公司开行经阿拉山口（霍尔果斯）口岸出入境，在中国与亚洲、欧洲国家间开行按快运货物班列模式组织的集装箱国际联运货物列车，全年安全有序组织始发中欧班列4列、中亚班列4列，途经兰州局中欧班列5727列、中亚班列2699列。

【铁路建设】 全年完成投资141.99亿元，是年计划的101.26%，超计划完成1.76亿元。其中，包银高铁惠农至银川段完成投资22亿元；包头至惠农段（宁夏境内，含银川至巴彦浩特支线）完成投资6亿元；中卫至兰州铁路宁夏段完成投资5.4亿元、甘肃段完成投资17亿元；兰州至张掖三四线铁路中川机场至武威段完成投资51亿元；酒泉至额济纳铁路酒泉至东风段升级改造工程完成投资4.78亿元；平凉南铁路综合性货场完成投资0.47亿元；兰新客专地震灾害复旧西宁至张掖段整治工程（青海省境内）完成投资5.88亿元；兰新客专地震灾害复旧及兰州至西宁段达速提质工程（青海省境内）完成投资6.2亿元；兰新客专兰州至西宁段达速提质工程（甘肃省境内）完成投资995万元；新建兰州至合作铁路完成投资23.16亿元。

国际联运发送情况统计表

年份	列	辆	TEU	吨	收入（万元）
2021年	23	1144	2288	30348	965.1
2022年	8	384	768	10138	345.9
比较	−15	−760	−1520	−20210	−619.2

【中卫至兰州铁路建设】 中兰铁路总投资289.89亿元，截至年底，累计完成投资236.95亿元，完成总投资的81.74%。其中，甘肃段建设单位为中兰铁路公司，由兰州局集团公司代建，兰州指挥部负责建设管理，投资249.62亿元，截至年底，开工累计完成投资200亿元，完成甘肃段投资的80.12%；宁夏段建设单位为宁夏城际公司，由兰州局集团公司代建，银川指挥部负责建设管理，投资40.27亿元，截至年底，开工累计完成投资36.95亿元，完成宁夏段投资的91.76%。12月29日开通运营。

【中川机场至武威段铁路建设】 兰州至张掖三四线铁路中川机场至武威段项目总投资243.36亿元（初设批复投资242.9亿元，调整初设批复投资243.36亿元），2019年6月30日新乌鞘岭隧道先期段开工建设，2020年5月10日全线开工建设，建设工期5年，项目建设单位为中川铁路公司，由兰州局集团公司代建，兰州指挥部建设管理。截至年底，开工累计完成投资158.5亿元，完成总投资的65.13%。

【兰州中川国际机场环线建设】 兰州中川国际机场综合交通枢纽环线铁路项目总投资37.19亿元，2021年8月18日全线开工建设，计划2024年6月30日建成，项目建设单位为甘肃铁投地方铁路有限公司，由兰州局集团公司代建，兰州指挥部建设管理。截至年底，开工累计完成投资16.2亿元，占总投资的43.56%。

【兰新客专受地震灾害复旧整治】 兰新客专受地震灾害影响范围为浩门至张掖西区段，浩门、山丹马场、民乐、张掖西3个区间，起讫里程为K1944+926～K2124+939，线路全长180.01千米，地震受损主要病害集中在浩门至山丹马场间，该区间线路长61.89千米。受损区段桥梁17座/14.87千米，隧道7座/34.72千米，路基30段/12.09千米，涵渠24座。地震灾害受损段整治工程项目总投资1.71亿元，9月1日恢复运营。

【机车、乘务交路】 客运机车交路通至北京、太原、集宁南、武昌、上海、成都、重庆、苏干湖、乌鲁木齐、西宁、东风南；客运乘务交路担当至太原、包头、西安（北）、宝鸡、广元、嘉峪关（南）、马海、西宁、东风南。货运机车交路通至榆次、包头西、新丰镇（临口）、宝鸡东、千河、成都北、兴隆场、肃北、乌鲁木齐西、东风南；货运乘务交路担当至惠农、靖边、新丰镇、宝鸡东、彬州西、广元南、柳园、西宁货、东风南。主要客运机车交路实现HXD1D、HXD3D型160千米/时客运机车牵引，兰渝线货运交路牵引定数实现4500吨贯通，兰新线货运交路牵引定数实现5000吨贯通。兰新、陇海、敦煌线实现普通货物列车时速90千米。

【列车扫码服务】 按照国铁集团整体部署，在集团公司配属的71组动车组列车上全面推广“铁路畅行”列车扫码服务，为旅客提供餐饮服务、补票升席、问题反馈、商务座和重点旅客服务等10余项服务功能，提高旅客列车服务质量，提升旅客出行体验。

【临客及旅游列车开行】 全年组织开行临客2017列。其中，春运期间加开临客344列；暑运期间加开临客114列；非春暑运期间加开临客424列；长期临客1135列。全年开行旅游列车8列。其中，跨局旅游专列1列；“环西部火车游”旅游专列7列。

【站车竞赛评比】 在全路进京、进沪、进穗直通旅客列车和较大车站客运工作竞赛评比中，兰州、银川、兰州西站分别获得全路“文明车站”称号；集团公司担当的G438/7、G846/3G844/5、Z275/8Z277/6、Z130/29、Z56/5、K1178/7、K360/1K359/62次等13对列车分别获得全路“红旗列车”称号。

【新冠疫情防控】 落实国家、国铁集团和属地疫情防控系列措施，集团公司安排6个片区包保组动态开展督导检查，科学精准抓好疫情防控工作。从严落实测温验码、消毒通风、分散候车等站车防控措施，做好重点人员协查处置，严格货运场所管理。分类分级加强内部防控，对机车乘务员、调度员等关键岗位人员和集团公司机关、行车公寓等重点场所实行集中封闭管理，严格餐饮、保洁等其他从业人员一体化管控，落实划小单元、分餐送餐、核酸检测等措施，维护职工身心健康，确保疫情期间铁路运输畅通。

【重大事件】 1月1日—3日元旦小长假，兰州局集团公司发送旅客33.1万人，同比减少12.5万人，下降27.3%，日均发送旅客11万人；发送货物74.4万吨，同比增加1.6万吨，增长2.2%。1月5日2022年甘肃省首趟进口中亚小麦粉班列抵达武威南站。

1月6日　2022年首趟中欧班列从武威南站驶出，15天后到达德国杜伊斯堡。

1月10日　国道312线清水驿至傅家窑公路涉铁项目下穿兰渝线2孔18米箱型桥顺利完工。

1月15日　兰州—连云港铁海联运班列以两地对开模式分别从兰州和连云港首发，标志着铁海联运业务串联沿线形成国际贸易大通道取得实质性进展。

1月17日—2月25日　春运期间，兰州局集团公司发送旅客625.63万人，日均发送15.64万人，同比增加114.67万人，增长22.4%。节前15天发送旅客166.68万人，日均发送11.11万人；节后25天发送旅客458.95万人，日均发送18.36万人。

2月10日　历经39个月的

艰苦奋战，中兰铁路香山隧道进口至1号斜井小里程3640米实现贯通，标志着中兰铁路全线重难点控制性工程取得又一阶段性胜利。

4月24日　中兰铁路引入中川铁路树屏站下行线42号道岔插铺施工完工。

5月12日　新建兰州至张掖三四线铁路永登特大桥箱梁架设施工完成，标志着新建兰张三四线成功跨越兰新铁路。

5月18日　2022年首趟“环西部火车游”专列开行。

6月2日　兰州新区迎来2022年首列经新疆霍尔果斯铁路口岸入境的“玉米专列”。

6月16日　新建中兰铁路引入兰州枢纽配套工程陈官营站高速场过渡开通一级施工完成。

7月1日—8月31日　暑运62天，兰州局集团公司发送旅客574.83万人，日均发送旅客9.27万人，同比减少506.33万人，下降46.8%，客流高峰日7月9日达到19.93万人；完成货物发送1612.30万吨，超年初目标进度200.74万吨，同比增加277.05万吨。

12月29日　银兰高铁中兰段开通运营。国铁集团党组和甘肃省委省政府、宁夏回族自治区党委政府主要领导，以视频连线的方式参加通车活动。兰州局集团公司党委书记、董事长狄威和总经理朱生宪分别在秦王川车站、银川车站通车现场介绍银兰高铁中兰段建设管理及开通准备情况。至此，银兰高铁全线贯通。

（杨雍梅）

民用航空运输

【概况】　2022年，兰州中川国际机场完成运输起降5.68万架次，旅客吞吐量594.24万人次，货邮吞吐量5.55万吨，同比分别增长-43.9%、-51.18%和-24.08%，旅客吞吐量全国机场排名第30位。全年，兰州中川国际机场运力规模最高达到42架，累计通航城市98座，执行客运航线184条，货运航线4条，累计执飞航空公司35家（含2家货运航空公司）。

【兰州中川国际机场三期扩建工程】　甘肃省民航机场集团加速推进兰州中川国际机场三期扩建工程建设，7月28日，由中建八局承建的兰州中川国际机场三期扩建工程航站楼工程主体结构提前33天封顶。兰州中川国际机场三期扩建工程航站楼工程总长884米，总宽840米，包括主楼E楼和ABCD四个指廊，共五个部分，建筑平面呈“X”形，总建筑面积39.7万平方米。至年底，飞行区工程土方及跑道、滑行道道面混凝土基本完成，滑行道桥和下穿通道完成，航站楼工程指廊钢结构顺利封顶，综合交通中心工程中庭及东西停车楼主体结构、钢结构全部完成，航站区总图工程及附属工程等按进度全面推进。综合交通中心工程中庭及东西停车楼主体结构已经建成，附属房屋工程相关单体建筑基础工程按期完工，落客平台工程有序实施，航站区总图土方、综合管沟工程全面展开。全年完成投资85.6亿元、累计完成投资232.36亿元，分别完成年度投资和总投资任务的100.71%、69.49%。

【兰州中川国际机场生活区路段改线工程全面建成通车】　11月10日，由甘肃省交通投资管理有限公司建设的省道S102线中川至龙泉公路兰州中川国际机场生活区路段改线工程全面建成通车。该项目路线全长2.462千米，项目结合沿线地形、地质、地物情况，本着节约资源的原则，采用设计速度40千米/小时的三级公路标准，路基宽度8.5米。该项目的建成彻底解放机场生活区内部道路承担主线车流通行功能，避绕了中川机场生活区，不仅方便沿线人民群众、机场生活区职工的生活与安全出行，提高区域路网连通度，扩大路网覆盖面，使其他路网间衔接更加密切，路网构成更加合理，还加强了兰州新区与永登县的经济联动，提升了兰州中川国际机场的服务功能和交通功能，促进兰州新区交通一体化发展。

【航空器跑道事件应急处置单项演练】　7月30日，由兰州中川国际机场有限公司组织，东航技术甘肃分公司和甘肃省民航飞机维修分公司参加的“兰州中川国际机场航空器跑道事件应急处置单项演练”顺利开展。演练历时60分钟，参演76人，车辆15辆，演练设置应急指挥、紧急出动、灭火救援、救治区搭建、残损航空器搬移、善后恢复7个环节。

各单位接到指令后迅速按照流程开展救援、灭火、残损航空器搬移等处置工作。演练中消防、急救和机务之间的紧密配合，展现出兰州中川国际机场应急救援的真实实力，检验了应急预案的适用性，进一步提升了兰州中川国际机场应急救援能力。演练结束后，兰州中川国际机场有限公司总经理王海德对演练进行讲评并给予肯定，要求认真总结优点发现不足，结合演练中存在的问题完善相关预案。兰州中川国际机场有限公司董事长要求各单位要加强实战训练，“平时多流汗，战时少流血”以练养战，不断提升兰州中川国际机场的应急救援能力。

【新冠疫情防控】 兰州中川国际机场有限公司牢牢把握“内部员工管控”和“外防输入输出”两个工作重点，经受住疫情考验。持续加强驻场和外包外协单位监督管理，做到机场全员全域“人数清、人头清、位置清、管控措施清、管理责任清”。全年修订机场疫情防控应急处置预案3次，组织开展疫情防控应急演练5次，实现“疫情防控零失误、人员管控零疏漏，内部员工零感染、紧急运输零差错”的目标。

【航空运输保障】 8月20日至9月2日、11月10日至11月28日两个阶段，按照省上安排部署，兰州中川国际机场组织保障新疆、内蒙古等地区疏解航班52班，将年内退伍军人和甘肃籍旅客全部面对面移交属地转接。8月23日，甘肃省援助西藏医疗队280余名医护人员乘机赴西藏支援疫情防控工作，兰州中川国际机场周密部署，开通绿色通道，全力做好医疗队包机服务保障。9月18日，国航CA910航班搭载251名乘客从俄罗斯莫斯科飞抵兰州中川国际机场，兰州中川国际机场完成入境航班保障任务。全年累计保障国际入境航班16班，保障入境旅客2853人。

【单月运输指标创2016年以来最低值】 11月23日，兰州中川国际机场单日运输起降架次21架次，旅客吞吐量1587人次。这是2022年以来的历史冰点。2022年，受疫情持续影响，兰州中川国际机场运输指标始终在低位运行，11月单月运输指标创2016年以来最低值，运输起降仅919架次，执行率8%，旅客吞吐量6.3万人次。

【服务能力提升】 兰州中川国际机场开展“真情服务达标行动”，不断完善服务质量管理体系，持续提升服务保障能力，有力推动服务品质与服务品牌“双升级”。机场公司修订《服务管理手册》《服务质量标准》《投诉管理制度》等服务管理标准，完善《岗位标准化作业程序》手册，制定《服务提升三年行动实施方案》，全年放行正常率94.97%。以集团“经济舱·贵宾礼”服务品牌为指引，制定《服务品牌建设纲要》《服务品牌建设阶段目标及品牌架构》，升级优化“小红帮您”特殊旅客服务项目，在原有“十帮”服务基础上创新推出“如约而至、快乐出行”团队预约亲情服务，对青少年、大学生、务工人员团队出行提供周到服务。制定安检服务细则，突出特色通道和差异化安检服务内容，做实“雷锋安检”品牌服务。巩固提升“心心箱印”行李运输服务品牌，以行李错运、漏装、人为损坏清零为目标，落实行李装卸和提取的双向监控直播，对现有130辆行李拖斗底部加装橡胶垫，防止托运行李在运输过程中因颠簸挤压造成损伤。以极速中转为出发点，升级智慧中转系统，扩大跨航司行李直挂服务范围，持续打造“经兰飞·如意行”旅客中转服务品牌。以“贴心、用心、诚心、舒心、放心”服务为宗旨，创新头等舱节日特色餐食等4项服务项目，打造“心兰相随·尊享无忧”头等舱旅客服务品牌。全面落实真情服务底线要求，推出“行李全流程跟踪”“易安检”“停车场免费轮椅”等10余项创新服务产品，持续改善服务出行体验。开通“小红帮您”“旅客问询中心”抖音平台直播间，现场播报解答新冠疫情防控知识和乘机须知，满足疫情防控期间旅客出行信息咨询。持续开展以缩短航时、中转便捷、减少航延取消等6件实事，开展“民航服务规划实施年”“真情服务达标行动”等主题活动，举办“真情为首·乘心如意”首乘服务升级行动启动仪式。2022年，兰州中川国际机场公司获得各类奖项18项，获得民航局授予的“民航重大运输工作先进集体”“民航服务质量标准建设年先进单位”等国家级奖项

5项，获得“甘肃省最具影响力服务品牌”等省级奖项8项，同行业3项，市级奖项2项。

（张立生）

轨道交通

【概况】 2022年是兰州轨道交通有限公司发展进程中极不平凡、极为不易的一年。公司围绕“地铁运营安全有序、项目建设排除万难、资源开发创新创效”的总体布局，顶住压力、迎难而上、勇毅前行，高效统筹债务化解和生产经营，经受住了严峻考验，交出了一份实属不易的答卷。公司完成固定资产投资22.46亿元，占年初市上下达计划18.91亿元的119%。

【轨道交通1号线运营】 因疫情防控，轨道交通1号线客流低于千人天数超45天。兰州轨道交通有限公司践行社会责任，勇于担当、科学应对、心系乘客，全年调整运行图12次，完成设施设备检修2.14万次，闭环处理重点故障22件，确保运营不停、服务不减、安全不怠。1号线全年累计客运量3557.59万人次，开行列车8.51万列次，运营总里程187.16万列千米，运营各项关键指标均高于国家标准，全年未发生影响行车安全事件及安全事故。

【轨道交通2号线一期工程建设】 轨道交通2号线一期工程东方红广场～雁北路段全长约9.06千米，共设置车站9座，停车场、主变电站各1座。年内完成全部车站主体结构施工，车站附属工程累计完成82%，排洪南路停车场累计完成92%，机电设备安装累计完成90%，实现“轨通”“电通”，按计划推进综合联调工作。通过驻厂监造保质保量完成2号线10列电动客车的生产制造并运抵场段开展调试工作，首列车于9月1日完成上线“热滑”。

【项目建设】 东方红广场综合整治工程室外工程及地下停车场内部机电安装、装饰装修全部完成，广场全面开放，停车场投入使用。人防工程西关什字站主体结构及附属工程全部完成，临夏路南、北路恢复通车。奥体中心、迎门滩站完成预验收。科创园二期东区保障性租赁住房主体工程全部封顶。轨道·城市曙光项目正在推进收尾施工和项目验收，A区总体完成95%；B区总体完成92%。

【资源开发经营】 发挥轨道交通沿线商业价值，探索在科创园一期屋面合作实施分布式光伏项目。转变招商思路延伸经营链，在西客站北广场引进3000平方米剧本娱乐项目，打造兰州首个“剧本+”轨交商圈；在西关人防地下空间策划实施沉浸式主题商业，已签订合作意向协议。推进媒体资源价值创效，启用多媒体站台门系统、投放创意广告展示。

【安全生产】 市轨道公司始终将安全生产放在日常管理的首位，围绕服务乘客和平安建设，从安全监督检查、设备设施隐患排查、地铁保护区巡查等方面开展生产安全管理工作。重点对重大施工检修作业、重大节假日、特种设备安全使用、作业人员安全防护等方面进行日常监督检查，并结合“安全月”“消防月”等国家级安全生产专题活动，对建设工程、轨道运营、对外经营场所等领域累计开展各类隐患排查149次，发现一般安全隐患问题2146条，重大安全隐患52条，累计消除、解决各类安全隐患2183条，整改率99.23%，全年未发生安全生产事故。

【轨道交通物业管理】 严格消杀作业流程、保证消杀质量，轨道交通1号线、兰州科技创新园、兰州西站综合交通枢纽等物业服务重点区域全年累计消杀5万余次，不断优化服务措施，提升物业服务质量，定期开展车站病媒防治作业，累计100余次；持续提高地铁卫生环境质量，完成电客车清洗保洁6000余列次，屏蔽门、雨棚等设施清洗6.7万平方米，开展服务品质巡检2000余次；稳步做好绿化养护工作，完成各物业服务项目绿地养护10万余平方米。根据物业服务需要，整合资源成立兰州轨道交通车站物业服务中心、兰州轨道交通场段公寓物业服务中心，新组建兰州轨道城市曙光物业服务中心，进一步优化物业服务结构。加强企业标准化建设，通过“三标一体”体系认证，推进物业服务企业信用建设，通过兰州市物业企业信用“AAA”级评定，优化企业经营管理，扩展企业经营范围，增加病媒防制、绿化养护、消防服务、家政服务及广告发布等业务。

（胡相龙）

政府铁路枢纽建设

【概况】 2022年，兰州市除兰州新区外既有铁路共9条。其中，普速铁路5条（陇海铁路、兰新铁路、兰青铁路、包兰铁路、兰渝铁路）；城际铁路1条（兰州至中川城际铁路）；高铁3条（宝兰高铁、兰新高铁、中兰客专）。高速铁路里程约145千米，普速铁路里程约433千米，联络线里程约112千米，合计约690千米。兰州新区建有朱中铁路、中马铁路2条普速铁路，铁路里程约63千米。全市总计铁路里程约753千米。在建铁路共2条：兰州至张掖三四线铁路（中川机场至武威段）、兰合铁路。

【项目建设协调】 2022年，谋划储备项目30个，总投资1602.01亿元，年度计划投资223.57亿元，实际完成投资241.54亿元，完成计划投资的108.03%。续建项目20个，总投资1569.48亿元，重点推进兰张三四线中川机场至武威段、兰合铁路、机场环线铁路、兰州市轨道交通2号线一期工程、G30连霍高速公路清水驿至忠和扩容改造、G312清水驿至傅家窑段、G312傅家窑至苦水段、中川机场T3航站楼连接线、兰州中川国际机场三期扩建工程等续建项目。新建项目10个，总投资32.53亿元，G2201兰州南绕城高速八里镇出入口新建项目2022年5月开工建设，配合做好G2201兰州南绕城高速黄峪镇出入口新建项目、G6京藏高速平安镇交通综合体改造项目、黄河兰州城区段航运建设工程等新建项目前期手续办理，争取尽早开工。

推进兰州铁路枢纽优化工程预可研编制工作。6月在甘肃省招标网发布项目预可研编制意向公告，9月6日完成招标，9月21日与中标单位签订合同，预可研报告初稿已完成。推进榆中夏官营机场加载通航功能前期工作。6月12日，市政府分管领导带队赴西部战区空军汇报衔接夏官营机场加载通航事宜，战区对可研报告等工作提出指导意见。经后期协商军方原则同意由中航建投对可研报告进一步修订完善，按要求完成修订后对接西部战区空军，争取早日签订军地协议。推进轨道交通第二期建设规划申报。向省发改委及市政府汇报争取兰州市轨道交通第二期建设规划申报，省发改委赴国家发改委衔接，国家发改委表示三大指标必须满足要求，但省市可以提前开展第二期建设规划前期工作。兰州市将进一步深化前期研究，待兰州市相关指标符合国家申报标准后尽快组织规划申报及项目申建。

【铁路民航项目建设情况跟踪督导】 兰州至张掖三四线铁路中川机场至武威段：2022年兰州段计划投资13亿元，实际投资17.45亿元，占年度计划投资的134.23%。至年底，项目建设进展顺利，路基工程完成99.12%，桥梁工程完成99.8%，隧道工程设计16座，已贯通15座。

兰合铁路：2022年兰州段计划投资1.5亿元，实际完成投资1.5亿元，占年度计划投资的100%。项目进展顺利，兰州市西固区境内正在进行隧道相关作业。

中兰客专（甘肃段）：2022年兰州段计划投资8亿元，实际投资11.5亿元，占年度计划投资143.75%。12月29日已通车运营，兰州枢纽配套工程正在建设。

兰州中川国际机场综合交通枢纽环线铁路：2022年度计划投资12亿元，实际完成投资13亿元，占年度计划投资的108.33%。至年底，路基工程完成44.36%，隧道工程完成66.08%；控制性工程T3航站楼地下站房工程完成80%。

兰州中川国际机场三期扩建工程：2022年度计划投资80亿元，实际投资84.63亿元，占年度计划投资的105.79%，项目建设进展顺利。

【铁路沿线安全环境综合整治】 推进“双段长”制工作。年初，组织召开2022年度全市铁路沿线安全环境管理“双段长”制工作会议，研究谋划重点工作，并对春运期间全市铁路沿线安全环境管理工作任务进行安排部署。制定《2022年全市铁路沿线安全环境管理“双段长”制工作要点》，并及时印发路地双方贯彻落实。6月10日，在七里河区举办2022年度全市铁路沿线安全环境管理

“双段长”制工作培训班，培训“双段长”110人。6月15日，邀请省检察院、省应急管理厅、市政府、兰州铁路监督管理局、中国铁路兰州局集团有限公司在西固区金城公园广场成功举办2022年度全市铁路沿线安全环境管理“双段长”制主题宣传活动。7月上旬，组织路地双方相关部门，并邀请兰州铁路监督管理局采取资料查阅、召开座谈会、现场检查相结合的方式对各县区、铁路各相关站段2022年度上半年“双段长”制工作落实情况进行检查，并对检查情况进行综合排名打分。常态化开展铁路沿线隐患问题整治。实地督导七里河区政府对陇海铁路小西湖立交桥东西两侧桥台私搭违建小卖铺、西津社区威虎山堑顶居民违建危房及兰新铁路秀川街道天畅农贸市场排水不畅等隐患问题进行整改。反复对接城关区政府对伏龙坪1号隧道洞顶上方危房进行拆除，督促铁路相关部门对七里河区孙家台小区铁路用地内彩钢房及垃圾等进行加固清理。同时，要求铁路部门在城关区南环东路铁路人行涵洞安装照明设施，解决行人通行安全。现场督促解决兰西工务段对安宁区、永登县、红古区等多处涵洞积水清淤问题，确保铁路运营安全。年内先后整治完成各类铁路沿线隐患问题400余件。加快推进中兰客专外部环境整治。多次组织兰州局工程建设指挥部、中兰客专公司、相关县区召开中兰客专外部环境整治协调推进会，研究解决沿线安全隐患问题。皋兰县21件隐患问题已全部整治完成并销号，永登县25件隐患问题正在加班加点整治。

【历史遗留问题协调解决】 完成市防范化解市建投公司债务风险领导小组会议安排部署的“兰渝铁路拆迁补偿款：2021年12月31日前市政府国资委协调兰渝铁路公司向兰州建投物业管理有限公司拨付兰渝铁路拆迁补偿款2000万元；2022年6月30日前拨付剩余1600万元”任务。市铁建办先后协调争取补偿款1.2654亿元（其中：2021年12月拨付2000万元、2022年4月拨付8000万元、2022年10月拨付2654万元），按期超额完成催缴任务并将兰渝铁路项目拖欠市国资委的所有剩余征拆补偿款全部催缴拨付到位。全力解决南绕城高速公路征地拆迁遗留问题。多次组织相关县区、省路桥投资有限公司和市直相关部门，研究解决七里河区、西固区兰州南绕城高速公路隧道洞顶震裂受损耕地修复补偿问题，并达成一致意见。推进重大铁路项目权证办理。市铁建办多次组织召开协调会议，就宝兰客专等重大铁路建设项目权证办理有关问题进行深入研究，进一步加快铁路方土地权证办理进程。协调解决兰张三四线铁路中川机场至武威段征地拆迁遗留问题。多次赴永登县李家湾村、中堡镇邢家湾村开展现场调研，推动民房及蔬菜大棚等拆迁问题解决，确保征拆工作不留隐患、顺利推进。多次组织路地双方相关部门单位，召开新建兰州铁路综合货场项目剩余拆迁资金拨付工作协调推进会，并就存在问题进行深入分析研讨，进一步加快剩余拆迁资金拨付工作进程。沟通对接铁路部门，对恢复兰州市土门墩粮食储备库有限公司铁路专用线运营能力可行性进行研究，并及时将铁路方意见反馈市政府国资委。

（杨雅文）

2022年度全市铁路航空周转量增速统计表

月份	铁路周转量增速(%)	航空周转量增速(%)	航空吞吐量增速(%)
一季度	4.34	-14.26	-14.46
上半年	5.7	-35.59	-45.24
前三季度	8	-28.03	-46.87
全年	10.6	-28.48	-49.12

邮政运营与管理

【概况】 兰州市邮政行业由邮政企业和快递企业组成。2022年，全市邮政企业包括1个市公司、8个区县分公司、156个邮政所。全年邮政行业寄递业务量累计完成18448.74万件，同比增长14.19%。邮政行业业务收入（不包括邮政储蓄银行直接营业收入）累计完成20.88亿元，同比增长0.02%。

邮政寄递服务业务收入累计完成0.97亿元，同比下降11.92%；邮政寄递服务业务量累计完成

10340.66万件，同比增长29%；邮政函件业务累计完成475.5万件，同比下降7.52%；包裹业务累计完成8.255万件，同比增长12.24%；报纸业务累计完成8879.48万份，同比增长41.9%；杂志业务累计完成311.87万份，同比增长2.77%；汇兑业务累计完成4.671万笔，同比下降24.8%。全行业拥有各类汽车1371辆。其中，快递服务汽车1018辆；邮政服务汽车353辆。邮政和顺丰2家企业拥有航空全货机。其中，邮政1架；顺丰1架。邮政每周7个航次，顺丰每周5个航次。全市邮政邮路总条数53条，邮路总长度（单程）2188千米。全市邮政农村投递段道147条，农村投递路线总长度（单程）7914千米。全市邮政城市投递路线708条，城市投递路线总长度（单程）12192千米。

【邮政行业营商环境优化】 协调市委编办批复设立兰州市邮政业安全中心，协调兰州新区设立兰州新区邮政业安全发展中心。联合相关部门共同建立完善推动农村寄递物流体系建设的体制机制，市政府第28次常务会议审议通过并印发《兰州市加快农村寄递物流体系建设实施方案》。联合市交通委等七部门印发《关于做好快递员群体合法权益保障工作的实施方案》，推进快递员群体薪资待遇更趋合理。会同市人社局等九部门联合印发《关于加强维护新就业形态劳动者劳动保障权益的实施方案》，落实好快递员工伤保险、职业技能培训、优化教育文化供给等劳动权益保障措施。联合税务、财政等部门，推进快递企业减税降费惠企政策持续发力，累计实现减税降费1698万元。指导邮政快递企业加强基础设施建设项目储备，28.99亿元的快递行业建设项目纳入市发改委“十四五”储备项目。引导企业培育快递服务制造业重点项目，搭建“两业”融合平台，指导“两业”优势互补、协同发展，孵化培育顺丰、邮政、京东、德邦四家企业的项目14个，营收累计2385万元，培育400万元以上项目1个，200万元以上项目3个，并建立完善项目库。提高行政服务能力现代化水平，深入完善行业服务体系，提升服务能力和水平，全年寄递业务量完成19亿件，业务收入完成20亿元，快递业务量8100万件，行业的影响力持续扩大，行业在降低流通成本、支撑电子商务、服务生产生活、保障疫情防控等方面发挥支撑作用。

兰州市邮政行业发展情况表

指标名称	单位	2022:12月份		比上年同期增长（%）	
		累计	当月	累计	当月
一、邮政行业业务收入	亿元	20.88	1.89	0.02	-8.55
1.邮政寄递服务	亿元	0.97	0.07	-11.92	-30.46
2.快递业务	亿元	14.77	1.40	-1.54	-14.76
二、邮政行业寄递业务量	万件	18448.74	1600.31	14.19	-3.79
1.邮政寄递服务	万件	10340.66	935.28	29.00	27.60
其中：函件	万件	475.50	121.74	4.77	223.17
包裹	万件	8.25	0.81	12.24	-7.95
订销报纸累计数	万份	8879.48	755.94	41.90	36.67
订销杂志累计数	万份	311.81	25.97	2.77	7.09
汇兑	万笔	4.67	0.64	-24.80	-25.58
2.快递业务	万件	8108.09	665.03	-0.39	-28.52
其中：同城	万件	1322.48	120.90	-22.39	-43.63
异地	万件	6784.21	543.98	5.45	-23.99
国际/港澳台	万件	1.40	0.15	-35.04	-15.97

注：邮政行业业务收入中未包括邮政储蓄银行直接营业收入

【快递员权益保障】 推动落实并维护好劳动者合法权益保障，织牢购买工伤保险的“防护网”，累计有9624名快递小哥购买工伤保险，基本实现全覆盖。春节前夕，联合市总工会向快递员送去价值15万元的关爱大礼包，近500名快递员代表得到新春的祝福和慰问。提升职业技能培训的针对性、实效性，累计完成快递职业技能培训3212人次，争取补贴资金115万元，累计推进快递工程技术人员职称评审605人次。教育行业从业人员弘扬工匠精神，人人争做业务能手，个个争当岗位标兵，10名从业人员脱颖而出，3名同志被评定为“甘肃省技术能手”，7名同志被评为“甘肃省技术标兵”。组织全行业1.3万名快递小哥参加“兰州好人”申报评选，形成月月推、月月评、月月有好人的良好态势，在全行业营造学习道德模范、争当身边好人的浓厚氛围。组织快递小哥代表赴甘肃省禁毒教育基地接受禁毒宣传教育，强化从业人员拒毒意识，营造“健康人生绿色无毒”的行业氛围。组织3000余名女快递员参加市妇联女性劳动者维权法律讲座，对女性快递员开展法律援助政策法规宣传，为创建平安家庭、保障女快递员合法权益提供法律支持。组织召开兰州市快递行业“聚焦体面劳动、引领舒心工作”劳动保护集体协商活动动员会，进一步畅通快递员表达合理诉求渠道，扩大快递行业集体协商的覆盖面。

【生产安全】 组织全系统全行业观看《生命重于泰山》《邮政快递业生产安全警示片》等安全生产专题片，召开安全生产专题会议专题学习习近平总书记关于安全生产重要论述，全力促进行业安全意识提升。以安全生产专项整治三年行动为抓手，坚持品牌一体责任，坚持大抓基层落实，开展行业生产作业场所安全隐患排查治理，重点整治分拣作业场所人车分流和传送带堵缝两个专项任务、经营场所建筑物安全风险排查整治以及行业电气火灾和车辆交通安全等多个方面，克服疫情影响，组织精干力量，明确工作目标，狠抓任务落实。专项检查企业43家次，出动检查人员86人次，发现隐患413个，已整改385个，督促企业上报风险隐患汇总台账18份，把压力传导到业务一线，有效营造兰州市邮政快递业安全生产良好环境。

【邮政行业监管能力提升】 不断强化安全管理“三项制度”落实，督促寄递企业加大信息系统升级、手持终端研发力度，完善收寄信息查验、安全操作审核、信息比对验证等功能，组织委托省反恐教育基地对50名X光机安检员开展认证培训，加大“绿盾工程”推广应用力度，督促各寄递企业全面落实分拨中心、处理场所、营业网点配备视频监控设备，实现视频监控设备全覆盖、全天候运转。开展个人信息安全治理专项行动，联合市公安局、市网信办联合印发《兰州市邮政快递领域个人信息安全治理专项行动方案》，成立专项行动领导小组，建立打击工作专班深化协同作战。会同市公安局网安部门分析研判全市邮政快递行业网络和数据安全管理工作，印发《关于加强寄递服务用户信息安全管理工作的通知》，组织开展信息安全保护知识进企培训21家次，联合公安部门开展检查9人次，检查企业3家。持续开展寄递渠道涉枪涉爆及反恐防范工作，联合市公安局内保支队开展省第十四次党代会等重点时段安全检查，结合公安“净网”行动，开展寄递物流行业排查整治，联合市公安局召开“全市寄递企业党的二十大安保维稳暨整治收寄枪爆危险品部署会议”，坚决摧毁非法枪爆物品购运流通渠道。持续开展寄递渠道禁毒工作，利用板报、标语、条幅等形式进行禁毒宣传教育的基础上，把《禁毒法》纳入全行业普法教育的重要内容，以企业分拣场所和营业场所为重点，进一步加大禁毒工作宣传力度，开展禁毒宣传“进机关、进企业、进家庭”活动。开展打假打私工作，开展“清风行动”“打击象牙等濒危物种及其制品走私”“打击武器、弹药、毒品、反宣品违禁品走私”“打击假冒伪劣和侵犯知识产权物品”等专项行动，推进邮政行业打击走私治理工作能力建设，全面守牢行业寄递渠道安全防线，完成党的二十大寄递安保各项任务。进一步整顿和规范卷烟市场秩序，打击寄递渠道涉烟违法活动，与市烟草局签署联合打击寄递渠道涉烟违法活动协作协议，与市公安局、市烟草局联合印发《关于建立联合工作机制加强寄递环节涉烟违法行为监管工作的通告》，全市网点共计张贴1500份。

【邮政行业信息安全保护】 落实“七号检察建议”，推进邮政快递领域个人信息安全治理工作，开展个人信息安全治理专项行动，联合市公安局、市网信办联合印发《兰州市邮政快递领域个人信息安全治理专项行动方案》，成立专项行动领导小组，建立打击工作专班深化协同作战。会同市公安局网安部门分析研判全市邮政快递行业网络和数据安全管理工作，印发《关于加强寄递服务用户信息安全管理工作的通知》，组织开展信息安全保护知识进企培训12次，重点对《快递暂行条例》《快递市场管理办法》《寄递服务用户个人信息安全管理规定》等内容进行宣传解读，培训覆盖兰州市全部寄递品牌企业21家，提升从业人员的信息安全保护意识。出动检查226人次，检查企业总部及营业网点113家次，联合公安部门开展检查9人次，检查企业3家次。

【快递绿色包装治理】 督导行业企业落实《关于加快推进快递包装绿色转型的意见》《国家邮政局关于全面加强生态环境保护坚决打好污染防·治攻坚战的实施意见》《2022年行业生态环境保护工作要点》等文件精神和任务目标，结合兰州市行业实际推进行业生态环保工作，实施“9917”工程。宣传行业绿色包装治理工作成果，《兰州日报》以《胶带“瘦身”纸箱回收我市快递包装“绿”起来》报道兰州市邮政行业绿色治理成果。快递包装绿色治理纳入生活垃圾分类体系建设范围。快递源头绿色减量工作纳入兰州市2022年城市生活垃圾分类工作考核。推进“两个专项”整治工作，组织辖区主要品牌快递企业召开快递过度包装和随意包装治理工作推进会，相继开展《邮政业寄递安全监督管理办法》《邮件快件绿色包装规范》《邮件快件包装基本要求》等法律法规的专题培训。参与全市塑料污染治理工作，与市生态环境局进一步协同加强行业塑料污染治理，督促寄递企业建立实施统一采购制度，落实绿色采购要求，实现全市范围内寄递企业包装采购工作规范化、体系化。发挥政、企、协会等多方面的作用，借助省快递协会推介绿色快递包装产品，推广兰石、江淮等新能源车辆，制作下发绿色包装宣传图册，共同探讨在快递行业推广绿色包装应用问题，引导企业实施绿色采购。

【邮政普遍服务水平提升】 建设开放共享的“县、乡、村”三级公共寄递物流体系平台，通过与商务、供销、邮政联合开展三级寄递物流体系建设调研，参与皋兰县乡村振兴重点帮扶县实施方案联审、县域商业体系建设等，建成县级处理中心4个，乡镇级处理中心12个，村级综合便民服务标准化站点710个，实现县乡村三级物流体系建设全覆盖。探索农村客货邮融合发展，组织签订“交邮合作”战略协议，开通12条城乡公交代运邮政党报党刊和邮件，利用15条城乡公交代运中通、圆通、韵达等品牌快递业务，日均提升邮件运输时效7.3小时，帮助农户销售土特产225.32万件，有效解决农民群众幸福出行、物流配送、邮政寄递等三个“最后一公里”难题。推动“邮快合作”走深走实，推动永登县、榆中县、皋兰县邮政快递企业进一步增强合作成效，全年全市邮快合作代投业务量160万件。从严从实从细抓好巡视巡察专用信箱、高考录取通知书等寄递保障服务，对违规行为下发责令整改通知书。开展时限测试工作，有效提升普遍服务满意度。对标《邮政机要通信服务规范》《邮政机要通信场所建设和设施设备配置规范》两个规范新内容，联合市保密局制定印发党的二十大期间《兰州市邮政机要通信专项检查方案》，开展机要全覆盖监督检查，召开问题通报会议4次，专题政企联席会议1次。开展“扫黄打非”工作进基层活动，培训宣讲“画像法”“扫黄打非”收寄流程等10场，下发宣传资料240余份，开展监督检查178次，实现“扫黄打非”工作站全覆盖。开展乡镇邮政服务专项检查，出动132人次，检查乡镇邮政营业场所48个，投递处理场所8个，调查建制村直接通邮情况13个，全市邮路汽车化96.15%，较年初提升1.3%；10个建制村投递频次由周三班提升至周五班、周七班，农村地区邮政寄递时效进一步提高；3个委代办网点转变为自办网点，占全市网点总数的5.76%，全省最低；16个空白乡镇补建局所标准化改造4个，普遍服务水平有效提升。

【新冠疫情防控期间生活物资保供】 紧紧依靠、紧密联系县区政府，坚守行业防控阵地，在守住疫情防控底线基础上，发挥保供主力军的重要作用，累计配送生活物资8000万件，有效保障疫情防控期间全市430余万老百姓的基本生活稳定，让群众吃下“定心丸”。在疫情防控最紧张的时候，根据市委主要领导调研要求紧急协调应急管理局、粮食和物资储备局，为城关区坚守岗位的快递员申领帐篷65顶、折叠床367张，并联系学校提供住宿，解决快递小哥闭环管理的难题。申请抗原检测试剂8万份，领取一次性口罩5万个。为保供者担当，为逆行者保障好大后方，配合省邮政管理局组织开展“抗疫情 保平安、情系快递小哥”送餐活动，为奋战在一线快递小哥送去2800份暖心午餐，送去15张爱心体检卡，为配送重点企业顺丰快递送去4万元物资和慰问金。

（何　杰）

电信通信

【概况】　2022年，中国电信兰州分公司完成主营业务收入28.4亿元，收入份额45%。移动份额40.72%；其中5G用户渗透率69%。宽带份额58.26%。产数收入占比31.73%。

【客户服务】　以提升客户感知和服务效率为抓手，扎实开展满意度攻坚工程暨“清风行动”，回访用户26万户，整改满意率95%。编制《营业厅服务手册》，开展培训7场次，厅店营业人员全覆盖。开展“服务随心办实事、全员服务在行动”教育实践活动，“总经理讲服务”20余场、“我为客户解难题”优秀服务事迹67篇，持续提升企业服务品质。全年客户综合满意度行业第一，政企客户满意度全省领先。

【网络能力】　快速推进5G网络建设，5G设备累计部署5370套，实现5G信号乡镇以上连片覆盖，交通枢纽、医疗机构等重点区域深度覆盖。持续推进“宽带中国”战略，千兆端累计到达5.1万线，实现城市区域千兆全覆盖；新建光网端口9.7万线；城市光网覆盖率超过99.4%，农村光网覆盖率100%。加快数据中心建设，全年建成、交付DC机架近1600架。网络运行安全平稳。

【网信安全】　开展网信安全隐患排查3次，完成重要保障任务。核查网站备案信息732条，关停未备案网站76个；核查大带宽267条，处置不良信息34287条。防范通信网络诈骗，协助公安部门破获案件280余起，累计关停3.8万户。全年重大网络与信息安全事件“0”发生、重大网络数据及个人信息泄露事件“0”发生。

（王晓琴）

移动通信

【概况】　2022年，中国移动通信集团甘肃有限公司兰州分公司统筹推进新冠疫情防控和经营发展工作，坚持补短板、强弱项、锻长板，坚决落实“三步走”追赶计划，持续保持企业经营发展向好的势头。公司内设党委办公室、综合部、市场经营部、网络部等10个职能部室及重要客户中心、客户响应中心等6个直属生产中心，下辖城关、城关东岗、城关雁滩、安宁区、七里河等13个县（区）分公司。公司建筑面积超过4万平方米。年底有在职员工1389人（本科生745人，占在职员工53.6%，研究生130人，占在职员工9.36%），领导班子成员6人。公司党委设党支部29个，党员520人。公司主要经营移动话音、数据、IP电话和多媒体业务，以及与移动通信、IP电话和互联网接入相关的系统集成、漫游清算、技术开发、技术服务等业务。全年收入超过28亿元，客户规模超过350万户。

【信息网络建设】　响应国家“新基建”战略，建成5G基站超过2100座，实现乡镇及以上100%覆盖，道路覆盖率99.9%。建成信息端口总数超过198万个，覆盖用户超过272万户，超过4000个城区小区具有千兆接入能力，超过1320个小区实现“5G+极光宽带”双千兆接入，率先完成全市区块链网络建设，具备为全市政务客户提供区块链应用基础设施能力。落实网络安全管理责任制，加强“断卡”行动落地，垃圾短信违规号码加黑量2.2653万次，累计关停高风险和涉嫌诈骗手机卡2.6万余个，完成7次重大活动及疫情期间的网络安全保障任务，被省、市各级打击治理电信网络新型违法犯罪工作联席会议办公室授予2022年度“打击治理电信网络新型违法犯罪工作成绩突出集体”荣誉称号。

【市场运营】 探索数字化服务新模式，赋能数字经济社会，助增民生福祉。截至年末，兰州移动移动电话用户突破310万户，其中5G移动电话用户173.1万户。年内固定互联网宽带接入用户96.33万户，其中固定互联网光纤宽带接入用户71.27万户。加速转型升级，以融合为基础，丰富融合产品、强化融合营销、推动融合运营，拓展市场空间；以融通为载体，通过能力共享、渠道互通、数据汇通，达成业务互促，增加整体价值；以融智为手段，为生产经营全流程、全环节注智，提升运营效率。深化改革创新，以强能力、聚合力、激活力为出发点，加速构建高效协同的能力、合力、活力组织运营体系。落实高质量发展，推动业务发展从通信服务向信息服务转变，业务市场从ToC向CHBN转变，发展方式从资源要素驱动向创新驱动转变。

【服务能力提升】 增强公众市场运营效能，扩大5G领先优势，5G客户渗透率全省排名第一。家庭市场成为区域主导运营商，份额到达51.8%，三大平台综合得分均居全省前列。增强网络支撑效能，提升面向CHBN的精品网络感知，5G覆盖率优于友商12%，5GSA时长驻留比97.7%，高投诉小区解决率50.71%，专线三天开通率提升至98.68%。增强政企市场攻坚效能，承建窑街煤电集团5G+智慧矿井项目、高新区智慧城市等项目，全年中标项目93个，项目融云率提升至51%。坚持“客户为根服务为本”服务理念，新冠疫情防控期间通过线上、线下的方式为客户提供便捷服务，确保服务“永不掉线”；聚焦客户感知短板，聚焦客户投诉焦点难点，聚焦业务不知情定制和不规范外呼营销等侵权问题，降低客户投诉率、提升客户感知，保护客户权益，打造高品质“心级服务”。在线下渠道做好防控保障的同时，多频次优化线上营销服务口径，资费办理规范性得分超过95.16，10086投诉同比下降15PP。

【体制机制改革】 成立兰州新区分公司、兰州数字政府服务中心，县区公司成立3个支撑团队实现扁平化支撑响应。调整组织架构，减少管理层级，消除部门壁垒；持续完善干部队伍结构，建立年轻干部“储备库”，落实中层干部目标责任制，建立重点工作日积分评价体系，有效激发内生动力；开展轮岗交流锻炼，增强员工工作能力；完善员工薪酬体系，14个县区公司、5个机关部室全面实行量化薪酬包考核，以项目制形式实施教育行业、渠道运营2个项目。打破职级壁垒，进一步体现岗位价值；运用信息化手段持续深化作风建设，进一步强化结果应用。

【社会责任】 统筹推进疫情防控和复工复产工作，切实做好通信、服务、防控“三个保障”，完成第二十八届“兰洽会”、甘肃省第十五届运动会等重点活动通信网络保障，高质量完成疫情期间通信服务工作，主动融入“数智乡村振兴计划”，完成消费帮扶135.81万元，承建皋兰县国家级数字乡村试点县数字乡村平台项目，为乡村振兴贡献更多“移动力量”。

（付晓东）

联通通信

【概况】 2022年，中国联合网络通信有限公司兰州市分公司完成主营业务收入近8亿元，全业务在网用户近100万户，其中5G在网用户近60万户、宽带在网用户近15万户。5G共享完成率100%，实现市区、县城及重点乡镇连续覆盖。有各专业人才51名。其中，创新中级认证人才3名；创新初级认证人才10名；数字化技术初级认证人才7名；专家人才1名；骨干人才10名；新锐人才20名。

【客户服务】 着力提升“近悦远来”的高品质服务。聚焦客户问题，提升客户满意度，投诉率下降40%，问题解决满意率提升30%。全面构建服务一体化运营，以高品质服务助力高质量发展。深化行风纠风任务有效落地，深化“一线吹哨部门报到”的客户问题一体化运营。深化暖心为民的服务口碑一体化运营，推进“百倍用心十分满意”——“我为群众办实事”专项行动。构建面向客户问题的内部问题解决体系、流程、机制保障。将每个客户的问题作为吹响实时一体化运营的号角。让惠民生、暖民心举措强化服务供给，擦亮服务口号。

【企业转型】 以“调结构、扩规模、提效能”为主线，优化完善“四横四纵”营销组织。以持续建强营服体系为抓手、以持续攻坚4个重点市场、持续深耕6个细分场景为关键，以迭代升级机制保障、基础设施保障、数字化保障为依托，不断强化高品质服务、强化基础管理、强化工作作风、强化党建引领。确保营服体系面向目标市场高效穿透与有效组织。

【网络建设】 2022年，精准覆盖，支撑营销，新增汇聚层PeOTN设备10套，新增接入层PeOTN设备150套。汇聚区覆盖率由2021年的70%提升至100%，同比提升30PP；综合业务接入区覆盖率由2021年的33%提升至100%，同比提升67PP。加大建设力度，提升千兆能力，打造千兆宽带精品网，进一步提升农村区域广覆盖水平，初步实现农村低频打底网布局。成立“2022年冬奥会和冬残奥会”通信安全保障工作组，开展干线光缆及重点专线专项巡查整治，排除网络隐患，执行重保值守和“零报告”机制，完成“2022年冬奥会和冬残奥会”通信保障任务。

【责任担当】 完成“2022年冬奥会和冬残奥会”重保值守和“零报告”机制，完成“2022年冬奥会和冬残奥会”通信保障任务。完成二十大通信保障任务，进行7×24小时全时待命，共出动保障人员77人，应急车辆8辆，完成13个干线中继站、1118皮长公里的干线巡检、保障专线129条。落实“脱贫攻坚成果巩固拓展、乡村振兴战略全面推进”的任务要求，助力消费扶贫，借助采购端午福利契机，累计购买甘肃瑞津农业发展有限责任公司经营的产自榆中县定远镇的特色农产品11.39万元，完成年度消费扶贫预算的113.9%。

（王发鑫）

经贸·经合·民营经济

商贸流通

【概况】 2022年，兰州市全年完成第三产业增加值2152.8亿元，同比下降2.4%。社会消费品零售总额1598.2亿元，同比下降9.1%。批发业销售额同比增长11.1%，零售业销售额同比下降3.5%，住宿业营业额同比下降21.5%，餐饮业营业额同比下降13.2%。

【消费促进】 紧盯消费供需两端，坚持线上线下同步用力，积极发挥消费对经济循环的牵引带动作用，力促市场复苏回暖。深入推进商务领域消费促进活动，组织“乐享消费·惠购陇原”“嗨购陇酒·悦享生活”“喜迎国庆·进口好物消费节”等活动500余场次，成功举办第四届陇上美食博览会暨兰州老街美食文化节，组织12家特色农产品企业参加“粤贸全国”供采对接会，签约金额1.53亿元。组织重点电商企业参加“臻品甘肃”杯电商直播大赛、“第四届双品网购节”“应时优质甘味农产品大品尝”“2022年甘肃省农民丰收节线上促销活动”等线上活动，打响兰州电商知名度。与天津、青岛和厦门开展“东西部协作帮扶·陇原百企年货大惠送”线上促销对接活动，扩大兰州百合、皋兰和尚头、苦水玫瑰和预包装牛肉面等特色产品品牌影响力，签订长期供销合同总金额4400余万元。

【商务市场体系建设】 以大市场为龙头、产地市场为骨干、便民市场为基础的三级市场体系基本形成。兰州国际高原夏菜副食品采购中心初步实现国家公益性大市场的基本功能，辐射和带动作用日益明显。兰州高原蔬菜物流交易中心、永登县鑫锋种植养殖农产品市场、榆中新营乡蔬菜产地市场、兰州红古区高原夏菜万

9月6日，“2022陇酒促销季启动仪式”在南滨河东路万达广场举行

吨冷藏贮运中心、红古区忠华农产品产地批发市场等5个产地市场建成运营。按照《兰州市县域商业建设行动工作方案》，全力推进榆中县、皋兰县县域商业建设行动21个项目，提升县域商业基础设施，增强市场服务功能。

【新冠疫情防控保供】 坚决贯彻党中央确定的疫情防控方针政策，加强应急协调联动调度指挥，采取“点对点”方式开展督导检查，督促商贸企业严格落实“一扫三查”、加强员工健康管理、强化核酸检测筛查、压紧靠实“四方责任”。建立以兰州高原夏菜采购中心为枢纽、6个二级批发市场为骨干、411个超市菜市场为支点、2966个社区便利店蔬菜店水果店为触角的四级联动保障供应体系。建立分工明确、条块结合、属地管理的市区联动抓保供工作机制，实行日监测、日报告，科学统筹抓好市场运行调度，有序组织生活物资保障供应，做到稳供应、稳物价、稳民心，在保障民生、助力疫情防控、维护社会稳定中探索出城市应急保供的“兰州样本”。

【市场秩序整顿】 重点在商贸领域单用途商业预付卡备案发卡法人企业、直销企业、拍卖行业、电商范围内开展全市商贸领域打击侵犯知识产权和制售假冒伪劣商品整治。集中开展“学法用法护小家·防非处非靠大家”为主题的防范非法集资宣传月活动和单用途商业预付卡联合专项整治，主要排查16家直销企业75

7月2日，第二十八届“兰洽会”“九牧皇家鹿业杯”陇上美食博览会在兰州老街举办，市民和游客走进美食街品鉴佳肴

个服务网点。积极协调市场监管部门开展打击传销专项整治行动，全力推进创建国家食品安全示范城市工作，开展重要产品追溯体系节点企业巡查督导和食品安全追溯执法检查。全年商务部门共出动检查人员2970余人次，检查企业795余家次。

【商务诚信建设】 印发《2022年兰州市创建全国社会信用体系建设示范城市的通知》。开展“诚信兴商宣传月”活动，向全市商贸流通行业、标准化菜市场等市场主体发放诚信经营宣传海报、诚信建设倡议书，并通过“信用兰州”，电视、微信公众号等新媒体大力宣传商务诚信体系建设。省十四次党代会期间联合城关区商务局开展执法大检查，累计出动32人次，安全生产检查商场超市12户、餐饮企业15户、菜市场5户、加油站1户、汽车销售服务有限公司1户。发现安全生产问题共计20余条，并全部整改到位。

【线上线下融合促消费】 不断促进线上线下融合发展，激发市场消费潜力，组织开展“2022全国网上年货节”“第28届兰洽会第四届陇上美食博览会暨兰州老街美食文化节陇货精品展”“2022年甘肃省农民丰收节线上促销活动”“甘肃应时优质甘味农产品大品尝”等多场次大型促消费活动，对接拼多多电商平台，发放300万元消费券，举办“金城钜惠 拼在金秋”本地农产品促销活动，进一步促进兰州市百货、本地农特产品和特色产品销售。

【中华老字号保护与促进】 经企业自主申报、市州商务部门推荐、省商务厅审核、专家评审。7月26日，省商务厅对首批“甘肃老字号”企业进行公示，兰州天生园食品工业有限公司、兰州景扬楼餐饮有限责任公司、兰州马子禄牛肉面有限公司、兰州人民饭店有限责任公司、甘肃丁娃食品有限公司、兰州金鼎饮食管理有限公司、甘肃宁卧庄宾馆等7家企业被认定为“甘肃老字号”。组织兰州晚报、兰州电视台等媒体对兰州市老字号企业进行持续报道，为兰州市37家老字号企业编制《兰州老字号一册通》。动员老字号企业积极申报支持老字号传承保护和创新发展项目。

“中华老字号”5家：景扬楼、佛慈制药、天生园、悦宾楼、马子禄牛肉面。

“金城老字号”32家：和平饭店、兰州饭店、宁卧庄宾馆、人民饭店、迎宾饭店、鸿宾楼、清雅居、张掖路甜食店、兰州照相馆、人民美发厅、地质宾馆、大桥饭店、甘兰饭店、虹云宾馆、黄河饭店、建兰饭店、爱乐庄园、杜维成灰豆王、段记卤肉、乐乐乐餐厅、穆斯林餐厅、苍鹰牛肉面、陈记牛肉面、兰清阁牛肉面、马有布牛肉面、马有才牛肉面、芦蔓丽美容、意姆登洗染店、科达眼镜、司氏老地方、新胜利宾馆、丁娃食品。

【牛肉面产业发展】 抓产业发展，持续做好“兰州牛肉面产业园”建设，“兰州牛肉面产业园”由甘肃陇萃堂营养保健食品股份有限公司、兰州金城虎食品有限公司、兰州思泊湖餐饮管理有限公司、穆青食品运营。陆续吸纳兰州玖禾科技食品有限公司、兰州春马食品有限公司、兰州思泊湖餐饮管理公司、兰州金城虎食品有限公司、甘肃陇萃堂有限公司、甘肃禾协盛禾食品有限公司、甘肃潮饮生物科技有限公司、兰州本土牛肉面、甘肃穆青味上鲜食品公司、兰州名信嘉元食品有限公司等与产业链相关的10家企业入驻，推动产业链向上游延伸拓展。形成集研发、生产、包装、展示、配送、品牌宣传、网络销售、视频直播于一体的产业格局。成功申请“兰州牛肉面”注册商标，在拥有兰州牛肉拉面注册商标的基础上，会同市场监管局，指导兰州牛肉拉面行业协会成功申请注册“兰州牛肉面”，为兰州牛肉面品牌保护增加一道保护屏障。

（刘　磊）

商贸服务

【餐饮消费】 组织“和家和”“伊兰集团”等全市中央厨房企业和重点餐饮企业，向城关、七里河、安宁、西固等主城四区隔离酒店、方舱医院、街道社区人员配送快餐盒饭。累计配送快餐盒饭739.3万份。在抗疫保供中，中央厨房保供企业发挥稳市场、稳民心、稳秩序的“主力军”作用。同时，积极协调甘肃银行、兴业银行等为中央厨房骨干龙头企业伊兰餐饮集团、和家和餐饮公司提供贷款2200万元，帮助企业破解资金难题。

【家政服务】 制定《兰州市深化促进家政服务业提质扩容“领跑者”行动三年实施方案（2021—2023年）》，从发展员工制家政企业、家政企业进社区、提高家政从业人员素质、家政领域信用建设等9项重点任务和25项具体措施等方面加大工作力度和政策支持，进一步促进家政服务业品牌化、规范化发展，扩大家政服务和产品有效供给。完成“家政服务业提质扩容‘领跑者’行动”重点城市的国家阶段性综合评估工作。

【拍卖】 截至年底，系统在册取得拍卖经营资质的企业69家。企业从业人员322人，比上年同期增长3%。拍卖师75人，比上年同期减少12%。成交额68亿余元，比上年同期减少69%。成交场次486次，比上年同期减少26%。主营业务收入（佣金额）6000余万元，比上年同期减少37%。主营业务利润2900余万元，比上年同期减少18%。

（刘　磊）

外资外贸

【概况】 大力培育发展外贸新业态，着力营造外商投资环境，全力稳外贸稳外资。以提升服务水平为突破口，着力推进引进外资和对外投资协同发展。2022年，实现外贸进出口额168.8亿元，同比增长19%，比全省增速高0.2%个百分点、比全国增速高11.3%个百分点。新设立外商投资企业17家，合同利用外资1.35亿美元，同比增长7%。

【对外贸易】 举办“兰州—新加坡”特色产品供需对接会，组织18家特色产品企业与新加坡思家客超市“点对点”线下对接，推动兰州市优质特色产品出口。组织兰州市150余家企业参加广交会、甘肃商品出口韩国线上对接交易会、黄河流域跨境电商博览会、上交会、服贸会等展会，引导企业利用国际展会平台加强宣传推介和对外经贸合作，提升企业国际竞争力。引进丝路天下、陇贸通，培育捷时特、国合、三维等外贸综合服务企业，为160余家中小企业开展培训、办证、通关、物流等贸易服务。

【外资利用】 印发《兰州市商务局关于进一步扩大对外开放促进外资增长的实施细则》（中英文版），全力打造外商投资公平竞争环境。完成全市2022年外商投资企业联合年报工作，指导外商投资企业进行按时填报，163家外资企业参加年度报告。加大外资企业培育扶持力度，帮助符合条件的外资企业申报获批2022年鼓励高质量引进外资项目资金。

【对外经济合作】 鼓励引导兰州市外经企业在做好境外新冠疫情防护的前提下，借助“一带一路”rcep等平台积极“走出去”，开展国际经济合作。组织企业参加2022年甘肃省“中白（白俄罗斯）地方合作年”暨“走出去”工作会，与白俄罗斯方相关政府机构和企业进行深入交流，引导兰州市企业加强经贸交流合作；开展摸底工作鼓励支持企业积极参加第七届中国—俄罗斯博览会、第十九届中国—东盟博览会，引导企业做好参会准备工作，利用展会平台开展宣传推介和交流合作，加强与俄罗斯、东盟国家的经贸交流合作。在第28届“兰洽会”期间，组织兰州市与马来西亚有业务往来的重点企业参加中国（甘肃）—马来西亚产业推介暨经贸合作对接会，深化两地务实合作，促进与马来西亚进出口贸易和双向投资扩规模、上水平。2022年，新增对外劳务派遣企业1家。

（刘　磊）

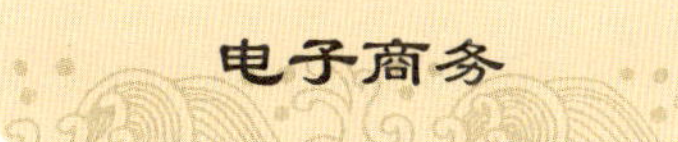

电子商务

【概况】 2022年，兰州市完成网络零售额（含服务）669亿元，同比增长9.49%。农产品网络零售额62.2亿元，同比增长10.1%。

【电子商务运行监测】 截至年末，全市在全国性第三方大平台注册的网店近3.07万家，其中活跃网店9540家，兰州市电商企业共发布产品36.8万个。

【城乡电子商务体系建设】 通过开展电商培训、创业辅导、运营策划、产品展示、县域电商公共品牌培育等，突出县级中心在三级电商服务体系中的核心功能作用。指导乡镇级站点开展各类便民服务工作。在村级服务站点为农村群众提供生活缴费、农资代购、票务代购、开店指导、保险业务、劳务输出、驾照业务等服务的基础上，增加流动宴席、婚庆、门票代售等服务。引导县、乡镇物流分拣中心为所有村级电商服务点提供服务，与村级电商服务点实现资源共享，开通到村物流线路，同时向县域内各商贸企业、专业合作社、个体户以及个人提供完全开放的低成本的县域统一配送业务，不断提升县乡村三级物流体系建设，引导企业加大中心仓和前置仓建设，指导相关企业试点客货邮融合发展，构建电商物流协同发展模式，提升产业链和供应链融合现代化水平。

【重点电子商务企业培育扶持】 支持征国科技和农兴云供等互联网公司，通过开发升级“子斿”平台、建设云供仓、中心仓和前置仓等工作，提升平台下单—支付—配送—评价全流程服务能力和电商物流协同运转的供应链处理能力。推动兰州正大卜蜂贸易有限公司等线上线下融合发展的企业持续开展线上下单采购、线下定点取货的模式，创造良好消费环境和消费体验。鼓励引导爽口源、金德百合等特色产品企业，加强与头部电商平台的合作，紧跟电商新业态发展趋势，持续优化直播带货、短视频等新业态内容，提升产业链电子商务应用的整体水平，加快数字化进程。

【农村电商】 通过培育电商新业态和供应链提升，进一步提高县、乡、村三级物流体系的配送保障能力，降低物流成本。帮助农村电商企业和个体户开设网店，入驻网络平台，协调金融机构提供贷款等支持。同时在现有的乡镇服务站和村级服务点基础上扩大服务范围和提升服务质量，对运营效果不佳的站点进行重新选点，促进农村电子商务产业健康快速发展。发挥县级电子商务公共服务中心的孵化作用，针对返乡大学生、退伍军人、大学生村官、农村待业青年等群体和相关企业，举办自媒体运营、电商直播、创新创业、网店运营等内容的培训班，邀请行业精英和专业老师进行授课。通过培训，强化参训人群和企业的电子商务基础知识，提高电子商务运营能力，激发农村待业者的创业热情。全年举办线上线下电子商务类培训班11期，培训2000余人次。

【跨境电商综合试验区建设】 建成兰州跨境电商公共服务平台，入驻企业248家。建成新区综保区跨境电商监管中心和新区北站跨境电商监管中心两个跨境电商监管场地。培育兰州高新区跨境电商产业园区、兰州丝路跨境电商产业园和兰州职业技术学院跨境电商大学生（双创）产业园3个线下产业园区，入驻企业80家。设立兰州交通大学经济管理学院和兰州职业技术学院2家跨境电商人才孵化中心，孵化企业20家。

（刘　磊）

现代物流

【概况】 推进供应链体系试点城市建设和城乡高效配送体系建设，发展第三方物流、农村现代物流、冷链物流和供应链物流，推进物流标准化、信息化建设，努力构建现代商贸物流体系，全力打造区域性物流枢纽中心。全年全市实现社会物流总额9989.82亿元，同比增长4.4%。物流业增加值276.64亿元，同比增长3.5%。物流业总费用596.84亿元，同比增长26.97%。

【物流枢纽建设】 围绕“三枢纽多组团”建设布局，推进北、西、东三大物流枢纽建设，构建错位发展、层次分明、连东接西、通南济北的物流空间发展格局。枢纽建设项目完成项目建设投资1亿元，累计完成投资47亿元。

【商贸物流项目建设】 制定《2022年全市商贸物流项目建设清单》，加强与项目建设单位的跟踪服务和联系，京东亚洲一号（兰州）智能电商产业基地、圆通智创园、中国智能骨干网（甘肃）申通枢纽中心、兰州公路港物流园二期等新项目顺利开工建设。兰州商贸服务型国家物流枢纽项目、名林工贸仓储物流集散中心项目等续建项目加快推进。兰州高科现代医药物流园、丰恩皋兰现代物流园、新发展兰州城市快递分拨中心一期、重庆医药甘肃现代医药物流中心等项目主体建成。北京华联西北区生鲜物流加工项目、伊利乳业西北仓建设项目、兰州现代交通物流产业园等项目办结相关建设手续。全年，商贸物流重点项目累计完成投资17亿元。

【商贸物流信息化标准化建设】 制定《兰州市开展标准托盘推广和发展单元化物流工作实施方案》，归类整理国家标准、行业标准、地方标准234项，制定商贸物流配送服务规范等地方标准5项，托盘循环共用管理要求等团体标准21项，仓配一体化服务管理要求等企业标准136项。加快以标准化托盘为核心的条形码、全球卫星定位系统（GPS）、无线射频技术（RFID）、电子数据交换、自动分拣系统(ASS)等现代物流技术的推广运用，培育运营规范、技术应用水平高、管理有序的供应链体系建设示范企业。全市标准托盘使用量超过10万片，周转筐使用量5万个。

【物流配送】 依托三大枢纽，以兰州限行区域周边为重点，按照各区县交通优势和产业分布特点，因地制宜，加快推进以多组团为支撑的县域商贸物流园区和配送中心建设，构建错位发展、层次分明、连东接西、通南济北的物流园区空间发展格局，推进城乡三级物流服务体系建设。依托商贸物流龙头企业，加快末端配送网点建设。大力支持电子商务企业与社区便利店合作开展“网订店取（送）”，推动“互联网+智慧社区”建设，打造社区便利、快捷的网络消费“微环境”，蔚然锦和、老张的店、红旗便利店等电商连锁企业在社区布点便利店，加快社区智能自提柜配备和建设。末端共同配送网点由2017年的8000个增加至2022年的1.2万个，智能自提柜由2017年的300个增加至2022年的1500个。

苏宁彭家坪物流中心

【现代供应链体系试点城市建设】 推进供应链试点、城乡高效配送体系建设，印发《关于开展全国供应链创新与应用示范企业申报工作的通知》，推荐甘肃省物产集团兰州物流园有限公司、甘肃爽口源生态科技股份有限公司、甘肃德生堂医药科技集团有限公司、兰州佛慈制药股份有限公司、兰州高原蔬菜物流股份有限公司、甘肃中外运供应链有限公司、兰州国际港务区投资开发有限公司、甘肃永大绿源农业科技有限公司、兰州国际高原夏菜副食品采购中心有限公司等9户企业，申报全国供应链创新与应用示范企业，兰州国际港务区投资开发有限公司评审获批全国供应链创新与应用示范企业。与县区商务局加强供应链试点、城乡高效配送体系建设复制推广工作对接，按照供应链“四化”和城乡高效配送三级体系建设要求，培育甘肃陆港云链公司、红古鸿泰瑞丰、兰州微甸商贸、甘肃天健医药、甘肃天囤医药、兰州园和通、城关区邮政公司、兰州佛慈制药等20家企业为供应链、城乡高效配送重点企业。兰州物流园与兰州银行开发建立“供应链金融管理系统”平台，通过平台为兰园内中小微企业授信融资贷款1亿元。

【物流中心建设】 甘肃苏宁物流园占地3.9万平方米，库容4万吨，仓库类型为平地库+高架库，年吞量30万吨。配送覆盖省内12个地级市、2个自治州、86个县级行政区、923个乡镇区域，四级配送网络辐射覆盖全省，打造自营主城区最后一公里半日达、次日达、准时达，社区最后100米30分钟即时达，订单服务满意度90%以上。

（刘　磊）

快递服务

【概况】 2022年，全市快递企业有顺丰、京东、德邦、申通、中通、圆通等26个品牌企业，日均邮快件处理量400万件（兰州本地进出口140万件）。大中型邮件快件处理场所（分拨中心）11个，全市有邮件快件营业、投递场所1650个，行业从业人员1.3万人，行业有干线运输车辆319辆，城市配送车辆772辆，配送三轮车5780辆。邮政航空、顺丰航空全货机在中川机场实现高速运营，顺丰智能化无人快递车在兰州大学校园率先投入使用。全市投放智能化快递柜1600余组、格口数16.92万个，集约化、智能化、社会化快递服务体系逐步形成。

【快递业务】 全年全市快递业务量累计完成8108.09万件，同比下降0.39%；快递业务收入累计完成14.77亿元，同比下降1.54%。其中，同城快递业务量累计完成1322.48万件，同比下降22.39%；异地快递业务量累计完成6784.21万件，同比增长5.45%；国际及港澳台快递业务量累计完成1.40万件，同比下降35.04%。

【快递站点建设】 全市有邮政所156个、村邮站643个，顺丰、京东、德邦、申通、中通、圆通等品牌快递分支机构414个。建成速递易、丰巢、海尔日日顺、近邻宝、蜜罐等品牌智能快件箱1900余组、近17万个格口。新建邮政递易驿站36个，建成菜鸟驿站、城市驿站等快递服务站400余个。

【邮政快件发展】 全市9家快递品牌参与邮快合作，实现61个乡镇“邮快合作”全覆盖，带动覆盖行政村290余个，行政村快递服务覆盖率88%。全市邮政行业有运输汽车1371辆，干线车264辆，日均出口快递20余万件。通过航空运输快件750万件，春节期间寄递企业组织的快递直飞航班20个。指导部分寄递企业开通“丝绸之路”沿线高铁即日达服务，合作探索通过极速稳定、绿色环保的运输方式。品牌企业处理场所实现自动、半自动分拣设备全覆盖。邮政、顺丰、中通、韵达分拨中心全部建成全自动双层交叉带分拣系统，采用自动化矩阵式邮件接卸分拣设备和“摆轮矩阵+小件分拣机”的生产作业模式，日均处理快件量280万件。

【快递产业】 引导寄递企业加快分拨处理场所升级改造，甘肃省内最大的智能自动化快件分拣设备在顺丰兰州和平集散中心全面启用，甘肃邮政智能化邮件处理中心已投产，中通、韵达、百世、德邦等主要品牌企业全面布局大型分拨处理场所建设计划，甘肃通韵快递电商物流园项目建设顺利，百世快递1.8万平方米转运中心建设项目开建，韵达快递500亩转运仓储用地进展顺利。

引导寄递企业融入市域发展规划，做好园区规划、网络布局和设施建设。兰州有城关北龙口、榆中和平、皋兰西货站等3处区域性快递园区，主要品牌快递企业分拨中心入住园区，业务量占比90%。京东在西固区设有自有快递园区。

【疫情防控保通保供】 坚决扛起“一手抓行业疫情防控、一手抓生活物资保供”重担，督促全市快递企业发挥全省枢纽作用，严格落实疫情防控“外防输入”有关政策要求，行业在守住疫情防控底线基础上，发挥了“最后一百米”民生物资配送主渠道作用，保障产业链供应链稳定。疫情防控期间，快递行业累计配送生活物资8000余万件，配送粮油蔬菜等食用品1000余万件，有效保障全市老百姓的民生需求。11月开始，部分分拨中心和营业网点因为快递人员减少而无法正常作业，市邮政管理局高度重视，全力应对，特别是对打通邮政快递业的堵点、卡点全力以赴，集中精力坚持每日调度，坚持周密部署，畅通末端循环，努力保证邮政快递网络的有效运转。

【快递员权益保障】 推动企业把购买工伤保险作为保障快递员安全的“防护网”，维护劳动者合法权益保障，累计有9624名快递员购买工伤保险。联合市总工会开展送温暖新春慰问活动，向近500名快递员送去价值15万元的温暖关爱大礼包。累计完成快递职业技能培训3212人次，争取补贴资金225万元，累计推进快递工程技术人员职称评审603人次，有效促进快递行业稳定就业。3名同志被评定为“甘肃省技术能手”，7名同志被评为“甘肃省技术标兵”。组织全行业1.3万名快递员参加“兰州好人”申报评选，在全行业营造学习道德模范、争当身边好人的浓厚氛围。组织3000余名女快递员参加市妇联举办的新就业形态女性劳动者维权法律讲座，对女性快递员开展法律援助政策法规宣传。组织召开兰州市快递行业“聚焦体面劳动、引领舒心工作”劳动保护集体协商活动动员会，进一步畅通快递员表达合理诉求渠道，扩大快递行业集体协商的覆盖面。

【特色服务】 制定《“邮快合作”下乡进村实施方案》，坚持分类实施，动员寄递企业采取邮快合作、快快合作、交邮合作、商邮合作等多种模式推进快递下乡进村，推进县乡村三级寄递物流体系建立，推动“快递进村”“邮快合作”落实见效。建成县级处理中心4个，乡镇级处理中心12个，村级综合便民服务标准化站点710个，实现县乡村全覆盖。探索农村客货邮融合发展模式，解决农民群众幸福出行、物流配送、邮政寄递等3个“最后一公里”难题。与商务、供销、邮政联合开展三级寄递物流体系建设调研，参与皋兰县乡村振兴重点帮扶县实施方案联审，助力三级物流体系建设。组织邮政企业、交发建签订“交邮合作”战略协议，开通12条城乡公交代运邮政党报党刊和邮件，利用15条城乡公交代运中通、圆通、韵达等品牌快递业务，年均代运邮快件量突破300万件，日均提升邮件运输时效7.3小时。依托兰州邮政优选、邮乐等销售平台和抖音、快手等“直播带货”运营方式，帮助农户销售蔬菜、瓜果、土特产等225.32万件。推动“邮快合作”走深走实，推动永登县、皋兰县邮政快递企业进一步增强合作成效。全年全市邮快合作代投业务量160万件。

（何　杰）

经济合作与交流

【概况】 2022年，兰州市人民政府合作交流工作聚焦“四强”行动战略，始终把招商引资作为顶级工作和战略任务来抓，积极组织力量抗击疫情，不断创新招商方式，加大招商力度，优化营商环境，持续推进项目建设，以高质量的招商引资厚植重振兰州辉煌基础，为系统推进兰州实现高质量发展贡献力量。紧盯优势产业、支柱产业，谋划重点产业项目160个，投资总额超2500亿元，编制《招商引资项目汇编》《投资指南》。全市全年完成省外到位资金917.26亿元。推进招商机构改革，新成立市招商引资产业政策研究中心、市招商引资信息中心，加强招商引资政策研究和信息化建设。

【全产业链招商】 着力打造新材料、新食品、新能源、新算力四大产业集群和做大装备制造、生物医药、文化旅游产业规模，扎实开展“延链、补链、强链”产业链精准招商，全市新引进项目203个，其中10亿元以上项目39个，“三个500强”及行业龙头企业投资项目30个。新引进海亮集团年产15万吨高性能铜箔材料、东方希望有机硅一体化、广东道氏碳材料生产基地、广东宏宇年产20万吨负极材料、宝武集团年产10万吨负极材料、奥泰医疗高端智能医疗器械生产制造、京东集团亚洲一号（兰州）智能电商产业基地等项目。

【以商招商】 依托在兰高校、商协会资源拓展招商新模式，全年共对接13家异地甘肃商会的1052家会员企业和兰州大学、兰州理工大学等523家异地校友企业。发挥驻外人才工作站和招商引资顾问资源富集、与各地商协会联系广泛的优势，共同推进委托招商、中介招商、以商招商。

【信息化招商】 积极应对疫情不利影响，升级完善全市招商引资信息化云平台，推进“屏对屏”招商模式，举行项目视频对接洽谈活动，促成中国能建、深圳能源、际华集团、京东集团、中车集团等重点企业与兰州市签订战略合作框架协议。

【第二十八届中国兰州投资贸易洽谈会】 以“深化务实合作，共创丝路繁荣”为主题，7月7—11日通过线上线下相结合的方式举办第二十八届中国兰州投资贸易洽谈会。本届“兰洽会”兰州市参加和举办各类活动30项，重点包括兰西城市群生态建设高峰论坛暨第二十八届“兰洽会”兰州市重点招商引资项目签约仪式、2022新通道新枢纽建设发展论坛、台商陇上行暨全国台协西南西北片会长会议等。全市签约合同项目105个，签约总额876.39亿元，位居全省第一。重点邀请“一带一路”沿线国家驻华机构、境内友好城市党政代表团、商协会、投资促进机构、三个“500强”企业、龙头企业和知名采购商等七类2324名重点宾客组团参会参展。“兰洽会”展馆采取“线上线下”融合模式开展，兰州市布展面积1806平方米，设置氢能源、新材料、装备制造和绿色金融展厅，全面展示兰州市及甘肃省在发展氢能源、先进装备、新材料产业和绿色金融方面的基础和优势，集中展示特色优势产业发展成果和潜力。创新举办甘肃（兰州）2022全球招商大会海外专场视频对接会，与韩国、德国企业围绕装备制造、能源化工、生物医药、通道物流等优势产业开展洽谈交流、共商合作，开拓国外招商新

7月7日，兰西城市群生态建设高峰论坛在兰州举办

局面。

【项目落地服务】 按照“产业归口，属地管理，五定包抓”原则，对全市173个重点结转项目和第二十八届“兰洽会”签约项目构建责任管理体系。建立办班子成员包抓县区、园区工作机制，统筹抓好招商项目落地建设，积极督促县区、园区做好基础设施配套、生产要素保障、优惠政策落实等工作，切实为项目落地提供优质保障。组织对各县区、园区招商引资项目开展专题调研，了解掌握项目建设中存在的困难问题，全力为投资企业纾困解难，增强企业投资信心。推行重大项目代办服务，设立项目代办服务窗口，累计为72个签约项目提供帮办服务，为43个投资企业提供招商引资奖补等方面的优惠政策和个性化咨询服务，加快项目前期各项手续办理，最大限度促进项目快落地、快建设、快投产。全年全市实现新开工招商引资项目125个，其中第二十八届“兰洽会”签约项目开工79个，开工率75.24%，到位资金181.68亿元，资金到位率20.73%。

【经贸洽谈】 应对疫情冲击影响，加强线上线下沟通联络，采用视频会议等方式，组织或参加兰州市（杭州）招商引资推介会、兰州市食品产业（贵州）招商推介恳谈会、甘肃特色优势产业（济南）招商推介会、甘肃省（厦门）重点产业招商推介会、中国国际投资贸易洽谈会、中国亚欧博览会等盛会9场次赴外推介活动，推介宣传兰州市投资优势、重点产业、营商环境。

【兰州—西宁城市群发展】 充分发挥区域间交流合作职能，推动兰西城市群建设取得新进展。在第二十八届中国（兰州）投资贸易洽谈会期间成功举办兰西城市群生态建设高峰论坛，邀请青海省西宁市、海东市，甘肃省白银市、临夏州等兰西城市群城市政府代表参会，推动兰西城市群九市（州）长共同签署《兰西城市群生态建设战略合作协议》，发布《兰西城市群生态建设兰州宣言》。

【多式联运综合体构建】 推进全市开通运营的中欧、中亚（中吉乌）、南亚、陆海新通道4向5条国际货运班列稳定运行，运营质量持续向好。10月，中吉乌公铁联运服务“中欧班列”国内国际双循环多式联运被交通运输部、国家发改委命名为第四批“国家多式联运示范工程”。全市全年共发运国际班列366列，12719车，货重47.74万吨，货值4.64亿美元，同比增长10%。

【市政府驻外办事机构管理】 探索深化对市政府驻外办事机构的管理模式，加快推动其从单一的接待职能向“双招双引”职能转变。督导市政府各驻外办事机构认真履行全面从严治党主体责任，做到接待工作程序化、服务规范化、操作标准化。全面强化对市政府各驻外办事机构的考核管理，提升招商引资工作考评权重，督促各驻外办充分发挥信息渠道广、熟悉驻地情况的优势，搭建沟通交流平台，搞好联络服务，把招商引资工作作为“第一要务”来抓，为兰州市在驻地及周边地区的各项招商活动提供有力支撑。2022年，市政府各驻外办事机构共拜访企业210余家，对接重点线索项目37个，推动企业来兰考察15批次，协办杭州招商引资推介会、厦门招商引资推介会等会议。

（李春亮）

经贸联络服务

【市政府驻北京联络处】 2022年，市政府驻北京联络处坚持稳中求进工作总基调，牢固树立和落实新发展观念，统筹做好疫情防控和中心业务工作，完成各项目标任务。

招商引资 全年报备有效招商线索项目20个，报备签约落地项目1个，签约额8亿元，到位资金3亿元，完成年度到位资金任务。

项目推介 围绕产业转移重点，主动收集整理投资信息，深入推进区域驻点招商，实现区域内“三个500强”和行业龙头企业的常态化对接。开展市级招商活动，邀请在京22家企业参加第二十八届“兰洽会”。密集拜访对接北京大兴临空区、中国航空运输协会、中旅集团、新西兰大使馆达成合作意向，促成中旅集团与兰州黄河生态旅游开发集团有限公司的合作、《北京大兴国际机场临空经济区（大兴）管委会与兰州新区管委会战略合作协议》的签订、丝绸之路航空产业发展论坛在兰召开、新西兰驻华大使馆组团访兰等。

联络服务 紧紧围绕服务中心工作理念，按照“严谨、细致、有序、规范”和“快节奏、高效率”的要求，主动加强与中央国家机关、国家部委、科研院所、央企等相关单位的信息互动，提高服务精准性。协助兰州市航空产业发展领导小组在北京开展工作，并积极参与巴航工业等系列重大项目落地兰州的推动工作。精心谋划外埠驻京机构小组活动，加强城市间合作及资源共享。宣传推介兰州市特色农产品，切实拓宽产品销售渠道，组织参加2022中国农民丰收节金秋消费季京东农特产购物节线下活动。收集本区域内对兰州市发展具有借鉴意义的政策措施，做好信息的整理与传递工作，为市委、市政府领导科学决策提供及时、准确、适用的信息。编印《北京信息》66期，其中《北京信息》简报28期，编撰信息余条，信息采纳量在驻外办中排名第一。

接待服务 全年共完成联络对接、招商引资接待等工作任务300余次，累计接待服务2000余人次，保障主要领导在京参加重大活动10余次，完成招商引资、招才引智，以及主要领导参加重大活动的保障工作。

招才引智 积极拜访各行业高级人才，共收集完成入库人才信息400余条，向合作交流办、兰州新区、高新区推荐12个人才和创新项目。在兰州大学北京校友会微信公众号为驻北京人才工作站设置“兰州快讯”栏目，全年发布《兰州市2022年度企事业单位引进急需紧缺人才公告》《振兴兰州制造！2022年兰州市将实施149个“三化”改造项目》等信息10余项，同步在27个微信群发布。向兰州新区、高新区等部门推荐人才项目8个。

（杨　敏）

【市政府驻上海联络处】 2022年，市政府驻上海联络处围绕市委、市政府决策部署，发挥驻外机构职能作用，落实全面从严治党主体责任、推进党建工作、突出招商主责、抓好江浙沪皖等地区的驻点招商工作，加强内部管理，促进合作交流、联络服务、招才引智、信息报送。全年完成报备签约项目2个，完成项目签约任务22亿元，落实到位资金5亿元。

招商引资 9月，作为协办单位参加由兰州市城关区人民政府、网易杭州研究院在杭州举办的2022CITC网易产业数字峰会暨“数智城关”项目推介会。促成上海灵博智能科技数字合作项目在“兰洽会”上与兰州高新区签约。报备皋兰准望桓轮胎生产线项目、兰州“互联网＋医疗健康”数据治理平台、立邦涂料（中国）兰州项目、上海伯俊软件科技有限公司农业项目、矩阵数据科技有限公司西北合作项目、上海张江生物银行兰州分行项目、百度智慧云人工智能基础数据产业基地等线索项目7个。报备签约项目2个：投资14亿元瑞昶年产100万吨城市矿产循环再利用新材料项目、投资8亿元甘肃兰农高端农药原药项目，项目总投资22亿元，完成到位资金5亿元。促成本普企业管理（上海）有限公司与甘肃（兰州）国际陆港管理物流园合作，新建立的国际物流园7月正式开园。

项目推介 以驻地为招商重点，广泛开展区域内企业对接。全年拜访100余家企业和7家商会（协会），促成14家企业赴兰考察，实现10家以上区域内“三个500强”和行业龙头企业的常态化对接。协调、走访、考察摩根士丹利、上海龙腾雅顺实

7月，驻沪联络处促成普洛斯与甘肃（兰州）国际陆港管理物流园合作，新建立的国际物流园于“兰洽会”期间正式开园

业、浙江云碳科技有限公司、杭州火石创造软件公司、迈迪康医疗用品江苏有限公司、思钠史密斯、薪太软上海科技有限公司、宽创国际、上海获硕贝肯生物科技有限公司、长宁各地投资企业（机构）协会、复星公益基金会、上海市湖北商会、上海宁波商会、上海温州商会，上海山东商会、丝绸之路中小企业发展联盟等100余家企业和7家商会（协会），储备项目资源、推进项目落地。

重点项目 重点推介考察活动10次，对接了解张江高科相关政策，转发兰州方面；对接兰州新区招商局，成立汉楚集团公司兰州分公司；考察由钟南山、樊代明、张伯礼院士专家领衔打造的生物医学与医疗诊治、培训的大专家.COM项目，并表达兰州参与愿望；对接上海市联合产权交易所，兰州高发产权公司成功申请为会员机构，并完成首宗项目成功挂牌；考察虹桥品汇项目；与丝路中小企业联盟对接招商合作事宜；加拿大女王学院中国项目负责人到访交流；参加由国家发改委国际合作中心举办的碳中和专项论坛；参加上海举办的数字和双碳协企新发展研讨会并推介兰州；协调推进日昌升兰州项目尽快落地。

根据《兰州国家自主创新示范区招商工作实施方案》要求，驻沪联络处抽调骨干力量，由班子成员带队，与市政府合作交流办、新区经合局组建上海张江科学城招商专班，开展上海张江科学城招商工作。拜访考察罗氏研发（中国）有限公司、霍尼韦尔（中国）有限公司、华虹集团、上海浦东软件园、盛大网络发展有限公司、上海劲方医药科技有限公司等世界500强、上市公司及科技小巨人等21家企业及商（协）会，促成5家企业赴兰考察。

联络服务 配合做好第二十八届“兰洽会”上海宾客的邀请工作，邀请上海甘肃商会、浙江省甘肃商会、普洛斯集团、诺力集团、招银租赁等8家企业、机构共50余人参加第二十八届“兰洽会”，参观进博会。参加大商汇产业研究院联合晶鸿集团共同举办的“乡村振兴与农货出山主题研讨会”，为乡村振兴区域品牌打造政企延伸服务；助力上海伯农科技有限公司安徽项目顺利开展。联络拜访兰州大学上海校友会、西北师范大学校友会、江苏南通沪办、内蒙古鄂尔多斯沪办，学习先进工作经验；与来访的甘肃临夏沪办交流，加强省内兄弟单位沟通。报送《上海信息》1期10条；向市委报送政策信息4篇、《上海专报》3期、报送信息20条；向市政府报送城市管理、疫情防控相关信息8篇，向市合作交流办报送信息19条，完成专项调研报告6篇。获得上海市合作交流办公室授予的驻沪办事机构2021—2022年度“双服务”示范单位称号。

招才引智 加强信息发布渠道建设，通过甘肃驻沪办微信公众号、兰州大学上海校友会理事群等微信平台，发布2022年兰州市双招双引相关政策信息30余条。拓展业务合作，完成对长三角区域陇籍在沪高端人才慰问工作，参加“第七届泛生物医药陇原人暨甘肃中医药大学上海校友会学术沙龙”“西北师范大学浙江校友会第二届理事会”，在江浙沪皖地区不断拓展引进人才渠道、深化人才交流与项目合作。开展宣传推介，举办青苗人才线上交流及人才政策宣传活动一场。建立240余人“外埠本土人才信息库”，储备创新项目30个。加强与属地知名科研院所和智能企业的联络对接，拜访中国科学院上海药物研究所、上海中医药大学交叉科学研究院，国家新药筛选中心、浙江大学药学院等8家研发中心。

接待服务 全力协调服务市委、市政府主要领导江浙沪地区考察招商活动，并做好赴长三角区域活动的兰州四大家领导及县区部门考察组、工作组、招商团组协调服务，全年接待7个团组、40余人次。

（钟　芳）

【市政府驻深圳（珠海）办事处】

2022年，市政府驻深圳（珠海）办事处（以下简称“深圳办”）突出党建引领，严守政治规矩，勤勉尽责、勇于担当、创新实干、廉洁自律，在招商引资、招才引智、服务接待、宣传兰州、传递大湾区经济社会发展先进经验等方面做出了一定的成绩。

职能转变 深圳办认真贯彻市委、市政府提出的转变驻外办事处工作职能、把招商引资工作作为重中之重的要求。2022年，深圳办全力投入招商引资，招大、招强、招新的意识不断增强，招商的方法不断更新，客商和项目的档次不断提升，取得了良好的招商业绩。全年报备招商引资项目线索23个，签约项目4个，签约总额113.35亿元，签约到位资金39.48亿元。

对接企业 2022年，深圳办走访中国五矿金通基金投资有限公司、中投信联（深圳）资产管理有限公司、珠海鼎正国信科技有限公司及大数据存储（中国）控股有限公司等80余家企业。邀请中国广核集团有限公司、深圳市比克动力电池有限公司、深圳市航盛电子股份有限公司、深圳市欣旺达综合能源服务有限公司、深圳市欢乐星城文旅科技有限公司、深圳市恒创睿能环保科技有限公司等50余家企业考察兰州。对接广东省生物医药创新技术协会等10余家企业，与兰州高新区合作共建“大湾区兰白自创区中医药创新发展示范区”。陪同“湾区机器人产业联盟”考察团队考察兰州。与兰州市高新区达成合作意向，计划在兰州建设机器人城市展示中心与机器人加速器、机器人生产基地，打造机器人生态产业园。

招才引智 继续推进招才引智工作向纵深发展，拓展在深人才对接范围，在建设“兰州市驻外人才工作站高级人才库”“在深甘肃籍人才信息库”“后备人才信息库”的同时，积极筹备“青苗人才”计划。

信息传递 以电子版的形式继续办好《深圳信息》，把粤港澳大湾区领先的经验和做法传播到兰州和珠三角，以《深圳信息》“权威、前卫、新颖、有用、易学、好看”的特点，使各方面领导和广大客商从中得到启发和借鉴，发挥好《深圳信息》交流借鉴作用。

（陈学义）

【市政府驻厦门办事处】 2022年，市政府驻厦门办事处全面贯彻“三新一高”，深刻领悟构建“一核三带”区域发展格局重要意义，深入推进实施强科技、强工业、强省会、强县域行动，围绕中心、服务大局，充分发挥办事处桥梁纽带作用，建立健全招商引资项目服务工作机制，协助上级部门打造良好招商环境。

招商引资 认真研究市上规划建设重点项目前期准备情况、计划引进企业类型以及优惠政策，结合福建、江西、湖南、湖北四省的优势产业，寻找区域内有实力、有意向投资的行业龙头，通过线上联系、线下拜访等方式与企业对接洽谈，精准推介兰州的投资环境、主导产业和重点项目，及时掌握企业动态和投资意向。树立“招大引强”思想，重点围绕湖北精密制造、绿色化工、黄河上游生态建设、兰州新区正在筹建的锂离子电池材料产业园项目，统筹工作力量，有重点有针对性地联络拜访规模以上企业。积极联络拜访厦门湖南商会、厦门漳州商会、厦门泉州商会、厦门莆田商会等实力强大、经营成熟的商协会，搭建联络桥梁、畅通交流渠道，在宣传介绍兰州市重点产业、招商引资政策等的同时，挖掘商协会资源优势，掌握各大商协会会长、会员企业数量以及行业构成，明确企业经营现状及发展规划，为进一步寻找合作空间打下基础。

项目推进 做好“兰洽会”宾客邀请及组织参会工作，邀请组织福建省内党政部门、各地驻厦门商协会组织和行业内领军企业，赴兰参加第二十八届“兰洽会”。在厦门市举办第二十二届中国国际投资贸易洽谈会期间，协办甘肃省重点产业招商推介会，邀请重点客商参会，会议主要围绕新能源材料、装备制造、生物医药、文化旅游和特色农产品等产业进行推介，宣传推介甘肃省投资环境和招商引资优惠政策及各经济技术开发区重点招商项目和投资优势，为广大国内外客商投资兰州打下基础。会议期间全力配合联络协调各县区、园区、市直部门对接拜访厦门、福建区域内重点企业，促成与国动龙岩产业园、美亚柏科信息股份有限公司、盼盼食品集团有限公司、中乔体育股份有限公司等龙头企业的深度洽谈。

全年上报重点线索项目15个，签约落地项目2个，分别是年产20万吨高档电解铜箔项目和深安大道二区项目，签约总额32.95亿元，实现到位资金4.2亿元。

区域合作 多渠道掌握各行业、各领域拔尖人才，继续完善“外埠本土人才信息库”，信息库累计储备人才信息138项，搭建兰州市与属地各类高层次人才常态化的交流平台，健全制度机制，建立专家人才工作交流联络点，组织人才库专家学者开展互动交流，及时传达市上关于人才工作的最新要求和重要政策，掌握人才工作最新动态，加强对人才的政治引领和联系关爱，充分发挥人才工作站的凝聚力和带动作用。

联络服务 搜集整理汇总具有借鉴和经验交流意义的信息，汇总上报《闽台信息》12期，49条；《信息摘报》14期，68条；各类工作、招商信息19期。

（翟　丹）

【市政府驻乌鲁木齐办事处】 2022年，市政府驻乌鲁木齐办事处（以下简称“驻乌办”）紧扣市委、市政府和市政府合作交流办公室重点工作部署，完成招商引资项目4个，报备资金7.488亿元，到位资金2.0212亿元。

招商引资 完成招商引资项目4个，报备资金7.488亿元，到位资金2.0212亿元。重点签约项目有：中储粮粮食仓储基地项目，该项目拟占地200亩，投资总额6.338亿元，到位资金1.8712亿元；中赫德工业智能科技公司电热管生产线项目，投资总额0.2亿元；甘肃友创新型材料科技发展有限公司混凝土外加剂项目，投资总额0.15亿元，到位资金0.15亿元；兰州永庆源物资有限公司现代农业MAP技术服务中心建设项目，投资总额0.8亿元。

项目推介 积极拜访对接在兰州、乌鲁木齐等地的新疆甘肃总商会、乌鲁木齐市兰州商会、新疆众和股份有限公司、新疆交通建设集团股份有限公司等线索项目企业50余家，为企业详细介绍兰州市经济社会发展状况、招商引资优惠政策，并邀请企业来兰实地考察，参加第二十八届“兰洽会”。深度对接兰州安宁仁寿山及桃花源片区文化生态融合示范区项目，该项目主体是陕西智信企业集团有限公司，由北京建工集团有限公司负责施工，计划扩大现有仁寿山公园面积，以周边道路和山体为边界，重新规划公园面积约675亩，扩大水域面积，最终实现人寿湖面积约230亩，高标准打造生态公园景观、建设生态运动步道、文化小区等设施。

招才引智 2月5日，邀请石家庄大唐空调制冷设备有限公司西北分公司、新疆瑞泰青林酒业有限责任公司、新疆邦雷商贸有限公司、甘肃万洲工程建设有限公司图木舒克市分公司等企业负责人前往兰州，参加市政府合作交流办开展的企业家代表交流座谈会；4月21日，邀请南京昌讯机械有限公司总经理等人就工程材料检测项目来兰考察，对接参观甘肃省春秋工程材料检测有限公司；4月27日，拜会新疆甘肃总商会、乌鲁木齐市兰州商会，与商会企业家们就商会发展模式、企业发展状况、助力“双招双引”、招商引资优惠政策等事宜进行沟通交流。

联络服务 依托商会企业，先后向新疆输转各种劳动力300余人次。在新疆疫情防控期间，驻乌办多次深入企业、团场了解务工人员工作、生活等情况，并经办事处会议研究讨论决定，采购保暖衣物、生活物资、疫情防控用品等，代表政府为务工人员送去慰问和关爱，并积极协调需要帮扶办理的其他事项，帮助兰州籍务工人员顺利返岗和返乡，助力企业树立信心，尽快恢复常态。

接待服务 针对疫情特殊情况，利用驻外工作特点，驻乌办及时关注和掌握驻地的疫情防控情况和要求，高效率、严标准地做好市委、市政府、市人大、市政协及兰州新区、市直单位、各区县相关人员来乌考察对接活动的后勤保障、政务联络工作。

政务信息 主动收集整理有参考价值的信息，向市委、市政府报送政务信息24期122条。向市政府合作交流办公室报送招商引资信息4条。

（王　川）

粮食安全和物资保障

【概况】 2022年，兰州市粮食和物资储备工作紧紧围绕粮食安全，健全粮食安全保障体系，全面提升粮食储备能力，不断夯实物资储备基础，切实筑牢全市粮食安全底线，凝心聚力，开拓进取，较好地完成市委、市政府各项任务。制定《兰州市实施“强省会”战略保障粮食安全工作方案》，编制全市“十四五”粮食和物资储备发展规划，为粮食和物资储备行业发展明确发展目标。贯彻落实《粮食节约行动方案》，推广应用科学储粮新技术，全市科学保粮率92%。利用“世界粮食日”“全国粮食安全宣传周”“粮食科技活动周”等专题活动，组织开展形式多样的爱粮节粮系列主题宣教活动，增强爱粮节粮反浪费意识，促进节约型社会建设。

【粮油保供】 依托国家粮食应急保障信息系统，全市共建立应急供应网点197家、加工企业3家、储运企业14家、配送中心10家、应急保障中心4家。疫情防控期间，全市粮油应急供应网点、应急加工企业、储运企业、应急配送中心、应急保障中心全部进入应急保供状态，应开尽开，严格落实疫情防控政策并实行闭环管理，成立工作专班，全天候值守三大粮油批发市场（焦家湾、土门墩、小西坪）。在未动用政府储备的前提下，2022年三大粮油市场累计调入粮油17.31万吨，累计销量15.85万吨，确保粮油市场价格平稳，切实保障全市群众的“米袋子”。

【粮食安全储备】 完成省上下达兰州市原粮储备任务，同时按照国家要求，储备规模达到15天以上的要求，小包装成品粮油储备规模达到7天以上标准。优化储备结构，市级储备轮换小麦全部提升为一等粮，完成2022年全市市级储备粮轮换任务，同步将轮换的500吨市级储备油品种由菜籽油调整为大豆油。

【物资储备】 根据《兰州市冬春蔬菜和冻肉储备管理办法》，分3个阶段完成2021—2022年度兰州市政府冬春储备蔬菜投放工作，保障冬春季节和春节期间市场蔬菜供应。完成2022—2023年度1.5万吨政府冬春蔬菜的收储工作，数量较上年度增加50%，储备品种在大白菜、萝卜、胡萝卜、土豆、洋葱、圆白菜等耐贮存、易周转的基础上，根据居民消费习惯、市场需求和储藏能力增加西兰花、大葱、芹菜、散花、青椒、芥蓝、青笋等10多个品种，丰富市场供应，进一步夯实“菜篮子”储备基础。完成省上下达兰州市冻肉储备任务。其中，常规储备800吨、临时储备50吨。中秋、国庆期间，在城关、七里河、安宁主城4区设置89个政府储备肉投放点，有序组织投放政府储备冻肉1个月，投放300吨，覆盖大型综超、农贸市场、品牌肉店等重要市场，平抑市场肉品价格，保障群众消费需求。

争取市级财政资金429.15万元，严格按照公开程序，采购11个品种16455件（套）救火物资。疫情防控期间，向各县区、部门等紧急调运37批次应急物资28028件（套）。其中，棉帐篷228顶、单帐篷252顶、折叠床6954张、棉大衣1350件、棉被9402床、棉褥9332床、多功能移动电源110台、睡袋50个、羽绒服350件。主要用于设立核酸检测点、防疫卡口点、集中隔离点、机关下沉干部社区防疫点等，为疫情防控工作提供坚强的物资保障。

【民生保障】 完成四级放心粮油应急供应保障体系建设。将焦家湾、小西坪、土门墩等粮库（粮油市场），高原夏莱、城关粮油购销公司等企业作为市级保供单位。通过与佛慈大药房、红旗便利签订合作协议，布局建设852家网点，并纳入“小兰帮办”15分钟生活圈板块。实现城市街道、农村乡镇和3万人以上的社区100%覆盖。依托市邮政、公交集团、城乡公交公司、益民公司等构建全市放心粮油应急保供运输配送体系，日配送运输能力达500吨，实现市区“1小时”、周边地区“3小时”、边远山区“5小时”的“135粮食应急保障圈”。

【粮食产业项目建设】 建成投资近16亿元的兰州粮食现代产业园一期项目。投资8.68亿元的益海嘉里兰州新区粮油食品加工基地项目（一期），油脂和面粉生产线均投产。基本建成总投资432万元的永登新经纬粮油购销有限责任公司5000吨县级粮食储备库建设项目。开工建设计划投资3608万元的皋兰县2.75万吨应急保障粮库建设项目。兰州花庄粮食储备库有限公司第三期仓房扩建项目投入使用。

【粮油品牌培育】 主动适应城乡居民消费习惯转变，推动主食产业化多层次发展，加大本土优质特色产品供给，“方鑫粮店”“鑫惠厨房”“方鑫丰”“鑫碾子”和“臻陇香”等粮油品牌效应日益凸显，先后被评选为“甘肃省优质粮油产品”“陇上好粮油”产品序列。

【粮食安全保障机制】 修订印发《兰州市粮食应急预案》《市级储备粮管理办法》，进一步健全粮食安全保障机制和完善应急保障措施。制定《粮食风险基金管理暂行办法》，设立市级“粮食风险基金专户”，注入专项资金6000万元。

【粮油区域贸易】 在第二十八届“兰洽会”上市政府与国家粮食和储备局甘肃局、中储粮兰州分公司、省粮食和储备局、新疆维吾尔自治区粮食部门签订框架合作协议，着力打通区域产购销通道。

【粮油市场监管】 加强对政策性粮油质量安全的监管，结合涉粮问题巡视整改，采取“四不两直”方式开展粮食执法检查，深入小西坪粮库、土门墩粮库等政策性粮食储存单位，对库存及出库粮食进行抽样检测，全部合格。全年出动执法车辆193台次，执法人员712人次，检查经营网点1410户次，抽检样品184批次。办理案件2件，结案2件，移交案件1件。部署夏、秋粮收购工作，规范备案管理，全过程落实节粮减损各项措施，确保“有人收粮、有钱收粮、有仓收粮、有车运粮”。持续做好全市粮食购销价格监测与统计工作，选取全市三大粮油市场（焦家湾、土门墩、小西坪）、近百家方鑫粮店为监测点，落实粮食供应购销及价格日监测日报告制度，定期面向社会发布粮油价格。

（王有婷）

供销合作

【概况】 2022年，兰州市供销系统以“先发力、带好头”的政治自觉和行动自觉，以提升为农服务能力为根本，持续深化综合改革，完善创新体制机制，做强做优流通服务主业，提升社有企业发展质效，在攻坚推进“强省会”行动战略中把准坐标、精准破题，不断提升供销社沟通城乡、服务“三农”、服务乡村振兴能力。全系统实现销售总额89.03亿元，同比增长8.1%。

【综合改革】 召开市供销合作社第四次代表大会，选举产生新一届市社理事会、监事会领导班子，修订章程。制定印发监事会工作规则，强化指导调度，规范工作流程，健全机构设置，推动7个县级社全面完成“三会”换届。制定出台《兰州市供销合作社“十四五”发展规划》，以坚定落实“强省会”行动战略助推供销事业高质量发展。持续推进社有企业历史遗留问题解决，帮助企业减负增效、纾困解难，促进企业轻装上阵。市回收公司贷款展期等4个问题得到妥善解决，出城入园政策落实等问题取得突破性进展。

【为农服务】 聚焦农业生产经营薄弱环节和小农户需求，为农民合作社、家庭农场和小农户提供精准化服务。2022年，庄稼医院168家，流转土地5.23万亩，土地托管5.15万亩，配方施肥、统防统治、农机作业等社会化服务面积35.38万亩。新建县级惠农服务运营中心1个、乡镇惠农服务平台15家、村级服务站点82家，改造提升村级综合服务社29个，标准化村级综合服务社累计471家，行政村覆盖率提高到64.4%。恢复重建乡镇基层社3个，改造薄弱基层社1个，创建标杆基层社3个，乡镇基层社总数51个，覆盖率提高到83.6%。按照“培育龙头、树立品牌、构建网络”的思路，指导推动榆中打造“农资统配＋农业社会化服务＋农产品外销”的县域流通服务新模式，全面完成总社整县推进乡镇为农服务综合体试点任务，县域流通服务网络建设提升行动典型做法和工作成效获全国供销总社高度肯定，得到省供销合作社通报表扬。开展农民合作社规范提升行动，采取共同出资、共创品牌、共享利益等方式，新领办创办农民专业合作社8家，累计95家，带动农户10914户，发挥乡村供销综合服务社的作用，在规模较大、覆盖面较广的基层服务社设立庄稼医院168家，广泛开展测土配方施肥和病虫害防治技术指导服务，引导农民科学施肥用药，促进农产品标准化生产。开展电话咨询、网络问诊、线上指导等“不见面”技术服务，提升连锁配送率，减少中间环节，降低流通费用，让农民得到实惠。

【农资供应】 发挥农资供应主渠道作用，全力保障春耕和“三夏”农业生产需求，系统农资经营企业积极筹措资金，衔接货源、扩大储备、做实库存，采取各种举措全力保障春耕期间农资供应，市供销社成立由主要领导负责的保春耕农资供应专班，深入各区县农资销售点、种植养殖企业了解春耕物资储备供应、农产品销售、农业技术指导等方面情况，综合分析影响因素和信息，及时了解市场动态，预判价格波动情况，加强对化肥库存、销售和市场的动态监测。针对上年冬季价格上涨走势，市供销社提前发出通知，督促基层农资经营单位做好淡季储备。发挥供销社系统点多面广的网络优势，与多家大型化肥生产企业开展合作，提早组织采购，调整充实库存，及时运送到各销售网点，确保农资及时保障供应。全年调运销售各类农资 9.5 万吨，售给农民的农资供应总值 3.41 亿元。

【农资监管】 引导商户依法经营、诚信经营，坚决杜绝哄抬物价、假冒伪劣行为，严把进货关、销售关，联合市市场监管局和市农业农村局部署启动为期 3 个月的全市农资打假保春耕专项行动，通过联合检查、监督抽查、投诉举报、农资质量安全宣传等，严厉打击经营假冒伪劣农资商品经营行为，增强农资经营主体责任意识和诚信意识，提高农民质量意识和维权意识，指导农民科学合理使用农资，保障农业生产和农产品质量安全。专项行动期间出动执法人员 169 人次，抽查各类农资经营主体 53 家，悬挂宣传横幅 36 条，发放宣传材料千余份。依托系统 6 个县级农资配送中心、280 个农资经营服务网点和 206 个放心农资店，利用线上订购、线下配送、送货上门等销售模式，把农资和服务送到田间地头。

【流通网点建设】 建立完善应急保供体系，提升应急保供能力，持续推进打通兰渝、河西、新疆“三线四地”农产品产销渠道，对接联系企业 17 家，达成意向协议 3 份。加强与粮食、邮政、佛慈等部门单位的沟通衔接，按照“五有”要求，在 3 县 1 区布局放心粮油供应网点 40 个，纳入全市四级放心粮油应急保供体系。打通医药惠民最后一公里，在榆中、红古等县区人口密集的乡镇建设药店 4 家。整合“一网多用”“一点多能”推进村级物流寄递站建设，与客货邮签订合作协议门点 30 个。疫情发生后，系统 483 个经营服务网点发挥供销社流通网络优势和电商经营平台优势，采取加大平价菜供应量、丰富平价菜供应品种、延长平价菜供应时间、网上订货、手机下单、无接触配送等方式，全力做好物资调运配送，以“金达乐选”“金农鲜生”“土产菜篮子”“兰果到家”等电商平台为依托，畅通货源渠道，创新服务方式，优化配送模式，开展线上下单、线下配送、定点取货，无接触配送服务，累计调供粮油果蔬、米面副食等生活物资 2700 余吨，配送平价蔬菜组合套餐 6.2 万余箱。打通滞销农产品销售渠道，帮助 230 余户菜农销售滞销蔬菜 163.23 吨、鲜桃 16.72 吨。

【项目建设】 坚持以项目建设为突破口，积极争取政策支持，加快推进社有企业转型升级，实施市回收公司 5000 吨废旧铅酸电池回收、兰供金农食品加工有限公司中央厨房及配套生鲜便民店、市农副公司蔬菜市场智能提升改造、金达集团新零售终端门店升级改造、永登县柳树农产品交易市场、榆中县域为农服务综合体等一批项目。申报废旧物资循环利用体系示范城市建设项目，争取市级专项资金 100 万元，获批进入全国 60 个示范城市建设之列。

【服务平台建设】 搭建展示展销平台，助推农特产品多渠道销售，在主城四区建成皋兰特色农产品体验馆、兰州供销土特产直营店、兰果到家供销便利店等“甘味”农产品外销平台和推介窗口 11 个。借助节会展会平台促销农特产品，组织社有企业和专业合作社参加第二十八届“兰洽会”、甘肃供销农特优品产销对接会、“厦洽会”等展销推介活动，多途径促进“甘味”农产品出省外销。全年实现农产品销售总额 15.96 亿元，同比增长 18%。

（梁云鹏）

烟草专卖

【概况】 2022 年，兰州市烟草专卖局（公司）下辖兰州新区、城关、七里河、西固、安宁、红古 6 个区级烟草专卖局（营销部）和榆中、皋兰、永登 3 个县级烟草专卖局（营销部），从业人员571人。市烟草专卖局(公司)获“全国卷烟打假工作先进集体”，城关区局稽查大队被授予“甘肃省工人先锋号”称号，七里河区局王鹏获“甘肃省五一劳动奖章”。

【卷烟营销】 加强卷烟销售与物流配送的应急互动，建立健全长效机制，卷烟供应链保持畅通稳定。搭建市、县两级市场动销监测体系，多层次、多维度掌握市场动销，为市场调控提供有效支撑。建立三大区域市场联动调控共育品牌CARLM新机制，推动形成“省市联动、区域协作”的品牌供需调控和精准投放新体系，共育品规和重点品牌高质量发展的新格局稳步形成。开展“陇之情+”特色终端建设，推进“春风拂金城，终端换新颜”百日攻坚专项活动，加强新型智慧门店建设，城乡网络建设得到协调发展。“陇之情+党建+历史、+惠农、+便民+旅游”等特色终端，多次被《东方烟草报》《新烟草》等行业媒体报道。实施“一评价三转型”客户经理队伍建设，拓宽“陇之情零售学院”线上平台服务渠道，开展营销人员职业素养培训、“开口营销”大赛等“我与客户共成长”主题营销活动。

【专卖管理】 搭建情报信息研判中心，深化与公检法、邮政管理局、海关、市场监管局、交通等多部门协作，强化跨区域联合办案。全年全市立案假私网络案件25起，完成国标网络案件7起，千万元以上案件6起，亿元以上案件1起。全市涉案价值百万元以上案件19起，同比增加10起。完成智慧专卖管控平台建设并推广使用，市场监管实现全程“数字智慧化”驱动。智慧专卖管控平台PC端及App移动端均取得国家版权局计算机软件著作权登记证书。推进“兰剑2022”“春雷2022”“茶烟”等打击涉烟违法犯罪专项治理行，全年累计查获假私卷烟266.27万支，增幅19.45%；查获5万元（或20万支）以上真烟案件38起，同比增加1起；外流卷烟131万支，同比下降55%。市场管控率和市场管理满意度始终保持在95%以上。电子烟监管依法依规推进，烟草制品零售点合理布局优化，积极推广“一网通办”“办理小程序”等线上申办渠道，“好差评”特别满意率100%。

【企业管理】 构建“5+2”工作业绩评价管理体系，激发基层管理活力。实施两级督办工作机制，建立重点工作任务清单管理机制。搭建创新管理体系，开展“六有”创新工作室创建达标活动，加强创新项目和QC活动管理，通过跟班作业、课题攻关等方式，推动市县两级结对共建落地。开展“用标准、改习惯”活动，全员规范意识不断增强。探索构建财务风险防范体系，完善预算定额标准，强化预算执行，清查实物资产，加大资金安全飞行检查频次，财务管理水平不断提升。开展“护航”专项审计调查，强化经济监督和风险管控。创建规范管理“123”筑渠工作法，建立采购监督复评工作机制。认真落实网络安全责任制，完成网络安全“重保”工作。构建安全“守护神”文化体系，防范化解各类安全风险和事故隐患。

【配送管理】 开展智慧物流建设，优化完善异型烟分拣线柔性调度，研发卷烟分拣智能纠错系统，自主研发的“自动化备货监控系统”“设备全生命周期管控系统”获得国家版权局计算机软件著作权登记证书，区域物流运行水平不断提升。

（李　阳）

民营经济

【概况】 截至年底，全市各级市场监管部门累计登记各类市场主体37.68万户，同比增长4.42%。全市非公经济市场主体36.84万户，其中私营企业16.1万户，外商投资企业773户，非公经济市场主体占全市各类市场主体的97.77%。

【政策支持】 2022年，为贯彻党中央国务院关于为中小微企业纾困帮扶的工作部署，落实省政府“1+2”政策，兰州市围绕支持中小微企业发展、行业企业复工复产等重点工作，聚焦房租减免、纾困减负等领域，制定出台《兰州市贯彻落实稳住经济一揽子政策措施责任清单》《关于推动全市工业经济稳增长的工作方案》《兰州市贯彻落实促进服务业领域困难行业恢复发展若干政策的实施方案》《关于深入贯彻服务业领域困难行业恢复发展若干政策落实房租减免工作的通知》《关于开展2022年治理涉企违规收费“纾困减负”专项行动的通知》《兰州市落实强省会战略进一步优化营商环境若干措施》(第1–8号)、《兰州市提升中小企业竞争力若干措施任务清单》《兰州市为“专精特新”企业办实事清单》《关于深入贯彻落实中小企业纾困帮扶工作措施的通知》和《关于贯彻落实加力帮扶中小微企业纾困解难若干措施的通知》等一系列政策文件，细化实化工作举措，帮助企业纾危解困。

【民营“小巨人”企业培育】 搭建由创新型中小企业、专精特新中小企业、专精特新“小巨人”企业共同构成梯度培育体系，帮助企业从科技发展、产业发展、人才建设等方面突破，推进中小企业转型升级，走“专精特新”发展之路。组织推荐43家企业申报2022年“专精特新”中小企业，兰州天华设计院、兰州高压阀门有限公司等24户企业认定为省级“专精特新”中小企业。天华化工机械及自动化研究设计院有限公司、中昊北方涂料工业设计院有限公司、甘肃中人通信工程有限公司认定为国家级“专精特新”小巨人中小企业。甘肃省膜科学技术研究院有限公司省级“专精特新”中小企业、中国水电四局（兰州）机械装备有限公司省级“专精特新”中小企业等22家企业获得省级“专精特新”“专精特新”小巨人专项奖励资金共计680万元；甘肃航天信息有限公司、兰州高科创新生产力促进中心有限公司等7家企业获得优秀中小企业公共服务示范平台奖励资金共计140万元。

【融资服务】 持续完善企业融资需求项目库建设，在全市范围内征集有融资需求的企业，全年征集40家有融资需求企业，金融机构逐一上门对接，及时与金融办沟通，做到融资信息共享。

【重点民营企业】 兰州大方电子有限责任公司，位于七里河区南滨河中路1500号，是一家集软件开发、网络系统集成、网络及信息安全产品销售和服务的高新技术企业。有员工300余人，公司80%人员为技术人员，软件研发团队有110余人。公司自主研发的软件产品取得计算机软件著作权登记证书共112项；获得实用新型专利8项，进入实质审查阶段的发明专利15项。公司为双软认证企业和甘肃省软件企业协会会员，2002年，获信息产业部颁发的信息系统集成三级资质。公司为甘肃省战略性新兴产业骨干企业，甘肃省技术创新示范企业、甘肃省企业技术中心、甘肃省优秀IT服务商、兰州市高校毕业生就业见习基地，已通过软件企业认定、CMMI5认证，并且在2022年通过甘肃省人力资源和社会社会保障厅审批的博士后创新实践基地。2022年，营业收入2.08亿元。

甘肃健顺生物科技有限公司，是一家专注从事无血清细胞培养基及相关技术产品的研发、生产和销售的高科技企业公司，有员工100人，其中包括1支由外国专家带队的32人的研发团队，主要致力于开发高质、高效的无血清、个性化、化学成分界定细胞培养基及其工艺开发，同时为生物制药行业提供配方生产、技术支持与配套服务。公司产品和技术服务填补了中国无血清细胞培养基的工业技术空白，已通过ISO9000质量管理体系和ISO14000环境管理体系认证。公司拥有先进的生物安全实验室——无血清细胞培养基工作实验室，形成年产300吨细胞培养基产业规模。经过十年的行业积淀和市场检验，健顺生物细胞培养基产品打破了国内细胞培养基市场被进口产品垄断的局面，与国内外逾200家生物药企（包括人/兽用疫苗企业）建立了长期供应和合作关系。2022年营业收入2.09亿元。

兰州天禾生物催化技术有限公司，位于兰州国家高新技术产业开发区，主要从事生物医药产品研发、第三方检验检测和咨询设计业务。公司有员工72人。公司于2015年在深圳前海股权交易所挂牌，2017年省科技厅批复为“省科技型创新企业”。2018年，省发改委认定为“甘肃省特膳食品工程研究中心”，同年与兰州大学建成“基因组医学联合实验室”及“研究生培训基地”。2019年，市委组织部授予“引进国外智力示范单位”，兰州市科技局批复成立“生物医药技术开发公共服务平台众创空间”。

2020 年，科技部火炬中心认定为高新技术企业，并取得甘肃省市场监督管理局授权的 CMA 检验检测资质。2021 年成立甘肃省健康管理研究会特膳，食品专委会，并被中国科协授予“中国科协海智基地甘肃工作站”。2022 年，获批博士后创新实践基地。公司开发的辅酶 Q10、过氧化氢酶、氯化高铁血红素等产品实现技术成果的转化。2022 年营业收入 4019.54 万元，研发投入 1826.83 万元。

兰州海红技术股份有限公司，位于高新区七里河园区，公司主营通信系统设备、智能配电开关控制设备、智能测控仪表、新能源充电设备，是集研发、生产、销售和技术服务，是智能节能能源管理整体解决方案及通信系统设备、智能配电开关控制设备供应商，是中国通信标准化协会全权会员单位。产品通过 ISO9001:2015 质量管理体系认证、ISO14001:2015 环境管理体系认证、ISO45001:2018 职业健康安全管理体系认证、两化融合管理体系评定、知识产权管理体系认证。公司的“直流配电智能监控与能耗管理系统”取得《国家重点新产品证书》。2022 年工业总产值 8038.09 万元。

（贺　欢）

金融工作

【概况】 2022年，市政府金融工作办公室认真落实“服务实体经济、防控金融风险、深化金融改革”重点任务和国家、省市稳住经济一揽子措施等政策，畅通企业融资渠道，助力稳住经济大盘，全市金融工作发展有序、创新有效、服务有力、风险可控。截至年末，全市金融业增加值429.8亿元，占生产总值的12.9%，占第三产业增加值的20.2%。

【金融服务体系】 全市银行业金融机构30家。其中，政策性银行3家；国有商业银行6家；股份制银行9家；城市商业银行2家；农合机构4家；村镇银行6家。保险业金融机构32家。其中，财险20家；寿险12家。证券业金融机构64家。其中，法人机构1家；分公司19家；营业部44家。期货机构5家。其中，法人公司1家；分公司3家；营业部1家。信托公司1家、财务公司3家、金融租赁公司2家。另有小额贷款公司100家、融资性担保机构22家、典当行63家。

【金融营商环境优化】 深化金融工作联席会议制度，联合人行兰州中心支行谋划开展金融支持“强省会”系列活动。推动国开行与市政府签订战略合作协议，协调甘肃银保监局成立“兰州市金融监管服务工作办公室”，政金合作进一步深化。制定实施《关于金融支持“强省会”行动的意见》等政策文件，强化金融要素保障，服务实体经济发展。设立运行首贷服务中心，18家入驻银行办理贷款业务2624笔、28.28亿元；宣传推广“信易贷”平台，发布产品94个、发放贷款12.64亿元。制作印发金融支持“强省会”信贷服务手册，汇总信贷产品118个。推行新办企业刻制公章银行买单服务，赠送公章2200余套、价值186万元。

【服务重大项目建设】 引导银行机构聚焦全市重大战略、重要产业，加大融资支持力度，组织召开金融工作座谈会，向与会银行印发含乡村振兴、装备制造等领域313个项目的融资清单，清单内企业获贷320.38亿元。协调农发行甘肃省分行对各县区申报符合贷款投向领域182个项目给予支持，已放款项目7个、21.1亿元。争取政策性开发性金融工具，签约落地项目6个、6.42亿元。

【助力乡村振兴】 协调兰州农商银行组建金融专管员队伍，开展信用乡镇、信用村、信用户评级，全市4家农合机构评定“信用乡镇”10个、“信用村”191个，评级授信农户28.54万户，授信总额112.75亿元。持续满足脱贫群众发展产业信贷需求，累计发放脱贫人口小额信贷17.67亿元，惠及农户3.68万户。年末，全市涉农贷款余额2192.82亿元，占各项贷款余额的14.6%，同比增长9.56%。做好政策性农业保险推广工作，开办农险项目38个，保费收入1.07亿元，赔款9813.85万元。

【资本市场发展】 按照梯度培育原则分门别类建立上市企业库并进行培育，已入库企业24家。召开企业挂牌上市动员会、北交所专题培训会等，进行上市挂牌业务培训。实行领导牵头、干部包抓工作机制，定期做好拟上市企业回访工作，提高跟踪服务质效。2022年，全市有上市公司21家。其中，沪市主板10家；深市主板8家；创业板2家；H股2家（庄园牧场A+H）。“新三板”挂牌企业14家。1月17日，兰州银行在深圳证券交易所上市，成为省内第一家上市A股银行。全年兑现符合条件的平安银行、平安证券等4家机构奖补资金总计600万元。甘肃股权交易中心挂牌企业170家，占全省的66.41%；新增融资额106.84亿元，占全省的85.2%。全年全市完成直接融资62.35亿元。

【保险服务供给】 通过政府购买方式将商业保险引入救助领域，推进实施“和谐金城”“自然灾害”“两保一孤”等重点民生保险项目。完成“和谐金城”续保工作，年内发生索赔案件322笔，赔款金额388.66万元。“金城·惠医保”参保52.8万人，保费收入3644.5万元，有效缓解群众重大疾病医疗费用支出问题。加快绿色保险推广，环境污染责任险保费收入96.73万元，承担风险金额1.38亿元。“首台套”保险项目保费收入3579.25万元，保险机构承担风险金额67.4亿元，赔款100万元。

【地方金融组织监管】 落实各项行业管理制度，综合实施非现场监管、现场检查、违法违规行为查处。年内现场检查小额贷款公司、融资担保公司、典当行184家次，下发整改通知书55份，主动劝退小贷公司、融资担保机构、典当行9家，办理各类申报变更、注销等事项26项。

【金融风险防范化解】 统筹组织“6·15”大型户外处非宣传，现场发放各类宣传资料2万余份、滚动播放宣传视频600余条。常态化开展非法集资风险排查整治，排查各类地方金融组织及其他机构1683家，排查出问题机构20家，均已采取相关措施。持续推动各类交易场所、第三方财富管理公司、“伪金交所”、产权交易场所违规金融活动整治工作，推动网贷机构存量风险出清。严厉打击整治“两卡”违法犯罪活动，督查金融机构营业网点工作，推荐“反诈能手”60名。市政府金融办获“2021年度全市打击治理电信网络新型违法犯罪工作成绩突出”荣誉称号，办金融稳定科获“全省打击治理电信网络新型违法犯罪工作先进集体”和“兰州市扫黑除恶专项斗争先进集体”荣誉称号。

12月末，全市银行业金融机构本外币各项贷款余额（万元）及占比结构图

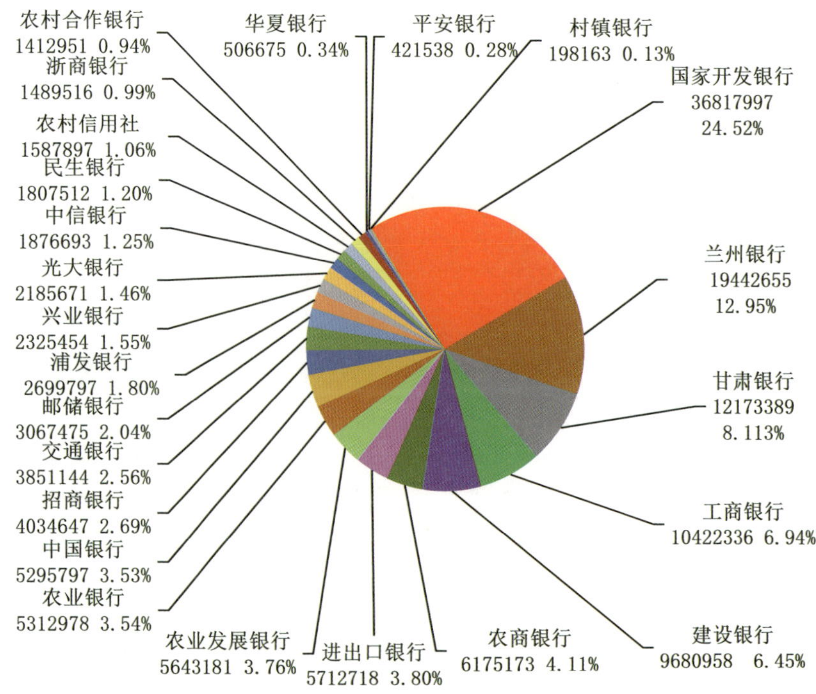

12 月末，全市银行业金融机构本外币各项存款余额（万元）及占比结构图

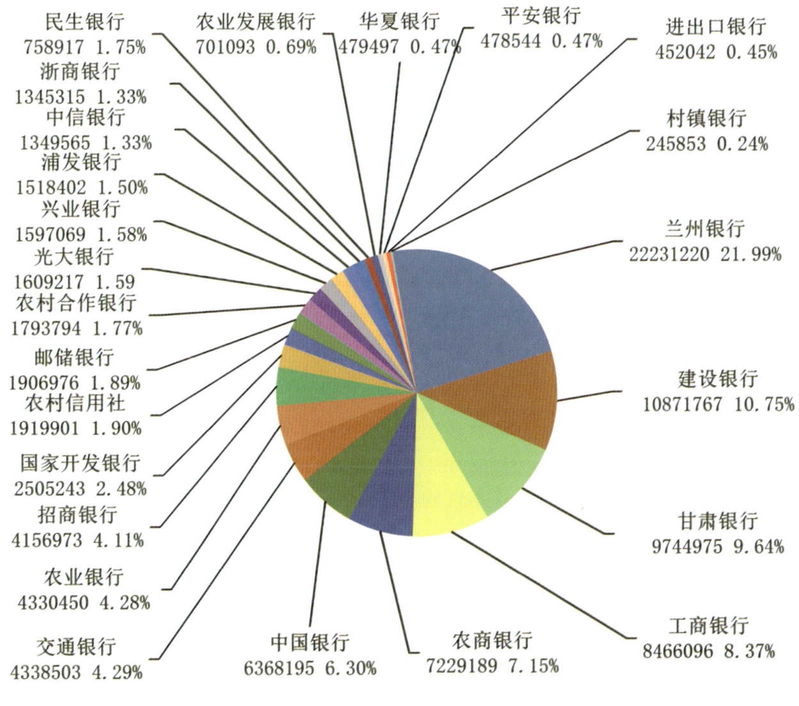

（颜喜增）

银行保险监督管理

【银行业运行概况】 截至 2022 年末，全市有政策性银行 3 家，大型商业银行 6 家，股份制商业银行 9 家，城市商业银行 2 家（兰州银行和甘肃银行），农村合作金融机构 6 家，新型农村金融机构 6 家，非银行金融机构 10 家。银行业金融机构资产总额 1.92 万亿元，较上年同期增长 6.17%。负债总额 1.81 万亿元，较上年同期增长 6.3%。各项存款余额 0.94 万亿元，较上年同期增长 6.75%。各项贷款余额 1.49 万亿元，较上年同期增长 5.68%。

【保险业运行概况】 截至 2022 年末，全市法人保险公司 1 家（黄河财险），省级保险公司 32 家（其中财产保险公司 20 家；人身保险公司 12 家），保险业从业人员 1.78 万人，资产总额 46.71 亿元，累计实现原保险保费收入 145.54 亿元，同比下降 1.54%，保费规模全省排名第一；累计赔付支出 53.52 亿元，同比下降 23.7%。

【服务实体经济】 全力落实稳经济一揽子政策措施，更好发挥金融逆周期调节作用，为经济持续恢复和高质量发展创造良好金融环境。全年组织印发、联合印发支持实体经济、中小微企业发展等政策文件 17 份。截至年末，全省各项贷款余额 25375.36 亿元，同比增长 6.32%；保险业累计赔付支出 159.02 亿元，同比下降 9.66%。支持适度超前开展基础设施建设，调增政策性银行基础设施建设贷款计划 170 亿元，全省基础设施建设贷款余额 7487.99 亿元，同比增长 9.29%，高出各项贷款增速 2.97 个百分点。加大区域经济发展战略金融支持力度，出台系列配套政策支持甘肃实施“四强行动”。加大新市民专属金融产品和服务供给，推出“新市民贷”“创业贷”等特色金融产品。助力能源保供、供应链稳定和绿色低碳转型，支持兰州新区绿色金融改革创新试验区建设，推动黄河流域生态保护和高质量发展，稳步推进安责险、环责险试点工作。截至年末，全省银行业金融机构绿色信贷余额 3618.57 亿元，较年初增长 35.5%；全省环境污染责任险实现 674.83 万元，投保企业 424 家，提供风险保障 8.35 亿元。

【小微企业金融服务】 印发《关于转发 2022 年进一步强化金融支持小微企业发展工作的通知》，结合甘肃实际提出 13 条举措。任振鹤省长批示“很好，请报纸、电视及新媒体加大宣传力度”。面对连续疫情冲击给辖内小微企业发展造成巨大压力，通过一系列务实举措帮助小微企业渡难关、谋发展、保稳定，牵头召开“金融支持制造业和科技发展工作情况督导座谈会”“小微金融、三农金融工作督导推进会”和“金融支持中小微企业纾困发展新闻发布会”，联合人民银行开展“贷动陇原惠企利民”专项行动，推进“银税互动”“信易贷”等信用信息平台建设。持续改进小微企业金融供给，强化薄弱环节小微企业金融服务，增强小微企业

贷款可获得性。截至年末，全省小微企业贷款余额7141.64亿元，较年初增长12.82%，其中个体工商户、银税合作、信用贷款、中长期贷款实现“四个提升”。普惠型小微企业贷款余额1428.19亿元，较年初增长11.32%；有贷款余额的户数29.42万户，较年初增加4.07万户，实现“两增”目标。持续推动降低小微企业融资成本，普惠型小微企业贷款平均利率5.4%，较年初降低47个BP，近三年累计下降118个BP，为有统计以来历史最低。

【金融助力乡村振兴】 推动金融高质量服务乡村振兴，印发《关于2022年银行业保险业服务全面推进乡村振兴重点工作的通知》，联合人行兰州中心支行印发《关于做好2022年金融支持全面推进乡村振兴重点工作的通知》，稳步加大信贷资金投入，不断提高金融服务质效。截至年末，全省涉农贷款余额7494.4亿元，较年初增速6.71%，高于各项贷款0.39%个百分点。普惠型涉农贷款余额1840.96亿元，较年初增速9.09%，高于各项贷款增速2.77%个百分点；普惠型涉农贷款利率6.09%，较年初下降36个BP。聚焦全省六大农业产业和各县区优势特色农业，持续推进“甘农贷”金融助力乡村振兴示范工程，“甘农贷”贷款余额375.89亿元，惠及新型农业经营主体10.71万户次。推动乡村振兴重点帮扶县、革命老区、藏区、乡村振兴示范区等特色区域优势产业强链补链延链，39个乡村振兴重点帮扶县各项贷款余额6114.42亿元，同比增长7.77%。持续推动脱贫人口小额信贷，截至年末，脱贫人口小额信贷累放贷款821.93亿元，181.44万户；贷款余额225.73亿元，48.19万户；当年新发放104.46亿元，22.29万户，累放数、余额数、新发放数实现三个全国第一。增强保险服务乡村振兴功能作用，引导农业保险承保机构严格落实《甘肃省2021—2023年农业保险助推乡村振兴实施方案》，持续支持各地开展地方优势特色农产品保险，筑牢防返贫底线。2022年全年，农业保险实现原保险保费收入24.84亿元，同比增长8.91%，为全省269万户次农户提供960.79亿元的农业风险保障，赔付支出18.95亿元，146.80万户次。

【金融风险防范化解】 坚持把防范化解金融风险放在更加突出的位置，以法人机构为重点，以信用风险为关键，加大监管力度，强化机构化险主体责任，深化公司治理改革，加快推进高风险机构处置。全省各类主要风险指标持续好转，不良状况总体呈现波动下行态势，全省化险工作取得突破性进展和阶段性成效。稳步推进法人机构风险化解。制定《甘肃银保监局处置中小法人金融机构集中办理业务事件应急预案（试行）》，加强地方中小法人金融机构流动性风险管理。密切监测地方中小法人金融机构投资、异地业务等，及时采取监管纠偏措施，推动修复核心指标，落实化险目标任务。全力推动农村中小银行机构风险处置，制定《高风险农合机构三年（2021年-2023年）处置规划》，指导配合地方政府牵头制定“一行一策”化险方案，多轮次开展不良清收行动，取得明显成效。持续推动银行业保险业深化改革。持续深化银行保险机构公司治理，推进党的领导与公司治理有机融合，完成公司治理三年行动计划。指导兰州银行在A股成功上市募集资金近20亿元，全部用于补充核心一级资本。推进农村中小金融机构改革，省联社改革进入实质性阶段；按照“四个一批”要求，稳步推进有条件的村镇银行整顿重组、减量提质，提请省政府将3家农村资金互助社风险化解纳入全省防范化解金融风险“1+3+N”责任政策体系。切实做好其他重点领域风险化解。加大信用风险防控力度，全省、各市州不良贷款均实现“双降”。坚持房地产金融政策的连续性、稳定性，扎实做好保交楼金融支持工作。持续关注重点大型企业集团风险，加强与地方政府相关部门及其他金融监管部门的协同配合，稳妥有序缓释风险。密切关注债务风险，指导银行机构按照“一项目一方案”的思路，运用现有金融服务政策做好续贷、展期相关工作。开展保险中介机构“多散乱”问题整治工作，对“三无”劣质保险兼业代理机构进行专项清理。

（李志远）

兰州银行

【概况】 2022年，面对复杂严峻的外部环境和超预期的多重困难挑战，兰州银行以上市为契机，紧扣“增效”这个中心，围绕“提质”“降本”两大重点，落实“资产向好、成本趋降、管理强基”三大关键，强化推动不良资产处置、业务场景扩容、中收业务发力、数字技术融合，在逆境中保持稳定发展，取得好于预期、好于同期的业绩。截至年末，兰州银行下辖总行营业部1家、分行15家、支行165家，控股金融租赁公司1家，机构总数共计182家，单一客户贷款集中度和最大十家客户贷款集中度均控制在规定范围内。

在2022年英国《银行家》杂志“全球银行1000强”排行榜中，兰州银行位列321位，位次连续11年攀升；连续11年获得省长金融奖；获评“银行营业网点创新特色服务示范机构”“2021年度银联业务合作——银联标准改造先进单位”；获得城银清2022年度“优秀合作奖”、2021年“甘肃金融五一劳动奖状”；同时获得全国各大媒体的高度认可，获得“2021中国银行业高质量发展机构奖”“2022年度区域影响力银行天玑奖”“2022铁马——最佳供应链金融中小银行”等10余项奖项。

【兰州银行成功在深交所主板上市】 兰州银行股份有限公司（以下简称“兰州银行”）于1月17日正式登陆深圳证券交易所主板，成为2022年A股银行第一股，也是甘肃省首家A股上市银行。兰州银行实现从地方性股份制银行到上市银行的跨越。

从2021年9月9日首发过会、12月3日正式领取证监会批文，到2022年1月5日成功完成申购，再到17日A股首发，兰州银行加入A股上市银行梯队的目标顺利达成。本次上市，兰州银行（证券简称：兰州银行，证券代码：001227）公开发行数量约5.7亿股，发行价格3.57元/股，募集资金超20亿元，并将全部用于补充该行资本金，以提高资本充足水平，提高综合竞争力和股东价值。上市首日，兰州银行开盘报4.28元，较发行价上涨19.89%；截至收盘报5.14元，涨幅43.98%。

上市当日，兰州银行股份有限公司首次公开发行A股上市仪式在兰州举行，兰州市委常委、常务副市长杨金泉，兰州银行党委书记、董事长许建平，中信建投证券党委副书记、总经理李格平，甘肃省地方金融监管局副局长梁虎堂共同敲响开市宝钟。兰州市委常委、市委秘书长乔建新宣读甘肃省人民政府向兰州银行A股成功上市发来的贺信。发行仪式上，兰州银行还与中信建投证券签订战略合作协议，兰州银行党委副书记、行长蒲五斤与中信建投证券党委副书记、总经理李格平代表双方签约。根据协议，双方将在市值管理、信息披露等方面，持续深化全方位合作，携手迈入发展新阶段。

【降本增收】 突出成本管控，强化收入拓展，加快推动资产结构、收入结构双优化，全行经营效益呈现结构性改善特征。资负管理意识明显增强。发挥资产负债管理委员会工作职能，以内部资金转移定价为手段，引导调整资负规模结构，强化FTP对业务发展的支撑作用。进一步推动三家地方法人机构存款定价协商，开发上线财政性存款产品，制定协议存款压降方案，发售“企享存”对公存款产品，协议存款年减少付息约1.24亿元；细化分层定价，先后8次下调个人存款利率，个人存款付息率降低6个

1月17日，兰州银行正式登陆深圳证券交易所主板

BP。贷款投放实现逆势增长。加强重大项目“三库”建设，制定并实施稳经济措施，对公信贷投放净增137亿元，其中绿色贷款净增46亿元；统一思想认识，压实工作责任，实现普惠业务扩面增量，普惠型小微贷款净增7亿元，完成“两增两控”目标；打通全省公积金客户“信用一键贷”授信流程，拓展“组合贷”“人才贷”“拥军贷”业务，个人消费贷款投放108亿元；在全部结清异地互联网贷款的同时，强化省内引流，累计发放互联网贷款200亿元。坚持以“主动策略”赢得市场先机，拓展增量投放空间，本币市场交易量突破5.6万亿元，各项业务收入80亿元，创历年新高；CFETS线上同存业务成功落地，线下同存营销取得重要突破，主动负债余额537亿元，增长20.39%。中间业务趋势向好。理财业务规模收入双提升，产品存续规模508亿元，净增142亿元，理财子公司申报工作稳步推进；基保贵业务实现中收2380万元；投行业务实现突破，完成城关区医院改扩建项目专项债发行的财务顾问工作，首次入围兰州市财政局财务顾问名单。

【风险防控】 构建全面风险管理框架。制定《兰州银行信贷减值准备金计提实施意见》，开发上线信贷资产减值计提系统，加强贷款减值准备金管理；制定《兰州银行恢复和处置计划》，提升全行危机管理和处置能力；强化同业业务名单准入管理，落实信用类资产全维度风险监测；规范授权管理。加强重点领域风险防控。重点监控政府类平台贷款，强化集团客户风险防范，持续推进高风险村镇银行化险工作，做好到期扶贫小额信贷的回收处置工作。强化贷后管理防劣变。持续开展贷后预警信息筛查推送，全面实施信贷合规自查；摸清全行贷款风险底数，制定防劣变预案并有效落地。全力压降违约贷款。构建起以大额风险会议为主的三会压逾压降工作体制，制定《违约贷款管控方案》，持续完善风险大户的专管机制，全年累计压降违约贷款206亿元。加大不良资产清收与处置力度。修订印发《不良资产清收考核方案》《不良资产清收专项奖励办法》，增强清收人员责任感和主动性，协调法院加快推进案件的诉讼、执行进程，对接兰州市不良清收专班，全年累计清收、化解不良资产13.3亿元；首次进行结构化资产处置，全年处置不良资产37.6亿元。增强审计监督效能。深化经济责任审计，加强村镇银行审计监督，开展新增贷款、资产风险分类、股东关联交易、信息科技等重点业务领域审计。

【客户拓展】 新增对公客户2.1万户。新增机构客户752户，甘肃信易贷业务表现突出，得到省上领导和相关部门的肯定。新增财资e管平台签约客户2595户，交易量3.9万亿元。实施首贷拓展行动，网格化推进全省优质纳税企业、个体工商户及区域性市场主体的营销，新增拓户1.6万户。在全年节气、节日和上市、行庆等特殊时点组织专题营销，开展“大干100天拓客”“客服在身边”等活动，新增个人客户26.5万户、个人信贷客户1.2万户。增发信用卡11.6万张，新增激活卡9.2万张。持续优化业务渠道。高效开展手机银行更新迭代，完成个人手机银行适老化改造；推动特色支付场景建设，收单交易规模显著增长，兰银惠付码牌商户交易量7055万笔、增长339.99%，交易额91亿元、增长221.29%；深化百合生活网场景建设，开展“直播+电商+金融”为一体的营销活动，上线百合生活小程序；完成数字人民币直连运营机构和城银清一点接入系统建设；坚持建、撤、升、迁并举，完成3家支行的筹建开业和4家小微/社区支行的撤并。不断优化服务增强客户黏性。提升网点服务管理水平，顺利通过2022年度营业网点服务认证复审；有效推进消保工作，落实监管工作要求。

【精细化管理水平提升】 加强上市后管理。搭建并持续优化信息披露体系，密切关注流通股东变化，做好投资者关系管理；开展舆情管控和引导，未发生重大声誉风险事件。从严推动合规管理。选聘外部咨询机构，加快推进“制度、流程、系统”三位一体内控管理体系建设；建立账户分类分级管理体系和制度框架，持续优化账户服务；加大反洗钱考核力度，开展洗钱风险自评估，落实洗钱风险管理责任；推进安防设施达标工作，加强安全防范，预防涉刑案件和突发风险事件。完善绩效考核体系。突出以利润为中心的绩效考核导向，强化考核结果应用。加强人才队伍建设。搭建“一统两级三发力”人才工作新体系，五级人才梯队建设工作步入正轨，推进员工常态化轮岗交流，有序推进专项定制人才培养计划，加大社会招聘和同业引进力度。推进数字化建设。推进信贷、数据项目群建设，投产新票据系统，上线RPA机器人流程自动化项目；推进信创项目建设，落地国密算法应用；上线区块链债权多级流转平台，推出“兰银链信”线上保理融资业务；完善数据治理体系，健全大数据风控平台架构，提升大数据风控反欺诈识别能力，陆续上线优化网商联合贷省内引流、百合随意贷等11个风控模型；加快推动运营数字化，全面上线会计运营监测系统，投产数字函证系统。

（李　博）

中国农业银行股份有限公司兰州分行

【概况】　2022年是中国农业银行股份有限公司兰州分行新一届党委成立以来的第三年，也是在疫情防控、经济下行等多重不利因素考验下，全行上下迎难而上、真抓实干，主动跟进主流银行竞争，业务经营平稳运行的第三年。年末各项存款余额430.19亿元，较年初增加13.74亿元，全行日均存款余额438.59亿元。全年累计投放各项贷款313.6亿元，同比多投62.8亿元。实现营业收入15.17亿元，实现净利润6.04亿元，实现中间业务收入1.37亿元，实现经济增加值2.18亿元。

【服务实体经济】　法人贷款方面：主动介入“兰州制造”，围绕省市级龙头企业，持续加大贷款投放力度。为全市重点制造业企业发放贷款10.01亿元、专精特新小巨人企业投放贷款2亿元。聚焦线上线下双轮驱动，线上以核心企业供应链、“e贷”产品为支撑，累计投放10.91亿元。线下重点支持各类产业集群，为中小微企业投放贷款45.07亿元。个人贷款方面：以“总对总”和“百强”房企开发楼盘项目为抓手，加大住房贷款投放，实现13家在兰的46个楼盘项目准入，覆盖率95.65%。全力推广“网捷贷”“公职贷”，持续抓好个人消费贷款精准投放。累计准入“网捷贷”单位490家，客户554人，预授信额度1.02亿元。全年共投放城市个贷10.48亿元。

【服务“三农”】　持续扩大供应链融资规模，全年制定14个线上供应链方案，投放金额2.63亿元。加大与甘肃省人民政府采购融资平台对接，成功投放全省首笔政采贷330万元、全省首笔科创“e贷”300万元。优化普惠贷款结构，推广线上信贷产品，至年末，线上普惠贷款余额8.28亿元、占比57.18%。继续优化“惠农通”工程，强化服务点巡检力度，及时回应并解决服务点存在的问题，全年举办惠农通专项宣传活动8场次，服务点乡镇覆盖率95.16%。

【经营转型】　数字化转型取得新成效。紧盯智慧党费、智慧食堂、智慧校园三大高频场景，活客11611户。全年互联网场景高频客户数3.64万户，净增1.06万户，增幅41.55%。优化网点布局，提供渠道支撑。加大老旧网点改造力度，及时填补服务空白区域。全年完成8家原址改造网点装修，新设2家网点均已开始施工，2021年续建3个网点全部完工正式运营。逐步更新替换老旧低效设备，优先保障县域及乡镇自助设备服务需求。截至年末，撤销离行式自助网点5个，报废查询机61台，叫号机1台，现金类自助设备59台，超级柜台67台。

【案防风控】　加强信贷业务审查审批管理。严格落实“大信用风险”管理模式和现场审核要求，加强对新增小微企业贷款、房抵e贷、纳税e贷、100万元以上生产经营性贷款等业务的现场核查，以及网捷贷白名单、农户信息建档及白名单审查把关，组织开展专项排查，根据风险线索先后组织开展个人二手住房贷款、网捷贷业务和员工行为“双线”排查、全辖范围内的交叉检查、消费贷款及自用一手车贷款等个贷业务等四项专项排查，通过排查，及时采取防范措施，控制风险敞口进一步扩大恶化。加快不良清收处置进度，实行“一行一策”“一户一策”处置方案。已核销贷款现金清收1502万元，表内外共清收6943万元，清收处置不良资产1.58亿元。

（何彩霞）

中国农业发展银行甘肃省分行营业部

【概况】 2022年，中国农业发展银行甘肃省分行营业部充分发挥政策性金融优势，以党建引领业务发展，全力服务乡村振兴和区域发展战略，支持地方基础设施建设和经济发展。全年累放贷款157.26亿元，同比多投28.59亿元，各项贷款余额564.32亿元，净增108.19亿元，增幅23%，投放额和净增额居全省系统内首位。

【粮食安全保障】 精准服务国家和区域粮食安全，深入推进信贷精细化管理，粮棉油条线信贷业务稳步有效发展。全力协助推进地方储备粮油增储计划落实，发放地方储备粮油贷款2.28亿元，支持储备粮油13.5万吨，保障粮食市场安全。支持市场化购销业务，发放粮油市场化购销贷款3.73亿元，支持收购粮油3.41万吨。全力满足肉、化肥等专项储备资金供应，发放国家储备肉全额补贴贷款、省级以上储备肉贷款0.56万元，收储各类冻肉3300吨，发放国家储备化肥贷款0.3亿元，支持收储尿素、二铵超1万吨。

【脱贫攻坚成果巩固】 继续传承脱贫攻坚精神，贯彻落实“四个不减”（工作力度只增不减、资金投入只增不减、政策支持只增不减、帮扶力度只增不减）“四个坚持”“五个衔接”（机制衔接、产业衔接、项目衔接、政策衔接、规划衔接）要求，累计向皋兰、榆中、永登3个脱贫县投放贷款105.91亿元，余额321.95亿元，占全辖贷款总额的56.64%；累计投放帮扶贷款43.97亿元，净增29.1亿元；投放产业帮扶贷款19.77亿元，投放易地搬迁后续扶持贷款0.9亿元，800人以上大型安置点覆盖率100%。着力加强定点帮扶工作，购买脱贫地区农产品13.51万元，帮助销售脱贫地区农产品22.8万元。

【服务乡村振兴】 聚焦黄河流域生态保护战略，累计投放贷款32.6亿元，重点支持兰州白塔山段综合治理、庄浪河生态修复等项目。紧密对接兰州市“双碳”方案，抢抓兰州新区国家绿色金融改革示范区建设机遇，累计投放绿色贷款48.26亿元，增速28.48%。加大对高标准农田、土地规模化经营、现代农业产业园项目支持力度，投放农地类贷款13.47亿元，支持建设高标准农田15.8万亩。聚焦民生工程，累计投放贷款70.25亿元，重点支持移民安置、保障性租赁住房、医疗服务中心等项目建设。重点支持特色优势产业，累计投放产业贷款24.98亿元，创新运用“1+N”供应链模式，向17户小微企业投放贷款9430万元，首年优惠让利94.3万元。

【助力稳经济大盘】 把握政策性金融工具时间窗口和政策窗口，组建工作专班，及时与发改部门沟通联系，审核筛选3批次40个基金项目，在全省率先投放农发基础设施基金5.2亿元，累计投放3笔、5.83亿元，撬动投资58.34亿元，助力重大基础设施项目建设。接续发力，担当作为，第一时间派人驻守住建部门，协助制定“一楼一策”方案，促请市政府及时出具承诺函，在规定时限内高效完成“保交楼”专项借款投放任务。稳妥推进制造业中长期和设备更新改造专项贷款报审投放，成功投放全省首笔设备更新改造专项贷款3000万元。

【信贷风险防控】 严把调查准入关、审查审议关、放款监督关、贷后管理关，持续提升信贷全流程管理质效。从严做好贷款风险分类管理，常态化开展客户风险排查，密切关注抵押物价值变化及存续状态，及时有效应对大额大户贷款形态下迁压力。对重点风险客户，成立工作专班，认真研究风险缓释手段，一企一策推进化解。按照“现金清收一批、批量转让一批、呆账核销一批”思路，采取担保公司代偿、拍卖押品变现、协调政府补偿、诉讼促收等措施，依法合规抓好不良贷款清降化解工作，确保应收尽收、颗粒归仓。

（牛重钦）

招商银行兰州分行

【概况】 2022年，招商银行兰州分行实现营业净收入13.58亿元。截至年末，资产总额486亿元；自营存款日均余额390.25亿元，同比增长8.42亿元；自营贷款时点余额403.46亿元，同比增长28.6亿元。全折人民币储蓄存款年日均余额169.64亿元，同比增长21.66亿元；市场占比3.92%，同比提升0.2%个百分点。一般性贷款市场占比同比提升0.05%个百分点。对公贷款时点余额达到建行以来峰值，市场份额提升0.06%个百分点。零售信贷余额同比增长5.72亿元，市场占比提升0.21%个百分点。

【市场攻坚】 强化场景拓展，完成昆仑燃气缴费升级，为系统内首家打通站内、站外、对公、零售四维一体缴费渠道的分行。与共青团甘肃省委开办“大学生志愿者”联名卡。首拓全国薪福通对公电子合同用户，助力总行薪福通产品功能开发。头部商超场景、高校智慧食堂项目、个人养老金预约实现较好破题。保险业务中收较快增长。调整普惠金融架构，着力推动科技金融、供应链金融、小微金融业务发展。专项债引流规模实现较好增长，引流规模和倍数分别居总行系统内前列，平均市场份额高于2021年水平，高于系统内平均水平。机构客户资格获取取得重大进展，业务半径得到延展。制造业、民营、专精特新贷款完成全年目标任务。票据、托管非息收入实现较好增长。

【风险合规管控】 深化区域经济、产业和重点行业研究，撰写12个特色行业研究报告。围绕总行资产组织五大方向，筛选核定资产业务“一行一策”名单客户119户，达成总行任务目标。加强风险扎口管理和排查预警，持续推进资产结构调整和不良清收。持续宣导合规文化理念，落实各项内控合规管理动作，以迎接监管现场检查为契机，全面组织开展自查自纠，以问题整改促进管理提升。建立健全消费者权益保护长效机制，全行上下重服务、抓服务的意识持续强化。全年全口径客户投诉同比降幅57.58%。

（任 翔）

中国人寿保险股份有限公司兰州市分公司

【概况】 2022年是兰州中国人寿保险股份有限公司兰州市分公司历史上极不平凡、极为艰难的一年，也是全市系统攻坚克难、难中求进的一年。面对疫情防控、行业发展普遍遇阻、监管环境从严等复杂局面，全市系统广大干部员工在“躬身·实干·团结·担当”的兰州国寿精神引领下，按照年初确定的“五个第一”工作重心，迎难而上、砥砺前行，公司发展态势稳中向好。

【业务拓展】 客户经营手段日益丰富，“三节一生”常态化运作，“个性化客养”实现突破。业务结构趋优，续期保费占总保费比重80.95%；10年期以上期交占首年期交保费比重51.8%，同比提升4.4个百分点；意外险保费占大短险比重32.58%，同比提升0.9个百分点。竞争形势改善，业务首次实现对标领先，个险首年期交对标比值1.18，较年初的0.7提升47.55个百分点。

【经营管理】 创费总体平稳，可使用销售费用5266.76万元，同比增长16.85%。支出有效管控，销售费用支出3693.18万元，较上年的5377.92万元下降31.33%；非人员经营管理费用同比下降22.41%，其中办公行政类费用同比下降30.25%。员工薪酬平均增长6.7%。

【服务能力提升】 服务社会方面，疫情期间向扶贫点榆中县马坡乡旧庄沟村捐赠抗疫物资，广泛发动志愿者投身“疫”线，协助社区开展防疫工作；联合相关企业向榆中高滩村捐赠保费5万元，保额2000万元；高考期间，在全市8个考区29个考点设立高考服务站，开展“同心同行为梦护航”爱心助考公益活动。服务客户方面，各柜面以“我为群众办实事·暖心为民”活动为依托，开展服务大练兵活动，柜面服务质量明显提升。其中针对老年客户开展的上门服务被新浪甘肃微博作为“我为群众办实事”事例连续进行报道90余篇；免息复效保费1538.6万元。在全省星级柜面评选中，兰州市分公司所有柜面均获得星级柜面称号，其中榆中、红古、七里河和永登获“五星级柜面”；皋兰、安宁、A柜面获“四星级柜面”；西固获“三星级柜面”。

【风险管控】　开展重点风险专项治理，细分专项治理问题清单，开展“回头看”及排查整治；突出重点领域风险治理，开展扫黑除恶专项斗争，落实防范和处置非法集资风险常态化排查，推进反洗钱、销售风险专项治理，全年未发生大案要案；投诉综合治理成效显著，客户满意度进一步提升。

（李长太）

学校教育

【概况】 2022年，兰州市教育工作聚焦立德树人根本任务，紧扣12312总体发展思路，围绕建成区域教育中心这一目标，紧盯扩大教育资源、促进教育公平、提高教育质量三大任务，深化改革、破解难题、务实进取，在汲取历史智慧中守正创新，在紧扣时代脉搏中开拓进取，使教育发展实现质的有效提升和量的合理增长，为办人民满意的兰州教育作出新的努力。

2022年，全市有各级各类学校1525所。其中，幼儿园841所；小学421所（另有教学点123个）；初中86所；九年制学校63所；十二年一贯制学校8所；完全中学25所；普通高中33所；中等职业学校42所；特教学校6所。在校学生607671人。其中，幼儿园134221人；小学263511人；初中109589人；普通高中67038人；中等职业学校32820人；特教学校492人。教职工53786人。其中，专任教师45604人；专任教师中幼儿园9382人；小学15233人；初中10277人；普通高中8452人；中等职业学校2070人；特教学校190人。

【学前教育】 持续推进“学前教育三年行动计划”项目，全面提升办园水平，多渠道增加普惠性资源，实施行政村学前教育建设行动，持续推进城镇小区配套幼儿园治理回头看工作，治理小区配套幼儿园215所，全市公办园在园幼儿占比和普惠性幼儿园覆盖率均完成国家目标任务。完成省、市为民办实事项目，新建改扩建10所中小学幼儿园，新增学位1.2万个。审批30所乡村幼儿园，全市公办乡村幼儿园126所，乡镇中心幼儿园基本实现全覆盖。实施幼小衔接，市教育局印发《兰州市幼儿园幼小衔接指导意见》，举办首届幼小衔接·安吉游戏优秀案例评选活动，举办第十一届幼小衔接学前教育主题宣传月活动，开展兰州市第三届幼儿教师专业技能（艺术素养）大赛，启动全市幼儿园结对帮扶工程，组织优质学前教育送教帮扶永登、皋兰、榆中等三县，充分发挥优质园的引领辐射带动作用。学前三年毛入园率为97.23%，全市公办园在园幼儿占比51.7%、普惠性幼儿园覆盖率94.91%。

【义务教育】 优化区域教育资源配置，改善义务教育薄弱环节，实施薄弱学校改造项目，加快推进城乡义务教育优质均衡发展。不断优化义务教育招生入学措施，促进区域内生源均衡。深入推进教育实验项目，提高学校办学质量，增强办学特色。用好思政教育鲜活教材，通过“开学第一课”等形式强化爱国主义教育和社会主义核心价值观引领。推动实施“一体化”整体发展办学模式和结对帮扶工作，整合扩大优质教育资源，形成强弱联合、片区互动、集团管理的办学格局。2022年，有各类办学体63个，覆盖228所学校，190余所学校结成帮扶对子。农村义务教育营养改善计划受益学生55007人。加大市属义务教育阶段学校课后服务经费支持力度，落实各级各类学生资助资金惠及学生34.88万人次。确定校内减负“六增六减”和校外减负“五限两改双管理一严格”的工作措施，每月召开调度会督促落实。开展作业设计评选活动，常态推进“飞行课检”，提高课堂教学实效；推进课后服务全覆盖。加大“双减”力度，抓牢课堂、作业、课后服务，严格管理校外培训机构。学科类校外培训机构压减率100%，市教育局印发“双减”周报33期，各级各类媒体报道200余次，形成全面落实“双减”政策的良好氛围。

适龄儿童小学入学率100%，毕业率100%。适龄人口初中入学率100%，毕业率100%；九年义务教育巩固率100%，适龄儿童均在校就读。

【普通高中教育】 加强多元优质特色高中建设，组织开展省级示范高中、市级示范高中、卓越高中建设工作，预评省级示范高中1所，市级示范高中2所，争创卓越高中3所。制定《兰州市“十四五”县域普通高中发展提升行动计划》，举办县域高中发展论坛，推进县域高中高质量发展。召开2022年高考成绩分析会，发布《兰州市2022年度高考成绩分析报告》。召开2022年兰州市高考备考研讨会，对2023年高考备考工作提出明确的策略指导。健全全市普通高中办学质量评估体系，评选普通高中教育质量优秀单位30个。举办全市普通高中生涯论坛。开展线上线下相衔接教育教学工作，多方联动提升线上教学水平。建立普通高中新课程新教材示范县1个、示范校21所，召开“单元整体教学”为主题的国家级“新课程新教材”（双新）示范区建设全国经验推广会，依托中国教师研修网推广兰州市“双新”建设经验，16个学科的16节单元整体教学课被直播，5万多人次观看。组织开展“新课程新教材”征文及“第二届普通高中作业设计大赛”等活动，构建“双新”背景下学科核心素养指向的教学质量评价方式，提高教师育人水平。举办“双新”背景下首届全市普通高中教育质量提升评价论坛，开展年度高考成绩分析，搭建高考数据分析平台，高中阶段毛入学率99.19%，其中普通高中入学率59.71%。全市高考报名28684人，本科一批录取8110人，本科二批录取7730人，专科以上录取总数21643人。

【中等职业教育】 全面推进“技能甘肃”建设，兰州市荣获甘肃省首批产教融合型试点城市。规范职业院校办学行为，开展学生实习实训突出问题专项整治。强化职教师资队伍建设，开展技能大赛、教学能力大赛等活动，建设14个甘肃省职业教育技艺技能传承创新工作室、2个甘肃省民间艺人工作室、2个省级职业教育名班主任工作室，“双师型”教师占比不断提高。推进职业院校内涵建设，组织开展思想政治示范课、在线精品课程评选等活动，以赛促教、以赛促训。开展各级各类培训20余项，累计培训8000余人次。中职招生6893人，达到中职招生计划数的114%。中职就业升学率96.59%，直接就业专业对口率100%。中职毕业生5961人，升学4959人，直接就业799人。

【特殊教育】 下拨特殊教育中央补助资金56万元，鼓励支持20万人口以上且残疾儿童少年人数较多的县区办好一所达到标准的特殊教育学校。加强对适龄残疾儿童少年入学情况动态监测。招募组建国家通用手语应急服务志愿队，提升特殊教育教师专业素养，逐步扩大中职招生规模，优化课程设置和师资配置，形成富有学校特色、符合残疾人就业需求的职业教育课程体系。实施职业教育援藏项目，首次面向西藏招收符合条件的初中残疾毕业生。联合六部门制定《兰州市“十四五”特殊教育发展提升行动方案》，推进特教高质量发展。坚持“全覆盖、零拒绝”原则，除不具备接受教育的残疾儿童外，全市适龄残疾儿童义务教育入学率100%，辍学率0。

【民办教育】 成立市民办教育机构党委，理顺民办学校党组织隶属关系，实现民办教育机构党的组织和党的工作全覆盖。规范办学行为，进一步强化民办教育机构年检工作指导力度。持续加大对隐形变异校外培训机构查处力度，稳步推进校外培训机构全流程监管平台。全年累计排查941所校外培训机构，排查从业人员3490人。

2022年，全市共有民办学校662所。其中，幼儿园637所；小学1所；初中9所；普通高中15所。在校学生116418人。其中，幼儿园91814人；小学253人；初中9240人；普通高中15111人。教职工15431人。其中，幼儿园12367人；小学12人；初高中3052人。

【成人教育】 改制成立兰州市开放大学，扩大学历继续教育规模，开设70余个本专科专业；督导城关区加大国家级社区教育试验区建设力度，指导安宁、西固、永登、榆中完成省级社区教育试验区建设验收工作，推动县区老年开放学院建设工作，初步建成全民终身学习体系。

2022年，全市成人高考共报考24965人。其中，专科起点升本科16113人；高中起点升专科7598人；高中起点升本科1254人。全市共有31882人报名参加自学考试，涉及85330科次；共有39040人报名参加教师资格考试，涉及81682科次；共有7940人报名参加研究生考试，最终经招生单位再次审核7020人参加考试。

【家庭教育指导服务】 贯彻《家庭教育促进法》，提升家校共育工作水平，举办家庭教育和“智慧父母大讲堂”线上讲座，受众近30万人次。举办“家风浸万家、幸福润金城”家庭教育公益巡讲活动20场，受众超20万人次。

【教育科研】 成功举办兰西城市群教科研交流暨兰州西宁两地教研员融合式培训活动，建立兰西两地教育科研“144”工作机制。组织撰写《政策与建议》10期，涵盖“党组织领导的校长负责制、学前教育质量评估、高中学校办学质量评价、基础教育强师计划、县域高中发展、教育实验项目推广”等方面。制定“新教育、情境教育、自学·议论·引导教学法”实验项目评价方案，使项目工作有据可评。编写兰州市《作业设计十项原则》《作业批改10条建议》《优秀作业十项标准》《义务教育学科作业设计与实施流程》，落实“双减”政策。完成13所学校全学科、全学段、全体教师的课堂督导，进行课堂观察1236节，在线反馈和专题讲座298场，形成书面报告近13份。28项课题被立为省级重点课题，234项课题立为省级一般课题，557项课题通过省级鉴定，其中鉴定等级为优秀的44项。559项课题立项市级规划课题，1841项立项个人课题，515项通过规划课题鉴定。40项课题立项兰州市思政专项课题，21项立项为省级专项。4项课题立项为“一带一路”教育国际合作交流专项课题。12项立项为学校安全稳定与应急工作专项课题。完成《兰州教育》1~6期组稿、审稿、印刷和发行工作，拓展宣传平台，在教科所微信公众号推送《兰州教育》重点文章，完成《兰州教育年鉴·2022》的编印。

【师资队伍建设】 完善师资配备机制，多渠道引进人才，面向一流大学等高校引进优秀毕业生、公费师范生、公开招聘教师、聘用制教师、三县一区特岗教师2364人。建立教师荣誉制度，评选年度“最美教师”，表彰教育世家典型，认定“坚守班主任岗位25年”教师。推动城乡教师交流轮岗，严格落实乡村教师生活补助。落实乡村教师生活补助，人均月补助405.51元。制定兰州市中小学教师违反职业道德行为处理实施办法和师德师风负面清单。

小学专任教师学历合格率100%，大专以上学历占99.26%；初中专任教师学历合格率100%，本科以上学历占95.72%；高中专任教师学历合格率100%，研究生学历占17.76%；中职学校专任教师学历合格率100%，双师型教师占29.13%。

【语言文字】 制订2022年兰州市语言文字工作要点，完成2021年度语言文字工作年度统计和语言文字年度工作报告，持续开展“推普助力乡村振兴”活动和实施学前儿童普通话普及“童语同音”计划，组织开展全国第25

届“推普周”活动，开展专题讲座2场。组织全市各级各类学校（幼儿园）申报新时代语言文字示范校，积极开展创建评估工作，巩固学校语言文字工作达标建设成果，年内有48所学校（幼儿园）通过市级新时代语言文字示范校评估，16所学校被推荐参加省级评估。对各普通话测试点年度普通话水平测试成绩复审情况进行统计和通报，完成测试站年审统计。完成普通话测试1.35万余人。

【劳动及音体美教育】 坚持把劳动教育纳入人才培养全过程，结合地域特色、文化资源、学生特点，研发《兰州市中小学劳动教育指导手册》18册，建成10余个劳动教育实践基地、112所劳动教育实践场所。构建“绚丽甘肃、生态兰州、创新之城、寻根文化”课程体系，将兰州太平鼓、甘肃彩陶、3D打印等相融合，开发出120余节特色课程。拓宽劳动教育方式途径，发挥家庭在劳动教育中的基础性作用，推送劳动教育微课程，让学生在学习和实践中激发劳动热情、习得劳动技能、提高劳动能力。坚持上好体育课、抓好项目队，参加省第十五届运动会，兰州市中学生组成的代表队在青少年组的各项比赛及总成绩中均名列前茅，参加省第五届中运会获团体总分第一。持续开展和优化体育中考，推进体育教育教学改革，遴选50所改革试点初中校融入体教改革项目，规范有序做好招收足球后备人才工作。打造“美育云端课堂”，开展线上体艺展示活动。推进“素质型音乐教育新体系”实验项目，举办“兰州市素质型音乐教育新体系项目”大教研活动、项目培训活动、线上研修活动等24场，参与教师7600人次。

【安全教育及学生资助】 每季度召开全市学校安全工作会议1次，督查发现各类风险隐患283条，现场责令整改262条，排查校园矛盾纠纷25起，校园安全责任事故为零。健全校园周边环境综合治理长效机制，清理校园周边违法违规乱象1000余处。开展全市大中小学校学生餐饮保障突出问题专项整治，保障食品安全。落实各级各类学生资助资金惠及学生34.88万人次。

【心理健康教育】 通过兰州微教育公众号推出“滋兰润心”系列联播18期心理微视频，帮助孩子和家长缓解紧张、不安、焦虑等情绪。在城关、七里河等县区，新区舟曲中学、兰州现代职业学院等学校，开展以“高三学生考前减压”“疫情下的身心调试”等主题的专家“进校园”助力抗疫线上讲座共12场，受众4万余人次。按照“试点先行—市级推进—全面覆盖”的工作思路，稳步扩大云平台心理测评接入校范围，全年新增接入学校33所，近2万名师生信息录入平台系统。邀请心理专家为全市710余名专兼职心理教师及“兰老师心理咨询热线”团队成员进行以“生命教育”“心理活动课程评价”“青少年心理辅导”等为主题的讲座4场。组织全市一线心理教师结合讲座内容和工作实际，分学段进行课例、案例等的研讨交流共6场，提升教师线上课程设计、案例咨询、热线接听等方面的能力。联合甘肃省广播电台及兰州广播电视台等媒体，通过“甘肃调频104.8”“兰州新闻”等栏目先后推出5期以“自我心理调适方法”“亲子沟通”等为主题的音频、视频心理健康教育知识宣传和方法指导内容。

【卫生保健】 严格落实《高等学校、中小学校、托幼机构新冠肺炎疫情防控技术方案》《兰州市全面加强疫情防控工作方案》《兰州市教育系统新冠肺炎疫情常态化防控工作方案》，将疫情防控关口前移，做到“两清楚两清单两报告”，抓好“九个严格落实”。制作学校（托幼机构）疫情应急处置程序、学校（托幼机构）突发公共卫生事件监测与报告流程图。按照常态化核酸检测及查验实施方案要求，各学校每天安排每班、每寝室20%学生进行核酸检测，保证一周一轮全覆盖。强化重点场所防控，做好环境消杀、通风换气、卫生清洁等工作。储备医用口罩、消毒液体温测量仪器等防疫物资，定期更换。市教育局印发《关于调整全市大中小学校学生餐饮保障突出问题专项整治工作领导小组及任务分工的通知》，明确机关相关科室工作职责，细化工作任务，召开全市大中小学校学生餐饮保障突出问题专项整治推进视频会议，安排部署学生餐饮保障突出问题专项整治工作，成立4

个包抓指导组，督促抽查4个县区教育局、23所学校，坚持问题导向，集中清理整治学校餐饮突出问题。坚持做好近视防控宣传教育月、食品安全宣传月、“5·31”世界无烟日、“6·6”爱眼日、第34个爱国卫生、生活垃圾分类宣传、艾滋病宣传等宣教活动，培养师生健康意识、观念和生活方式，提高师生健康水平。

【办学条件改善】 持续推进“三年行动计划项目”；改薄项目投入资金2.47亿元，涉及180所学校，实施项目单体总数421个。推进五十八中新校区、五十一中九州分校、实验幼儿园航天分园、北京八中兰州分校高中部、东郊学校未来城市分校等5个重点项目建设，协调推进甘南实验中学建设。积极筹措教育资金，全年共安排教育经费22.64亿元，向上争取资金4577万元。加大市属义务教育阶段学校课后服务经费支持力度。落实乡村教师生活补助，人均月补助405.51元。

2022年，全市校舍总建筑面积683.29万平方米，生均建筑面积小学6.44平方米，初中15.66平方米，普通高中26.51平方米，中职学校14.48平方米。

（王发强）

校外教育

【概况】 2022年，兰州市校外教育工作贯彻落实习近平总书记关于儿童工作重要论述和致中国儿童中心成立40周年贺信精神，坚守为党育人、为国育才初心使命，落实立德树人根本任务，克服新冠疫情影响，坚持线上线下教育活动相结合，面向全市少年儿童开展生态道德实践、少儿美术展览、庆“六一”系列活动、少年儿童经典诵读等大型主题倡导示范活动十余项，发挥校外教育育人职能，促进“黄河少年”健康成长。全市39所中小学校和50名教师获全国少年儿童“心中有祖国、心中有他人”主题教育活动先进集体和先进个人，兰州市少年儿童活动中心获优秀组织奖。兰州市少年儿童活动中心成为全国少年儿童“双有”组委会“环境友好、儿童友好”少年儿童生态文明教育活动试点单位。

【“双减”政策落实】 制定《兰州市校外教育落实“双减”工作实施方案》，聚焦校外教育主责主业，发挥校外教育独特优势，明确指导思想和总体目标，扩大精品主题教育活动、优秀儿童文艺作品、优质少儿兴趣培训和校外阅读服务有效供给，构建校内校外教育协同育人平台，探索兰州特色校外教育模式。整合校外教育师资力量，33名校外教师纳入课后服务人才库。制定《校外教育“双减”专项课题研究计划》，分配课题名额，提出具体要求，20项课题立项。王韧课题组调研新东方培训学校等民办校外培训机构，与县区校外教育负责人座谈交流，撰写《兰州市中小学生校外培训机构调查研究报告》，获2022年度兰州市哲学社会科学规划项目课题优秀结题项目，作为咨政报告刊登在《兰州社科成果要报》。研究科课题《“双减”政策下专业校外教育职能部门作用研究》入选2022年全市宣传思想文化重点课题，针对全市县区和市属学校教师、家长及市属专业校外教育单位服务对象开展线上调查，完成调研报告。兰州市少年宫开展兴趣社团、课后服务、心理健康教育等活动287次，服务人数3.3万人次。中心系统“两微一端”和网站等自媒体阵地开设专栏，通过图文、视频等形式展示校外教育系统“双减”工作动态、交流经验、展示成果。

【主题类教育活动】 3月至12月，联合市委宣传部、市文明办、市教育局、市生态环境局、团市委开展“我为兰州添一抹绿”兰州市少年儿童第十三届生态道德实践活动。第一阶段知绿播绿和第二阶段爱绿护绿环节，将甘肃省农业科学院提供的200余袋蔬菜种子免费发放给百余所基层学校，学生利用房前屋后、阳台等地开展植绿活动，在劳动实践中观察植物生长过程，学习植物管理知识，用日记、小论文、书画、摄影等形式记录活动过程所见所闻、所思所想，深化爱绿护绿意识。成果征稿阶段收到80余所学校2000余件作品，评选出等次奖100个、入选奖100个、辅导奖10个。市文明办、市校外教育办公室、省朗诵协会联合主办，市少年宫承办，各县区校外办协办“童声诵雅韵经典咏流传”兰州市少年儿童经典诵读活动，70余所学校报送视频作品214个，评选出获奖作品24个，6名同学获最

6月1日，市少年宫庆“六一”系列公益活动美术书法作品拍卖会

佳表演奖和最具潜力奖，20余所小学及校外教育单位获优秀组织奖，50名教师获优秀创编奖和优秀辅导奖。联合市委宣传部、市文明办和市教育局，开展“体育强国梦黄河少年行”作文、手抄报和硬笔书法比赛，200余所学校11268份作品参加市级比赛。其中，作文3704篇；书法5060份；手抄报2684份。评出等次奖200个、优秀奖400个、优秀辅导奖200个和先进集体奖45个。

【庆六一系列活动】 5月至7月，省博物馆、市委宣传部、市文明办、市教育局、市校外教育办公室举办“传承优秀文化，推进儿童友好”兰州市少年儿童美术展览，从2300余幅少儿作品中优选300余件参加展览，后将作品移至榆中县教育园区巡回展览。经专家评选，评出等次奖100个、入选奖200个和辅导奖10个。报送优秀作品参加全国少年儿童“双有”组委会评选活动，获等次奖13个、优秀奖7个和教师辅导奖20个。5月至6月，市少年宫举行“在阳光下牵手在幸福中成长”庆“六一”公益活动，开展“情系少年守望幸福”美术书法作品义卖、“爱心接力传递真情”音乐舞蹈专业学员义演、“童心聚爱筑梦同行”采薇学堂学员义演等活动，将书籍、文具、练习本等359件物品捐赠给凡尘安星特殊教育学校。5月31日，市少年儿童活动中心、市儿童艺术剧团赴永登县青岭村张坪小学开展文艺演出、美术展览、猜谜、捐赠学习用品等手拉手慰问活动，市少年儿童图书馆捐赠精品图书130册，利用VR设备开展科普体验活动。

【庆七一系列活动】 6月27日，市少年儿童图书馆党支部开展“喜迎二十大，奋进新征程”主题党日活动，赴榆中县兴隆山革命烈士陵园聆听英雄故事，致敬革命先烈，铸牢理想信念。6月29日，市委讲师团副团长董亚莉以《继往开来奋进伟大新时代，富民兴陇谱写发展新篇章》为题解读甘肃省第十四次党代会精神，中心机关全体干部职工及基层单位中层以上干部50人参加讲座。6月30日，市少儿活动中心机关党支部开展“学习党代会精神争做优秀党员”主题党日活动，参观中共甘肃工委纪念馆《光耀陇原——中国共产党甘肃工作委员会纪实》主题展览，重温中共甘肃工委带领全省各族人民坚持团结抗日、争取人民解放的光辉历史，感受先烈们艰苦奋斗、舍生忘死的革命精神。

【兰州市未成年人心理健康辅导站】 发挥市级辅导站示范引领作用，创新活动形式，拓展服务范围，线上线下齐步走，站内校内同开课，开展各类心理健康公益服务262次，受益人数2.7万人次。青少年阳光心理热线电话成为抗疫心理热线，接待电话咨询66例，妥善处理特殊案例3例，提高未成年人及家长在疫情特殊时期心理应对能力。星心雨话吧持续开展心理面询服务，疫情防控期间开展线上咨询，累计开展面询24例69次117人次，帮助未成年人及家庭解决学习生活中的困惑。163悄悄话邮箱为广大未成年人及家长提供预约、咨询、答疑便捷渠道，专业心理老师解答回复，有效缓解来信者的心理困惑。2月，辅导站负责人以“团队活动中关系的平衡”为主题，培训安宁区未成年人心理健康辅导站专兼职心理教师，开展团队辅导觉察力训练。3月，辅导站与安宁区未成年人心理健康辅导站联合开展“心赋能，共战疫”主题活动，常务副站长线上培训安宁区未成年人心理健康辅导站心理热线志愿服务团队18名教师，与区级辅导站联动共建、共学共研。快乐助跑营主题团体辅导活动以心灵成长为主题，针对不同年龄段未成年人开展线上自我探索心理成长系列课程，完成“生命彩虹桥”“情绪训练营”“社交达人训练营”“聚焦学习能力开启最强大脑”“发现美好热爱生命”等8期66次主题团体辅导活动，受益学员460人次。邀请省第三人民医院心理咨询中心主任刘玲和西北师范大学心理学院教授康廷虎，分别以《中考生考前心理健康调适与自我管理》和《知己知彼维系心性平和—高考生考前心理健康调适》为题，在兰州市第二中学、第四十八中学、第八十三中学开展公益讲座，爱兰州视频客户端线上直播，助力考生缓解考前焦虑情绪，提升学习效率和信心，线上、线下2.5万名师生和家长参加。7月，组织127名基层学校心理教师举办青少年心理辅导工作坊，专项培训如何开展校园团体心理辅导活动，帮助教师解决困境问题，提升专业技能和综合素养。11月，邀请西北师范大学心理学院教授康廷虎开展《疫情期间教师的工作—家庭边界：冲突中的心理维护》和《疫情期间家长心理调适与家庭教育》线上心理健康讲座，提高教师自我认同感和心理健康，帮助家长进行心理调适，引导树立正确的家庭教育观念，给出切实可行的家庭教育方法。辅导站三位青年教师为居家学习的孩子们开展“挫折的礼物”“城堡体验之旅”“奇妙的心灵世界一梦”等心理课堂8次，传播心理健康知识，传授心理解压妙招，疏导焦虑浮躁情绪。

【“流动”阵地建设】 发挥校外教育服务基层少年儿童职能，与学校、社区、乡村、社会机构协作，以“流动舞台”“流动少年宫”“流动阅览站”为阵地，打通校外教育服务群众“最后一公里”。市儿童艺术剧团开辟“流动舞台”，开展“大手拉小手、艺术伴我走”进校园公益巡演10场，将儿童剧带进校园，让课本剧走进课堂，培养学生对儿童剧的兴趣，增强中华文化认同感。“流动少年宫”作为兰州市少年宫重要公益活动品牌，邀请非物质文化遗产传承人开设剪纸、泥塑、兰州鼓子等10余项课程，开展“走进家乡历史 传承雅韵文化”非物质文化遗产进校园活动。推出线上交通安全知识课堂及牛肉面、蛋糕制作体验直播活动。与基层学校对接合作，按照社区、学校实际需求，派遣骨干教师开展课后服务。1月，剪纸艺术老师和小学员参加张家园社区“剪纸迎新春文化映传承”主题示范课活动。全年赴五泉小学、凡尘安星特殊教育学校开展美术、书法、舞蹈、朗诵课程培训21次。市少年儿童图书馆发挥社会教育职能，延伸馆外服务，新建一只船小学、九州小学和甘家巷社区3个阅览站，配送政治、经济、文化、少儿、科技、生活等新书1.5万册。全市建成分馆3所、流动阅览站33个，打造家门口的图书馆，满足读者足不出户阅读需求。

【理论研究】 组织校外教育系统教师申报省市课题和兰州市哲学社会科学规划项目课题，田恬课题组和贾蓉课题组2项课题获得省级规划课题立项资格，袁萍课题组和兰姗课题组2项课题获得市级规划课题立项资格，刘文晓和柏懿庭2项课题获得市级个人课题立项资格，张顺娣课题组课题获得2022年度兰州市哲学社会科学规划项目课题立项资格。省级规划重点课题方健课题组课题《基于甘肃地域文化的中小学研学实践研究——以武威书法研学实践活动为例》、省级一般课题马雷课题组课题《少儿舞蹈对地域特色文化的继承与创新研究》和市级个人课题张蕾课题《社会情感学习对儿童情感能力和社会行为能力的影响——基于校外教育课程实施的调查》顺利结题。推荐3篇成果参加甘肃省电化教育中心2022年度教育技术论文评选活动。已结题课题成果刊登在《兰州校外教育》杂志，多篇成果刊登在《甘肃教育》《教育革新》等刊物。

【创建和督导】 制定《争创全国文明典范城市实施方案》《未成年人思想道德建设工作实施方案》《传家训、立家规、扬家风主题活动实施方案》，落实责任清单，压实相关责任。撰写健全学校家庭社会三结合教育网络、未成年人思想道德建设工作督导、开展“扣好人生第一粒扣子”主题教育实践活动、开展中华优秀传统文化教育进校园活动、创新开展有特色效果好的主题教育实践活动、校外活动场所建设管理使用情况等说明报告，完成两轮校外教育系统创建和未成年人思想道德建设档案资料申报。组织开展2022年“一月一主题”专项行动，先后开展健康生活方式推进行动、文明养犬、道路交通秩序维护等活动。成立工作督导组，通过实地察看、查阅资料、座谈交流、现场反馈等形式，按照《创建全国文明城市测评网上申报工作责任清单》《未成年人思想道德建设工作标准责任清单》相关要求督导检查，通报存在问题，督促整改落实。督查兰州市未成年人心理健康辅导站，上报实地点位督查情况报告，做好创建全国文明典范城市测评准备工作。

【兰州市儿童艺术剧团】 完成30场公益演出和展播任务，线下、线上观众达3万人次。其中，进剧场演出8场；进校园演出10场；兰州市民族团结进步宣传月等公益演出4场；儿童戏剧线上展播8场。2月，大型原创儿童剧《海力布》获省委、省政府颁发的第十届敦煌文艺奖。加大儿童剧目创编力度，突出舞台艺术教育思想性时代性，创作大型青少年励志课本剧《榜样的力量—雷锋》，6月在黄河剧院成功首演。创作课本剧《梅兰芳蓄须》、小品《茉莉芬芳》等8个剧本作为后备演出节目。创作11部“永远跟党走、奋进新征程”系列诗朗诵和3部黄河文化主题作品《黄河母亲》《黄河变奏吟》《兄弟手拉手浓浓民族情》上传短视频平台展播。利用网络平台开展“传承红色基因”系列教育活动，包括社会主义核心价值观教育、中华优秀传统文化教育、革命传统文化教育、爱国主义教育等，引导少年儿童汲取红色文化正能量。迎接兰州市第三批民族团结进步示范单位验收，上报《天鹅琴》《传统的味道》等9部作品。儿童剧《农夫与蛇》在“歌咏美好生活奔向伟大梦想”2022新甘肃网络春晚中获最佳舞台表现奖二等奖。

【兰州市少年宫】 发挥校外教育主阵地优势，推动线上、线下教育融合发展。完善艺术、体育、人文等兴趣类课程，新增体能训练、语言表演、大提琴、剪纸、茶艺等19个专业，累计开设38个专业，培训学员1.3万人。开展“喜迎二十大 盛会向未来”主题课程，指导学员发挥美术、剪纸、朗诵等特长，在快乐体验中为祖国母亲送上生日祝福。借助信息化手段搭建线上学习平台，开设儿童戏剧、体育等公益讲堂，引导未成年人培养高雅的生活情趣，6157人次参与。组织714名书画爱好者参加教育部书画等级考试，进行毛笔书法、硬笔书法、素描、动漫画等科目水平测试。小飞天艺术团组建民乐团、舞蹈团和戏剧社等艺术团体，挖掘培养少儿艺术人才。合唱作品《裕固娃爱歌唱》获中央电视台少儿频道《七巧板快乐宝贝爱唱歌》节目最佳原创作品奖和优秀表演奖，两位老师获优秀指导教师。情景剧《山桃花》在“歌咏美好生活奔向伟大梦想”2022新甘肃网络春晚中获最佳节目奖三等奖，少年儿童活动中心、少年宫获优秀组织单位。体育专业学员参加全国青少年传统体育项目比赛，围棋专业6名学员在各自组别中位列前10名，3人获中学乙组个人前三名，并获团体第一名；跳绳比赛33人获等次奖；武术专业4人获9个奖项，其中规定套路3个项目获得个人一等奖；辅导老师获优秀指导教师，少年宫获优秀组织奖。

【兰州市少年儿童图书馆】 不断拓展图书借阅服务内容，配置图书8.2万册，办理借书证662个，馆内外服务读者13.7万人次，超星资源微站和云图有声馆资源平台读者点击量分别为6.52万和1.95万人次。全媒体信息平台信息阅读量53.49万人次，其中微信公众号发布信息1605条，阅读量6.9万人次，累计关注读者6598人，比上年增长13.5%；短视频平台账户发布信息567条，点击量44.99万人次；网站发布信息202条，浏览量1.6万人次。打造丰富多彩的阅读推广活动，参与读者1100余人次，收到作品600余件。开展“家·书”系列活动，包括“家有藏书”主题征文和微视频征集、“我爱兰州”创意书签设计制作比赛等活动，优秀作品在兰州广播电视台展播15期63部。推荐97名同学参加中国儿童中心和中央广播电视总台云听主办的第二届“小小朗读者”全国风采展示活动，1人获二等奖，45人获新锐童声奖，图书馆获优秀集体奖。选送45个红色经典故事视频作品参加第十七届兰州读书节少儿讲故事视频大赛，9人获等次奖和优秀奖。“童颂中华·寄语未来”青少年经典诵读征集活动收到视频作品120余个。开展“小小图书管理员”社会实践活动8场次，学习安全知识，引导读者借阅，分类整理书籍，培养实践能力。“童声抗疫”小小朗读者微视频征集活动评选优秀作品12部，在兰州电视台视频号展播。结合优秀传统文化主题，开展“自撰自书贴春联·大吉大利迎虎年”书法征集活动、“春节年俗知多少”趣味答题活动、清明节线上答题活动、“亲子共读黄河故事”线上征集活动、“和谐端午日·弘扬民族魂”端午节活动、“情满中秋·共赏明月”线上答题等活动。开展“科技强国，未来有我”21天打卡、名句猜书、成语竞答等活动。成立兰州大学新闻传播学院志愿者服务基地，开展“与书为伴，共创文明”读书角活动，26名大学生参加3期志愿服务。

（刘占爱）

在兰高校

【兰州大学】　是教育部直属全国重点综合性大学。学校有城关、榆中2个校区。学校按照“兴文、厚理、拓工、精农、强医”的学科发展思路，着力构建“结构优化、布局合理、优势明显、特色突出”的学科体系和新兴学科生态。是我国首批具有学士、硕士、博士学位授予权，首批建立博士后科研流动站的高校。有27个博士学位授权一级学科，47个硕士学位授权一级学科，3个博士专业学位授权类别，24个硕士专业学位授权类别，涵盖12个学科门类，是学位授权自主审核单位之一。有21个博士后科研流动站。有8个国家重点学科，2个国家重点（培育）学科。化学、大气科学、生态学、草学4个学科入选世界一流学科建设名单。化学、物理学、材料科学、地球科学、植物学与动物学、数学、工程学、生物学与生物化学、环境科学与生态学、临床医学、药理学与毒理学、农业科学、社会科学总论以及计算机科学等14个学科进入ESI全球前1%，其中化学学科进入ESI全球前1‰。

坚持“近者悦、远者来”的人才工作理念，构建“稳培引用”有机结合的工作机制。2022年，有专、兼职教学科研人员2934人，其中教授、研究员1219人，副教授、副研究员829人。有研究生导师2294人；在站博士后286人；临床医学教授120人、副教授237人。有两院院士（含双聘）24人；“国家高层次人才特殊支持计划”领军人才、教学名师20人；“长江学者奖励计划”特聘教授23人；国家杰出青年科学基金获得者29人；全国文化名家暨“四个一批”人才工程入选者4人；百千万人才工程国家级人选12人；教育部“高等学校教学名师奖”获得者4人；科技部创新人才推进计划入选者11人；“国家高层次人才特殊支持计划”青年拔尖人才17人；“长江学者奖励计划”青年学者23人；国家自然科学基金优秀青年科学基金获得者30人；神农青年英才2人；新世纪优秀人才支持计划（含跨世纪）入选者129人；中国青年科技奖8人；中国女科学家奖3人；甘肃省科技功臣奖1人；甘肃省拔尖领军人才22人；甘肃省领军人才207人；甘肃省“高等学校教学名师奖”获得者39人；甘肃省宣传文化系统“四个一批”人才30人、优秀青年文化人才19人；甘肃省飞天学者75人；陇原青年英才21人。

有本科生20170人，硕士研究生13958人，博士研究生4221人。有106个本科专业，16个国家级特色专业。有5个国家级教学团队，6个国家级人才培养基地，52个国家级一流本科专业建设点，6个国家级实验教学示范中心和1个国家级虚拟仿真实验教学中心，2个国家级人才培养模式创新实验区，4个国家基础学科拔尖学生培养计划2.0基地，2门课程获评国家级课程思政示范课程。

有国家自然科学基金委创新研究群体5个，教育部创新团队8个；全国（国家）重点实验室2个、参与共建2个，国家野外科学观测研究站2个，国家地方联合工程实验室2个，国家联合实验室1个，国家国际科技合作基地5个，省部共建协同创新中心1个，教育部重点实验室6个，教育部工程研究中心6个，教育部野外科学观测研究站2个，农业农村部重点实验室1个，国家林业和草原局工程技术研究中心1个，文化和旅游部重点实验室1个，水利部国家水土保持监测站1个，教育部人文社会科学重点研究基地2个，中央统战部、中央宣传部、教育部、国家民委铸牢中华民族共同体意识研究培育基地1个，教育部高校思想政治工作创新发展中心1个，教育部区域和国别研究培育基地1个，国家民委“一带一路”国别和区域研究中心1个，教育部全国普通高校中华优秀传统文化传承基地1个，教育部（国家语言文字工作委员会）国家语言文字推广基地1个，高校残疾人事业研究基地1个，老龄科研基地1个，中国梦研究中心1个。

兰州大学第一医院、第二医院是集医疗、教学、科研、预防、保健、康复、急救于一体的大型综合性三级甲等医院，是甘肃省乃至西北地区具有重要影响的医疗机构，在区域医疗和医学人才培养方面发挥着重要作用。口腔医院是三级甲等口腔专科医院。

思政工作 制定《关于新时代加强和改进学生思想政治工作的实施方案》，落实“铸魂·筑基·助力”行动，选优配强辅导员和班主任队伍。设立“思政名师工作室”“青年思政教师工作坊”等教研团队。启动“辅导员参与思政课”，27名辅导员参与思政课教学。利用开学典礼、开学第一课、毕业典礼等加强仪式教育，做深做实“校领导为思政课教师做助教”行动，校领导参与思政课教学工作40余次。全面推进“大思政课”建设，实施“一课一品牌”思政课质量提升工程，立项建设课程思政案例库和思政课案例库（问题库）及其教学指南建设项目102项、思政课教学方法改革和实践教学创新专项15项。入选教育部高校思政工作精品项目1项。坚持“以学习者为中心”，尊重学生成长规律，推进全人教育，努力塑造学生健康的身心和健全的人格。获批甘肃省创新创业实践教育示范中心，获专业类和创新创业类国家级金奖3项、国际级金奖4项。组建547支团队开展社会实践活动，获评为全国大学生社会实践优秀组织单位。加强体育、美育和劳动教育，开展丰富多彩的校园文体活动和劳动实践。将心理健康教育课程纳入本科生培养方案必修课程并全年开设。开展访企拓岗，举办“宏志助航计划”等就业指导，促进学生高质量充分就业。

学科建设 编制实施《兰州大学“双一流”建设高校整体建设方案》和4个一流学科建设方案。组织开展2023年度“双一流”引导专项申报评审，连续五年实现教育部评审金额零核减，五大专项绩效目标审核结果4优1良。完成首轮“双一流”建设任务，2个案例入选《首轮“双一流”建设典型案例集》。坚持和深化学科发展总思路，优化学科布局，在特色中兴文、在原创中厚理、在厚理上拓工、在创一流中精农、在医教研融合中强医，化学、大气科学、生态学、草学继续入选一流学科建设名单，21个学科提档升级、高峰学科实现“倍增+”，新增2个博士学位授权一级学科、1个博士专业学位类别授权点。

教学工作 制定《加强经济社会发展重点领域急需学科专业、交叉学科建设和人才培养的实施方案》，启动修订本科人才培养方案，不断深化本研贯通培养模式改革。新获批15个国家级、3个省级一流本科专业建设点，新增3个新专业、13个微专业，撤销7个专业。护理学专业通过专业认证，计算机科学与技术专业认证完成专家考察工作。新建通识教育、跨学科、在地国际化等课程69门，新增省级一流课程60门。建立校院两级教学顾问工作体系，新增省级教学名师3人、省级教学团队5支和省级教学成果培育项目20项。获得教学类比赛国家级奖励4项、省级奖励6项。推进精品自编教材建设，立项建设教材186部。以医教研协同改革为动力，加强医学学科专业建设，多举措提高执业医师资格考试通过率。瞄准科技前沿和关键领域需求，制定《“十四五”期间学位授权工作规划》。新增法学、药学2个博士学位授权一级学科和能源动力博士专业学位类别授权点。优化研究生招生指标分配体系，增加调剂优秀生源奖励计划配置。完善博士生“申请—考核制”实施细则。加强研究生培养全过程质量管理，建立完整的培养过程档案。继续落实专业学位研究生“双导师制”，完成2批次行业导师聘任。

科研工作 坚持基础研究、应用基础研究和应用研究并重，聚焦大平台、大项目、大团队和大成果，深入开展有组织的科研，着力打通基础研究—应用研究—成果转化产业链，不断提高服务国家重大需求和区域经济社会发展的能力水平。抢抓国务院“设备更新改造专项再贷款与财政贴息配套支持政策”的重大机遇，谋划建设西部安全、西部高发疾病转化医学与新药研发、文明互鉴与“一带一路”大数据、拔尖创新人才培养、校园数字化转型支撑等重大创新平台，完成19.77亿元仪器设备采购。全力推动全国重点实验室重组与建设，草种创新与草地农业生态系统入选首批20家标杆实验室，与共建的2个全国重点实验室共同获批全国重点实验室。稀有同位素前沿科学中心通过教育部认证，稀土功能材料教育部工程研究中心、核与放射分析学科创新引智基地、甘肃省先进核能与核技术研究中心、甘肃省基因编辑育种重点实验室等获批立项建设。启动“丝绸之路经济带”甘肃段生态环境与气候变化野外科学观测研究网络Ⅱ期建设。加大项目组织培育力度，持续完善综合多元的科研评价体系。获批千万级项目11项、国家自然科学基金项目223项、国家社科基金各类重大项目6项、教育部哲学社会科学研究重大课题攻关项目1项。1个项目入选“中国生态环境十大科技进展”，研制成功首颗极大规模全异步电路芯片。创刊GrasslandResearch。深度谋划哲学社会学科发展，召开2次文科创新发展论坛，培育建设“草地生态绩效治理与管理大数据实验室”“循证社会科学交叉创新实验室”，推进中国—中亚大数据研究院等平台建设。获甘肃省科学技术奖22项（人），其中甘肃省科技功臣奖1人、甘肃省自然科学奖特等奖1项。获全国科技系统抗击新冠肺炎疫情先进集体2个、先进个人1名。全年共计到账竞争性科研经费7.54亿元，较上年增长10%。

交流合作 开展对外交流与合作，先后与世界48个国家和地区的263所高校及科研机构建立交流合作关系，牵头成立的“一带一路”高校联盟，成员总数178个。在乌兹别克斯坦、哈萨克斯坦、格鲁吉亚建有3所孔子学院。与美国德雷塞尔大学合作举办计算机科学与技术专业本科教育合作办学项目。深入实施“全球校园培养计划”，全年派出448名学生赴国（境）外交流学习。实施“中外导师联合培养研究生”项目，新聘任13名外籍兼职合作导师，获批新增研究生招生计划23名。获批内地与港澳大中小学师生交流计划项目18项、港澳台学生国情教育项目1项、对台教育交流项目1项。持续加强孔子学院建设，实施“国际中文教育新起航计划”“暖心计划”。不断创新引智模式，新增外籍教师及博士后19名，新增获批科技部外国专家项目26项、“高等学校学科创新引智基地2.0”1个。1位专家获中国政府友谊奖，5位专家获外国专家“敦煌奖”。

（曲思宇）

【西北民族大学】 隶属于国家民委，是国家民委与教育部、国家民委与甘肃省人民政府共建院校，是甘肃省确定的高水平大学建设单位。2022年，学校设有22个教学单位（马克思主义学院、经济学院、管理学院、法学院、中华民族共同体学院、教育科学与技术学院、体育学院、生命科学与工程学院、外国语学院、新闻传播学院、音乐学院、舞蹈学院、美术学院、历史文化学院、数学与计算机科学学院、电气工程学院、土木工程学院、化工学院、继续教育学院、预科教育学院、医学部、中国语言文学学部），3个独立建制的科研机构，开设72个本科专业。有省部级重点学科27个，国家级特色专业4个，国家级、省级一流本科专业建设点35个，省级一流本科课程46门。有博士学位授权一级学科2个，博士学位授权二级学科3个，硕士学位授权一级学科16个，硕士学位授权二级学科10个，硕士学位授权交叉学科2个，硕士专业学位类别13个，设有博士后科研流动站。有国家级实验教学（示范）中心2个，教育部民族教育研究发展中心重点研究基地1个，国家语言文字推广基地1个，中国统一战线理论研究会民族宗教理论甘肃研究基地1个，国家民委中华民族共同体研究中心1个，国家民委人文社科重点研究基地4个，其他省部级人文社科研究基地、新型智库和协同创新中心13个。建有国家合作联合实验室1个，教育部重点实验室1个，国家民委重点实验室4个，其他省部级实验室、工程中心等科技创新平台11个，附属医院1所。

2022年，全日制在校生27171人。其中，研究生2358人；普通本科生24430人；预科生383人。教职工约1990人，其中专任教师1324人，有教授270人、副教授522人。有“全国高校黄大年式教师团队”1个，国家西部大开发突出贡献集体1个，全国专业技术人才先进集体2个，国家级教学团队1个，全国劳动模范1人，享受国务院政府特贴专家5人。学校有西北新村校区、榆中校区，校园总面积1776亩，总建筑面积77万平方米，图书馆藏图书文献等408万余册/件（含电子图书），教学科研仪器设备总值5亿余元。

思政工作 深入推进习近平新时代中国特色社会主义思想进教材进课堂进头脑，开设习近平新时代中国特色社会主义思想概论课程，并有机融入其他思政课和专业课教学中，用习近平新时代中国特色社会主义思想铸魂育人。成立习近平新时代中国特色社会主义思想研究会，推进“青马工程”建设，打造“石榴花开大讲堂”“理论热点面对面、民大师生心连心”学习沙龙等品牌。贯彻党的教育方针，坚持把铸牢中华民族共同体意识作为主线，把立德树人作为根本任务，把教书育人作为中心工作，着力构建完善大思政工作格局。不断完善党委统一领导、党政齐抓共管、宣传部门组织协调、有关部门分工负责、全校上下共同参与的大思政工作格局。把思想政治工作贯穿教育教学全过程，纳入党建工作责任体系，列入学校重要议事日程，坚持完善顶层制度设计，先后出台关于加强和改进新形势下思想政治工作的实施方案、贯彻落实《教育部等八部门关于加快构建高校思想政治工作体系的意见》，选优建强思政工作队伍，思政课教师、辅导员、心理健康教师达到刚性要求。制定“三全育人”工作实施方案、“三全育人”宣传工作方案、“三全育人”奖励办法。创新形成“1+10+10”协同育人模式。实施思想政治理论课创优行动计划，构建“1个中心+7个大类+21个分中心”的课程思政建设体系，推进“三个100”课程思政建设工程（100门示范课程、100个示范课堂、100名优秀教师）。获批教育部首批“大思政课”实践教学基地、甘肃省思政课名师工作室、课程思政教学研究示范中心。形势与政策课作为甘肃省唯一“精彩一课”，公众号获中宣部表彰，是全国优秀理论宣讲公众号。

教学工作 学校加快一流专业建设，完成“3个100”课程思政建设任务。强化教师专业能力发展，打造“金师”“金课”，深入实施本科“强基行动”，组织41项各级各类学科竞赛，立项国家级“大创”项目30项，在高校教师教学创新大赛中获国家二等奖1项、省级奖4项。1项教育教学成果被省教育厅推荐参加国家级教学成果奖评选，学校在国家级教学成果申报方面取得突破进展。获省部级教学成果奖4项，获批教育部虚拟教研室试点2个，立项甘肃省人才培养质量提高项目和各类教改项目33项。完成临床医学专业认证回访，推进以评促建。推进基层教学组织常态化建设与可持续发展，以内涵提升引领专业课程建设。出台《研究生教育质量评价基本规范》，突出学术学位和专业学位研究生教育质量分类评价，强化过程管理和监督。改革博士招生考试办法，制定《博士研究生“申请—考核”制招生实施办法》，加大招生宣传力度，构建“学校—学部（院）—导师—学生”全方位的招生宣传体系。开展“研究生科研素养提升”培训2000余人次，60%以上研究生参与导师科研项目立项和科研训练。开展研究生“学术月”“求知杯”论文大赛等活动，获批甘肃省研究生创新之星项目40项。全年授予博士学位39人，硕士学位609人，获甘肃省优秀博士硕士学位论文11篇。

学科建设 学校按照国家民委对学科转型调整的部署要求，完成中华民族共同体学一级学科论证方案和民族类学科研究方向、内容调整实施方案。民族学学科研究方向更加向铸牢中华民族共同体意识、加强中华民族共同体建设聚焦。将“中国少数民族史”调整为“中华民族史”，“中国少数民族经济”

调整为“区域经济研究”，“民族宗教研究”调整为“宗教中国化研究”，“中国少数民族艺术”调整为“艺术人类学”，增加“多民族交往交流交融研究”“中华民族共同体研究”2个方向。将中国语言文学学科下的“中国少数民族语言文学”研究方向调整为“多语种文学与文化传承”。继续加强兴边富民学、中华民族共同体意识学二级学科博士点建设。对标新版学科专业目录，持续加强学位点培育，艺术类学位点调整为艺术学一级学科学位授权点和5个专业学位授权点，文物与博物馆学位点调整为博物馆和文物等2个专业学位授权点。工商管理一级学科授权点调整为工商管理学。推进民族学和中国语言文学博士点研究方向转型调整，优化兴边富民学博士点方向设置，打造民族学类学科博士点建设新体系。

科研工作 学校加强铸牢中华民族共同体意识理论与实践研究。围绕书记潘岳同题共答“10+6”之问，开展有组织科研，设立“铸牢中华民族共同体意识”研究专项，开展任务制的铸牢中华民族共同体意识科研攻关。学校首次获批“细胞基质疫苗关键技术与产业化”教育部工程研究中心，实现高层次科研平台建设的新突破。“装配式建筑与节能建材产业研究院”获批甘肃省高校首批产业研究院。获批国家自然基金项目11项。学校6项科技成果荣获甘肃省科技进步奖。其中，一等奖2项；二等奖1项；三等奖3项。全年获批国家社科基金项目20项。聚焦共同体理论创新，获批2项国家社科基金重大项目，立项总数排全国第34位。学校四种社科期刊持续办好“铸牢中华民族共同体意识研究”专栏，《西北民族研究》在学术期刊影响力指数排序中位列民族学与文化学类Q1区，综合影响因子、复合影响因子均名列31种期刊的首位。学校发挥高校智库作用，提升建言献策能力。学校的立法建议在《甘肃省草原条例》立法修改过程中部分采纳。资政报告《推进民族院校铸牢中华民族共同体意识教育工作的新思路》被教育部采用上报，供有关领导参阅。呈送的咨政报告《港台青年的历史教育问题分析及对策》获国家民委有关领导批示。

师资队伍建设 坚持党管人才原则，加强人才引进培育，开展专业技术岗位聘任工作。制定修订师德师风督导、考核评价、师德失范处理等3个办法。持之以恒提升干部政治能力和专业水平，2000余人次参加年度学习培训。推进绩效工资改革，提高班主任和辅导员津贴标准。通过落实服务外包、人事代理等措施，提高社聘职工规范化管理水平。制定《西北民族大学科研助理岗位设置及管理办法》，招聘科研助理69人。支出各类人才配套经费1700余万元。鼓励教职工参加在职培养培训，具有博士学历教职工比例较上年度增长3.42%。开展各类人才项目的申报选拔培养，推荐评审23项人才计划项目。11名教师获全国中青年德艺双馨文艺工作者等国家级、省部级荣誉，27人入选“飞天学者特聘计划”等省部级人才支持培养计划项目。

学生工作 全面落实国家民委“三全育人”工作交流会精神，召开“三全育人”工作会，完善推进“1+10+10”育人体系建设。加强班主任和辅导员队伍建设，推进“一站式”学生社区建设。完善辅导员入住学生公寓坐班值班制度，制定实施方案、强化检查考核要求，确保学生公寓内24小时有辅导员在岗，使学生公寓成为铸牢中华民族共同体意识和“三全育人”的重要阵地。坚持招生培养就业联动，实施“访企拓岗促就业专项行动”，对接100余家用人单位，提供近8万个就业岗位，拓宽就业渠道。加强师生心理疏导和人文关怀，多次赴校园疫情防控一线慰问疫情防控值守人员。2022年，学生获得国家级、省部级竞赛奖励185项，获批甘肃省优秀研究生“创新之星”项目40项，2名学生获评“甘肃省大学生年度人物”“甘肃省向上向善好青年”称号。

交流合作 学校录制的专题宣传片《绽放》闪亮登场2022年维也纳联合国“中文日”活动，在国家民委系统及甘肃省高校范围内尚属首例。推动两岸青年交流互鉴，举办主题鲜明的陇台大学生文化研习营活动，“漫步羲皇故里·溯源始祖文化—2022年陇台大学生文化研习营”分别获国务院台湾事务办公室和教育部批准成为甘肃省年度重点项目。承办“2022年‘一带一路’百校结好云端艺术节”。落实《关于全面加强新时代语言文字工作的意见》，同巴基斯坦“中巴教育文化中心”联合申报由教育部中外语言合作交流中心设立的“语合智慧教室”项目，服务“一带一路”建设语言文字需求，助力新时代语言文字事业改革发展。与新加坡南洋理工大学、俄罗斯列宾美术学院等合作开设近40门国际课程。举办“生物医学及生物材料国际学术研讨会”等6场高水平国际会议。出台《2022年度校地（企）合作联合资助项目实施方案》，聚焦行业产业发展和地方经济社会发展需要，围绕铸牢中华民族共同体意识、乡村振兴、生态治理、种质资源保护、文化旅游等领域，全方位开展校地（企）横向科研合作，全年签订科研合作协议35项，合同金额1381万元。

（刘　璇）

【西北师范大学】　是省政府和教育部共同建设的重点大学。2022年，学校设26个二级学院（65个系、3个教学部），3个孔子学院。有81个普通本科专业（国家级特色专业9个，国家级一流本科专业建设点29个，省级一流本科专业建设点15个）。有国家地方联合工程实验室1个，国家级研究院1个，国家级教学团队3个，国家级专业技术人员继续教育基地1个，教育部人文社会科学重点研究基地1个，教育部重点实验室2个，教育部战略研究基地1个，教育部研究中心6个，教育部创新团队2个，其他部级研究中心3个，甘肃省重点实验室5个，甘肃省基础学科研究中心1个，甘肃省基础研究创新群体7个，甘肃省工程研究中心（工程实验室）10个，省级国际科技合作基地3个，省级联合实验室3个，省高校人文社科重点研究基地7个，省高校新型智库5个，省级协同创新中心3个，其他各类省级研究平台25个。有各类在校学生29586人。其中，普通本科生18105人；博士研究生865人；硕士研究生10170人；留学生446人。有教职工2627人，正高级职称人员375人，副高级职称人员887人，具有博士学位人员990人，具有硕士学位人员935人。其中专任教师1739人，教授（研究员）351人，副教授（副研究员）703人。博士生导师233人（校外兼职导师32人），硕士生导师2220人（校外兼职导师1083人）。有9个博士后科研流动站，教育学、化学、中国语言文学、中国史、数学、物理学、地理学、心理学、生物学、美术学、马克思主义理论等11个一级学科博士点，教育博士1个专业博士授权类别；30个一级学科硕士点，1个二级学科硕士点（不含一级学科覆盖点），19个专业硕士授权类别。课程与教学论、中国古代文学2个国家重点（培育）学科，教育学、简牍学2个甘肃省属高校国家一流学科突破工程重点支持学科，11个省级一流学科，36个省级重点学科。校本部占地面积834亩，新校区占地面积566.6亩，生态实训基地2272.5亩，校舍总规划建筑面积105.26万平方米，有各类教学科研仪器设备总值56564.88万元，各类文献资源426.24万册。

思政工作　深入学习宣传贯彻党的二十大精神，制定《学习宣传贯彻党的二十大精神实施方案》，形成25条落实党的二十大精神重点任务。举办“学习贯彻党的二十大精神加快推进一流大学建设”专题网络培训班。积极对习近平新时代中国特色社会主义思想和党的二十大精神进行研究阐释，全年在“四报一刊”发表理论文章12篇。印发《关于深入学习宣传贯彻甘肃省第十四次党代会精神的实施方案》，全方位开展省第十四次党代会精神学习宣传贯彻活动。面向全校26个单位的广大师生开展2万余人次的线上线下理论宣讲。创新组织体系建设形式，成立功能性党支部11个。严格党员发展工作流程，发展党员1870名。认真落实意识形态工作责任制，制定《西北师范大学2022年宣传思想与意识形态工作要点》。加强党外代表人士队伍建设，推动统一战线成员履职尽责、建言献策，17个提案被列为省政协A、B类提案，9项咨政建言成果获省政府参事室表彰。庆祝建校120周年，动员全校力量做好校史布展，新建具有重要育人功能的校史馆。

教学工作　持续巩固人才培养中心地位，全面推进“五育并举”人才培养体系建设，认真落实七期教改工程年度工作任务，深入实施卓越拔尖人才2.0培养计划，进一步探索校际合作育人新模式。7个专业新增为国家一流本科专业建设点，4个专业新增为省级一流本科专业建设点，46门课程获批省级一流本科课程，评审立项建设9部重点教材。推动信息技术与教育教学深度融合，开设线上本科课程6873门。制定《关于修订研究生培养方案的指导意见》，评选6个校级专业学位研究生实践基地，立项建设研究生课改项目19项、一流课程项目17项、一流教材项目10项、案例库项目14项。获教育在线"2022年度高校就业创新奖"，2022届毕业生年终毕业去向落实率83.48%，其中本科生79.15%，研究生90.56%。

学科建设 制定《西北师范大学贯彻落实〈关于新时代振兴中西部高等教育的意见〉措施清单》《西北师范大学"双一流"建设方案》《西北师范大学国家一流学科突破工程学科建设管理办法》，举全校之力支持教育学、简牍学全面落实一流学科突破工程。推进新一轮优势特色学科建设，持续优化学科建设经费配置，编发《2021年学科建设报告》。

科研工作 全面做好科研项目申报与管理，制定《"包干制"科研项目经费管理办法》，修订《高水平成果绩效评定办法》。获批国家级和教育部科研项目111项，其中国家自然科学基金项目60项，国家社科基金项目37项；获批其他各级各类项目252项。立项学校重大科研项目培育计划项目14项，青年教师科研能力提升计划项目66项。完成2300余项科研项目的立项、中期考核、结题验收等管理工作。全年获批科研项目经费1.04亿元，较上年增长186.46万元。其中，纵向项目经费7392.4万元；横向项目经费3014.83万元。制定《科研基地平台建设与运行管理办法》，获批甘肃省数学与统计学基础学科研究中心、甘肃省智能教育产业研究院。学校教师相关科研成果获教育部高校科学研究优秀成果奖二等奖1项，甘肃省科学技术奖7项，全国民族工作优秀调研报告奖2项，甘肃省第十届敦煌文艺奖3项，中国智库优秀成果二等奖2项。

学生工作 结合学习党的二十大精神和120周年校庆活动，在学生中深入开展理想信念教育、爱国主义教育和爱校荣校教育。28164人次学生获得各类奖助学金总计1.15亿元。完成27486名本硕博学生心理普测排查工作，接待来访咨询学生1700余人次，开展线上心理辅导7000余人次。拓展社会实践平台，暑期组织50支团队480余名学生开展集中实践，610余名学生就近开展"返家乡""进社区"实践活动，实践团队获团中央青年发展部、中国青年报各类表彰5项。动员7600余名学生投身疫情防控志愿服务工作，组织开展志愿服务活动近700场次。获批甘肃省大学生创新创业训练计划项目国家级立项3项、省级立项39项，获批资金支持15万元。学校入选首批国家级创新创业教育实践基地，创新创业学院获批甘肃省高校创新创业教育示范学院。

交流合作 与泰国易三仓大学签订合作协议，与希腊雅典大学签订学生合作培养协议，开展"丝绸之路文明基础学科拔尖学生培养基地班"学生国际化培养项目。制定《西北师范大学港澳台本科学历生招生和培养管理办法》，完成招收港澳台地区学生教育部备案工作。召开第五届"中国与中亚人文交流与合作国际论坛"暨第六届东干语言文化国际学术研讨会、"河西走廊与中亚文明"国家社科重大招标项目开题报告暨学术研讨会、丝绸之路与文明互鉴国际论坛暨中国中外关系史学会2022年年会。参加

9月24日，西北师范大学举行2022年秋季学期赴新疆实习支教出发仪式

首届“一带一路”霍尔果斯论坛，成为首届论坛理事单位。完成《哈萨克斯坦常用法律》出版工作，启动乌兹别克斯坦常用法律翻译项目。招收各类别国际学生400人，申请学历涵盖本科、硕士、博士3个层次。

社会服务 深度融入甘肃省“一核三带”“四强行动”战略，校领导和相关部门分赴省内各市州开展校地融合高质量发展专题调研。与酒泉市、庆阳市、省文旅厅、建行甘肃省分行、兰州移动、中央芭蕾舞团等单位签署合作协议。完成2022年“万威教育创新发展研究基金”教育研究立项工作和2022年“互联网+”教育信息化项目师资培训工作。成立西北师大宁夏校友会、陕西校友会，完成浙江、江苏、佛山、临夏等省区市校友会的改选换届工作，制定《校友导师计划实施方案》。承担各类教师培训36项43个班次，培训人数2792人。完成1790名甘肃省高校教师的岗前培训工作。招收学历继续教育学生1.7万余人，自学考试招生1500余人。做好同等学力申请硕士学位工作、退役军人培训工作和各类社会考试组考工作。

（周建翔）

【兰州理工大学】 是甘肃省人民政府、教育部、国家国防科技工业局共建高校，甘肃省高水平大学建设高校。中西部高校基础能力建设工程、国家大学生创新型实验计划、教育部卓越工程师计划入选高校，国家国防教育特色学校。学校有19个学院、1个教学研究部，设有研究生院、温州研究生联合培养基地。有9个学科门类，涵盖工学、理学、管理学、经济学、文学、法学、教育学、医学、艺术学，工程学、材料科学、化学3个学科进入ESI排名全球前1%，土木工程、材料科学与工程、机械工程、控制科学与工程4个学科在第四轮学科评估中进入B类。材料科学与工程学科入选省属高校国家“一流学科”突破工程，“金属表面防护与延寿学科创新引智基地”入选“高等学校学科创新引智计划”。有20个省级重点学科、4个国防特色学科方向。有71个本科专业，20个专业入选国家级一流本科专业、10个专业入选省级一流本科专业，14个专业通过工程教育认证和评估，进入全球工程教育“第一方阵”。3门课程入选国家一流本科课程，31门课程入选省级一流本科课程。有国家级教学团队2个、国家级实验教学示范中心3个、国家级工程实践教育中心4个、省级教学团队11个、省级实验教学示范中心16个，获得省级教学成果奖特等奖3项、一等奖5项。有6个一级学科博士点，25个一级学科硕士点、20个省级重点学科、16个硕士专业学位类别。

2022年，全日制在校生29148人。其中，本科生22361人；研究生6187人；国际学生346人。有兰工坪校区、彭家坪校区两个校区，占地2430亩，校舍建筑面积121万平方米，图书馆馆藏图书223万册、电子图书123万册，实验室面积5万余平方米，教学科研仪器设备资产值4.8亿元。

思政工作 大力推进党的创新理论入脑入心，坚持用习近平新时代中国特色社会主义思想铸魂育人，推动思想政治教育常态化制度化，不断增强广大师生的政治认同、思想认同和情感认同。持续完善思政工作体系，充分发挥学校马克思主义学院建设领导小组统筹协调“大思政课”的重要职责作用，深入学习贯彻教育部高校思想政治工作视频会议精神和《关于新时代加强和改进思想政治工作的意见》要求，制定《兰州理工大学贯彻落实〈关于新时代加强和改进思想政治工作的意见〉实施方案》《兰州理工大学2022年思想政治工作要点》《兰州理工大学“三全育人”综合改革建设任务清单》，深入推动学校思想政治工作守正创新。制定《兰州理工大学开展“一站式”学生社区综合管理模式建设试点工作方案》，大力推进“一站式”学生社区建设，从党建引领、管理协同、队伍入驻、服务下沉、文化浸润、自我治理等6个方面教育引导学生成长成才。积极促进思政课程与课程思政协同发展，成立思政课建设工作领导小组，制定《2022年春季学期学校领导班子讲授思政课实施方案》，学校领导带头讲授思政课，推动党的创新理论入脑入心。立项建设通识教育公共选修课思政类课程2门，独立开设思政必修课——习近平新时代中国特色社会主义思想概论课程，线上举办思政课教学观摩活动、集体备课，思想道德与法治建设课程教学团队获批省级教学团队。加强国防教育，制定《兰州理工大学大学生征兵工作实施办法》，设立参军报国奖学金，开设1152个学时军事理论课，做好校园封闭管理期间学生心理健康状况调查，启动心理危机日排查工作，举办心理健康节等活动普及心理健康知识。发挥“第二课堂”在学生思想政治教育引领方面的积极作用，成立红柳青年志愿服务中心，举办红柳文化节、中华经典诗词朗诵大赛等校园文化活动，开展“返家乡”社会实践活动，参与学生3000余人。红柳青年传媒中心获“寻找甘肃省2021—2022年度影响力校园媒体”评选的“进步之星”。校团委获“全国红十字模范单位”称号，学校获评全国“优秀易班共建高校”，7名学生获2021年度“中国大学生自强之星”荣誉称号。

教学工作 不断创新人才培养模式，完善教授为本科生授课制度，制定《兰州理工大学关于教授为本科生上课的有关规定》。健全教学审核评估机制，制定《兰州理工大学本科教育教学审核评估实施办法》《兰州理工大学本科毕业论文（设计）抽检实施细则》，全面提升本科生培养质量。深化本科专业供给侧改革，建立健全本科专业动态调整机制。经管学院通过BGA金牌认证，学校成为西北地区首个通过BGA单独认证的高校。实施“双万计划”一流本科专业建设，新增通过工程教育认证专业3个，通过工程教育认证专业17个，位列全国高校前25位。获批省级一流专业建设点4个，一流专业达到34个。全面推进一流本科课程建设和课程教学改革，获批省级一流课程33门、省级高等教育教学成果奖13项。持续深入推进创新创业教育，获国家级重点学科竞赛一等奖及以上奖励23项；在“互联网+”国赛中获1金1银6铜，实现“互联网+”大赛国家级金奖零的突破；学校入选首批国家级创新创业学院建设单位。

师资队伍建设 学校有教职工2309人，其中专任教师1478人，教授、副教授等高级以上职称教师994人，博士研究生导师160人，硕士研究生导师633人，博士学位教师730人。有共享中国科学院、中国工程院院士4人，“长江学者”特聘教授2人、“百千万人才工程”国家级人选3人、国家杰出青年科学基金获得者2人、中国科学院“百人计划”入选者3人、享受国务院政府特殊津贴30人。入选甘肃省领军人才38人、“飞天学者”33人。有中国焊接终身成就奖、全国优秀教师、全国先进工作者、全国师德标兵等国家级荣誉称号12人，有甘肃省五一劳动奖章、优秀专家、教学名师、师德标兵等省级荣誉称号70余人。

持续深入推进高层次人才队伍建设，成功推荐一批专家获重点人才计划支持，省级人才项目立项5项，推荐享受甘肃高层次专业技术人才津贴46人，1名教师入选“第七批国家高层次人才特殊支持计划教学名师”。人才分类评价体系加快建立，师资队伍结构进一步优化，3名青年教师入选首批“陇原青年英才”，9名教师入选第四批“飞天学者特聘计划”。完善研究生导师遴选标准和招生资格审核机制，突出培养条件和指导能力评价，实施分类遴选，新增博士研究生导师28人、硕士研究生导师136人，导师队伍规模达到926人，获评甘肃省研究生教育优秀导师2人、优秀导师团队1个。扎实推进师德师风建设，制定《兰州理工大学教师师德师风考核办法（试行）》《兰州理工大学教学名师评选奖励办法（修订）》，评选表彰师德标兵4人、“三育人奖”先进个人58人。1个教师团队在2022年外研社“教学之星”全国总决赛中获得一等奖，1名教师在第十一届全国高等学校测绘类专业青年教师讲课竞赛荣获一等奖。

学科建设 落实《关于启动甘肃省省属高校一流学科突破工程的通知》要求，推进学科与专业、课程、学位点协同发展，制定《兰州理工大学加快高质量发展“一校一策”实施方案》《兰州理工大学“一流学科”突破工程实施方案》，成立国家一流学科突破工程工作专班，以材料科学与工程学科为龙头，推动多学科融合内涵建设，生物工程等学科呈现良好发展势头。申报电气工程等6个一级学科博士与相关专业学位博士点，调整艺术硕士专业学位授权点为设计硕士专业，完成网络空间安全等6个新增学士学位授权审核。聚焦优势特色学科发展，继续加大对红柳学科及学科方向团队、学科协调基金、国防特色学科的支持力度，加强过程监督与绩效考核，完成重大非通用设备购置论证，抢抓国家中长期贷款政策机遇，成功申报甘肃教育二期、四期项目。工程学、材料学、化学等学科在ESI学科排名继续保持前1%，排名同比分别提升65名、57名、122名。

科技创新 聚焦有色金属加工、黄河流域生态保护和工程防灾减灾、新能源技术及装备、智能制造及信息集成4个学科交叉领域谋划、凝练科研项目，获国家自然科学基金立项84项，组织申报省部级科研奖励80项，申报甘肃省教育科学“十四五”规划专项课题29项。省部共建国家重点实验室首次获得国家自然科学基金区域创新发展联合基金项目，以第一单位发表论文391篇，其中TOP期刊论文16篇。依托学科优势和实验平台资源，与定西市、金川区及金昌经济技术开发区、甘肃工程咨询集团、敦煌研究院、东风汽车零部件集团签订战略合作协议，加入甘肃省化工新材料创新联合体、黄河流域绿色低碳行动高校创新联盟。积极与省内链主企业开展交流合作，深化校企融合创新发展，支持青年骨干教师深入企业，选派科技专员24人，配合省教育厅启动高校青年博士教师“入企入社”项目。积极推动科技成果转化，面向师生公布企业技术需求716项，参与产学研合作项目对接会10余次，签订成果转移转化项目63项。

合作交流 拓展开放办学空间，与美国阿克伦大学建立校际合作关系，开展高分子专业“3+2”联合培养硕士研究生项目。申报国家公派西部项目、青骨项目、国家建设高水平大学公派联培博士研究生项目、创新型人才国际合作培养项目，派出教师3人、学生1人。落实“丝绸之路”国际产学研用合作会议框架下研究生中外导师联培项目，获批研究生招生名额45人。文尼察国立技术大学孔子学院建设取得阶段性成效，申报国外汉语等级考试，获批HSK、YCT和BCT等考点资格。中外合作办学项目、国际协同创新平台和“金属表面防护与延寿学科创新”111引智基地建设成效显著，留学生和外籍教师结构持续优化、质量持续提升。

教育改革 以破“五唯”为导向，改进结果评价，强化过程评价，健全综合评价，大力清理不科学不合理的评价做法，建立符合时代特点和教育本质的评价制度机制，制定《兰州理工大学2022年教育评价改革工作要点》，推动评价改革落实落地。对照《教育部等六部门关于加强新时代高校教师队伍建设改革的指导意见》要求，持续完善师资队伍建设管理评价制度和保障机制，修订《兰州理工大学优秀博士引进与管理办法》《兰州理工大学在职人员申请报考博士研究生管理办法》，制定《兰州理工大学辅导员班主任职责分工规定》等文件。深化科技成果评价体制机制改革，修订《兰州理工大学高质量论文和著作认定办法》，制定《兰州理工大学科研贡献奖励津贴实施办法》。深化学生评价改革，修订《兰州理工大学本科生综合素质测评办法》，制定《兰州理工大学研究生课程思政示范项目实施办法》，提升课程思政育人实效。

（周志强）

【兰州交通大学】 是国家铁路集团有限公司与省政府、国家铁路局与省政府双共建高校，教育部批准的天津大学、北京交通大学、西南交通大学对口支援高校，教育部“卓越工程师教育培养计划”入选高校，教育部“深化创新创业教育改革示范高校”，教育部“中西部教育振兴计划”支持高校，甘肃省高水平大学和“一流学科”建设高校。学校有国家语言文字推广基地、全国铁路科普基地、国家北斗科普基地、教育部文化传承基地和西北地区小语种培训基地等一大批人才培养基地。学校发挥工科优势，面向交通行业，学科特色鲜明，设置本科专业70个，专科专业6个，直属学院部20个。交通运输、土木工程、环境科学与工程、机械工程、信息与通信工程、测绘科学与技术等学科在国内具有明显的比较优势。有8个学科门类，工程学、化学2个学科进入ESI全球排名前1%。有5个博士后科研流动站、6个博士学位授权一级学科（含工学、管理学2个学科门类）、28个硕士学位授权一级学科、15个硕士专业学位授权类别。建有省级“双一流”特色建设工程项目学科6个，省级重点学科24个。在教育部第四轮学科评估中，交通运输工程、土木工程、环境科学与工程3个学科被评为B类学科，机械工程学科被评为B-类学科。学校现有2个校区，占地面积1564亩，校舍建筑面积72.77万平方米，图书馆藏书233.45万册。

2022年，有全日制在校生31129人。其中，本科生22172人；硕士研究生6998人；博士研究生382人；留学生278人；高职生1223人；预科生76人。成人本科生12,586人，成人专科生2423人。有教职工2286人，其中专任教师1794人，正高级人员340人、副高级人员673人。有双聘院士2人，“长江学者”特聘教授1人，柔性引进“长江学者”特聘教授2人，国家杰青2人。有“五一劳动奖章”获得者、全国优秀教师、全国师德先进个人、全国模范教师、詹天佑铁道科学技术奖获得者、茅以升铁道科学技术奖获得者、宝钢教育奖获得者、甘肃省高等学校青年教师“成才奖”获得者、甘肃省高等学校教学名师在内的各类高层次人才344人。

2022年，共录取全国31个省（区、市）考生6109名，其中本科生5426名、高职生200名；录取硕士研究生2421人，博士研究生录取92人。2022届毕业生总数7930人，就业人数7141人，去向落实率90.05%。

学科建设 推动兰州交通大学“甘肃省属高校国家一流学科突破工程”学科建设，推进24个学位点2020—2025年学位授权点周期性合格评估阶段性工作，完成5个学位点周期性合格评估的自评工作。修订《兰州交通大学学位评定委员会工作章程》，制定《兰州交通大学学位授予工作指导意见》《兰州交通大学学位服使用管理规定（试行）》《兰州交通大学“交通运输工程”国家一流学科突破工程全职引进高层次人才暂行办法》，进一步规范管理制度。

人才引育 制定《兰州交通大学高层次人才项目申报推进总体工作方案》，召开2022年度人才工作会议暨第二届天佑青年人才发展论坛，全年引进博士69人，其中双一流及海外高校博士占比72%。获批甘肃省委组织部人才项目6项，接收培养“西部之光”访问学者和“陇原之光”研修人员各1名，9人赴天津大学等高校和科研院所进修，8名教师被各类国家留学项目录取。

人才培养 制定《兰州交通大学推进课程思政建设实施方案》，人才培养方案和课程大纲全面凸显课程思政教学理念和思政元素，通识教育选修模块开设百余门思政相关课程，基本实现思想政治教育贯穿整个人才培养体系。组织广大师生同上“一堂航天精神思政大课”“一堂传统文化思政大课”，组织2022级新生同上开学第一课，教育引导广大学生进一步坚定“四个自信”。不断完善线上教学综合服务平台，加强优质在线课程资源建设和利用，完成各项教学运行组织管理工作。获批“首批国家级创新创业教育实践基地”。1.1万余人次大学生参加各级各类学科竞赛60项，获国家级奖141项。其中，特等奖2项；一等奖23项；二等奖51项；三等奖65项。获省级奖466项。其中，特等奖15项；一等奖125项；二等奖155项；三等奖171项。在第八届中国国际“互联网+”大学生创新创业大赛甘肃省分赛，获全国铜奖4项，省级金奖9项。就业创业能力提升工程项目获省级重点项目立项1项。实施研究生学位论文“双盲”评阅制度，建立卓越研究生培养育人模式，制定《兰州交通大学研究生学位申请创新性成果认定细则（修订）》《兰州交通大学研究生学位论文作假行为处理办法》，推进分类培养，对不同类别研究生创新性成果、培养质量进行分类评价。推动研究生综合改革，构建“普通招考”“硕博连读”“申请考核制”并行多元化博士研究生选拔模式。开展科教融合、产教融合、教育教学质量提升、导师指导能力提升“四个”专项行动，不断加强研究生科研创新能力、实践创新能力培养和研究生培养质量保障体系、导师队伍建设。

教学工作 8个专业获批为国家级一流专业建设点、4个专业获批为省级一流专业建设点，5个专业首次通过工程教育认证，5门课程为国家一流课程，39门课程为省级一流课程，22门本科课程在国家智慧教育平台上线运行。“测绘科学与技术教师团队”入选第二批“全国高校黄大年式教师团队”，1名教师被评为甘肃省高校教学名师，2个团队被评为甘肃省高校教学团队，15个项目获批省级教学成果奖培育项目，新增1个校外实习（实践）基地。获甘肃省第二届教师教学创新大赛二等奖1项、三等奖5项。“轨道交通虚拟仿真5G智能交互实验实训平台建设及应用”建设试点项目获工信部和教育部“5G+智慧教育”应用试点项目立项，3门课程获“虚拟仿真类”省级一流课程。

科研工作 共承担纵向科研项目276项，总经费约6188万元。在自然科学类项目中，获批国家自然科学基金项目39项，科技部国家重点研发计划课题7项、中央引导地方科技发展资金项目1项、国家铁路集团有限公司项目12项；获批省科技厅各类计划项目102项，经费1013万元。在社会科学类方面，获批国家社科基金项目1项，甘肃省社科规划项目2项。获甘肃省科技进步奖7项。其中，一等奖1项；二等奖3项；三等奖3项。自然科学奖三等奖1项；获詹天佑铁道科学技术成就奖1项；获中国物流与采购联合会科技奖二等奖1项，三等奖2项。科学引文索引（SCIE）收录学术论文574篇，同比增长20.3%。工程索引（EI）收录论文622篇，同比增长3.5%。科技会议引文索引（CPCI-S)收录论文15篇。共授权专利860件，同比增长47.5%。新增国家铁路局“高原铁路运输智慧管控铁路行业重点实验室”和甘肃省教育厅“甘肃省微电子产业研究院”2个省部级科研平台。共签订各类科技服务项目192项，合同经费4073万元。获批市级科技计划项目3项，总经费28万元。

学生工作 结合重要时间节点，展开爱国主义教育、理想信念教育、法律法规教育、校纪校规教育、各类安全教育，不断加强人文关怀和心理疏导，促进学生健康成长，开展国防教育，资助本专科生46332人次。开展国际中文教育推广工作，再次被教育部中外语言交流合作中心评为优秀考点。外籍教师SARYYEVAJAHAN获甘肃省外国专家“敦煌奖”。

交流合作 天津大学选派1名干部来校挂职；7名教工赴天津大学攻读博士学位，推荐2名博士至天津大学联合培养。联合创新基金项目立项10项，举办“天津大学－兰州交通大学协同创新学术交流周”活动，两校近30名专家学者作学术报告。推进西班牙塞维利亚大学孔子学院建设。推进与美国依阿华州立大学2+2本科双学位联合培养项目，与美国内华达大学拉斯维加斯分校在机械设计制造及其自动化专业合作办学项目并签订合作协议，与菲律宾北达沃州立大学签订合作协议，与印度尼西亚泗水大学达成合作意向。

（王博雅）

6月30日，兰州交通大学“喜迎二十大　永远跟党走　奋进新征程”2022年大学生志愿者暑期文化科技卫生暑期“三下乡”社会实践出征仪式在图书馆前圆形广场举行

【甘肃农业大学】 是农业农村部和甘肃省人民政府共建大学、国家重点建设的中西部百所高校之一、甘肃省高水平大学。2022年，学校设有23个学院（教学部），66个本科专业。有11个国家级一流本科专业，5个国家级特色专业，18个省级一流本科专业。1个国家级重点学科，1个农业农村部重点学科和18个省级重点学科；8个一级学科博士学位授权点，1个交叉学科博士学位授权点，1个专业博士学位授权类别，19个一级学科硕士学位授权点，11个专业学位授权类别。国家重点实验室1个，国家级实验教学示范中心1个，省部级重点实验室、工程实验室以及各类研究中心（基地）51个，省级实验教学示范中心14个。学校占地面积2378亩，校舍建筑面积66.18万平方米，固定资产总值

20.59亿元。

2022年，在校本科生17423人，硕士研究生3446人，博士研究生583人。教职工1528人，其中专任教师1246人，正高级职称217人，副高级职称406人。国家级高层次人才8人，享受国务院政府特殊津贴6人，农业农村部专家指导组成员2人，国务院学位委员会学科评议组成员3人，农业农村部产业体系岗位专家15人；全国优秀教师1人，全国教育系统劳动模范1人，全国教育系统模范教师1人，全国杰出专业技术人才1人，全国林业和草原教学名师1人，教育部“新世纪优秀人才支持计划”1人；甘肃省科技功臣1人，甘肃省领军人才29人，甘肃省飞天学者26人，甘肃省陇原青年英才3人，甘肃省陇原人才339人，甘肃省现代农业产业技术体系首席专家9人，甘肃省特聘科技专家3人，甘肃省优秀专家3人，甘肃省优秀教师8人，甘肃省“教学名师”14人，甘肃省高校青年教师成才奖45人。

思政工作 始终把学习宣传贯彻习近平新时代中国特色社会主义思想作为首要政治任务，统筹安排学校理论学习工作。通过中心组学习、主题宣讲、辅导报告等方式，开展党的二十大精神、省第十四次党代会精神、全国“两会精神”、新发展理念等重要专题学习教育。在《人民日报》《光明日报》《甘肃日报》刊发文章9篇。5项社科成果获得省委领导批示，3项成果被省委办公厅《甘肃信息·今日上报》采用。立项党建与思想政治教育工作研究项目11项，党支部特色活动支持计划项目17项。学校构建起“中心—专业—团队—课程—建设研究项目”建设体系，着力实现价值塑造与专业知识传授同频共振，切实将“三全育人”“五育并举”融入专业、化于课堂，不断提升人才培养质量。对首批30门课程思政示范项目进行总结验收，对第二批示范项目进行中期检查。编印《甘肃农业大学课程思政教学设计案例专集》，对13个“三全育人”试点推广教学研究项目进行阶段检查，立项建设体育教育教学改革项目。

教学工作 完成10个校级一流本科专业的总结验收，遴选立项建设5个专业，校级一流本科专业达到25个，占专业总数的38%。立项5个校级专业综合改革试点项目，并对2021年立项的5个校级专业综合改革项目进行总结检查。获批国家级一流本科专业3个，省级一流本科专业4个。申报智慧农业、智慧牧业科学与工程、农业智能装备工程3个新专业。立项建设30门校级一流课程，获批省级一流课程27门。

科学研究 组织申报各级各类科技计划项目1072项，获资助274项；各级各类新上项目合同经费1.46亿元，全年累计到位科研经费1.27亿元。组织申报各级各类科技奖励55项，其中获甘肃省科学技术奖16项（一等奖2项、二等奖6项、三等奖8项）、专利奖2项（一等奖1项、二等奖1项）、全国农牧渔业丰收奖一等奖1项。发表论文2608篇，其中高质量论文1833篇、SCI论文743篇、四报一刊及中文核心学科排名第一文章144篇。登记计算机软件著作权91项，申报专利460项、授权320项。审定登记植物新品种9项，制定颁布地方标准8项。被各级政府和领导采纳咨询研究报告16项。推荐农业农村部全国农业高新技术成果12项，入选2项。

学科建设与研究生工作 制定《甘肃农业大学学科团队建设管理办法》，采用“团队+平台+项目”的模式和项目制管理方式，在全部一级学科开展学科团队组建申报工作。实施学科建设项目18项，本科设备购置专项4项，共计投入学科项目经费4322.12万元，学校农业科学进入前1%50强。修订学科建设项目任务书，进一步明确建设目标、任务、绩效，规范思想政治教育、师德师风建设、经费管理使用等方面。召开学科建设工作务虚会，不断完善学科建设项目实施和管理环节。草学学科进入省属高校国家“一流学科”突破工程行列，按照《甘肃省属高校国家一流学科突破工程建设方案》，制定草学一流学科突破工程建设方案，在学科项目、实验室开放课题、团队项目等方面倾斜支持草学。

全面修订《甘肃农业大学学位授予工作细则》，获批森林保护、土地整治工程、数据科学与大数据技术、生物制药、兽医公共卫生5个学士学位授权专业。完成校学位评定委员会及分委员会换届工作。组织遴选10个校级研究生联合培养基地，组织申报29个科技小院，21个获教育部批准支持建设。省级优秀研究生“创新之星”项目立项75项。完成优秀博士学位论文培育项目立项评审4项、中期考核4项、结题验收6项。遴选研究生导师125人。其中，博导27人；硕导98人。考核研究生导师42人。完成青年导师扶持基金立项22项、中期考核14项、结题13项。

师资队伍建设 制定修订《甘肃农业大学教师思想政治和师德考察办法（试行）》《甘肃农业大学专业技术岗位聘用实施办法（试行）》《甘肃农业大学专职辅导员专业技术职务评聘办法》等规章制度。962人聘用相应专业技术岗位（二级岗位45人、三级岗位72人、四级岗位72人、五级岗位66人、六级岗位129人、七级岗位165人、八级岗位136人、九级岗位108人、十级岗位127人、十一级岗位2人、十二级岗位40人）；晋升职称190人（晋升正高级职称30人、副高级职称46人、中级及以下职称114人）。入选甘肃省拔尖领军人才1人，甘肃省飞天学者特聘教授2人，甘肃省飞天学者青年学者5人，甘肃省陇原青年英才3人。荣获省级教学名师2人，省级青年成才奖2人。新增76人享受“陇原人才卡”。招聘博士54人，硕士33人。晋升副教授级辅导员3人，晋升讲师级辅导员7人，1人荣获“高校辅导员年度人物”，辅导员队伍职业化、专业化发展成效明显。

招生就业 2022年，普通高考录取4330人，专升本录取328人。招收硕、博士研究生1745人。制定《甘肃农业大学关于进一步促进毕业生就业工作的实施意见（试行）》。制定《甘肃农业大学书记、校长访企拓岗促就业专项行动工作方案》，学校领导带队走访省农垦集团、省农行、“河西五市”政府等多家用人单位，共拓展用人单位212家。通过开展网络视频双选会、直播带岗、访企拓岗等一系列就业活动，促进就业工作，本科生初次就业率79.98%，研究生初次就业率77.62%。学校被省教育厅认定为“甘肃省大学生就业工作示范性高校”。获批甘肃省农林院校就业创业综合体建设项目1项（经费300万元）、甘肃省就业示范性高校项目1项（经费120万元）；组织申报省级个人项目7项，经费24.8万元。

学生工作 修订《本科生奖励办法》，学生综合素质测评、奖助学金评定、困难生认定首次实现网络平台申报和办理。超额完成征兵任务，荣获省“征兵工作先进单位”称号。推动学生会组织深化改革，开展校院两级学生会（研究生会）组织工作人员春季、秋季线上培训会。完成60个学生社团年审考核工作，组织开展高校“活力社团”评选展示工作，推荐7个社团参与省级评选。开展“艺术文化月”“社团文化节”等系列校园文化活动80余项，志愿服务活动10余项。

交流合作 落实中国农业大学对口支援学校工作。与金昌市、河西学院、中国农业银行甘肃分行、甘肃农垦等10余家单位签署战略合作协议，在人才培养、科学研究、实习就业等方面进行全方位合作。与美国加州大学戴维斯分校就开展研究生线上学分课程项目达成初步合作意向，与韩国东明大学就师生互派、合作科研等事宜达成初步合作意向。对接中教国际教育交流中心，组织18名教师参加美国普渡大学农商管理线上研修班。联合法国Cafa葡萄酒学院，组织教师参加《葡萄酒基础概论》线上师资培训。截至12月31日，学校共有在册留学生56人，美籍外教2人，外籍博士后1人。获批国家留学基金委高层次人才培养项目1项，科技部外国专家项目3项。组织申报国家引智引才基地1个。1名新西兰籍外国专家获得甘肃省人民政府“敦煌奖”荣誉称号。

（马小军）

【兰州财经大学】 是国家布局在西部地区重要的商科院校，是黄河流域上游唯一一所具有本、硕、博人才培养体系的财经大学。设有22个党政管理机构群团组织，20个教学机构〔研究生院、会计学院、金融学院、统计学院、工商管理学院、经济学院、国际经济与贸易学院、信息工程学院、财税与公共管理学院、法学院、马克思主义学院、商务传媒学院、外语学院、艺术学院、农林经济管理学院、国际教育学院（中亚商学院）、继续教育学院、体育教学部、创新创业学院（创新实践教育中心）、长青学院〕，

18个校级科研机构，4个教辅机构。2022年，全日制在校本科生23473人，硕士研究生2722人，博士研究生73人，继续教育学员8802人，留学生36人。录取本科生5646名（含专升本592人、第二学士学位5人、预科生166人），硕士研究生1009名，博士研究生25名。教职员工1541人，其中专任教师1222人，具有教授、副教授职称教师585人，具有博士、硕士学位教师980人。建成国家级实验教学示范中心1个、省级实验教学示范中心7个、省级人文社科重点研究基地3个、省级2011协同创新中心2个、省级重点实验室3个、第三批省级技术转移示范机构1个。建有“一带一路”建设重要智库——甘肃省白俄罗斯研究院、高校新型智库——甘肃省丝绸之路经济研究院、甘肃省现代金融产业研究院、“一带一路”知识产权保护与数据运用产业研究院。有甘肃省一流（特色）学科2个，省级重点学科10个，一级学科博士点1个，一级学科硕士点7个，硕士专业学位授权点13个。开设本科专业61个，有国家级特色专业建设点3个、省级特色专业建设点16个，国家级一流本科专业建设点8个、省级一流本科专业建设点15个，省级一流本科专业15个。有省级教学名师11人、省级教学团队15个、省级精品课程31门、省级一流本科课程22门、省级教学成果培育项目44个、省级教学成果奖10项。有和平、段家滩、东岗3个校区，占地面积1700余亩，校舍建筑面积73.01万平方米，教学科研仪器设备总值11458.97万元。图书馆馆藏纸质图书162万册、电子图书715万册，是甘肃省重要的经济管理类文献资料信息中心。组织开展70周年校庆系列活动。

学科建设 健全学科建设长效机制和组织管理体系，优化学科建设制度和机制保障。持续强化博士单位建设，加快推进一流学科建设和学科“攀登计划”。4月21日，承办2022年全省“双一流”建设暨学位与研究生教育工作推进会。围绕国家乡村振兴战略背景需要，依托农林经济管理学院良好的师资、科研、平台和实践基地，通过学科融合培养具备农业管理扎实理论基础与实践技能，引领乡村振兴的复合型高级专业人才，12月19日，召开新增农业硕士（农业管理领域）专家论证会。首届博士学位授予工作顺利开展。

大力推进新文科建设，印发实施学校本科人才培养方案（2021版）。完成省级虚拟仿真实验教学一流课程集成共享应用和虚拟仿真实验教学课程上线“智慧高教平台”建设。积极推进“门门课程讲思政，人人争做‘大先生’”课程思政教育氛围的形成。确立“一体四维度一课四平台”的劳动教育体系，学校当选中国高等教育学会劳动教育专业委员会常务理事单位。积极推进创新创业学院获批全国第一批国家级创新创业学院和甘肃省高等学校创新创业教育示范学院。“创新创业教育课程群虚拟教研室”获批立项教育部首批虚拟教研室项目。2022年参加创新创业类学科竞赛获得国家级奖项25项，省级奖项30项。

教学工作 持续加强学校一流专业和一流课程建设。获批国家级一流专业2个，省级一流专业3个，省级一流课程23门。完成第三批一流课程申报工作，共确立35门校级一流课程。新增思想政治教育、翻译、人工智能等3个本科专业。获批省级教学团队2个，省级教学名师1人，高等学校青年教师成才奖2人，高等教育教学成果培育项目11项。开展“教师教学课件大赛”“教师教学研讨沙龙活动”，推动传统课堂教学模式向线上线下混合式教学模式转变，加快“以学生学习为中心”的课堂改革。开展第二届教学创新大赛校赛。中共甘肃省委宣传部与学校共建新闻学院（商务传媒学院），兰州财经大学融媒体中心作为我省首家入驻“新甘肃云”省级技术平台的高校融媒体正式上线。

科研工作 修订《科研工作量核算及科研绩效管理办法》等多项科研管理制度。获准立项国家基金项目、教育部人文社科项目、省级科技重大专项、省社科规划项目、省自然科学基金项目、省软科学项目等各类项目合计114项，争取各类纵向科研项目经费743.6万元。“甘肃省现代金融产业研究院”和“‘一带一路’知识产权保护与数据运用产业研究院”等2个产业研究院获批甘肃省第一批高校产业研究院。新设立“西部舆情与传媒研究院”“生态产品价值实现研究院”2个校级科研平台。13篇资政研究成果被省级内参采纳，其中3篇被省级领导批示，1篇上报中办。

学生工作 精准实施分年级培育计划。开展中华优秀传统文化教育、“悦跑兰财”等大学生文明修身活动10余场。修订《兰州财经大学本科生国家奖学金实施方案》等12个方案，完善“奖助贷勤补（免）”五位一体学生资助管理体系，做实资助工作。全面实施本科生综合测评改革，修订《本科学生综合测评办法》。开展“访企拓岗”专项行动和“直播带岗”活动，多措并举拓宽就业市场。以“甘肃省高校大学生就业创业能力提升工程”为基础，在东岗校区推进全省财经类毕业生就业创业服务基地与共享平台软硬件建设，建立健全全省毕业生及用人单位数据库。

队伍建设 全年引进博士研究生25人，招聘硕士研究生30人，招聘急需紧缺专业硕士研究生20人。推荐各级各类人才工程、人才项目及专家遴选150人次。3名教师获批2022年省级人才项目，9名教师入选第四批甘肃省飞天学者特聘计划，3名教师入选2022年甘肃省优秀青年文化人才，1名教师入选2022年中组部“西部之光”访问学者。制定《兰州财经大学教师系列专业技术内部等级岗位设置与聘用管理暂行办法》，发挥激励引导作用，调动广大教师工作积极性。遴选23名教辅管理人员转为专任教师，进一步加强管理岗位与专业技术岗位之间的转换流动。对70名“三育人”先进个人和15名从事教育工作满30年人员进行表彰奖励。

合作交流 与俄罗斯圣彼得堡彼得大帝理工大学、英国肯特大学等国外高校达成初步合作协议。落实《中美人才培养计划》等国际项目，获批成为国际中文教师奖学金接收院校。积极参加白俄罗斯主办的国际会议、第十三届中国高等教育校长论坛等。与省商务厅共同举办2022年“中白地方合作年”活动座谈会暨“甘肃省境外就业培训基地”揭牌仪式。与新加坡南洋理工大学国立教育学院联合举办“行政干部管理能力提升”培训班。深化与中央财经大学的交流合作，新增对外经济贸易大学、上海财经大学和中国社会科学院大学为学校对口支援高校。与40余家省直机关和省属骨干企业对接达成合作共建研究平台意向。

（余　茜）

【甘肃中医药大学】 甘肃省人民政府与国家中医药管理局共建高校、教育部及国家中医药管理局批准“卓越医生（中医）教育培养计划改革试点”高校、全国第四次中药普查甘肃省试点工作技术依托单位、国家基本药物所需中药材种子种苗繁育基地建设甘肃省牵头指导单位、甘肃省道地中药材标准制定工作牵头单位、科技部“中医药防治慢性病示范型国际科技合作基地”、甘肃省中医药标准化技术委员会秘书处常设单位、世界中医药学会联合会敦煌医学研究及文化传承专业委员会牵头单位、“中国政府奖学金”来华留学生培养院校、中医学专业“5+3”一体化招生院校，是西北地区唯一一所具有博士学位授予权的中医药类高校。

学校建立医学、理学、工学、经济学、管理学、教育学、文学等7个学科门类，建成了以中医药学、现代医学和医学相关学科为主体的3个核心专业圈、本硕博一体推进的综合人才培养体系。形成和平校区、五里铺校区、定西校区、甘南校区“一校四区”办学格局。和平校区占地面积1050亩，医药教育别具特色，是学校本科专业人才培养教育基地。五里铺校区占地面积105亩，集省部级重点实验室、科研平台、中药创新研究院于一体，是学校高层次人才培养和继续教育基地。定西校区占地805亩，是学校应用型人才培养基地。甘南校区在甘南州合作市，占地81.61亩，是学校培养藏医药人才、传承藏医药文化、推进民族医药学发展的重要基地。

2022年，学校本部有教职工977人，其中专任教师835人。有国医大师2人，全国名中医6人，双聘院士4人，岐黄学者1人，博士研究生导师67人，硕士研究生导师686人，17人享受国务院颁发的特殊津贴，1人被评为“卫生部突出贡献专家”，3人被评为“全国优秀教师”，63人荣膺“甘肃省名中医”，11人被评为“甘肃省优秀专家”，14人获“甘肃省高校教学名师奖”，13人获“甘肃省园丁奖”，36人获“甘肃省高校青年教师成才奖”，23人入选甘肃省“333”“555”人才工程，7人入选甘肃省高校跨世纪学科带头人，16人被选拔为甘肃省领军人才，27人被选拔为甘肃省卫生厅领军人才。学校本部设有21个教学机构（与甘肃省人民医院共建第一临床医学院，与兰州市政府依托兰州市第一人民医院共建第二临床医学院），4个直属机构，3个科研机构。有4所直属附属医院（甘肃省中医院、甘肃中医药大学附属医院、白银市第一人民医院、甘肃宝石花医院），7所非直属附属医院，132家实践教学基地（含11所附属医院）。有省级教学团队16个，省级实验教学示范中心6个。有全日制在校生18723人。其中，本科生13852人；专科生1178人；硕士研究生3274人；博士研究生194人；留学生125人。现有14个省部级重点学科、3个省级特色学科（A类）、7个省级重点学科，2个甘肃省高校重点学科、9个甘肃省医疗卫生重点学科。有32个本科专业，有4个国家级一流本科专业、10个省级一流本科专业。有1个博士后科研流动站、3个一级学科博士学位授权点、5个一级学科学术型硕士学位授权点、6个一级学科硕士专业学位授权点，具有同等学力人员硕士学位授予和高校教师在职攻读硕士学位培养权。有19门省级精品课程，9门省级精品资源共享课。学校有1个敦煌医学与转化教育部重点实验室，1个省部共建协同创新中心，3个国家中医药管理局中医药科研三级实验室，5个甘肃省重点实验室，2个甘肃省临床医学研究中心，1个甘肃省科普示范基地，1个甘肃省道地中药材种质资源库，2个甘肃省高校重点实验室，2个甘肃省高校人文社科重点研究基地，2个甘肃省高校新型智库，1个甘肃省高校产业研究院，2个省级工程实验室，5个省部级工程技术研究中心，1个实验动物省级行业技术中心，3个省级协同创新中心。馆藏纸质文献资源总量98.68万册，拥有各类数据库49个，纸质图书90余万册，电子图书249.5万册，电子期刊112.2万册。

主办《甘肃中医药大学学报》《中医儿科杂志》《甘肃基层卫生》三种学术期刊，其中《中医儿科杂志》为中华中医药学会系列期刊，入选“2022年度中国高校优秀科技期刊”。学校直属附属医院拥有院内制剂122个，其中宣肺化浊颗粒、岐黄避瘟颗粒、扶正屏风颗粒等院内制剂以及学校教师作为药企主研发人的宣肺止咳合剂，在新冠疫情防治中发挥了重要作用；姜石颗粒获评2022年“甘肃省药学发展奖”一等奖。

重要会议 中国共产党甘肃中医药大学第二次代表大会于9月9—11日召开，省委副书记王嘉毅出席。大会审议通过《关于中国共产党甘肃中医药大学第一届委员会报告的决议》《关于中国共产党甘肃中医药大学第一届纪律检查委员会报告的决议》《中国共产党甘肃中医药大学委员会关于制定学校“十四五”发展规划的建议》，选举产生党委委员27人，纪委委员9人，党委常委11人。确定围绕1个主题、聚焦10大高质量发展领域、实施30项工程、提升6大功能的“1136”战略思路，即实现高质量发展这一主题，聚焦办学治校高站位、党建思政高引领、学科建设攀高峰、科学研究高水平、人才培养高素质、服务社会高对接、对外交流高层次、文化传承高聚焦、队伍建设高标准、治理体系高效能10大高质量发展领域，实施政治领航定向工程、时代新人培育工程等30项工程，提升学校新医科人才培养示范基地、中医药研发与成果转化中心、中医药战略规划与政策咨询专业智库、中医药文化传承与创新平台、中医医疗和康养服务高地、中医药国际合作与开放办学窗口6大功能，制定努力实现全国知名、西部一流、特色鲜明高水平中医药大学建设目标。

思政工作 学习贯彻党的二十大精神、习近平总书记重要讲话、指示批示精神及党的创新理论，省委书记尹弘到学校宣讲党的二十大精神，学校党委常委会会议“首议题”专题学习22次，党委理论学习中心组学习12次。召开4次宣传思想与意识形态工作领导小组工作会议。落实“三审三校”制度、完善网评员队伍、“舆情通”监测、新媒体年度备案、各类讲座和对外宣传报道审批备案等方式，加强对各类阵地管理。开展“青年大学习”行动，推进“青年马克思主义者培养工程”。举办“方寸天地知党史国家名片展文化——第七届中医药文化艺术节”主题邮展活动。共青团组织开展“喜迎二十大　永远跟党走　奋进新征程”主题系列活动。

教学工作　医学信息工程专业获批国家级一流本科专业建设点，医学影像学、中药资源与开发、医学检验技术三个专业获批省级一流专业建设点。实施部分本科专业分校区分阶段培养模式，将和平校区10个专科起点本科专业、6个本科专业一年级、2个新设专业及预科生新生调整至定西校区培养。定西校区增设中医康复学、汉语言文学、食品质量与安全等3个本科专业并招生，专科专业停招。获批省级一流课程22门，省级课程思政教学研究示范中心1个，课程思政示范专业（中医学专业）1个，课程思政示范课程2门，5门示范课在新华网课程思政平台上线运行。杏林百草园科普认知基地获批教育部首批“大思政课”实践教学基地。获得省级教学成果特等奖1项、一等奖1项、二等奖4项，获批甘肃省教育科学规划各类项目17项，省级教学团队2个、教学成果培育项目12项；立项校级教学研究与改革项目59项。主编各级各类教材5部，副主编各级各类教材17部，参编各级各类教材28部。制定线上教学评价标准。首次开展本科毕业论文（设计）抽检工作。学校领导采取随机方式开展听课检查共计72学时，中层领导干部听课共计539学时。编制《2021—2022学年本科教学质量报告》。第二附属医院入选首批国家中医临床教学培训示范中心。新增2所教学医院。对中医学等4个国家级一流本科专业建设点，针灸推拿学等10个省级一流本科专业建设点以及《中药鉴定学》等36门省级一流本科课程、奖励课程负责人、团队通过教育部专业认证的临床医学专业、125本优秀教材、7个省级教学团队、12项学科专业竞赛项目等进行奖励，金额374.41万元。推荐中医临床学院2022级优秀本科生4人赴上海中医药大学交流培养。修订《研究生培养方案》《研究生课程建设与管理办法(试行)》，评选16门研究生校级一流课程建设项。举办第一届研究生创新大赛和研究生创新之星结题报告大会，立项校级创新创业项目91项。遴选168名专业型硕士研究生指导教师，续聘318名硕士研究生指导教师，两名导师获得“甘肃省研究生教育优秀导师”称号，“中西医结合防治心血管疾病研究导师团队”获得“甘肃省研究生教育优秀导师团队”称号。完成研究生信息管理项目建设。2名博士研究生代表学校参加第五届“全国中医药博士生创新发展论坛”，6名研究生分别获得省级博士、硕士优秀毕业论文。留学生培养获甘肃省丝绸之路奖学金项目资金支持。承办省卫健委“全省中医医院院长培训”项目，在线开通“全省中医医院管理培训公益班”培训课程。

队伍建设　引进博士10人，聘任教授10人、副教授12人、校内副教授20人。制定《专业技术岗位聘用实施办法(试行)》，聘用专业技术二级岗位14人、三级岗位25人、五级岗位33人、六级岗位28人、八级岗位121人、九级岗位107人。1位教授获第四届“国医大师”荣誉称号，3位教授获第二届“全国名中医”荣誉称号。获评甘肃省教学名师2人、青年教师成才奖2人，入选第一批陇原青年英才3人、第四批飞天学者特聘计划人员9人。2名教师入选青年骨干教师访问学者，1名教师参加中西部高等学校新入职教师国培示范项目，14名教师参加中西部高校青年教师专业能力发展数字化培训，新进专任教师38人参加高校教师岗前培训，开展暑期教师研修和定西校区师资教育教学培训，举办高等教育管理线上培训班。修订《教师教学比赛获奖奖励办法》，举办第二届甘肃中医药大学教师教学创新大赛，获得全国高校一等奖1个、二等奖1个，省级教学团队一等奖2个、二等奖3个、三等奖1个，获得省级优秀组织单位奖。

科研工作　甘肃省“双一流”重点科研项目“甘肃道地药材产业关键技术及其组方的基础与开发应用研究”通过教育厅检查并获追加经费220万元，经费累计720万元。与省药监局签署合作协议，举行“中药监管科学研究中心”揭牌仪式。药学院、信息工程学院5个学科项目新增设备等资产485.91万元，下达校级及以上重点学科年度配套经费295万元。制定《“包干制”科研项目经费管理办法（试行）》。全年立项项目212项，总经费2654.05

万元，其中国基金14项464万元，联合基金合作重点项目1项80万元，中央引导地方专项1项250万元。发表SCI、CSCD、CSSCI等核心期刊论文537篇。与省科技厅签署《甘肃省联合科研基金项目协议书》，筹集资金1200万元。加入中国工程院2023年中国工程科技发展战略甘肃研究院咨询项目，提交“高原地区慢阻肺高发机制及防治体系战略研究”项目建议书。对省科技厅B类计划项目等60个项目共投入匹配经费186万元，落实项目科研绩效74.5万元。以第一单位获奖22项，其中甘肃省科技进步奖7项，实现省级科技进步奖一等奖零的突破；获甘肃省皇甫谧中医药科技奖13项、甘肃省药学发展奖4项。申请各类专利和软件著作权53项，其中发明专利15项；授权各类专利和软件著作权60项，其中发明专利3项。陇药产业创新研究院获批甘肃省第一批高校产业研究院，获批建设国家中药炮制技术传承基地。和政药用植物园获批甘肃省科普基地。与省药监局联合建设甘肃省中药监管科学研究中心。甘肃省道地中药材种质资源库科技创新服务平台通过省科技厅验收。投入资金1356.73万元，完善敦煌医学与转化教育部重点实验室、甘肃省中医药研究中心、陇药产业创新研究院及中西医结合与公卫学科实验室建设。《甘肃中医药大学学报》入选《中国学术期刊影响因子年报》统计源期刊，《中医儿科杂志》入选中国高校科技期刊建设示范案例库·优秀科技期刊。

学生工作 制定《一站式学生社区综合管理模式建设实施方案》，修订《学生违纪处分规定（修订）》《专职辅导员专业技术职务评聘办法（试行）》。办理学生生源地信用助学贷款7559人，贷款总额5581.94万元；完成家庭经济困难学生认定4870人；评审、发放各类奖助勤免补及评优工作22项、7317人次，金额2093.84万元。制定《毕业生就业工作考核奖励办法》。1人获得全国“三下乡”先进个人称号。获全省高校大学生就业创业能力提升工程重大项目立项1项、重点项目2项、一般项目2项，获批资助经费390万；立项资助大学生科技学术创新基金项目32项；立项资助大学生创新创业训练计划78项，其中15项获国家级立项，31项获省级立项。

社会服务 《中医中药在身边》入选中华中医药学会年度科普作品，1个专家团队受《中国中医药报》邀请撰写“认识中医药·以小见大话中医”专栏科普文章，3个专家工作室荣获首批中华中医药学会名医名家科普工作室。投入38万元，用于帮扶村的卫生改厕、修筑浆砌石、安装路桩、修补路面。绘制近百米红色主题墙绘。组织数十名医疗专家分2批次开展义诊。安排2批次21名见习教师到八力镇九年制学校开展支教。组织2名中草药种植专家和2名加工炮制专家到八力镇对药农进行培训。创建中药材规范化试种区，引种栽培20种中药材。依托我校“三区”人才计划项目，为药农捐赠价值7万元的生物农药。

2022年，学校第二附属医院总收入5.06亿元，门急诊46.79万人次，与榆中县人民政府合作共建榆中县第一人民医院共建甘肃中医药大学附属医院东院区，与上海中医药大学附属龙华医院申报建立国家区域医疗中心甘肃医院、国家中医疫病基地、国家中医临床教学示范中心。召开首届飞天骨科大会，线上参会人数7.8万人次。获批中西医结合风湿病、中风病中医康复专科联盟（吞咽障碍）紧密型专科联盟牵头单位，针灸中心获批建设国家中医特色优势专科，康复医学和脾胃病科获批甘肃省中医特色优势专科。互联网医院自上线运营以来已为1.5万余人提供互联网医疗服务。入选商务部、国家中医药管理局第二批特色服务出口基地（中医药），成为甘肃省首个国家级服务出口基地。获首批“上合组织传统医药产业联盟”成员单位，是首批48家入盟成员机构中方联盟成员中唯一一家医疗机构。获批国家中医药管理局国际合作项目2项。有院内制剂品种62个，33个品种全省调拨使用。先后派出医护人员696名、1114人次支援西藏疫情防控、省内定点医院患者救治、方舱医院管理和诊疗、社区核酸采集、临夏医疗救治指导等疫情防控工作。向社会销售“甘肃方剂”扶正屏风颗粒、宣肺化浊颗粒、培土益肺颗粒共76605盒，调配中药防疫方剂28484万剂。派出23名专家分赴兰州文理学院、兰州财经大学、兰州城市学院等高校指导疫情防控工作，免费提供防疫中药免煎颗粒和治疗药品。

合作交流 2022年，学校被教育部列入对口支援西部地区高等学校计划，由上海中医药大学对口支援，上海中医药大学附属龙华医院与学校第二附属医院签订合作共建国家区域医疗中心框架协议，国内合作交流工作迈上新台阶。举办3期中医药教育培训及中医针灸技能培训班，培训泰国、摩尔多瓦等国学员700余人次。选派40余名学生参加日本、新加坡医学、药学项目交流学习，选派150余名学生参加麦哲伦世界游学团。获批国家留学基金委面上项目一项，赴美国学习交流项目1人，选派1名教师参加教育部赴英国谢菲尔德大学英语培训项目，推荐7名教师加入甘肃省中医药国际交流合作人才库。当选第六届世界中医药教育大会常任理事单位，学校校长出席大会并作了题为“打造甘肃中医药，品牌助力一带一路”的报告。加入中国教育国际交流协会。完成甘肃省第二十二期援马达加斯加援外项目。获批教育部教育援外项目、“一带一路”教育国际合作交流专项等4个项目。

（陈晓强）

【甘肃政法大学】 甘肃省省属的唯一一所政法类普通本科院校，是全国最早建立的省属本科政法院校，是国家首批卓越法律人才教育培养基地院校、全国第二批高校实践育人创新创业教育基地和全国政法院校“立格联盟”成员。学校设置法学院、民商经济法学院、环境法学院、丝路法学院（国际交流学院）、司法警察学院（公安分院）、人工智能学院、经济学院、商学院、公共管理学院、马克思主义学院、网络空间安全学院、文学与新闻传播学院、外国语学院、艺术学院、继续教育学院等15个学院，面向全国31个省（自治区、直辖市）招生。2022年，有全日制在校生13547人，其中本科生11645人，硕士研究生1762人。学校有省级实验教学示范中心6个、省级教学团队11个，建有专业教学本科实验室、实训室（中心）29个，校内外实习、实训基地204个。有兰州市安宁校区、新区校区2个校区，校园占地面积1066.59亩，校舍建筑面积43.23万平方米，现有纸质图书150万册、电子图书90万册。

新校区启用 2022年，成立兰州新区校区管理委员会，召开新区校区启用动员大会，印发《甘肃政法大学兰州新区校区管理运行方案（试行）》，部分新生入驻兰州新区校区，试运行正常，“一校两区”办学功能得以实现。

学科建设 有本科专业40个，涵盖法学、管理学、工学、文学、经济学、艺术学等六大学科门类。现有法学、工商管理、网络空间安全等3个一级学科硕士学位授权点，19个二级学科硕士学位授权点，9个专业硕士学位授权点。有法学、信息安全等4个国家级一流专业建设点，10个省级一流专业建设点。有3个省级一流学科，其中法学学科为甘肃省优势学科，证据科学、工商管理等2个学科为甘肃省特色学科，建有8个省级重点学科。法学学科在全国第五轮学科评估中继续保持了B-的成绩，53门一流课程和课堂教学改革课程进行结项验收。

本科评估 印发《关于开展本科专业评估工作的通知》，按照本科专业评估计划和指标体系，对35个本科专业进行专业评估复评工作，形成《关于2022年本科专业评估报告》。持续开展教学档案清查工作，针对性地提出整改意见，按照教育部新一轮审核评估的要求归置、补充材料。

队伍建设 有教职工1114人，其中专任教师总数847人，具有博士学位的教师314人，另有在读博士75人；具有正高级职称的教师167人、副高级职称的教师339人；具有硕士及以上学位的教师795人。有特聘教授12人、客座及兼职教授18人、实务部门讲课教授4人。师资队伍中，享受国务院政府特殊津贴专家1人，中宣部宣传思想文化青年英才1人，入选教育部“新世纪优秀人才支持计划”3人，教育部高等学校教学指导委员会委员4人，甘肃省宣传文化系统“四个一批”人才4人，甘肃省领军人才3人，甘肃省优秀专家3人，甘肃省“飞天学者”20人，甘肃省教学名师10人，甘肃省优秀青年文化人才2人，甘肃省创新创业教学名师2人，甘肃省“园丁奖”8人，甘肃省高校青年教师成才奖44人，甘肃省外国专家“敦煌奖”1人，陇原师德先进个人1人。2022年引进高层次人才12人，引进“双一流”高校急需紧缺专业硕士研究生9人。核增学校引进人才事业专编5名，办理岗位备案108人，办理高层次人才“陇原人才服务卡”D卡5人，办理人事调配20人，完成89名合同期满自聘人员合同续签工作。

人才培养 藏汉双语法学人才培养模式由原有“2+2”培养模式变为“1+2+1”模式，加强学生在省高级人民法院的实践学习环节。加强院校合作，提高协同育人效果，与中国政法大学交流学生从10名增加到15名，保持与兰州财经大学的学生交流培养数量，推动与山东政法学院交换生培养协议，双方累计互派交流生56人。

学生工作 2022级新生全部实行心理健康测评，并以学院为单位进行统计分析，转交各学院建档立卡；举办12场大型线上双选会、50余场专场宣讲（招聘）会，举办安宁区2022年就业服务“高校行”系列活动——甘肃政法大学站暨甘肃政法大学2022届毕业生校园双选会、2022届毕业生律师专场招聘会2场，参加“百名人社局长直播带岗暖心行动”1场，访企拓岗148家，拓展省外实习就业基地25个。校女足代表队获甘肃省第十五届运动会五人制足球比赛冠军，男足代表队获五人制足球比赛第六名。校男子篮球代表队获甘肃省第十五届运动会三人制篮球比赛第四名。校轮滑代表队获女子个人花式轮滑比赛铜牌及第七名。学校青年传媒中心获共青团中央“2022—2023年度全国高校共青团新媒体重点工作室”称号，民商经济法学院马维欢、仇颢然、丁广宇等10位同学获共青团中央青年发展部、中国青年报社2021年“镜头中的三下乡”优秀报道团队称号，赵国璇、刘文宝同学在第十八届博创杯全国大学生嵌入式人工智能设计大赛全国总决赛获特等奖。共青团系统全年共获得全国全省各类奖项两百余项。

科研工作 学校建有国家司法文明协同创新中心兰州基地、甘肃省依法推进社会治理研究中心、甘肃省数字法治产业研究院等14个省部、厅局批准设立的研究基地，独立设置的在编科研机构5个，校级非在编科研机构70个，省级科研创新团队4个。2022年，共获批各类校外科研项目87项，科研项目资助经费总额683.1万元；49项各级各类科研项目结项；共发表C2类以上学术论文86篇，出版学术著作17部。主办、承办学术会议12次，举办“丝路法学大讲堂”10场，学术讲座47场。

创新创业 2022年，申报国家级（包含1项重点项目）15项、省级项目20项、校级项目30项，全年组织结项项目40项。举办第十二届全国大学生电子商务“创新、创意及创业”挑战赛校赛、第十三届“挑战杯”中国大学生创业计划竞赛校赛，组织和鼓励学生积极参与第八届中国国际“互联网+”大学生创新创业大赛并获得较好成绩。

社会服务 《整合环境诉讼类型推进环境诉讼程序专门立法》等10项智库成果被甘肃省高级人民法院、甘肃省生态环境厅、团省委、甘肃省外事办等部门采纳，智库成果影响力进一步增强。司法鉴定中心2022年受理案件总计671件，顺利入选甘肃省人民法院司法委托“四大类”备选机构名册。干部培训中心（继续教育学院）全年完成省内外干部培训24期、1189人次。在“世界水日”“世界环境日”“植树节”等节点，积极开展“珍水源，求环保，倡节能，清校园”活动、“退耕还绿，春至陇原”“行节水，为之美”“促和谐，共生态”环境日主题活动等系列志愿服务活动活动，参与志愿者人数3000余人。整合成立学校巩固拓展脱贫攻坚成果和乡村振兴有效衔接帮扶工作领导小组，成立“甘肃政法大学乡村振兴研究院”。组建“布谷鸟”大学生乡村振兴直播带货创业团队，打造“普法大篷车”法治宣传教育品牌，为帮扶村镇小学疫情防控期间筹集捐赠价值2.5万余元的防疫物资。

（蔺亚辉）

【兰州城市学院】 是省属全日制普通本科院校。学校设有本科专业55个，涵盖工学、理学、经济学、管理学、教育学、文学、法学、历史学、艺术学9个学科门类，形成服务城市类、教师教育类、工程技术类三大专业集群。有全国高校中华优秀传统文化传承基地1个、教育部“本科教学工程”地方高校第一批本科专业综合改革试点专业1个、教育部本科专业课程教学试点项目1个、国家级一流本科课程1门、省级一流本科专业建设点13个、省级特色专业8个、省级重点学科5个、省级工程研究中心2个，高校省级重点实验室2个、高校省级人文社会科学重点研究基地3个、高校省级新型智库1个。设有18个（马克思主义学院、城市建设学院、城市经济学院、城市管理学院、城市环境学院、培黎机械工程学院、培黎石油工程学院、信息工程学院、电子工程学院、化学工程学院、文史学院、外国语学院、教育学院、幼儿师范学院、传媒学院、音乐学院、艺术设计学院、体育学院）二级学院和甘肃省城市发展研究院、甘肃文化翻译中心、路易·艾黎研究中心、兰州智慧城市研究院等24个研究院（所）。2022年，学校有校本部、培黎校区、东校区3个校区，占地面积43.37万平方米，校舍建筑面积31.94万平方米。固定资产总值9亿元，其中教学科研仪器设备值2.3亿元。馆藏纸质文献131.91万册，电子图书100万册，电子资源数据库22个。

党建和思政 实施“思想引领铸魂工程”“喜迎二十大 永远跟党走 奋进新征程”等主题教育活动，打造沉浸式教育平台和微信公众号、微团课等新媒体矩阵，健全思政引领工作体系、荣誉评价体系，夯实铸魂育人根基，不断提升团学组织的引领力、凝聚力。召开党史学习教育总结会议，承办甘肃省职业教育红色文化研学旅行示范基地建设工作推进会，党史学习教育常态化长效化。推进党支部建设标准化，选优配强党支部书记，实现教师党支部书记“双带头人”全覆盖，成功获批甘肃省教育领域党的建设研究课题3项，获批省级“标杆院系”1个、省级“样板党支部”1个。

教学工作 学校召开首届二级学院院长论坛，推动二级学院完善内部治理结构，凝练办院思路。大力推进新工科、新文科建设，召开研讨会、交流会，落实《新文科建设方案》《新工科建设方案》，努力构建文理交叉融合的协同育人机制。完成新时代语言文字示范校创建评估工作，建立学校语言文字工作长效机制，不断提升校园文化建设。加强一流专业和一流课程建设，制定《专业结构优化调整方案》，学前教育专业获评国家一流本科专业建设点，化学等4个专业入选省级一流本科专业建设点。获评省级教学名师1名、青年教师成才奖1人、创新创业教育教学名师1名、省级教学团队1个，荣获省级基础教育教学成果特等奖2项，高等教育教学成果培育项目8项，省级创新创业教育教学改革研究项目2项，获批省级实验教学示范中心1个，创新创业教育示范课程1门。

科研工作 学校制定《科研项目管理办法》《科研项目经费管理办法》《二级学院科研工作考核暂行办法》《校级科研平台建设管理办法》等4个制度文件，进一步优化完善科研考核体系和激励机制，科研水平不断提升。2022年批准立项各级各类科研项目143项，资助经费820.59万元。其中，纵向科研项目96项，资助经费514.6万元；横向科研合同47项，合同经费305.99万元；国家自然科学基金立项5项，资助总额166万元，立项数和资助额度均创历史新高。教师公开发表学术论文162篇，其中SCI、CSSCI、EI等高水平论文78篇；出版专著、教材7部，授权专利14项；获甘肃省专利发明人奖、第十届敦煌文艺奖等各级各类奖项7项。

师资队伍建设 学校有教职工1138人，其中教授121人、副教授342人，博士182人、硕士603人。拥有国家“万人计划”教学名师1人、教育部“新世纪优秀人才支持计划”入选1人、全国优秀教师2人、全国师德标兵1人、全国高校优秀辅导员1人、甘肃省领军人才4人、甘肃省飞天学者1人、甘肃省优秀专家3人、甘肃省“园丁奖”获得者12人、甘肃省宣传文化系统“四个一批”人才5人、省级教学名师9人、省级创新创业教学名师4人。加强高层次人才引进工作，提升师资质量，新引进博士6人，委托培养博士8人，引进急需紧缺硕士13人。学校具有博士学历教师占专任教师总数25.2%。修订《教师系列职称任职资格评价条件标准》，完善考核长效机制，优化师资队伍结构，提升教师实践教学和科研能力，1人入选甘肃“陇原青年英才”，2人入学甘肃“青年飞天学者”。

学生工作 学校有全日制在校生15400人。修订《聘任辅导员绩效考核实施办法》，加强辅导员队伍建设，完成247名班主任和37名辅导员考核工作。健全“奖助贷勤免补偿”多位一体资助体系，全年发放各级各类奖助资金2000余万元，受奖受助学生1万余人次。举办第十六届读书节、“一院一品牌”等团学特色品牌活动和学风建设系列校园文化等活动，学生参与人数1万余人次，获评甘肃省“优秀共青团组织”荣誉称号1个、“2022年全国大中专学生志愿者暑期‘三下乡’社会实践活动优秀团队”荣誉称号1个，学校被评为“2021年度全国西部计划优秀项目办”。

合作交流 先后与政府、高校、科研院所及企事业单位共建实习实训基地237个。与塞浦路斯欧洲大学、美国佐治亚西南州立大学、俄罗斯奔萨国立大学、法国欧亚高等管理学院、新西兰ARA坎特伯雷理工学院等10余所国外高校建立国际教育合作关系，与台湾昆山科技大学、台北城市科技大学、台湾万能科技大学、华东师范大学等数十家境外及国内高校建立联合培养合作关系。与省内7所高校建立教师教育联盟，与全国12所石油高校建立行业战略联盟，与安宁5所高校建立战略联盟。2022年与甘肃农业大学建立战略合作关系。整合学校资源，深化拓展与新西兰、俄罗斯等国家政府、高校、研究机构的合作交流。

（张睿娟）

【兰州工业学院】 是国家“十三五”应用型本科产教融合发展工程重点支持院校、甘肃省应用技术大学转型发展试点院校、甘肃省深化创新创业教育改革示范高校、甘肃省大学生就业工作示范性高校。学校设有15个（机电工程学院、电气工程学院、土木工程学院、计算机与人工智能学院、电子信息工程学院、材料工程学院、汽车工程学院、经济管理学院、艺术设计学院、马克思主义学院、外国语学院、基础学科部、体育部、创新创业学院、继续教育学院）教学单位，36个普通本科专业，涵盖工学、经济学、管理学、文学、艺术学等5大学科门类。2022年，普通全日制在校学生11069人。共录取普通本科生2722人，专升本学生800人，招录网络教育学生与成人函授生4353人。有教职工771人，专任教师537人，其中副高级以上职称272人，具有硕士及以上学位教师440人，高职称和高学历教师比例分别达50.65%和81.69%。有“双师双能型”专业课专任教师199人，占比47.95%。学校有兰州七里河校区、兰州新区校区2个校区，占地面积1784.18亩，建筑面积82.48万平方米，馆藏图书96.66万册，电子书籍104.65万册，教学仪器设备总值1.774亿元。9月，兰州工业学院喜迎80周年华诞。

思政工作 积极做好省级人才项目和省高校党的建设研究课题申报工作，获批重点人才项目2项、陇原青年创新创业人才（团队）项目1项，获一般课题2项。举行党的二十大精神专题学习会，制定《学习宣传贯彻党的二十大精神工作方案》和系统学习计划。召开加强思想政治理论课建设党委专题会，重温习近平总书记在学校思想政治理论课教师座谈会上的重要讲话精神，深入学习落实有关加强思想政治理论课和马克思主义学院建设文件精神，积极推进课程思政高质量全覆盖。深入落实《领导干部深入基层联系学生工作实施方案》和《中层领导干部联系学生班级宿舍活动方案》，持续加强优秀传统文化、红色革命文化、社会主义先进文化教育和爱国主义、诚信感恩教育和安全教育，不断推动形成育人合力。

教学工作 根据疫情防控适时启动《疫情防控期间在线教学组织与实施工作方案》，有序组织线上线下教学转换。新增国家级一流本科专业建设点1个、省级一流本科专业建设点3个，获批省级创新创业教育示范专业1个。获批省级一流课程16门、创新创业教育示范课程1门，立项建设校级一流课程37门。获批省级教学成果培育项目、创新创业教育教学改革研究项目等16项，获省级教学成果特等奖1项、一、二等奖4项；立项建设校级新工科、新文科项目25项。获批省级教学团队、创新创业教育教学团队2个，立项培育校级教学团队2个。获省级教学名师、创新创业教育名师3人，20人在校级教师教学创新大赛中获奖，1人在省级教学创新大赛中获正高组二等奖。完成6个新增学士学位授予专业校内自评和专家评审工作。编印《2021—2022学年本科教学质量报告》。发布教学质量简报11期。

科研工作 获批各级各类科研项目60余项，其中包括省级重大专项等省部级科研项目14项，获批科研经费近700万元。组织开展各类科研成果奖的申报，获市厅级以上奖励8项。签订横向科研项目3项，合同金额累计50余万元。发表三大检索学术论文15篇，其中SCI论文5篇，EI论文2篇；获授权专利和软件著作权55项，其中发明专利10项。修订“启智”人才培养计划实施办法和“开物”科研团队支持计划实施办法，启动第三批“启智”人才培养计划和第二批“开物”科研团队支持计划遴选工作。对2020年遴选的学科带头人、学术带头人和学术后备带头人进行中期考核。完成第二批校级重点（培育）学科建设中期检查，启动第三批校级重点学科遴选工作。“甘肃省无损检测新技术研究工程中心”通过省发改委考核，获后期资助10万元。

队伍建设 开展师德师风档案自查督查活动，修订《高层次人才引进与管理办法（试行）》《高层次人才柔性引进与管理暂行办法》《教师在职攻读博士学位管理办法》等制度，引进各类人才43人，其中博士5人，高工1人，硕士32人；事业编内招聘29人，通过人事代理招聘11人。评聘正高级4人、副高级16人、破格和转系列副教授2人。定级正高级2人、副高级6人、讲师31人、助教22人。2人被评为省级教学名师，2人分别获青年教师成才奖、陇原青年英才。

学生工作 加强专兼职教师和心理委员业务知识培训，开通心理咨询预约热线9部，开展新生“开学第一课”和“同心战疫·心向未来”心理健康月等系列活动，举办“朋辈心理骨干培训班”，完成新生心理健康测评，建立心理健康档案，学生教育管理能力不断加强。加大学生奖助力度，发放各类奖补助学金5515.175万元，受助学生8000余人（次）。开展暑期社会实践活动和青年志愿服务活动，参与人数7886人次。1个团支部获“甘肃省五四红旗团支部”称号，2名教工团干部荣获“甘肃省优秀共青团干部”称号，2名团员青年分别获“甘肃省优秀共青团员”、甘肃省“向上向善好青年”称号。在团中央暑期“三下乡”中，校团委获全国优秀组织单位。赴省内外多家单位开展访企拓岗专项行动70余次，举办校园宣讲会55场次，各类就业招聘会140场次。2022届毕业生中，初次去向落实率83.55%，有42.92%的毕业生在世界500强、中国500强企业就业，学校入选甘肃省大学生就业工作示范性高校。

创新创业 构建“一体系四融合”创新创业育人模式，将创新创业教育和工程实践教育融入到人才培养全过程。引进线上创新创业课程70门，开设线下创新创业课程69门。大学生创新创业项目国家级立项29项，省级立项55项，校级立项261项。在第八届中国“互联网+”大学生创新创业大赛、第十四届中国大学生计算机设计大赛等竞赛中，本校参赛学生获国家级奖励142项，省级奖励110项。

交流合作 与德国、乌克兰、瑞士、美国、加拿大等国家建立良好的交流合作关系。开展在校生出国（境）交流、学习，加大骨干教师、教学管理人员赴国外大学培训的力度，鼓励支持教学科研人员更广泛地参加国际学术文化交流与合作。主动服务“一带一路”建设，加入“一带一路”高校战略联盟和中国—中东欧国家高校联合会，深化与联盟院校间的交流与合作。派出2名教师赴美访学、赴德学习。2名学生获2022年乌克兰等6国互换奖学金项目，组织118人次参加“德国职业教育4.0教师发展能力提升项目”线上培训。选派人员参加中国教育国际交流研修学院举办的第二期高校中青年干部国际化素养培训班。

新校区建设 完成新校区用水、用电、用气、用暖等前期对接和新校区建设项目自查整改工作。“兰州工业学院示范性应用技术大学建设及设备设施购置”中长期贷款项目和“兰州工业学院设备购置及适应性改造提升”贴息贷款项目通过国家发改委审核，获批中长期贷款和贴息贷款17亿元。学校与省建行兰州电力支行签订贷款合同，落实贴息贷款6亿元，新校区建设资金筹措取得实质性进展。

（赵　丹）

【兰州文理学院】 是省属全日制普通本科高等学校，甘肃省首批转型发展试点院校，教育部确定的中国传媒大学对口支援西部高校，文旅部非遗传承人群研修基地，首届“甘肃省文明校园”，新时代甘肃省高校党建“示范院校”。学校设有14个教学单位（文学院、美术与设计学院、音乐舞蹈学院、艺术职业学院〔甘肃省艺术学校〕、旅游学院、经济管理学院、新闻传播学院、传媒工程学院、数字媒体学院、马克思主义学院、教育学院、外语学院、社会体育学院、化工学院），39个本科专业（汉语言文学、数学与应用数学、应用化学、环境设计、音乐表演、数字媒体技术、新闻学、财务管理、学前教育、电子信息工程、旅游管理、戏剧影视文学、视觉传达设计、广播电视学、广播电视工程、数字出版、软件工程、投资学、舞蹈表演、数据科学与大数据技术、社会体育指导与管理、戏剧影视美术设计、播音与主持艺术、通信工程、资产评估、思想政治教育、表演、翻译、酒店管理、材料科学与工程、文化产业管理、航空服务艺术与管理、绘画、数字媒体艺术、英语、化学工程与工艺、非物质文化遗产保护、小学教育、会计学），涉及文学、工学、艺术学、管理学、经济学、法学、教育学、理学等8个学科门类，形成了以旅游类、传媒类、艺术类专业为主，文、艺、管、工等多学科协调发展的学科专业体系。有3个省级重点学科，5个国家级一流专业建设点、8个省级一流专业建设点，1门国家级一流课程、21门省级一流课程，35门课程入选中国高等教育智慧平台并被100多所高校选用。2022年，有11700余名学生，其中本科生11000余名，留学生24名。学校实施雁苑人才工程，外引内培结合，引进一批高学历、高职称优秀人才。聘请国家工艺美术大师、著名书画家、著名作家、戏曲“梅花奖”得主等14位行业领军人才为驻校专家，聘请100余名各行业、各学科的高层次优秀人才担任特聘教授。有教职工900余人，专任教师608人，具有高级职称的教师317人，具有博士硕士学位者477人。有全国模范教师1人，全国“三八红旗手”1人，全国体育事业突出贡献奖1人，教育部新一届教指委委员2人，甘肃“十大陇人骄子”1人，省领军、省“四个一批”专家等各类省级荣誉称号获得者49人。

学科建设 召开兰州文理学院第三次本科教学工作会，印发《一流本科教育实施方案》，按照“十四五”专业建设规划，进一步凝练专业方向和特色，实现专业差异化发展。大力实施专业综合改革，提高专业核心竞争力。加大对旅游管理、新闻传媒、文创艺术三大专业集群的建设。申报会展经济与管理、音乐教育2个新专业。立项建设文化旅游传媒投融资、数字IP设计与动画技术、云导游、影视传媒英语和数学模型与智能计算等5个微专业。新闻学、数字媒体技术、旅游管理、视觉传达设计4个专业被评定为国家级一流本科专业建设点，名列省属应用型本科院校前列。应用化学专业被评为省级创新创业示范专业，立项建设2个校级一流专业。获批非物质文化遗产本科专业，在西北属首家。印发《“十四五”教育事业发展规划》及任务分解表，召开硕士学位授权单位与硕士点建设工作推进会，赴兄弟院校考察学习升硕先进经验。

人才培养 2022年，有毕业生3553人。其中，本科毕业生2672人；专科毕业生881人。2022届毕业生初次就业率80.27%。“雁苑微林”众创空间共新增入驻大学生创新创业团队3支，开展创新创业项目9项，完成率80%。全面落实“三级”学科竞赛机制，实现获奖层次与获奖数量双提高。获省级及以上奖项350项。其中，国家级23项；获省部级327项。对72个获奖团队或个人予以表彰奖励，奖励经费4.85万元。开展“互联网+大赛”、电子商务三创赛、中华经典诵写讲大赛等21项校级竞赛。首次开展立体、动态、开放的“毕业季”系列活动，“夏花将灿——2022届美术与设计学院毕业生作品展暨就业推介会”“数媒向未来”毕业设计展、“一起向未来”毕业季师生羽毛球比赛等毕业季活动，全面展示各具特色的毕业作品（设计），彰显学校在文化、旅游、传媒、艺术等方向的办学特色和毕业生的专业素养。

教学工作 15门课程被认定为省级一流课程。其中，线上一流课程2门，线下一流课程4门，线上线下混合式一流课程7门，社会实验一流课程2门。14项项目获省级立项。其中，省级创新创业示范课程1门；省级教学名师1人；青年教师成才奖1人；省级教学团队1个；省级创新创业示范专业1个；省级教学成果培育项目6项；省级创新创业教学改革项目3个。立项建设125个教学质量提高项目、创新创业教育改革项目、新文科研究与改革实践项目、课程思政建设项目、虚拟教研室立项校级项目。35门课程在国家高等教育智慧教育平台上线，53门课程在智慧树、学银在线平台运行，为开展混合式教学打下坚实的基础。全面建成混合式在线教学管理平台，平台注册用户2.4万人，课程访问量1.5亿次，创建课程4505门次，参与学生2.6万人，教学资源包216万个，实现信息化教学管理和在线教学大数据监测。深入推进“体育课+俱乐部”改革，推进美育公共平台课程建设，制订印发《学生综合素质测评办法》《学生奖励办法》《学生劳动实践课实施规定（试行）》，全面推进劳动教育实践课，促进学生德智体美劳全面发展。不断完善内部教学质量保障体系，落实学院教学质量保障与监控的主体责任，全面启动学前教育和电子信息工程的专业认证工作，完成本科教学基本状态数据申报、教学质量报告，促进教学质量稳步提升。贯彻落实《深化新时代教育评价改革总体方案》工作方案，申报深化新时代教育评价改革试点项目4项，持续推进教育综合评价改革。

科研工作　坚持项目引领校企科研创新团队建设，共建校企科研创新团队5个。制定《横向科研项目及经费管理办法》，获立国家级项目2项，省部级项目13项，《“双碳”背景下乡村文化旅游产品体系与生态价值关联度及绩效评估体系研究》纳入全省首批发改委专家库试点项目，完成全省乡村旅游示范县、样板村创建标准编制，并完成全省8个县60个村的评估，全省乡村旅游非遗民宿标准已提交专业委员会审查。发挥大学科技园成果转化“首站”作用，制定《省级大学科技园创建验收工作推进方案》，修订《科技成果转化办法》，科技成果转化取得突破。

学生工作　以“组织化学习+特色活动示范+理论微宣讲”的工作体系，用好“三会两制一课”、主题团日、“青年大学习”等载体，发挥“青马工程”、青年学习社的引领作用，加强对团员青年的政治锻造。全面推动在2021、2022级本科学生中落实社会实践、美育实践学分实施及认定办法，推动构建第一课堂和第二课堂深度融合、相辅相成的人才培养模式。举办“2022年大中城市联合招聘高校毕业生巡回招聘会暨兰州文理学院2022届毕业生‘百日冲刺’专场招聘进校园活动。举办第九届“礼敬中华优秀传统文化”大学生文化艺术节——“横撇竖捺礼敬华夏”汉字听写大赛、“诵读中国”经典诵读大赛、“舞从敦煌来”舞蹈大赛、“经典甘肃”诗词咏诵大赛。开展“以美育人·向美而生”学生社团美育实践系列优秀学生社团文化精品活动，促进学生德智体美劳全面发展。

合作交流　各项学术交流深入开展，兰州大学选派4名博士挂任相关二级学院副院长。推进中国传媒大学与甘肃省政府建立省校合作关系，中国传媒大学选派张金尧同志挂任副校长，指导建设“西北高校舆情研究中心”和“网络与新媒体”专业虚拟实验室；与中国传媒大学共同向教育部申请对口支援博士招生指标，4名教师招录为中国传媒大学博士；设立中国传媒大学雁苑大讲堂，2022年举办线上论坛7人次。与省文旅厅、省演艺集团、兰州市城关区政府签署战略合作协议。选派毕业生受国家留学基金资助，到哈萨克斯坦、乌克兰、白俄罗斯等国家的高校攻读硕士研究生，教育引导在共建“一带一路”国家攻读硕士的学生继续攻读博士学位，引导支持首届毕业留学生到日本、国内名校攻读博士，持续推进服务“一带一路”人才培养。启动塔吉克斯坦中国文化交流中心线上交流工作。组织4名塔吉克斯坦籍留学生参与兰州文理学院人文纪录片《丝路印迹》的拍摄，并在中国教育电视台《发现中国》栏目播出。

特色亮点工作　学校十集文献纪录片《南梁纪事》在中国教育电视台播出，成为文理学院及全省教育系统首个获批国家重大办立项、首个获颁国家广电总局《重大理论文献电视片播出许可证》、首个获国家广电总局推荐优秀国产纪录片的影视原创项目。发挥甘肃省旅游智库秘书处和甘肃省全域旅游协同创新中心作用，主持编制《甘肃省“十四五”乡村旅游发展规划》，将品牌化建设写入全省乡村旅游发展战略，完成12个乡村振兴旅游样板村的学术和实践指导。与甘肃文旅集团合作，指导渭河源大景区和石佛沟景区创建国家级生态价值实践创新基地，纳入省发改委第一批试点。参与指导甘州区、会宁县、永靖县乡村旅游示范县规划，组织完成文旅部黄河流域甘肃段非遗调查研究工作。

（张 婷）

【兰州石化职业技术大学】 是省属公办本科层次职业技术大学，“中国特色高水平高职学校和专业建设计划”建设单位、国家首批28所示范校、国家优质院校、全国文明单位、全国文明校园、国家首批现代学徒制试点院校、甘肃“双一流”大学建设单位。学校有西固东、西校区，兰州新区校区，白银校区4个校区，占地面积2600余亩。开设本科招生专业（方向）20个、高职招生专业85个、中职招生专业10个。其中，国家示范专业四个、骨干专业10个，国家高等职业学校提升专业服务产业发展能力项目专业2个，省级示范、特色、骨干专业18个，专业门类涵盖工学、理学、文学、管理学、经济学、艺术学6个专业门类。

重点项目建设 高质量完成中国特色高水平高职学校与专业建设计划中期绩效考核评价工作，省级考核评价结果为“优秀”。完成甘肃省高水平高职学校与专业建设计划中期绩效考核评价工作。完成《职业教育提质培优行动计划（2020—2023年）》学校承接任务（项目）进展落实情况及阶段性工作总结、典型案例工作报告；完成学校本科教学合格评估工作方案研制，形成可执行任务清单；编制完成兰州石化职业技术大学ISO9001质量管理体系再认证工作方案。世行项目建设按计划持续推进。

思政工作 着力讲好石化大学故事，传递石化大学好声音，打造思想政治教育重要阵地，以图文、音视频、H5等多种形式，开展毕业季、招生宣传等专题报道20余项，“时政要闻”“思想理论”“思想政治教育”等专栏，学校大学生全媒体被《中国青年报》评为2022年度“全国高校最具影响力媒体社团”。《“国聘行动”第三季来啦！》《兰州石化职业技术大学：“红色堡垒”守护师生》等110多篇报道登上光明网、央视频、《中国教育报》等主流媒体。严格落实意识形态工作责任制，开展意识形态工作专项检查，牢牢把握意识形态工作领导权。1项案例获省委宣传部优秀思政案例奖。坚持思政课程与“课程思政”同向同行，充分发挥马克思主义学院作用，增强思政课亲和力，将思想政治工作贯穿人才培养全过程。完善“德技并修、工学结合”育人机制，稳步构建以“铁人精神”为核心的“三全育人”体系。

教学工作 学校新开设现代精细化工技术、汽车工程技术、电气工程及自动化、测绘工程技术、人工智能工程技术、数字媒体技术、大数据与会计、数字印刷工程等12个职业教育本科专业，电子信息工程技术、摄影测量与遥感技术2个高职专业，停招应用电子技术、环境工程技术、市场营销3个老旧专科专业，2022年招生录取9326人，注册报到9326人。持续开发优质数字教学资源，验收通过12门校级在线精品课程。6门课程被评为省级职业教育在线开放课程、1门课程被评为甘肃省创新创业慕课，《煤化工技术》等3门课程获全国职业院校在线精品课程遴选资格。18门在线课程入选国家职业教育智慧教育平台，17门在线课程入选国家高等教育智慧教育平台。“煤化工技术”专业职业教学资源库顺利通过教育部验收。“石油化工过程虚拟仿真中心”被教育部遴选为国家级职业教育示范性虚拟仿真实训基地培育项目。积极推进高水平实习实训基地建设，投入2000余万元新建“石油炼制与工业催化创新实践基地、聚丙烯及材料工程实训基地”等9个项目，“物联网虚拟仿真综合实训基地”被认定为省级虚拟仿真实训基地，“电子商务综合实训基地”被认定为省级共享型实训基地，“现代制造技术生产性实训基地”被认定为省级生产性实训基地。持续深化创新创业教育改革，获批甘肃省创新创业教育改革项目7项，获批甘肃省职业教育教学改革研究项目8项。进一步推动思政教育和专业教学相结合，85门课程被评为省级课程思政微课；高分子合成技术、电气自动化技术、电子商务等3个专业获批甘肃省职业教育“课程思政”示范专业立项。健全和完善“德技并修、工学结合”的育人机制，2022年学生在各级各类技能竞赛中共获得国家级一等奖3个、二等奖7个、三等奖7个，行业级、省级一等奖69个。“兰州石化职业技术大学境外办学（文莱）项目”成功入围“全国鲁班工坊有条件运营单位”，这是在甘肃省设立建设的第一个“鲁班工坊”。

创新创业教育 坚持专创融合、科创融合、思创融合、产教融合的“四创”融合育人新理念，形成“课程、讲堂、训练营、竞赛、孵化、成果”六位一体的创新创业教育模式，完善“创新平台＋先导基金＋孵化服务＋创业培训”的创新创业生态服务体系。“实·化”众创空间获评为2022年甘肃省高校创新创业实践教育示范中心。学生在第八届中国“互联网＋”大学生创新创业大赛中获银奖2项、铜奖1项，省赛中获金奖10项、银奖3项、铜奖2项；在第十二届大学生电子商务“三创赛”省赛中获得一等奖2项、二等奖7项、三等奖6项；在黄炎培职业教育创新创业大赛中获得金奖1项、银奖1项。

师资队伍建设 2022年，共引进高层次人才、急需紧缺人才22名。严格落实教师每年至少1个月在企业或实训基地实训及5年一周期的全员轮训制度。坚持多元培训提升“双师”素质，全年共培训1200人次。有专任教师1035人，其中524人具有高级职称，650人具有“双师型”教师资格。坚持以赛促教，学校教师在全国职业院校技能大赛教学能力比赛中获三等奖1项，在省级比赛中获一等奖4项、二等奖6项、三等奖6项。1人入选国家级技能人才培育工作突出个人。学校在2022版全国普通高校教师教学发展指数排名全国前列，在省内高校中位居第一。

产教研融合 与烟台泰和新材料有限公司、宁东能源化工基地管理委员会等企业和政府部门合作，共建产业学院。专业群精准对接产业集群，推进与连云港徐圩新区、宁东能源化工基地等地政府的深度合作，打造“校政企合作共建平台”。组织申报的《波纹法兰产品开发引领的装备制造类专业技术技能型人才培养》和《大工业领域现代学徒制实践路径与难点突破——以兰州石化职业技术大学石油化工技术专业现代学徒制试点为例》入选教育部产教融合校企合作典型案例。立项各类科技教研项目145项，结题140项，获得纵向项目经费总计371万元。全年与企业签订横向项目合同10项，合同金额152.65余万元。获得授权的知识产权38件。其中，发明专利6件；实用新型专利23件；软件著作权9件。教职工全年发表论文506篇，其中SCIE、EI，CSCD、北大核心等期刊论文17篇。

学生工作 继续开展现代学徒制前置后置一体化招生，与万华化学、大连恒力等19家优质企业开展现代学徒制联合培养招生，前置招生录取581人，后置招生计划584人。开展“互联网＋就业”，建成就业大数据中心，全年提供就业岗位5万余个。全日制本专科在校生20389人。2022届毕业生8025人，一次性签约率和派遣率同步达到96.88%，其中规模以上企业就业比例70.60%、500强企业录用比例53.72%，66.47%的毕业生进入行业百强企业。学校被评为全国就业竞争力示范校20强、首批甘肃省就业工作示范校，2个项目获批教育部就业育人项目，重点群体就业案例和就业工作案例入选教育部工作专班案例，《兰州石化职业大学打造“五高”就业质量品牌——超92%一次签约率这样达成》在《中国教育报》发表。全年资助家庭经济困难学生26064人次，资助金额4391.52万元。

（刘博扬）

科学技术

【概况】 2022年，兰州市科技工作坚持“四个面向”（面向世界科技前沿、面向经济主战场、面向国家重大需求、面向人民生命健康），紧扣“三新一高”，攻坚推进“强科技”行动，全市科技创新的辐射力、引领力、竞争力持续提升，2022年首次跻身全球创新百强科技集群城市。全年新增高新技术企业121家，培育省级科技创新型企业181家，评价入库科技型中小企业860家，全社会研发经费投入强度达到

2.19%。全市综合科技进步水平指数和科技进步贡献率分别达到78.83%、61.2%。

【健全政策体系】 市政府印发《兰州市“十四五”科技创新与发展规划》。起草《兰州市贯彻落实“强科技”行动实施方案（2022—2025年）》和《兰州市落实强省会战略进一步优化营商环境若干措施（第6号）》，从5个方面确定28条具体措施，凝练87项具体任务、25个创新平台、100项重点项目，提出10条优扶政策，统筹省会首善资源，强力推进攻坚突破。突出问题导向，制定出台《兰州科技创新创业孵化载体管理办法》，构建由3个一级指标、19个二级指标组成的评价体系。

【兰白两区建设】 优化市级推进机制，统筹成立“甘肃兰白—上海张江科技创新结对合作”专门工作组。制定印发《2022年兰白两区建设工作要点》，提出26项重点工作，遴选63个重点科技项目，督促三区和各部门协同推进。集中开工国药集团中国生物（西北）健康科技产业园血液制品生产基地、甘肃省生物制品批签发中心等重点项目45个，总投资600余亿元。兰州新区持续推进重离子装备制造基地等重大科技项目建设。高新区建设“专精特新”企业孵化园，耐驰泵业产能扩大搬迁项目顺利推进。经开区加快推进生态修复与产业发展示范区建设。举办张江兰白服务企业直通车生物医药和新能源领域线上推介会2场，邀请上海张江考察团来兰开展科技合作2次。梳理“十四五”东西部科技合作重点项目69个，成功签约“中药经典名方研究院”等项目7个，签约额金额1.4亿元。建成高新区北欧离岸创新中心等开放平台，启动推进陇粤共建“大湾区·兰白自创区中医药创新发展示范区”项目，中山大学附属肿瘤医院甘肃医院落地高新区，成为全省首家国家区域医疗中心。兰州新区获批国家进口贸易促进创新示范区，兰州高新区首次上榜赛迪顾问园区高质量发展百强榜单。

【科创平台打造】 按照“基础研究＋产业创新＋城市建设”的基本路径，建立工作协调推进机制，将兰州科学城建设纳入兰州城关安宁北拓片区中统筹布局建设，开展总体发展规划编制和基础市政设施建设项目前期工作，同时将科学城建设列入厅市会商议题重点任务，对接中科院兰州分院和中国农科院兰州兽医研究所，推进重大科研平台建设和国家重点实验室重组，将实施科技创新合作项目列入与欧洲化学合作组织战略合作内容，推进共建“德国院士先进科学与应用技术创新园区”。获批省部共建干旱生境作物学国家重点实验室，草种创新与草地农业生态系统国家重点实验室入选首批标杆全国重点实验室。落地布局中子工程应用综合研究设施，建成运营大科学装置科技创新创业园一期、省同位素制造业创新中心、海亮新能源材料研究院等科创平台。支持成立兰州石化科技创新中心，围绕人用疫苗、兽用疫苗、中兽药、现代中药、多肽类药物打造高端创新平台。与上海张江、粤港澳大湾区共建“大湾区兰白自创区中医药创新发展示范区”等创新平台。

【重大技术攻关】 以项目化、工程化为基本策略，聚焦装备制造、生物医药、新材料等重点领域，改革重大科技项目立项和组织管理方式，系统实施超高压食品技术装备研发、特色中药高纯分离制备技术研发与产业化等重点科技项目40余项。支持组建化工新材料、中医药产业2家省级创新联合体，联合行业上下游组织实施重点领域研发项目。支持在兰各领域实验室、技术创新中心等打造协同创新共同体，联合承担国家、省级重大科技项目。兰石集团攻克高锰无磁钢板连浇、轧制等关键技术并实现量产，兰州生物制品研究所“蛋白重组疫苗生产线”建成使用，注射用A型肉毒毒素、口服轮状病毒减毒活疫苗年销售收入超10亿元，兰州空间物理研究所微重力开关等43台套产品在神舟十五号飞船上成功应用。兰州石化氯化聚乙烯专用料实现批量生产，填补了西北地区原料生产空白，实现对西北地区下游用户的稳定保供。

【科技创新发展】 部署实施高新技术企业培育攻坚行动，在生物医药、绿色化工、新材料、数字经济等领域支持企业组织实施一批科技攻关项目，在人工关节、人用兽用疫苗、多相流量计等领域支持培育专精特新“小巨人”企业和“单项冠军”示范企业。加快兰州科技创新园、甘肃鲲鹏生态创新中心、兰州信创新算力产业园建设，推动兰石集团能源装备众创空间入围国家专业化众创空间。对全市172家已认定的双创孵化载体进行全面摸排和综合评价。全面落实研发费用加计扣除、高新技术企业税收优惠等政策。选派16个项目、84名“科技专员”服务企业创新发展，对接省厅、联合市税务局培训企业600余家。选派35名“三区”科技人才到“三县”25个乡镇开展农业科技指导服务，组建7个科技服务团队推广现代农业实用技术。全年完成技术合同认定登记6400项，技术合同成交额超过100亿元。

【科技人才培育】 坚持人才“第一资源”理念，突出“高精尖缺”导向，强化人才、平台、项目融合联动，完善人才“引用育留”全链条培养机制，着力培育新算力、工业设计、生态治理、生物医药等领域创新人才和创新团队。全年组织实施人才创新创业项目75项，支持资金2010万元，项目参与人员798人，引进科技人才188人。举办第五届“活力金城”兰州市人才创新创业大赛，评出优胜项目15个，发放研发补助资金820万元。实施“青年科技人才‘萃英青春’创新支持专项”，征集各类创新项目1132项。重点加大对青年科技人才留兰创业金融扶持力度。探索建立新引进青年科技人才落户在高校院所、创业在兰州园区企业的“双落户”制度。组织实施引进国外技术和管理人才项目，支持企事业单位引进高精尖缺外国人才。建设市级引智基地和示范单位，对28家引智基地（示范单位）发放补助资金140万元。全面落实外国人来兰工作居留便利化服务若干措施，实行“一窗通办、并联审批”，办理许可通知17件，注销证明26件，发放许可证73件。

【科技赛事活动】 举办中国创新挑战赛(甘肃)现场赛，签订产学研合作协议48项，签约金额3810万元。同西宁市科技局举办黄河流域（上游）城市科技成果转移转化对接会，发布智力成果40余项，举办生物医药类项目路演，促成3项科技成果成功签约。主办以“走进科技·你我同行”为主题的“科技活动周”系列活动，邀请专家进行专题讲座，开展“走进国重”主题观摩、“科创未来”专场路演等活动。推荐兰州工业研究院等2家单位被认定为省级科普基地，组织开展科普课程280课时，培训学生8600余人次。

（朱镜儒）

社会科学

【概况】 2022年，兰州市社会科学院紧紧围绕市委市政府的中心工作和年初确定的目标任务，充分发挥地方新型智库功能，积极为兰州市经济社会高质量发展提供决策咨询和智力支撑。

【社科规划】 围绕市委市政府中心工作及兰州市社会科学重点学科建设工程等，开展对兰州市哲学社会科学建设具有重大价值和影响的基础理论研究、调查研究和应用对策研究。经过选题征集与制定、发布课题指南、公开申报、项目受理、分类初审、专家评审等环节，兰州市哲学社会科学规划项目立项135项。其中，资助43项；不资助项目92项。

【社科研究】 申报省社科联省市联合项目立项1项，承担参与省政府参事室调研课题6项，承担市政府委托课题2项，承担市政协委托课题1项，承担市委宣传部委托课题2项，承担市委统战部委托课题2项，承担市委政法委委托课题1项，承担市委政研室委托课题5项，承担市直机关工委委托课题1项。其中，兰州市社会科学院参与完成的《我省文艺人才队伍的现状、问题与对策》调研报告经省政府参事室上报后被省委书记胡昌升批示。与甘肃省社科院全面开展合作，编研出版“甘肃蓝皮书”之《兰州市经济社会发展形势分析与预测（2023）》。提交市人大理论研究主题征文3篇，获三等奖2篇。围绕法治建设撰写《习近平法治思想的人民性要义》《在法治轨道上走好充满光荣和梦想的新征程》。在《兰州日报》理论版刊发理论文章14篇。

【社科资政】 编辑出版服务决策咨询的内部参考资料《兰州社科成果要报》，供市委市政府领导与相关部门参阅。全年完成资政报告40期63篇，其中《关于利用资本市场促进兰州牛肉拉面产业高质量发展的建议》转发省政府参事后被省委常委、省长批示，《打造兰州黄河文化品牌的对策建议》被市政府分管副市长批示。

【社科资源】 整合省市一流专家学者的研究力量，围绕市委市政府中心工作和兰州市经济社会发展的热点、难点问题，联合开展研究，本年度共聘任市社科规划项目评审专家68名、特约研究员154名，为市委市政府决策和经济社会发展服务起到重要智力支撑。

【社科期刊】 市社科院主办的《兰州学刊》作为中文社会科学引文索引（CSSCI）来源期刊、中国社会科学引文索引（CSSCI）扩展版来源期刊、“中国人文社会科学期刊AMI综合评价”A刊扩展期刊、中国人民大学“复印报刊资料”重要转载来源期刊，共完成12期、146篇论文、200余万字的编辑出版工作，并通过中国知网、万方数据、维普数据、中国社会科学网、超星数字等出版平台实现数字化出版。截至12月14日，2022年《兰州学刊》被人大复印报刊资料学术期刊全文转载8篇。在中国科学文献计量评价研究中心发布的《中国学术期刊影响因子年报（人文社会科学·2022版）》中《兰州学刊》的影响力指数（CI）为124.478，影响力指数学科排序为90/618，复合影响因子为2.301，复合影响因子学科排序为68/618，在全国综合性人文社会科学期刊中的权威度和核心等级以及学刊的学术影响力和社会影响力显著提升。

【社科普及】 积极发掘兰州市具备社会科学普及功能并能体现地方特色的机构或场所，制定《2022年兰州市社会科学宣传普及周方案》，在兰州市博物馆举办“2022年文化和自然遗产日“鉴宝”活动暨兰州市社会科学宣传普及周启动仪式，并为八路军兰州办事处纪念馆等5家“兰州市社科普及示范基地”进行授牌，全年各科普基地共举办各类科普活动60余场次。

【社科交流】 加强与全国兄弟城市社科院以及有关单位的交流与合作，参加“黄河国家战略省会城市智库联盟年会暨黄河生态保护和高质量发展论坛”，聚焦黄河流域生态保护和高质量发展相关重大理论和现实问题，开展联合攻关，为推动黄河流域生态保护和高质量发展作出积极贡献。作为兰州智慧城市研究院的组成单位，继续深化战略合作，与兰州城市学院、中国移动通信集团有限公司兰州分公司、甘肃建筑科学研究院联合完成《安宁智慧城市规划（2020—2035年）》和《数字智慧政府白皮书》。

（范宏斌）

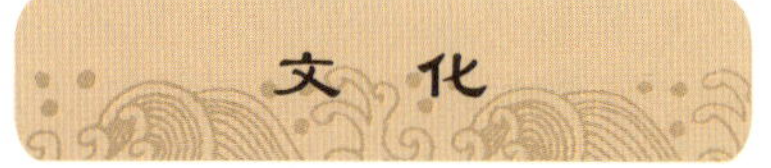

【概况】 2022年，兰州市文旅局系统推进文旅融合，着力打造康养集群，重点推进项目建设，全面丰富产品供给，较好完成2022年各项目标任务。全年实施文化旅游项目74个，实施文旅康养产业项目18个，组织完成各类文化活动1622场次。配合省文旅厅成功举办2022年文化和自然遗产日主场城市活动，人民日报、新华社推出专题报道，央视《新闻联播》播发头条，《开讲啦》《焦点访谈》推出专题节目，国家文物局给予高度评价并致函感谢。市文化执法队查处的"不合理低价游案"成功入选全国文化市场综合执法重大案件，受到文旅部通报表扬；市博物馆、市文研中心评为全市创建全国民族团结进步示范单位。八路军兰州办事处纪念馆上榜"全国文物系统先进集体"。至年底，全市有公共文化馆9个、公共图书馆8个、美术馆1个，博物馆29个，基层文化中心、站室982个；有经营性演出场所17家、歌舞娱乐场所266家、互联网上网服务场所173家、剧本经营场所77家，平均营业率83%。

【文旅项目建设】 全市实施文化旅游项目74个。其中，续建项目36个；新建（确定年内可开工）项目12个；凝练（年内开展前期工作）项目26个。确定为年度重点项目22个；一般项目52个。全市文旅项目计划总投资802.544亿元，2022年计划投资43.099亿元。至年底，完成项目投资33.33亿元，完成计划的77.3%。担起黄河流域生态保护和高质量发展责任。根据《兰州市黄河流域生态保护和高质量发展规划两年行动方案》要求，按照文化旅游专责组工作职能，制定印发《兰州市保护传承弘扬黄河文化专项行动计划实施方案》，2022—2023年实施重点项目21个，2022年建成2项，按建设周期加快推进13项。全额完成招商引资任务。凝练重点招商项目13个，向省文旅厅上报敦煌文博会推介重点项目6个，与完美世界拟合作项目14个。至年底，完成招商引资到位资金3亿元，全面完成招商引资任务。扶持重点文旅项目。重中抓重，兰州丝路黄河文化博物馆项目列入国家重点扶持资金1550万元，已到位890万元。向市发改委申报前期项目7个，储备中央预算内投资项目2个，争取项目前期经费220万元。向市财政局申报黄河流域高质量发展奖补资金项目1个，拨付兰州水墨丹霞旅游景区一期工程项目2022年地方政府专项债券资金2.1亿元，专项债券资金支付率100%。向市政府金融办报送"强省会"战略文化旅游融资项目17个，融资需求19.87亿元。统筹谋划文化产业园区建设。制定《兰州市文化产业园区高质量发展落实举措》，提出全市文化产业园区高质量发展具体措施，推进国家级文化产业示范园区创建工作，进一步修改和完善国家级文化产业示范园区验收资料。文旅部产业司已审查申报材料，待实地验收。

【公共文化服务】 完成庆祝2022年警察节专场音乐会、黄河少年主题文艺会、军地共建文艺演出和《斯拉夫经典》交响音乐会、《中西交融》秋季音乐会等多项惠民演出活动，参演第二十八届中国兰州投资贸易洽谈会开幕式演出，完成全民电子阅报屏建设和百场主旋律公益电影放映任务，全年完成各类文化活动1622场次，市博物馆、市文研中心评为全市创建全国民族团结进步示范单位。全力做好“冬奥冠军陇原行”活动演出的排演工作，将甘肃元素与冬奥元素有机结合，编排打磨《飞天花舞》等节目，北京冬奥会冠军隋文静、韩聪等在兰州奥体中心为广大市民表演。组织做好甘肃省第十五届运动会开闭幕式演出，在承办单位对接、节目选择排练、舞美安装调试、各部门协调统筹等方面尽心竭力，全力筹备开闭幕式演出和观众组织工作。开闭幕式共计组织专业演员和群众演员2300余名，涉及兰州大学、甘肃警察职业学院、西北师范大学、西北民族大学、兰州城市学院、兰州文理学院等6所高校和多家民间组织，在甘肃警察学院、兰州奥体中心等地进行为期36天的集中封闭排练，开闭幕式演出《天下黄河》《你好，兰州》《水墨丹青》《孤勇者》等节目15组。在做好开闭幕式演出的同时，市文旅局担负起开闭幕式观众组织任务，组织包括政府官员、两代表一委员、行业代表、市民代表、媒体记者等社会各界人士2万人，做好票务分配、观众接待等各项工作，完成开闭幕式观众组织任务。

【文艺创作】 新版红色经典儿童剧《大豆谣》改版升级。新版剧本先后七易其稿，全国顶尖音乐、舞美灯光设计团队对该剧重塑打造，提升儿童剧目的艺术价值与历史价值，完成了一次红色舞台艺术精品的递进式飞跃。10月25日，新版红色经典儿童剧《大豆谣》受邀参加“2022年广州艺术季”线上展演活动，以“云端”首演的方式全新亮相，中新社、网易新闻、奔流新闻等多家媒体进行全程报道，云首映当晚线上观看观众数量超过1万人次，入选“第七届甘肃戏剧红梅奖大赛”终评剧目。该剧红色主题图书《大豆谣》，由甘肃省委宣传部推荐报送第十六届全国精神文明建设“五个一工程”。

【文艺精品交流】 先后赴上海、赣州、南昌、南京等城市，参加谭盾国乐版《敦煌·慈悲颂》交响音乐会、大型实景演出《梦回庐陵》《南京2022新春音乐会》等文化交流活动，赴平凉演出大型民族舞剧《大梦敦煌》。推出歌剧《图兰朵》、大型音乐史诗《长征组歌》、歌剧《卡门》等精品剧目，出品的甘肃首部交响合唱组曲《南梁颂》《甘加秘境》主题曲、交响合唱《黄河少年》在新媒体平台的点击浏览量350万余次；参演由中央广播电视总台举办的《音乐传递温暖坚持就是胜利》“五一”云上音乐会录制，成功承办由省委宣传部、省文旅厅联合主办的喜迎二十大云直播音乐会、《中西交融》秋季音乐会，累计在线观看人数约500万人次。

【文物保护】 推进明肃王系列文物资源的整体保护和综合利用，“明肃王墓保护修缮”和“金天观文物建筑及附属文物保护展示”2个项目获国家文物局立项审批，列入全国2023年重点文保项目。加快实施周家祠堂修缮工程（二期）、五泉山建筑群——卧佛寺抢险加固工程等项目，有序推进数字长城博物馆筹建工作。年内争取文物修缮资金410万元，统筹推进华夏文明传承创新区建设和长城、长征、黄河国家文化公园（兰州段）建设。依托各县区长城遗存、景区景点、公共设施，谋划打造以永登县汪家湾长城为基点的“汉长城集中展示带”，和以城关区拱星墩长城、西固区八盘峡长城、扎马台烽火台为基点的“明长城集中展示带”，形成具有地方特色的长城国家文化公园（兰州段）示范区和特色旅游目的地。

【非物质文化遗产保护与传承】 开展“冬奥过大年·文化进万家”兰州市2022年非遗文化庙会活动，兰州太平鼓、西固军傩舞、兰州刻葫芦等非遗传承人现场展示技艺，让市民和游客现场感受兰州非遗的古韵情怀和传统文化的博大精深。开展非遗进校园活动，在金城实验小学、西北师范大学音乐学院、兰州市中小学生综合实践基地等学校开展兰州鼓子进校园活动，由兰州太平鼓传承人向学生授课30余节。皋兰“禾尚头”、兰州软儿梨成功获批“省级非遗工坊”。

【广播电视事业】　印发《兰州市广播电视行业迎接党的二十大广播电视和网络视听安全播出保障专项工作方案》，开展迎接党的二十大安全播出保障专项行动，落实国家总局、省局迎接建党100周年督导检查通报问题的整改工作，坚持开展打击非法安装和使用卫星地面接收设施工作，为党的二十大的胜利召开营造和谐良好的政治社会舆论氛围，以“安播零事故、传输高质量”为目标，确保春节、北京冬奥会、全国两会和党的二十大等重大活动、重要节目、重点时段安全播出万无一失。年内全市各级播出机构开展自查检查47次，签订责任书、承诺书71份，发现问题隐患55项（立行立改51项，限期整改4项），购买更新设施设备34件，投入资金366.5万元。完成2022年全省广播电视主题公益广告征集上报工作，上报《拒绝酒后驾车》《爱相随》《这就是兰州温度》等作品33件。公益广告《力量在手梦想在前》获国家广播电视公益广告扶持项目，获批专项扶持资金；《你好兰州》入选第二届全国旅游公益广告优秀作品。

【文化市场监管】　深化社会艺术水平考级活动专项治理，排查全市社会艺术水平考级承办单位45家，办理违规案件8起，对中国美术学院、西安音乐学院、中国舞蹈家协会等单位进行行政处罚。打击养老诈骗，重点摸排老年旅游、艺术品经营等领域涉及养老诈骗问题线索，着力整治以“养老”为名的涉诈问题风险隐患，办理养老诈骗案件2起，并对排摸出的2条不在职权管辖范围的养老诈骗问题线索移送相关单位。开展“护苗”专项行动。规范校园周边出版物市场秩序，对甘肃书刊批发市场进行随机抽查；严厉打击违规接纳未成年人等各类违法违规行为，查处网吧接纳未成年人案件3起，游艺娱乐场所在法定节假日外违规接纳未成年人案件1起，歌舞娱乐场所接纳未成年人案件1起；中高考期间加强日常巡查，对重点地段的重点场所进行重点监管，严查网吧、歌舞娱乐场所违规接纳未成年人。开展“扫黄打非”工作。严格规范市场经营主体的经营行为，累计检查出版物经营单位726家次、印刷企业128家次，打字复印店204家次，办理出版物市场案件15起（移送2起），没收非法出版物近4万余册/张。常态化开展扫黑除恶工作。强化与公安等部门的工作联动和信息共享，开展联合检查10次，检查娱乐场所62家次，取缔擅自从事娱乐场所经营活动的娱乐场1家，疫情防控期间向公安现场移交无视疫情防控期间政府指令顶风营业的娱乐场所1家。

2022年，市文旅局累计出动执法人员1.62万人次，执法检查及疫情防控巡查各文旅经营场所5953家次，办理案件40起（2起已移送），罚款34.75万元，没收非法出版物近4万余册/张。受理12345民情通投诉436起，均第一时间按程序和时限办理并回复，办结率100%。

【文旅安全生产】　执行“管行业必须管安全、管业务必须管安全、管生产经营必须管安全”的法律规定和“谁主管谁负责、谁挂牌谁负责”的工作原则，着力防范化解文旅行业危及人身安全的风险隐患，最大限度减少事故发生。同时严格落实假日值班值守制度，带班领导和值班人员严格执行24小时呼叫畅通制度，及时处置假日期间各类投诉和突发事件。开展全市文化旅游消防燃气领域隐患排查检查工作。汲取全国各地发生火灾事故的经验教训，指导全市文旅行业经营场所做好应急处置预案，与公安、消防、市场监管、环保等部门开展了联合执法检查，累计组织出动检查组81个、先后出动执法人员1235余人次，检查经营场所658家次，整改安全类隐患90条。开展全市文化旅游自建房安全专项整治和百日攻坚行动。结合文旅行业特点，针对性检查是否按照国家标准使用防爆电气设备、配备消防器材，场所建筑墙体是否完好等。累计排查出自建房 43 家（停业 2 家，已移交属地化自建房管理），发现安全隐患 27 个并限期整改。

【文旅市场恢复振兴】 开展“文化进万家、旅游迎新春”文旅市场复苏百日攻坚行动。广泛开展“春绿陇原”文艺演出、“非遗过大年”“视频直播家乡年”活动，策划以长征、长城、黄河和华夏文明传承创新区为主题的系列文化主题活动。开展《大梦敦煌》专场演出、2023 年新年音乐会、我们的节日——春节系列活动、兰州非物质文化遗产展示展演等多项活动。统筹市县区文旅资源一体发力。借助省上一揽子政策和“十个方面的硬核举措”，全力争取省文旅厅项目扶持和资金支持，系统谋划文化惠民活动，文化惠民做到“天天有活动、周周有精彩、月月有主题”。引导文旅市场主体渠道共享。发挥文旅行业协会优势，引导景区、酒店、民宿、旅行社、影剧院等文旅市场主体和各类演出团体通过资源互通、渠道共享，全面扩展文旅产业链条，持续增强兰州文旅产业的核心竞争力、市场控制力和风险抵御力。

（高　玲）

报社工作

【概况】 2022 年，兰州日报社以建设新型主流媒体为目标，以推动融媒发展为第一要务，锐意进取、善谋实干，办报、经营、管理等各方面工作都有新进展、新提高、新成效。参与策划的《“百年奋斗路·百城访初心”大型全媒体报道》获得第三十二届中国新闻奖二等奖；《绿化带上的办公桌》等 8 件作品获得甘肃新闻奖。报社被中国报业协会党报分会评为“双胜利”宣传工作先进集体。兰州短视频产业园项目被中国记协、中国地市报研究会评为“全国地方党媒融合发展创新示范项目”，户外智慧主流舆论阵地建设项目、融媒体中心与新时代文明实践中心融合项目获评“全国地方党媒融合发展创新优秀项目”。“一心四区”党建工作矩阵典型案例被人民日报客户端进行专题报道。

【舆论引导】 聚焦党的二十大开展系列策划报道，开展“喜迎二十大　永远跟党走——奋进新征程　建功新时代”全媒体主题采访活动，推出“二十大特别报道”“二十大进行时”“二十大观察”等栏目，全面报道大会盛况，充分展示兰州市干部群众埋头苦干、团结奋斗，系统推进兰州实现高质量发展的生动实践。其中“奋进新征程　建功新时代”专栏专题全年刊发相关稿件 2000 余篇，阅读量 2 亿人次。推出“关注重大项目建设—进现场　看项目”“我们的小康生活”等专题专栏，有力配合省市委中心工作，其中刊发“社工委在行动”相关稿件 500 余篇。策划推出“疫情防控兰州在行动”专版、“驻守干部在‘疫’线”“最美小兰”等专栏，刊发相关稿件、融媒体产品 5000 余篇，阅读量突破 4 亿人次。“党报热线进社区”“记者跑腿”全年发布各类视频新闻 500 余个，为群众协调解决问题 140 余件，提供咨询服务 500 余次。

【媒体融合】 完成《兰州日报》改版优化，强化重点主题宣传，推出“奋进新征程　建功新时代”“喜迎二十大　奋进新征程”“我们这十年”“跟着主播学习党的二十大精神”“大河奔腾看甘肃”等系列融媒体产品，将党的二十大精神宣传到千家万户。挖掘兰州文化内涵，推出《黑瓷》《文物会说话》系列短视频，受到市民广泛关注；策划系列人文视频作品《兰州东南西北端》，一经发布就受到用户强烈关注，5 集作品累计播放量百万人次。增强策划水平提升媒体社会影响力，举办“领读中国·笃定的力量”全民公益阅读（兰州站）、“云公益”系列品牌活动等一系列文化活动，公益活动精准度不断提高，媒体社会影响力持续扩大。发挥产业园作用做好融合文章，盘活各类文化资源，以产业园平台助力深度融合，吸引首批短视频工作室加入；举办甘肃省首期网络主播和全媒体运营师培训。完成 L 视频客户端研发测试工作，邀请城关区、七里河区 100 个街道社区入驻。

【经营创收】 坚持以资产划转为发力点，推动企业经营管理创收创效，全年累计实现经营性收入 3098 万元。全力推动资产划转，全面完成文化体制改革。有效拓宽增收渠道，持续推进“AI 智慧党建系统”和“一点资讯·甘肃”代理业务，稳步推进指挥路灯屏项目，不断增强新媒体广告业务量及广告业务的后续延伸服务。策划文化活动，举办“我家有宝·寻鉴金城”“甘肃20年家装设计展”等10余场线上线下活动。健全经营班子建设，完成集团公司副总经理、监事的聘任工作。加强资产管理，合作开发固定资产数字化管理平台，对各子公司固定资产购置、登记和使用等各方面进行监管。

（闫龙龙）

广播电视

【概况】 2022年，兰州广播电视台落实市委、市政府决策部署，勇挑宣传报道主力军压舱石重担，多维度、多平台讲述兰州故事，向全国展示“黄河城市精致兰州”的靓丽形象。全年在中央广播电视总台播发新闻320条，《新闻联播》发稿47条，同比增长29%。在《甘肃新闻》播发稿件630条，连续6年稳居全省市州第一。

【舆论引导】 聚力聚焦打造“头条工程”，全力推进“首页首屏首条”建设，常态化开设“在习近平新时代中国特色社会主义思想指引下”专栏，第一时间转发权威媒体刊发的习近平总书记系列重要活动报道和重要讲话。在习近平总书记视察甘肃3周年之际，开设“沿着总书记的足迹”“大河奔腾看兰州”系列报道，重温总书记考察期间的动人场景、暖心话语，看金城大地高质量发展，全年播发稿件300余条。全力做好党的二十大宣传，超前谋划稳步推进，制定宣传总方案，采编人员跨部门共享共用，紧扣会议节点，逐步开设“二十大时光”等7档专栏，播出稿件110条，制作短视频150期，报道兰州市社会各界喜迎、学习、贯彻落实党的二十大情况，掀起全市学习宣传贯彻热潮，推动党的二十大精神深入人心、落地生根。忠诚履行党的宣传报道。以《兰州新闻》为主阵地，《兰州零距离》补位补台开设“时政要闻”板块，严格按照宣传纪律采访播出，当天采当天播，其他栏目及时开展理论热点阐释、政策解读，创新大小屏联动，大小屏互补，争取最大受众面，把党的声音传递到“神经末梢”，党的政策落实到各行各业，全年播出时政新闻500余条。配合省台参与全国两会报道，完成省市两会报道任务。紧跟节点压茬推进省第十四次党代会宣传，推出“踔厉奋发强省会奋斗追赶谱新篇”等系列报道，全方位展现兰州市引领全省现代化建设、推进高质量发展的优秀经验和成果，播出稿件200余条，掀起全市学习党代会精神热潮，助推全市各界把党代会精神转化为高质量发展的生动实践。创新开展“兰洽会”宣传报道，开展“探馆兰洽会”网络直播，新闻主播变网络主播，第一视角云游展馆，探索前沿科技。

【主题报道】 开展“社工委在行动”主题系列报道，报道全市“社工委”服务群众经验做法，密切贴近群众生活，准确反映社情民意。聚焦“中国共产主义青年团成立100周年”“乡村振兴”“强省会行动”“青年发展型城市”等重大主题，开设《奋斗者·正青春》专栏，号召青年人才争当追梦人。推出《重振兰州制造重塑兰州辉煌》系列报道，多角度展示兰州市在高质量发展路上续写的新辉煌。全媒体平台推出系列直播《主播带你探访“兰州制造”》，沉浸式感受兰州制造魅力。在兰州新区获批国家级新区十周年之际，统筹新闻宣传资源，全方位、立体化、多层面开展喜迎兰州新区获批国家级新区十周年系列宣传报道，播发“十年奋进闯新路”系列主题报道10集。围绕“清廉兰州”密集推出专题内容，开设系列栏目《清廉兰州》挖掘典型，播出相关报道400余篇，打造以基层党组织服务居民的系列微剧《党员郝大姐》，策划“清廉兰州”系列微剧，寓教于乐。

【节目内容质量提升】 完善“一月之好”“季度工作亮点”激励机制，强化“工作室”品牌引领，发挥“每周监播监听报告”鞭策效应，掀起全台崇尚优秀、学习优秀、争当优秀的良好氛围。年内125件作品获省级以上奖项，其中敦煌文艺奖4件，甘肃广播影视奖75件，兰州广播电视台获“2022年全省广播电视主题公益广告扶持项目优秀组织单位奖”。兰州网络广播电视台被推荐为2022年度优秀城市融媒综合影响力网络媒体TOP10，“蓝玫瑰手机台”微信公众号被推荐为2022年度优秀城市融媒综合影响力微信TOP10，“爱兰州视频”抖音号被推荐为2022年度优秀城市融媒综合影响力抖音号TOP10，1名同志被提名为2022年度优秀城市融媒创新发展年度人物。完成《一起向未来》《冰上时刻》等3部专题片摄制，策划制作《黄河之滨也很美》系列航拍，制作《天下黄河》《我忆兰州好》等多首歌曲MV，全媒体平台播出后社会反响良好。完成《精致兰州》《兰山烟雨宣传片》多部城市形象宣传片拍摄。

【公共服务】 全台广播、电视、新媒体矩阵统筹发力，播发新冠疫情防控消息4000余条，短视频3000余条，短视频总点击量超过1200万人次。开设“疫情防控·兰州在行动”等专栏，精准报道省委、市委各项决策部署，挖掘一线医护人员、公安干警、基层干部先进事迹。联合12345热线及时回应公众关切，助力解决群众急难愁盼。制作播出350条公益宣传片，总计播出公益广告1.1万余条。安排广场大屏播放重大主题报道、形象宣传片和公益广告。与企业合作开展“爱心送考”活动，为考生提供便捷服务。推出“清廉兰州995雷锋榜”板块，发布各类信息5000余条，展现主流媒体责任担当。及时发布医疗、社保、教育、交通等各方面民生信息，紧跟普法日、防震减灾日等重要节点，制作专栏普及知识。多档栏目联动发力，衣食住行、吃喝玩乐全覆盖，《黄河恋》助力悠游兰州，《科普来了》解读科技魅力，《寻味兰州》发现城市美味，《健康兰州名医访谈》普及医学常识，《教·练》传播运动知识，《金城夕阳红》关注老年群体，《校园直通车》关爱青少年成长。

【舆论监督】 突出建设性舆论监督，《落实进行时》紧盯社会热点，围绕文明兰州、优化营商环境等，邀请相关市直部门负责人、民生企业负责人走进直播现场解难题办实事。对群众问题的总体回复率达到96%，群众满意率88%，先后4次被《人民日报》客户端甘头条转发。《兰州零距离》密切跟进影响政府形象、损害百姓利益的新闻线索，围绕民生话题，深挖曝光、持续追踪，播出监督报道600余条，问题解决率超过70%，助力提升群众获得感、幸福感、安全感。

【优秀文化弘扬】 践行社会主义核心价值观，创新表达方式，彰显传统文化魅力，浸润文明新风，弘扬城市精神品格。新媒体栏目《大美黄河》《老马侃兰州》解读金城年轮，邂逅城市光影。《金城先锋》《党员大课堂》宣传党员先进事迹，号召争做优秀党员。《影像中的党史》《红色档案》赓续红色基因，汲取奋进力量。

【安全播出】 坚决贯彻国家广电总局关于安全播出的各项要求，领导带头靠前指挥，工作任务落实到具体个人，实行双人双岗值班制，时刻做到“人不离岗位、眼不离屏幕、耳不离监听”。严格执行“播前三审”和“重播重审”，加强节目质量跟踪和监评，排查整改安全播出隐患100余起。全年，广播节目累计播出2.19万小时，电视频道累计播出2.64万小时。广播、电视停播率均0秒/百小时。保障党的二十大、省市第十四次党代会等重要保障期的安全播出工作。迎接党的二十大安全播出大检查工作扎实得力得到国家广电总局和省广电局的一致肯定，广电总局平台测试达标率96.4%。为顺利完成省十五运会的录制任务，技术口组建有史以来规模最大、水平最高的录制团队，购置租赁专业器材100余种2000余件，动用3辆高清数字电视转播车和2套数字微波、3条网络光纤，并首次使用飞猫摄像系统、斯坦尼康无线游机等多种专业设备，录制团队完成各项录制任务，成为兰州广播电视台大型实况录制案例规模档次之最。

【媒体融合发展】 兰州广播电视台为工信部网络安全(云计算)试点单位，融媒体平台虚拟化抠像设备和在线包装设备完成安装调试，已具备使用条件。申报的《虚拟数字人主持系统项目》成功入围由国家广电总局主办的第二届广播电视和网络视听人工智能应用创新大赛决赛。“融合平台(生产)系统项目”完成80%。

深化“思想+艺术+技术”创新融合，精心打造推出“蓝玫瑰手机台”新媒体平台，持续发挥好涵盖央视频、人民网、抖音等新媒体平台在内的“一网一端十三平台”全媒体传播矩阵优势资源。《时评主播读》对各大纸媒重磅时评文章进行播读，《主播说》讲热点、跟时势，大小屏同步推送，引导正面舆论，扩大主流声音。蓝玫瑰手机台公众号影响力持续提升，全媒体矩阵总影响力规模481万，“爱兰州”客户端累计下载用户超过191万，爱兰州MCN机构粉丝总量173万，总浏览量超3亿人次。

【强化运营】 继续秉持“新闻+政务+服务+商务”的理念，在巩固现有客户资源的基础上，千方百计开发新客户，拓宽经营渠道，增强社会影响。用心用情服务市直单位，开展精准化、定制化靶向服务。与市文明办、市教育局等10多家单位达成合作关系。联合市纪委监委，借助“互联网+”传播手段，成功构建“清廉兰州”新兴品牌。联合市直属机关工委推出“百名机关支部书记话党建活动”。与市退役军人事务局深度合作，策划实施双拥宣传、“最美军人”评选等行业重大活动。与兰州黄河风情线大景区管委会签订2022年短视频采编项目。接洽各市州文旅单位，在地铁电视播出各地形象宣传片。以线上活动直播为突破口，先后完成“兰州市青少年网络安全知识竞赛”“兰州市检察机关十佳公诉人业务竞赛”“第三十九届兰州桃花旅游节开幕式”等网络直播活动。围绕全市落实强省会行动进一步优化营商环境若干措施，拿出百万元的广告时段资源，为30余家在兰企业提供全方位免费宣传，为优化营商环境贡献媒体力量。

（柳少为）

档案事业

【概况】 2022年，市档案馆按照省、市第十四次党代会决策部署和全国、全省2022年档案工作会议安排，创新思路举措，提升工作效能，推动各项工作实现良好成效。馆藏档案51.1万卷（件）。7月，市委编委会批准设立兰州市档案信息中心，隶属市档案馆管理。

【档案法治建设】 建立主要领导亲自抓、分管领导和责任科室具体抓、其他机构配合抓的法治建设领导机制，制定全市档案法治建设工作方案。开展普法宣传，出台《兰州市档案“八五”法治宣传教育规划（2021—2025年）》，联合省和县区档案部门利用“国际档案日”“全国法制宣传日”等集中开展主题鲜明、贴近群众的系列普法宣传活动，紧密结合“法律八进”活动，推动档案普法向社会各领域、各行业、各方面延伸。加强监督检查，对全市各县区、部分市直单位的档案管理情况，特别是习近平总书记对档案工作重要指示批示精神、新修订《档案法》宣传贯彻落实情况和档案馆库建设、基础业务、安全管理、信息化建设情况进行督查，推动工作。全面推进政务信息公开，完善工作机制，对政府信息进行梳理和编目，利用档案网站、查阅大厅醒目位置等予以公示，提高政务公开工作的统一性和规范性，确保政务公开工作高效运转。参加国家和省档案局组织的各类线上法制培训，以及司法部门举办的法律知识培训和执法资格考试，增强法治意识、提升执法能力。

【档案资源建设】 紧抓档案资源前端控制，及时跟进市委、市政府大事要事，不断拓展档案归集领域、扩大覆盖面，主动融入黄河流域生态保护和高质量发展重大战略、脱贫攻坚与乡村振兴有效衔接、新冠疫情防控、全国文明城市创建成果巩固、重大项目建设等重点工作、重要领域，系统性、有针对性地进行建档管档培训指导、档案收集征集，上门指导8县区、36家单位、4个建设项目，确保档案应归尽归、应收尽收，接收进馆290卷、11240件。档案征集工作实现新突破，征集到珍贵红色档案、黄河档案21件。推进馆藏档案数字化工作，完成数字化扫描13265卷、14462件，实现数字化率90%以上的目标。

【档案开发利用】 加大档案编研工作力度，完成《兰州市档案馆工作纪实》专题片拍摄、《2021年黄河流域城市高质量发展档案数据集萃（兰州段）》的汇编、全市三年档案利用事例的收集整理，基本完成《兰州市档案馆指南》的结构体例设计、内容审核，特别是紧贴重振兰州辉煌，联合西北师范大学专家团队启动《兰州知名工业企业档案集萃》编纂工作，筹划并申报3个国家重点档案专题保护开发项目。提升档案查阅利用服务能力，紧扣人民群众“急难盼愁”，首倡和牵头建立黄河流域（甘肃段）市州档案馆战略合作暨档案跨馆便民服务合作机制，在50个社区开展“我为群众办实事查档服务零距离”活动，创新提供“网上办”“掌上办”“无证件办”查档服务203次，查阅中心接待群众2174人次，调阅档案36810卷件次，新冠疫情防控期间，利用全国档案查询利用服务平台、兰州档案微信公众号、县区档案馆电话查阅系统等方式，为社会公众提供统一、在线、跨层级、跨区域的档案查询服务。推进档案开放鉴定工作，成立档案开放鉴定工作小组，制订《档案开放鉴定工作实施细则》，提升开放鉴定的规范化水平。开展档案科研，组织形成《基于人工智能的档案开放鉴定智能管理系统的研究——以兰州市档案馆为例》等3个项目。

【档案宣传教育】 面向社会组织开展“喜迎二十大·档案颂辉煌”主题宣传活动教育，充分挖掘档案资源，联合省档案局、省档案馆开展“6·9”国际档案日宣传活动，推出《走进档案观黄河——兰州城市记忆展》《甘肃抗战实录》《兰州红色档案》等展览展示、编研成果，同步持续发挥好《走进档案守初心——兰州红色记忆展》《档案见证小康路聚焦扶贫决胜期》等主题展览作用。发挥好爱国主义教育基地作用，强化档案馆宣传教育功能，搭建党员、干部党性教育平台，开展《兰州红色记忆展》“5+2”无假日观展服务，红色记忆档案和城市记忆档案进机关、进社区、进乡村、进学校、进民族代表人士“五进”活动等，突出青少年群体，面向大中小学生举办档案特色红色研学实践活动，以“走出去、请进来”的方式开展档案文化进校园、红色档案讲座、民族英雄故事宣讲等青少年档案体验第二课堂活动。

【档案安全管理】 落实安全生产责任制，持续筑牢人防、技防、物防、联防“四道防线”，确保档案实体和档案数据绝对安全。着力改善馆库基础条件，成立工作专班，推进新馆建设项目，正在进行项目立项前的准备工作。开展国家安全教育日宣传教育活动、关键信息基础设施网络安全自查及网络与信息安全应急演练，完成专业档案清点整理6000余卷、更换档案装具5400个。

（张生晓）

地方志工作

【概况】 2022年，兰州市地方志办公室坚持“存史、资政、育人”，加强思想政治能力建设，克服疫情影响，一边抓疫情防控，一边抓志书编纂，兰州市扶贫志和全面小康志编纂工作稳步推进，综合年鉴公开出版，取得新成绩。

【志书编纂】 “两志”编辑部按照内部分工，分小组、分批次对20余家供稿单位上门走访，与供稿人开展面对面沟通与交流。调整修改不适宜内容，使志稿记述更符合实际。对《兰州市扶贫开发志》《兰州市全面小康建设志》进行4次修改与资料补充，至年底，完成编纂扶贫志90万字、小康志85万字的初稿。其间，协调指导各县区地方志办编纂“两志”，通过微信群召开县区“两志”编纂工作推进会3次，至年底除皋兰县外，七里河区等5个区志办完成小康志初稿，榆中志办、永登志办完成扶贫志和小康志初稿。完成《兰州市志·政党志》复审，编纂复审稿70万字。完成《兰州市地名志》《兰州市地名词典》书稿50万余字的审读，提出审稿意见。

【年鉴编辑】 2021年底，以市编委会名义印发征稿工作的通知。4月底上报完成《甘肃年鉴（2022）》兰州市基本情况。对《兰州年鉴（2022）》基本篇目进行完善调整，增设类目2个，分目18个，调整分目6个。采取边征稿、边编辑、边审定的办法，完成资料征集、编辑、初审、复审及三审工作。市勘察测绘研究院免费为兰州市及8区县免费制作2022卷年鉴用图，市自然资源局审核发放兰州市及8县区年鉴用地图审图号。编辑资料140万字，审稿410万字。7月上旬提交甘肃省地方史志办公室和甘肃民族出版社审定，11月下旬出版印刷。其间对8个县区年鉴进行终审。

【名村名镇志编纂】 一季度，对中国历史文化名镇金崖镇、青城镇、连城镇、红城镇和河口村志的编纂工作进行督导，编辑简报3期，每两周进行县区两志编纂工作督查；2月向省史志办并经省史志办同意，将《金崖镇志》《红城镇志》编纂纲目及相关申请表上报中指组编纂处。9月29日召开《条城水烟史话》首发式暨《青城镇志》工作推进会。

【地情资料】 挖掘整理省级非遗文化项目，编纂出版《条城水烟史话》。按照市委办公室的要求，完成《兰州水车》《左宗棠在兰州》《兰州八景》《金城关》等4篇约3万字的兰州史地文稿资料的汇总。完成兰州规划馆文字图片展板“建置沿革”“人物传记”约3万字内容的审读修改。

【信息化】 在中国方志网系统网站内统计上报2021年度统计年报和2022年度各类信息数据，并统计上报省志办信息处。在“我为政府网站纠错”平台答复网民投诉信息2起，每周进行动态信息更新数条。在兰州市情网上传《兰州年鉴（2020）》《兰州年鉴（2021）》电子版，方便网民查阅资料。

【书库书籍管理】 年初从市委书库往五泉书库搬书203箱，其中20箱入统办4号楼负一楼书库。收集归档国家方志馆赠书“十二五”国家重点出版物出版规划项目《汶川特大地震抗震救灾志》20余本。向41所高校图书馆、30家省会城市图书馆、30余所市内中小学校寄发《兰州市志（先秦—2008）》100余册，为资料供稿单位、供稿人寄发《兰州历史图录（1900—2018）》70余册。

【党的基层建设】 2022年，突出机关政治建设，完成党支部换届选举，坚持三会一课，以完善自身建设为抓手，深刻领悟“两个确立”的决定性意义，不断增强“四个意识”、坚定“四个自信”，自觉做到“两个维护”，以工作中的勤勉耕耘促进党支部工作的开展，党的建设取得新成绩。根据市政府办公室《2022年全面从严治党重点工作责任书》要求，年初党支部制定《市地方志办2022年全面从严治党重点工作责任书》，细化任务分解，确保党风廉政建设主体责任按计划推进落实。通过线下、线上两种学习形式的有效结合，组织开展集体学习36次、主题党日活动13次、讲主题党课4次，召开党员大会5次，就重大事项进行通报或表决，完成支部换届改选支委成员、增加委员2名；召开支委会17次，主要就支部学习计划、党课、主题党日活动、组织生活会、“三重一大”问题商议、驻村人员安排、出版印刷、财政支出和采购等进行商议。

【驻村帮扶】 驻村干部李楠在韦家营村传达中央1号文件、甘肃省委1号文件等有关惠民政策精神，通过逐户了解生产生活情况，确保帮扶措施落实到位。积极参与韦家营村疫情防控值守任务。在组长单位市政府研究室的牵头下，协助帮扶村村委会和本村集体合作社甘肃鑫聚通农业发展有限公司，引进甘肃志华农业科技有限公司进行承包签约，对村内蔬菜大棚、高标准梯田、撂荒地、合作社机械设施进行流转出租，流转土地1670亩，为本村村民提供了20余个就业岗位。市地方志办与市政府研究室筹措资金，向韦家营村5名大学生资助5000元。

（张高锋）

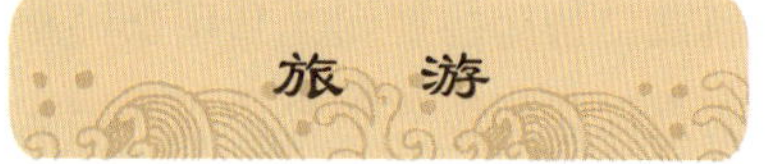

旅　游

【概况】 2022年，全市有星级饭店34家，A级景区40个，旅行社335家。全市累计接待游客2860.5万人次，实现旅游收入145亿元。在联合国环境基金会主办的“绿色亚太环保成就奖”评选中，兰州被评为“2022年杰出绿色健康旅游目的地”；在国务院印发的《“十四五”旅游业发展规划》中，兰州被列入“建设旅游枢纽城市”；市文化执法队查处的“不合理低价游案”成功入选全国文化市场综合执法重大案件，受到文旅部通报表扬；兰州创意文化产业园入选“第二批国家级夜间文化和旅游消费集聚区”，皋兰县上车村入选“中国美丽休闲乡村”。

【旅游宣传营销】 举办“览黄河风情·品精致兰州”兰州文旅冬春季消费惠享暨区域营销合作推广活动，先后与新华社、中国日报社、携程集团、凤凰网等签订兰州文化旅游对外交流合作协议，借助媒体力量以发放滑雪票补贴、重点景区推介等形式，盘活“冷资源”，涵养“热经济”。加强与各主流媒体合作，与新华社、中国日报社、香港商报、凤凰网、甘肃新媒体集团等9家媒体签订兰州文化旅游对外交流合作框架协议，扩大兰州文化旅游对外宣传推广朋友圈。依托抖音、快手、微信公众号、头条号、微博等多媒体平台，采取栏目化、体系化宣传手段，邀请网络大V助力，广泛开展兰州文化旅游营销推广，全年各类新媒体累计发布信息4万余条，兰州文化旅游官方微博连续5个月位居市级文化和旅游行政部门官方微博传播力全国第一。克服新冠疫情影响，拓宽对外文旅交流广度。征集兰州市旅游、非遗、文创企业参与中国文化主题IP产品专题馆展销，在香港“贸发网采购”平台进行为期一年的线上全球展示和销售，推动兰州市文旅产品走出国门，借助海外全媒体平台持续开展兰州文化旅游境外深度宣传推广。

【旅游市场培育】 组织实施“相约文明兰州共享诚信旅游”活动，建立兰州文旅企业信用“红黑榜”，促进文旅市场主体依法诚信经营，共创“信用兰州”。推荐上报甘肃阳光大酒店、甘肃国际大酒店2家旅游企业参加全国、全省文明旅游示范单位评选，组织全市80余家旅游企业参加日喀则来兰旅游推介会。支持文创产品研发展销。在兰州创意文化产业园举办展示展销活动，设置展区1780平方米，参展企业、高等院校以及文创旅游商品研发单位100余家，展出各类文创和旅游商品5000余件，吸引观展人数3150人次；组织文旅企业参加甘肃省“百千万”创业引领工程“创业达人”评选活动暨文化和旅游行业创新创业大赛，兰州市获得2个二等奖、2个三等奖、1个优秀奖的好成绩，兰州市文旅局获“文化和旅游行业创新创业大赛最佳组织奖”；文创产品竞争力不断增强，形成东方密语、敦煌故事、李海明掐丝珐琅3个全国品牌（品牌均获得全国旅游商品大赛金奖），尤其是东方密语品牌与省博物馆合作开发的“绿马”毛绒玩具（“马踏飞燕”文创产品）圈粉无数，线上线下销售渠道均被卖到断货，一“马”难求。“绿马”网络爆红引流效果明显，线上，发布《铜奔马》Rap“神曲”“名画”系列等视频，均获数十万点赞、转发；线下，甘肃省博物馆门口排起长队，引流至兰州市博物馆客流明显增多。兰州市文旅局推荐选送的甘肃省博物馆家用健身塑形运动文创套装获2022中国旅游商品大赛（健康主题）铜奖。开展全市旅行社旅游服务质量保证金暂退工作，暂退183家旅行社1204万元质保金。2022年，全市旅行社数量由2021年10月的298家提高到335家，增加37家。

【景区品质提升】 亮化“黄河福道”。对新建的12千米5米宽幅河道健身步道以及配套建设的10处景观小游园、打造的核心区20千米健身步道循环圈、沿黄“一桥一景、一点一景”布局的5座黄河桥梁、山体建筑轮廓线、绿化景观带等39个节点进行亮化，使“夜游黄河”成为兰州旅游知名品牌，望河亭继黄河母亲、中山桥之后成为来兰游客必游之地。民宿业态苗头正旺。全市有民宿19家，高端民宿营收有力，低端民宿逐步转型，以全市高端民宿业态发展良好的榆中县为例，4处8家民宿（栖云野奢民宿、乡野小筑、栖云山居别院、栖云雅集、丽泽驿客栈花、黄河驿窑洞康养民宿、车道岭窑洞民宿、尘外山下·印象兴隆主题民宿）共474张床位，周末节假日长期处于满房状态，“十一”假期更是出现“一房难求”的热销情况。露营业态全面铺开。发挥露营在新冠疫情常态化防控下的空间优势，露营经济按下发展“加速键”。全市有露营营地52家，“农家乐”也开始尝试转型，以官滩沟景区周边的“官谷营地”“卡卡营地”为例，周末节假日基本可以达到满员，抖音、快手等新媒体关注度单个视频点击量超过百万次。景区创建成效显著。年内，城关区伏龙坪街道头营村、西固区金沟乡马家山村、红古区花庄镇青土坡村、皋兰县什川镇上车村成功创建全省文旅振兴乡村样板村，西固区河口镇河口村入选国家第四批乡村旅游重点村，皋兰县成功创建乡村旅游示范县，皋兰县什川镇上车村入选2022年中国美丽休闲乡村。

【康养项目建设】 印发实施《兰州市文化旅游康养产业链发展实

施方案》，明确2022年工作目标和重点任务，建立产业链工作台账，落实康养项目每季度一调度举措，紧抓海外疫情反复、海外医疗康养消费回流机遇，将甘肃中药材优势与兰州文旅资源有机结合，在实践中探索“旅游+康养+度假”发展模式，打造健康管理、旅游观光、养生养老产业，培育山水养生、温泉养生、食疗养生、中医养生等各具特色的养生旅游产品，系统建成产业链完整、消费集聚度高、核心竞争力强的文化旅游康养产业集群和文化旅游康养消费聚集区。2022年，兰州市实施文旅康养产业项目18个，年度计划投资7.44亿元，完成投资3.17亿元。

（高　玲）

卫生健康

【概况】 截至2022年底，全市有各类医疗卫生机构2048个。其中，医院108个〔公立医院48个（二级以上29个）、民营医院60个〕；基层医疗卫生机构1862个〔社区卫生服务中心（站）255个、卫生院62个、村卫生室680个、门诊部43个、诊所/卫生所/医务室822个〕；其它医疗卫生机构78个。共设置床位17789张，每千常住人口床位4.03张，医护21158人（医生8941人、护士12217人），医护比1∶1.37。

【新冠疫情防控】 2022年，全市卫健系统扛牢疫情防控主力军和先锋队的政治责任，抓好科学研判。发挥参谋助手和专业化指导作用，召开疫情防控安排部署会45次，一线指导处置聚集性疫情20余起，研究制定各类指导性文件30余份，编印《兰州市新冠肺炎疫情分析报告》120余期和《兰州市核酸检测分析报告》58期，成立智库专家科学研判疫情形势，为市委、市政府科学决策提供有力支撑。抓实检测救治。坚持“四集中”原则，统筹调度医疗资源，设置“非绿码”定点医院14家，救治“非绿码”及中高风险区患者1.58万余人次。服务保障疫情防控大局。完成省市党代会、兰洽会、省运会等28项重大活动医疗服务和疫情防控应急任务。组织160余名党员干部24小时轮岗驻守环兰卡口点，全流程排查管控风险人群。同时，科学精准开展核酸检测，救治患者，加快构筑免疫屏障，完成60岁及以上重点人群各阶段新冠疫苗接种。慎终如始抓好新阶段疫情防控。随着国家“新十条”和省“二十条”出台，迅速将工作重心从防控感染迅速转到医疗救治，严格落实“乙类乙管”措施和第十版方案，通过分类管理重点人群、优化分级诊疗、补齐基层医护等一系列重大举措，着力保健康、防重症。扩充市级三级综合医院重症床位620张，8家县级综合医院重症床位100张以上。组织二级及以上医院ICU、心内科、普外科和急诊等临床科室医护人员开展重症临床疾病规范化诊治和重症护理专业培训，培训医生2685人、护理9163人。通过引进人才、公开招聘和返聘退休医务人员等方式增加医务人员482人。对全市65岁及以上老年人50.42万人实行红黄绿三色分级管理，组建家庭医生团队999个，与红黄绿重点人群签约家庭医生2288人，发放家庭医生联系卡50.42万人次，发放率100%；随访红黄人群205.7876万人次，发放“甘肃方剂”爱心药包50.42万人份。同时，为全市医疗卫生机构配足配齐医疗设备和必备药品，组织协调4家省级三级医院和5家市县级三级医院、1家市级二甲中医院分片对口帮扶17家县级医院，做到技术、人员、设施“三下沉”，统筹新区及市一院、市二院、肺科医院对远郊三县一区急需住院患者进行兜底。组织89支（市级8支、县级81支）巡诊小分队下沉基层，参与巡诊357人，累计巡诊4.52万人次。

【疾病预防和控制】 2022年，兰州市共报告法定传染病7636例，报告发病率187.60/10万，死亡12人。其中，甲类传染病无发病、死亡报告；乙类传染病报告发病16种4426例，报告发病率108.98/10万，死亡12人（均为艾滋病），与上年同期相比报告发病率下降18.16%；丙类传染病发病8种3210例，报告发病率79.04/10万，无死亡，与上年同期相比报告发病率下降52.08%。高血压患者规范管理率52.45%，糖尿病患者规范管理率49.14%。严重精神障碍在册患者12360人，报告患病率（即检出率）3.04‰，全年全市在管患者未发生严重精神障碍患者肇事肇祸类事件。结核病定点医院初诊患者查痰率97.5%，新涂阳密切接触者筛查率100%，肺结核患者病原学阳性率63.01%。全面完成第四轮艾滋病综合防治示范区工作，全市累计报告艾滋病感染者和艾滋病病人3022例，新报告177人，截至年底，存活2635例。从数量上看，兰州市属艾滋病低流行地区。截至12月底，兰州市累计治疗2941人；还在接受治疗1809人，2021年度新增治疗143人，治疗比例61.86%，治疗成功率98.6%。饮用水检测项目全部通过资质认定评审，完成2258份水样检测任务。

【基层卫生服务】 开展家庭医生签约服务和基本公共卫生服务项目，全面做好困难群众健康管理和就医保障工作，大病患者实现“应治尽治、应签尽签”，其中脱贫不稳定人口、边缘易致贫人口和突发严重困难人口“三类户”大病专项救治覆盖率100%，慢四病救治管理率94.59%。全市乡村振兴健康监测对象20.0822万人，家庭医生签约20.0173万人，签约率99.68%，重点慢病监测患者13320人，签约12905人，签约率96.88%。全市老年人49.28万人，体检20.1488万人，体检率40.87%。全市49个万人以上乡镇卫生院均配备彩超等设备，投入200万元用于16个村卫生室基础设施建设，已完成主体建设。开展爱国卫生运动，全面改善城乡环境卫生，省级卫生县城创建率100%，创建省级卫生乡镇10个、省级卫生村30个，创建市级无烟单位667家。

【医疗卫生服务】 开展“互联网＋医疗健康”行动，信息技术与医疗服务深度融合，智慧医院建设全面开展，全市二级及以上医疗机构实现检查检验结果互认。开展医疗服务与保障能力提升行动，在永登县、榆中县、皋兰县实施县级医院综合能力建设和基层医疗卫生机构能力建设项目，投资1140万元用于11个薄弱学科、五大县域医学中心和五大县域急危重症救治中心和标准化发热门诊建设，争取资金360万元提高基层医疗机构特色科室建设。西固区、永登县、榆中县、皋兰县5个县域医学中心全部建成，七里河区、红古区建成3个；西固区、永登县、榆中县、皋兰县建成5个急危重症救治中心，62.5%的县区建成危重孕产妇和危重新生儿救治中心。组织市一院、市二院、市中医医院分别对口帮扶皋兰县人民医院、岷县中医医院、永登县中医医院，助力提升县级医院服务能力。市二院雁滩分院正式挂牌运营，市三院晋级为“三级甲等精神病医院”。

5月16日，市医疗和医保监管服务指导中心开展社会办医院等级评审调研工作

坚持项目驱动，增强发展后劲，完成招商引资1亿元，有序推进兰州市公共卫生应急救治中心项目，已通过市政府常务会议审议，正式进入立项实施阶段。争取资金6.68万元，持续推进市中医、市妇幼、市口腔医院三个异地新建项目。依托为民办实事项目，为市一院、市中医医院、城关区人民医院、城关区疾控中心各配备1个移动核酸检测实验室，单舱检测能力突破5万管。改造升级市一院、市中医院发热门诊，为市属5家医院配备救护车6辆。争取榆中县、皋兰县健康项目3个，提供医疗设备及培训器材48万元。

【妇幼健康】 坚持以降低孕产妇、婴幼儿死亡率和出生缺陷为重点，持续推进妇幼健康行动，不断提升全市妇女儿童健康水平，获得“全省实施妇女儿童发展规划先进集体”称号。全市活产数28757人，孕产妇死亡率13.91/10万，新生儿死亡率1.63‰，婴儿死亡2.16‰，5岁以下儿童死亡率2.64‰。新建、改扩建4家区县级妇幼保健机构，7家机构完成评审工作。落实产儿科分片救治指导工作，培训妇幼健康业务人员逾千人。妇女免费“两癌”检查21510人，任务完成率100%；国家基本公共卫生服务农村妇女“两癌”检查5042人，任务完成率68.14%。贫困地区儿童营养改善项目发放6081人，任务完成率100%，有效服用率96.74%。全市新生儿疾病筛查37993人，筛查率99.07%；新生儿多种遗传代谢病筛查13120人，任务完成率90.48%。预防艾滋病、梅毒和乙肝母婴传播检测38232人，孕期检测率100%。国家免费孕前优生健康检查5886人，任务完成率100%，早孕随访率99.99%，妊娠结局随访率99.91%。孕前和孕早期增补叶酸项目发放2.1643万人，发放瓶数12.9765万瓶，任务完成率102.32%。

【中医中药】 全市有中医类执业(助理)医师1943人，中医类医院16家(中医医院9家，中西医结合医院7家)。累计诊疗48.1012万人次(中医医院44.7554万人次，中西医结合医院3.3458万人次)，中医类机构出院6.7525万人次。中医医院病床使用率59.3%，中西医结合医院病床使用率19.38%。

研究出台《兰州市贯彻落实甘肃省加快中医药特色发展若干措施的实施方案》《兰州市“十四五”中医药发展规划》《兰州市中医药产业链发展实施方案》等文件，争取国家和省级中医药专项资金370万元，实施基层中医药服务能力建设、中医药文化弘扬工程、优势专科建设、乡镇卫生院中医馆等项目，59名继承人顺利出师。全面加强社区卫生服务机构中医药服务能力，乡镇卫生院、村卫生室推广使用中医适宜技术分别不少于10项、6项，社区卫生服务机构的中医适宜技术推广覆盖率100%，10名社区医务人员入选省市级名中医行列。深入推动“医康养”资源进社区惠民生行动，全市中医药进社区服务25.2万人次，65岁及以上老年人和0～36个月儿童健康管理占比分别达到60%和70%以上。发挥中医药方剂预防作用，推动中医药介入新冠患者治疗康复全过程，为隔离点和社会面发放中药汤剂232.75万余副。

【人口监测与家庭发展】 2022年确认上报特别扶助对象5273人、奖励扶助对象15730人、提前5年奖励扶助对象22192人、养老补贴对象4434人、农村独生子女和城镇下岗职工、无业居民独生子女费对象20464户、节育手术并发症扶助对象65人，再生育补助3人。“三孩”政策实施以来，全程网办生育登记20539件，其中“二孩”生育登记6975件，“三孩”生育登记650件，办证及时率97.86%。

【职业健康】 制定印发《兰州市“十四五”职业病防治规划》，上报常规监测个案卡2.5万例，完成尘肺病随访600余例，重点人群职业健康素养调查完成800余例。截至年底，全市上报新发职业病12例。放射卫生现场检测通过省市场监管局CMA能力验证。医疗机构医用辐射防护监测项目现场抽检4家医疗机构放射诊断设备11台。非医疗机构放射性危害因素监测项目现场抽检7家企业14台设备，均合格。开展职业病防治专项整治行动，行政处罚15件，罚款14.72万元。

【人才学科建设】 投资136万元批准立项卫生科技项目38项，全市5个医学科研项目入选甘肃省医学科技奖。医疗卫生人才方面，按照“引进一批、树立一批、培养一批”的思路加强人才队伍，引进急需紧缺人才81人，发放骨干人才培养经费122.4万元，为优秀青年人才发放补助金22.8万元，选派18名优秀青年人才分批参加省内外优秀青年人才培养基地培训。落实75名引进急需紧缺人才租房补贴111.05万元和市疾控中心奖励绩效644.76632万元。市、县两级疾控机构相关专业技术人员比例较2020年分别提高8.7%、4.39%。加强全科医生和乡村医生队伍建设，新聘村医16人，新招录订单定向生53人，聘用7名农村订单定向生到基层医疗卫生机构，培训全科医生55名。同时，出台《兰州市市属公立医院人才管理暂行办法》，下放市属公立医院中层干部任免、人才引进和人员调配自主权限，全力做好各类人才培养扶持、日常管理等工作，有效激发各类人才干事创业活力。

【卫生监督】 聚焦医疗乱象、院感防控、水质安全等重点领域，加大医疗卫生行业综合监管力度，先后开展传染病防治专项执法、医疗乱象专项整治成效巩固等专项行动，清理整顿管理不规范的医疗机构，对在整治过程中发现的违法违规行为依法依规坚决打击，建立案件台账，做到有案必查、违法必究，坚决处置甘肃锦华医院院感、兰州核子华曦实验室数据误传等事件。全市共出动卫生监督员3.5万余人次，监督检查医疗机构、公共场所等各类监管单位16116户次，实施卫生行政处罚560起，罚款254.89万元。

【服务“一老一小”】 开展医养结合机构服务质量提升行动，全市65岁以上老人医养结合服务率81.88%，全面开展打击整治养老诈骗专项行动，切实维护老年人健康合法权益，全市3个社区入选“全国示范性老年友好型社区”。开展全国婴幼儿照护服务示范城市创建和省级示范试点托育机构创建，建立托育机构38家，争取专项资金32万元激励支持托育机构发展，评定安宁区“培根婴童巴学园”和西固区“树儿托育中心”2家市级示范单位、城关区“爱尔福婴幼中心”为市级试点单位，入选省级试点单位1家。

（冯智华）

体　育

【概况】 2022年，市体育局坚持以人民为中心的发展理念，推动全市群众体育与竞技体育、体育事业与体育产业协调发展，加强赛事安全监管，成功举办甘肃省第十五届运动会，确保疫情防控和事业发展两不误。年末，全市有社会体育指导员17606人（年内培训国家级35人，一级135人，二级368人，三级134人），每万人拥有社会体育指导员0.4人。有市级单项体育社团37个（5A级1个），县区级单项体育社团67个。体育类民办非企业56个。体育场地面积878.2282万平方米，人均体育场地面积2.32平方米。有一级运动员91人，二级运动员132人。兰州市体工大队有高级教练8人，中级教练5人，初级教练5人。兰州市体育彩票销售额11.21亿元，比上年10.39亿元销售额多0.82亿元。

【竞技体育】 5月至9月，兰州市组织8011人参加甘肃省第十五届运动会，青少年组参加20个项目（射击、拳击、中国式摔跤、乒乓球、自行车、跆拳道、滑轮、五人制足球、武术套路、三人制篮球、羽毛球、足球、排球、柔道、国际式摔跤、陆地冰壶、篮球、曲棍球、田径游泳）比赛，群众组参加21个项目（田径、排球、气排球、篮球、三人制篮球、足球、五人制足球、游泳、乒乓球、健身气功、羽毛球、武术套路、台球、体育舞蹈、网球、中国象棋、围棋、桥牌、轮滑、广场舞、广播体操）比赛。经过4个多月的奋勇拼搏，兰州市代表团共获得208枚金牌、89枚银牌、98枚铜牌，奖牌总数395枚，团体总分3583分，位列省十五运会金牌榜排名第一和奖牌榜排名第一、团体总分排名第一的佳绩。兰州市金牌数首次在省运会比赛中突破200枚。有12人2队23次打破17项甘肃省纪录。从获奖项目分布看，兰州市体育代表团在18个项目上获得金牌，取得兰州市参加省运会历史最好成绩。女子游泳运动员冯欣淼1人连破4项省纪录，群众组运动员邸逸颖为本届省运会个人获金牌数最多的运动员。群众组兰州市代表团包揽气排球、网球等项目所有金牌，创省运会群众组兰州市代表团最好成绩。

2022 年甘肃省第十五届运动会兰州市青少年组比赛创破纪录汇总表

项目	小项	赛别	类别	新纪录	创造者	赛事名称	时间	原纪录
游泳	男子 100 米自由泳	决赛	破省纪录	00:57.3	张耘署	2022 年甘肃省第十五届运动会青少年组游泳比赛	9 月 19 日	00:59.5
游泳	男子 50 米仰泳	决赛	破省纪录	00:29.9	陈奕夫	2022 年甘肃省第十五届运动会青少年组游泳比赛	9 月 18 日	00:29.9
游泳	男子 100 米仰泳	决赛	破省纪录	01:06.3	陈奕夫	2022 年甘肃省第十五届运动会青少年组游泳比赛	9 月 19 日	01:07.3
游泳	男子 100 米蛙泳	决赛	破省纪录	01:14.2	晁潇飞	2022 年甘肃省第十五届运动会青少年组游泳比赛	9 月 18 日	01:16.3
游泳	男子 100 米蛙泳	决赛	破省纪录	01:13.5	裘贤裕	2022 年甘肃省第十五届运动会青少年组游泳比赛	9 月 18 日	01:16.3
游泳	男子 50 米蝶泳	决赛	破省纪录	00:27.9	白一雄	2022 年甘肃省第十五届运动会青少年组游泳比赛	9 月 19 日	00:28.4
游泳	男子 100 米蝶泳	决赛	破省纪录	01:04.7	陈奕夫	2022 年甘肃省第十五届运动会青少年组游泳比赛	9 月 18 日	01:05.2
游泳	男子 100 米蝶泳	决赛	破省纪录	01:03.6	白一雄	2022 年甘肃省第十五届运动会青少年组游泳比赛	9 月 18 日	01:04.7
游泳	女子 50 米自由泳	决赛	破省纪录	00:30.9	钱芊润	2022 年甘肃省第十五届运动会青少年组游泳比赛	9 月 18 日	00:31.9
游泳	女子 50 米自由泳	决赛	破省纪录	00:29.0	冯欣淼	2022 年甘肃省第十五届运动会青少年组游泳比赛	9 月 18 日	00:30.9
游泳	女子 100 米自由泳	决赛	破省纪录	01:03.0	冯欣淼	2022 年甘肃省第十五届运动会青少年组游泳比赛	9 月 19 日	01:08.4
游泳	女子 50 米仰泳	决赛	破省纪录	00:34.7	钱芊润	2022 年甘肃省第十五届运动会青少年组游泳比赛	9 月 18 日	00:36.8
游泳	女子 100 米仰泳	决赛	破省纪录	01:21.1	王雪颖	2022 年甘肃省第十五届运动会青少年组游泳比赛	9 月 19 日	01:21.7
游泳	女子 100 米仰泳	决赛	破省纪录	01:16.1	钱芊润	2022 年甘肃省第十五届运动会青少年组游泳比赛	9 月 19 日	01:21.7
游泳	女子 50 米蛙泳	决赛	破省纪录	00:38.9	延子妮	2022 年甘肃省第十五届运动会青少年组游泳比赛	9 月 19 日	00:40.7
游泳	女子 100 米蛙泳	决赛	破省纪录	01:26.3	延子妮	2022 年甘肃省第十五届运动会青少年组游泳比赛	9 月 18 日	01:29.0
游泳	女子 50 米蝶泳	决赛	破省纪录	00:34.6	洪宇欣	2022 年甘肃省第十五届运动会青少年组游泳比赛	9 月 19 日	00:34.9
游泳	女子 50 米蝶泳	决赛	破省纪录	00:34.1	张玥瑶	2022 年甘肃省第十五届运动会青少年组游泳比赛	9 月 19 日	00:34.6
游泳	女子 50 米蝶泳	决赛	破省纪录	00:31.1	冯欣淼	2022 年甘肃省第十五届运动会青少年组游泳比赛	9 月 19 日	00:34.6
游泳	女子 100 米蝶泳	决赛	破省纪录	01:10.8	冯欣淼	2022 年甘肃省第十五届运动会青少年组游泳比赛	9 月 18 日	01:15.2
田径	男子青年组 4*400 米接力	决赛	破省纪录	3:17.43	李一凡 杨小玉 张可金 曾良宇	2022 年甘肃省第十五届运动会青少年组田径比赛	8 月 26 日	3:18.42
射击	男子少年组 10 米气步枪	资格赛	破省纪录	623.9 环	任泫泽	2022 年甘肃省第十五届运动会青少年组射击比赛	5 月 23 日	609 环
射击	男子青年组 10 米气手枪团体	决赛	破省纪录	1657 环	达富江 霍艺文 李源坤	2024 年甘肃省第十五届运动会青少年组射击比赛	5 月 25 日	1639 环

甘肃省第十五届运动会兰州市获奖牌、总分榜统计表

	代表团	金牌（枚）	银牌（枚）	铜牌（枚）	奖牌总计	总分
1	兰州市青少年组代表团	208	89	98	395	3585
2	兰州市群众组代表团	53	38	28	119	911

甘肃省第十五届运动会兰州市代表团奖牌、总分名次统计表

序号	参赛项目	奖牌及得分			
		金牌（枚）	银牌（枚）	铜牌（枚）	得分
1	射击	15	7	14	318
2	拳击	8	6	1	124
3	中国式摔跤	1	2	6	63
4	乒乓球	1	2	3	94
5	自行车	11	5	3	181
6	跆拳道	8	5	3	145
7	滑轮	1	1	0	39
8	五人制足球	1	0	0	9
9	武术套路	22	12	16	490
10	三人制篮球	0	0	1	6
11	羽毛球	4	3	3	90
12	足球	15.5	0	0	136
13	排球	15.5	0	0	136
14	柔道	12	6	8	216
15	国际式摔跤	23	9	17	388
16	陆地冰壶	2	1	0	25
17	篮球	10	0	0	84
18	曲棍球	8	0	0	72
19	田径	36	19	15	662
20	游泳	14	11	8	305
21	合计	208	89	98	3583

【安全办赛】 按照对兴奋剂“零容忍、零出现”的目标要求，落实反兴奋剂工作责任制和督查机制，全年培训裁判员和竞赛工作人员4000余人，牢牢守住安全办赛底线。把安全贯穿赛事全过程，建立健全赛事活动应急预案和赛事安全管理制度，坚决消除安全隐患，防范化解各类赛事活动安全风险，做好体育领域安全整治和风险防控。在省十五运会期间，按照“一赛一预案、一项目一预案、一场馆一预案、一驻地一预案”要求，会同全市相关部门详细制定安全保卫、气象监测、食药监督和应急处置等方案，持续开展安全风险大排查大整治活动，及时化解重大风险，消除安全隐患。按照《甘肃省第十五届运动会疫情防控工作方案》要求，紧盯44个项目、15个场馆、9个定点接待酒店等重点区域，所有比赛全程实行“赛前隔离—驻地管控—空场比赛”闭环管理模式，避免所有涉赛工作人员与社会面接触，确保赛事安全圆满。开闭幕式实行票务实名制管理，采取“整体带入带出”方式，严格执行“7天5检”要求，确保观众组织安全有序。闭幕式结束后，所有人员核酸检测结果均为阴性，赛事实现“零感染”。

赛风赛纪“零投诉”。此外，根据全国全省新冠疫情形势变化，市体育局印发《关于进一步加强疫情防控工作的通知》和《关于进一步加强体育健身场所疫情防控工作的补充通知》等文件，确保全市体育赛事活动健康发展、体育健身场所安全有序。

【群众体育】 以“喜迎十五运”群众体育文化活动为载体，组织举办“喜迎十五运”倒计时100天体育文化嘉年华系列活动及“喜迎十五运”体育文化嘉年华系列活动，组织健身群众周末在公园、广场开展太极、广场舞、健身气功、锅庄舞、健身操、柔力球等全民健身活动12场次，参与人数近万人。年内，全市建成4个智慧社区健身中心和2条健身步道，完成10条健身路径、4副篮球架、18个乒乓球台等全民健身晨晚练点的更新工作。结合全民健身需求，组织举办二级社会体育指导员培训班6期，培训骨干1000余人。

【青少年体育】 全年组织举办市级“奔跑吧·少年”主题健身系列活动5场次，参与人数1000人。指导各县区举办青少年体育赛事活动20场次，参与人数5000人。8月，会同市教育局印发《2022—2023年度兰州市传统体育进校园

活动方案》，选派多名优秀教练员深入全市20所学校开展武术、舞龙舞狮、跳绳3个项目的教学，有效促进全市青少年身心健康发展和思想道德建设。引导和鼓励社会力量参与体育俱乐部发展，推进社会体育俱乐部进学校开展指导、培养和训练活动，建立“学校+俱乐部”合作发展模式。

【体育产业】 兰州奥体中心项目6月完成竣工验收。兰州奥体中心项目位于兰州市七里河区崔家大滩片区，南滨河西路以南、T092号规划路以东、S096号规划路以西，总用地面积51.6万平方米，项目总建筑面积46.4万平方米，总投资54.14亿元，采用PPP模式(3年建设和25年运营)。于2019年7月27日开工建设，2022年4月28日，通过联合验收。项目主要有：6万座甲级体育场、8000座甲级综合体育馆(含2000座活动座椅)、3000座甲级游泳馆、3000座甲级网球馆、热身训练场、室外大平台、室外网球场看台、运动员公寓、体育产业用房、配套商业用房、景观绿化等，是西北地区一次性建成、设施完善、功能齐全的综合性场馆，也是西北地区设施最完善、科技含量最高、就座率最大的综合性场馆。2022年体育产业在全市社会效益、经济效益、生态效益等方面的综合发展效应突出：2021年兰州市居民人均体育消费支出2021.3元，比2020年增加295.7元，同比增长17.14%。人均体育消费支出占居民人均消费支出的7.8%，占居民人均可支配收入的5.2%。体育消费总规模801451.9万元，较2020年增长175894.64万元，同比增长28.12%。

【甘肃省第十五届运动会】 甘肃省第十五届运动会(简称省十五运会)由兰州市承办，5月至9月在兰州市成功举办。本届省运会共设青少年组、群众组两个组别。青少年组方面，设23个大项、408个小项，决出金牌574枚、银牌340枚、铜牌444枚，兰州市、天水市、定西市位居总成绩榜前三位，共有18人3队31次打破19个小项的省纪录。群众组方面，设21个大项、156个小项，决出金牌145枚、银牌147枚、铜牌140枚，兰州市、西北师范大学、金昌市位居总成绩榜前三位。本届省运会以“办人民满意的体育赛事”为目标，有来自各市州、兰州新区、11所高校、14个企事业单位及多个行业的66支代表队共约1.9万人参赛，首次将广场舞、广播体操项目设为群众组比赛项目，并通过线上展演比赛方式举办。

兰州奥体中心为省十五运会主场，开闭幕式以及足球、篮球、排球等一系列赛事活动在奥体中心举办。开幕式以“丝路新画卷阔步新征程”，闭幕式以“如意甘肃·青春奋斗”为主题，省十五运会吉祥物为“小兰”，“小兰”形象源自“黄河母亲”雕像，火种灯创意源自“月壤”容器，主火炬塔“复兴之光”采用双螺旋灯芯结构设计，源自点亮红军长征路上的马灯。

【北京冬奥冠军陇原行】 5月27—30日，国家体育总局冬运中心、中国花样滑冰协会与花样滑冰国家队一行赴甘肃兰州组织并参加“北京冬奥冠军陇原行”系列推广活动。北京冬奥精神进校园活动：5月27日上午，中国花样滑冰协会主席申雪、花样滑冰国家集训队主教练赵宏博与冬奥健儿一行到东郊学校，申雪女士代表中国花样滑冰协会向学校赠送《全国第一套花样滑冰广播操学练手册》。彭程、沈鸿飞作为运动员代表带领师生方阵展示全国第一套花样滑冰广播操，亲身普及花样滑冰运动。冬奥冠军隋文静、韩聪分享自己备战冬奥以及赛场上的拼搏故事，把北京冬奥精神带到小学生身边，鼓励学生们积极参与冰雪运动，磨炼意志品质。在此次活动的示范带动下，本局将联合市教育局在全市32所冰雪示范校率先推广花样滑冰广播操，并以此为契机逐步向全市其他中小学校推广普及。全市文体旅交流座谈会5月27日下午，中国花样滑冰协会主席申雪、花样滑冰国家集训队领队袁守龙、花样滑冰国家集训队主教练赵宏博等与市体育、教育、文旅部门主要负责人召开座谈会进行深入交流商洽，初步形成后备人才建设、艺体融合、体教融合、数字体育及冰雪赛事等方面合作意向，为兰州市冰雪运动发展提供思路、指明方向。“乐享冬奥、滑出精彩”公益惠民授牌仪式：5月28日，在国家体育总局冬运中心、甘肃省体育局、兰州市人民政府的共同参与见证下，中国花样滑冰协会向甘肃省体工二大队授予“公益惠民支持单位”牌匾。甘肃省体工二大队是自中国花样滑冰协会发出“公益惠民计划”倡议书，并进一步推出“乐享冬奥滑出精彩”公益惠民活动后第三十七家协会公益惠民支持单位。跻身该公益惠民支持单位后，甘肃省体工二大队全民健身滑冰馆承诺将每月定期向社会公益开放，为兰州市冰上运动爱好者提供更多参与冰上运动的机会，助推兰州市冰上运动全面发展。冰上晚会陇原行活动期间，北京冬奥会花滑双人滑冠军隋文静、韩聪和花滑国家集训队队员还与兰州大剧院、兰州文化馆、兰州市陇上名家艺术团合编了一场冰上晚会。5月30日晚，冰上晚会在兰州奥体中心举办，其中冰上健儿与陆地名家共同打造的“飞天花舞”剧目，完美融合了花样滑冰和陇原丝路经典的艺术元素。兰州奥体中心综合馆首次实现“冰篮转换”。活动筹办和举办期间，兰州市体育局180余名工作人员开展供水供电、场馆保障、贵宾接洽、运动员服务、观众组织、媒体对接等保障工作。

【甘肃省第十五届运动会兰州市火炬传递】 甘肃省第十五届运动会兰州市火炬传递活动9月10日举行。火炬传递起点为华林山烈士陵园英雄纪念碑，终点为马拉松文化主题公园。传递分为两站，第一站由兰州市烈士陵园传至华林路双拥桥；第二站由中山桥传至马拉松公园。传递路线：华林山烈士陵园英雄纪念碑→华林山烈士陵园门口→华林路（车辆转运）→西津东路（车辆转运）→南滨河路黄河母亲雕塑下车点→黄河母亲雕塑→中山桥→水车博览园→中立桥（过桥）→人民路→马拉松文化主题公园。全长9.54千米，71名火炬手参加接力传递。兰州市火炬传递起跑仪式在市烈士陵园举行，收火仪式在马拉松公园举行。第一棒火炬手为“中国好人”“全国模范退役军人”曲波，最后一棒火炬手为兰州市第五十三中学副校长李娟。

此次兰州市火炬传递活动主题口号是“活力新甘肃　奋进新征程”，采用实体火炬传递方式在全市进行传递，火炬手相互引燃火炬，进行不间断接力传递。传递使用的手持火炬取名“瑰丽”，取象兰州市花玫瑰花，总高560毫米，最大直径100毫米，所使用的燃料为丙烷，液态常温保存，使用时可自然汽化。火炬在县区传递时间、顺序、人数为城关区（9月1日）→七里河区（9月2日）→安宁区（9月3日）→西固区（9月4日）→榆中县（9月5日）→皋兰县（9月6日）→兰州新区（9月7日）→永登县（9月8日）→红古区（9月9日）。各县区设火炬手20名（其中各县区选拔10人，另外10人由市筹委会统一选派），平均每人传递距离约100米。

（牛淑梅）

民族事务

【概况】 2022年，兰州市民委全面学习贯彻习近平总书记关于加强和改进民族工作的重要思想，认真贯彻落实中央和省委民族工作会议精神，以铸牢中华民族共同体意识为主线，深入系统谋划，积极探索创新，狠抓任务落实，民族事务治理体系和治理能力现代化水平得到提升，全市民族工作取得新进展、再上新台阶。城关区、兰州民族中学成功创建第十批全国民族团结进步示范区示范单位，永登县、皋兰县、团市委等16家单位创建为第八批全省民族团结进步示范区示范单位。

【民族概况】 兰州市是一个多民族大散居、小聚居、交错杂居的省会城市，56个民族成分俱全，少数民族人口22.77万人。生产、加工、经营清真食品的企业3500余家，从业人员约7万人。

5月21日，兰州市第十九个民族团结进步宣传月活动启动仪式上省委统战部副部长、省民委党组书记、主任赵凌云给兰州市颁发“全国民族团结进步示范市”牌匾

【中华民族共有精神家园建设】 进一步加大民族团结进步示范申创力度，弘扬以爱国主义为核心的民族精神和以改革创新为核心的时代精神，通过民族服饰、民族舞蹈、剪纸等各族群众喜闻乐见的表现方式将具有各民族特色的文化符号融入中华文化符号中。沿黄河风情线提升打造以民族团结为主题的广场5个、公园16个和48个小游园的民心阵地。开展第19个“民族团结进步宣传月”活动，举行“铸牢中华民族共同体意识·喜迎党的二十大胜利召开”系列文艺演出活动200场次、参与人数20万人次，举办“中华民族一家亲·同心共筑中国梦”专题巡展、演讲比赛、网络书画摄影展览、专题邮票展览等系列

活动，引导全市各族群众牢固树立休戚与共、荣辱与共、生死与共、命运与共的共同体理念。

【经济发展】 坚持把发展经济、改善民生、提高各族群众生活水平作为促进民族团结的重点，充分调动各族群众的积极性、主动性和创造性，切实以高质量发展不断夯实中华民族共同体物质基础。进一步拓宽少数民族群众就业创业渠道，组织6500余名少数民族群众参与就业技能培训，举办农家特色美食、电商直播等技能培训班6期。积极为民族企业发展提供服务，深入民族企业开展调研，对接需求、解决困难，向国家民委推荐上报11家“十四五”期间民贸民品特需商品定点企业，争取贴息支持，组织特色企业两次参加国际和国内特色产品参展和交流。

【各民族交往交流交融】 组织实施旅游促进交往交流交融计划，通过展板、公交广告、户外显示屏等阵地广泛宣传各民族交往交流交融。与南京、无锡、广元、临夏等20余市、县（区）签订《少数民族流动人口输出输入地工作协作机制协议书》。依托城市三维数字管理服务平台，将街道社区少数民族流动人口信息、居住信息、党建管理、地理信息标识、社会治安等多项工作统一纳入信息管理系统，研发设置独立功能模块，逐步形成“全市、县区、街道、社区”四级交互联动的数字化管理系统。新冠疫情防控期间，引导鼓励少数民族餐饮企业、少数民族商户、少数民族群众、宗教界人士等服务社会投身抗“疫”。七里河区开展各民族互嵌式社区环境试点工作，并取得积极成效。

【民族事务管理】 坚持公平公正原则，将民族事务治理纳入共建共治共享的社会治理格局。强化民族政策法规宣传教育，着力推出各族群众便于理解、易于接受的普法方式，努力让“看得见”的法治形式内化为根植于心的法治信仰。

【思想引领】 将铸牢中华民族共同体意识教育纳入各级党委（党组）理论学习中心组学习内容、党员干部教育培训计划和各级党校（行政学院）主体班次培训中。举办习近平总书记关于加强和改进民族工作的重要思想专题培训班，以习近平总书记关于加强和改进民族工作的重要思想、中央民族工作会议精神、党的民族政策、中华优秀传统文化与社会主义核心价值观和省第十四次党代会精神等为重点内容，推动各级各部门领导干部进一步深刻理解和准确把握习近平总书记关于加强和改进民族工作的重要思想和中央民族工作会议精神，进一步铸牢中华民族共同体意识，全面贯彻党的民族政策，推动新时代兰州市民族工作高质量发展。

【风险隐患防范化解】 市委统战部、市民宗委成立工作组，围绕重点工作进行多轮次督导检查，通过下发整改清单、挂牌督办等方式，逐条分析原因，研究制定解决方案。全面落实总体国家安全观，坚决守住意识形态阵地，完善网络舆情监测和协调处理机制。

（吴永升）

宗教事务

【概况】 2022年，兰州市宗教局学习贯彻习近平总书记重要讲话精神和全国全省宗教工作会议精神，以“九个必须”为宗教工作行动指南，切实把思想和行动统一到中央和省、市委关于宗教工作的指示要求上来，持续加强党对宗教工作的统一领导，坚持宗教中国化方向，积极引导宗教与社会主义社会相适应，有效防范化解宗教领域风险隐患，不断提升宗教事务依法管理水平，积极构建健康的宗教关系，团结引导全市宗教界为重振兰州辉煌、推进经济社会高质量发展贡献积极力量。

【宗教概况】 兰州市有信教群众约50.4万。其中，佛教约12.6万人（藏传佛教1.5万人）；道教约15万人；伊斯兰教约20万人；天主教约5000人；基督教约2.3万人。有市级爱国宗教团体6个，分别为市佛教协会、市道教协会、市伊斯兰教协会、市天主教爱国会、市基督教三自爱国运动委员会和市基督教协会。县级爱国宗教团体18个，认定备案的宗教教职人员1132人。全市范围内经政府批准开放的宗教活动场所424处。其中，佛教99处（藏传佛教

11 处）；道教 118 处；天主教 4 处；基督教 68 处；伊斯兰教 135 处。

【宗教界爱党爱国教育】 组织宗教界开展党的二十大精神学习交流研讨，对全市宗教领域学习宣传贯彻党的二十大精神作出安排部署。积极拓展宗教领域思想教育路径、方法、载体和内容，健全完善“兰州市宗教中国化大讲堂”，依托宗教活动场所打造“党亲国好法大”教育实践基地 85 个，为市级宗教团体编印“党亲 国好 法大”教育实践活动学习宣传资料 3000 余册。以“一宗教一特色，一场所一亮点”为目标，统筹推进 40 处新型宗教活动场所建设试点工作。组织宗教界人士参观红色教育基地，举办宗教中国化研讨交流会。组织召开宗教界全面从严治教座谈会和推进会，深入推进崇俭戒奢教育活动，不断加强宗教界自我教育、自我管理、自我约束。2022 年兰州市 3 篇宗教工作信息被中央统战部《微言宗教》刊发。6 月 1 日，兰州市民宗委组织宗教界人士召开省第十四次党代会精神学习交流会，传达学习中国共产党甘肃省第十四次代表大会精神，与会人员就学习好贯彻好省第十四次党代会精神进行交流发言。

【风险隐患防范化解】 结合重大节会维稳安保工作，对宗教领域实行不间断排查化解矛盾，制定全市宗教领域风险隐患清单。认真贯彻落实《互联网宗教信息服务管理办法》，进一步规范全市宗教信息服务许可，指导 4 家宗教团体、宗教活动场所取得第一批资质。建立风险隐患化解工作台账，对排查出的 11 处存在重大房屋安全隐患的场所进行及时整改。对部分历史遗留问题迅速进行调查处置，把不稳定因素解决在萌芽状态。

【宗教事务管理】 持续开展抵御境外渗透专项行动，对 2018 年以来依法取缔劝散私设聚会点开展“回头看”，依法取缔私设聚会点。持续依法打击非法宗教活动，以规范宗教活动场所财务管理为重点，对 7 个宗教组织开展为期一年的财税试点工作。

（吴永升）

社会事务

收入与消费

【概况】 据2022年国家统计局兰州调查队城乡居民收入抽样调查数据显示，兰州市城镇居民人均可支配收入平稳增长，消费水平持续提高，增速有所放缓。

【城乡居民收入平稳增长】 兰州市城镇居民人均可支配收入45277元，同比增长4.7%;农村居民人均可支配收入17178元，同比增长6.1%。四项收入全面增长。兰州市城镇居民工资性收入25996元，同比增长4.2%；经营净收入1605元，同比增长6.1%；财产净收入5291元，同比增长6.1%；转移净收入12384元，同比增长5.1%。农村居民工资性收入9015元，同比增长5.7%；经营净收入5291元，同比增长6.8%；财产净收入370元，同比增长6.3%；转移净收入2501元，同比增长6.2%。城乡居民收入差距进一步缩小。调查数据显示，兰州市人均可支配收入增速农村较城镇高1.4个百分点，城乡居民收入比较上年同期的2.67下降至2022年的2.64，城乡收入比缩小0.03。

【城乡居民消费水平持续提高】 兰州市城镇居民人均生活消费支出29465元，较上年增长3.8%，比2021年增速回落5.8个百分点；农村居民人均生活消费支出13239元，比上年增长5.1%，比2021年增速回落4个百分点。基础性消费支出稳定增长。兰州市城镇居民食品烟酒类支出9186元，比上年增长4.7%，占城镇居民人均生活消费支出的31.2%；农村居民食品烟酒类支出4350元，比上年增长5.1%，占农村居民人均生活消费支出的32.9%。同时，城镇居民衣着类和居住类消费支出小幅度增长，增速分别为0.1%和2.5%；农村居民衣着类和居住类消费支出稳定增长，增速分别为6.8%和3.4%。服务性消费支出小幅增长。城镇居民交通通信类支出3053元，同比增速5.3%；农村居民交通通信类支出1735元，同比增速6.6%。城镇居民教育文化娱乐支出3118元，增速5.4%；农村居民在教育和文化娱乐方面支出1599元，增速2.3%。

（曹芙蓉）

社会保险

【概况】 2022年，市劳动保障工作实施全民参保计划，通过政策宣传、社保稽核等措施，提高用人单位和广大职工参保意识，缴费人数稳定增长，参保扩面目标顺利完成，养老保险基金运行平稳有序。全面完成企业职工养老保险全国统筹，完成社保信息系统升级建设；完成机关事业单位养老保险新系统调试运行，实现新办法参保经办；进一步深化机关事业单位养老保险改革，及时规范待遇审批、发放。延续社保降费缓缴政策、落实“免申即享”失业保险补贴、全面推行失业保险稳岗返还、一次性留工培训补助“免申即享”精准发放方式；新冠疫情防控期间，根据疫情形势变化，迅速搭建远程可操作的业务经办系统通道，引导群众通过线上系统办理业务，避免因隔离管控影响社保待遇发放，各项社保待遇应发尽发。年末，兰州市基本养老保险参保191.68万人。其中，企业职工参保101.37万人；机关事业单位参保13.69万人；城乡居民参保76.62万人。失业保险参保73.22万人，工伤保险参保81.6万人。全市城乡居民养老保险政府代缴保费13.38万人，实际代缴13.38万人，代缴率100%；居民养老金发放20.75万人，发放率100%。

【社保基金管理】 有序开展社保基金管理提升年行动和社保领域侵害群众利益突出问题专项整治，集中开展社保基金警示教育月活动，全面排查经办风险漏洞，规范社保审核审批管理，切实提升基金管理能力。

【养老保险】 为全市923户参保企业缓缴三项社保费1.58亿元，为3.64万户参保企业阶段性降低失业保险费4.9亿元。推进企业职工养老保险全国统筹，企业职工和机关事业单位养老保险全国统筹系统顺利上线运行，企业职工提前退休审核和机关事业单位工作人员退休待遇审核流程优化简化。调整29.13万名企业退休人员基本养老金待遇（包含“五七工、家属工”），人均调增123元/人/月。调整4.82万名机关事业单位退休人员基本养老金待遇，人均调增172.5元/人/月。落实城乡居民基本养老保险待遇确定和基础养老金正常调整机制。城乡居民基本养老保险基础养老金最低标准每人每月增加5元，调整后每人每月154元。调整养老保险服务方式，引导群众通过线上“不见面”方式办理业务，确保新冠疫情防控期间养老保险待遇按时足额发放。向3万户企业发放一次性留工补助2.34亿元，惠及职工46.87万人；向4936名高校毕业生发放扩岗补贴740.4万元。确保各项社保待遇应发尽发，向31.53万名企业离退休人员发放养老保险待遇98.13亿元，向20.75万名享受养老保险待遇的城乡居民发放养老保险待遇4.25亿元，向5.1万名机关事业单位离退休人员发放养老保险待遇32亿元，向2943名工伤职工发放工伤保险待遇1.97亿元。

【失业保险】 全面推行失业保险稳岗返还精准发放“免申即享”经办方式，将失业保险稳岗返还由申报制调整为发放制，无需申报，通过大数据筛选符合条件的参保单位，经审核公示后直接拨付资金，使稳岗惠企政策红利直达企业。2022年，落实失业预警、失业动态监测报告制度，监测企业478户，涉及职工32.73万人。全面推行失业保险稳岗返还、一次性留工培训补助“免申即享”精准发放方式，全年全市累计为27928户企业发放稳岗返还资金2.7亿元，惠及职工58.28万人。向3万户企业发放一次性留工补助2.34亿元，惠及职工46.87万人；向3541名失业人员发放失业保险金6205.84万元。

【工伤保险】 会同市邮政管理局制定《兰州市基层快递网点优先参加工伤保险工作实施方案》，明确工作原则、参保人员和范围、参保缴费、工伤认定和待遇支付，工作措施和要求，为有效化解基层快递网点工伤事故风险，维护快递员群体工伤保险权益提供法律保障，9624名基层快递网点从业人员参加工伤保险。新冠疫情防控期间，第一时间开通工伤认定绿色通道，通过“容缺受理”采用电话预约、工伤专用工作邮箱发送、特快专递邮寄等多种形式受理单位和职工的工伤认定申请，提供不见面服务，方便用人单位和工伤职工办事。截至12月，作出工伤认定1658件。协调劳动能力鉴定定点医院，分4次组织737名工伤职工进行劳动能力鉴定，非因工劳动能力鉴定36名。向2935名工伤职工发放工伤保险待遇1.97亿元。

【居民增收】 通过稳定就业、提高技能、落实最低工资标准等措施保障工资性收入增长。提高基本养老保险待遇及城镇居民最低生活补助标准，持续落实失业保险、工伤保险降低费率政策，拉动转移净收入增长。2022年，兰州市城镇居民人均可支配收入

45277元，同比增长4.7%，增速在全省14个市(州)排在第一位。

【社会保障便民服务】 不断精简社会保障卡业务经办流程，新申领、启用、挂失、补办等业务均实现网上办理；单位批量申请实现预约办理，其中批量申请5人以内实现立等可取，5人以上实现5个工作日内预约取卡；挂失、补办、修改个人信息等业务实现即时办理。优化全市社会保障卡服务网点布局，在全市范围内设置人社服务网点11个，在全市6家合作银行营业网点设置社会保障卡服务金融网点379个，所有390个网点均为“全省通办”窗口，建成全市社会保障卡“15分钟经办服务圈”，满足群众“就近办理，立等可取”。全年全市累计发放二代社会保障卡365万张，发卡率98.94%。各级社会保障卡服务网点新增制卡、挂失补卡、换卡17.68万张。12333人社咨询热线服务群众总量374805次，其中人工接通服务量313427人次，人工接通率90.66%；自助语音话务服务量32273人次，微信平台服务量25244人次，提供咨询服务76665条，群众评价满意率99.43%。

（张晓艳）

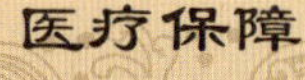

医疗保障

【概况】 2022年，市医保局围绕“强省会”行动部署，全面推进《兰州市“十四五”全民医疗保障规划》落实，深化医疗保障制度改革，在减轻群众就医负担、增进民生福祉、维护社会和谐稳定取得新成效。全市参保单位3.9万户，全市参加基本医疗保险341.59万人，较上年增加6.49万人。其中，参加职工基本医疗保险134.58万人；城乡居民基本医疗保险207.01万人。基本医疗保险基金收入90.18亿元，支出53.26亿元，收支总规模较上年增加5.34亿元。其中，职工基本医疗保险收入70.72亿元，支出37.59亿元；居民收入19.46亿元，支出15.67亿元。

巩固医保脱贫攻坚成果。同步提高各类重点人群参保资助标准30元，将重点参保对象范围由建档立卡贫困人口转变为面向全体农村低收入人口，精准识别，动态监测，全年核查监测16轮次、30.82万人次，资助25.3万人及时参保，发放资助金6618万元。出台《兰州市健全重特大疾病医疗保险和救助制度实施办法》，惠及4.45万人次，救助金额5298万元。

加强全市“两定”机构（基本医疗保险定点医疗机构和定点零售药店）协议管理，实现兰州地区省、市医保协议互认、同城同标准。每月及时完成与“两定”机构的对账结算及基金拨付，当月结次月清，保证结算渠道畅通。修订“两定”机构准入退出业务经办规程，按季度做好定点医药机构准入退出工作，2022年底，全市定点医药机构3199家。其中，医疗机构1646家；零售药店1553家。

【新冠疫情防控医疗保障】 及时保障疫苗及接种费用，累计上解疫苗专项费用3.5亿元，拨付接种费用8271万元；全力保障医疗救治，为救治医院预拨费用3600万元，为接管方舱医院的医疗机构预拨费用8198万元，全力确保患者救治不愁、群众接种不愁、各方防控减负。及时跟进调整核酸检测费用，连续四次降价至单人单管16元/人次、混管3.5元/人次。畅通新冠病毒抗原检测试剂阳光采购通道，新增抗原检测医疗服务项目，参保群众可使用个人账户在医保定点药店购买试剂。确保患者用药秩序“防重症”。及时将新冠治疗用药纳入医保支付范围，将新增的奈玛特韦片/利托那韦片按甲类纳入医保基金支付范围，岐黄避瘟颗粒等6个院内制剂按乙类纳入医保基金支付范围。开通防疫物资保障绿色通道，疫情防控期间实行“不见面办”等六办医保经办服务，取消长期门诊和特药就诊取药备案管理限制。助力企业摆脱困境“解难题”。落实中小微企业基本医疗保险费缓缴政策，为2.5万户企业缓征3个月职工医保基金4.7亿元，缓缴期间确保职工待遇稳定不降、个人账户按时划拨、个人权益连续记录。面向定点医药机构的“医保贷”取得实际成果，合作银行实际审批、发放贷款近9000万元，最大限度助力企业渡过难关。

【医保政策体系完善】 坚持公平适度、稳健运行，厘清待遇支付边界，进一步优化调整基本医疗保险待遇政策，健全多层次医疗保障制度体系。出台职工医保门诊共济制度。实现常见病多发病门诊费用纳入医保报销，扩大个人账户支付范围，家庭成员使用个账权限放开，医疗器械、一次性耗材等纳入报销范围，释放个人账户沉淀，增强社会互助共济效果。提高医保住院待遇标准。降低职工住院费用分段自付比例，在职职工由12%、8%、4%下调至6%、4%、2%，退休职工由9%、6%、3%下调至5%、3%、1%；上调职工大额医疗保险报销比例，由90%上调至95%；公务员乙类费用个人承担部分医疗补助比例由80%上调至90%。职工、居民本地住院费用政策范围内平均报销比例分别为77.12%、64.47%，较上年分别增长0.4%、0.4%。调整职工优化城乡居民“两病”政策。对卫健部门已纳入慢病管理信息系统中的糖尿病、高血压参保患者，不再进行“两病”资格申请和审核，整体纳入保障范围，形成常态化保障机制，全市“两病”结算11169人次，同比上升7.31%；专项保障基金支出59.83万元，同比上升11%。调整生育津贴报销政策，有效解决职工医保跨统筹区转移接续无法享受生育保险的问题。聚焦“一老一小”领域问题，新冠疫情防控期间开通新生儿参保缴费绿色通道，确保新生儿不漏保断保；补划10843名机关事业退休人员个人账户1730万元。

【“金城·惠医保”优化升级】 报销起付线下降20%、增加20种特药品种、9项增值服务、报销比例提高5个百分点，在全国率先实现“一站式”结算，减负功能持续发挥。全年累计赔付1.59万件，累计赔付2445万元，其中线上一站式结算案例1.49万件，占理赔案件的93%。按照“扶贫助困、拥军爱民、褒扬奉献、尊重人才”的原则，向兰州市困难居民和职工、困难退役军人等捐赠“金城·惠医保”2886份。

【医药改革】 动态调整医保目录。全面执行国家《2022年版药品目录》，新增执行23个试点药品医保支付标准，患者使用不超过支付标准的药品，患者和医保基金以实际销售价格为基础，按政策规定分担；动态调整68项医用耗材目录。医保支付方式改革顺利推进。全面落实DRG支付方式改革三年行动计划，市域28家医疗机构实现职工实际付费，21家继续模拟付费，居民模拟付费全面进行。丰富门诊慢特病支付方式。调整职工和城乡居民肾透析门诊慢特病就医结算管理规定，在全市23家肾透析门诊慢特病定点医疗机构推行，患者血液透析打包费用提高到500元/次，允许患者进行血液灌流和腹膜透析等诊疗项目。推进紧密型县域医共体医保支付综合改革试点。根据《兰州市深入推广福建省三明市经验进一步深化医药卫生体制改革实施方案》要求，积极争取县域紧密型医共体医保支付改革试点在皋兰县落地。落实国家集采政策。执行19批次、365个品种的药品和16批次、16类的耗材集中带量采购工作。药品价格平均降幅53%，最高降幅98%，高值医用耗材平均降幅65.42%，最高降幅96%，采购总金额3.96亿元，节约医药费用约4.87亿元。在全省率先开展市际联盟药品集采，4个品种8个品规中选，集采药品平均降幅23.71%、最高降幅58.76%。

6月，门诊慢特病业务讨论会在市医疗保险服务中心召开

【医保基金监管】 全面落实《医疗保障基金使用监督管理条例》，在全市医保系统内举办《条例》培训，推进基金监管执法规范化、

9月2日，市医保局组织召开兰州市DRG支付方式改革数据质量及模拟运行反馈分析会

标准化；修订完善医保基金使用“负面清单”，明确诊疗环节和付费环节的“暗礁险滩”，做到关口前移，进一步发挥医保部门对医药机构的“监帮促”作用。开展“全市打击欺诈骗保宣传月”活动，不断丰富宣传内容，开通欺诈骗保举报热线，上报4起医保违法违规典型案例，通报8起查实的医保违法违规典型案例。强化医保领域专项整治，打击“三假”（假病人、假病情、假票据）专项行动中发现问题78个，涉及机构39家，退回违规资金3.2万元；开展冒用死亡人员骗保工作，排查49.63万人，发现问题2149个，追回违规基金111.75万元；血液透析、口腔医院专项稽核追回违规基金433万元。加强医保基金日常监管，省市联动、部门配合、县区为主，全面落实“自查自纠、日常稽核、重点抽查”100%全覆盖。2022年，处理违规违约“两定”机构1232家，各险种病历审核拒付434.77万元，追回基金、扣减违约金、行政罚款等合计1187.95万元，依法公示和公开曝光违法违规案件48例。

在全省率先推进医保信用体系建设，制定《兰州市医疗保障信用管理暂行办法》及6个信用主体的实施细则、评价指标体系等10余份制度文件，形成“1+N”模式医保信用制度体系，科学编制试评价工作方案并在皋兰县“两定”机构实现全覆盖评价。

【医保服务】 择优推荐的兰州市医保中心、城关区医保中心、七里河区医保局、皋兰县医保中心、榆中县医保中心5家服务窗口示范点争创单位；兰州新区秦川、中川园区，榆中县和平镇人民政府、榆中县栖云北路社区党群服务中心4个基层服务示范点争创单位；甘肃省人民医院、甘肃省妇幼保健院、兰大一院、兰大二院、市第一人民医院、皋兰县医院6家定点医疗机构示范点争创单位通过省级验收，甘肃省妇幼保健院创建成为全国定点医疗机构示范点。持续深化“放管服”改革，设置“一窗办”综合业务窗口，建立完善综合工作及管理制度，全年综合窗口办件量4.5万件，办理12345市长热线1小时即答件400余件，开通“2912393”医保热线，全年接听电话6.3万人次，群众满意率99%。推广医保便民服务点。总结拓展“医银一体化”群众身边的医保服务工作站经验，全力打造医保经办“15分钟服务圈”，面向基层建成医保便民服务点22个，为群众提供“家门口”的便捷服务。推进“小兰帮办”运用。在前期24项医保领域高频事项入驻“小兰帮办”的基础上，“职工参保登记”等6个新增事项在政务服务系统上线运行，做到共享数据资源挂载“应上尽上”，医保政务事项网办率和全程网办率均达100%，医保高频事项线上办件23.6万件，占全年办件的86.1%。优化异地就医政策。完善调整“异地备案补办”等十个方面便民措施，开通异地就医线上备案通道，全年新增备案9531人次，其中线上备案4042人次；率先落实省内无异地直接结算政策，省内异地就医直接结算人次较上年同期增加105.28%，省内门诊慢特病直接结算1.59万人次；提高跨省异地就医结算标准，线上结算住院费用3.63万人次，基金支出3.42亿元。全力推进电子医保凭证应用，全市医保电子凭证激活194.94万人，激活率58%，全市3000余家定点医药机构全部接入结算，医保电子凭证累计结算超790万笔，结算金额13亿元。

（刘　冰）

劳动就业

【概况】 2022年，市劳动就业工作对照省政府稳住经济一揽子政策“53条”，梳理细化5个方面12条具体措施纳入《兰州市贯彻落实稳住经济一揽子政策措施责任清单》；印发实施《兰州市贯彻落实稳定和扩大就业若干措施责任清单》《关于做好当前高校毕业生等青年就业创业工作的若干措施》，与省人社厅签订并推动实施人社领域“强省会”合作共建《框架协议》；印发实施《兰州市落实强省会战略进一步优化营商环境若干措施（第5号）》，落实人社领域强化就业服务、优化营商环境的10项举措；支出就业补助资金3.5亿元，中央直达资金支出率92%，为稳定就业局势提供了政策和资金保障。全市城镇新增就业78475人，失业人员再就业31601人，就业困难人员实现就业9374人。零就业家庭安置就业66人，实现动态清零。职业技能培训6.7万人次。劳务输转城乡富余劳动力25.25万人，创劳务收入76.27亿元，同比增加5.88%。

【高校毕业生就业】 印发《落实1万名高校毕业生到基层就业实施方案》，通过强化政策宣传、灵活统筹线上线下招聘、提供精准对接等举措推进高校毕业生到基层就业，完成1000名未就业普通高校毕业生到基层就业的实事任务。创新开展“一十百千万”就业创业服务提升行动，组织“公共就业服务进校园”系列活动，实施“百万就业见习岗位募集计划”，全面推动高校毕业生就业创业。全市新认定就业见习单位132家，募集就业见习岗位2125个，完成目标任务1900个的111.84%；发放就业见习补贴678.3万元。发放2023届困难毕业生求职创业补贴3723.6万元。新认定青年就业见习基地149家，累计基地920家，新增就业见习人员1889人，全市2022届离校未就业高校毕业生实名登记8188人，已明确就业去向8061人，就业率91.42%。向1.44万名高校毕业生发放扩岗补贴2159.85万元。

【公共就业服务】 开展“就业援助”暖心行动，加强就业困难人员帮扶，超额完成失业人员再就业、就业困难人员实现就业任务，确保零就业家庭动态清零。开展人社局长“直播带岗”等在线招聘专项活动650场，组织用人单位5618家，推介岗位5.02万个，观看量312万人次，促进各类群体更快更充分就业。实施“百千万”创业引领工程，开展兰州市首届文创节系列活动，向省上推荐选送创业新秀150人，新锐创客1328人，加大创业就业孵化示范基地资金扶持和业务指导力度，建成国家级示范基地3家、省级27家、市级43家，为2227家企业提供孵化服务，吸纳带动就业1.61万人。帮助初创企业、中小微企业解决发展资金需求，全年发放“陇原惠岗贷”和创业担保贷款6.47亿元。

【职业技能培训】 制发《兰州市就业技能培训补贴指导目录》，发布全市2022年度急需紧缺职业（工种）目录。完善培训补贴政策，发挥企业主体作用，努力提升劳动者技能，超额完成职业培训年度目标任务。为应对新冠疫情带来的影响，发挥“互联网+职业技能培训”的作用，引导相关培训机构和企业针对培训课程和内容，依托兰州市公布的职业技能培训线上平台开展线上培训，开展线上培训2.5万人次。依据《兰州市康养职业技能培训实施方案（2021—2025年）》，联合相关部门征集遴选“金城护工”康养职业技能培训基地20家，依托医疗机构、职业院校、家政服务企业等优质培训资源，着力提升健康照护、养老护理、家政服务等康养从业人员技能水平。建立全市职业能力建设专家库，公开征集入库专家144名，全面参与全市职业能力建设规划、政策、标准等的调研、拟定、论证和评估等工作。开展2022年兰州市高技能人才培训基地和技能大师工作室建设项目征集和专家评审工作。严格开展第三批“金蓝领”高技能人才聘期期满考核工作。截至年底，全市共遴选8家企业和11家社会评价组织机构，进一步完善初级工至高级工的职业技能等级认定评价体系。推进创业培训“马兰花”计划，开展“第五届大学生创业先锋训练营”系列活动，指导举办市场化SYB师资班4期、网创师资班1期，培训合格讲师149人，开展兰州市创业培训讲师教学能力综合考核评估。创新打造应用型创业培训课程开发。全年开展职业技能培训6.7万人次。其中，就业技能培训18712人次，完成目标任务的117%；岗位技能提升培训25933人次，完成目标任务的108.1%；创业培训22438人次，完成目标任务的102%。新型学徒制培训1271人，完成目标任务的105.9%；康养类职业技能培训9729人次，完成目标任务的106.9%；开展脱贫劳动力培训2788人次，完成目标任务的185.9%；开展边缘易致贫劳动力培训19人次，完成目标任务的190%。支出各类职业技能培训补贴资金9068.9万元，其中职业技能提升专账资金支出8543.4万元。

【劳务品牌培育】 着力打造特色劳务名片，“兰州拉面师”梁顺俭入选“20个全国最具特色劳务品牌形象代言人”并在全国进行云展示，入围第五届“中国创翼”劳务品牌专项赛全国总决赛；推选永登县苦水玫瑰农艺工为省级劳务品牌。出台《兰州市市级农民工返乡创业示范基地认定管理办法》，新认定4家市级农民工返乡创业示范基地，推荐选报省级返乡创业示范县1个、省级农民工返乡创业示范基地2家。2022年，全市有省级农民工返乡创业示范县3个、返乡创业示范基地15家。

【劳务输转】 持续发展劳务经济，巩固就业帮扶成果，深化东西部劳务协作，发挥劳务经纪人作用，推动扶贫车间向乡村就业工厂转型发展，发挥农民工返乡创业示范基地的行业示范、典型引领带动就业作用，劳务输转工作机制更加健全，全年劳务输转25.25万人，实现劳务收入76.27亿元，同比增加5.88%。全面摸清9.8439万名脱贫劳动力底数和务工意愿，实行“一对一”精准服务，对6.3332万名有输转意愿的脱贫劳动力应输尽输。全市累计安置712名脱贫劳动力在乡村公益性岗位就业，累计发放岗位补贴288万余元。92家乡村就业工厂（42家乡村就业工厂、50家乡村就业帮扶车间）吸纳就业1883人（含脱贫户、边缘易致贫户875人）；联系天津市人社局、各协作区人社局，邀请天津市优质用工企业到对口县举办专场招聘会，搭建“线上＋线下”全方位求职载体，组织线上线下专场招聘会49场，专场招聘会9场，提供岗位9276个。全市通过东西部劳务协作帮助农村劳动力实现就业8525人（较上年增加3681人），其中脱贫劳动力8007人（较上年增加3483人）。同时，创新建立市内劳务协作机制，市上统筹安排主城四区与远郊县区建立“一对一”劳务协作关系，力促全市农村劳动力在市内就地就近实现就业增收。

【劳动关系】 出台《关于加强维护新就业形态劳动者劳动保障权益的实施方案》，通过4大方面20项举措，规范企业用工行为，消除就业歧视，防范化解劳动纠纷，优化劳动保障服务，切实维护新就业形态劳动者劳动保障权益。根据《关于维护新就业形态劳动者劳动保障权益送政策解难题专项行动的工作方案》，联合工作组多次深入美团、饿了么、顺丰、益民约车、曹操出行等平台企业，开展“送政策问需求解难题促发展”专项行动，与平台公司和快递小哥、外卖配送员、网约车驾驶员开展“面对面”“点对点”的答疑解惑。截至12月，全市开展政策宣传解读160余次，覆盖劳动者1万余人次，召开平台企业行政指导会和工作推进会9次，采取调研、座谈、指导等方式，指导平台企业准确理解政策，完善用工制度。全年排查全市依托互联网开展房地产平台中介、网约车、送餐、快递物流等相关企业及依托平台承接相关业务的关联企业87户，涉及劳动者1411人，重点检查新就业人员内部劳动保障规章制度运行、合同签订、工作时间和休息休假落实、工资发放、社保缴纳等事项。受理立案9起，协调处理15件，为54人追发工资26.49万元，督促企业为2人补办和缴纳社会保险费，切实维护新就业形态劳动者权益。组织开展全国和谐劳动关系创建单位认定工作，兰州佛慈制药股份有限公司被国家协调劳动关系三方评为“全国和谐劳动关系”企业。

【劳动保障监察】 全市上下合力攻坚，夯实“3+2”根治欠薪责任体系，全面推进法治化、制度化、标准化、信息化、网格化“五化”建设，不断推动根治欠薪工作向督导常态化、治理精细化发展。全市全年接听来电2.46万次，接待来访6155起、1.6万人；检查用人单位2798户，通过立案查处和协调处理等方式办理欠薪案件1145件，结案率100%，为8176名农民工追回工资1.21亿元；受理并按期办结民情通热线17244条，快速稳妥处理全国根治欠薪平台案件线索16362条，甘肃省“陇明公”平台欠薪线索6937条。100%按时回复；评定2021年度劳动保障守法诚信A级企业321户、B级企业1614户、C级企业19户，开展差异化监管；严格失信惩戒，向公安部门移送涉嫌拒不支付劳动报酬罪案件46起，公布重大劳动保障违法案件4批次40件，列入失信联合惩戒对象名单4批次12户，信用修复移出“黑名单”企业11户。守牢守好不发生欠薪引发重大群体性事件、极端事件和重大舆情三个底线。兰州市连续五年在省政府保障农民工工资支付考核中获评A级单位。10月，兰州市劳动保障监察支队被人社部和市场监管总局评为“2022年全国清理整顿人力资源市场秩序专项行动取得突出成绩单位”。

（张晓艳）

人口管理

【概况】 2022年，兰州市公安局围绕党的二十大安保维稳工作主线，坚持党建统领，聚焦“西部一流、全国领先”目标，秉承“以民为本，服务至上”的工作理念和“便民、规范、廉洁、高效”的工作原则，聚焦主责主业，持续推进人口服务管理工作。

【户政管理】 推进户籍制度改革，全面落实兰州市城市、城镇落户“零门槛”政策，取消落户限制，简化办事流程，服务经济有力度，便民利企有温度，推动人才聚集，优化营商环境，不折不扣地执行公安部、省厅户籍制度改革各项政策措施，吸引高学历人才、农业转移人口及其他有意愿的常住人口落户兰州市。年内，共办理迁入兰州市城市、城镇落户30261人，全市实时在册户籍人口3369818人，较上年增加6998人。

进一步拓宽落户渠道，下发《关于做好兰州市保障性租赁住房和公寓房办理落户工作的通知》，允许保障性住房的租赁人和公寓房产权所有人在房屋地址落户，为群众提供落户便利。大幅压缩办证时间，对新冠疫情防控期间无法回国、身份证过期急需用证的群众实行委托代办，为中高考学生、军人军属及65岁以上老年人开辟绿色通道，增设24小时自助办理方式，全面助力深化户政“放管服”改革。身份证件办理时长由法定的60日缩短为24小时制证、48小时送达至受理派出所，制证及送达时效全国领先；疫情防控期间，成功为全省首例浙江籍高考生办理异地首次申领居民身份证业务。在全市9个派出所试点“一窗通办”，整合治安、户政、车驾管、出入境4大类50项窗口业务，为群众办事提供进一扇门、办多件事、不跨区域、不分警种、一次办成的一站式体验，有效增强群众的获得感。

开展全市死亡未注销户口问题专项清理，年内共核实注销兰州市历年来火化未注销户口人员27697人。组织开展为期3个月的出生登记全面排查专项行动，补录完善人口信息系统中出生医学证明编号为空的人员数据70816条。协助民政部门完成事实无人抚养儿童生活和教育保障情况摸底工作。

【流动人口管理】 保障流动人口权益，推进公共服务落实落地，确保居住证持有人依法享受劳动就业，社会保险，住房公积金缴存、提取和使用等权利，为他们提供出入境证件办理、居民身份证换补领、机动车登记、驾驶证申领等便利服务。借助各类载体，采取进企业、进院校、进社区等方式，宣传普及《居住证暂行条例》和《甘肃省实施〈居住证暂行条例〉办法》，组织开展以“优化营商环境、服务经济发展”为主题的流动人口法律法规“宣传月”“宣传日”活动，不断增强流动人口法律意识，提高其主动登记办证的积极性。自国务院《居住证暂行条例》实施以来，全市累计办理居住证121.38万张，其中2022年办理4.88万张。

以平安兰州建设和基层社会治理为契机，推进“一标三实”（标准地址、实有人口、实有房屋、实有单位）基础信息采集维护工作。开展为期8个月的流动人口出租房屋信息采集维护和实有单位从业人员大排查大清理专项行动，确保人房信息数据底数清、情况明，流动人口服务管理工作能力再上新台阶。建立“一标三实”信息采录维护全覆盖长效机制，实现动态管控，形成问题联治、工作联动、平安联创的良好局面，为党的二十大胜利召开创造良好的社会治安环境。截至2022年底，全市累计登记标准地址236.67万条、实有人口443.59万人、实有房屋224.7万间（套）、实有单位13.82万家。

推广“互联网+户政”服务，依托公安微警务“自主申报”等小程序，鼓励引导用工单位、出租房屋业主及房屋中介公司主动登记从业人员和流动人口。进一步拓宽流动人口登记渠道，简化办证环节，缩短办证周期，为流动人口提供线上、线下办证便利，畅通便民服务“最后一公里”，切实提高流动人口登记服务管理质效。2022年，全市自主申报登记实际居住人3.26万人、实有房屋2.48万间（套）、实有单位0.27万家、从业人员3.99万人。

全力配合民政部门做好生活无着受困流浪人员劝导救助工作。根据救助工作相关规定，结合疫情防控和安保维稳工作要求，组织全市公安机关加强公园、城市主干道、桥底涵洞、城乡接合部等重点区域的巡查救助工作，特别是加大严寒冬季和夜间巡查力度，积极妥善处置救助警情。2022年，全市公安机关累计排查劝导救助各类受困人员近千人次。

【出入境管理】 依托出入境“智慧大厅”建设，不断提升窗口服务质效，实现预约、照相、填表、签注、缴费、取证全流程自助办理。围绕企业发展所需、聚焦群众便利所急，以落实“全国通办”“只跑一次”“自助二签设备启用”等各项便利政策为抓手，以“放管服”改革为驱动，探索实施“一窗受理、集成服务”。依托政务服务一体化平台，推行“互联网+出入境”，实现本级行政审批事项全链条网上公布。采取多种举措拓展服务空间，构建多维、立体、高效的服务架构，打造新时代公安出入境政务服务窗口新形象。年内，共办理中国公民出国出境证件2735件次（护照1327件次，往来港澳通行证及签注1378件次，往来台湾通行证及签注12件次，港澳居民回乡证3件次，台湾居民来往大陆通行证6件次，出入境通行证7件次，前往港澳通行证2件次）；受理审批各类外国人停居留证件1230件（居留许可831件、签证43件、停留证件348件、外国人出入境证8件）；办理外籍人员户籍注销21件；受理外籍人员永久居留申请2件；申请恢复中国国籍3件，获批2件，颁发国籍证书2件。

持续强化出入境证件实质性调查审核，切实提高源头管控能力，遏制跨境赌博和电信网络犯罪高发态势。推进外籍人员签证证件审查回访“两手抓”制度，形成闭环管理模式；制定《兰州市涉外单位等级评定管理办法》，建立“一企一警”“警企联动”档案台账，加大涉外单位备案审核力度。2022年，不予受理360人次、重点审核20人次，撤销备案港澳商务合作公司20余家，备案人员49名。重点审查签证材料149件，对1041名常住境外人员开展大走访审查工作2轮次，完成全市73家涉外单位备案材料审查，人才走访200余人，“兰州市外籍高层次人才24小时咨询服务专线”提供咨询服务1500余次。

强基固本加强涉外管理。推动建立兰州市“三非”（非法入境、非法就业、非法拘留）外国人治理工作领导协调机制和兰州市公安局“三非”外国人治理领导小组。联合市外办、兰州边检站等成员单位开展督导检查调研工作20次，开展“三非”外国人专项治理行动、网上“三非”清理、“外籍”新娘治理等专项行动3次。以“兰剑突击”“百日行动”为抓手，市、区联动出动警力560人次，清查重点场所400余家，查处涉外案事件51起，其中“三非”案件31起，违反住宿登记15起，骗办签证1起，对9名外籍人员实施强制出境。

主动作为提升妨害国（边）境管理犯罪打击质效。研究制定《全市公安机关严厉打击妨害国(边)境管理犯罪“獴猎”行动——2022工作方案》，细化成员单位职责分工，明确任务要求。年内，核查摸排可疑人员300余名，梳理妨害国（边）境管理犯罪线索39条，立、破妨害国（边）境管理犯罪刑事案件26起。其中，偷越国（边）境案件24起；组织偷越国（边）境案件2起。抓获犯罪嫌疑人34名。

（葛　荣）

民政事务

【概况】 2022年，市民政局全面落实中央、省市关于民生民政工作的各项决策部署，牢固树立“民政为民、民政爱民”理念，切实兜牢民生保障底线，不断提升“一老一小”幸福指数，巩固提高基层社会治理水平，着力优化基本社会服务质量。年内先后荣获“兰州市扫黑除恶专项斗争先进集体”“全省家庭工作先进集体”等荣誉称号。在2022年度全省民政工作考核中被评定为“优秀”等次。

【社会救助】 困难群众基本生活分层保障全市城市低保标准提高8%，五区由每人每月846元提高至914元，三县由每人每月636元提高至687元；农村低保标准提高10%，由每人每年不低于4788元提高到不低于5268元；城乡特困人员基本生活标准每人每月分别从不低于1100元、519元提高到不低于1189元、571元；孤儿基本生活费和事实无人抚养儿童生活补贴提高8%，孤儿基本生活费达到每人每月1642元、1253元，集中供养和散居事实无人抚养儿童生活补贴达到每人每月1470元、1080元。全年累计为6.75万城乡低保和特困供养对象发放救助资金4.26亿元。其中，城市低保对象1.502万户2.5884万人，累计发放补助金21748.24万元；农村低保对象1.5995万户，3.638万人，累计支出保障金14918.81万元；农村特困人员3503户3671人（集中供养297户299人，分散供养3206户3372人），累计支出保障金3468.96万元；城市特困人员473户1482人（集中供养551户551人，分散供养922户931人），累计支出保障金2442.55万元。为1600余名特殊儿童发放基本生活费2200余万元；为3.8万名残疾人发放两项补贴5380万元，切实兜牢各类困难群众基本生活保障网。专项困难救助 累计为全市困难群众发放一次性生活补贴、临时价格补贴和取暖补贴4653万元，惠及56.73万人（户）次，实施临时救助5.02万人次6181万元；为3.6万名保障对象购买“两保一孤”重特大疾病保险199万元，发放“爱心医药包”7万余份，赠送金城惠医保1000户。

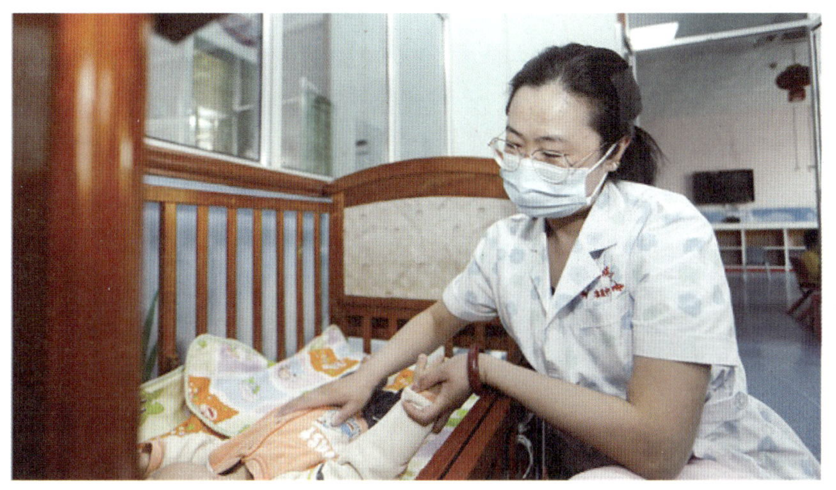

3月，新冠疫情防控期间兰州市儿童福利院护理员24小时不间断照料特殊儿童

【返贫监测】 加大对各类易返贫致贫人口的动态监测，全年累计核查处置预警信息1.9万条，为700余名符合条件的救助对象落实了相应救助政策，实现了“人找政策”与“政策找人”的同向发力，切实做到主动发现、主动调查、主动施救，有效防止困难群众返贫致贫。发挥居民家庭经济状况信息核对系统作用，对7.7万余名申请救助和在保人员进行经济状况核对，将不符合条件的2412户6137名低保对象及时退出保障范围。

【养老服务】 印发《兰州市“十四五”养老服务体系发展规划》，完成《兰州市养老服务条例》立法草案编制，并通过专家论证。持续扩大养老服务供给，争取省市补助资金5670万元，新建27个乡镇（街道）综合养老服务中心，引进光大养老机构运营市老年公寓西站分部，红古区、永登县、皋兰县特困供养机构和普惠养老机构项目进展顺利。实施适老化改造和家庭养老床位建设5232户，累计提供居家养老上门服务8.5万人次，两项任务分别超民政部批复任务量的2倍、15倍；继续为全市60岁及以上户籍老年人购买意外伤害保险，累计赔付1643笔约712万元；举办养老护理员职业技能和“金城护工”康养职业技能培训，培训养老护理员近5000名。移交处置养老服务相关诈骗线索3件，建立安全排查和隐患整改清单，督促整改隐患17项。

【未成年人保障】 推动未成年人救助保护机构建设，设立全省首家市级未成年人保护机构，并在62个乡镇（街道）建成未保站，在1078个村（居）民委员会确定未成年人保护专岗，全市未成年人保护网络实现全覆盖。持续开展“困境儿童保障政策复核工作项目”，巩固实施“第三方精准识别、专业社工无缝衔接”的儿童关爱保护模式，推动全市特殊儿童关爱工作系统化、精准化、规范化、标准化。

【残疾人福利】 每月按时发放残疾人两项补贴，补贴标准为：困难残疾人生活补贴每人每月110元，重度残疾人护理补贴分两档，其中智力、精神一、二级残疾人和肢体、视力一级残疾人每人每月110元，肢体、视力二级和听力、言语一、二级残疾人每人每月60元。全年共发放残疾人两项补贴5314万元，惠及3.8万名残疾人。持续开展残疾人两项补贴资格认定“跨省通办”和“全程网办”，方便残疾群众办事；

【流浪乞讨救助】 进一步完善流浪乞讨救助人员易走失台账，建立公安、卫健等部门共同参与的特邀监督员制度，加大向流浪乞讨人员流出地函询力度，保障流浪乞讨人员的合法权益。全市共救助流浪乞讨人员1073人次，其中资助、护送返乡441人。

【婚姻殡葬服务】 全市结婚登记实现“市内通办”，在“5·20”等特殊节点各婚姻登记窗口采取预约、延时等服务方式，满足广大新人追求美好生活的心愿，全年累计办理婚姻登记1.88万余对。弘扬新时代婚恋新风，在抖音、快手等新媒体播放抵制高价彩礼的短视频，树立文明新风，推动移风易俗。完成全市新一轮火葬区范围调整，编制《兰州市殡葬用地布局专项规划》，启动红古区殡仪馆、骨灰堂等基本殡葬服务项目，累计为390名困难群众减免殡葬费用61万元，切实减轻困难群众的治丧负担。

4月7日，新冠疫情防控期间兰州市天桥公墓清明祭扫代祭仪式

【慈善事业管理】 全市共登记认定慈善组织18家，其中具有公开募捐资格慈善组织15家，全年全市各类慈善组织累计接收捐款物资291.1万元，备案慈善信托16单3089万元、公开募捐项目2个。

【志愿服务】 全市共注册志愿服务团体4262个，志愿者68.1万人，登记志愿项目2.8万个，服务时长963.8万小时。

【社工服务】 修订完成《兰州市“金城社工”选拔管理办法（试行）》，选拔首批“金城社工”37名；争取市级财政资金300万元，建立“三社联动”试点项目10个，累计孵化社区社会组织252个，培养居民骨干557人，培养社区志愿服务骨干3097人，持续为186位残疾人、空巢或独居老人提供服务，居民参与人数19.57万人，124名街道、社区工作人员考取全国社会工作职业资格证书；建成乡镇（街道）社工站32个。举办兰州市“政校社携手共育社会工作新人才”座谈及首届专场就业宣讲招聘会，发布招聘社工专职岗位79个，见习岗位33个，签约招聘应届毕业生35人；举办社工志愿服务类培训班4场，培训社工项目人才和志愿服务人才2000余人。

【城乡社区治理】 依托“社工委”机制和平台优势，开展城乡社区治理为重点的基层治理能力示范创建工作。在社区治理方面，指导城关区完成“全省城乡社区治理创新实验区”评估验收工作，获得省级“优秀”等次；在村委会建设方面，制定印发《切实加强村民委员会规范化建设的实施方案》，指导全市村级自治组织进一步规范组织体系、职能事务、制度章程、阵地建设。在全市选取15个行政村开展村级议事协商创新试点，拓宽协商范围和渠道，丰富协商内容和形式，加快构建自治、法治、德治相结合的村级治理体系。常态化推进扫黑除恶专项斗争，顺利完成130个村（居）委会补选候选人任职资格联审工作。

【社会组织】 全市登记成立社会组织77家，培育城乡社区社会组织2109家，清理整治“僵尸型”社会组织64家；社会组织党组织覆盖率90.13%，党组织应建尽建率和党的工作覆盖率实现两个100%。引导社会组织践行“服务社会、服务群众”的初心使命，各类社会组织开展帮扶项目24个，累计投入231.95万元助力乡村振兴，解决高校毕业生就业岗位482个，提供见习岗位241个。

【行政区划设置和地名管理】 根据省政府批复精神和市委、市政府安排部署，完成城关区、安宁区、皋兰县部分行政区域界线变更工作，稳步推动永登县中川镇、秦川镇划入皋兰县的申报工作，并结合变更实际，完成区域界线外业勘定、边界线走向说明和地形图编制，实测边界点104个，设置界桩点31个。联合武威市、临夏州完成第四轮县级行政区域界线联检工作。累计审核第二批国家地名信息库信息数据10769条。配合录制《探秘兰州—东西南北端》系列短视频，转载播放量近百万次。

【民政法治建设】 依法行政对《兰州市“十四五”养老服务发展规划》等重大民生事项进行主动公开征求意见和法律顾问咨询，确保决策的合理性和公开性。“放管服”改革实现42个政务服务事项网上受理审批，网办率97%，“零跑腿”事项40个，只跑1次事项2个。依法化解矛盾办理信访件14件，答复满意率100%；受理各类网民留言179件，按时办结率100%；民情通办件225条，回复满意率98%以上。

【新冠疫情防控】 全市各级民政部门秉持“人民至上、生命至上”的崇高理念，始终聚焦各类特殊困难群体的基本生活，及时将受疫情影响、基本生活出现困难的370户719名群众纳入社会救助范围；实施临时救助5860户13043人次，支出资金1130.6873万元；为3.7万人次救助对象发放防疫和生活物资79.5万件325.58万元；为特殊困难老年人提供上门照护、送餐等服务5.5万人次；救助流浪乞讨人员、因疫滞留人员181人，发放生活物资3030件。引导行业协会商会主动减免会费和其他项目收费491.2万元，动员173名专业社会工作者、16万余名志愿者、3416个志愿服务组织有序参与疫情防控志愿服务。紧急调拨市级福彩公益金113.61万元，为各养老福利机构采购等离子移动消毒机、紫外线移动式消毒机等消毒设备77件。

（周晓霞）

退役军人事务

【概况】 2022年，兰州市退役军人事务局围绕退役军人工作服务建军一百年奋斗目标，聚焦“全省一流、西北上游、全国第一方阵”的工作要求，按照“12345”工作思路，以“十项行动”为支撑，勠力同心、接续奋斗，有力服务保障退役军人，有力维护社会和谐稳定，有力支持国防和军队建设，参与市域社会治理现代化，各项工作稳步推进。2022年，市、县、乡、村四级退役军人服务中心（站）1201个，全部按“五有”标准化建设。四级配备事业岗位专兼职工作人员1590人，创建全国示范型服务中心（站）387个，打造省级红色服务站10个。

【服务保障体系建设】 筹备召开市委退役军人事务工作领导小组会议和市双拥工作领导小组会议，审议相关文件，完善各项运行机制；领导小组办公室先后与成员单位进行6轮次“点对点”“1

对N”的沟通对接，在立足本职、发挥职能的基础上，结合行业领域特点先后确定“为现役、退役军人兴办实事”项目116个，切实办实事、办好事、办身边事；突出督查考核，紧盯重点目标任务，制定督查工作年度计划，实行任务分解、跟进督查、办结销账全流程闭环管理；起草编制《兰州市“十四五”退役军人服务和保障规划（2021—2025年）》。对退役军人工作领域涉及的258个政策法规点进行梳理，下发《退役军人工作政策目录清单》；加强法治学习培训力度，开设“军军说法”“政策法规速递”等学法普法专栏，编印《退役军人政策法规汇编》；加快推进甘肃省数字政府“一体化政务服务功能平台”运行，统一市、县（区）两级退役军人事务系统政务服务事项流程配置；在退役军人法律服务站的基础上，建立“律师老兵工作室”，为退役军人提供法律咨询、法援审核等服务。

【兰州最美退役军人选树】 开展百名退役军人风采展活动，整理全市先进退役军人典型事迹，在自媒体平台进行宣传展示；开展2022年度“兰州最美退役军人”选树发布工作，选出11名“兰州最美退役军人”个人和10名“兰州最美退役军人”提名；推荐宋军光、王琼和“兰州蓝”退役军人志愿服务队参加“陇原最美退役军人”评选，其中王琼被评为2022年度“全国最美退役军人”受到表彰；组织开展“老兵永远跟党走·老兵宣讲”活动，组建“兰州最美退役军人”示范宣讲团队，录制视频开展2022年度“兰州最美退役军人”优秀典型事迹进军（警）营、进机关、进学校、进企业、进乡村、进社区“六进”宣讲活动。

【退役军人安置】 对省退役军人事务厅移交的转业军官、随调家属和跨军地集体转制军官随调家属档案进行审核，建立电子台账，协调转业军官安置编制问题。采取理论学习与社会实践相结合的方式，完成转业军官培训工作。

【退役军人就业创业服务】 开展“服务面对面促就业创新”行动，助力保民生促就业，服务国防和军队建设。推行“1+5”就业模式，开展“订单式”培训，为符合条件的自主就业退役士兵提供带薪培训。举办专场招聘会10场，参加企业500余家，提供岗位1.4万个，1900余人达成就业意向；开展“市、县区退役军人事务局局长直播带岗活动”，100余家企业提供就业岗位6000余个，32万人观看直播，现场投递简历776份，同步开展“金秋线上送岗”活动，持续70天24小时不间断为退役军人、现役军人家属及军烈属提供就业岗位服务。举办兰州市第三届退役军人创业创新大赛。在2022年甘肃省退役军人“创业达人”选拔大赛中，兰州市推选的3个项目分别获得二、三等奖；兰州市退役军人事务局获得优秀组织奖。

【“退役军人事务员”新职业先行先试】 7月25日，多部门首次联合发布新职业——“退役军人事务员”，兰州市先行先试，积极探索，率先在城关区选拔25名退役军人担任乡镇（街道）“退役军人事务员”。首批退役军人事务员积极做好退役军人权益维护、思想政治引领工作、军队退休退职职工服务管理、抚恤优待、纪念褒扬等工作，有效加强基层退役军人工作力量，为行业人才的培养与选用提供有效依据。

【军休服务】 完成军休人员“三年集中移交”接收任务。安置接收2022年移交兰州市逐月领取退役金退役军人。按照“一所一品牌、一站一特色”的目标，开展军休机构星级评定活动前期准备工作。组建军休干部“老兵宣讲团”，常态化开展宣讲活动。制定内部工作制度规范4项，进一步细化优化工作程序，为规范化管理军休机构提供有力依据。做好兰州军休老年大学创建工作，6月兰州军休老年大学申请获退役军人事务部批准。加快信息化建设，依托“网络军休所”及市军休三所网络军休社区平台，拓展社会化服务，开展为高龄、病残、独居等特殊军休干部提供社会化服务的试点工作，落实好军休干部各项待遇；做好逐月领取退役金人员社保接续工作与复员干部的社保医保缴费工作。2022年底，全市有军休机构8家。

【拥军优抚】 以创建双拥模范城（县）“十连冠”为主线，主动服务国防和军队现代化建设，支持深化国防和军队改革、助力部队练兵备战，完善拥军支前军地协调机制，健全“双清单”，地方政府助力军队建设、驻军部队支持地方经济建设。坚持多措并举，在全市范围营造浓厚双拥氛围。落实军地联系制度，市四大班子主要领导、分管领导参加“两节”慰问和庆“八一”军事日活动。加强与“兰州舰”联系，广泛开展边海防官兵和参加边境任务兰州籍官兵关心关爱工作。协调200余名军人子女享受优先入学、择校入学教育优待和随军家属就业安置。成立市爱国拥军促进会，推动社会化拥军深入发展；成立兰州市退役军人关爱基金会，开启兰州市社会力量关心支持退役军人工作的新模式、新渠道、新平台；“拥军号”地铁专列正式开通；通过户外媒体等多形式、多渠道宣传双拥工作，让广大群众在日常生活中接受国防教育。各项优抚政策落实到位，优抚资金按月足额发放，全年发放优抚资金12942.1705万元；打造军供保障综合基地，军供工作由集约化供餐向个性化供餐转变，过往官兵就餐满意率95%以上，安全准点率100%，兰州市军供站被退役军人事务部和中央军委后勤保障部授予“全国重点军供站”荣誉称号。

【英烈弘扬纪念】 举行“卫国戍边英雄”陈红军烈士缅怀活动，清明节期间在中央电视台开展代祭扫烈士直播活动。组织开展“让无名烈士不再孤单”认亲祭扫活动和5名兰州市散葬烈士入园安葬仪式。成立兰州战役学术研究中心专家组，举办“兰州战役的历史地位与时代价值”学术研讨会，深入探寻研究兰州战役的历史价值。持续做好抗美援朝参战老战士影像资料、“老兵记忆·口述历史”视频征集工作，组织拍摄纪录片《千里寻英烈》，整理出版《兰州战役战史图集》和《英名录》。9月30日上午10点，在兰州市烈士陵园举行省市各界向人民英雄敬献花篮仪式，省市领导及社会各界代表共3000余人参加。

【退役军人志愿服务】 打造“一村（社）一警一队伍”基层治理模式，进一步编实小区力量，有效提升基层社会治理能力。全市已组建退役军人志愿服务队1331支，1.8万余名退役军人常态化开展志愿服务活动。“兰州蓝”护卫者退役军人志愿服务队累计派出志愿服务队160962支，累计出动退役军人志愿者583617人次在新冠疫情防控、母亲河生态保护、助力中高考、省运会安保等学雷锋活动中发挥退役军人力量。“兰州蓝”护卫者退役军人志愿项目获得2021年度全国学雷锋志愿服务“四个100”最佳志愿服务项目，成为陇原老兵的响亮“品牌”。

【兰州市第三届退役军人创业创新大赛举办】 5月21日，由兰州市退役军人事务局主办的甘肃省“百千万”创业引领工程退役军人“创业达人”选拔大赛兰州选拔赛暨兰州市第三届退役军人创业创新大赛闭幕。此次大赛以“军旅强意志、创业强未来”为主题，在省退役军人事务厅的指导下，兰州大学、相关科研机构和省市资深创业指导专家应邀担任大赛评委，赛事设一等奖1名、二等奖2名、三等奖5名、优胜奖6名、优秀组织奖1个。经过一个多月的认真筹划，细致准备、大力宣传，30余名退役军人企业携优秀项目和创业梦想同台竞技，经过初赛、决赛的激烈角逐，8家退役军人企业和创新团队脱颖而出，获得佳绩。

（梁　斌）

区县概况

城关区

【概况】 城关区因明清兰州城郭而得名，兰州方言称郭城为关。城关区位于东经103° 46′ ~ 103° 59′，北纬35° 58′ ~ 36° 9′，地处兰州市区东部，东、南与榆中县接壤，西与七里河区相邻，西北与安宁区相连，北与皋兰县毗邻。地处陇西黄土高原的西部与青藏高原的过渡地带，南部为黄土山梁，中部为黄河河谷盆地，北部为土石山梁。境内最高峰皋兰山，位于城关区南，海拔2129.6米；最低点北面滩，位于城关区东北部，海拔1503米。黄河干流自七里河区入境，从西至东流经境内白马浪、中山桥、雁滩，至桑园峡入榆中县，长14.5千米，流域面积220平方千米，年过境水量238.7亿立方米。属半干旱气候，昼夜温差大，降水量少，蒸发量大，四季分明。年平均降水量327.8毫米。有林地面积4068.396公顷（包含皋兰移交的830.482公顷），草地面积14537.6054公顷（包含皋兰移交的7189.1666公顷），湿地面积500.057公顷。

马拉松主题公园

2022年末，全区辖临夏路街道、伏龙坪街道、白银路街道、张掖路街道、五泉街道、酒泉路街道、广武门街道、铁路西村街道、铁路东村街道、皋兰路街道、东岗西路街道、火车站街道、团结新村街道、渭源路街道、嘉峪关路街道、焦家湾街道、拱星墩街道、东岗街道、雁南街道、雁北街道、靖远路街道、草场街街道、盐场路街道、青白石街道、雁园路街道等25个街道办事处，151个社区居民委员会、18个村民委员会。全区常住人口150.21万人，比上年末增加1.21万人。其中城镇人口148.38万人，占常住人口比重（常住人口城镇化

2022 年城关区三次产业结构统计表

	总量	增速	占 GDP 比重	占三产增加值比重
地区生产总值	1131.06	-3.4	100	-
第一产业	0.57	-4.5	0.05	-
第二产业	156.07	-19.6	13.80	-
工业	93.81	-22.5	8.29	-
建筑业	63.79	-13.2	5.64	-
第三产业	974.42	-0.5	86.15	100
交通运输、仓储和邮政业	80.06	14.8	7.08	8.22
批发零售业	139.78	-5.0	12.36	14.34
住宿和餐饮业	19.39	-18.0	1.71	1.99
金融保险业	195.58	0.0	17.29	20.07
房地产业	108.33	-13.8	9.58	11.12
营利性服务业	232.50	5.8	20.56	23.86
非营利性服务业	197.20	-0.8	17.43	20.24

率）为 98.78%。全区户籍人口 98.09 万人，比上年末减少 0.22 万人。其中，城镇人口 97.23 万人；乡村人口 0.86 万人。全年出生人口 1.01 万人，出生率为 6.75‰；死亡人口 0.81 万人，死亡率为 5.41‰；人口自然增长率为 1.34‰。有回族、藏族、满族、东乡族、蒙古族、维吾尔族、土族、壮族、土家族、裕固族等 52 个少数民族。

2022 年实现地区生产总值 1131.06 亿元，同比下降 3.4%，占全市比重 33.8%。其中，第一产业增加值 0.57 亿元，同比下降 4.5%；第二产业增加值 156.07 亿元，同比下降 19.6%；第三产业增加值 974.42 亿元，同比下降 0.5%。三次产业结构比 0.05 : 13.8 : 86.15，与上年相比，一产持平，二产占比下降 2.42 个百分点，三产占比提升 2.42 个百分点。按常住人口计算，人均地区生产总值 75755 元，同比下降 3.7%。全年全区十大生态产业增加值 205.15 亿元，占全区地区生产总值的 18.1%。

【工业和建筑业】 全年实现工业增加值 93.8 亿元，同比下降 22.5%。其中规模以上工业增加值同比下降 24.7%。在规模以上工业中，分经济类型看，国有企业增加值同比增长 6.3%；股份制企业增加值同比下降 42.5%；外商及港澳台投资企业增加值同比增长 3.8%。分轻重工业看，重工业增加值同比增长 0.5%，轻工业增加值同比下降 34.5%。分门类看，制造业增加值同比下降 28.6%，电力、热力、燃气及水生产和供应业增加值同比下降 9.2%。

规模以上工业企业实现营业收入 120.2 亿元，同比下降 22.3%；营业成本 79.6 亿元，同比下降 5.8%；利润总额 22.5 亿元，同比下降 61.4%；营业收入利润率 18.72%，较上年同期下降 19.21 个百分点；每百元营业收入中的成本 66.22 元，较上年同期增加 11.87 元；产成品存货周转天数为 13.8 天，较上年同期减少 1.5 天；年末规模以上工业企业资产负债率为 44.3%，较上年同期提高 1.2 个百分点。全年建筑业实现产值 427.48 亿元，同比下降 1.9%。实现增加值 63.79 亿元，同比下降 13.2%。年末具有资质等级的总承包和专业承包建筑业企业 234 个，比上年末减少 9 个。全年签订合同总额 877.05 亿元，同比增长 7.14%，其中本年新签订合同额 457.41 亿元，同比增长 32.52%，较上年提高 63.52 个百分点。

【第三产业】 全年实现第三产业增加值 974.42 亿元，同比下降 0.5%。其中，交通运输、仓储和邮政业增加值 80.06 亿元，同比增长 14.8%；批发和零售业增加值 139.78 亿元，同比下降 5%；住宿和餐饮业增加值 19.39 亿元，同比下降 18%；金融保险业增加值 195.58 亿元，与上年持平；房地产业增加值 108.33 亿元，同比下降 13.8%；营利性服务业增加值 232.5 亿元，同比增长 5.8%；非营利性服务业增加值 197.2 亿元，同比下降 0.8%。

规模以上服务业实现营业收入 931.78 亿元，同比增长 3.48%。其中，营利性服务业实现营业收入 251.89 亿元，同比下降 0.84%。十大行业呈“一高一平八低”发展态势，交通运输仓储邮政业高于规上服务业增速 2.92 个百分点；信息传输软件信息技术服务业与规上服务业增速持平；房地产业、租赁商务服务业、科学研究技术服务业、水利环境公共设施管理业、居民服务修理其他服务业、教育、卫生社会工作、文化体育娱乐业增速分别低于规上服务业增速 7.75、3.22、6.33、

45.57、12.99、63.24、4.70和0.34个百分点。

【固定资产投资】 全区固定资产投资同比下降11.9%。其中，项目投资同比下降13.21%；房地产开发投资同比下降10.71%。第一产业无投资；第二产业投资同比下降38.76%，其中工业投资同比下降37.98%；第三产业投资同比下降9.4%。

全年房屋施工面积1183.82万平方米，同比下降9.65%，其中住宅施工面积807.91万平方米，同比下降6.92%。房屋竣工面积181.08万平方米，同比增长42.94%，其中住宅竣工面积123.83万平方米，同比增长47.46%。商品房销售面积64.5万平方米，同比下降69.42%，其中住宅销售面积56.53万平方米，同比下降71.81%。商品房销售额58.18亿元，同比下降69.83%，其中住宅销售额50.78亿元，同比下降72.22%。

全年106个续建项目全部复工，新建项目手续办结率、开工率达94.2%；谋划储备项目308个，总投资9186亿元。资金争取力度不断加大，中央预算内投资项目22个，争取到位资金3.03亿元；地方政府专项债券项目19个，争取到位资金0.9亿元。“读者印象”精品街区等106个重大项目加快推进，新建项目手续办结率、开工率94.2%，全年完成投资226.1亿元。充分利用中央预算内、专项债等，为力行新村棚户区改造等22个中央预算内投资项目争取到位资金3.03亿元。城关区人民医院改扩建等19个地方政府专项债券项目争取到位资金0.9亿元。引进三个五百强及行业龙头企业投资项目数9个，引进10亿元项目数4个，凝练招商引资项目182个，完成招商引资省外到位资金146.72亿元。第二十八届“兰洽会”签约项目58个，总签约额1174亿元。

【财政和金融】 全年实现一般公共预算收入25.09亿元，扣除留抵退税因素后（退税10.49亿元）同比下降14.8%，按自然口径计算同比下降38.8%。其中，税收收入20.34亿元；非税收入4.75亿元。增值税2.38亿元，同比下降83.42%；企业所得税3.61亿元，同比下降17.05%；城市维护建设税4.59亿元，同比下降20.95%，个人所得税1.6亿元，同比下降11.84%。一般公共预算支出51.26亿元，同比下降10.9%。民生支出31.55亿元，占一般公共预算支出的61.56%。年末，全区本外币存贷款余额13692.17亿元，同比增长4.62%，其中，本外币存款余额6074.83亿元，同比增长2.87%；本外币贷款余额7617.34亿元，同比增长6.02%。

7月7日，兰州市城关区城市更新论坛在第二十八届“兰洽会”现场举行

【国内贸易】 全年社会消费品零售总额836.12亿元，同比下降11.2%。限额以上消费品零售额235.56亿元，同比下降24.5%；限额以下消费品零售额600.56亿元，同比下降3.8%。商品零售746.46亿元，同比下降16.1%；餐饮收入89.66亿元，同比下降21.5%。全年限额以上单位商品零售额中，石油及制品类零售额68.33亿元，汽车类零售额49.46亿元，粮油、食品类零售额21.77亿元，服装鞋帽、针纺织品类零售额19.81亿元，中西药类零售额10.01亿元。限额以上批发零售企业通过公共网络实现零售额9.84亿元，同比增长101.1%；占限额以上消费品零售额的4.2%，较上年提升2.7个百分点。

【农业及农村经济】　全年实现农林牧渔业增加值5986万元，同比下降4.9%，其中农林牧渔服务业增加值317万元，同比下降12.8%。粮食作物播种面积2439.3亩，产量259.8吨。油料播种面积500亩，产量75吨；蔬菜播种面积3839.8亩，产量7321.37吨；瓜类播种面积42亩，产量31吨。猪牛羊禽肉产量54.66吨，牛奶产量491.7吨。

【居民收入消费】　城镇居民人均可支配收入51055元，同比增长4.8%；农村居民人均可支配收入33782元，同比增长5.8%。城乡居民收入比值为1.51，较上年缩小0.02。城镇居民人均消费支出32390元，同比增长6%，恩格尔系数为31.7%；农村居民人均消费支出26424元，同比增长7.6%，恩格尔系数为24.1%。

【社会保障】　年末全区参加基本医疗保险65.73万人，其中，城镇职工基本医疗保险20.03万人；城乡居民基本医疗保险45.7万人。城镇基本养老保险参保19.59万人，失业保险参保22.08万人，工伤保险参保22.17万人。一次性留工补助15770户39万人，发放补助1.95亿元；返还稳岗补贴2640万元。扩大实施降费率、缓缴社保费政策至17个行业困难企业，申报单位450余户。临时救助11341人，发放救助金1173.12万元；建设家庭养老床位911张。全年城镇新增就业36133人。全年新登记各类失业人员5626人，年末城镇登记失业率3.64%。

【教育科技】　教育资源总量持续扩大，知行中学、元森小区配建学校投入使用，一只船小学扬帆分校、五里铺小学南校区、五泉小学全面完工，新增学位5430个。通过公费师范生选聘、事业单位教师招聘、同工同酬教师选聘等方式引进教师380名。学前教育普惠优质发展，新开办公办幼儿园2所，治理回收小区配套幼儿园4所，新审批普惠性民办幼儿园5所，新增学位2530余个，普惠性托幼机构幼儿在园比例达95.02%。稳步推进“双减”，义务教育阶段学科类培训机构压减232家，压减率达100%。年末，有普通中学49所，招生18093人，在校生53027人，毕业生17377人；普通小学74所，招生16262人，在校生87305人，毕业生12351人；职业中学13所，招生3408人，在校生10227人，毕业生3402人；特教学校2所，招生24人，在校生265人，毕业生52人；幼儿园246所，招生10709人，在园幼儿42896人。学龄儿童入学率为97.5%，九年义务教育巩固率100%，高中阶段入学率99.68%。

全力打造兰州科技创新园，引入5G大数据、物联网、数娱文创、云计算、区块链、智慧医疗等各类型科技企业71家，其中规上企业6家，“专精特新”企业2家，国家级高新技术企业9家，省级创新型企业5家，科技中小企业入库14家，就业人数近1500人。入驻企业获得高新、软著、专利、体系认证378项。举办各类论坛、路演、沙龙等活动近300场，上万人次参与。获评甘肃省省级孵化器、兰州市市级众创空间、兰州市科普教育基地、青年之家、留学人员创新创业基地、全国创新中心TOP10优秀代表中心。新培育云港、石榴等众创空间4家，新增创业孵化服务机构面积1.22万平方米，开展2022年“创响中国”兰州

2022年城关区城乡居民家庭人均收支情况统计表

指　标	城　镇		农　村	
	绝对数（元）	同比增长（%）	绝对数（元）	同比增长（%）
人均可支配收入	51055	4.8	33782	5.8
工资性收入	25737	4.1	16746	3.7
经营净收入	609	3.9	508	4.2
财产净收入	8961	6.5	9926	9.6
转移净收入	15748	5.1	6601	5.9
人均消费支出	32390	6.0	26424	7.6
食品烟酒	10259	6.4	6367	0.7
衣着	1944	0.6	1231	2.7
居住	9835	7.1	9913	10.1
生活用品及服务	1914	4.7	756	11.3
交通通信	2531	8.7	2723	18.9
教育文化娱乐	3182	8.3	2723	13.5
医疗保健	1936	0.2	2410	1.9
其他用品和服务	788	3.7	302	0.9

城关站暨全国双创活动周、“疫情时代创业者发展新路径线上论坛”等重点双创活动4场。签订技术合同1443项，技术合同成交金额51.25亿元。商标申请量6130件、商标注册量4695件，专利授权量4215件，每万人口发明专利拥有量34.46件，专利授权量、每万人口高价值发明专利拥有量位居省市前列。

【文体和旅游】 文体旅产业集聚融合发展，开展线上线下群文活动15场，举办线上辅导活动9期，旗袍礼仪培训班1期。举办“送福送春联”活动等各类书画辅导及创作交流活动5次。城关书房到馆总人数约1.2万人次，借阅图书6000余册，借阅人数2356人次，不断提升公共文化服务水平。全区国有艺术表演团体10个，艺术表演场馆3个，图书馆3所，博物馆2所，文化馆3所，文化站25个。重点推进兰州非遗文化产业园、西部雍和民间藏品博物馆、《八步沙》全领域文创产品等9个项目。指导A9产业园等14家企业申报甘肃省2022年省级旅游发展专项资金文化和旅游产业项目补助资金1070万元。全年接待游客823.93万人次，同比下降74.85%；实现旅游收入50.27亿元，同比下降84.18%。

【卫生与健康】 年末，城关区有医疗卫生机构893家。其中，医院50家；基层医疗卫生机构843家。卫生技术人员22646人，社区卫生服务中心（站）医务人员1930人。医疗卫生机构总床位15212张，其中三甲医院床位数12016张。全年总诊疗人次752.6万人次，出院人数33.5万人。高效完成突发疫情及常态化疫情防控重点领域和关键环节的应急处突、流调溯源、核酸筛查、隔离管控、环境消杀、医疗救治等任务。加强医疗应急保障，组建专业应急医疗队伍，储备医疗应急救援物资，完成各级各类卫生应急医疗保障任务338次，出动保障人员1038人次，救护车辆172台次。强化免疫规划疫苗接种，基础免疫单苗接种率、全程合格接种率、加强免疫单苗接种率均达90%以上。优化健康养老服务，完成2022年全国示范性老年友好型社区创建申报工作，为辖区60岁以上老年人办理老年优待证1552张。打造标准化中医药社区卫生服务中心9家、名老中医工作室16个，形成“一中心一特色”的中医特色诊疗服务格局。

【环境保护】 深入推进区、街、社区（村）三级河长巡河模式，全区各级河长巡河6158次，发现和解决问题35个。强化洪道综合治理，对老狼沟、鱼儿沟、烂泥沟、石门沟等淤积较为严重的洪道开展清淤疏浚治理，治理洪道7400米，清理淤泥、垃圾约2.5万立方米。新增改造绿地25万平方米、垂直绿化3万平方米、屋顶绿化3000平方米。栽植法桐、银杏等各类行道树1583株，花灌木西府海棠、樱花、红叶李等732株，小灌木19.38万余株。新建改建协和、东湖、乐水、雁东路、新港城、刘家滩等6处儿童友好空间及城市游园建设项目。全年空气质量达标（优良）天数299天，同比增加16天，达标率83.88%。

【应急管理】 安全生产形势总体平稳，全年发生安全生产事故13起，同比下降7.14%，死亡11人，同比下降31.25%，致伤2人，同比下降33.33%；直接经济损失537万元，同比下降2.82%。发生青白石大浪沟、盐场路罗官村地质灾害滑坡等7起；将军山森林火灾1起；处置城市内涝、路面塌陷、人员被困等突发事件32起。亿元地区生产总值生产安全事故死亡人数为0.0097人/亿元；道路交通万车死亡人数0.1人/万辆。

（赵文娟）

七里河区

【概况】 七里河区地处兰州市中南部，东至雷坛河，与城关区接壤；南与定西市临洮县为邻；东南至铁冶，与榆中县相邻；西南至七道梁、摩云关、湖滩，与定西市临洮县、临夏州永靖县交界，西至彭家坪、崔家大滩、深沟桥，与西固区毗邻；北濒黄河，与安宁区和城关区隔河相望。位于东经103°36′～103°54′，北纬35°50′～36°06′。距市政府驻地5千米。全区总面积397.25平方千米，黄河流经区内15千米，地表及地下水年径流量300余亿立方米。森林覆盖率26.24%。年平均降水量360毫米，年平均气温

10.5℃，全年日照时数平均2446小时，无霜期180天以上，冬无严寒，夏无酷暑。

2022年，年末全区常住人口72.12万人，比上年末增加0.37万人。其中，城镇人口63.24万人，占常住人口比重（常住人口城镇化率）87.69%。全区户籍总户数17.95万户、人口48.1万人。全年出生人口0.53万人，出生率7.37‰，死亡人口0.46万人，死亡率6.39‰，人口自然增长率0.97‰。辖1乡、5镇、9个街道，有汉族、回族等39个民族。境内有煤炭、石英石、石灰石、坩土、沙石、路标石以及地热等资源。

【经济指标】 2022年，全区实现地区生产总值570.48亿元，同比增长2.1%。其中，第一产业实现增加值9.4亿元，同比增长2.6%；第二产业实现增加值215.22亿元，同比下降1.3%；第三产业实现增加值345.86亿元，同比增长4%。二次产业结构由2021年的1.20∶37.23∶61.57，调整为2022年的1.65∶37.72∶60.63，全区第三产业增加值占全市的比重达到16.25%。

城镇居民人均可支配收入43634.58元，同比增长5%；农村居民人均可支配收入25771.03元，同比增长6.2%。全区实现地区性财政收入40.38亿元，同比下降28.5%，其中完成公共财政预算收入9.86亿元，同比下降21.9%。一般公共预算支出23.97亿元，同比下降8.2%。税收收入完成81352万元，同比下降32.3%；非税收入完成17264万元，同比下降54.7%。全区本外币存贷款余额共计1897.74亿元，同比增长3.4%。其中，本外币存款余额997.73亿元，同比增长6.8%；本外币贷款余额900.01亿元，同比下降0.3%。

2022年七里河区城乡居民家庭人均收支情况统计表

指标	城镇		农村	
	绝对数（元）	比上年增长（%）	绝对数（元）	比上年增长（%）
可支配收入	43634.58	5.00	25771.03	6.20
工资性收入	29110.54	1.35	12312.95	5.50
经营净收入	1481.74	12.46	10668.34	8.53
财产净收入	2654.62	15.93	202.30	0.16
转移净收入	10387.68	12.60	2587.45	0.90
生活消费支出	32156.56	2.56	16942.56	4.80
食品烟酒	9362.71	2.48	5839.57	1.52
衣着	2035.65	2.40	997.23	10.09
居住	6971.70	2.26	2999.23	5.90
生活用品及服务	1960.48	6.67	875.91	9.19
交通通信	4966.60	1.85	1940.88	2.61
教育文化娱乐	4195.18	1.67	2122.09	1.96
医疗保健	2122.19	3.70	1201.37	25.00
其他用品和服务	542.04	3.04	966.27	2.75

【招商引资与项目建设】 2022年，招商引资省外到位资金155.38亿元，同比下降29.56%。第28届“兰洽会”签约项目9个，总投资额113.69亿元。其中，医疗卫生类项目2个；文化旅游项目1个；现代服务类项目1个；城市综合体项目4个；基础设施项目1个。运营项目1个（北京华联小西湖店）；开工项目2个，分别是龙湖紫宸项目、甘肃（聚慈恒）儿童青少年健康发展中心项目，实际完成到位资金5.46亿元。

2022年，全区共74个续建项目，复工率100%；40个新建项目开工37个，开工率93%。承担省市列重大项目13个。截至12月底，完成投资83.89亿元，占全年计划任务的100.96%。

【基础设施建设】 马滩片区，完成S185#道路除照明及信号灯工程；完成B184#、B189#道路施工图编制，S187#、S190#道路初设设计编制。彭家坪片区，彭家坪中央生态公园项目完成东区瀑布假山塑石、木栈道钢结构主体及东区综合管沟，月桥综合楼完成主体钢结构施工及地下室主体结构，百合游客中心完成主体结构及屋面工程；B210#道路完成350米沥青混凝土路面及人行道铺设；T212#道路完成雨污水管道及粗粒石混凝土路面铺设；开始编制S202#道路及B214#道路可行性研究报告。崔家大滩片区，办理T086#、B093#、B097#和B069#道路的稳评报告、地形图测绘、地勘报告、可行性研究报告编制和评审，办理《用地预审和选址意见书》；审核并完成《B093#、B097#、B069#市政道路政府与企业共建协议》《T086#市政道路政府与企业共建协议》的签订。县乡公路升级改造完成

5项建设项目，共计里程11.79千米。完成老旧住宅小区加装电梯任务40部。各类棚户区改造项目7个，改造户数5500户。新增兰州奥体中心综合体，开发利用人防平战结合工事面积26546平方米。

【农林经济】 2022年，全区实现第一产业增加值9.4亿元，同比增长2.6%；实现农林牧渔业服务业增加值0.71亿元，同比增长5.1%。全区粮食播种面积14.46万亩，油料种植面积594.7亩，蔬菜种植面积12.57万亩，中药材种植面积0.28万亩，果园面积0.78万亩。

2022年，根据林草湿地数据与国土三调对接融合现状，七里河区活立木蓄积量14.79万立方米，森林覆盖度17.15%。全区新造林65亩，道路绿化9千米，谋划造林绿化项目2个，新建城市小游园3个，累计有林业专业合作社林下经济示范点17家、家庭林场8家，完成林业有害生物防治面积3210亩。完成天然林资源保护工程二期有效管护森林面积7.11万亩。完成国家级公益林管护面积6.84万亩。

【固定资产投资】 2022年，全区在库项目124个。其中，房地产项目50个；投资项目74个。固定资产投资同比下降19.2%，增速比上年同期下降27个百分点。

【国内贸易】 2022年，全区商贸企业累计实现社会消费品零售总额243.34亿元，同比下降9.5%。其中，批发业销售额286.79亿元，零售业销售额91.9亿元，住宿业营业额2.6亿元，餐饮业营业额6.65亿元。汽车消费市场实现销售额41.33亿元，金属类实现销售额104.99亿元，医药类实现销售额38.96亿元。

2022年七里河区主要农产品产量及其增长速度

产品名称	单位	产量	比上年增长（%）
粮食	万吨	0.4	3.19
#夏粮	吨	417.9	6.36
秋粮	万吨	0.36	2.83
#小麦	吨	394.7	6.65
玉米	万吨	0.36	2.83
油料	吨	56.52	21.55
#油菜籽	吨	41.37	47.54
中药材	吨	712.32	-2.46
园林水果	万吨	1.22	0.92
蔬菜	万吨	24.1	1.07
#设施蔬菜	万吨	0.6	2.85
肉类	万吨	0.21	3.92
#猪肉	万吨	0.16	4.74
牛肉	吨	136.78	4.41
羊肉	吨	175.82	6.85
禽肉	吨	134.93	-8.73
牛奶	万吨	2.17	-3.6
年末大牲畜存栏数	万头	0.72	0.48
#牛存栏	万头	0.69	持平
羊存栏	万只	1.96	-2.18
猪存栏	万头	1.61	-2.62
牛出栏	万头	0.12	3.86
羊出栏	万只	1.1	6
猪出栏	万头	2.22	4.75

【环境保护】 2022年，七里河区空气环境质量达标天数299天，达标率81.9%，同比增加21天，比上年上升5.8%。可吸入颗粒物（PM10）浓度64微克/立方米，同比下降3%；细颗粒物（PM2.5）浓度32微克/立方米，同比下降5.9%；二氧化氮浓度40微克/立方米，同比下降20%；二氧化硫浓度16微克/立方米，同比持平；臭氧浓度146微克/立方米，同比下降0.7%；一氧化碳浓度1.5微克/立方米，同比下降16.7%；空气质量综合指数4.38，同比下降8.7%。六项污染物首次全部达标。全区黄河干流七里河段省控断面水质达到《地表水环境质量》Ⅱ类标准；水功能区达标率100%。2022年，七里河区未发生重大环境事件及核与辐射安全事件，未发生严重的环境违法行为，土壤环境质量总体良好。

【工业经济】 2022年，全区完成工业增加值178.7亿元，同比增长0.7%，其中规模以上工业企业增加值同比增长1.5%。规模以上工业中，从轻重工业看，重工业增加值占规模以上工业增加值的5.05%，同比下降9%；轻工业增加值占规模以上工业增加

2022 年七里河区主要工业产品产量情况统计表

指标	单位	产量	同比
乳制品	万吨	2.36	-0.2
啤酒	万千升	4.24	-17.6
饮料	万吨	10.53	-7.8
卷烟	亿支	256.14	-7.1
单色印刷品	万令	28.9	-7.4
商品混凝土	万立方米	108.82	-47.4
钢材	万吨	3.16	6.6
铝材	万吨	2.69	-28.3
钢绞线	万吨	0.9	-49.9
起重机	万吨	1.31	444.6
环境污染防治专用设备	台（套）	41	24.2

值的 94.95%，同比增长 2.6%。从公有制类型看，公有制工业增加值同比增长 2.9%；非公有制工业增加值同比下降 20.7%，增速较公有工业低 23.6 个百分点。2022 年，全区有资质等级的建筑业企业 64 家，全年完成建筑业总产值 306.98 亿元，同比下降 0.8%，完成建筑业增加值 37.61 亿元，同比下降 6.4%。

【文化旅游】 2022 年，全区共有文化产业单位 522 家，其中规上企业 10 家。建成 6 个乡镇综合文化站、9 个街道综合性文化服务中心、59 个农村综合文化服务中心、80 个社区综合性文化服务中心，实现了公共文化服务场所全覆盖。区文化馆、区图书馆、乡镇（街道）、村（社区）的公共文化设施全部免费开放，固定时间开放。全年开展文体活动 864 场次。8 月，陆续开通“文旅小百合”抖音官方账号、西瓜视频、头条视频号，共发布视频作品 21 部。

【教育科技】 2022 年，七里河区有各级各类学校 239 所，区属学校 220 所。其中，幼儿园 160 所；小学 53 所（另有教学点 32 个，不计入学校总数）；初中 3 所；九年制学校 4 所。全区各级各类幼儿园在园总人数 22145 人，学前三年毛入园率 96.3%。年末义务教育阶段全区实际招生 6870 人（含民办小学）。其中，本区适龄儿童 4161 人；随迁子女 2709 人。平稳有序划拨 5830 名小学毕业生（含区外 2365 名）到辖区 20 所初中学校就读。小学学龄儿童净入学率 100%，小学毕业生升学率 100%，九年义务教育巩固率 99.96%。

2022 年，全区新增科技型中小企业 33 家，总数 73 家；新增省级创新型企业 14 家，总数 18 家；新增高新技术企业 14 家，总计 63 家。完成技术合同交易额 5.35 亿元。围绕双创工作建设鑫联鑫科创孵化空间、西部智链大健康云创空间、兰州睿晴众创空间和倚能众创空间创新创业平台 4 个，全年通过评审科技计划项目 14 项，到位资金 315 万元。

【社会保障】 2022 年，全区企业职工应参保缴费人数 40104 人，实际缴费人数 36943 人。灵活就业人员应参保缴费人数 27385 人，实际缴费人数 9148 人。机关事业单位基本养老金支出 2.95 亿元，占全年预算支出 3.2 亿元的 92.15%。全区城乡居民养老保险实际参保 59995 人。对符合代缴条件的 8019 名特殊群体按照每人每年 100 元的标准全部代缴养老保险费 80.19 万元，为 2683 名贫困人口发放养老保险待遇，发放率 100%。全区城乡居民医保参保 24.92 万人，征收基金 8721.37 万元。行政事业单位、城镇职工和灵活就业人员参保 6.4 万人，征收医保基金 3.28 亿元。全区保障城市低保对象 32985 户次、51434 人次，累计发放低保金 3400.86 万元，保障城市特困供养人员 742 户、749 人，累计发放供养资金 1334.65 万元；保障农村低保对象 12893 户次、28632 人次，累计发放低保金 984.74 万元，保障农村特困供养人员 242 户、242 人，累计发放供养金 243.65 万元。

全区全年城镇新增就业 15542 人，其中失业人员再就业 5855 人。年末城镇登记失业率为 2.9%。全年输转城乡富余劳动力 16183 人，创劳务收入 4.82 亿元。

全区共有卫生机构 427 个，其中区属卫生事业共 15 个、私人开办卫生机构 288 个。全部卫生机构拥有床位数 9577 个，卫生技术人员 10152 人，执业（助理）医师 3366 人。

（钟　潇）

安宁区

【概况】 安宁区位于兰州黄河北岸，东接城关区，南临黄河与七里河区、西固区隔河相望，西至虎头崖与西固区相接，北与皋兰县接壤。位于东经103°34′～103°47′，北纬36°5′～36°10′。2022年末，区域总面积441.74平方千米。境内依山傍河，东西两侧高，中间低缓，呈马鞍形，形成狭长的安宁平原。海拔1517.3米~2067.2米，相对高差550米。2022年降水234.7毫米，平均气温12.4℃。日照2238.2小时。主要自然灾害有霜冻、冰雹和风灾。区内绿化覆盖率达到42.98%，人均绿化面积14.59平方米。

2022年，安宁抓住北拓的历史机遇，城市建设区域增加约30平方千米。完成九合、忠和两镇行政区域界线变更工作，区面积增加近360平方千米。辖8个街道办事处、2个镇，64个社区、16个行政村。常住人口47.21万人。有回族、蒙古族、满族、藏族等29个少数民族。区内有西北师范大学等17所大中专院校、有省农科院等2所科研机构，有各类科技人才3万余人。有天斧沙宫、仁寿山（国家4A级景区）、银滩湿地公园、兰州植物园、安宁生态文化园、九州台、文溯阁《四库全书》馆、兰州国学馆等自然、人文景观。是全国四大蜜桃之一“白凤桃”原产地，有“十里桃乡”之称。

2022年被国家发改委、民政部、国家卫健委纳入“积极应对人口老龄化重点联系城市”，是全省唯一入围县区。

【经济发展】 全年完成地区生产总值266.07亿元，同比增长2.1%；第一、第二、第三产业增加值分别完成0.06亿元、72.29亿元、193.71亿元，同比分别增长0%、-3.1%、4.2%；全社会固定资产同比下降1.4%；完成社会消费品零售总额163.12亿元。城镇居民人均可支配收入45989元，同比增长4.9%。安宁区被省委、省政府评为全省2021年度县域经济发展“十强县”和“城市服务型先进县”。主要经济指标在全市考核位居八县区第一，被市政府授予“进步奖”。

全年协调投放各类贷款44.6亿元。为2.3万户次市场主体退税、减税、缓税、降费9.78亿元，开展防范化解拖欠中小企业账款专项行动，清欠账款526.49万元。有效融资10.66亿元，一大批实物投资项目开工建设。县级领导全面包抓79个企业、重大项目，“一企一策”助企纾困。

全区有资质以上建筑总承包和专业承包企业14家。全年完成建筑业总产值174.92亿元，增速20.75%，完成建筑业增加值14.46亿元，同比下降5.4%。全区新增注册电商企业7家，交易额突破亿元大关。

【重点项目】 谋划安宁迎门滩商务集中区等“十四五”“强县域”项目364个，总投资3025.39亿元，21个新建项目全部开工建设。其中安宁北拓片区土地整理、呢嘛沙沟流域治理等4个项目纳入全省兰西城市群第一批26个重点项目库。实施甘肃省妇女儿童医疗综合体、西北师大综合实训楼等固定资产投资项目64个，总投资634.56亿元。T571号、B572号路建设工程和黄河小区等8个老旧小区改造项目快速推进。十里店等7个棚户区改造项目按期收尾，3.9万余套化解任务首次登记率88.2%，商品房总体登记率76.6%。开工建设西北种质资源保存与创新利用中心等5个科技项目。完成科学研究与试验发展经费6.13亿元，技术合同交易额6.8亿元，科技贡献率61.3%。

【农业经济】 全区农作物播种面积1.86万亩，农业增加值0.06亿元。其中农林牧渔服务业增加值15.56万元，水果产量2736吨。重大动物强制免疫达到100%以上。猪、牛、羊存栏1508头。打造“桃乡安宁堡”城乡融合新典范，实施“十里桃乡”再造工程，建成有机“白凤桃”种植基地760亩、景观桃园500亩，定植桃苗4万余株。开展农业优势特色产业3年倍增行动，经济林面积4700亩。结对帮扶32个部门助销各类农产品2300余吨，农村居民可支配收入增长15%。

【工业经济与招商引资】 全区规模以上工业增加值同比下降1.8%。规模以上5大重点行业中，金属制品业增加值同比增长19.5%；电气机械和器材制造业增加值同比下降 12.9%；化学原料和化学制品制造业增加值同比增长 6.9%；酒、饮料和精制茶制造业增加值同比增长 5.3%；电力、热力生产和供应业增加值同比增长 2.3%；年末规模以上工业企业数 27 个，同比数增长 4 个。成功签约西北首家喜来登豪华酒店，政企联动争取 500 余人审核团队落户安宁，第 28 届“兰洽会”签约项目 11 个，签约总额 80.85 亿元。

【产业转型】 中车 5G 智慧车间等 3 个项目换挡升级为市级智能工厂，进入发展“快车道”。兰飞大型无人机伺服系统、长风无人机蜂群自主指挥系统等 7 个研发项目成果丰硕。康师傅 4 万瓶/小时碳酸饮料生产线建成投产。众邦电缆等3家企业纳入省级“专精特新”企业库，国网甘肃电科院等 7 家企业 5 个项目申报为省级企业技术中心、省级制造业高质量发展和数据信息产业发展专项项目。五矿工业园区引进万科冷链物流园和丰树中央厨房项目，填补了安宁区现代物流和数字化食品产业空白。打造甘肃省创业就业孵化基地等科技创新平台 3 个，甘肃恒和交通工程科技公司等 26 家单位认定为国家级高新技术企业，兰州星火机床厂等 2 家企业申报引进国外智力成果示范推广基地，全年科技贡献率达到 61.3%。

【商贸旅游】 全年批发业、零售业、住宿业、餐饮业限上销售额分别完成2106.09 亿元、78.94 亿元、0.34 亿元、0.49 亿元，同比分别增长 15.6%、-9.2%、-57.1%、-30%。累计完成限上社会商品零售额 163.1 亿元，同比增长 -10%。

旅游产业单位有 171 家，其中旅行社 36 家，A 级旅游景区 3 家，星级酒店 1 家，农家乐 132 家。全年文化旅游产业项目投入资金共计 0.3 亿元（众邦喜来登酒店）。众邦国贸中心五星级酒店项目投资 3.5 亿元。成功举办兰沟村乡村旅游采摘节、第 39 届兰州桃花旅游节、第十五届省运会安宁站火炬传递活动。全年接待游客 419.21 万人次，同比下降 33.32%。实现旅游收入 33.32 亿元，同比下降 32.32%。

【生态建设】 实施北山绿化造林 2488 亩。5.8 万亩国储林项目纳入国家林业规划，先行开辟造林试验区 1500 余亩。选聘民间河长 50 人，试点建成“多功能民间河长驿站”5 个，59 个黄河流域生态保护和高质量发展项目有序推进。疏通全域雨污水管网 73 千米，建设完成盐池片区大青沟北段等 3 个综合治理项目，城市防洪排涝能力显著提升。开展“桃园深处”违法建设专项整治行动，拆除违法建筑 2 万余平方米。统筹推动农村厕所革命和清洁能源改造，新改建农村卫生厕所 198 所，改造“太阳能 + 电辅热取暖”清洁能源 1600 户。大气、水、土壤污染防治攻坚战取得阶段性成效，空气质量优良天数同比增加 8 天。

【科教文卫】 2022 年，全区共推荐申报国家、省、市科技项 14 项。完成科学研究与试验发展经费 6.13 亿元。科技贡献率 61.3%，技术成果交易额达到 6.8 万元。成功创建国家级科技孵化器，举办第六届安宁智库论坛。

有区属学校 27 所。其中，小学 19 所；小学教学点 1 所；初中 3 所；九年一贯制 4 所。在校幼儿及中小学生 25148 人，中小学随迁子女 9840 人。区属幼教及中小学教职工 1583 人，其中专任教师 1472 人，专任教师中幼儿园 105 人、小学 1099 人、初中 268 人。全区建立 4 个特殊教育资源教室，落实特教生生均公用经费 6000 元。完成基建投资 4794 万元，建设并启动学科教研基地 7 个，建成崔家庄小学并投入使用，建筑面积 4600 平方米，新增学位 270 个。新增义务教育和学前教育学位 1530 个。全区创建省级示范性幼儿园 3 所，省、市、区级一类幼儿园 22 所，学前教育三年毛入园率为 96.58%。

安宁区有各类医疗机构 206 个，其中综合性医院 6 个(部队医院 1 个，三甲医院 1 个，二级医院 4 个)，民营医院 3 个，校医院 8 个，妇幼保健院 1 个、疾控中心 1 个，社区卫生服务中心 8 个、乡镇卫生院 2 个，诊所、卫生所、门诊部 155 个。共有床位 1228 张，平均每千人拥有医院床位 4.31 张。共有卫生技术人员 1323 人，电子档案建档人数 37.52 万人，建档率 85.3%。全区 0 ~ 6 岁儿童数 17733 人；65 岁及以上老年人建档 36832 人，健康体检 16759 人，体检率

45.5%；组建家庭医生团队数92个，常住人口签约11.23万人，对计生特殊家庭、两癌妇女、特困分散供养人员都进行了签约。举办传统文化进基层等系列活动150余场，开展各类志愿服务活动800余场。成功举办第十五届省运会安宁站火炬传递活动。

【就业与社会保障】 全面及时完成2022年低保、特困提标工作，城市低保标准提高8%。截至11月底，全区纳入最低生活保障972户1607人，累计发放低保资金1244.48万元；特困供养人员67户67人，发放特困供养资金97.65万元；残疾人护理补贴741人，发放重度护理补贴134.77万元；困难残疾人生活补贴628人，发放77.86万元；一次性生活补贴1029户1654人，发放56.24万元；取暖补贴1151户2037人，发放79.23万元。建设安宁堡等3个街道养老服务中心、枣林路社区居家养老服务项目。

开展就业服务进高校、进社区、进企业活动，城镇新增就业7626人，安置困难人员就业953人，输转城乡富余劳动力6220人。

【社会治理】 破获各类刑事案件558起，查处治安案件443起，解决物业纠纷37件、涉疫信访事项83件，接待来访群众159批次486人次，受理网上信访316件，办结率100%。开展“八五”普法，升级改造区法院诉讼服务中心。完成20个智慧安防小区、14个平安驿站建设，全年依法化解重大矛盾纠纷5件、信访积案7件，排查化解矛盾纠纷364起。刑事、治安、“两抢一盗”案件比2021年分别下降23.3%、42.6%、33.6%。打击非法集资等非法金融活动，化解债务存量，偿还各类贷款本金利息3.52亿元。

【公共设施建设】 争取政策性资金9.83亿元，十里店等7个棚户区改造项目按期收尾。建成智慧安防小区30个、平安驿站14个，加装电梯40部，新（改）建小游园6个、城市公厕6座、泊车位500个。全域开展“登记难”化解工作，90个项目3.9万余套化解任务首次登记率达88.2%，商品房总体登记率76.6%，解决了一大批房产办证历史遗留问题。

【安全生产】 持续推进安全生产隐患排查整治和自然灾害防治工程，“四项指标”（安全生产事故起数、死亡人数、受伤人数和直接经济损失）全面下降。推进自建房安全隐患排查专项行动，排摸整治房屋527栋。依托七里河土门墩粮库等3个储备库代储成品粮1020吨。安全生产专项整治三年行动圆满收官，生产安全事故总量、死亡人数、直接经济损失指标分别下降7.14%、30%、17.66%。

（蒋晓蓉）

西固区

【概况】 西固区位于兰州市西南部，东经103° 19′ ~ 104° 41′，北纬35° 58′ ~ 36° 15′。东与七里河区接壤，西邻红古区，南连永靖县，北与永登县、皋兰县、安宁区毗邻。全区总面积385平方千米，其中耕地面积3477.39公顷，林地面积2200公顷。森林覆盖率4.5%，城区绿化率30.7%。有农村公路278.839千米。2022年，辖7个街道（西柳沟街道、临洮街街道、西固城街道、四季青街道、福利路街道、先锋路街道、陈坪街道）、5个镇（达川镇、河口镇、新城镇、东川镇、柳泉镇）、金沟乡1个乡，70个社区居委会、40个村委会。全区户籍人口32.15万人。其中，城镇人口29.14万人；乡村人口3.01万人。全区常住人口41.22万人，全年出生1847人，死亡4513人，人口自然增长率0.49‰。黄河由西向东横穿全境，南北两山对峙并向黄河谷地倾斜。南北为残塬台地，海拔1750米左右。中部为黄河谷地，海拔1550米左右，是兰州盆地西端。湟水、庄浪河、咸水河在区境汇入黄河。最高峰在区境东南金沟乡与永靖县接壤处的关山（也称泉神庙尖山、盘坡道），海拔2627米；最低处为区境东北陈坪街道北滩村附近的黄河边，海拔约为1522米，相对高差1100余米。

西固区属温带半干旱大陆性气候，降水偏少，日照充足，蒸发量大，气候干燥。年平均降雨量300 ~ 500毫米，年蒸发量1316.3毫米；年日照时数2100 ~ 2351小时，年平均无霜期185 ~ 200天，绝对无霜期150天。年平均气温在8.5℃ ~ 8.9℃之间，最高36.1℃，最低-23.4℃。区内有兰州市一级水源地和取水口，日供水能力118万吨；有八盘峡、柴家峡、黄河河口3座平流式水电站和大唐西固热电、国电热电联产2个火力电站，总装机容量210万千瓦。有河口古民居、柳泉碑林、下川水车、孔子文庙、“军傩舞”、黄河水车等非物质文化遗产和文物古迹。三江口10万亩湿地、达川千亩枣园、夹滩岛和月亮岛度假休闲区、柴家台原始历史遗迹等旅游景点。是甘肃省和兰州市的核心工业区、中国西部最大的石油化工基地，有兰州石化、中核集团、兰州城市供水集团等重点企业。

2022年，全年地区生产总值481.62亿元，同比增长3.2%，提前完成“十四五”既定目标。第一产业增加值3.51亿元，同比增长1.4%；第二产业增加值277.29亿元，同比增长1.1%；第三产业增加值200.82亿元，同比增长5.7%。全区一般公共预算支出完成19.39亿元，社会消费品零售总额137.24亿元。固定资产投资同比下降1.4%。12项主要经济指标中，6项增速高于全市平均水平，获“甘肃省县域竞争力十强县”。

【工业与产城融合】 2022年，全区工业总产值完成259.94亿元，规上工业增加值同比增长2.4%。年末规模以上工业企业个数49个，比上年增加1个。招商引资新签约工业类项目5个，投资总额34亿元，累计到位资金14.05亿元，化工项目完成投资4.5亿元。全年推进工业项目40个。其中，续建项目12个；新建项目28个。项目总投资30.53亿元。投资19亿元的产城融合“示范区污水处理设施项目”动工。

兰州石化公司全年原油加工量947万吨，创近五年新高；3.5万吨丁腈橡胶装置竣工投产，生产规模年产10万吨，合成橡胶生产规模世界第三、全国第一。设立兰州石化科技创新中心、甘肃化工新材料创新联合体，攻克氯化聚乙烯、均三甲苯原料生产技术难题。兰高阀公司生产的5类阀门产品达到国际先进水平，天华院等科研企业研发的28类装备制造设备实现“以国代进”。兰州石化公司、中核兰铀分别获省级“科技进步奖一等奖”和“科学技术（专用项目）科技进步二等奖”。

2022年西固区主要工业产品产量统计表

指标	单位	累计
发电量	亿千瓦时	88.1
原油加工量	万吨	947.01
汽油	万吨	239.2
煤油	万吨	66.15
柴油	万吨	345.3
润滑油	万吨	12
燃料油	万吨	3.25
液化石油气	万吨	5.02
水泥	万吨	48.1
乙烯	万吨	70.54
纯苯	万吨	15.22
合成橡胶	万吨	19.76
合成纤维单体	万吨	2.63
初级形态塑料	万吨	112.93

【农业农村经济】 2022年，实现农业增加值3.56亿，同比增加值1.3%。全区粮食种植总面积4099亩，蔬菜播种面积4.63万亩，蔬菜产量9.71万吨；百合种植面积8078亩，产量5142吨；食用菌产量2527吨。全年新增规模养殖户1家，新增饲养量2000头。实施农业生产发展项目26个，安排资金1750.06万元。建成金沟乡千亩百合绿色标准化种植核心示范基地。尚古堂、菁叶2家百合加工企业成功申报“甘味”农产品企业商标，争取127.12万元资金扶持百合产业发展，受益农户467户。整治撂荒地2510.5亩，整治率59.23%。开展以口蹄疫、小反刍兽疫、高致病性禽流感为主的全覆盖免疫，全年共集中免疫接种各类畜禽48.21万头（只、羽）次，免疫密度达到100%。全年引进新品种（系）20多个，示范种植新品种100亩以上，亩产较当地主栽品种平均增产10%以上，产值增加5%以上。培育的9个玉米新品种通过国家和省级审定。整合乡村振兴衔接资金2494万元，实施39个产业项目，制定出台农业产业发展奖补政策，新增鲜食玉米种植面积1224亩、百合1272亩、设施农业50亩。

2022年西固区主要农产品产量统计表

产品名称	产量（吨）	比上年增减（吨）
粮食	1062.95	-80.62
蔬菜	93080.17	-3946.83
#百合	3679	+104.4
油料	47.5	-12.46
瓜类	689	-74.2
药材	135	-58.85

【现代服务业】 2022年社会消费品零售总额137.24亿元，同比下降10.6%。城镇社会消费品零售总额122.71亿元，下降8.4%；乡村社会消费品零售总额14.53亿元，下降25.9%。限额以上单位实现商品零售额17.48亿元，下降20.2%。国际陆港五大核心功能项目全面建成，中国智能骨干网(甘肃)申通枢纽中心完成建设，开辟兰州—尼日利亚等4条国际货运新线路，发运国际班列183列，进出口贸易额突破2.7亿元。金城公园(二期)天桥沟欢乐谷全面运营，河口村、马家山村分别获“甘肃省第四批全国乡村旅游重点村”和“全省文旅振兴乡村样板村”。城区5G覆盖率达到90%，乡镇覆盖率完成70%。

【项目建设】 2022年，西固区投资项目122个，总投资946.3亿元。71个续建项目全部复工、51个新建项目全部开工。申报省市列重大项目7个，总投资213.6亿元。第28届“兰洽会”签约19个项目，投资额267.3亿元。福源小镇安置房二期、西固区雨污水管道改造工程等重大项目开工建设。编制完成产城融合发展规划和化工园区专项规划，拓展了12平方千米城市空间。

【城乡建设】 兰维厂污水管道和玉门街等3条道路雨污水管道改造工程开工建设，覆盖东川、新城片区的港务区输水管线工程全面完工。临洮街涵洞提升改造项目主体结构完工。兰棉厂涵洞、杏胡台城市双修道路通车。18个老旧小区改造、60部电梯加装工程全部竣工。整治58条背街小巷架空线缆，拆除违建2.3万平方米，清理整治回收站点166家。青石台、龙爪山等4个村成功创建省级乡村建设示范村。

【生态建设】 2022年，支持兰石化、华能热电等企业绿色化改造，总投资1.6亿元的7个清洁能源技改项目开工，完成42台131.2蒸吨燃煤锅炉低氮燃烧改造，空气优良天数率达到74.3%。湟水河、庄浪河河洪道综合治理工程全面竣工，460个黄河流域入河排污口完成监测、溯源，黄河流域国控断面连续五年实现100%达标。建成杏胡台等5个城市小游园，种植各类苗木5.1万株、新增改绿地16万平方米。制止惩处破坏生态环境行为27件，第二轮国家、省级环境保护信访件反馈问题整改率达100%。

【社会事业】 2022年，全区有区属各级各类学校75所。其中，幼儿园31所；小学31所(含9个教学点)；初中3所；九年一贯制学校9所；高级中学1所。在校学生28003人。其中，幼儿园6208人；小学16171人；初中4492人；普通高中1132人。教职工1880人，其中专任教师1824人，专任教师中幼儿园58人，小学963人，初中691人，普通高中112人。全区小学适龄儿童入学率100%，毕业率100%，九年义务教育巩固率99.99%，义务教育达到均衡发展。天庆国际新城配建学校和西固区幼儿园化工街分园维修改造基本建成，普惠性幼儿园覆盖率达到95.8%，新增学位1440个。为25所学校3961名农村义务教育阶段学生免费供应营养餐。

医疗卫生机构205家。其中，区级医疗卫生机构6家；乡镇街道卫生院8家；村级卫生室46家；药物维持治疗门诊部2家；厂矿职工医院2家；社区卫生服务中心10家；社区卫生服务站31家；小型医疗机构104家。全区共有编制床位数2250张，实际开放2083张。有医护2729人，医师(士)1078人，其中中医类别医师(士)226人，护师(士)1651人。组织公卫机构对65岁以上老人进行全面排摸，共核查5.41万人。成立家庭签约医生团队101支，149名医生累计接受咨询3.4万人次。全区居民电子健康档案有效建档率达到83.37%，65岁以上老年人健康体检26401人，健康管理率为79.21%。全年签约乡村振兴健康监测对象503人，签约率为99.6%。有省级卫生乡镇(街道)10个，卫生村(社区)58个，卫生单位(小区)34个；市级卫生乡镇(街道)9个，卫生村(社区)83个，卫生单位(小区)122个。

有文化馆1个，公共图书馆1个，农家书屋36个。共有文物保护单位50处，其中国家级文物保护单位9处，省级文物保护单位4处，市县级文物保护单位29处，未定级8处。金城公园、河口古镇、达川三江口A级景区

3个。全年接待游客274.26万人次，实现旅游收入10.02亿元。有标准体育场2个，体育馆1个，篮球场32个，笼式足球场4个，室外乒乓球台62个，安装健身路径200件，全区体育场地总数达到823个。人均体育用地达2.38平米，在全区40个行政村、70个社区实现健身路径全覆盖。

【劳动就业与社会保障】 2022年，城乡居民人均可支配收入分别达到50210元和25553元，同比增长4.9%和6.1%。新增城镇就业1.04万人。城镇居民医疗参保154488人，保费收入4943.62万元。企业职工养老保险参保16515人，灵活就业人员养老保险参保16212人，基金收入34863万元。机关事业单位养老保险参保职工5773人，基金收入9084万元。城乡居民养老保险参保33643人，基金收入1834万元。全年发放低保金3938人，2914.90万元；五保户180人，250.27万元。城镇人均生活消费性支出30951元，恩格尔系数33.14%；农村居民人均生活消费性支出22364元，恩格尔系数27.95%。发放稳岗补贴767.6万元、创业担保贷款2465万元。调解处理欠薪案件580余件，追回拖欠劳动者工资2940余万元。困难救助提标扩面，发放各类补助资金5073.2万元，对9800余户受疫情影响较大的居民进行临时救助。

【精神文明建设】 制定印发《西固区拓展新时代文明实践中心建设实施方案》《西固区新时代文明实践志愿服务机制建设实施方案》，建立联席会议、挂点联系等工作制度。开展新时代文明实践"六单"志愿服务活动，为辖区群众提供志愿服务1287项(次)。开展"志愿关爱行佳节尚文明""雷锋志愿服务月""六个100"文明实践志愿服务示范活动等7500余场次。王天明、周文年2人荣获"兰州好人"荣誉称号。在全区新时代文明实践中心、所、站、点开展宣讲350余场次，参与人数7000余人。开展文明典范城市创建"七项工程"和文明素养提升"一月一主题"专项行动，督办各类创建问题2337件，解决处理2311件，举办各类创建宣传活动512场次。

【社会治理】 持续巩固"平安中国建设示范县区"创建成果，排查调处各类矛盾纠纷1515件。开展夏季治安打击整治"百日行动"，刑事、治安案件发案分别下降19.2%和20%，电诈发案同比下降48.5%，破获各类刑事案件790起。启动全国综合减灾示范区创建，在全省试点出台"两个清单"，累计排查整治各类安全隐患3886个，死亡人数和事故起数实现"双下降"。

（王晓蓉）

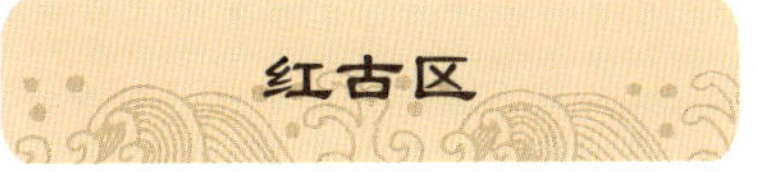

红古区

【概况】 红古区东接西固区，西临大通河，南濒湟水河与青海民和回族土族自治县和永靖县相望，北部黄土山岭与永登县毗邻。位于东经102° 50′ ~ 102° 54′，北纬36° 19′ ~ 36° 21′。北部为黄土山梁、坪台地区，南部和西部为河川谷地区。地势西北高，东南低，海拔高度为1580 ~ 2462米。全区总面积567.6平方千米，区境东西长53.7千米，南北宽不过24千米，最狭窄处仅3.3千米。境内大通河和湟水河交汇于海石湾并贯穿全境，平均入境径流量40.96亿立方米。境内有煤、油页岩、蛇纹石化超基性岩、石英闪长岩、建筑沙、建筑砾石、铁、砂金等10多种矿种。

2022年，红古区辖3个街道、4个镇，22个社区，34个行政村。常住人口14.41万人。其中，城镇人口10.96万人；农村人口3.45万人。有回族、东乡族、保安族、撒拉族、满族、维吾尔族、壮族、苗族等21个少数民族，人口1.4万。全年出生757人、死亡856人，自然增长率为2.08‰。

【经济总量】 2022年，全区实现地区生产总值146.11亿元，增速5.6%。第一产业增加值6.23亿元，增速4.6%；第二产业增加值91.97亿元，增速3.3%；第三产业增加值47.91亿元，增速8.8%。固定资产投资额39.7亿元，增速10.3%。建筑业增加值1.35亿元，增速为-7.1%。社会消费品零售总额29.65亿元，增速4.3%。城镇和农村居民人均可支配收入38809元、26550元，分别增长4.5%、5.9%。连获前三季度全市高质量发展"贡献奖"。

【财政收支】 全年全地区财政收入累计20.71亿元，同比下降6.17%。其中，税收收入46323万元，同比下降6.96%；非税收入8673万元，同比下降1.72%。区级一般公共预算支出完成18.36亿元，增长17.64%。

【工业经济】 全年全区完成规模以上工业总产值203.5亿元，比上年同期增加17.73亿元，产值增速9.5%，增加值增速3.4%。战略性新兴产业实现工业增加值24亿元，降幅为0.8%，占全区生产总值的比重为16.4%。工业重点用能企业能源消费总量196.14万吨标准煤，同比增长11.5%，万元产值能耗同比下降0.2%。全区新增规上工业企业4家。

【招商引资】 第二十八届“兰洽会”签约项目24项，投资总额112.34亿元。其中，省市级签约项目14项，总投资50.34亿元；区级签约项目10项，总投资62亿元。截至年底，省市级签约项目开工14个，开工率100%，到位资金14.94亿元，资金到位率29.68%，超额完成开工率65%、到位资金率20%的市列目标任务。

【商贸服务业】 加快建设海石中心、国芳百合城、惠民瀚锦苑等商贸综合体，建成兰西客货运综合枢纽中心，启动实施伊利西北仓、红古区综合物流园等一批物流项目。推出鸿泰微购、众友健康药房、永兄购物广场等线上商城，新增纳限入库企业7家。

【城乡建设】 实施总投资7.07亿元的基础设施建设项目22个，旋子西路道路建设项目及平安路轻车道等17个改造工程全面完工，海石湾滨河路西延建设工程顺利推进。完成92栋4483户老旧小区改造和12200户自建房安全整治。推进窑街振兴，拆除危旧房屋14万平方米，完成生态绿化640余亩。金河煤矿运煤通道扩建、窑街街道综合养老服务中心等项目建成运行。新跃路南延、5个老旧小区改造等基础补短板工程推进顺利，窑街工业遗迹园、铁道交叉口成为市民休闲娱乐新的“打卡点”。创建花庄镇和红古村等6个省级乡村建设示范镇村，编制完成22个“多规合一”实用性村庄规划，新增农村公路20.3公里，创建省级“四好农村路”示范区。完成太阳能热水采暖系统安装和农村户用卫生厕所提升改造921户。更换平安路沿线155盏路灯和18座公交站台。

【交通通信】 全年全区公路客货运总周转量133606万吨/千米，同比增长37.8%，公路运输产业增加值2.35亿元。全区铁路运输总周转量同比增加9.67%，铁路运输增加值13.7亿元。实施2022年“四好农村路”建设任务14项20.30千米，投资1420万元。有农村公路总里程526.48千米。其中，县道2条18.78千米，乡道7条78.67千米，村道341条429.03千米，农村公路密度92.74千米/百平方千米，农村公路拥有率36.61千米/万人。全区实现100%通硬化路、100%通客车“两通”目标。新增投放新能源出租车48辆，新增普货车辆103辆，合计吨位4210.57吨。投资2000万元建成客货邮红古分拣共配中心。开通客货邮物流快递专线2条，投入客货邮车辆40台，全区34个行政村物流网络全覆盖。改造提升44个城乡客货邮投点设施设备，新增投放快递柜、快递箱23个。全区投揽邮政快件555.72万件，营业额604万元。共建成开通5G基站235个，5G网络已基本覆盖海石湾、窑街主城区、各镇政府、工业园区及60%行政村，109国道覆盖约95%。

【科技教育】 印发《甘肃省农业科技园区总体规划》《红古区省级农业科技园区建设方案》《红古区省级创新型县（市、区）建设方案（2021—2023年）》，推进省级农业科技示范园区和省级创新型县区建设。成功申报市级科技计划项目1项，高新技术企业2家，科技型中小企业3家。科技支出1527万元，占财政支出的比重为0.83%。专利授权数量75件、有效发明量20件，每万人发明专利拥有量1.39。

2022年，全区各级各类学校56所。其中，幼儿园21所，小学25所（包括4个教学点），初级中学1所，九年制学校5所，完全中学1所，高级中学2所，中等职业学校1所。中小学在校学生16909人。其中，小学9844人；初中4433人；普通高中2632人。中小学专任教师1414

人。其中，小学专任教师730人；初中专任教师407人；普通高中专任教师277人。幼儿园有138个教学班，专任教师285人，幼儿4780人。小学招生1549人，适龄儿童入学率100%，小学毕业生1575人，升学率100%。初中招生1524人，入学率100%，初中毕业生数1525人，义务教育巩固率达到98.83%。进城务工随迁子女入学率100%，农村留守儿童入学率100%，残疾儿童少年入学率97.22%。有特教班6个，在校学生105人，特教教师2人。全区义务教育阶段残疾儿童少年入学率97.22%。实施海石湾南区棚户区改造教育设施（高中）建设项目，开工建设窑街幼儿园项目，省列为民办实事项目窑街团结路学校食堂改扩建工程投入使用，海石湾北区幼儿园项目工程全部完工，平安镇中心幼儿园项目完成所有工程建设。

【文体旅游】 制定《红古区加快文体旅游产业优先支持实施方案（征求意见稿）》和《兰州市红古区文化旅游康养产业链发展实施方案》。打造“兰西驿站·河湟龙城”旅游IP。中农生态农庄精品民宿、月亮湾休闲垂钓基地二期项目自驾游营地和精品民宿等项目逐步实施。全区累计接待旅游人数44.1万人次，旅游综合收入1.2亿元。完成投资200万元的红古区全民健身中心。举办“5·19”中国旅游日宣传活动，展示非遗文化、旅游产品、农特产品等。总投资366.67万元的全区应急广播体系项目加快建设，建成区级应急广播指挥平台。完成“体育大拜年，健身迎冬奥”线上线下红古区第五届广场舞大赛线上预赛。完成甘肃省第十五届运动会兰州市红古区站火炬传递活动。举办兰西城市群九县区巡回书画展——红古站展览。有文化馆8个、公共图书馆8个、农家书屋33个。各级文物保护单位25个。各类体育健身场地506个，体育场馆1个，面积8000平方米。

【卫生健康】 2022年，全区有医疗卫生机构110家、卫生技术人员1283人、病床位1206个，住院14578人次。全区共接种新冠疫苗361333剂次，建成区人民医院ICU床位10张。总占地面积98.39亩的红古区医疗服务中心建设项目开工。建立居民健康档案131592人，建档率为91.51%。全区各级医疗卫生服务机构组织健康教育知识讲座117场次，受众人数3500余人次。申报创建省级卫生镇（街道）4个、省级卫生村（社区）10个，市级卫生村（社区）5个。

【民生保障】 2022年，城乡居民医疗保险参保人数83637人，保费收入2922.65万元；机关事业单位养老保险参保人数动态保持在4449人，保费收入8555.36万元；城乡居民养老保险参保人数21467人，保费收入1469.74万元。城镇居民最低生活保障人数7861人，资金发放6403.97万元；农村居民最低生活保障人数1619，资金发放629.31万元。特困人员（五保户）人数159人。城镇居民人均消费性支出32007.73元，恩格尔系数27.54%；农村居民人均生活消费性支出16579.30元，恩格尔系数42.46%。90岁以上老人131人。建成41家放心粮油应急供应网络体系，覆盖率达100%。成品粮储备稳定在490吨，冬春蔬菜储备800吨全部按计划投放。对粮油肉禽蛋菜奶等44个代表商品和5个涉疫防控商品价格，实行“一日一报”。城镇新增就业3689人，失业人员实现再就业2370人，城镇登记失业率控制在4%以内。发放创业担保贷款3193万，输转劳动力11215人，劳务创收3.33亿元。

【金融服务】 全区有银行业金融机构10家。其中，银行监管机构1家；政策性银行1家；国有商业银行5家；地方商业银行3家。营业网点27个，从业人员463人。保险机构12家，小额贷款公司3家，营业网点3个，融资性担保公司1家。至12月末，辖内银行机构各项贷款余额102.83亿元，同比下降6.11%；各项存款余额150.14亿元，同比上升6.8%。涉农贷款余额39.84亿元，同比下降9.33%。

【生态建设】 高标准实施总投资2.59亿元的湟水—大通河交汇段生态环境综合治理工程，推动总投资19.8亿元的国家储备林、陇中地区生态保护和修复等11个重大生态工程，系统打造生态修复廊道12千米，新增国土绿化

1370亩。启用两河口水质自动监测站，湟水、大通河地表水水质和四个饮用水源地水质达标率均达到100%。全区空气质量优良天数为346天，空气质量优良率为92%。湟水河、大通河地表水国家断面水质达标率为100%，集中式饮用水水源地水质达标率100%。

【农业农村经济】 全区粮食播种面积1.71万亩，产量0.53万吨。蔬菜种植面积10.2万亩，产量25.4万吨。各类畜禽饲养量78.47万头（只、羽），肉、蛋、奶总产量达到2.2万吨，畜牧业产值突破1亿元大关。以建设“一万两千”省级现代蔬菜产业园和省级农业科技示范园为依托，重点打造109国道及湟水沿线农业产业示范带，建成高标准农田4000亩，新增设施农业400亩。完成省级龙头企业监测4家，上报市级龙头企业3家，成功认定“红古核桃”国家地理标志，创建兰州市市级现代农业产业园改革示范点。多渠道争取各类乡村振兴衔接补助资金3098.1万元，45个乡村振兴项目有序推进。形成鑫源肉羊、荷斯坦奶牛、中植生猪、海康肉鸡等“示范型”“领军型”畜牧业支柱产业。围绕延链、补链、强链，加快冷链物流仓储设施建设，仓储冷链企业28家，仓储量达到6.5万吨。引进鲜食玉米、水果、蔬菜等新品种210个，高原水稻试验成功。有农业合作社370家。

（马玉花）

榆中县

【概况】榆中县地处兰州东郊，位于东经103°49′~104°34′，北纬35°34′~36°26′，东接定西市安定区和白银市会宁县、靖远县，西靠城关区、七里河区，南与定西市临洮县毗邻，北隔黄河与皋兰、白银市平川区相望，东北和靖远县、会宁县接壤，总面积3301.64平方千米。地势南高北低，中部低洼，呈马鞍形。地形分为南部石质山地、中部川塬丘陵沟壑、北部黄土丘陵三部分。北部、东北部山峦起伏，沟壑纵横。西南部为高寒阴湿区，马衔山、兴隆山横列，林木丛生，海拔1900~3000米。中部为川区，是主要产粮区和经济作物区。境内最高峰马衔山主峰海拔3671米，最低点青城镇东滩村海拔1432米。境内探明的矿藏15种，有中小型矿床、矿点和矿化点48处。石灰岩、白云岩、石英石、大理石等储量较大，蕴藏有煤炭、硫黄矿等。2022年榆中县年平均气温偏高，年降水偏多，降水时空分布不均匀。日照偏少，年平均气温8.3℃，比历年同期平均值偏高1.0℃。年降水量461.5毫米。全年空气优良天数324天，全县空气质量综合质量指数3.37。黄河榆中段考核断面水质稳定达到考核要求，达标率100%。集中式饮用水源地水质达标率稳定保持在100%。

榆中县博物馆藏品数量3947件。其中，一级文物31件；二级文物89件；三级文物351件。县内有野外文物307处。国家级文物保护单位3个86处，一般文物点115处。境内有兴隆山景区、官滩沟景区、青城景区、石源山庄、老家·浪街、李家庄田园综合体等旅游景区，其中兴隆山景区为国家4A级风景名胜区。红色景点主要有兴隆山烈士陵园、张一悟纪念馆、金崖工委旧址、兰州战役第一野战军司令部旧址等。

2022年10月31日，金崖镇黄家庄、古城村被住房和城乡建设部公布为第六批中国传统村落。县内有国家级历史文化名镇青城镇和金崖镇，中国传统村落3处。有非物质文化遗产保护项目106项，其中有“七月官神”“太符灯舞”、马衔山原生态秧歌等省级非物质文化保护项目8项，市级12项，县级86项。

2022年，全县辖小康营、清水驿、哈岘、上花岔、韦营、中连川、园子岔、马坡、龙泉9个乡，城关、夏官营、高崖、金崖、和平、青城、甘草店、定远、连搭、新营、贡井11个镇，文成路、一悟路、兴隆路、栖云北路、文昌路、朝阳路、牡丹园、柳沟河、大青山、泉子沟、徐家营、金科路、西平路13个城镇社区，高沿坪、苑川欣城2个农村社区，268个行政村，1617个村民小组。全县常住人口47.23万人，比上年减少0.03万人。其中，城镇人口24.88万人，占常住人口比重（常住人口城镇化率）为52.68%。全县有户籍人口46.28万人，同比增长0.33%。从户籍性质看，城镇人口13.35万人，占总人口的28.85%；乡村人口32.93万人，占总人口的71.15%。县内有回族、东乡族、藏族、蒙古族、满族、维吾尔族、苗族、彝族、壮族、布依族、朝鲜族、侗族、土家族、裕固族、傣族、黎族、傈僳族、畲族、拉祜族、土族、撒拉族、锡伯族、保安族等23个少数民族（不包括驻榆高校师生），占全县人口的1%，主要分布在连搭、小康营、城关、甘草店等4个乡镇。

【经济状况】 全年实现生产总值195.61亿元，增长0.2%。其中，第一产业实现增加值18.36亿元，增长7.6%；第二产业实现增加值95.76亿元，下降7.2%；第三产业增加值81.49亿元，增长6.4%。三次产业结构比为9.39∶48.96∶41.65。按常住人口计算，全年人均地区生产总值4.14万元，同比增长0.4%。

【财政收支】 2022年，全县大口径财政收入4.06亿元，比上年同期减收11.02亿元，下降73.10%。县级一般公共预算收入3.76亿元，占目标计划的44.08%；剔除留抵退税因素，县级一般公共预算收入6.7亿元，其中包含一次性罚没收入4701万元，同口径比上年同期减收2.10亿元。政府性基金县级收入4.31亿元，较上年同期减收5.35亿元。社会保险基金收入完成5.65亿元。财政部门完成一般公共预算收入1.32亿元。全县财政总支出79.46亿元，较上年同期增支39.83亿元。其中一般公共预算支出38.95亿元，较上年同期增支8.06亿元。债务还本支出2.39亿元；债务付息支出1.83亿元。政府性基金支出40.51亿元，较上年同期增支31.77亿元。社会保险基金支出5.76亿万元。

【减税降费】 全年为796户纳税人办理增值税留抵退税8.25亿元，户均享受退税104万元。缓税政策精准滴灌制造业中小微企业，帮助县域企业减轻负担，全年为1236户制造业中小微企业办理缓缴税费6477万元，为1.04万户次小规模纳税人减免税额1.21亿万元。

【金融服务】 全县金融机构人民币各项存款余额343.82亿元，较年初增加34.47亿元，增长12.23%。各项贷款余额395.59亿元（含兰银租赁、小贷公司），较年初增加18.33亿元。实现保费收入3.46亿元，证券交易额22.23亿元。

【住房公积金归集和贷款】 全年归集住房公积金2.07亿元，完成目标任务1.8亿元的115.26%。提取住房公积金2.3万笔，提取金额1.39亿元。发放住房公积金贷款219笔，8613.1万元。

【固定资产投资】 全年实施省、市列重大项目5个，总投资27.4亿元，年度投资9.75亿元。实施县列重大项目135个，总投资800.7亿元，累计118个项目开复工，年度投资118.04亿元。

【项目建设】 投资3350万元，硬化农村道路50千米；投资2.93亿元，实施农村冬季取暖热源清洁化改造项目；投资9968.58万元，完成黄河支流苑川河流域生态修复建设（一期）工程项目；投资2500万元，完成县城1万户居民天然气入户工程；投资2.61亿元，实施市政道路新建工程；投资2845万元，完成和平小学教学楼拆除重建及阡陌院二期小区配套幼儿园装饰装修项目；投资5765万元，实施县城老旧小区改造项目（三期）；投资4500万元，实施高标准农田建设项目；投资600万元，完成基层医疗卫生机构发热诊室建设项目；投资956.69万元，完成和平消防站附属工程建设项目。

【电子商务】 全县电子商务交易额8亿元，农产品线上销售额6500万元。年销售额超过100万的电商企业增加到16家。榆中县70个村级电子商务公共服务点改造提升为数商新农综合服务站。农产品电商企业赴天津、南京、上海、杭州开展农特产品推介活动，销售以“甘味”“‘榆’味无穷”等品牌为主的特色农产品。东西协作消费帮扶金额1.01亿元。

【招商引资】 榆中县签约合同和意向性项目16个，签约额224.27亿元，其中“兰洽会”市专场签约项目9个，签约额181.82亿元，“兰洽会”县专场签约项目7个，签约额42.45亿元。

【教育科技】 全县有学校210所。其中，幼儿园86所；教学点26所；小学72所；九年制学校9所；独立初中8所；特教学校1所；完全中学3所；十二年制学校1所；高级中学2所；中等职业学校2所。在校学生5.23万人。其中，幼儿园1.22万人；小学2.16万人；初中9745人；普通高中6826人；中等职业学校1887人；特教学校42人。教职工4106人，专任教师3873人。其中，幼儿园专任教师348人；小学专任教师1784人；初中专任教师936人；特教学校专任教师13人；普通高中专任教师657人；中等职业学校专任教师135人。

财政科技投入占本级财政支出比重1.13%，科技进步贡献率58.37%。编制完成《榆中县国家级创新型县实施方案》。新增国家级高新技术企业13家，省级科技创新企业9家，省级科技中小企业4家。全县专利授权量594件，其中发明专利122件（含高质量发明专利21件）。

【医疗卫生】 全县有公立医疗机构300个。其中，县属医疗单位7个；乡镇卫生院21个；社区卫生服务站4个；村卫生室268个。有民营医疗机构106个。其中，民营医院3个；厂矿、单位、学校医务室10个；门诊部5个；个体诊所88个。县乡两级医疗机构编制床位1591张，实际开放床位1803张。卫生专业技术人员3090名。其中，医师1243人；护士1330人；技师药师517人。正高职称13人、副高职称175人、中级职称321人、初级职称及以下2581人。

【医疗保障】 全县城镇职工基本医疗保险参保2.53万人，城乡居民参加基本医疗保险38.23万人。城镇职工大额医疗保险参保1.4万人。城镇职工公务员医疗补助参保1.37万人。全县低收入人口及脱贫人口参保8.78万人，落实低收入人口及脱贫人口参保资助8.51万人，资助资金1001.22万元。全年全县低收入人口及脱贫人口累计住院1.24万人次，总费用8922.28万元，其中医保基金支出4916.25万元，大病保险支出774.3万元，医疗救助支出1623.45万元。

【社会保障】 全年城镇新增就业1645人，失业人员再就业1288人，输转城乡富余劳动力8.73万人，创劳务收入28.64亿元，城镇登记失业率3.65%，开展培训8035人，发放创业担保贷款96笔1539万元，带动就业201人。全年征收城乡居民社会保险费4240万元，企业职工养老保险费1.13亿元，机关事业单位养老保险1.19亿元。全县参加城乡居民养老保险23.58万人，参保率98%。发放城乡居民养老金13182万元。全县有城市低保对象485户894人，全年发放城市低保金686.71万元。有农村低保对象4536户1.07万人，全年发放农村低保金4289万元。

【交通通信】 全县公路总里程3082.66千米，境内公路密度93千米/百平方千米。完成41条自然村（组）硬化路项目、X324白榆公路青城黄河桥至红湾段维修改造工程、23座农村公路桥梁防护能力提升工程、30千米村道安全生命防护工程、苑川河大桥改建工程。公路运输总周转量39.92亿吨千米。邮政全年完成业务收入4117.19万元。全年快递出口（从县内寄出）量10.5万件。进口（从县外寄来）业务量367万件。电信全年经营收入1.4亿元，移动在网用户16.99万户、宽带在网用户8.4万户、电视用户5.97万户。移动全年新增客户3.2万户，全年新增宽带1.17户，宽带客户4.3万户。全县5G基站810个，登记5G用户10万户。

【文化旅游】 兴隆山景区、青城古镇景区、李家庄田园综合体景区被命名为榆中县2022年度平安景区。李家庄田园综合体景区作为乡村旅游示范代表被央视“走进县城看发展”栏目组专题报道。落实2022年度文化旅游项目资金228万元，助推青城镇、甘草店镇、和平镇、马坡乡实施乡村旅游基础设施建设。黄河驿窑洞康养民宿项目，签约1.96亿元；浪街村乡村旅游文化发展项目，签约2亿元。年底，全县有文化旅游企业438家，当年新增37家。全年接待游客387.77万人，实现旅游综合收入27.46亿元。

实施和平镇祁家坡村、菜籽山村文化广场、冯湾村多功能文化活动室、牡丹园社区综合文化服务中心、县图书馆维修工程等，提升文化阵地的整体服务形象，完善公共文化服务体系。完成14个乡镇分馆图书ILAS系统管理建设，延伸服务范围。建成数字文化馆，全面提供在线场馆及活动更新与推送、基层文创非遗等线上服务。

【乡村振兴】 推进乡村建设示范行动，投入衔接资金4800万元，实施小康营乡省级示范乡6个创建村和5个省级示范村、5个县级示范村创建工作，项目完工率100%。落实东西部协作财政资金3800万元，下达项目7大类19个，项目完工率100%。落实监测对象到户产业奖补资金105.46万元，扶持特色产业发展。

完成179家新型经营主体名录库规范化建设。培育龙头企业9家，新认定市级龙头企业4家，全县90家产业化龙头企业营业收入94.33亿元，带动合作社475家、农户6.2万户。新增合作社43家，累计1566家，带动农户2.38万户，“五有标准”合作社62%以上。新增家庭农场30家，评定示范性家庭农场10家。持续开展农村“三变”改革，18个乡镇、238个村、3.1万户农户参与“三变”改革，农户入股分红1853.23万元（其中脱贫户获益945.02万元），村集体经济增长1194.02万元。

【水利建设】 投资546万元，实施省列为民兴办实事新营镇桦岭村农村供水巩固提升工程。投资9968万元，实施黄河支流苑川河流域生态修复（一期）项目。修复治理苑川河清水驿宁坪—夏官营太平堡段17千米河道。投资4889万元，实施苑川河综合治理工程。综合治理苑川河蔡阳沟口至巴石沟口段、寺隆沟口至入黄口段长度16.9千米河道，新建生态堤防、防冲坎，疏浚河道，完善河道防洪体系。投资1.79亿元，实施和平开发区国道309东南面山集流洪道项目。新建排洪道4533米。全县226名县、乡、村三级河湖长巡河9000次。建成河湖视频监控系统，设置44个高清视频监控点，实现河道无人监控及安全监控。全年使用大型机械360台次，清运车辆800台次，清理生活及建筑垃圾1600吨，拆除河湖违建约1300平方米，整治河道300千米，投入整治资金175万元。

【史志工作】 出版记录榆中籍中共党员或在榆中工作过的中共党员，榆中县内成立的农村党组织创建历程和兰州战役期间榆中的情况和红色文物和革命遗址遗迹的形成和保护开发情况，以及可移动红色文物的形成和保护情况的《新民主主义时期榆中县党史资料汇编》；记述榆中县的脱贫攻坚历程的《榆中县脱贫攻坚大事纪实》;《榆中年鉴（2022）》。配合和平镇搞好红色规划，完成《红色和平——新民主主义时期和平党史资料汇编》资料征集和编辑。配合县委组织部和金崖镇搞好古城村红色展馆建设，编写《红色金崖》陈展大纲和党史专题资料。与兰州电视台、县委宣传部合作拍摄纪录片《星火》。完成《榆中县扶贫开发志》《榆中县全面小康建设志》初稿。编纂《榆中县来紫堡乡志》《黄家庄村志》《黄家庄史话》。配合兴隆山大景区开发编辑完成《话说兴隆山》。

（沈明江）

永登县

【概况】 永登县地处甘肃省中部，县域总面积6090平方千米，占兰州市总面积的47%。2022年辖3乡15镇、26个社区、240个行政村，中川镇、秦川镇、上川镇由兰州新区托管。年末全县户籍人口为38.33万人。其中，城镇人口12.53万人；乡村人口25.8万人。年末全县常住人口为26.95万人。其中城镇人口13.21万人。全年出生人口0.18万人，死亡人口0.21万人，人口自然增长率为-1.09‰。主要有汉族、回族、满族、藏族、蒙古族、土族、东乡族等18个民族，少数民族人口占总人口的4.5%。

2022年，全年平均气温为7.2℃，比上年高0.3℃。年日照2347小时，比上年多55小时。年降水量232毫米，比上年下降66毫米。全年全县水资源总量31.93亿立方米。全年总用水量2.63亿立方米，比上年增长20%，人均用水量25立方米。境内有中川国际机场、兰新铁路、城际铁路、312国道、G30高速公路。地势由西北向东南倾斜，海拔在1590米~3650米之间。全县耕地139万余亩，天然林90.8万亩、草地548.2万亩。境内主要有黄河一级支流庄浪河和二级支流大通河，引大入秦工程年引流量4.43亿立方米。探明矿产25种，石灰石、石英岩、大理石、煤和水泥配料用黄土等矿产资源储量丰富。基本形成采矿、冶金、化工、建材、水电开发为支柱的工业产业格局，素有“冶金谷”“建材乡”之称。境内有树屏丹霞地貌、鲁土司衙门、吐鲁沟4A级国家级森林公园、引大入秦工程、药水沟温泉等自然资源和人文景观10余处。满城汉墓，汉、明长遗址，宋代摩崖石刻等历史文物遗迹30余处。苦水高高跷、太平鼓被列为国家级非物质文化遗产。苦水玫瑰种植规模和鲜花产量均占全国的40%以上，全县玫瑰种植面积10.16万亩。

全县实现地区生产总值133.83亿元，按不变价格计算，比上年增长5.4%。其中，第一产业实现增加值14.42亿元，增长7.9%；第二产业实现增加值40.97亿元，增长2.2%；第三产业实现增加值78.43亿元，增长6.2%。三次产业结构比10.78∶30.62∶58.61。全年全县十大生态产业增加值34.41亿元，占全县地区生产总值的25.7%。

城镇居民人均可支配收入30122元，比上年增长4.6%；农村居民人均可支配收入14829元，增长6.3%。实现社会消费品零售总额33.8亿元。完成一般公共财政预算收入5.7亿元，同口径增长5.3%。一般公共预算支出33.11亿元，同比增长21.4%。城乡居民人均可支配收入分别为30525元、14954元，同比增长6%和7.2%。

【固定资产投资】 全年固定资产投资比上年增长11.7%。第一产业投资下降28.1%，第二产业投资增长279.9%，第三产业投资下降28.5%。

全年房地产开发投资比上年下降52.4%。房屋施工面积72.76万平方米，下降21.4%。其中住宅施工面积52.3万平方米。

【产业发展】 培育龙头企业6家、县级示范合作社16家，完成“三品一标”（无公害农产品、绿色食品、有机农产品和农产品地理标志）认证6个，“永登七山羊”“塬上蘑菇村”入选“甘味”农产品目录，七山乡入选全国“一村一品”示范村镇。华能坪城风电二期5万千瓦全容量并网发电，七山百万千瓦级光伏基地先期90万千瓦加快建设，连铝500千安电解槽全面复产，华能连电首台33万千瓦发电机组重启。培育规上企业8家、“专精特新”等企业31家。打造乡村旅游精品线路12条，红城镇下河村获评全省文旅振兴乡村样板村，树屏镇杏花村基地入选全国第一批农耕文化实践营地。培育电商骨干企业30家，创建示范性网点16家，电商交易额达到1.5亿元。

【财政金融】 全年全县一般公共预算收入5.71亿元，按自然口径计算，比上年下降20.4%，剔除增值税留抵退税因素影响，同口径下降11.4%。一般公共预算支出33.11亿元，增长21.4%。

年末全县金融机构人民币各项存款余额220.26亿元，比上年末增长24.42%；金融机构人民币各项贷款余额203.15亿元，增长0.85%。

【项目建设】 第28届“兰洽会”市县专场签约项目17个，签约总资金346.3亿元。实施重点项目104个，总投资225.15亿元，争取专项债和中央预算内资金7.65亿元、政策性贷款10.8亿元。落实第二期补充中小银行资本政府专项债21.5亿元。推进兰张三四线永登段等6个省列重大项目，兰州水墨丹霞一期等12个市列重大项目，永登县庄浪河流域生态发展共同体等29个县列重大项目建设。县医院门诊综合楼等83个项目建成。

【城乡融合】 持续巩固脱贫攻坚成果，全县286户920人“三类户”应纳尽纳，到位宝坻区帮扶资金3880万元，实施项目16个。投资近7000万元，硬化自然村组道路21千米，改造提升桥梁57座，完成农村公路安全防护工程23千米，农村公路养护实现全覆盖。完成农房抗震改造131户，整改安全隐患自建房174栋，建成农村卫生厕所1739座。苦水省级乡村建设示范镇全面建成。全面开展乡村建设示范行动，8个省级示范村全部建成，2个市级美丽乡村、8个县级示范村和8个先行村加快建设。改造敷设供热二级管网30千米，完成分户供暖改造1.08万户，改造41个老旧小区82栋楼。

【生态环境】 全年全县空气质量优良天数329天，优良天数比率90.1%。庄浪河县城段综合治理提升、庄浪河流域（永登段）水污染防治、呢嘛沙沟综合治理工程顺利推进。集中式饮用水水源地、两河进出水断面水质100%达标。三级林长体系高效运行，深入开展国土绿化行动，庄浪河柳树至红城段土地整治和生态修复综合治理项目加快推进，国家储备林项目一期6.2万亩启动建设，东西两山绿化完成1000亩、封山育林5000亩、草原生态修复2.5万亩。

【农业】 全年全县粮食播种面积65.75万亩，比上年增长6.4%。其中，夏粮33.94万亩，秋粮32.51万亩。全年粮食总产量15.39万吨，比上年增长0.3%。其中，夏粮产量6.9万吨，秋粮产量8.6万吨。建成小麦示范基地23个，扩种小麦3万亩。整治撂荒地37万亩，建成高标准农田10.69万亩。建成马铃薯、绿色蔬菜标准化万亩生产基地2个。

牲畜存栏60.22万头（只），比上年增长6%；牲畜出栏39.31万头（只），下降0.3%。以虹鳟鱼、鲑鳟鱼为主要品种的水产品养殖3526亩，产量952吨。

2022年永登县规模以上工业重点支柱行业增加值统计表

单位：万元、%

行业	增加值	比上年增长
化学原料和化学制品制造业	2868	-34.2
非金属矿物制品业	108956	-12.1
黑色金属冶炼及压延加工业	35724	-17.3
有色金属冶炼及压延加工业	119878	50.8
金属制品业	15082	-5.2
电力、热力生产和供应业	4607	-22.4

【工业和建筑业】 全年全县工业增加值38.63亿元，比上年增长2.3%。规模以上工业增加值增长9.6%。全年建筑业增加值2.34亿元，比上年增长0.9%。年末具有资质等级的总承包和专业承包建筑业企业9个，比上年末减少2个。

【服务业】 全年全县批发和零售业增加值7.27亿元，比上年增长1.8%。交通运输、仓储和邮政业增加值29.65亿元，增长9.7%。住宿和餐饮业增加值1.44亿元，下降10.3%。金融业增加值11.17亿元，增长4.0%。房地产业增加值4.68亿元，增长0.6%。其他服务业增加值24.03亿元，增长6.5%。全年规模以上服务业企业营业收入比上年增长7.8%，利润总额增长12.9%。

全年公路运输完成货运周转量437782.89万吨千米，比上年增长42.3%，旅客周转量11351.31万人千米，下降70.1%。全年邮政业务总量2622万元，比上年增长10.4%。

【社会保障】 年末全县有1078人享受城镇居民最低生活保障，14693人享受农村居民最低生活保障，1359人享受农村特困人员救助供养。参加城镇职工基本养老保险1.03万人，参加城乡居民养老保险21.9万人，参加机关事业养老保险0.77人。参加职工基本医疗保险2.2万人，参加城乡居民基本医疗保险29.9万人，失业保险1.22万人，工伤保险1.72万人。城乡居民养老保险、医疗保险参保率分别达96%、97%以上。发放社会救助补助资金1.26

2022年永登县农作物分类播种面积和产量统计表

单位：万亩、万吨、%

名称	播种面积	比上年增长	产量	比上年增长
小麦	26.03	13.18	4.98	1.69
玉米	16.55	4.8	5.55	8.51
豆类	7.62	17.65	1.91	4.93
油料	5.05	-18.45	0.54	-28.45
蔬菜	18.54	7.77	41.99	4.96
药材	4.44	0.15	1.8	-3.42
水果	2.2	-9.03	1.68	-35.03

2022年永登县各类牲畜存栏出栏统计表

单位：万亩、万吨、%

名称	存栏	比上年增长	出栏	比上年增长
猪	15.57	-6	19.94	1
牛	1.95	19	0.4	5
羊	42.15	9	18.89	-5
家禽	75.59	16.72	54.53	1.75

亿元。

【教育科技】 年末，全县有各级各类学校213所，在校学生38193人，教职员工4270人。九年义务教育巩固率99.81%，高中阶段毛入学率98.56%，学前三年毛入学率96.2%。全年中等职业教育在校生234人，普通高中在校生5805人，普通初中在校生8840人，普通小学在校生16221人，特殊教育在校生53人。幼儿园在园幼儿7040人。全年全县专利授权量36件，比上年下降36.8%。

【卫生健康】 年末，全县有医疗卫生机构325个。其中，县级及以上医院3个；乡镇卫生院15个；民营医院8个；社区服务中心5个；其他卫生机构294个。

【文化旅游】 年末，广播综合人口覆盖率95.4%，电视综合人口覆盖率95.3%。全年累计接待国内外游客167.1万人次，实现旅游总收入9.7亿元；旅游人均花费580元，比上年增长8元。全县有文化馆1个，公共图书馆1个，博物馆2个，文化站15个。文工团1个，下乡表演演出220场次。

（满自文）

皋兰县

【概况】 皋兰县地处兰州市东北部，位于东经103° 32′～104° 22′，北纬36° 05′～36° 50′。东临白银市和榆中县，南接兰州市区，西邻永登县，北依景泰县，全县区域总面积1680.53平方千米。海拔1459.2米～2445.2米。是“太平鼓之乡”和“中国民间文化艺术之乡”。境内什川古梨园为国家4A级旅游景区，为吉尼斯“世界第一古梨园”，国家“首批重要农业文化遗产”。建成石洞东西部共建乡村振兴产业园、黑石农牧复合型肉牛养殖循环产业园、什川省级瓜菜现代农业产业园、水阜设施农业产业园。兰州白兰瓜、禾尚头小麦为中国绿色食品中心认定绿色食品A级产品。有省级园区三川口工业园和市级园区黑石工业园，入驻兰鑫钢铁、鸿丰电石等企业300多家，规模以上工业企业23家。引进实施丰恩皋兰现代物流园、物产集团公铁综合物流园等大型商贸物流项目。县镇村三级电子商务服务网络实现全覆盖，为国家级电子商务进农村综合示范县和全国数字乡村试点县。

2022年，降水量195.1毫米，年平均气温8.7℃，全年日照2497小时，无霜期146天。2022年行政区划调整，九合镇、忠和镇划归兰州市安宁区、城关区。年末全县辖4个镇，4个社区，38个行政村，全县户籍总人口11.13万人，其中农业人口48484人，非农业人口62766人；年内出生755人，死亡604人，人口自然增长率2.35‰。

【国民经济】 2022年，全县地区生产总值完成89.53亿元，同比增长3.0%。一产增加值完成9.25亿元，同比下降0.3%；二产增加值完成38.64亿元，同比下降10.3%；三产增加值完成41.63亿元，同比增长2.5%；社会消费品零售总额达到44.23亿元，同比下降11.64%；固定资产投资同比下降29.66%；城镇居民人均可支配收入达到28788元，同比增长4.4%，农村居民人均可支配收入达到14952元，同比增长6.1%；地区性财政收入达到10.17亿元，一般公共预算收入达到5.7亿元。

【乡村振兴】 持续实施现代丝路寒旱农业优势特色产业三年倍增行动计划，推进东西部共建“一县一园”项目。推动石洞镇东西部共建乡村振兴产业园、黑石镇农牧复合型肉牛养殖循环产业园、什川镇省级瓜菜现代农业产业园、水阜镇设施农业产业园建设。制定《皋兰县特色产业奖补办法（试行）》，发放奖补资金5045万元，投资1200万元，建设高效节能日光温室16座、钢架大棚113座。开展“富民贷”试点，新建千头奶牛基地2个、10万羽蛋鸡基地2个、万头生猪养殖场1家，创建国家级生猪产能调控基地4家。积极培育农业新型经营主体，扶持创建省级、市级农民专业合作社5家，市级家庭农场2家。建成兰州市皋兰县农特产展示中心，禾尚头、软儿梨“甘味”区域公用品牌2个，“甘味”农产品企业商标5个，全县农产品外销加工量达25.5万吨。

坚持示范引领，建成1个省级乡村建设示范镇、6个省级乡村建设示范村和1个市级美丽乡村。完成人饮设施维修改造、农房抗震改造、桥梁防护设施提升等项目。加快国家级数字乡村试点工作，建成皋兰县国家级数字乡村平台，全县行政村5G网络覆盖率提升至80%。持续加大巩固脱贫攻坚成果同乡村振兴有效衔接资金投入。整合衔接资金2.25亿元，争取东西部帮扶资金3279万元，实施产业发展、农田水利设施、人居环境整治等项目151个。壮大集体经济，整合资金2862万元，撬动贷款1300万元，在燕儿坪、大横等20个村推广“党支部领办合作社”，探索“肉牛集体集中养殖+农户分散养殖”等发展模式，领办村均集体经济年收入达11.78万元。积极培育农业新型经营主体，创建省市级农民专业合作社5家、市级家庭农场2家，全县423家新型农业经营主体带动脱贫户和监测户2139户6881人发展富民产业。

编制《皋兰县巩固拓展脱贫攻坚成果同乡村振兴有效衔接实施方案（2022—2025年）》，全面排查摸底3轮次，新识别纳入监测户7户28人，制定“一户一策”帮扶计划。同时对全县87户266人监测户逐户上门“会诊”，建立工作台账，通过产业帮扶、劳务输转、政策兜底等帮扶措施，累计退出66户193人。

【粮食安全】 遏制耕地“非农化”，整治撂荒地2.66万亩。完成粮食种植面积13.77万亩，超目标32.9%，粮食产量2.97万吨。保障农民种粮收益，制定《皋兰县特色产业奖补办法（试行）》，重点对禾尚头小麦、春小麦、玉米、马铃薯等粮食作物给予100~350元/亩的补贴。落实“藏粮于地”，投资323万元，种植抗旱秋粮2万亩。修复灾毁农田5700亩，改造提升2400亩。建成马铃薯、玉米两个全程机械化示范点，推广示范面积2000亩；出台皋兰县春小麦和禾尚头小麦栽培技术规程，带动禾尚头小麦种植面积1.2万亩。投资3608万元，开工建设皋兰县保障粮库项目。打造三级放心粮油应急供应网络，搭建完成三级放心粮油应急供应网络。

【工业经济】 推动传统产业高端化、智能化、绿色化改造，制定《皋兰县贯彻落实强工业战略行动实施方案》，投资2.03亿元，实施鸿丰电石中央集控楼、泛植制药研发中心扩建等13个工业项目建设。培育吉宸工业、世纪汇德防水新材料、杰林废钢等6家企业上规入库，全县规上工业企业数量28家。推动传统工业绿色发展，形成“低碳产业支柱化、传统产业绿色化”的发展格局。成立规上工业服务团队，健全完善动态监测、统筹调度机制，及时解决产业链工业链堵点卡点。

【项目建设】 围绕黄河流域生态保护和高质量发展等国家、省市重点支持领域，谋划确定三年实施计划项目162个，总投资达680亿元。多措并举推动项目建设，县财政列支项目前期费1626万元，支持重点项目建设。落实重点项目县级领导包抓机制，全县年度计划完成投资的45个县级领导包抓项目开工建设33个，完成投资5.12亿元。推进争资发债工作，争取中央预算内资金559万元，争取市级前期经费200万元；申报专项债券项目13个，总投资37.1亿元，落实到位资金8200万元；加快重点项目建设，年内完成土地报批591亩，挂牌出让89宗9642亩，征收土地3184亩，实施重大项目45个、重点项目，开工建设27个，开工率60%，完成投资15.79亿元。

【科技创新】 完善科技创新体系，制定《皋兰县贯彻落实强科技战略行动实施方案》，印发《皋兰县县级科技特派员管理办法》。主动搭建院企创新平台，组织重点工业企业与西安交通大学召开视频对接会1次、现场见面会2次。开展“保存量、促增量、提质量”高新技术企业培育行动，认定欣雨防水材料等高新技术企业8家，省级科技创新型企业5家，入库省级科技型中小企业18家，培育宏鼎磨料等省级科技创新企业4家。推荐申报省、市科技项目21个，落实资金170万元。推动关键项目技术申报攻关，7家企业获市级扶持，兰州麦粒香食品有限责任公司申报的西北旱区马铃薯主粮化技术荣获全省科技进步二等奖。

【商贸物流】 发展现代物流，全面建成丰恩现代物流园，投资389万元实施石洞镇商贸中心等

6个项目。新孵化电商企业5家，培育膳品杰慕、博源农谷等10个电商子品牌。发展城乡电子商务，累计224家企业上线电商业务，开展直播带货活动178场次，全县特色农产品网上销售额突破3000万元，同比增长30.4%。组织举办"畅想兰州·乐购金城""皋兰县6·18电商购物节"等系列活动。新培育外贸企业1家，协调组织泛植制药、广新农副产品、丰恩仓储等4家企业争取资金218万元。全年出口贸易总额3570万元。

【文化旅游】 举办文化活动200余场次，兰州鼓子登上央视戏曲频道。拓宽城郊旅游业态，发展什川古梨园景区"夜经济"，打造"白天观景、夜晚悠闲"新模式。投资1191万元，推进旅游项目建设，建成石洞寺游客服务中心。投资979.67万元，建成东湖公园过街天桥。投资400万元，建成东湖公园健身步道。投资2.18亿元，什川黄河大桥开工建设。推动省级乡村旅游示范县创建，什川镇上车村入选2022年中国美丽休闲乡村，打造文旅数字化营销平台，什川古梨园景区上线一部手机游甘肃服务平台。

【重点改革】 深化农业农村各项改革，扶持筹建县级及以上示范社、家庭农场14家。新增土地流转面积7028亩，累计流转面积8.9万亩，土地流转率达23.5%。持续推进国有企业改革，采用1+N集团管控模式整合重组县属国有企业及资产，国企改革三年行动任务基本完成。"放管服"改革持续深入，发布依申请的公共服务事项2480项，网办数2412项，网办率达97.26%。推进"跨域通办"，办理"跨省通办"事项64件，"省内通办"事项63件，"全市通办"事项3530件。深入推进医药卫生体制改革，县人民医院与省市级医院签订专科联盟15个、技术联盟1个，并与甘肃省人民医院签订优势学科医联体8个。

【招商引资】 邀请中能融合智慧科技有限公司、淮海集团、渤海轻工集团有限公司等50余家企业来皋兰实地考察，洽谈线索项目35个，总投资约204.72亿元。第28届"兰洽会"签约黑石300兆瓦光伏发电等18个招商引资项目，总投资135亿元。全年实施招商引资项目50个，总投资326.99亿元，开工建设42个，开工率84%，新增到位资金46.39亿元。

【营商环境】 出台《皋兰县优化营商环境评价评测工作制度》《皋兰县优化营商环境督导办法》等6项工作制度，初步建立"高位调度+清单推进+督察整改"的营商环境工作机制。制定出台17个指标提升方案，建立营商环境整改攻坚清单、工作任务清单、贯彻落实《兰州市落实强省会战略进一步优化营商环境若干措施》清单等一系列工作清单，提出整改优化措施169项。持续深化"放管服"改革，加快推进一体化政务平台建设，网办率达96.9%。全县登记财产流程、纳税、获得信贷三项指标在全市测评中排名第一。推进实施减税降费、社保缓缴等惠企利企政策，先后办理增值税留抵退税3.23亿元，减免"六税两费"859万元。组织开展"皋兰县营商环境宣传周活动"，通过电视、报纸、公众号、微博等媒体，宣传优化提升营商环境的新思路、新举措和新成效。推进社会信用体系建设示范城市创建，建成运行数字政府指挥运行中心，依托"小兰帮办"平台打造"灵秀皋兰"特色模块。

【人居环境】 改善人居环境，开展农村人居环境整治提升五年行动，全覆盖推广村民自治收费管理模式。推进农村清洁取暖改造，完成冬季取暖热源清洁化改造4900户。清理农村生活垃圾4.57万吨、村内沟塘2875处、废旧农膜及畜禽养殖粪污等农业生产废弃物5.2万吨。开展农村环境卫生集中整治活动，清理"三堆"3072处、整治"五乱"4516处。开展乡村建设示范行动，投资4337万元建成阳洼窑市级美丽乡村、什川省级乡村建设示范镇和文山、三和等6个省级乡村建设示范村。

【生态文明】 全县环境空气质量达标天数320天以上，达标率90%，全县饮用水水源地水质达标率100%。开展生态环境突出问题排查整治，排查问题107个整改105个，第一轮、第二轮中央和省级（生态）环境保护督察79件信访转办件均全部办结，71

项反馈问题完成整改69项。国家及省级警示片披露5项问题完成整改。加强黑石镇4家碳化硅企业监管力度，确保环保设施正常运行，污染物达标排放。落实水生态环境巡查督办机制和枯水期黄河干支流环境监管，巡查发现水环境生态问题359处，全部完成整改。建立健全“双河长”工作机制，完成巡河4788人次。全年未发生重大环境污染事件，环境安全形势总体平稳。开展国土绿化春季造林，在县城东西山及蔡河东西山重点区域栽植各类乔灌木217万株；组织开展全民义务植树活动，栽植各类苗木4000余株。皋兰县黑石镇和平村肖家湾土地整治项目，完成前期手续办理。水阜镇西面沟历史遗留无主矿山地质环境恢复治理项目，完成项目初设编制。甜水井3号地（二期）土地整治项目通过省自然资源厅批准。

【城乡区域融合】　推进皋兰和兰州新区深度融合发展，县委县政府与兰州新区对接，研究制定《皋兰县强县域行动实施方案（2022—2025）》，按照8镇范围2850平方公里全域规划，推进县域内设施联通、政策相通、市场互通、产业融通，推动皋兰和兰州新区深度融合发展。初步谋划交通基础设施、能源、生态环保等7方面36个项目，总投资324.71亿元。《皋兰国土空间总体规划（2020—2035年）》完成“三线”划定及初步成果，编制完成《皋兰县黑石镇控制性详细规划》等重点区域性规划和长川、豆家庄等26个村庄规划。推进以县城为重要载体的城镇化省级试点示范县建设，投资1.16亿元，推进30个小区46幢楼1762户老旧小区改造。开展自建房安全专项整治“百日攻坚”行动。推动登记难化解工作，办理完成住房登记产籍测绘2456件，建筑面积26.03万平方米。强化农村公路养护，列养农村公路149条761.09公里。投资244.29万元，完成水阜至罗圈湾公路养护维修工程。推进自然村（组）通硬化路项目，投资410万元，新改扩建农村道路5.68公里。投资186.19万元，完成蔡河、豆家庄等10座桥梁安全防护能力提升工程。县公交公司联合县邮政公司、供销社开通邮路专线4条，建设客货邮融合发展村级点57个，累计运送邮件（快递）47963件。投资3660万元，新建上水管道26.18公里、渠道33.86公里、塘坝5.8万方。投资711万元，完成中央大中型水库移民后期扶持项目。投资155万元建成皋兰县国家级数字乡村平台。搭建5G应用场景，新建5G基站40座，累计建成221座5G基站，行政村5G网络覆盖率提升至80%。

【民生和社会保障】　深化教育领域管理体制改革，撤销学区4个，聘请金城名校长担任皋兰一中校长，择优配备中小学校长（园长）42名，跨级跨校配置教师143名。加快义务教育优质均衡发展和城乡一体化，整合农村小规模学校6所，建成皋兰三中维修改造等项目，石洞初中被教育部评为全国乡村温馨校园。

实施就业优先战略，在全市率先建立动态监测帮扶机制，依托县、镇、村三级公共就业服务平台，加强返乡回流人员常态化就业帮扶，与兰州新区职教园区等开展劳务合作。组织开展系列就业服务和援助活动，落实助企稳岗政策，发放创业贷款1882万元带动就业297人，实现城镇新增就业1221人，输转城乡富余劳动力2.68万人。发放各类救助资金4794万元。发放各类优抚金2277万元。完善分层分类社会救助体系，全面做好困境儿童、残疾人、失独家庭等群体关爱帮扶。在全省率先高标准新改扩建4个农村互助老人幸福院，开设爱心助老餐厅2家，为全县60岁及以上老人购买“金城·惠医保”。建成县妇幼保健院综合楼、黑石社区医院业务综合楼、县医院住院部大楼，县人民医院与省人民医院等8家上级医院建立医联体学科联盟，实现省市县三级医院互联互通。新建标准化村卫生室5家，落实家庭医生签约服务、农村医疗卫生服务全覆盖。

（甘怀瑞）

人　物

【2022 年度国家级表彰荣誉】

姓名	所在单位	荣获称号	颁奖单位	颁奖时间
李国艳	城关区人民检察院	全国“土地执法查处领域行政非诉执行监督”专项活动优秀案件	最高人民检察院	2022.01
姚文博	兰州市交通委	2021 年度优秀信息员	交通运输部办公厅	2022.02
梁云鹏	兰州市供销社	2021 年度报送信息先进个人	中华全国供销合作总社	2022.02
敬宏伟	安宁区检察院	全国检察宣传先进个人	检察日报社	2022.03
王豆豆	西固区人民检察院	全国青少年普法教育先进工作者	中国关工委、中央政法委、司法部、共青团中央、中国法学会	2022.03
宋治国	兰州市公安局户政管理处	全国特级优秀人民警察	人社部、公安部	2022.05
魏职兵	兰州市公安局城关分局	全国优秀人民警察	公安部	2022.05
刘长国	兰州市公安局西固分局	全国优秀人民警察	公安部	2022.05
张子剑	兰州市公安局城关分局	全国优秀人民警察	公安部	2022.05
李　浩	兰州市公安局刑事警察支队	全国公安机关爱民模范	公安部	2022.05
安玉山	兰州新区公安局	全国公安机关爱民模范	公安部	2022.05
贾永生	兰州新区公安局	全国五好家庭	中华全国妇女联合会	2022.05
龚智宏	兰州高新区党群工作局	2021 年度国家高新区优秀新闻作品	中国高新技术产业导报社	2022.06
李志亮	兰州市消防救援支队	全国“安康杯”竞赛优秀个人	中华全国总工会、应急管理部、国家卫生健康委员会	2022.07
畅克毅	兰州市消防救援支队	“应急使命·2022”高原高寒地区抗震救灾实战化演习个人二等功	应急管理部	2022.08
苏　勇	兰州市统计局	全国统计系统先进个人	国家统计局	2022.08

续表

姓名	所在单位	荣获称号	颁奖单位	颁奖时间
张　怡	兰州市公安局刑事警察支队	全国“人民满意的公务员”	中共中央、国务院	2022.08
魏世祥	兰州市机关事务管理局	暑期先进工作者	中共中央直属机关事务管理局	2022.09
高国忠	兰州市机关事务管理局	暑期先进工作者	中共中央直属机关事务管理局	2022.09
罗　涛	城关区检察院	全国检察宣传先进个人	最高人民检察院、检察日报社	2022.09
欧阳福生	七里河区检察院	全国检察宣传先进个人	最高人民检察院、检察日报社	2022.09
张子剑	兰州市公安局城关分局	全国公安系统二级英雄模范	公安部	2022.09
王　琼	兰州市公安局七里河分局	2022 年度“最美退役军人”	中共中央宣传部、退役军人事务部、中央军委政治工作部、中央广播电视总台	2022.09
武永陶	兰州新区西岔园区	全国农牧渔业丰收二等奖	农业农村部	2022.09
杨隆骞	西北师范大学	全国关心下一代“最美五老”	中国关工委	2022.11
屈　静	兰州市人民检察院	2022 年度民事检察优秀法律文书	最高人民检察院第六检察厅	2022.11
刘学法	兰州新区消防救援支队	第六届全国 119 消防先进个人	应急管理部	2022.11
张　莹	兰州新区农投集团进出口贸易有限公司	第六届全国农村创业创意项目创新大赛进入全国决赛	农业农村部	2022.11
蒋伟传	兰州市农业农村局（乡村振兴局）	渔业执法专项行动工作突出个人	农业农村部、公安部	2022.12
党宗琴	榆中县气象局	全国气象工作先进个人	中国气象局	2022.12
李国瑜	兰州市安宁区刘家堡消防救援站	优秀科普知识讲解奖	中国安全生产报社	2022.12
布凤俊	兰州市卫生健康委员会	全国老龄系统先进工作者	人力资源和社会保障部 全国老龄工作委员	2022.12
徐进祥	兰州市林业局	第十三届中国（徐州）国际园林博览会表现突出个人	住房和城乡建设部	2022.12
杨治宙	兰州市林业局	第十三届中国（徐州）国际园林博览会表现突出个人	住房和城乡建设部	2022.12
张　喆	兰州市林业局	第十三届中国（徐州）国际园林博览会表现突出个人	住房和城乡建设部	2022.12
高汇学	兰州高新区经济发展和经科局	全国科技管理系统先进工作者	人力资源和社会保障部 科学技术部	2022.12
张得政	兰州新区农林水务局	全国农村集体产权制度改革工作先进个人	农业农村部	2022.12

【2022 年度省级部门表彰荣誉】

姓名	所在单位	荣获称号	颁奖单位	颁奖时间
茹建波	兰州市气象局	甘肃省技术标兵	甘肃省总工会	2022.01
田祎楠	兰州市气象局	甘肃省技术标兵	甘肃省总工会	2022.01
朱　丹	兰州市气象局	甘肃省技术标兵	甘肃省总工会	2022.01
张　宁	兰州市气象局	甘肃省技术标兵	甘肃省总工会	2022.01
刘思帆	兰州市气象局	甘肃省技术标兵	甘肃省总工会	2022.01
张生财	兰州市气象局	甘肃省技术标兵	甘肃省总工会	2022.01
狄　慧	兰州市气象局	甘肃省技术标兵	甘肃省总工会	2022.01

续表

姓名	所在单位	荣获称号	颁奖单位	颁奖时间
郁兴菊	农工党兰州市委会	2021年优秀农工党员	农工党甘肃省委会	2022.01
曹亚斌	农工党兰州市委会	2021年优秀农工党员	农工党甘肃省委会	2022.01
火晓霞	农工党兰州市委会	2021年优秀农工党员	农工党甘肃省委会	2022.01
郭呈莉	农工党兰州市委会	2021年优秀农工党员	农工党甘肃省委会	2022.01
窦　军	农工党兰州市委会	2021年优秀农工党员	农工党甘肃省委会	2022.01
杨迎晖	农工党兰州市委会	2021年优秀农工党员	农工党甘肃省委会	2022.01
甄文君	农工党兰州市委会	2021年优秀农工党员	农工党甘肃省委会	2022.01
滕玉燕	农工党兰州市委会	2021年优秀农工党员	农工党甘肃省委会	2022.01
连海平	农工党兰州市委会	2021年优秀农工党员	农工党甘肃省委会	2022.01
吴　笛	农工党兰州市委会	2021年优秀农工党员	农工党甘肃省委会	2022.01
陶树春	农工党兰州市委会	2021年优秀农工党员	农工党甘肃省委会	2022.01
柴晓芸	农工党兰州市委会	2021年优秀农工党员	农工党甘肃省委会	2022.01
凌建祥	农工党兰州市委会	2021年优秀农工党员	农工党甘肃省委会	2022.01
宋国锋	农工党兰州市委会	2021年优秀农工党员	农工党甘肃省委会	2022.01
傅连鸿	农工党兰州市委会	2021年优秀农工党员	农工党甘肃省委会	2022.01
李明杨	农工党兰州市委会	2021年优秀农工党员	农工党甘肃省委会	2022.01
朱天垣	农工党兰州市委会	2021年优秀农工党员	农工党甘肃省委会	2022.01
王汝勃	农工党兰州市委会	2021年优秀党务工作者	农工党甘肃省委会	2022.01
宋玉杰	农工党兰州市委会	2021年优秀党务工作者	农工党甘肃省委会	2022.01
王　波	农工党兰州市委会	2021年参政议政先进个人	农工党甘肃省委会	2022.01
刘立善	农工党兰州市委会	2021年参政议政先进个人	农工党甘肃省委会	2022.01
韩少康	农工党兰州市委会	2021年参政议政先进个人	农工党甘肃省委会	2022.01
郑　蓉	农工党兰州市委会	2021年参政议政先进个人	农工党甘肃省委会	2022.01
白玉琴	农工党兰州市西固区基层委	2021年参政议政工作积极分子	农工党甘肃省委会	2022.01
樊鸿炎	农工党兰州市西固区基层委	2021年参政议政工作积极分子	农工党甘肃省委会	2022.01
赵叶花	农工党兰州市西固区基层委	2021年参政议政工作积极分子	农工党甘肃省委会	2022.01
丁光荣	农工党兰州市西固区基层委	2021年参政议政工作积极分子	农工党甘肃省委会	2022.01
蔡金玉	农工党兰州市西固区基层委	2021年参政议政工作积极分子	农工党甘肃省委会	2022.01
张　勰	农工党兰州市西固区基层委	2021年参政议政工作积极分子	农工党甘肃省委会	2022.01
王金飞	农工党兰州市西固区基层委	2021年参政议政工作积极分子	农工党甘肃省委会	2022.01
常文钊	农工党兰州市西固区基层委	2021年参政议政工作积极分子	农工党甘肃省委会	2022.01
袁小琴	农工党兰州市西固区基层委	2021年参政议政工作积极分子	农工党甘肃省委会	2022.01
郁万虎	农工党兰州市西固区基层委	2021年参政议政工作积极分子	农工党甘肃省委会	2022.01
卓国春	农工党兰州市西固区基层委	2021年参政议政工作积极分子	农工党甘肃省委会	2022.01
王一耒	农工党兰州市西固区基层委	2021年参政议政工作积极分子	农工党甘肃省委会	2022.01
何　磊	农工党兰州市西固区基层委	2021年参政议政工作积极分子	农工党甘肃省委会	2022.01
牟军勤	农工党兰州市西固区基层委	2021年参政议政工作积极分子	农工党甘肃省委会	2022.01

续表

姓名	所在单位	荣获称号	颁奖单位	颁奖时间
高　华	农工党兰州市西固区基层委	2021 年参政议政工作积极分子	农工党甘肃省委会	2022.01
梁　洁	农工党兰州市西固区基层委	2021 年参政议政工作积极分子	农工党甘肃省委会	2022.01
左　迪	农工党兰州市西固区基层委	2021 年参政议政工作积极分子	农工党甘肃省委会	2022.01
李　瑛	农工党兰州市委会	甘肃省特级教师	甘肃省特级教师评选工作领导小组办公室	2022.01
赵建军	兰州市人民检察院	全省扫黑除恶专项斗争优秀个人	甘肃省人民检察院	2022.01
李春城	城关区人民检察院	全省扫黑除恶专项斗争优秀个人	甘肃省人民检察院	2022.01
李睿昭	七里河区人民检察院	全省扫黑除恶专项斗争优秀个人	甘肃省人民检察院	2022.01
潘　红	兰州市公安局七里河分局	甘肃省第六届“我最喜爱的十大人民警察”	甘肃省人力资源和社会保障厅、甘肃省公安厅、甘肃省总工会、甘肃省精神文明建设指导委员会办公室、甘肃日报社、中国共产主义青年团甘肃省委员会、甘肃省妇女委员会、甘肃省广播电视总台	2022.01
梁晓军	市公安局交通警察支队	甘肃省第六届“我最喜爱的十大人民警察”	甘肃省人力资源和社会保障厅、甘肃省公安厅、甘肃省总工会、甘肃省精神文明建设指导委员会办公室、甘肃日报社、中国共产主义青年团甘肃省委员会、甘肃省妇女委员会、甘肃省广播电视总台	2022.01
张巨明	兰州市交通委	全省交通运输行业先进个人	甘肃省交通运输厅	2022.01
向　耿	兰州市消防救援支队	甘肃省技术能手	甘肃省人力资源和社会保障厅	2022.01
蔡惠民	兰州新区城乡建设局和交通管理局	全省交通运输行业先进个人	甘肃省交通运输厅	2022.01
张　莹	兰州新区农投集团进出口贸易有限公司	第六届全国农村创业创新项目创意大赛获得省级一等奖	甘肃省农业农村厅	2022.01
崔方圆	兰州新区市政投资管理集团有限公司	甘肃省金牌劳动关系协调员	甘肃省人力资源和社会保障厅 甘肃省总工会甘肃省企业联合会 甘肃省工商业联合会	2022.01
蔡惠民	兰州新区城乡建设局和交通管理局	全省交通运输行业先进个人	甘肃省交通运输厅	2022.01
张　莹	兰州新区农投集团进出口贸易有限公司	第六届全国农村创业创新项目创意大赛获得省级一等奖	甘肃省农业农村厅	2022.01
崔方圆	兰州新区市政投资管理集团有限公司	甘肃省金牌劳动关系协调员	甘肃省人力资源和社会保障厅 甘肃省总工会甘肃省企业联合会 甘肃省工商业联合会	2022.01
刘小莉	兰州市农业农村局（乡村振兴局）	年度会计工作业绩突出集体和个人	甘肃省财政厅	2022.2
唐雅玲	兰州市统计局	甘肃省贫困地区重大专项普查工作先进个人	甘肃省人力资源和社会保障厅 国家统计局甘肃调查总队 甘肃省乡村振兴局甘肃省统计局	2022.02
敬宏伟 齐　阳	兰州市安宁区人民检察院	2021 年全省检察理论研究年会优秀论文（优秀奖）	甘肃省人民检察院	2022.02
韩荣翠 李　仝	兰州新区人民检察院	2021 年全省检察理论研究年会优秀论文（优秀奖）	甘肃省人民检察院	2022.02
雷伟民	兰州新区人民检察院	全省打击治理电信网络新型违法犯罪工作先进个人	甘肃省人民检察院	2022.02
王媛春	兰州市卫生健康委员会	甘肃省 2021 年度会计工作业绩突出个人	甘肃省财政厅	2022.02
黄　超	甘肃连城国家级自然保护区管理局	甘肃最美护林员	甘肃省林业和草原局	2022.02

续表

姓名	所在单位	荣获称号	颁奖单位	颁奖时间
张　宏	兰州新区市政设计研究院有限公司	2021 年度会计工作业绩突出个人	甘肃省财政厅	2022.02
陈雪梅	兰州市人民检察院	全省检察机关优秀法治副校长	甘肃省人民检察院、甘肃省教育厅	2022.03
郭春刚	七里河区人民检察院	全省检察机关优秀法治副校长	甘肃省人民检察院、甘肃省教育厅	2022.03
徐　靖	西固区人民检察院	全省检察机关优秀法治副校长	甘肃省人民检察院、甘肃省教育厅	2022.03
盛日范	兰州市供销社	2021 年度全省供销合作社系统再生资源回收利用工作先进个人	甘肃省供销合作社联合社	2022.03
王小梅	兰州新区中川园区	2022 年甘肃省百名优秀村（社区）妇联执委	甘肃省妇联	2022.03
段　虎	兰州新区公安局	二等功	甘肃省公安厅	2022.03
雷志强	兰州新区公安局	全省应急管理、安全生产和防灾减灾工作先进个人	甘肃省人力资源和社会保障厅 甘肃省应急管理厅	2022.03
张　宏	兰州新区市政设计研究院有限公司	2021 年度市州财务快报工作业绩突出个人	甘肃省政府国资委	2022.03
马晶晶	兰州市妇女联合会	全省家庭工作先进个人	甘肃省妇联	2022.04
杜　凯	兰州市公安局交通治安分局	一等功	甘肃省公安厅	2022.04
宗立军	兰州市供销社	2021 年度报送信息先进个人	甘肃省供销合作社联合社	2022.04
周崎良	兰州高新区党群工作局	2017—2020 年度平安甘肃先进个人	平安甘肃建设领导小组办公室 甘肃省人力资源和社会保障厅	2022.04
于　飞	兰州市城关区消防救援大队	甘肃省优秀共青团员	共青团甘肃省委 甘肃省青年联合会	2022.04
王　娜	兰州市安宁区消防救援大队	优秀共青团干部	共青团甘肃省委 甘肃省青年联合会	2022.04
王曙峥	兰州新区党工委办公室	全省优秀共青团干部	共青团甘肃省委	2022.04
赵　婧	兰州新区中川园区	甘肃省优秀共青团员	甘肃省人力资源和社会保障厅 共青团甘肃省委	2022.04
朱绍斌	兰州新区中川园区	参政议政先进个人	民盟甘肃省委员会	2022.04
邸　燕	兰州新区中川园区	陇原司法为民好榜样	甘肃省司法厅	2022.04
杨清尧	兰州新区西岔园区	甘肃省优秀共青团干部	甘肃省人力资源和社会保障厅、共青团甘肃省委	2022.04
王锡钊	兰州新区公安局	2017—2020 年度平安甘肃建设先进个人	甘肃省平安建设领导小组办公室	2022.04
保宏家	兰州新区公安局	2022 年度全省“最美家庭”	甘肃省妇联	2022.04
马　栋	兰州新区消防救援支队	全省优秀共青团干部	甘肃省人力资源和社会保障厅 共青团甘肃省委	2022.04
吕　越	兰州新区商贸物流投资集团有限公司	甘肃省优秀共青团干部	甘肃省人力资源和社会保障厅 共青团甘肃省委	2022.04
史　蕾	农工党兰州市城关区医院总支	甘肃省“优秀护士”	甘肃省卫生健康委	2022.05
金耀华	农工党兰州市直属总支	甘肃省“优秀护士”	甘肃省卫生健康委	2022.05
王　强	兰州市卫生健康委员会	2022 年度甘肃省“最美家庭”	甘肃省妇联	2022.05
李辰宵	兰州市城关区广场消防救援站	2022 年度甘肃省“最美家庭”	甘肃省妇联	2022.05
李　成	兰州市七里河区消防救援大队建兰路消防救援站	2022 年度甘肃省“最美家庭”	甘肃省妇联	2022.05
李星池	永登县消防救援大队	2022 年度甘肃省“最美家庭”	甘肃省妇联	2022.05

续表

姓名	所在单位	荣获称号	颁奖单位	颁奖时间
李　蕾	兰州市人民检察院	2022 年度甘肃省“最美家庭”	甘肃省妇联	2022.05
戴积慧	兰州市审计局	2022 年度甘肃省“最美家庭”	甘肃省妇联	2022.05
吴晓晶	兰州市商务局	2022 年度甘肃省“最美家庭”	甘肃省妇联	2022.05
王　锐	兰州市人民检察院	全省优秀河湖卫士	甘肃省人力资源和社会保障厅 甘肃省水利厅	2022.05
林　灵	兰州市水务局	全省河长制湖长制工作先进工作者	甘肃省人力资源和社会保障厅 甘肃省水利厅	2022.05
杨永栋	兰州市水务局	全省河长制湖长制工作先进工作者	甘肃省人力资源和社会保障厅 甘肃省水利厅	2022.05
陈孝伟	兰州黄河河道管理站	全省优秀河湖卫士	甘肃省人力资源和社会保障厅 甘肃省水利厅	2022.05
李　伟	兰州新区党工委办公室	2022 年度全省“最美家庭”	甘肃省妇联	2022.05
魏万元	兰州新区秦川园区	全省优秀河湖卫士	甘肃省人力资源和社会保障厅 甘肃省水利厅	2022.05
韩爱孝	兰州新区秦川园区	2022 年度全省“最美家庭”	甘肃省妇联	2022.05
杨小红	兰州新区第一人民医院	甘肃省优秀护士	甘肃省卫生健康委员会	2022.05
李　磊	兰州新区第一人民医院	甘肃省优秀护士	甘肃省卫生健康委员会	2022.05
彭　荣	兰州新区西岔中心卫生院	甘肃省优秀护士	甘肃省卫生健康委员会	2022.05
肖同霞	兰州新区瑞岭雅苑 社区卫生服务中心	甘肃省优秀护士	甘肃省卫生健康委员会	2022.05
王国香	兰州新区新安社区卫生服务中心	甘肃省优秀护士	甘肃省卫生健康委员会	2022.05
李　阳	兰州新区现代农业投资集团有限公司	2022 年度全省“最美家庭”	甘肃省妇女联合会	2022.05
张　莹	兰州新区农投集团进出口贸易有限公司	甘肃省第二届电商直播带货大赛最美助农人	甘肃省商务厅	2022.05
马学峰	兰州新区绿洲生态园林建设有限公司	2022 年全省优秀河湖长	甘肃省人力资源和社会保障厅 甘肃省水利局	2022.05
李建奎	兰州市应急管理局	全省应急管理、安全生产和防灾减灾工作先进个人	甘肃省人力资源和社会保障厅 甘肃省应急管理厅	2022.06
祝　毅	兰州市安全生产监察支队	全省应急管理、安全生产和防灾减灾工作先进个人	甘肃省人力资源和社会保障厅 甘肃省应急管理厅	2022.06
李建奎	兰州市应急管理局	全省应急管理、安全生产和防灾减灾工作先进个人	甘肃省人力资源和社会保障厅 甘肃省应急管理厅	2022.06
李　涛	兰州市城关区应急管理局	全省应急管理、安全生产和防灾减灾工作先进个人	甘肃省人力资源和社会保障厅 甘肃省应急管理厅	2022.06
杨光明	兰州市皋兰县应急管理局	全省应急管理、安全生产和防灾减灾工作先进个人	甘肃省人力资源和社会保障厅 甘肃省应急管理厅	2022.06
黄保卫	兰州市安宁区应急管理局	全省应急管理、安全生产和防灾减灾工作先进个人	甘肃省人力资源和社会保障厅 甘肃省应急管理厅	2022.06
王清鹏	兰州新区西岔园区	优秀裁判员	甘肃省第十五届运动会组织委员会	2022.06
王熙博	兰州新区城镇开发建设有限责任公司	甘肃省优秀共青团员	甘肃省人力资源和社会保障厅 共青团甘肃省委	2022.06

续表

姓名	所在单位	荣获称号	颁奖单位	颁奖时间
牟旭东	兰州新区党工委办公室	2022年“4·15”全民国家安全教育日宣传作品一等奖	中共甘肃省委国家安全委员会办公室	2022.07
连芝艺	兰州新区党工委办公室	2022年“4·15”全民国家安全教育日宣传作品一等奖、三等奖	中共甘肃省委国家安全委员会办公室	2022.07
王怡文	兰州新区党工委办公室	2022年“4·15”全民国家安全教育日宣传作品三等奖	中共甘肃省委国家安全委员会办公室	2022.07
彭晓婷	兰州新区中川园区	甘肃省第七次全国人口普查工作先进个人	甘肃省人力资源和社会保障厅 甘肃省统计局	2022.07
李　玲	兰州新区秦川园区	甘肃省第七次全国人口普查先进个人	甘肃省人力资源和社会保障厅 甘肃省统计局	2022.07
董世弘	兰州新区西岔园区	在甘肃省第七次全国人口普查工作中被评为省级先进个人	甘肃省人力资源和社会保障厅 甘肃省统计局	2022.07
马艳玲	兰州新区公安局	甘肃省第七次人口普查先进个人	甘肃省人力资源和社会保障厅 甘肃省统计局	2022.07
苟新源	兰州市中医骨伤科医院	全省“优秀医师”	甘肃省卫生健康委员会	2022.08
李江国	农工党兰州市安宁区基层委	全省“优秀医师”	甘肃省卫生健康委员会	2022.08
丁国佐	兰州新区第一人民医院	全省“优秀医师”	甘肃省卫生健康委员会	2022.08
郑延驰	兰州新区第一人民医院	全省“优秀医师”	甘肃省卫生健康委员会	2022.08
王　琴	兰州新区疾病预防控制中心	全省“优秀医师”	甘肃省卫生健康委员会	2022.08
李娟娟	兰州新区中川镇卫生院	全省“优秀医师”	甘肃省卫生健康委员会	2022.08
郑博予	兰州市妇女联合会	全省“七五”普法工作先进个人	中共甘肃省委宣传部 甘肃省人力资源和社会保障厅 甘肃省司法厅	2022.09
崔丽英	兰州市卫生健康委员会	全省“七五”普法工作先进个人	中共甘肃省委宣传部 甘肃省人力资源和社会保障厅 甘肃省司法厅	2022.09
赵鹏程	兰州市人民检察院	全省“七五”普法工作先进个人	中共甘肃省委宣传部 甘肃省人力资源和社会保障厅 甘肃省司法厅	2022.09
程慧珺	兰州市妇女联合会信息中心	2011—2020年度全省实施妇女儿童发展规划先进个人	甘肃省政府妇儿工委 甘肃省人力资源和社会保障厅	2022.09
陈雪梅	兰州市人民检察院第七检察部	甘肃省实施妇女儿童发展规划先进个人	甘肃省政府妇儿工委 甘肃省人力资源和社会保障厅	2022.09
王元锋	兰州市公安局交通警察支队	2022年甘肃“最美基层民警”	中共甘肃省委宣传部 甘肃省公安厅	2022.09
冯治良	兰州市水务局	甘肃省水资源工作先进个人	甘肃省水利厅	2022.09
杜树祖	兰州市河湖水系管护中心	甘肃省水资源工作先进个人	甘肃省水利厅	2022.09
李秋镘	兰州新区党工委办公室	全省党委办公系统先进个人	中共甘肃省委办公厅 甘肃省人力资源和社会保障厅	2022.09
郝海清	兰州新区党工委办公室	全省网络文明宣传大使	甘肃省委网信办	2022.09
赵宇宁	兰州新区纪工委监工委	全省纪检监察系统先进工作者	甘肃省纪委监委 甘肃省人社厅	2022.09
王建军	兰州新区纪工委监工委	甘肃省纪委监委嘉奖	甘肃省纪委监委	2022.09
杨　锦	兰州新区纪工委监工委	甘肃省纪委监委嘉奖	甘肃省纪委监委	2022.09
邸　燕	兰州新区中川园区	甘肃省“七五”普法先进个人	甘肃省委宣传部、甘肃省人力资源和社会保障厅、甘肃省司法厅	2022.09
王淑婷	兰州新区中川园区	“甘肃省岗位练兵明星”	甘肃省人力资源和社会保障厅	2022.09
王爱伟	兰州新区农林水务局	全省水资源工作先进个人	甘肃省水利厅	2022.09

续表

姓名	所在单位	荣获称号	颁奖单位	颁奖时间
王丽蓉	兰州新区教育体育局（教育考试院）	全省体育工作先进个人	甘肃省人力资源和社会保障厅 甘肃省体育局	2022.09
郑晓婷	国网兰州供电公司	2022年甘肃省五一劳动奖章	甘肃省总工会	2022.10
邵旭平	兰州市城关区农业综合保障服务中心	2022年甘肃省五一劳动奖章	甘肃省总工会	2022.10
周恒斌	兰州能源投资集团有限公司	2022年甘肃省五一劳动奖章	甘肃省总工会	2022.10
余林林	兰州万家馨园艺职业培训学校	2022年甘肃省五一劳动奖章	甘肃省总工会	2022.10
杨学森	兰州市轨道交通有限公司运营分公司	2022年甘肃省五一劳动奖章	甘肃省总工会	2022.10
孙海会	兰州万城物业集团有限公司	2022年甘肃省五一劳动奖章	甘肃省总工会	2022.10
张　译	甘肃省通信产业物业管理有限公司	2022年甘肃省五一劳动奖章	甘肃省总工会	2022.10
张桂兰	方大炭素新材料科技股份有限公司	2022年甘肃省五一劳动奖章	甘肃省总工会	2022.10
王　刚	兰州万尊为民环境卫生工程综合服务有限公司	2022年甘肃省五一劳动奖章	甘肃省总工会	2022.10
何　江	国家税务总局兰州市税务局	2022年甘肃省五一劳动奖章	甘肃省总工会	2022.10
宋艾芳	甘肃陇原妹巾帼家政服务有限责任公司	2022年甘肃省五一劳动奖章	甘肃省总工会	2022.10
赵卫东	兰州石化公司维达公司	2022年甘肃省五一劳动奖章	甘肃省总工会	2022.10
刘惠俊	兰州公交集团有限公司第三客运公司	2022年甘肃省五一劳动奖章	甘肃省总工会	2022.10
王富国	兰州顺丰速运有限公司	2022年甘肃省五一劳动奖章	甘肃省总工会	2022.10
李志亮	兰州市消防救援支队特勤大队二站	2022年甘肃省五一劳动奖章	甘肃省总工会	2022.10
石爱国	兰州佛慈制药股份有限公司	2022年甘肃省五一劳动奖章	甘肃省总工会	2022.10
赵　锐	兰州市公安局城关分局大教梁派出所	2022年甘肃省五一劳动奖章	甘肃省总工会	2022.10
张　熠	兰州市公安局刑事警察支队	一等功	甘肃省公安厅	2022.10
芮守武	兰州新区党工委办公室	全省驻京劝返先进个人	甘肃省信访局	2022.10
张潇月	兰州市农业农村局（乡村振兴局）	甘肃省三八红旗手	甘肃省人力资源和社会保障厅 甘肃省妇女联合会	2022.11
潘　红	兰州市公安局七里河分局	甘肃省三八红旗手	甘肃省人力资源和社会保障厅 甘肃省妇女联合会	2022.11
肖　潇	兰州市公安局城关分局	一等功	甘肃省公安厅	2022.11
张鹏程	兰州市公安局	一等功	甘肃省公安厅	2022.11
白宗华	兰州市委直属机关工委	2022年度甘肃省机关党建课题研究论文三等奖	甘肃省机关党的建设研究会	2022.12
孙　磊	兰州市委直属机关工委	2022年度甘肃省机关党建课题研究优秀论文二等奖	甘肃省机关党的建设研究会	2022.12
孙伶俐	皋兰县文化馆	专著《皋兰曲子戏》获第四届甘肃音乐黄钟奖（音乐论文）提名奖	甘肃省文学艺术界联合会 甘肃省音乐家协会	2022.12
张宗弟	榆中县医保中心	民进全省2022年参政议政工作先进个人	民进甘肃省委员会	2022.12
王凌云	兰州市七里河区七里河小学	民进全省2022年参政议政工作先进个人	民进甘肃省委员会	2022.12
白玉权	中国科学院兰州分院小学	民进全省2022年参政议政工作先进个人	民进甘肃省委员会	2022.12
刘煜昊	兰州市七里河区经济信息中心	民进全省2022年参政议政工作先进个人	民进甘肃省委员会	2022.12

续表

姓名	所在单位	荣获称号	颁奖单位	颁奖时间
陆　荣	兰州市城关区五泉街道政务服务中心	民进全省 2022 年参政议政工作先进个人	民进甘肃省委员会	2022.12
滕　斌	兰州市七里河区华林路第一小学	民进全省 2022 年参政议政工作先进个人	民进甘肃省委员会	2022.12
李　琪	民进兰州市委会	民进甘肃省信息化建设工作先进个人	民进甘肃省委员会	2022.12
王一耒	农工党兰州市城关区直属总支	疫情防控优秀志愿者	中共甘肃省委宣传部、文明办	2022.12
范富芳	兰州新区中川园区	甘肃省优秀工会积极分子	甘肃省人力资源和社会保障厅 甘肃省总工会	2022.12
刘　倩	兰州新区中川园区	甘肃省优秀工会工作者	甘肃省人力资源和社会保障厅 甘肃省总工会	2022.12
王　森	兰州新区秦川园区	甘肃省优秀工会积极分子	甘肃省人力资源和社会保障厅 甘肃省总工会	2022.12
俞冬梅	兰州新区第一人民医院	甘肃省三八红旗手	甘肃省人力资源和社会保障厅 甘肃省妇女联合会	2022.12
柴晓娟	兰州新区商贸物流投资集团有限公司	甘肃省优秀工会积极分子	甘肃省人力资源和社会保障厅 甘肃省总工会	2022.12
王丽莉	兰州新区科文旅集团	甘肃省优秀工会工作者	甘肃省人力资源和社会保障厅 甘肃省总工会	2022.12
姜　锦	兰州新区石化产业投资集团有限公司	甘肃省优秀企业家	中共甘肃省委办公厅	2022.12

【2022 年度市委市政府表彰荣誉】

姓名	所在单位	荣获称号	颁奖单位	颁奖时间
尹　君	兰州市卫生健康委员会	新时代“最美逆行者”	中共兰州市委、兰州市人民政府	2022.07
杨　征	兰州市卫生健康委员会	新时代“最美逆行者”	中共兰州市委、兰州市人民政府	2022.07
王克麟	兰州市卫生健康委员会	新时代“最美逆行者”	中共兰州市委、兰州市人民政府	2022.07
高　瑜	兰州市卫生健康委员会	新时代“最美逆行者”	中共兰州市委、兰州市人民政府	2022.07
孙国锋	兰州市卫生健康委员会	新时代“最美逆行者”	中共兰州市委、兰州市人民政府	2022.07
张爱娣	兰州市卫生健康委员会	新时代“最美逆行者”	中共兰州市委、兰州市人民政府	2022.07
史海军	兰州市卫生健康委员会	新时代“最美逆行者”	中共兰州市委、兰州市人民政府	2022.07
贾优鹏	兰州市卫生健康委员会	新时代“最美逆行者”	中共兰州市委、兰州市人民政府	2022.07
何得荣	兰州市卫生健康委员会	新时代“最美逆行者”	中共兰州市委、兰州市人民政府	2022.07
王　莉	兰州市计划生育协会	新时代“最美逆行者”	中共兰州市委、兰州市人民政府	2022.07
刘海鸣	兰州市卫生健康委 综合监督执法所	新时代“最美逆行者”	中共兰州市委、兰州市人民政府	2022.07
许　琴	兰州市卫生健康委 综合监督执法所	新时代“最美逆行者”	中共兰州市委、兰州市人民政府	2022.07
陈　辉	兰州市卫生健康委 综合监督执法所	新时代“最美逆行者”	中共兰州市委、兰州市人民政府	2022.07
吴红梅	兰州市卫生健康委 综合监督执法所	新时代“最美逆行者”	中共兰州市委、兰州市人民政府	2022.07

续表

姓名	所在单位	荣获称号	颁奖单位	颁奖时间
王　延	兰州市卫生健康委综合监督执法所	新时代“最美逆行者”	中共兰州市委、兰州市人民政府	2022.07
曹　阳	兰州市卫生健康委综合监督执法所	新时代“最美逆行者”	中共兰州市委、兰州市人民政府	2022.07
刘文晶	兰州市卫生健康委综合监督执法所	新时代“最美逆行者”	中共兰州市委、兰州市人民政府	2022.07
刘长清	兰州市卫生健康委综合监督执法所	新时代“最美逆行者”	中共兰州市委、兰州市人民政府	2022.07
甘梦欣	兰州市卫生健康委综合监督执法所	新时代“最美逆行者”	中共兰州市委、兰州市人民政府	2022.07
师浩龙	兰州新区管委会办公室	新时代“最美逆行者”	中共兰州市委、兰州市人民政府	2022.07
张小丽	兰州新区组织部	疫情防控作出重要贡献	中共兰州市委、兰州市人民政府	2022.07
智麟乔	兰州新区组织部	疫情防控作出重要贡献	中共兰州市委、兰州市人民政府	2022.07
蔡志红	兰州新区组织部	疫情防控作出重要贡献	中共兰州市委、兰州市人民政府	2022.07
杨宏涛	兰州新区党群工作部	新时代“最美逆行者”	中共兰州市委、兰州市人民政府	2022.07
马　强	兰州新区党群工作部	新时代“最美逆行者”	中共兰州市委、兰州市人民政府	2022.07
桂正东	兰州新区党群工作部	新时代“最美逆行者”	中共兰州市委、兰州市人民政府	2022.07
郭　健	兰州新区中川园区	新时代“最美逆行者”	中共兰州市委、兰州市人民政府	2022.07
李文东	兰州新区市场监督管理局	抗击新冠肺炎疫情“最美逆行者”	中共兰州市委、兰州市人民政府	2022.07
岳潇亮	兰州新区自然资源局	抗击新冠肺炎疫情“最美逆行者”	中共兰州市委、兰州市人民政府	2022.07
彭卫东	兰州新区热力工程建设管理有限公司	抗击新冠肺炎疫情“最美逆行者”	中共兰州市委、兰州市人民政府	2022.07
税国斌	兰州新区党群工作部	抗击新冠肺炎疫情先进个人	中共兰州市委、兰州市人民政府	2022.12
郜　强	兰州新区党群工作部	抗击新冠肺炎疫情先进个人	中共兰州市委、兰州市人民政府	2022.12
杨增龙	兰州新区中川园区	市级抗疫荣誉证书	中共兰州市委、兰州市人民政府	2022.12
杨亨川	兰州新区中川园区	抗击新冠肺炎疫情重要贡献奖	中共兰州市委、兰州市人民政府	2022.12
赵　亮	兰州新区中川园区	抗击新冠肺炎疫情重要贡献奖	中共兰州市委、兰州市人民政府	2022.12
郑军红	兰州新区中川园区	抗击新冠肺炎疫情重要贡献奖	中共兰州市委、兰州市人民政府	2022.12
蔡振军	兰州新区中川园区	抗击新冠肺炎疫情重要贡献奖	中共兰州市委、兰州市人民政府	2022.12
秦天春	兰州新区中川园区	2022 年度疫情防控优秀志愿者	中共兰州市委、兰州市人民政府	2022.12
韵富国	兰州新区中川园区	抗击新冠肺炎疫情重要贡献奖	中共兰州市委、兰州市人民政府	2022.12
王定文	兰州新区中川园区	抗击新冠肺炎疫情重要贡献奖	中共兰州市委、兰州市人民政府	2022.12
王　斌	兰州新区中川园区	抗击新冠肺炎疫情重要贡献奖	中共兰州市委、兰州市人民政府	2022.12
王汝全	兰州新区中川园区	抗击新冠肺炎疫情重要贡献奖	中共兰州市委、兰州市人民政府	2022.12
程鹏程	兰州新区西岔园区	抗击新冠肺炎疫情重要贡献奖	中共兰州市委、兰州市人民政府	2022.12
梁应禄	兰州新区西岔园区	抗击新冠肺炎疫情重要贡献奖	中共兰州市委、兰州市人民政府	2022.12
陈　伟	兰州新区西岔园区	抗击新冠肺炎疫情重要贡献奖	中共兰州市委、兰州市人民政府	2022.12
贾红伟	兰州新区西岔园区	抗击新冠肺炎疫情重要贡献奖	中共兰州市委、兰州市人民政府	2022.12

续表

姓名	所在单位	荣获称号	颁奖单位	颁奖时间
杨建国	兰州新区西岔园区	抗击新冠肺炎疫情重要贡献奖	中共兰州市委、兰州市人民政府	2022.12
贾永贤	兰州新区西岔园区	抗击新冠肺炎疫情重要贡献奖	中共兰州市委、兰州市人民政府	2022.12
王亚强	兰州新区西岔园区	抗击新冠肺炎疫情重要贡献奖	中共兰州市委、兰州市人民政府	2022.12
邹英鹏	兰州新区西岔园区	抗击新冠肺炎疫情重要贡献奖	中共兰州市委、兰州市人民政府	2022.12
黄登斌	兰州新区西岔园区	抗击新冠肺炎疫情重要贡献奖	中共兰州市委、兰州市人民政府	2022.12
王小林	兰州新区西岔园区	抗击新冠肺炎疫情重要贡献奖	中共兰州市委、兰州市人民政府	2022.12
张宏亮	兰州新区西岔园区	抗击新冠肺炎疫情重要贡献奖	中共兰州市委、兰州市人民政府	2022.12
杨清尧	兰州新区西岔园区	抗击新冠肺炎疫情重要贡献奖	中共兰州市委、兰州市人民政府	2022.12
苗承斌	兰州新区西岔园区	抗击新冠肺炎疫情重要贡献奖	中共兰州市委、兰州市人民政府	2022.12
党龙龙	兰州新区西岔园区	抗击新冠肺炎疫情重要贡献奖	中共兰州市委、兰州市人民政府	2022.12
王　璟	兰州新区城乡建设局和交通管理局	抗疫先进个人	中共兰州市委、兰州市人民政府	2022.12
高　翔	兰州新区农林水务局	抗疫荣誉证书	中共兰州市委、兰州市人民政府	2022.12
康永君	兰州新区教育考试院	全市疫情防控重要贡献个人	中共兰州市委、兰州市人民政府	2022.12
王啟龙	兰州新区市场监督管理局	抗击新冠肺炎疫情重要贡献奖	中共兰州市委、兰州市人民政府	2022.12
马立峰	兰州新区市场监督管理局	抗击新冠肺炎疫情重要贡献奖	中共兰州市委、兰州市人民政府	2022.12
王海龙	兰州新区审计局	抗击新冠肺炎疫情重要贡献奖	中共兰州市委、兰州市人民政府	2022.12
潘学鹏	兰州新区审计局	抗击新冠肺炎疫情重要贡献奖	中共兰州市委、兰州市人民政府	2022.12
李东来	兰州市政施工有限公司	抗击新冠肺炎疫情“最美逆行者”	中共兰州市委、兰州市人民政府	2022.12
王承鑫	兰州市政施工有限公司	抗击新冠肺炎疫情“最美逆行者”	中共兰州市委、兰州市人民政府	2022.12
徐世明	兰州市政施工有限公司	抗击新冠肺炎疫情“最美逆行者”	中共兰州市委、兰州市人民政府	2022.12
吴国杰	兰州市政施工有限公司	抗击新冠肺炎疫情“最美逆行者”	中共兰州市委、兰州市人民政府	2022.12
火赟昌	兰州市政施工有限公司	抗击新冠肺炎疫情“最美逆行者”	中共兰州市委、兰州市人民政府	2022.12
刘　鹏	兰州市政施工有限公司	抗击新冠肺炎疫情“最美逆行者”	中共兰州市委、兰州市人民政府	2022.12
康宏太	兰州市政施工有限公司	抗击新冠肺炎疫情“最美逆行者”	中共兰州市委、兰州市人民政府	2022.12
李彦兵	兰州市政施工有限公司	抗击新冠肺炎疫情“最美逆行者”	中共兰州市委、兰州市人民政府	2022.12

【兰州市退役军人入鉴名录】

序号	姓名	性别	民族	籍贯	户籍所在地	身份类别	荣誉称号	颁奖时间
1	李保国	男	汉	甘肃兰州	兰州市城关区	退役军人	一等功	1997.01
2	宋　飞	男	汉	甘肃兰州	兰州市城关区	参战退役军人	一等战功	1987.06
3	鲍亚军	男	汉	甘肃兰州	兰州市城关区	参战退役军人	一等战功	1987.05
4	王长金	男	汉	甘肃兰州	兰州市城关区	退役军人	一等功	1993.12
5	丁贵华	男	汉	甘肃兰州	兰州市城关区	退役军人	一等功	2003.07

续表

序号	姓名	性别	民族	籍贯	户籍所在地	身份类别	荣誉称号	颁奖时间
6	孟　军	男	汉	甘肃兰州	兰州市城关区	参战退役军人	一等战功 二等功	1986.03
7	陈有祥	男	汉	甘肃兰州	兰州市城关区	参战退役军人	一等战功	1987.05
8	骆牧渊	男	汉	甘肃漳县	兰州市七里河区	参战退役军人	一等战功	1986.06
9	韩胜和	男	汉	河北故城	兰州市七里河区	参战退役军人	一等战功	1986.11
10	杨维勇	男	汉	甘肃会宁	兰州市七里河区	退役军人	二等功	1989.03
11	杜卫忠	男	汉	甘肃和政	兰州市七里河区	退役军人	二等功	1985.05
12	陈国芳	男	汉	甘肃静宁	兰州市七里河区	参战退役军人	二等战功	1987.05
13	王　耀	男	汉	甘肃会宁	兰州市七里河区	退役军人	二等功	1994.03
14	印红光	男	汉	江苏泰兴	兰州市七里河区	参战退役军人	二等战功 1 次 三等战功 4 次	1987.05(二等功)， 1983、1984、 1985、1997 （三等战功）
15	辛福正	男	汉	甘肃泾川	兰州市七里河区	参战退役军人	二等战功	1987.05
16	胡希旺	男	汉	甘肃	兰州市七里河区	参战退役军人	二等战功	1987.06
17	屈建军	男	汉	河北	兰州市七里河区	参战退役军人	二等战功	1987.05
18	李　屹	男	汉	天津	兰州市七里河区	退役军人	二等功	1995.06
19	刘晓文	男	汉	甘肃平凉	兰州市七里河区	参战退役军人	二等战功	1987.01
20	张世全	男	汉	甘肃兰州	兰州市七里河区	退役军人	二等功	2010.07
21	周士奇	男	汉	浙江奉化	兰州市七里河区	退役军人	二等功	1954.04
22	邹尚明	男	汉	陕西安康	兰州市七里河区	退役军人	二等功	2004.07
23	张鑫虎	男	汉	陕西渭南	兰州市七里河区	退役军人	二等功	2000.04
24	王岁攀	男	汉	甘肃静宁	兰州市七里河区	参战退役军人	二等战功	1986.11
25	缑根仓	男	汉	甘肃天水	兰州市七里河区	参战退役军人	二等战功	1992.07
26	麻成德	男	汉	甘肃庆阳	兰州市七里河区	参战退役军人	二等战功	1985.12
27	杨正川	男	汉	甘肃静宁	兰州市七里河区	参战退役军人	二等战功	1987.05
28	张世海	男	汉	甘肃永登	兰州市七里河区	参战退役军人	二等战功	1969.09
29	丁建红	男	汉	兰州榆中	兰州市七里河区	退役军人	二等功	1990.11
30	贺建国	男	汉	甘肃永登	兰州市七里河区	退役军人	二等功	2004.12
31	李长瑞	男	汉	甘肃	兰州市七里河区	退役军人	二等战功	1985.12
32	段智慧	男	汉	甘肃镇原	兰州市七里河区	参战退役军人	二等战功	1987.05
33	吴怀建	男	汉	甘肃兰州	兰州市七里河区	参战退役军人	二等战功 三等战功	1987.07
34	许　江	男	汉	甘肃兰州	兰州市七里河区	参战退役军人	二等战功	1987.05
35	徐海元	男	汉	甘肃兰州	兰州市七里河区	参战退役军人	二等战功	1987.05
36	李　坚	男	汉	河南华县	兰州市七里河区	参战退役军人	二等战功	1983.08

续表

序号	姓名	性别	民族	籍贯	户籍所在地	身份类别	荣誉称号	颁奖时间
37	杨华阴	男	汉	陕西	兰州市七里河区	参战退役军人	二等战功	1987.05
38	赵增庆	男	汉	山东	兰州市七里河区	参战退役军人	二等战功	1987.06
39	王　勇	男	汉	甘肃古浪	兰州市七里河区	参战退役军人	二等战功	1987.05
40	周吉仁	男	汉	甘肃甘谷	兰州市七里河区	参战退役军人	二等战功 三等战功	1987.03
41	潘　勋	男	汉	甘肃镇原	兰州市七里河区	退役军人	二等功	1990.01
42	王俊涛	男	汉	甘肃清水	兰州市七里河区	退役军人	二等功	1999.01
43	宋明彦	男	汉	甘肃兰州	兰州市七里河区	参战退役军人	二等战功	1987.06
44	钱康和	男	汉	四川彭州	兰州市七里河区	退役军人	二等功	1989.12
45	安坤鹏	男	汉	甘肃正宁	兰州市七里河区	参战退役军人	二等战功	1987.05
46	汪　洋	男	汉	甘肃兰州	兰州市安宁区	参战退役军人	一等战功	1987.05
47	朱宗赋	男	汉	甘肃兰州	兰州市安宁区	参战退役军人	一等战功	1987.05
48	马自勇	男	汉	甘肃甘谷	兰州市西固区	参战退役军人	一等战功	1985.05
49	周子生	男	汉	兰州七里河	兰州市西固区	参战退役军人	一等战功	1987.06
50	杜玉进	男	汉	甘肃文县	兰州市西固区	参战退役军人	一等战功	1987
51	杨俊孝	男	汉	甘肃榆中	兰州市榆中县	参战退役军人	一等战功	1952
52	杨天荣	男	汉	甘肃榆中	兰州市榆中县	参战退役军人	一等战功	1987.03
53	李凤宽	男	汉	甘肃榆中	兰州市榆中县	退役军人	一等功	1977
54	周东阁	男	汉	甘肃榆中	兰州市榆中县	退役军人	二等功	2010.04
55	王国荣	男	汉	甘肃榆中	兰州市榆中县	退役军人	二等功	2008.10
56	杨维宝	男	汉	甘肃榆中	兰州市榆中县	退役军人	二等功	2008.01
57	戴　刚	男	汉	甘肃榆中	兰州市榆中县	退役军人	二等功	2017.01
58	兰　辉	男	汉	甘肃榆中	兰州市榆中县	退役军人	二等功	2009.12
59	岳建国	男	汉	甘肃榆中	兰州市榆中县	参战退役军人	二等战功	1986.09
60	郑明强	男	汉	甘肃榆中	兰州市榆中县	参战退役军人	二等战功	1986.04
61	侯孝飞	男	汉	甘肃榆中	兰州市榆中县	参战退役军人	二等战功	1987.01
62	马士聪	男	汉	甘肃榆中	兰州市榆中县	参战退役军人	二等战功	1987.06
63	王仲春	男	汉	甘肃榆中	兰州市榆中县	参战退役军人	二等战功	1987.05
64	张登泰	男	汉	甘肃榆中	兰州市榆中县	参战退役军人	三等战功	1953.06
65	白锟恩	男	汉	甘肃榆中	兰州市榆中县	参战退役军人	三等战功	1987.05
66	金满仓	男	汉	甘肃榆中	兰州市榆中县	参战退役军人	三等战功	1984.06
67	叶连民	男	汉	甘肃榆中	兰州市榆中县	参战退役军人	三等战功	1987.05
68	郝文化	男	汉	甘肃榆中	兰州市榆中县	参战退役军人	三等战功	1986

续表

序号	姓名	性别	民族	籍贯	户籍所在地	身份类别	荣誉称号	颁奖时间
69	郭　宏	男	汉	甘肃榆中	兰州市榆中县	参战退役军人	三等战功	1986.02
70	白富河	男	汉	甘肃榆中	兰州市榆中县	参战退役军人	三等战功	1986.11
71	白明河	男	汉	甘肃榆中	兰州市榆中县	参战退役军人	三等战功	1987.05
72	黄应毓	男	汉	甘肃榆中	兰州市榆中县	参战退役军人	三等战功	1987.04
73	蒋宜孝	男	汉	甘肃榆中	兰州市榆中县	参战退役军人	三等战功	1987.06
74	金维山	男	汉	甘肃榆中	兰州市榆中县	参战退役军人	三等战功	1986.01
75	李明晔	男	汉	甘肃榆中	兰州市榆中县	参战退役军人	三等战功	1986.03
76	谢叔荣	男	汉	甘肃榆中	兰州市榆中县	参战退役军人	三等战功	1987.06
77	许长征	男	汉	甘肃榆中	兰州市榆中县	参战退役军人	三等战功	1987.05
78	杨培栋	男	汉	甘肃榆中	兰州市榆中县	参战退役军人	三等战功	1986.11
79	岳永龙	男	汉	甘肃榆中	兰州市榆中县	参战退役军人	三等战功	1987.04
80	马向东	男	汉	甘肃榆中	兰州市榆中县	参战退役军人	三等战功	1987.04
81	冯乐义	男	汉	甘肃榆中	兰州市榆中县	参战退役军人	三等战功	1987.06
82	丁宽林	男	汉	甘肃榆中	兰州市榆中县	参战退役军人	三等战功	1987.06
83	邢正忠	男	汉	甘肃榆中	兰州市榆中县	参战退役军人	三等战功	1987.05
84	王培玉	男	汉	甘肃榆中	兰州市榆中县	参战退役军人	三等战功	1987.06
85	李瑞元	男	汉	甘肃榆中	兰州市榆中县	参战退役军人	三等战功	1987.05
86	杜富民	男	汉	甘肃榆中	兰州市榆中县	参战退役军人	三等战功	1987.04
87	白烈功	男	汉	甘肃榆中	兰州市榆中县	参战退役军人	三等战功	1987.04
88	施文章	男	汉	甘肃榆中	兰州市榆中县	参战退役军人	三等战功	1987.04
89	宋禄远	男	汉	甘肃榆中	兰州市榆中县	参战退役军人	三等战功	1987.05
90	谈应海	男	汉	甘肃榆中	兰州市榆中县	参战退役军人	三等战功	1987.04
91	周国奎	男	汉	甘肃榆中	兰州市榆中县	参战退役军人	三等战功	1987.04
92	陶生忠	男	汉	甘肃榆中	兰州市榆中县	参战退役军人	三等战功	1987.05
93	胡玉平	男	汉	甘肃榆中	兰州市榆中县	参战退役军人	三等战功	1987.05
94	水生忠	男	汉	甘肃榆中	兰州市榆中县	参战退役军人	三等战功	1987.05
95	罗建明	男	汉	甘肃榆中	兰州市榆中县	参战退役军人	三等战功	1987.06
96	丁国贵	男	汉	甘肃榆中	兰州市榆中县	参战退役军人	三等战功	1987.05
97	郑元斌	男	汉	甘肃榆中	兰州市榆中县	参战退役军人	三等战功	1987.05
98	杨成国	男	汉	甘肃榆中	兰州市榆中县	参战退役军人	三等战功	1985.01
99	宣守孝	男	汉	甘肃榆中	兰州市榆中县	参战退役军人	三等战功	1987.05
100	薛贵平	男	汉	甘肃榆中	兰州市榆中县	参战退役军人	三等战功	1986.04
101	敬国成	男	汉	甘肃榆中	兰州市榆中县	参战退役军人	三等战功	1987.04

续表

序号	姓名	性别	民族	籍贯	户籍所在地	身份类别	荣誉称号	颁奖时间
102	许承东	男	汉	甘肃榆中	兰州市榆中县	参战退役军人	三等战功	1987.10
103	刘国伟	男	汉	甘肃榆中	兰州市榆中县	参战退役军人	三等战功	1987.07
104	刘玉庆	男	汉	甘肃榆中	兰州市榆中县	参战退役军人	三等战功	1987.07
105	刘拥民	男	汉	甘肃榆中	兰州市榆中县	参战退役军人	三等战功	1987.06
106	张吉雄	男	汉	甘肃榆中	兰州市榆中县	参战退役军人	三等战功	1987.05
107	何正太	男	汉	甘肃榆中	兰州市榆中县	参战退役军人	三等战功	1987.04
108	王国辉	男	汉	甘肃榆中	兰州市榆中县	参战退役军人	三等战功	1987.05
109	杨俊平	男	汉	甘肃榆中	兰州市榆中县	参战退役军人	三等战功	1987.05
110	王志平	男	汉	甘肃榆中	兰州市榆中县	参战退役军人	三等战功	1987.05
111	张明慧	男	汉	甘肃榆中	兰州市榆中县	参战退役军人	三等战功	1986.09
112	罗志荣	男	汉	甘肃榆中	兰州市榆中县	参战退役军人	三等战功	1987.05
113	杜文元	男	汉	甘肃榆中	兰州市榆中县	参战退役军人	三等战功	1987.05
114	张克泉	男	汉	甘肃榆中	兰州市榆中县	参战退役军人	三等战功	1987.05
115	郭保勋	男	汉	甘肃榆中	兰州市榆中县	参战退役军人	三等战功	1987.06
116	周永良	男	汉	甘肃榆中	兰州市榆中县	参战退役军人	三等战功	1987.05
117	汉武奎	男	汉	甘肃榆中	兰州市榆中县	参战退役军人	三等战功	1987.05
118	雍雪峰	男	汉	甘肃榆中	兰州市榆中县	参战退役军人	三等战功	1987.05
119	王志刚	男	汉	甘肃榆中	兰州市榆中县	参战退役军人	三等战功	1986.02
120	王玉文	男	汉	甘肃榆中	兰州市榆中县	参战退役军人	三等战功	1985.10
121	刘满贵	男	汉	甘肃榆中	兰州市榆中县	参战退役军人	三等战功	1987.05
122	安文虎	男	汉	甘肃榆中	兰州市榆中县	参战退役军人	三等战功	1987.06
123	唐　永	男	汉	甘肃榆中	兰州市榆中县	参战退役军人	三等战功	1987.05
124	祁应明	男	汉	甘肃榆中	兰州市榆中县	参战退役军人	三等战功	1987.05
125	魏永学	男	汉	甘肃榆中	兰州市榆中县	参战退役军人	三等战功	1986.02
126	郭洁华	男	汉	甘肃榆中	兰州市榆中县	参战退役军人	三等战功	1987.06
127	高齐峰	男	汉	甘肃榆中	兰州市榆中县	参战退役军人	三等战功	1987.05
128	郝文胜	男	汉	甘肃榆中	兰州市榆中县	参战退役军人	三等战功	1987.05
129	方东明	男	汉	甘肃榆中	兰州市榆中县	参战退役军人	三等战功	1987.06
130	王天保	男	汉	甘肃榆中	兰州市榆中县	参战退役军人	三等战功	1987.05
131	张文义	男	汉	甘肃榆中	兰州市榆中县	参战退役军人	三等战功	1987.05
132	郭子荣	男	汉	甘肃榆中	兰州市榆中县	参战退役军人	三等战功	1986.10
133	白文军	男	汉	甘肃榆中	兰州市榆中县	参战退役军人	三等战功	1987.05
134	闫德文	男	汉	甘肃榆中	兰州市榆中县	参战退役军人	三等战功	1987.05

续表

序号	姓名	性别	民族	籍贯	户籍所在地	身份类别	荣誉称号	颁奖时间
135	张正成	男	汉	甘肃榆中	兰州市榆中县	参战退役军人	三等战功	1987.05
136	李映山	男	汉	甘肃榆中	兰州市榆中县	参战退役军人	三等战功	1986.09
137	朱存成	男	汉	甘肃武威	兰州市红古区	参战退役军人	一等战功 集体二等功 三等战功	1987.05
138	侯全政	男	汉	甘肃秦安	兰州市红古区	参战退役军人	一等战功	1987.05
139	马占胜	男	回	甘肃兰州	兰州市红古区	参战退役军人	一等战功	1987.05
140	柴德幸	男	汉	甘肃兰州	兰州市红古区	参战退役军人	二等战功 三等战功	1987.06
141	柴　岐	男	汉	甘肃兰州	兰州市红古区	参战退役军人	二等功	1987.06
142	成克勤	男	汉	甘肃兰州	兰州市红古区	参战退役军人	二等战功 三等战功	1986.12
143	祁　耕	男	汉	甘肃兰州	兰州市红古区	退役军人	二等功	2011.09
144	白裕军	男	汉	甘肃兰州	兰州市红古区	参战退役军人	二等战功	1987.06
145	刘高红	男	汉	青海乐都	兰州市红古区	参战退役军人	二等战功 三等战功	1991.11
146	张跟相	男	汉	甘肃天水	兰州市红古区	参战退役军人	二等战功	1989.01
147	甘文迪	女	汉	甘肃兰州	兰州市红古区	退役军人	二等功	2020.12
148	马士忠	男	汉	甘肃兰州	兰州市红古区	退役军人	二等功	2019.11
149	席志军	男	汉	甘肃庆阳	兰州市红古区	退役军人	二等功	1985.01
150	李根保	男	汉	甘肃秦安	兰州市红古区	参战退役军人	三等战功	1987.06
151	谢全太	男	汉	甘肃甘谷	兰州市红古区	参战退役军人	三等战功	1987.06
152	赵　强	男	汉	甘肃灵台	兰州市红古区	参战退役军人	三等战功	1987.07
153	陈世录	男	汉	甘肃秦安	兰州市红古区	参战退役军人	三等战功	1987.06
154	鲁武贵	男	汉	甘肃兰州	兰州市红古区	参战退役军人	三等战功	1987.06
155	瞿海业	男	汉	甘肃兰州	兰州市红古区	参战退役军人	三等战功	1987.06
156	王继明	男	汉	甘肃秦安	兰州市红古区	参战退役军人	三等战功	1987.06
157	庞锁明	男	汉	甘肃秦安	兰州市红古区	参战退役军人	三等战功	1987.06
158	姚锦春	男	汉	甘肃秦安	兰州市红古区	参战退役军人	三等战功	1987.06
159	杨军胜	男	汉	甘肃秦安	兰州市红古区	参战退役军人	三等战功	1987.06
160	张国林	男	汉	甘肃兰州	兰州市红古区	参战退役军人	三等战功	1987.06
161	李志忠	男	汉	甘肃秦安	兰州市红古区	参战退役军人	三等战功	1987.09
162	苗承荣	男	汉	甘肃永登	兰州市红古区	参战退役军人	三等战功	1987.06
163	王根良	男	汉	甘肃兰州	兰州市红古区	参战退役军人	三等战功	1987.06
164	赵春生	男	汉	甘肃兰州	兰州市红古区	参战退役军人	三等战功	1987.06
165	宋具平	男	汉	甘肃秦安	兰州市红古区	参战退役军人	三等战功	1987.06

续表

序号	姓名	性别	民族	籍贯	户籍所在地	身份类别	荣誉称号	颁奖时间
166	邵多荣	男	汉	甘肃甘谷	兰州市红古区	参战退役军人	三等战功	1987.06
167	吴　军	男	汉	四川云阳	兰州市红古区	参战退役军人	三等战功	1987.06
168	吴自生	男	汉	甘肃秦安	兰州市红古区	参战退役军人	三等战功	1987.09
169	皇建明	男	汉	浙江	兰州市红古区	参战退役军人	三等战功	1987.06
170	王万喜	男	汉	甘肃秦安	兰州市红古区	参战退役军人	三等战功	1987.06
171	刘丰年	男	汉	甘肃兰州	兰州市红古区	参战退役军人	三等战功	1987.06
172	牛祥林	男	汉	甘肃秦安	兰州市红古区	参战退役军人	三等战功	1987.06
173	王忠定	男	汉	甘肃秦安	兰州市红古区	参战退役军人	三等战功	1987.06
174	吕长生	男	汉	甘肃天水	兰州市红古区	参战退役军人	三等战功	1986.08
175	石芝和	男	汉	甘肃兰州	兰州市红古区	参战退役军人	三等战功	1987.06
176	张　俊	男	汉	甘肃兰州	兰州市红古区	参战退役军人	三等战功	1987.06
177	李向元	男	汉	甘肃秦安	兰州市红古区	参战退役军人	三等战功	1987.09
178	李代平	男	汉	甘肃文县	兰州市红古区	参战退役军人	三等战功	1987.06
179	蔡家平	男	汉	甘肃秦安	兰州市红古区	参战退役军人	三等战功	1987.06
180	郑小平	男	汉	甘肃甘谷	兰州市红古区	参战退役军人	三等战功	1987.06
181	高　巍	男	汉	甘肃永登	兰州市红古区	参战退役军人	三等战功	1987.06
182	贠旺田	男	汉	甘肃秦安	兰州市红古区	参战退役军人	三等战功	1987.06
183	王国林	男	汉	青海乐都	兰州市红古区	参战退役军人	三等战功	1987.06
184	张永前	男	汉	甘肃甘谷	兰州市红古区	参战退役军人	三等战功	1984.12
185	李田喜	男	汉	甘肃陇南	兰州市红古区	参战退役军人	三等战功	1987.06
186	杜满强	男	汉	山东沂州	兰州市红古区	参战退役军人	三等战功	1987.06
187	冯延林	男	汉	陕西宁强	兰州市红古区	参战退役军人	三等战功	1987.06
188	姚克勤	男	汉	甘肃甘谷	兰州市红古区	参战退役军人	三等战功	1987.06
189	郭永员	男	汉	甘肃兰州	兰州市红古区	参战退役军人	三等战功	1987.06
190	沈雷新	男	汉	江西海门	兰州市红古区	参战退役军人	三等战功	1984.12
191	王兴科	男	汉	甘肃灵台	兰州市红古区	参战退役军人	三等战功	1984.12
192	钮朝山	男	汉	河南新野	兰州市红古区	参战退役军人	三等战功	1987.06
193	张惠成	男	汉	甘肃兰州	兰州市红古区	参战退役军人	三等战功	1987.06
194	牛跟世	男	汉	甘肃秦安	兰州市红古区	参战退役军人	三等战功	1987.06
195	牛勇军	男	汉	甘肃秦安	兰州市红古区	参战退役军人	三等战功	1987.06
196	安高玉	男	汉	甘肃秦安	兰州市红古区	参战退役军人	三等战功	1987.06
197	王建军	男	汉	甘肃秦安	兰州市红古区	参战退役军人	三等战功	1987.09
198	姬宗祥	男	汉	甘肃秦安	兰州市红古区	参战退役军人	三等战功	1987.06

续表

序号	姓名	性别	民族	籍贯	户籍所在地	身份类别	荣誉称号	颁奖时间
199	宋星鹏	男	汉	甘肃秦安	兰州市红古区	参战退役军人	三等战功	1987.09
200	王仓库	男	汉	甘肃甘谷	兰州市红古区	参战退役军人	三等战功	1987.09
201	马廷奋	男	汉	甘肃永登	兰州市红古区	参战退役军人	三等战功	1987.06
202	牛成喜	男	汉	甘肃秦安	兰州市红古区	参战退役军人	三等战功	1987.06
203	成建军	男	汉	甘肃秦安	兰州市红古区	参战退役军人	三等战功	1987.06
204	周金录	男	汉	甘肃秦安	兰州市红古区	参战退役军人	三等战功	1986.06
205	景佐平	男	汉	甘肃灵台	兰州市红古区	参战退役军人	三等战功	1986.06
206	周国忠	男	汉	甘肃秦安	兰州市红古区	参战退役军人	三等战功	1987.06
207	景忠义	男	汉	甘肃兰州	兰州市红古区	参战退役军人	三等战功	1987.05
208	袁海刚	男	汉	甘肃甘谷	兰州市红古区	参战退役军人	三等战功	1987.06
209	李世才	男	汉	甘肃镇原	兰州市红古区	参战退役军人	三等战功	1987.09
210	陈永明	男	汉	甘肃永登	兰州市红古区	参战退役军人	三等战功	1983.11
211	张　勇	男	汉	甘肃平凉	兰州市红古区	参战退役军人	三等战功	1987.05
212	瞿学成	男	汉	甘肃兰州	兰州市红古区	参战退役军人	三等战功	1969.03
213	吴多荣	男	汉	四川内江	兰州市红古区	参战退役军人	三等战功	1969.09
214	刘增阳	男	汉	甘肃秦安	兰州市红古区	参战退役军人	三等战功	1987.09
215	王忠福	男	汉	甘肃秦安	兰州市红古区	参战退役军人	三等战功	1987.06
216	邵金常	男	汉	甘肃秦安	兰州市红古区	参战退役军人	三等战功	1987.06
217	顾天福	男	汉	甘肃古浪	兰州市红古区	参战退役军人	三等战功	1969.03

荣誉榜

【2022年度国家级表彰荣誉】

获奖单位	荣获称号	颁奖单位	颁奖时间
兰州市安宁区检察院“安宁检察”头条号	全国优秀检察新媒体“头条号二十佳”	最高检新闻办公室指导 检察日报社	2022
兰州市人民检察院新媒体工作室	全国优秀检察新媒体“工作室二十佳”	最高检新闻办公室指导 检察日报社	2022
兰州市大数据管理局	兰州市12345政务便民服务热线“2021年度优秀服务能力成果案例”	中国信息协会客户联络中心分会等	2022.01
安宁区人民检察院	2021年度全国优秀检察新媒体百佳评选活动“全国检察头条号十佳”	最高人民检察院	2022.01
兰州市交通委	榆中县成功创建“四好农村路”全国示范县	交通运输部	2022.01
兰州新区人民检察院	第十届全国检察机关文明接待室	最高人民检察院	2022.01
甘肃德福新材料有限公司	国家级绿色工厂	工业和信息化部	2022.01
安宁区人民检察院	节约型机关	国管局、中直管理局、国家发展改革委、财政部	2022.02
兰州市供销社	2021年度报送信息先进单位	中华全国供销合作总社	2022.02
兰州新区教育体育局（教育考试院）	全国青少年校园足球“满天星”训练营	教育部	2022.02
共青团兰州市委雁宁路青年之家	全国学雷锋活动示范点	中共中央宣传部	2022.03
兰州新区中川园区瑞岭社区	全国118个巾帼志愿“阳光站”建设站点	全国妇联宣传部 中央宣传部志愿服务促进中心	2022.03
甘肃博睿交通重型装备制造有限公司	“两化融合管理体系”认证	国家工业信息安全发展研究中心	2022.03
兰州市公安局城关分局合成作战指挥中心	集体一等功	公安部	2022.04
甘肃连城国家级自然保护区管理局	黄河流域国家自然保护区管理评估优秀	国家林业和草原局	2022.04
中核兰州铀浓缩有限公司	2022年全国五一劳动奖状	中华全国总工会	2022.04
方大炭素新材料科技股份有限公司	2022年全国五一劳动奖状	中华全国总工会	2022.04
中国生物兰州生物制品研究所有限责任公司	2022年全国五一劳动奖状	中华全国总工会	2022.04
兰州铭帝铝业有限公司喷涂车间	2022年全国工人先锋号	中华全国总工会	2022.04
兰州奇正生态健康品有限公司制剂车间	2022年全国工人先锋号	中华全国总工会	2022.04
兰州新区科技文化旅游集团	兰州新区大数据产业园项目获评全省“绿色施工 三等成果”	中国建筑业协会	2022.04
兰州市公安局城关分局盐场路派出所	全国优秀公安基层单位	公安部	2022.05
兰州市公安局刑警支队电信网络案件侦查大队	全国公安机关爱民模范集体	公安部	2022.05
兰州市公安局城关分局九州派出所	全国枫桥式公安派出所	公安部	2022.05
兰州高新区党群工作局	2021年度国家高新区优秀宣传部门	中国高新技术产业导报社	2022.06
兰州新区中川园区宗家梁社区	2021年度全国工会爱心托管班	中华全国总工会女职工委员会	2022.06
兰州市大数据管理局	2022数字政府创新成果与实践案例	中国信息协会	2022.07

续表

获奖单位	荣获称号	颁奖单位	颁奖时间
甘肃博睿交通重型装备制造有限公司	省级“绿色工厂”	甘肃省工业和信息化厅	2022.07
兰州市林业局	全国绿化先进集体	全国绿化委员会、人力资源和社会保障部、国家林业和草原局	2022.08
兰州市人力资源和社会保障局	2021—2022 年度中国劳动保障报刊新闻宣传工作做得好的单位	中国劳动报社	2022.08
兰州市工商业联合会	工商联与人民法院沟通联系机制典型事例（2020—2022）	全国工商联、最高人民法院联合调研组	2022.08
兰州市工商业联合会	工商联与公安机关沟通联系机制典型事例（2021—2022）	全国工商联、公安部联合调研组	2022.08
兰州市爱国卫生运动委员会办公室	2021 年度甘肃省健康城市建设样板市	全国爱国卫生运动委员会	2022.09
兰州市大数据管理局	2022 信息化建设匠心服务卓越实践奖	信息化建设服务平台	2022.09
甘肃省统计局 2 队（人员由市统计局 3 人组成）	2022 年（第八届）全国统计建模大赛三等奖	国家统计局	2022.09
兰州市城关区人民检察院	全国检察宣传先进单位	最高人民检察院 检察日报社	2022.09
兰州市七里河区人民检察院	全国检察宣传先进单位	最高人民检察院、检察日报社	2022.09
兰州市安宁区人民检察院	全国检察宣传先进单位	最高人民检察院、检察日报社	2022.09
兰州新区商贸物流投资集团有限公司	中国企业 500 强 中国服务业企业 500 强	中国企业联合会 中国企业家协会	2022.09
兰州和盛堂制药股份有限公司	国家知识产权优势企业	国家知识产权局	2022.09
兰州市农业农村局(乡村振兴局）	全国节约型机关	国家机关事务管理局	2022.10
兰州新区中川园区新安社区	全国示范性老年友好社区	国家卫健委全国老龄办	2022.10
兰州新区产业孵化大厦	2021 年度“科技创业孵化贡献奖”	中国技术创业协会	2022.10
兰州新区新安社区	全国示范性老年友好型社区	国家卫生健康委 全国老龄办	2022.10
甘肃博睿交通重型装备制造有限公司	高新技术企业（复审通过）	科学技术部	2022.10
甘肃兰药药业有限公司	国家知识产权优势企业	国家知识产权局	2022.10
兰州新区中川园区新安社区	全国示范性老年友好社区	国家卫健委全国老龄办	2022.10
兰州新区产业孵化大厦	2021 年度“科技创业孵化贡献奖”	中国技术创业协会	2022.10
兰州新区新安社区	全国示范性老年友好型社区	国家卫生健康委 全国老龄办	2022.10
甘肃博睿交通重型装备制造有限公司	高新技术企业（复审通过）	科学技术部	2022.10
甘肃兰药药业有限公司	国家知识产权优势企业	国家知识产权局	2022.10
兰州市人力资源和社会保障局	2021—2022 年度劳动保障新闻宣传工作做得好的单位	人力资源和社会保障部办公厅	2022.11
长飞光纤光缆兰州有限公司	2022 年新一代信息技术与制造业融合发展试点示范企业（两化融合管理体系贯标方向）	工业和信息化部	2022.11
兰州市爱国卫生运动委员会办公室	爱国卫生运动 70 周年先进集体	全国爱国卫生运动委员会	2022.12
兰州市气象台	全省重大气象服务先进集体	中国气象局	2022.12
兰州市大数据管理局	2022 年度人民网网上群众工作“民心汇聚单位”	人民网	2022.12
兰州市大数据管理局	第二届中国新型智慧城市创新应用大赛智优奖	中国新型智慧城市创新应用组织委员会	2022.12
兰州市农业农村局(乡村振兴局）	全国农村集体产权制度改革工作先进集体	农业农村部	2022.12

续表

获奖单位	荣获称号	颁奖单位	颁奖时间
兰州市农业农村局(乡村振兴局)	中国渔政亮剑2021年系列专项执法行动成绩突出集体	农业农村部、公安部	2022.12
民进兰州市委员会	民进信息化建设先进集体	民进中央委员会	2022.12
兰州高新区	2021年度火炬统计工作先进单位	科学技术火炬中心	2022.12
兰州市工商业联合会	2022年度民营企业调查点工作先进示范单位的通报	全国工商联	2022.12
甘肃连城国家级自然保护区管理局	2019—2021年度全国森林草原防火工作先进单位	全国森林草原防火工作先进单位和先进个人表彰领导小组办公室	2022.12
农工党兰州市委会	2018—2022年度先进集体	农工党中央	2022.12
农工党兰州市委会	2022年度《前进论坛》发行工作先进单位	农工党中央	2022.12
兰州市工商业联合会	2022年度民营企业调查点工作先进示范单位的通报	全国工商联	2022.12
兰州新区党工委办公室	2022年度人民网网上群众工作民心汇聚单位	人民网	2022.12
兰州新区党工委办公室	人民日报社“2022一带一路媒体合作论坛”一带一路建设案例	人民日报社	2022.12
兰州新区中川园区兰石家园社区	全国综合减灾示范社区	国家减灾委员会、应急管理部、中国气象局、中国地震局	2022.12
甘肃中元智能玻璃有限公司	2022年度智能制造优秀场景企业	工信部	2022.12
甘肃博睿交通重型装备制造有限公司	工信部2022年工业互联网平台创新领航应用案例—智能制造方向	工业和信息化部	2022.12
甘肃德福新材料有限公司	2022年国家级智能示范工厂	工业和信息化部、发展和改革委员会财政部、国家市场监督管理总局	2022.12

【2022年度省委省政府表彰荣誉】

获奖单位	荣获称号	片名	颁奖单位	颁奖时间
兰州广播电视传播中心	甘肃省第十届敦煌文艺奖	西北孔道	中共甘肃省委、甘肃省人民政府	2022.02
兰州广播电视传播中心	甘肃省第十届敦煌文艺奖	明月何曾是两乡	中共甘肃省委、甘肃省人民政府	2022.02
兰州广播电视传播中心	甘肃省第十届敦煌文艺奖	新时代的我们	中共甘肃省委、甘肃省人民政府	2022.02
兰州广播电视传播中心	甘肃省第十届敦煌文艺奖	踢球吧，孩子	中共甘肃省委、甘肃省人民政府	2022.02
兰州市儿童艺术剧团	甘肃省第十届敦煌文艺奖	海力布	中共甘肃省委、甘肃省人民政府	2022.02
甘肃博睿交通重型装备制造有限公司	甘肃省科技进步奖一等奖		甘肃省人民政府	2022.06
正威（甘肃）铜业科技有限公司	甘肃省先进企业		中共甘肃省委、甘肃省人民政府	2022.12
兰州兰泵有限公司	甘肃省先进企业		中共甘肃省委、甘肃省人民政府	2022.12
甘肃德福新材料有限公司	甘肃省先进企业突出贡献奖		中共甘肃省委、甘肃省人民政府	2022.12

【2022年度省级部门表彰荣誉】

获奖单位	荣获称号	颁奖单位	颁奖时间
兰州市卫生健康委员会	甘肃省2021年阳光杯精神卫生防治技能竞赛二等奖	甘肃省卫生健康委员会	2022.01

续表

获奖单位	荣获称号	颁奖单位	颁奖时间
兰州市人力资源和社会保障局	2021 年的推进人社重点工作评价先进单位	甘肃省人力资源和社会保障厅	2022.01
兰州市人力资源和社会保障局	全省“行风建设先进单位”	甘肃省人力资源和社会保障厅	2022.01
农工党兰州市委会	思想宣传工作先进集体	农工党甘肃省委会	2022.01
兰州市检察院“石斌案”办案组、兰州市检察院“姚海宁案”办案组、兰州市城关区检察院“朱津良案”办案组	全省检察机关扫黑除恶专项斗争优秀集体	甘肃省人民检察院	2022.01
兰州市交通委	兰州市成功创建“四好农村路”省级示范市	甘肃省交通运输厅	2022.01
兰州新区中川园区栖霞社区	2021 年度甘肃省卫生社区	甘肃省爱国卫生运动委员会	2022.01
兰州新区中川园区宗家梁社区	2021 年度甘肃省卫生社区	甘肃省爱国卫生运动委员会	2022.01
兰州新区中川园区方家坡社区	2021 年度甘肃省卫生社区	甘肃省爱国卫生运动委员会	2022.01
兰州新区中川园区中川镇	2021 年度甘肃省卫生乡镇（街道）	甘肃省爱国卫生运动委员会	2022.01
兰州新区中川园区中川镇陈家井村	2022 年度甘肃省卫生乡村	甘肃省爱国卫生运动委员会	2022.01
兰州新区中川园区中川镇廖家槽村	2023 年度甘肃省卫生村	甘肃省爱国卫生运动委员会	2022.01
兰州新区化工园区	甘肃省代表性园区	甘肃省发展和改革委员会	2022.01
兰州新区城乡建设和交通管理局	全省交通运输行业先进集体	甘肃省交通运输厅	2022.01
兰州新区农林水务局	甘肃省“百千万”创业引领工程“新型职业农民”创业达人选拔活动暨第五届全国农村创业创新项目创意大赛省级总决赛优秀组织奖	甘肃省农业农村厅 甘肃省人力资源和社会保障厅	2022.01
兰州新区农业科技开发有限责任公司（兰州新区现代农业示范园）	甘肃省青少年生态文明教育实践基地	共青团甘肃省委、甘肃省精神文明建设指导委员会办公室、甘肃省教育厅等部门	2022.01
兰州新区商贸物流投资集团有限公司	“感动甘肃·陇人骄子”提名奖荣誉称号	中共甘肃省委宣传部	2022.01
中共兰州新区商投集团商投商贸联合党支部	全省“学习强国”学习平台推广使用工作先进学习组织	中共甘肃省委宣传部	2022.01
兰州昱重医药科技有限公司	2022 年度第二批甘肃省科技创新型企业	甘肃省科技厅	2022.01
甘肃建投路政建设科技有限公司	2022 年度第二批甘肃省科技创新型企业	甘肃省科技厅	2022.01
甘肃东港药业有限公司	2022 年度第二批甘肃省科技创新型企业	甘肃省科技厅	2022.01
兰州昱重医药科技有限公司	2022 年度第二批甘肃省科技创新型企业	甘肃省科技厅	2022.01
甘肃森瀚石油科技有限公司	2022 年度第二批甘肃省科技创新型企业	甘肃省科技厅	2022.01
甘肃泰友生物科技有限公司	2022 年度第三批甘肃省科技创新型企业	甘肃省科技厅	2022.01
兰州博林化工科技有限公司	2022 年度第三批甘肃省科技创新型企业	甘肃省科技厅	2022.01
甘肃安之盾实业有限公司	2022 年度第三批甘肃省科技创新型企业	甘肃省科技厅	2022.01
兰州康鹏威耳化工有限公司	甘肃省先进企业贡献奖	甘肃省发展和改革委员会	2022.01
兰州新区化工园区	甘肃省代表性园区	甘肃省发展和改革委员会	2022.01
兰州助剂厂有限责任公司	甘肃省成长型中小企业	甘肃省工业和信息化厅	2022.01
甘肃连城国家级自然保护区管理局	甘肃最美护林员	甘肃省林业和草原局	2022.02
兰州市统计局	2021 年度全省统计工作先进单位	甘肃省统计局	2022.02

续表

获奖单位	荣获称号	颁奖单位	颁奖时间
兰州市人民政府金融工作办公室金融稳定科	全省打击治理电信网络新型违法犯罪工作先进集体	甘肃省打击治理电信网络新型违法犯罪工作联席会议	2022.02
兰州新区党群工作部	全省实施“两癌”免费检查工作先进单位	甘肃省妇女联合会	2022.02
兰州新区酒店餐饮管理有限公司	爱心企业胸怀担当 无偿献血情暖金城(锦旗)	甘肃省红十字血液中心 甘肃省输血协会	2022.02
兰州新区农林水务局	2021 年度全省粮食生产先进单位	甘肃省农业农村厅	2022.02
兰州新区卫生健康委员会	省级卫生单位	甘肃省爱国卫生运动委员会	2022.02
张掖路步行街	甘肃省示范步行街	甘肃省商务厅	2022.03
兰州市人防办	2021 年度全省人防目标考核第一名	甘肃省人防办	2022.03
兰州市供销社	全省供销合作社系统再生资源回收利用工作先进单位	甘肃省供销合作社联合社	2022.03
兰州新区市政投资管理集团有限公司	2021 年省级工会“职工书屋”	甘肃省总工会办公室	2022.03
兰州助剂厂有限责任公司	数字化车间	甘肃省工业和信息化厅	2022.03
兰州新区甘肃中元智能玻璃有限公司	数字化车间	甘肃省工业和信息化厅	2022.03
兰州广通新能源汽车有限公司	专精特新”中小企业	甘肃省工业和信息化厅	2022.03
国网兰州供电公司	全省五四红旗团委	共青团甘肃省委	2022.04
中共兰州市委政法委员会	2017-2020 年度平安甘肃建设先进市州	平安甘肃建设领导小组办公室 甘肃省人力资源和社会保障厅	2022.04
中共兰州市委政法委员会	2017-2020 年度平安甘肃建设先进集体	平安甘肃建设领导小组办公室 甘肃省人力资源和社会保障厅	2022.04
中共兰州市委政法委员会	“政法正能量助力打 CALL 在行动”主题宣传活动优秀组织单位	中共甘肃省委政法委员会	2022.04
兰州市农业农村局(乡村振兴局)	畜禽粪污资源化利用工作评估优秀	甘肃省畜牧兽医局	2022.04
兰州市人民检察院第一检察部	2017—2020 年度平安甘肃建设先进集体	平安甘肃建设领导小组办公室 甘肃省人力资源和社会保障厅	2022.04
兰州市商务局	甘肃省“百千万”创业引领工程创业达人选拔活动暨首届甘肃省“陇上风味”餐饮行业创业创新大赛优秀组织奖	甘肃省商务厅	2022.04
兰州新区中川园区	2017-2020 年度平安甘肃建设先进集体	平安甘肃建设领导小组办公室 甘肃省人力资源和社会保障厅	2022.04
兰州新区中川园区瑞岭社区	2021 年度甘肃省省级综合减灾社区	甘肃省减灾委员会	2022.04
兰州新区中川园区瑞岭社区	甘肃省家庭教育先进集体	甘肃省妇联	2022.04
兰州新区公安局	集体二等功	甘肃省公安厅	2022.04
兰州新区公安局西岔派出所团支部	五四红旗团支部	共青团甘肃省委	2022.04
甘肃德福新材料有限公司	知识产权和司法保护示范基地	甘肃省高级人民法院	2022.04
兰州市财政局	全省家庭工作先进集体	甘肃省妇联	2022.05
兰州市机关事务管理局	市级公共机构节能工作全省考核第一	甘肃省机关事务管理局	2022.05

续表

获奖单位	荣获称号	颁奖单位	颁奖时间
兰州市河长制办公室	全省河长制湖长制工作先进集体	甘肃省人力资源和社会保障厅 甘肃省水利厅	2022.05
兰州新区科技创新发展管理有限公司	甘肃省工人先锋号	甘肃省总工会	2022.05
兰州新区农林水务局（兰州新区河长制办公室）	全省河长制湖长制工作先进集体	甘肃省人力资源和社会保障厅 甘肃省水利厅	2022.05
兰州新区农业科技开发有限责任公司（兰州新区现代农业示范园）	2022 年甘肃省中小学劳动实践基地	甘肃省教育厅	2022.05
兰州新区第一人民医院	甘肃省优秀护理团队	甘肃省卫生健康委员会	2022.05
兰州新区西岔综合门诊部	甘肃省优秀护理团队	甘肃省卫生健康委员会	2022.05
甘肃博睿交通重型装备制造有限公司	协同创新基地	甘肃省院士专家工作站建设领导小组	2022.05
兰州市书法家协会	甘肃省优秀文艺志愿服务组织	甘肃省文联	2022.06
兰州市商务局	2022 年甘肃省家政服务人员职业技能大赛优秀组织奖	甘肃省商务厅	2022.06
兰州新区农业科技开发有限责任公司	2022 年度甘肃省科技创新型企业	甘肃省科技厅	2022.06
兰州新区综合保税区物业管理有限公司	甘肃省青年安全生产示范岗	共青团甘肃省委 甘肃省应急管理厅 甘肃省国资委	2022.06
兰州和盛堂制药股份有限公司	2021 年和 2022 年 1–5 月全省工业和信息化先进企业	甘肃甘肃省工业和信息化厅	2022.06
甘肃博睿交通重型装备制造有限公司	第五届“中国创翼”创新创业大赛甘肃省赛区主体制造业一等奖	甘肃省人力资源和社会保障厅 甘肃省发展和改革委员会	2022.06
兰州新区人民检察院第四检察部	全省检察机关行政检察优秀案例	甘肃省人民检察院第七检察部	2022.07
兰州新区秦川园区管理委员会	甘肃省第七次全国人口普查先进集体	甘肃省人力资源和社会保障厅 甘肃省统计局	2022.07
兰州新区经济发展局（统计局）	甘肃省第七次全国人口普查先进集体	甘肃省人力资源和社会保障厅 甘肃省统计局	2022.07
兰州新区农林水务局	2022 年甘肃省农业行业职业技能大赛动物疫病防治员优秀组织奖	甘肃省畜牧兽医局	2022.07
兰州新区农林水务局	2022 年甘肃省农业行业职业技能大赛动物检疫检验员优秀组织奖	甘肃省畜牧兽医局	2022.07
正威（甘肃）铜业科技有限公司	2022 甘肃省民营企业第一名	甘肃省工商业联合会	2022.07
甘肃建投重工科技有限公司	甘肃省绿色工厂	甘肃甘肃省工业和信息化厅	2022.07
甘肃德福新材料有限公司	2021 年度甘肃省民营企业 50 强	甘肃省工商联合会 甘肃省总商会	2022.07
甘肃博睿交通重型装备制造有限公司	全国智慧交通企业建设创新实践优秀案例	中国交通企业管理协会绿色智慧交通分会	2022.07
国网兰州供电公司	甘肃省创新明星班组	甘肃省总工会	2022.08
兰州市妇女联合会	“奋进新征程建功新时代喜迎二十大”全省妇联系统短视频大赛优秀组织奖	甘肃省妇联	2022.08
永登县消防救援大队	甘肃省创新型班组	甘肃省总工会	2022.08
兰州新区农业科技开发有限责任公司	甘肃省“乡村振兴巾帼示范基地”	甘肃省妇女联合会	2022.08

续表

获奖单位	荣获称号	颁奖单位	颁奖时间
兰州新区农业科技开发有限责任公司	省级示范妇女微家	甘肃省妇女联合会	2022.08
兰州新区城市公共交通有限公司	省级示范“妇女之家”	甘肃省妇女联合会	2022.08
兰州新区第一人民医院	甘肃省优秀医师团队	甘肃省卫生健康委员会	2022.08
兰州新区人民法院	省级示范“妇女之家”	甘肃省妇女联合会	2022.08
甘肃博睿交通重型装备制造有限公司	甘肃省机械工程学会科学技术奖一等奖	甘肃省机械工程学会	2022.08
兰州兰泵有限公司	甘肃省机械工程学会科学技术奖“二等奖”	甘肃省机械工程学会	2022.08
兰州市计划生育协会	2021年度计划生育家庭保险工作先进集体“领航奖”一等奖	甘肃省计划生育协会、中国人寿保险股份有限公司甘肃省分公司	2022.09
兰州市人力资源和社会保障局	全省实施妇女儿童发展规划先进集体	甘肃省人民政府妇女儿童工作委员会、甘肃省人力资源和社会保障厅	2022.09
中共兰州市委政法委员会	全省“七五”普法工作先进集体	中共甘肃省委宣传部、甘肃省人力资源和社会保障厅、甘肃省司法厅	2022.09
兰州市审计局	全省“七五”普法工作先进集体	中共甘肃省委宣传部、甘肃省人力资源和社会保障厅、甘肃省司法厅	2022.09
兰州市统计局社会统计科	2011—2020年度全省实施妇女儿童发展规划先进集体	甘肃省人民政府妇女儿童工作委员会、甘肃省人力资源和社会保障厅	2022.09
兰州市卫生健康委员会妇幼健康科	全省实施妇女儿童发展规划先进集体	甘肃省人民政府妇女儿童工作委员会、甘肃省人力资源和社会保障厅	2022.09
兰州新区党工委办公室	全省党委办公部门先进集体	中共甘肃省委办公厅	2022.09
兰州新区党工委办公室	“奋进新征程 建功新时代 喜迎二十大”全省短视频大赛优秀组织奖	甘肃省委宣传部	2022.09
兰州新区党工委办公室	“森林消防杯”全省理论宣讲大赛优秀组织奖	甘肃省委宣传部	2022.09
兰州新区纪工委监工委	全省纪检监察系统先进集体	甘肃省纪委监委 甘肃省人力资源和社会保障厅	2022.09
兰州新区中川园区中川镇元山村	全省民主法治示范村	甘肃省司法厅 甘肃省民政厅	2022.09
兰州新区西岔园区 教育科技文化体育局	全省群众体育先进集体	全省体育工作先进集体和先进个人 评选表彰工作领导小组办公室	2022.09
兰州新区农林水务局	全省水资源工作先进集体	甘肃省水利厅	2022.09
兰州新区市场监督管理局	全省“七五”普法工作 先进集体	中共甘肃省委宣传部、甘肃省人力资源和社会保障厅、甘肃省司法厅	2022.09
兰州新区中川镇卫生院	甘肃省五一巾帼奖	甘肃省总工会	2022.09
长飞光纤光缆兰州有限公司	工人先锋号	甘肃省总工会	2022.09
甘肃博睿交通重型装备制造有限公司	2022第三届“甘肃好品牌”	甘肃日报社 甘肃省质量协会	2022.09
甘肃博睿交通重型装备制造有限公司	公交建集团科技创新团队	甘肃省公路交通建设集团有限公司	2022.09
甘肃博睿交通重型装备制造有限公司	公交建集团科技创新领军人才	甘肃省公路交通建设集团有限公司	2022.09

续表

获奖单位	荣获称号	颁奖单位	颁奖时间
兰州市七里河区消防救援大队	“五一劳动巾帼奖”先进集体	甘肃省总工会	2022.10
兰鑫钢铁集团有限公司	2022年甘肃省五一劳动奖状	甘肃省总工会	2022.10
兰州顺丰速运有限公司	2022年甘肃省五一劳动奖状	甘肃省总工会	2022.10
兰州石化公司炼油厂	2022年甘肃省五一劳动奖状	甘肃省总工会	2022.10
兰州兰石雅生活物业服务有限公司	2022年甘肃省五一劳动奖状	甘肃省总工会	2022.10
甘肃机械化建设工程有限公司	2022年甘肃省五一劳动奖状	甘肃省总工会	2022.10
兰州黄河生态旅游开发集团有限公司	2022年甘肃省五一劳动奖状	甘肃省总工会	2022.10
甘肃陇原妹巾帼家政服务有限责任公司陪护中心	2022年甘肃省工人先锋号	甘肃省总工会	2022.10
甘肃机械化建设工程有限公司岷县项目经理部	2022年甘肃省工人先锋号	甘肃省总工会	2022.10
甘肃中石油昆仑燃气有限公司维抢修中心	2022年甘肃省工人先锋号	甘肃省总工会	2022.10
酒钢集团榆中钢铁有限责任公司炼钢分厂连铸丁班	2022年甘肃省工人先锋号	甘肃省总工会	2022.10
兰州市轨道交通有限公司运营分公司客运部站务中心	2022年甘肃省工人先锋号	甘肃省总工会	2022.10
兰州石化公司建设公司维护保运公司保运三班	2022年甘肃省工人先锋号	甘肃省总工会	2022.10
兰州石化公司检维修中心炼油维修一车间钳工一班	2022年甘肃省工人先锋号	甘肃省总工会	2022.10
兰州兰石重型装备股份有限公司炼化公司装焊一车间铆工一班	2022年甘肃省工人先锋号	甘肃省总工会	2022.10
兰州兰石重型装备股份有限公司炼化公司加工中心数控班组	2022年甘肃省工人先锋号	甘肃省总工会	2022.10
兰州城市供水（集团）有限公司第二水厂运行组	2022年甘肃省工人先锋号	甘肃省总工会	2022.10
兰州星火机床有限公司装配喷包分厂	2022年甘肃省工人先锋号	甘肃省总工会	2022.10
兰州公交集团有限公司50路公交线	2022年甘肃省工人先锋号	甘肃省总工会	2022.10
兰州市妇女联合会	2022年度全省妇女宣传舆论阵地建设与《现代妇女》杂志宣传推广优秀奖	甘肃省妇联	2022.10
兰州市城关区焦家湾消防救援站	省直机关文明单位	省直机关工委	2022.10
甘肃德福新材料有限公司	甘肃省五一劳动奖状	甘肃省总工会	2022.10
中共兰州市委政法委员会	“忠诚向党”全省政法系统喜迎二十大美术书法摄影作品展优秀组织单位	中共甘肃省委政法委员会	2022.11
中共兰州市委政法委员会	全省党的二十大维稳安保工作先进集体	平安甘肃建设领导小组办公室 中共甘肃省委政法委员会	2022.11
兰州市气象局	2022年度全省气象部门管理创新工作评比一等奖	甘肃省气象局	2022.12
民进兰州市委员会	民进全省2022年参政议政工作先进集体	民进甘肃省委员会	2022.12
民进兰州市城关区基层委员会	民进全省2022年参政议政工作先进集体	民进甘肃省委员会	2022.12

续表

获奖单位	荣获称号	颁奖单位	颁奖时间
中共兰州市委政法委员会	反邪教融媒体产品主题创作大赛“优秀组织奖”、微动画类二等奖	中共甘肃省委政法委员会	2022.12
兰州公交集团有限公司	第八批全省民族团结进步示范单位	中共甘肃省委宣传部、中共甘肃省委统战部、甘肃省民族事务委员会	2022.12
共青团兰州市委	全省民族团结进步示范单位	中共甘肃省委宣传部、中共甘肃省委统战部、甘肃省民族事务委员会	2022.12
兰州市供销社	全省供销合作社财务信息管理工作创先争优优胜单位	甘肃省供销合作社联合社	2022.12
兰州市供销社	全系统统计同工种竞赛一等奖	甘肃省供销合作社联合社	2022.12
兰州市供销社	全省供销合作社系统综合业绩考核优胜单位	甘肃省供销合作社联合社	2022.12
兰州市红古区消防救援大队工会	甘肃省模范职工小家	甘肃省人力资源和社会保障厅 甘肃省总工会	2022.12
兰州新区中川园区彩虹城社区	第八批全省民族团结进步示范区示范单位	甘肃省委宣传部、甘肃省委统战部、甘肃省民委	2022.12
兰州新区中川园区彩虹城社区	甘肃省第六届学雷锋志愿服务“四个十佳”先进典型（最美志愿服务社区）	中共甘肃省委宣传部、甘肃省精神文明建设指导委员会、甘肃省总工会、共青团甘肃省委等	2022.12
兰州新区中川园区中川镇元山村	美丽庭院示范村	甘肃省妇联 甘肃省住建厅	2022.12
兰州新区上川镇四泉村	美丽庭院示范村	甘肃省妇联 甘肃省住建厅	2022.12
兰州新区城投集团	甘肃省厂务公开民主管理先进单位	甘肃省厂务公开领导小组办公室	2022.12
兰州新区科技文化旅游集团有限公司	甘肃省疫情防控优秀组织	中共甘肃省委宣传部、甘肃省文明办、甘肃省总工办、共青团甘肃省委等部门	2022.12
兰州新区商投集团新媒体创新工作室	“创业达人”选拔赛短视频比赛二等奖	甘肃省人力资源和社会保障厅	2022.12
兰州新区石化产业投资集团有限公司	甘肃省先进企业（贡献奖）	中共甘肃省委办公厅	2022.12
兰州新区市政投资管理集团有限公司	甘肃省模范职工之家	甘肃省人力资源和社会保障厅 甘肃省总工会	2022.12
甘肃大禹防水科技发展有限公司	甘肃省模范职工之家、模范职工小家、优秀工会工作者、优秀工会积极分子、优秀工会之友、甘肃省模范职工小家	甘肃省总工会	2022.12
兰州和盛堂制药股份有限公司	甘肃省先进企业	甘肃甘肃省工业和信息化厅	2022.12
正威（甘肃）铜业科技有限公司	甘肃省模范职工之家	甘肃省人力资源和社会保障厅 甘肃省总工会	2022.12
甘肃博睿交通重型装备制造有限公司	2022年甘肃省技术创新示范企业	甘肃省工业和信息化厅	2022.12

【2022年度市委市政府表彰荣誉】

获奖单位	荣获称号	颁奖单位	颁奖时间
中共兰州市委政法委员会	全市扫黑除恶专项斗争先进集体	中共兰州市委、兰州市人民政府	2022.02

〔2022〕第1号

兰州市人民政府令

《兰州市人民政府关于修改<兰州市地质灾害防治管理办法>的决定》已经2022年4月1日市人民政府第11次常务会议讨论通过，现予公布，自公布之日起施行。

市长　张伟文

2022年5月26日

兰州市人民政府关于修改《兰州市地质灾害防治管理办法》的决定

兰州市人民政府决定，对《兰州市地质灾害防治管理办法》作如下修正：

将第二十七条第一款修改为“在地质灾害易发区内进行工程建设，项目申请人应当在可行性研究阶段进行地质灾害危险性评估，评估结果应当作为工程项目可行性研究报告的组成部分；可行性研究报告未包含地质灾害危险性评估结果的，不得批准其可行性研究报告。”

本决定自公布之日起施行。

《兰州市地质灾害防治管理办法》根据本决定作相应修改，重新公布。

兰州市地质灾害防治管理办法

（2016年12月27日兰州市人民政府令〔2016〕第10号公布根据兰州市人民政府令〔2021〕第3号《关于修改＜兰州市地质灾害防治管理办法＞的决定》修正根据2022年4月1日市政府第11次常务会议通过的《兰州市人民政府关于修改＜兰州市地质灾害防治管理办法＞的决定》修正）

第一章 总 则

第一条 为了有效防治地质灾害，保障人民群众生命和财产安全，避免和减轻地质灾害造成的损失，根据《中华人民共和国突发事件应对法》、《地质灾害防治条例》、《甘肃省地质环境保护条例》等法律法规的规定，结合本市实际，制定本办法。

第二条 本办法所称地质灾害，包括自然因素或者人为活动引发的危害人民生命和财产安全的山体崩塌、滑坡、泥石流、地面塌陷、地裂缝、地面沉降等与地质作用有关的灾害。

第三条 本办法适用于本市行政区域内地质灾害的防治管理活动。

第四条 地质灾害防治应当坚持统一规划、突出重点，预防为主、避让与治理相结合的原则。

地质灾害防治管理工作坚持属地管理、分级负责和职能部门分类监管相结合的原则。

第五条 市、县(区)人民政府应当建立地质灾害防治工作联动机制，加强对地质灾害防治工作的领导，组织有关部门采取措施，做好地质灾害防治工作，并将地质灾害防治经费列入本级财政预算。

乡(镇)人民政府、街道办事处应当按照相应职责做好本辖区内地质灾害防治工作。

第六条 市、县(区)人民政府自然资源行政主管部门负责本行政区域内地质灾害防治的组织、指导、协调和监督管理工作。

发展改革、住建、水务、交通运输、国资、城市管理、人防、气象、地震、教育、民政、应急、文化旅游、卫生健康、林业、农业农村、公安等相关部门按照各自职责，做好地质灾害防治工作。

第七条 市、县(区)人民政府应当建立健全辖区内地质灾害调查评价、监测预警、应急保障和综合治理体系，建设应急救援和避难场所，定期组织演练，提高协同联动和应急处置能力。

第八条 市、县(区)人民政府应当建立地质灾害灾情信息发布制度，按照有关规定统一、准确、及时向社会公众公布本行政区域内的地质灾害灾情、险情信息和应急处置工作信息，及时发布地质灾害预警预报信息。

任何单位和个人不得编造、传播地质灾害灾情、应急处置工作的虚假信息。

第九条 市、县(区)人民政府应当支持和鼓励地质灾害防治科学研究，采取多种形式宣传、普及地质灾害防治知识，增强单位和个人的地质灾害防治意识和自救、互救能力。

鼓励社会和个人在市、县（区）人民政府及自然资源行政主管部门指导下开展和参与地质灾害防治工作，市、县（区）人民政府应当对在地质灾害防治工作中做出突出贡献的单位和个人给予奖励。

第十条 受地质灾害威胁的单位和个人应当积极开展和配合协助地质灾害防治工作。

任何单位和个人不得妨碍或阻挠地质灾害防治工作。

第二章 地质灾害防治规划和年度防治方案

第十一条 市、县（区）自然资源行政主管部门应当会同同级住建、水务、交通、应急等部门，依据本行政区域的地质灾害调查结果和上一级地质灾害防治规划，编制本行政区域的地质灾害防治规划，经专家论证后报本级人民政府批准公布，并报上一级自然资源行政主管部门备案。

地质灾害防治规划一经批准，必须严格执行，任何单位和个人不得随意修改；确需修改的，应当按原批准程序进行。

第十二条 地质灾害防治规划内容包括：

(一)地质灾害现状与发展趋势；

(二)防治原则、目标和主要任务；

(三)地质灾害易发区、重点防治区；

(四)地质灾害防治项目及保障措施等。

第十三条 市、县(区)自然资源行政主管部门根据本级人民政府公布的地质灾害防治规划和上年度地质灾害防治工作情况，拟订市、县(区)本年度地质灾害防治方案，对本年度地质灾害防治任务作出明确安排，报本级人民政府批准后实施。

第十四条 年度地质灾害防治方案的内容包括：

(一)主要灾害点的分布；

(二)地质灾害的威胁对象、范围；

(三)重点防范期、重点防范区域；

(四)年度地质灾害趋势预测、重点预防的地质灾害隐患；

(五)地质灾害调查与监测工作安排；

(六)防治项目与防治措施等；

(七)地质灾害的监测、预防责任人。

第十五条 地质灾害防治规划和年度地质灾害防治方案应当及时向社会公布，并为公众查询提供服务。

第三章 地质灾害预防

第十六条 县(区)、乡镇人民政府和街道办事处应当组织建立地质灾害易发区内以基层群众性自治组织为主体的群测群防队伍，组织开展防灾知识技能培训，增强识灾报灾、监测预警和临灾避险应急能力，加强地质灾害险情的巡回检查，建立巡查档案。

群测群防人员有权劝阻、制止可能引发地质灾害的行为，对发现的险情应当及时处理和报告。

群测群防人员补助经费列入当地人民政府年度地质灾害防治经费预算。

第十七条 县(区)自然资源行政主管部门、乡(镇)人民政府和街道办事处应当做好地质环境群测群防监测的技术指导，帮助群测群防监测人员掌握地质环境监测基本知识，指导基层组织设立群测群防简易监测点。

村(居)民委员会等基层群众性自治组织应当协助县(区)自然资源行政主管部门、乡(镇)人民政府、街道办事处做好地质灾害防治知识的宣传、开展地质灾害隐患简易监测，配合群测群防监测人员做好临灾预报，并协助组织灾害发生前的救助、避险工作。

第十八条 县(区)人民政府应当建立健全地质灾害隐患调查、排查制度，组织对本行政区域内地质灾害隐患点开展经常性巡回检查、核查和调查，掌握隐患发育特征、动态变化情况和防治措施落实情况。对可能威胁城镇、学校、医院、集市、工矿区和村庄、部队营区等人口密集区域的重大隐患点，制定落实监测和防治措施，及时消除灾害隐患。

第十九条 县(区)人民政府应当制作本辖区内的《地质灾害防灾避险明白卡》和《地质灾害防灾工作明白卡》并发放给监测、预防责任人和防治责任单位。

《地质灾害防灾避险明白卡》应当标明：地质灾害类型、规模、灾害体与住户的关系、灾害诱发因素、监测人员及其联系电话、预警信号及发布人、撤离路线、安置地点、负责人及其联系电话、救护单位、住户注意事项等。

《地质灾害防灾工作明白卡》应当标明：地质灾害位置、类型及其规模、诱发因素、威胁对象、监测负责人、监测的主要迹象、预警的主要手段和方法、临灾预报的判据、避灾地点、疏散路线、报警信号、疏散命令发布人、抢险单位负责人、治安保卫单位负责人、医疗救护单位负责人值班电话等。

《地质灾害防灾避险明白卡》和《地质灾害防灾工作明白卡》的主要内容应当在地质灾害隐患范围内公告。

第二十条 市自然资源行政主管部门应当会同市气象、市应急行政主管部门建立地质灾害气象风险预警信息系统，联合向公众发布地质灾害气象风险预警信息。

第二十一条 市、县（区）自然资源行政主管部门应当组织建立由地质环境监测点、地质环境监测站和地质环境监测信息系统组成的地质环境监测网络，对地质灾害隐患进行动态监测。

第二十二条 县（区）自然资源行政主管部门负责本行政区域内地质环境监测设施管护工作，保障其防灾减灾效能的发挥。

第二十三条 因工程建设等原因确需拆除或者移动地质环境监测设施的，工程建设单位应当在项目可行性研究阶段向项目所在地的县（区）人民政府自然资源行政主管部门提出申请，由项目所在地的县（区）人民政府自然资源行政主管部门征得组织建设地质环境监测设施的自然资源行政主管部门同意后，进行拆除或者移动地质环境监测设施。

第二十四条 县（区）人民政府应当根据地质灾害防治规划和年度地质灾害防治方案确定的主要地质灾害隐患分布情况，设定本辖区内的主要地质灾害隐患的边界警示。

第二十五条 对出现地质灾害前兆、可能造成人员伤亡或者重大财产损失的区域和地段，县级人民政府应当及时划定为地质灾害危险区，予以公告，并在地质灾害危险区的边界设置明显警示标志。

在地质灾害危险区内，禁止爆破、削坡、进行工程建设以及从事其他可能引发地质灾害的活动。

第二十六条 对已建、新建工程可能引发、加剧地质灾害的情形，其所有权人、建设单位等相关监测、预防责任人应当设置警示标志并采取防护措施。

第二十七条 在地质灾害易发区内进行工程建设，项目申请人应当在可行性研究阶段进行地质灾害危险性评估，评估结果应当作为工程项目可行性研究报告的组成部分；可行性研究报告未包含地质灾害危险性评估结果的，不得批准其可行性研究报告。

对经评估认为可能引发地质灾害或者可能遭受地质灾害的建设工程，建设单位应当建设配套地质灾害防治工程。

第二十八条 建设项目的配套地质灾害防治工程应当与主体工程同步设计、施工、验收和交付使用，县（区）人民政府相关监督管理部门应当按照各自职责分工加强对治理项目实施过程的质量监督和安全管理。

主体工程与配套地质灾害防治工程同时验收合格后，其所有权人或者实际使用人应当负责配套地质灾害防治工程日常维护工作，定期巡查，发现问题及时处理并报告县（区）人民政府或自然资源行政主管部门。

配套的地质灾害治理工程未经验收或者经验收不合格的，主体工程不得投入生产或者使用。

第四章　地质灾害应急

第二十九条 市、县（区）人民政府应急行政主管部门和自然资源行政主管部门应当会同相关部门编制突发性地质灾害应急预案，报同级人民政府批准后公布实施。地质灾害应急预案每五年修订一次，遇有重大变故及时修订。

第三十条 发现地质灾害灾情、险情时，群测群防人员、事发单位应当及时报告乡（镇）人民政府、街道办事处。乡（镇）人民政府、街道办事处应当及时报告县（区）人民政府和同级应急、自然资源行政主管部门。

小型以上地质灾害灾情或者险情发生后，事发地县（区）人民政府和县（区）应急、自然资源行政主管部门，应当于一小时内向市人民政府和市应急、自然资源行政主管部门报告，同时将灾情或者险情及时通报相关部门和可能受影响的相邻县（区）人民政府。

第三十一条 地质灾害或者险情发生地的县（区）人民政府、乡（镇）人民政府、街道办事处接到报告后，应当立即组织人员赶赴现场，进行现场调查，采取有效措施，防止灾害发生、险情或者灾情扩大。

情况危急时，基层群众性自治组织应当先行组织受威胁群众躲避险情。

第三十二条 发生地质灾害或者险情，需立即应急抢险处置的，市、县（区）人民政府应当及时启动突发性地质灾害应急预案，开展应急抢险救援工作。

应急抢险处置方案由应急抢险现场指挥部确定，并指定符合要求的勘查、设计、施工、监理单位开展应急抢险排险处置，同时明确排险经费结算原则。

人为因素引发的地质灾害应急抢险费用，县(区)人民政府组织应急抢险处置后，有权向责任单位、责任人依法追偿。

第三十三条 地质灾害应急工程勘查、设计、施工及监理单位应当从应急抢险救援储备库中抽取确定，可不进行招投标，但应当抄送同级招投标行政主管部门备案。

第三十四条 根据地质灾害应急处置需要，市、县(区)人民政府可以调集人员，征用物资、交通工具和相关设施、设备，必要时可以采取交通管制、组织避灾疏散、拆除直接威胁人民群众生命安全或者妨碍抢险救灾的建(构)筑物等措施。

征用单位和个人的物资、交通工具、设施、设备的，事后应当及时归还，并依法给予补偿；拆除建(构)筑物的，应当依法给予补偿。

第三十五条 县(区)人民政府应当妥善安置受灾群众，做好社会稳定工作，并根据地质灾害灾情和防治工作的需要，统筹规划、安排受灾地区的灾后重建工作。

第三十六条 市、(县)区人民政府应当建立地质灾害应急平台和物资储备制度；组建地质灾害应急工程勘查、设计、施工、监理队伍和应急专家队伍等应急抢险救援储备库，并向社会公示；组织开展突发性地质灾害应急预案演练，增强突发性地质灾害的处置保障能力。

第五章　地质灾害治理与搬迁避让

第三十七条 经专业监测、调查认为需采取搬迁避让或工程治理的地质灾害危险区，由县(区)人民政府自然资源行政主管部门明确治理工程或搬迁避让措施。

地质灾害治理工程的确定，应当与地质灾害形成的原因、规模以及对人民生命和财产安全的危害程度相适应。

无法治理或者治理成本过高的，市、县(区)人民政府应当根据实际情况组织生命、财产受威胁的住户搬迁避让。

第三十八条 市、县(区)自然资源行政主管部门应当组织专家分析论证地质灾害的成因，认定治理责任主体。

因工程建设等人为活动引发的地质灾害，由引发地质灾害的责任主体承担治理责任。存在多个治理责任主体的，各自承担相应治理责任。

因自然原因产生的治理费用由市、县(区)人民政府承担。

第三十九条 人为活动引发的地质灾害，其防治责任主体应当履行以下义务：

(一)负责地质灾害治理工程，依法委托具备相应资质的勘查、设计、施工和监理单位开展勘查、设计、施工、监理工作；

(二)在治理工程施工前，应当将勘查、设计资料报自然资源行政主管部门；

(三)负责治理工程实施期间的监测、管理工作；定期向自然资源行政主管部门报送施工进度情况；发现问题及时处理，并报告县(区)人民政府及自然资源行政主管部门；

(四)竣工验收时报请自然资源行政主管部门参加，验收合格的，于三十日内将竣工验收资料送交自然资源行政主管部门。

第四十条 市、县(区)人民政府应当将搬迁避让措施与扶贫开发、生态移民、棚户区改造、经济适用房建设、廉租房建设、新农村建设、小城镇建设、土地开发整理等相结合，统筹安排资金，有计划、有步骤地组织受地质灾害威胁群众的搬迁避让工作。

第四十一条 搬迁避让住房安置可采取集中建房、分散自建、自行购房等多种方式，按照节约、集约用地和因地制宜的原则组织开展。

市、县(区)人民政府应当组织对搬迁避让安置项目进行验收。

第四十二条 实施搬迁避让或无法治理的地质灾害危险区，应当划定为禁建区或慎建区。

地质灾害禁建区内，除进行危岩滑坡整治、绿化和必不可少的市政工程外，严禁其他建设活动。地质灾害慎建区内，从严控制工程建设活动。凡在慎建区内申请选址，必须先进行建设用地地质灾害危险性评估。

第四十三条 从事勘查、开采矿产资源活动的单位和个人，应当严格按照国家有关规定处置废渣、废石和尾矿等废弃物，对形成的危岩、危坡等地质灾害进行恢复治理，消除安全隐患，防止产生地质灾害。

第四十四条 市、县（区）自然资源、应急行政主管部门、同级相关部门应当严格遵守地质灾害防治资金管理使用规定，并对资金使用结果负责，接受审计等有关部门的监督检查。

市、县（区）财政行政主管部门和审计行政主管部门应当加强对地质灾害防治资金的监管。

第六章 法律责任

第四十五条 市、县（区）人民政府及其有关部门、乡(镇)人民政府、街道办事处及其工作人员有下列行为之一的，对直接负责的主管人员和其他直接责任人员，依法给予行政处分；构成犯罪的，依法追究刑事责任：

(一)截留、挪用地质灾害防治经费的；

(二)未及时向社会公布地质灾害防治规划、年度地质灾害防治方案，或者拒绝提供查询服务的；

(三)接到地质灾害险情或者灾情报告后，未立即派人进行现场调查或者未采取有效措施的；

(四)违反地质灾害防治规定办理建设项目的有关手续的；

(五)其他滥用职权、徇私舞弊、玩忽职守的行为。

第四十六条 违反本办法规定的行为，法律、法规已有处罚规定的，从其规定。

第七章 附则

第四十七条 本办法自2017年2月15日起施行。

兰州市人民政府令

〔2022〕第2号

《兰州市人民政府关于废止＜兰州市预拌混凝土管理办法＞等三件政府规章的决定》已经2022年6月2日市人民政府第19次常务会议讨论通过，现予公布，自公布之日起施行。

市长 张伟文

2022年7月6日

兰州市人民政府
关于废止《兰州市预拌混凝土管理办法》等三件政府规章的决定

为贯彻落实党中央、国务院和省政府关于机构改革、优化营商环境等方面的要求，维护法制统一，市人民政府决定废止以下三件政府规章：

一、《兰州市预拌混凝土管理办法》（市政府令〔2001〕第8号）

二、《兰州市水路交通管理办法》（市政府令〔2003〕第1号公布，市政府令〔2011〕第2号修正）

三、《兰州市黄河风情线管理办法》（市政府令〔2011〕第3号）

本决定自公布之日起施行。

兰州市人民政府令

〔2022〕第3号

《兰州市优化营商环境办法》已经2022年8月13日市人民政府第24次常务会议讨论通过，现予公布，自2022年10月15日起施行。

市长　张伟文

2022年9月8日

兰州市优化营商环境办法

第一章　总则

第一条　为了持续优化营商环境，激发市场活力和社会创造力，推动经济高质量发展，根据国务院《优化营商环境条例》和有关法律、法规，结合本市实际，制定本办法。

第二条　本市优化营商环境工作适用本办法。

本办法所称营商环境，是指企业等市场主体在市场经济活动中所涉及的体制机制性因素和条件。

第三条　优化营商环境工作应当坚持市场化、法治化、国际化原则，以市场主体需求为导向，以深刻转变政府职能为核心，以打造全国优化营商环境实践样本城市为目标，为各类市场主体营造稳定、公平、透明、可预期的良好环境。

第四条　市、县（区）人民政府应当加强对优化营商环境工作的组织领导，建立优化营商环境工作协调推进机制，及时协调解决优化营商环境工作中的重大问题。市、县（区）人民政府的主要负责人是本行政区域优化营商环境的第一责任人。

市、县（区）发展和改革部门是优化营商环境工作的主管部门，负责推进、协调、督促优化营商环境日常工作。

其他有关部门以及法律法规授权的具有管理公共事务职能的组织应当按照各自职责做好优化营商环境相关工作。

第五条　鼓励和支持市、县（区）人民政府及其有关部门结合本市实际，在法治框架内探索原创性、差异化的优化营商环境措施，对取得明显成效的经验做法，及时复制推广并加大正向激励。

鼓励和支持兰州新区、兰州高新技术产业开发区、兰州经济技术开发区、甘肃（兰州）国际陆港、榆中生态创新城，以及各类园区主动服务国家发展战略，突出功能特色，发挥引领示范作用，依法探索、先行先试有利于优化营商环境的各项改革措施。

对探索中出现失误或者偏差，符合规定条件的，可以予以免责或者减轻责任。

第六条　市、县（区）人民政府及其有关部门应当构建亲清新型政商关系，建立畅通、有效的政企沟通渠道。充分发挥行业协会、商会的作用，通过官方网站、微博、微信公众号，以及座谈会、创意会、论坛等多种途径和方式，听取市场主体意见和诉求，依法帮助市场主体协调解决生产经营中遇到的困难和问题。

第七条　市、县（区）人民政府及其有关部门应当做好对优化营商环境法律法规、政策措施、特色亮点、改革成效等的宣传解读，营造营商环境的良好舆论氛围。

市、县（区）人民政府及其有关部门应当通过日常督导等方式加强对优化营商环境工作的监督。

支持新闻媒体发挥舆论监督作用，客观公正地对营商环境进行舆论监督，对损害营商环境的行为和典型案件予以曝光。

市发展和改革部门应当组织建立优化营商环境社会监督员制度，聘请人大代表、政协委员、企业经营者、有关社会人士等作为监督员，协助开展优化营商环境监督工作。

第八条 市、县（区）人民政府及其有关部门应当落实国家营商环境评价体系要求，根据营商环境评价结果，及时制定或者调整优化营商环境政策措施。

市、县（区）人民政府应当建立健全优化营商环境考核机制，将营商环境工作纳入政府高质量发展考核和绩效考核，对工作成效显著的部门、单位和个人按照规定给予表彰，对不作为、慢作为、乱作为的予以问责。

第九条 市场主体应当践行社会主义核心价值观，遵守法律法规，恪守社会公德和商业道德，诚实守信、公平竞争，履行安全、质量、劳动者权益保护、消费者权益保护等方面的法定义务，在国际经贸活动中遵循国际通行规则。

第二章　市场主体保护

第十条 市、县（区）人民政府保障各类市场主体依法平等使用资金、技术、数据、人力资源、土地使用权及其他自然资源等各类生产要素和公共服务资源。

各类市场主体依法平等适用国家、省、市支持发展的政策。市、县（区）人民政府及其有关部门在政府资金安排、土地供应、税费减免、资质许可、标准制定、项目申报、职称评定、人力资源政策等方面，依法平等对待各类市场主体，不得制定或者实施歧视性政策措施。

第十一条 任何单位和个人不得干预依法应当由市场主体自主决策的定价、内部治理、经营模式等各类事项，不得对市场主体实施任何形式的摊派，不得非法实施行政强制或者侵犯市场主体及其经营者合法权益的其他行为。

第十二条 行政机关应当依法保护市场主体合法财产性权益，不得实施下列行为：

（一）违法没收、征收、征用市场主体的财产；

（二）征收、征用市场主体的财产不及时足额补偿；

（三）违法拆除市场主体的生产经营场所、设施和设备；

（四）违法要求市场主体公开专有技术、商业秘密；

（五）违法对市场主体的财产和企业经营者个人财产实施查封、冻结和扣押等行政强制措施；

（六）其他损害市场主体财产性权益的行为。

第十三条 市人民政府应当构建全市统一开放、运行高效的公共资源交易体系，推行公共资源全程电子化交易，破除公共资源交易领域的区域壁垒。

鼓励公共资源交易平台与金融机构、中介机构合作，依法发展涵盖产权界定、价格评估、担保、保险等业务的综合服务体系。

除法律、法规另有规定外，公共资源交易应当通过全市统一的公共资源交易平台进行，交易活动中不得有下列行为：

（一）限定潜在供应商、投标人的所有制形式或者组织形式；

（二）以特定行政区域或者特定行业的业绩、奖项作为限制条件；

（三）限定或者指定特定的专利、商标、品牌、原产地或者供应商等；

（四）其他限制或者排斥潜在供应商或者投标人的行为。

不得强制或者变相强制非必须招标项目进入公共资源交易平台交易。

第十四条 市、县（区）人民政府应当依法健全完善中小投资者权益保护机制，保障中小投资者的知情权、参与权、表决权、收益权和监督权等合法权利，提升中小投资者维护合法权益的便利度。

发生自然灾害、事故灾难、公共卫生事件和社会安全事件等突发事件，造成中小企业损失影响生存时，市、县（区）人民政府及其有关部门应当及时采取税费减免、房租减免补贴、就业保障、融资支持或者政府采购等措施予以扶持。

第三章　市场环境

第十五条　市、县（区）人民政府及其有关部门按照国家规定实行市场准入负面清单制度，不得另行制定市场准入性质的负面清单。负面清单以外的领域，各类市场主体均可以依法平等进入。

对外商投资实行准入前国民待遇加负面清单管理制度。外商投资准入负面清单以外的领域，按照内外资一致的原则实施管理。

第十六条　市、县（区）各有关部门应当按照国家有关规定，优化市场主体登记流程，精简申请材料，减少办理时限，降低办理成本，提高市场主体登记效率。推进一照多址改革，简化企业设立分支机构的登记手续。

第十七条　本市按照国家有关规定开展“证照分离”和“多证合一”改革，除法律、行政法规规定的特定领域外，涉企经营许可事项不得作为企业登记的前置条件。

第十八条　市、县（区）人民政府应当推进土地、人力资源、资本、技术等要素市场化配置改革，完善主要由市场决定要素价格机制，提升要素交易监管和服务水平。

健全跨部门跨行政区域的反垄断和反不正当竞争执法信息共享、协作联动机制，提高执法的统一性、权威性、协调性。构建跨行政区域的反垄断和反不正当竞争案件移送、执法协助、联合执法机制，针对新型、疑难、典型案件畅通会商渠道、互通裁量标准，加大反垄断和反不正当竞争执法力度，营造公平竞争的市场环境。

第十九条　市、县（区）人民政府建立健全统一开放、竞争有序的人力资源市场体系，打破城乡、地区、行业分割和身份、性别等歧视，促进人力资源有序社会性流动和合理配置。

市、县（区）人力资源和社会保障部门应当健全人才引进、培养、使用、评价、流动、共享、激励机制，引导社会力量主动参与人才资源开发，统筹做好本地区人才培养工作，加快构建具有吸引力和国际竞争力的人才制度体系。

第二十条　市、县（区）人力资源和社会保障部门应当建立健全人力资源服务体制机制，完善劳动人事争议调解机制，加大劳动保障监察执法力度，依法保护劳动者合法权益。应当加强劳动者职业技能培训，按照国家规定取消水平评价类技能人员职业资格，推行社会化职业技能等级认定。

依托市级就业岗位信息归集发布平台，畅通用人单位岗位信息和劳动者求职就业信息对接渠道，对重点企业、重大项目开展用工动态监测和协调制度，建立用工清单，提供“点对点”用工服务。

支持和规范新业态领域多样化劳动用工，支持市场主体采用灵活用工机制，引导有需求的企业开展共享用工合作。

第二十一条　鼓励和支持金融机构依法合规创新金融产品，优化金融服务流程，为市场主体提供优质高效便捷的金融服务。

商业银行等金融机构在授信中不得设置不合理条件，不得对民营企业、中小企业设置歧视性要求。

商业银行应当公示服务项目及价格，充分提示服务价格政策的项目、内容、价格、适用对象、生效日期等。

第二十二条　支持商业银行增加对民营企业、中小企业的信贷投放，合理增加中长期贷款和信用贷款支持。拓宽绿色信贷、绿色债券、绿色股权等融资渠道，满足绿色低碳融资需求。

鼓励金融机构充分发挥保险增信功能，为民营企业、中小企业提供融资支持。鼓励金融机构大力发展保函业务，协助企业以保函替代现金缴纳涉企保证金。

支持和鼓励符合条件的民营企业、中小企业依法采用发行股票、债券以及其他融资工具，扩大直接融资规模。

第二十三条　市、县（区）人民政府及其有关部门应当发展科技企业孵化器、众创空间等创新创业载体，对于符合条件的创新创业载体，按照有关规定给予税收优惠和财政支持。

第二十四条　市、县（区）人民政府应当健全科技成果转化体制机制。建设核科学、能源科学、生态环境、空间科学技术创新高地，提升城市创新策源能力。聚焦生物技术、绿色化工、新能源、新材料等重点领域，支持建设研发机构和孵化培育载体。培育

"专精特新"企业，支持产学研用协同创新，扩大科研人员项目自主权限，提高市场主体创新活力。

第二十五条 本市建立健全知识产权快速协同保护机制、纠纷多元化解决机制和维权援助机制，保障知识产权主体的合法权益。建立专利转化展示交易和质押融资平台，促进专利技术在中小企业及时转化运用。建立综合性知识产权公共服务平台，推动开发区、园区、工业集聚区设立知识产权服务中心。

市、县（区）各有关部门应当对中小企业申请注册商标、申请地理标志保护产品和申报老字号等给予指导和帮助。

第二十六条 行业协会、商会应当依照法律、法规和章程规定，加强行业自律，规范会员行为，及时反映行业诉求，为市场主体提供信息咨询、宣传培训、市场拓展、权益保护、纠纷处理等方面的服务。

倡导和鼓励行业协会、商会设立市场主体维权服务平台，参与和支持市场主体维权，提升维权效率和管理水平。

第二十七条 市、县（区）人民政府及其有关部门应当健全政府守信践诺机制。不得违反合同约定拖欠市场主体的货物、工程、服务等账款，也不得在约定付款方式之外变相延长付款期限。不得以行政区划调整、政府换届、机构或者职能调整以及相关责任人更替等为由违约毁约。因国家利益、社会公共利益需要改变政策承诺、合同约定的，应当依照法定权限和程序进行，并依法对市场主体因此受到的损失予以补偿。

市、县（区）人民政府应当开展国家机关和国家工作人员诚信教育，引导行业协会、商会以及群团组织参与营商环境社会信用体系建设，弘扬诚实守信的传统文化和现代契约精神，提高全社会诚信意识和信用水平。

第二十八条 本市建立健全企业简易注销制度。对承诺已完成清税或者不涉及税务事项的个体工商户、设立后未开展生产经营活动或者无债权债务的市场主体，纳税人免予提供清税证明，按照简易程序办理注销。

实施同一登记机关企业注销登记与行政许可注销登记同步办理试点，申请人申请企业注销登记，同时缴销相关许可证后，市场监督管理部门依法为其注销许可证，无需再次申请办理许可证注销登记。

第四章　政务服务

第二十九条 市、县（区）人民政府及其有关部门应当按照规定编制并向社会公开政务服务事项标准化工作流程和办事指南，细化量化政务服务标准，压缩自由裁量权，推进同一事项实行无差别受理、同标准办理。没有法律、法规、规章依据，不得增设政务服务事项的办理条件和环节。

本市持续推进市、县（区）、乡镇（街道）、村（社区）四级同一政务服务事项统一的标准化建设，建立健全政务服务事项管理动态调整机制。

办事指南应当明确各政务服务事项办理条件和流程、所需材料、容缺受理、办理环节和时限、收费标准、联系方式、投诉渠道等内容。办事指南中的办理条件、所需材料不得含有"其他""有关"等模糊性兜底条款。

第三十条 本市推行极简政务服务模式，实现简渠道、简要件、简环节、简程序、简时间，推进一网通办、套餐联办、基层可办、帮代好办、应需能办，促进数据集成、事项集成、资源集成、流程集成、服务集成，创建极简化办事环境。

第三十一条 市、县（区）人民政府应当设立政务服务中心，乡镇（街道）设立便民服务中心，村（社区）设立便民服务站。除涉及国家秘密和对场地有特殊要求等情形外，原则上政务服务事项全部纳入本级政务服务中心集中办理，推行受理、审批、办结"一站式"服务。

鼓励在市场主体集聚、政务服务需求量大的产业载体、商务楼宇设立一站式政务服务站，为市场主体就近办事提供便利。

第三十二条 市、县（区）人民政府及其有关部门应当按照国家有关规定，提供数据共享服务，及时将有关政务服务数据逐级上传至全国一体化在线平台，加强共享数据使用全过程管理，确保共享数据安全。

市、县（区）人民政府应当推动政务服务线上和线下并行提供服务。已经实现线上办理的政务服务，同步提供线下窗口服务，由市场主体自主选择办理渠道。

第三十三条 本市全面推行基层社会治理智慧平台（小兰帮办）应用，构建线上一体化基层社会治理联动体系。推动教育、就业、社保、医疗、养老、户籍等领域事项以委托受理、授权办理、帮办代办的形式向基层延伸。

市、县（区）政务服务中心应当设置专职帮办代办窗口，配备专兼职帮办代办队伍，对进入窗口自行办理的事项主动提供咨询、指导、协调等服务。

第三十四条 本市推进电子证照、电子签名和电子印章应用。实现电子证照跨地区、跨部门共享和全国范围内互信互认。

深化电子证照、电子印章、电子签名和电子档案在政务服务审批、行政执法、社会化服务等方面应用，减少纸质材料递交。

申请人在申请办理有关事项时，受理单位可以通过电子证照库获得业务办理所需电子证照的，不得拒绝办理或者要求申请人提供纸质证照，但依法需要收回证照原件的除外。

第三十五条 行政许可实施清单管理制度，许可事项全部纳入清单管理，逐项列明事项名称、设定依据、许可条件、许可层级、许可部门等内容，进行动态调整并向社会公布，清单之外不得违法实施行政许可。不得以备案、登记、注册、目录、规划、年检、年报、监制、认定、认证、审定以及其他任何形式变相设定或者实施行政许可。

市、县（区）人民政府及其有关部门对于下放和调整的行政许可事项，应当明确承接部门、承接时间、办理时限、办理环节、申报材料以及审查要点、标准，并实施监督。

第三十六条 市、县（区）各有关部门按照建设规模、建设地点、建设用途等个性化要素，通过前期精准辅导，利用工程审批系统为不同建设工程项目量身打造专属审批流程，简化部门内部业务流转程序，对项目单位申报的任何事项实行无差别受理，实现项目审批同城通办。

对于需要勘验现场的并联审批事项，由牵头部门统一组织多部门联合现场勘验，减少单独勘验频次。积极探索推进全流程联合测绘。推动建设工程规划核验（验收）等审批事项联合验收，统一使用联合验收专用印章。

市政公用服务单位通过工程审批系统实时获取项目市政公用服务接入需求、设计方案、图档等相关信息，实现与主体工程同步设计、同步建设，竣工验收后直接接入。

第三十七条 市、县（区）人民政府及其有关部门应当依法规范行政审批中介服务行为，编制并公布行政审批中介服务事项清单，实行动态管理。中介服务机构应当明确办理法定行政审批中介服务的条件、流程、时限、收费标准，并向社会公开。

第三十八条 市、县（区）人民政府及其有关部门应当编制、公布证明事项清单并及时进行动态调整。证明事项清单应当逐项列明设定依据、索要单位、开具单位、办理指南等内容。清单之外一律不得索要证明。

市、县（区）人民政府及其有关部门之间应当加强证明的互认共享，不得重复索要证明。依法开展涉企经营许可事项告知承诺制和证明事项告知承诺制等工作，推动形成标准公开、规则公平、预期明确、各负其责、信用监管的新治理模式，进一步减证便民。

第三十九条 市、县（区）人民政府及其有关部门应当按照国家、本省促进跨境贸易便利化的有关要求，依法削减进出口环节审批事项，取消不必要的监管要求，优化简化通关流程，提高通关效率，清理规范口岸收费，降低通关成本。

第四十条 本市简并申报缴税次数，减少办税时间，推广使用电子发票，逐步实现全程网上办税。取消涉税业务办理属地限制，纳税人可以就近选择办税服务厅办理业务，实现票种核定、信用等级和缴款信息查询、发票申领等业务在全市范围内“跨区通办”。

税务机关应当严格执行国家各项减税降费政策，简化税费优惠政策适用程序，利用大数据等技术甄别符合条件的纳税人、缴费人，实现优惠政策信息精准推送，确保取消、停征、免征及降低征收标准的收费基金项目及时落实到相关企业和个人。

第四十一条 不动产登记机构应当加强与住建、

税务等部门协作与信息共享，实行不动产登记、交易和缴税一窗受理、并行办理，压缩办理时间，降低办理成本。

本市推进水、电、气、热、通信过户与不动产登记同步办理，为市场主体提供便利服务。

第五章　监管执法

第四十二条　市、县（区）人民政府及其有关部门应当根据法定职责，编制监管事项目录清单，明确监管的主体、事项、对象、设定依据、内容、范围和监管责任等，实行动态管理并向社会公布。

第四十三条　市、县（区）人民政府及其有关部门应当建立健全以信用为基础的新型监管机制，全面推广信用承诺制度，建立企业信用状况综合评价体系，以信用风险为导向优化配置监管资源。对信用状况良好的监管对象，可以减少检查比例和频次；对失信违法的监管对象，可以提高检查比例和频次。

市、县（区）人民政府及其有关部门应当按照国家有关规定建立健全跨行业、跨领域、跨部门守信联合激励和失信联合惩戒措施，加强对守信行为的褒扬和激励、对失信行为的约束和惩戒。

市、县（区）人民政府及其有关部门应当建立健全信用修复机制，明确信用信息修复的条件、标准、流程等要素，对市场主体提出的修复申请，有关部门应当及时予以处理并将处理情况告知申请人。

第四十四条　市、县（区）各有关部门应当根据不同领域特点、风险程度，采取分类监管措施：

（一）对直接涉及公共安全和人民群众生命健康等特殊行业、重点领域，依法依规实行全覆盖的重点监管，并严格规范重点监管的程序；

（二）对其他领域依法实施“双随机、一公开”监管模式，通过随机抽取检查对象、随机选派执法检查人员、抽查事项及查处结果及时向社会公开的方式进行；

（三）对通过投诉举报、转办交办、数据监测等发现的问题，应当有针对性地进行检查并依法依规处理。

在监管过程中涉及的市场主体商业秘密，应当依法予以保密。

第四十五条　市、县（区）人民政府及其有关部门应当按照鼓励创新的原则，在确保质量和安全的前提下，对新技术、新产业、新业态、新模式等实行包容审慎监管，针对其性质、特点分类制定和实行相应的监管规则和标准，留足发展空间，引导其健康规范发展，不得简单化予以禁止或者不予监管，推进新业态线上线下一体化监管。

第四十六条　市、县（区）人民政府及其有关部门应当加强事中事后监管，依托全省一体化在线监管平台，建设完善“互联网＋监管”系统，推进各监管业务系统整合，完善风险预警、非现场监管、投诉举报、综合分析等系统应用，实现市、县（区）人民政府及其有关部门的监管数据归集上报和集约共享，并做好与国家、省级有关业务系统的对接。

第四十七条　市、县（区）人民政府应当统筹配置行政执法职能和执法资源，在相关领域推行综合行政执法，整合精简执法队伍，减少执法主体和执法层级，提高基层执法能力。

市、县（区）人民政府应当建立健全跨部门、跨区域行政执法联动响应和协作机制，加强执法协作，明确联动程序，推进不同部门之间监管标准互通、违法线索互联、处理结果互认，提高跨部门、跨领域联合检查效能。

同一部门对市场主体实施的多项执法检查，能够合并进行的应当合并进行；多个部门对同一市场主体进行检查的，能够合并的应当明确由一个部门牵头组织实施联合检查。

对于没有法律、法规、规章依据的，或者违反法定权限、条件、程序、范围等规定的监督检查，市场主体有权予以拒绝。

第四十八条　行政执法应当按照教育与处罚相结合原则，坚持执法为民和教育指导为先，全面推行行政柔性执法方式，依法依规制定违法行为从轻、减轻、免予行政处罚清单，实行动态管理并向社会公布。

对于符合从轻、减轻、免予行政处罚情形的，可以通过单独或者综合运用指导、建议、提醒、劝告、告诫、约谈等方式促使其自觉纠正违法行为。

第六章　法治保障

第四十九条　市、县（区）人民政府及其有关部门应当根据优化营商环境需要，依照法定权限和程序及时制定或者修改、废止有关地方政府规章和行政规范性文件。

除依法需要保密外，制定与市场主体生产经营活动密切相关的政府规章、行政规范性文件，应当向社会公开征求意见，充分听取市场主体、行业协会、商会和其他社会组织的意见。向社会公开征求意见的期限一般不少于三十日。

没有法律、法规或者国务院决定和命令依据的，行政规范性文件不得减损市场主体合法权益或者增加其义务，不得设置市场准入和退出条件，不得干预市场主体正常生产经营活动。

第五十条　市、县（区）人民政府及其有关部门在制定市场准入、产业发展、招商引资、招标投标、政府采购、经营行为规范、资质标准等与市场主体生产经营活动密切相关的政府规章、行政规范性文件和其他政策措施时，应当按照规定进行公平竞争审查，评估对市场竞争的影响，不得滥用行政权力排除、限制竞争。

制定涉及市场主体权利义务的行政规范性文件，应当对文件的制定主体、权限、程序、有关内容等进行合法性审核。

第五十一条　市、县（区）司法行政部门应当整合律师、公证、司法鉴定、人民调解、仲裁、法律援助等公共法律服务资源，在劳动人事争议、知识产权、环境保护、金融、商事等领域创新公共法律服务内容、形式和供给模式，构建覆盖城乡、互联互通的公共法律服务网络和优化营商环境公共法律服务体系。

鼓励依托行业协会，组建民营企业及中小微企业依法维权专门机构，帮助排查经营管理的法律风险，提供风险防范措施和法律建议，引导和帮助其依法维权。

第五十二条　市、县（区）人民政府应当落实“谁执法谁普法”普法责任，营造尊商、安商、护商、亲商的法治氛围。建立市场主体普法清单，常态化开展普法活动，指导帮助市场主体防范化解法律风险，推动依法治企、依法护企。

第五十三条　本市建立营商环境投诉举报维权机制，市场主体可以通过12345政务服务便民热线、部门电话、政府网站、政务新媒体等，对营商环境方面的问题进行投诉举报。

各有关部门对投诉举报应当及时调查处理，在规定时限内办理完毕并回复。

第五十四条　市、县（区）人民政府及其有关部门建立政务诚信监测治理机制，建立健全政务失信记录制度和政府失信责任追究制度，加大失信惩戒力度，重点治理债务融资、政府采购、招标投标、招商引资等领域的政府失信行为。

第五十五条　政府、有关部门和单位及其工作人员违反本办法规定，不履行优化营商环境职责或者损害营商环境的，依法依规追究责任。

第七章　附则

第五十六条　本办法自2022年10月15日起施行。

兰州市人民政府令

〔2022〕第4号

《兰州市黄河文化保护办法》已经2022年12月3日市人民政府第32次常务会议讨论通过，现予公布，自2023年2月1日起施行。

市长　张伟文

2022年12月22日

兰州市黄河文化保护办法

第一章　总则

第一条　为了加强黄河文化保护，延续历史文脉，坚定文化自信，提升文化软实力，促进黄河流域生态保护和兰州经济社会高质量发展，依据有关法律、法规，结合本市实际，制定本办法。

第二条　本市行政区域内黄河文化的保护传承弘扬和管理活动适用本办法。

本办法保护传承弘扬的黄河文化包括：

（一）传统戏剧、舞蹈、美术、音乐、民间文学、体育、传统医药与杂技等；

（二）传统礼仪、民间节庆、文化展示展演、民族民俗活动，传统手工技艺以及与上述表现形式相关的文化空间；

（三）具有革命纪念意义的遗址、遗迹和实物；

（四）历史文化名城、名镇、名村、历史建筑、历史文化街区、城址遗存、传统地名；

（五）古树名木、古城、古镇、古村落；

（六）兰州地方特有的语言；

（七）承载民族复兴、国家崛起的历史记忆和展现兰州工业拓荒奠基过程的工业遗产；

（八）反映兰州社会发展变迁的重大历史事件和历史文化名人的典籍、档案、书画音像、手稿抄本等资料；

（九）其他需要保护的黄河文化事项。

法律、法规、规章对有关黄河文化保护传承弘扬另有规定的，依照其规定。

第三条　黄河文化的保护传承弘扬，应当贯彻新发展理念，践行社会主义核心价值观，坚持保护优先、注重传承，统筹规划、合理利用，政府主导、市场运作，社会参与、共享发展的原则。

第四条　市、县（区）人民政府应当将黄河文化保护传承弘扬工作纳入本级国民经济和社会发展规划，加强组织领导，建立健全工作机制，综合协调黄河文化保护传承弘扬工作中的重大问题，并将所需经费纳入本级财政预算。

乡镇人民政府、街道办事处应当协助做好辖区内黄河文化保护传承弘扬的相关工作。

第五条　市、县（区）文化和旅游主管部门具体负责黄河文化保护传承弘扬工作，其主要职责为：

（一）开展本行政区域内黄河文化资源的调查和收集；

（二）建立黄河文化数据库，推动黄河文化整合利用和公共数据开放共享；

（三）组织开展黄河文化宣传、学术交流、改编创作、展示展演、文化旅游等活动；

（四）开展黄河文化保护活化利用和有关工作，促进文化资源优势转化为文化产业优势；

（五）加强文化市场黄河文化保护执法工作，规范文化市场管理；

（六）其他黄河文化保护传承弘扬有关工作。

第六条 市、县（区）发展改革、教育、财政、自然资源、住房和城乡建设、交通运输、农业农村、商务、林草和城市园林绿化等主管部门在各自职责范围内，做好黄河文化保护传承弘扬有关工作。

新闻出版、广电、体育、科技等主管部门根据其职责负责本行业、本领域内的黄河文化保护传承弘扬有关工作。

兰州新区、兰州高新技术产业开发区管委会执行本办法，负责做好各自管辖区域内的黄河文化保护传承弘扬工作。

第七条 工会、共青团、文联、科协等人民团体和有关社会组织应当结合工作实际，做好黄河文化保护传承弘扬相关工作。

第八条 市、县（区）人民政府应当以保护传承弘扬黄河文化为核心，推动文化产业发展，促进文化产业与农业、水利、制造业、交通运输业、服务业等深度融合。

第九条 鼓励支持单位和个人通过捐赠、资助、志愿服务等方式参与黄河文化保护传承弘扬相关活动。

对在黄河文化保护传承弘扬工作中做出突出贡献的单位和个人，按照国家有关规定予以表彰和奖励。

第二章 保护与管理

第十条 市、县（区）人民政府及其有关部门应当把黄河文化保护同生态环境保护修复、河道水系治理管护、文化和旅游融合发展、城乡区域统筹协调和历史文化名城名镇名村保护相结合，加强黄河文化系统性、整体性保护。

第十一条 市文化和旅游主管部门应当依据国土空间总体规划，会同有关部门编制本市黄河文化保护专项规划，统筹黄河文化保护传承弘扬，并与生态环境保护等规划相衔接。本市黄河文化保护专项规划应当在报请市人民政府批准后向社会公布。

经批准公布的黄河文化保护专项规划，不得擅自调整或者修改；确需调整或者修改的，应当履行法定修改程序。

第十二条 市、县（区）规划主管部门应当将黄河文化保护专项规划中涉及用地布局与空间管控的内容统筹纳入控制性详细规划，并依法向社会公布。

经规划确定的黄河文化保护建设用地，未经法定程序，不得改变用途。

第十三条 市、县（区）文化和旅游主管部门应当组织开展本行政区域内的黄河文化资源调查、统计、分类、评估工作，厘清兰州黄河文化资源底数，形成数据台账和资源地图。市、县（区）人民政府其他有关部门可以对其工作领域内的非物质文化遗产进行调查。

开展黄河文化资源调查，应当收集代表性实物或者成果，整理调查工作中取得的资料，并妥善保存，防止损毁、流失。其他有关部门取得的实物图片、资料复制件，应当汇交给同级文化主管部门。

开展黄河文化资源调查，应当征得调查对象的同意，尊重其风俗习惯，不得损害其合法权益。

鼓励单位和个人从事黄河文化资源的考察、收集与研究，发现新的黄河文化素材的，可以向市、县（区）文化和旅游主管部门报告。

第十四条 本市建立黄河文化名录制度。

列入《兰州市黄河文化名录》（以下简称《名录》）的黄河文化应当符合下列条件：

（一）体现中华优秀传统文化精神；

（二）具有历史、文学、艺术、科学价值；

（三）具有重要纪念意义、教育意义或者时代价值、史料价值；

（四）在一定群体或者地域范围内世代传承，具有清晰的传承脉络，至今仍然以活态形式存在；

（五）特色鲜明，在本行政区域内具有典型性、代表性。

黄河文化中的文物或者非物质文化遗产代表性项目，应当直接纳入《名录》，并在《名录》中注明。

第十五条 市文化和旅游主管部门应当建立《名录》项目专家评审制度，组织专家进行《名录》项目评审。

《名录》项目评审应当遵循公开、公平、公正原则。

市文化和旅游主管部门应当将专家评审后确定的《名录》予以公示，征求公众意见，公示时间不得少于二十日。

公示期间，单位或者个人提出异议的，市文化和旅游主管部门应当进行核查。经核查，异议不成立的，在二十日内书面告知异议人并说明理由；异议成立的，重新组织专家进行复审。

公示期满后无异议或者经复审异议不成立的，应当报市人民政府批准、公布，并报上一级文化和旅游主管部门备案。

《名录》每三年更新一次，实行动态管理。

第十六条 列入《名录》的黄河文化损毁、灭失，或者因客观环境改变，不再呈现活态文化特性而自然消亡的，经文化和旅游主管部门组织专家评估调查核实后，报请市人民政府批准退出名录，并向社会公布。

第十七条 对列入《名录》的黄河文化，市、县（区）文化和旅游主管部门应当采用数字技术对其原始资料、实物、文字、图片、录音、录像等进行永久保存。

市文化和旅游主管部门应当加强黄河文化保护数字化、信息化、智能化建设，建设黄河文化数据库，对新发现的黄河文化应当及时纳入数据库，推动黄河文化整合利用和公共数据开放共享。

第十八条 市、县（区）人民政府根据黄河文化的特点和保护的需要，可以设置黄河文化保护标志牌。

保护标志牌应当与所保护的黄河文化的风貌、特色、环境等相协调。

第十九条 市住房和城乡建设主管部门应当依照国家有关规定，对列入《名录》但尚未公布为文物保护单位（也未登记为不可移动文物）、反映一定时代特征、具有保护价值、承载真实和相对完整历史信息的典型古建筑、纪念建筑物等历史实物遗存，开展历史建筑认定工作，并在《名录》中注明。

对具有保护价值的建筑进行保护，适用《历史文化名城名镇名村保护条例》《兰州市历史文化遗产保护办法》《兰州市历史文化名城保护规划》及有关法律、法规、规章的规定。

第二十条 对黄河文化历史积淀深厚、非物质文化遗产代表性项目集中、特色鲜明、形式和内涵保持完整的特定区域，可以设立黄河文化生态保护区，实行区域性整体保护。黄河文化生态保护区的设立，应当尊重当地居民意愿，保护当地居民合法权益。在黄河文化生态保护区内从事生产、建设和开发，应当符合专项保护规划，不得对其传统格局、历史文化风貌和生产生活延续性构成破坏。因设立黄河文化生态保护区影响当地居民生产、生活的，由所在地人民政府给予合理补偿。

对具有地方特色的黄河文化并有广泛群众基础的区域，可以命名为“黄河文化艺术之乡”。

第二十一条 市、县（区）人民政府应当鼓励支持对兰州近代、现代工业遗产的挖掘保护，推动对兰州机车厂、兰州毛纺织厂、兰州通用机器厂、兰州炼油化工总厂、兰州石化公司等有代表性的老旧厂房、办公楼、机器设备等工业遗产的综合保护，提升开发利用水平。

第二十二条 列入《名录》的黄河文化，其存续状态受到威胁、濒临消失的，市、县（区）人民政府应当组织有关部门及时采取抢救性保护措施，包括：

（一）征集、收购相关资料、实物；

（二）修缮建（构）筑物和场所；

（三）改善传承条件，并对濒危项目传承人及传承人培养予以扶持；

（四）其他科学有效的抢救性保护措施。

第二十三条 市、县（区）人民政府及其有关部门应当支持申请地方品种地理标志产品保护，制定、推广相应的行业标准，规范产业经营，提升黄河文化的竞争力。

市、县（区）有关部门应当对中小企业申请黄河文化有关注册商标、地理标志保护产品和申报老字号等给予指导和帮助。

市、县（区）人民政府应当对获得驰名商标或者著名商标称号，被认定为中华老字号、甘肃老字号的黄河文化产品企业予以扶持和奖励。

第二十四条 对列入《名录》但尚未公布为文物或者文物保护单位的黄河文化，市、县（区）文化和旅游主管部门可以与其所有权人、使用权人或者实际管理人就黄河文化的保存、维护等保护事项依法订立合同，约定双方的权利、义务和责任。

鼓励拥有黄河文化所有权的单位和个人将相关收藏品、建筑物等捐赠或者出借给收藏、研究机构。双方可以就相关赠与物与出借物的保护、研究、展示等事项依法订立合同，约定双方的权利、义务和责任。

鼓励档案馆、博物馆、方志馆、纪念馆、美术馆、图书馆等收藏、研究单位对黄河文化中的重要档案、文献、手稿、声像资料和实物等进行征集、收购。征集、收购应当遵循公平、自愿的原则。

第三章　传承与弘扬

第二十五条　市、县（区）人民政府应当按照真实性、整体性和传承性要求，推动黄河文化与时代元素相结合，统筹推进黄河文化传承弘扬。

第二十六条　市、县（区）文化和旅游主管部门对列入《名录》的非物质黄河文化遗产代表性项目，可以认定代表性传承人，具体工作按照《甘肃省非物质文化遗产条例》执行。

第二十七条　鼓励支持传承人重点对反映黄河流域文明发源和文化发祥的黄河文化进行传承弘扬，加大对兰州黄河大水车、羊皮筏子、兰州太平鼓、兰州刻葫芦、高高跷等黄河文化遗产的传承弘扬。

第二十八条　市文化和旅游主管部门应当对黄河文化代表性传承人进行全面系统记录，推广记录成果，扩大对外交流传播，保持黄河文化的延续性和真实性。

第二十九条　市、县（区）人民政府应当采取措施鼓励社会资本投入黄河文化产品的开发和创建具有黄河文化特色的产业品牌。

市人民政府设立黄河文化数字化产业园区，配套建设基础设施，引导科技型文创、影视、传媒、艺术、动漫等文化旅游企业入驻，发展基于黄河文化的线上演播、虚拟现实、数字创意、定制消费、沉浸式体验等数字文旅产品，促进文化产业与数字经济产业链协同创新。

第三十条　鼓励支持单位和个人对黄河文化进行加工、整理和再创作。市文化和旅游主管部门可以定期会同有关单位、机构开展黄河文化学术研究成果评选，对优秀研究成果给予奖励并列入《名录》。

鼓励支持单位和个人围绕“一带一路”、黄河流域高质量发展、红色文化、乡村振兴、生态文明和铸牢中华民族共同体意识等题材创作、改编小说、报告文学、音乐、曲艺、舞台剧、舞蹈和影视作品等当代黄河文化作品。

市、县（区）人民政府应当鼓励支持黄河文化创意产业发展，引导资源要素向黄河文化创意产业聚集，打造黄河文化创意品牌，培育读者动漫、水车模型等文博和非遗系列的黄河文化创意产品。

第三十一条　市、县（区）人民政府及其发展改革、财政、自然资源、商务、文化和旅游等主管部门应当采取下列措施，支持列入《名录》的黄河文化的集中展示和展演活动：

（一）建设并统筹利用博物馆、方志馆、纪念馆、展览馆、教育基地等资源，综合运用信息化手段，系统展示黄河文化；

（二）组织开展休闲街区、主题公园、旅游景区、文化展示中心或者大型商业综合体等公共区域黄河文化旅游驻场和实景演艺活动；

（三）定期举办黄河文化旅游节、黄河母亲节、黄河风情文化周等活动；

（四）举办黄河文化产品推介会，根据需要组织会展和促销等活动；

（五）市、县（区）人民政府规定的其他支持措施。

第三十二条　鼓励支持文化、餐饮、住宿、旅游、商业等经营者对黄河文化的集中展示和展演活动进行资助，或者开展营利性的黄河文化集中展示和展演活动。

鼓励支持音像业经营者制作、出版展示黄河文化的音像制品。

经营者不得利用黄河文化集中展示、展演或者通过制作、出版黄河文化音像制品从事违法或者违背公序良俗的活动。

第三十三条　市、县（区）人民政府应当将黄河文化旅游纳入本行政区域旅游发展规划，完善基础设施和公共服务设施，优化黄河文化旅游服务功能，联动沿黄城市，打造以“锦绣黄河”为主题的黄河文化旅游示范带。

市、县（区）文化和旅游主管部门应当推动开发建设黄河古镇、金城关黄河文化旅游示范区、黄河楼、兰州老街、兰州水墨丹霞、读者印象精品街区等具有兰州黄河文化特色的旅游项目。

开发建设黄河文化旅游项目应当符合黄河防洪

和河道管理要求，做好生态环境影响评价，避免破坏历史文化遗产遗存。

第三十四条 市、县（区）人民政府应当整合具有突出意义的黄河文化、文物资源，发挥黄河上游核心区优势，加快推进黄河国家文化公园建设。依托黄河风情线大景区，突出桥梁文化、渡口文化、皮筏文化、水车文化、河湟文化、奇石文化和彩陶文化等特色黄河文化资源，统一规划黄河兰州段，打造黄河文化保护传承弘扬示范区、黄河生态文化走廊、黄河文化旅游展演示范区、黄河景观休闲观光区以及农耕文明传统保护体验区等文化旅游综合体。

第三十五条 市、县（区）人民政府及其有关部门应当探索以黄河文化为核心，建设、改造休闲街区、旅游景区和文化展示中心，为黄河文化集中展示、展演提供场所，并引导社会资本投资建设、经营文创商店、特色书店、小剧场、黄河文化数字化体验中心、餐饮娱乐等旅游消费场所。

第三十六条 市、县（区）人民政府及其有关部门应当将黄河文化保护传承弘扬与乡村振兴战略相结合，支持特色村镇建设，推动开展乡村黄河文化旅游活动。

鼓励支持脱贫地区的自然人、法人和其他组织利用本地区黄河文化特色优势，通过非遗工坊、电商等方式，助力乡村振兴。

第四章 保障与监督

第三十七条 市、县（区）人民政府可以发起设立黄河文化保护基金，支持黄河文化保护事业。

黄河文化保护基金的使用应当公开透明，接受社会监督。

第三十八条 市、县（区）人民政府应当推动建设具有传承、体验、教育、培训、旅游功能的黄河文化传承体验设施。

鼓励有条件的地方建设黄河文化综合馆、专题馆。

鼓励具备条件的高等院校、中等职业学校与黄河文化传承人合作，开展黄河文化研究，建立黄河文化教学、教育实践基地，拓展黄河文化保护传承弘扬途径。

第三十九条 市、县（区）人民政府可以采取政府购买服务等措施，支持单位和个人参与提供反映黄河流域特色、体现黄河文化精神、适宜普及推广的公共文化服务。

市、县（区）人民政府及其有关部门应当在技术、场地、资金等方面对前款优秀公共文化产品的创作生产，以及优秀公共文化活动的组织开展给予支持，保障优质公共文化服务的提供。

社会力量向公众免费或者优惠提供第一款公共文化服务的，按照国家规定享受补助。

第四十条 公民、法人和其他组织通过公益性社会团体或者县级以上人民政府及其有关部门捐赠财产用于黄河文化保护传承弘扬的，依法享受税收优惠。捐赠人对于捐赠的黄河文化设施可以依法留名纪念。

第四十一条 市、县（区）人民政府及其有关部门应当建立黄河文化保护人才引进和激励机制，鼓励支持文化专业人员、高校毕业生和志愿者到基层从事有关工作，扶持和培养地方各类文化人才，加强黄河文化队伍建设。

市、县（区）人民政府及其有关部门应当加强黄河文化研究机构、研究队伍建设，建立黄河文化研究基地，提高黄河文化研究的整体性、协同性。建设跨学科、跨领域、创新性研究平台，组织开展重大专项研究，鼓励科研院所、高等院校和社会智库开展黄河文化研究，形成重大标志性研究成果。

第四十二条 市文化和旅游主管部门应当在《名录》中遴选具有代表性、典型性的黄河文化，利用报刊、广播、影视、互联网等媒体进行广泛宣传，扩大本市黄河文化的影响力和知名度。

市、县（区）文化和旅游主管部门应当会同同级商务、体育等有关部门在国内、国际各类商务会展、文化节庆和体育赛事等重大活动和对外巡回展演中开展对黄河文化的宣传活动。

鼓励公共建筑、公共场所、交通站点、公共交通工具等使用具有黄河文化特色的经典性元素、标志性符号，或者设置宣传、展示黄河文化的宣传牌、宣传栏和电子屏。

报刊、广播、影视、互联网等媒体应当采取多种形式开展有关优秀黄河文化产品、黄河文化活动、文化人才等的宣传报道，并加强对黄河文化保护传承弘扬的舆论引导和监督，营造良好文化氛围。

第四十三条 市、县（区）人民政府应当定期召集发展改革、财政、自然资源、住房和城乡建设、商务、文化和旅游等有关部门以及黄河风情线大景区管理机构召开联席会议，对黄河文化保护传承弘扬中的重要事项进行协调，落实各部门、机构保护传承弘扬黄河文化的目标责任。

第四十四条 市文化和旅游主管部门应当对县（区）文化和旅游主管部门完成黄河文化保护传承弘扬工作进行目标考核。具体考核办法由市人民政府文化和旅游主管部门另行制定。

第四十五条 市、县（区）人民政府应当建立黄河文化保护管理安全机制，制定应急预案，定期开展安全检查，及时发现和消除安全隐患。

第四十六条 市、县（区）人民政府应当加强黄河文化保护执法能力建设，提高执法科技化、信息化水平，建立执法协调机制，对跨行政区域及重大违法案件，依法开展联合执法。

市、县（区）发展改革、财政、自然资源、住房和城乡建设等有关部门以及黄河风情线大景区管理机构按照职责分工，对涉及黄河文化保护传承弘扬的有关活动进行监督检查，依法查处违法行为。

第四十七条 任何组织和个人都有权对破坏、损毁、侵占黄河文化的行为进行劝阻、投诉、举报。有关部门应当通过电话、网络等多种方式受理投诉、举报并依法及时处理。

第五章　法律责任

第四十八条 违反本办法规定的行为，法律、法规、规章已有处罚规定的，从其规定。

第四十九条 市、县（区）人民政府及其负有黄河文化保护职责的部门有下列情形之一的，对直接负责的主管人员和其他直接责任人员依法给予处分；构成犯罪的，依法追究刑事责任。

（一）侵占、挪用黄河文化保护、保存经费和资金的；

（二）在黄河文化认定及有关表彰奖励等活动中弄虚作假的；

（三）进行黄河文化调查时不尊重调查对象的风俗习惯，损害其合法权益，造成严重后果的；

（四）对应当保存的黄河文化，未合理保存致使其流失或者损毁的；

（五）对黄河文化生态保护区的生产、建设和开发未依法履行监管职责，使黄河文化的传统格局、历史文化风貌和生产生活延续性遭受损害的；

（六）发现违反黄河文化保护规定的违法行为，不予查处或者有其他包庇行为的；

（七）发现黄河文化存在安全隐患，未及时采取保护措施，造成严重后果的；

（八）有关法律、法规、规章规定的其他行为。

第六章　附则

第五十条 本办法自 2023 年 2 月 1 日起施行。

政府工作报告

——2022 年 12 月 19 日在兰州市第十七届人民代表大会第二次会议上

兰州市市长　张伟文

各位代表：

现在，我代表市人民政府向大会作工作报告，请予审议，并请各位政协委员和其他列席人员提出意见。

一、2022 年工作回顾

2022 年是兰州发展进程中极不平凡、极为不易的一年，也是顶住压力、克难奋进的一年。让我们倍感振奋的是，党的二十大胜利召开，系统擘画了全面建设社会主义现代化国家、全面推进中华民族伟大复兴的宏伟蓝图，省第十四次党代会立足省情实际，作出了构建“一核三带”区域发展格局、实施“四强”行动的决策部署，为我们系统推进兰州实现高质量发展、加快重振“兰州辉煌”指明了前进方向、提供了重要遵循，极大地鼓舞了全市广大干部群众的发展信心。一年来，在省委、省政府和市委的坚强领导下，全市上下坚持以习近平新时代中国特色社会主义思想为指导，深入贯彻党的十九大、十九届历次全会和党的二十大精神，按照省、市第十四次党代会的决策部署，认真落实“疫情要防住、经济要稳住、发展要安全”的工作要求，高效统筹疫情防控和经济社会发展，以“强省会”行动贯通“强科技、强工业、强县域”行动，经受住了严峻考验，交出了一份实属不易的答卷。

一年来，我们牢牢坚持稳中求进工作总基调，着力稳定经济发展大盘。精准落实国家“33 条”、省上“53 条”等稳经济一揽子政策和接续措施，出台优化营商环境若干措施，推进实施减税降费、社保缓缴、房租减免等惠企利企政策，全力以赴保主体、扩投资、促消费、稳增长。预计全年实现生产总值 3420 亿元、增长 1.5%，固定资产投资增长 1.7%，一般公共预算收入 222 亿元、同口径增长 1%，城乡居民人均可支配收入分别达到 45406 元和 17162 元、增长 5% 和 6%。获批建设国家气候投融资试点城市、“无废城市”、青年发展型城市、儿童友好型城市、知识产权强市建设试点城市、国家互联网骨干直联点、国家骨干冷链物流基地等多个政策平台。加大项目凝炼储备力度，谋划实施项目1360个、总投资1万亿元，争取到政策性资金、地方政府专项债券、金融工具额度299.79亿元。新引进康鹏电池材料、道氏碳材料等产业项目162个，签约落地埃肯硅扩容、兰鑫焦化等第28届兰洽会项目105个，推进实施兰飞系列研发、兰州输变电等央地合作项目32个。出台促进服务业领域困难行业恢复发展若干政策，举办“乐享消费·惠购陇原”等促销活动500多场次，推出“悠游兰州”精品旅游产品，促进线上线下消费融合，全年实现网络零售额665亿元、增长9%。支持佛慈制药、兰石重装、海默科技等本土企业“走出去”，常态化运行“兰州号”国际货运班列，共发运304列、货值3.91亿美元。新设立外商投资企业12家，合同利用外资额1.12亿美元，预计全年实现进出口总额160亿元、增长13%。

一年来，我们远谋近施攻坚推进“四强”行动，持续积蓄创新能力和发展能级。聚力强省会，围绕交通、枢纽、产业、科技、生态、安全等领域，坚持项目化、工程法，谋划实施兰西城市群生态廊道、临空产业基地、战区级战勤保障基地等一批重大带动项目，加快“五个中心”建设，增强省会城市辐射带动力。聚力强科技，建立“兰白两区”关键技术联合攻关、产学研联席会议制度，与上海张江、粤港澳大湾区共建中医药、先进能源、超算等研发平台。组建化工新材料、中医药产业省级创新联合体，成立兰州石化科技创新中心，研究攻克钍基熔盐泵、氯化聚乙烯等重大技术。新认定高新技术企业121家，入库科技型中小企业788家，技术合同成交额超过90亿元，创新策源地城市升档进位，跻身全球创新百强科技集群城市。聚力强工业，围绕重振“兰州制造”，实施规模以上工业企业倍增计划，加快推进兰州石化“减油增化”、中铝源网荷储、中化能化共轨等重大项目，布局建设兰州新区氢能产业园、信创新算力等新兴产业项目，建成七山300兆瓦、坪城95兆瓦等风光电项目，西北首个国家新型工业化产业示范基地数据中心落户兰州。新增规上工业企业60家，创建省级以上绿色工厂7户、智能工厂（数字车间）29家。聚力强县域，因地制宜推进八个县区错位发展，加快实施金川科技城、酒钢产业园等重点项目，推动梨韵什川、甘味树屏等10个城乡融合示范镇建设，建成省级乡村建设示范村镇40个和美丽乡村示范村5个。

一年来，我们全力支持“三区”加快发展，更好发挥经济增长极作用。今年是兰州新区获批国家级新区十周年，经过十年发展，一座产业新城拔地而起。预计全年生产总值增长13.5%以上，工业固定资产投资增长52%，经济增速连续6年领跑国家级新区。广东宏宇20万吨负极材料等项目落地建设，德福11.5万吨高档铜箔等项目建成投产，形成全球最大的年产35万吨高性能铜箔生产基地、百万吨级“新能源材料之谷”。绿色化工园区获批省级代表性园区，入驻朗玛旗云、康巴斯等优质化工企业73家。新建大科学装置科技创新创业园一期、省同位素制造业创新中心等科创平台43个，海亮3.5微米铜箔、医用重离子治癌成套设备技术达到世界一流水平。加入黄河流域自贸试验区联盟，成功发运首列伊朗海铁联运回程班列和中亚玉米进口班列，获批国家进口贸易促进创新示范区。推行企业开办“分钟制”，创新推动碳核算体系建设，获批国家普惠金融发展示范区。

兰州高新区科创优势不断释放，实施重点项目166个，中国生物西北地区健康科技产业园等项目开工建设，中牧股份兰州生物药厂生产区整体搬迁等项目建成投产，生物医药产业集群效应显现，跻身2022中国生物医药园区百强榜。兰州经开区加快开辟发展新空间，北拓片区120平方公里发展先行区土地整理和路网配套全面展开，推进重点项目131个，新增限上企业17家，产业发展和生态修复齐头并进。榆中生态创新城加快建设，5平方公里核心示范区“四纵五横”市政路网初具规模，科创中心即将投运，城市供水、污水处理、教育、医疗等配套项目加快建设，华润数字科技等产业项目落地实施，为后续发展奠定了坚实基础。

一年来，我们全域统筹城乡融合提质增效，加快建设更加宜居宜业的韧性城市。坚持以“精致兰州”建设引领城市发展，编制上报国土空间总体规划，完成城关、安宁、皋兰部分行政区划调整，拓展了主城区发展空间。启动通道枢纽城市建设，制定交通畅行“1234”总体方案，加快实施北绕城、清傅公路、沈阿公路等重点项目，打通疏解道路6条。中川国际机场T3航站楼主体结构封顶，兰临高速长下坡处治改造、南绕城八里镇“开口子”等工程建成投运，轨道交通2号线一期开始联调联试，中兰客专即将通车运行。谋划打造西固石化城，有序推进雁滩片区有机更新，加快建设中山路、麦积山路等特色街区。建设保障性租赁住房2273套、共有产权房4000套，完成老旧小区改造236个，加装电梯171部，新增公共停车泊位5000个，新建改造供热、供气、供水等管网380公里。新建改建小游园20个，创建星级公园4座。创新思路、合力攻坚化解国有土地上已售城镇住宅历史遗留“登记难”问题，化解办理房屋产权转移登记18.7万套，首次登记率达到92.8%，全面开展了“交房即交证”试点工作。数字城管平台拓展升级，5G场景应用深化推广。巩固拓展脱贫攻坚成果同乡村振兴有效衔接，加强防返贫动态监测，全市“三类户”风险消除率达到71%。实行最严格的耕地保护制度，落实粮食安全党政同责，强化“米袋子”“菜篮子”负责制，建成高标准农田15.84万亩，粮食播种面积稳定在120万亩、产量稳定在32万吨以上。深入实施现代丝路寒旱农业优势特色产业三年倍增计划，扎实推进现代农业产业园和合作社示范社建设，新认定农业产业化龙头企业15家、“甘味”企业商标品牌10个，“永登七山羊”获国家农产品地理标志。开展乡村建设行动，大力实施“三清一改”，推进6.4万户冬季取暖热源清洁化改造，完成农村户厕改造2384座，建成自然村组道路100公里，重点养护农村公路600公里。

一年来，我们先发力、带好头落实黄河国家战略，巩固拓展生态环境保护治理成果。多元拓展生态项目融资渠道，黄河流域兰州段白塔山生态环境治理工程纳入国家EOD试点，庄浪河流域生态发展共同体项目加快实施。持续开展大规模国土绿化，获批建设百万亩国家储备林项目，扎实推进北拓片区未利用地生态综合治理和土地整理、陇中地区生态保护和修复等重点工程。完成营造林4.2万亩、草原生态修复5.5万亩，新增改造城市绿地80公顷。严控低空面源污染，构建“天地人车”综合监管平台，完成燃气锅炉低氮改造1610蒸吨，环境空气质量优良天数预计超过300天、优良率达到82%以上，六项污染物浓度全部达到国家二级标准。持续强化水环境保护治理，实施呢嘛沙沟等重点河洪道综合治理，黄河兰州段干支流国省控断面水质优良率均为100%，出境断面水质稳定保持在Ⅱ类。全面开展土壤污染隐患排查整治，重点建设用地和受污染耕地安全利用得到有效保障。制定实施碳达峰、碳中和“1+N”政策体系，开展石油化工、有色冶金、建材等重点行业企业节能监察，完成绿色建筑认定435.57万平方米，绿电消纳比率持续提高，清洁能源使用比例达到49%，成功入选国家废旧物资循环利用体系建设重点城市。

一年来，我们自觉践行以人民为中心的发展思想，切实保障群众生活增进民生福祉。坚持在发展中保障和改善民生，省市列19件为民兴办实事全部办结。创新开展“一十百千万”就业创业服务提升行动，发放稳岗返还资金2.65亿元，一次性留工培训补助2.34亿元，新增城镇就业7.75万人，输转城乡富余劳动力25.25万人。健全多层次社保体系，城乡低保标准分别提高8%和10%，发放各类救助资金5.88亿元，减免失业保险费4.8亿元，缓缴社会保险费1.11亿元。全域创建社会信用体系建设示范城市，我市综合信用指数排名在全国36个省会及副省级以上城市中从第27位上升至第6位。落实“双减”政策，推进“智慧教育”示范区建设，完成东郊学校未来城市分校等10所中小学和幼儿园新建改扩建，全市新增学位1.2万个。兰州新区职教园区新入驻师生2.3万人。稳步扩大公共医疗资源供给，与中山大学附属医院合作建设国家肿瘤区域医疗中心，实施国家西北区域应急救援中心、省市共建公共卫生应急救治中心项目，建成省康复医院新区分院和省人民医院新区分院重大疫情救治基地。兰州奥体中心全面投运，成功举办省第十五届运动会、省第十一届残疾人运动会，向全省展现了新时代兰州团结拼搏、争创佳绩的奋进姿态。与白俄罗斯格罗德诺市、乌兹别克斯坦扎克市缔结友好城市关系，建立多领域多层次合作机制。推进“保交楼”稳民生工作。支持市属国有企业和高风险机构化解债务风险和金融风险，守牢不发生系统性区域性金融风险的底线。兰州新区承接舟曲等地生态和地质灾害避险搬迁群众1.5万人。扎实推进市域社会治理现代化试点，持续完善社会治安防控体系，常态化推进“五清行动”和扫黑除恶斗争，严厉打击电信网络诈骗等突出违法犯罪活动，建设智慧安防小区310个。深入开展国防动员和“双拥”共建。扎实推进国家食品安全示范城市创建工作，抓好安全生产专项整治三年行动，安全生产四项指标持续下降。

一年来，我们以“清廉兰州”建设促推作风转变，系统提升政府治理能力和治理水平。认真学习贯彻党的二十大精神，落实全面从严治党各项要求，深刻领悟“两个确立”的决定性意义，坚决做到“两个维护”。严格落实中央八项规定及其实施细则精神，持之以恒纠“四风”树新风，全面整改完成省委巡视整改“回头看”、省委巡视组涉粮问题专项巡视反馈问题。持续为基层松绑减负，深化精文简会，市政府发文减少 6.8%，全市性会议减少 4.3%。严格落实过“紧日子”要求，市级“三公”经费支出下降 2.25%。坚持和发展全过程人民民主，自觉接受市人大及其常委会法律监督、工作监督和市政协民主监督，广泛听取各民主党派、工商联和无党派人士意见建议，高质量办理人大代表议案建议 286 件、政协提案 482 件，提请审议地方性法规 3 件，制定修订政府规章 4 件、废止 3 件，行政复议体制改革全面完成，法治政府建设成果持续巩固。税务、统计、审计、人防、信访、气象、档案、机关事务、防震减灾、公共资源交易等工作取得新成绩，工会、共青团、妇联、侨务等各项事业实现新发展。

各位代表，今年面对不断变异肆虐的新冠病毒，我们践行“人民至上、生命至上”理念，认真贯彻党中央、国务院和省委、省政府部署要求，坚持第九版防控方案、落实国家“二十条”和“新十条”、执行省上“二十条”防控措施，健全完善扁平化指挥体系，动态实施分区分类防控措施，压紧压实“四方责任”，充分发挥“社工委”机制作用，科学精准抓好核酸检测、流调排查、隔离救治、社会稳控、舆情引导、外防输入、疫苗接种等各项工作，集中力量阻击疫情，稳妥处置疫情“放大器”，最大限度地保护了人民群众的生命安全和身体健康。当前，疫情防控进入了新阶段，我们一定坚决按照党中央、国务院决策部署，更好统筹疫情防控和经济社会发展，更好统筹发展和安全，确保防控平稳转段和社会秩序稳定。

各位代表，一年来，面对经济下行和疫情数度冲击影响，全市经济社会能够取得这样的成绩来之不易，这是习近平新时代中国特色社会主义思想指路引航的结果，是省委、省政府和市委坚强领导的结果，是市人大、市政协监督支持的结果，是全市人民和社会各界共同奋斗的结果。这里，我代表市人民政府，向奋战在全市各条战线的人大代表、政协委员、广大干部群众，向各民主党派、人民团体、离退休老同志，向驻兰部队、武警官兵、公安民警、中央省属驻兰单位和新闻媒体，以及所有关心、支持和参与兰州建设发展的同志们、朋友们表示崇高的敬意和衷心的感谢！

在总结成绩的同时，我们也清醒地认识到，在发展过程中，还有许多不足需要弥补，还有许多困难需要面对。受多方面因素影响，经济增速放缓，市场主体经营困难，稳增长和保就业面临较大压力；科技创新与产业发展耦合度不高，科技成果转化应用有限，对经济发展的贡献不足；城市功能配套仍有欠账，基础设施尚不够健全，城市宜居度、舒适度、便捷度还需提升；城市治理体系和治理能力现代化存在短板，防范和化解新冠疫情、安全生产、自然灾害、金融等方面风险仍需持续用力；一些干部执行力、落实力还不够强，能力素质有待进一步提升。对此，我们将认真研究，采取措施加以解决。

二、2023 年工作安排

2023 年是全面贯彻落实党的二十大精神的开局之年，也是实施“十四五”规划、落实“强省会”行动的重要一年，做好明年工作事关长远、至关重要。党的二十大明确了以中国式现代化推进中华民族伟大复兴的使命任务，吹响了全面建设社会主义现代化国家的奋进号角，省第十四次党代会赋予兰州“一核牵引、强省会带动”的职责使命，确定了建设“四区”“五中心”“七样板”的目标定位，不论是宏观环境、还是发展机遇，都对兰州非常有利，需要我们增强历史主动，全力真抓实干，重振“兰州辉煌”。

明年政府工作总体要求是：以习近平新时代中国特色社会主义思想为指导，全面贯彻党的二十大精神，深入落实习近平总书记对甘肃重要指示要求，按照省、市第十四次党代会安排部署，以扎实推进中国式现代化为引领，坚持稳中求进工作总基调，完整、准确、全面贯彻新发展理念，加快融入新发展格局，着力推动高质量发展，更好统筹疫情防控和经济社会发展，更好统筹发展和安全，主动扛起“先发力、带好头”的责任担当，践行“一核牵引、强省会带动”的职责使命，全力实施“四强”行动，全面深化改革开放，大力提振市场信心，突出做好稳增长、稳就业、稳物价工作，有效防范化解重大风险，推动经济运行整体好转，实现质的有效提升和量的合理增长，当好全省高质量发展的排头兵和带动省域整体发展的火车头，在推进兰州社会主义现代化建设新征程上展现新作为、迈出新步伐。

经济发展主要预期目标是：生产总值增长6.5%，力争实现更高质量的发展；第一产业增加值增长6%；第二产业增加值增长6.5%，其中，规模以上工业增加值增长7.5%，建筑业增加值增长5%；第三产业增加值增长8%；固定资产投资增长8%，争取实现更好结果；社会消费品零售总额增长8%；一般公共预算收入增长5%；城镇居民人均可支配收入增长6.5%；农村居民人均可支配收入增长8%；居民消费价格指数涨幅控制在3%以内；单位生产总值能耗和主要污染物排放完成国家和省上下达的控制目标。

完成上述目标，必须坚持稳字当头、稳中求进，以实施“强省会”行动为牵引，重点抓好以下七个方面工作：

（一）全面强化科技创新，打造“强省会”核心引擎。坚持科技自立自强，统筹全域科创资源，深入实施创新驱动发展战略，增强创新对经济增长贡献率。

提升创新策源能力。以建设综合性国家科学中心为重点，加快“兰白两区”高质量发展，规划建设兰州科学城。依托“国家队”资源，加快重离子科学与技术国家重点实验室、甘肃省新药临床前研究重点实验室建设，争取固体润滑、冻土工程、精细石油化工等国家级创新平台布局。开展科技重大专项攻关，推动生物医药、氢能装备、高纯金属、石墨烯等前沿科技开发应用。共建“大湾区兰白自创区中医药创新发展示范区”等重点项目，创建国家火炬兰州新区特色产业基地。争取设立国家技术转移东部中心兰州分中心。推进兰州科技创新园更好更快发展。

培育“专精特新”企业。建立健全“链长制”科技支撑体系，新培育各类众创空间和孵化器10家以上。强化企业研发投入刚性增长机制，力争全社会研发经费投入强度达到2.2%以上。实施科技领军企业提能工程和高新技术企业培育攻坚行动，在人用兽用疫苗、多相流量计、氢能应用等领域培育专精特新和“小巨人”企业30家，新认定高新技术企业60家以上，入库科技型中小企业800家以上。全面落实研发费用加计扣除、高新技术企业税收优惠等政策，鼓励大中型企业建设研发机构，在产业优势领域精耕细作，形成更多硬核产品。

构建人才“雁阵格局”。全力创建国家吸引集聚人才平台，用好特殊支持政策，加大人才支持力度，加快打造国家重要人才中心和科技创新高地。系统推进新时代兰州“萃英计划”，设立重点产业人才支持专项，实施青年科技人才创新专项，持续强化柔性引才。统筹推进事业单位特设岗位设置改革，探索建立产业人才高级职称评审绿色通道，开展项目经费使用“包干制”改革，持续推进向用人主体放权、为人才松绑。加快青年人才公寓建设，丰富人才个性化服务，解决人才后顾之忧。

优化创新创业环境。深化科技体制改革，推进科创政策扎实落地，推动“政产学研金服用”融合互促。高质量组织开展兰州科技成果博览会、中国创新挑战赛（甘肃）现场赛、重大技术攻关专项“揭榜挂帅”等活动。探索“科技飞地”新实践。赋予科创主体更大技术路线决定权、经费支配权、资源调度权，提升自主创新自由度。积极创建国家知识产权强市建设试点城市，发展知识产权全链条产业，每万人发明专利拥有量超过20件。加大科技成果转移转化力度，常态化开展成果对接活动，力争全年完成技术合同成交额100亿元。

（二）加快重振“兰州制造”，筑牢“强省会”产业根基。以更大力度改旧育新、转换动能，强龙头、补链条、聚集群，加快构建现代产业体系，增强高质量发展支撑力和牵引力。

开启兰州新区黄金十年发展新征程。发挥兰州新区经济发展主战场作用，对标全国一流新区，深化先行先试、改革赋能。全年实现生产总值增长15%以上、工业固定资产投资增长50%以上。加快实施“335+X”产业倍增行动，积极承接中东部产业转移，推动新材料、绿色化工、城市矿产、现代农业等23个产业园区扩容增效。全力支持宝武碳业、海亮铜箔等项目达产满产，推进格瑞芬、中科电气负极材料等项目建成投产，加快东金硅业有机硅、金川磷酸铁锂等项目建设，推动东方希望碳材料、协鑫集团石墨电极等项目签约落地，促进新能源材料产业集约集群发展。聚力打造国家绿色化工产业示范区，促进一流园区向“国际化工新城迈进”。全力推进国家互联网骨干直联点建设，做大做优“东数西算”和“西数东算”产业，打造“兰州数字港”。

统筹加快兰州高新区、经开区、榆中生态创新城、兰州国际陆港发展，以高新技术、外资外贸、生态产业、通道物流为主攻方向，发挥比较优势，坚持招大引强，积极培育发展优质产业，持续筑牢“兰州制造”底板。

加快构建绿色制造体系。深入推进兰州石化“减油增化”、新兰铝源网荷储等延链补链重大项目，推动钢铁、碳素、铁合金行业数字化、绿色化转型，实现高温气冷堆核级石墨国产化。培育新能源汽车全产业链生态集群，开发新能源跨界车型。加强新型储能关键技术、材料和装备技术攻关，建成氢燃料电池组装生产线，着力构建氢能应用产业体系。依托九州主食厨房、树屏甘味小镇等园区，加快做大新食品产业，发展“甘味”、真空冻干、快消方便系列产品。加快全国一体化算力网络国家枢纽节点城市建设，争取全国信用大数据应用中心落户兰州。

促进工业企业加快发展。落实“五个一批”措施，按照“新进规、小升规、退复规”分类建立培育库，实施入库全过程指导，力争新增规上工业企业60家。推进新蓝天光伏玻璃、佛慈特医食品等关键领域核心产品开发，抓好碳纤维大丝束、新兽药研发等重点项目，加快医用重离子产业示范基地、战区级战勤保障基地建设，提升产业基础水平和中高端产品供给能力。坚持“链主”牵引，开展中小企业“携手行动”，打造大中小企业融通创新模式，助力企业资源对接、要素整合。

（三）深入挖掘内需潜力，释放“强省会”动力活力。紧扣扩大内需战略基点，充分发挥消费的基础作用和投资的关键作用，持续增强经济发展内生动力。

着力扩大有效投资。抢抓政策机遇超前谋划项目，重点围绕交通、水利、生态、能源、新基建等领域，积极向上争取中央预算内投资、地方政府专项债券等支持。严格落实包抓责任制，强化统筹调度，全力以赴抓好省市列重大项目建设。激发民间投资活力，扩大工业、基础设施和民生类投资，稳定房地产投资，提升投资的含金量、含新量。认真落实项目团队管理服务，扎实开展项目建设提质增效行动，统筹项目建设和资金支出进度，加快形成更多实物工作量。

持续稳住市场主体。延续实施国家和省市一系列稳经济大盘政策措施，精准推动留抵退税、援企稳岗、社保缓缴、融资担保等优惠政策协调配合、直达快享。坚持“两个毫不动摇”，依法保护民营企业产权和企业家权益，着力提振广大民营企业家信心，让民营企业安下心来发展，增强获得感和满意度。固化“千企纾困”服务机制，提升重点行业企业“点对点”专班跟踪服务质效。提升绿色金融和银税联动服务实体经济能力，引导金融机构加大对小微企业、科技创新、绿色发展等领域支持力度。支持企业持续推进产品创新、技术创新和商业模式创新，增强发展动力和竞争力，力争年内新增各类市场主体4.5万家。

积极推动消费升级。围绕打造区域消费中心，提升东部市场、东方红广场、西关、西站、三滩等消费商圈档次，促进万达茂、杉杉奥特莱斯等重点消费区域发展。推动住宿餐饮、批发零售、文化旅游等行业加快复苏，发展壮大总部经济、商务会展、金融科技、仓储物流等现代服务业。支持住房改善、新能源汽车、养老服务等消费。紧跟“互联网+”消费新趋势，发展短视频、直播电商等消费新模式和智慧零售、无人零售等新业态。鼓励发展夜经济，营造城市消费新场景。推动文旅消费提质扩容，加快推进“读者印象”文化旅游项目、中山路—张掖路精品商业街区建设，深度开发兴隆山、河口古镇、水墨丹霞、黄河楼等特色景区。

更好畅通要素循环。创建要素市场化配置改革试点城市，构建全要素一体化配置创新服务体系，加快融入全国统一大市场。积极申报国家粮食物流核心枢纽，争取国家综合货运枢纽补链强链项目。复制推广现代供应链体系建设经验模式，打造国家骨干冷链物流基地和粮食、油气、有色金属储运及精深加工基地，培育“现代物流+制造业”产业生态。推进城乡高效配送，建设运营县区统仓供配中心，畅通物流、原材料和用工循环。支持西北铝期货交割库做大现货贸易，申报铜、硅等期货交易品种。

（四）统筹协调城乡发展，优化“强省会”空间载体。坚持城乡并举，持续补上功能短板，提升形象品质，增强综合承载能力，塑造城乡发展新形态，打造精致宜人美好家园。

强力推进交通建设。围绕打造通道枢纽城市，开工G341中川至河桥等重点工程，实施兰张三四线、中通道、

兰永临高速、北绕城等重大项目，加快建设中川国际机场三期，建成运营兰州轨道交通2号线一期，实现白塔山隧道全线贯通。大力实施交通畅行七大工程和重点疏解项目，积极构建“三廊五轴”市区路网。创新项目投融资机制，调动社会资本参与交通基础设施建设。巩固公交都市创建成果，有效配置轨道、公交、出租、网约车资源，为市民提供更加便捷的出行服务。

加快实施城市更新。加强重点区域城市设计和规划管控，加快安宁城关北拓片区控制性详细规划、中心城区停车设施专项规划修编，推进“多规合一”实用性村庄规划全覆盖。积极申报国家城市更新、海绵城市试点。启动北龙口区域综合整治，推进雁滩、伏龙坪、五星坪等重点片区有机更新。加快实施五泉下广场提升工程。建设颐园、滩尖子、南河道等“黄河福道”十大节点项目。新建沿黄河健身步道5.23公里。新开工老旧小区改造309个、加装电梯445部。新建改造供热供气供水等管网150公里。完成“保交楼”任务。推进城市生命线工程，加快建设国家西北区域应急救援中心、公共卫生应急救治中心、成品粮应急保障中心。

注重加强精细管理。加快新型智慧城市建设，完善城市信息模型基础平台，拓展重点领域数据共享和场景应用，形成“一网统管”智慧管理格局。继续深化“马路办公”模式，集中整治城市“六乱”问题。推行生活垃圾分类减量，实行城市立面、共享单车、门头牌匾等专项治理。持续开展文明城市建设“一月一主题”活动，优化打造“一刻钟便民生活圈”，全力争创全国文明典范城市。

着力推动“强县域”行动。以项目建设为载体，推进全域城乡融合发展，提高县域综合承载能力。城关区加快伏龙坪、青白石等片区整体开发，推动商业业态提档升级，打造“城市更新”试验区。七里河区重点培育兰州中心、兰州老街等新商圈，发展兰州百合等特色产业，打造“城乡融合”样板区。西固区统筹推进石化城建设，优化产业发展与功能布局，打造“产城融合”示范区。安宁区全力实施仁寿山温泉康养、世外桃源等项目，积极发展康养产业，打造“健康养生”引领区。红古区做大做强高端炭素、有色冶金等产业集群，发展壮大清洁能源、先进制造等新兴产业，打造“工业复兴”先行区。永登县着力促进连铝、西铁等传统企业转型升级，推进湟水河、庄浪河等生态治理，打造“生态乡村”实践区。榆中县与高新区、生态创新城协同发展，实施北部干旱山区生态治理，打造全域“生态创新”标杆区。皋兰县加快与新区深度融合发展，探索“纺织小镇”共同富裕典范模式，打造全国百强县和“四强”示范区。

全面推进乡村振兴。巩固拓展脱贫攻坚成果，对标后评估指标动态消除返贫致贫风险。落实最严格的耕地保护制度，坚决遏制耕地“非农化、非粮化”，新建高标准农田9万亩。持续深化东西部协作，强化现代农业基础支撑，支持县区创建国家级农村产业融合发展示范园。全面推进特色产业倍增，培育“一百五十”农业产业集群。开展乡村建设示范行动、农村人居环境整治提升五年行动，重点养护农村公路600公里。统筹打造红色和平、低碳窑街等城乡融合示范镇，接续创建乡村建设示范村镇。扎实开展农业社会化服务试点，建立城乡客货邮一体化服务体系。完善村级议事协商制度，不断提高乡村善治水平。

（五）持续加强保护治理，建构“强省会”生态格局。坚决扛起生态环境保护政治责任，认真践行黄河国家战略，持续发力环境治理和生态保护，让金城绿、黄河清、兰州蓝成为常态。

建设兰西城市群生态廊道。强化区域生态共建共享，完善跨市横向生态保护补偿机制，加快西宁—海东—兰州水土流失综合治理，共同建设“陇中生态平原”。依托国家气候投融资试点，创新生态项目融资机制，持续推进百万亩国家储备林、陇中地区生态保护和修复、北部生态环境综合治理等工程，实施崔家大滩湿地生态修复、蔡家河流域综合治理等项目。完成营造林25万亩和草原生态修复2.2万亩，新增改造城市绿地80公顷，创建星级公园5座。推动中国兵器与兰州大学共建西北生态环境大数据平台。

深入打好污染防治攻坚战。强化“三线一单”分区管控，系统治理生态环境突出问题。开展大气污染防治专项行动，实施1088蒸吨燃气锅炉低氮改造，力争空气优良天数比例达到82%以上。严格落实河湖长制，严肃整治“四乱”问题，强化河洪道综合治理，抓好饮用水水源和污水处理安全监管。持续加强农业面源污染防治，推进重点建设用地安全利用、低效土地高效化利用、矿山地质环境恢复治理等工作。加快建设中铺子生活

垃圾处理循环产业园。

*着力推进绿色低碳发展。*实施产业能效提升工程，开展重点行业领域节能监察和节能诊断，推进祁连山水泥固废协同处置、窑街煤电煤层气发电等项目。扩大光伏、氢能等清洁能源使用比例，推进深层地岩热绿色能源供热项目，引导兰州石化、兰铝、连铝等企业布局建设厂区分布式光伏发电设施。建立碳汇动态数据库，启动实施生态创新城绿色低碳典型示范园区项目。深化绿色金融创新，探索开展碳排放权等环境权益交易。着力建设“无废城市”，抓好国家废弃物综合利用示范基地建设，健全生活垃圾、建筑垃圾、餐厨垃圾回收体系。开展全民节约行动，推进绿色机关、绿色企业、绿色学校、绿色社区创建。

（六）系统构建战略支点，拓展“强省会”比较优势。围绕构建“双循环”新发展格局战略支点，坚定不移深化改革、扩大开放、优化环境，为发展增动力、蓄势能、拓空间。

*实施重点领域改革。*巩固提升国企改革三年行动成效，积极推进市属国有企业重组整合，完善市场化经营管理和薪酬分配机制，强化负债规模和资产负债率双重管控，持续攻坚化解市属国有企业债务风险。开展投资项目“用地清单制”改革，全面推广“标准地”出让，加大批而未供和闲置土地处置力度。稳慎推进农村宅基地制度改革，发展新型农村集体经济。加大“招金入兰”力度，推动渤海银行等金融机构入驻，加快培育华龙证券、人为峰药业等企业上市。

*打造一流营商环境。*精准建设优化营商环境实践样本城市，打造工程审批最快城市。积极创建国家社会信用体系建设示范城市。推进市、县区政务服务中心一体化标准化建设，以甘肃首善标准打造“兰州服务”。持续提升“小兰帮办”“兰税捷办”等品牌效应，打造营商环境“兰州精品”。结合青年发展型城市建设，探索构建基层政务服务“兰州模式”。加快打通省、市、部门间数据壁垒，促进政务数据应用闭环，持续推进政府数字化转型。

*做大做强开放平台。*编制实施国家“双循环”新发展格局兰州战略支点规划。发挥国际陆港、国际空港、综合保税区等承载功能，持续招引外资外企，新增外贸企业 90 家以上、实际利用外资额增长 10% 以上。健全跨境电商综合试验区“六体系、两平台”，丰富完善“e 外贸”功能，稳步建设海外仓，力争实现跨境电商交易额增长 20%。大力发展临空经济。加快空铁海公多式联运示范工程建设。加强与义乌、连云港、北部湾等海陆港口合作，常态化发运“兰州号”国际货运班列。加大汽车整车、粮食进口和机电、特色产品出口规模，实现进出口总额增长 13%。

*深化务实交流合作。*强化与兰西城市群各城市协同发展，建设红古—民和创新发展先行区。与白银、定西、临夏等省内市州加强协作，推动“一核”互融。高水平组织筹办第 29 届兰洽会。持续推进“一把手”招商，引进省外到位资金 1100 亿元以上、增长 9%。大力实施“走出去”战略，鼓励在兰企业参与境外基础设施建设和产能合作。持续深化国际友城交流，加大友好互访力度。

（七）扎实推动共同富裕，厚植“强省会”民生基础。坚持在发展中保障和改善民生，着力补齐民生短板，加快发展社会事业，用民生温度彰显发展成色。

全力抓好稳就业促增收。落实落细创业带动就业扶持政策措施，促进青年特别是高校毕业生等重点群体充分就业，做好困难群体就业兜底帮扶。实现城镇新增就业 7 万人，输转城乡富余劳动力 22.7 万人。加快兰州人力资源服务产业园发展，构建市场化就业服务保障体系。落实居民增收政策措施，严格执行最低工资标准，多方拓宽低收入群体增收渠道。

*推动社会保障扩面提质。*继续实施全民参保计划，推动实现法定人群应保尽保、应缴尽缴。完善分层分类社会救助体系，持续推进社保提标。关心困难群众生产生活，做好老年人、困境儿童、残疾人、失独家庭等群体关爱帮扶。提高城乡居民养老保险基础养老金。建设乡镇综合养老服务中心 5 个、村级互助幸福院 15 个。落实“三孩”生育政策及配套措施。支持刚性和改善性住房需求，解决好新市民、青年人等住房问题。强化租购并举，建设保障性租赁住房 3000 套、公共租赁住房 500 套，探索长租房市场建设。

加大优质公共服务供给。新建改扩建新区甘南实验中学、七里河小学中车分校、海石湾南区高中等中小学幼儿园10所，新增学位1.2万个。继续落实“双减”政策，大力发展智慧教育，加快“技能甘肃”建设，深入推进产教融合。深化医药卫生体制改革，建成运营市中医医院、市妇幼保健院、市口腔医院，建设紧密型县域医共体，实现县域医学中心和急危重症救治中心全覆盖。加快实施野生动物园二期、甘肃黄河艺术中心、丝路黄河文化博物馆等项目，筹办黄河母亲节和黄河之滨音乐节。广泛开展全民健身活动，加强青少年体育工作，筹办群体赛事活动150场次以上。举办兰州马拉松赛。依托兰州奥体中心建设现代体育文化服务综合区。

全面提升市域善治水平。因时因势优化疫情防控措施，认真落实新阶段疫情防控各项举措，保障群众就医用药，抓好老年人和患基础性疾病群体的防控，着力保健康、防重症。深化“平安兰州”建设，创建社会治安防控体系标准化示范城市，推进常态化扫黑除恶，坚决打击电信网络诈骗等各类违法犯罪活动。以“社工委”等平台为载体，积极推进市域社会治理现代化试点，持续健全矛盾纠纷源头稳控和多元调处机制。完善应急指挥体系，加强自然灾害防治能力建设，按期完成生态及地质灾害避险搬迁任务。加强“双拥”共建，高标准完成国防动员体制改革。建设社区标准化人防工作站50个。深化安全生产九大领域专项整治，紧盯自建房、危化品、特种设备等定期开展巡查巡检，严防发生重特大安全生产事故。

认真办好为民兴办实事。明年，我们将坚持把好事办好、实事办实，办成10件为民实事。一是为5.95万名市属义务教育阶段参与课后服务学生提供课后服务耗材补贴。二是开展政府补贴类职业技能培训1万名。三是组织1000名未就业高校毕业生到基层就业。四是提标新建和维修改造村卫生室30个。五是为两万名城镇低收入妇女和农村妇女开展“两癌”免费检查。六是为3745名失独家庭购买每人820元的综合保险。七是建设智慧安防小区300个。八是开展“个十百千万”文化惠民工程。九是完成农村地区冬季取暖热源清洁化改造1万户。十是为30万天然气居民用户加装报警器、自闭阀和金属波纹管。

三、加强政府自身建设

实现“强省会”、重振“兰州辉煌”，必须毫不动摇加强政府自身建设，提升政府治理体系和治理能力现代化水平，为人民服务、对人民负责、受人民监督，不断打造人民满意政府。

（一）坚定信念、忠诚履职。全面学习领会党的二十大精神，坚定贯彻习近平新时代中国特色社会主义思想，深刻领悟“两个确立”的决定性意义，坚决做到“两个维护”。始终牢记“国之大者”，从全局中思考，在大局下行动，不断提高政治判断力、政治领悟力、政治执行力，以“钉钉子”精神落实党中央和省市委各项决策部署，确保政府工作始终沿着正确方向前行。

（二）崇尚法治、依法行政。抓好重点领域立法，实施“八五”普法，积极创建全国法治政府建设示范市。落实重大决策程序，完善权责清单体系，健全行政裁量基准，持续巩固行政复议改革成果，提高政府行政效率和公信力。依法接受市人大及其常委会法律监督和工作监督，自觉接受市政协民主监督，主动接受社会和舆论监督，全面推进政务公开，让权力在阳光下运行。

（三）坚守初心、勤政为民。坚持把人民放在心中最高位置，走好新时代群众路线，推动解决群众身边的急难愁盼问题。主动倾听群众呼声，尊重群众首创精神，推动各项决策更合民心、更接地气。提升惠企便民服务效率，构建亲清政商关系，为民营企业解难题、办实事。坚持节用裕民、勤俭办事，进一步压减支出，提高财政资金使用绩效。

（四）知重负重、真抓实干。深化学习型政府建设，不断提高政府系统干部抓发展、破难题、促落实的能力。加强干部斗争精神养成，敢担当、善作为、察实情，以奋发有为的精神状态和“时时放心不下”的责任意识做好工作。发挥政府引导示范作用，激发全社会干事创业活力，切实把“让干部敢为、地方敢闯、企业敢干、群众敢首创”的要求落到实处。

（五）清正廉洁、永葆本色。坚持以严的基调强化正风肃纪，严格落实全面从严治党主体责任。紧盯公共资金、国有资产、公共资源交易等重点领域，加强审计监督、统计监督，做好源头防范治理。把中央八项规定作为铁规矩、硬杠杠，持续深化纠治“四风”，惩治群众身边腐败，驰而不息建设“清廉兰州”，做到干部清正、政府清廉、政风清朗。

各位代表，艰难方显勇毅，实干彰显担当。让我们更加紧密地团结在以习近平同志为核心的党中央周围，在省委、省政府和市委的坚强领导下，勠力同心、勇毅前行，奋力谱写新时代新征程“强省会”新篇章，为加快兰州全面建设社会主义现代化不懈奋斗！

有关词语解释

【“一核三带”区域发展格局】 “一核”即建设以兰州和兰州新区为中心、以兰白一体化为重点、辐射带动定西临夏的一小时核心经济圈；“三带”即建设以清洁能源及新材料和特色高效农业为重点的河西走廊经济带、以综合能源和先进装备制造为重点的陇东南经济带、以水源涵养和水土保持为重点的黄河上游生态功能带。

【“四强”行动】 即中国共产党甘肃省第十四次代表大会提出的“强科技、强工业、强省会、强县域”行动。

【“五个中心”】 即要素聚集中心、科技创新中心、产业发展中心、物流输转中心、区域消费中心。

【兰白两区】 即兰州白银国家自主创新示范区和兰州白银科技创新改革试验区。

【交通畅行“1234”】 即主城区任何位置10分钟上快速路，20分钟出城，铁路场站30分钟到主城区任何位置，机场40分钟到达主城区。

【三类户】 即脱贫不稳定户、边缘易致贫户、突发严重困难户。

【三清一改】 即清理农村生活垃圾、清理村内塘沟、清理畜禽养殖粪污等农业生产废弃物，改变影响农村人居环境的不良习惯。

【EOD试点】 即生态环境导向的开发模式试点。

【六项污染物浓度】 即大气污染防治中主要监测的二氧化硫、二氧化氮、臭氧、一氧化碳、PM10和PM2.5浓度。

【碳达峰、碳中和“1+N”政策体系】 “1”即《关于完整准确全面贯彻新发展理念做好碳达峰碳中和工作实施意见》；“N”即包括能源、工业、交通运输、城乡建设分领域分行业碳达峰、碳中和实施方案，以及科技支撑、能源保障、碳汇能力、财政金融、价格政策、标准计量体系、督察考核等保障方案。

【“双减”政策】 即有效减轻义务教育阶段学生过重作业负担和校外培训负担。

【五清行动】 即查清幕后“金主”、查清窝点位置、查清洗钱通道、查清技术平台、查清窝点人员身份。

【两个确立】 即确立习近平同志党中央的核心、全党的核心地位，确立习近平新时代中国特色社会主义思想的指导地位。

【两个维护】 即坚决维护习近平总书记党中央的核心、全党的核心地位，坚决维护党中央权威和集中统一领导。

【四风】 即形式主义、官僚主义、享乐主义和奢靡之风。

【四方责任】 即疫情防控工作中的属地责任、行业（部门）责任、单位责任、个人责任。

【社工委】 即党工委引领、社会化共建、社区化共治、邻里式共享的社区建设工作委员会。

【“335+X”产业倍增行动】 即构建绿色化工、新材料、商贸物流3个千亿级产业，先进装备制造、新能源、城市矿产3个五百亿级产业，数据信息、生物医药、现代农业、文化旅游、现代服务5个百亿级产业，航空、食品加工、应急救援等多个特色产业。

【东数西算】 即搭建东西部算力供需对接平台，把东部的数据流动到西部存储计算，优化我国东中西部算力资源协同发展格局。

【西数东算】 即将“一带一路”中亚地区国家的数据调度到拥有“一带一路”国际互联网通道优势的兰州处理。

【“五个一批”措施】 即帮扶现有规模以上困难企业保一批、推动工业招商项目投产达标增一批、培育现有小微企业发展进一批、支持新近退规企业返一批、筛查漏统工业企业补一批。

【“两个毫不动摇”】 即毫不动摇巩固和发展公有制经济，毫不动摇鼓励、支持、引导非公有制经济发展。

【“三廊五轴”市区路网】 “三廊”即北山、北环、南山三条横向廊道；“五轴”即雁东路、天水路、城关－七里河、彭家坪、西固－安宁五条纵向通道。

【多规合一】 即将国民经济和社会发展规划、城乡规划、土地利用规划、生态环境保护规划等多个规划融合到一个区域上，实现一个市县一本规划、一张蓝图，解决现有各类规划自成体系、内容冲突、缺乏衔接等问题。

【“黄河福道”十大节点项目】 即打造三江口天鹅滩、河口古镇、安宁万亩桃园、奥体中心、黄河母亲、中山铁桥、颐园、滩尖子、南河道、皋兰万亩梨园等十大特色沿河景观节点。

【一网统管】 即以视频发现、沟通研判、协调处置城市数字化管理的全链条闭合回路为基础，以数字中心为指挥决策支撑的城市管理体系。

【马路办公】 即将办公地点设在马路上，以路为岗，服务基层，及时掌握城市管理现状、发现分析研究城市管理问题及规律。

【“六乱”问题】 即在城市管理中存在的乱堆放、乱泼倒、乱涂画、乱停放、乱摆占、乱悬挂等突出问题。

【“一百五十”农业产业集群】 “一百”即一个百亿级产业集群（高原夏菜100亿级“好中优”优势产业集群）；“五十”即五个十亿级产业集群（生猪、肉牛、肉羊50亿级现代特色养殖产业集群，百合、玫瑰40亿级“独一份”特色产业集群，休闲农业、一二三产融合40亿级特色产业集群，马铃薯、中药材为主的30亿级“好中优”新兴产业集群，特色瓜果、小杂粮等15亿级“特中特”特色产业集群）。

【陇中生态平原】 即兰州新区立足国家战略全局、甘肃发展大局和陇中资源禀赋，谋划建设兰州—兰州新区—白银黄河中上游水土保持及生态修复示范区重大战略工程。

【三线一单】 “三线”即生态保护红线、环境质量底线、资源利用上线，“一单”即生态环境准入清单。

【“四乱”问题】 即河湖管理范围内乱占、乱采、乱堆、乱建等突出问题。

【无废城市】 即以创新、协调、绿色、开放、共享的新发展理念为引领，通过推动形成绿色发展方式和生活方式，持续推进固体废物源头减量和资源化利用，最大限度减少填埋量，将固体废物环境影响降至最低的城市发展模式。

【“双循环”新发展格局】　即以国内大循环为主体、国内国际双循环相互促进的新发展格局。

【“标准地”出让】　即工业项目用地出让时，提前确定容积率、建筑系数、行政办公及生活服务设施用地所占比重、项目固定资产投资强度、土地产出率、土地税收等六项指标，作为土地供应条件，写入土地出让公告，一次性告知土地竞买人。竞买人参与竞买土地即视为接受出让公告中的各项条件，承诺按照指标进行设计、建设、生产并接受监督检查，相关行业主管部门按预先提供的标准进行审查办理和监管。项目的竣工、投产实行分阶段验收管理，项目达产验收前，项目用地不得转让。

【e 外贸】　即跨境贸易电子商务，指不同国家或地区的交易双方通过互联网以邮件或者快递等形式通关，将传统贸易中的展示、洽谈和成交环节电子化，实现产品进出口的新型贸易方式。

（市政府办公室）

2022年兰州市国民经济和社会发展统计公报

兰州市统计局　　国家统计局兰州调查队

（2023 年 4 月 14 日）

2022 年，面对严峻复杂的外部环境和延宕反复的疫情冲击，在市委、市政府的坚强领导下，全市上下坚持以习近平新时代中国特色社会主义思想为指导，深入学习贯彻党的十九大、十九届历次全会和党的二十大精神，坚持稳中求进工作总基调，按照省、市第十四次党代会的决策部署，认真落实“疫情要防住、经济要稳住、发展要安全”的工作要求，高效统筹疫情防控和经济社会发展，以“强省会”行动贯通“强科技、强工业、强县域”行动，加快稳增长政策措施落地见效，全力以赴稳住经济大盘，全市总体经济保持稳定增长。

一、综合

初步核算，全年全市地区生产总值 3343.5 亿元，比上年增长 0.8%。其中，第一产业增加值 65.0 亿元，增长 5.0%；第二产业增加值 1150.8 亿元，下降 2.9%；第三产业增加值 2127.8 亿元，增长 2.4%。三次产业结构比为 1.94 : 34.42 : 63.64。按常住人口计算，人均地区生产总值 75992 元，比上年增长 0.3%。

年末全市常住人口 441.53 万人，比上年末增加 3.1 万人。其中，城镇人口 371.18 万人，占常住人口比重（常住人口城镇化率）为 84.07%，比上年末提高 0.51 个百分点。全年出生人口 2.91 万人，出生率为 6.61‰；死亡人口 2.63 万人，死亡率为 5.98‰；人口自然增长率为 0.64‰。年末全市户籍人口为 336.98 万人，比上年末增加 0.7 万人。其中，城镇人口 248.73 万人，乡村人口 88.25 万人。

表 1　2022 年兰州市年末人口数及其构成

指标	年末数（万人）	比重（%）
全市常住人口	441.53	100
其中：城镇	371.18	81.07
乡村	70.35	15.93
其中：男性	226.87	51.38
女性	214.66	48.62
其中：0~14 岁	50.81	13.55
15~64 岁	325.6	73.74
65 岁及以上	56.12	12.71

年末全市城镇就业人员 79.64 万人。全年城镇新增就业 7.85 万人，其中失业人员再就业 3.16 万人。全年

输转城乡富余劳动力 25.25 万人，创劳务收入 76.27 亿元。

全年居民消费价格累计上涨 2.3%。其中，食品烟酒上涨 3.6%，衣着上涨 0.3%，居住上涨 1.6%，生活用品及服务上涨 0.7%，交通通信上涨 5.3%，教育文化和娱乐上涨 0.7%，医疗保健上涨 0.5%，其他用品和服务上涨 0.8%。商品零售价格累计上涨 3.8%。

表 2　2022 年兰州市居民消费价格

类别	累计指数（%）
居民消费价格总指数	102.3
商品零售价格总指数	103.8
服务项目价格指数	100.5
食品	103.1
其中：粮食	105.3
食用油	107.0
畜肉类	93.5
高肉类	104.3
蛋类	111.1
水产品	99.0
鲜菜	99.5
糖果糕点	104.4
干鲜瓜果类	111.5
奶类	100.7
在外餐饮	104.9

二、农业

全年全市粮食作物播种面积 132.13 万亩，比上年增加 5.35 万亩，增长 4.22%。油料种植面积 13.73 万亩，减少 1.02 万亩。蔬菜种植面积 94.67 万亩，增加 2.9 万亩。中药材种植面积 16.93 万亩，增加 0.91 万亩。果园面积 12.97 万亩，减少 0.38 万亩。

全年粮食产量 33.8 万吨，比上年增产 1.51%。其中，夏粮产量 11.5 万吨，增产 2.56%；秋粮产量 22.3 万吨，增产 0.98%。

全年蔬菜产量 215.06 万吨，比上年增产 3.29%。园林水果产量 11.31 万吨，减产 12.77%。中药材产量 4.29 万吨，增产 7.05%。

全年牛奶产量 9.28 万吨，增长 2.7%。年末大牲畜存栏 7.29 万头，比上年末增长 3.09%，其中，牛存栏 6.13 万头，增长 14.14%。羊存栏 77.19 万只，增长 4.04%；生猪存栏 52.03 万头，增长 1.2%。牛出栏 1.25 万头，增长 3.09%；羊出栏 47.67 万只，增长 0.01%；生猪出栏 54.14 万头，增长 2.7%。

表 3　2022 年兰州市主要农产品产量及其增长速度

产品名称	单位	产量	比上年增长（%）
粮食	万吨	33.8	1.51
# 夏粮	万吨	11.5	2.56
秋粮	万吨	22.3	0.98

续表

产品名称	单位	产量	比上年增长（%）
#小麦	万吨	7.93	4.13
玉米	万吨	15.10	3.53
油料	万吨	1.86	-14.20
#油菜籽	万吨	0.41	-0.11
中药材	万吨	4.29	7.05
园林水果	万吨	11.31	-12.77
蔬菜	万吨	215.06	3.29
#设施蔬菜	万吨	10.36	0.97
肉类	万吨		
#猪肉	万吨	4.10	2.7
牛肉	万吨	0.14	2.92
羊肉	万吨	0.76	0.77
禽肉	万吨	0.29	-4.97
牛奶	万吨	9.28	2.7
水产品	万吨	0.06	-0.48
年末大牲畜存栏数	万头	7.29	3.09
#牛存栏	万头	6.13	14.14
羊存栏	万只	77.19	4.04
猪存栏	万头	52.03	1.2
牛出栏	万头	1.25	3.09
羊出栏	万只	47.67	0.01
猪出栏	万头	54.14	2.7

三、工业和建筑业

全年全市工业增加值935.4亿元，比上年下降2.1%。规模以上工业增加值下降0.4%。在规模以上工业中，分经济类型看，国有控股企业增加值增长0.7%，集体企业增加值增长2.6%，股份制企业增加值下降1.1%，外商及港澳台投资企业增加值下降5.1%。分隶属关系看，中央企业增加值增长0.4%，地方企业增加值下降2%。分轻重工业看，轻工业增加值下降11.5%，重工业增加值增长3.9%。分门类看，采矿业增加值增长1.3%，制造业增加值下降1.2%，电力、热力、燃气及水生产和供应业增加值增长4.9%。

表4　2022年兰州市规模以上工业分行业增加值增长速度

行业	比上年增长（%）
全市	-0.4
煤炭工业	1.3
电力工业	4.0
冶金工业	-6.2
有色工业	14.5
石化工业	7.5

续表

行业	比上年增长（%）
机械工业	3.8
电子工业	54.0
食品工业	2.8
建材工业	-16.3
纺织工业	20.5
医药工业	-32.8
其他工业	-0.7

表 5　2022 年兰州市主要工业产品及其增长速度

产品名称	单位	产量	比上年增长（%）
卷烟	万箱	51.2	-7.1
原煤	万吨	540.66	0.58
原油	万吨	2.72	-2.20
原油加工量	万吨	947.01	3.50
发电量	亿千瓦时	168.98	0.25
# 火力发电量	亿千瓦时	141.42	2.10
水力发电量	亿千瓦时	26.40	-8.72
水泥	万吨	816.3	-20.3
生铁	万吨	156.5	-22.9
粗钢	万吨	373.0	-12.1
钢材	万吨	445.3	-9.4
原铝	万吨	71.4	26.1
乙烯	万吨	70.5	-4.5
平板玻璃	万重量箱	492.7	-15.2

年末全市发电装机容量 647 万千瓦，比上年末增长 16.05%。其中火电装机容量 397.5 万千瓦，增长 19.91%；水电装机容量 213.9 万千瓦，增长 5.16%；并网太阳能发电装机容量 35.6 万千瓦，增长 57.52%。

全年规模以上工业企业利润总额 95.8 亿元，比上年下降 34.5%。其中国有控股企业利润总额 63.4 亿元。规模以上工业企业每百元营业务收入中的成本为 82.69 元。年末规模以上工业企业资产负债率为 61.9%。每百元营业收入中的费用为 6.08 元，产成品存货周转天数为 7.8 天。

全年建筑业增加值 218.4 亿元，比上年下降 4.9%。年末具有资质等级的总承包和专业承包建筑业企业 440 个，比上年末增加 2 个。

四、服务业

全年全市批发和零售业增加值 276.0 亿元，下降 2.1%；交通运输、仓储和邮政业增加值 294.9 亿元，增长 14.6%；住宿和餐饮业增加值 39.1 亿元，下降 15.0%；金融业增加值 429.8 亿元，增长 0.9%；房地产业增加值 208.2 亿元，下降 11.5%；其他服务业增加值 874.2 亿元，增长 5.3%。规模以上服务业企业营业收入 1152.7 亿元，比上年增长 3.6%。

全年各种运输方式完成货物周转量375.09亿吨公里，比上年增长42.34%；旅客周转量12.39亿人公里，下降69.39%。兰州中川国际机场完成旅客吞吐量594.24万人次，比上年下降51.18%；货邮吞吐量5.55万吨，下降24.08%。年末全市公路里程1.03万公里，其中等级公路0.98万公里。

表6　2022年兰州市主要运输方式完成货物、旅客运输量及其增长速度

指标	单位	绝对数	比上年增长（%）
货运量	万吨	15345.5	-7.45
#铁路	万吨	826.67	4.48
公路	万吨	14518.83	-8.05
货物周转量	亿吨公里	375.09	42.34
#铁路	亿吨公里	-	-
公路	亿吨公里	375.09	42.34
客运量	万人次	2157.07	-59.05
#铁路	万人次	1045.1	-49.9
公路	万人次	1111.97	-65.04
旅客周转量	亿人公里	12.39	-69.39
#铁路	亿人公里	-	-
公路	亿人公里	12.39	-69.39

年末全市机动车保有量119.76万辆，比上年末下降0.93%，其中私人汽车保有量79.76万辆，增长0.08%。民用轿车保有量48.81万辆，下降0.4%，其中私人轿车保有量41.45万辆，下降0.24%。

全年完成邮政行业业务总量15.82亿元，比上年下降10.58%。邮政业完成邮政函件业务475.5万件；包裹业务8.25万件；快递业务量8108.09万件，下降0.39%；快递业务收入14.77亿元，下降1.54%。全年完成电信业务总量91.38亿元，增长20.98%。年末移动电话基站数4.35万个，其中4G基站2.65万个，5G基站1.65万个。全市年末电话用户689.12万户，其中移动电话用户630.89万户，4G移动电话用户196.82万户，5G移动电话用户368.17万户。固定互联网宽带接入用户252万户，比上年末增加9.34万户。其中，固定互联网光纤宽带接入用户249.05万户，比上年末增加19.71万户。年末互联网宽带接入端口444.67万个，下降10.72%。

五、国内贸易和对外经济

全年全市社会消费品零售总额1598.2亿元，比上年下降9.1%。按经营地统计，城镇消费品零售额1405.3亿元，下降8.6%；乡村消费品零售额192.9亿元，下降12.4%。按消费类型统计，商品零售额1470.4亿元，下降6.2%；餐饮收入额127.8亿元，下降33.1%。

全年全市限额以上单位商品零售额中，石油及制品类零售额下降32.9%；汽车类零售额下降20.9%；粮油、食品类零售额增长0.3%；服装鞋帽、针纺织品类零售额下降31.3%；中西药类零售额增长6.7%；家用电器和音像器材类零售额下降41.4%；金银珠宝类零售额下降1.0%。限额以上批零住餐企业通过公共网络实现零售额增长93.5%。

全年全市进出口总额168.8亿元，比上年增长19%。其中，出口65.3亿元，增长77.7%；进口103.5亿元，下降1.5%。

全年外商直接投资合同项目17个，实际利用外资额2956.28万美元。对外承包工程完成营业额35801.79万美元，增长2%。对外承包工程新签合同金额57782.84万美元，增长34.4%。

六、固定资产投资

全年全市固定资产投资比上年下降3.5%。按三次产业分，第一产业投资下降25.0%；第二产业投资增长40.2%，其中工业投资增长40.3%；第三产业投资下降10.3%。基础设施投资增长11.3%。民间固定资产投资下降16.7%。高技术产业投资增长35.3%。

全年项目投资比上年增长7.9%。其中，制造业投资增长51.9%，电力、热力、燃气及水的生产和供应业投资增长12.3%，交通运输、仓储和邮政业投资增长11.3%，房地产业投资下降5.3%，水利、环境和公共设施管理业投资下降8.0%。

表7 2022年兰州市分行业项目投资增长速度

行业	比上年增长（%）	占项目投资比重（%）
项目投资	7.9	100
农林牧渔业	-25.0	1.73
采矿业	23.2	1.31
制造业	51.9	23.58
电力、热力、燃气及水的生产和供应业	12.3	6.48
建筑业	-57.4	0.01
批发和零售业	-46.7	0.42
交通运输、仓储和邮政业	11.3	29.98
住宿和餐饮业	671.6	0.22
信息传输、软件和信息技术服务业	46.6	5.36
金融业	-43.1	0.05
房地产业	-5.3	9.23
租赁和商务服务业	-24.9	2.35
科学研究和技术服务业	67.5	1.00
水利、环境和公共设施管理业	-8.0	8.90
居民服务和其他服务业	479.9	0.04
教育	-26.8	3.84
卫生、社会保障和社会福利业	-11.5	3.90
文化、体育和娱乐业	-59.2	1.33
公共管理和社会组织	-29.6	0.28

全年房地产开发投资比上年下降19.0%，其中住宅投资下降21.3%。房屋施工面积4861.7万平方米，下降14.2%，其中住宅施工面积3328.8万平方米，下降12.3%。在房屋施工面积中，房屋新开工面积437.7万平方米，下降60.5%，其中住宅新开工面积347.4万平方米，下降57.2%。房屋竣工面积482.3万平方米，增长10.0%，其中住宅竣工面积368.1万平方米，增长14.0%。商品房销售面积282.5万平方米，下降64.9%，其中住宅销售面积259.8万平方米，下降66.1%。

七、财政金融

全年全市一般公共预算收入221.0亿元，按自然口径下降20.14%，扣除增值税留抵退税因素，同口径下降

7.8%。其中，税收收入157.5亿元，同口径下降5.6%；非税收入63.5亿元，同口径下降14.1%。从主体税种看，增值税38.4亿元，同口径下降3.9%；企业所得税18.2亿元，同口径下降14.4%；个人所得税6.1亿元，同口径下降9.9%。一般公共预算支出498.8亿元，增长2.9%。其中，民生支出401.9亿元，增长3.7%。

年末全市金融机构本外币各项存款余额10109.12亿元，比上年末增长5.55%，其中金融机构人民币各项存款余额10071.61亿元，比上年末增长5.73%。金融机构本外币各项贷款余额15016.19亿元，比上年末增长5.51%，其中金融机构人民币各项贷款余额14911.71亿元，比上年末增长6.06%。

表8　2022年兰州市金融机构本外币存款金额及其增长速度

金融机构各项存款余额	10109. 12	5. 55
住户存款	4594.79	11.86
非金融企业存款	2825.98	-5.26
金融机构各项贷款余额	15016.19	5.51
住户贷款	2461.18	0.46
企（事）业单位贷款	12463.38	7.14

年末全市境内上市公司21家。股票总市值1309.33亿元，下降7.37%。全年发行、配售股票筹集资金56.70亿元。

全年保费收入144.90亿元，比上年下降1.55%；赔付额53.22亿元，下降23.54%。

表9　2022年兰州市保险业务情况

指标	绝对数（亿元）	比上年增长（%）
保费收入	144.90	-1.55
财产险收入	43.02	6.62
人身险收入	101.88	-4.63
赔付支出	53.22	-23.54
财产险赔款	28.74	-14.56
人身险赔付	24.48	-31.94

年末全市境内上市公司21家。股票总市值1309.33亿元，下降7.37%。全年发行、配售股票筹集资金56.70亿元。

全年保费收入144.90亿元，比上年下降1.55%；赔付额53.22亿元，下降23.54%。

八、居民收入消费和社会保障

全年全市城镇居民人均可支配收入45277元，增长4.7%；农村居民人均可支配收入17178元，增长6.1%。

全年全市城镇居民人均消费支出29465元，比上年增长3.8%，恩格尔系数为31.18%；农村居民人均消费支出13239元，比上年增长5.1%，恩格尔系数为32.86%。

表 10　2022 年兰州市城乡居民家庭人均收支情况

指标	城镇		农村	
	绝对数（元）	比上年增长（%）	绝对数（元）	比上年增长（%）
可支配收入	45277	4.7	17178	6.1
工资性收入	25996	4.2	9015	5.7
经营净收入	1605	6.1	5291	6.8
财产净收入	5291	6.1	370	6.3
转移净收入	12384	5.0	2501	6.2
生活消费支出	29465	3.8	13239	5.1
食品烟酒	9186	4.7	4350	5.1
衣着	1880	0.1	804	6.8
居住	7780	2.5	2637	3.4
生活用品及服务	1911	2.6	616	6.0
交通通信	3053	5.3	1735	6.6
教育文化娱乐	3118	5.4	1599	2.3
医疗保健	1915	4.6	1216	7.9
其他用品和服务	622	7.2	284	8.8

年末全市参加城镇职工基本养老保险人数 101.37 万人，比上年末增加 2.71 万人。参加城乡居民基本养老保险人数 76.62 万人，增加 0.28 万人。参加基本医疗保险人数 338.52 万人，减少 0.09 万人。其中，参加职工基本医疗保险人数 130.87 万人，参加城乡居民基本医疗保险人数 207.65 万人。参加失业保险人数 73.22 万人，增加 2.14 万人。年末全市领取失业保险金人数 3541 人。参加工伤保险人数 81.6 万人，增加 1.21 万人，其中参加工伤保险的农民工 9.44 万人，增加 2.58 万人。参加生育保险人数 85.05 万人，增加 1.8 万人。年末全市共有 2.59 万人享受城镇居民最低生活保障，3.64 万人享受农村居民最低生活保障，0.37 万人享受农村特困人员救助供养。

年末全市共有各类社区服务机构和设施 527 个。其中，社区服务指导中心 8 个，社区服务中心 110 个，社区服务站 409 个。共有社区养老照料机构和设施 779 个。其中，全托服务社区养老服务机构和设施 59 个，日间照料社区养老服务机构和设施 210 个，互助型社区养老设施 510 个。

九、科学技术和教育

全市共有国家工程技术研究中心 3 个。全年登记市级科技成果 1229 项，其中，基础理论 567 项，应用技术类成果 621 项，软科学 41 项。专利授权量 10120 件，下降 11.43%，其中发明专利授权 1904 件，增长 8.43%。有效发明专利 8522 件，每万人口发明专利拥有量 19.44 件。共签订技术合同 7639 项，增长 5.28%；技术合同成交金额 100.52 亿元，增长 1.94%。

全年中等职业教育招生 1.23 万人，在校生 3.28 万人，毕业生 0.93 万人。普通高中招生 2.47 万人，在校生 6.7 万人，毕业生 2.15 万人。普通初中招生 3.79 万人，在校生 10.96 万人，毕业生 3.54 万人。普通小学招生 4.69 万人，在校生 26.35 万人，毕业生 3.97 万人。特殊教育招生 290 人，在校生 1850 人。幼儿园在园幼儿 13.42 万人。学龄儿童入学率为 100%，九年义务教育巩固率为 100.1%，高中阶段入学率为 99.59%。

表 11　2022 年兰州市各类教育招生和在校生情况

指标	招生数（万人）	比上年增长（%）	在校生数（万人）	比上年增长（%）	毕业生数（万人）	比上年增长（%）
中等职业教育	1.23	-14.58	3.28	-8.38	0.93	-10.58
普通高中	2.47	18.75	6.70	6.35	2.15	8.59
普通初中	3.79	4.70	10.96	2.62	3.54	6.95
普通小学	4.69	8.56	26.35	3.82	3.97	10.28

十、文化旅游、卫生健康和体育

年末广播综合人口覆盖率 99.84%；电视综合人口覆盖率 100%。

全年接待国内游客 0.29 亿人次，比上年下降 57.8%；国内旅游收入 148.3 亿元，下降 75%。旅游人均花费 506 元，比上年减少 349 元。

年末全市共有医疗卫生机构 2059 个，其中，医院 118 个，卫生院 62 个，妇幼保健院（所、站）10 个，专科疾病防治院（所、站）2 个，社区卫生服务中心（站）255 个，诊所、卫生所、医务室 822 个。卫生技术人员 4.5 万人，其中，执业医师和执业助理医师 1.58 万人，注册护士 2.23 万人。疾病预防控制中心（防疫站）10 个，疾病预防控制中心（防疫站）卫生技术人员 737 人；卫生监督所（中心）10 个，卫生监督所（中心）卫生技术人员 270 人。乡镇卫生院 60 个，乡镇卫生院卫生技术人员 0.13 万人。医疗卫生机构拥有床位数 3.49 万张，其中医院 2.98 万张、卫生院拥有床位 0.10 万张。全年总诊疗人次 1613.87 万人次，出院人数 69.72 万人。

年末全市共有体育场地 9625 个，体育场地面积 878.22 万平方米，人均体育场地面积 2.3 平方米。

十一、资源、环境和应急管理

全年全市总用水量 10.92 亿立方米。其中，生活用水量 1.81 亿立方米，下降 18.22%；工业用水量 1.47 亿立方米，下降 9.26%；农业用水量 4.94 亿立方米，下降 10%；生态用水量 2.03 亿立方米，增长 12.88%。人均用水量 247 立方米，增长 1.2%。

全年全市规模以上工业综合能源消费量 1452.89 万吨标准煤，比上年增长 0.17%。六大高耗能行业能源消费量 1389.62 万吨标准煤，比上年增长 0.31%。

全年全市空气质量优良天数比率为 82.5%，比上年提高 1.4 个百分点。

市区全年平均气温为 12℃，比上年偏高 0.6℃。年日照 2238.2 小时，比上年偏多 252.3 小时。年降水量 260.3 毫米，比上年增加 13.5 毫米。全市气象雷达观测站点 1 个，卫星云图接收站点 1 个。

全市地震台站（点）134 个。全年未发生 5.0 级以上的地震。

全年农作物受灾面积 79.04 万亩；农作物成灾面积 61.39 万亩。全年发生各类地质灾害 9 起，造成直接经济损失 60.2 万元。

全年共发生各类生产安全事故 138 起，比上年下降 4.83%。死亡 100 人，下降 8.26%；受伤 98 人，下降 3.92%。直接经济损失 4189.38 万元，下降 2.88%。煤矿百万吨死亡人数 2 人，百万吨死亡率 0.366；全市营运车辆道路交通事故万车死亡人数 64 人，增长 0.001%。

注：

1. 本公报各项数据均为初步统计数，正式数据以《兰州统计年鉴—（2023）》为准。部分数据因四舍五入的原因，存在着总计与分项合计不等的情况。

2. 公报中地区生产总值、各产业增加值和人均地区生产总值绝对数按现价计算，增长速度按不变价格计算。

3. 农业生产数据增长速度根据第三次全国农业普查结果修订后的 2017 年数据为基数计算。

4. 主要工业产品产量数据均为规模以上工业产品产量。

5. 规模以上工业企业增加值增速及变化按可比口径计算。

6. 邮政业务总量按 2020 年不变价格计算，电信业务总量按上年不变价格计算。

7. 基础设施投资包括交通运输、邮政业，电信、广播电视和卫星传输服务业，互联网和相关服务业、水利管理业、生态保护和环境治理业、公共设施管理业。

8. 年末电话用户数、移动电话用户数、固定互联网宽带接入用户数、年末互联网宽带接入端口数等指标较之前年份调整统计口径，以省通信管理局提供数据为准。

9. 卫生健康数据为 2022 年报初步数据。

10. 资料来源：本公报中物价、粮食产量、畜牧业、人民生活数据来自国家统计局兰州调查队，水产品产量数据来自兰州市农业农村局；城镇新增就业人员、社会保障数据来自兰州市人力资源和社会保障局；财政数据来自兰州市财政局；发电装机容量数据来自甘肃省电力公司兰州供电公司；外贸数据来自兰州市商务局；交通运输数据来自兰州市交通运输委员会、兰州市公安局交警支队、中国铁路兰州局集团有限公司、兰州中川国际机场有限公司；邮政数据来自兰州市邮政管理局；通信数据来自甘肃省通信管理局；艺术表演团体、文化馆、公共图书馆、博物馆和旅游数据、广播、电视数据来自兰州市文化和旅游局；金融数据来自中国人民银行兰州中心支行；保险、证券数据来自兰州市政府金融工作办公室；城乡低保、农村特困人员救助供养、社会服务数据来自兰州市民政局；教育数据来自兰州市教育局；科技数据来自兰州市科技局；专利数据来自兰州市市场监督管理局（知识产权局）；卫生数据来自兰州市卫生健康委员会；体育数据来自兰州市体育局；用水量数据来自兰州市水务局；安全生产数据来自兰州市应急管理局；环境监测数据来自兰州市生态环境局；地质公园数据来自兰州市林业局；地质灾害数据来自兰州市自然资源局；气象数据来自兰州市气象局；地震数据来自兰州市地震局。

兰州市2022年环境状况公报

兰州市生态环境局

根据《中华人民共和国环境保护法》规定，现发布《兰州市2022年环境状况公报》

一、总体环境质量状况

2022年，全市环境空气质量达标天数301天、达标率82.5%，环境空气质量综合指数4.46、同比下降6.1%，环境空气质量首次实现全面达标，正式迈入全国空气质量达标城市行列，并连续九年持续改善。黄河兰州段地表水国控、省控断面水质达标率100%，城市集中式饮用水源水质达标率100%。土壤环境安全总体可控，全市受污染耕地安全利用率基本达到100%，重点建设用地安全利用得到有效保障。昼间区域环境噪声总体水平等级二级，声环境质量评价为“较好”。城区昼间道路交通噪声强度等级为二级，道路交通噪声评价为“较好”。

二、环境空气质量状况

（一）空气质量状况：2022年兰州市大气污染治理取得新突破，六项污染物首次全面达标。可吸入颗粒物（PM10）年均浓度68μg/m^3、同比下降5.6%，首次实现达标；细颗粒物（PM2.5）年均浓度33μg/m^3、同比上升3.1%；二氧化硫（SO_2）年均浓度15μg/m^3、同比持平；二氧化氮（NO_2）浓度38μg/m^3、同比下降17.4%，首次实现达标；臭氧（O_3）第90百分位数浓度149μg/m^3、同比上升2.8%；一氧化碳（CO）第95百分位数浓度1.7mg/m^3、同比下降15.0%。2022年全年未发生人为因素导致的重度及以上污染天气，轻度污染及以上污染天气中PM10为首要污染物的32天，占48.5%；O_3为首要污染物的18天，占27.3%；PM2.5为首要污染物的11天，占16.7%；NO_2为首要污染物的5天，占7.6%；无CO和SO_2为首要污染物的污染天气。

全年共出现输入性沙尘天气28次，同比增加7次；影响天数53天，同比增加9天。

（二）措施与行动：面对新形势、新问题，兰州市在统筹疫情防控的同时，按照“冬防颗粒物夏防臭氧、全年防控二氧化氮”的总体思路，以工业污染、燃煤污染、机动车尾气污染、面源污染等四大污染源为防控重点，深挖各项治理管理潜力，加强执法检查及监管力度，加大城乡区域联防联控。按照“方向不变、措施不软、力度不减”的原则，想方设法克服不利因素，在狠抓落实方面下足功夫，实现了大气主要污染物浓度持续下降，以生态环境好水平保护助力经济社会高质量发展。一是坚决压减工业污染源排放。持续挖潜工业源减排，督促榆钢公司、华能集团所属3大电厂、兰石化公司、兰铝公司等6家重点企业执行“冬防”一级管控标准再下压15%标准，各项污染物基本达到排放要求。加强对各重点企业实时排放情况进行24小时在线监控，发现超限问题第一时间调度或现场监督落实；对48家重点排污单位采取在线监控、现场检查、调取数据等方式开展不间断排查，确保达标排放。二是坚决遏制燃煤污染反弹。大力推进兰州市冬季清洁取暖项目实施，完成农村地区1.8万余户清洁取暖改造；按照改造计划，推进燃气锅炉低氮改造项目实施，2018年以来全市累计完成改造

5581 余蒸吨，污染物减排效益明显。对现有燃煤锅炉再次开展“回头看”，严格执法检查，确保达标排放。巩固现有覆盖全市所有乡镇、村社的洁净煤监管配送体系，加强劣质散煤管控，强化散煤质量抽检，切实做到居民散煤可控，进一步消减燃煤污染。三是坚决控制机动车尾气污染。继续强化限绕行管控和交通疏导。严格落实城区道路通行的货运机动车和正三轮摩托车、三轮汽车、低速载货汽车及拖拉机等车辆城区限行规定和大车绕行措施，同时科学合理疏导交通，最大限度减少机动车怠速行驶造成的尾气污染。常态化开展非道路移动机械摸底调查和编码登记，建立较完整的全市非道路移动机械排放情况数据库，同时加强高排放禁用区内工程机械执法检查力度。四是坚决管住工地扬尘降低道路扬尘。全年全面实行施工工地“七个百分之百”措施，冬防期间，对所有已停工工地逐一排查，已停工工地全部督促落实 2000 亩以上防尘网无缝覆盖或喷洒抑尘剂等防尘措施，未停工工地驻场监管。监督三条岭等城区周边及安宁区未利用地开发项目，严格落实防尘抑尘降尘措施。继续加大主次干道积尘清除及道路保洁力度；对背街小巷、地下通道等区域积尘清理保洁，防止车辆人员扰动造成二次污染。五是扎实开展大气面源污染治理。城管、市场监管、生态环境等部门持续开展集中联合整治，继续保持餐饮单位排查整治的严控态势，强力整治餐饮油烟污染。充分利用秸秆禁烧远程监控，督促相关单位和县区强化秸秆禁烧监督管理，组织开展农作物秸秆和荒草禁烧巡查，发现问题立即查处，防止“污染围城”出现。持续扎实推进烟花爆竹“打非治违”专项治理，重拳出击，严厉打击烟花爆竹非法销售运输行为。六是持续做好污染天气应对。今年我市印发了《兰州市轻、中度污染天气预警响应工作方案》，在完善重污染天气应对的基础上，进一步加强轻、中度污染天气应对，采取提前预警、市区联动、及时处置的方式，实现轻度污染天气转优良天气，力争不出现中度污染天气，确保不发生重度及以上污染天气。联合气象部门开展预警，研判沙尘影响，动态调整指令，及时调配部署力量，充分发挥主观能动性，加强联动，落实好沙尘应急和“全民洗城”措施，降低沙尘影响强度。七是坚决督导检查，细化责任落实。强化人防 + 技防手段，加大巡查督导，多角度、全方位监控各类污染源。先后对重点建筑施工工地、道路交通扬尘、居民散煤使用、秸秆荒草焚烧、烟花爆竹燃放等突出问题开展现场督查，主动对接县区安排部署和帮扶指导，针对督导检查发现的问题，及时下发《督办通知》，明确具体责任单位和责任人，督促限期完成整改。

三、水环境质量状况

（一）饮用水源水质：2022 年兰州市饮用水水源总取水量为 25491 万吨，年达标供水量为 25491 万吨，饮用水源水质达标率为 100%。

（二）地表水水质：2022 年兰州市地表水水质总体良好，黄河干流扶和桥、新城桥、包兰桥、什川桥均为Ⅱ类，水质状况为优；一级支流湟水河桥断面优于Ⅲ类；一级支流庄浪河界牌村断面为Ⅱ类水质，水质状况为优；二级支流大通河享堂和先明峡断面为Ⅱ类水质，水质状况为优。

（三）措施与行动：2022 年，我市围绕“三水统筹”和“四水四定”，统筹推进各项工作，持续改善水生态环境。一是持续开展水生态环境问题日巡查。持续组织开展重点区域、流域日巡查，形成发现问题、解决问题的闭环工作机制。二是开展枯水期水污染联防联控。组织开展污染源日巡查，水质日监测，水量日调度等措施，确保了枯水期水质安全。与临夏州签订了干流横向生态补偿协议，形成了流域上下游联动共治的合力。三是创新体制机制。牵头制定印发了《2022 年黄河流域环境保护与污染治理工作方案》，将年度重点治污任务和工程项目分解到各部门、各县区，形成市县区治污合力，积极委托第三方编制了《兰州市区域再生水循环利用试点城市实施方案》，积极申报区域再生水循环利用试点城市，同时谋划包装积极争取国家美丽河湖创建。四是持续强化饮水安全保障。组织完成市、县、乡镇饮用水水源地年度环境基础状况调查评估，开展饮用水水源地回头看，对发现各类隐患问题及时整改，保障群众饮水安全。五是稳步推进流域水污染防治项目。加快推进湟水流域水污染防治综合治理三期、宛川河生态湿地一期、庄浪河流域（永登段）水污染防治项目、皋兰县蔡家河流域（三川口—蔡家河入黄口）水污染治理与水生态保护修复工程项目、智慧黄河兰州段精细化监测管理等项目建设等重点项目。六是持续组织开展入河排污口排查整治。制定了《兰州市 2022 年度入河排污口一口一策整治方案》，并组织落实完成年度排污口整治任务。

四、土壤环境质量状况

（一）土壤环境状况：2022 年全市重点建设用地安全利用得到有效保障，受污染耕地安全利用率基本达到 100%，未发生因耕地土壤污染导致农产品质量超标、疑似污染地块或污染地块再开发利用不当事件。

（二）措施与行动：持续推进净土保卫战，严格农用地分类管理，加强重点建设用地准入管理，有效管控土壤污染风险，努力保障群众人居环境安全和农产品质量安全。一是加强耕地污染源头控制。印发实施《兰州市农用地土壤镉等重金属污染源头防治工作方案》，持续推进耕地周边涉镉等重金属污染源排查整治，切断重金属污染物进入农田途径，保障粮食安全和食品安全。重点开展全口径涉重金属排放企业排查，动态更新污染源整治清单，经排查，我市暂未发现涉镉等重金属污染源。二是防范企业新增土壤污染。强化土壤污染重点单位监管和执法，督促全市 63 家企业开展隐患排查及自行监测，确保单位场地及周边土壤环境质量安全。完成 5 家单位隐患排查“回头看”试点任务。推动石化企业开展土壤污染源头管控试点工作，防止企业用地新增土壤污染。加强林地草地园地土壤环境管控，严格控制林地草地园地的农药使用量，未发生因防治林业有害生物造成土壤污染事件。三是加大建设用地监管。完善建设用地准入管理制度，全面摸排疑似污染地块状况，更新发布污染地块和疑似污染地块名单，督促土地所有权人结合地块开发利用情况，开展土壤污染状况调查。完善建设用地联动监管机制，严格土地征收、收回、收购监管，将建设用地土壤环境管理要求纳入供地管理环节，确保土地开发利用符合土壤环境质量要求。四是推动农村环境综合整治。加大农村生态环境保护，完成 12 个行政村农村环境综合整治任务。编制印发《兰州市“十四五”农村生活污水治理工作方案》，督促相关县区完成《县域农村生活污水治理专项规划》调整修订，并按要求开展农村污水治理任务。完成污水治理村庄数 11 个，农村生活污水治理率达到 49%。加大农村黑臭水体排查整治，做到“应查尽查、应统尽统”，有序推动高新区农村黑臭水体治理任务。

五、声环境质量状况

（一）声环境质量总体状况

1. 区域环境噪声：2022 年兰州市昼间区域环境噪声平均等效声级 51.8dB(A),声环境噪声总体水平等级二级，声环境质量评价为“较好”，昼间区域环境噪声达标率为 96.1%。噪声声源构成比例为：生活源占比 61.9%、交通源占比 26.8%、施工噪声源占比 6.1%、工业源占比 5.2%，噪声源构成仍以生活噪声源为主。

2. 道路交通噪声：2022 年兰州市城区道路交通噪声昼间平均等效声级 66.8dB（A），道路交通噪声强度等级为二级，道路交通噪声评价为“较好”。城区道路交通噪声昼间测点达标数 113 个，测点达标率 94.2%。

3. 功能区噪声：2022 年兰州市功能区噪声年度均值昼间、夜间平均等效声级分别为：1 类区 50.6dB(A) 和 41.2dB(A)，昼间和夜间均达标；2 类区 51.9dB(A) 和 43.3dB(A)，昼间和夜间均达标；3 类区 52.6dB(A) 和 47.2dB(A)，昼间和夜间均达标；4a 类区 58.7dB(A) 和 48.7dB(A)，昼间和夜间均达标。第一至第四季度各类功能区平均等效声级昼间、夜间均达标。

（二）措施与行动：一是坚持规划引导。严格声环境准入，从源头控制噪声污染源的进入，从工业噪声、建筑施工噪声、交通噪声、社会生活噪声等各方面开展重点领域噪声污染防治。二是定期开展噪声污染专项整治活动。全市各级生态环境部门、公安部门、城市管理部门、文旅部门等对职责范围内的噪声污染进行专项整治。

三是开展“绿色护考”。在高考、中考、学考等重点时期持续加强噪声监管，严防发生各类噪声污染违法问题，为全市考生创造良好的应考环境。四是强化噪声监测网络建设。已完成新建 8 个自动监测站点，对功能区及道路交通声环境开展自动监测。五是加强宣传教育。加大噪声违法舆论监督和曝光力度，提高公众噪声污染防治认识，充分结合“5·22 国际生物多样性日”“六五环境日”等主题宣传活动多方面、多途径地加强宣传工作。

六、固体废物状况

（一）医疗废物与城市生活垃圾：2022 年，全市集中收集处置医疗废物 1.88 万吨，处理生活垃圾 127.53 万吨。

（二）措施与行动：一是开展危险废物规范化环境管理评估。对全市 8 县区和高新区的危险废物规范化环境管理情况进行了检查评估，共评估企业 28 家，其中产废单位 19 家、经营单位 9 家。经评估，产废单位和经营单位规范化环境管理评估合格率分别为 93.68% 和 100%。二是开展危险废物三年专项整治工作。在全市开展了危险废物专项整治工作“回头看”巡查，成立工作专班，对各县区、重点企业的危险废物专项整治工作部署情况、专项整治工作开展情况、各类清单建立情况进行检查。三是建立完善危险废物环境重点监管单位清单。对纳入甘肃省固体废物管理信息系统的全市 2643 家产废单位和 15 家经营单位，严格执行危险废物转移联单，危险废物无害化处置率达到 100%。将重点产废单位、拥有自行利用处置设施的单位、持有许可证的危险废物集中利用处置单位纳入危险废物环境重点监管单位清单，共计 38 家。如实通过信息系统申报危险废物产生、贮存、转移、利用、处置情况。四是全面开展危险废物规范化环境管理排查整治。开展多轮次危险废物排查整治。针对产废单位和经营单位污染环境防治责任落实情况等进行 2 轮专项排查整治。组织各县区在甘肃省生态环境监测大数据管理平台中申报登记危险废物管理情况和制定危险废物年度管理计划，落实台账制度。五是开展属性不明固体废物鉴别，加强长期贮存未及时处置的危险废物监管。对定性不明的中间产物（产品）、副产物（品）等物料，督促相关企业按规范开展固体废物属性鉴别工作。全市 4 家企业对所产生危险废物属性鉴别 7 种，经鉴别均为一般工业固体废物，企业按固废管理的相关要求加强管理。在每年开展的危险废物规范化管理评估工作及日常监管中，市、区生态环境部门对重点企业进行检查，对危险废物存量较大的企业处置情况进行调度，督促对固体废物管理方面存在的问题及时整改。六是统筹危险废物处置能力建设。结合我市危废产生种类、数量实际，统筹危险废物处置能力，积极推进危险废物环境无害化处置能力项目建设。全市在建和拟建危险废物和一般工业固废处置项目 5 个，建成后我市危险废物利用处置能力将达到 119 万吨 / 年。七是积极推进塑料污染治理工作。落实联席会议、定期检查、工作通报、信息报送等工作机制，专题研究会商 2 次、专项检查 2 次。组织开展了联合执法检查，对各县区塑料污染治理工作 2022 年阶段性目标完成情况进行了抽查，共计检查 6 个县区塑料制品生产企业、商超、酒店、集贸市场、餐饮店、药店、河段等各类点位 30 个。将塑料污染治理纳入生态环境综合行政执法工作，排查塑料废弃物回收利用在产企业 11 家。八是做好疫情防控期间医疗废物安全处置工作。2022 年我市疫情期间，全市共设立医废集中暂存点 100 余个、调度 110 台左右车辆保障医废收运，启动了丰泉环保生活垃圾焚烧设施应急处置医疗废物，保障医疗废物包装袋、周转箱等处置物资。专人负责涉疫点位医疗废物的无害化处置。2022 年全市共安全处置医疗废物 1.88 万吨。九是严格废弃电器电子拆解企业监管。严格落实属地监管责任，对 2 家废弃电器电子产品拆解企业加强监管。按照要求完成甘肃华壹 2016 至 2018 年因搬迁历史遗留拆解的视频审核并报送生态环境部。

七、生态环境状况

（一）耕地情况：兰州市（不含兰州新区）国土调查总面积为 1978.87 万亩，其中耕地面积为 390.63 万亩，占总用地面积的 19.74%。根据“三区三线”划定工作，全市永久基本农田保护面积 297.33 万亩。

（二）森林状况：全市林地面积219.72万亩，其中乔林地80.50万亩，特殊灌木林地84.13万亩，一般灌木林地0.55万亩，疏林地9.99万亩，未成林造林地25.60万亩，未成林封育地2.43万亩，苗圃地1.49万亩，其他林地15.03万亩。森林面积165.18万亩，森林覆盖率8.35%(包括兰州新区和兴隆山)。草地面积1024.65万亩，草原植被盖度54.94%。

（三）生物多样性情况：全市共有陆生野生脊椎动物4纲28目83科427种，其中两栖纲1目3科5种、爬行纲2目6科14种、鸟纲19目56科331种、哺乳纲6目18科77种。野生林木物种33科63属133种。

（四）自然保护区情况：全市现有国家级自然保护区2个，分别为兴隆山国家级自然保护区、连城国家级自然保护区，国家级森林公园3个，分别为吐鲁沟国家森林公园、石佛沟国家森林公园、徐家山国家森林公园。自然保护地占全市国土面积6.04%。

（五）气候情况：2022年全市平均气温在7.2℃~12.0℃之间，较历年同期偏高1.0℃～1.1℃。年降水量在195.3~461.5毫米之间，与历年同期相比，榆中偏多2成，其余各地偏少2～3成，雨日偏少。年日照时数正常略少。年内冷暖起伏大，旱涝急转，入春偏早。主要的气象灾害有干旱、暴雨洪涝、冰雹、大风等，造成部分地方农业损失，总体上看，2022年属于气候条件较差的年景。

（六）措施与行动：一是着力抓好重点区域生态修复。加大重点区域草原生态保护，实施草原生态保护修复项目2.2万亩。按期完成“科学城”生态绿化规划，督促城关区尽快落实。稳步推进北龙口片区造林项目，年底完成周边外网绿化。指导做好“省门第一道”绿化美化，协调推进兰州野生动物园二期项目前期工作，及早启动项目建设。二是着力抓好城市园林建设。对标对表开展“国家园林城市”复查迎检工作，大力实施建成区抽疏、拆围、增绿工程，积极推进城市星级公园建设，分步拓建和改造一批小游园，改造提升城市主次干道绿化档次，接续打造一批精品园林街区，抓好花园式小区、园林化单位创建工作，积极推广以屋顶绿化、垂直绿化为主要内容的立体绿化，进一步构建生态区、绿带、公园、小游园、微绿地五级城市绿化体系，完成城市绿地新增改造80公顷。三是着力抓好义务植树活动。组织开展兰州地区省市党政军领导机关义务植树活动。深入推进“互联网＋义务植树”等活动，完善全民义务植树网络平台，创新拓宽公众尽责和知情的有效途径，落实好造林绿化、抚育管护、自然保护、认种认养、志愿服务等八类尽责形式，指导推进机关单位、科研院校、工厂企业、部队营区等部门绿化，逐步建立市、县区、乡镇街道义务植树基地建设体系，确保年度义务植树尽责率达到85%以上。四是着力抓好气候投融资工作。继续开展森林、草原、湿地、绿地生态系统服务功能调查评估及价值核算工作，建立森林、湿地碳汇动态数据库，充实林业碳汇项目储备库，做好碳汇项目储备与管理。鼓励社会资本参与碳汇林草项目建设，进一步拓展碳汇林草项目开发空间。支持条件成熟的县区，利用林草碳汇实施碳排放权抵消。五是着力抓好绿色资源管护。全面管护森林、草原、绿地、湿地、自然保护地以及野生动植物、古树名木等绿色资源，广泛宣传、严格执行《森林法》《草原法》《野生动物保护法》等国家和省市相关法律法规，扎实开展“绿盾”、森林督查等专项行动，深入学习、认真落实林业生态破坏事故、草原虫灾等应急预案，进一步提高基础设施保障水平，加大隐患排查力度，维护林草生态安全，实现林草可持续、高质量发展。六是强化生态监管，开展生态保护红线区遥感监测。不断健全完善生态保护红线常态化监察执法机制，积极探索生态保护红线监测与管理、核查与执法、数据处理与加工系统。利用大数据技术和生态遥感数据比对，通过构建“天－空－地”一体化监管技术体系，及时对红线区人类活动变化实施监测，提高生态环境问题早发现、早上报、早整改，避免和预防严重生态环境破坏问题的发生。2022年，全市共获取和处理0.65m–2m高分辨率遥感影像50余景，提取疑似人类活动线索28处，结合人工实地核查＋无人机航空拍摄方式进行核实，形成“立案—转办—核查—整改—验收—销号”的问题整改闭环工作机制，强化监管监测和整改力度。同时构建了“一图一库两端五系统”为主要内容的兰州市生态保护红线监管平台，将卫星遥感解译提取成果、实地核查调查、无人机拍摄、下发整改等多源数据及工作流程有机整合管理，并可及时共享，让监管工作实现了“网上办”。通过遥感监测应用，大幅提高祁连山等区域日常巡查监管的工作效率，提高核查监管的效率和精准度。

2022—2023年兰州市经济发展形势分析与预测

常千宗　马子龙　李世远

摘　要：本文在分析2022年上半年兰州市经济运行情况的基础上，紧扣“三新一高”要求，参照2020—2022年全国、甘肃省、兰州市主要经济指标增速，对比上半年主要经济指标在全国、全省和西北片区省会城市的坐标定位，深入研判当前兰州市经济形势面临的困难和挑战，从坚持全面落实稳经济政策、有机贯通“四强”行动、加强创新驱动引领、重大项目支撑牵引、区域协调发展、建设“精致兰州”、深化改革开放、厚植绿色发展底色、持续增进民生福祉九个方面提出对策建议。

关键词：经济发展形势　强省会行动　高质量发展

一、2022年上半年兰州市经济运行情况

今年以来，兰州市坚持以习近平新时代中国特色社会主义思想为指导，坚决扛起“先发力、带好头”的使命担当，坚持稳字当头、稳中求进，紧扣“三新一高”要求，深入推进“四强”行动，有力推进中央、省、市稳经济一揽子政策落地落实，聚精会神、奋斗追赶，系统推进兰州实现高质量发展迈出坚实步伐。初步核算，上半年，兰州市地区生产总值1716.81亿元，增长1.0%。分产业看，第一产业增加值23.93亿元，增长6.4%；第二产业增加值606.95亿元，增长0.5%；第三产业增加值1085.94亿元，增长1.1%，三次产业结构比为1.40∶35.35∶63.25。

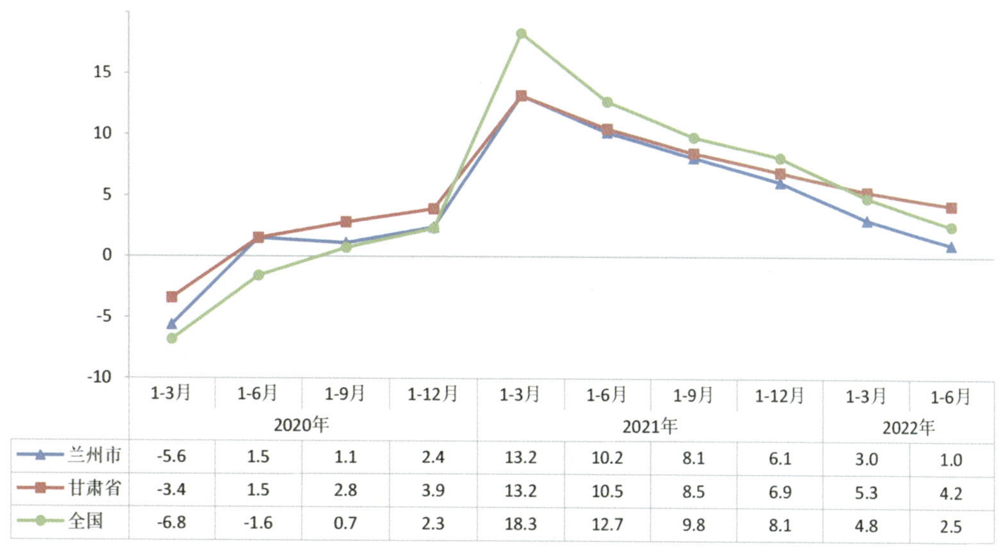

	1-3月	1-6月	1-9月	1-12月	1-3月	1-6月	1-9月	1-12月	1-3月	1-6月
	2020年				2021年				2022年	
兰州市	-5.6	1.5	1.1	2.4	13.2	10.2	8.1	6.1	3.0	1.0
甘肃省	-3.4	1.5	2.8	3.9	13.2	10.5	8.5	6.9	5.3	4.2
全国	-6.8	-1.6	0.7	2.3	18.3	12.7	9.8	8.1	4.8	2.5

图1　2020—2022年全国、甘肃省及兰州市GDP增速（%）

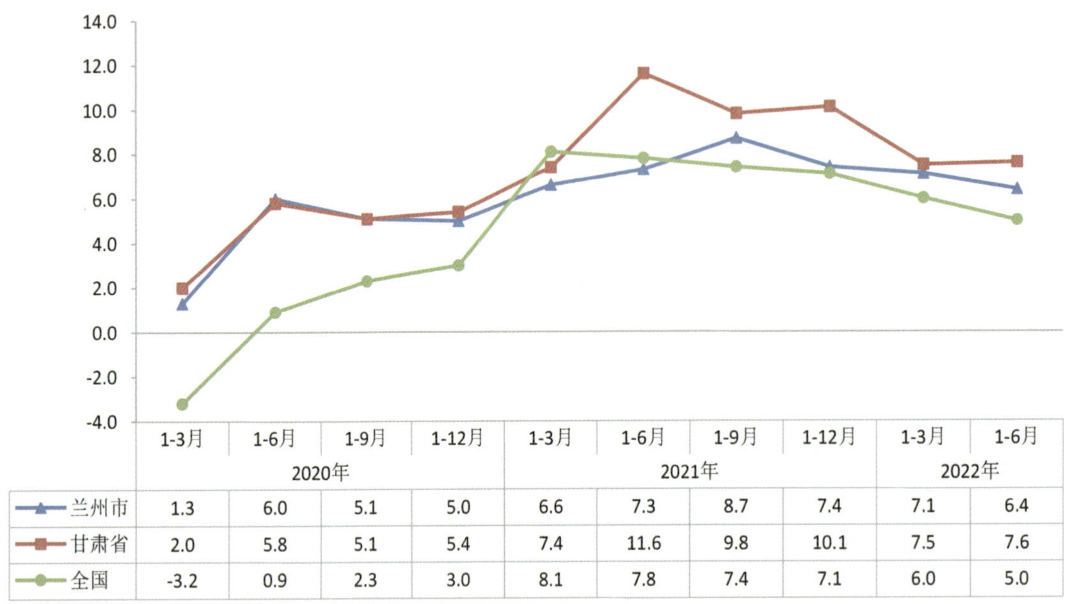

	2020年				2021年				2022年	
	1-3月	1-6月	1-9月	1-12月	1-3月	1-6月	1-9月	1-12月	1-3月	1-6月
兰州市	1.3	6.0	5.1	5.0	6.6	7.3	8.7	7.4	7.1	6.4
甘肃省	2.0	5.8	5.1	5.4	7.4	11.6	9.8	10.1	7.5	7.6
全国	-3.2	0.9	2.3	3.0	8.1	7.8	7.4	7.1	6.0	5.0

图 2　2020—2022 年全国、甘肃省及兰州市第一产业增加值增速（%）

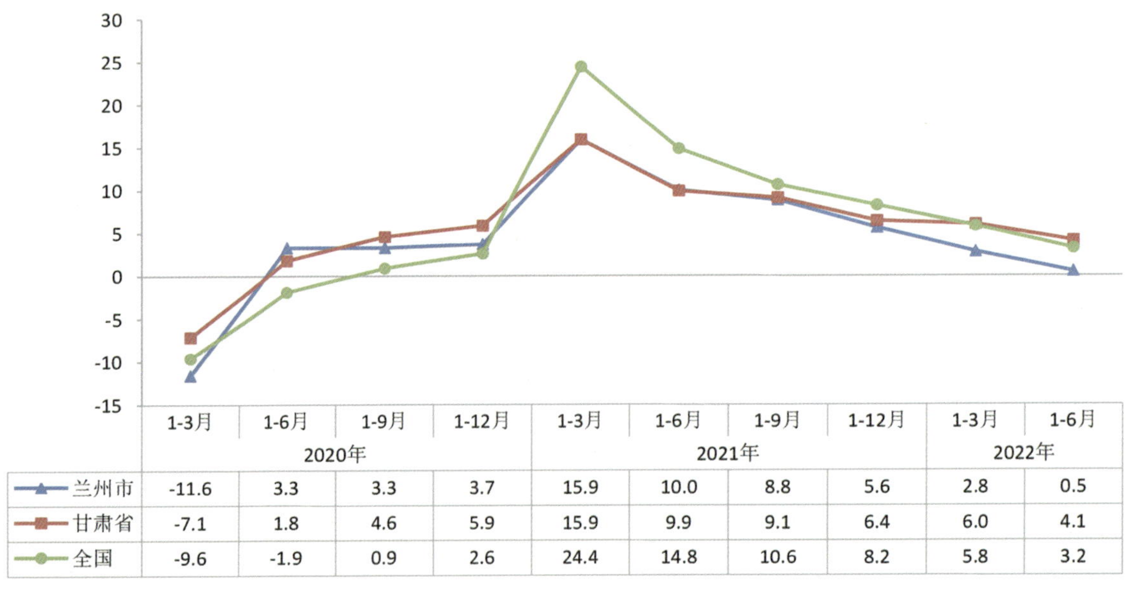

	2020年				2021年				2022年	
	1-3月	1-6月	1-9月	1-12月	1-3月	1-6月	1-9月	1-12月	1-3月	1-6月
兰州市	-11.6	3.3	3.3	3.7	15.9	10.0	8.8	5.6	2.8	0.5
甘肃省	-7.1	1.8	4.6	5.9	15.9	9.9	9.1	6.4	6.0	4.1
全国	-9.6	-1.9	0.9	2.6	24.4	14.8	10.6	8.2	5.8	3.2

图 3　2020—2022 年全国、甘肃省及兰州市第二产业增加值增速（%）

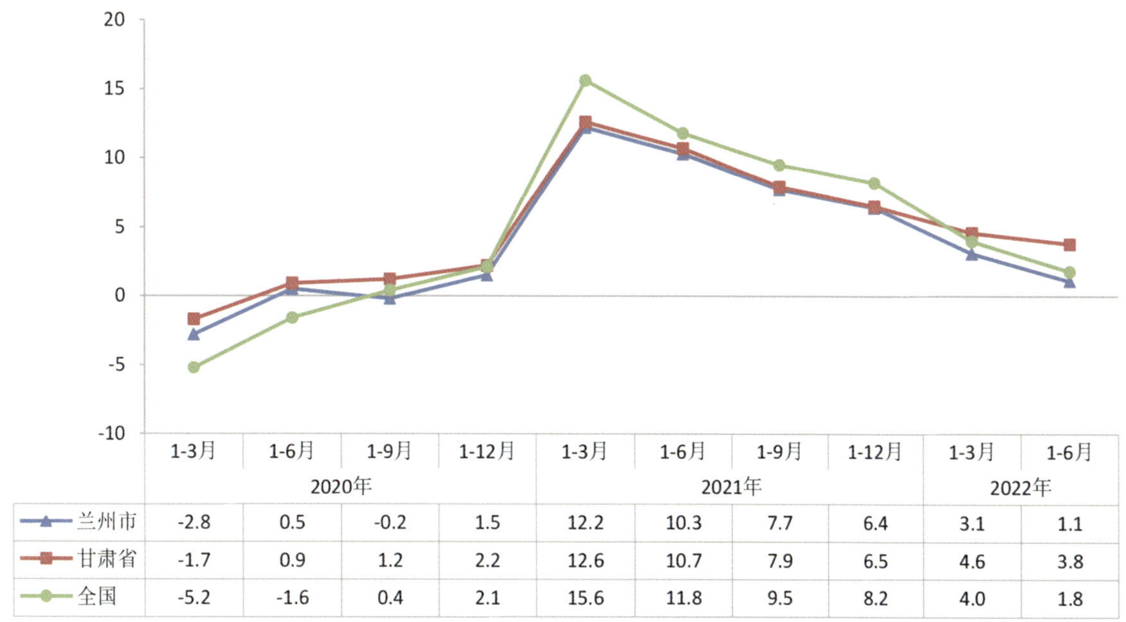

	1-3月	1-6月	1-9月	1-12月	1-3月	1-6月	1-9月	1-12月	1-3月	1-6月
	2020年				2021年				2022年	
兰州市	-2.8	0.5	-0.2	1.5	12.2	10.3	7.7	6.4	3.1	1.1
甘肃省	-1.7	0.9	1.2	2.2	12.6	10.7	7.9	6.5	4.6	3.8
全国	-5.2	-1.6	0.4	2.1	15.6	11.8	9.5	8.2	4.0	1.8

图 4　2020—2022 年全国、甘肃省及兰州市第三产业增加值增速（%）

（一）夏粮喜获丰收，畜牧业稳定增长

上半年，兰州市农业增加值 15.99 亿元，增长 6.9%；林业增加值 0.01 亿元，下降 41.1%；牧业增加值 7.88 亿元，增长 9.4%；渔业增加值 0.05 亿元，下降 9.4%。

1. 夏粮喜获丰收。兰州市种植业主要以夏粮和蔬菜为主，其中，夏粮播种面积 52.54 万亩，增长 11%；夏粮产量 11.74 万吨，增长 4.8%。经济作物主要以蔬菜为主，其中，蔬菜播种面积 63.95 万亩，增长 9%；蔬菜产量 68.59 万吨，增长 9.1%。

2. 畜牧业稳定增长。生猪出栏 35.17 万头、增长 11.9%。肉牛出栏 0.71 万头、增长 7%，肉羊出栏 22.69 万只、增长 3%，家禽出栏 101.48 万只、下降 3.6%。

（二）工业生产持续回落，支柱行业提振信心

上半年，兰州市规模以上工业增加值增长 0.8%，增速较 1—5 月回落 2.1 个百分点；6 月当月规模以上工业增加值下降 7.4%。战略性新兴产业、高技术产业增加值分别下降 17.8%、17.9%。分三大门类看，制造业增加值增长 1.2%，增速较 1—5 月回落 3 个百分点，6 月当月下降 9%；电力、热力、燃气及水生产和供应业增长 1.9%，6 月当月增长 8.3%；采矿业下降 11%，6 月当月下降 11.6%。分经济类型看，国有控股企业增加值同比增长 1.0%，集体企业增长 8.0%，股份制企业增长 1.4%，外商及港澳台商投资企业下降 11.7%，私营企业增长 1.2%。从用电量看，兰州市工业用电量 106.57 亿千瓦时，增长 3.0%，较 1–5 月加快 0.2 个百分点；6 月当月用电量 18.34 亿千瓦时，增长 4.3%，较 5 月加快 2.8 个百分点。

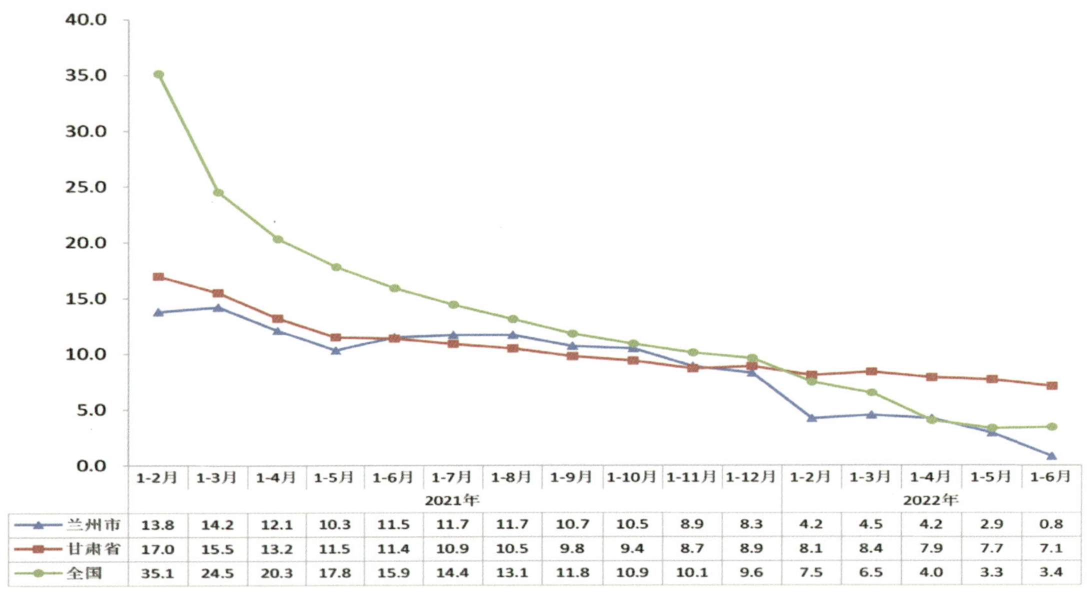

	2021年											2022年					
	1-2月	1-3月	1-4月	1-5月	1-6月	1-7月	1-8月	1-9月	1-10月	1-11月	1-12月	1-2月	1-3月	1-4月	1-5月	1-6月
兰州市	13.8	14.2	12.1	10.3	11.5	11.7	11.7	10.7	10.5	8.9	8.3	4.2	4.5	4.2	2.9	0.8
甘肃省	17.0	15.5	13.2	11.5	11.4	10.9	10.5	9.8	9.4	8.7	8.9	8.1	8.4	7.9	7.7	7.1
全国	35.1	24.5	20.3	17.8	15.9	14.4	13.1	11.8	10.9	10.1	9.6	7.5	6.5	4.0	3.3	3.4

图 5　2021—2022 年全国、甘肃省及兰州市规模以上工业增加值增速（%）

1. 支柱行业充分发挥“压舱石”作用。八大行业增加值增长 0.8%。其中，石油煤炭、化学原料、烟草制品、电力热力四行业当月上拉规上工业增加值 4.6 个百分点，累计上拉 3.4 个百分点。

2. 重点产品产量“三增四降”。钢材、原铝、原油加工量产量分别增长 3.9%、0.9%、2.2%；卷烟、乙烯、水泥、平板玻璃分别下降 2.6%、4.2%、10.6%、4.6%。

3. 企业效益保持增长。1—5 月，兰州市规模以上工业企业营业收入 1082.1 亿元，增长 16.0%。利润总额 78.0 亿元，增长 23.0%。税金总额 134.8 亿元，增长 3.0%。

（三）第三产业承压前行，规上服务业平稳增长

上半年，兰州市第三产业六大行业增加值中，仅交通运输和其他服务业增加值呈正增长，分别高于第三产业增速 6.2 和 3.4 个百分点，批发和零售业、住宿和餐饮业、金融业及房地产业增加值均为负增长，分别低于三产增速 3.3、9.3、2.2 和 9.2 个百分点。与一季度相比，仅交通运输和住宿餐饮业增加值增速分别提升 4.3 和 1.5 个百分点，其余行业增加值增速均较一季度有不同程度的回落。

1—5 月兰州市规模以上服务企业实现营业收入 433.59 亿元，增长 8.25%，增速较 1—4 月加快 5.8 个百分点。其中重点行业营利性服务业 1—5 月营业收入 143.43 亿元，增长 8.0%，5 月当月营业收入 32.15 亿元，增长 11.1%。10 大行业门类营业收入增速“八升二降”。其中卫生和社会工作业实现营业收入 6.79 亿元，增长 36.5%；信息传输、软件和信息技术服务业实现营业收入 50.77 亿元，增长 10.4%，水利、环境和公共设施管理业实现营业收入 6.56 亿元，增长 9.6%。

（四）消费市场持续下行，汽车销售有所回暖

上半年，兰州市社会消费品零售总额 802.81 亿元，下降 7.4%。按经营单位所在地分，城镇消费品零售额 713.46 亿元，下降 6.5%；乡村消费品零售额 89.34 亿元，下降 14.3%。按消费类型分，商品零售 752.03 亿元，下降 2.6%；餐饮收入 50.77 亿元，下降 46.6%。

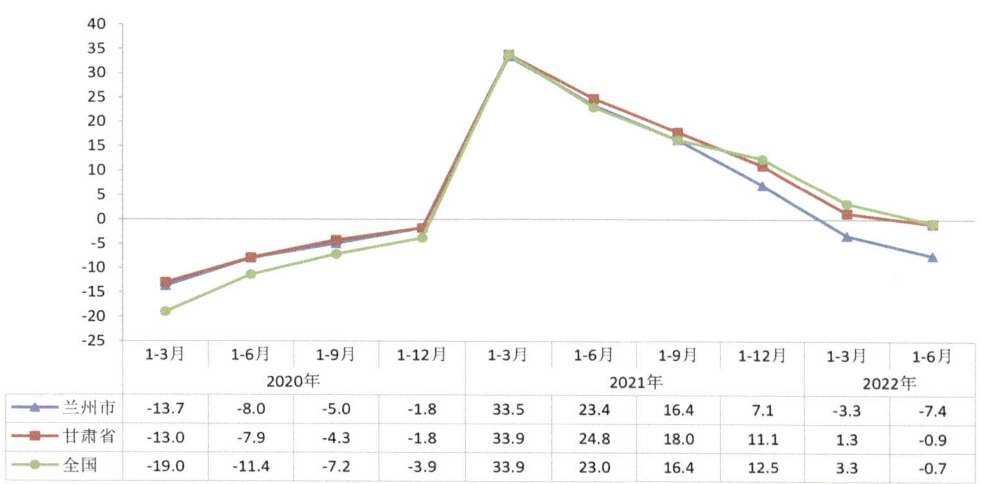

图 6　2020—2022 年全国、甘肃省及兰州市社会消费品零售总额增速（%）

1. **批零住餐四行业尚处在恢复阶段。**上半年，兰州市批发业销售额 3606.13 亿元，增长 12.5%，较一季度回落 4.8 个百分点；零售业销售额 473.62 亿元，增长 0.7%，增速较一季度提升 0.4 个百分点；住宿业营业额 14.61 亿元，下降 14.2%，降幅较一季度扩大 5.3 个百分点；餐饮业营业额 50.01 亿元，下降 3.9%，降幅较一季度收窄 1.9 个百分点。

2. **限额以上社会消费品零售额当月完成量创新高，累计和当月降幅双收窄。**上半年，限额以上社会消费品零售额 256.48 亿元，下降 9.7%，降幅较 1—5 月收窄 0.9 个百分点。6 月份，限额以上社会消费品零售额实现 46.91 亿元，下降 5.5%，降幅较 5 月收窄 3.5 个百分点。

3. **线上消费继续高速增长。**上半年，限额以上通过公共网络实现零售额 8.45 亿元，增长 143.6%，高于兰州市限额以上社会消费品零售额增速 153.3 个百分点，拉动限额以上社会消费品零售总额增长 1.5 个百分点。3 月以来，网络零售额连续四个月三位数增长，对消费市场拉动作用较为明显。

4. **汽车类销售降幅双收窄，新能源汽车销售高速增长。**上半年，占比 36.1% 的汽车类零售额 92.51 亿元，下降 14.5%，降幅较 1—5 月收窄 4.9 个百分点，6 月当月零售额 18.08 亿元，增长 10.6%，12 个月以来首次转正，增速较 5 月提升 24.2 个百分点。上半年，占比 2.1% 的新能源汽车零售额 5.48 亿元，增长 608.2%，拉动兰州市限额以上社会消费品零售额增长 1.4 个百分点，6 月当月零售额 1.40 亿元，单月完成量创近两年最高值，增长 599.7%。

5. **对外贸易增势良好。**上半年，兰州市实现外贸进出口总额 86.8 亿元，增长 27.6%。其中出口 29.3 亿元，增长 117.8%；进口 57.5 亿元，增长 5.4%。

（五）固定资产投资持续回升，制造业投资高速增长

上半年，兰州市固定资产投资增长 4.3%，较 1—5 月提升 1.3 个百分点。分领域看，项目投资增长 12.2%，较 1—5 月提升 7.0 个百分点，6 月当月投资增长 28.8%，较 5 月份提升 14.0 个百分点；房地产开发投资下降 5.8%，较 1—5 月回落 5.9 个百分点，6 月当月下降 18.3%，降幅较 5 月份扩大 3.6 个百分点。分产业看，第一产业投资下降 52.6%，第二产业投资增长 39.1%，第三产业投资增长 0.7%，三次产业结构比为 0.7 : 15.3 : 84.0。分重点项目看，亿元以上项目 766 个，较上年同期减少 10 个，完成投资增长 4.6%；10 亿元以上项目 247 个，较上年同期增加 3 个，完成投资增长 13.8%。

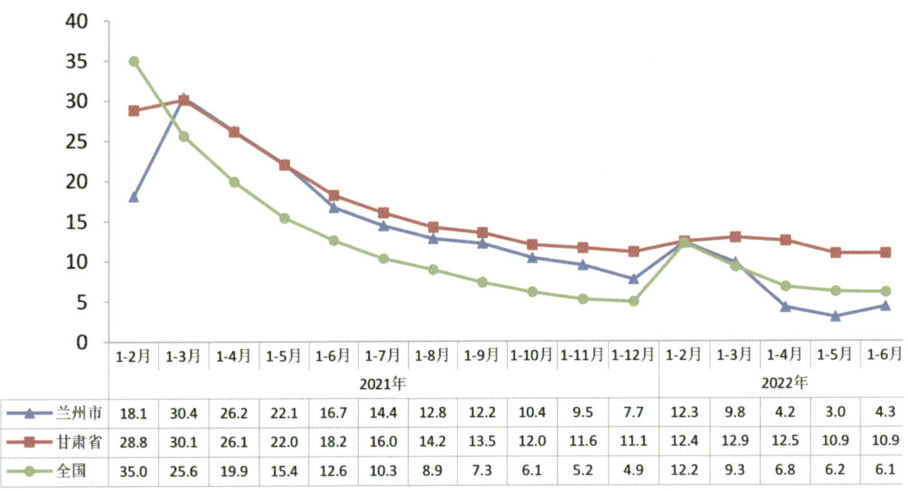

	2021年											2022年				
	1-2月	1-3月	1-4月	1-5月	1-6月	1-7月	1-8月	1-9月	1-10月	1-11月	1-12月	1-2月	1-3月	1-4月	1-5月	1-6月
兰州市	18.1	30.4	26.2	22.1	16.7	14.4	12.8	12.2	10.4	9.5	7.7	12.3	9.8	4.2	3.0	4.3
甘肃省	28.8	30.1	26.1	22.0	18.2	16.0	14.2	13.5	12.0	11.6	11.1	12.4	12.9	12.5	10.9	10.9
全国	35.0	25.6	19.9	15.4	12.6	10.3	8.9	7.3	6.1	5.2	4.9	12.2	9.3	6.8	6.2	6.1

图 7　2021—2022 年全国、甘肃省及兰州市固定资产投资增速（%）

1. **基础设施投资持续回温**。上半年，兰州市 274 个基础设施项目完成投资增长 21.5%，较 1—5 月提升 11.4 个百分点，拉动兰州市投资增长 5.2 个百分点。6 月当月完成投资增长 47.9%。

2. **工业投资表现强劲**。上半年，兰州市 304 个工业项目完成投资增长 39.3%（其中工业技改增长 37.2%），较 1—5 月提升 7.7 个百分点。6 月当月完成投资增长 54.5%，较 5 月当月提升 6.6 个百分点。其中制造业累计完成投资增长 49.6%，当月增长 49.1%。

（六）财政收支平稳增长，金融市场平稳运行

上半年，兰州市一般公共预算收入 115.79 亿元，同口径增长 8.4%，其中税收收入 74.64 亿元，增长 4.97%；非税收入 41.15 亿元，增长 18.2%。一般公共预算支出 269.26 亿元，增长 15.2%。

6 月末，兰州市金融机构本外币存款余额 10012.16 亿元，增长 2.8%；金融机构本外币贷款余额 14764.82 亿元，增长 5.6%。金融机构人民币存款余额 9969.93 亿元，增长 3.1%；金融机构人民币贷款余额 14631.04 亿元，增长 6.1%。

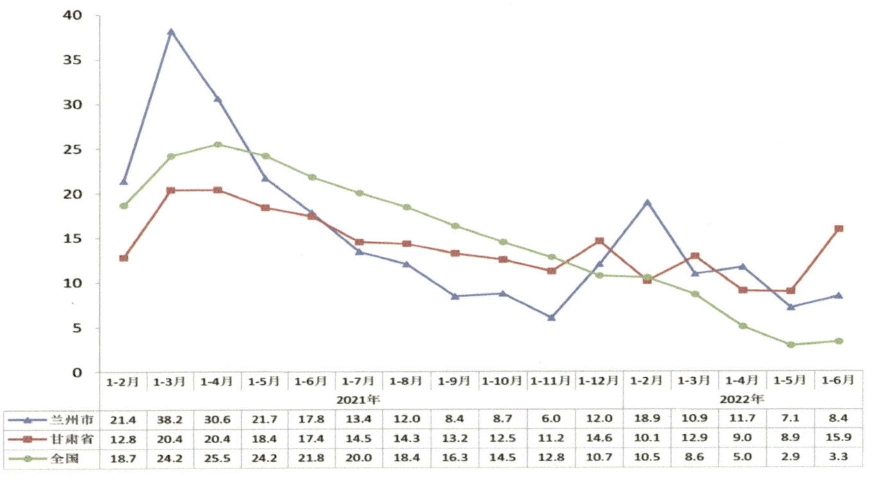

	2021年											2022年				
	1-2月	1-3月	1-4月	1-5月	1-6月	1-7月	1-8月	1-9月	1-10月	1-11月	1-12月	1-2月	1-3月	1-4月	1-5月	1-6月
兰州市	21.4	38.2	30.6	21.7	17.8	13.4	12.0	8.4	8.7	6.0	12.0	18.9	10.9	11.7	7.1	8.4
甘肃省	12.8	20.4	20.4	18.4	17.4	14.5	14.3	13.2	12.5	11.2	14.6	10.1	12.9	9.0	8.9	15.9
全国	18.7	24.2	25.5	24.2	21.8	20.0	18.4	16.3	14.5	12.8	10.7	10.5	8.6	5.0	2.9	3.3

图 8　2021—2022 年全国、甘肃省及兰州市一般公共预算收入增速（%）

（七）就业收入保持稳定，消费价格温和上涨

上半年，兰州市城镇新增就业 4.66 万人，完成全年任务的 60.1%；就业困难人员再就业 4825 人，完成全

年任务的53.6%；累计劳务输转25.22万人，创劳务收入37.68亿元。

上半年，兰州市城镇居民人均可支配收入22955元，增长4.3%；农村居民人均可支配收入7892元，增长5.1%，城乡居民收入比为2.9。

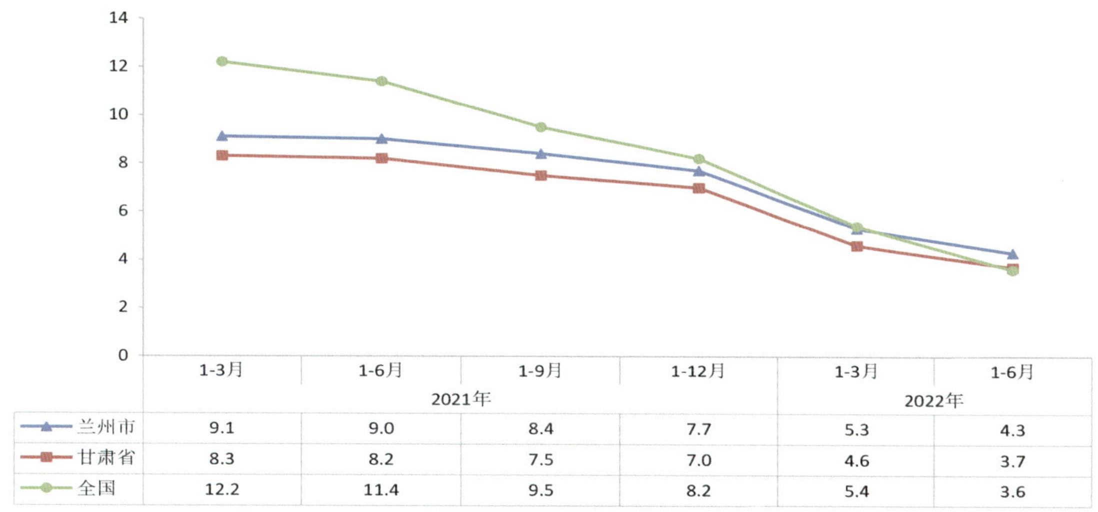

	2021年				2022年	
	1-3月	1-6月	1-9月	1-12月	1-3月	1-6月
兰州市	9.1	9.0	8.4	7.7	5.3	4.3
甘肃省	8.3	8.2	7.5	7.0	4.6	3.7
全国	12.2	11.4	9.5	8.2	5.4	3.6

图9 2021—2022年全国、甘肃省及兰州市城镇居民人均可支配收入增速（%）

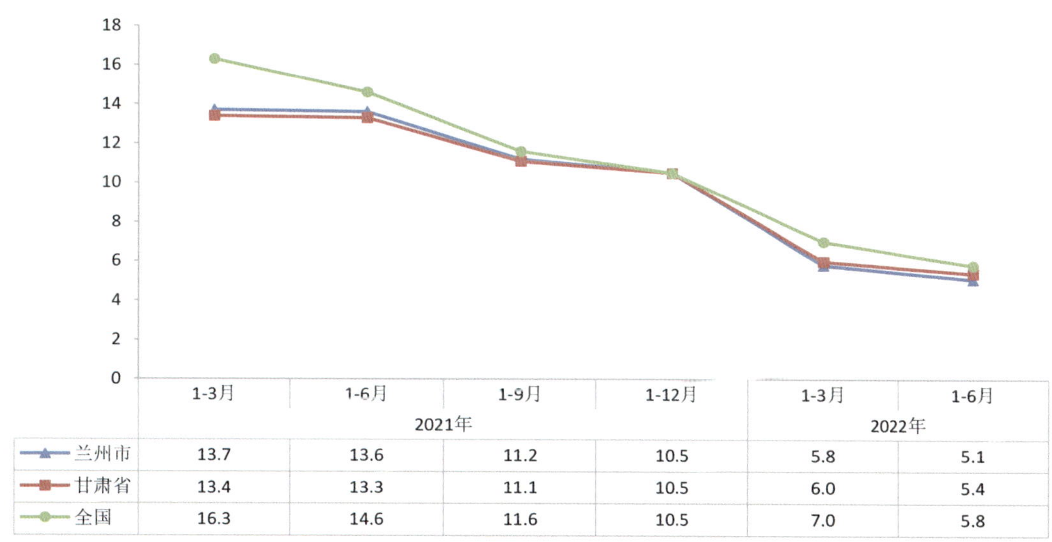

	2021年				2022年	
	1-3月	1-6月	1-9月	1-12月	1-3月	1-6月
兰州市	13.7	13.6	11.2	10.5	5.8	5.1
甘肃省	13.4	13.3	11.1	10.5	6.0	5.4
全国	16.3	14.6	11.6	10.5	7.0	5.8

图10 2021—2022年全国、甘肃省及兰州市农村居民人均可支配收入增速（%）

上半年，兰州市居民消费价格比上年上涨1.8%，其中食品烟酒上涨0.6%，衣着上涨0.3%，居住上涨3.2%，生活用品及服务上涨0.4%，交通和通信上涨5.7%，教育文化和娱乐上涨0.6%，医疗保健上涨0.5%，其他用品和服务上涨0.3%。

二、主要经济指标增速“守三线”① 对比情况

（一）增速与全国比

主要指标增速“5高7低”。

1.5高：一般公共预算支出高9.3个百分点，一般公共预算收入高5.1个百分点，第一产业增加值高1.4个

①“守三线”即“地区生产总值不低于全国平均水平、在西北片区省会城市力争上游、在全省经济发展中发挥压舱石作用”。

百分点，城镇居民人均可支配收入高0.7个百分点，CPI（逆向指标）高0.1个百分点。

2.7低：第三产业增加值低0.7个百分点，农村居民人均可支配收入低0.7个百分点，地区生产总值低1.5个百分点，固定资产投资低1.8个百分点，规模以上工业增加值低2.6个百分点，第二产业增加值低2.7个百分点，社会消费品零售总额低6.7个百分点。

（二）增速与全省比

上半年，兰州市GDP增速在全省首位度为32.79%，主要指标增速“3高9低”。

1.3高：一般公共预算支出高4.6个百分点，城镇居民人均可支配收入高0.6个百分点，CPI（逆向指标）高0.4个百分点。

2.9低：农村居民人均可支配收入低0.3个百分点，第一产业增加值低1.2个百分点，第三产业增加值低2.7个百分点，地区生产总值低3.2个百分点，第二产业增加值低3.6个百分点，规模以上工业增加值低6.3个百分点，社会消费品零售总额低6.5个百分点，固定资产投资低6.6个百分点，一般公共预算收入低7.5个百分点。

（三）增速与西北片区省会城市相比

1. **从总量对比看**，第二产业增加值、社会消费品零售总额、一般公共预算支出居第2位；地区生产总值、第三产业增加值、CPI（由低到高）居第3位；第一产业增加值、一般公共预算收入、城镇居民人均可支配收入居第4位；农村居民人均可支配收入居第5位。

2. **从增速对比看**，第一产业增加值、城镇居民人均可支配收入居第2位；一般公共预算支出、CPI（由低到高）居第3位；社会消费品零售总额、一般公共预算收入、农村居民人均可支配收入居第4位；第三产业增加值、固定资产投资居第5位；地区生产总值、第二产业增加值、规模以上工业增加值居第6位。

表1　2022年上半年兰州市主要经济指标表

单位：亿元、元、%、位

指　标	全　国		全　省		兰　州			
	绝对量	增长	绝对量	增长	绝对量	位次	增长	位次
地区生产总值	562642	2.5	5235.3	4.2	1716.81	3	1.0	6
第一产业增加值	29137	5.0	355	7.6	23.93	4	6.4	2
第二产业增加值	228636	3.2	1954	4.1	606.95	2	0.5	6
规模以上工业增加值	—	3.4	—	7.1	—	—	0.8	6
第三产业增加值	304868	1.8	2926.3	3.8	1085.94	3	1.1	5
固定资产投资	271430	6.1	—	10.9	—	—	4.3	5
社会消费品零售总额	210432	–0.7	2013	–0.9	802.81	2	–7.4	4
一般公共预算收入	105221	3.3	446	15.9	115.79	4	8.4	4
一般公共预算支出	128887	5.9	2284.7	10.6	269.26	2	15.2	3
居民消费价格指数	101.7	1.7	101.4	1.4	101.8	3	1.8	3
城镇居民人均可支配收入	25003	3.6	17782	3.7	22955	4	4.3	2
农村居民人均可支配收入	9787	5.8	5283	5.4	7892	5	5.1	4

三、当前经济发展面临的困难与挑战

总的来看，上半年兰州市经济发展好于预期、难能可贵，但必须清醒认识到，当前经济发展仍面临不少困难和挑战。

（一）从国际形势看，当前，新冠肺炎疫情影响仍在持续，不少国家“与病毒共存”“躺平”的策略导致变异毒株加速扩散，全球经济复苏不稳定不均衡。受俄乌冲突持续、贸易保护主义和逆全球化等多重因素影响，能源和粮食价格大幅上涨，生产成本持续抬高，资源配置效率降低，全球产业链供应链呈现分散化、区域化的重构趋势。全球经济“滞胀”风险明显上升，美联储采取了激进的加息政策，导致全球资金流动出现新动向，影响到汇市、股市等金融市场的稳定，其外溢效应也使其他经济体和新兴市场面临更大冲击。

（二）从国内形势看，消费需求仍然不振，国内零星散发病例和局部暴发疫情的风险一直存在，制约接触性聚集性消费恢复；投资增长仍较乏力，民间投资意愿和能力不足，部分民营企业投资扩产积极性不高，项目前期准备和要素保障工作仍需加强；世界经济增长动力不足导致国际市场需求总体减弱，稳定外贸难度加大。

（三）从甘肃省形势看，甘肃仍属于相对欠发达地区，面临着发展不充分和发展不平衡的双重压力，面对着扩大经济规模和促进转型升级的双重难题，需要应对内生动力不足和外部竞争加剧带来的双重挑战，通过高质量发展提升综合实力、缩小发展差距仍然是最大任务。

（四）从兰州市形势看，兰州经济社会发展仍然面临诸多挑战，统筹疫情防控和经济社会发展的难度进一步加大。

1. 第三产业恢复仍低于预期。上半年，兰州市社会消费品零售总额 802.81 亿元，下降 7.4%，消费需求萎靡不振、消费能力明显不足，消费恢复还需下更大功夫。从旅游市场看，团队入境旅游基本停止，散客入境旅游受到极大影响，上半年，兰州市接待国内游客 1950.6 万人次、下降 48.2%，实现旅游总收入 96.9 亿元、下降 51.6%。从交通客运看，上半年，公路客运周转量、航空旅客吞吐量分别下降 42.32%、44.32%。

2. 各县区主要经济指标差距较大。兰州市各县区发展速度快慢不一，发展水平不断分化的趋势日益明显，主要经济指标差距不断拉大。地区生产总值方面，上半年，增速排名前三位的县区有兰州新区、红古区、永登县，排名后三位的皋兰县、城关区、高新区增速均为负。

表 2　2022 年上半年全市及各县区生产总值完成情况表

单位：亿元、%、个百分点

	上半年		占全市比重	增速差距	
	总量	增速		与全市	与全省
兰州市	1716.81	1.0	—	—	-3.2
城关区	597.58	-1.9	34.8	-2.9	-6.1
七里河区	292.19	0.4	17.0	-0.6	-3.8
西固区	271.67	1.6	15.8	0.6	-2.6
安宁区	139.01	2.0	8.1	1.0	-2.2
红古区	60.88	3.0	3.5	2.0	-1.2
永登县	69.65	2.5	4.1	1.5	-1.7
皋兰县	38.05	-3.6	2.2	-4.6	-7.8
榆中县	101.67	1.8	5.9	0.8	-2.4
兰州新区	146.12	13.0	8.5	12.0	8.8
高新区	193.17	-0.8	—	-1.8	-5.0
经开区	174.67	1.7	—	0.7	-2.5

固定资产投资方面，上半年固定资产投资增速前三位的有兰州新区、高新区、永登县，增速后三位的有西固区、榆中县、皋兰县，最高的兰州新区与最低的西固区相差 31.8 个百分点。

表3　2022年上半年全市及各县区固定资产投资完成情况表

单位：%、个百分点

	上半年增速	占全市比重	增速差距	
			与全市	与全省
兰州市	4.3	—	—	-6.6
城关区	0.2	16.0	-4.1	-10.7
七里河区	0.9	11.7	-3.4	-10.0
西固区	-18.4	5.0	-22.7	-29.3
安宁区	0.9	9.4	-3.4	-10.0
红古区	8.1	2.6	3.7	-2.8
永登县	10.1	5.1	5.8	-0.8
皋兰县	-9.6	5.4	-13.9	-20.5
榆中县	-11.8	8.3	-16.2	-22.7
兰州新区	20.0	36.4	15.7	9.1
高新区	10.7	—	6.3	-0.2
经开区	1.4	—	-2.9	-9.5

规上工业方面，上半年规上工业增加值增速前三位的有兰州新区、七里河区、榆中县，增速后三位的有城关区、皋兰县、安宁区，最低的城关区与最高的兰州新区相差38.9个百分点。

表4　2022年上半年全市及各县区规模以上工业增加值完成情况表

单位：%、个百分点

	上半年增速	占全市比重	增速差距	
			与全市	与全省
兰州市	0.8	—	—	-6.3
城关区	-17.8	8.0	-18.6	-24.9
七里河区	5.1	13.6	4.3	-2.0
西固区	0.3	39.4	-0.5	-6.8
安宁区	-4.3	6.1	-5.1	-11.4
红古区	1.0	7.9	0.2	-6.1
永登县	0.0	3.3	-0.8	-7.1
皋兰县	-4.8	3.5	-5.6	-11.9
榆中县	3.1	8.3	2.3	-4.0
兰州新区	21.1	10.0	20.3	14.0
高新区	-1.6	—	-2.4	-8.7
经开区	0.6	—	-0.2	-6.5

社会消费品零售总额方面，增速排名前三位的有红古区、榆中县、兰州新区，增速排名后三位的有皋兰县、城关区、西固区。

表 5　2022 年上半年全市及各县区社会消费品零售总额完成情况表

单位：亿元、%、个百分点

	上半年		占全市比重	增速差距	
	总量	增速		与全市	与全省
兰州市	802.81	-7.4	—	—	-6.5
城关区	406.85	-11.3	50.7	-3.9	-10.4
七里河区	133.95	-3.4	16.7	4.0	-2.5
西固区	59.17	-10.0	7.4	-2.6	-9.1
安宁区	99.10	-4.6	12.3	2.8	-3.7
红古区	14.66	11.9	1.8	19.3	12.8
永登县	16.54	1.7	2.1	9.1	2.6
皋兰县	21.72	-12.8	2.7	-5.4	-11.9
榆中县	16.05	11.2	2.0	18.6	12.1
兰州新区	34.77	10.0	4.3	17.4	10.9
高新区	58.71	-7.4	—	0	-6.5
经开区	107.07	-4.7	—	2.7	-3.8

一般公共预算收入方面，增速排名前三位的有兰州新区、永登县、红古区，增速排名后三位的有七里河区、榆中县、皋兰县。

表 6　2022 年上半年全市及各县区一般公共预算收入完成情况表

单位：亿元、%、个百分点

	上半年		占全市比重	增速差距	
	总量	增速		与全市	与全省
兰州市	115.79	8.4	—	—	-7.5
城关区	11.99	0.9	10.4	-7.5	-15.0
七里河区	4.10	-28.1	3.5	-36.5	-44.0
西固区	4.23	1.8	3.7	-6.6	-14.1
安宁区	3.78	-8.8	3.3	-17.2	-24.7
红古区	2.50	4.1	2.2	-4.3	-11.8
永登县	2.40	6.3	2.1	-2.1	-9.6
皋兰县	2.61	-12.4	2.3	-20.8	-28.3
榆中县	0.86	-24.5	0.7	-32.9	-40.4
兰州新区	17.49	105.0	15.1	96.6	89.1

3. 营商环境仍需进一步提升。兰州市在深化“放管服”改革、工程建设项目审批制度改革、商事制度改革等领域相继出台了一系列改革举措，取得了显著的成效，但在开办企业、办理建筑许可、获得电力、获得用水用气等领域减时间、减流程、减材料、减费用、减成本的力度还不够，与营商环境标杆城市相比还有较大差距，城市核心竞争力有待进一步提升。

四、2022–2023 年兰州市经济发展预测与展望

初步预测，2023 年，随着全面落实党中央疫情要防住、经济要稳住、发展要安全的要求，各项决策部署加快落地落实，稳经济一揽子政策效应不断释放，高效统筹疫情防控和经济社会发展成效持续显现，兰州市经济回升趋势将进一步得到巩固，经济有望回稳向好，运行在合理区间。

（一）坚持全面落实稳经济政策，促进经济平稳健康发展。坚持目标不变、任务不减，全面落实国务院“33条”“19 条”、省政府“53 条”“23 条”和优化营商环境 1–9 号系列文件，推动稳经济一揽子政策措施再细化再落实，进一步释放政策效应。充分发挥涉企政策精准推送和惠企政策“不来即享”服务平台作用，推动税收优惠、社保缓交、融资担保等优惠政策直达基层、直达企业。

（二）坚持实施“强省会”行动，有机贯通“四强”行动。主动履责“强省会”行动部署，按照聚焦功能定位、优化空间布局、突出重点板块、强化域内联动的思路，统筹推进“强科技、强工业、强县域”，着力建设要素聚集中心、科技创新中心、产业发展中心、物流输转中心、区域消费中心，打造产业园区发展、营商环境改善、现代城市建设、乡村全面振兴、公共服务供给、基层社会治理、制度体制革新的样板，持续积累创新能力和发展能级，提升首位度、开放度、贡献度及城市影响力、综合竞争力。

（三）坚持创新驱动引领，加快产业集群集聚发展。高质量组织实施市级人才创新创业和科技计划项目，培育壮大科技企业，开展省级科技创新型企业认定和市级孵化平台认定。加快推进兰石化转型升级、源网荷储等 64 个传统产业改造升级延链补链项目，全力推进信创新算力等 92 个新兴产业项目。聚焦汽车、家电、家居等大宗商品消费，持续开展促消费系列活动，推进县级综合商贸中心和物流配送中心建设改造，大力推广兰州高原夏菜等本地电商品牌。积极推进高标准农田建设和撂荒地整治，确保粮食播种面积稳定在 120 万亩、产量稳定在 32 万吨以上。

（四）坚持重大项目支撑牵引，推动有效投资精准发力。紧盯重大国家战略和规划、全面加强基础设施建设、政策性开发性金融工具等政策机遇，发挥推进有效投资重要项目协调机制作用，继续凝练包装一批重大产业项目，争取获得国家和省上更大支持。以实施 156 个制造业项目为突破口，加快推进“三个清单”固定资产投资项目、省市列重大项目、重大前期项目建设，集聚资源、集中精力推进项目投产达产。加快中央预算内投资项目、政府专项债券项目建设和资金支出进度。加大项目培训力度，提升兰州市干部谋项目、争项目、干项目的能力和水平。

（五）坚持区域协调发展，系统服务“一核三带”格局。全面落实兰西城市群发展规划实施方案，持续在基础共联、产业共融、项目共建、生态共保、服务共享等方面攻坚发力。充分发挥兰州新区、高新区、经开区、国际陆港、榆中生态创新城功能平台作用，提升发展能级。立足各县区资源禀赋和产业特色，城关区打造“城市更新”试验区，七里河区打造“城乡融合”样板区，西固区打造“产城融合”示范区，安宁区打造“健康养生”引领区，红古区打造“工业复兴”先行区，永登县打造“生态乡村”实践区，榆中县打造全域“生态创新”标杆区，皋兰县打造全国百强县和“四强”示范区。全面加快乡村振兴步伐，健全落实防止返贫动态监测和帮扶机制，推进梨韵什川等 10 个城乡融合示范镇建设，以整镇振兴衔接巩固脱贫攻坚成果。

（六）坚持建设“精致兰州”，不断擦亮城市靓丽名片。系统精密编制国土空间总体规划。全面开展雁滩片区城市更新试点示范行动，推进伏龙坪、华林坪等片区改造提升。加快构建“三廊五轴”的城市路网形态，力争主城区任意位置“10 分钟上快速路、20 分钟出城、30 分钟到达铁路场站、40 分钟到达中川机场”。加快老旧小区改造，推进住宅历史遗留“登记难”问题应解尽解。加快新型基础设施建设，深化 5G 场景推广应用，提高城市智能化运行水平。

（七）坚持深化改革开放，持续打造一流营商环境。全面对标国家评价体系，积极复制推广先进城市经验

做法，全力打造全国优化营商环境创新试点和社会信用体系建设示范城市。推进工程建设项目审批流程再造，推行重大项目“小兰帮办”集成服务、开办企业“零成本”等特色亮点。用足用好“一带一路”建设最大机遇，推动国际空港与保税区、中川北站、跨境电商监管中心联动融合发展，加快国际空港物流园和国际邮件分拨中心建设。

（八）坚持厚植绿色发展底色，切实筑牢生态安全屏障。积极构建兰西生态廊道，持续建设“黄河福道”，推进陇中地区生态保护与修复、百万亩国家储备林，“省门第一道”“中通道”绿化等项目。加快实施兰州市“十四五”第一批新能源项目，积极争取第二批并网建设规模。持续推进北方地区冬季清洁取暖项目，完成农村太阳能供暖改造6.38万户。加快红古区和窑街煤电集团有限公司国家级废弃物综合利用示范基地和骨干企业建设，健全垃圾回收体系，提升废弃物无害化处理和循环利用水平。

（九）坚持以人民为中心，全力增进社会民生福祉。持续加大民生投入，织密兜牢民生保障网，健全多层次社会保障体系。以建设青年发展型城市为契机，用好“社工委”机制，系统服务保障大学生等青年群体就业创业。扩大优质教育资源供给，积极创建国家产教融合型城市。推动医疗资源均衡布局，推进优抚医院等项目建设，加强县域医学中心和急危重症救治中心建设。加快推动乡镇（街道）综合养老服务中心建设，稳步实施城关区、红古区、永登县、皋兰县福利养老项目建设。加快兴隆山、河口古镇等特色景区开发，加快推进黄河风情线大景区改造提升、白塔山综合提升等重点项目建设，打造一批黄河文化旅游新地标。统筹发展与安全，坚决守牢疫情防控坚强防线，全力化解财政、金融、房地产等方面风险隐患，坚决守住不发生系统性风险的底线。

参考文献：

〔1〕兰州市统计局.2022年上半年兰州市国民经济运行情况〔EB/OL〕.兰州统计微讯，2022-07-28.

〔2〕兰州市统计局.2021年兰州市国民经济和社会发展统计公报〔EB/OL〕.兰州统计微讯，2022-04-13.

（兰州市社会科学院）

说　明

一、本索引采用分析索引法，条目首个字符是阿拉伯数字的按照从小到大的顺序排列；条目首字是汉字的用汉语拼音顺序排序；排序过程中不考虑首个字符是引号和书名号的情况。

二、类目用黑体大写字母表示。标引词后阿拉伯数字表示标引词所在的页码。数字后的“a”“b””c”分别表示所在栏的位置，即“左栏”“中栏”“右栏”。

三、标引词有多个页码，则表示同一个标引词见于多页。

四、本年鉴的“特载”“大事记”“法规文件”“附录”等未做索引。

数字

A

B

C

D

F

G

H

J

K

L

M

N

P

Q

R

S

T

W

X

Y

Z